MAINZER HYMNOLOGISCHE STUDIEN

Band 8 · 2002

Herausgegeben von Hermann Kurzke

in Verbindung mit dem Interdisziplinären Arbeitskreis Gesangbuchforschung der Johannes-Gutenberg-Universität Mainz und der Internationalen Arbeitsgemeinschaft für Hymnologie

Kirchenlied im Kirchenjahr

Fünfzig neue und alte Lieder zu den christlichen Festen

Mit Audio-CD

Herausgegeben von Ansgar Franz

in Zusammenarbeit mit
Dominik Fugger und Martina Haag

francke verlag

Die Deutsche Bibliothek – CIP-Einheitsaufnahme

Kirchenlied im Kirchenjahr : fünfzig neue und alte Lieder zu den christlichen Festen / hrsg. von Ansgar Franz in Zusammenarb. mit Dominik Fugger und Martina Haag. – Tübingen ; Basel : Francke, 2002
(Mainzer Hymnologische Studien ; Bd. 8)
ISBN 3-7720-2918-3

Dischingerweg 5 · D-72070 Tübingen

Gedruckt auf säurefreiem und alterungsbeständigem Werkdruckpapier.

Internet: http://www.francke.de
E-Mail: info@francke.de

Einbandgestaltung: Atelier Reichert, Stuttgart
Druck und Bindung: Kessler Verlagsdruckerei, Bobingen
Printed in Germany

ISBN 3-7720-2918-3

Für Waltraud Appel

Inhalt

Bußzeit

Passion

Ostern

Himmelfahrt

Pfingsten

Heilige

Vorwort

> „Feste gleichen Bojen im Meer. Unbegrenzt ist die Zeit. Wer kennt ihren Anfang, wer ihr Ende? Menschlicher Erkenntnis entzieht sich hier Ursprung und Ziel, aber unser Geist kann und will sich mit solcher Endlosigkeit nicht abfinden. So setzen wir Bojen in das Meer der Zeit. Das sind die Feste, die heiligen Zeiten: Mikrae Kodesch. (...) Die Aufgliederung der Zeit in geheiligte Zeiten gibt der in Jahre, Monate, Wochen und Tage gefaßten Zeit ihren Rhythmus. Für das Judentum wurde solche Organisation der Zeit von lebenswichtiger Bedeutung. Ein großer Rabbiner des deutschen Judentums im 19. Jh., Samson Raphael Hirsch, sagte scherzhaft: ‚Der Kalender ist der Katechismus der Juden.' Tatsächlich dokumentiert sich für den einfachen Juden die Offenbarung Gottes an Israel nirgends so sinnfällig wie in den Festen und geheiligten Zeiten."[1]

Was Schalom Ben-Chorin hier als einen Grundzug des Judentums beschreibt, gilt auch für das Christentum, den jüngeren Bruder Israels: Die heiligen Zeiten, die Feste im Jahresrhythmus und ihre Gottesdienste sind die Weise, wie der Glaube explizit zur Sprache kommt und Gestalt gewinnt. Und in der Gestalt des Glaubens gründet der Sinn des Glaubens. Ein Glaube ohne Gestalt wäre ein Glaube ohne Sinn. – Diese Erkenntnis ist in den letzten Jahren wieder deutlicher ins Bewußtsein getreten. Nachdem längere Zeit die ‚Lehre von den Festen', die Heortologie, fast ebenso unbeachtet geblieben ist wie der sie bezeichnende Fachbegriff ungeläufig ist, wird gegenwärtig von unterschiedlichen Blickrichtungen aus den Festen neue Aufmerksamkeit geschenkt.[2] Der Glaube gewinnt Gestalt in den Festen, die Feste wiederum sind vorzüglich – neben Ritus und Bibel – durch das Lied bestimmt. Die Einheit von Wort und Musik im Lied ist für Martin Luther die angemessenste Weise, die Frohe Botschaft zu verkünden und die Annahme der Frohen Botschaft zu bekennen. In seiner Vorrede zum **Babstschen Gesangbuch* von 1545 heißt es: „Denn Gott hat unser hertz und mut frölich gemacht / durch seinen lieben Son / welchen er für uns gegeben hat zur erlösung von sunden / tod und Teuffel. Wer solchs mit Ernst gleubet / der kans nicht lassen / er mus frölich und mit lust davon singen und sagen / das es andere auch hören und herzu komen. Wer aber nicht davon singen

---

1 Schalom Ben-Chorin, Die Feste des jüdischen Jahres: Theologisch-Praktische Quartalschrift 125 (1977) 158.

2 Beispielhaft für andere seien hier nur zwei Forschungsfelder genannt, auf denen die Feste verstärkt in den wissenschaftlichen Diskurs eingeführt wurden: Der Ägyptologe Jan Assmann weist den Festen für die Tradierung des ‚kulturellen Gedächtnisses' eine Schlüsselfunktion zu (vgl. Das kulturelle Gedächtnis. Schrift, Erinnerung und politische Identität in frühen Hochkulturen, München 1992); der Theologe Alex Stock nutzt für seine ‚poetische Dogmatik' das liturgische, ikonographische, musikalische und frömmigkeitsgeschichtliche Inventar der christlichen Feste als Quelle systematischer Betrachtung (vgl. speziell Poetische Dogmatik. Christologie III: Leib und Leben, Paderborn u.a. 1998).

und sagen wil / das ist ein zeichen / das ers nicht gleubet."[3] Es ist so gesehen naheliegend, die Feste auch von ihrem Liedrepertoire her zu deuten. Der vorliegende Band ist der Versuch, das eine Paschamysterium von der Befreiung des Menschen in der Überwindung von Tod und Schuld, das sich im Zyklus der Feste des Kirchenjahres zum christlichen Glaubenskosmos entfaltet, im Spiegel der Lieder zu erfassen. Und da ‚kosmos' ursprünglich ‚Ordnung', aber zugleich auch ‚Schmuck' bedeutet, soll in den Liedern die poetische Dimension des Glaubens und seiner Feste in den Blick kommen: **Hymnologie als Heortologie**.

„Kirchenlied im Kirchenjahr" präsentiert fünfzig Lieder aus 16 Jahrhunderten in einer kritisch geprüften Text- und Melodiefassung und mit einem erschließendenden Kommentar. Dazu konnten Autorinnen und Autoren aus der Evangelischen und Katholischen Theologie, der Germanistik, Musikwissenschaft, klassischen Philologie, Kulturgeschichte, Kirchenmusik und aus der Praxis des Kantorendienstes gewonnen werden; sie stammen aus Deutschland, den Niederlanden, Österreich und der Schweiz; unter ihnen sind etablierte Fachleute ebenso wie jüngere Wissenschaftlerinnen und Wissenschaftler. Die einzelnen Beiträge mit ihren jeweiligen Akzentsetzungen ergeben in der Zusammenschau mehr als eine additive Aneinanderreihung von fünfzig Liedkommentaren: Die unterschiedlichen Zugänge aus philologischer, musikologischer, theologischer, frömmigkeits- und kulturgeschichtlicher Perspektive illustrieren die Interdisziplinarität, die für Hymnologie grundlegend ist.

Die Auswahl der Lieder folgt im wesentlichen drei Prinzipien: Entscheidend ist die Qualität der Stücke. Dazu tritt das Bestreben, neben dem Alten auch dem Neuen breiten Raum zu geben – mehr als zwanzig Lieder stammen aus dem 20. Jahrhundert –, damit Sprache und Musik unserer Tage angemessen vertreten sind. Schließlich versteht sich „Kirchenlied im Kirchenjahr" in gewisser Weise als ‚komplementär' zu der Sammlung „Geistliches Wunderhorn. Große deutschen Kirchenlieder", die 2001 im Beck-Verlag erschienen ist: Grundsätzlich wurde auf die Aufnahme all der Lieder verzichtet, die bereits im „Geistlichen Wunderhorn" ediert und kommentiert sind. Wer also kirchenjahreszeitlich einschlägige Stücke vermißt, wird dort höchstwahrscheinlich fündig werden, und das mit Gewinn. – ‚Komplementarität' heißt aber nicht einfach ‚Fortsetzung'. Das „Geistliche Wunderhorn" präsentiert seine Lieder in historischer Reihenfolge als Stationen der Frömmigkeits- und Kulturgeschichte, „Kirchenlied im Kirchenjahr" wählt als Kristallisationspunkte der Darstellung die Feste und Zeiten des Kirchenjahres: **Heortologie als Hymnologie**.

---

3 Zitiert nach Christian Möller, Das 16. Jahrhundert, in: Ders. (Hrsg.), Kirchenlied und Gesangbuch. Quellen zu seiner Geschichte, (Mainzer Hymnologische Studien 1), Tübingen/Basel 2000, 82.

Die Herausgabe eines solchen Bandes kann nur in der Zusammenarbeit vieler gelingen. Daß dem Buch eine Musik-CD beigefügt ist und so zu den poetologischen und theologischen Erschließungen auch die musikalische Verlebendigung ausgewählter Stücke tritt, ist das Verdienst von Mechthild Bitsch-Molitor. Ihr gilt mein besonderer Dank, ebenso wie Dr. Martina Haag und Dominik Fugger, die zusammen mit Cornelia Müller in sorgfältiger und verläßlicher Weise die redaktionelle Bearbeitung der Manuskripte, die Erarbeitung der Register und Indizes und die - in Detailfragen nervenaufreibende - Erstellung des Layouts besorgt haben. Sehr zu danken habe ich Friedemann Strube und Michael Nowotny für die Anfertigung des Notensatzes aller Lieder, Dorothea Monninger, Prof. Dr. Christa Reich und Prof. Dr. Dr. Hansjakob Becker, die das Projekt in allen Phasen mit vielfältigen Anregungen kritisch begleitet haben, Prof. Dr. Hermann Kurzke für die Aufnahme des Bandes in die Reihe „Mainzer Hymnologische Studien", dem Francke-Verlag für die gute Zusammenarbeit. Nicht vergessen seien Elisabeth Fillmann, Michael Fischer, Hans-Otto Korth, Prof. Dr. Andreas Marti, Michael Pfeifer, Heinrich Riehm, Dr. Ilsabe Seibt, Hans-Jürg Stefan und Ulrike Süß, denen ich wertvolle Hinweise verdanke, Anke Heinz, Maike Jakob, Juliane Schaad und Christian Stallmann für das mühevolle Korrekturlesen und André Zimmer für Unterstützung in EDV-Fragen.

Waltraud Appel ist dieses Buch gewidmet als Dank für die langjährige Zusammenarbeit am Seminar für Liturgiewissenschaft und Homiletik der Johannes Gutenberg-Universität Mainz und in der Geschäftsstelle des Vereins „Kultur - Liturgie - Spiritualität". Ohne ihre engagierte und kompetente Mitarbeit hätte sich manches Buchprojekt der Reihe „Pietas Liturgica" verzögert und wäre manche Tagungsvorbereitung des Vereins nicht so reibungslos verlaufen.

Ansgar Franz

Vom lateinischen Hymnus zum deutschen Kirchenlied

Ein Beispiel

Gebhard Kurz

Intende qui regis Israel[1]

Str./V.		Übersetzung
1 1	Intende, qui regis Israel,	Merk' auf, der du regierst Israel,
2	super Cherubim qui sedes,	der über Cherubim du thronst,
3	appare Ephraem coram, excita	erscheine doch vor Ephraim,
4	potentiam tuam et veni!	erwecke deine Macht und komm!
2 5	Veni, redemptor gentium,	Komm, du Erlöser der Heiden,
6	ostende partum virginis!	weis' vor die Jungfrauengeburt!
7	Miretur omne saeculum:	Es rufe staunend alle Welt:
8	Talis decet partus deum!	Solche Geburt ziemt sich für Gott!
3 9	Non ex virili semine,	Nicht aus dem Samen eines Mann's,
10	sed mystico spiramine	sondern durch heil'ges Geistesweh'n
11	verbum Dei factum est caro	ist Gottes Wort geworden Fleisch
12	fructusque ventris floruit.	und ist des Leibes Frucht erblüht.
4 13	Alvus tumescit virginis,	Der Leib der Jungfrau, er schwillt an,
14	claustrum pudoris permanet.	das Schloß der Scham bleibt unversehrt.
15	Vexilla virtutum micant:	Der Tugend Fahnen leuchten hell:
16	Versatur in templo Deus.	Es weilt in seinem Tempel Gott.
5 17	Procedit e thalamo suo,	Er kommt hervor aus seinem Gemach,
18	pudoris aula regia,	der Keuschheit königlichem Saal,
19	geminae gigans substantiae	als Gigant von zwiefacher Natur
20	alacris ut currat viam.	freudig zu eilen seinen Weg.
6 21	Egressus eius a Patre,	Sein Ausgang ist vom Vater her,
22	regressus eius ad Patrem,	sein Rückweg führt zum Vater hin,
23	excursus usque ad inferos,	sein Auszug bis zur Unterwelt,
24	recursus ad sedem Dei.	sein Rücklauf hin zu Gottes Thron.
7 25	Aequalis aeterno Patri,	Dem ew'gen Vater wesensgleich,
26	carnis trophaeo cingere,	rüst' dich mit Fleisches Siegeskleid,
27	infirma nostri corporis	das Schwache unsres Menschenleibs
28	virtute firmans perpeti!	stärkend mit ew'ger Gotteskraft!
8 29	Praesepe iam fulget tuum,	Nun leuchtet deine Krippe hell,
30	lumenque nox spirat novum,	die Nacht strömt aus ein neues Licht,
31	quod nulla nox interpolet	das keine Nacht je trüben soll,
32	fideque iugi luceat.	in festem Glauben leuchte stets.

---

1 Eine ausführlichere Abhandlung über diesen Hymnus wird im „Jahrbuch für Liturgik und Hymnologie" erscheinen.

Druckvorlage

Der lateinische Text folgt Fontaine, Ambroise, 273-275 (jedoch V. 8 de**um**, V. 17 proced**it**; vgl. den kritischen Apparat bei Fontaine). Die Übersetzung des Autors orientiert sich an der lateinischen Sprachform des Hymnus und versucht, dessen Struktur erkennbar zu machen.

1 Bezeugung und liturgischer Ort

Der Hymnus *Intende qui regis Israel* wird durch eine Bemerkung des Papstes Caelestin auf dem Konzil von Rom (430) als Werk des Ambrosius (ca. 339 - 397, Bischof von Mailand seit 374) bezeugt.[2] Aus diesem und anderen Zeugnissen geht hervor, daß es sich um einen Weihnachtshymnus handelt; nach Angaben in Handschriften wurde er in der Vesper (oder Nokturn bzw. Laudes) des Weihnachtsfestes gesungen; dies ist bei seiner Interpretation zu beachten. Erst später wurde er auch als Adventshymnus verwendet.

2 Das Versmaß

Das Versmaß des Hymnus ist der für die echten Ambrosiushymnen[3] typische akatalektische iambische Dimeter, gebaut nach ‚klassischen' metrischen Regeln, also aufgrund der Silbenquantitäten.

Schema:
x — ∪ | — x | — x (— = Länge; ∪ = Kürze; x = ‚anceps': Länge oder Kürze)

Erste und dritte Senkung können auch zu einer Doppelkürze (s. V. 1, 17, 19) aufgelöst werden.
Der Vers wird durch Zäsuren (|; Einschnitte innerhalb eines Metrums, überwiegend nach der zweiten oder dritten Senkung) und Dihäresen (| |; Einschnitte am Ende eines Metrums oder eines Versfußes) gegliedert. Diese Einschnitte dienen auch zur Kennzeichnung inhaltlicher Bezüge (z.B. in Str. 6 Parallelisierung der vier Substantive an den Versanfängen) und zur Hervorhebung. So wird der Ruf veni ‚komm!', der zu Beginn der zweiten Strophe (V. 5) das Ende der ersten echoartig aufnimmt und verstärkt,[4] durch Dihärese abgetrennt und hervorgehoben. Extreme Segmentierung durch Dihäresen (Isolierung jedes einzelnen Wortes) findet sich in den V. 8, 11 und 19, die auch fast durchgängig Gegenläufigkeit von Wortbetonung und Vershebung (‚Iktus') aufweisen, die sonst zu einem gewissen Ausgleich gebracht werden:

---

2 PL 53, 289 B = PL 50, 458. - Augustinus zitiert die V. 13f. und 19 des Hymnus, allerdings ohne Verfasserangabe.

3 Zum aktuellen Stand der Diskussion s. Triacca, Hymnes, 184–187.

4 Springer, Veni, 81: „When sung antiphonally such a repetition must have been quite dramatic. The echo of the first *veni* sung by one half of the congregation would no doubt still have been reverberating in the church as the second half of the congregation began the second stanza by singing the very same word." Zum alternierenden Singen s.u. S. 5f. m. Anm. 8.

Str. 2, V. 8: talís | | decét | | partús | | Deúm.
Str. 3, V. 11: verbúm | | Deí | | factúm (e)st | | caró
Str. 5, V. 19: gemináe | | gigáns | | substántiáe

Es handelt sich hier um zentrale theologische Aussagen, die auf diese Weise emphatisch herausgehoben und sozusagen ‚eingehämmert' werden.
Weitere Mittel der Versgestaltung sind Parallelismus und - von Ambrosius sehr sparsam verwendet - Reim (V. 9/10).

Der iambische Dimeter war seit hadrianischer Zeit (ca. 120 n. Chr.) ein beliebtes Versmaß der Gebildeten; in seiner Kürze und Einfachheit überforderte es aber auch die weniger Gebildeten nicht. In ihrer meisterhaft ausgewogenen, dabei doch spannungsreichen metrischen Gestaltung, verbunden mit gut singbaren Melodien, hatten die Hymnen des Ambrosius durchschlagenden Erfolg;[5] sie begründeten die neue Literaturgattung ‚christliches Kirchenlied'.

Die erste Strophe weist als Folge der Umsetzung eines Psalmzitats - Ps 79 (80), 2f. - metrische Freiheiten auf. Diese führten später unter veränderten sprachlichen und metrischen Bedingungen zu Schwierigkeiten beim Vortrag, - einer der Gründe für den frühen Wegfall der ersten Strophe außerhalb der Mailänder Tradition.

3 Die Struktur des Hymnus

Die echten ambrosianischen Hymnen bestehen aus acht Strophen zu vier Versen. Sie haben noch keine abschließende formelle Doxologiestrophe.[6]

Die Strophen eines Hymnus bilden in der Regel in sich geschlossene syntaktische Einheiten, wobei jeweils zwei Strophen (= acht Verse) - mit je eigenem thematischem Schwerpunkt - enger aufeinander bezogen sind. Diese Paarigkeit könnte mit einer alternierenden Singweise der Strophen zusammenhängen.[7] Auch in unserem Hymnus ist diese Struktur erkennbar:

---

[5] Fontaine, Ambroise, 65f. 67; vgl. Augustinus, conf. 9, 15. - Beim Mailänder Kirchenstreit im Frühjahr 386 spielten sie eine große Rolle als Glaubensbekenntnis und zur Stärkung und Tröstung der Katholiken. Gestaltung und Qualität der überlieferten Hymnen zeigen aber, daß sie nicht spontan für diesen Zweck verfaßt sein können; besonders gilt das für unseren Hymnus, dessen letzte Strophe direkt auf einen weihnachtlichen Kontext abgestellt ist; vgl. Franz, Tageslauf, 1–15 (besonders 3 m. Anm. 7).

[6] Dreves, Ambrosius, 29; Franz, Tageslauf, 16 Anm. 59.

[7] Springer, Veni 84; Fontaine, Ambroise, 64. Wie der Gesang realisiert wurde - Wechsel von Vorsänger und Gemeinde, von Chor und Gemeinde, von Teilen der Gemeinde, oder durchgängiges Singen - wird (wie auch heute noch) von den jeweiligen Möglichkeiten und der Situation abhängig gewesen sein; zur Diskussion über diese Frage s. Franz, Tageslauf, 15–17. Daß zwei Dimeter ihrem Umfang und ihrer Teilung nach einem Psalmvers entsprechen, war sicher ein willkommenes, vielleicht sogar angestrebtes Ergebnis.

Str. 1/2: Bitte um das Kommen des Erlösers (Israel/Heiden)
3/4: Die wunderbare Menschwerdung des göttlichen Wortes (zugleich Entfaltung des in Str. 2 angeschlagenen Motivs)
5/6: Der Weg des göttlichen Helden
7/8: Wiederaufnahme der Bitte um das Kommen (Ringkomposition) und Wunsch, das weihnachtliche Licht möge dauern

Innerhalb der Strophen sind wiederum jeweils zwei Verse (= acht Jamben) durch syntaktische, stilistische und verstechnische Mittel oder inhaltlich verbunden,[8] so auch in unserem Hymnus:

Str. 1, 1/2: Relativprädikationen
3/4: Serie von drei Imperativen (in Fortsetzung des Imperativs *intende* von V. 1)
Str. 2, 5/6: zwei Imperative (insgesamt also sechs Imperative !)
6/7: Reaktion
Str. 3, 9/10: Parallelismus (Gegensatz) der adverbialen Gruppe, mit Reimbindung
11/12: Parallelismus der Hauptsätze
Str. 4, 13/14: ‚Biologische' Vorgänge der Menschwerdung
15/16: Metaphorische Beschreibung
Str. 5, 17/18: Hauptsatz
19/20: davon abhängiger Gliedsatz; zwischen beiden Verspaaren herrscht Chiasmus: Kernsatz/Apposition - Prädikativum/Kernsatz
Str. 6, 21/22: *egressus/regressus;* Assonanz *a Patre / ad Patrem;*
23/24: *excursus/recursus*
Str. 7, 25/26: Hauptsatz
27/28: entfaltende Partizipialgruppe
Str. 8, 29/30: zwei parallele Hauptsätze
31/32: weiterführender Relativsatz mit parallelen Prädikaten

Die Echtheit der ersten Strophe wurde vielfach angezweifelt, da sie nur in wenigen Handschriften überliefert ist; dabei handelt es sich jedoch um den ältesten Textzeugen (Fa = Vat. reg. lat. 11; 8. Jh.) und um die ältesten Zeugen der Mailänder Tradition (Ma-c.e.f; 9.–11.Jh.), sowie eine weitere in Italien entstandene Handschrift (Ie; 10. Jh.). Hinzu kommt das Zeugnis der Zisterzienserhymnare, deren erste Fassung zu Beginn des 12. Jahrhunderts aus Mailänder Quellen übernommen wurde, da der Orden in seinem Bemühen um strikte Befolgung der Benediktregel deren Vorschrift, „Ambrosiana" als Hymnen zu wählen, im vollen Wortsinne anwenden wollte.[9] Das Zeugnis dieser handschriftlichen Überlieferung wiegt, neben dem Erfordernis der Achtstrophigkeit und dem Bauprinzip der Strophenpaare, schwerer als die Tatsache, daß die erste Strophe nicht von anderen Autoren zitiert wird, zumal die Auswahl dieser Zitate von der Aussageabsicht der Zitierenden abhängt. Die Strophe ist auch aus inhaltlichen Gründen notwendig,

---

8 Franz, Tageslauf, 470, mit Beispielen.

9 Zur Geschichte des Zisterzienserhymnars Waddell, Hymnal 1, 1, 18–22. 55. 91f.; 2, 12; vgl. auch Szövérffy, Annalen 2, 83f.

da sie den Messias als Retter Israels, d.h. des alten Gottesvolkes, anruft und so als Folie zur folgenden Strophe, die den *redemptor gentium,* den ‚Erlöser der Heiden', anspricht, notwendig ist. Ein Grund für die Weglassung der Strophe war, neben den oben genannten metrischen Schwierigkeiten, sicher auch, daß sie als Dublette zur folgenden Strophe empfunden werden konnte, die mit *veni* einen adäquaten Anfang ohne metrische Schwierigkeiten zu bieten schien.[10] Die Bezeichnung *redemptor gentium* (V. 5) wurde dann nicht mehr nur als ‚Erlöser der Heiden', sondern als ‚Erlöser aller Völker' verstanden. Die Achtstrophigkeit des Hymnus schien durch die inzwischen obligatorisch gewordene Doxologiestrophe gesichert. In Mittelalter und Neuzeit wird der Hymnus überwiegend mit dem Initium *Veni redemptor gentium* überliefert; in dieser Gestalt liegt er auch fast allen deutschen Übertragungen (z.B. Martin Luthers *Nu kom, der Heyden Heyland*) zugrunde.

Der Hymnus hat eine einfache syntaktische Struktur; er besteht überwiegend aus Hauptsätzen. Die sechs Imperative zu Beginn des Hymnus (V. 1-6) bilden eine steigernde Reihung (Klimax) zunehmender Konkretisierung des göttlichen Offenbarwerdens,[11] deren Gipfel der Erweis der Göttlichkeit des herbeigerufenen Erlösers durch das vom Propheten angekündigte ‚Zeichen' der Jungfrauengeburt ist; die Reihe klingt aus mit dem optativischen *miretur* (7), das zu der gewünschten bewundernd-anerkennenden Reaktion der Menschheit aller Orte und Zeiten (*omne saeculum,* 8) überleitet.

Die beiden folgenden Strophen beschreiben in sachlichen Indikativen den geheimnisvollen Vorgang der Menschwerdung; dabei entsprechen sich die jeweils ersten und letzten Verspaare: Auf die Angaben der Art, wie die Empfängnis des Gottessohnes erfolgte bzw. nicht erfolgte, folgt jeweils die deutende Aussage: V. 11/12 mit Bibelzitaten, V. 15 mit einer kühnen Metapher aus dem kaiserlichen Zeremoniell, die in V. 16 wiederum in ein biblisches Bild übergeht.

Die erste Gedichthälfte hat, ausgehend vom adventlichen Bittruf, die Entwicklung der Inkarnation des „Wortes Gottes" (11) bis unmittelbar an das weihnachtliche Geschehen herangeführt. Dieses Ereignis, das Hervortreten des Gottkönigs und Gottmenschen, eröffnet die zweite Hälfte des Hymnus, steht also in seinem Zentrum, wiederum in einer Mischung aus biblischen (17) und imperialen (18) Metaphern; dabei sind die Bilder der Verse 15/16 und 17/18, damit also auch die beiden Hymnushälften, über den Wendepunkt hinweg durch Chiasmen der Metaphern verklammert (imperial/biblisch - biblisch/imperial). Diese Verklammerung mit dem vorangehenden Strophenpaar erfordert, ebenso wie die Verknüpfung mit der Aussage der Str. 6 (Nominalsätze!), auch für den Kernsatz der Str. 5 den Indikativ (*procedit,* 17), nicht den Wunsch-Konjunktiv (*procedat*).[12]

---

10 Kayser, Kirchenhymnen, 172 Anm. 1; vgl. Walpole, Hymns, 52; Lentini, Te decet, 77.

11 Fontaine, Ambroise, 279: „crescendo de précision".

12 Der Indikativ *procedit* wird durch die alten Mailänder Handschriften Ma-c und die Zisterzienserhymnare bezeugt. Der Konjunktiv *procedat,* den die älteste (Fa) und eine

Mit seinem Hervortreten aus dem Mutterleib beginnt der Weg des Gotthelden (20). Dieser führt als Ausgangs- und Rückkehrbewegung (*e-/re-gressus,* 21/22) vom Vater zum Vater und gleichsam in einem Kriegszug (*ex-/ recursus,* 23/24) über den tiefsten Punkt seiner Existenz (der aber zugleich sein Sieg ist) zur Erhöhung zur Rechten Gottes. Die kosmologischen Bilder von Ps 18 (19) und Elemente des römischen Militärwesens (Krieg und Triumph) sind hier in unnachahmlicher ‚lateinischer' Prägnanz auf den Messias Jesus angewendet (dessen menschlicher Name übrigens im gesamten Hymnus nicht genannt wird!).

Die Motive der Str. 6 klingen in der ersten Strophe des Schlußpaares aus: Die Nominalgruppe (V. 25) bekräftigt in Abwehr der arianischen Lehre mit einer dogmatischen Formel die Wesensgleichheit und Gleichewigkeit des Sohnes mit dem Vater trotz der in Str. 6 dargestellten zeitweiligen Selbstentäußerung, die Verbalgruppe (26, mit Erweiterung 27/28) greift das militärische Motiv der V. 23/24 auf; dabei kehrt der Imperativ *cingere* zur Anredeform der beiden Eingangsstrophen zurück (Ringkomposition). Die letzte Strophe entfaltet zunächst in zwei indikativischen Hauptsätzen (29/30) die Lichtsymbolik des Weihnachtsfestes und läßt den Hymnus mit dem Wunsch (Konjunktiv) ausklingen, daß dieser Lichtglanz von Dauer sein möge.

Der Hymnus ist spiegelbildlich aufgebaut (a b b a): Bittruf (Imperative, Konjunktiv; zwei Strophen), rühmende Darstellung des Festgeheimnisses (Indikative bzw. Nominalsätze; zweimal zwei Strophen), Bitte und Wunsch (Imperativ, Konjunktive; zwei Strophen); das letzte Strophenpaar spiegelt diesen Aufbau nochmals im Kleinen: Imperativ, zwei Indikative, zwei Wunsch-Konjunktive. Alle Untergliederungen des Hymnus aber fügen sich, in konsequentem Fortschreiten aufeinander aufbauend, zu einem harmonischen Ganzen zusammen.

4 Einzelinterpretation

Der Hymnus beginnt mit dem Zitat von Ps 79 (80), 2–3 („Qui regis Israel, intende, qui deducis tamquam ovem Ioseph, qui sedes super Cherubim, appare coram Ephraim, Beniamin et Manasse,[13] excita potentiam tuam et veni, ut salvos facias nos"). Der zweite Relativsatz des Psalmtextes mit seiner eindeutigen Hirtenmetaphorik ist ausgelassen, vordergründig wegen des aus dem begrenzten Umfang der Hymnenstrophe resultierenden Zwangs zur Kürzung. Dadurch wird aber zugleich das Prädikatsverb des ersten Relativsatzes, *(qui) regis,* offen für eine Deutung im Sinne von ‚Herrscher', verstärkt durch den nun unmittelbar folgenden Relativsatz mit dem

weitere Handschrift bieten, ist eine Angleichung an den in den beiden Handschriften statt des richtigen *ut currat* überlieferten Konjunktiv *occurrat.*

13 Die Beziehung der Präpositionalgruppe ist in der Überlieferung des Bibeltextes unklar. Ambrosius hat, wie der Versbau (Zäsur) zeigt, die Präpositionalgruppe *Ephraem coram* zu *appare* gezogen.

geläufigen Motiv des „über den Kerubim thronenden" Gottes. Im Hymnus wird also eher der Gottherrscher angerufen, seine ‚Fürsorgepflicht' wahrzunehmen. Der Imperativ *intende* ‚merk auf!' erhält durch die Umstellung an den Hymnus-Anfang noch mehr den Charakter eines ‚Alarmrufs' als im Psalm; der Anlaß dieses Rufs, die Not des Gottesvolkes, im Hymnus nicht angesprochen, ist durch das Psalmzitat präsent. Ambrosius gelingt es so, aus den metrischen und verstechnischen Zwängen eine besondere Pointierung zu gewinnen.
Der Stamm Ephraim (zweisilbige Form Ephraem, Efrem) ist der führende der drei im Psalm genannten Stämme, der Nachkommen der Rahelsöhne, die in der Lagerordnung Num 2, 18–24 unter Führung Ephraims den westlichen Block bilden und auf dem Marsch unmittelbar hinter der Bundeslade folgen; er repräsentiert hier das Gottesvolk des Alten Bundes.
Die zweite Strophe richtet sich an den *redemptor gentium. Redemptor* bezeichnet den ‚Käufer, Erwerber, Freikäufer (eines Sklaven)'; von dieser letzten Bedeutung aus nimmt es im biblischen und christlichen Sprachgebrauch die Bedeutung ‚Befreier, Erlöser' an; dabei schwingt mit, daß der ‚Freikäufer' zugleich ein Eigentumsrecht erwirbt.[14] – Unter *gentes* sind, gemäß dem alttestamentlichen Sprachgebrauch, die nichtjüdischen Völker zu verstehen; in christlicher Interpretation wären das alle, die (noch) nicht zum ‚neuen Gottesvolk' gehören. Auf einer zweiten Verständnisebene, innerhalb der Gemeinschaft der Christen, die diesen Hymnus singen und für die der alte Gegensatz Israel – Heiden durch die Erlösung in Christus aufgehoben ist (Eph 2,11ff.), tritt in der komplementären Struktur der Str. 1 und 2 an dessen Stelle das Gegensatzpaar ‚Befreiung aus äußerer Not und Bedrängnis (durch Verfolger und Irrlehrer)' – ‚Befreiung aus der Not der Sünde'.
Aus der Anrede *redemptor gentium* ergibt sich, daß der Hymnus an Jesus Christus gerichtet ist. Dies bestätigt sich durch die beiden letzten Strophen, in denen der „dem ewigen Vater Wesensgleiche" angesprochen wird. Es gilt aber auch für die erste Strophe, bei der man wegen des alttestamentlichen Bezuges zunächst an den ‚Gott der Väter' denken könnte. Die enge Verbindung der beiden Strophen (*veni / veni;* s.o.) und der Parallelismus der Anrede sprechen gegen einen Adressatenwechsel;[15] die Deutung des Psalms 79 (80) auf Christus, das ‚Wort des ewigen Vaters', entspricht frühchristlicher Exegese, z.B. bei Eusebius und Athanasius.

Mit *ostende partum virginis* (V. 6) leitet Ambrosius zu einem anderen Motiv über: Das bei Jes 7, 14 verheißene Heilszeichen wird gemäß der neutestamentlichen, auf dem griechischen Wort *parthénos* beruhenden Interpretation (Mt 1,23) auf die Geburt Jesu „aus der Jungfrau Maria" bezogen. Diese gilt für Ambrosius wie für die überwiegende Zahl der damaligen Theolo-

---

14 Vgl. Rut 4,1ff.

15 Franz, Tageslauf, 24 Anm. 100. Die Hymnen des Ambrosius sind christologisch ausgerichtet (Franz, Tageslauf, 53–57; 112), mit Ausnahme des an die Dreifaltigkeit gerichteten Abendhymnus *Deus creator omnium.*

gen[16] als historische Tatsache. Die ‚Jungfrauengeburt'[17] ist in ihrer Unglaublichkeit nicht nur ein Wunderzeichen (‚ostentum'), sondern geradezu der ‚Ausweis' der Göttlichkeit des Messias.[18] Die Welt (*omne saeculum*, d.h. die Menschheit aller Orte und Zeiten) soll darauf mit dem erstaunten Bekenntnis reagieren: Eine solche Geburt - man könnte hinzufügen: nur eine solche - ziemt sich für (einen) Gott.[19]

Die Str. 3 und 4 entfalten das Geheimnis der ‚Jungfrauengeburt': Zuerst wird die Empfängnis beschrieben in Worten, die Joh 1,13 umdeutend auf Christus beziehen,[20] wodurch sich das wörtliche Zitat Joh 1,14 direkt anschließt; die leichte, metrisch bedingte Umstellung des Prädikats ergibt zugleich eine stärkere Pointierung. Die gegensätzlichen Angaben über die Art der Empfängnis sind durch strengen Parellelismus und Reim verbunden. Das Kommen des Heiligen Geistes (vgl. Mt 1,18; Lk 1,35) wird mit der Wortgruppe *mystico spiramine* ausgedrückt; *spiramen* ‚das Wehen' bereitet zugleich als Metapher das Bild des blühenden Zweiges (V. 12) vor; das Adjektiv *mysticus* kennzeichnet das nur im Glauben faßbare Geheimnis.

Der letzte Vers der Strophe bringt mit einem weiteren Jesaja-Zitat (Jes 11,1) wieder ein - aber nun bereits erfülltes - Heilszeichen: Die ‚Frucht des Leibes' der Jungfrau Maria ist Jesus, der Gottessohn, der in der christlichen Ausdeutung des Prophetenwortes als die Blüte des Zweiges aus der Wurzel Jesse (= Maria) gesehen wird.[21] Aus diesem Bezug erklärt sich die scheinbare Umkehrung des biologischen Ablaufs, daß die Frucht erblüht, - ein Beispiel für die kühne Metaphorik der poetischen Sprache des Ambrosius.

Die Symptome der Schwangerschaft Mariens werden in schlichter Sachlichkeit dargestellt, wobei wiederum auf ihre Jungfräulichkeit hingewiesen wird (13f.). Ambrosius verwendet dazu einen Ausdruck der gewöhnlichen Sprache für moralisches Verhalten,[22] macht ihn aber zugleich zu einer nur

---

16 Belege bei Huhn, Geheimnis, 37–90; Frank, Geboren..., 91–115 (zu Ambrosius: 106. 110ff.).

17 *partus* kann hier nur als Abstraktum ‚Geburt' verstanden werden, nicht als ‚das Geborene (= die Leibesfrucht, Sohn) der Jungfrau', d.h. Jesus (so Steier, Echtheit, 575; Fontaine, Ambroise, 280: „*partus virginis* désignant Jésus").

18 Ambrosius, in Luc. 2, 78 (CSEL 32, 4, p. 84): „Das Zeichen der Ankunft Gottes besteht darin, daß eine Jungfrau, nicht eine Frau, gebiert." De fide 5, 4, 54 (CSEL 78, p. 237): „[Christus] wird aus einer Jungfrau geboren, damit von ihm geglaubt werden kann, daß er aus Gott geboren ist »; s. Franz, Tageslauf, 434 (m. Anm. 1643).

19 Kayser, Kirchenhymnen, 173; Frank, Geboren..., 110.

20 Ambrosius, in ps. 37, 5, 2 (CSEL 64, p. 140) wendet den Vers Joh 1,13, der ja eigentlich die Gläubigen bezeichnet, in zunächst wörtlichem, dann situationsbezogen abgewandeltem Zitat auf Christus an, „der nicht aus dem Blut noch aus dem Willen des Fleisches noch aus dem Willen eines Mannes, sondern **aus dem Heiligen Geist und der Jungfrau** geboren ist". Die nichtsexuelle Empfängnis Jesu ist ein von Ambrosius oft behandeltes Thema.

21 Ambrosius, De patriarchis 19 (CSEL 32, 2, p. 135); ähnlich De spiritu 2, 38 (CSEL 79, p. 101): radix Jesse = Iudaei, virga = Maria, flos Mariae = Jesus.

22 Vgl. Plinius, ep. 2, 14, 4 (Klage über die Unverschämtheit junger Deklamatoren): „Jetzt, wo alle Schranken der Scham und Ehrfurcht gebrochen sind (*refractis pudoris et reverentiae claustris*)..."

leicht verhüllenden ‚anatomischen' Bezeichnung. Die Aussage bezieht sich hier aber nur auf die jungfräuliche Empfängnis, nicht auf die von Ambrosius ebenfalls vertretene Jungfräulichkeit Marias bei der Geburt („virginitas in partu"), eine damals noch kontroverse, aber gerade auch von Ambrosius durchgesetzte Vorstellung;[23] sie ist hier allenfalls nur angedeutet, z.B. in dem Kompositum *per-manet* oder in dem Bild vom Hervortreten des Messias aus der *pudoris aula regia* (V. 18).

Die ‚moralische' Komponente der Aussage der ersten Strophenhälfte wird in das zweite Distichon übernommen, wenn nun Marias *virtutes* zum Signal der Anwesenheit des Gottessohnes werden: Sie sind das Symbol auf den Standarten, durch die, wie es die Mailänder vom Hofzeremoniell her kennen,[24] die Anwesenheit des Herrschers angezeigt wird. Dieser weilt aber nicht wie ein irdischer Herrscher in einem Palast - dieses Motiv wird erst in der nächsten Strophe aufgenommen (18) - sondern in einem Tempel, denn er ist, wie es die biblische Ausdrucksweise[25] schon vorbereitet, Gott. Dieser Tempel aber - und ebenso das Brautgemach und die Königshalle der folgenden Strophe - ist der reine Schoß der Jungfrau Maria, der so, die paulinische Formulierung[26] übertreffend, im Vollsinne „Tempel des Heiligen Geistes" geworden ist. Auf diese Weise werden die vier Strophen der Gedichtmitte motivisch zusammengehalten; sie entsprechen dem erzählenden Teil antiker Götterhymnen, deren Typologie - Herbeirufen, heilige Geschichte, Bitte - durchaus auch in den christlichen Gebeten und Hymnen vorliegt, sicher nicht nur als Übernahme aus dem paganen Umfeld, sondern weil es sich um einen zu allen Zeiten und in allen Religionen vorhandenen Archetyp des Gebets handelt.

Die zweite Gedichthälfte[27] beginnt, wie die erste, mit einem Psalmzitat, Ps 18(19),6f. („et ipse tamquam sponsus procedens de thalamo suo exultavit ut gigans ad currendam viam suam. A summo caeli egressio eius et occursus eius ad summum eius").

---

[23] Belege für Ambrosius bei Huhn, Geheimnis, 110–126 (zu Ambrosius und Augustinus s. Huhn: Mariologie 229f.). - Zur Problematik s. Campenhausen, Jungfrauengeburt (bes. 54ff.); Rahner, Virginitas (bes. 188–195); ders., Bemerkungen, 148–154; Lattke, Lukas, 61ff.; Frank, Geboren ..., 91ff.; Schneider, Was wir glauben, 239–251.

[24] Fontaine, Ambroise, 287. „L'allusion était certes plus transparente pour les Milanais du 4e siècle."

[25] Ps 10 (11),4; Hab 2,20; dort allerdings ohne das zum ‚höfischen' Bildbereich gehörende Verb *versatur*.

[26] 1 Kor 3,16; 6,19; 2 Kor 6,16.

[27] Bei V. 17 haben viele Handschriften eine Teilungsmarke (divisio; s. Chevalier, Repertorium 2, 352; Waddell, Hymnal, 1, 1, 43 ff. 88f.; 2, 68–70); man konnte beide Hälften eines Hymnus (jeweils mit Doxologiestrophe) separat singen oder zwischen dem vollständigen Hymnus und einem Teil wechseln, aufgeteilt auf verschiedene Gebetszeiten; z.B., für unseren Hymnus, Zisterzienserhymnar, Rez. II: „Ad vesperas totum, in nocte dimidiatur" (Waddell, Hymnal 2, 69). - Der Teil ab Str. 6 *(Egressus eius)* wurde in einigen Ordensoffizien am Fest Christi Himmelfahrt gesungen (s. Chevalier, Repertorium 1, 315).

Der Motivgehalt des Psalmzitats ist in bedeutsamer Weise verändert: Sonnen- und Bräutigams-Symbolik, die von Ambrosius sonst, gerade auch in Zusammenhang mit Ps 18, benutzt werden,[28] sind hier ausgeblendet (bleiben freilich durch das Zitat im Hintergrund präsent); dafür wird die ‚imperiale' Komponente stärker betont, besonders deutlich durch die Interpretation des *thalamus* als *aula regia.* Die Hinzufügung des aus V. 14 wiederholend aufgenommenen *pudoris* erweist diese *aula regia* als ‚imperiale' Metapher des jungfräulichen Schoßes Marias,[29] der in der vorausgehenden Strophe in religiöser Metaphorik als Tempel gedeutet war. So bilden die Metaphern der Göttlichkeit und des Herrschertums das Zentrum des ganzen Hymnus. Das weihnachtliche Festgeheimnis wird also repräsentiert durch das ‚imperiale' Bild des aus seinem Palast hervortretenden Gottherrschers, nicht etwa durch die Darstellung der Geburt eines göttlichen Kindes. Demgemäß sind auch die diesbezüglichen Elemente (Herbergssuche, Engelerscheinung, Hirten) und alle theologischen Deutungen und Spekulationen über den Verlauf dieser Geburt hier ausgeklammert. Sie ist der Beginn des Weges dieses ‚Gottmenschen', dessen ‚Doppelnatur' Ambrosius gemäß dem nicänischen Dogma in einer Prädikation von ungeheurer Dichte, die zu einer dogmatischen Formel wurde, aussagt: *geminae gigans substantiae.*

Mit dieser Formel, die Ausdrücke der heidnischen Mythologie (*geminus, gigans*) zitiert und als Verständnisbrücken verwendet,[30] hat Ambrosius zugleich die Interpretation von *gigans* von der Sonnensymbolik des Psalms zu einer Metapher für die ‚Natur' des Messias verschoben. Von der oben aufgezeigten Struktur der Strophe her gehört die Wortgruppe um *gigans* als Prädikativum zum Finalsatz; dies entspricht auch der Struktur des Psalmverses, wo *ut gigans/fortis* nicht zu *procedens*, sondern zum Prädikatsverb *exsultavit* gehört, das im Hymnus in das prädikative *alacris* ‚freudig, eifrig, tatbereit' umgesetzt ist.

Die sechste Strophe beschreibt den Weg des ‚Giganten'. Dabei wird der Parallelismus von *egressio* und *occursus* aus Ps 18,7 verdoppelt. Die erste Strophenhälfte ist eine Umsetzung von Joh 16,28: „Ich bin vom Vater ausgegangen und in die Welt gekommen, wiederum verlasse ich die Welt und gehe zum Vater". *Egressus* bezeichnet hier den ‚Ausgang vom Vater' bei der Menschwerdung, *regressus* die Rückkehr nach dem vollbrachten Erlö-

---

28 Franz, Tageslauf, 277ff.; zu Ps 18 (19) besonders 305.

29 Vgl. Ambrosius, Inst. virg. 79 (PL 16, 324): „Er wohnte unter uns, wie ein König thronend im königlichen Saal (*in aula regali*) des jungfräulichen Schoßes."

30 Das Adjektiv *geminus* bezeichnet (ebenso wie das von Ambrosius an anderer Stelle, ebenfalls in Zusammenhang mit Ps 18, mit *gemina natura* kombinierte *biformis* ‚zwiegestaltig') Mischwesen wie Kentauren oder Giganten. Franz, Tageslauf, 471 weist darauf hin, daß die Werke klassischer Autoren (Cicero, Vergil, Horaz, Ovid, Seneca) von Ambrosius „nicht in einer vordergründigen Polemik als heidnisch zurückgewiesen, sondern in einer produktiven Aufnahme für eine christliche Sinngebung fruchtbar gemacht werden. In diesem Prozeß der Inkulturation erweist sich der Mailänder Bischof als ein nicht zu unterschätzender Brückenbauer zwischen Antike und Christentum." – s. auch Fontaine, Ambroise, 73ff. 81.

sungswerk.[31] Die beiden Verse umschreiben den Lauf des *gigans* mehr unter dem zeitlich-irdischen Aspekt, das zweite Verspaar bezeichnet dagegen die Extrempunkte - die äußerste Erniedrigung bis zum Tod (*usque ad* erinnert an Phil 2,8: *usque ad mortem*) und zum Hinabsteigen in die Unterwelt und die Erhöhung zur Rechten des Vaters[32] - unter ontologischem Aspekt, weshalb auch die Vorstellung einer vertikalen Bewegung vermieden ist (die Ausdrücke *descensus* und *ascensus* kommen nicht vor, obwohl sie metrisch möglich wären). Die Sonnensymbolik des Psalms, die in der ersten Strophenhälfte noch als Zitathintergrund vorhanden war, spielt im zweiten Teil keine Rolle mehr. Überhaupt liefert der Ps 18 (19) in beiden Strophen eigentlich nur die Motivstichworte *(thalamus, gigans, alacris, ut currat viam, egressus, (re-)cursus)* für die Entfaltung seiner christologischen Auslegung, die dem Inhalt des zweiten Artikels des Apostolischen Glaubensbekenntnisses entspricht.

Die beiden Schlußstrophen kehren einerseits in der Art der Ringkomposition zur Anrufeform der Eingangsstrophen zurück, andererseits führen sie die Problematik der Doppelnatur des Erlösers weiter. Dem Vater wesens- und ewigkeitsgleich (antiarianische Formel), soll er nun ohne Beeinträchtigung seiner göttlichen Natur die menschliche annehmen. Mit einer der für Ambrosius charakteristischen Kurzformeln, dem Ausdruck *carnis trophaeo* (V. 26), ist der Zweck der Menschwerdung betont: die Erlösung durch Tod und Auferstehung Christi; sein Leib ist das *trophaeum* (*carnis* ist erklärender Genitiv),[33] er ist zugleich aber auch das Instrument, die Waffenrüstung, in der Christus den Sieg „über das Fleisch", d.h. über Tod und Sünde, erringen wird[34] und die er in seiner Menschwerdung anlegen soll *(cingere)*.[35] Die Schwachheit dieser seiner Menschlichkeit *(nostri corporis)* soll der Gottmensch stärken *(firmare)* mit der beständigen Kraft *(virtute perpeti)* seiner Göttlichkeit, wodurch er unbesiegbar wird.[36] Erst indirekt, durch die Erlösung, wirkt sich dieser Sieg auf die, die an Christus glauben, aus, indem auch sie dadurch im Kampf gegen das Böse gestärkt werden.[37] In diesem sekundären Sinn wurden die Verse 27/28 in den Hrabanus Maurus zugeschriebenen Hymnus *Veni, creator spiritus* übernommen (V. 15/16), in des-

---

31 Vgl. Kayser, Kirchenhymnen, 177; Franz, Tageslauf, 305.

32 Die Erhöhung ist Folge und Lohn der Erniedrigung: „propter quod et Deus exaltavit illum" (Phil 2, 9).

33 Ähnlich *crucis trophaeum* ‚das Siegeszeichen des Kreuzes' (das Kreuz ist das Siegeszeichen), Ambrosius, In Luc. 10, 107 (CSEL 32, 4, p. 495); vgl. Venantius Fortunatus, Kreuzhymnus *(Pange lingua)*: *super crucis trophaeo.*

34 Vgl. Sedulius, Weihnachtshymnus *(A solis ortus cardine)*, V. 7: *carne carnem liberans.*

35 Der Imperativ *cingere* ist die Lesart der ältesten Handschriften (Fa, Ma-c); er wird häufig falsch als Indikativ (Präsens oder Präteritum) übersetzt; Mone (Hymnen 45) hielt *cingere* für einen „historischen Infinitiv".

36 Springer, Veni, 83: „Christ strengthens the weakness of the body which he shares with us *(nostri corporis)* by means of his constant power. ... Despite his human form Christ's divine power turns this weakness into a sign of victory *(tropaeum)*"; 84: „... strengthening the weakness of human flesh with his eternal power *(virtute perpeti)*."

37 Springer, Veni, 83.

sen Kontext sie auch nur in diesem Sinn passen. Interpreten, die sie auch bei Ambrosius nur in diesem Sinn verstehen, (und so auch die meisten deutschen Übertragungen des Hymnus) sehen sie also durch die Brille der späteren Verwendung.

Der Hinweis auf die Krippe lenkt die Motivik endgültig auf das weihnachtliche Geschehen, bleibt aber auch der einzige Bezug auf die Geburtserzählung des Lukasevangeliums (Lk 2,7). Die gesamte Strophe ist vielmehr vom Motiv des Lichtes geprägt; dabei überträgt Ambrosius das ‚Leuchten' vom Messias auf die Krippe, die nun seine irdische Wohnung ist. Dieses göttliche Leuchten wird mit dem aktualisierenden *iam* auf die Gegenwart der liturgischen Feier bezogen[38] und zugleich als Gnadenzeichen für die Zukunft zugesichert. Daß die Nacht vom Lichtglanz der Geburt des Messias, aber auch konkret vom Lichtglanz der Feier erhellt wird, daß damit zugleich die Nacht der Gottesferne und des Todes erleuchtet und belebt wird, drückt Ambrosius in einer kühnen Mischung von Bildern und Metaphern, verbunden mit einem Oxymoron, aus: *lumenque nox spirat novum* ‚die Nacht atmet neues Licht aus'. Das ‚Atmen' der Nacht, als Metapher vom friedlichen Atmen eines Schlafenden genommen, deutet an, daß dieses Licht nicht brutal wie ein Blitz aufstrahlt, sondern sanft leuchtet, sicher auch eine Spiegelung der Atmosphäre der von Kerzenlicht erhellten nächtlichen Feier. Von hier aus ergibt sich ein Bezug zum ‚Wehen' (*spiramen,* V. 10) des über die Jungfrau Maria kommenden Gottesgeistes; das von der Nacht ‚ausgeatmete' Licht ist ebenfalls von Gott gewirkt und Zeichen seiner Gegenwart. Mit diesem Licht könnte, gemäß der geläufigen,[39] auch von Ambrosius häufig gebrauchten, bereits biblischen[40] Metapher, Christus selbst gemeint sein, „das wahre Licht, das jeden Menschen erleuchtet" (Joh 1,9.). Dieser Bezug tritt aber, wie die beiden auf *lumen* bezogenen Relativsätze (31/32) zeigen, zurück hinter der Deutung als das Licht eines neuen Tages, einer neuen Erkenntnis, eines neuen Lebens. In dieser Lichtsymbolik verbindet sich das Weihnachtsfest mit Ostern, von wo es seinen Sinn erhält: Der Glaube, daß hier nicht die Geburt irgendeines Kindes gefeiert wird, sondern die eines Menschen, der zugleich Gott und das „wahre Licht" ist, ist nur von Tod und Auferstehung Christi her begründet. So ist es kein Zufall, daß der Hymnus in ähnlich paradoxer Weise von Nacht und Licht spricht wie der Lobgesang auf das neue Licht in der Osternacht, das *Exsultet,* wenn es Ps 138 (139), 12/11 zitierend umdeutet: „Dies ist die Nacht, von der geschrieben steht: ‚Die Nacht wird hell werden wie der Tag' und ‚Die Nacht ist meine Erleuchtung in meinen Wonnen'."

Während in V. 30 *nox* überwiegend die Nacht im realen Sinn bezeichnet, ist in V. 31 damit die Nacht des Unglaubens und der Irrlehre, des Bösen, der

---

38 Vgl. hy. 3, 1: *Iam* surgit hora tertia (dazu Franz, Tageslauf, 406. 476) und 13f.: hinc *iam* beata tempora ... coepere; ferner das *iam* im *Exsultet* der Osternacht.

39 So im Lichthymnus *Phōs hilarón.* Zur Metaphorik Licht = Christus in Ambrosius, hy. 4 *(Deus creator omnium)* s. Franz, Tageslauf, 37ff.

40 z.B. Jes 60,1–3 (in christologischer Deutung); Offb 21,1.23 (lucerna eius est agnus).

'Mächte der Finsternis' gemeint.[41] Der Gedanke, daß dieses Dunkel nie mehr die Oberhand über das 'Licht' gewinnen kann (bzw. soll), findet sich oft bei Ambrosius, z.B. in ps. 118, 12, 13 (CSEL 62, p. 258), einer Passage, die fast wie ein Zitat des Hymnus aussieht. Die für die Leuchtkraft dieses Lichtes erforderliche Festigkeit und Stetigkeit des Glaubens bezeichnet Ambrosius mit dem von ihm häufig verwendeten Adjektiv *iugis* 'beständig'.

Die beiden konjunktivischen Relativsätze der letzten Strophe (V. 31/32) sind der abschließende Gebetswunsch an den neugeborenen Erlöser (oberflächlich könnte man sie mit dem abschließenden Wunsch eines Festredners vergleichen).

Ambrosius vereinigt in diesem Hymnus Psalmzitate und dogmatische Aussagen, einfache Darstellung und anspruchsvolle Metaphorik, hochpoetische Sprache und schlichte Ausdrucksweise, klassische Metrik und zeitgenössischen Stil zu einem komplexen, aber in sich geschlossenen und stringenten Kunstwerk. Anders als die Tagzeitenhymnen mit ihren verschiedenen Sinnebenen[42] ist der Weihnachtshymnus von dem einen Thema der Menschwerdung Gottes in Jesus Christus beherrscht. Dabei sind aber die 'historischen' Fakten der Evangelienberichte (Verkündigungs-, Geburtserzählung, Kindheitsberichte) fast völlig ausgeblendet; der Hymnus will, mehr nach Art des Johannesevangeliums und der Paulusbriefe als in der Weise des Lukas- und Matthäusevangeliums, in einer dezidiert sowohl antiarianischen als auch antidoketistischen Weise Aussagen über das Wesen des Gottmenschen Jesus Christus machen. Abgesehen von der letzten Strophe mit ihrem Hinweis auf die Krippe, ließe sich dieser Hymnus unabhängig von der Weihnachtszeit als 'Hymnus über die Menschwerdung' verstehen; dies ermöglichte seine spätere Verwendung als Adventshymnus.

5 Die Wirkung des Hymnus

Die Hymnen des Ambrosius sind aus der Liturgie (Psalmen, Lesungen) und der Katechese erwachsen, die in den Hymnen auftretenden Motive waren den Hörern vertraut, wobei man die Kraft einer Kultur mündlicher Überlieferung und Kommunikation nicht unterschätzen darf. So sind die Hymnen eine Fortsetzung der Katechese mit anderen Mitteln. Die Gemeinde soll durch das Hören, Singen und Meditieren der Hymnen belehrt und im Glauben bestärkt werden und, indem sie diesen Glauben im gesungenen Hymnus bekennt, zugleich sich seiner vergewissern und, ihn weitersagend, selbst „zu Lehrern werden" (s. Anm. 44).

Die Hymnen des Ambrosius waren dazu bestimmt, von einer christlichen Gemeinde gesungen zu werden und haben dieses Ziel auch erreicht,

---

41 Zu den Bedeutungen von 'Nacht', 'Dunkel' auf den verschiedenen Sinnebenen s. Franz, Tageslauf, 205ff.

42 Literal, allegorisch, moralisch, eschatologisch; vgl. Franz, Tageslauf, 179–184. 201ff. (am Beispiel des 'Hahnenhymnus' *Aeterne rerum conditor*).

wie wir von ihm selbst[43] und von anderen, darunter seinem Schüler Augustinus, wissen. Wie die Prosawerke des Ambrosius haben auch die Hymnen auf Zeitgenossen und Spätere nachgewirkt, wie sowohl allgemein die Etablierung des ‚Ambrosianischen Hymnus' als bestimmende literarische Gattung des Kirchengesangs der lateinischen Kirche zeigt, als auch im Einzelnen zahlreiche Zitate und Anspielungen bei Augustinus und anderen erkennen lassen. Wie zahlreiche unter dem Namen Augustins überlieferte (aber oft aus viel späterer Zeit stammende) Beispiele zeigen, waren die Hymnen, darunter auch der Weihnachtshymnus, ein beliebtes Predigtthema.

Trotz seiner großen Verbreitung wurde der Weihnachtshymnus nicht in das *Breviarium Romanum* aufgenommen, findet sich aber in regionalen und Ordensbrevieren: Mailand; Spanien, England, Frankreich; Benediktiner, Zisterzienser, Karthäuser, Dominikaner, Prämonstratenser.[44] Von der Antike bis zur Neuzeit gibt es zahlreiche Spuren in Hymnen und anderen religiösen Dichtungen.[45] Es ist allerdings nicht leicht, zwischen bewußten Zitaten und solchen Anklängen zu unterscheiden, die sich aus den Themen und ihren naturgemäß begrenzten Ausdrucksmöglichkeiten ergeben, z.B. bei den Motiven Jungfrauengeburt, Doppelnatur des Messias, Licht. Zum Nachweis wäre eine konsequente Erfassung des Materials von der ausgehenden Antike bis zu den modernen Umsetzungen in den Nationalsprachen notwendig.

6 Deutsche Übertragungen

Während eine mittelhochdeutsche Interlinearversion des 12. Jh.[46] nur den Zweck hatte, das Verständnis des lateinischen Textes zu erleichtern, gibt es bereits seit vorreformatorischer Zeit deutsche Übertragungen des Hymnus, die zum Singen bestimmt (zumindest geeignet) sind.[47] Martin Luthers Übertragung *Nu kom, der Heyden Heyland* (1523/24) hat wegen ihrer Qualität nicht nur - unterstützt durch seine reformatorische Autorität - die evangelische Liedtradition[48] geprägt, sondern wirkte ebenso auf die katholische.[49] Luther bemühte sich, im Gegensatz zu der von ihm abgelehnten freien und

---

[43] Vgl. Ambrosius, Ep. 75a (21 a), 34 s. c. Auxentium (CSEL 82, 3, p. 105).

[44] Kayser, Kirchenhymnen, 171; Julian, Dictionary, 175. 178. 179f.; Mearns, Index 43. 89; Chevalier 2, 716f. - Zum *Breviarium Romanum* s. Lentini, Te decet, XVII.

[45] s. Szövérffy, Annalen; ders., Weltliche Dichtungen.

[46] Kehrein, Kirchen- und religiöse Lieder, 30f. (Nr. 34).

[47] Heinrich von Laufenberg, 1418 (Wackernagel II, 580 Nr. 755); Handschrift Nr. 47 Marzellen-Gymnasium Köln (Wackernagel II, 696 Nr. 891). Hymnarius ... Siegmundslust 1524 (Wackernagel II, 1107f. Nr. 1348).

[48] Jenny, Luther 202–204; s. auch Fischer, Kirchenlieder-Lexikon.

[49] z.B. die Liedfassungen in den Gesangbüchern von **Leisentrit*, Budissin 1567 und [3]1584 (Wackernagel V, 1093 Nr. 1353); Michael Peterle, Prag 1581; **Beuttner 1602* (Faks.-Ausg. von Walther Lipphardt. Graz 1968). Eine Liste der deutschen Gesangbücher, die Übertragungen des Hymnus enthalten, gibt Wennemuth: Hymnus, Anhang 17.

uminterpretierenden Vorgehensweise Thomas Müntzers,[50] um eine textnahe Übertragung. An ihr lassen sich aber sehr gut die dabei auftretenden Probleme beobachten:

Da Luther sich, wie seine Vorgänger und die meisten seiner Nachfolger, dem poetischen Erfordernis des Reims unterwarf, war er zu Abstrichen an der Texttreue genötigt, z.B. bei der Übersetzung von V. 8 „Gott solch gepurt yhm (= sich)[51] bestelt", wegen des Reimes auf „welt".[52] Wegen des Reimes auf „schon" (= schön) wird in V. 16 „Tempel" durch „Thron" ersetzt („Got da war yn seinem thron").[53]

Ein besonderes Problem ist die Wiedergabe der Metaphern: Im Falle von *gigans* (V. 19) ist die Wiedergabe durch ‚Held' schon in den antiken Interpretationen der Psalmstelle angelegt.[54]

Luthers Wiedergabe der Metapher *vexilla virtutum micant* (V. 15) „leucht erfur (= herfür, hervor) manch tugend schon (= schön)" beschränkt sich auf die moralische Komponente des Bildes und läßt das anschauliche Element des Fürstenbanners aus.[55]

Die schwierige Metapher *carnis trophaeo cingere* (V. 26) wird mit „fur (= führ') hynnaus den syeg im fleisch" nur unvollständig umgesetzt (das Motiv des Anlegens der Rüstung entfällt).

Ein Verständnis- und Interpretationsproblem zeigt sich bei der unmittelbar folgenden Partizipialgruppe *infirma ... firmans* (27f.), die bei Luther wie in fast allen anderen Übertragungen im Sinne des Heilig-Geist-Hymnus verstanden ist (s.o. S. 14); sie wird als Final- (oder Konsekutiv-) Satz – „das dein ewig gots

---

50 Thomas Müntzer, 1521 (?) (Deůtzsch kirche ampt ... Alstedt 1523/24; Wackernagel 3, 440 Nr. 498). Er übernimmt nur die Strophen 2, 3 und 6 (außer V. 24) des Ambrosiushymnus; die Str. 4, 5 und 7 (sowie V. 24) werden neu formuliert, wodurch das Lied eine andere theologische Ausrichtung erhält und auf die Situation der Gläubigen bezogen wird. Durch die Umarbeitung entstehen Unklarheiten (z.B. bezüglich des ‚Adressaten') und Sinnbrüche. – Ähnlich ist die Situation beim Adventhymnus *Conditor alme siderum*, der in der Müntzerschen Fassung in das **Gotteslob* übernommen wurde; der anscheinend unbemerkt gebliebene oder vernachlässigte sinnstörende Adressatenwechsel wurde erst 1982 kaschiert, allerdings entgegen dem lateinischen Originaltext unter Verstärkung der Umadressierung und mit gezwungener Logik („Denn es ging *dir* zu Herzen sehr ..., drum nahm *er* auf *sich* ..."). [s. auch in diesem Band S. 48] – Zur Reaktion Luthers auf Müntzers Übertragungen vgl. Hahn, Evangelium, 292; Jenny, Luther, 12.

51 Wenn die Formulierung Luthers in einen heutigen Text übernommen wird (so im **EG-HN* 1994), ist eine Auffassung von „ihm" als Reflexivum nicht mehr möglich.

52 Nitschke, Liederkunde, 116. – Hahn, Evangelium, 299 sieht in der Wortwahl „Gott ... sich bestellt" (statt *decet* ‚ziemt sich für Gott') eine besondere Aussageabsicht („dynamisch" statt „statisch").

53 Zu Reim, Assonanz usw. im deutschen Kirchenlied s. Tschirch, Grundlagen, 15–32.

54 Hieronymus, brev. in ps. (PL 26, 925 C) interpretiert *gigas* als ‚tapferer Held' (entsprechend in seiner Übersetzung „iuxta Hebraeos": *ut fortis*); ebenso Augustinus, en. Ps 18,1,6 (CCL 38, p.103).

55 Hahn, Evangelium, 298f. konstatiert bei Luthers Übertragungen eine Tendenz zur „Entbildlichung" (Auflösung von Metaphern) und „Veranschaulichung" durch konkrete Aussage.

gewalt / **ynn uns** das kranck fleisch enthallt (= erhalt)“[56] – wiedergegeben; in Verbindung mit der „verflachten“ Metapher des vorangehenden Hauptsatzes wird so der Sinn der ganzen Strophe völlig verändert. Luthers Übertragung von V. 6f. „Das (= damit) sich wunnder alle welt, / Gott solch gepurt yhm bestelt“ stellt die syntaktische Struktur auf den Kopf (der konjunktivische Hauptsatz wird als Finalsatz dem ursprünglichen Inhalt der Verwunderung untergeordnet) und verharmlost damit die Aussage.[57]

Eine ‚sekundäre‘ Schwierigkeit ergab sich, trotz (oder wegen) ihrer Texttreue, aus Luthers wuchtig-dunkler Wiedergabe von V. 12: „und bluet (= blühet) eyn frucht weibs fleisch“; diese Stelle wird „immer wieder als Paradebeispiel zitiert“, daß die von Luther hier gewählte Übertragungsmethode „bis an die Grenze der Verständlichkeit“ gehen kann;[58] soweit in den Gesangbüchern Luthers Text nicht einfach übernommen wird, gibt es – nicht sehr erfolgreiche – Versuche, ihn zu glätten.

Trotz der mit Luthers Übertragungsweise verbundenen Problematik[59] und einiger Unzulänglichkeiten ist sein Hymnus *Nu kom, der Heyden Heyland*, gerade wegen seiner dem Original gerecht werdenden Kompaktheit ein Kunstwerk. Das gilt auch von seiner aus einer mittelalterlichen gregorianischen Singweise entwickelten Melodie, in der das achtsilbige ambrosianische Metrum auf einen siebensilbigen Vierheber verkürzt ist;[60] sie wurde Grundlage zahlreicher bedeutender Instrumental- und Chorwerke, darunter der Vertonungen von J. S. Bach.

Drei Übertragungen aus neuerer Zeit wurden in die katholischen Gesangbücher bzw. das deutsche Stundenbuch aufgenommen:

Das Lied von Petronia Steiner (1945)[61] ist eine Neudichtung, die die dunkle Kompaktheit des alten Hymnus in schlichte und gefällige Sprache umzusetzen sucht. In der Eröffnungsstrophe (= Str. 2 des Ambrosius) wird die Aufforderung zum Erweis der Göttlichkeit durch die Jungfrauengeburt zu einer zweiten Herbeirufung umgeformt („Sohn der Jungfrau, eil herzu“). Durch Auslassung von Strophen (4, 6 und 7) und Umstellung (5 vor 3) entsteht eine neue Gedankenfolge: Das Hervorgehen des Messias „aus dem königlichen Saal“ und sein Entschluss zur Menschwerdung werden zu einem sich sozusagen auf der göttlichen

56 Im Heilig-Geist-Hymnus übersetzte Luther anders: „Das schwach fleisch yn vns, dir bekand / erhalt fest dein krafft vnnd gunst.“

57 vgl. Jenny, Luther, 204 Anm. 1, 3. Hahn, Evangelium, 299 wertet diese Umdeutung positiv.

58 Hahn, Evangelium, 20; ähnlich Werthemann, Studien, 29. Nitschke, Liederkunde, 118 spricht von der „Formkunst der ‚geballten Ladung‘“, die sich gerade in dieser Strophe „fast unheimlich“ zeige.

59 Dazu Hahn, Evangelium, 289–300.

60 Jenny, Luther, 72f. 202. Zum Rhythmus s. Tschirch, Grundlagen 11ff; die durch die Silbenzählung entstehenden Tonbeugungen (Nú kom, dér heydén heylánd) werden aber durch die Melodie überdeckt; es ist die Frage, ob Luther hier nicht doch in seinem sicheren Gefühl für den Versbau von der freieren Möglichkeit des deutschen Versbaus Gebrauch gemacht hat (vgl. Tschirch, Grundlagen, 13). – Zur Ausgangsmelodie für Luthers Bearbeitung s.u. Anm. 68.

61 Nach: **Gelobt sei Jesus Christus*, Nr. 275.

Ebene abspielenden Geschehen („will er in die Welt eingeh'n"), das sich dann „in der reinsten Jungfrau Schoß" menschlich realisiert. Die letzte Strophe schließt statt mit dem Wunsch um beständigen Glauben mit dessen Bekenntnis („Gläubig schau'n wir dich, den Herrn").

Markus Jenny (1971)[62] bemüht sich in seiner Übertragung, von der fünf Strophen (1, 2, 4, 7, 8) in das katholische Gesangbuch **Gotteslob* übernommen wurden, weitgehend um Texttreue, allerdings mit zwei bezeichnenden Ausnahmen: In seiner dritten Strophe formt er die vierte des Hymnus, die einerseits durch ihren Realismus *(alvus tumescit virginis)*, andererseits durch ihre Metaphorik *(claustrum pudoris, vexilla virtutum)* für heutiges Empfinden schwierig ist, sehr frei um (sprachlich wie verstechnisch wenig ansprechend); in seiner sechsten (= Ambr. siebte) Strophe macht er unter Verzicht auf die Prädikation der Wesensgleichheit mit dem Vater aus der Aufforderung *(cingere)* eine Aussage; die anschließende Partizipialgruppe drückt so nicht mehr die Methode des Erlösungskampfes, sondern vorwegnehmend sein Ergebnis aus (was Ambrosius in der Metapher *carnis trophaeo* angedeutet hatte). Der Aussagecharakter wird auch in der folgenden Strophe (statt Anrede und Wunsch) fortgeführt. Interessant - und als Verständnishinweis sinnvoll - ist die Erweiterung des Zitats aus Ps 18 (19) um den von Ambrosius ausgeblendeten Sonnenvergleich. In der Auswahlfassung des **Gotteslob* fehlen vor allem die beiden Strophen, die den Weg des Gottmenschen und den Anfang der Erlösung in seiner Geburt bezeichnen. So ergibt sich zwar ein konsequentes Adventslied (mit einem Ausblick auf Weihnachten), doch fehlt die christologische Kernaussage des Hymnus.

Bei der Neuordnung des römischen Breviers nach dem II. Vatikanischen Konzil wurde der Hymnus des Ambrosius in die *Liturgia Horarum* (LH) als Adventshymnus aufgenommen (für die Tage vom 17. bis 24. Dezember, zur Lesehore, die der alten Matutin entspricht), jedoch ohne die Str. 1 und 6. Kann man die Auslassung der ersten Strophe noch mit der bis in frühe Zeit zurückgehenden Tradition, mit den (wenn auch unberechtigten) Zweifeln an ihrer Echtheit und mit den Schwierigkeiten des Vortrags (Elisionen, Auflösungen) begründen,[63] so ist die Auslassung der sechsten Strophe in Anbetracht ihrer inhaltlichen Bedeutsamkeit und ihrer kunstvollen Gestaltung unverständlich; das auch für die Kürzung anderer Hymnen gebrauchte Argument „per brevità",[64] sollte eigentlich gegenüber einem literarisch und theologisch wertvollen Text nicht angewendet werden - jedenfalls kann der achtstrophige Hymnus einer Hauptgebetszeit kaum als überlang bezeichnet werden.

Das „Stundenbuch" bietet eine im Ganzen gute und ansprechende deutsche Übertragung des Hymnus; sie berücksichtigt die in der LH ausgelassene sechste Strophe, läßt aber dafür die dritte und vierte aus, so daß das zu Beginn kurz angedeutete Thema der Jungfrauengeburt (zutreffend durch eine prädikative Konstruktion wiedergegeben: „zeig dich **als** der Jungfrau Sohn"), in dieser Version des Hymnus nicht entfaltet wird. - Auf die Einleitungsstrophe folgt daher sofort die fünfte Strophe des Hymnus; sie steht, ebenso die folgende, in der 2. Person Singular, so dass der Mittelteil seinen Charakter als Glaubensaussage verliert und der gesamte Hymnus zu einem Gebet an den erwarteten Messias wird. Diese Umgestaltung dürfte wohl nicht nur auf der Übernahme des Konjunktivs *pro-*

---

62 In: **Gemeinsame Kirchenlieder*.

63 s. Lentini, Te decet, 77.

64 Lentini, Te decet, 77. - Zu den durch solche Eingriffe entstehenden Störungen s. Franz, Tageslauf, 121. 275.

cedat (s. Anm. 13) aus dem Text der LH beruhen (er steht in der 3. Person!), es handelt sich wohl eher um eine gewollte einheitliche Ausrichtung des Hymnus. Umgekehrt werden die Konjunktive der Schlußstrophe durch indikativische Wiedergabe zu einer Glaubensaussage (wie bei P. Steiner und Jenny; s.o.).

7 Die Melodie

Auf musikalische Fragen der Singweise des Hymnus kann hier nicht näher eingegangen werden. Für den deutschen Sprach- und Traditionsbereich (und wohl auch darüber hinaus) stehen zwei Modelle nebeneinander: Die Melodien der Mailänder Tradition,[65] zu der auch die Überlieferung der Zisterzienser[66] gehört, einerseits und die von Luther durch Umformung einer Choralmelodie[67] geschaffene (und durch die Kompositionen Bachs und anderer geadelte) Melodie[68] andererseits. Sie unterscheiden sich zugleich durch den Gegensatz der Acht- bzw. Siebensilbigkeit der Verse des Textes. Auch wenn man vielleicht die Luthermelodie durch Einfügung eines Auftaktes für achtsilbige Verse (z.B. der deutschen Version im „Stundenbuch") praktikabel machen könnte, so erhebt sich doch die Frage, ob man dies in Anbetracht ihres ‚kanonischen' Charakters tun darf oder soll.

8 „Heute noch die Hymnen von gestern singen?"

Kann ein Hymnus von solch intensiver Symbolik und mit solchem theologischen Gehalt heute noch gesungen werden?[69] Daß sein zentrales Thema, das Wesen des Messias Jesus, dessen Geburt an Weihnachten gefeiert wird, für die Christen - und nicht nur für sie - stets aktuell ist, unabhängig von Ort, Zeit und Kultur, steht wohl außer Frage. Aber muß und kann dies in den Vorstellungen und Ausdrucksweisen der christlich-römischen Kultur und Sprache des ausgehenden 4. Jahrhunderts ausgesagt und besungen werden zu einer Zeit und in einer Umgebung, die sich in erheblichem Maße von dieser Kultur entfernt und distanziert, in der auch unter Christen das Glau-

---

[65] Abgedruckt im Anschluß an diesen Artikel. Handschriftliche Quellen: Brit. Mus., Cod. add. 34209 (12. Jh.), fol. 29v (Paléographie musicale 5, pl. 58; 6, p.67; vgl. MonMon 1, 504); Hymnar von Nevers (12. Jh.; MonMon 1, 81. 540); Zisterzienserhymnar Heiligenkreuz (12./13. Jh.; MonMon 1, 30. 515); Mailand, Bibl. Trivulziana 347 (14. Jh.; Garbagnati: Inni 38-40, Mel. XIII; MonMon 1, 8. 507, Mel. 14). – Melodienvergleich und Versuch einer Rekonstruktion der ursprünglichen Melodie: Dreves, Ambrosius, 115ff. 130 (Mel. III). 133.

[66] MonMon 1, 30. 515 (Heiligenkreuz; s. vorige Anm.); Waddell, Hymnal 1, 2, 64ff; 2, 70f.; s. auch Dreves, Ambrosius, 109f.

[67] Klosterneuburger Hymnar (1336), Hymnus zur Komplet (im Advent), MonMon 1, Mel. 503 (S. 217. 567f.: „Eine ungemein beliebte deutsche Melodie ..."); Einsiedeln, Stiftsbibliothek (12. Jh.; MonMon 1, 273f. 586).

[68] Stier, Liederkunde, 118f.; Jenny, Luther, 202–204; Werthemann Studien 35ff. (besonders zu Bachs Choralbearbeitung im Orgelbüchlein Nr.1 = BWV 599).

[69] Vgl. dazu die (im doppelten Wortsinn) treffenden Ausführungen von Häußling, Fallbeispiel (bes. 316 und 332ff.).

benswissen und das Verständnis dieser Fragen zurückgeht und Jesus oft nur noch als Mensch gesehen wird? Im Grunde ist aber genau dies die für die Existenz des Christentums entscheidende Frage, vor der auch Ambrosius und seine Gemeinde standen.

Notwendige Voraussetzung dafür, daß der Hymnus wieder in seiner Gänze und in seiner Tiefe rezipiert werden kann, ist eine adäquate sprachliche Form. Wie bei jeder Übertragung sind hier Verluste und Umdeutungen unvermeidlich; sie müssen aber so gering wie möglich gehalten und, wenn möglich, gleichwertig (nicht durch Banalisierungen) ersetzt werden. Die nicht zu historisch-wissenschaftlichen Zwecken, sondern zum Gebrauch bestimmte Übertragung eines poetischen Textes muß außerdem klanglich und rhythmisch befriedigen und den Gesetzen der Zielsprache den Vorrang vor denen der Ausgangssprache einräumen; „das durch die Übertragung entstandene deutsche Kirchenlied muß gleichfalls ein Kunstwerk sein."[70]

Eine sehr wichtige Rolle spielt zweifellos die musikalische Gestalt eines Hymnus, der ja von seinem Wesen her nicht zum privaten Lesen, sondern zum öffentlichen Singen bestimmt ist. Dabei darf das musikalische Element sich nicht in den Vordergrund drängen, sondern muß die Textaussage unterstützen und zwar qualitätvoll, doch ohne große Schwierigkeiten singbar sein;[71] Ambrosius hat hier zu seiner Zeit sicher das Richtige getroffen.

Wichtig ist der liturgische Kontext, in den der Hymnus eingebettet ist, den er einerseits mit prägt, durch den er andererseits weitergeführt und gedeutet wird. So macht es einen Unterschied, ob er als Ouvertüre eine Hore des Stundengebets einer bestimmten Festzeit eröffnet (z.B., wie in der alten Mailänder Liturgie, die Vesper des Heiligen Abends; im heutigen liturgischen Kontext könnte es die Einstimmung in die Christmette sein) oder ob er beziehungslos neben anderen Liedern, Gesängen und Gebeten verwendet wird.

Ambrosius hat die gegenseitige Bedingtheit und Förderung von Lehrinhalt, Verständnis, Verkündigung und Bekenntnis im Lied erkannt: „Quae enim bene tenemus, cantare consuevimus, et quae cantantur, melius nostris adhaerent sensibus."[72] Wenn es gelingt, dem Hymnus mit den heutigen Ausdrucksmitteln eine sprachlich und musikalisch ansprechende Form und einen ihm zukommenden liturgischen Ort zu geben, wird er nicht zu einem religiösen oder literarischen Museumsstück werden, sondern könnte in der von veräußerlichter Sentimentalität und Verkitschung bedrohten weihnachtlichen Feier einen Akzent im Sinne eines bewußten (vielleicht sogar provozierenden) Glaubensbekenntnisses setzen.

---

70 Wennemuth, Hymnus, 225 (s. auch 38); Häußling, Fallbeispiel, 318.

71 Wennemuth, Hymnus, 226.

72 In ps. 118, 7, 25 (CSEL 62, p. 141f.).

Literatur

CCL= Corpus Christianorum. Series Latina. Turnhout/Paris 1953ff.

CSEL= Corpus Scriptorum Ecclesiasticorum Latinorum. Wien1866ff.

MonMon 1= Monumenta Monodica Medii Aevi. Bd. 1: Hymnen (1): Die mittelalterlichen Hymnenmelodien des Abendlandes. Hrsg. von Bruno Stäblein. Kassel und Basel 1956.

PL= Patrologia Latina 1. Ed. J.-P. Migne. Paris 1841ff.

Campenhausen, Hans von: Die Jungfrauengeburt in der Theologie der Alten Kirche. Heidelberg 1962 (SBHeidelberg. Phil.-hist. Kl. 1962, 3).

Chevalier, Ulysse: Repertorium hymnologicum. Catalogue des chants, hymnes, proses, séquences, tropes en usage dans l'église latine depuis les origines jusqu'à nos jours. Vol. 1–4. Louvain 1892–1921. 5. Bruxelles 1921 (Extrait des Analecta Bollandiana). 6. Bruxelles 1920 (Subsidia hagiographica. 4).

Colombo, Luigi Primo: Gli inni del breviario ambrosiano, volgarizzati ed illustrati dal sac. L. P. Colombo, corredati delle melodie liturgiche dal can. Emilio Garbagnati. Milano 1897 [Vol. 1: Colombo; Vol. 2: Garbagnati].

Dreves, Guido Maria: Aurelius Ambrosius, „der Vater des Kirchengesanges". Eine hymnologische Studie. Freiburg i.B. 1893 (Stimmen aus Maria Laach. Ergänzungshefte. 58) [Repr. Amsterdam 1968].

Fischer, Albert Friedrich Wilhelm: Kirchenlieder-Lexikon. Hymnologisch-literarische Nachweisungen über ca. 4500 der wichtigsten und verbreitetsten Kirchenlieder aller Zeiten in alphabetischer Folge nebst einer Übersicht der Liederdichter. Bd. 1. 2. Gotha 1878. 1879. [Nachdr. Hildesheim 1967].

Fontaine, Jacques: Ambroise de Milan, Hymnes. Texte établi, traduit et annoté sous la direction de J. Fontaine. Paris 1992. (Patrimoines. Christianisme). [Introduction génerale, p. 11–102: J. Fontaine; 102–123: Marie-Hélène Jullien; Hymne 5, p. 263–301: J. Fontaine].

Frank, K. Suso; Kilian, Rudolf; Knoch, Otto; Lattke, Gisela; Rahner, Karl: Zum Thema Jungfrauengeburt. Stuttgart 1970. Darin:
- Lattke, Gisela: Lukas 1 und die Jungfrauengeburt, 61–89.
- Frank, K. Suso: „Geboren aus der Jungfrau Maria." Das Zeugnis der Alten Kirche, 91–120.
- Rahner, Karl: Dogmatische Bemerkungen zur Jungfrauengeburt, 121–158.

Franz, Ansgar: Tageslauf und Heilsgeschichte. Untersuchungen zum literarischen Text und liturgischen Kontext der Tagzeitenhymnen des Ambrosius von Mailand. St. Ottilien 1994 (Pietas liturgica. Studia. 9).

Garbagnati: s. Colombo, Gli inni del breviario ambrosiano [Vol. 2].

Häußling, Angelus A.: Heute die Hymnen von gestern singen? Das Fallbeispiel des Laudeshymnus *Aeterne rerum conditor* des Ambrosius, in: Lebendiges Stundengebet, Vertiefung und Hilfe. Hrsg. von Martin Klöckener und Heinrich Rennings in Verb. m. d. Liturgischen Institut Trier. Festschrift L. Brinkhoff. Freiburg, Basel, Wien 1989 (Pastoral-liturgische Reihe, in Verb. m. d. Zeitschrift ‚Gottesdienst'). 316–341.

Hahn, Gerhard: Evangelium als literarische Anweisung. Zu Luthers Stellung in der Geschichte des deutschen kirchlichen Liedes. München 1981 (Münchener Texte und Untersuchungen zur deutschen Literatur des Mittelalters. 73).

Huhn, Joseph: Das Geheimnis der Jungfrau-Mutter Maria nach dem Kirchenvater Ambrosius. Würzburg 1954.

Huhn, Joseph: Ein Vergleich der Mariologie des hl. Augustinus mit der des hl. Ambrosius in ihrer Abhängigkeit, Ähnlichkeit, in ihrem Unterschied, in: Augustinus Magister. Congrès international augustinien, Paris 21 - 24 septembre 1954. Communications. Paris 1954 (Études augustiniennes, L'Année Theologique Augustinienne. Supplément). 221-239.

Jenny, Markus: Luthers Geistliche Lieder und Kirchengesänge. Vollständige Neuedition in Ergänzung zu Bd. 35 der Weimarer Ausgabe, bearb. von Markus Jenny. Köln, Wien 1985 (Archiv zur Weimarer Ausgabe der Werke Martin Luthers. Texte und Untersuchungen. Bd. 4).

Julian, John: Dictionary of hymnology. Origin and history of christian hymns and hymnwriters of all ages and nations, 2nd, rev. ed., with new supplement. London 1907 [Repr. Grand Rapids, Mich. 1985].

Kayser, Johann: Beiträge zur Geschichte und Erklärung der ältesten Kirchenhymnen. Bd. 1. Mit besonderer Rücksicht auf das römische Brevier. 2., umgearb. und vermehrte Aufl. Paderborn 1881.

Kehrein, Josef: Kirchen- und religiöse Lieder aus dem zwölften bis fünfzehnten Jahrhundert. Theils Übersetzungen lateinischer Kirchenhymnen (mit dem lateinischen Text), theils Originallieder, aus den Handschriften der k.k. Hofbibliothek zu Wien. Zum ersten Mal hrsg. Paderborn 1853 [Nachdr. Hildesheim u. New York 1969].

Lattke, Gisela: Lukas ... s. Frank, K. Suso [u.a.]: Zum Thema Jungfrauengeburt.

Lentini, Anselmo: Te decet hymnus. L'innario della „Liturgia Horarum". Città del Vaticano 1984.

Mearns, James: Early Latin hymnaries. An index of hymns in hymnaries before 1000. With an appendix from later sources. Cambridge 1913. [Nachdr. Hildesheim u. New York 1970].

Mone, Franz Joseph: Lateinische Hymnen des Mittelalters. Aus Handschriften hrsg. und erkl. Bd. 1: Lieder an Gott und die Engel. Freiburg i.B. 1853. [Neudr. Aalen 1964].

Nitschke, Horst: *Nun komm, der Heiden Heiland.* [Zum Text], in: Handbuch zum Evangelischen Kirchengesangbuch. Bd. 3: Liederkunde. 1. Teil: Lied 1 bis 175. Göttingen 1970. 115–118.

Paléographie musicale. Les principaux manuscrits de chant grégorien, ambrosien, mozarabe, gallican. Publ. en fac-similés phototypiques par les Bénédictins de Solesmes. Berne et Francfort 1972. Vol. 5. 6: Antiphonarium Ambrosianum du Musée Britannique (12e siècle), Cod. add. 34209. [5: Phototypies; 6: Transcription].

Rahner, Karl: Dogmatische Bemerkungen ... s. Frank, K. Suso [u.a.]: Zum Thema Jungfrauengeburt.

Rahner, Karl: Virginitas in partu. Ein Beitrag zum Problem der Dogmenentwicklung und Überlieferung, in: Karl Rahner, Schriften zur Theologie. 4: Neuere Schriften. Einsiedeln, Zürich, Köln 1960, 173–205. [Zugleich in: Kirche und Überlieferung. Festschrift für J.R. Geiselmann. Hrsg. von J. Betz und H. Fries. Freiburg, Basel, Wien 1960. 52–80].

Schneider, Theodor: Was wir glauben. Eine Auslegung des Apostolischen Glaubensbekenntnisses. Düsseldorf 51998.

Springer, Carl P. E.: Ambrose's *Veni redemptor gentium.* The aesthetics of antiphony. JAC 34, 1991, 76–87.

Steier, August: Untersuchungen über die Echtheit der Hymnen des Ambrosius. Leipzig 1903. Jahrbücher für Classische Philologie. Supplementband. 28. 549–662.

Stier, Alfred: *Nun komm der Heiden Heiland* [Zur Melodie], in: Handbuch zum Evangelischen Kirchengesangbuch. Bd. 3: Liederkunde [s. Nitschke], 118f.

Stundenbuch für die katholischen Bistümer des deutschen Sprachgebiets. Authentische Ausgabe für den liturgischen Gebrauch. Bd. 1: Advents- und Weihnachtszeit. Einsiedeln / Köln 1978.

Szövérffy, Josef: Die Annalen der lateinischen Hymnendichtung. Ein Handbuch. Bd. 1.2. Berlin 1964. 1965.

Szövérffy, Josef: Weltliche Dichtungen des lateinischen Mittelalters. 1: Von den Anfängen bis zum Ende der Karolingerzeit. Berlin 1970.

Triacca, Achille M.: Hymnes d'Ambroise, Quelques astérisques et mises au point, (Esquisse en vue d'un approfondissement ultérieur). in: L'hymnographie. Conférences Saint-Serge. 46e semaine d'études liturgiques. Paris, 29 juin - 2 juillet 1999, éditées par A. M. Triacca et A. Pistoia. Rom 2000 (Bibliotheca „Ephemerides Liturgicae". Subsidia. 105). 179–199.

Tschirch, Fritz: Die geschichtlichen Grundlagen der sprachlich-künstlerischen Gestalt des evangelischen Kirchenliedes, in: Handbuch zum Evangelischen Kirchengesangbuch. Bd. 3: Liederkunde [s. Nitschke]. 3–33.

Wackernagel, Karl Eduard Philipp: Das deutsche Kirchenlied von der ältesten Zeit bis zu Anfang des 17. Jahrhunderts. Bd. 1–5. Leipzig 1864 - 1877. [Nachdr. Hildesheim 1964].

Waddell, Chrysogonus: The twelfth-century Cistercian hymnal. 1: Introduction and commentary. 1: The Cistercian hymnal. Its antecedents, its composition, its early evolution; 2: Notes on the texts and melodies of the two recensions. 2: The Milanese-Cistercian recension and the Bernardine recension. Edition of texts and melodies. Trappist, Kentucky 1984 (Cistercian Liturgy Series. 1.2).

Walpole, A. S.: Early Latin Hymns. With introduction and notes. Cambridge 1922 [Nachdr. Hildesheim 1966].

Wennemuth, Heike: Vom lateinischen Hymnus zum deutschen Kirchenlied. Zur Übersetzungs- und Rezeptionsgeschichte von *Christe qui lux es et dies*. Theol. Diss. Heidelberg 1999.

Werthemann, Helene: Studien zu den Adventsliedern des 16. und 17. Jahrhunderts. Zürich 1963 (Basler Studien zur historischen und systematischen Theologie. 4).

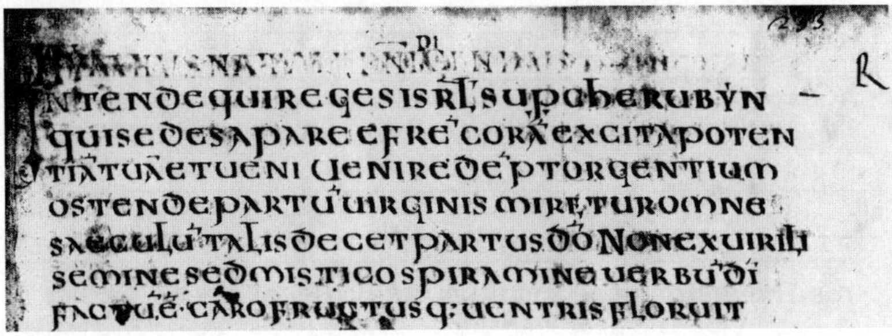
NTENDE QUI REGES ISRL SUP CHERUBYN
QUI SEDES APPARE EFRE CORA EXCITA POTEN
TIA TUA ET UENI UENI REDEMPTOR GENTIUM
OSTENDE PARTU UIRGINIS MIRETUR OMNE
SAECULU TALIS DECET PARTUS DO NON EX UIRILI
SEMINE SED MISTICO SPIRAMINE UERBU DI
FACTU E CARO FRUCTUSQ UENTRIS FLORUIT

Die älteste Textquelle des Hymnus im Cod. Vat. Reg. 11. Faks. bei Dreves, Aurelius Ambrosius (Anhang).

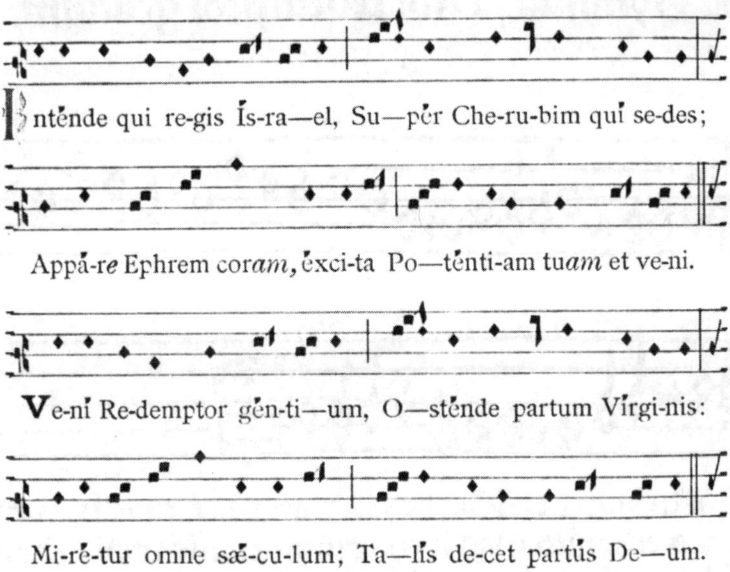

Die mailändische Melodie. Colombo/Garbagnati, Gli Inni del Breviario Ambrosiano, II 38.

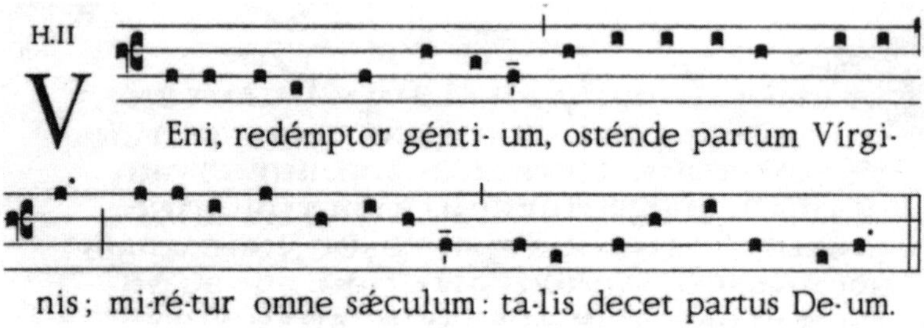

Die dem Lutherlied zugrunde liegende mittelalterliche Melodie. Liber hymnarius Solesmes 1983, 11.

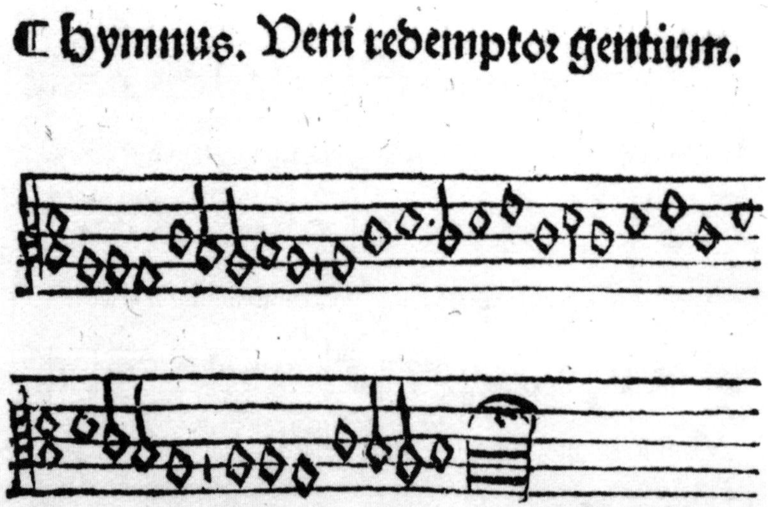
¶ hymnus. Veni redemptor gentium.

¶ Nu kom der Heyden heyland/der yungfrawen kynd erkannd. Das ſych wunnder alle welt/Gott ſolch gepurt yhm beſtelt.
Nicht von Mans blut noch von fleiſch/allein võ dem heyligen geyſt/Iſt Gottes wort worden eyn menſch/vnd bluet eyn frucht weibs fleiſch.

Das Lutherlied im **Erfurter Enchiridion* 1524, Cii.

1. O höre, König Israels,
der über Cherubim du thronst
erscheine deinem Volk, biet' auf
dein' königliche Macht und komm!

2. Ja, komm, der Völker Heiland, du,
und staunen soll die ganze Welt,
daß aus der Jungfrau du geborn
auf göttlich unsagbare Art.

3. Hier ist nach Menschenweise nicht,
sondern durch Heilgen Geistes Wehn
geworden Fleisch das göttlich Wort,
die Frucht des Leibes aufgeblüht.

4. Denn es empfing der Jungfrau Schoß;
im Glauben öffnet sie sich Gott.
Es strahlt ihr Leib in hohem Glanz:
In seinem Tempel weilt der Herr.

5. Hervortritt aus dem Brautgemach,
dem lichterfüllten Königssaal,
der Held, der Gott und Mensch zugleich,
zu eilen strahlend seine Bahn.

6. Von seinem Vater geht er aus,
zu seinem Vater kehrt er heim,
bis in die Hölle dringt er vor,
zu Gottes Thron steigt er hinauf.

7. Der du, dem ewgen Vater gleich,
bekleid't dich hast mit unserm Fleisch,
stärk unsres Leibs Gebrechlichkeit,
stütz sie durch deine ewge Kraft!

8. Schon leuchtet deine Krippe auf,
die Finsternis weicht neuem Licht,
das keine Nacht mehr trüben kann,
das hell im Glauben leuchten soll.

9. Lob bringen wir dir, Christus, dar,
der aus der Jungfrau du geborn,
Lob auch dem Vater und dem Geist
von Ewigkeit zu Ewigkeit. Amen.

Eine zeitgenössische Text- und Melodiefassung: **... bis ER wiederkommt* 25 Nr. 46.

Advent

Hans-Jürg Stefan

Gott hat das erste Wort

1. God heeft het eerste woord.
Hij heeft in den beginne
het licht doen overwinnen,
Hij spreekt nog altijd voort.

2. God heeft het eerste woord.
Voor wij ter wereld kwamen,
riep Hij ons reeds bij name,
zijn roep wordt nog gehoord.

[3. God heeft het laatste woord.
Al moeten wij neerzijgen
In ´t somber rijk van ´t zwijgen,
Het wordt door Hem verstoord.][1]

4. (3.) God heeft het laatste woord.
Wat Hij van oudsher zeide,
wordt aan het eind der tijden
in heel zijn rijk gehoord.

5. (4.) God staat aan het begin
en Hij komt aan het einde.
Zijn woord is van het zijnde
oorsprong en doel en zin.

1. Gott hat das erste Wort.
Es schuf aus Nichts die Welten
und wird allmächtig gelten
und gehen von Ort zu Ort.

2. Gott hat das erste Wort.
Eh wir zum Leben kamen,
rief er uns schon mit Namen
und ruft uns fort und fort

3. Gott hat das letzte Wort,
das Wort in dem Gerichte
am Ziel der Weltgeschichte,
dann an der Zeiten Bord.

4. Gott hat das letzte Wort.
Er wird es neu uns sagen
dereinst nach diesen Tagen
im ewgen Lichte dort.

5. Gott steht am Anbeginn
und er wird alles enden.
In seinen starken Händen
liegt Ursprung, Ziel und Sinn.

---

1 Diese für das ganze Lied zentrale Strophe wurde erst 1977, das heißt nach der Abfassung der drei auf den folgenden Seiten dokumentierten deutschsprachigen Übertragungen von Markus Jenny (1970), Helmut Kornemann / de Bruine (1973) und Jürgen Henkys (1975/1981) publiziert in: Een Compendium, Sp. 147. Jan Wit selber bemerkt in seinem Kurzkommentar: „Ich muß offen zugeben, daß dies die schwächste Strophe war; andererseits muß ich beifügen, daß durch die Weglassung ein gewisses Gleichgewicht zerstört ist" (a.a.O.).

Druckvorlage

An erster Stelle steht die ursprüngliche fünfstrophige niederländische Textfassung (1957 oder früher) von Jan Wit (1914-1980) aus der ersten bekannten Quelle **102 gezangen* (1965). Das Lied steht im **LvK* (1973) mit den Strophen 1-2 und 4-5 als erstes bei den „Bijbelliederen" (Bibelliedern). Die erste deutschsprachige Übertragung (1970) publizierte Markus Jenny (1927-2001) in: NKS-AM 5, Nr. 17 (1972).

Die Melodie schuf Gerardus Marinus Kremer (1919-1970) laut **102 gezangen* (1964) 1957.

1 Lied im Anfang

Die besonderen Umstände der Entstehung, eine weitreichende Wirkungsgeschichte und elementare biblische Bezüge kennzeichnen das niederländische Lied *God heeft het eerste woord* und die daraus hervorgegangene Übertragung *Gott hat das erste Wort* als „Lied im Anfang": Beide Fassungen gehören zu den ersten Versuchen des nach der Mitte des Zwanzigsten Jahrhunderts anhebenden „Liederfrühlings"; beide sind Dokumente einer Zeit kirchlichen Aufbrechens und Experimentierens im Blick auf anstehende Gesangbucherneuerungen:

God heeft het eerste woord war in den fünfziger Jahren durch den blinden Musiker und Theologen Jan Wit (1914–1980)[2] als Nieuwjaarslied (Neujahrslied) - so die originale Überschrift! - konzipiert und in ausgewogener fünfstrophiger Gestalt geformt worden. Das Lied fand mit der kräftigen Melodie von Gerardus M. Kremer (1919–1970)[3] durch Reformierte Kirchentage und Jugendgottesdienste in den Niederlanden weite Verbreitung. 1965 erschien es in gekürzter Form (Str. 1-2 und 4-5) in der Vorauspublikation **102 Gezangen,* Proefbundel.[4] 1966 publizierte es Jan Wit im sogenannten **Ministeriale,*[5] wiederum ohne Str. 3 und auch unter der Überschrift „Nieuwjaarslied". Seit 1973 fand das Lied in derselben gekürzten Form als Nr. 1 im neuen niederländischen Gesangbuch **LvK*[6] weite Verbreitung.

Als „Lied im Anfang" erweist sich *God heeft het eerste woord* auch in seiner zwar kurzen, doch weitreichenden Wirkungsgeschichte: 1970, noch bevor es in dem von Grund auf erneuerten niederländischen Gesangbuch **LvK* erschien, übertrug es Markus Jenny (1927–2001)[7] in die deutsche Sprache und publizierte es in der kommentierten Liedblattreihe „Neues Singen

---

2 Zur Biographie Jan Wit s. HEG 2 (²2001), 351.

3 Zur Biographie Gerard Kremer s. HEG 2 (²2001), 185f.

4 **102 Gezangen*, Nr. 89.

5 **Ministeriale*, S. 80. Das **Ministeriale* enthält 61 geistliche Lieder von Jan Wit, ohne Melodien, ohne Nummerierung.

6 LvK 1 (niederländisch); seit 1977 auch in friesischer Sprache (LfT 1)

7 Zur Biographie Markus Jenny s. HEG 2 (²2001), 167f.

in der Kirche".[8] In der Folge wurde *Gott hat das erste Wort* im deutschsprachigen Sprachraum in vielen Kirchen verbreitet.[9] Im gleichen Jahrzehnt entstanden weitere Übertragungen von Helmut Kornemann/Kees de Bruine und Jürgen Henkys[10], am Ende des zwanzigsten Jahrhunderts zudem Fassungen in französischer, englischer[11] und tschechischer Sprache.[12] Heute steht das „Lied im Anfang" als Leitlied in zwei bedeutenden Gesangbüchern an erster Stelle:

God heeft het eerste woord eröffnet im niederländischen Gesangbuch als LvK 1 im Anschluß an den kompletten, neu bereimten niederländischen Liedpsalter[13] die erste Rubrik der so genannten „Bijbelliederen" (Bibellieder) des zweiten großen Kapitels „Gezangen" (Gesänge).

Gott hat das erste Wort steht auch an allererster Stelle im neuen Schweizer **KG*. Da das Konzept dieses Gesangbuches auf dem johanneischen Begriff zoé (ζωή), dem Quellgrund erfüllten Lebens, basiert, folgt sein Gesamtaufbau den Lebens-Stationen der Einzelnen und der feiernden Kirche. So lag es nahe, mit *Gott hat das erste Wort* das reiche Repertoire der Gesänge und Gebete insgesamt zu eröffnen, zugleich das erste Kapitel „Leben aus der Gemeinschaft mit Gott" mit dem ersten Abschnitt „Taufe und Tauferneuerung".

„Lied im Anfang" ist *Gott hat das erste Wort* jedoch primär kraft klar gefaßter thematischer Akzente. Markus Jenny selber weist in seiner kurzen Beschreibung der Entstehung auf einen Hauptakzent seiner Übertragung hin:

> „Im Auftrag des [Schweizerischen] Arbeitskreises für evangelische Kirchenmusik waren mein Freund Walter Tappolet und ich damit beschäftigt, im Blick auf ein kommendes Gesangbuch uns mit dem zeitgenössischen Kirchenlied zu beschäftigen.[14] Nun hatten die Holländer im Vorfeld ihres neuen ökumenischen

---

8 NSK/AM 5, Nr. 17, Zürich, 1972. Beim Transponieren der Melodie um einen Ganzton tiefer schlich sich in dieser deutschsprachigen Erstpublikation, in der Folge auch in den ökumenischen Liederbüchern für Jugendliche und für Kinder, **KYA* und **LbR*, ein Fehler ein: Auf den ersten Viertel des vorletzten Taktes muß g, nicht a (**LbR*: a statt h) gesungen werden!

9 Die folgende Auflistung der wichtigsten Gesangbücher, durch welche das Lied weite Verbreitung fand, dokumentiert seine Bedeutung in der Ökumene:
**Anhang 77*, Nr. 832; KYA 83; **Singe Christenheit*, Nr. 660; **Neue Lieder* Heft II (Württemberg) Nr. 748; **Liederbuch für die Jugend* (Württemberg), Nr. 623a; LbR 205; EG 199; LH 302; **Unisono* 108; KG 1; RG 260; ÖLB 70; **Hoffnung* / **Regenbogen* (in beiden Büchern Nr. 194 und andere Melodie, anonym um 1960).

10 Beide Übertragungen sind im Anhang abgedruckt.

11 In **Unisono*, stehen bei Nr. 108 neben den fünfstrophigen Fassungen in niederländischer (Wit) und deutscher Sprache (Jenny) auch eine vierstrophige französische Übertragung von Frère Pierre-Etienne (1977) und eine fünfstrophige englische Übertragung von Alan Luff (1990/91).

12 EzD 615.

13 Bleij-Pel, Marijke, Das Landvolk, in: Bernoulli/Furler, 217-224. Vgl. Pfirrmann, Die Freiheit eines Psalmdichters, a.a.O., 225-231; Dies.: Freie Poesie.

14 Tappolet, In neuen Zungen; Tappolet, Ich liege, Herr in deiner Hut; Jenny, Die Zukunft des evangelischen Kirchengesanges.

Gesangbuches eine Serie von kleinen Schallplatten mit neuen Liedern aus dem bevorstehenden Gesangbuch herausgebracht, die ich zusammen mit meiner Frau ‚durchhörte'. Dabei fiel uns sofort das Lied des mir bereits persönlich bekannten blinden Pfarrers Jan Wit ‚in die Ohren': *God heeft het eerste woord.* Die Übersetzung ins Deutsche ergab sich zunächst fast von selbst, zwang dann aber in der Fortsetzung zu intensiverem Suchen nach dem rechten Ausdruck, so etwa in Strophe drei, wo uns das aus dem Weihnachtslied *Es kommt ein Schiff geladen* vertraute ‚Bord'[15] für ‚Rand' im Ohre lag: ‚dann an der Zeiten Bord'. Die eschatologischen Belange schienen uns in dem Lied so zwingend ausgedrückt, daß wir die Erwartung hegten, es würde unseren Zeitgenossen ebenso einleuchten. Dabei geht es weniger um dogmatische Aussagen zum Thema ‚Gottes Wort', wie die Einordnung im **EG*[16] vermuten lassen könnte, sondern um die sehr bildhafte Ausdrucksweise. Und gerade dies ist es ja, was uns für unsere neuen Lieder so Not tut: eine poetische bildhafte Sprache, die gerade auch den Kindern etwas sagt. Ich sehe dieses Lied in naher und vielsagender Nachbarschaft zu unserem *Es ist ein Wort ergangen* von Arno Poetzsch (EG 590).[17] Auch in musikalischer Hinsicht stehen sich diese Lieder sehr nahe. Ich wünschte mir, daß wie das vorliegende auch das Lied von Poetzsch zu ökumenischen Ehren käme."[18]

2 Eschatologische Perspektive

Jenny verdichtete die Aussagen der fünf Strophen entsprechend der niederländischen Vorlage in klar geformter, einprägsamer Strophenform: Jede Strophe ist aus vier Zeilen mit derselben Silbenzahl (6.7.7.6) gebaut, mit jambischen Dreihebern und umgreifender Reimstellung (AbbA: ein weibliches Reimpaar wird von den Rahmenzeilen männlicher Kadenz umschlossen). Vertraut ist diese Strophenform beispielsweise durch die erste Strophe des bekannten Gedichtes „Gebet" von Eduard Mörike:

Herr! Schicke, was du willst,
Ein Liebes oder Leides;
Ich bin vergnügt, daß beides
Aus deinen Händen quillt.

Die niederländische Vorlage zeigte ursprünglich (bevor *God heeft het eerste woord* im Probeband „proefbundel" und später im **LvK* verbreitet wurde) noch einen klaren und ausgewogenen gedanklichen Gesamtaufbau. Die originalen fünf Strophen überbrücken in einem weiten Bogen die Ge-

---

15 Im Begriff „Bord" klingt die in Schweizer Dialekten geläufige Bezeichnung „Bort" oder „Poort" für „Rand, Böschung" an.

16 EG 199; auch im **RG* ist es im Kapitel „Gottesdienst in der Gemeinde" der Rubrik „Verkündigung, Gottes Wort" zugeordnet (RG 260). Im **KG* ist es, wie im **LvK*, als Leitlied allen Texten und Gesängen vorangestellt (KG 1).

17 *Es ist ein Wort ergangen* (Arno Pötsch 1935) gehört mittlerweile mit der Melodie von Albert Moeschinger (1941) zum Bestand der ö-Lieder (GKL 79). Es findet sich seit 1952 mit dieser prägnanten Melodie in den reformierten Gesangbüchern der deutschsprachgigen Schweiz (RKG 364, RG 256); mit anderen Melodien in: CKG 643, EMK 196, **Gemeindelieder* 90, EG-BEP 586 und EG-RWLR 590.

18 Markus Jenny in: Meyer, Das neue Lied im EG 138.

schichte Gottes mit dieser Welt von ihrem Ursprung bis zur Vollendung. Darin werden Beginn und Ende des individuellen Lebens hervorgehoben: Str. 1 verkündet den Schöpfer der Welt, der am Beginn auch unseres persönlichen Lebens steht (Str. 2), und am Lebensende das letzte Wort behält (Str. 3), wie auch am Ende der Welt (Str. 4). Die fünfte Strophe faßt dies alles zusammen:

1. Schöpfung der Welt
2. Beginn des persönlichen Lebens
3. Ende des persönlichen Lebens
4. Vollendung der Welt
5. Zusammenfassung

Die Str. 1–4 nehmen die gängige Sprachwendung „das erste und letzte Wort behalten" auf. In der Art der in der zweiten Hälfte des 20. Jahrhunderts beliebt gewordenen „Reihenform" repetieren je zwei Strophen stereotyp *Gott hat das erste Wort* und *Gott hat das letzte Wort.* Die letzte Strophe faßt diese Doppelformel kurz und bündig in die Worte „Gott steht am Anfang / und er kommt am Ende".[19]

Unüberhörbar ist in Str. 1 der Bezug zum Beginn der Bibel, zum siebenfachen Schöpferlob in der Genesis. In eindrücklicher Wiederholung „Und Gott sprach" wird dort festgehalten: Alles Geschaffene entspringt der lebendigen Wirkkraft von Gottes Wort. „Sprechen" (*amar*) und „Wort" (*dabar*) benennen im Hebräischen dynamische Vorgänge. In dem von Markus Jenny oben erwähnten nahe verwandten Lied *Es ist ein Wort ergangen* (RG 586) von Arno Poetzsch wird die Wirksamkeit des Wortes breiter entfaltet (beide Lieder entstanden in der Blütezeit der so genannten „Wort-Gottes-Theologie"):

1. Es ist ein Wort ergangen,
das geht nun fort und fort
und stillt der Welt Verlangen
wie sonst kein ander Wort.

2. Das Wort hat Gott gesprochen
hinein in diese Zeit.
Es ist hereingebrochen
im Wort die Ewigkeit.

3. Du Wort ob allen Worten,
du Wort aus Gottes Mund,
lauf, und an allen Orten
mach Gottes Namen kund.

---

19 Wörtliche Übersetzung: Mareijke Bleij-Pel, in: ÖLK, Lfrg. 1 (2001) zu *Gott hat das erste Wort*, 1, Anm 1.

4. Lauf, Wort, mit allen Winden,
durch jedes Volk und Land,
daß sich die Völker finden,
so wie das Wort sie fand.

5. Lauf, Wort durch alle Straßen,
in hoch und niedrig Haus,
und ruf in allen Gassen,
ein hörend Volk heraus.

6. Triff Freunde und triff Feinde;
zwing, was dir widerstrebt,
und ruf uns zur Gemeinde,
die aus dem Worte lebt.

7. Erhalt das Wort in Gnaden,
gib, Gott, ihm freien Lauf.
Du, Wort, von Gott beladen,
spreng Tür und Riegel auf.

Das Schwergewicht dieses Wort-Gottes-Liedes liegt nach zwei verkündigenden Strophen in fünf eindringlichen Gebetsstrophen. Im Vergleich dazu bleibt *Gott hat das erste Wort* – ursprünglich ein sogenanntes Bibellied! – in unmittelbarer Nähe zu biblischen Aussagen. Seine Grundaussagen sind im Alten und im Neuen Testament begründet, vom der oben erwähnten ersten Schöpfungsgeschichte an (Gen 1) bis hin zum Prolog des Johannes-Evangeliums „Im Anfang war das Wort" (Joh 1,1) und zu Passagen in der Offenbarung des Johannes. Hinter der alltäglichen Redensart „das erste und letzte Wort behalten" kommt die prägnante Doppelformel „der Erste und der Letzte" aus den Selbstvorstellungen des Ewigen im zweiten Teil des Jesaja-Buches und in der Offenbarung zum Vorschein:

> „Er, der von Anfang die Generationen [ins Dasein] rief: Ich, der Herr, bin der Erste und noch bei den Letzten bin ich derselbe" (Jes 41,4), und: „So spricht der Herr, Israels König, sein Erlöser, der Herr der Heere: Ich bin der Erste, ich bin der Letzte, außer mir ist kein Gott" (Jes 44,6), und: „Ich bin es, ich, der Erste und auch der Letzte." (Jes 48,12). Entsprechend stellt sich der Ewige in der Offenbarung selber vor: „Ich bin das Alpha und das Omega, spricht der Herr, der ist und der war und der kommt, der Herrscher über die ganze Schöpfung" (Offb 1,8) und: „Fürchte dich nicht! Ich bin der erste und der Letzte und der Lebendige" (Offb 1,17f., cf. Offb 2,8 und 22,13).

Im Lied wird diese Selbstvorstellung im Blick auf die ganze geschaffene Welt, wie auch im Blick auf das Leben der einzelnen Person entfaltet. Darum bedauert Jan Wit in seinem Liedkommentar, daß ausgerechnet die zentrale dritte Strophe wegen gewisser sprachlicher Schwächen nicht ins **Lvk* aufgenommen wurde.[20] Diese Strophe lautete ursprünglich:

Jan Wit (1959):	Wörtl. Übersetzung: Mareijke Bleij-Pel
3. God heeft het laatste woord. Al moeten wij neerzijgen in 't somber rijk van 't zwijgen, het wordt door Hem verstoord.	Gott hat das letzte Wort. Wenn wir auch niedersinken müssen ins düstere Reich des Schweigens, es wird durch ihn gestört.

Als Markus Jenny das Lied übertrug, wußte er noch nichts von dieser Liedmitte, denn schon in dem ihm vorliegenden Probeband (1965) bestand die niederländische Vorlage lediglich aus den Str. 1, 2, 4 und 5. Durch das Wegfallen der zentralen Strophe war nicht nur die ursprüngliche Reihung von Strophe eins bis vier *Gott hat das erste Wort – Gott hat das erste Wort – Gott hat das letzte Wort – Gott hat das letzte Wort* empfindlich gestört und so das Liedganze aus dem Gleichgewicht geraten. Vielmehr war ein zentraler Gedanke der ursprünglichen Liedfassung weggefallen, der Hinweis auf das eigene Sterben, das „Niedersinken ins düstere Reich des Schweigens", das „durch Ihn [Gott] gestört wird" – eine Doppelzeile, die an Bilder des ins Totenreich Hinabgestiegenen erinnert, des Auferstandenen, der die im Dunkel und Schweigen des Totenreiches Gefangenen anspricht und als Befreier in das unauslöschliche Licht des Ewigen herausführt.[21]

Das Fehlen der Liedmitte war dem mit feinem Gespür begabten Übersetzer und seiner ihm assistierenden Gattin[22] sogleich aufgefallen. Aus dem oben wiedergegebenen Bericht geht hervor, daß beide gemeinsam nach einer Lösung suchten. In Unkenntnis der ursprünglichen Fassung fügten sie eine aus dem Zusammenhang heraus neu geschaffene Strophe ein und stellten auf diese Weise das ursprüngliche Gleichgewicht des Liedganzen

---

20 Een Compendium, Sp.147. – Im ökumenischen mehrsprachigen Liederbuch **Unisono,* Nr. 108, ist diese zentrale Strophe neben den Übertragungen ins Deutsche, Französische (nur Str. 1-2, 4-5) und Englische auch in der niederländischen Fassung wiedergegeben.

21 Christi Höllenfahrt wird früh schon auf Osterikonen so dargestellt, daß der Auferstandene, unter dem geborstenen Höllentor auf dem besiegten Hades stehend, die ihm entgegentastenden Urväter und Urmütter (allen voran die Voreltern Adam und Eva) aus dem Dunkel ans Licht führt. Ausführliche Belege bei Lucchesi Palli, Art. Höllenfahrt Christi. – Ein von Jürgen Henkys aus dem Englischen übertragenes Osterlied nimmt zu Beginn ähnliche bildhafte Bezüge auf: „Der schöne Ostertag! / Ihr Menschen kommt ins Helle! / Christ, der begraben lag, / brach heut aus seiner Zelle. / Wär vorm Gefängnis noch der schwere Stein vorhanden, / so glaubten wir umsonst. / Doch nun ist er erstanden...!" (EG 117, RG 486). Vgl. dazu die Besprechung von Ulrike Süß in diesem Bande, 449-458.

22 Von Marguerite Jenny-Loeliger (1925–1996) liegen unter dem Pseudonym Maria Lohuus mehrere Sammlungen mit Gedichten und Erzählungen vor. In die neuen Gesangbücher wurde eine Liedübertragung (RG 539) und zwei Melodien (RG 375/KG 306 und RG 427) aus ihrer Werkstatt aufgenommen. Ein kurzes Biogramm findet sich im **RG*, S. 1052, ausführlicher entfaltet im Ökumenischen Liederkommentar zum **KG*, **RG*, **CG* der Schweiz, 1. Lfrg. Zürich 2001.

wieder her - im Vergleich mit der niederländischen Originalfassung allerdings mit einer deutlichen Akzentverschiebung:

> Gott hat das letzte Wort,
> das Wort in dem Gerichte
> am Ziel der Weltgeschichte,
> dann an der Zeiten Bord.

Diese neue dritte Strophe lenkt den Blick weg vom persönlichen Leben auf das umfassende Ziel der Weltgeschichte, auf Gericht und Zeitenende. Dadurch wird das in der vierten Strophe mit „im ewgen Lichte dort" bildhaft umschriebene eschatologische Moment betont, was der Grundausrichtung des ganzen Liedes durchaus entspricht. In der niederländischen Vorlage ist bereits in der ersten Strophe vom Licht die Rede, vom „Licht des Anfangs", in wörtlicher Übersetzung: „Gott hat das erste Wort. / Er hat im Anfang / das Licht veranlaßt zu siegen." Jenny bringt das Motiv „Licht" erst in Strophe vier, im Blick auf die Vollendung: „im ewgen Lichte dort". Wim Kloppenburg weist in seinem kurzgefaßten Liedkommentar auf die Bedeutung des Lichtmotivs im dichterischen Werk des blind geborenen Jan Wit hin:

> „Dieser Dichter, der das Licht nur vom Hörensagen kennt, singt immer wieder von ihm: Wir leben im Dunkel, wir sehen das Licht nicht, wir hören vom Licht, und wir werden aufgerufen ‚zu wandeln im Licht'... Gott hat das Licht gerufen, das Licht seines kommenden Tages. In diesem Licht, das wir hören, d.h. glauben, aber noch nicht sehen, gehen wir durch unsere Nacht und Dunkelheit Gottes Tag entgegen. Das ‚Licht' in der ersten Strophe bedeutet also nicht nur ‚Schöpfung'; es trägt schon die eschatologische Spannung in sich, die das ganze Lied bis zur letzten Strophe bestimmt."[23]

3 Wort und Weise

Die Melodie des niederländischen Komponisten Gerard M. Kremer trägt den Liedtext in idealer Weise: Die Reihung „Gott hat das erste Wort / Gott hat das letzte Wort" wird durch einfache kompositorische Mittel hervorgehoben, zu Beginn durch die Dehnung (des im Versmaß kurzen) Anfangwortes „Gott", durch den am Ende des kurzen Satzes ebenfalls mit einer halben Note unterstrichenen Begriff „Wort". Durch eine Viertelpause wird dieses an Genfer Psalmmelodien erinnernde rhythmische Element (vgl. Ps 26,2; Ps 31,3; Ps 34,5; Ps 40,7.10; 52,2.4 usf.) vom übrigen Melodieverlauf abgetrennt:

Die folgenden drei Zeilen führen ohne weitere Unterbrechung über den Hochton in Zeile drei zurück zum Grundton. Konsequent werden die

[23] Wim Kloppenburg in: ÖLK, Lfrg. 1 (2001), Sp. 2f.

Reimwörter durch je eine Halbe gewichtet: „Wort - Welten - gelten - Ort". Im übrigen schreitet die Melodie in ruhigen Vierteln voran, intervallmäßig mehrheitlich in Sekundschritten (44%), Tonwiederholungen (24%) und Terzen (20%). Umso gewichtiger unterstreichen drei Quartsprünge die Deklamation des Textes, abfallend den Abschluß des ersten Satzes „... das **erste Wort** / das **letzte Wort**", aufsteigend die Hauptaussagen der dritten Zeilen aller Strophen: „und **wird** allmächtig **gelten**", „rief **er** uns schon mit **Namen**", „am **Ziel** der Welt**geschichte**"; „der**einst** nach diesen **Tagen**", „In **sein**en starken **Händen**". Mit einer Ausnahme (Z. 3/4) werden die Zeilenübergänge durch Tonwiederholungen verknüpft, auch der Anschluß vom Strophenende zurück zum Strophenanfang. Der Tonraum der Melodie (ambitus) umfaßt eine Oktav. Die einzelnen Zeilen beschränken sich in der ersten Liedhälfte auf den Umfang nur einer Quart (Z. 1) einer kleinen Terz (Z. 2), um sich im zweiten Teil auf den Umfang von sieben (Z. 4) bzw. sechs Tönen (Z. 4) auszuweiten. Diese kirchentonartlich (hypolydisch) gebaute Melodie prägt sich dank ihres charakteristischen Aufbaus rasch ein.
Beachtenswert sind die praktischen Hinweise des Komponisten:

> „Eine schlichte Melodie. Singe sie in einem ruhigen Tempo (Halbe = 60) und hetzte vor allem nicht! Achte auf zweierlei: a) Sing, was dasteht: auch die Pause am Ende von Zeile 1! Dafür am Ende von Zeile 2 und 3 keine Pause einschieben! Einfach singen, was dasteht! b) Am Ende der letzten Strophe heißt es ‚Ursprung, Ziel und Sinn'. Auch hier durchspielen und durchsingen, ohne nach jedem Wort abzusetzen. Sobald wir singen oder spielen, ist die Melodie Meister!"[24]

Besondere Erwähnung verdient eine vom Basler Musiker Raphael Immoos geschaffene Liedkantate für Chor, Orgel, Gemeinde und Kantor oder Sprecher. Diese für jeden gut geführten Kirchenchor praktikable Kantate ist so aufgebaut, daß in einem Vorspruch die erste Zeile der fünften Strophe „Gott steht am Anbeginn" auf drei verschiedenen Stufen anklingt, worauf die Rezitation der beiden ersten Verse der Bibel folgen „Am Anfang schuf Gott die Erde. Sie war wüst und wirr, nur die Finsternis lag über der Urflut und Gottes Geist schwebte über dem Wasser." (Gen 1,1–2). Am Schluß erklingt, wiederum drei Mal (zwei Mal vom Chor gesungen, ein Mal von der Orgel musiziert), der Liedanfang „Gott hat das erste Wort". Anschließend werden die Str. 1, 2 und 4 von allen im Wechsel mit einem kleinen Orgelzwischenspiel und einer a-capella-Strophe des Chores (Str. 3) musiziert. Die Kantate endet, ähnlich wie der Vorspruch mit der Rezitation von Bibelversen (Offb 22,13 und 1,8), hier nun im Wechsel mit der vom Chor vierstimmig gesungenen Strophe fünf.[25]

---

[24] Een Compendium, Sp. 149. Übersetzung von Peter Ernst Bernoulli: Bernoulli, Vom Ursprung, Ziel und Sinn alles Seienden, hier 3.

[25] Praktische Ausgabe: Chorheft '98, 2–8. – Aufnahme mit dem Ensemble des Akademiechores Luzern, Leitung: Alois Koch auf der CD „Wege zum Lied / Liedgestaltung im Kirchenjahr", Nr.1.

4 Wort-Gottes-Lied im Kirchenjahr

Mit der elementaren Kurzformel „Gott hat das erste Wort / Gott hat das letzte Wort“ spannt das Lied eine Brücke vom Anbeginn alles Geschaffenen bis zu dessen Vollendung. Innerhalb dieses weiten Bogens eröffnen die fünf Strophen durch bildhafte Anknüpfungspunkte und Anklänge an biblische Begriffe vielfältige Bezüge zu Lebenssituationen und zur Feier des Lebens im Kirchenjahr:

So einleuchtend die ursprüngliche Liedüberschrift „Nieuwjaarslied“ lautete, so legt doch die eschatologische Perspektive der deutschsprachigen Fassung *Gott hat das erste Wort* nahe, das „Lied im Anfang“ primär dem Beginn des Kirchenjahres, das heißt der Adventszeit zuzuordnen. Hier läßt es sich in zahlreichen Zusammenhängen sinnvoll einsetzen:

Zu Beginn der Adventszeit kann es im Rahmen einer Liedmeditation vorgestellt werden und durch Wiederholung während der ganzen Adventszeit zum inneren Besitz werden. Dabei wird die singende Gemeinde entdecken, daß das Jahr der Kirche der bürgerlichen Jahreswende weit voraus geht und im Kontrast zum kommerzialisierten Jubel und Trubel als Zeit der Stille, der Besinnung und Umkehr gefeiert werden will. Die in der letzten Liedzeile elementar zusammengefaßten Akzente „Ursprung, Ziel und Sinn“ lassen sich als Dimensionen der Adventszeit, im Kontext zu biblischen Lesungen und andern Liedern dieser Zeit entfalten:

– *Advent damals:* Ursprung im Schöpfungswerk und Neuanfang in der Ankunft (lat. *adventus*) des Schöpfers in der Unscheinbarkeit menschlicher Geburt, wie sie beispielsweise Martin Luther besingt: „Ach Herr, du Schöpfer aller Ding, / wie bist du worden so gering, / daß du da liegst auf dürrem Gras, / davon ein Rind und Esel aß!“ (Str. 3 in GL 138, EG 24, KG 332, RG 394). Oder: „Den aller Welt Kreis nie beschloß, / der liegt in Marien Schoß; / er ist ein Kindlein worden klein / der alle Ding erhält allein“ (GL 130, EG 23, KG 331, RG 392).

– *Advent in Zukunft:* In der Vision von Offenbarung 22 findet die Geschichte Gottes mit den Menschen ihre Vollendung im direkten Vis-à-vis von Gott und Mensch. Zwei neue Adventslieder fassen dieses Ziel meisterhaft in die Worte: „Dann stehen Mensch und Mensch zusammen / vor eines Herren Angesicht, und alle, alle schaun ins Licht, / und er kennt jedermann mit Namen.“ (Jürgen Henkys in der letzten Strophe von EG 20, KG 306, RG 375) und „Der Himmel, der kommt, / das ist der kommende Herr / und der Gott mit dem Antlitz des Menschen“ (Kurt Marti in Strophe vier von EG 153, KG 507, RG 867).

– *Advent hier und jetzt,* bei den vom Schöpfer Angesprochenen: „Eh wir zum Leben kamen, rief er uns schon mit Namen und ruft uns fort und fort“ (Str. 2). Die Ankunft des Ewigen im Herzen der Glaubenden, Fragenden, Sinn Suchenden und Hoffenden wird in vielen Adventsliedern besungen, beispielsweise in den beiden letzten Strophen von *Macht hoch die Tür, die Tor macht weit* (GL 107, EG 1, KG 298, RG 363).

Die fünf Strophen von *Gott hat das erste Wort* bieten viele weitere Anknüpfungspunkte. Als Anregung werden hier drei Bereiche kurz benannt:

Zur Jahreswende, in einer Jahresschlußfeier (in der mancherorts auch der im Laufe des Jahres Verstorbenen gedacht wird) und im Neujahrsgottesdienst erweist sich *Gott hat das erste Wort* als befreiendes Glaubens- und Trostlied. Anfang und Ende der Weltgeschichte und des individuellen Lebens liegen in der Hand des Schöpfers und Vollenders. Der Liedschluß „Ursprung, Ziel und Sinn" erinnert an die letzte Strophe von Jochen Kleppers Zeitlied, der „allein der Ewge heißt und Anfang, Ziel und Mitte" weiß „im Fluge unsrer Zeiten..." (GL 157, EG 64, KG 355, RG 554).

Anläßlich existentieller Übergänge (‚rites de passage'): „Kirche" ereignet sich in den gesellschaftlichen Umbrüchen dieser Zeit für die Mehrheit ihrer Mitglieder fast ausschließlich anläßlich biographischer Wendepunkte, „bei Gelegenheit" (M. Nüchtern). So gewinnen beispielsweise Taufe, Firmung/Konfirmation, Verlobung, Trauung, Abschiednehmen im Sterbeprozeß, Bestattung und entsprechende Gedenkfeiern ganz neu an Bedeutung. In solchen Situationen halten die fünf Strophen von *Gott hat das erste Wort* Freiräume für persönliche und aktuelle Assoziationen offen.

Im Verlauf des Gottesdienstes: In evangelischen Gesangbüchern wird *Gott hat das erste Wort* im Kapitel „Gottesdienst in der Gemeinde" den Rubriken „Wort Gottes" (EG 199) oder „Verkündigung, Gottes Wort" (RG 260) zugeordnet, das heißt als Antwortgesang auf eine Lesung oder als Predigtlied vorgeschlagen. Ebenso gut kann es als Eröffnungs- und Schlußlied eine Rahmenfunktion erfüllen, Str. 1–2 zu Beginn, Str. 3–5 am Schluß, ebenso im Morgen- und Abendlob der Tagzeitengottesdienste.

Anhang: Übertragung von Helmut Kornemann/Kees de Bruine[26]

Jürgen Henkys schuf – ohne Kenntnis der von Markus Jenny 1970 geschaffenen ersten deutschsprachigen Liedfassung – seine vorerst nur vier Strophen umfassende Übertragung 1975 (erwähnt in seinem Brief vom 21.1. 1976 an A. Casper Honders). Diese Übertragung wurde durch zwei Beihefte zum **EKG* bekannt, in Ostdeutschland (DDR) in: **Neue Lieder,* Nr. 66; in Westdeutschland in: **Singt und dankt,* Nr. 634 (in beiden Fällen in Strophe 1.4 mit der später überholten Fassung: „Er spricht noch allzeit fort"). Erweiterung dieser Übertragung durch die in Een Compendium, Sp. 147, erstmals publizierte originale dritte Strophe. Die komplette Übertragung erschien 1981 an erster Stelle in: **Steig in das Boot,* S. 8f. Übernahme dieser fünfstrophigen Fassung durch das **ELK* (1987), Nr. 462.

---

26 nach Müller, in: Geistliche Lieder für unsere Zeit (Westfalen) Nr. 624.

Kornemann/de Bruine

1. Gott sprach das erste Wort
und schuf damit die Erde,
daß sie erhalten werde,
spricht er noch immerfort.

2. Gott sprach das erste Wort,
bevor zur Welt wir kamen
rief er schon unsre Namen
und wies uns Zeit und Ort.

3. Gott spricht das letzte Wort,
wird Heimliches enthüllen,
Versprochenes erfüllen,
auf ewig Heil und Hort.

4. Gott sprach zum Weltbeginn
und wird ihr Ende geben,
sein Wort ist allem Leben
Ursprung und Ziel und Sinn.

Jürgen Henkys (1975):

1. Gott hat das erste Wort.
Er sprach zum Nichts: Es werde
Licht Himmel, Meer und Erde!
Er spricht noch fort und fort.

2. Gott hat das erste Wort.
Eh wir ins Leben kamen,
rief er uns schon mit Namen.
Sein Ruf wird noch gehört.

3. Gott hat das letzte Wort.
Wir müssen niedersteigen
zum Ort, da alle schweigen.
Doch er erscheint auch dort!

4. Gott hat das letzte Wort.
Mag unser Werk vergehen –
sein Bund bleibt doch bestehen,
sein Reich wird nicht zerstört.

5. Gott selbst macht den Beginn,
und er steht auch am Ende.
Sein Wort ist Weg und Wende,
Ursprung und Ziel und Sinn.

Literatur

HEG 2 = Handbuch zum Evangelischen Gesangbuch. Bd. 2. Wolfgang Herbst (Hrsg.): Wer ist wer im Gesangbuch? 2. durchgesehene und aktualisierte Auflage. Göttingen 2001.

LCI = Lexikon der christlichen Ikonographie. Freiburg 1968-75. Reprint 1990.

NSK = Neues Singen in der Kirche. Zeitschrift. Hrsg. im Auftrag des Vereins NSK von Hans-Jürg Stefan u.a. Zürich/Luzern 1986-1998.

NSK/AM = Neues Singen in der Kirche. Arbeitsmappen mit Liedblättern, Kommentar, Begleitsätzen, Schallplatte. Hrsg. im Auftrag der ökumenischen Arbeitsgemeinschaft NSK von Markus Jenny, Edwin Nievergelt, Robert Tobler. Zürich 1971-78.

ÖLK = Ökumenischer Liederkommentar zum KG, RG, CG der Schweiz. 1. Lfrg. Zürich 2001.

Bernoulli, Peter Ernst: Vom Ursprung, Ziel und Sinn alles Seienden, in: NSK 1998. H. 1, S. 2f.

Bernoulli, Peter Ernst/Furler, Frieder (Hrsg.): Der Genfer Psalter. Eine Entdeckungsreise. Zürich 2001.

Bleij-Pel, Marijke: Das Landvolk, in: Eine Gruppe niederländischer Poeten dichtet den Genfer Psalter neu. Bernoulli, Peter Ernst/Furler, Frieder (Hrsg.): Der Genfer Psalter. Eine Entdeckungsreise. Zürich 2001. 217–224.

Een Compendium van achtergrondinformatie bij de 491 gezangen uit het Liedboek voor de kerken. Amsterdam 1977. ²1978.

Jenny, Markus: Die Zukunft des evangelischen Kirchengesanges. Schriftenreihe des Arbeitskreises für evang. Kirchenmusik. H. 4. Zürich 1970.

Lucchesi Palli, E.: Art. Höllenfahrt Christi, in: LCI 2. 1970. Sp. 322–331.

Meyer, Dietrich (Hrsg.): Das neue Lied im Evangelischen Gesangbuch. Lieddichter und Komponisten berichten. Düsseldorf ²1997.

Pfirrmann, Maria: Die Freiheit eines Psalmdichters: Wilhelm Barnards Psalmübertragungen, in: Bernoulli/Furler, 225–231.

Pfirrmann, Maria: Freie Poesie und gottesdienstliche Lieder. Zum Verhältnis von Bibel, Liturgie und Dichtung im frühen Werk von Willem Barnard (Guillaume van der Graft). Göttingen 2001.

Stefan, Hans-Jürg/Wiesli, Walter (Hrsg.): Wege zum Lied/Liedgestaltung im Kirchenjahr. CD zum Werkheft 2. Arbeitshilfen zum KG, RG und CD der Schweiz. Gossau/Basel/Zürich 1999.

Tappolet, Walter : In neuen Zungen. Zur Frage des zeitgenössischen Kirchenliedes. Schriftenreihe des Arbeitskreises für evang. Kirchenmusik. H. 2. Zürich 1963.

Tappolet, Walter: Ich liege, Herr in deiner Hut. Witten/Berlin 1968.

Albert Gerhards

Gott, heilger Schöpfer aller Stern

1. Conditor alme siderum, Aeterna lux credentium, Christe, redemptor omnium, Exaudi preces supplicum.	Gott, heilger Schöpfer aller Stern, erleucht uns, die wir sind so fern, daß wir erkennen Jesus Christ der für uns Mensch geworden ist.
2. Qui condolens interitu Mortis perire saeculum Salvasti mundum languidum, Donans reis remedium,	Denn es ging dir zu Herzen sehr, da wir gefangen waren schwer und sollten gar des Todes sein; drum nahm er auf sich Schuld und Pein.
3. Vergente mundi vespere Uti sponsus de thalamo Egressus honestissima Virginis matris clausula.	Da sich die Welt zum Abend wandt, der Bräutgam Christus ward gesandt. Aus seiner Mutter Kämmerlein ging er hervor als klarer Schein.
4. Cuius forti potentiae Genu curvantur omnia, Caelestia, terrestria Nutu fatentur subdita;	Gezeigt hat er sein groß Gewalt daß es in aller Welt erschallt, sich beugen müssen alle Knie im Himmel und auf Erden hie.

5. Occasum sol custodiens,
Luna pallorem retinens,
Candor in astris relucens
Certos observant limites.

6. Te deprecamur, hagie,
Venture iudex saeculi,
Conserva nos in tempore
Hostis a telo perfidi.

Wir bitten dich, o heilger Christ,
der du zukünftig Richter bist,
lehr uns zuvor dein' Willen tun
und an dem Glauben nehmen zu.

7. Laus, honor, virtus, gloria
Deo patri cum filio
Una cum sancto spiritu
In sempiterna saecula.

Lob, Preis sei, Vater, deiner Kraft
und deinem Sohn, der all Ding schafft,
dem heilgen Tröster auch zugleich
so hier wie dort im Himmelreich.
Amen.

Druckvorlage

Hier wird der lateinische Text nach der Edition in den Analecta Hymnica AHMA 51, 46f. (Nr. 47) wiedergegeben. Daneben steht der heute gebräuchliche ökumenische Liedtext auf der Basis der Übertragung Thomas Müntzers. Dieser und die Melodie sind dem **Gotteslob* (GL 116) entnommen.

1 Lied und Hymnus

Das in der evangelischen wie in der katholischen Kirchenliedtradition fest verankerte Adventslied[1] *Gott heilger Schöpfer aller Stern* ist eine Übertragung des mittelalterlichen Hymnus *conditor alme siderum* durch Thomas Müntzer.[2] Der jetzige ökumenische Liedtext hat freilich manche Wandlungen durchgemacht. Um ihn richtig verstehen und einordnen zu können, ist ein Rekurs auf den lateinischen Urtext sinnvoll.

2 Der mittelalterliche Hymnus *conditor alme siderum*

Der in vielen Quellen seit dem 9./10. Jh. bezeugte Hymnus[3] hat ein vierzeiliges Strophenschema. Die Zeilen bestehen aus je acht Silben im Wechsel unbetont/betont (Vier-Jamben-Maß). Die Zeilenenden sind unregelmäßig gereimt. Die fünfte Strophe blieb bereits bei Müntzer unübersetzt, möglicherweise hatte sie ihm nicht vorgelegen[4]. Stattdessen setzte er eine eigene, in der jetzigen Fassung nicht übernommene Strophe an diese Stelle.

1 Es steht aktuell in folgenden Gesangbüchern: GL 116; EG 3 (ohne Doxologiestrophe); RG 359; KG 309; EL 19.

2 Vgl. Gerhards, Die deutsche Fassung.

3 Vgl. AHMA 51, 46f.

4 Sie fehlt in einem Teil der handschriftlichen Überlieferung und auch im *Breviarium Romanum*: vgl. ebd. 47.

Der liturgische Ort des Hymnus war schon im *Breviarium Romanum* die erste Vesper des ersten Adventsonntags, seit der *Editio medicea* freilich in einer nach humanistischem Geschmack stark umgearbeiteten Version: *creator alme siderum*.[5]

Die in den liturgischen Hymnaren überlieferte und für die deutsche Fassung übernommene syllabische Melodie steht in der vierten Kirchentonart. In ihrer Reduktion - der Ambitus beträgt lediglich eine Sext, wobei der Spitzenton nur zweimal vorkommt - ist sie ein Meisterwerk.[6]

3 Die deutsche Fassung Thomas Müntzers

Der Reformator Thomas Müntzer ist weniger durch sein liturgisches Schaffen bekannt als durch sein kämpferisches Engagement in den Bauernkriegen.[7] Dies führte in der älteren Forschung nicht selten zu einer Verzerrung des Müntzer-Bildes.[8] Sein Liedschaffen wurde zudem meist aus der Position seines Kontrahenten Martin Luther bewertet.[9] Doch wird sein liturgisches Werk in der neueren Forschung ungleich differenzierter gewürdigt.[10]

Die Übertragung des Hymnus durch Thomas Müntzer erfolgte im Rahmen seiner deutschen Ordnung des Stundengebetes (Metten, Laudes und Vesper), gedruckt als „Deutsches Kirchenamt" (1523) zu den fünf großen Festzeiten des Kirchenjahres (Advent, Weihnachten, Passion, Ostern und Pfingsten). Das Schema der Horen hat er beibehalten, so daß seine Übertragung des Vesperhymnus in der bekannten Ordnung nach den Psalmen und vor dem Magnificat steht.[11]

Die heutige, ökumenische Fassung weicht, wie bereits erwähnt, nicht nur vom lateinischen Hymnus, sondern auch von der Übertragung durch Müntzer ab. Im folgenden werden die gravierenden Unterschiede genannt und die beiden Fassungen im Vergleich mit der lateinischen Vorlage kommentiert:[12]

Die Anrede „conditor" läßt zunächst an Gott als den Adressaten denken. Der lateinische Text läßt aber durch den Vokativ „Christe" keinen Zweifel daran, daß Christus als Schöpfer der Gestirne und Licht der Gläubigen gemeint ist. Auch heutige Kommentatoren übersehen, daß der Hymnus wie

---

5 Vgl. ebd.

6 Vgl. die kurze Analyse in: Werkbuch zum GL I, 117.

7 Vgl. zu Müntzer allgemein die Artikel von Seebass.

8 Vgl. dazu Junghans, Theologe und/oder Revolutionär.

9 Vgl. Schulz, liturgische Bestrebungen, 387f., der die Hymnen Müntzers in die „poetische Schreckenskammer" verbannen will; dazu Honemeyer, Ringen um die Musik, 78 und Bräuer, Müntzers Liedschaffen, 233; vgl. auch Burba, Christologie, 22ff.

10 Vgl. die Arbeiten von Bräuer, Honemeyer, Elliger, Junghans, Veit.

11 Zu den liturgischen Reformen Müntzers vgl. Schulz, liturgische Bestrebungen, sowie Elliger, 252ff.

12 Die originale Müntzer-Übertragung wird zitiert nach Müntzer, Schriften und Briefe, 48f.

die meisten Hymnen des Stundengebetes an Christus gerichtet ist.[13] Müntzer hat die christologische Anrederichtung wohl bewußt in die theologische korrigiert. Bis auf die sechste Strophe ist von Christus in der dritten Person die Rede.[14] Die im katholischen Bereich verbreiteten Fassungen behielten dagegen die Christusanrede bei: „Und höre uns Herr Jesus Christ, der du der Welt Erlöser bist."[15] Die heutige ökumenische Fassung weicht im folgenden stärker von Müntzer ab:

Str. 1,3–4:
zurkennen deynen waren Christ,
der vor uns hye mensch worden ist.

Die wohl kontroverstheologisch zu verstehende Wendung „deinen wahren Christ" wird im jetzigen Text neutralisiert. Müntzer hatte schon die zweite Zeile der Vorlage verändert in eine „Bitte der mystischen Frömmigkeit um Erleuchtung": „An die Stelle der Gläubigen treten die Gottfernen."[16] Die dritte Zeile präzisiert dies durch die Bitte um Erkenntnis des „wahren Christus".

Die zweite Strophe weicht stärker von der Vorlage ab. Allerdings gibt es verschiedene Varianten.[17] Der gemeinsame Tenor besteht aber in der Aussage, daß die Menschheitsgeschichte in Richtung einer Katastrophe verlief. Doch ist das Heilmittel bereits bereitet. Hier weicht der Müntzer-Text ab:

Str. 2,3–4:
solten ewig des todes sein,
drumb namst du auff dich schuld und peyn.

Die jetzige Fassung des ökumenischen Textes wurde an dieser Stelle im Zusammenhang mit dem neuen **EG* revidiert (das **EKG* enthielt das Lied noch nicht). In der ersten Auflage des **Gotteslob* hieß es noch identisch mit dem Müntzer-Text: „drum nahmst du auf dich Schuld und Pein." 1979 hatte ich darauf hingewiesen, daß diese Formulierung unter der Voraussetzung der theologischen Anrederichtung einen Patripassianismus impliziert,[18] der möglicherweise von Müntzer beabsichtigt war. Mittlerweile wurde der ökumenische Liedtext an dieser Stelle in die dritte Person geändert, wodurch die Anrederichtung geklärt ist.

Die dritte Strophe spricht vom „Abend der Welt", was vordergründig mit dem zeitlichen Ansatz als Vesperhymnus in Verbindung zu bringen ist, doch schwingt hier die Gerichtsmetaphorik des Weltenendes mit. Der Passus vom Brautgemach entspricht der Antiphon der Weihnachtsmatutin

13 So Bräuer, Müntzers Liedschaffen, 238.
14 Vgl. dazu ausführlicher: Gerhards, Die deutsche Fassung.
15 Redaktionsbericht zum GL, 572.
16 Bräuer, Müntzers Liedschaffen, 238.
17 Die von Bräuer, Müntzers Liedschaffen, 238 vermerkte Veränderung der Gefangenschaft des Gesetzes zur Gefangenschaft des ewigen Todes bezieht sich nicht auf die hier zugrundeliegende Version, sondern auf eine bei Wackernagel I, 79.
18 Vgl. Gerhards, Die deutsche Fassung, 53.

„Tamquam sponsus Dominus procedens de thalamo suo" (Ps 19,6a).[19] Müntzer verändert den Text, indem er das ihm wichtige Motiv der Erkenntnis Christi wiederholt:

Str. 3,2–4:
der breutgam Christ wart so erkant,
auß seyner mutter kemmerleyn,
die junckfraw blieb zart und gantz reyn.

Der jetzige Text stellt den Gedanken des (zweiten) Hervorgangs des Sohnes zwar wieder her, eliminiert jedoch das Motiv der jungfräulichen Geburt.[20]

Im Hintergrund der vierten Strophe steht der Philipperhymnus, deutlicher jedoch in der Fassung Müntzers und der wohl von ihm benutzten Vorlage,[21] die auch die „unter der Erde" in die Anbetung Christi mit einbezieht[22]:

Str. 4,3–4:
sich müssen bigen alle knie
im hymel, hellen und allhye.

Der jetzige Text beschränkt sich auf die oberen Sphären. Ergänzt ist gegenüber der lateinischen Vorlage der Gedanke der Demonstration der Macht Gottes.

Die fünfte Strophe des lateinischen Hymnus bleibt unübersetzt. Möglicherweise lag sie in der Textfassung Müntzers nicht vor. Sie wurde auch nicht in die Liturgia horarum übernommen.[23] Doch scheint die Strophe für die Kohärenz des Textes wichtig. Sie nimmt das Motiv der Erschaffung der Gestirne (Str. 1) auf und führt aus, wie die den Menschen bestimmenden Himmelslichter der Herrschaft Christi untertan sind.

Inhaltlich entspricht die hinzugefügte Strophe Müntzers diesem Gedanken, wobei wiederum das Motiv der Erkenntnis vorkommt:

Str. 5 (neu):
Alles, was durch yhn geschaffen ist,
dem gibt er krafft, wesen und frist
nach seynes willens ordnung zwar,
yhn zu erkennen offenbar.

Es handelt sich um eine Zusammenfassung von Müntzers Theologie: „Nach der von Gott gewollten Ordnung will er in einem geschichtlichen Prozeß von aller Kreatur erkannt werden."[24]

---

19 Der Zwillingshymnus zur Laudes *Veni redemptor gentium* hat eine ähnliche Formulierung, die bei Müntzer allerdings nicht übernommen wird; vgl. Göser, Kirche und Lied, 141f.

20 Vgl. Redaktionsbericht zum GL, 572; kritisch dazu Offele, Gesangbuch, 42.

21 Vgl. Bräuer, Müntzers Liedschaffen, 239.

22 Im Laudeshymnus *O Herr, erloeser alles volcks* heißt es: „steyg zu der hellen mit grosser macht, nach dem der todt wart do geschlacht"; Göser, Kirche und Lied, 141-144.

23 Vgl. Lentini, Te decet hymnus, 73.

24 Brecht, Müntzers Christologie, 70.

Das Wesen dieser Ordnung ist die Vereinigung mit Gott. „Wie auch sonst in der Theologie Müntzers ist die Vereinigungsmystik mit der mystischen Schöpfungslehre verknüpft, nach der jeder Mensch durch seine Geschöpflichkeit potentiell ein Auserwählter Gottes ist."[25]

Die sechste Strophe wendet sich auch in der deutschen Fassung an Christus. Das „exaudi" der ersten Strophe wird im „te deprecamur" wieder aufgegriffen und durch das Personalpronomen intensiviert. Die feierliche Rede wird durch das griechische „hagie" noch verstärkt.[26] Die Z. 3 und 4 weichen wiederum von der lateinischen Vorlage ab. Die Müntzer vorliegende Fassung bat um Bewahrung vor der Fremdherrschaft[27] im Unterschied zu der Fassung der römischen Tradition, die allgemein um die Bewahrung vor der Waffe des Feindes bittet. Der Müntzer-Text bittet dagegen um die Lehre des Willens Christi und um Zunahme des Glaubens. Die heutige Version ändert lediglich die Präposition gegenüber Müntzer, wo es heißt:

> Str. 6,4: und im glauben nemen zu.

Bei Müntzer findet sich auch eine (vom **EG* nicht übernommene) Doxologiestrophe,[28] die von der lateinischen, die in der Er-Form steht, durch die Anrede an den Vater abweicht. Der heutige Text nivelliert den Gegensatz zwischen der Kraft Gottes und der Zartheit des Sohnes, der nichtsdestoweniger der Schöpfer aller Dinge ist:

> Str. 7,2–4:
> deym zarten son, der all ding schaftt,
> in eynem wesen der dreyheyt,
> mit dem geyst deyner heyligkeyt. Amen.

Das trinitarische Bekenntnis wird im aktuellen Text durch eine Schlußfloskel ersetzt.

Die Melodiefassung Müntzers lehnt sich wie auch bei den anderen Hymnenübertragungen an die heute noch gebräuchliche syllabische Melodie an, was bekanntlich die Ungunst Martin Luthers nach sich zog.[29] Heute wird das Text-Ton-Verhältnis der Gesänge Müntzers nicht mehr ausschließlich in die Kategorie der Barbarismen eingeordnet. Frederichs macht auf Abweichungen gegenüber der lateinischen Melodie aufmerksam, die im Text begründet sind, so die Ligaturen auf den Silben „heil", „wir" und „mensch" in der ersten Strophe.[30] Die Frage, ob nicht auch die Lieder Müntzers mensural gesungen wurden – Luther gab ja seine Lieder konsequent in

---

[25] Bräuer, Müntzers Liedschaffen, 239.

[26] Unsinnigerweise hat man diese Zeile in der Liturgia horarum verändert: „Te, Sancte, fide quaesumus"; vgl. Lentini, Te decet hymnus, 73 mit der Begründung: „eliminato il termine greco, frequente nel medioevo, ma oggi esotico."

[27] Vgl. Bräuer, Müntzers Liedschaffen, 240.

[28] Die lateinische Fassung der Liturgia horarum ersetzt diese durch einen an Christus und den Vater gerichteten Lobpreis; vgl. Lentini, Te decet hymnus, 73.

[29] Vgl. Honemeyer, Ringen um die Musik, bes. 78–83.

[30] Vgl. Frederichs, Wort-Ton-Beziehung, 353.

Mensuralnotation heraus – kann hier nicht weiter verfolgt werden. Jedenfalls ist festzuhalten, daß „diese liturgischen Formulare nicht gelesen, sondern gesungen sein wollen, damit man sich in ihre ‚Klangwelt' einlebt."[31]

4 Wirkungsgeschichte

Das Lied Thomas Müntzers hat trotz der Vorbehalte gegen sein Konzept schnell Karriere gemacht.[32] Dies war möglich, weil die Hymnen aus dem liturgischen Zusammenhang herausgelöst und in Liedsammlungen übernommen wurden.[33] Der Adventshymnus ist bereits 1530 im ersten Leipziger Gesangbuch von Michael Blume (**Leipzig 1530*) anzutreffen.[34] Ökumenische Relevanz erhielt das Lied schon bald durch seine Übernahme durch Leisentrit, der es inhaltlich fast unverändert übernahm mit Ausnahme der von Müntzer hinzugefügten Strophe, die wohl einer katholischen Adaption im Wege gestanden hätte.[35] Daneben ist eine an Leisentrit angelehnte Fassung seit **Andernach 1608* in Gebrauch, die sich aber an der in der römischen Liturgie üblichen lateinischen Vorlage orientiert.[36] Diese wurde in die katholischen Gesangbücher bis in die Nachkriegszeit hinein übernommen und erst durch die stärker an Leisentrit angelehnte ökumenische Version verdrängt.

Durch die Reform des Zweiten Vaticanum hat die Textfassung Müntzers wieder den genuinen liturgischen Ort des Vesperhymnus im Advent zurückerlangt. Doch ist diese Version nicht konkurrenzlos. Gab es schon früher Neuübersetzungen der Hymnen privater Art, so liegt im Benediktinischen Antiphonale eine Neuübersetzung vor, die ihrerseits bereits in das Evangelische Tagzeitenbuch übernommen wurde.[37] Die erste Strophe lautet hier:

> Der Sterne Schöpfer, milder Gott,
> du, unsres Glaubens ew'ges Licht,
> Christus, Erlöser aller Welt,
> erhöre gnädig unser Flehn!

---

[31] Ebd. 354.

[32] Vgl. auch die soziolinguistische Untersuchung von Brandt, Müntzers sprachliches Wirken, bes. 63.

[33] Vgl. Gerhards, Stundengebet.

[34] Vgl. die Textfaksimilie: Blume, **Leipzig 1530*, 73f.

[35] Vgl. den Text in der Faksimileausgabe: Leisentrit, Gesangbuch, IIII; zum Begriff der Adaption: Heitmeyer, Leisentrit; zur Melodiefassung: Bäumker I, 247f.

[36] Vgl. den Faksimiledruck von Härtling: Das Andernacher Gesangbuch 7; zur Singweise Bäumker I, 248.

[37] Vgl. Benediktinisches Antiphonale 3, 30f; Evangelisches Tagzeitenbuch, 475f; dazu Gerhards, Evangelisches Tagzeitenbuch.

5 Theologische Bedeutung

Der Adventshymnus mutet in seiner deutschen Fassung zunächst recht spröde an. Bei näherer Betrachtung zeigt er jedoch eine erstaunliche Vitalität. Seine Qualität liegt in der Verbindung von Kosmos und Geschichte, die das Inkarnationsmysterium kennzeichnet. Die Redeform ist zugleich bilderreich und dogmatisch dicht. Müntzer adaptiert den Text, indem er seine Schöpfungstheologie mit den Brennpunkten der Gotteserkenntnis und der Ordnung[38] sowie seine Christologie[39] dort einträgt, durchaus in Verbindung mit seinem pädagogischen Konzept der „Entgrobung" (*eruditio*).[40] Dabei behält der Text aber seine Weite, die ihn trotz der reformatorischen Zuspitzung auch für die katholische Frömmigkeit akzeptabel sein läßt. Die hier zur Sprache kommende Glaubenswirklichkeit ist überkonfessionell und überzeitlich: Es ist das unbegreifliche Eingehen Gottes in die Unheilsgeschichte der Menschheit, um dadurch das Schöpfungswerk trotz der Sünde und des Todes zur Vollendung zu bringen. Dabei kommt die abendliche Symbolik des Lichtes zur Entfaltung: Der Schöpfer des Lichtes schenkt Erleuchtung, die zur Gotteserkenntnis führt. Die Betonung der Gottesferne in der ersten Strophe gegenüber der lateinischen Vorlage gibt dem Text in unserer Zeit Aktualität, die in der vorletzten durch die Paränese noch erhöht wird: Die Zeit zwischen dem ersten und dem zweiten Kommen, zwischen *remedium* und *iudicium*, ist die Zeit der Bewährung durch das Handeln nach dem Willen Gottes und durch Wachsen im Glauben.

Literatur

AHMA = Analecta hymnica medii aevi. Ed. G. Dreves u. C. Blume. Leipzig 1886ff.
ARG = Archiv für Reformationsgeschichte. Gütersloh 1951.
JLH = Jahrbuch für Liturgik und Hymnologie. Kassel u.a. 1955ff.
LJ = Liturgisches Jahrbuch.
LThK³ = Lexikon für Theologie und Kirche. Freiburg/Basel/Rom/Wien 1993ff.
TRE = Theologische Realenzyklopädie.
VIEG = Veröffentlichungen des Instituts für Europäische Geschichte Mainz.
WdF = Wege der Forschung. Darmstadt 1956ff.
ZKG = Zeitschrift für Kirchengeschichte.

Das Andernacher Gesangbuch (Köln 1608). Faksimiledruck. Mit einem Nachwort hrsg. v. Michael Härtling, Düsseldorf 1970, 7.

Bäumker, Wilhelm: das katholische deutsche Kirchenlied in seinen Singweisen von den frühesten Zeiten bis gegen Ende des siebzehnten Jahrhunderts. Auf Grund handschriftlicher und gedruckter Quellen bearbeitet von Wilhelm Bäumker. 4 Bde. Freiburg im Breisgau 1883-1911 (Reprint Hildesheim 1962).

Benediktinisches Antiphonale. Hrsg. von der Abtei Münsterschwarzach. Bd. 3: Vesper, Komplet. Münsterschwarzach 1996.

---

[38] Vgl. Mau, Gott und Schöpfung, bes. 26ff.; Goertz, Theologie Müntzers.
[39] Vgl. Brecht, Müntzers Christologie, bes. 70.
[40] Vgl. Burba, Christologie, 22–26.

Brandt, Gisela: Thomas Müntzers sprachliches Wirken im 16., 17. und 18. Jahrhundert über die Hymnen des „Deutschen Kirchenamtes" (1523) (Göppinger Arbeiten zur Germanistik 574), Göppingen 1992.

Bräuer, Siegfried: Thomas Müntzers Liedschaffen. Die theologischen Hymnenübertragungen am Allstedter Gottesdienst von 1523/24 und im Abendmahl Müntzers, in: Friesen, Abraham/Goertz, Hans-Jürgen (Hrsg.): Thomas Müntzer. Darmstadt 1978. 227–295, bes. 238–241 (WdF 491) [Erstveröffentlichung: Lutherjahrbuch. Organ der internationalen Lutherforschung. I.A. der Luther-Gesellschaft. Hrsg. v. Heiner Junghans 41 (1974), 45–102].

Brecht, Martin: Thomas Müntzers Christologie, in: Bräuer, Siegfried/Junghans, Helmar (Hrsg.): Der Theologe Thomas Müntzer. Untersuchungen zu seiner Entwicklung und Lehre. Göttingen 1989. 62–83.

Burba, Klaus: Die Christologie in Luthers Liedern (Schriften des Vereins für Reformationsgeschichte 175, Jahrgang 63/1). Gütersloh 1956.

Elliger, Walter: Thomas Müntzer. Leben und Werk. Göttingen 1975.

Evangelisches Tagzeitenbuch. Hrsg. von der Evangelischen Michaelsbruderschaft. 4. völlig neu gestaltete Auflage. Münsterschwarzach/Göttingen 1998.

Frederichs, Henning: Die Wort-Ton-Beziehung in Thomas Müntzers Deutschen Messen und Kirchenämtern, in: Elliger, Walter: Thomas Müntzer. Leben und Werk. Göttingen 1975. 339–360.

Gerhards, Albert: Die deutsche Fassung des Christushymnus „Conditor alme siderum, in: LJ 29 (1979). 51–54.

Ders.: Evangelisches Tagzeitenbuch, in: JLH 38 (1999). 125–137.

Ders.: Stundengebet, in: TRE 32 (2000). 268–276.

Geyer, Hans-Georg: Ernst Bloch und Thomas Müntzer. Ein paar ungehobelte Gedanken, in: Bizer, Christoph (u.a.) (Hrsg.), Theologisches geschenkt. Festschrift für Manfred Jusuttis, Bovenden 1996. 165–171.

Göser, Arthur: Kirche und Lied. Der Hymnus Veni redemptor gentium bei Müntzer und Luther. Eine ideologiekritische Studie (Epistemata. Würzburger wissenschaftliche Schriften. Reihe Literaturwissenschaft 136). Würzburg 1995.

Goertz, Hans-Jürgen: Innere und äußere Ordnung in der Theologie Thomas Müntzers. Leiden 1967. (Studies in the History of christian Thought 2).

Heitmeyer, Erika: Das Gesangbuch von Johann Leisentrit 1567. Adaption als Merkmal von Struktur und Genese früher deutscher Gesangbuchlieder (Pietas Liturgica Studia 5). St. Ottilien 1988

Honemeyer, Karl: Thomas Müntzer und Martin Luther. Ihr Ringen um die Musik des Gottesdienstes. Untersuchungen zum „Deutzsch Kirchenampt" 1523. Berlin 1974.

Ders.: Thomas Müntzers Allstedter Gottesdienst als Symbol und Bestandteil der Volksreformation, in: Friesen, Abraham/Goertz, Hans-Jürgen (Hrsg.): Thomas Müntzer. Darmstadt 1978. 213-226 [Erstveröffentlichung: Zeitschrift der Karl-Marx-Universität Leipzig. Gesellschafts- und Sprachwissenschaftliche Reihe 14 (1965). 473–477.]

Junghans, Helmar: Die Theologie Thomas Müntzers: Die Bibel als Spiegel der Zeit, in: ARG 82. 107–122.

Ders.: Theologe und/oder Revolutionär? Die Auslegung der Theologie Müntzers durch die Müntzerrezipienten während des „Dritten Reiches", in: ZKG 8 (1995). 300–313.

Leisentrit, Johann: Gesangbuch von 1567. Faksimileausgabe mit einem Nachwort von Walther Lipphardt. Kassel/ Basel/ Paris/ London/ New York 1966. IIII.

Lentini, Anselmo, Te decet hymnus. L'innario della „Liturgia horarum" (Vaticano 1984), 73 [Nr. 71].

Müntzer, Thomas: Schriften und Briefe. Kritische Gesamtausgabe, unter Mitarbeit von Paul Kirn. Hrsg. v. Günther Franz (Quellen und Forschungen zur Reformationsgeschichte 33). Gütersloh 1968. 48.

Mau, Rudolf: Gott und Schöpfung bei Thomas Müntzer, in: Bräuer, Siegfried/Junghans, Helmar (Hrsg.): Der Theologe Thomas Müntzer. Untersuchungen zu seiner Entwicklung und Lehre. Göttingen 1989. 12–38.

Offele, Winfried: Das ungeliebte Gesangbuch. Plädoyer für ein besseres „Gotteslob". Frankfurt am Main/Bern/Las Vegas 1979.

Redaktionsbericht zum Einheitsgesangbuch «Gotteslob». Hrsg. von Paul Nordhues und Alois Wagner. Paderborn 1988.

Schulz, Karl: Thomas Müntzers liturgische Bestrebungen, in: ZKG 47 (1928) 369–401.

Seebass, Gottfried: Art. Müntzer, Thomas (ca. 1490–1525), in: TRE 23 (1994) 414–436.

Ders.: Art. Müntzer, Thomas, in: LThK³ Bd. 7. Sp. 536f.

Veit, Patrice: Das Kirchenlied in der Reformation Martin Luthers. Eine thematische und semantische Untersuchung, Stuttgart 1986, bes. 36–39 (VIEG 120).

Wackernagel, Philipp: Das deutsche Kirchenlied von der ältesten Zeit bis zu Anfang des XVII. Jahrhunderts. Mit Berücksichtigung der deutschen kirchlichen Liederdichtung im weiteren Sinne und der lateinischen von Hilarius bis Georg Fabricius und Wolfgang Ammonius. 5 Bde. Leipzig 1864-77 (Reprint Hildesheim 1987).

Werkbuch zum Gotteslob. Im Auftrag der Kommission für das Einheitsgesangbuch. Hrsg. von Josef Seuffert. 7 Bde. Freiburg/Basel/Wien 1975ff.

Beate Hirt

Aus hartem Weh klagt menschlichs G'schlecht

1. Aus hartem Weh klagt menschlichs G'schlecht,
es stand in großen Sorgen.
Wann kommt, der uns erlösen möcht,
wie lang liegt er verborgen?
O Herre Gott sieh an die Not,
zerreiß des Himmels Ringe,
erwecke uns dein ewigs Wort
und laß ihn herab dringen,
den Trost ob allen Dingen.

2. Der Vater hört die große Klag,
die aufstieg von der Erden,
des heilgen Geistes Rat er pflag,
wie könnte Rettung werden.
„Soll denn das Volk verloren sein,
und nie dies Elend enden?
Eh' schicke ich den Sohne mein,
der kann den Jammer wenden."
Ein Boten tat er senden.

3. Sankt Gabriel ein Engel fein,
beim Vater stand mit Sinnen.
Gott sprach: Du sollst der Bote sein,
so eile denn von hinnen!
Und fahre zu der reinen Maid
die mir allzeit gefallen;
sie trägt als Zier der Tugend Kleid
und ist mir lieb ob allen.
Grüß sie mit reichem Schallen.

4. Der Engel sich zur Erde wandt
sogleich in schneller Eile.
Maria er, die Jungfrau, fand
nach einer kurzen Weile.
„Ave, die du der Gnaden voll!",
so sprach er zu der Reinen,
„der alle Welt erlösen soll,
will sich mit dir vereinen,
Fleisch werden von dem deinen."

5. Maria sann und sagte dann:
„Lass eines mich verstehen,
da ich erkenne keinen Mann,
wie soll denn das geschehen?
„O Jungfrau rein, sei unverzagt!
Der Geist wird dich umschweben"
Sie sprach: „Ich bin des Herren Magd,
ihm will ich mich ergeben,
will seinem Willen leben."

6. Die Gottheit das mit Huld vernahm,
der Sohn verlangt zur Erde,
der heilge Geist herniederkam,
damit das Wort Fleisch werde.
Maria, die gesegnet war,
hat Gottes Sohn empfangen.
Durch ihn ist uns das Heil gebracht.
Zu Ende ist das Bangen,
erfüllt der Welt Verlangen.

Druckvorlage

Die hier vorgeschlagene Melodie folgt im wesentlichen **München 1586*. Der Text folgt vor allem den späteren Gesangbuchausgaben von Joseph Mohr, die sich stark an **München 1586* anlehnen, aber auch die sechste Strophe von Bone **Cantate 1847* integrieren, vgl. vor allem **Cäcilia 1912* (Mohr). Str. 1 orientiert sich, stärker noch als Mohr, an **München 1586*, die sechste Bone-Strophe ist in der Fassung des **Kirchenlied* 1938 wiedergegeben.

1 Ein Lied an erster Stelle

Seit beinahe einem halben Jahrtausend gehört das Lied *Aus hartem Weh klagt menschlichs G'schlecht* zu den ersten Liedern in katholischen Gesangbüchern, im doppelten Sinn. Zum einen findet es sich in zahlreichen Sammlungen der verschiedenen deutschsprachigen Regionen vor allem des 17., 19. und 20. Jahrhunderts und wurde entsprechend sicher häufig gesungen. Zum anderen nimmt es meist innerhalb dieser Bücher einen besonderen Platz ein: Als altes Adventslied, das auch alphabetisch vorne rangiert, steht es oft am Beginn aller Gesänge des Kirchenjahres.

Bei diesem traditionsreichen Lied lohnt sich ein ausführlicher Blick in die Überlieferungsgeschichte. Manch Kostbares tritt hier zutage, das man der heute verbreiteten **Gotteslob*-Fassung nicht ansieht, das aber für eine weitere Verwendung bedenkenswert scheint.

Im folgenden Teil soll daher die Geschichte des Liedes – erst seiner Melodie, dann seines Textes – nachgezeichnet werden. In Teil 3 und 4 gehe ich auf drei inhaltliche Schwerpunkte und die heutige Liedfassung ein. Am

Ende der Bestandsaufnahme, im fünften Teil, stehen einige Vorschläge zum heutigen Singen.

2 Vom neunstrophigen Erzähllied zur zweistrophigen **Gotteslob*-Fassung

2.1 Geschichte der Melodie

Das Erzähllied *Aus hartem Weh*, ohne Melodie bereits 1525 nachgewiesen, wird zu Beginn seiner Überlieferungsgeschichte in den katholischen Gesangbüchern mit drei verschiedenen Melodien verbunden.[1] Zwei unterschiedliche Vertonungen der neun Strophen finden sich bereits im ersten überlieferten Abdruck des Liedes mit Melodie in *Leisentrit* 1584.[2] Eine weitere, dritte nennt zum ersten Mal das Münchener Gesangbuch von 1586.[3] Es ist diese Münchener Melodie, die sich ab dem folgenden 17. Jahrhundert durchsetzen wird.

Die **erste** Melodie zu *Aus hartem Weh*, die sich bei **Leistentrit* 1584 findet,[4] steht größtenteils in dorisch. Sie wird bereits in der ersten Hälfte des 16. Jahrhunderts vor der Verbindung mit *Aus hartem Weh* mit anderen Texten überliefert. Katholische und protestantische Angaben differieren in den Vermutungen über ihre Herkunft: Sie könnte aus vorreformatorischer Zeit[5] oder aber von Martin Luther selbst[6] stammen. 1524 ist sie zum ersten Mal nachgewiesen zu dem Psalmlied *Es wollt uns Gott gnädig sein* (**Walthersches Gesangbuch*).[7] 1541 schreibt ihr „dann Luther den neuen Text auf den Leib":[8] das Tauf- und Katechismuslied *Christ unser Herr zum Jordan kam.*[9] Mit diesem Text hat sich diese dorische Melodie bis heute im protestantischen Gesangbuch gehalten.[10]

Für den Text *Aus hartem Weh* allerdings verlor sie rasch wieder ihre Bedeutung; womöglich hat dies gerade auch mit der Überlieferung des bekannten lutherischen ‚Konkurrenztextes' zu tun. Lediglich im Paderborner

1 Vgl. Meister, Singweisen, 152–157, Nr. 7–9; Bäumker I, Nr. 10–12.

2 Vgl. Bäumker I, Nr. 10 und 11; Meister, Singweisen, 152–154, Nr. 7 und 156f., Nr. 9.

3 Vgl. Bäumker I, Nr. 12; Meister, Singweisen, 154–156, Nr. 8.

4 Vgl. Bäumker I, Nr. 10; Meister, Singweisen, 152–154, Nr. 7.

5 Vgl. Meister, Singweisen, 154.

6 Vgl. die mit Fragezeichen versehene Quellenangabe zu EG 202. 399; die vorreformatorische Tradition außerdem angezweifelt in Handbuch zum Ev. Kirchengesangbuch, 509/512.

7 Vgl. Meister, Singweisen, 153; Bäumker I, 255; Handbuch zum Ev. Kirchengesangbuch, 512.

8 Handbuch zum Ev. Kirchengesangbuch, 512.

9 Vgl. ebd., außerdem Bäumker I, 255; Meister, Singweisen, 152–153.

10 Vgl. EG 202. Vgl. auch einzelne katholische Gesangbücher des 17. Jahrhunderts, etwa **Rheinfelsisches Gesangbuch* 1666, vgl. Bäumker I, 254, Nr. 10; Meister, Singweisen, 152, Nr. 7 („Rheinf. Gsgb. 1566" dürfte ein Druckfehler sein, gemeint ist wohl 1666, vgl. 154 und Bäumker). Der Band ist ein Nachdruck der **Davidischen Harmonia* 1659.

und Erfurter Raum hat sich die dorische Melodie auch im 17. Jahrhundert noch zu unserem Text gehalten.[11]

Eine weitere, **zweite** Melodievariante steht ebenfalls bei **Leisentrit* 1584.[12] Sie trägt allerdings „keinen Keim längeren Bestandes oder irgendwelcher Beliebtheit in sich."[13] Vielleicht ist sie der (einzige?) Versuch, der geistlichen Umdichtung eine neue Melodie zu geben.[14] Es mag gerade an der fehlenden Bekanntheit oder aber auch an der etwas schwierigeren Melodieführung gelegen haben, daß diese Singweise von *Aus hartem Weh* sich nicht durchsetzen kann; auch mit anderem Text wird sie nicht tradiert. Beide zuerst nachgewiesenen Melodiefassungen haben also für den Text *Aus hartem Weh* schnell ausgedient.

In den katholischen Gesangbüchern seit dem Ende des 16. Jahrhunderts dominiert eine **dritte** Melodieversion. Bereits zwei Jahre nach **Leisentrit* 1584 findet sie sich zum ersten Mal mit *Aus hartem Weh* verbunden: in **München 1586*.[15] Es handelt sich um eine phrygische Melodie, die, wie bereits die dorische, nicht ausschließlich mit unserem Text überliefert ist, sondern auch mit anderen: Zum ersten Mal gedruckt findet sie sich bei **Vehe* 1537, dann auch bei **Leisentrit* 1567 und 1584[16], zum Text von Ps 67 „Erbarm sich unser Gott der Herr".[17]

Ein protestantisches Psalmlied mit ähnlichem Textbeginn - *Erbarm dich mein, o Herre Gott* - hat den gleichen Melodieanfang, nimmt aber dann einen völlig anderen Verlauf als das Lied von Vehe. Diese ‚protestantische' Fassung der phrygischen Melodie ist bereits früher nachgewiesen als die ‚katholische' Vehe-Version: Sie stammt von Erhart Hegenwalt und erschien schon als Einzeldruck in Wittenberg 1524, zu finden ist sie auch im **Waltherschen Gesangbuch* von 1524. Auch das - katholische - **Rheinfelsische Gesangbuch* 1666 führt dieses phrygische Psalmlied auf, das in den ersten acht Tönen mit dem Vehe-Lied übereinstimmt.[18] Interessanterweise - und um die Verwirrung um Melodien und Texte komplett zu machen - existiert

---

11 Bäumker I, 254, gibt **Paderborn 1616*, 1617 und **Erfurt 1666* als weitere Belege für die dorische Melodie an. Verifiziert werden konnte dies an **Paderborn 1628* und **Erfurt 1630*, beide im Gesangbucharchiv Mainz. - Neben **Leisentrit* 1584 und diesen Belegen aus dem 17. Jahrhundert nennen Meister und Bäumker ein weiteres Gesangbuch mit der dorischen Melodie auf unseren Text: **Andernach 1608*, das die dorische Melodie allerdings interessanterweise mit einer lat. Version des Textes verbindet. Auch diese Tradition wird jedoch nicht weitergeführt.

12 Vgl. Bäumker I, Nr. 11; Meister, Singweisen, Nr. 9.

13 Meister, Singweisen, 157.

14 Vgl. Bäumker I, 151, Winterfeld folgend; Meister, Singweisen, 153–154.

15 Vgl. Bäumker I, Nr. 12; Meister, Singweisen, Nr. 8. Zum genaueren Verlauf und Textverhältnis dieser Melodie, die bis heute gesungen wird, vgl. 4.2.

16 Bei **Leisentrit* 1584, wo *Aus hartem Weh* zum ersten Mal mit Melodie - allerdings gerade nicht mit der phrygischen - belegt ist, gehört also diese phrygische Melodie zu *Erbarm sich unser Gott der Herr*.

17 Vgl. Meister, Singweisen, 154–155; Bäumker I, 255–257; Werkbuch zum GL, 117.

18 Vgl. Meister, Singweisen, 156; ähnlich Bäumker I, 257–8; die dorische Melodie von *Aus hartem Weh* ist in diesem Gesangbuch mit *Christ unser Herr* enthalten, die (‚protestantisch'-) phrygische mit *Erbarm dich mein*.

aber auch diese Melodie in Verbindung mit dem Text *Aus hartem Weh*: In **Beuttner 1602, 1660* und *1718* ist sie so enthalten.[19] Später hingegen läßt sie sich nicht mehr nachweisen: Auch im protestantischen Raum scheint sie sich weder mit dem Text *Erbarm dich mein* noch mit dem ebenfalls mitunter gebrauchten Text *Herr, straf mich nicht in deinem Zorn*[20] (oder gar mit *Aus hartem Weh*) gehalten zu haben.

Die Erfolgsgeschichte der ‚katholischen'[21] phrygischen Melodie mit dem Text *Aus hartem Weh* beginnt also mit dem Münchener Gesangbuch von 1586. Die Melodie von 1537 ist hier geringfügig dem neuen Text angepaßt: in der fünften, sechsten und siebten Zeile etwa sind teilweise Notenwerte verkürzt („o Herre...", „zerreiß des...", „dich erwecken..."), die Weise wird dadurch rhythmisch abwechslungsreicher.[22] Der ursprünglich neunstrophige Text ist um eine Strophe, die vierte, gekürzt. In dieser Weise werden Melodie und Text nun in rascher Folge neu aufgelegt und nachgedruckt (etwa **München 1598* und **Innsbruck 1588*). Im 17. Jahrhundert verbreitet sich das Lied auch im mittleren und nördlichen Deutschland: In den Kölner Gesangbüchern ab 1619[23] und in **Mainz 1654* ist es zum Beispiel enthalten. Schnell setzt sich diese phrygische Melodie - mit der ein oder anderen Veränderung - also im deutschsprachigen Raum durch. [24]

Bereits früh verbindet sich mit ihr auch eine mehrstimmige Überlieferung. Einem der berühmtesten Komponisten des 16. Jahrhunderts dient diese Version von *Aus hartem Weh* zur Vorlage für einen sechsstimmigen Liedsatz: In Orlando di Lassos „Neuen deutschen und französischen Gesängen" von 1590 ist sie enthalten.[25] Der niederländische Komponist schuf

---

19 Vgl. Bäumker I, Nr. 14; bei Meister, Singweisen, unter Nr. 8. Bei beiden wird **Beuttner 1602* noch in Klammern aufgeführt. Im Mainzer Gesangbucharchiv konnte ich diese Version verifizieren. Allerdings stieß auch ich auf kein weiteres Gesangbuch, das diese Melodie zu *Aus hartem Weh* aufführt. Es darf vermutet werden, daß sie - durch den identischen Beginn der üblichen phrygischen Melodie und die beiden ähnlichen Psalmlieder *Erbarm dich mein* und *Erbarm sich unser* - eher aus Versehen zu diesem Text kam.

20 Vgl. Meister, Singweisen, 156.

21 Meister, Singweisen, 156, nennt sie im Vergleich zur „protestantischen" von Hegenwalt „die bessere und ältere", was aus den genannten Daten nicht unbedingt einleuchtend hervorgeht (und als Urteil wohl eher konfessionell zu erklären ist). Vielleicht hat Vehe den Melodieanfang sogar aus dem Waltherschen Gesangbuch übernommen? Die Herkunft der beiden phrygischen Melodien und ihr Verhältnis zueinander läßt sich heute leider nicht mehr bis ins Letzte klären.

22 Vgl. Meister, Singweisen, Nr. 6; in den Büchern, die im Mainzer Gesangbucharchiv zur Verfügung standen, konnte ich dies verifizieren. Bei Bäumker I, Nr. 12, leider nicht zu ersehen, weil er nur eine Melodie, die von **Vehe*, angibt.

23 Hier gibt es Verkürzungen der Notenwerte an anderen Stellen (die für **München 1586* genannten bleiben lang, Melismen in Z. 2 und 4 aber auf „große" und „er"), die letzten drei Zeilen weichen im gesamten Melodieverlauf stark ab.

24 Vgl. auch **Konstanz 1600, *Corner 1625, *Speyer 1631, *Mainz 1654, *Münster 1677.* Vgl. Meister, Singweisen, 154, Nr. 8; Bäumker I, 255, Nr.12.

25 Vgl. Orlando di Lasso, Werke, XXXIX/99–101. Hinweise auch bei Meister, Singweisen, 153–154; Weinzierl, CD-Booklet.

diese Sätze in München, wo er seit 1556 als Tenorist, seit 1564 als Kapellmeister Herzog Albrechts V. von Bayern wirkte. Die *Cantus-firmus*-Melodie von *Aus hartem Weh* im ersten Tenor ist, mit kleinen Varianten, **München 1586* entnommen.[26] Die genaueren entstehungs- und wirkungsgeschichtlichen Zusammenhänge von sechsstimmigem Werk und einstimmig-phrygischem Lied sind heute schwer zu bestimmen. Man darf aber davon ausgehen, daß eine solche Komposition die Bekanntheit des Kirchenliedes beeinflußte und förderte. Interessanterweise finden sich auch in verschiedenen Gesangbüchern Hinweise auf einen mehrstimmigen Gesang des Liedes.[27]

Einstimmig wie mehrstimmig ist die phrygische Weise von *Aus hartem Weh* also im 17. Jahrhundert und bis ins 18. Jahrhundert hinein in den katholischen Gesangbüchern verschiedener Regionen verbreitet.[28] Nach einer ‚Überlieferungspause'[29] findet sich auch in den Bänden des 19. und 20. Jahrhunderts nur eine einzige Melodie von *Aus hartem Weh*: diese dritte phrygische.[30] Wenn Angaben zur ursprünglichen Quelle gemacht werden, wird **Vehe* 1537 genannt.[31] Zwar gibt es zu Beginn noch Fehler im Wiederabdruck der alten Melodie; Korrekturen lassen aber erkennen, daß man versucht, an die alte Weise anzuknüpfen.[32] Auffällig ist allerdings, daß die Melodie im 19. Jahrhundert durch das strenge Taktschema und ‚Glättun-

26 Vgl. Orlando di Lasso, Werke, XXXIX; Weinzierl, CD-Booklet, 4.

27 So vermutet man etwa hinter einer zweiten überlieferten Melodie in **Konstanz 1600* die Baßstimme eines mehrstimmigen Satzes; vgl. Bäumker I, Nr. 13, verifiziert im Mainzer Gesangbucharchiv. In **Mainz 1654* sind ebenfalls eine zweite Stimme und Generalbaßziffern angegeben.

28 Vgl. **München 1586, 1598, *Innsbruck 1588, *Konstanz 1600, *Köln 1610,* *Köln *1619,* *Köln *1628,* *Köln *1650, *Corner 1625, *Mainz 1654.*

29 Die letzte Ausgabe aus dem 18. Jahrhundert, die ich im Mainzer Gesangbucharchiv mit dem Lied *Aus hartem Weh* entdecken konnte, ist **Köln 1747,* die erste dann wieder das **Cantate 1847.* Es ist also etwa die Zeit der europäischen Aufklärung, in der das Lied nicht gesungen wird.

30 Vgl. Mohr **Jubilate Deo* 1877 (erster mir zugänglicher Druck mit Melodie aus dem 19. Jahrhundert, Bones Melodienbuch zum **Cantate 1847* konnte ich leider nicht einsehen), **Köln 1887,* Mohr **Lasset uns beten* 1889 (Erstauflage 1881), Mohr **Psälterlein* 1891, **Freiburg 1895,* Speyer **Salve Regina* 1923 (Erstauflage 1882, entspricht Mohr **Lasset uns beten* 1881), **Limburg 1931, *Münster 1932, *Kirchenlied* 1938, **Einheitslieder* 1947 u.a. Zu den Kirchengesangbüchern des 19 und 20. Jahrhunderts vgl. Küppers, Diözesan-Gesang- und Gebetbücher.

31 Vgl. etwa Mohr **Jubilate Deo* 1877, **Münster 1932, *Kirchenlied, *Gotteslob* 1975.

32 In Mohr **Jubilate Deo* 1877 ist bei der Wiedergabe der phrygischen Melodie noch ein Versehen unterlaufen: Z. 7 und 8 sind in der Melodie Z. 5 und 6 nachgebildet – so wie die Melodie in Z. 3 und 4 eine Wiederholung von 1 und 2 ist. Dieser Fehler steht auch noch in Mohr **Lasset uns beten* 1889 (Erstauflage 1881). Im **Psälterlein* von 1891 hat Mohr die Melodie wieder nach der Weise aus dem 16. Jahrhundert korrigiert. Die fehlerhafte Version findet sich aber - durch den Einfluss der Gesangbücher Mohrs – auch noch in Büchern bis weit in das 20. Jahrhundert hinein, so etwa in **Speyer 1923* (entspricht **Lasset uns beten*) oder **Limburg 1931.*

gen' im Rhythmus starrer und weniger lebendig wirkt als die Vorgänger aus der Zeit der Renaissance.[33]

Alle drei überlieferten Melodien übrigens haben mit der Melodie des weltlichen Wächterliedes, das am Anfang der **Text**geschichte von *Aus hartem Weh* steht, keine Ähnlichkeit, obwohl die Übernahme vom weltlichen Original zur geistlichen Kontrafaktur durchaus üblich war.[34]

2.2 Geschichte des Textes

„Aus hartem Weh klagt sich ein Held", so lautet die erste Zeile im weltlichen ‚Wächterlied'[35], das dem Adventslied als Textvorlage diente.[36] Nicht Gott wird hier um Erlösung aus dem Leid gebeten, sondern ein „weiblich Bild" (Z. 5): Es soll den Klagegesang des liebenden Helden vernehmen und sich durch ihn aus dem Schlaf „erwecken" (Z. 5/7) lassen: „Schick dich zu liebes anefang, dein lieb will mich betoren." (Z. 8/9) Aus seinen Liebesschmerzen und „Sorgen" will der Held durch die Gegenliebe der Frau erlöst werden (Z. 4). Im geistlichen Adventslied ist es nun das „menschlich Gschlecht" (Z. 1), das klagt und „stund in großen Sorgen" (Z. 2), und es ist der „Herre Gott", der gebeten wird, „sich wecken" zu lassen und sein „einigs Wort" zu senden. Aus dem Liebessehnen zwischen Mann und Frau wird das zwischen Menschen und Gott: eine Übertragung, die zwar heute befremdlich anmuten mag, in Bibel und christlicher Tradition aber nicht selten zu finden ist.[37]

1525 findet sich die geistliche Kontrafaktur des weltlichen Wächterliedes zum ersten Mal gedruckt: In der Nürnberger Liederhandschrift von Valentin Holl[38] ist es mit neun Strophen (leider allerdings ohne Melodie) wiedergegeben. Aus dem klagenden kurzen Monolog wird nun eine längere Erzählung, die reich an Dialogen und szenischen Bildern ist: In etlichen Gesprächen zwischen Gott, Engel und Mensch malen Str. 2 bis 9 die Vorgeschichte der Menschwerdung Jesu Christi aus. In der zweiten ist davon die Rede, daß der Vater die Klage der Menschheit erhört und – nach Beratung

---

33 Eine eigene Bearbeitung des Rhythmus findet sich schließlich im **Kirchenlied* 1938 und im daran sich anschließenden **Gotteslob* mit ihren meditativen „Trennungen der Perioden", dazu mehr unter 4.2.

34 Vgl. Meister, Singweisen, 152, Bäumker I, 255.

35 ‚Wächterlied' oder auch ‚Tagelied': Gattung des europäischen Minnesangs, schildert als fiktives Erlebnis Abschied und Trennung zweier Liebenden nach einer unerlaubten Liebesnacht im Morgengrauen (in dem der Wächter ruft); vgl. von Wilpert, Sachwörterbuch, 919.

36 Vgl. Meister, Singweisen, 152, Nr. 7, dort auch der Text nach Franz Böhme, Altdeutsches Liederbuch, Nr. 111, das ich leider nicht einsehen konnte; ebenso Bäumker I, 255, Nr. 10; außerdem Werkbuch zum GL 117.

37 Vgl. Hosea, das Hohelied der Liebe oder die mittelalterlichen Mystikerinnen und Mystiker, dort besonders Mechthild von Magdeburg. Allerdings ist ungewöhnlich, daß bei der Übertragung, wie sie hier vorgenommen wird, die Menschheit den Part des Mannes übernimmt – und Gott in die Rolle der Frau gesetzt wird, auf deren Liebe man hofft.

38 Vgl. Wackernagel, 1156; Bäumker I, 255, Nr. 10; Werkbuch zum GL, 117.

mit dem Hl. Geist - beschließt, den Sohn auf die Erde zu schicken. In Str. 3 gibt er dem Engel Gabriel den Auftrag, zur „reinen Magd" zu fahren; in Str. 4 fragt der Engel noch einmal nach, was er denn der Jungfrau sagen soll. Str. 5 handelt davon, daß der Engel Maria grüßt und ihr vom Plan Gottes erzählt. In Str. 6 fragt Maria „Wie soll das geschehen?", der Engel spricht von der Gnade, die „dich umbschatten" wird, Maria antwortet: „Mir gscheh nach deinen Worten". Str. 7 erzählt, wie Gottvater dieses ‚Ja' hört und die Jungfrau schwanger wird, Str. 8 deutet die Geburt in Betlehem nur noch an. In Str. 9 wird die Erzählung mit einem Lob- und Bittgesang auf die Mutter Jesu Christi abgeschlossen. Klage der Menschheit, Göttlicher Ratschluß und die Verkündigung an Maria sind die großen Themen dieses langen Erzählliedes. Bereits an dieser Stelle sei allerdings daraufhin hingewiesen, daß die Szene des ‚göttlichen Ratschlusses' der trinitarischen Personen, wie sie heute im **Gotteslob* in der zweiten Strophe zu finden ist, in dieser ersten Textversion noch nicht enthalten ist.

In der Zeit, in der um die passende Melodie zum Text noch gerungen wird, im 16. und 17. Jahrhundert also, ändert sich am Inhalt des Liedes erst einmal wenig: Der neunstrophige Liedtext wird in die Tegernseer Handschriften ab 1574 übernommen,[39] er steht so bei Leistentrit 1584[40] und findet fast unverändert Eingang in das Münchener Gesangbuch von 1586: Lediglich die vierte (tatsächlich inhaltlich wohl am ehesten entbehrliche) Strophe fehlt hier, wie teils auch in späteren Drucken.[41] Aber auch die kompletten und fast unveränderten neun Strophen werden gedruckt, etwa in **Köln 1628*.[42]

Zehn Jahre später jedoch ist es gerade die Kölner Tradition, die an dem nun bereits seit 150 Jahren überlieferten Text grundlegende Veränderungen vornimmt: Im Gesangbuch **Köln 1638* findet sich ein komplett überarbeiteter Text. Er läßt die vierte Strophe ebenfalls weg; bei den übrigen wird zwar grob der Erzählinhalt und -verlauf und auch die ein oder andere Wendung beibehalten, das meiste allerdings ist neu formuliert, mit neuen Bedeutungsnuancen.[43] Interessant für die weitere Textentwicklung ist die Akzentverschiebung bei den Themen: Neben der Verkündigungsszene, die in der ursprünglichen Fassung den Schwerpunkt trug, wird nun der ‚göttliche

---

[39] Vgl. Bäumker I, 255, Nr.10; vgl. ebd., 69, zu **Tegernsee 1574*.

[40] Vgl. Kehrein I, 177.

[41] Vgl. etwa auch **München 1598*, **Innsbruck 1588*, **Konstanz 1600*, **Paderborn 1628* (dorisch).

[42] Vgl. etwa auch **Beuttner 1602* (‚protestantische' phrygische Melodie), **Erfurt 1630* (dorisch), **Mainz 1654, 1683*. Text- und Melodieüberlieferung sind also, so zeigen diese vier Beispiele, unabhängig voneinander. – Gelegentlich wird in den Texten aus „vierzig Wochen" (der Schwangerschaft Mariens) „neun Monate", oder statt vom „Geist" wird Maria von der „Gnad" überschattet; neben diesen Veränderungen im Detail bleibt der Text dem Ursprung von 1525 treu.

[43] So ist in Str. 1 etwa nicht mehr von „erlösen" die Rede, sondern vom „zu recht bringen", aus dem „erwecken" ist ein „erretten aus Pein und Tod" geworden – Anklänge an das weltliche Liebeslied und an die Liebesthematik überhaupt sind damit zurückgedrängt zugunsten der Rede von „Sünde" und „Gerechtmachen".

Ratschluß' stärker ausgemalt, und zwar besonders mit trinitarischem und christologischem Aspekt. Im Text von 1525 steht noch Gottvater redend und handelnd im Mittelpunkt: Er ist derjenige, der die Klage der Menschheit hört, der den Rat des Heiligen Geistes fragt (aber sogleich selbst die Antwort gibt), der erst den Engel, dann den Sohn sendet, der das ‚Fiat' Mariens hört. Heiliger Geist und Sohn kommen nicht zu Wort. Dies ändert sich im Kölner Gesangbuch von 1638 (**Geistlicher Psalter 1638*): In Str. 2 wird nun der Sohn um Rat gefragt, und es ist auch der Sohn, der antwortet und sein Leiden und Sterben zur Rettung der Menschheit anbietet. Der Engel Gabriel wird in Str. 3 nicht vom Vater, sondern vom Geist zu Maria gesandt. Die (ursprünglich) siebte Strophe, die vom Schwangerwerden Mariens erzählt, wird zu einem kleinen trinitarischen Bekenntnis genützt: Der Vater sendet den Sohn, der Geist „aus ihrem Blut formiert ein Leib ganz reine", und damit ist „des Vaters Sohne" gemeint, „dann der ward Mensch alleine". Die letzte Strophe regt nun – folgerichtig, könnte man sagen – nicht zum Lobgesang Mariens an, sondern zur Verehrung dessen, der „sitzt auf der Mutter Schoß". Während andernorts auch noch Jahrzehnte nach dieser Kölner Neufassung die alten neun Strophen gesungen werden,[44] setzt sich in Köln die veränderte Textversion durch und hält sich bis weit in das 18. Jahrhundert hinein.[45]

Bei der Neubelebung des Liedes im 19. Jahrhundert wird daher sowohl an die ursprüngliche Textversion als auch an Elemente aus der neueren Kölner Fassung angeknüpft. Paradigmatisch am Anfang steht Heinrich Bones **Cantate 1847* mit seinem siebenstrophigen Text[46]: Es enthält von beidem etwas – und darüber hinaus auch neu gedichtete Strophenzeilen.[47] Str. 1, 3, 4, 5 und 7 entsprechen in etwa den ursprünglichen 1,[48] 3, 4, 6 und 9 – das Verkündigungsgeschehen wird ausgemalt, Marienlob und -bitte bilden wieder das Ende. Göttlicher Ratschluß und trinitarisches Geschehen stehen nun aber im Mittelpunkt der beiden übrigen, zumeist neu textierten Strophen: Str. 2 erzählt, daß der Vater die Klage hört und der Geist „Gnade für die Sünder" will – der Sohn kommt daraufhin, wie in der Kölner Versi-

---

44 Vgl. **Mainz 1654, 1683.*

45 Vgl. **Köln 1747*, der späteste mir vorliegende Abdruck aus diesem Jahrhundert.

46 Eine Besonderheit dieser Strophen: Sie sind nicht neun-, sondern achtzeilig. Die letzte Textzeile wird in jeder Strophe wiederholt.

47 Manche Korrektur am ursprünglichen Text wird sicher auch angebracht, weil einiges aus der teils noch spätmittelalterlich wirkenden Sprache des 16. Jahrhunderts schwerer verständlich ist, vgl. Str. 5: „der menschlichs gschlecht erlösen soll will sich zu dir verstricken".

48 Str. 1 lehnt sich zwar in den Z. 1–5 an den alten Text aus dem 16. Jahrhundert an; in den letzten Zeilen kommt aber der „Sünde- und Tod-Gedanke" aus der Kölner Tradition mit hinein; dort heißt es: „Uns schreckt der Tod, die Hölle droht, rett uns von diesen Schrecken!". Eine kleine Änderung in der Z. 1 setzt sich ab dieser Fassung durch: Statt „Aus hartem Weh klagt menschlichs Geschlecht" heißt es seither „Aus hartem Weh die Menschheit klagt". Der Reim hat zur Folge, daß Christus in der Z. 3 weder als der beschrieben wird, der „es bringt zu recht", noch als der, der „uns erlösen möcht", sondern als der, „der uns ist zugesagt".

on von 1638, selbst zu Wort und bietet, dem Vater zugewandt („ach, Vater mein"), sein Leben an („will lieber selbst mich spenden"). Str. 6 weitet, ähnlich wie die Kölner sechste Strophe, die Reaktion Gottes auf das „Ja" Mariens vom Vater auf die ganze Trinität aus und gestaltet nun daraus eine kleine trinitarische Formel: „Die Gottheit das mit Huld vernahm, der Sohn verlangt zur Erde, der Heilge Geist hernieder kam, damit das Wort Fleisch werde." Beide neuen Bone-Strophen machen nun eine große Karriere in der Textgeschichte; die sechste geht, noch einmal leicht verändert, als zweite, „neue" Strophe in das **Kirchenlied* von 1938 und später in das **Gotteslob* von 1975 ein.

Die sieben Strophen aus dem **Cantate 1847* stellen die Textgrundlage dar, von der aus *Aus hartem Weh* in der zweiten Hälfte des 19. Jahrhundert wieder Einzug hält in verschiedene Gesangbücher.[49] Immer unübersichtlicher und komplizierter wird die Überlieferung des Textes schließlich am Ende des 19. und zu Beginn des 20. Jahrhunderts: Bone-Strophen stehen neben wiederentdeckten ursprünglichen Strophenteilen und Strophen, auch wird manches neu formuliert und paraphrasiert. In den Gesangbüchern von Joseph Mohr geht der Trend zurück zur Version aus dem 16. Jahrhundert: Im **Jubilate Deo* 1877 finden sich vier Strophen, von denen die mittleren beiden die „neuen" Bone-Strophen sind.[50] In späteren Auflagen der **Cäcilia* und des **Psälterlein* ist zwar weiterhin eine Bone-Strophe enthalten; daneben aber stehen nun sieben Strophen, die sich - im Laufe der Jahre immer stärker - wieder an **München 1586* anlehnen.[51]

Bei der vierstrophigen Fassung des Liedes verändern sich bisherige Strophenübergänge, auch der inhaltliche Schwerpunkt verschiebt sich erneut: Während sich bei Bone die Formulierung „Der Vater **das** mit Huld vernahm" auf das „Fiat" Mariens bezog, steht es im **Jubilate Deo* 1877 nach der Rede des Sohnes, der sich selbst für die Menschheit opfern will. Zweite und sechste Bone-Strophe folgen hier direkt aufeinander, die gesamte Verkündigungsszene ist vollständig gestrichen; der inhaltliche Akzent ist damit fast gänzlich von der Verkündigungsszene zum göttlichen Ratschluß und trinitarischen Geschehen übergegangen. Das abschließende Marienlob, das seltsamerweise trotzdem noch den Schluß bildet, ergibt in diesem Kontext keinen rechten Sinn mehr.[52]

---

49 In **Limburg 1890* (Erstauflage 1875) ist *Aus hartem Weh* exakt danach abgedruckt, **Paderborn 1887* (Erstauflage 1874) übernimmt alle bis auf die 6. Die Kölner Gesangbuchauflagen zwischen 1880 und 1930 geben *Aus hartem Weh* mit fünf Strophen wieder, wovon bis auf die dritte alle von Bone stammen. Die dort 7. (ursprünglich 9. und letzte) Str. fehlt, das Lied endet mit der neuen, ‚trinitarischen' Strophe. Die Str. 3 formuliert hier die Sendung des Engels neu und spricht erstmals in der Geschichte des Liedes explizit vom „Ratschluß": Gabriel wird zu Maria gesandt, „den Ratschluß zu verkünden".

50 Vgl. auch **Speyer 1923*,**Einheitslieder* 1947 und ihnen folgende Gesangbücher.

51 Vgl. etwa **Lasset uns beten* 1889, **Psälterlein* 1891 oder **Cäcilia* 1912 (33. Auflage). Es sind diese späten Mohr-Ausgaben, die auch als Vorbild für die Druckvorlage dienen.

52 Vgl. den Redaktionsbericht zum GL, der die Streichung dieser Strophe damit begründet, daß sie „den adventlichen Rahmen sprengt"; ebd., 569. Zu solchem Urteil läßt sich

Der Höhepunkt der Kürzungen wird 1938 mit dem **Kirchenlied* erreicht: Hier steht nur noch die erste ursprüngliche Strophe und die „trinitarische" sechste von Bone. Zwar wird in den kommenden 40 Jahren noch häufig die vierstrophige Fassung gesungen, nicht zuletzt, weil sie auch Eingang findet in die **Einheitslieder* von 1947. Mit der Übernahme des zweistrophigen Kirchenlied-Textes in das **Gotteslob* kommt in den 70er Jahren aber auch diese Überlieferung zu einem Ende.[53] Im heutigem katholischen **Gotteslob* ist nur noch eine der beiden abgedruckten Strophen eine ursprüngliche aus dem 16. Jahrhundert: Lediglich die erste von neun Strophen ist nach fünf Jahrhunderten Textübermittlung übriggeblieben.[54]

3 Biblische und traditionelle Liedmotive: Klage, Verkündigung, Göttlicher Ratschluß

3.1 Die Klage der Menschheit

Die erste Strophe des Liedes handelt von der Klage der Menschheit gegenüber Gott. Mit den Themen „Göttlicher Ratschluß" und „Verkündigung", die im Folgenden das Lied bestimmen, haben diese Zeilen auf den ersten Blick wenig zu tun (auch die Akteure sind andere: die Menschheit, statt Trinität, Engel, Maria); in den meisten Bild- und Textüberlieferungen zu diesen beiden Motiven kommt sie auch nicht vor.[55] Jedoch basiert diese Strophe, die dem weltlichen Wächterlied und seiner Heldenklage nachgebildet ist, auf einem biblisch und traditionell vertrauten Motiv: auf der Klage als Schrei nach Gottes Hilfe in der Not. Im Alten Testament ruft das Volk wie auch der Einzelne immer wieder nach Gott - und wird zumeist erhört (vgl. etwa Ps 4,2/4, 107,6, besonders Ps 130 „Aus der Tiefe...", anders: Hiob 26,9-10; 30,20; Hab 1,2). Aus den großen, paradigmatischen Notlagen des Volkes wie der ägyptischen Gefangenschaft und dem babylonischen Exil wird Israel errettet, nachdem es Gott seine Ausweglosigkeit geklagt hat (vgl. Ex 2,23-24; 3,7/9; 6,5; Klagelieder, Bar 3,1-8; 4,21).

Im Neuen Testament und in der christlichen Tradition tritt die Klage als wichtige Äußerung in der Gottesbeziehung zwar zurück; Lob und Dank sind nun wichtiger, auch die Bitte wird in der Regel ‚gemäßigter' geäußert. Weil aber Leid und Tod der Menschen trotz der Geburt des Erlösers kein endgültiges Ende gefunden haben, findet sich die Klage auch in der weite-

---

wohl kommen, wenn die „marianischen" alten Strophen und der ursprüngliche - sehr wohl adventliche - Zusammenhang nicht mehr im Blick sind.

53 Das Werkbuch zum GL gibt eigenartigerweise an, sowohl das **Kirchenlied* als auch die **Einheitslieder* enthielten „vier Langstr.", die erst das **Gotteslob* zu zweien zusammengestrichen hätte, vgl. Werkbuch zum GL, 117.

54 Wenn das Werkbuch zum GL davon spricht, daß die Melodie schon seit dem Gsb. **München 1586* „mit unserem T[ext] verbunden" ist - vgl. ebd., 117 –, ist das wohl etwas verzerrend. Hierzu wie auch zur Problematik des neuen Strophenübergangs - nicht das ‚Ja' Mariens (oder Christi) wird „mit Huld vernommen", sondern die Klage der Menschheit - vgl. 4.1.

55 Vgl. unten die Belege zum ‚göttlichen Ratschluß', 3.3.

ren zweitausendjährigen Tradition immer wieder, oft im Rückgriff auf den Psalter (vgl. etwa *De profundis*-Gebete und -Vertonungen). Aus dem Volk Israel wird dabei in der Regel die Christenheit - oder, wie hier, noch universaler: das ganze menschliche Geschlecht. Liturgisch hat diese Lied- und Gebetsform vor allem im Advent ihren Platz gefunden: In der Vorbereitungszeit auf Weihnachten ruft die Kirche - oft klagend und sich sehnend - nach dem (in der Geburt, aber auch der Parusie) kommenden Messias.[56] Der Advent kann also sicherlich auch als Bindeglied zu den weiteren Liedthemen gelten. Eine konkrete Verknüpfung des Klagemotivs mit dem des göttlichen Ratschlusses findet sich, einige Jahrhunderte vor unserem Lied und vermutlich nicht ohne Einfluß darauf, bereits im mystischen Werk Mechthilds vom Magdeburg: Dort „schrie die Seele in großer Finsternis jahrelang nach ihrem Lieb mit jammervoller Stimme ..."; als unmittelbare Reaktion erhob sich „ein hoher Rat in der Heiligsten Dreifaltigkeit".[57]

3.2 Die Verkündigung an Maria

Das biblische Motiv, das in den folgenden Strophen des Originaltextes nun bestimmend wird, ist das der Verkündigung der Geburt Jesu durch den Engel Gabriel an Maria, wie es das Lukasevangelium erzählt. „Sankt Gabriel, ein Engel fein," taucht erstmals am Beginn von Str. 3 auf, zunächst im Gespräch mit Gott-Vater. In der zentralen Str. 5 gelangt der Engel zu Maria; angelehnt an Lk 1,26–38 wird in den Str. 5 und 6 das Gespräch der beiden wiedergegeben. In Str. 7 und 8 wird erzählt, wie die Verheißung an Maria sich erfüllt: Sie wird „umgeben" vom heiligen Geist und „umfängt" während vierzig Wochen den Gottessohn in ihrem Leib, bevor sie ihn in Betlehem zur Welt bringt.

In diesen mittleren ‚Verkündigungsstrophen', die ursprünglich einen Hauptteil des Liedes ausmachen, sind die ‚Hauptakteure' nicht die drei göttlichen Personen, sondern der Engel Gabriel und Maria. Deutlich läßt sich dies etwa an den Strophenanfängen zeigen, die ja auch angeben, um was oder wen es in der folgenden Strophe geht: In Str. 3 bis 5 wird in der Kopfzeile der Engel genannt („Sankt Gabriel, ein Engel fein", „Als bald der Engl die Red vernahm", „Durch d'Wolken drang der Engl zhand"), in Str. 6 bis 8 Maria („Maria sach den Engel an", „Als bald sie ihren Willen gab", „Also hat sie den Gottes Sohn"). Auch eine kleine Symmetrie wird hier erkennbar.

Die Szene und ihre Akteure waren wohlbekannt und wurden liturgisch und volkstümlich (ähnlich wie die ‚Klage') vor allem mit der Adventszeit verbunden. Trotzdem wird dieser Teil des Adventsliedes im 19. und 20. Jahrhundert immer stärker gekürzt. In der im **Gotteslob* gedruckten zwei-

---

[56] Vgl. etwa O-Antiphonen, *Rorate coeli*, *Veni redemptor gentium*, vgl. GL 103, 104, 105, 108, 112, 116, 120, 124; zur Klage allgemein: Beirer, Klage.

[57] Mechthild von Magdeburg, Fließendes Licht, 93.

strophigen Fassung ist die Verkündigungsszene überhaupt nicht mehr enthalten.[58]

3.3 Der göttliche Ratschluß

Das dritte Thema in *Aus hartem Weh* gewinnt zwar im Laufe der Textgeschichte immer mehr an Bedeutung, ist aber im Gegensatz zu den anderen beiden gar kein originär biblisches: Es ist die Vorstellung vom ‚göttlichen Ratschluß der Erlösung'. Biblische Quellen für dieses Motiv fallen eher dürftig aus: Altes und Neues Testament reden nur gelegentlich und andeutungsweise von einem Ratschluß Gottes oder von einem verwirklichten Plan Gottes (vgl. Ps 33,11, Apg 20,27, Eph 1,11).[59] Ausführlicher beschrieben und in einer Szene ausgemalt wird dieser Ratschluß erst in Texten aus dem hohen und späten Mittelalter: etwa in einer Predigt Bernhards von Clairvaux (1091–1153), einer mystischen Schrift Mechthilds von Magdeburg (etwa 1212–1283) und einem geistlichen Epos aus dem frühen 14. Jahrhundert.[60] Vor allem die bildende Kunst nimmt ab dem 12. Jahrhundert das Thema auf und tradiert es.[61]

Sowohl diese frühen Texte als auch die bildnerischen Darstellungen zum ‚göttlichen Ratschluß' beziehen sich aber auf einen weiteren, eher indirekten Anknüpfungspunkt in der Bibel, der auch im Lied vorkommt: die lukanische Verkündigungsgeschichte. Die Predigt Bernhards wurde für das Fest der Verkündigung Mariens geschrieben. Die Darstellung des Ratschlusses in Stundenbüchern und Fresken ist fast immer eingebunden in die der Verkündigung an Maria.[62] Inhalt des ‚göttlichen Ratschlusses' ist denn auch die ausgemalte Vorgeschichte dieser Verkündigung: Vor dem Thron

58 Engel und Maria kommen im **Kirchenlied* und **Gotteslob* nicht mehr zu Wort und kaum noch vor. Die Bemerkung des Werkbuch zum GL zu den übriggebliebenen Zeilen kann da fast euphemistisch wirken: „Die entscheidende Dienstfunktion, die Maria zugedacht und anvertraut ist, ist in zwei Zeilen treffend wie selten ausgesagt." Ebd., 117.

59 Vgl. LCI, Sp. 499; Hahn, Ratschluß, 90; Werthemann, Studien, 53, sieht „dem Wortlaut der Bibel" nach keinen Ratschluß der Erlösung und nennt als älteste greifbare Quellen die Predigt Bernhards.

60 Die Idee geht eventuell bereits auf eine Predigt Leos I. (440–461) zurück, vgl. LCI, Sp. 499-500, G. Hahn, Ratschluß, 90.

61 Vgl. Jászai, Erlösung, Sp. 463; LCI, Sp. 500–501. Die Tatsache, daß es sich also bei diesem Motiv vor allem um eines aus der christlichen (Frömmigkeits- , Predigt- und Kunst-)Tradition handelt und nicht um ein biblisches oder eng an das christliche Credo angelehntes, führt dazu, daß sich Hinweise zu diesem Thema heute nicht in exegetischen und dogmatischen Büchern, nicht einmal in theologischen Lexika finden lassen – in den einschlägigen theologischen Lexika oder Dogmatik-Handbüchern (LthK, TRE, Handbuch der Dogmatik, hrsg. von Theodor Schneider) existiert das Stichwort nicht –, sondern hauptsächlich in ikonographischen und (literatur-)historischen Bänden.

62 So etwa in einem Fresko von Giotto (1305–07) oder den vier Miniaturen des Stundenbuchs der Katharina v. Kleve (1420/1430), vgl. LCI, Sp. 500; Jászai, Sp. 463; vgl. zur Verbindung von Verkündigung und Ratschluß auch Hahn, Ratschluß, 90. Gelegentlich gibt es auch die Verknüpfung mit der Heimsuchung Mariens, etwa im „Berliner Gnadenthron", vgl. LCI, Sp. 501; Hahn, Ratschluß, 91. Dies ist natürlich auch für die Verbindung von Verkündigung und Ratschluß in *Aus hartem Weh* aufschlußreich.

Gottes wird in einer Ratsversammlung verschiedener Personen das Schicksal der Welt und des Menschen verhandelt. Am Ende steht der Entschluß, den Menschen zu retten durch Menschwerdung und Passion des Sohnes Gottes: Erster Schritt dieses beschlossenen Erlösungsgeschehens ist die Sendung des Engels zu Maria.

Die Darstellungen des Ratschlusses können stark variieren. In der bildenden Kunst gibt es etwa Abbildungen von Gottvater, der allein - Taube und Kreuz nur im Hintergrund - den Engel zu Maria sendet, von Gott-Vater, der dem Sohn das Kreuz der Erlösung reicht, oder aber schließlich von der hl. Dreifaltigkeit, die im Himmel thronend den Engel aussendet.[63] Ähnliche Unterschiede lassen sich auch zwischen den drei bedeutsamen mittelalterlichen Texten feststellen. Beim Vergleich dieser unterschiedlichen Bilder und Texte mit unserem Lied wird deutlich, daß *Aus hartem Weh* aus einer vielfältigen Tradition schöpfen kann.

Bernhard von Clairvaux etwa, als früheste Quelle, kennt noch kein ‚trinitarisches' Ratschluß-Gespräch - wie die früheste Liedversion. Der Ratsdialog spielt sich in seiner Predigt - im Anschluß an Ps 84,10–11 - zwischen den vier Tugenden Barmherzigkeit, Wahrheit, Gerechtigkeit und Frieden ab.[64] Am Ende erklärt sich der König auf dem Thron bereit, Lösung/Erlösung zu bringen - „Ecce venio" - und sendet den Engel Gabriel aus.[65] Das heilsgeschichtliche Epos „Erlösung" lehnt sich mit seiner Erzählung von der himmlischen Ratsversammlung weitgehend an die Predigt Bernhards an, weist aber auch neue Züge auf: Ein Gespräch zwischen Gott-Vater und Sohn kommt jetzt hinzu, in dem der Sohn den Vorschlag zur Menschwerdung und zum Leiden macht - wie in späteren Liedversionen.[66] Besonders aufschlußreich ist die Beschreibung des göttlichen Ratschlusses im „Fließenden Licht der Gottheit" **Mechthilds von Magdeburg**: Hier nun ist der Ratschluß allegorischer Personen vollständig durch den der drei göttlichen Personen ersetzt: Ein „hoher Rat in der heiligsten Dreifaltigkeit" kommt (gleich zweimal übrigens: vor der Schöpfung und vor der Menschwerdung des Sohnes) zusammen und führt lebhaft Dialog über die Rettung des Menschen - am ehesten in den Liedstrophen Bones zu finden. Der Anlaß zur Ratsversammlung bei Mechthild schlägt, wie gesehen, eine Brücke zur ersten Strophe und zum weltlichen Ursprung: Es ist die Klage der Seele,

---

63 Vgl. Jászai, Sp. 463; LCI, Sp. 500. Am deutlichsten wird die Konzeption des Ratschlusses als Werk der Dreifaltigkeit im ‚Berliner Gnadentron', 1. H. 15. Jh, vgl. Braunfels, Dreifaltigkeit, XXV; Werthemann, Studien, 56; Hahn, Ratschluß, 91; LCI, Sp. 501.

64 Vgl. PL 183, 383–90.

65 Vgl. ebd., 389; vgl. Werthemann, Studien, 54–55; ob mit dem König Gott-Vater, die Trinität oder der Sohn gemeint ist, scheint nicht klar, vgl. dagegen Hahn, Ratschluß, 90, der vom „Sohn" spricht.

66 Vgl. Werthemann, Studien, 55; Hennig, Erlösung, 600.

die sich nach dem geliebten Herrn sehnt und „mit jammervoller Stimme“[67] nach ihm ruft.

Die vielfältige Text- und Bildtradition zum Ratschluß beeinflußt im Liedbereich nicht nur *Aus hartem Weh* und nicht nur die katholische Tradition: Von den vielen evangelischen Liedern, die den Ratschluß behandeln, hat sich als wichtigstes *Nun freut euch, lieben Christen g'mein* von Martin Luther bis in das heutige *EG gehalten.[68]

4 Die aktuelle **Gotteslob*-Version

4.1 Der Text

Führt man sich die reiche Text- und Motivtradition des Liedes *Aus hartem Weh* vor Augen, so ernüchtert der Blick auf die gegenwärtig gesungene Version im *Gotteslob*: Zwei Strophen, nur eine aus dem 16., die andere aus dem 19. Jahrhundert, sind übriggeblieben. Inhaltlich ist viel verloren gegangen: Das gesamte Verkündigungsgeschehen, also die ursprüngliche Haupterzählung, fehlt; Ratschluß und Erlösungsgeschehen sind in einer Strophe auf ein Minimum zusammengekürzt. Dies hat aber auch formal extreme Konsequenzen: Alle erzählenden und dialogischen Elemente, die das neunstrophige Lied geprägt hatten, sind verschwunden. Außer der Klage in der ersten Strophe ist keine wörtliche Rede (der göttlichen Trinität, des Engels, Mariens) mehr enthalten. Daß hier, „wie bei einem Mysterienspiel“ verschiedene Personen auftreten, „fragend, rufend, hörend, planend, handelnd“[69], wie der Redaktionsbericht zum GL schreibt, war in früheren Fassungen des Liedes der Fall – in dieser zweistrophigen Schrumpfversion von *Aus hartem Weh* ist es kaum mehr zu erkennen. Im Gegenteil scheint es gerade das Lebendige und Szenische – vor allem mit Blick auf die Trinität – gewesen zu sein, das den Redakteuren des *Gotteslob* suspekt war: Str. 2 der **Einheitslieder*-Version (Bones Str. 2), in der die trinitarischen Personen zu Wort kommen, werden bewußt weggelassen „wegen ihres überstarken Anthropomorphismus“[70].

Die extremen Kürzungen des Liedes führen aber auch zu inhaltlichen Verzerrungen: Der Beginn der jetzigen Str. 2 – „Gott Vater **das** mit Huld vernahm“ stand ursprünglich (als Str. 6 bei Bone im *Cantate 1847*) nach dem „Ja“ Mariens. In den vierstrophigen Fassungen (**Jubilate Deo* 1877, **Einheitslieder* 1947 u.a.) stellte es – in Str. 3 – die Reaktion auf das ‚Ja‘ des Sohnes zu Menschwerdung und Leiden dar. Für beide Übergänge macht die Formulierung Sinn: Eine positive Bereitschaft wird wohlwollend entge-

---

67 Vgl. Mechthild von Magdeburg, Fließendes Licht, 93. Dieser mystische ‚Minne-Dialog‘ dürfte auf die Entstehung der geistlichen Kontrafaktur des weltlichen Minnesangs den größten Einfluß gehabt haben.

68 Vgl. EG 341; Werthemann, Studien, 57–58; Hahn, Ratschluß, 91.

69 So das Werkbuch zum GL, 117. Ein „‚Dialog‘ in Str. 1“ (ebd.) liegt hier wie im gesamten zweistrophigen Lied nicht vor.

70 Redaktionsbericht zum GL, 569.

gengenommen und begrüßt. Die Reaktion Gottvaters auf das Klagegeschrei der Menschheit aber ist mit diesem Ausdruck wohl kaum adäquat beschrieben. Im simplen Fall könnte dieser Strophenübergang dazu führen, daß man über den Sinnzusammenhang stolpert; schwerwiegender wäre es, wenn daraus ein - apathisches bis sadistisches? - Gottesbild abgeleitet würde, das dem ursprünglichen Liedtext völlig entgegenstünde (dort heißt es ursprünglich, ganz im biblischen Sinn: „Der Vater hört die große Klag, tut sich nicht lang besinnen").

Eine kleine textliche Veränderung bringt einen weiteren etwas problematischen Strophenübergang und eine leichtere inhaltliche Verschiebung mit sich: Zum ersten Mal in 500 Jahren Überlieferung wird aus der Vergangenheitsform der Verben zu Beginn („klagt'" in Z. 1 ist ambivalent, klarer „stond/stund" in Z. 2) ein Präsens.[71] Dies führt zu einem Bruch mit Str. 2, die in der Vergangenheit weitergeht. Es geht aber m.E. auch die Ambivalenz und Entwicklung von Str. 1 verloren, in der zunächst das vergangene Erlösungsgeschehen und die Klage früherer Generationen beschrieben wird, in dessen Klageruf dann aber immer die (jeweils) gegenwärtige Gemeinde mit einstimmen kann.

4.2 Die Melodie

Die Melodie der **Gotteslob*-Version von *Aus hartem Weh* knüpft stärker an Ursprünge und Tradition des Liedes an als der Text: Bis heute wird das Adventslied weitgehend nach dem phrygischen Melodieverlauf aus dem 16. Jahrhundert gesungen. Diese große Kontinuität hat sicher nicht wenig mit der Qualität der Melodie, etwa bezüglich Textausdeutung und Singbarkeit, zu tun:[72] So kommen etwa Not und Hoffnung des Textes durch die phrygische Tonart und die äolischen Anklänge in den mittleren Zeilen gut zum Ausdruck.[73]

Der Melodieverlauf ist streng dem Reimschema angepaßt. Speziell in der ersten Strophe ist er aber auch eng an Inhalt und Entwicklungslinie des Textes gebunden[74]: Die ersten vier Zeilen stehen im Reim ABAB; die Melodie unterstreicht dies durch eine Wiederholung der ersten beiden Zeilen. „Sorgen" und „verborgen" am Ende der jeweils zweizeiligen Einheit werden durch ein kleines (seufzendes) Melisma ausgemalt. In den weiteren fünf Zeilen findet sich ein eindeutiger Reim nur noch zwischen Z. 8 und 9. Entsprechend enthält dieser zweite Liedteil keine Wiederholung mehr, die letzten beiden Zeilen aber enden mit einem Sekundschritt und zwei länge-

71 Vgl. Redaktionsbericht zum GL, 569. „Verlangt'" in Str. 2 war vermutlich schon seit Bone als Präteritum gedacht.

72 Auch die Tatsache, daß Orlando di Lasso diese Melodie bereits früh zum *Cantus firmus* für einen sechsstimmigen Satzes wählt, spricht sicher für sie.

73 Vgl. Werkbuch zum GL, 118.

74 Die Verbundenheit mit dem Text ist - bei einem Strophenlied fast unvermeidbar - vor allem in Str. 1 gegeben. Dies war sicher auch ein Grund, weswegen diese Strophe nie weggekürzt und nur selten verändert wurde.

ren Noten auch in einer ähnlichen Melodiebewegung. Textausdeutung geschieht auch in diesem Abschnitt: Die tiefsten Töne erreicht das Lied in Z. 8 zum Text „und laß herab ihn dringen“. In die Tiefe gehen allerdings alle vier letzten Melodiezeilen - und unterstützen damit die inhaltliche Aussage, das Wort möge vom Himmel auf die Erde kommen. Interessant ist im Anschluß an diese Beobachtung ein Blick auch auf Z. 1 bis 5: Die ersten vier enden immer etwas höher als sie begonnen haben - dies könnte für die Klage stehen, die von unten nach oben geht. Die mittlere Z. 5 ist die einzige, die exakt auf dem Ton endet, auf dem sie begonnen hat. Obwohl also die Melodie nicht zum Text von *Aus hartem Weh* entstanden ist und ausschließlich dafür gebraucht wurde: Ihre Textadäquatheit und gut singbare, trotzdem anspruchsvolle Weise (kaum Quart-, meist Sekund- und Terzschritte, aber immerhin eine Dezime Tonumfang) haben dazu beigetragen, daß sie bis heute eine enge Verbindung mit dem Text eingeht.

Trotzdem lassen sich auch in der Melodie Unterschiede zwischen **Gotteslob* und älteren Liedversionen ausmachen, und auch hier fällt m.E. die aktuelle Version eher ab: Der Rhythmus hat (wie schon der Inhalt) vieles von der Lebendigkeit des ursprünglichen (Renaissance-)Liedes des Münchener Gesangbuchs 1586 und folgender Versionen verloren. Kurze Noten sind nun verlängert (etwa bei „O Herre Gott“, „zerreiß des...“, „herab“), seltener auch lange gekürzt (Beginn „Aus..“, „Wann“); Unterschiede und Abwechslung in den Notenwerten werden damit weitgehend nivelliert.[75] Gegenrhythmen sind geglättet, nicht zuletzt natürlich auch durch die Einpassung der Melodie in ein gleichförmiges Taktschema.[76] Während diese rhythmischen Vereinfachungen sich in vielen neueren Liedversionen aus dem 19. und 20. Jahrhundert finden, geht das **Gotteslob* - in Anlehnung an **Kirchenlied* und **Einheitslieder* - noch einen Schritt weiter. Z. 1, 3, 5 und 7 schließen mit einer verlängerten Note und einer zusätzlichen Pause, was den Fluß des Liedes extrem verlangsamt. Das Lied, so denn auch das Werkbuch zum GL, gewinne durch diese „Trennung der einzelnen Perioden“ einen „gewissermaßen meditativen Charakter“, bei der Wiedergabe seien Note und Pause daher „sorgfältig auszuzählen“[77]. Dieser meditative Charakter ist jedoch eine Erfindung des 20. Jahrhunderts. Das ursprüngliche *Aus hartem Weh* ist nicht nur rhythmisch sehr viel abwechslungsreicher und lebendiger; es kennt auch keine ausgedehnten Pausen zwischen einzelnen Perioden.

---

[75] Das Werkbuch zum GL baut eine Rhythmus-Text-Verbindung darauf auf, daß Z. 1,3,5 und 7 in „fließenden Viertel gehalten ist“; vgl. Werkbuch zum GL, 118. Allerdings ist dies nur in der geglätteten Version der Fall. In **München 1586* beginnen Z. 1 und 3 mit einer längeren Note, Z. 5 und 7 mit drei kürzeren.

[76] Im **Gotteslob* sind zwar - im Gegensatz zum **Kirchenlied* und den **Einheitsliedern* - keine Taktstriche eingezeichnet. Der 2/2-Takt ist aber zu Beginn angegeben und wird auch durchgehalten.

[77] Werkbuch zum GL, 118.

5 Ausblick: Vorschläge für eine heutige Verwendung

Wie könnten angesichts dessen nun Vorschläge für eine weitere Verwendung von *Aus hartem Weh* aussehen? Es würde sich m.E. lohnen, zumindest teilweise zu den ‚Quellen' zurückzukehren und manches von dem wieder in das heutige Singen aufzunehmen, was im Laufe der Jahrhunderte verlorengegangen ist, weggekürzt oder vereinfacht wurde. Eine Veränderung der Melodie würde dabei sicherlich die größte Herausforderung bedeuten: Es ist schwierig, eine gewohnte Singweise zu ändern, zumal, wenn der Rhythmus anspruchsvoller wird. Trotzdem: Es wäre nicht nur mit Blick auf die Tradition, sondern mit Sicherheit auch auf heutige Gemeinden ein Gewinn, der Melodie etwas von ihrer Lebendigkeit zurückzugeben, indem man stärker auf die alte Münchener Melodie zurückgreift.

Ein Text ist schneller geändert, dies hat auch die Geschichte von *Aus hartem Weh* gezeigt. Gerade nach den zahlreichen Änderungen und Kürzungen der letzten Jahrhunderte ist es nun aber nicht leicht zu entscheiden, welche und wieviele Strophen man heute sinnvollerweise singen sollte. Unstrittig ist die erste Strophe: Sie steht am Ursprung des Liedes, wurde nie weggelassen, hat die stärkste Verbindung zur Melodie - und enthält überdies mit der Klage auch eine Gebetsform, die kaum liturgisch vorkommt, aber von großer Bedeutung und ‚heilender Kraft' ist.[78] Die weiteren Strophen sind schwerer zu bestimmen: Sollen (nur) die beiden ‚trinitarischen' Ratschluß-Strophen von Bone folgen, läßt man auch die ausführliche Verkündigungsszene im Lied oder kehrt man sogar ganz zur Version aus dem 16. Jahrhundert zurück? Wieviele Strophen - zwischen zwei und neun - sollen es sein? Vielleicht wäre ein Kompromiß die Lösung, eine Mischform, wie man sie auch an der Wende vom 19. zum 20. Jahrhundert gesucht hat: etwa im Anschluß an **Cäcilia* (Mohr) 1912 (vgl. die vorgeschlagene Druckfassung zu Beginn).

Schließlich wäre es eine Herausforderung an die heutige Aufführungspraxis, auch die mehrstimmige Singweise des Liedes wieder zu entdecken. Der sechsstimmige Satz von Orlando di Lasso etwa ließe sich, wie aktuelle CD-Aufnahmen zeigen, auch mit weniger Stimmen und instrumental arrangiert (etwa teilweise mit Orgel) musizieren und so in den Gottesdienst integrieren. Ein- und mehrstimmige Singweise, eine anspruchsvolle rhythmische Melodie, ein längerer, in sich stimmiger, erzählender Text: Eine solche aus dem Schatz der Tradition revidierte Fassung könnte sicherlich dazu beitragen, daß *Aus hartem Weh* bei den katholischen Adventsliedern noch viele Jahrhunderte die erste Stelle innehat.

---

[78] Vgl. Beirer, Klage, 17, sowie den ganzen Beitrag.

Literaturverzeichnis

LCI = Lexikon der christlichen Ikonographie. Freiburg 1968-75. Reprint 1990.
LThK³ = Lexikon für Theologie und Kirche. Freiburg/Basel/Rom/Wien 1993ff.
PL = Patrologia Latina 1. Ed. J.-P. Migne. Paris 1841ff.

Bäumker, Wilhelm: Das katholische deutsche Kirchenlied in seinen Singweisen von den frühesten Zeiten bis gegen Ende des siebzehnten Jahrhunderts. Auf Grund handschriftlicher und gedruckter Quellen bearbeitet von Wilhelm Bäumker. 4 Bde. Freiburg im Breisgau 1883-1911 (Reprint Hildesheim 19629).

Beirer, Georg: Die heilende Kraft der Klage, in: Schweigen wäre gotteslästerlich. Die heilende Kraft der Klage. Hrsg. von Georg Steins. Würzburg 2000. 16–41.

Braunfels, Wolfgang: Die heilige Dreifaltigkeit. Düsseldorf 1954.

Hahn, Gerhard: Der Ratschluß der Erlösung, in: Arbeitsstelle Gottesdienst 32/1998. Informations- und Korrespondenzblatt der Gemeinsamen Arbeitsstelle für gottesdienstliche Fragen der EKD. 90–92.

Handbuch zum Evangelischen Kirchengesangbuch. Bd. 3,1. Hrsg. von Eberhard Weismann. Göttingen 1970 (bes. 146 *Christ unser Herr zum Jordan kam*, 509–512).

Hennig, Ursula: Art. „Erlösung", in: Die deutsche Literatur des Mittelalters. Verfasserlexikon. Bd. 2. Hrsg. von Kurt Ruh u.a. Berlin/New York 1979. Sp. 599-602.

Jàszai, Gèza: Art. „Ratschuß der Erlösung", in: Lexikon des Mittelalters. Bd. VII. Stuttgart/Weimar 1999. Sp. 463.

Kehrein, Joseph: Die ältesten katholischen Gesangbücher von Vehe, Leisentrit, Corner und anderen. Bd. I. Würzburg 1859 (Reprint Hildesheim 1965).

Küppers, Kurt: Diözesan-Gesang- und Gebetbücher des deutschen Sprachgebietes im 19. und 20. Jahrhundert. Münster 1987.

Lasso, Orlando di: Sämtliche Werke. Neu herausgegeben von Horst Leuchtmann. Bd. 20: Kompositionen mit deutschem Text II. Wiesbaden 1971.

Mechthild von Magdeburg: Das fließende Licht der Gottheit. Hrsg. von Margot Schmidt, Stuttgart-Bad Cannstatt 1995 (bes. III. Buch, 9. Kapitel, 91–94).

Meister, Karl Severin: Das katholische deutsche Kirchenlied in seinen Singweisen von den frühesten Zeiten bis gegen Ende des siebzehnten Jahrhunderts. Bd. 1. Freiburg i. Br. 1862.

Art. „Ratschluß der Erlösung" (redaktionell), in: LCI 3. 1971. Sp. 499–502.

Redaktionsbericht zum Einheitsgesangbuch «Gotteslob». Hrsg. von Paul Nordhues und Alois Wagner. Paderborn 1988.

Wackernagel, Philipp: Das deutsche Kirchenlied von der ältesten Zeit bis zu Anfang des XVII. Jahrhunderts. Mit Berücksichtigung der deutschen kirchlichen Liederdichtung im weiteren Sinne und der lateinischen von Hilarius bis Georg Fabricius und Wolfgang Ammonius. 5 Bde. Leipzig 1864-77 (Reprint Hildesheim 1987).

Weinzierl, Gerhard: CD-Booklet „Orlando di Lasso. Deutsche Lieder à 6 (1590)". Utting a.A. 1991.

Werkbuch zum Gotteslob. Im Auftrag der Kommission für das Einheitsgesangbuch. Hrsg. von Josef Seuffert. 7 Bde. Freiburg/Basel/Wien 1975ff.

Werthemann, Helene: Studien zu den Adventsliedern des 16. und 17. Jahrhunderts. Zürich 1963 (Basler Studien zur historischen und systematischen Theologie Bd. 4).

Wilpert, Gero von: Sachwörterbuch der Literatur. Stuttgart 1989.

Rebecca Schmidt

Tauet, Himmel, den Gerechten

1. Thauet, Himmel! den Gerechten,
Wolken! regnet ihn herab,
Rief das Volk in bangen Nächten,
Dem Gott die Verheißung gab:
Einst den Mittler selbst zu sehen,
Und in Himmel einzugehen;
:Denn verschlossen war das Thor,
Bis ein Heiland trat hervor.:

2. Gott, der Vater ließ sich rühren,
Daß er uns zu retten sann;
Und den Ratschluß auszuführen,
Trug der Sohn sich selber an.
Schnell flog Gottes Engel nieder,
Brachte diese Antwort wieder:
„Sieh'! ich bin des Herren Magd,
Mir geschehe, was Gott sagt.

3. Da die Botschaft angekommen,
War Maria im Gebeth:
Als das Wort Fleisch angenommen,
Gieng sie zu Elisabeth.
Von dem Gruße ganz durchdrungen,
Ist Johannes aufgesprungen,
Der von Gott geheiligt war,
Eh die Mutter ihn gebahr.

4. Dieser ließ die Stimm' erschallen:
Sünder! Wacht vom Schlummer auf;
Denn es naht das Heil uns allen,
Hemmet euren Sündenlauf!
Brüder! laßt zu diesen Zeiten
Unser Herz zur Buß' bereiten:
Wandelt auf der Tugendbahn,
Ziehet Jesum Christum an!

5. Laßt uns wie am Tage wandeln,
Nicht in Fraß und Trunkenheit;
Suchet, um gerecht zu handeln,
Wahrheit, Fried und Einigkeit.
Jenem gänzlich nachzuarten,
dessen Ankunft wir erwarten:
Dieses ist der Christen Pflicht,
Wie es der Apostel spricht.

Druckvorlage

Text und Melodie sind dem Landshuter Gesangbuch *Der heilige Gesang zum Gottesdienste in der roemisch-katholischen Kirche* von 1777 (**Landshut 1777*) entnommen.

1 Entstehungskontext

Der Beschluß der Säkularisation im Jahr 1803 bedeutete zwar den Untergang der Reichskirche, eröffnete aber gleichzeitig einen Raum für kirchliche Reformimpulse, die schon ab der zweiten Hälfte des 18. Jahrhunderts zu gären begonnen hatten. Im Bereich der Liturgie gab es Reformentwürfe beispielsweise von Johann Michael Sailer, Vitus Anton Winter und Ignaz Heinrich von Wessenberg, um nur einige wenige Namen zu nennen. Hauptkritikpunkt an der liturgischen Praxis war der Ausschluß des Volkes von der Feier der Liturgie, wobei man die lateinische Sprache als Haupthindernis ansah. Gefordert wurde eine bessere Verständlichkeit der Liturgie bis hin zur Einführung der Muttersprache als Liturgiesprache, damit die Liturgie Herz **und** Verstand ergreifen, erbauen **und** belehren könne.[1] Die innere Teilnahme an der Feier der Eucharistie wollte man fördern, und die Liturgie sollte der Kultur der Zeit nicht widersprechen, mit ihr vielmehr gleichauf sein und von vernünftigen Grundsätzen geleitet werden. Verständlich sollte der Gottesdienst sein – und von einer ethischen Geisteshaltung getragen.[2]

Innerhalb dieses Zusammenhangs sind die zahlreichen Neuproduktionen von Kirchenliedern in der Zeit der katholischen Spätaufklärung zu sehen, zu denen auch das Adventlied *Tauet, Himmel, den Gerechten* zählt. Die Erstfassung stammt von dem Jesuiten Michael Denis, der Logik, Metaphysik und Rhetorik an der Theresianischen Ritterakademie in Wien lehrte, bis er 1773 im Zusammenhang mit der Aufhebung des Jesuitenordens seines Lehramtes enthoben wurde. Danach führte er die Aufsicht über die Garellische Bibliothek und war selbst als Dichter und als Übersetzer von fremdsprachigen Gedichten tätig.[3]

2 Der Erstabdruck

Das Lied *Tauet, Himmel, den Gerechten* ist erstmals 1774 in dem von Denis verfaßten Gesangbuch *Geistliche Lieder zum Gebrauche der hohen Metropolitankirche bey St. Stephan in Wien und des ganzen wienerischen Erzbisthums* (**Wien 1774*) abgedruckt und ist unverändert auch im *Katholischen Gesangbuch auf allerhöchsten Befehl Ihrer k.k. apost. Majestät Marien Theresiens* enthalten, das

---

1 Vgl. Kohlschein, Aufklärungskatholizismus, 170f.
2 Vgl. Kohlschein, Konstanz 1812, 276.
3 Vgl. ADB 5, 51–53.

wahrscheinlich ebenfalls 1774 erschienen ist. Eine Melodie ist nicht abgedruckt, der Text lautet wie folgt:

**Wien 1774*

1. Thauet, Himmel den Gerechten!
Wolken! regnet Ihn herab!
Also rief in langen Nächten
Einst die Welt, ein weites Grab!
In von Gott verfluchten Gründen
Herrschten Satan, Tod und Sünden.
Fest verschlossen war das Thor
Zu des Heiles Erb' empor.

2. Doch der Vater ließ sich rühren,
Daß er uns zu rettten sann,
Und den Rathschluß auszuführen
Trug der Sohn sich freudig an.
Gabriel flog schnell hernieder,
Kehrte mit der Antwort wieder:
Sieh! ich bin die Magd des Herrn,
Was er will, erfüll' ich gern.

3. Dein Gehorsam ist mein Leben,
Jungfrau demuthvoll und keusch!
Gottes Geist wird dich beschweben,
Und des Vaters Wort wird Fleisch.
Menschen bethet an im Staube!
Weh der Höll' und ihrem Raube!
Aber Adamskindern wohl!
Weil ein Heiland kommen soll.

4. Einen Zuruf hör' ich schallen,
Brüder wacht vom Schlummer auf!
Denn es naht das Heil uns allen,
Nacht ist weg, der Tag im Lauf.
O dann fort mit allen Thaten,
Die die Nacht zur Mutter hatten!
Künftig ziehe jedermann
Nur des Lichtes Waffen an!

5. Laßt uns, wie am Tage wandeln,
Nicht in Fraß und Trunkenheit!
Nicht nach Fleischbegierden handeln,
Weit verbannt sey Zank und Neid!
Jenem gänzlich nachzuarten,
Dessen Ankunft wir erwarten,
Dieses ist nun unsre Pflicht;
So wie sein Apostel spricht.

6. Welterlöser, ich erfülle
deines treuen Knechtes Rath,
Komm in meines Fleisches Hülle!
Wie dein Both verkündet hat.
Komm und bringe mir den Frieden!
Menschen ist er nur beschieden,
Die von gutem Willen sind,
Komm! ich bin es göttlichs Kind!

In formaler Hinsicht bestehen die Liedstrophen aus trochäischen, vierhebigen Achtzeilern. Die erste Strophenhälfte folgt dem Reimschema des Kreuzreims, wobei die Verse abwechselnd klingend und stumpf enden. Die zweite Strophenhälfte besteht aus zwei Paarreimen, von denen das erste Reimpaar klingend, das zweite stumpf endet. Was die historische Häufigkeit dieser Strophenform betrifft, so hat sie nach den Auswertungen in Franks „Handbuch der deutschen Strophenformen" ihren Höhepunkt in den ersten drei Vierteln des 18. Jahrhunderts,[4] nachdem sie in der Barockzeit bekannt wurde und anfangs vorwiegend in der geistlichen Dichtung und Kirchenlieddichtung Verwendung fand. Demnach kann man die Strophenform des Liedes *Tauet, Himmel, den Gerechten* im Hinblick auf seine Entstehungszeit als durchaus gebräuchlich bezeichnen.

Seinen liturgischen Ort hat das Lied in der Adventzeit. Es ist angelehnt an den Introitus des vierten Adventsonntags, der Jes 45,8 zitiert: „Rorate

4 Vgl. Frank, Strophenformen, 629. Frank belegt die historische Häufigkeit dieser Liedform für die Jahre 1700–1770 mit zwanzig von Tausend, für die Jahre 1770–1830 nur noch mit fünf von Tausend.

caeli desuper, et nubes pluant iustum: aperiatur terra, et germinet Salvatorem." – „Tauet, Himmel, von oben, und Wolken, laßt Gerechtigkeit regnen. Die Erde tue sich auf, und es sprieße der Heiland."

Die ersten beiden Zeilen mit alttestamentlichem Ursprung – „Thauet, Himmel den Gerechten!/ Wolken! regnet Ihn herab!" – erscheinen im Lied als Zitat einer Erzählerfigur, es heißt nämlich weiter: „Also rief in langen Nächten/ Einst die Welt, ein weites Grab!" Die Situation dieser einstigen, noch unerlösten Welt malt der Erzähler in der zweiten Strophenhälfte weiter aus: „In von Gott verfluchten Gründen/ Herrschten Satan, Tod und Sünden./ Fest verschlossen war das Thor/ Zu des Heiles Erb' empor."

In Str. 2 wird die Heilsgeschichte weiter entfaltet, allerdings findet ein Perspektivenwechsel statt: Mit dem Personalpronomen „uns" verläßt der Sprecher die Perspektive eines außenstehenden Berichterstatters und schließt sich in den Kreis derer, die Gott retten will, mit ein: „Doch der Vater ließ sich rühren,/ Daß er uns zu retten sann." Dennoch wird der erzählerische Charakter der ersten Strophe in der zweiten Strophe beibehalten: „Und den Rathschluß auszuführen/ Trug der Sohn sich freudig an./ Gabriel flog schnell hernieder,/ Kehrte mit der Antwort wieder:/ Sieh! ich bin die Magd des Herrn,/ Was er will, erfüll' ich gern." Inhaltlich sind V. 5 und 6 eine Kurzfassung der Verkündigung der Geburt Jesu (Lk 1,26ff.) und die V. 7 und 8 Zitat aus Lk 1,38: „Ich bin die Magd des Herrn, mir geschehe, wie du es gesagt hast."

In der dritten Strophe wechselt die Perspektive ein weiteres Mal vom „uns" bzw. „wir" zum „ich": „Dein Gehorsam ist mein Leben,/ Jungfrau demuthvoll und keusch!" Die Jungfrau Maria, von der der Sprecher in der vorigen Strophe berichtet hatte, wird nun direkt angesprochen und in seine Gegenwart einbezogen. In den nächsten beiden Versen nimmt der Sprecher eine Art prophetische Haltung ein; es findet ein Tempuswechsel zum Futur statt: „Gottes Geist wird dich beschweben,/ Und des Vaters Wort wird Fleisch." In der zweiten Strophenhälfte wechselt die Kommunikationssituation dann ins Appellative: „Menschen bethet an im Staube!/ Weh der Höll' und ihrem Raube!" Der Blickwinkel bleibt aber aufs Zukünftige gerichtet: „Weil ein Heiland kommen soll", d.h. er ist noch nicht da, und wir erwarten seine Ankunft, wenn wir das Lied im Advent singen.

Die Str. 4 und 5 sind eine Paraphrase aus dem Römerbrief, und zwar Röm 13,11–14. Dieser Text bildet die neutestamentliche Lesung am ersten Adventsonntag. Wie schon zu Beginn der ersten Strophe zitiert der Erzähler auch hier, diesmal aber aus der Ich-Perspektive: „Einen Zuruf hör' ich schallen", worauf die Römerbrief-Paraphrasen folgen. „Brüder wacht vom Schlummer auf!/ Denn es naht das Heil uns allen" ist angelehnt an Röm 13,11: „Die Stunde ist gekommen, aufzustehen vom Schlaf. Denn jetzt ist das Heil uns näher als zu der Zeit, da wir gläubig wurden.", und die restliche Strophe „Nacht ist weg, der Tag im Lauf./ O dann fort mit allen Thaten,/ die die Nacht zur Mutter hatten!/ Künftig ziehe jedermann/ Nur des Lichtes Waffen an!" geht zurück auf Röm 13,12: „Die Nacht ist vorgerückt, der Tag ist nahe. Darum laßt uns ablegen die Werke der Finsternis und anlegen die Waffen des Lichts."

Ebenso geht es weiter in der fünften Strophe: „Laßt uns wie am Tage wandeln,/ Nicht in Fraß und Trunkenheit!/ Nicht nach Fleischbegierden handeln,/ Weit verbannt sey Zank und Neid!" ist eine Paraphrase von Röm 13,13: „Laßt uns ehrenhaft leben wie am Tag, ohne maßloses Essen und ohne Unzucht und Ausschweifung, ohne Streit und Eifersucht." In der zweiten Strophenhälfte wendet sich der Sprecher wieder von den Anweisungen des Paulus ab und richtet den Blick erneut auf die vorweihnachtliche Situation, allerdings nicht ohne die für die Aufklärung charakteristische Aufforderung zur *imitatio Christi*: „Jenem gänzlich nachzuarten,/ Dessen Ankunft wir erwarten,/ Dieses ist nun unsre Pflicht;/ Wie es der Apostel spricht."

In der letzten Strophe wendet sich der Sprecher dann direkt an Jesus Christus als den Welterlöser mit dem Versprechen „ich erfülle/ dieses treuen Knechtes Rath", verbunden mit der persönlichen, nicht kollektiven Bitte: „Komm in meines Fleisches Hülle!/ Wie dein Both verkündet hat./ Komm und bringe mir den Frieden!/ Menschen ist er nur beschieden,/ Die von gutem Willen sind,/ Komm! ich bin es göttlichs Kind!", wobei die Bitte durch die zweimalige Wiederholung des Imperativs „Komm" zum einen flehenden Charakter erhält, zum anderen die für die katholische Aufklärungstheologie typische Heilsgewißheit des tugendhaften Christen widerspiegelt: Wer auf Erden gute Werke tut und fromm und tugendhaft lebt, kann sich so Gottes Heil erwerben.

Zusammenfassend läßt sich feststellen, daß die Kommunikationssituation des Liedes von einer präteritalen Erzählhaltung der ersten beiden Strophen zu einer Ich-Rede ab der dritten Strophe wechselt. Auf diese Weise wird das gegenwärtige Ich in das Heilsgeschehen eingebunden, sowohl in das vergangene als auch in das zukünftige: Der Zustand der unerlösten Welt ist durch den Ratschluß Gottes schon überwunden, die endgültige Erlösung liegt aber noch in der Zukunft.

2 Der Beginn der Wirkungsgeschichte

1777, also drei Jahre nach Erscheinen der Erstfassung von Denis, wurde das Lied dann ins Landshuter Gesangbuch (**Landshut 1777*) aufgenommen und ist dort mit Melodie in einem zweistimmigen Satz mit beziffertem Baß abgedruckt. Das Lied weist eine ariose Melodik mit einfachen, volksliedhaften harmonischen Zusammenhängen auf – vorherrschend sind in der Melodie Sekund – und Terzbewegungen und in der Begleitung die Tonika und die Dominante, also Es-Dur und B-Dur. Dennoch war es wohl nicht als Gemeindelied, sondern eher für zwei Solostimmen oder einen kleinen Chor gedacht, da es erstens einen recht großen Tonumfang hat, der vom es' bis zum as'' reicht, und zweitens auch rhythmisch nicht ganz so einfach ist. Es finden sich Punktierungen, Achtelnoten in den Auftakten und Vorhalte. Die

Melodie, die wir aus dem **Gotteslob* kennen, wurde dementsprechend vereinfacht: Die Punktierungen und Vorhalte sind weggefallen, und da die Wiederholung am Strophenschluß gestrichen wurde, fiel somit auch die melodische Steigerung am Schluß des Liedes weg. Ansonsten hat die uns heute geläufige Melodie große Ähnlichkeit mit der aus dem Landshuter Gesangbuch.

Bereits in der ersten Strophe hat der Bearbeiter den Liedtext stark verändert. Der Zustand der unerlösten Welt, wie er in der Wiener Urfassung beschrieben ist, taucht in der Landshuter Fassung in dieser Form nicht mehr auf. Es ist nicht mehr die Rede von einer einstigen Welt, die einem „weiten Grab" glich, die von Gott verflucht und von „Satan, Tod und Sünden" (1,6) beherrscht war. In der Landshuter Fassung hat Gott dem Volk bereits die Verheißung gegeben, daß der Erlöser im Himmel seiner wartet. Die Motive „Satan, Tod und Sünden" aus der Wiener Fassung werden ersetzt durch das Motiv des zukünftigen, jenseitigen Himmels: „Einst den Mittler selbst zu sehen,/ Und in Himmel einzugehen."

Das auf die Vergangenheit gerichtete „einst" aus der Wiener Urfassung - „Also rief in langen Nächten/ Einst die Welt, ein weites Grab!" - wird in der Landshuter Bearbeitung zu einem Temporaladverb mit futurischem Charakter; das „einst" liegt in diesem Fall in der Zukunft, im Jenseits.

Die zweite Strophe weist keine bedeutenden Änderungen auf, aber in der dritten Strophe der Landshuter Fassung ist der Text vollständig verändert: Es wird nicht mehr die Erzählperspektive gewechselt und Maria direkt angesprochen wie in der Erstfassung („Dein Gehorsam ist mein Leben/ Jungfrau demuthvoll und keusch!"), sondern die berichtende Perspektive in der 3. Pers. Sg. wird beibehalten und inhaltlich die Geschichte aus dem Lukas-Evangelium weitererzählt. Die Z. 4–6 („Gieng sie zu Elisabeth./ Von dem Gruße ganz durchdrungen,/ Ist Johannes aufgesprungen") gehen zurück auf Lk 1,40–41: „Sie ging in das Haus des Zacharias und begrüßte Elisabet. Als Elisabet den Gruß hörte, hüpfte das Kind in ihrem Leib".

Der Bearbeiter des Liedes läßt dann in der vierten Strophe Johannes die Paulus-Worte aus dem Römerbrief sprechen - „Dieser ließ die Stimm' erschallen" - allerdings in etwas freierer Gestaltung bzw. in religiösmoralischer Motivik: Nacht und Tag werden ersetzt durch Sünde und Buße, Licht durch Tugend. Die letzte Zeile der vierten Strophe - „Ziehet Jesum Christum an!" - schließt sich dem Bibeltext wieder enger an; in Röm 13,14 heißt es: „Legt als neues Gewand den Herrn Jesus Christus an [...]"

In der fünften Strophe werden die zu vermeidenden Laster aus der Erstfassung - Fleischbegierde, Zank und Neid - ersetzt durch die anzustrebende Wahrheit, den Frieden und die Einigkeit. Die sechste Strophe mit den persönlichen Bitten an den Welterlöser fällt in der Landshuter Fassung ganz weg. Insgesamt wird also die erzählerisch-berichtende Sprecherhaltung ausgebaut, dafür geht der persönlich bekennende und bittende Charakter der Str. 3 und 6 der Erstfassung verloren.

3 Der Höhepunkt der katholischen Spätaufklärung

Die nächste bedeutende Station innerhalb der Rezeptionsgeschichte des Liedes ist die Fassung in dem dreibändigen Münchner Gesangbuch von 1810/1811 mit dem Titel *Katholisches Gesangbuch zum allgemeinen Gebrauche bei oeffentlichen Gottesverehrungen*.

**München 1811* (Chr. v. Schmid)

1. Thauet, Himmel, den Gerechten!
Wolken, regnet Ihn herab!
Rief sein Volk in bangen Nächten
Aus der Sünde finsterm Grab.
Und Er kam. - Mit Ihm kam Segen,
Wie ein milder Frühlings-Regen
Wie des Himmels sanfter Thau
Rings erquicket Feld und Au.

2. Auch zu uns, o hört es, Sünder!
Kommt der Herr der Herrlichkeit.
Machten nur wir Menschenkinder
Unsre Herzen Ihm bereit.
Frieden, Ruhe, Licht und Leben
Will Er uns auch jetzt noch geben,
Er, das Heil, durch den allein
Sünder können selig seyn.

3. Kommt denn! Reinigt eure Seelen!
Werdet heilig! Seyd bereit,
Das, was Ihm gefällt, zu wählen,
und zu fliehen, was Er verbeut!
Die in ihren Sünden sterben,
Trift das ewige Verderben.
Ewig bleibt des Heils beraubt,
Wer an Ihn nicht thätig glaubt.

4. Nur wer Tugend herzlich liebet,
Niedre Erdenlust verschmäht,
Sich in guten Werken übet,
Gern auf Gottes Wegen geht:
Nur der Fromme kann auf Erden
Seinem Gott gefällig werden;
Ihm, nur Ihm, wird Gottes Heil,
Fried' und Seligkeit zu Theil.

5. O so mache dann mich Armen
Jetzt in dieser heil'gen Zeit,
Ach! Aus Gnade und Erbarmen,
Liebster Jesu, selbst bereit!
Komm! o komm mit deinem Segen,
Gütigster! Mir selbst entgegen
Komm! Mein Herz verlangt nach dir,
Komm und wohne stets in mir!

Bis auf die ersten vier Zeilen ist das Lied komplett umgearbeitet worden, und zwar von Christoph von Schmid, dessen Text zuerst in den 1807 in Dillingen erschienenen **Christlichen Gesängen* veröffentlicht wurde und ohne erwähnenswerte Änderungen in das Münchner Gesangbuch Aufnahme fand.

Die vorweihnachtliche Erwartungshaltung, die in der Wiener und Landshuter Fassung durch die Erzählung von der göttlichen Verheißung in der ersten Strophe, dem Ratschluß Gottes und Mariae Verkündigung in der zweiten Strophe aufkommt, bleibt in der Münchner Fassung aus, denn dort heißt es in der fünften Zeile der ersten Strophe „Und er kam". Die bevorstehende Ankunft des Gerechten, des Erlösers, die in der Adventzeit Jahr für Jahr von Neuem vergegenwärtigt werden soll, gerät in der Münchner Fassung etwas aus dem Sichtfeld. Statt dessen wird der Segensreichtum des

Erlösers verglichen mit „Frühlingsregen“ und „Himmelsthau“, womit metaphorisch an das Jesaja-Zitat am Liedbeginn angeschlossen wird.

Auch in der zweiten Strophe wird die Geschichte nicht weitererzählt wie in den beiden anderen Fassungen, sondern es findet ein Wechsel zur appellativen Kommunikationssituation statt: „Auch zu uns, o hört es! Sünder/ Kommt der Herr der Herrlichkeit.“ Diese appellative Sprechweise kommt in der ersten Hälfte der dritten Strophe durch die Häufung von Imperativen - „Kommt, Reinigt, Werdet heilig, Seyd bereit“ - zu ihrem Höhepunkt.

Die zweite Hälfte der dritten Strophe und die gesamte vierte Strophe stellt dann Glaubensinhalte - und implizit Handlungsanweisungen für den tugendhaften Christen - in allgemeiner Form dar. Gefordert werden hier tätiger Glaube (3,8), gute Werke (4,3) und Tugendhaftigkeit (4,1), um gottgefällig zu sein. Diese Formulierungen können für die katholische Spätaufklärung als typisch gelten, denn eine Frömmigkeit, die sich in der Anzahl der Wallfahrten, Bittgänge und gebeteten Rosenkränze mißt, ist nach Ansicht der Aufklärer eine falsch verstandene Frömmigkeit. Wahrhaft fromm ist derjenige, dessen Christsein sich in guten Taten und dem gesamten Lebenswandel spiegelt, so wie ihn Jesus vorgelebt hat.

In der letzten Strophe schließt sich die persönliche Bitte an Jesus Christus aus der Ich-Perspektive an: „O so mache dann mich Armen/ Jetzt in dieser heil'gen Zeit,/ Ach! Aus Gnade und Erbarmen,/ Liebster Jesu, selbst bereit!“ Ähnlich wie in der Erstfassung endet auch die Bearbeitung von Schmids mit der mehrmaligen Wiederholung des bittenden „Komm“.

Insgesamt kann man festhalten, daß durch die Preisgabe der Bibelzitate - einziges Zitat in der Münchner Fassung ist die Jesaja-Stelle zu Beginn des Liedes - auch die reiche Motivik und Metaphorik verlorengeht: In der Erstfassung und der Landshuter Fassung finden sich in den Römerbrief-Paraphrasen der Str. 4 und 5 die kontrastiven Isotopieebenen Nacht/Schlafen und Tag/Wachen/Licht sowie die Motive Buße und Heil, die in der Münchner Fassung allesamt wegfallen. Statt dessen werden in der Bearbeitung von Schmids Seelenreinigung, Tugend und Gottgefälligkeit zum Hauptthema des Liedes.

Hermann Kurzke nennt in seinem Aufsatz „Kirchenlied und Literaturgeschichte. Die Aufklärung und ihre Folgen“ als typische aufklärerische Interessen unter anderem die Tendenz zur Entmythisierung, insbesondere das fehlende Verhältnis zur Eschatologie und die Neigung zur Entmetaphorisierung und Pädagogisierung.[5] Diese Interessen finden in der Münchner Fassung einen deutlichen Ausdruck.

5 Vgl. Kurzke, Kirchenlied, 127ff.

4 Die Liedbearbeitung in der Zeit der katholischen Restauration

Die zweite Hälfte des 19. Jahrhunderts brachte dann die Antwort auf die aufklärerische Reformbewegung hervor. Es setzten restaurative Bestrebungen ein, deren Ziel unter anderem darin bestand, die von der katholischen Spätaufklärung verdrängten Lieder - vornehmlich des 15. bis 17. Jahrhunderts - wieder in die Gesangbücher aufzunehmen, bevor sie völlig in Vergessenheit gerieten. In diesem Zusammenhang wurde Kritik an Aufbau und Inhalt der Gesangbücher aus der Aufklärungszeit laut. Der Mainzer Gymnasialdirektor Heinrich Bone kann mit seinem erstmals 1847 erschienenen Gesangbuch *Cantate 1847* als einer der zentralen Wegbereiter für die katholische Restauration gelten. Über die „neueren Lieder" - gemeint sind die Lieder aus der Aufklärungszeit - äußert sich Bone in der programmatischen Vorrede zu seinem Gesangbuch so:

> „Wir können das gegründete Urtheil fällen, daß nur selten eines den alten an Werth gleich kommt; nicht nur der Gedankengang, auch die Sprache ist trotz des neuen Hochdeutsch meist verschroben, daher bei manchen sogar eine durchgreifende Aenderung unerläßlich war; andere sind möglichst wörtlich belassen. Sie ganz auszuschließen, ging nicht an, da sie zu allgemein bekannt sind und meistens eine sehr einnehmende Melodie besitzen."[6]

Der Blick auf den praktischen Gebrauch seines Gesangbuchs war es, der Bone daran hinderte, vollständig auf die Aufnahme von „neueren Liedern" zu verzichten, und so fand auch das Adventlied *Tauet, Himmel, den Gerechten* Eingang ins **Cantate 1847*. Die Qualität des Liedes kommentiert er in seiner Vorrede:

> „Das neuere Lied: ‚Thauet Himmel den Gerechten', ist in seinem Anfange vortrefflich und hat gewiß nur dadurch seine seelenüberwältigende Melodie gefunden; der moralische Anhängsel dagegen ist matt, und die letzte Strophe, wie sie gewöhnlich lautet, ganz unerträglich; die Melodie klingt dazu wie eine Parodie."[7]

Mit diesem Urteil bezieht sich Bone auf die Landshuter Fassung, die er mit den Str. 1 bis 4 ohne große Änderungen übernommen, aber die „ganz unerträgliche" fünfte Strophe durch folgende ersetzt hat:

5. Laßt uns wie am Tage wandeln,
Allzeit auf den Herrn bereit;
Suchet, um gerecht zu handeln,
Wahrheit, Fried' und Einigkeit;
Jenem gänzlich nachzuleben,
Der uns allen Trost gegeben,
Daß wir froh von hinnen gehn,
Ihn im Himmel selber sehn!

---

[6] **Cantate 1847*, XXXV.

[7] **Cantate 1847*, XXXV.

Die sehr konkrete Anweisung zur Mäßigung in Str. 5,2 „Nicht in Fraß und Trunkenheit" ändert Bone ab zu dem allgemeinen Hinweis, allzeit auf den Herrn bereit zu sein. In den letzten beiden Versen ist bei Bone nicht mehr die Rede von der diesseitigen Pflicht der Christen; statt dessen wendet er den Blick auf den jenseitigen Himmel - „Daß wir froh von hinnen gehn,/ Ihn im Himmel selber sehn!"-, verleiht dem Liedschluß somit einen eschatologischen Aspekt und schließt thematisch an die erste Strophe an, in der es hieß: „Einst den Mittler selbst zu sehen,/ Und zum Himmel einzugehen".

Neben Heinrich Bone ist als ein weiterer großer Restaurator des deutschen Kirchenlieds im 19. Jahrhundert Joseph Mohr zu nennen. Trotz seiner Kritik an den „neueren Liedern", die die gleichen Punkte trifft wie die Kritik Bones - zu wenig Tiefe, zu wenig Wärme, zu wenig Dogma, dafür zu viel Tugend und Moral, außerdem große poetische Schwächen - hat auch er Lieder aus der Aufklärungszeit in seine breit rezipierten Gesangbücher aufgenommen, so auch das Lied *Tauet, Himmel, den Gerechten.* In seinem 1881 erschienenen Gesangbuch **Lasset uns beten*[8] findet man eine vierstrophige Fassung, und im **Psälterlein*[9] aus dem Jahr 1891 hat Mohr nur die erzählerischen ersten drei Strophen der Landshuter Fassung übernommen und die Str. 4 und 5 - das „moralische Anhängsel", wie Bone es nannte - kurzerhand weggelassen.

Zusammenfassend kann man festhalten, daß sich am Beispiel der Textgeschichte des Liedes *Tauet, Himmel, den Gerechten* bis zur Mitte des 19. Jahrhunderts folgende Entwicklungsstufen nachweisen lassen: Die Erstfassung von Michael Denis aus dem Jahr 1774 wird in überarbeiteter Form 1777 ins Landshuter Gesangbuch aufgenommen. Diese Landshuter Fassung bleibt für die weitere Wirkungsgeschichte des Liedes maßgeblich. Die aufklärerische Fassung von Chistoph von Schmid im dreibändigen **München 1811* findet im 19. Jahrhundert zwar in einige Gesangbücher Eingang, wird aber im 20. Jahrhundert nicht weitertradiert. Heinrich Bone übernimmt in seinem Gesangbuch **Cantate 1847* weitgehend die fünfstrophige Landshuter Fassung, Joseph Mohr gibt in seinem **Psälterlein* nur die ersten drei Strophen der Landshuter Fassung wieder.

5 Gegenwart

Bisher an letzter Stelle innerhalb der Rezeptionsgeschichte des Liedes steht das Einheitsgesangbuch **Gotteslob*, das 1975 in Gebrauch genommen wurde. Das Adventlied *Tauet, Himmel, den Gerechten* wurde zwar nicht in den gemeinsamen Stammteil aufgenommen, fand aber in fast allen der insgesamt über dreißig Diözesananhänge Eingang. Die Bearbeiter der Bi-

---

8 Mohrs **Lasset uns beten* wurde in den Diözesen Bamberg, Speyer, Würzburg und Salzburg als Diözesangesangbuch eingeführt.

9 Die Diözesen Freiburg und Basel übernahmen das **Psälterlein* als offizielles Diözesangesangbuch.

stumsanhänge von Mainz, Limburg, Trier und Fulda konnten sich beispielsweise zu einer gemeinsamen vierstrophigen Fassung entschließen, in den anderen Diözesananhängen finden sich zwischen zwei und sechs Liedstrophen mit vielen Textvarianten. Diese Vielfalt an Fassungsvarianten läßt auf einen hohen Bekanntheitsgrad des Liedes vor der Einführung des **Gotteslobs* schließen, denn wahrscheinlich konnte man sich gerade aufgrund der vielen regionalen Varianten nicht auf eine gemeinsame Liedfassung einigen. Auch heute noch ist *Tauet, Himmel, den Gerechten* ein beliebtes und häufig gesungenes Adventlied.

Literatur

ADB = Allgemeine Deutsche Biographie. Fünfter Band. Hrsg. durch die Historische Commission bei der königl. Akademie der Wissenschaften. Leipzig 1877. 51–53.
LJ = Liturgisches Jahrbuch.

Frank, Horst J.: Handbuch der deutschen Strophenformen. Tübingen/Basel [2]1993.
Kohlschein, Franz: „Christkatholisches Gesang- und Andachtsbuch zum Gebrauche bei der öffentlichen Gottesverehrhung im Bisthum Konstanz" (Konstanz 1812), in: ders./Küppers, Kurt (Hrsg.): „Der große Sänger David – euer Muster". Studien zu den ersten diözesanen Gesang- und Gebetbüchern der katholischen Aufklärung. Münster 1993. 137–281.
Kohlschein, Franz: Die liturgischen Reformanliegen des deutschen Aufklärungskatholizismus (1780–1830), in: LJ 39 (1989). 168–177.
Kurzke, Hermann: Kirchenlied und Literaturgeschichte. Die Aufklärung und ihre Folgen, in: Jahrbuch für Liturgik und Hymnologie 35 (1994/95). 124–135.

Ulrich Gabriel Heil

Gott, send herab uns deinen Sohn

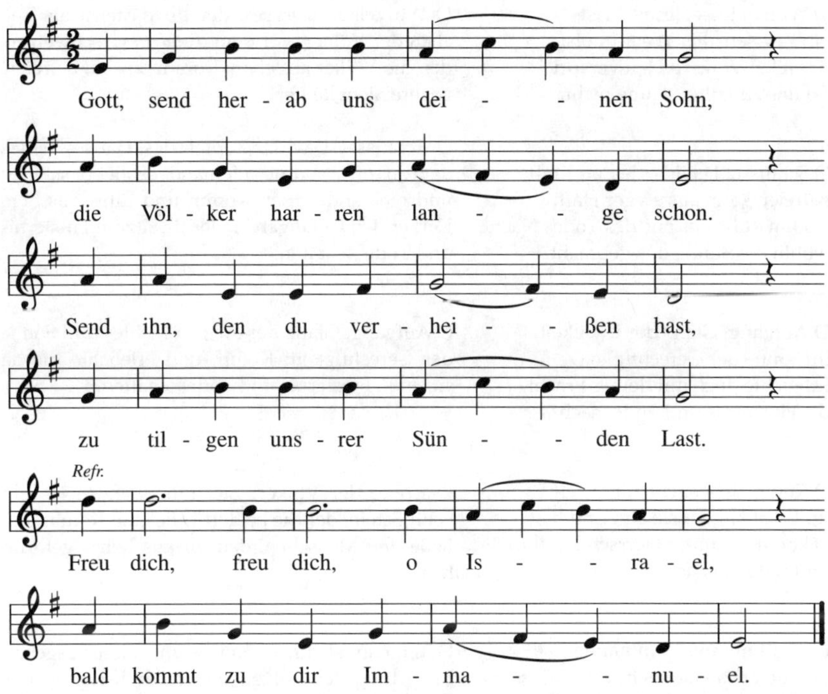

1.
Gott, send herab uns deinen Sohn,
die Völker harren lange schon.
Send ihn, den du verheißen hast,
zu tilgen unsrer Sünden Last.
Refr.: Freu dich, freu dich, o Israel,
bald kommt zu dir Immanuel.

2.
O Weisheit aus des Höchsten Mund,
die du umspannst des Weltalls Rund
und alles lenkst mit Kraft und Rat:
Komm, weise uns der Klugheit Pfad.

Antiphon

O Weisheit, die du aus dem Mund des Höchsten hervorgegangen bist, reichend von einem Ende zum anderen, in Kraft und Liebreiz alles ordnend: Komm, uns den Weg der Klugheit zu lehren

3. O Adonai, du starker Gott du gabst dem Mose dein Gebot auf Sinai im Flammenschein: streck aus dein Arm uns zu befrein	O Adonai und Führer des Hauses Israel, der du dem Moses in der Feuerflamme des Dornbuschs erschienen bist und ihm auf dem Sinai das Gesetz gegeben hast: Komm, uns zu erlösen mit ausgestrecktem Arm.
4. O Wurzel Jesse, Jesu Christ, ein Zeichen aller Welt du bist, das allen Völkern Heil verspricht: Eil uns zu Hilfe, säume nicht.	O Wurzelsproß Jesses, der du dastehst als Zeichen der Völker, vor dem die Könige schweigen, den die Völker anflehen: Komm, uns zu befreien, zögere nicht länger
5. O Schlüssel Davids, dessen Kraft befreien kann aus ewger Haft: Komm, führ uns aus des Todes Nacht, wohin die Sünde uns gebracht.	O Schlüssel Davids, Zepter des Hauses Israel, der du öffnest und niemand schließt, schließt und niemand öffnet: Komm und führ´ aus dem Kerker den Gefangenen, der da sitzt in Finsternis und Todesschatten.
6. O Aufgang, Glanz der Ewigkeit, du Sonne der Gerechtigkeit: Erleuchte doch mit deiner Pracht die Finsternis und Todesnacht.	O Aufgang, Glanz des ewigen Lichtes und Sonne der Gerechtigkeit: Komm und erleuchte die da sitzen in Finsternis und Todesschatten.
7. O König, Sehnsucht aller Welt, du Eckstein, der sie eint und hält: O komm zu uns o Herrscher mild, und rette uns, dein Ebenbild.	O König der Völker, Ziel ihrer Sehnsucht und Schlußstein, der die beiden Teile eint: Komm und heile den Menschen, den du aus Lehm geformt hast.
8. O „Gott mit uns“, Immanuel, du Fürst des Hauses Israel, o Hoffnung aller Völker du: Komm, führ uns deinem Frieden zu.	O Emmanuel, unser König und Gesetzesgeber, Erwartung der Völker, ihr Heiland: Komm uns zu erlösen, Herr unser Gott
9. Gott, wir vertrauen auf dein Wort; es wirkt durch alle Zeiten fort. Erlöse uns, du bist getreu. Komm, schaffe Erd und Himmel neu.	

Druckvorlage

Text und Melodie des Liedes (linke Spalte) sind dem **KG* entnommen (KG 304). Die deutsche Übersetzung der O-Antiphonen (rechte Spalte) folgt Alex Stock, Poetische Dogmatik I, 130-140.

1 Einleitung

Poesie gelingt manchmal etwas, das Theologen nur oftmals nur schwer gelingt: einen umfassenden Sachverhalt nicht nur theologisch richtig, sondern auch sprachlich schön darzustellen. Ein Beispiel für solch poetisch verdichtete Theologie ist das Lied *Gott, send herab uns deinen Sohn*[1], eine Paraphrasierung der lateinischen O-Antiphonen oder Antiphones Majores.

Unter einer O-Antiphonen versteht man einen sechsversigen lateinischen Text, der - gleich einer klassischen Oration - aus einer Anrufung in Form des Ausruf „O" und einem bildhaften Christustitel (der Name „Jesus", bzw. der Titel „Christus" selbst wird in keiner Antiphon genannt), einer Aussage über Gottes Heilshandeln und einer abschließenden Bitte, eingeleitet mit „veni" / „komm", besteht.

O Sapientia,	O Weisheit,
qua ex ore Altissimi prodisti,	hervorgegangen aus dem Mund des Höchsten,
attingens a fine usque ad finem,	die Welt umspannst du von einem Ende zum andern,
fortiter suaviter disponens omnia:	in Kraft und Milde ordnest du alles:
veni ad docendum nos	komm uns zu lehren
viam prudentiae.	den Weg der Einsicht.

Reichen die Anfänge der O-Antiphonen bis ins 6. Jahrhundert zurück, so hat sich erst im Mittelalter eine Reihe von sieben O-Antiphonen gegenüber einer achtteiligen oder gar zwölfteiligen Reihe durchgesetzt. Dabei dürfte folgende Beobachtung eine Rolle gespielt haben: Reiht man die Anfangsbuchstaben der sieben Christustitel in umgekehrter Form hintereinander,[2] so erhält man das Akrostichon *ERO CRAS – morgen bin ich da.*[3]

2 Redaktionsgeschichtliche Vorbemerkung

Sowohl das **Gotteslob* (GL 112), als auch die beiden schweizerischen Gesangbücher (RG 362, KG 304) enthalten eine Paraphrase der sieben O-Antiphonen.[4] Der textliche Grundbestand geht auf eine Übersetzung von Heinrich Bone aus dem Jahre 1847 zurück. Den vierzeilige Antiphonenparaphrasen stellte er eine Einleitungsstrophe voran. Eine Schlußstrophe wurde durch die Gotteslobkommission 1969 hinzugefügt. Die vierzeilige Variante des **Gotteslob* wurde in beiden schweizerischen Gesangbüchern durch die Hinzufügung des Refrains „Freu dich, freu dich, o Israel, bald kommt zu dir Emmanuel" zu einer sechszeiligen erweitert. Infolgedessen

---

1 Im **Gotteslob* als *Herr, send herab uns deinen Sohn* (GL 112)

2 **S**apientia, **A**donai, **R**adix Jesse, **C**lavis David, **O**riens, **R**ex Gentium **E**mmanuel

3 vgl. Ballhorn, Die O-Antiphonen, 11ff.

4 Das **EG* bietet unter der Nr. 19 lediglich eine freie Paraphrase einer Antiphon.

werden zwei unterschiedliche Melodievarianten benötigt: Im **Gotteslob* findet eine vierzeilige dorische Melodie Verwendung, die in **Andernach 1608* für den Hymnus *Veni, redemptor gentium* vorgesehen war. Die schweizerischen Gesangbücher hingegen greifen auf eine sechszeilige äolische Melodie des 15. Jahrhunderts zurück.[5]

Wie im Folgenden noch zu sehen, sprechen textlich-theologische, wie aufführungspraktisch-musikalische Gründe für die Variante der schweizerischen Gesangbücher.[6] Daher ist diese Gegenstand der weiteren Betrachtungen.

3 Der Text: Struktur, biblische Quellen und Bedeutungsdimensionen[7]

3.1 Aufbau und Struktur

Das Lied besteht aus drei Elementen: den Kernstrophen (die Paraphrasen der O-Antiphonen), den Rahmenstrophen und dem Kehrvers.

Durch die beiden Rahmenstrophen und den Kehrvers erhält das Lied scheinbar einen von den Antiphonen verschiedenen Charakter. Die beiden Rahmenstrophen richten sich in ihrer Anrede an Gott Vater, der im Refrain dem Sänger antwortet. Die Antiphonenstrophen hingegen richten sich wie die eigentlichen Antiphonen an Christus, der aber selbst nicht antwortet. Die Antwort gibt dem Menschen vielmehr wieder Gott Vater im Refrain. Somit liegt folgende Struktur vor:

Bitte des Menschen an Gott (Str. 1)	Heilszusage Gottes
Gegenstand der Bitte: Christus (Str.2–8)	an den Menschen
Vertrauensäußerung des Menschen gegenüber Gott (Str. 9)	(Refrain)

Durch die Einbettung der Christusstrophen in Gott-Vater-Strophen ändert sich die Ausrichtung des Liedes aber nur vordergründig: Der „theologische" Rahmen unterstreicht vielmehr die „christologische" Ausrichtung des gesamten Liedes.

3.2 Erlösung im Kommen Jesu Christi

Die Liedstrophen übernehmen ein Wesensmerkmal der Antiphonen: Der Ersehnte und Besungene tritt weder selbst auf, noch wird er mit seinem

---

5 Vgl. Möller, Kirchenlied und Gesangbuch, 45f.

6 Zum einen verunklart das Initium der GL-Fassung „**Herr**, send herab..." die Zielrichtung der Rahmenstrophe, zum anderen ist der Verzicht auf den Kehrvers ein im Kontext der Gesamtstruktur nicht zu unterschätzender Verlust. Die Gestalt der dorischen Melodie, wie sie im **Gotteslob* verwendet wird, hat bei weitem nicht das individuelle und textdeutende Gepräge, wie die Melodie der schweizerischen Gesangbücher.

7 Grundlage der folgenden Ausführungen sind zwei neuere und ausführliche Abhandlungen über die O-Antiphonen: Sehr ausführlich ist Ballhorn, Die O-Antiphonen, 9–34; etwas knapper: Stock, Poetische Dogmatik, Bd.1, 130–142.

Namen benannt.[8] Hat man dabei die übliche liturgische Verortung der Antiphonen an den sieben Tagen vor Weihnachten im Hinterkopf, erschließt sich auch die Bedeutung des Akrostichons „ero cras"/„morgen bin ich da": der nicht Genannte, der, der in den Antiphonen zwar besungen und umschrieben wird, aber selbst nicht vorkommt – morgen, an Weihnachten, ist er da.

Schon die Eröffnungsstrophe macht diese doppelte Zielrichtung des Liedes deutlich. Zwar richtet sich die Strophe an Gott Vater, jedoch wird schon in der ersten Zeile deutlich, um wen es eigentlich geht: Gottes Sohn, der Verheißene, wird erfleht. Ein weiteres, erst im Verlauf der Antiphonen auftretendes Moment wird in der ersten Strophe schon vorweggenommen: die universale Dimension der Erlösung. Der Erlöser Israels ist der Erlöser der ganzen Welt; die Hoffnung der Christen ist die Hoffnung aller Völker.

Das Bauprinzip der Antiphonen tritt deutlich zutage: Bildhaften Titeln, die für eine heil- und trostvolle Zukunft stehen, werden düstere Bilder der Gegenwart gegenübergestellt. Allerdings ergeben sich aus dem Text zwei Schwierigkeiten:

1. Wie ist es möglich, durch unterschiedlichste atl. Titel und Ereignisse (Gottesname „Adonai", Herrschaftssymbol „clavis david", Metaphern „radix jesse", Namensoffenbarung ...) Jesus Christus eine ntl. Größe, zu beschreiben?
2. Widerspricht der Refrain „Freu dich, freu dich, **o Israel**, bald kommt **zu dir** Emmanuel" nicht gerade der universalen Dimension der Erlösung, wie sie in den Antiphonen, respektive ihrer Paraphrase, verkündet wird?

Diese Fragen erklären sich durch die letzte Rahmenstrophe. Diese Strophe beinhaltet zwei gewichtige Aspekte:

1. Das Wort Gottes „wirkt durch alle Zeiten fort", d. h. schon immer, auch bevor es „Fleisch geworden ist und unter uns wohnte" (vgl. Joh 1) wirkte das Wort. Im Gegensatz zur jüdischen Weisheitstheologie jedoch ist das Wort nicht geschöpflich (vgl. Str. 2 – O Sapientia), sondern göttlich (vgl. Joh 1,1f.). Von daher kann Christus und nur Christus in den unterschiedlichsten Titeln und Bildern angesprochen sein. Er ist es, „durch den Gott der Vater schon im Alten Testament wirksam war, so daß Christus mit dem Gottestitel angeredet werden kann."[9] Vor diesem Hintergrund ist auch die zweite Antiphon (O Adonai) christologisch zu verstehen.
2. Die letzte Zeile bittet um die Neuschaffung von Himmel und Erde. Ein Bild, das Johannes benutzt, um das Ende der Zeiten, die endgültige und universale Erlösung der ganzen Menschheit und der ganzen Schöpfung vom Bösen auszumalen. Diese Erlösung geschieht durch Christus, der wiederkommen wird, um die Welt zu erlösen, denn „das Heil kommt von den Juden" (Joh 4,22). Von daher schließt die Freude Israels über das endgültige Kommen des Messias auch die Freude der ganzen Welt ein. Wann kommt dieser Erlöser? Freu dich, bald (Offb 22,20).

Die universale Dimension der Erlösung zieht sich gleich einem roten Faden – mal mehr, mal weniger deutlich – durch das ganze Lied hindurch.

---

8 Eine Ausnahme bildet lediglich die Übersetzung der dritten Antiphon; vgl. dazu Str. 4.
9 Ballhorn, Die O-Antiphonen, 31.

3.1.1 *Sapientia*

Sowohl Antiphon als auch Liedstrophe basieren auf atl. Weisheitstheologie. Textliche Grundlage bildet die fast wörtliche Zitation von Sir 24,3 und Weish 8,1, womit zwei wesentliche Momente der Weisheit beschrieben werden: Sie ist vor allem anderen (Spr 8,22) geschaffen aus Gottes Mund (Sir 24,3) und kosmisches Ordnungsprinzip (Weish 8,1). Jedoch ordnet sie nicht nur die Natur, sie verleiht auch Menschenkenntnis und Lebensweisheit: „Alles Verborgene und alles Offenbare habe ich erkannt; denn es lehrte mich die Weisheit, die Meisterin der Dinge" (Weish 7,22).

Auf Unterweisung in der Weisheit richtet sich die Bitte der ersten Antiphon. Der Mensch selbst ist nicht in der Lage, die Weisheit zu erkennen (vgl. Jes 40,14), wohl kann er aber um Unterrichtung im Weg der Klugheit (Spr 4,11; 9,6), d. h. um Einsicht, Klugheit und richtige Lebensentscheidungen bitten.

Vom christlichen Standpunkt aus gesehen legt sich eine Identifikation der „Weisheit aus Gottes Mund" mit dem „präexistenten logos", wie er uns im Johannesprolog begegnet, nahe (vgl. Joh 1,1f).

3.1.2 *Adonai*

Die zweite Antiphon ist in der Paraphrase verkürzt wiedergegeben: Werden in der Antiphon selbst drei große Themen behandelt (Namensoffenbarung im Dornbusch Ex 3,2; Exodus Ex 12–17; Gesetzesgabe am Sinai Ex 19–22), so finden sich in der Liedstrophe nur die letzten beiden. Das Bild vom Flammenschein wird in das Bild der Gesetzgebung eingebunden; dies ist zwar nicht prinzipiell falsch (vgl. Ex 24,17), entspricht jedoch nicht der Aussageabsicht der Antiphon. Das Exodusgeschehen ist in der Rede vom „ausgestreckten Arm" präsent, eine Formulierung, die immer auf den Auszug Israels aus Ägypten bezogen ist.

Antiphon und Liedstrophe spannen einen großen Bogen: von Gottes Heilshandeln im Exodusereignis, dem Beginn der Volkwerdung Israels, hin zur endgültigen Erlösung. Durch die Bitte um diese Erlösung wird deutlich, daß die Taten Gottes keine reinen Vergangenheitstaten sind, sondern daß sein Handeln auch für die Gegenwart erfleht wird. Gerade in diesem Zusammenhang ist es bedauerlich, daß die Dornbuschszene mit der Namensoffenbarung (JHWH – „Ich bin da") in der Liedstrophe ausfällt.

Diese Strophe/Antiphon ist am schwierigsten christologisch zu deuten. Ihre Bedeutung erschließt sich erst im Gesamtkontext, vor allem durch die interpretierende Schlußstrophe.

3.1.3 *Radix Jesse*

Die Paraphrase der dritten Antiphon entfernt sich am deutlichsten von der Vorlage und interpretiert diese am weitestgehenden: Zum einen taucht der Name „Jesus Christ" auf, den man in keiner der Antiphonen findet, das

Verstummen der Könige wird nicht aufgegriffen und das Flehen der Völker wird zum „Heilsversprechen des Zeichens" an alle Welt.

Doch ist dieses Entfernen und Interpretieren lediglich eine Explikation dessen, was die Antiphon implizit aussagt: Die Wurzel Jesse, ein Zeichen allen Völkern und von diesen angerufen, geht eindeutig auf Jes 11,10 zurück, der Ankündigung eines neuen messianischen Reiches. Darin eingeschoben ist ein kontrastierender Vers aus dem vierten Gottesknechtlied (Jes 52,15), das vom Verstummen der Könige spricht. Ist das Bild von der Wurzel Jesse in Jes 11,10 ein Bild für den Anbeginn von etwas unerwartet Neuem, so steht der „Wurzelsproß aus dürrem Boden" in Jes 53,2 für die Armseligkeit des Gottesknechtes. Leider wird Jes 53,2 in der Liedstrophe nicht übernommen, so daß deren Textbefund ausschließlich auf Jes 11,10 zurückzuführen ist.

Aber erst das Nebeneinander der beiden gegensätzlichen Stellen, die Verbindung des davidischen Messias mit dem leidenden Gottesknecht, legt Christus als „Wurzel Jesse" nahe, wie dies in Offb 22,17 geschieht.

3.1.4 *Clavis David*

Die vierte Antiphonenstrophe paraphrasiert die Antiphon eher frei, wobei das Bild des Zepters nicht übernommen, aber die „Todes Nacht", in der sich der Beter befindet, erklärt wird. Der Text selbst geht auf Jes 22,22 zurück, die Amtseinsetzung Eljakims als Palastvorsteher, der die Schlüssel des Palastes als Amtsinsignien auf die Schulter gelegt bekam. In Offb 3,7 wird Jes 22,22 rezipiert, allerdings hat dort Christus die Schlüsselgewalt inne (vgl. Offb 1,18). Der Vergleich von Christus und Eljakim läßt sich allegorisch weiterdenken: „Wie Eljakim die Schlüssel auf die Schulter gelegt bekam, so hat Jesus das Kreuz auf seiner Schulter getragen und uns den Weg zur Erlösung erschlossen."[10] Durch die Überwindung des Kreuzes und Todes eröffnete Jesus allen Menschen den Weg zum ewigen Leben.

Die Szene der Schlüsselauflegung wird in der Liedstrophe frei mit „dessen Kraft befreien kann aus ewger Haft" übersetzt. Das auf den ersten Blick etwas irritierende „kann" erklärt sich aus der freien Entscheidung jedes Menschen, sich für oder gegen Gott und dessen Heilshandeln zu entscheiden. Der Beter selbst verläßt sich ganz auf den „Schlüssel Davids", in dem er ihn um sein Kommen anfleht. Durch die Anrufung Christi als „Schlüssel Davids" findet jedoch eine Bedeutungsverschiebung statt: Christus besitzt nicht die Schlüsselgewalt, er ist der Schlüssel.

3.1.5 *Oriens*

Die fünfte Antiphon führt den Gedanken der vierten weiter. Auch bei ihr geht es um die Befreiung aus der Todesnacht, wenngleich nicht mit dem Bild des aufzuschließenden Kerkers, sondern dem der Erhellung der Fin-

---

10 Ballhorn, Die O-Antiphonen, 20, Anm. 27.

sternis. Die Anrufung „Aufgang" geht auf Sach 3,8 bzw. 6,12 zurück, der Prophezeiung einer zukünftigen messianischen Heilszeit. Dort ist das entsprechende hebräische Wort allerdings ein Begriff aus der Wachstumsmetaphorik. Die Umformung in eine Lichtmetapher ergibt sich über die Septuaginta: dort wird das hebräische Wort für „Sproß" mit dem griechischen Wort für „Aufgang" übersetzt, was dann in der Vulgata zum „oriens" wird. Die „Sonne der Gerechtigkeit" ist Teil der Gerichtsszene in Mal 3,20: dort geht im Gericht diese Sonne über den Gerechten, den Gottesfürchtigen auf.

Die beiden tröstlichen Bilder des kommenden Gottesreiches werden in der Bitte kontrastiert durch eine düstere Szene: Finsternis und Todesnacht sind die Realität des Beters, in der er Hilfe erfleht (Vgl. Jes 59,9). Durch die Bitte um Erleuchtung wird das Alte mit dem Neuen Testament verbunden, denn in beiden Testamenten ist die Vorstellung vom Kommen Gottes mit Lichtglanz begleitet (vgl. Jes 60,3.19f.; Lk 1,78).

3.1.6 *Rex gentium*

Die sechste Antiphon greift als einzige sowohl atl. wie ntl. Schriftstellen auf: Die Rede vom kommenden König fußt auf Jer 10,7, einer Aussage über die unangefochtene Größe Gottes und seiner Herrschaft über alle Völker. Nach Hag 2,8 (Vulgata) ist der König die Sehnsucht aller Völker, dem sie sich freiwillig unterwerfen. Das Bild des einenden Schlußsteines ist die einzige eindeutig ntl. Textstelle (Eph 2,11–22): Christus ist der Schlußstein (Eph 2,20), der die beiden Teile, Juden und Heiden (Eph 2,14), Israel und die restliche Welt, eint. Durch diesen *Rex Gentium*, den König aller Völker, wird die Erlösung allen Menschen zuteil. Von daher gesehen, steht das Bild des Königs in der sechsten Antiphon im Gegensatz zu den Königen der dritten Antiphon: Der kommende himmlische König ist der, vor dem die irdischen Herrscher verstummen müssen.

Diese universale Dimension der Erlösung wird in der Bitte weitergeführt: Es wird schlicht um die Heilung des Menschen gebeten, des Menschen, den Gott „aus Lehm geformt hat" (Gen 2,7). Bewußt wird hier ein Bild des Anfangs gebraucht: Am Anfang, vor allen Völkern, vor aller Religion, schafft Gott den Menschen. Im Anfang und im Ende zeigt sich Gott als der Schöpfer und Erlöser (oder besser: Neuschöpfer) der Menschheit. Dieses Bild des Anfangs wird in der Liedsstrophe leider abgeschwächt mit „dein Ebenbild" (Gen 1,26) wiedergegeben.

3.1.7 *Emmanuel*

In der letzten Antiphon werden drei Schriftstellen zu einem Bild zusammengesetzt: zuerst die klassische Stelle Jes 7,14, welche die wundersame Geburt des „Immanuel" ankündigt. Sie ist ein Zeichen der Hoffnung, das Gott dem König Ahas in Not und Bedrängnis gibt. Die Rede vom Gesetzgeber und König stammt ebenfalls aus Jesaja (Jes 33,22); dort wird Gott und sein kommendes Reich der gegenwärtigen Situation kontrastierend gegenübergestellt. Die „Erwartung der Völker" ist Teil des Jakobssegens aus Gen 49,10, der die nie endende Herrschaft Judas prophezeit. Allerdings wird aus dem hebr. Begriff für „Gehorsam der Völker" über die Septuaginta das lat. „expectatio gentium" - Hoffnung der Völker.

4 Melodie, liturgischer Ort und Gestaltungsmöglichkeiten im heutigen Gottesdienst

4.1 Die Melodie in der Spannung von Bitte, Vertrauen und der Zusage Gottes

Die Melodie des Liedes spiegelt den sechszeiligen Aufbau und die erwartungsfrohe Haltung des Liedes wieder, ohne das noch ausstehende Kommen zu vergessen. Dies wird sowohl in der Tonart als auch in der Melodieführung deutlich.

Wenngleich das Lied in äolisch auf e steht, geht der kirchentonale Charakter fast ganz zu Gunsten eines Dur-Moll-tonalen verloren. Einzig am Ende der zweiten Zeile, sowie an deren Parallelstelle in Zeile sechs wird d statt des Leittons dis verwendet. Die ersten beiden Zeilen umschreiben die Haupttonart: äolisch auf e oder Quasi-e-Moll. Die mittleren beiden Zeilen weichen über D-Dur nach G-Dur aus. Die fünfte Zeile bleibt in G-Dur (Freu(!) dich, freu dich, o Israel), während die letzte Zeile das sich im Wort „bald" ausdrückende Ausstehen der Erlösung in einer Rückführung nach Moll/äolisch in Erinnerung ruft.

Die Melodie besteht aus sechs Zeilen, wobei immer zwei davon eine Einheit bilden. Jede Zeile ist nach demselben Muster aufgebaut: der lebendigen, sprunghaften Melodieführung, meist in Form einer Akkordbrechung zu Beginn, folgt ein lineares Ausschwingen der Zeile (die Anfänge der Zeilen vier und fünf suggerieren diese Akkordbrechung durch den harmonischen Kontext). Eine große formale Geschlossenheit wird durch die Verwendung ähnlichen bzw. gleichen melodischen Materials erreicht. So gleicht die vierte Zeile bis auf die ersten beiden Töne der ersten (bei gleicher Bewegung sind lediglich die Intervalle verschieden) und die zweite ist mit der sechsten identisch (interessant ist letzteres in Hinblick auf den harmonischen Verlauf: die zweite Zeile beschreibt äolisch/e als Grundtonart, die sechste führt mit demselben Motiv die modulierte Melodie nach äolisch/e zurück).

4.2 Liturgischer Ort und Gestaltungsmöglichkeiten

Liturgisch verortet sind die O-Antiphonen im Offizium (als Magnifikatantiphonen) und in der Meßfeier (Hallelujavers vor dem Evangelium) in der Zeit vom 17. bis 24. Dezember (Ero cras!). Zwingend ist diese Verortung, gerade in Form der Liedparaphrase, nicht, zumal ein Kirchenlied als Hallelujavers oder Magnifikatantiphon nicht gerade zweckmäßig erscheint. Auch eine Verwendung als Begleitgesang (Eröffnung, Gabenbereitung, Kommunion) wird dem großen poetischen und theologischen Wert des

Textes nicht gerecht. Vielmehr müßte das Lied selbst Gegenstand der Verkündigung werden, z. B. als Mittelpunkt einer Wortgottesdienstreihe in der Woche vor Weihnachten. Interessant und der Verkündigung dienlich dürfte dann eine unübliche Liedaufteilung sein: die Strophen werden der Gemeinde, der Refrain dem Vorsänger zugeteilt. Der Sänger findet sich dann in der Rolle des Bittenden, respektive als Teil der Bittenden wieder, der von Gott seinen Zuspruch „hört". Die bewußt offengehaltene Weise der Erlösung in den jeweiligen Strophen gibt dem Beter die Möglichkeit, sich Hilfe in seiner Wegsuche, in seiner Todesnacht, in seiner Finsternis, in seinen existentiellen Nöten von Gott zu erbitten. Und Gott antwortet ihm: Freu dich, bald kommt Immanuel.

Poesie gelingt manchmal etwas, was Theologen oftmals nur schwer gelingt...

Literatur

JLH = Jahrbuch für Liturgik und Hymnologie. Kassel u.a. 1955ff.

Ballhorn, Egbert: Die O-Antiphonen. Israelgebet der Kirche, in: JLH 37 (1998). 9–34.
Möller, Christian (Hrsg.): Kirchenlied und Gesangbuch. Tübingen 2000.
Stock, Alex: Poetische Dogmatik. Bd. 1: Namen. Paderborn 1995.

Weihnachten

*Babstsches Gesangbuch 1545, Nr. II.

Britta Martini

Zu Bethlehem geboren

Hertzopffer

Zu Bethlehem geboren
Ist vns ein Kindelein.
Daß hab ich auserkoren /
Sein eygen will ich sein.
Eya / Eya sein eigen will ich sein.[1]

Jn seine Lieb versencken
Will ich mich gar hinab;
Mein Hertz will ich ihm schencken /
Vnd alles was ich hab
Eya / Eya vnd alles was ich hab.

O Kindelein von Hertzen
Dich will ich lieben sehr:
Jn frewden vnd in schmertzen
Je laenger[2] mehr vnd mehr
Eya / Eya je laenger mehr vnd mehr.

---

1 Die Schreibweise folgt dem bei Rost/Machalke und bei Franz wiedergegebenen Text; „eigen“ wird in dort in der Str. 1 zuerst mit „ey“, später mit „ei“ geschrieben, vgl. Anm. 7.

2 Bei Rost/Machalke ist der Umlaut als *a* mit einem kleinen *e* darüber abgedruckt.

Darzu dein Gnad mir gebe
Bitt ich auß Hertzen grund /
Daß ich allein dir lebe
Jetzt vnd zu aller stund
Eya / Eya jetzt vnd zu aller stund.

Dich wahren Gott ich finde
Jn meinem Fleisch vnd Blut /
Darumb ich dann mich binde
An dich mein hoechstes[3] Gut
Eia[4] / Eia an dich mein hoechstes Gut.

Laß mich von dir nicht scheiden /
Knuepff[5] zu / knuepff[6] das band:
Die Liebe zwischen beyden
Nimbt hin mein Hertz zu pfand
Eia / Eia nimbt hin mein Hertz zu pfand.

Druckvorlage

Die Melodie ist dem **Gotteslob* entnommen (GL 140). Der Text entspricht der bei Rost/Machalke bzw. bei Franz wiedergegebenen Fassung.
Text: Friedrich Spee 1637.
Melodie: Paris 1599, Quelle: **Geistlicher Psalter.*

1 Heutige Fassungen

Die ursprüngliche sechsstrophige Fassung des Liedes ist, soweit ich sehe, in keinem der derzeit gebräuchlichen neueren deutschsprachigen Gesangbücher abgedruckt, leider auch nicht in der Liederkunde zum Evangelischen Gesangbuch.[7] Das katholische Gesangbuch **Gotteslob*, das Kindergesangbuch der Arbeitsgemeinschaft für ökumenisches Liedgut **LbR* von 1983, die Schweizer Bücher **RG* und **KG* von 1998 bringen fünf Strophen, das **EG* von 1993 beschränkt sich auf die vier ersten Strophen und behält damit die originale Reihenfolge der Strophen bei. Die anderen Gesangbücher vertauschen die vierte mit der fünften Strophe, so daß Spees Lied in allen genannten Gesangbüchern mit der Strophe „Da(r)zu dein Gnad mir gebe" schließt. Die sechste Strophe fehlt in diesen Gesangbüchern, sie findet sich aber zu-

---

3 Vgl. Anm 2.

4 Ab Str. 5 steht bei Rost/Machalke statt „Eya" nun „Eia".

5 Vgl. Anm 2.

6 Bei Rost/Machalke fehlt die Wiederholung des Wortes „zu" nach dem zweiten „knuepff."

7 In Heft 1 der Liederkunde, im Kommentar von Johanna Schell, stehen nur die vier letzten Strophen des Originaltextes. Eine verkleinerte Kopie der Erstveröffentlichung von Text und Melodie des Liedes *Zu Behlehem geboren* ist abgebildet in Franz, Spee-Lieder, 361.

weilen in anderen Liedersammlungen, dort allerdings, soweit es eine zufällige, mir vorliegende Auswahl an Lieder- und Gesangbüchern[8] betrifft, in leicht abgewandelter Form: Die syntaktische (und semantische) Fortführung zwischen den Zeilen zwei und drei wird, abweichend vom Originaltext, als Genitivkonstruktion überliefert - der Doppelpunkt nach „Band" entfällt, damit wird gleichzeitig ein Enjambement (Zeilensprung) installiert -, und aus der Aussage der vierten Zeile wird eine Bitte.

2 Spees Lied

Spee gab seinem Lied den Titel *Hertzopffer*, fünfmal erscheinen die Worte „Hertz", „von Hertzen", „auß Hertzen grund" in seinem Lied. Einzelne Strophen haben jedoch, an der im Titel dokumentierten Intention des Autors vorbei, eine eigene Signalwirkung entfaltet: In der Rezeptions- und Wirkungsgeschichte des Liedes stehen das Motiv des Kindes bzw. eine allgemeine Weihnachtsstimmung im Vordergrund. Kind- und Liebesmotiv und das Angerührtsein von Jesus in der Krippe verdrängen die Theologie einer Nachfolge auch in Schmerzen, wie sie in der dritten Strophe bereits anklingt. Dennoch kann auch die dritte Strophe ohne weiteres als Krippenkindstrophe gelesen werden, die vierte Strophe schließt diese Lektüre dann mit einem an das Kind gerichteten Gebet um Beistand ab. Doch läßt sich schon in der dritten Strophe, bedingt durch die hier beginnende Anrede an das Kind, hinter dem kleinen Kind auch der erwachsene Christus erahnen. Spätestens in der fünften Strophe verschwindet das Kind-Motiv. Im Kontext des gesamten Liedes hat die vierte Strophe Scharnierfunktion, sie bereitet mit der Bitte an das nicht mehr explizit angeredete „Kindelein" den Übergang vom Motiv der Anbetung des Krippenkindes zum Motiv der Übergabe, des Opfers vor. Jetzt wird der „wahre Gott" angeredet, nicht mehr das „Kindelein". In einer quasi dogmatischen Strophe kommt das Wunder der Inkarnation, der Menschwerdung zur Sprache; jedoch wird das Motiv der Liebe und Hingabe weiterverfolgt und in jeder Strophe intensiver und verbindlicher vorgetragen. In der Schlußstrophe ist dieses Motiv als einziges übrig geblieben, im Unterschied zu den drei Eingangsstrophen läßt die letzte Strophe keine Dominanz des Bildes vom Kind in der Krippe über das Bild des *Hertzopffers* mehr zu.

---

[8] Z.B.: 1) *Deutsche Weihnachtslieder* (1953). Hier fehlen dafür die Str. 4 und 5 des Originals. 2) **Es ist ein Ros entsprungen* (1981), bringt alle sechs Strophen 3) Ingeborg Weber-Kellermann, Das Buch der Weihnachtslieder, bringt alle sechs Strophen 4) Singt und klingt, Nr. 271. 5) EG-RWLR (Stammteil **DEG*), Anhang „Geistliche Volkslieder" Nr. 76. 6) **Großer Gott wir loben dich* (Deutsche Christen), Nr. 155. 6) Liederanhang zum EKG-Ham 402; Liederanhang zum EKG-Meck 403.
Eine Kuriosität stellt die Fassung des Spee-Liedes im **ZNG*, Nr. 45 dar. Neben zum Teil erheblichen Eingriffen in den Text ist das „eya/eia" in den vier abgedruckten Strophen ganz eliminiert und ersetzt durch „Ja, ja; ja, ja!" (Str. 1), „alles, alles" (Str. 2) „Dir nur, dir nur" (Str. 3) und „Nimm hin, nimm hin" (Str. 4). Diese Fassung findet sich auch im **GRG* (DDR), dort Nr. 106.

2.1 Erste Strophe

Uns ist ein Kindlein heut geborn,[9] *Ein Kind geborn zu Bethlehem,*[10] *Geborn ist uns ein Kindelein*[11] *Uns ist geborn ein Kindelein,*[12] *Zu Bethlehem geboren im Stall ein Kindelein,*[13] *Ein Kind ist uns geborn zu Bethlehem,*[14]– zu der Liedsorte, in deren Incipit die Worte „ein", „Kind/Kindelein", „Bethlehem", „uns" und „geboren" in immer wieder neuer Reihenfolge erscheinen, gehört auch Spees *Zu Bethlehem geboren ist vns ein kindelein.* Jedoch nur bei Spee hebt sich aus dem „Uns" ein „Ich" heraus, gleich in der ersten Strophe. Spee führt sein Gedicht konsequent in der ersten Person Singular weiter, die erste Person Plural erscheint nur im Incipit und wird im weiteren Text nicht wieder verwendet. So hat Spee offenbar ein zu seiner Zeit gängiges Muster für einen Liedanfang gewählt - natürlich auch in bewußter Anlehnung an Jes 9,5: „Denn uns ist ein Kind geboren..." -, um dieses Muster aber sofort in besonderer Weise abzuwandeln: Vom unbestimmten „ein" Kindelein und vom nicht spezifizierten „uns" wechselt Spee schon in der nächsten Zeile zum deiktischen Pronomen „daß" und zum persönlichen, hier ebenfalls deiktischen Pronomen „ich". Damit lenkt Spee die Aufmerksamkeit auf die Beziehung zwischen dem Kind und dem lyrischen Ich. Obwohl die ersten beiden Zeilen des Liedes in ihrem intertextuellen Kontext auf die Textsorte Erzähllied hinweisen, besitzt Spees Lied im Unterschied zu den oben genannten Liedern mit ähnlichem Incipit keine narrative Struktur.

2.2 Zweite Strophe

Im Originaltext heißt es: „Jn seine Lieb versencken will ich mich gar hinab". Das Wort „gar" meint: fertig, bereit, bereitwillig. Immer noch spricht Spee vom Kind in der dritten Person; „Entschluß und Bereitschaft"[15] des Dichters zur Hingabe an das Kind werden einer nicht weiter spezifizierten Öffentlichkeit mitgeteilt. Warum wählt der Dichter in den ersten beiden Strophen die Anrede nicht an das Kind, sondern an eine vage Öffentlichkeit? Eine selbstverpflichtende Willensbekundung und Absichtserklärung - dreimal schon hat der Dichter in den ersten beiden Strophen „ich will" gesagt - verlangt nach Zeugen, muß verstanden werden und gegebenenfalls einklagbar sein. Die Verbindlichkeit dieser Selbstverpflichtung erhöht sich,

---

9 Text: **Wittenberg 1560.*

10 Text: 15. Jahrhundert.

11 Text: *Cantual *Mainz 1605.*

12 Text: Aus dem Lateinischen.

13 Anfang der vierten Strophe von *Es kommt ein Schiff geladen,* EG 8, GL 114. Text um 1626 nach einem Marienlied aus Straßburg 15. Jh.

14 Text: Gesangbuch **Köln 1619.* Alle hier genannten Lieder mit ähnlichem Incipit stehen in der Sammlung **Es ist ein Ros entsprungen* 1981. Die Angaben zu den Textquellen sind (mit Ausnahme von *Es kommt ein Schiff geladen*) diesem Band entnommen.

15 Johanna Schell teilt die sechs Strophen des Liedes in jeweils zwei Sinnabschnitte ein: Str. 1 und 2: „Entschluß und Bereitschaft"; Str. 3 und 4: „Gelöbnis im Vertrauen auf Gottes Beistand"; Str. 5 und 6: „Übergabe und Besiegelung". Schell, *Zu Bethlehem geboren,* 66.

wenn als alleiniger Adressat nicht nur ein neugeborenes Kind, sondern darüber hinaus eine weitere und verständige Öffentlichkeit angesprochen wird.

2.3 Dritte Strophe

Nun wird die Absichtserklärung auch an das Kind direkt gerichtet. Ein letztes Mal verwendet Spee das Verb „wollen". Mit der Zeile „Jn frewden vnd in schmertzen" wird der Ton ernster. Die Hingabe in der zweiten Strophe ist dagegen noch kindlich verstehbar: „Mein Hertz will ich ihm schenkken / Vnd alles was ich hab", das erinnert an Krippenszenen, an die Hirten, an Kinder, die sonst nichts schenken können. Das erzeugt eine gewisse Rührung, das kann noch als überschwengliche Liebeserklärung verstanden werden. Dagegen leitet die Zeile „Jn frewden vnd in schmertzen" unmerklich zur zweiten, erwachseneren Hälfte des Liedes über.

2.4 Vierte Strophe

Der syntaktische Anschluß „darzu" kann verstanden werden als Zusammenfassung des zuvor Gesagten; „darzu" kann aber auch ein „darüber hinaus" im Hinblick auf den folgenden Vorsatz „daß ich allein dir lebe" bedeuten. Nach den Willensbekundungen der ersten drei Strophen wird hier nun erstmals eine Bitte an das - allerdings nicht mehr explizit genannte - Kind gerichtet. Während in den ersten drei Strophen des Liedes das lyrische Ich der aktiv Handelnde ist, thematisiert der Dichter in der zweiten Hälfte seines Gedichtes das Handeln Gottes als Voraussetzung für das *Hertzopffer*. Erste Voraussetzung dafür ist die in dieser Strophe erbetene Gnade Gottes.

2.5 Fünfte Strophe

Mit dieser Inkarnationsstrophe steht die Kindmetaphorik endgültig nicht mehr im Vordergrund. Zwar finden sich inkarnationstheologische Strophen besonders häufig in Weihnachtsliedern, will sagen: Kindmetaphorik und Inkarnationstheologie müssen sich nicht ausschließen, doch fällt in Spees Lied die von Strophe zu Strophe stärker herausgearbeitete Hingabe-Thematik bei gleichzeitiger Abnahme sprachlicher Elemente der Kindmetaphorik auf. Zum Vergleich: Luther führt in seinem Weihnachtslied *Vom Himmel hoch, da komm ich her* Theologie (auch Inkarnationstheologie), Katechese und Kindmetaphorik parallel durch das gesamte Lied. Neben der Vielfalt theologischer Themen in Luthers Lied weisen immer wieder sprachliche Zeichen auf Kind, Geburt, Krippe, Windeln und Wiege hin. Auch Paul Gerhardt hält in seinem knapp zwanzig Jahre nach Spees Gedicht entstandenen Lied *Ich steh an deiner Krippen hier* in seiner Bearbeitung der Gott-Mensch-Beziehungs-Thematik an der Metaphorik von Geburt und Krippe fest. Dagegen verzichtet Spee ab der vierten Strophe auf entsprechende sprachliche Signale, einzig das „eya/eia", ein „Streichelwort"[16] erinnert daran, daß sich die Anrede eigentlich an das Jesuskind richtet.

Erst in der fünften Strophe begegnen wir also explizit formulierter Theologie, gar Dogmatik, ganz komprimiert, gerade nur in zwei Zeilen formuliert: „Dich wahren Gott ich finde / Jn meinem Fleisch vnd Blut." In den vorhergehenden Strophen, genauer gesagt, nur in der ersten Strophe, wird dagegen eher angedeutet als konkret benannt, was das für ein „Kindelein" ist. „Bethlehem" ist da ein entsprechendes Signalwort, auch die gesamte Eingangszeile als quasi Zitat so oder ähnlich beginnender Weihnachtslieder. Es folgen aber keine weiteren weihnachtlichen oder gar christlichen Signalworte, allenfalls könnte noch das Motiv des Schenkens in der zweiten Strophe an die Situation an der Krippe erinnern. Zum Vergleich: Heinrich von Laufenberg dichtet: „In einem Kripplein lag ein Kind; / da stund ein Esel und ein Rind, / dabei war auch die Jungfrau klar, / Maria, die das Kind gebar. / Jesus, der Herre mein, / der war das Kindelein."[17] Eine vergleichbare Aussage zur Identität des „Kindeleins" bringt Spee erst in der fünften Strophe seines Liedes, doch auch hier setzt er, verglichen mit dem Laufenberg-Lied oder mit Luthers *Vom Himmel hoch*, viel mehr an theologischem Wissen voraus: „Zu Bethlehem geboren ist vns ein kindelein," ja, das ist bekannt, die theologische Bedeutung dieses Ereignisses muß nicht ein weiteres Mal in einem weiteren Lied in pädagogischer Weise dargestellt werden, aber die persönliche, subjektive Bindung und Hingabe an diesen kind-menschgewordenen Gott ist noch neu und lohnt die Ausarbeitung eines sechsstrophigen Liedes. Wenn Spee dann endlich in der fünften Strophe die Menschwerdung Gottes in einem meisterhaft knappen, in mehrere Richtungen hin auslegbaren Satz zur Sprache bringt, dann wiederum nicht in katechetischer Absicht, sondern als Argument für die Bindung an Gott: Der kausale Anschluß „darumb…" zeigt: Gottes Menschwerdung ist die Voraussetzung für die menschliche Bindung an ihn – eine spezifisch christliche Aussage. Auch in dieser Strophe geht Gottes Handeln dem menschlichen Handeln voraus und ermöglicht es erst.

Die Zwillingsformel „Fleisch und Blut" in Verbindung mit der Menschwerdung ist aus Luthers Weihnachtsliedern *Gelobet seist du, Jesu Christ* (Str. 2) und *Vom Himmel kam der Engel Schar* (Str. 3) und später bei Nikolaus Herman *Lobt Gott, ihr Christen, alle gleich* (Str. 4) schon bekannt. Spees Formulierung „dich wahren Gott ich finde / Jn meinem Fleisch vnd Blut" ist dennoch originell, sie läßt Raum für ein weitreichendes Verständnis der Menschwerdung Gottes: Gott begegnet dem Dichter in dem zu Bethlehem geborenen Kindelein als Mensch von Fleisch und Blut, so wie der Dichter selbst auch ein Mensch von Fleisch und Blut ist – Gott ist hier als Mensch gewordenes Gegenüber gesehen; gleichzeitig beinhaltet der Satz „Dich wahren Gott ich finde / Jn meinem Fleisch vnd Blut" aber auch eine Verschmelzung des Göttlichen und Menschlichen, die in der Person des lyri-

---

16 Henkys, *Zu Betlehem geboren*, 63.

17 Zitiert nach **Es ist ein Ros entsprungen*, 18.

schen Ich wirksam wird – Gott wurde Mensch, damit wir göttlich werden. Diese komprimierte Formulierung enthält also auch den Gedanken vom sogenannten „seligen Tausch", der bei Luther so ausgedrückt wird: „Ihr seid nun worden Gotts Geschlecht".[18]

2.6 Sechste Strophe

Eine weitere Bitt-Strophe, die – wie schon die beiden vorhergehenden Strophen – deutlich macht, daß es Gottes konkretes Handeln ist, das die enge Beziehung, das *Hertzopffer*, erst ermöglicht: „Laß mich von dir nicht scheiden / knuepff zu / knuepff zu das band…" In dieser letzten Strophe wird das *Hertzopffer* vollzogen, nicht mehr nur angeboten und erbeten. Grammatisch gesehen hat der Indikativ („Die Liebe zwischen beyden / Nimbt hin mein Hertz zu pfand") den Voluntativ („…will ich…", Str. 1, 2, 3) abgelöst. Das Lied schließt nicht mit einer Absichtserklärung, auch nicht mit einer Bitte, sondern mit einer Feststellung. Aus dem eigenen Wollen ist mit Gottes Hilfe eine durch ein Pfand besiegelte Verbindung geworden – das ist die Entwicklung, der Spannungsverlauf in Spees Lied. Bei einem Abschluß mit der vierten Strophe, wie dies im Evangelischen Gesangbuch der Fall ist, bleibt das Lied bei Vorsatz und Bitte stehen. Die Vertauschung der Strophen vier und fünf, wie im Gotteslob und anderen Gesangbüchern geschehen, unterbricht den sprachlichen und inhaltlichen Zusammenhang der letzten beiden Strophen: „Darumb ich **dann** mich **binde**" – in der nächsten und letzten Strophe knüpft Spee an diese Formulierung an, aus dem Verb wird ein Substantiv, aus dem „dann" wird ein „jetzt": „Knuepff zu / knuepff zu das **band**: Die Liebe zwischen beyden / **Nimbt** hin mein Hertz zu pfand."

Grammatisch möglich ist eine weitere Lesart der sechsten Strophe. Wenn die ersten beiden Zeilen dieser Strophe elliptisch verstanden werden als: „[Ich] laß mich von dir nicht scheiden / [Ich] knuepff zu / knuepff zu das band," und in den beiden folgenden Zeilen Subjekt und Objekt vertauscht werden, also: „Die Liebe zwischen [uns] beyden" (Akkusativobjekt) „Nimbt hin mein Hertz" (Subjekt), dann haben wir es nicht mit einer Bitte, sondern mit einer Bekräftigung von Seiten des lyrischen Ich zu tun. Diese Lesart ist in der Tat grammatisch möglich, und zusammen mit der Lesart als Bitte entspricht diese Strophe in ihrer Doppeldeutigkeit dem Nebeneinander von Textbedeutungen in den beiden ersten Zeilen der fünften Strophe: „Dich wahren Gott ich finde Jn meinem Fleisch und Blut…".[19]

Das Changieren zwischen einem passiven und einem aktiven Herz – in der einen Lesart wird das Herz „zu pfand" genommen, in der anderen Lesart pfändet es selbst – korrespondiert auch mit dem zugleich aktiv und passiv angelegten lyrischen Ich im gesamten Gedicht. In der ersten Strophe steht aktives Handeln („Daß hab ich auserkoren") neben passivischer Über-

---

[18] Aus der Str. 6 seines Liedes *Vom Himmel kam der Engel Schar.*

[19] Für diesen Hinweis bedanke ich mich bei Prof. Dr. Renate von Heydebrand.

gabe („Sein eygen will ich sein")[20], in den weiteren Strophen wird ein Ich entfaltet, das Willensbekundungen und Absichtserklärungen abgibt (Str. 2 und 3), aber auch Hilfe für diese Vorsätze erbittet und Gottes Vorleistungen reflektiert (Str. 4 und 5). So gesehen ergibt sich sogar eine Symmetrie zwischen den Außenstrophen und den beiden Binnenstrophenpaaren.

3 Melodie

Die Melodie in ihrer schlichten Schönheit unterstützt als nonverbales Zeichen, ähnlich wie die Interjektion „eya/eia", die Kindmetaphorik. Am weitesten voneinander entfernt sind Melodie und Text deshalb - nach meinem Gefühl - in der fünften Strophe. Wie schon Johanna Schell feststellt,[21] haben wir es bei der Melodie mit einer dreiteiligen Form zu tun, welche die fünfzeilige Strophe des Spee-Gedichtes in drei Langzeilen aufnimmt. Auffallend ist der Lagenwechsel zwischen der ersten und der zweiten Langzeile, der durch einen Quintsprung eingeleitet wird. Die zweite Langzeile trägt den Text der dritten Strophenzeile und erreicht ein einziges Mal den Spitzenton der Melodie, der eine Sexte über dem Grundton und eine None über dem tiefsten Ton liegt. Die zentralen, das *Hertzopffer*-Thema benennenden Aussagen finden sich in allen Strophen jeweils in der dritten Zeile, so daß die sängerische Spannung, die zur Ausführung der zweiten, hohen Langzeile vonnöten ist, der inhaltlichen Spannung des Textes immer genau entspricht.

4 Kirchenjahr im Kirchenlied?

Spees Lied *Zu Bethlehem geboren* gilt als Weihnachtslied - dies zeigt seine Rubrizierung in den einschlägigen Gesang- und Liederbüchern. Indikatoren für eine weihnachtliche Thematik sind das Motiv des Kindes (Str. 1 und Str. 3) und die Inkarnationsstrophe 5. Auch das Motiv des Schenkens hat seinen Platz in der Weihnachtsgeschichte. Von seiner Überschrift *Hertzopffer* und der in allen sechs Strophen behandelten Thematik der „Nachfolge und Opferbereitschaft"[22] her ließe sich Spees Lied jedoch auch in eine Gesangbuchrubrik wie z.B. „Umkehr und Nachfolge" einordnen. Das weihnachtliche Geschehen ist für Spee jedenfalls Anlaß, sein eigentliches Thema, das *Hertzopffer,* darzustellen. Bis heute drängt die Rezeption des Liedes dieses Anliegen jedoch zugunsten einer kindlichen, etwas naiven Weihnachtsfrömmigkeit zurück.

---

20 Nicht etwa: „mein eigen soll es sein".

21 Vgl. Schell, Liederkunde Heft 1, 66 ff.

22 Schell, Liederkunde Heft 1, 66.

Literatur

Franz, Gunther: Spee-Lieder in evangelischen Gesangbüchern, in: Franz, Gunther (Hrsg.): Friedrich Spee zum 400. Geburtstag. Kolloquium der Friedrich-Spee-Gesellschaft Trier. Paderborn 1995.

Gotzen, Joseph: *Zu Bethlehem geboren*, in: Musica Sacra 69 (1949). 258–262.

Henkys, Jürgen: *Zu Bethlehem geboren*. Liedpredigt zu EG 32. in: Möller, Christian (Hrsg.): *Ich singe dir mit Herz und Mund*, Liedauslegungen, Liedmeditationen, Liedpredigten. Ein Arbeitsbuch zum Evangelischen Gesangbuch. Stuttgart 1997. 60–65.

Rost, Dietmar / Machalke, Joseph (Hrsg.): Friedrich Spee: *Mein Herz will ich dir schenken*. Paderborn 1985.

Schell, Johanna: *Zu Bethlehem geboren*, in: Liederkunde zum Evangelischen Gesangbuch. Heft 1. Göttingen 2000. 65–68.

Ueltzen, Hans-Dieter: Friedrich Spee in evangelischen Gesang- und Liederbüchern, in: Von Spee zu Eichendorff. Zur Wirkungsgeschichte eines rheinischen Barockdichters. Hrsg. von E. Grunewald/Nikolaus Gussone. Berlin 1991. 309–313.

Weber-Kellermann, Ingeborg: Das Buch der Weihnachtslieder. 151 deutsche Advents- und Weihnachtslieder. Mainz / München 1982.

Zu Bethlehem geboren - GL 140, in: Musica Sacra 6 (1991). 502–503.

Stephan Weyer-Menkhoff

Du wesentliches Wort

1. Du wesentliches Wort,
vom Anfang her gewesen,
du Gott, von Gott gezeugt,
von Ewigkeit erlesen,
zum Heil der ganzen Welt,
o mein Herr Jesu Christ,
willkommen, der du mir
zum Heil geboren bist.

2. Was hat, o Jesu, dich
vom Anfang an bewogen,
was hat vom Himmelsthron
dich in die Welt gezogen?
Ach, deine große Lieb
und meine große Not
hat deine Glut entflammt,
die stärker als der Tod.

3. Gib, daß ich dir zum Dienst
mein ganzes Herz ergebe,
auch dir allein zum Preis
auf dieser Erde lebe.
Ja, Jesu, laß mein Herz
ganz neu geschaffen sein
und dir bis in den Tod
gewidmet sein allein!

4. Das Leben ist in dir
und alles Licht des Lebens;
laß an mir deinen Glanz,
mein Gott, nicht sein vergebens!
Weil du das Licht der Welt,
so sei mein's Lebens Licht,
o Jesu, bis mir dort
dein Sonnenlicht anbricht.

Druckvorlage

Text und Melodie folgen dem österreichischen Regionalteil des **EG* (EG-Öst 554).

1 Du - Wort

Das Lied beginnt mit einer Anrede: Du. Diese Anrede hält sich durch alle Strophen durch. Nicht weniger als zehnmal wird das Personalpronomen in zweiter Person verwandt, das Possessivpronomen viermal. Mit dieser grammatischen zweiten Person wird aber keine andere Person angesprochen. Es kommt nicht zu einem gleichgewichtigen Gegenüber für die ansprechende erste Person. Während die ansprechende erste Person durchgehend alle Strophen konstituiert - zehnmal wird das Possessiv- oder Personalpronomen in erster Person verwandt -, ist das Angesprochene bloß Schall, bloß ein Wort. Gegen die konstante Innerlichkeit der ersten Person hat die Äußerlichkeit eines klingenden Lufthauches zunächst kein Gewicht. Durch das Ansprechen gewinnt das Wort zwar die grammatische Form, nicht aber das Wesen eines Gegenübers zur redenden ersten Person.

Durch das Ansprechen kann ein Wort auch nicht Gewicht gewinnen. Als Wort wäre es nicht anzusprechen, sondern vielmehr zu hören. Würde es gehört, dann könnte das Wort gewichtig werden, Gewicht des Gegenübers gewinnt das Wort erst durch seinen Anfang, durch sein Gesprochenwerden. Gerade die Strophe aber, in der das Wort gebeten wird zu reden, ist fortgelassen. Im Sprechen wird der äußerliche Schall des Wortes zugleich das Innerlichste des Sprechenden: Es ist sein Atem. Das Wort, das angesprochen wird, ist ursprünglich Gott selbst und ist doch zugleich ein anders als Gott. Das Wort Gottes ist weit außerhalb von Gott und ist doch das Innerste Gottes. So bekommt das Wort Gewicht. Es bekommt das Gewicht des Heiles der ganzen Welt und überwiegt damit das Gegenüber des ansprechenden, einzelnen Ichs. - In der nicht tradierten ursprünglichen zweiten Strophe wird dieses Übergewicht noch verdeutlicht: „Komm o selbständigs wort und sprich in meiner seelen".

2 Hymnus

Erst nachdem das Wort sein wesentliches Gewicht erhalten hat, bekommt es auch einen Namen: Jesus. In allen vier Strophen wird dieser Name genannt. Dabei wird dieser Name spezifiziert als Herr, als Christus, als Gott oder attributiert mit Liebe, Glut, Leben, Licht und Glanz. Die Rede an Jesus ist somit zugleich eine Rede von Jesus. Was ihm gesagt wird, wird auch über ihn gesagt. Weder wird bekenntnishaft etwas über einen Abwesenden gelehrt, noch verfällt das Beten in die wortlose Intimität distanzloser Nähe. Vielmehr laufen im Lied, Gebet und Bekenntnis in eins. Dieses Lied gehört darum zur Gattung der Hymnen, des Lobgesanges oder der Anbetung.
Dem hymnischen Charakter entsprechen die Melodie mit ihrem schwebenden Auf und Ab sowie die Form der vierzeiligen Strophen im heroischen Alexandriner (4x6 Jamben im Paarreim mit weiblich-männlichem Wechsel). Textlich wird der Hymnus ausgeführt durch Zitate aus dem Prolog des Johannes-Evangeliums und dem nizänischen Glaubensbekenntnis. Beide

Textgrundlagen weisen dem Lied seinen liturgischen Ort. Es ist das Weihnachtsevangelium, das von alters her aus Joh 1 gelesen wird. Sachlich gehört zum Christfest die dogmatische Frage nach der Gottessohnschaft Jesu. Ihre verbindliche Antwort fand sie mit dem Konzil von Nizäa im fortan gültigen Bekenntnis des christlichen Glaubens.

3 Muster

Zitate aus Joh 1,1–14 sind: Im Anfang war das Wort (1). Wie viele ihn aber aufnahmen, denen gab er Macht, Gottes Kinder zu werden (1). Das Wort war im Anfang bei Gott (2). Er war in der Welt und das Wort ward Fleisch (2): Es war ein Mensch, von Gott gesandt, der kam zu dem Zeugnis (3). Die nicht aus Blut noch aus dem Willen des Fleisches noch aus dem Willen eines Mannes, sondern von Gott geboren sind (3). In ihm war das Leben, und das Leben war das Licht der Menschen. Wir sahen seine Herrlichkeit, eine Herrlichkeit als des eingeborenen Sohnes vom Vater. Er war das wahre Licht, das alle Menschen erleuchtet, die in diese Welt kommen (4).

Zitate des Glaubensbekenntnisses sind: Gott von Gott, gezeugt, geboren vor aller Zeit, für uns Menschen und zu unserem Heil Mensch geworden (1). Welcher vom Himmel gekommen ist und hat Fleisch angenommen (2). Wir erwarten die Auferstehung der Toten (2). Das Reich wird sein ohne Ende, wir erwarten das Leben der kommenden Welt (4).

Trotz der Fülle der Zitate und Anklänge ergibt der Text keinen Flickenteppich, sondern weist sein eigenes Muster auf. Zunächst gibt es eine das ganze Lied hindurchgehende Bewegung vom Anfang in Ewigkeit über die irdische Welt hin zum ewigen Leben und himmlischen Licht. Es ist die Bewegung des Glaubensbekenntnisses, die das Lied aufnimmt. Hinsichtlich des Reiches des Todes wird diese Bewegung jedoch nicht in voller Extensität ausgeführt. So entstehen die Gegensätze von Anfang und Jetzt, von Hier und Dort, nicht aber von Oberhalb und Unterhalb. Der Grund für diese Verkürzung liegt zunächst in der liturgischen Zeit Weihnachtens.

Es fällt jedoch auf, daß auch der weihnachtliche Gegensatz vom Lied in der Str. 2 nur verkürzt die Gegenüberstellung von Himmelsthron und Welt aufgenommen wird. Damit ist zwar die Unterscheidung und Zuordnung von Himmlisch und Irdisch eingestellt, nicht aber der sich zu Weihnachten nahelegende extreme Gegensatz von Himmelsthron und Krippe, von Herrschaft und Knechtschaft, von Heimat und Fremde, von Leidensunfähigkeit und Leid.

Diese Tendenz geht weiter. Zwar wird auch der irdische Zustand von Gegensätzen gezeichnet: Heil und Not, Tod und Leben, Erde und neue Schöpfung; am Schluß fehlt jedoch der im Johannes-Evangelium deutlich aufgezeigte Gegensatz der Finsternis zum Licht. Der Widerstand gegen das Licht, die Verweigerung gegen das Wort als den Eigentümer der Welt werden nicht thematisiert. Es fehlen die dunklen Töne, es fehlt die Dramatik des Gegensatzes.

Fehlende Dramatik zeigt sich poetisch in blassen Attributen. Die Farbigkeit der Weihnachtsgeschichte und der Kontrastreichtum des Glaubensbekenntnisses werden nicht in das Lied übernommen. Statt dessen regieren hier abstrakte und vorstellungsarme Adjektive und Adverben: wesentliches Wort (1), ganze Welt (1), große Liebe (2), große Not (2), ganzes Herz (3), ganz neu (3), alles Licht (4). Demgegenüber fällt auf, wie oft das Personalpronomen in erster Person auftritt: zehnmal in vier Strophen. Der Befund einer Verkürzung extremer Gegensätze bei gleichzeitiger homogenisierender Verinnerlichung deutet auf die historische Entstehungszeit des Liedes in der mit dem Pietismus beginnenden Aufklärung.

5 Liedgeschichte

Der Dichter, Lorenz Lorenzen, alias Dietrich Wölfel (1660–1722), war Kantor am Bremer Dom, der seit 1638 lutherischen Pfarrkirche Bremens. In seiner gottesdienstlichen Tätigkeit war es ihm ein Anliegen, daß „das Reich Gottes in uns möge befördert werden". Mit diesem Ziel gab er 1700 die *Evangelia melodica* heraus, in der er die Sonntagsevangelien in singbare Verse umsetzte. Obwohl er Musikdirektor der seit 1646 Freien Reichsstadt Bremen war, komponierte er die Melodie zu seinem Text nicht selber, sondern griff auf eine ältere Weise (Braunschweig 1648 oder Regensburg 1675) zurück, die durch das Lied *O Gott, du frommer Gott* von Johann Heermann (1585–1647), dem evangelischen Dichter zwischen Luther und Paul Gerhard, in den Lutherischen Gemeinden bekannt war. Dieses Vorgehen hatte den Vorzug, daß das neue Lied von Lorenz in einer der Gemeinde bekannten Klanggestalt einherkam. Da die Lieder nicht nur auswendig gewußt wurden, sondern durch die oft gesungene Melodie auch inwendig nachklangen, war mit klanglich motivierten Überschneidungen des neuen mit dem alten Lied zu rechnen. Johann Heermanns Lied handelt vom frommen, d.h. tauglichen Leben des Christen in der Welt mit der Aussicht auf die vollendende Verwandelung in der Auferstehung. Es ist darum durchgehend ein Gebet an Gott, der durch Christi Tod fromm, d.h. zur Gabe ewigen Lebens tauglich ist. Auch das Lied von Lorenz ist durchgehend Gebet. Die inhaltliche Überschneidung beider Lieder ergibt sich durch das Motiv des irdischen, im Himmel durch Gott zu vollendenden Lebensweges. Dementsprechend hat auch die Häufung des Personalpronomens in erster Person bei Lorenz ihre Entsprechung bei Heermann (26 Mal in acht Strophen). Es ist somit auch nicht weiter verwunderlich, daß das Lied von Lorenz in späteren Gesangbüchern nicht unter der Kirchenjahreszeit von Weihnachten überliefert wird, sondern unter der allgemeinen Überschrift „Versöhnung und Erlösung".[1] Zunächst wurde das Lied *Du wesentliches Wort* jedoch als Weihnachtslied zu Beginn des 18. Jahrhunderts rasch verbreitet. 1704 wurde es von Johann Anasthasius Freylinghausen in das *Geist-reiche Ge-*

---

1 **GelK 1855* (dort Nr. 270) und **GelK 1939* (dort Nr. 299, mit anderer Melodie: *Ach Jesu, dessen Treu*).

sang-Buch (**Freylinghausen 1704*) aufgenommen (dort Nr. 20). Dieses Gesangbuch war in den Franckeschen Anstalten zu Halle verlegt und diente dem Gebrauch pietistischer Versammlungen. Es folgt das erweckliche Görlitzer Gesangbuch von 1731 (dort Nr. 113)[2], das pietistische Gesangbuch für das Stift Naumburg-Zeitz von Georg Christian Schemelli 1736 (dort Nr. 186)[3] sowie das Leipziger Gesangbuch von 1753 (dort Nr. 140).[4] Entgegen dieser raschen Verbreitung in der ersten Hälfte des 18. Jahrhunderts nehmen die neuen Gesangbücher im aufgeklärten Geist zum Ende des Jahrhunderts das Weihnachtslied *Du wesentliches Wort* nicht mehr auf. Auch die Gesangbücher des 19. und 20. Jahrhunderts tradieren das gesungene Weihnachtsevangelium von Joh 1 nicht weiter.

Eine Ausnahme bildet das bayerische Gesangbuch von 1855. Hier findet das Lied nach fast drei Menschenaltern wieder einen Platz im Gesangbuch. Allerdings wird es dazu um fast die Hälfte gekürzt und unter die kirchenjahreszeitlich unabhängige Überschrift „Versöhnung und Erlösung" gestellt. Fortgelassen wurden genau jene Strophen, die johanneisch auf der einen Seite von der göttlichen Majestät des Wortes sprechen und auf der anderen Seite dessen Fleischwerdung als Sieg über die Finsternis verkünden: „...ja du warst selber GOTT / damit du macht'st im fleisch sünd / höll und todt zu spott" (alte Str. 3). In der Neuaufnahme des Liedes im österreichischen Anhang des **EG* von 1995 (EG-Öst 554) erscheint das Lied wieder an dem kirchenjahreszeitlichen Ort von Weihnachten, wird aber noch einmal um eine Strophe verkürzt. Vom strikten Gegensatz des Feindes gegen das Wort ist nun nirgends mehr die Rede: „... und bricht des feindes waffen / was böß / ist nicht von dir / das hat der feind gethan ..." (alte Str. 7). Auf diese Weise ergibt sich das heutige vierstrophige Lied mit den vier Strophen des alten Liedes, die regelmäßig Jesus namentlich anreden (alte Str. 1, 4, 6, 8).

Nachdem die starken Farben von Weihnachten ausbleiben und die extremen Gegensätze konsequent verkürzt worden sind, trägt nun die zweite Strophe (alte Str. 4) die stärkste Aussage: Christus ist die Verbindung von göttlicher Liebe und menschlicher Not. Trotz aller Verkürzungen wird Christus hier noch immer als der besungen, der Gegensätzliches zusammenspannt. Christus ist nicht einfach der gute, liebende und lichtvolle Gott, der dem notleidenden Menschen hilft. Christus ist auch nicht der gute, bis in den Tod Gott treu ehrende Mensch, der mit seinem Vorbild dem irrenden Menschen hilft, wahrhaft menschlich im Dienst für andere und zum Lobe Gottes zu leben. Vielmehr ist Christus zweierlei: Liebe und Not, Gott und Mensch, Leben und Tod.

Insofern besingt der Hymnus mit dem Kommen Jesu vom Himmelsthron in die Welt nicht nur die Wandlung der Welt von Not zum Heil, sondern auch eine Wandlung Gottes vom Wort des Anfanges zum Wort des

---

2 **Sammlung Geistlicher Lieder.*

3 **Musicalisches Gesang-Buch; *Zeitzisches Gesang-Buch,* Nr. 32.

4 **Leipzig 1753.*

Heiles. Ein neuer Anfang überbietet den alten Anfang. Die im Zusammenkommen des Gegensatzes von Liebe und Not entflammte Glut reinigt nicht das Ursprüngliche von störenden Zusätzen, sondern schmilzt Altes zu Neuem. Entsprechend spricht Str. 3 nicht vom einem in seinem Ursprung wieder hergestellten oder zu seiner Vollendung gebrachten Herz des Menschen, sondern von einem neugeschaffenen Herzen.

Unter dem Aspekt der neuen Schöpfung gehört die laufende Beschränkung auf die erste Person zum Muster des Liedes, das durchgehend Jesus in zweiter Person anredet. Das Lied schafft, was es besingt: Jesus wird im Gegensatz zu der im Johannes-Evangelium aufgewiesenen Alternative als wesentliches Wort des Anfangs nicht abgewiesen, sondern aufgenommen. Der Hymnus heißt das mit dem Kommen in die Welt sich zum Heil verwandelnde Wort Gottes willkommen. Somit stellt der das Wort Gottes aufnehmende Hymnus zugleich das ganz neu geschaffene Herz her. Anbetung und Gebet klingen im Gesang zusammen. Mit dem Zusammenklang von Lob und Bitte baut der Hymnus einen Raum, in welchem der singende Mensch sich neu empfängt. Umhüllt vom im anbetenden Gesang kommenden Wort erscheint die Situation des Menschen in der Welt in neuem Licht, im Licht des zum Heile gewandelten Wortes des Anfangs. Von diesem Licht singt die vierte Strophe als dem Licht des Lebens. Das Lied vom wesentlichen Wort schafft Licht, wenn es erklingt. Wenn ihm menschliche Stimme und damit Sinnlichkeit gegeben wird, schafft das Lied, daß das göttliche Wort aus dem Anfang Fleisch annimmt und so zum Heil der Welt wird. Die singende Rede an Jesus wird zur klingenden Rede von Jesus, dem die Welt heilvoll erleuchtenden Wort Gottes.

Gustav Adolf Benrath

Jauchzet, ihr Himmel

Die herzliche Barmherzigkeit Gottes,
erschienen in der Geburt des Heilandes Jesu Christi.

1. Jauchzet, ihr Himmel, frohlocket, ihr englische Chören,
singet dem Herren, dem Heiland der Menschen, zu Ehren!
Sehet doch da: Gott will so freundlich und nah
zu den Verlornen sich kehren.

2. Jauchzet, ihr Himmel, frohlocket, ihr Enden der Erden!
Gott und der Sünder, die sollen zu Freunden nun werden.
Friede und Freud wird uns verkündiget heut;
freuet euch, Hirten und Herden!

3. Sehet dies Wunder, wie tief sich der Höchste hier beuget;
sehet die Liebe, die endlich als Liebe sich zeiget!
Gott wird ein Kind, träget und hebet die Sünd;
alles anbetet und schweiget.

4. Gott ist im Fleische: wer kann dies Geheimnis verstehen?
Hier ist die Pforte des Lebens nun offen zu sehen.
Gehet hinein, macht euch dem Kinde gemein,
die ihr zum Vater wollt gehen.

5. Hast du denn, Höchster, auch meiner noch wollen gedenken?
Du willst dich selber, dein Herze der Liebe, mir schenken.
Sollt nicht mein Sinn innigst sich freuen darin
und sich in Demut ersenken?

6. König der Ehren, aus Liebe geworden zum Kinde,
dem ich auch wieder mein Herze in Liebe verbinde:
du sollst es sein, den ich erwähle allein;
ewig entsag ich der Sünde.

7. Süßer Immanuel, werd auch geboren inwendig,
komm doch, mein Heiland, und laß mich nicht länger elendig.
Wohne in mir, mach mich ganz eines mit dir
und mich belebe beständig!

8. Menschenfreund Jesu, dich lieb ich, dich will ich erheben!
Laß mich doch einzig nach deinem Gefallen nun leben:
Gib mir auch bald, Jesu, die Kindergestalt,
an dir alleine zu kleben.

Druckvorlage

Die Melodie folgt EG 316. Der Text ist der zweiten, vermehrten Sammlung **Geistliches Blumen-Gärtlein 1735* (3. Büchlein Nr. 30; S. 301) von Gerhard Tersteegen entnommen.

1 Liedgeschichte

Dieses Weihnachtslied gehört zu den frühen Veröffentlichungen Tersteegens. Zwar fehlt es noch in der allerersten Folge seiner 33 *Geistlichen Lieder und Andachten*, die er i.J. 1727 als Dreißigjähriger in seine schmale, erst allmählich sich erweiternde Sammlung **Geistliches Blumen-Gärtlein* „zur Erweckung, Stärkung und Erquickung in dem verborgenen Leben mit Christo in Gott“ aufnahm. Aber noch bevor er es definitiv als erstes einer neuen Folge von weiteren 30 geistlichen Liedern in die zweite, vermehrte Auflage dieser seiner Sammlung einfügte (1735), hatte er es in einer (heute nicht mehr vorhandenen) Zugabe zur ersten Auflage im Druck veröffentlicht (1731). Die Textform des Liedes von 1735 hat Tersteegen dann in den folgenden Auflagen seines **Geistlichen Blumen-Gärtleins* (^{7}*1769)* unverändert beibehalten. Dieselbe Textform findet sich auch in der letzten Auflage des **Geistlichen Harfen-Spiels* (Cleve ^{5}1768), das Tersteegen betreute und das der von ihm geleiteten reformierten Versammlung in Mülheim an der Ruhr und im Bergischen Land als Gesangbuch diente.

Über die zunächst nur beschränkte Verbreitung hinaus fanden einige der insgesamt 111 Lieder seines **Geistlichen Blumen-Gärtleins*, und mit ihnen auch dieses Weihnachtslied, in der zweiten Hälfte des 19. Jahrhunderts Eingang in die evangelischen Gesangbücher des Rheinlandes und Westfalens. Im *EKG* von 1951 und im **EG* von 1993 gewann das Weihnachtslied zwar seinen festen Platz, es mußte sich aber gewisse sprachliche Veränderungen gefallen lassen: 1,1: ihr Engel, in Chören; 4,3: eins mit dem Kinde zu sein; 5,1: denn (Original: dann); 5,2: willst (Original: wilt); 5,4: versenken; 7,1: werd auch in mir nun geboren; 7,2: denn ohne dich bin ich verloren; 7,4: der du mich liebend erkoren. Gravierend war allerdings die Entscheidung des **EKG* und des **EG*, die ursprüngliche Str. 8 abzutrennen. Im **Gotteslob* ging der Schnitt noch tiefer: Hier wurden die Str. 5, 6 und 8 entfernt; auch wurde die Anrede Jesu mit „Süßer Immanuel“ (7,1) durch das nüchterne „Treuer Immanuel“ ersetzt (im **Gotteslob* Str. 5,1). Im **RG* von 1998 sind sämtliche acht Strophen wiedergegeben: Str. 1–7 in der Textform des **EG*, Str. 8 mit kleinen Änderungen gegenüber dem Original: 8,1: Jesus; 8,3: Jesus, die Kindesgestalt; 8,4: völlig mich dir zu ergeben. – Der oben vorgelegte Text entspricht dem Wortlaut des Liedes von 1735, jedoch in moderner Orthographie und mit der Interpunktion des **EG*. Als Melodie hat Tersteegen *Lobe den Herren* ausgewählt, eine Singweise, die zusammen mit dem Lied von Joachim Neander aus dessen Sammlung **Glaub- und Liebesübung* (Bremen 1680) in den reformierten Gemeinden weithin bekannt war.

2 Liedbotschaft

Überblickt man den Aufbau der ursprünglichen und unversehrten achtstrophigen Fassung, so läßt sich die Symmetrie der beiden Teile und die Gedankenführung des Liedes unschwer erkennen: Der erste Teil (Str. 1–4) wendet sich an die überirdische Welt und an die Menschheit bis hin zur Schar der Hirten auf dem Felde. Sie entfalten die allgemeine Bedeutung der Offenbarung der „herzlichen Barmherzigkeit Gottes“ – so Lk 1,78 in der Übersetzung Luthers, – ohne daß dabei von Bethlehems Stall, Krippe und Windeln (Lk 2,7) ausdrücklich die Rede wäre. Der zweite Teil (Str. 5–8) hingegen enthält die Reflexion des frommen Ichs im Angesicht des „Höchsten“, des „Königs der Ehren“, des „süßen Immanuel“ und „Menschen-Freundes“ Jesus. Diese Reflexion erhebt die Bedeutung der Weihnachtsbotschaft für den Einzelnen, zieht den Entschluß (Resolution) zur „Übergabe“ nach sich und mündet schließlich in die Bitte um die volle Verwirklichung des Heils in der Seele.

Im einzelnen zeigt es sich, daß zugleich mit der wiederholten Aufforderung an Himmel und Erde, Engel und Menschen zum allumfassenden Jubel und Frohlocken (Str. 1 und 2) auch die gottgewollte Absicht des Ereignisses von Bethlehem dreifach thematisiert wird: (1) Gott naht sich den Verlorenen (1,3f.), (2) er schließt mit den Sündern Freundschaft (2,2), und läßt (3) Frieden und Freude auf Erden verkündigen (2,3). Doch trotz dieser seiner Offenbarung bleibt das Ereignis ein unergründliches „Wunder“ (3,1). Es ist ein vom menschlichen Verstand unerreichbares „Geheimnis“ (4,1), das die gesamte Kreatur ohne Ausnahme auf die Knie zwingt: „**Alles** anbetet und schweiget“ (3,4). Str. 3 und 4 enthalten eine dreifache, über die allgemein gehaltene Deutung des Geschehens hinausreichende besondere und zugespitzte, für Tersteegen charakteristische Sinngebung: (1) Der Beweggrund für Gottes Hinneigung zu der in Sünden verlorenen Menschheit ist nicht nur eben gnädige Herablassung (Kondeszendenz), sondern vielmehr seine Liebe, die sich jetzt „endlich“ - am Ende der Tage (Hebr 1,2) - als solche enthüllt. (2) Die tiefe Beugung des Höchsten ist nicht einfach als **Menschwerdung** im Sinne des Dogmas zu verstehen; ihre Pointe liegt vielmehr in der **Kind**werdung Gottes: „Gott wird ein **Kind**“ (3,3). Keines der übrigen Weihnachtslieder in unseren Gesangbüchern bringt das auf diese Weise zum Ausdruck. Es handelt sich dabei jedoch keineswegs um eine bloß eigenwillige Variante für den Begriff „Menschwerdung“. Tersteegen verbindet einen ganz bestimmten Sinn mit seinem Satz. (3) Mit der Menschwerdung oder auch „Fleischwerdung“ Gottes (4,1) ist die „Pforte des Lebens“ eröffnet. Der Weg zu Gott führt von nun an über die Gemeinschaft mit dem Kind Jesus: „Macht euch dem Kinde gemein“ (4,3). Mag auch in diesem Aufruf - vordergründig - die Weisung der Engel an die Hirten anklingen, sich eilends aufzumachen und in den Stall von Bethlehem einzutreten (Lk 2,12.15), und läßt er sich auch gleichzeitig - in zweiter Linie mit dem exklusiven Offenbarungsanspruch Jesu aus den johanneischen Abschiedsreden verknüpfen (Joh 14,6), so ist doch auch hier die besondere Betonung nicht zu überhören, die Tersteegen ihr gibt: „Macht euch dem **Kinde** gemein“ (4,3).

Im zweiten Teil des Liedes (Str. 5–8) richtet sich der Blick ausschließlich auf das fromme Ich. Reagierte die Kreatur auf das Wunder der göttlichen Inkarnation mit staunendem Schweigen und Anbetung, so bringt ihm der Fromme in tiefer Betroffenheit innige Freude und Demut entgegen (5,3.4). Aber er kann sich dabei nicht beruhigen. Die ihm in der Kindwerdung Gottes zuteilgewordene Liebe fordert seine Gegenliebe heraus und treibt ihn zum Gelöbnis ausschließlicher Übergabe und Ganzhingabe an den Heiland:

> König der Ehren, aus Liebe geworden zum Kinde,
> dem ich auch wieder mein Herze in Liebe verbinde...

Diese Gegenliebe ist mit der entschiedenen Absage (*renuntiatio*) an die Sünde verbunden (6,4). Vergleichbare Selbstübereignungen an den Erlöser, wie sie sich in der französischen katholischen Mystik finden, kommen bei Tersteegen mehrfach vor, nicht nur in seiner berühmten Verschreibung an den Heiland vom Gründonnerstag 1724, sondern auch in seinen frühen Liedern, so z.B. im *Blumen-Gärtlein* von 1735, Nr. 19: „Völlige Überlassung der Seele an Gottes Willen“, Nr. 33: „Seufzende Übergabe des Herzens an Jesus“ und Nr. 37: „Gründliche Resolution sich ganz Gott zu ergeben.“ Die Willensentscheidung des Herzens zur Gegenliebe und das Gelöbnis des Mundes zur Abkehr von der Sünde (6,4) sind als solche zwar unabdingbar, sie sind aber, wie der Fromme weiß, schwach in sich selbst. Ihre volle Erfüllung kann einzig der Heiland selbst verbürgen und bewirken. So münden Reflexion und Resolution (Str. 5 und 6) schließlich in eine fünffache Bitte ein (7,1–4):

um die Geburt Jesu in der Seele, um die Befreiung der Seele aus dem Elend, d.i. aus der Entfremdung der Gottesferne, um die Einwohnung Jesu, um die Vereinigung der Seele mit ihm in der *unio mystica* und um dauerhaftes Leben, das aus Jesu Leben stammt und in ihm ruht (Str. 7,1–4). Das fromme Ich erbittet damit nichts Geringeres als die wesentliche Mitteilung des Lebens Jesu, ja, es bittet das Jesusleben und Jesus selbst in seine Seele hinein.

Hieraus könnte sich nun Großes, Gewaltiges für die Welt ergeben: tätige Nachfolge, heroische Tugenden, außerordentliche Gnaden und Geistesgaben aller Arten und Stufen, Bekennermut, Martyrium, Seligkeit, Heiligkeit. Aber so hat es der evangelische Mystiker, der Tersteegen war, nicht gemeint. Das Jesusleben in der Seele ist ihm nicht etwa Ausgangspunkt und Antrieb für die Aktivität in der Welt, sondern Zielpunkt des Daseins hier und jetzt.

So ergibt sich aus der Weihnachtsbotschaft an alle „Gott wird ein **Kind**" (3,3), „aus Liebe geworden zum **Kinde**" (6,1) die Forderung „Macht euch dem **Kinde** gemein" (4,3).Und auf diese Forderung hin folgt schließlich die Bitte des einzelnen Frommen: „Gib mir auch bald, Jesu, die **Kinder-Gestalt**" (8,3). Damit erschließt sich der Skopus des Liedes vollends: Tersteegen verbindet die an den Kosmos und an die Menschheit gerichtete Verheißung der Erlösung aus Verlorenheit und Sünde mit der Entscheidung des Frommen zur Hingabe an den Erlöser und mit seiner Bitte um das Jesusleben in der *unio mystica*, dem „verborgenen Leben in Gott" (nach Kol 3,3), wie Tersteegen es gerne nannte.

3 „Kinder-Gestalt", „Kinder-Bild"

Doch was ist mit der „Kinder-Gestalt" gemeint? Und wie soll die Kindwerdung des Menschen vor sich gehen? In zwei früheren Liedern hat sich Tersteegen über die zur unio mystica erforderlichen Eigenschaften, über die „Kinder-Gestalt" oder auch, synonym, über das „Kinder-Bild" oder „Kinder-wesen" ausgesprochen:
(1) Im „Tugend-Spiegel in der Kindheit Jesu" (**Geistliches Blumen-Gärtlein 1729*, Nr. 6), einem Lied der Anbetung an der Krippe, nennt er als charakteristische Züge: Unschuld, Arglosigkeit und Freundlichkeit, Einfalt und Lauterkeit, Demut, Gütigkeit und Sanftheit, Gelassenheit, Zufriedenheit und Ruhe, Anhänglichkeit und Zutrauen, Schweigsamkeit, Abgeschiedenheit, Armut und Selbstverleugnung, sowie schließlich die Bereitschaft, Verachtung, Schmach und Leiden willig zu ertragen.
(2) Wohl noch eindrücklicher, weil weniger abstrakt, beschreibt er das dem „Jesusleben" angemessene Verhalten in seinem „Bild der Christlichen Kindheit" (ebenda Nr. 7, Str. 9 und 14):

Ein Kindgen lebet ohne Sorgen/
In seiner Mutter Schooß verborgen:
Es läßt geschehen was geschicht/
Und denckt fast an sich selber nicht.

Sein liebstes Werck / und höchst' Vergnügen
Ist in der Mutter Armen liegen/
Sie anzusehen spat und früh/
Und sanfte zu umarmen sie.

(3) In der zusammen mit unserem Weihnachtslied *Jauchzet, ihr Himmel* erstmals veröffentlichten „Zugabe einiger Lose, vom Kindlein Jesu empfangen und der Kindheit Jesu Genossen mitgeteilt" (Anhang zu: Der Frommen Lotterie, enthalten im **Geistlichen Blumen-Gärtlein 1735*) ergibt sich schließlich die Anweisung zur rechten Vorbereitung auf die *unio mystica* bereits aus den aneinandergereihten Überschriften der kurzen Vierzeiler (Lose Nr. 4–13) „‚Küsse diesen Sohn' (vgl. Ps 2,12), werde mit ein Kind und ein Säugling, arm und bloß, klein und stille, unschuldig und einfältig, abhänglich und ergeben, veracht, arm, leydend, voll Liebe und Vertrauen, kindlich und frey!"

Tersteegen läßt hier das Jesuskind in der Krippe sogar selbst das Wort ergreifen (Los Nr. 5 und 6, vgl. 14):

Gott nahm die Menschheit an auf Erden,
Doch wolt er nur ein Kindlein werden:
Im Punct der Kindheit kann allein,
Ein Mensch mit Gott vereinigt seyn.

Schau doch, Maria säuget mich,
Und ich, mein Kind, will säugen dich:
Thu auf den Mund, kehr alle Lust
In mich hinein und saug die Brust.

Hiernach soll sich die Seele Jesus so restlos anheimgeben wie sich ein neugeborenes Kind seiner Mutter überläßt, an ihr hängt, ja geradezu an ihr „klebt" (8,4) und, um zu überleben, von ihr abhängig bleibt. Gerade so hat sich das Jesuskind in der Krippe seiner Mutter Maria anheimgegeben. In der Konsequenz dieser eigentümlichen Analogie liegt es, daß Jesus, gleichsam in einem Atemzug, einmal als noch nicht sprachfähiges Wickelkind und - vermöge seiner (durchweg passiven) Kindeseigenschaften - als Vorbild der Seele, zum andern aber als Mutter und - vermöge seiner Muttereigenschaften - als überlegene, belebende Kraft der Seele erscheint. Diese Doppelung ist für Tersteegen kein Paradox. Nicht selten stellt er Jesus als Mutter vor, und gelegentlich spricht er vom „Mutterherzen" Jesu.

Jedenfalls wird damit deutlich, daß die Züge des „Kinder-Bildes", das Tersteegen meint, nicht etwa dem „Kinder-Wesen" des aufgeweckten, neugierig nach außen gewandten Kleinkindes oder gar Schulkindes entsprechen, um von dem gottgelehrten, selbst seine Lehrer belehrenden zwölfjährigen Jesus im Tempel (Lk 2,46) ganz zu schweigen. Tersteegens „Kinder-

Bild" ist vielmehr das Bild des Säuglings mit dem elementaren Vertrauen und der einseitigen, rückhaltlosen Hingabe an seine Mutter, die Quelle und Hüterin seines Lebens. Die „Kindheit Jesu" ist die *infantia* des Neugeborenen und des Krippen- und Wiegenkindes, nicht aber die *puerilitas* des heranwachsenden Knaben. Es ist dies das Bild der Kindheit Jesu der quietistischen Mystik, von der sich Tersteegen, vor allem in seinen Anfangsjahren, so stark bestimmen ließ.

Für Tersteegen waren die „Kinder-Gestalt" Jesu und der Gedanke der Kindwerdung des Frommen keineswegs etwa nur ein Beiwerk am Rande weihnachtlicher Spiritualität. Sie war ihm vielmehr der Mittelpunkt der Offenbarung des Heils und zugleich des Weges zum Heil. Dies bezeugen mehrere seiner Briefe aus den 1730er Jahren, u.a. der Brief an eine unbekannte „Schwester" vom 23.12.1736:

> Der Schluß und die Erfüllung dieses alles ist ein armes kleines Kindgen zu Bethlehem. Da habt ihrs nun, die grosse Sache! Kindlein, ja arme kleine Kindlein sollen wir werden in Ihm, der ein Kindlein für uns worden ist, und in uns werden will. So lasset uns nun hingehen gen Bethlehem, und die Geschichte sehen, die uns der HErr kund gethan hat. Ich bücke mich mit dir zur Krippen hin, dieses Gott=Kind anzubäten, und mich mit dir zu verlieren in dessen Kleinheit, Unschuld und völligen Kinder=Gestalt.
>
> JEsulein
> nimm uns ein,
> daß wir dein
> und wie du
> Kinder seyn! Amen.

Gewiß ist die mystisch-asketische Frömmigkeit, wie sie im katholischen Frankreich des 18. Jahrhunderts in so üppiger Blüte stand, in der Gegenwart nicht mehr verbreitet. Innerhalb der evangelischen Kirche waren ihrer Rezeption von Anfang an Grenzen gesetzt. Tersteegen und seine Versammlung bildeten inmitten der Aufklärung eine bemerkenswerte Ausnahme. Aber mit dem Schwinden einer auf frommer Spekulation beruhenden Devotion ist über deren tiefere Begründung noch nichts entschieden. Das Wort des Evangeliums steht fest: Wer ins Reich Gottes kommen will, muß umkehren und werden wie die Kinder (Mt 18,3), ja, er muß von neuem geboren werden (Joh 3,3). Tersteegen prägt es uns mit seinem Weihnachtslied ein: Die Kindwerdung Gottes verlangt nach der Kindwerdung des Menschen.

Literatur

Brecht, Martin/Deppermann, Klaus: Geschichte des Pietismus 2. Göttingen 1995.

Deichgräber, Reinhard: Gott ist genug. Liedmeditationen nach Gerhard Tersteegen. Göttingen 1975, [2]1997.

Kock, Manfred (Hrsg.): Gerhard Tersteegen – Evangelische Mystik inmitten der Aufklärung (=SVRKG 126). Köln 1997.

Nelle, Wilhelm: Gerhard Tersteegens Geistliche Lieder. Gütersloh 1897.

Noyé, Irénée: Art. Enfance de Jésus, in: Dictionnaire de spiritualité IV (1960). 652–682.

Schmidlin, Johannes: „Ein Hundert Geistliche Lieder" aus dem Blumengärtlein Gerhard Tersteegens. Zürich 1764. Köln 1997.

Zschoch, Hellmut: Art. Tersteegen, in: Theologische Realenzyklopädie 33 (2002). 81-85.

Siri Fuhrmann

Mit Nichts von Nichts hast du begonnen

1.
Mit Nichts von Nichts hast du begonnen,
hast sprachlos du das Licht gesagt,
die Zeit bestimmt, das Land gewonnen,
die Meere in ihr Bett gebracht,

2.
den Bann der Finsternis gebrochen –
Es wurde Morgen, Tag für Tag,
die Welt, sie ward ins Licht gesprochen
und eine Menschheit wach gesagt.

3.
Noch keine Ruhe, fern das Ende.
Der größe Teil ist noch zu gehen.
Ein Engel ward mit uns gesendet,
um Nacht und Nebel zu durchstehn.

4.
Mit Licht vom Licht hast du geschrieben
dein Buch, das unsre Rettung ist,
dein Wort, uns immer treu geblieben,
das diesem Lied die Weise gibt.

Druckvorlage

Das vorliegende Lied basiert auf der von Cornelis Kok besorgten deutschen Übertragung[1] des von Huub Oosterhuis (*1931) verfaßten niederländischen Textes *Lied van de schepping* in **De dag die komt*[2] und einer von Winfried Heurich beigegebenen Melodie, veröffentlicht in **Die Zeit färben*, Nr. 19. Ein erweitertes Arrangement zu vorliegendem Chorsatz findet sich in **Neues Licht über die Erde*[3]. Daneben gibt es zu einer Übersetzung von Birgitta Kasper-Heuermann zwei Vertonungen: zum einen von Tjeerd Oosterhuis[4] - der Tochter des Dichters -, zum anderen von Antoine Oomen[5]. Bei der hier vorzustellenden Version handelt es sich somit wohl um die deutsche „Urfassung"[6] des Liedes, wenn man bei Vertonungen Oosterhuisscher Texte überhaupt von so etwas sprechen kann. Oosterhuis versteht nämlich die Vertonung und Rezeption seiner Texte als einen steten Prozeß, zu dem er Komponistinnen und Komponisten ausdrücklich einlädt.[7]

Gewählt wurde die Lesart, die im deutschen Raum die erstveröffentlichte sein dürfte und deren Übersetzung am ehesten versucht, dem niederländischen Original gerecht zu werden. Im Hinblick auf die textliche Gestalt des Liedes wird, wenn notwendig, auf die niederländische Fassung Bezug genommen, ansonsten dient die deutsche Version als Grundlage folgender Überlegungen.

---

1 Oosterhuis, **Dein ist die Zukunft*, 21.

2 Ebd., 16. Weiterhin belegt ist der niederländische Text in: Ders., *Gezongen Liedboek*, 423.

3 Erschienen im Strube Verlag (edition 1663).

4 Diese Melodie wurde jüngst durch die Kleine Kirche Osnabrück eingespielt: CD Der mich trug, © Stichting Lehrhaus und Liturgie Osnabrück 2001, Nr. 7. Die Partitur ist veröffentlicht in: Der mich trug, Nr. 1. Zuerst in: **Zolang er mensen zijn*, Nr. 77.

5 Diese vereinfachte Melodie (Volkspartij) findet sich publiziert in: **Liturgische Gezangen* II, Nr. 110; die erweitere Partitur dazu ist zu finden in Oosterhuis, **Als een lichnaam*, 4ff.

6 Das niederländische Original erfuhr kleine Änderungen: In 4,4 wurde *van* durch *dat* ersetzt - evtl. um eine Alliteration herzustellen - was inhaltlich jedoch keine Bedeutungsverschiebung zur Folge hat. Die vorliegende Liedversion verzichtet im Deutschen und Niederländischen auf die Unterschrift Genesis I. (vgl. *De dag die komt*, 16 im Gegensatz zu *Gezongen Liedboek*, 423. Auch die Titel unterscheiden sich: Während der Text in *De dag die komt* / **Dein ist die Zukunft* den Titel *Lied van de schepping* / *Lied der Schöpfung* trägt, der von Kasper-Heuermann übernommen wurde, hält in der Druckvorlage die erste Liedzeile als Überschrift her.

7 Vgl. **Dein ist die Zukunft*, 5.

1 Deutsche Übersetzung und niederländisches Original

Mit Nichts von Nichts hast du begonnen

1.
Mit Nichts von Nichts hast du begonnen,
hast sprachlos du das Licht gesagt,
die Zeit bestimmt, das Land gewonnen,
die Meere in ihr Bett gebracht,

2.
den Bann der Finsternis gebrochen –
es wurde Morgen, Tag für Tag,
die Welt, sie ward ins Licht gesprochen
und eine Menschheit wachgesagt.

3.
Noch keine Ruhe, fern das Ende.
Der größte Teil ist noch zu gehen.
Kein Engel ward mit uns gesendet,
um Nacht und Nebel zu durchstehen.

4.
Mit Licht vom Licht hast du geschrieben
dein Buch, das unsre Rettung ist,
dein Wort, uns immer treu geblieben,
das diesem Lied die Weise gibt.[8]

Lied van de schepping

1.
Met niets van niets zijt Gij begonnen,
hebt sprakeloos het licht gezegd,
de tijd bepaald, het land gewonnen,
de zeeën op hun plaats gelegd,

2.
de ban der duisternis gebroken –
en het werd morgen, dag na dag,
een wereld in het licht gesproken,
een mensheid die beginnen mag.

3.
Geen eind in zicht. Geen rust gevonden.
Het längste deel not niet gegaan.
Geen engel met ons mee gezonden
om nacht en ontij te verslaan.

4.
Met licht van licht hebt Gij geschreven
uw boek dat ons het leven redt,
de woorden van uw trouw gegeven.
En dat dit lied de toon gezet.[9]

Sowohl Original als auch Übersetzung umfassen je vier Strophen im einfachen Kreuzreim (abab) mit neun bzw. acht Silben pro Zeile. Die Str. 1 und 2 bilden inhaltlich eine Einheit, indem sie ausschnittsweise das Hexameron erzählen.

Die dritte Strophe zeigt im Gesamt des Liedes eine Abweichung – auch unter semiotischen Gesichtspunkten. Während sich die Str. 1,2 und 4 vor allem aus dem semantischen Feld der Schöpfung speisen, ist in Str. 3 das Weg-Motiv prägend. Hier ist das Subjekt-Objekt-Verhältnis zunächst unklar, weil erst in Z. 3 das Personalpronomen „uns" eingeführt wird. Dann erst wird erkennbar, daß hier nicht Gott angesprochen wird, sondern die singenden Menschen – möglicherweise vertreten durch eine einzelne singende Person – eine Selbstaussage treffen.

---

8 Oosterhuis, Übers.: Michael Kuhn, Kees Kok; Musik: Winfrid Heurich, in: **Die Zeit färben*, Nr. 19.

9 Oosterhuis, **Dein ist die Zukunft*, 16.

2 Schrift stellt Atem

In der Heiligen Schrift erkennt Oosterhuis einen

> „Weg, der aufgeschrieben wurde, ein Weg aus Worten, Worten, die getan werden müssen. Ein ‚Lernbuch' der Lebens- und Glaubenserneuerung: Mit Hilfe der biblischen Unterweisung versuche ich, die Hoffnung wiederzufinden, das Ideal hochzuhalten und dicht an der Wirklichkeit zu halten, mit beiden Beinen auf dem Boden (Tora ist Vision und Lebensregel für jeden Tag)"[10].

In diesem Geiste verschreibt sich Oosterhuis zusammen mit der „Stichting Leerhuis en Liturgie" dem Anliegen, die Heilige Schrift als Übertragung in Lied- oder Gebetform neu zu Gehör zu bringen und als Zentrum gottesdienstlicher Praxis aufscheinen zu lassen. Poesie ist hier in den Dienst der liturgischen Erneuerung gestellt.[11] Die Heilige Schrift ist nichts Vergangenes, sondern etwas höchst Präsentes, kein Märchenbuch vergangener Tage, sondern etwas Lebensveränderndes: Die letzte Strophe benennt sie als geschrieben von Licht (4,1), als Rettung für die Menschen (4,2) und als Unterpfand der Treue Gottes (4,3).

Im Singen dieses Liedes durchschreiten die Menschen einen geschichtlichen Raum, sie begeben sich in einen unumkehrbaren Prozeß, der mit Gottes Schöpfung der Welt begonnen hat.[12] Schöpfung ist, so zeigt sich hier deutlich, kein punktuelles Ereignis der Vergangenheit, das zum Jetzt unverbunden steht, sondern der Anfang eines Weges, auf dem sich Menschen bewegen. Die Heilige Schrift wird auf diesem Weg zur Wegbegleiterin (Str. 4). Dies spiegelt sich auch in dem *Lied der Schöpfung* wider, das anamnetisch-gedenkend diesen Weg begeht, angefangen von der Schöpfung am Anfang der Zeiten (Str. 1 und 2) über die Erfahrung der Erlösungsbedürftigkeit (Str. 3), hin zur Erlösung durch das treue und endgültige Wort Gottes in der Person Jesu (Str. 4), das bis heute gilt.

Das Lied singt sowohl von der gestalteten Geschichte als auch von der zu gestaltenden Gegenwart und Zukunft und ist zugleich selbst schon gestaltete Zeit.[13] Darin wird auch zum Ausdruck gebracht, daß Singen an sich immer personales Geschehen darstellt – indem die Sänger dem Lied ihren Atem leihen[14] und gleichzeitig ihr Gesang durch die Erfahrung ihres sich in der Schöpfung zuwendenden Gottes getragen wird.[15] Der Glaube an einen Schöpfergott ist undenkbar ohne Personen, die unmittelbar von ihm betroffen sind und sich in das Schöpfungsgeschehen einbeziehen lassen.[16]

---

[10] Oosterhuis, **Dein ist die Zukunft*, 13f.

[11] Vgl. ebd., 5.

[12] Ein inhaltliches Argument dafür, daß keine Strophen selektiert werden dürfen – auch wenn man glaubt, eine Gemeinde sei des Singens von vier Strophen überfordert; ebenso würde eine Umstellung der Strophen zu einer Sinnentstellung führen.

[13] Vgl. Reich, Evangelium: klingendes Wort, 58.

[14] Vgl. Übersetzung Kasper-Heuermann: en dat dit lied en ton gezegt – und das diesem Lied den Atem stellt; (4,4).

[15] Vgl. Reich, Evangelium: klingendes Wort, 70.

[16] Vgl. Ebd., 58.

3 Mit Nichts von Nichts begonnen

Das Lied der Schöpfung ist eine Anamnese der Schöpfung der Welt. Es rezitiert in den Str. 1 und 2 in Auszügen den priesterschriftlichen Schöpfungsbericht am Anfang der Heiligen Schrift (Gen 1,1-2,4a). In den Versen spiegelt sich ein Hinüberblitzen[17] der großmächtigen Taten Gottes durch die Erschaffung der Welt in unseren konkreten Alltag. In feierlicher Anamnese wird der schöpferischen Tat Gottes gedacht, durch die „der garstige breite Graben"[18] der Geschichte übersprungen werden kann.

Im Gedenken an die Schöpfung von Licht (1,2) und das Bannen der Finsternis (2,1) (Gen 1,3-5), an den Rhythmus der Zeit (1,3; Gen 1,14), im Gedenken an die Schöpfung von Land (1,3) und Meeren (1,4) (Gen 1,9f.) und nicht zuletzt an die Schaffung des Menschen (2,4; Gen 1,26-30) wird der Sinnzusammenhang der Welt reflektiert, der in der Offenbarung Gottes - der Tora - aufleuchtet.

Wie selbstverständlich setzt sich der Text über die theologischen Probleme eines Denkens an eine *creatio ex nihilo* hinweg und proklamiert *Mit Nichts aus Nichts hast Du begonnen* konträr zu einer Auffassung, die Schöpfung lediglich als Bewältigung des Chaos durch den schaffenden Gott versteht. Die Frage, woraus Gott geschöpft hat, als er schuf, ist eine Frage, die Menschen zu jeder Zeit zu klären versuchten, ohne jedoch ein Warum der Schöpfung zu stellen. Die jüdische Kabbala verstand in der „Schöpfung aus Nichts" eine Überwindung des Kampfgedankens, der Beherrschung dunkler Mächte durch den Schöpfergott. Nicht aufgrund einer Krise schuf Gott die Welt, sondern es war sein freier Wille, sie aus Liebe entstehen zulassen.[19] Anknüpfend an ein solches Verständnis unterstreicht die Proklamation einer „Schöpfung aus Nichts" das Bild eines autonomen Gottes und die „Freiheit und Souveränität des Schöpfers"[20]. Unübersehbar ist im Lied die Parallelität der Eingangsverse der ersten und letzten Strophe: *Mit Nichts von Nichts hast du begonnen - Mit Licht von Licht hast du geschrieben.* Die unüberbietbare, grundlose Liebe Gottes zur Welt manifestiert sich nach der Schöpfung auch in der Erlösung - in der Treue des Logos, der fleischgewordenen Schrift.

---

[17] Vgl. Vigila Paschalis, Orationes post tertiam lectionem (De transitu Maris Rubri: Ex 14,15-15,1) *Missale Romanum* 1975; in einer Übersetzung von Norbert Lohfink („Deus, cuius antiqua miracula etiam nostris temporibus coruscare sentimus, (...)." - „Gott, dessen uralte Wunder wir auch zu unseren Zeiten herüberblitzen sehen (...)."]. Das, was in dieser Übertragung über die befreienden Erfahrung des Exodus und ihren Aktualitätsbezug ausgesagt wird, trifft ebenso für die Schöpfung Gottes zu in dem Sinne der Vergegenwärtigung des Schöpfungsaktes.

[18] Lessing, Über den Beweis des Geistes und der Kraft, 311.

[19] Vgl. Scholem, Zur Kabbala und ihrer Mystik, 136-138.

[20] Zenger, Schöpfung, 217.

4 Sprachloses Sprechen - ein Exkurs

Die Bibel (*boek,* 4,2) sieht die Sprachfähigkeit der Menschen als außergeschöpflich und somit von Gott kommend (Jes 57,19; Sir 51,22). Uns Menschen bleibt nichts anderes als die Sprache, um uns vorzustellen und es für uns greifbar zu machen, wie Gott geschaffen hat und schafft. Denn in der Tat schöpft er bis heute immer wieder neu durch sein Wort, das uns treu begleitet (*dein Wort, uns immer treu geblieben - De woorden van uw trouw gegeven;* 4,3). Sprache ist das Kommunikationsmittel zwischen *Du* (*Gij*[21]; 1,1; 4,1) und *uns* (3,3; 4,2), von der das kabbalistische Judentum annimmt, daß sie in Gestalt des Alphabets im Anfang bei Gott war und aus dessen unterschiedlichsten Kombinationen in der Sprachentfaltung dann die Welt entstand:[22]

> „Niemand hat selbst die Worte geschaffen, die er spricht. Und niemand hat selbst das Sprechen erfunden, wie auch kein Mensch sich selbst geschaffen hat; beides ist gegeben."[23]

Die jüdische Mystik sucht die Würde der Sprache als immanente Dimension, die nicht nur Mitteilbares mitteilt.[24] Oosterhuis favorisiert in ähnlicher Weise eine fragende Sprache des Glaubens, die hinter der faktischen Sprache, der Sprache der Dogmen und Gesetze liegt:

> „Zweifelnd entsteht jedes Gedicht, vorläufig, annähernd: beten, Zeugnis ablegen, die Sprache des Glaubens, Menschen benennen und in Bildern ausdrücken - bedeutet Stocken-und-Stammeln, bei jedem Wort unsicherer werden und lieber schweigen. Aber Schweigen kann man nicht bis zum Ende aushalten, man möchte weiter kommen, hören und Gehör finden. Irgendwo zwischen den Worten oder knapp an den Worten vorbei geschieht es, daß Menschen einander finden und verstehen."[25]

Das Paradoxon *sprachlos ... gesagt* (1,2) weist also in verschiedene Richtungen: Zum einen drückt sprachloses Sprechen oder Reden (1,2) in seiner Antinomie die Erfahrung aus, daß Gott uns heute nicht unmittelbar anspricht -, sondern daß er darauf angewiesen ist, zu uns durch Menschen zu sprechen, die sein Wort leben. Damit wird hier zwischen den Zeilen der diabatisch-verwandelnde Anspruch des Gotteswortes deutlich. Wer dem Wort Gottes schöpferische, d.h. bewegende und verändernde Kraft zuspricht, kann sich nicht aus diesem Wandlungsprozeß heraushalten. Zum anderen markiert Oosterhuis mit der Wendung die grundlegende Differenz zwischen unserem Reden (ein *„Stocken-und-Stammeln"*, eine Verständigung

---

21 Im Niederländischen wird Gott gesiezt, ähnlich eines *Majestatis Pluralis.* Die personale Anrede der 2. Person Singular „Gij" liegt sprachlich zwischen „u" und „jij" (du). In kirchlicher Sprache findet sie jedoch häufig Verwendung als Anrede Gottes, neben der Form „u" analog zu der deutschen Großschreibweise von Personalpronomina, die sich auf Gott beziehen.

22 Vgl. Gershom, Judaica III, 24.

23 Oosterhuis, **Im Vorübergehn,* 359.

24 Vgl. Scholem, Judaica III, 8.

25 Oosterhuis, **Im Vorübergehn,* 371.

„knapp an den Worten vorbei") und dem wirkmächtigen Reden Gottes, das Gestalt und Leben schafft.

5 Kein Engel mit uns gesendet

Die dritte Strophe konfrontiert unvermittelt die Anamnese Gottes guter Schöpfungstat mit der Erfahrung der Unzulänglichkeit des Geschaffenen. Die Bibel deutet diese Ambivalenz in der Erzählung vom Sündenfall (Gen 3), der das „Gute" korrumpierte: die *Welt, die ins Licht gesprochen ward* (2,3), ist bedeckt mit Nacht und Nebel (3,4). Die Singenden, die nicht losgelöst von der Geschichte stehen, sondern eben die Menschen sind, die dieses Lied rezitieren, artikulieren die Erfahrung von Dunkelheit und Angst, von Unsicherheiten und Unvollkommenheit der Schöpfung. Im *Lied van de schepping* verbindet sich Schöpfungsglaube mit der realen Erfahrung des Leids und der eigenen Ohnmacht, des Erlebens der Abwesenheit Gottes.

> „Dieser Freiheit schaffende Befreier-Gott befreit also Menschen durch Menschen; und nicht anders. Er, der uns so gemacht hat, daß wir einander retten müssen, konnte Auschwitz nicht verhindern und kann auch in Zukunft keine Katastrophen verhindern, kein blindes Mädchen heilen und uns nicht aus unserer Schuld vor einander entlassen, nicht verzeihen, was wir einander antun."[26]

Die Freiheit, die den Menschen gegeben ist, fordert die Verantwortung füreinander, deren Anleitung sich in dem in Strophe 4 besungenen Buch findet, welches von Gottes *Licht* (4,1) und *Treue* (4,3) kündet. Gott braucht die Menschen, durch die allein er seine Kraft wirkmächtig werden lassen kann - ungeachtet seiner Souveränität, die in der Deutlichkeit seiner Worte besteht.[27] An anderer Stelle formuliert Oosterhuis, daß die Macht Gottes nur so groß sei, wie die Menschen einander Gutes tun:[28] die unmittelbare Konsequenz aus dem Zuspruch des Gestaltungsauftrages (*eine Menschheit, die beginnen darf / een mensheid die beginnen mag;* 2,4; Gen 1, 26-30). Und obwohl das Lied an sich vom Tempus des Perfekt bestimmt ist, steht dieser Satz zeitlos da und kann sich damit konkret an die Menschen von heute richten.

Sinn und Zweck der Schöpfungsgeschichte am Beginn der Heiligen Schrift ist der Versuch, Lebensängste der Menschen zu bannen und im Vertrauen auf das Gute des Geschaffenen Lebensvitalität zu bewirken. In der Abwehr der Lebensängste wird sichtbar, daß der Anamnese der Schöpfung die Theodizeefrage zutiefst zu eigen ist.[29] Uns Menschen ist kein Wegbegleiter mit auf den Weg gegeben (*kein Engel mit uns gesendet / Geen engel met ons mee gezonden* 3,3) wie dem Jungen Tobias der Engel Rafael (Tob 5,4ff.), der uns vor hereinbrechendem Unheil bewahrt und uns warnend beiseite steht. Und obwohl der Schöpfungsbericht aussagt, daß alles, was Gott schuf, gut war, erfahren Menschen Rastlosigkeit (*keine Ruhe gefunden / Geen rust ge-*

---

[26] Oosterhuis, **Leben von Tag zu Tag*, 40.
[27] Vgl. Ebd., 41.
[28] Ebd., 38.
[29] Vgl. Zenger, Schöpfung, 219.

vonden 3,1), die Mühe des Lebensweges (*den längsten Teil noch nicht gegangen / Het längste deel not niet gegaan* 3,2), Sinn- und Ziellosigkeit (*kein Ende in Sicht / Geen eind in zicht* 3,1) und nicht zuletzt Todesangst (*Nacht und Nebel / nacht en ontij* 3,4). Letzteres ist in der genauen Konnotation die Zeit des Tages, in der es dunkel ist und man Schrecken zu befürchten hat. Die alliterarische Konstruktion der deutschen Übersetzung *Nacht und Nebel* verstärkt das Bild der Nacht hin zur totalen Finsternis, in er man blind ist, in der man nur noch tastend den Weg findet.[30]

6 Mit Licht von Licht geschrieben - Tora und Christus

Mit *Licht von Licht* (4,1) geschrieben ist das Wort Gottes, das treu uns zur Seite steht (4,3) und zugleich rettend ist (4,2); ein Thema, das in einem anderen Lied Oosterhuis' von ebenso starker Bedeutung ist, wie die Refrainzeilen der drei Strophen von *Der Chaos schuf zu Menschenland / Schriftlied* zeigen:

> „[...] Schrift die Menschenursprung schreibt. Wort, das treu bleibt.
> [...] Schrift, die Menschentage schreibt. Licht das hell bleibt.
> [...] Schrift, die Menschenzukunft schreibt. Er, der treu bleibt." [31]

Die Schrift, die, wie der Refrain besingt, hell und treu bleibt, ist weniger eine Sammlung von Glaubenssätzen der Kirche, sondern vielmehr ein poetisches Kompendium der Geschichte der Menschheit mit ihrem Gott.[32] Licht ist das Symbol schlechthin für die Tora (*boek*; 4,2): „Denn eine Leuchte ist das Gebot und die Lehre ein Licht" (Spr 6,23a; s. auch Pss 119.105; Weish 18,4; Jes 51,4). Was schon zur Sprachtheorie der Kabbala gesagt wurde, gilt auch für die Lichtmetaphorik, die mit der Sprachsymbolik verflochten wird: Die Welt, die *ins Licht gesprochen* wird (2,3), reflektiert die Schöpferkraft Gottes, ebenso wie die Ausdifferenzierung der Sprache Zeugnis gibt von der göttlichen Macht.[33] Analog dazu heißt es im palästinensischen Targum zu Ex 12,42, das der Pesachnacht in einer großen Anamnese vier Heilsnächte zuordnet, zur „Nacht der Schöpfung":

> „[...] Uranfängliche Nacht, als der Herr sich offenbarte über der Welt, indem er sie schuf. Es war die Welt tohu wabohu und Finsternis ausgebreitet über der Oberfläche der Tiefe. Und sein - des Herrn - Wort, und es war Licht, und es war hell. Und er nannte sie uranfängliche Nacht. [...]"[34]

Gefragt, inwiefern uns das „Buch Rettung" (4,2) sein könne, meint Oosterhuis:

---

[30] Vgl. Grimm, Nacht, 152. - Gleichzeitig ist zu denken an „Nacht und Nebel-Aktionen" des Holocaust, während der die Deportation der Juden erfolgte - dokumentiert im gleichnamigen Film „Nacht und Nebel. Wider das Vergessen" in der deutschen Fassung mit Texten von Paul Celan, Regisseur: Alain Resnais, Frankreich 1955.

[31] Oosterhuis, **Wort, das trägt*, 12; - vgl. Stock, Der Chaos schuf zu Menschenland, 22–27.

[32] Vgl. Alex Stock, Hierhin Atem, 27.

[33] Vgl. Scholem, Judaica III, 32f.

[34] Targum Neophyti I, nach: Meßner, Liturgiewissenschaft, 301.

„Indem es uns die Selbstverständlichkeit, die unbezweifelbare Notwendigkeit der Gerechtigkeit vorhält, die vollkommene Berechtigung eines guten weiten Landes für alle. Indem es uns auf dem Weg dorthin, dem Weg der Liebe, Mut zuspricht. Und indem es uns warnt: Hüte dich, daß es nicht auch dir - wie so oft - geht, daß du dich ja nicht zu anderen Göttern verirrst!"[35]

Zwar steht unter vorliegendem Lied keine „Lesehilfe", die niederländische Textfassung von 1993 zeichnet jedoch unter den Strophen mit „Genesis 1" [36]. Dennoch ist eine christologische Affinität vernehmbar: Auch das Evangelium gilt als Licht Gottes (2 Kor 4,4ff.), so daß hier über den alttestamentlichen Kontext hinaus gerufen wird, zumal durch „Licht vom Licht" eine Analogie zum Nicäno-Konstantinopolitanischen Symbolum gegeben ist. Die vierte Strophe nimmt durch *mit Licht vom Licht hast Du geschrieben* (4,1; Joh 1,1-14) die johanneische Identifikation Jesu mit dem Wort Gottes der Schöpfung auf und schlägt so einen Bogen zwischen den *antiqua miracula* und den *tempora nostra*[37]. Jesus Christus bildet bei diesem Brückenschlag die Integrationsfigur, denn nach Oosterhuisschem Verständnis ist die Person Christi nicht die „Überwinderin" der Tora, sondern eine Kumulation alttestamentlichen und neutestamentlichen Glaubensgutes an einen Schöpfergott: Jesus Christus ist „Beschützer und Garant der Tora"[38].

Das Johannesevangelium kennzeichnet Jesus als den präexistenten Logos am Anfang der Zeiten (Joh 1,1), der Fleisch und Blut wurde (Joh 1,9) und als das „Leben Gottes" (1 Joh 1,1) die endgültige Rettung für uns darstellt. In dieser Folge ist den glaubenden Menschen, denen sich das rettende Wort Gottes in ihren Geist eingebrannt hat, Verantwortung aufgegeben, nämlich die zur Präsenzhaltung und Weitergabe des Wortes Gottes (Lk 1,2).[39]

Die Schlußstrophe des Schöpfungsliedes schildert die Erfahrung, daß es erst aus der Großmächtigkeit des Gotteswortes heraus gelingt, bekennend Gottes zu gedenken, ebenso wie es in Str. 4,4 wörtlich heißt: *Und die dieses Liedes Melodie komponiert - En dat dit lied de toon gezet.* An anderer Stelle meint Oosterhuis dazu, Liturgie sei „die Kunst, die Bibel in allen Tonarten zu singen und zu spielen".[40] Die Kraft der Worte Gottes ermöglicht erst das gesungene Bekenntnis zur Schöpfung. Ohne eine vorausgehende, katabatisch-heilshafte Offenbarung Gottes ist ein anabatischer Gesang, ein Gebet undenkbar. Damit fügt sich dieser biblische Gesang ein in die Liturgie, von der Oosterhuis schreibt, sie sei „Dienst Gottes an den Menschen, die zu glauben versuchen"[41].

---

35 Oosterhuis, **Dein ist die Zukunft*, 23.

36 Vgl. Oosterhuis, *Gezongen Liedboek*, 12.

37 S. Lessing, Über den Beweis des Geistes und der Kraft, 311.

38 Oosterhuis, **Dein ist die Zukunft*, 62.

39 Ebd., 27f.

40 Ders., **Im Vorübergehn*, 141.

41 Ebd., 143f.

7 Melodie und Schöpfung

Die Komposition ist angelegt auf vierstimmigen Gesang, wobei die Sopranstimme den cantus firmus führt. Als Tonart ist mixolydisch e auszumachen, mit einer Modulation nach fis.[42]

Fanfarenartig setzt die Melodie an und steigt stufenartig in authentischer Bildung vom Grundton e (bzw. in Z. 2 fis) in leeren Quinten zum Ziel- und Umschlagston d^2 auf, um dann in kleineren Schritten sich wieder abwärts zu bewegen zurück zum Grundton.

Die leeren Quinten, von denen die Melodie lebt, lassen es beim Hören des *cantus firmus* und auch im Zusammenspiel aller Stimmen unklar, ob das Stück in Moll oder Dur gesetzt ist. Gleichzeitig fungieren die Quinten als Spannungsproduzentinnen. Diese Unsicherheit führt im Zusammenklang mit der sicheren, deklamatorischen Rhythmik zu einem Widerspruch und bringt damit den Widerspruchsgeist des Textes zum Ausdruck: die Schöpferkraft und Allmacht Gottes steht der Erfahrung des Unperfekten, Unvollendeten und der Unsicherheit in der Schöpfung gegenüber. Obwohl Gott das Licht geschaffen hat, erfahren wir Menschen täglich untereinander die Dunkelheit der Welt. Die Musik spiegelt wider, daß Schöpfungsglaube untrennbar verbunden ist mit der Frage nach dem Sinn, dem Wozu - der Theodizeefrage.

Rhythmisch lassen sich zwei Motive ausmachen: in Phrase 1 und 2 bzw. 3 und 4, die sich jedoch nur insofern unterscheiden, daß Phrase 3 und 4 auf die Punktierung im zweiten Takt verzichten.

Bisweilen erscheint das Lied in Zusammenklang von Text und Melodie unstimmig - teilweise wird gegen den Sprechrhythmus betont, so daß Kernaussagen „verschluckt" werden und eher sekundäre Betonung finden.[43] Dies erweckt den Eindruck, die Melodie sei dem Text nicht auf den Leib geschneidert, sondern zunächst unabhängig vom Text komponiert worden. Daher soll am Beispiel der ersten Strophe die Stimmigkeit von Text und Melodie geprüft werden:

Auf dem Grundton e ruht das *Mit Nichts von nichts*. Die Melodie entwickelt sich vermittels archaischer Anklänge, die eine Idee von der alten Zeit, in der Schöpfung geschah, geben will. Der Beginn der Welt entwickelt sich beim *hast Du begonnen*, indem die Harmonien voller werden. Langsam entwickelt sich der Klang, so daß beim *Du* ein strahlender Dur-Akkord glänzt.

---

[42] Tonleiter mixolydisch: Halbtonschritte zwischen 3. und 4. sowie 6. und 7. Ton, (Vorzeichen von A-Dur) e - fis - (gis) - a - h - cis - d - (e).

[43] In der ersten Strophe liegt durch den 3/2 Takt, bei dem der Taktschwerpunkt auf dem ersten Schlag liegt, die Betonung folgender Worte bzw. Wortsilben vor: „nichts / -gon- / du / -sagt / -stimmt / -wonn- / -in / -bracht." Damit liegt die Betonung durch den Rhythmus immer genau einen Schlag vor den eigentlich zu betonenden, inhaltlich tragenden Worten der Strophe: „Nichts / du / sprachlos / Licht / Zeit / Land / Meer / Bett." Diese Erscheinung mag intendiert sein, nimmt allerdings der Rhythmik zunächst, etwas von dem Tiefgang des Textes, der erst im Nachhall, d.h. nach mehrmaliger Wiederholung genauer zu fassen ist.

In der zweiten Phrase führt die Melodie weiter nach oben und hebt durch die Repetition des bisher höchsten Ton cis^2 textlich *Du das Licht* hervor. Zugleich scheint die Harmonik bei *Licht* durch den Moll-Sextakkord schwebend in der Luft zu hängen. Der Abschluß der Modulation endet nicht wie zu erwarten mit einem Fis-Akkord als neue Tonika, sondern in D-Dur als Tonikagegenklang. Dies ist ein harmonischer Ausdruck dafür, daß mit der Schaffung des Lichts noch längst nicht alles gesagt ist, so daß dieser zwingend in die nächste Phrase überleitet. Als Widerhall der ersten Phrase erscheinen wiederum leere Quinten. Allerdings erreicht die Melodie im Ton d^2 ihre Klimax. Gleichzeitig findet sich an dieser Stelle die reichhaltigste Harmonik, die vermuten läßt, daß hier die Kernaussage des Textes unterstrichen werden soll. *Die Zeit bestimmt, das Land gewonnen* steht für die umfassende Schöpfung Gottes. Bei *das Land gewonnen* fällt die Harmonik durch eine Jazz-Prägung auf, da die Alt-Stimme singulär an dieser Stelle ein dis führt, welches an sich in einer mixolydisch e geprägten Melodie nicht auftreten darf.

In der letzten Phrase wird die zuvor aufgebaute Harmonik stark zurückgenommen; es gibt keine ausgeprägten Melodiesprünge, sondern eher eine rückläufige, spannungshemmende Bewegung, die an das Wogen eines Meeres erinnert.

Somit kann für die erste Strophe von einer Stimmigkeit von Melodie und Text gesprochen werden.[44] Der erste Eindruck einer Unstimmigkeit unterstreicht vielmehr bei aller deklamatorischer Grundüberzeugung des Textes den Widerspruch, den wir Menschen angesichts der Schöpfung erleben.

8 Platz im Kirchenjahr

Die Herausgeberschaft des Liedbuches **Die Zeit färben*, dem die vorliegende Fassung entnommen ist, schlägt diese als Gemeindelied zur Verwendung für Lob und Dank vor und rubriziert es unter die Advents- und Weihnachtslieder.[45] Zu Weihnachten hat es sicherlich einen besonderen Ort in der Messe vom Tag, wenn der Logoshymnus des Johannesevangeliums verkündigt wird.[46]

Denkbar ist darüber hinaus eine Verwendung in der Osterzeit und besonders im Wortgottesdienst der Ostervigil, da auf diese Weise noch einmal singend der Brückenschlag zwischen dem Schöpfungsbericht (1. Lesung: Gen 1,1-2,2 oder 1,1.26-31a) und der Verkündigung der Auferstehung Jesu im Evangelium gezogen werden kann.

---

[44] Die Prüfung der Stimmigkeit von Text und Melodie für die übrigen Strophen zeigt, daß dort ebenfalls eine Synchronie der Dramatik von Text und Melodie vorliegt.

[45] Vgl. **Die Zeit färben*, 4.

[46] bzw. am zweiten Sonntag der Weihnachtszeit, an dem ebenfalls der Johannesprolog als Evangeliumstext vorgesehen ist.

Irritierend ist die Einordnung des Chorsatzes als Gemeindelied. Denkbar ist wohl, in Begleitung durch einen Chor zusammen mit der Gemeinde diese Vertonung anzustimmen - allerdings setzt es eine sangeserprobte Gruppe voraus. Damit dieses Stück Poesie über das sprachlose Schaffen Gottes nicht im stimmlosen Gesang einer überforderten Gemeinde verstummt, ist grundsätzlich, gleichgültig zu welcher Zeit im Kirchenjahr, die Kapazität der Singenden zu beachten. Dann kann das „Lied der Schöpfung“ in seinem anamnetischen Charakter zur Präsenthaltung des Wortes Gottes in unserem Leben auf seine Weise beitragen.

Literatur

LThK³ = Lexikon für Theologie und Kirche. Freiburg/Basel/Rom/Wien 1993ff.

Grimm, Jakob u. Wilhelm: Deutsches Wörterbuch „Nacht“ Bd. 13 [=Bd. 7, N-Q; 1889] München 1984. 145-167.

Lessing, Gotthold Ephraim: Über den Beweis des Geistes und der Kraft, in: ders.: Lessings Werke. Bd. 3. Frankfurt/Main 1978. 307-312.

Meßner, Reinhard: Einführung in die Liturgiewissenschaft. Paderborn 2001.

Reich, Christa: Evangelium: klingendes Wort. Zur theologischen Bedeutung des Singens. Hrsg. von Christian Möller in Verbindung mit der hessischen Kantorei. Stuttgart 1997.

Scholem/Gershom: Judaica III. Studien zur jüdischen Mystik. Frankfurt/Main 1973.

Ders.: Zur Kabbala und ihrer Mystik. Zürich 1960.

Stichting Lehrhaus und Liturgie Osnabrück (Hrsg.): Der mich trug. Gesänge für die Liturgie 2. Amsterdam/Barn/Osnabrück 2001.

Stock, Alex: *Der Chaos schuf zu Menschenland*, in: Geistliches Wunderhorn. Große deutsche Kirchenlieder. Hrsg., vorgestellt und erläutert von Hansjakob Becker/ Ansgar Franz/Jürgen Henkys/Hermann Kurzke/Christa Reich/Alex Stock. München 2001. 492-498.

Ders.: Hierhin Atem. Zur poetischen Theologie von Huub Oosterhuis. Osnabrück 1993.

Zenger, Erich: Art. Schöpfung II. Biblisch-Theologisch 1. Altes Testament, in: LThK³ Bd. 9 Sp. 217-220.

Ute Hülsemann / Christina Sieger

Eine Streu aus Stroh

17
Schwamm voll Es - sig, ei - ne Kam-mer voll Gas, ei - ne Waa - ge am
D0
B♮m
22
We - ge, ei - ne Gru - be im Gras. 3. Ei - ne Gas - se voll
E0
F♯m
F♯m
26
Dir-nen, ei - ne Gos - se voll Wut, ei - ne Stir - ne voll Dor-nen, ei - ne
A0
Cm
D0

Druckvorlage

Der Satz ist dem Chorheft **Vom Leben singen*, Nr. 187 entnommen, das der Arbeitskreis Kirchenmusik und Jugendseelsorge im Bistum Limburg 1994 herausgegeben hat. Der Text ist von Erich Fried, die Musik von Winfried Heurich.

1 Ein ‚Weihnachtslied', das aus dem Rahmen fällt

Wenn man dieses Neue geistliche Lied nach dem ersten Lesen oder Hören beschreiben soll, wird man schwerlich die Worte ‚schön' und ‚eingängig' wählen. So hat es auch bei den ersten Sängern, dem „Vokalensemble Neues Geistliches Lied" für gemischte Gefühle und geteilte Meinungen gesorgt. Bei der Uraufführung 1993 im Rahmen eines Adventskonzertes in der Frankfurter Liebfrauenkirche sangen dieses Lied einige Chorsänger nur ihrem Chorleiter, dem Komponisten Winfried Heurich, zuliebe.

Weshalb es den Chor in seiner Meinung spaltete, wird schon durch das Lesen des Textes ersichtlich. Hier begegnen Bilder, die so gar nicht an althergebrachte und bekannte Weihnachtslieder erinnern. Bei diesem Lied kommt keine fröhliche Weihnachtsstimmung auf, und es stimmt auch nicht in die „Stille Nacht“ ein. Die Thematik des Holocaust verdrängt dies alles. Unwillkürlich drängen sich Fragen auf. Ist es denn dann überhaupt ein Weihnachtslied? Wie ist dieses Lied entstanden, und welche Intention steckt dahinter?

2 Das Gedicht von Erich Fried

Der Lyriker Erich Fried[1] (geboren am 6. Mai 1921 in Wien, gestorben am 22. November 1988 in Baden-Baden) ist das einzige Kind einer assimilierten jüdischen Familie. Nachdem Österreich im März 1938 durch deutsche Truppen besetzt wird, werden seine Eltern im April unter dem Verdacht der „Vorbereitung zur Devisenverschiebung ins Ausland“ verhaftet. Einen Monat später wird sein Vater aus der Haft entlassen und stirbt noch am Abend desselben Tages an den Folgen eines Gestapo-Verhörs. Im August verläßt Fried Österreich und reist über Belgien nach England, wohin er später seine Mutter nachholt. Um sich seinen Lebensunterhalt zu verdienen, arbeitet er als Hilfsarbeiter, Milchchemiker, Bibliothekar und als Glasarbeiter. (Erst 1952 wird er von der BBC als politischer Kommentator des „German Soviet Zone Programme“ fest angestellt). Als Exilant beginnt er zu schreiben.

Am 26. März 1942 kommt seine geliebte Großmutter Malvine Stein im Konzentrationslager Auschwitz um. So wie sie ist wohl ein Großteil seiner Familie Opfer des Holocaust geworden.

Zeit seines Lebens ist Fried politisch aktiv. Schon nach der Besetzung Österreichs gründet er eine Widerstandsgruppe; im Exil gehört er zu verschiedenen kommunistisch orientierten Kreisen wie dem „Kommunistischen Jugendverband“, dem „Austrian Centre“ und dem „Freien Deutschen Kulturbund“. Stets bezieht er Stellung und äußert seine eigene Meinung. So verwundert es nicht, daß er sich aufgrund „schwerwiegender Meinungsverschiedenheiten“ mit dem „Kommunistischen Jugendverband“ 1944 aus seinen politischen Aktivitäten zurückzieht, was ihn nicht daran hindert, sich weiterhin kritisch zu äußern. Im Jahr 1953 reist er das erste Mal seit langer Zeit nach Deutschland. 1968 ist er aktiv an den Studentenprotesten beteiligt. Immer wieder übt er Kritik an der politischen Entwicklung der Bundesrepublik Deutschland und ergreift unablässig Partei, so daß er auch als ‚literarischer Kommentator des Zeitgeschehens‘ bezeichnet wird.

In vielen seiner Gedichte behandelt er politische Themen und bezieht kritisch Stellung. So z.B. in „und VIETNAM und“ und in „Höre Israel“, ein Gedicht, das mit den Worten beginnt: „Als wir verfolgt wurden / war ich einer von euch / Wie kann ich das bleiben / wenn ihr Verfolger werdet?“[2], womit er sich auf die Palästinenserpolitik des Staates Israel bezieht.

---

1 Zu Biographie und Werk Erich Frieds vgl.: Bauer, Art. Erich Fried; Sachslehner, Art. Fried; Thunecke, Art. Fried, Erich; Kruse, Einer singt aus der Zeit gegen die Zeit.

2 Kaukoreit, Gedichte 2, 117.

Im Jahr 1958 erscheint in Frieds erstem selbständigen deutschen Lyrikband „Gedichte" das Gedicht „Weihnachtslied". In den Texten aus diesem Band, die in den Jahren 1946 bis 1957 im englischen Exil entstanden sind, verarbeitet er seine Erlebnisse. Als der Verlag 1968 beschließt, diesen Band neu aufzulegen, sieht Fried seine alten Gedichte kritisch als ‚Kinder ihrer Zeit'.[3] Deshalb stellt er einigen Gedichten, die ihm zu resigniert erscheinen, sogenannte Gegengedichte gegenüber. Damit erhält er die ursprünglichen Gedichte als Zeitdokumente, geht aber trotzdem an einigen Stellen über sie hinaus. Die Neuauflage trägt den Titel: „Befreiung von der Flucht. Gedichte und Gegengedichte." Allerdings schreibt Fried zum „Weihnachtslied" kein Gegengedicht, vielleicht, weil er es auch 1968 noch so stehen lassen kann, wie er es geschrieben hat.

Fried setzt sich in einigen Gedichten mit seiner eigenen jüdischen Identität und dem Holocaust auseinander, wobei er auf Bilder aus der jüdischen Tradition zurückgreift, so auf den Streit der Brüder Kain und Abel (Gen 4), auf die Sintfluterzählung (Gen 7–9), auf die Figur des Mose und auf den Auszug aus Ägypten (Buch Exodus). Sein eigenes Exil sowie auch den Holocaust versteht er in Anlehnung an das Alte Testament als Strafe für falsches Verhalten; er spricht von der Schuld als Jude und von der Mitschuld dessen, der überlebt. Über die jüdische Tradition hinaus orientiert er sich später mehr und mehr an dem Menschen Jesus, den er allerdings durch und durch jüdisch versteht.

Weihnachtslied

Eine Streu aus Stroh,
eine Wand von Wind,
eine Woge als Wiege,
ein Kind.

Ein Schwamm voll Essig,
eine Kammer voll Gas,
eine Waage am Wege,
eine Grube im Gras.

Eine Gasse voll Dirnen,
eine Gosse voll Wut,
eine Stirne voll Dornen,
eine Mutter voll Blut.

Eine Streu aus Stroh,
eine Wand von Wind,
eine Woge als Wiege,
ein Kind.[4]

---

3 Zu Frieds eigener Stellungnahme zu der Neuauflage seiner alten Gedichte s. Fried, Zur Erklärung.

4 Kaukoreit, Gedichte 1, 552.

3 Die Form

Das Gedicht besteht aus vier Strophen zu je vier Versen und entspricht damit der Liedform eines Volks- oder Kunstliedes. Die erste und letzte Strophe sind identisch. So schließt sich ein Kreis, der es ermöglicht, das Gedicht in einem fort zu lesen und ständig zu wiederholen.

Das Reimschema ist a b c b. Allein in der dritten Strophe ist durch einen unreinen Reim ein Kreuzreim vorhanden. Das auffälligste Merkmal des Gedichtes ist die aufzählende Aneinanderreihung von Substantiven. Verben fehlen völlig. Wie bei einem Diavortrag wird hier Bild an Bild gereiht und unkommentiert stehengelassen. Aber gerade dieses Kommentarlose ist ein Kommentar: Bei diesen Bildern fehlen einem einfach die Worte. Deshalb werden sie auch nicht durch Adjektive ausgestaltet. Und so werden nüchtern Bilder aufgezählt, an die der Leser viele negative Gefühle knüpft. Der Wortlaut ist dabei aggressiv und stechend. Wie dies erreicht wird, soll im Folgenden eine kurze Analyse zeigen.

Jeder Vers beginnt mit der Anapher „eine" (Ausnahme VV. 4 und 5 „ein"). Neben diesen auffälligen Anaphern verwendet Fried auch häufig Alliterationen bzw. Stabreime: **St**reu aus **St**roh, **St**irne, **W**and von **W**ind, **W**oge als **W**iege, **W**aage am **W**ege, **G**as, **G**rube im **G**ras, **G**asse, **G**osse. Durch die Stabreime, die stets mit den Hebungen eines Verses verbunden sind, werden die Hauptworte noch einmal besonders betont und bekommen eine schärfere, eindrücklichere Wirkung. Wir kennen dieses Stilmittel aus Redewendungen wie: „**m**it **M**ann und **M**aus", „mit **K**ind und **K**egel" und „bei **W**ind und **W**etter". Alle aufgezählten Elemente werden, bis auf die der ersten Strophe, die aber nur wiederholt wird, nur einmal genannt.

Der letzte Vers der Str. 1 bzw. 4 fällt aus dem Schema der anderen Verse heraus, die fünf-, sechs- oder siebensilbig sind. Er besteht nur aus den zwei Silben „ein Kind". Auf diese Weise wird das Kind besonders hervorgehoben, und mit den Worten „ein Kind" endet das Gedicht schließlich auch.

Die Metrik, die Fried verwendet, ist eine Mischung aus Anapäst und Jambus mit zwei Hebungen pro Vers. Der Anapäst ist für ein Gedicht ein ungewöhnliches Versmaß, das im Wechsel mit dem Jambus aber am ehesten dem Rhythmus der deutschen Sprache entspricht. Erinnert sei hier auch an die Tatsache, daß in der griechischen Tragödie der Auftritt des Chores meist in Anapästen verfaßt ist.

Bei den Versen mit männlichen Endungen bilden einsilbige Nomina (Stroh, Wind, Kind, Gas, Gras, Wut, Blut) den Abschluß, die dadurch besonders scharf hervortreten und eine starke Schlußwirkung erzeugen. Zu der Wortwahl sei noch angemerkt, daß Fried viele Wörter verwendet, die Doppelkonsonanten oder einen Doppelvokal besitzen (Schwamm, Essig, Kammer, Gasse, Gosse, Mutter; Waage) Besonders das doppelte s klingt sehr scharf. Fried verwendet außerdem viele Wörter, die untereinander klangverwandt sind (wie Wand/Wind, Woge/Wiege, Waage/Wege u. a.), wodurch er eine sprachlich besonders dichte Wirkung erzeugt.

4 Der Inhalt

In dem Lied werden der leidende Jude Jesus und die Opfer des Holocaust über einen Zeitraum von fast zweitausend Jahren hinweg in eine enge Verbindung gebracht.

Die Bilder, die Fried aufzählt und aneinanderreiht, können aus zwei Perspektiven betrachtet werden. Auf der einen Seite stehen die Elemente des Lebens- und Leidensweges Jesu, auf der anderen Seite Bilder, die den Schrecken des Holocaust drastisch vor Augen führen.
Betrachten wir zunächst die Bilder der ersten Seite.

Die **Streu aus Stroh** erinnert an die Krippe, in die Maria das Jesuskind gleich nach der Geburt legte (Lk 2,7). Nicht biblisch begründet, aber in der Weihnachtstradition häufig verwendet ist das Motiv des Windes, vor dem die heilige Familie in dem Stall nur wenig Schutz findet.[5] Ebenso wäre denkbar, daß das Motiv der **Wand von Wind** auf die Widerstände hinweist, die dem Leben Jesu von Anfang an entgegenstehen (Die Familie muß nach Ägypten fliehen, weil Herodes plant, Jesus zu töten. Mt 2,13ff.).

Ein Kind weist auf das Kind in der Krippe hin, das den Hirten auf dem Felde durch die Engel angekündigt wird (Lk 2,12) und das aus neutestamentlicher Sicht bereits von Jesaja verheißen wurde (Jes 9,5).

Nachdem in der ersten Strophe der Beginn des Lebens Jesu thematisiert wurde, setzt die zweite Strophe wenige Augenblicke vor Jesu Tod ein; der **Schwamm voll Essig** wird Jesus am Kreuz gereicht (Mt 27,48; Mk 15,36; Joh 19,30). Mit diesem Zeitsprung wird alles zwischen Geburt und Tod Jesu Liegende - sein Leben, Handeln und seine Lehre - ausgeblendet.

Das Bild der **Gasse voll Dirnen** ist sehr schwer zu deuten. Stehen die Dirnen exemplarisch für Personen am Rande der Gesellschaft, an die sich Jesus richtete? Oder sind damit die Frauen gemeint, die Jesu Weg nach Golgatha säumten und unter seinem Kreuz standen? (Lk 23, 27ff. / Mt 27, 55f.; Mk 15, 40f.; Lk 23, 49; Joh 19, 25) Das bleibt offen.

Ebenso wie der Essigschwamm steht die **Stirne voll Dornen** für das Leid, das Jesus zugefügt wird. Als „König der Juden" (Mt 27,37; Mk 15,26; Lk 23,38; Joh 19,19) wird ihm zum Hohn und Spott eine Dornenkrone aufgesetzt (Mt 27,29; Mk 15,17; Joh 19,5).

Die **Mutter voll Blut** erinnert an die Pietà, die Darstellung der Maria mit dem Leichnam Jesu auf dem Schoß. Gleichzeitig läßt sich dieses Bild aber auch in Hinsicht auf eine Gebärende interpretieren. So verstanden, leitet

---

5 Erinnert sei an Weihnachtslieder wie *Auf dem Berge, da gehet der Wind* und *Inmitten der Nacht*. (Str. 5: „Ach, daß Gott walt',/ wie ist es so kalt!/ Möcht' einer erfrieren/ das Leben verlieren;/ wie dauert mich das Kind!/ Wie scharf geht der Wind!") Vgl. Weber-Kellermann, Weihnachtslieder, 94f. und 64f.

das Bild über zu der vierten Strophe (identisch mit der ersten) - und damit wieder zum Anfang.

Die Elemente aus dem Leben Jesu, die Fried in seinem Gedicht aufgreift, beschreiben ausschließlich Not und Leid des Juden Jesus im Anfang und am Ende seines Lebens. Indem er nur diese Aspekte hervorhebt, kann Fried eine Parallele zu dem Leiden der Juden im Holocaust ziehen - die Bilder der zweiten Seite. Fried nennt die **Kammer voll Gas** und die **Grube im Gras**, die für Massenmord und Massengräber stehen. Das Bild der **Waage am Wege** ist dahingegen nicht so eindeutig. Denkbar wäre es, daß hier auf die grausame Praxis angespielt wird, daß bei der Selektion in den Konzentrationslagern das Gewicht der Gefangenen darüber entschied, wer zur Arbeit eingeteilt und wer getötet wurde.

Auf das Elend und den unterdrückten Zorn und Haß, die im Ghetto entstanden, weist vielleicht die **Gosse voll Wut** hin. Während in dem Gedicht die pure Aneinanderreihung von Substantiven emotionslos wirkt, fällt hier das Wort Wut besonders auf, da es das einzige erwähnte Gefühl ist.

Geht man dem Gedanken des Elends und der Ausweglosigkeit weiter nach, so könnte eine **Mutter voll Blut** auch an eine Mutter erinnern, die aus Verzweiflung über die Lebensumstände und die fehlende Zukunftsperspektive ihre eigenen Kinder umbringt.

Dies alles ist bisher ein Versuch, die Bilder des Gedichtes zu deuten, und bei diesem Versuch muß es auch bleiben. Es zeigt sich, daß einige Bilder Chiffren sind, die sich nicht mehr aufschlüsseln lassen. Doch eine Auffälligkeit bleibt zu guter Letzt: In dem Gedicht werden nur zwei Personen erwähnt (wenn man die Dirnen aufgrund des Wortspiels mit Dornen einmal außer acht läßt). Diese zwei Personen sind das Kind und seine (jüdische) Mutter. Das Gedicht zeigt, wie die innige Beziehung von Mutter und Kind durch äußere Lebensumstände gefährdet wird. Gerade in der jüdischen Geschichte gibt es immer wieder Situationen, in denen eine Mutter ihr Kind vor der Gewalt der Obrigkeit und dem sicheren Tod retten will.

Unter diesem Aspekt kann man das Bild der **Woge als Wiege** aus der ersten Strophe als Anspielung auf die Mosegeschichte verstehen, in der seine Mutter ihn in einem Binsenkörbchen auf dem Nil aussetzt, um zu verhindern, daß er wie alle jüdischen Knaben auf Befehl des Pharaos getötet wird (Ex 2,1ff.). Auf diese Weise würde Fried das Leiden der Juden unter der Verfolgung durch Obrigkeiten darstellen, das quer durch die Geschichte, bei Mose begonnen, über Jesus bis in die Zeit des Nationalsozialismus reicht. Und aus seiner Sicht besteht auch keine Hoffnung, diesen Kreislauf zu durchbrechen. Am Ende des Gedichtes wird wieder ein jüdisches Kind geboren, das wieder leiden und schließlich gefoltert und gequält sterben wird. Die Aussage des Gedichtes, die sich einprägt, ist allein, daß Juden verfolgt wurden, verfolgt werden und daß sich dies in der Zukunft auch nicht ändern wird.

5 Das Gedicht bekommt Töne

Der Komponist Winfried Heurich ist beim Zeitungslesen auf dieses Gedicht gestoßen.

Immer auf der Suche nach neuen Themen und noch nicht dagewesenen Bildern und Ideen, fällt ihm das Gedicht besonders auf und spricht ihn sehr an. Aber nicht nur aufgrund der „Bildsprache" hat er eine Beziehung zu der Thematik. Denn er erinnert sich noch an Kriegsgeschehnisse, die er als kleiner Junge - Heurich wurde am 13. Februar 1940 in Neuhof bei Fulda geboren - erlebte; an seine Angst und die aller um ihn herum, als die Bomber über Fulda in Richtung Dresden flogen.

Heute lebt Winfried Heurich in Frankfurt. Nach einer fast vierzigjährigen Tätigkeit als Organist und Chorleiter an der Frankfurter Liebfrauenkirche ging er im Februar 2000 in den Ruhestand. Er unterrichtete auch an der Musikhochschule Frankfurt und war Geschäftsführer des Arbeitskreises „Kirchenmusik und Jugendseelsorge" im Bistum Limburg. 1983 wurde eines seiner Lieder bei einem weltweiten Wettbewerb des „Neuen geistlichen Liedes" in Rom zum besten deutschen Beitrag gewählt. Heurich komponierte außerdem auch das offizielle Lied des Katholikentages 1998 in Mainz.[6]

Zu dem Gedicht von Fried schrieb er eine Melodie, die bei dem ersten Zuhören weh tut, ebenso wie die Bilder, die sie transportiert. Aber wenn man sich auf die Melodie einläßt, dann bekommt sie eine innere Logik und bleibt aufgrund ihrer Außergewöhnlichkeit auch nach wiederholtem Singen interessant. Wie wird das erreicht?

6 Die Melodie von Winfried Heurich

Bei der Melodiebetrachtung muß als erstes gesagt werden, daß Heurich sie ‚aus dem Bauch heraus' komponiert hat. Die Vertonung ist also nicht formal durchdacht - weshalb fraglich ist, ob die Elemente, die bei der genauen Beobachtung vielleicht auffallen, vom Komponisten beabsichtigt sind.

Zur Beschreibung der äußeren Form des Stückes: Es ist im Dreivierteltakt gehalten, mit dem der Komponist das Versmaß Anapäst aufnimmt. Der Dreivierteltakt in Verbindung mit den langen Tönen im Baß erinnert formal an eine Weihnachtspastorale, ein Element, das bei der Aufführung aber nicht zur Geltung kommt. Eine Tonart ist nicht vorgegeben, dafür häufen sich vor den Noten die Vorzeichen.

Bei dem Stück handelt es sich um ein durchkomponiertes Kunstlied, das heißt, daß es für jede Strophe eine eigens komponierte Melodie und Begleitung gibt. In diesem Fall unterscheidet sich die Melodie der einzelnen Strophen aber nur in der Tonhöhe (wenn man die Unregelmäßigkeit am Ende der Strophen, die sich auf die unterschiedliche Silbenanzahl dieser Textzeilen zurückführen läßt, außer acht läßt). Die erste Strophe beginnt mit

[6] Vgl. http://www.kath.de/bistum/limburg/presse/2000/id00129.htm.

e', die nächsten beiden jeweils einen Halbton höher. Beim Singen des Liedes fällt diese chromatische Steigung kaum auf, da der erste Ton der zweiten und dritten Strophe der gleiche ist wie der Schlußton der vorhergehenden Strophe. Die vierte ist aber wieder (wie der Text) komplett identisch mit der ersten; ihr Anfangston liegt demnach eine Terz tiefer als der letzte Ton der dritten Strophe.

In der Melodie der einzelnen Strophen läßt sich folgendes Motiv erkennen: e' - fis' - g' - a'- fis'. Dieses Motiv, das die erste Verszeile bestimmt, erscheint in der zweiten Zeile sequenziert um eine kleine Terz höher. Die dritte Zeile beginnt dann wieder eine kleine Terz höher, berücksichtigt aber nur die ersten drei Töne des Motivs und führt die Melodie dann anders weiter. Diese Melodieführung der dritten Verszeile veranschaulicht sowohl im Notenbild als auch in der Stimmführung das Bild, das an dieser Stelle in der ersten Strophe steht: die auf- und absteigende Woge - b' - c'' - des'' - c'' - b' - a' - ges'. Vielleicht hat sich der Komponist bei der Veränderung des Motivs von diesem Bild leiten lassen.

Durch die Bearbeitung dieses Motivs wird eine ständige Steigerung bewirkt. Der Reiz der Melodie gründet sich auf diese Spannung und Verdichtung.

Beim Singen des Liedes fällt auf, wie wenig eingängig die Melodie ist. Die wenigsten Chorsänger werden die Melodie nach dem ersten Hören richtig wiederholen können. Das liegt sicherlich auch daran, daß z.B. die Motivmelodie an keiner Stelle richtig aufgelöst wird. Der Ton, auf den das Motiv e' - fis' - g' - a'- fis' hinzielt, ist das g'. Dieser Ton wird aber nur als Ausgangspunkt für den nächsten Melodiebogen verwandt. Zum anderen liegt die Schwierigkeit der Melodie auch in den ungewöhnlichen Intervallen, die hier begegnen. Bei dem Text „Wiege" führt das Intervall von a' nach ges'. Hierbei handelt es sich um eine übermäßige Sekunde. Dieses Intervall findet man an der gleichen Stelle in den anderen Strophen wieder. Eine verminderte Terz erklingt zu dem Text „Kammer voll" (h' - des''). Dieses Intervall wird aber vom Komponisten nicht konsequent in den anderen Strophen angewandt, was darauf hinweist, daß (wie oben gesagt) Heurich die Melodie nicht aus dem Kopf, sondern ‚aus dem Bauch' heraus geschrieben hat.

Wenn man den Zusammenklang von Text und Melodie beachtet, kann man sagen, daß Heurich die musikalische Umsetzung des Gedichtes gut gelungen ist.

Ebensowenig, wie man den Text einfach so lesen kann, ohne sich an seinen Worten zu stoßen, kann man die Melodie singen oder hören, ohne über ihre Töne zu ‚stolpern'. Es läßt sich nicht über die schrecklichen Bilder hinweg singen, wie das leider oft bei Neuen Geistlichen Liedern der Fall ist.[7]

---

7 Vgl. z.B. die Str. 2 des Liedes *Kind, du bist uns anvertraut,* im *EG der Evangelischen Kirche im Rheinland EG-RWLR 596. Auf die fröhliche Melodie von *Liebster Jesu, wir sind hier* werden die Worte „Kampf und Krieg zerreißt die Welt" gesungen. Vgl. EG-

Außerdem fängt der Komponist die Stimmung des Gedichtes in seiner ungewöhnlichen, nachdenklich bis traurig gestimmten Melodie ein. Sie erinnert sogar ein wenig an jüdische Musik, die ja in der Regel nicht unbeschwert klingt - wobei allerdings das tänzerische Element, das trotz aller Schwermütigkeit doch in der jüdischen Musik vorherrscht, nicht zu finden ist. Beim Singen des Liedes verspürt man eine Teilnahmslosigkeit und fühlt sich doch seltsam berührt. Insofern wird die Melodie dem Gedicht gerecht.

Heurich arbeitet zur Zeit wieder an der Melodie und schreibt einen Oktavkanon. Aufgeteilt in Frauen- und Männerstimmen übernehmen die Frauen die Führung und gleich darauf setzen die Männerstimmen ein. Die Oktavkanonversion soll noch in diesem Jahr erscheinen.

7 Ein ,fragwürdiges' Lied

Das Lied ist in doppelter Hinsicht fragwürdig. Einerseits gibt es Gedankenanstöße und wirft Fragen auf, denen nachzugehen sich lohnt; auf der anderen Seite muß man fragen und ist es fraglich, ob es für den gottesdienstlichen Gebrauch geeignet ist. Die Herausgeber der Liedersammlung gehen offensichtlich davon aus, daß die Gemeinde es singen kann, da sie es auch in das Melodieheft für die Gemeinde aufgenommen haben.[8] Doch welche Gemeinde wird wohl in der Lage sein, dieses Lied auf Anhieb zu singen? In Form und Anlage ein Kunstlied, ist es eher geeignet, von einem Chor oder einem guten Solosänger vorgetragen zu werden, so wie es auch zuerst in einem Adventskonzert erklang. In einem Gottesdienst ist in jedem Fall eine Erläuterung zu dem Lied notwendig, da es sonst den Zuhörer überfordert, erschreckt und überwältigt. Hier könnte eine Liedpredigt Aufschluß geben.

Dabei ist zu bedenken, daß vor allem bei den jungen Zuhörern die Gefahr besteht, daß sie ,abschalten', weil sie in der Schule sehr oft mit dieser Thematik konfrontiert werden. Andererseits kann dieses Lied bei älteren Menschen, die noch eigene Erfahrungen mit dieser Thematik verbinden, starke Emotionen auslösen. Deshalb ist eine Verständigung über dieses Lied nicht einfach.

Außerdem stellt sich grundsätzlich die Frage, zu welchem Anlaß dieses Lied gesungen werden kann. Die Assoziationen, die die Bilder der ersten Strophe wecken, legen eine Einordnung in die Weihnachtszeit nahe. Doch das Hauptthema des Gedichtes von Fried ist, wie hier deutlich wurde, das Leiden der Juden und der Holocaust.

Wenn man es dennoch in einem Weihnachtsgottesdienst verwendet, hat das Lied die Möglichkeit, das Heile und Süße des Weihnachtsfestes in Frage zu stellen und scharf zu kontrastieren. Doch aufgrund der oben genannten

---

RWLR 651; In dem Lied *Freunde, daß der Mandelzweig* wird in Str. 3 auch recht freudig davon gesungen, daß Tausende vom Krieg zerstampft werden.

[8] Im Editorial des Melodieheftes heißt es: „Fehlende Nummern sind Chorlieder, die nicht von der Gemeinde gesungen werden können." Da unser Lied jedoch dort mit der Nr. 187 abgedruckt ist, wird es nicht als Chorlied verstanden.

Schwierigkeiten ist es wichtig, zu bedenken, in welchen Kontext man das Lied stellt.

Eine kritische Anfrage soll zum Ende noch erlaubt sein. Ist es eigentlich legitim, diese Worte eines jüdischen Dichters, die den Schrecken des Holocaust und die immerwährende Verfolgung der Juden darstellen, für den christlichen Gebrauch zu vertonen? Es erscheint unangebracht, diesen Text, der kaum an Weihnachten erinnert, in ein Neues Geistliches Lied zu verwandeln, nur weil die Kirchen Lieder mit modernen, ansprechenden Texten brauchen. Auch wenn Heurich es unseres Erachtens geschafft hat, das Gedicht angemessen zu vertonen, bleibt die Frage, ob es aus seinem Kontext gerissen und derart zweckentfremdet werden darf.

Ein weiterer kritischer Punkt ist, daß das Thema der Judenverfolgung hier völlig aussichtslos und pessimistisch dargestellt wird; eine Darstellung, die aus der Zeit entspringt, in der das Gedicht geschrieben wurde. Aber ist es nicht vielleicht eine bessere Möglichkeit, das Thema (neu) zu bearbeiten, indem man neue Gedanken entwickelt, die das Grauenhafte der Vergangenheit durchaus wahrnehmen, aber Wege in die Zukunft eröffnen? Dies ist gerade im Bezug auf einen jüdisch-christlichen Dialog wichtig, damit es Hoffnung gibt, daß der Kreislauf der Verfolgung, den das Lied heraufbeschwört, durchbrochen werden kann.

Literatur

Bauer, Michael: Art. Erich Fried, in: Jens, Walter (Hrsg.): Kindlers Neues Literaturlexikon. Bd. 5. München 1989. 827–831.

Fried, Erich: Zur Erklärung, in: Befreiung von der Flucht. Gedichte und Gegengedichte. Hamburg/Düsseldorf [1]1968. 5f.

Kaukoreit, Volker/Wagenbach Klaus (Hrsg.): Erich Fried. Gesammelte Werke. Gedichte 1. Berlin 1994. 552.

Kaukoreit, Volker/Wagenbach, Klaus (Hrsg.): Erich Fried. Gesammelte Werke. Gedichte 2. Berlin 1994. 117.

Kruse, Joseph A. (Hrsg.): Einer singt aus der Zeit gegen die Zeit. Erich Fried. 1921–1988. Materialien und Texte zu Leben und Werk. Darmstadt 1991.

Sachslehner, Johannes: Art. Fried, in: Killy, Walther (Hrsg.): Literaturlexikon. Autoren und Werke deutscher Sprache. Bd. 4. München 1989. 11–13.

Thunecke, Jörg: Art. Fried, Erich, in: Kilcher, Andreas B. (Hrsg.): Metzlerlexikon der deutsch-jüdischen Literatur. Jüdische Autorinnen und Autoren deutscher Sprache von der Aufklärung bis zur Gegenwart. Stuttgart/Weimar 2000. 155–158.

Weber-Kellermann, Ingeborg: „Das Buch der Weihnachtslieder". 151 Deutsche Advents- und Weihnachtslieder. Kulturgeschichte, Noten, Texte, Bilder. Mainz u.a. 1982.

Epiphanie

Dominik Fugger

Es führt drei König Gottes Hand

**Köln 1621*

1.
Drey König führt die Göttlich Hand /
mit einem Stern auß Morgenland /
Zum Christkind / durch Jerusalem /
In einem Stall nach Bethlehem /
  Gott führ vns auch zu diesem Kind /
  Vnd mach auß vns seyn Hoffgesind /

2.
Die König waren Weißheit voll /
Im Himmels lauff erfahren wol /
Vnd gleich als Brüder alle drey /
Sich gaben in ein Compagney
  Gott samble Cölln / durch deine Krafft
  Jn diese jhre Brüderschafft /

**Würzburg 1622*[1]

1.
Es führt drey König Gottes hand /
Mit einem Stern auß Morgenlandt /
Zum Christkind / durch Jerusalem /
Jn einen Stall nach Bethlehem /
  Gott führ vns auch zu diesem Kind /
  und mach auß vns sein Hoffgesind.

---

1 Nach der Edition bei Härting, Spee, 207 ff.

3. Der Stern war groß vnd wunder schon / Im Stern ein Kind mit einer Kron / Ein gülden Creutz sein Scepter war / Vnd alles wie die Sonne klar / O Gott erleucht vom Himmel fern / Die gantze Welt mit diesem Stern /	2. Der Stern war groß / vnd wunder schon / Jm Stern ein Kind mit einer Kron / Ein gülden Creutz sein Scepter war / Vnd alles wie die Sonne klar / O Gott erleucht vom Himmel fern / Die gantze Welt mit diesem Stern.
4. Auß Morgenland in aller eyl / Kaum dreyzehen tag vil hundert Meyl / Berg auff / berg ab / durch reiff vnd schnee Gott suchten sie durch Meer vnd See. Gott laß vns auch nit werden hart / Kein Kyrchengang noch Römerfahrt /	3. Auß Morgenlandt in aller eyl / Kaum dreyzehn Tag viel hundert Meyl / Berg auff / Berg ab / durch Reiff vnnd Schnee Gott suchten sie durch Meer vnd See. Zu dir o Gott kein Pilgerfahrt / Noch Weg noch Steg laß werden hart.
5. Herodes nit ein halbe stund / In seinem Hoff sie halten kund / Jerusalem sie lassen stehn / Vnd eylends fort zur Krippen gehn. Gott laß vns auch nicht halten ab Vom guten Weg bis zu dem Grab /	4. Herodes sie kein Vhr noch Stundt / Jn seinem Hoff auffhalten kundt / Deß Königs Hoff sie lassen stehn / Geschwind / geschwind zur Krippen gehn. Gott laß vns auch nit halten ab Vom guten Weg bis zu dem Grab.
6. So bald sie kamen zu dem Stall / Auff jhre Knie sie fielen all / Da Schätz herauß vnd Kisten auff / Gold weyrauch / myrr mit gantzem hauff / O Gott nimm auch an vnser Gut / Hertz / Leib vnd Seel / gut ehr vn blut /	5. So bald sie kamen zu dem Stall / Auff jhre Knie sie fielen all / Dem Kind sie brachten alle drey / Gold: Weyrauch : Myrrhen / Specerey. O Gott nimm auch von uns für gut / Hertz / Leib vnd Seel / Gut / Ehr vn Blut.
7. Mit Weyrauch vnd gebognem Knie / Erkandten sie die Gottheit hie / Mit Myrrhen seine Menschheit bloß / Mit rothem Golt ein König groß. Gott halt vns auch bey diesem Sinn / Kein Ketzerey laß schleichen in /	6. Mit Weyrauch vnd gebognem Knie / Erkanten sie die Gottheit hie: Mit Myrrhen seine Menschheit bloß / Vnd mit dem Gold ein König groß. O Gott halt vns bey dieser Lehr / kein Ketzerey laß wachsen mehr.
8. Maria hieß sie wilkomm sein / Legt jhn jhr Kind ins Hertz hinein / Daß trug sie im Hertzen mit / Kein ander Schätz begehrten nit / O Jungfraw rein / du Göttlich Thron / Vns auch ins Hertz leg deinen Sohn /	7. Maria hieß sie wilkom sein / Legt jhn jhr Kind ins Hertz hinein / Das war jhr Zehrung auff dem Weg / Vnd frey Geleit durch Weg vnd Steg. Gott geb vns auch das Himmelbrod / Am letsten Zug / zur letsten Noth

9.
Mit solchem Zehrgelt wol versehn /
Zum Vatterland sie frölich gehen /
Ihr Zehrung daß süß Kindle war /
Ihr frey Geleit ein Engel Schar /
Gott geb vns auch am letzten zug /
Die zehrung / vnd solch Schützen gnug.

10.
Danck Gott O Cölln / du edle Stadt /
Der dir die König geben hat /
Dich krönen sie vnd zieren fein /
Vnd werden dein Patronen seyn /
Gott / dir sey danck / lob / preiß vnd ehr /
Durch sie steht Cölln in wahrer lehr.

1 Zur Edition

Das Kölner Verlagshaus Quentel brachte im Jahre 1599 ein Gesangbuch heraus: *Alte Catholische / Geistliche Kirchen= / geseng auff die fürnemste Feste, Auch in Prozessionen, / Creutzgängen vnd Kirchenfährten: bey der H. Meß, Predig, in / Heusern vnd auff dem Feld zu= / gebrauchen sehr nützlich* (**Köln 1599*). In rascher Folge erlebte dieses Buch mehrere Auflagen. Im Jahre 1615 gab der anonyme Herausgeber dem unverändert immer wieder abgedruckten Kernbestand erstmals einen Liedanhang bei, der 1621 nochmals erweitert wurde. Unter den neuen Liedern dieses vermehrten Anhangs findet sich zum ersten Mal *Drey König führt die göttlich Hand*. Die Orthographie der Edition folgt dem unveränderten Nachdruck des Jahres 1625, sie ist in der folgenden Besprechung dagegen weitgehend normalisiert.

Der Name des Buches ist, natürlich, Programm: Nicht nur in der Kirche, sondern weit darüber hinaus als ständige Begleiter bei der Arbeit und in Mußestunden sollten die darin versammelten Lieder und Gesänge sich anbieten, so das ehrgeizige Ziel des Speyrer Bischofs Eberhard von Dienheim. In dieser Weise alle Lebensbereiche geistlich durchdringen zu wollen, das war ganz jesuitisch gedacht, und so war es nur folgerichtig, daß bei der Schaffung der dazugehörigen Literatur ein jesuitisches Gesangbuch Pate stand: Bereits 1594 war in Konstanz bei Gemperlin „eines der ersten Jesuitengesangbücher der Gegenreformation" (**Konstanz 1594*) erschienen; bedeutende inhaltliche Übernahmen weisen das Quentelsche Reihengesangbuch als dessen geistigen Abkömmling aus.[2]

Ganz anderer Art ist die zweite Quelle: Johann Volmar verlegt 1622 eine Sammlung von 28 Liedern auf die Weihnachtszeit (**Würzburg 1622*), die sich in fünf „Tractätl" gruppieren. Zu jeder dieser fünf Abteilungen deutscher Lieder gibt es lateinische Anmerkungen; und das Ganze steht unter

---

2 Dazu im einzelnen Härting, Spee, 22, dort auch das Zitat.

dem Titel „PSALM XLIV. [...] Il più bello del mondo. / das Allerschönste Kind / in der Welt [...]“.

Über den Zweck der gleichfalls anonymen Veröffentlichung klärt ein Motto zu Beginn auf: „Wer Christus sey/ hie fleissig such/ kurtz alles steht in diesem Buch.“ Nicht als Gesangbuch im herkömmlichen Sinne, sondern als eine Zusammenstellung von Liedern für den katechetischen Unterricht, als Katechismus in Liedern ist diese Schrift also gedacht.[3] Die kurzen lateinischen „Notae“ zu den einzelnen Liedern stammen vermutlich vom Autor selbst. Inhaltlich bieten sie nicht viel mehr als weiterführende Literaturhinweise und kurze Zitate, die überwiegend aus Sebastian Barradas' „Commentarii in Concordiam et Historiam Evangelicam“[4] und von anderen zeitgenössischen Autoren stammen.[5] Dennoch sind die Kommentare wichtig, weil sie Auskunft über die benutzten Quellen geben und zugleich darauf hinweisen, wie das Lied verstanden werden sollte.

2 Melodie

Bereits bei seinem ersten Erscheinen steht das Lied zu der hier abgedruckten Melodie. Der Komponist ist unbekannt. Corner kombiniert die Verse in seiner **Nachtigall* 1649 und **Davidischer Harmonia* 1659 mit Ulenbergs Melodie zum 31. Psalm. Eine dritte Weise findet sich im *Gesang= und Gebetbuch für die Erzdiöcese Köln* (**Köln 1880* ff.).

Die heutigen Diözesanteile zum **Gotteslob* entscheiden sich in ihrer Mehrzahl für die Kölner Vertonung (Aachen, Köln, Osnabrück und daher Hamburg). Fulda und Berlin bringen die Originalmelodie, Essen beide Singweisen alternativ. In Mainz und Münster haben sich Lokaltraditionen durchgesetzt.

Die Aufmerksamkeit gilt im Folgenden der Melodie des Erstdrucks. Beginnen wir mit einem kurzen Blick auf die Charakteristika der sechs Zeilen im ersten Kirchenton: Auffällig ist zunächst die dreimalige Wiederholung des Grundtones gleich zu Beginn mit daran anschließendem Quintsprung zur Dominante. Am Ende der zweiten Zeile markiert die Rückkehr zur Finalis eine deutliche Zäsur, die der Text an dieser Stelle nicht unbedingt erfordert. Die folgenden Zeilen drei und vier umspielen den Rezitationston (d) in Terz- und Sekundschritten, bis dann die letzten beiden Zeilen etwas abgedämpft auf den Grundton zurückführen. Somit erhält man einen dreiteiligen Aufbau, wobei allerdings die Zeilen fünf und sechs zur Wiederholung gekennzeichnet sind. Längen und Kürzen wechseln einander regelmäßig ab, ohne daß dieser Grundsatz streng durchgehalten würde.

---

[3] Zur Gattung im allgemeinen und zu diesem Buch im bes. vgl. Franz, O Heiland, 182. Außerdem Härting, Spee, 20 ff.

[4] Coimbra 1599, Mainz 1601. Der umfangreiche Kommentar des Jesuiten hat viele Folgeauflagen erlebt.

[5] van Oorschot bei Härting, Spee, 55 ff.

Über die Herkunft der Melodie ist nichts bekannt.[6] Wagen wir einen Annäherungsversuch auf Umwegen: Der Liedanhang zum Kölner Gesangbuch aus dem Jahre 1621 (**Köln 1621*) enthält neben dem Erstdruck von *Es führt drei König Gottes Hand* ein weiteres weihnachtliches Legendenlied in der gleichen sechszeiligen Strophenform: „Ein newes Gesang von etlichen mirackln vnd wunderzeichen / so vmb die wunderbare Geburt Christi geschehen / in selbiger Melodey zu singen". „Selbige Melodey" ist die des davor abgedruckten lateinischen *Parvulus nobis nascitur*, einer Cantio, die wohl aus dem 15. Jahrhundert stammt[7]. Das Ganze lautet also:[8]

Bereits ein oberflächlicher Blick offenbart die enge Verwandtschaft dieser Zeilen mit der Melodie von *Es führt drei König Gottes Hand*. Musikalisch bedeutsam ist lediglich der Unterschied des jeweils dritten Intervalls (bei ‚König' bzw. ‚Sohn') beider Weisen: Das Dreikönigslied schwingt sich zur Quinte auf, sein melodisches Gegenstück setzt nur zum moderateren Terzsprung an. Daraus folgend erscheinen an wenigen Stellen weitere Intervalle vergrößert oder verkleinert, doch in den Melodieverlauf als solchen hat der unbekannte Bearbeiter nicht eingegriffen. Die Spitzentöne der Zeilen sind – bei verändertem Ambitus – noch genau an jeweils derselben Stelle, die charakteristischen Repetitionen zu Beginn der ersten und vierten Zeile sind

6 Härting, Spee, 45, der allerdings meint, daß „bis zum Beweis des Gegenteils angenommen werden darf", daß sie zum Zeitpunkt der Entstehung des Liedes bereits vorgelegen habe.

7 So jedenfalls Bäumker I, 351 (Nr. 94).

8 Abdruck nach Härting, Spee, 191 ff. (Nr. 44).

ebenso erhalten geblieben wie die Verteilung von Längen und Kürzen. Wie es scheint, hat man für das neue Dreikönigslied eine alte Melodie benutzt und lediglich ein wenig modifiziert.

Doch warum hat man überhaupt verändert? Kontrafakturen waren nichts Ehrenrühriges, weshalb also sich die Mühe machen, eigens kleine Veränderungen an einer bekannten und offenbar bewährten Weise anzubringen, die dabei anscheinend doch nicht so weit gehen sollten, daß man das Ergebnis als etwas wirklich Neues empfand?

Lieder werden niemals in den leeren Raum hineingeschrieben; das gilt für Text und Melodie gleichermaßen. Sie sind immer auch Produkte einer mehr oder weniger eingehenden Auseinandersetzung mit dem bereits Vorhandenenen, wollen je nach Standpunkt ihres Schöpfers eine Tradition fortsetzen oder ersetzen. So ist auch *Es führt drei König Gottes Hand* natürlich nicht das erste katholische Epiphanielied; es gab im Gegenteil deren bereits eine Menge, und einige davon waren über das Sternsingen weit verbreitet.

Der Humanist Christoph Schweher etwa schreibt für sein im Jahre 1561 erscheinendes Gesangbuch ein Lied mit fünfzeiliger Strophenform, dessen erste Zeile in Text und Melodie wie folgt lautet:[9]

Bedeutsamer allerdings ist das nächste: Nicht sehr viele geistliche Lieder haben die Volksläufigkeit des seit 1560 auf Flugblättern und später auch in Gesangbüchern nachweisbaren Ansingeliedes *Ich lag in einer Nacht und schlief* erlangt. Die erste seiner ebenfalls fünfzeiligen Strophen hebt so an:[10]

Beide Weisen zeigen nach anfänglicher Tonrepetition den typischen Quintsprung und den langsamen Abfall der ersten Phrase.[11]

Wenn man bedenkt, daß Kontrafakturen in der Regel vor allem den Zweck haben, neues Textgut mit Hilfe einer eingeführten Melodie leichter zu „transportieren", um einmal einen sprachwissenschaftlichen Jargonausdruck zu gebrauchen, so legt das eine Vermutung nahe: Der Anfang unserer Melodie könnte bewußt nach dem Vorbild dieses letztgenannten Liedes gebildet sein; dessen große Beliebtheit mochte es besonders für solch eine musikalische Trittbrettfahrt empfehlen.

---

9 Nach DKL III, 1,1, B37D.

10 Hier nach **Andernach 1608* bei Bäumker I, Nr. 107a.

11 Die auffallende Ähnlichkeit der Melodien von *Ich lag in einer Nacht und schlief* und *Es führt drei König Gottes Hand* bemerkt bereits Moser, Liedimmanenz, 120.

3 Textgestalt und Verfasserfrage

Der volksliedhaften Melodie entspricht eine schlichte Strophenform: Jeweils drei aufeinanderfolgende Reimpaare (aabbcc) aus jambischen Vierhebern bilden einen Sechszeiler von durchgängig männlicher Kadenz. So hat man vor allem im 16. Jahrhundert gedichtet; im 17. nimmt man die Strophe nurmehr für geistliche Lieder und volkstümliche Poesie.[12] Die anderen neuen Lieder aus **Köln 1621* und **Würzburg 1622* sind in ihrer überwiegenden Mehrzahl viel komplizierter - man ist versucht zu sagen: kunstvoller - gebaut als das auf den Dreikönigstag. Am nächsten steht noch das Legendenlied, dessen erste Strophe bereits im Zusammenhang mit der Melodie zu betrachten war. Möglicherweise war es gerade der leicht archaische Klang, der in diesen Fällen die Wahl der Form bestimmt hat: Wo Legenden erzählt werden, da darf es ein wenig altertümelnd tönen; im Verein überziehen Melodie und Versform das neue Dreikönigslied gewissermaßen mit einer künstlichen Patina.

Andererseits freilich haben wir es mit einer für damalige Verhältnisse hochmodernen Dichtung zu tun. Was unseren heutigen Lesegewohnheiten so selbstverständlich erscheint, daß nämlich im jambischen Vers unbetonte und betonte Silben einander regelmäßig abwechseln, wird erst drei Jahre nach dem Erscheinen unseres Liedes Martin Opitz zum Prinzip erheben. Sein Postulat einer konsequent akzentuierenden Metrik findet man hier - wie übrigens auch bei allen anderen Liedern der beiden genannten Gesangbücher - bereits durchgeführt, ebenso wie die Forderung, den Sprachrhythmus der deutschen Sprache dadurch zu respektieren, daß einer Hebung jeweils eine Senkung zu folgen habe.

Offenbar war hier ein Dichter am Werke, der ein feines Gespür für das besaß, was noch unausgesprochen literarisch in der Luft lag, und der zudem über das dichterische Vermögen verfügte, die neue Strömung umzusetzen und selbst entschieden zu befördern. Vor allem aufgrund dieses äußeren Merkmals hat sich die Forschung seit 1928 unwidersprochen auf den Jesuiten Friedrich von Spee festgelegt.[13] Hierfür sprechen vor allem der formbezogene Vergleich mit Spees späteren Liedschöpfungen und die Tatsache, daß der Dichter sein poetologisches Programm in der Vorrede einer seiner späteren Publikationen eigens zum Thema macht. Sicherheit in der Verfasserfrage läßt sich auf diese Weise indessen schwerlich gewinnen, denn natürlich mag es andere gegeben haben, die ihr poetisches Handwerk in gleicher Weise verstanden - gerade unter den avantgardistischen Jesuiten, die zudem untereinander in regem Austausch standen. So muß die Zuschreibung des Liedes an den prominenten Jesuiten einstweilen als Arbeitshypothese betrachtet werden, die gleichzeitig allerdings den Charakter

12 Vgl. dazu Frank, 484ff.

13 Gotzen, Neues über Spee, 356. Für die Argumentation im einzelnen und die Forschung seither vgl. Härting, Spee, 28 ff.

der Dichtung beschreibt. Auf mögliche Hinweise inhaltlicher Natur ist an entsprechender Stelle zurückzukommen.[14]

4 Inhalte

Inhaltlich folgen alle Strophen demselben Bauprinzip: Jeweils die ersten beiden Reimpaare tragen die Erzählung, das dritte bringt ein Gebet, das sich auf das Erzählte bezieht und als moralischer Appell an die Sänger zu lesen ist. Die Wiederholung der beiden Schlußzeilen steigert dessen Eindringlichkeit.

„Es führt drei König Gottes Hand mit einem Stern aus Morgenland" - der Beginn des Liedes markiert wie eine Überschrift das Thema: Im Mittelpunkt steht das traditionell-legendarische Geschehen um die Epiphanie Christi. Schon aus den zuvor betrachteten Gesangbüchern hat sich der katechetische Zweck dieser Dichtung ergeben, doch katechetisch bedeutet für Spee ganz offensichtlich nicht biblizistisch. Zwar ist das Motiv geläufig: Auch wir sind es gewöhnt, vom Erscheinungsfest als dem Tag der Drei Könige zu sprechen. Doch der einzige Schriftzeuge für die Epiphanie, Matthäus (2,1-13), weiß bekanntlich von der Huldigung mehrerer Sterndeuter, nicht jedoch von Königen noch von deren Dreizahl.

Bereits Origenes (185–253) scheint demgegenüber als selbstverständlich vorauszusetzen, daß der Magier drei gewesen seien.[15] Dahinter dürfte die Überlegung stehen, daß dreierlei verschiedene Gaben auf ebenso viele Überbringer schließen lassen. Es gab durchaus andere Traditionen - die syrische Kirche etwa hat lange an der Vorstellung von zwölf Weisen festgehalten - dennoch hat sich die naheliegende Dreizahl seit Leo dem Großen beinahe überall durchgesetzt. Deren symbolische Aufladung im Sinne einer Vertretung der drei Lebensalter bzw. Weltteile gehört späterer Zeit an und hat bei der Festlegung der Tradition keine Rolle gespielt.

Die Gleichsetzung der Magier mit Königen läßt sich ebenfalls schon früh beobachten. Sie entspringt der messianischen Deutung des 72. Psalms, in dessen zehntem und elftem Vers es heißt: „Die Könige von Tarschisch und von den Inseln bringen Geschenke, / die Könige von Saba und Seba kommen mit Gaben. Alle Könige müssen ihm huldigen." Tertullian scheint um die Wende vom zweiten zum dritten Jahrhundert erstmals die exegetische Verknüpfung mit den Weisen bei der Geburt Jesu hergestellt zu haben.[16] Der Gedanke fand im Osten wie im Westen Verbreitung und wird im Laufe des Mittelalters zu einer selbstverständlichen Vorstellung.

---

[14] Eine Diskussion der Verfasserfrage müßte neben äußeren auch innere Kriterien in den Blick nehmen. Vgl. u. Fußnote 26. Zum Ganzen vgl. die Ausführungen von Christiane Schäfer, *Laßt uns erfreuen,* in diesem Bande 581f.

[15] In Genesim Homilia XIV.3, PG 12 Sp. 238: Possunt quidem isti tres [...] figuram tenere Magorum, qui ex Orientis partibus veniunt.

[16] Adversus Marcionem lib. III, cap. 13, ed. Oehler, Tertullian, tom. II, 139.

Das biblische Zeugnis, die Besucher aus dem Orient seien μάγοι, d.h. Sterndeuter oder eben Magier gewesen, wurde demgegenüber schon bald als mißverständlich und daher erklärungsbedürftig angesehen. Das einflußreiche Opus imperfectum in Matthaeum stellt fest: „Magi enim apud illos non malefici, sed sapientes intelliguntur."[17] Wer mit dunklen Mächten umging, der sollte seine Rechtfertigung nicht in den Worten der Heiligen Schrift finden. Nicht bei Begriffsdefinitionen beläßt es eine Handschrift aus dem fünfzehnten Jahrhundert; sie bietet eine ganz eigene, nachgerade textkritisch anmutende Erklärung für das Auftreten von „Zauberern":

> „Da sprachen die haiden die der geschrifft nit weszten, das Cristus solt geporn werden, und das die heyligen drey kung wern zauber, dar zu sy die juden auch fast weyszten, die doch wol westen, dz Cristus solt geporn werden. Dasz teten sy in grossem hasz vnn neyd. Dasz belaib also, bisz cristus ward gemartert vnn von dem Tod erstund. Da kam es erst in ein gewonhait, dasz man sy nannt die heyligen drey kung an (= ohne) allen zweifel."[18]

Vor diesem Hintergrund wird verständlich, weshalb die lateinischen Glossen des Würzburger Liedkatechismus zwar keine direkte Erklärung zur Verwandlung der Sternkundigen in ein Königstrio abgeben, dafür jedoch einiges über die Unterscheidung zweier unterschiedlicher Formen der Zauberei - „duo magiae fastigia" - mitzuteilen haben.[19] Deren eine sei demnach berüchtigt ob ihrer Händel mit unreinen Geistern, deren andere habe allerdings als höchster Gipfel vorchristlicher Philosophie zu gelten. In Zeiten des organisierten Kampfes gegen die Zauberei mußten solche Klärungen noch weniger entbehrlich erscheinen als in früheren Jahrhunderten - selbst wenn im bezogenen Lied die Magie eigentlich gar nicht vorkommt.

Die zweite Strophe der Originalfassung belegt immerhin, daß die Könige, „Weisheit voll, im Himmelslauf erfahren wohl", nicht ganz von ungefähr auf den Stern aufmerksam wurden. Allerdings tilgt die Zeilen bereits der Verfasser für den Würzburger Neudruck; der lokale Bezug und das Bemühen um eine Kürzung des Liedes dürften zu dieser Entscheidung geführt haben. Jedenfalls greift bis heute keiner der zahlreichen Bearbeiter die Stophe wieder auf. Ihr gänzliches Verschwinden ist nach der veränderten Eingangszeile ein weiteres Zeugnis für die große Wirkung des Würzburger Liedkatechismus.

Auf das Konto moderner Liedredaktion geht der Verlust der dritten Strophe: Sie findet sich in keinem der acht diözesanen Eigenteile zum **Gotteslob*, obwohl sie bis ins neunzehnte Jahrhundert zum Grundbestand des Liedes gehörte. Offenbar hat die heute nicht mehr geläufige Beschreibung des Sterns Anstoß erregt.

Das Sternmotiv ist in der theologischen Literatur so vielfältig ausgedeutet worden, daß man mit einigem Recht die Lichterscheinung als das eigent-

---

17 Hom. II. PG 56, Sp. 637.

18 Cod. germ. 504 der Bayerischen Staatsbibliothek München, zit. nach Kehrer, Heilige Drei Könige, Bd. I, 87f.

19 Bei Härting, Spee, 215.

liche Faszinosum ansehen kann, das die alte Kirche als sichtbares Zeichen mit der Epiphanie verband. Das Licht des Sternes steht für das Licht der Welt, das Licht zur Erleuchtung Jerusalems und der Heiden - also für Christus selbst. Ausdruck dieser Vorstellung ist das Bild des Kindes im Sterne, das erstmals in einer vermutlich zoroastrischen Schrift zu finden ist, aus der das Opus imperfectum zitiert[20]. Mit dem Hinweis auf dessen anonymen Verfasser und Johannes Chrysostomos rechtfertigt denn auch der Liedautor seine schon damals nicht mehr selbstverständliche Darstellung.[21] Nach einer über tausendjährigen Rezeptionsgeschichte ist er einer der letzten, der das Bild vom Christuskind im Stern, angeregt durch Sebastian Barradas, nochmals aufgreift. Bereits Jacobus de Voragine hatte es am Ende des 13. Jahrhunderts in der Legenda aurea verarbeitet, und einige Jahrzehnte später folgt ihm Johannes von Hildesheim in seiner „Historia trium regum", einem vielgelesenen Buch, das gewissermaßen als mittelalterliches Standardwerk in Dreikönigsangelegenheiten gelten kann.

Der Zug der Heiligen Drei Könige. Tympanon des Südwestportals am Ulmer Münster, um 1380. Links oben der Stern mit Kreuz und Christuskind. (Foto: Autor)

Die vierte Strophe berichtet von der erstaunlichen Reisegeschwindigkeit der drei Gottsucher. Setzt man die Erscheinung des Sterns mit dem Datum der Geburt Christi in eins, dann ergibt sich bis zur Ankunft der Magier eine Frist von dreizehn Tagen. In der Legenda aurea heißt es dazu unter Berufung auf Hieronymus:

20 Opus imperfectum in Matthaeum Hom. II., PG 56, Sp. 637 ff.

21 Glosse Härting, Spee, 215.

> „Sie ritten auf Tieren, die so schnell sind, daß sie an einem Tag so weit laufen wie ein Pferd in dreien; davon haben sie den Namen dromedarius, das heißt Laufkraft, von dromos ‚Lauf' und ares ‚Kraft'."[22]

Nicht alle mittelalterlichen Autoren sahen das Verdienst bei den Kamelen, denn:

> „wan got alle ding muglich seyen zu tun wan da got in der alten Ee den propheten in ainen augenplick furt von Judea pisz gen Babilonia zu Daniel, da wz hundert tagwait dar zwischen, der selb got wz auch gewaltig, da sich die new Ee anging, daß er dieselben kunig in dreyzehen tagen furt von Orient pis gen Bethleem on all irrung."[23]

Auf die Schilderung der großen Wallfahrt folgt die Mahnung zur kleinen: „Gott laß uns auch nit werden hart / kein Kirchengang noch Römerfahrt". Es war schon damals ein beliebtes Verfahren, moralische Appelle in das Gewand eines Gebetes zu kleiden. Die „Römerfahrt" meint eine besondere Kölner Wallfahrt zu den sieben Hauptkirchen der Stadt und hat von dem römischen Vorbild ihren Namen.[24] Für die Würzburger Fassung ist der Bezug auf den lokalen Brauch gestrichen und die Formulierung ins allgemeine geweitet.

Das Geschehen vor Herodes bietet Gelegenheit für die im Barock beliebte Gegenüberstellung von weltlichem Reichtum und göttlicher Armut. Was schon in der Kölner Urfassung angelegt ist, schärft der Dichter nochmals für den Liedkatechismus: „Des Königs Hof" ersetzt „Jerusalem" und betont den Gegensatz zur scheinbar wenig königlichen, ärmlichen Krippe. Die Weisen lassen sich von weltlichen Bequemlichkeiten „kein Uhr noch Stund" von ihrem geistlichen Ziel abhalten, das wollen diese Zeilen vermitteln. Friedrich Spee, ihr mußmaßlicher Verfasser, läßt ein anderes, allerdings ebenfalls anonym überliefertes Weihnachtslied mit den lehrhaften Worten anheben: „Schau Christ, wie Christus hab veracht / die Welt, der Welt Gut, Ehr und Pracht."[25] Dem entspricht die Gestaltung dieser Szene. Wie deutlich hier ein pädagogischer Gedanke mitgesprochen hat, wird klar, wenn man sich die Verarbeitung des biblischen Materials vor Augen führt. Hatte der Dichter zuvor zwei Verse des Berichtes bei Matthäus (2,1–2) mit legendenhaften Ausschmückungen auf vier Strophen ausgedeht, braucht er für die Ereignisse vor Herodes - immerhin sechs Verse (Mt 2,3–8) - nur einen kurzen Satz. Der jedoch verrät kleine, aber entscheidende Freiheiten gegenüber der biblischen Vorlage: „Herodes nicht ein halbe Stund[26] in seinem Hof sie halten kunnt" - das klingt ganz so, als habe der König seine Gäste zum Säumen verleiten wollen. Der Wortlaut bei Matthäus freilich ist ein

---

22 Vgl. die Legenda Aurea in der Übersetzung von Benz, 105.

23 Cod. germ. 504 wie Fn. 18, 85.

24 Vgl. Härting, Spee, 266.

25 In *Würzburg 1622 als 43. Lied. Bei Härting, Spee, 188f.

26 Ein Jahr später wird daraus: „kein Uhr noch stund". Die eigenartige Wendung findet sich auch in der 4. Strophe von *Tu auf, tu auf du schönes Blut* und damit in einem Lied, das mit Sicherheit von Spee stammt. Vgl. Kurzke, *Tu auf, tu auf* in diesem Bande 181.

anderer. Herodes selbst ist es, der die Weisen nach Betlehem schickt, bekanntlich mit der Auflage, zurückzukehren und Bericht zu erstatten (Mt 2,8). Die Darstellung der Drei Könige als vorbildhafter, unbeirrbarer Gottsucher erfordert leichte Retuschen.

Ganz biblisch wird das Lied mit der Huldigungsszene in Str. 6. Von Gold, Weihrauch und Myrrhe berichtet bereits der Evangelist (Mt 2,11). Die Emphase („Da Schätz' heraus und Kisten auf, Gold, Weihrauch, Myrrh' mit ganzem Hauf") der ersten Kölner Fassung ist für den Liedkatechismus ein wenig gedämpft, und die um des Reimes willen hinzugekommenen Spezereien muß man als zusammenfassenden Oberbegriff lesen, sonst hapert es mit dem Übergang zur darauffolgenden spirituellen Deutung der Gaben. Die nämlich erstreckt sich selbstverständlich nur auf die drei biblischen, nicht auf allfällige Zutaten des Dichters. Solcher gleichnishafter Ausdeutungsversuche gab es eine Menge; der Autor entscheidet sich für dasjenige Bild, das durch sein Vorkommen in der tridentinischen Liturgie eine gleichsam kanonische Geltung besaß[27] und dabei zu den frühesten Motiven überhaupt in der patristischen Behandlung des Evangelienberichts gehört. Bereits im 2. Jahrhundert formuliert Irenäus von Lyon:

> „Murra quidem, quod ipse erat, qui pro mortali humano genere moreretur et sepeliretur; aurum vero, quoniam rex, cuius regni finis non est; tus vero, quoniam Deus, qui et notus in Iudaea factus est et manifestus eis, qui non quaerebant eum."[28]

Spiritualisierende Assoziationen wie diese sind stets in irgendeiner Weise aus dem Leben gegriffen und damit nur demjenigen plausibel oder wenigstens verständlich, der über den kulturellen Erfahrungsschatz verfügt, aus dem sich das Bild speist. Die königliche Kostbarkeit des Goldes und die kultische, namengebende Verwendung des Weihrauchs, beides birgt auch noch der unsere, nach immerhin 1800 Jahren. Was allerdings Jesu „Menschheit bloß" mit der Myrrhe zu tun haben soll, mag bereits jesuitischen Katechismusschülern rätselhaft gewesen sein. Den wichtigsten Hinweis zur Erklärung liefert indessen Irenäus selbst: Die menschliche Natur Jesu findet ihren vornehmsten Ausdruck in seinem Sterben. Verfolgt man diese Spur weiter, stößt man auf die Bestattungsgewohnheiten der Spätantike. Insbesondere bei den Römern war es Sitte, vor der üblichen Einäscherung den Leichnam oder den Scheiterhaufen mit dem wohlriechenden Harz zu belegen. Wer damit vertraut war, der mußte den Duft der Myrrhe gewissermaßen als Friedhofsgeruch empfinden.[29]

---

27 So heißt es im 9. Responsorium der Matutin von Epiphanie des Breviarium Romanum 1568: „Tria sunt munera [...] et habent in se divina mysteria: In auro, ut ostentatur Regis potentia: in thure, Sacerdotem magnum considera: et in myrrha, Dominicam sepulturam."

28 „Adversus Haereses", lib. III, cap. 9,2, FC 8, III, 76 f.

29 Z.B.: Martial, Epigramme XI, 54: „olentem funera murram", vgl. auch ebd. X, 97; Tacitus, Annalen, VI, 28.

Ein Dichter des Barock konnte das alte Bild für Jesu Gottheit, Königtum und Menschheit zum Bekenntnis für den alten Glauben wenden - der sich in den gleichnishaft gefaßten Inhalten freilich wenig von dem neuen, lutherischen unterscheidet. Dennoch: „O Gott halt uns bei dieser Lehr / kein Ketzerei laß wachsen mehr", das ist der Tonfall der Gegenreformation, hier in der noch etwas verschärften Würzburger Fassung.

Die achte und neunte Strophe der ursprünglichen Version zieht der Verfasser für den Wiederabdruck geschickt zu einer einzigen zusammen. Er verzichtet dabei auf den ausdrücklichen Verweis auf die Jungfräulichkeit Mariens und die Vorstellung von einer schützenden Engelschar. Dafür verschwindet auch die überflüssige Doppelung von „Zehrgeld" und „Zehrung" und die abermalige Einschärfung der Tatsache, daß die Besucher an der Krippe keine weltlichen Schätze begehrten. Statt dessen entsteht ein allerdings recht dichtes Gefüge. Als Gegengabe für Gold, Weihrauch und Myrrhe erscheint die persönliche, liebende Beziehung zu dem Gotteskind. Die Weisen kommen als Suchende und gehen als Liebende; denn ihnen ist ein Gott erschienen, der nicht nur angebetet, sondern ebenso geliebt werden will. Dafür ist er ihnen selbst „frei Geleit" und ihren Nachfolgern Beistand „am letzten Zug". Mit der Bitte um das letzte Unterpfand dieser Liebe am Ende des eigenen Lebens läßt der Dichter die Sänger schließen.

Nicht in den Liedkatechismus übernimmt er die ursprünglich letzte Strophe mit ihrer starken lokalen Bindung. Köln war das Zentrum der Dreikönigsverehrung, seitdem ihre Gebeine im Jahre 1164 von Mailand dorthin überführt worden waren. Ihr hoher Stellenwert läßt sich diesen Zeilen ablesen.

Wirksam geworden ist vor allem die überarbeitete Würzburger Fassung des Liedes, die sich, der lokalen Bezüge entkleidet, weit im deutschsprachigen Katholizismus verbreitete. Neben der ununterbrochenen Überlieferung in Gesangbüchern von 1623 bis zu den diözesanen Eigenteilen zum **Gotteslob* hat einst auch das Sternsingen seinen Teil zur Popularität der Speeschen Dichtung beigetragen.[30]

Uns Heutige, die wir nicht mehr daran gewöhnt sind, Glaubenswahrheiten in Form von Legenden auszudrücken, werden manche der betrachteten Strophen etwas sperrig ankommen. *Es führt drei König Gottes Hand* ist allerdings ein dichtes Lied, das keine Leerstellen läßt. Überall dort, wo es möglich ist, das Singen mit dem Nachdenken über das Gesungene zu verbinden, mag diese Schwierigkeit als Empfehlung gelten.

Literatur

FC = Fontes Christiani. Hrsg. von N. Brox u.a. Freiburg 1900ff.

DKL III = Das deutsche Kirchenlied. Kritische Gesamtausgabe der Melodien. Abteilung III. Vorgelegt von Joachim Stalmann. Bearbeitet von Karl-Günther Hartmann und Hans-Otto Korth. Kassel 1993ff.

---

30 Nachweise bei Siuts, Ansingelieder, Nr. 41.

PG = Patrologia Graeca. Ed. J. P. Migne. Paris 1857ff.

Bäumker, Wilhelm: Das katholische deutsche Kirchenlied in seinen Singweisen von den frühesten Zeiten bis gegen Ende des siebzehnten Jahrhunderts. Auf Grund handschriftlicher und gedruckter Quellen bearbeitet von Wilhelm Bäumker. 4 Bde. Freiburg im Breisgau 1883-1911 (Reprint Hildesheim 1962).
Benz, Richard (Hrsg.): Die Legenda aurea. Darmstadt 1997 (Heidelberg 1955).
Frank, Horst J.: Handbuch der deutschen Strophenformen. 2., durchgesehene Auflage. Tübingen/Basel 1993.
Franz, Ansgar: *O Heiland reiß die Himmel auf*, in: Geistliches Wunderhorn. Große deutsche Kirchenlieder. Hrsg., vorgestellt und erläutert von Hansjakob Becker/Ansgar Franz/Jürgen Henkys/Hermann Kurzke/Christa Reich/Alex Stock. München 2001. 181–192.
Gotzen, Joseph: Neues über Friedrich von Spee und das deutsche Kirchenlied, in: Musica Sacra 58 (1928) 356–360.
Härting, Michael: Friedrich Spee. Die anonymen geistlichen Lieder vor 1623. Berlin 1979.
Kehrer, Hugo: Die Heiligen Drei Könige in Literatur und Kunst. Leipzig 1908.
Moser, Diez-Rüdiger: Liedimmanenz und Brauchgeschichte, in: Irmgard Hampp/ Peter Assion (Hrsg.): Forschungen und Berichte zur Volkskunde in Baden-Württemberg 1971–1973. 105-133.
Siuts, Hinrich: Die Ansingelieder zu den Kalenderfesten. Göttingen 1968.

Bernhard Einig

Nachdem dein Stern in Betlehem erschienen

1. Nachdem dein Stern in Betlehem erschienen –
wo bleibt dein Licht in unsrer dunklen Zeit?
Was soll uns eine Weihnachtsbotschaft dienen
als Kunde bloß aus der Vergangenheit?

2. Der Stern, wollt ich mich seinem Licht zuwenden,
müßt über mir am eignen Himmel stehn,
weil dann das Licht, von dem die Schriften künden,
mir helfen würde, meinen Weg zu sehn.

3. Nachdem die Boten auf dem Felde sangen
vom Frieden Gottes, der auf Erden gilt,
ist all dies nun vergessen und vergangen
in einer Welt, von Haß und Angst erfüllt?

4. Komm du zu uns, weil wir zu dir nicht finden.
Schenk dein Licht allen, die im Finstern gehn.
Und laß all das, wovon die Engel künden,
jetzt noch einmal und nur an uns geschehn.

5. Noch einmal lasse Engelscharen singen.
Noch einmal führe uns zu deinem Kind.
Wovon wir träumen, laß es uns gelingen.
Schenk uns den Frieden, der in dir beginnt.

Druckvorlage

Der Text stammt von Georg Schmid (1976 [a] / 1994 [b]); die Melodie von Maria Loohuus (1976) und wurde dem *Gesangbuch der Evangelisch-reformierten Kirchen der deutschsprachigen Schweiz* (**RG*), Basel-Zürich 1998, (RG 427) entnommen.

1 Entstehung

1.1 Textautor

Der Autor des Liedes, Prof. Dr. Georg Schmid (*1940), ist reformierter Pfarrer in Greifensee, Titularprofessor für Religionswissenschaften an der Universität Zürich und als Leiter der evangelischen Informationsstelle „Kirchen, Sekten, Religionen" in Greifensee tätig. Schmid ist Verfasser von Publikationen zur Mystik und Spiritualität der Religionen und religiösen Gemeinschaften; daneben hat er mehrere Gedichtbände herausgegeben. Einige seiner Gedichte sind als Kirchenlieder für die Gesangbücher der Evangelisch-reformierten Kirchen (RG 39, 50, 427, 429, 430) sowie die Katholische Kirche der Schweiz (KG 351) vertont worden.

1.2 Liedautorin

Maria Loohuus (*1925, †1996), die Schöpferin der Melodie, erhielt ihre Ausbildung als Musikerin in Basel. Im Anschluß daran war sie als Musikpädagogin, Chorleiterin, Autorin und Komponistin in der Westschweiz tätig. Aus ihrer Feder stammt eine Textübertragung im **RG*,[1] sowie eine weitere Melodie des **RG*.[2]

1.3 Entstehungskontext

Die ersten vier Strophen des Liedes wurden im Spätherbst 1976 unter dem Eindruck eines hiobartigen Ereignisses im unmittelbaren Umfeld des Textautors zur Vorbereitung der Jahresschlußfeier einer Kirchengemeinde in der Schweiz verfaßt. Der zunächst nur für einen internen Kreis geschriebene Text wurde noch in demselben Jahr vertont und als Kirchenlied einem größeren Kreis zugänglich gemacht.[3] Im Zusammenhang mit dem Herausgabe des neuen evangelischen Kirchengesangbuchs der reformierten Kirchen in der Schweiz (**RG*) fügte Georg Schmid 1994 eine fünfte Strophe an.

---

1 *Nun kommt das große Blühen* , nach dem schwedischen Lied *Den blomstertid nu kommer*.

2 Die Melodie zu *Das Volk, das noch im Finstern wandelt* (RG 375).

3 Der Autor merkt an, daß er zwar zuvor schon vereinzelt Verse geschrieben habe; dieses Lied sei aber sein erster „eigentlicher Text zu einem Kirchenlied" gewesen (Georg Schmid in einer persönlichen Mitteilung vom 14. Januar 2002).

2 Textgestalt

2.1 Textfassungen

Der ursprüngliche Text umfaßte insgesamt zwei Langstrophen mit jeweils acht Zeilen.[4] Hierbei war jeweils die zweite Zeile um zwei Silben kürzer:

- „wo bleibt dein Licht in unsrer Zeit"
  (statt: „wo bleibt dein Licht in unsrer **dunklen** Zeit" [1,2])
- „vom Frieden, der auf Erden gilt"
  (statt: „vom Frieden **Gottes**, der auf Erden gilt" [3,2]).

2.2 Poetische Struktur (Metrik)

In seiner heutigen Gestalt umfaßt das Lied fünf gleichmäßig gebaute Strophen. Jede Strophe umfaßt vier Zeilen im Wechsel von elf und zehn Silben (Schema: 11–10/11–10). Die Silben sind nach dem Schema a - b : a - b gereimt. Unregelmäßigkeiten in der Metrik sind nicht vorhanden.

Auffallend ist der zweimalige Strophenanfang mit „Nachdem" (1,1 und 3,1). Diese heute im Lied auseinander stehenden Anfänge bildeten im ursprünglichen Text die Anfänge der beiden Langstrophen; es handelt sich also um ein bewußtes Stilmittel.

Auffallend ist ferner die dreimalige Assonanz „Noch einmal" am Ende der vierten und am Anfang der fünften Strophe. Auch hier dürfte es sich um ein bewußtes Stilmittel handeln, um die nachträglich angefügte fünfte Strophe eng mit dem voranstehenden Text zu verzahnen.

2.3 Syntaktische und grammatische Strukturen

2.3.1 Satzbau (Syntax)

Das fünfstrophige Lied reiht insgesamt elf Sätze aneinander, davon drei Frage- und sieben Imperativ- bzw. Optativsätze. Die Fragesätze finden sich ausschließlich in der ersten Hälfte des Liedes (Str. 1 + 3), die Imperativ- bzw. Optativsätze konzentrieren sich auf die beiden abschließenden Str. 4 und 5. Die zweite Strophe beinhaltet den einzigen Aussagesatz des Liedes, der zugleich - für dieses Lied singulär - im Konjunktiv verfaßt ist.

Strophenübergreifende Satzstrukturen sind nicht vorhanden; die Fragesätze umfassen entweder zwei (1,1-2; 1,3-4) oder vier Zeilen (3,1-4). Bei den Imperativ- bzw. Optativsätzen dominieren kurze, einzeilige Formen; lediglich 4,3–4 umfaßt zwei Zeilen.

Die die Str. 1 und 3 einleitenden Fragesätze sind in Form eines temporalen Relativsatzes („Nachdem ...") parallel formuliert. Als einzige Zeilen des Liedes enthalten diese beiden Sätze auch Vergangenheitsformen (1,1: Perfekt; 3,1: Imperfekt) und verstärken damit die formale Verbundenheit der Str. 1 und 3.

---

[4] Die heutigen Str. 1 + 2 sowie 3 + 4 bildeten jeweils eine Strophe.

2.3.2 Modale Bezüge (Grammatik)

Unter sprachlichen Gesichtspunkten wechseln im Liedtext Sprecher und Adressat des Liedes. Generell zeigt die grammatikalische Analyse eine Dominanz von Formen in der 1. Person Plural („wir"/„uns") zusammen mit der 2. Person Singular („du"/„dein"). Die entsprechenden Verben und Pronomina konzentrieren sich allerdings auf die erste und die beiden letzten Strophen (Str. 1,4 und 5). Deutlich heben sich davon die beiden übrigen Strophen ab: Die zweite Strophe führt die 1. Person Singular („ich"/„mein") ein, der die 3. Person Singular („er"/„sein") gegenüber steht. Hingegen kennt die mittlere Strophe 3 ausschließlich die 3. Person Singular bzw. Plural.

	1.pl	2.sg	3.sg/pl	1.sg
Str. 1	x	x	x	
Str. 2			*x*	*x*
Str. 3			*x*	
Str. 4	x	x	x	
Str. 5	x	x	x	

Fokussiert auf den Träger bzw. den Adressaten des Liedtextes, wird die besondere Stellung der Str. 2 und 3 noch deutlicher:

	Sprecher / Träger		**Adressat**	
Str. 1	1.pl	wir / uns / unsrer	2.sg	dein
Str. 2	*1.sg*	*ich / mir / mich / mein*	*3.sg*	–
Str. 3	–	–	*3.pl*	–
Str. 4	1.pl	wir / uns	2.sg	du / dir / dein
Str. 5	1.pl	wir / uns	2.sg	du / dir / dein

Nach dem einleitenden Dialog zwischen dem „Wir" und dem „Du" der ersten Strophe benennt das „Ich" der nachfolgenden beiden Strophen keinen Adressaten. Die Aussage der Str. 2 bzw. die Frage der Str. 3 hat kein Gegenüber, sie erscheinen selbstreflexiv. Die Str. 4 und 5 kehren hingegen wieder zur Dialogstruktur der einleitenden Strophe zurück.

2.3.3 Sprachliche Gesamtstruktur

Das Lied weist also eine durchbrochene Struktur auf: Der erste Teil (Str. 1 und 3) ist bestimmt von Fragen, an den sich Wünsche bzw. Bitten anschließen (Str. 4–5). Diese eigentlich klare zweiteilige Grundstruktur wird unterbrochen durch die zweite Strophe mit ihrer konjunktivischen Aussage. Auch bezüglich der modalen Bezüge ist ein Bruch zwischen den Str. 2 und 3 sowie den übrigen, in der klassischen Dialogform („Wir"/„Du") formulierten Str. 1, 4 und 5 erkennbar. Insgesamt ergibt sich somit eine zwar in sich abgerundete Gesamtstruktur des Liedes, die aber in ihrer Binnengliederung eine Reihe von Verschiebungen aufweist:

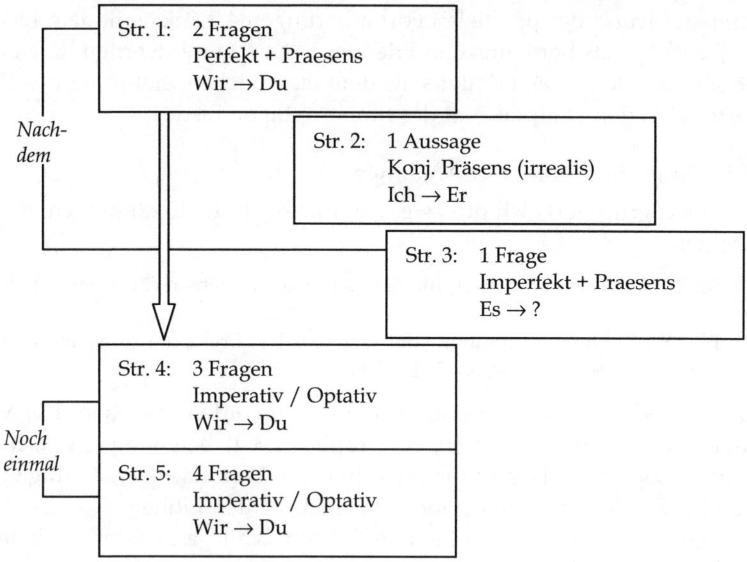

2.4 Motivebenen

Insgesamt sind sechs ausgeprägte Motivfelder (Isotopieebenen) zu verzeichnen:

Licht:	8x	Licht (1,2; 2,1.3; 4,2), Stern (1,1; 2,1), dunkle Zeit (1,2), Finsternis (4,2)
Verkündigung:	8x	Botschaft/Schriften (1,3; 2,3), Bote/Engel (3,1; 4,3; 5,1), Kunde/künden (1,4; 2,3; 4,3)
Friede:	4x	Friede (3,2; 5,4), Haß (3,4), Angst (3,4)
Orte:	7x	Himmel (2,2), Erde (3,2), Welt (3,4), Betlehem (1,1), Felder (3,1), wo (1,2) vgl. auch: zu/an uns (4,1.4), zu/in dir (4,1; 5,4), zu deinem Kind (5,2) im Finstern (4,2)
Zeit:	9x	Zeit (1,2), Vergangenheit/vergangen (1,4), vergessen (3,3), nachdem (1,1; 3,1), nun/jetzt (3,3; 4,1), noch einmal (5,1; 5,2)
Bewegung:	6x	kommen (4,1), zuwenden (2,1), stehen (2,2), gehen (4,2), führen (5,2), Weg (2,4)

Eine offenkundige Dominanz eines dieser Motivbereiche besteht nicht. Auffallend ist allerdings die Motivverteilung: Sowohl das Element der **Verkündigung** als auch das der **Zeit** durchziehen das gesamte Lied, finden sich in jeder Strophe. **Orts**bezeichnungen hingegen konzentrieren sich auf die ersten drei Strophen, wobei allerdings durch Begrifflichkeiten wie „zu uns", „zu dir", „zu deinem Kind" etc. die **Orts**metaphorik in gewisser Weise auch in den abschließenden beiden Strophen wiederkehrt. **Bewegungs**elemente prägen die Strophen 2 und 4 sowie partiell auch Strophe 5. Auffallend ist das Fehlen des **Licht**-Motivs in den Str. 3 und 5. Ausschließlich in diesen beiden Strophen findet sich hingegen das Motivfeld **Friede**. Daß der Autor die Begriffe „Licht" und „Friede" in gewisser Weise synonym[5] verwendet, kann aufgrund der parallelen Formulierungen 4,2 („Schenk dein Licht allen ...") und 5,4 („Schenk uns den Frieden, ...") vermutet werden. In jedem Fall erhält das Motiv des **Friedens** als dem eigentlichen Zielpunkt des Gesamttextes (5,4) den Hauptakzent des fünfstrophigen Liedes.

2.5 Biblische Zitate und Anklänge

Das Lied gruppiert sich um zwei zentrale biblische Erzählungen von Weihnachten:

Mt 2,1-12: Die Sterndeuter, die der Stern nach Betlehem führt (Str. 1,1; 2,1–2; 4,1; 5,2)

Lk 2,8-14: Die Verkündigung der Engel an die Hirten, die zum Kind in der Krippe eilen (Str. 3,1-2; 4,2; 5,1).

Das Sterndeuter-Motiv bestimmt die ersten beiden Strophen. Die Verkündigungsszene, die in der ersten Strophe (1,3-4) bereits anklingt, leitet die dritte Strophe ein. Der Autor verwebt beide Weihnachtserzählungen in den abschließenden Strophen 4 und 5 zu einer dichten Einheit.

Darüber hinaus ist das Lied gefüllt mit zahllosen weiteren Zitaten oder Anklängen aus dem Alten und dem Neuen Testament.[6] Vorherrschend sind aufgrund der Licht-Metaphorik die Parallelen zum Johannes-Evangelium in den Str. 1 und 2:

Joh 1,4: „und das Licht leuchtet in der Finsternis"

Joh 8,12: „Ich bin das Licht der Welt. Wer mir nachfolgt, ... wird das Licht des Lebens haben"

Joh 14,4-6: „... den Weg dorthin kennt ihr. Herr, wir wissen nicht, wohin du gehst. Wie sollen wie dann den Weg kennen? Ich bin der Weg ...".

Unüberhörbar auch das Aufgreifen der Weihnachtsperikope aus Jesaja in Str. 4,2:

Jes 9,1.8.9: „Das Volk, das im Dunkeln lebt, sieht ein helles Licht; über denen, die im Land der Finsternis wohnen, strahlt ein Licht auf.
Du erregst lauten Jubel und schenkst große Freude. ....
Denn uns ist ein Kind geboren, ein Sohn ist uns geschenkt. ...
Man nennt ihn: ... Fürst des Friedens. Seine Herrschaft ist groß, und der Friede hat kein Ende."

Die abschließende Bitte (5,4) findet eine inhaltliche Parallele in der abschließenden Grußformel des Zweiten Briefs an die Gemeinde in Thessaloniki:

2 Thess 3,16: „Der Herr des Friedens aber schenke euch den Frieden zu jeder Zeit und auf jede Weise. Der Herr sei mit euch allen"

---

5 Der „Friede" als die diesseitige Konkretisierung des biblisch verheißenen „Lichts".

6 Das Lied weist eine grundlegende stilistisch-inhaltlichen Nähe zu alttestamentlichen Psalmen auf, die in ähnlicher Weise nach der Wirklichkeit Gottes in der alltäglichen Gegenwart fragen; s. bspw. Ps 43,3: „Sende dein Licht und deine Wahrheit, damit sie mich leiten".

Gleichzeitig wird man an liturgische Formeln erinnert:

- Friedensgruß: „Der Friede des Herrn sei mit euch".
- Agnus Dei: „Gib uns deinen Frieden" (Dona nobis pacem).

3 Textgehalt

3.1 Erste Strophe

Bereits in dem ersten Wort wird das zentrale Spannungsfeld eröffnet, von dem die Dichtung geprägt ist, das den Text von Anfang bis Ende durchzieht: Die Kluft zwischen dem „Damals" der Weihnachtserzählung und dem „Jetzt" unserer Erfahrung. So greift die erste Strophe unvermittelt auf die Weihnachtserzählung zurück. Die darin enthaltene Botschaft (1,3) wird als bekannt und bereits erzählt vorausgesetzt. Durch das „Nachdem" des Liedes erhält sie den Charakter des in der Zeit Abgeschlossenen: Die Erscheinung des Sterns in Betlehem und das „Kommen des Lichts in die Welt" ist ein Ereignis der Historie, ist Vergangenheit, aus der uns bloße „Kunde" erreicht. Sie hat keine erkennbare Relevanz für die Gegenwart. Die nachfolgenden beiden Strophen werden diesen Aspekt weiter vertiefen.
Biblischer und liturgischer Tradition folgend, können die Eingangsworte über die vordergründige Ebene der Magier-Erzählung hinausweisen. Der über Betlehem erschienene *(epiphanein)* Stern ist mehr als ein kosmisches Ereignis, das man mit den unterschiedlichsten astronomischen Hypothesen zu erklären sucht. Der „Stern" ist Metapher für den im Kind in der Krippe menschgewordenen Gott, Jesus von Nazareth, den Christus: Er ist das in der Welt erschienene Licht, das im Dunkel dieser Welt leuchtet, das aber „die Finsternis nicht erfaßt" hat (Joh 1,5), denn „die Welt erkannte ihn nicht" (Joh 1,10). Mit diesem Verweis auf die johannäische Fassung der theologisch reflektierten Weihnachtserzählung klingt ein gemeinsames Grundphänomen dieses Liedes und des Johannes-Evangeliums an: Wie verträgt sich die Verkündigung der Weihnachtsbotschaft, von dem Kommen des Lichtes und der Zusage bleibenden Friedens Gottes für alle Menschen auf Erden mit der Tag für Tag gemachten Erfahrung der bleibenden „Dunkelheit" und „Finsternis", der Angst und des Hasses?

3.2 Zweite Strophe

Unvermittelt wechselt die Sprache. Bleibend präsentisch formuliert, geht der Blick aus der Vergangenheit in eine visionäre bzw. fiktive Zukunft. Zugleich wird der Text von dem überindividuellen „Wir" fokussiert auf den einzelnen Sänger. Aus unserem Lied wird mein Lied: Ich bin es, der es (mit anderen gemeinsam) singt;[7] und ich bin es, um den es geht; ich kann

[7] Georg Schmid merkt dazu an: „Der Wechsel wir/ich ist mir persönlich in jedem Gottesdienst wichtig. Ich wechsle in vielen Gottesdienstgebeten. Ich möchte mich als einzelner in die Gemeinde einbringen. Nur im Wir kann ich im Gottesdienst nicht spre-

mich nicht hinter dem kollektiven „Wir" in einer gewissen Unverbindlichkeit verstecken.

Diese sprachliche Fokussierung korrespondiert mit der inhaltlichen Zuspitzung des Liedtextes. Durch die Fragestellungen der ersten Strophe hat sich eine gewisse Ratlosigkeit und vielleicht Resignation angekündigt. Die traditionelle Weihnachtsbotschaft hilft dem einzelnen in seinem Hier und Heute nicht wirklich. Die Erfahrung der Magier, die der Stern zum menschgewordenen Gott geführt hat, ist nicht meine Erfahrung. Es gibt keine Übertragung der Lichterfahrung aus dem Damals in das Jetzt. Die „Geschichte von Weihnachten" bleibt Geschichte - ist nicht Gegenwart.

Vor diesem Hintergrund formuliert das Lied die Bedingung, die erfüllt sein müßte, damit aus der Weihnachtsbotschaft mehr werden kann, als eine bloße Kunde; damit sie mir zu etwas „dient" (s. 1,3) und so wirkliche Bedeutung erlangt: Was sich damals ereignete, müßte sich in meinem Hier und Heute noch einmal (s. 4,4–5,2) ereignen. Nicht der Himmel der Magier von Betlehem, sondern mein eigener „Himmel" ist der Maßstab. Nicht der Weg der Hirten oder der Sterndeuter, sondern mein eigener Weg ist es, den ich sehen und gehen muß.

Das Lied ringt um die Authentizität seiner Sängerinnen und Sänger und ihrer Erfahrungen. Gegen jede Vordergründigkeit eines „Trostes" mit Hilfe der von Jahr zu Jahr feierlich verkündeten „Weihnachtsbotschaft", die vielleicht auf den Feldern damals ankam, in meinem Alltag aber letztlich ohne Wiederhall bleibt, nimmt der Autor die erfahrene Wirklichkeit einer Leere bzw. einer Gott-Ferne ernst und formuliert in der weihnachtlichen Metaphorik das wesentliche Erfordernis für eine Zuwendung zum Licht (des Glaubens).

Der Autor und sein Lied reihen sich damit ein in eine lange Tradition: Von den biblischen Vorbildern Abraham, Mose, Jesaja, Jona, aber auch dem nachösterlichen Zweifler Thomas, über den Areopagiten der Väterzeit, den mittelalterlichen Mystiker Johannes vom Kreuz, die neuzeitliche Mystikerin Terèse von Lisieux bis hin zu Kirchenliedautoren unserer Tage wie Huub Oosterhuis[8]. Sie alle nehmen ihre Erfahrung des fernen, abwesenden oder widerständlichen Gottes ernst und eröffnen damit vielleicht einen Weg für eine neue, überraschende Gotteserfahrung.

Diese Leere korrespondiert in eindrücklicher Weise mit dem plötzlichen Fehlen eines Adressaten dieser zweiten Strophe: Auf sich allein gestellt, hat das „Ich" sein Gegenüber, das „Du" der glaubenden Gemeinschaft der ersten Strophe, verloren. Ihm bleiben „die Schriften", die von dem Licht künden - leer und distanziert. Und mehr noch: Selbst die in dieser Strophe

---

chen; das Ich allein feiert aber auch noch keinen Gottesdienst. Ich möchte das Ich einbringen in das Wir." (Mitteilung vom 14. Januar 2002).

8 Vgl. Huub Oosterhuis, *Ik sta voor U in leegte en gemis* (dt. *Ich steh vor dir mit leeren Händen, Herr* [GL 621], in einer Übertragung von Lothar Zenetti), hier insbesondere den Schluß der ersten Strophe, die im niederländischen Original lautet: „Ich möchte glauben, Herr. Warum stehst Du mir entgegen." Vgl. Pfanger-Schäfer, Mein Los ist Tod, hast du nicht andern Segen?

getroffene Aussage erweist sich durch den gewählten Konjunktiv als äußerst ungewiß. Der Stern „müßte" erscheinen, „wollte" ich mich dem Licht zuwenden, das mir dann helfen „würde". Ist die „Hoffnung" der zweiten Strophe bloße Fiktion? Spricht nicht alle Erfahrung dagegen, daß sich das Weihnachtsereignis von damals so für uns erneuern könnte.[9]

3.3 Dritte Strophe

Wörtlich direkt an die erste Strophe anknüpfend („Nachdem"), wird die mit der zweiten Strophe vorgenommene Zuspitzung fortgesetzt: Auch das „Ich" verschwindet hinter einer einzigen, generellen In-Frage-Stellung: Ist alles das, was damals so hoffnungsfroh als unkonditionierte Verheißung für alle Menschen begann, jetzt vergessen und vergangen, überwältigt von Haß und Angst? Hat die Welt nicht ihre Friedensunfähigkeit nachhaltig unter Beweis gestellt – und dies trotz Betlehem, trotz der Friedensbotschaft der Engel, trotz der Weisen, die sich vom Stern führen ließen und in dem Kind Gott erkannten? Und dies trotz der alljährlich in den Kirchen neu verkündeten Weihnachtsbotschaft?[10]

Die Frage ist gestellt. Und sie bleibt unbeantwortet. Vielleicht ist sie unbeantwortbar. Der Autor zwingt die Singenden nicht nur dazu, den fundamentalen Zweifel an der bleibenden Gültigkeit der Friedensbotschaft Gottes auszusprechen, er versagt auch jede Vertröstung auf das Jenseits[11] oder die Unsichtbarkeit des Friedensreiches Gottes in unserer Gegenwart.

Der Zuspitzung des Liedes entspricht die Radikalität seiner Fortsetzung: „Komm du ..., weil wir zu dir nicht finden". Der Einzige, der helfen kann, ist Gott.[12]

3.4 Vierte Strophe

Das Lied kehrt zurück zur liturgisch vertrauten Dialogstruktur „Wir – Du". Die (auf)fordernde Bitte „Komm du zu uns" ist die Konsequenz der vorhergehenden Zeilen, die in der Feststellung „weil wir zu dir nicht finden"

---

9 In diesem Zusammenhang ist es sehr interessant, das ganz andersartige Weihnachtslied von Georg Schmid *Gott aus Gott und Licht aus Licht* (im KG 351) zu vergleichen. In diesem siebenstrophigen Lied wird das Kind in der Krippe über sechs Strophen mit den verschiedensten Prädikaten angesprochen, bevor das Lied in die Aufforderung einmündet: „Lobt die Macht, die sich verneigt. / Lobt den Himmel, der nicht schweigt. / Lobt das Licht, in uns entfacht, / Licht aus Licht in unsrer Nacht."

10 Vgl. dazu Str. 2 des Tauflieds *Kind, du bist uns anvertraut* (RG 182) von Peter Horst und Friedrich Karl Barth: „Kampf und Krieg zerreißt die Welt, / einer drückt den andern nieder. / Dabei zählen Macht und Geld, / Klugheit und gesunde Glieder. / Mut und Freiheit, das sind Gaben, / die wir bitter nötig haben." Zur Nähe zu Karl Barth vgl. auch u. Anm. 21.

11 S. dazu die nachfolgenden Anmerkungen im Zusammenhang mit dem Lied *O Heiland, reiß die Himmel auf*.

12 Vgl. dazu das Morgengebet *Gott, zu dir rufe ich am frühen Morgen* (RG 576), in dem Dietrich Bonhoeffer (1943) formuliert: „... ich verstehe deine Wege nicht, aber du weißt den rechten Weg für mich." Zur Nähe zu diesem Dichter s.u. Anm. 21.

zusammengefaßt werden.[13] Jetzt ist Gott am Zug. Die gesamte Erfahrung spricht dagegen, daß es ohne neuerliches, erlebtes Kommen Gottes in dieser Welt „Licht" wird. Das Weihnachtslied knüpft damit an die Tradition adventlicher Dichtungen an, wie den Ambrosianischen Hymnus *Veni redemptor gentium*[14], das Responsorium *Rorate coeli, desuper*[15], oder das Lied *O Heiland, reiß die Himmel auf* des Jesuiten Friedrich Spee von Langenfeld (1623). Gerade das letzte Adventlied muß eine gewisse „Patenschaft" für das Lied Georg Schmids übernehmen,[16] denn auch dort ergibt sich aus der Realität der irdischen Existenz das unmißverständliche Drängen um das „Kommen" Gottes:

> „Wo bleibst du, Trost der ganzen Welt, / darauf sie all ihr Hoffnung stellt? / O komm, ach komm vom höchsten Saal, / komm, tröst uns hier im Jammertal. ... Hier leiden wir die größte Not, / vor Augen steht der ewig Tod. / Ach komm, führ uns mit starker Hand / vom Elend zu dem Vaterland."[17]

Was in dem Spee-Lied in eine eschatologische[18] Gewandung gekleidet ist, gestaltet sich bei Georg Schmid allerdings in Form einer offenen, diesseits gewandten Bitte: Die gesamte Strophe ist präsentisch gefaßt. Und daß es um einen aktuellen „Einbruch" Gottes in unsere Gegenwart geht, wird in der abschließenden Zeile der vierten Strophe eindeutig betont, wenn Gott aufgefordert wird, daß die damalige Verkündigung[19] „jetzt noch einmal und nun an uns" geschehen soll.

---

[13] In guter poetischer Manier verwendet der Autor in Str. 4,1 einen chiastischen Parallelismus: „du - zu uns : wir - zu dir", also: 2. sg. - 1.pl.: 1 pl. - 2.sg.

[14] Zweite Strophe des Hymnus *Intende, qui regis Israel* des Ambrosius von Mailand (+397). Bekannt in der Übersetzung Martin Luthers als *Nun komm, der Heiden Heiland* (1524), in das **Gotteslob* übernommen als *Komm, du Heiland aller Welt* (GL 108) in einer Übersetzung von Markus Jenny (1971).

[15] Von Johann Nepomuk Cosmas Michael Denis 1774 übertragen als *Tauet, Himmel, den Gerechten*.

[16] Vgl. NSK 26, Nr. 128. Georg Schmid bestätigt das, wenn er schreibt: „Den Text und die Melodie verstanden alle ... als eine Art moderner Entsprechung zu *O Heiland reiß die Himmel auf*" (Mitteilung vom 14. Januar 2002).

[17] Friedrich Spee, *O Heiland, reiß die Himmel auf,* (GL 105) Str. 4 und 6. Ähnlich drängend auch das anonym überlieferte *Aus hartem Weh die Menschheit klagt*, das aus einem mittelalterlichen Versus über Michael Vehes Gesangbuch von 1537 in die heutigen Gesangbücher Eingang gefunden hat.

[18] Das „Komm"-Motiv ist ein typisches Element der Eschatologie (so wie ja die „Erste Ankunft Gottes im Fleisch" nach traditioneller Erwartung seine Entsprechung finden wird in der „Zweiten Wiederkunft Christi zum Gericht") und hat im Verlauf seiner langen Geschichte viel von seiner positiven Dimension der Erwartung verloren; paradigmatisch kann hier bspw. gelten die drastische und z.T. theologisch fragwürdige Metaphorik des Liedes *Komm, Herr Jesu, komm, führ die Welt zum Ende* (GL 568) von Marie-Luise Thurmair.

[19] Bemerkenswert, daß in Str. 4,3 erstmals die Verkündigung der Engel präsentisch formuliert wird. Hier wird also ein erstes Mal ein (zaghafter) Bogen über die Geschichte von Betlehem in das Heute geschlagen.

Der neuerliche Einbruch Gottes in diese Welt - Welche Rolle kommt uns dabei zu?

Der Text läßt keinen Zweifel daran, daß die Initiative voll und ganz Gott zukommt. Wir sind zunächst einmal passiv, denn wir werden beschenkt (4,2), das Lichtvolle der Engelbotschaft geschieht an uns (4,4). Dennoch bleiben wir nicht gänzlich inaktiv, wie sich abschließend in Strophe 5 zeigen wird.

3.5 Fünfte Strophe

Sprachlich direkt an die letzte Zeile der vierten Strophe anschließend („noch einmal"), und damit zugleich die eingangs eröffnete Spannung von „Damals" und „Heute" („nachdem" 1,1; 3,1) aufgreifend, führt die fünfte Strophe die Thematik der Zeilen zuvor unmittelbar fort:[20] Die Übertragung der weihnachtlichen Verkündigung in unsere Gegenwart bzw. unsere Zukunft. Betlehem soll sich bei uns und an uns wiederholen. Nicht mehr bloß die damaligen Hirten und Magier, sondern wir sollen direkte Empfänger der Friedensbotschaft werden. Damit würde das, was sich in der zweiten Strophe als Fiktion darstellte, doch überraschend Realität: Mit dem *adventus domini*, dem neuerlichen Sichtbarwerden Gottes in unserer Gegenwart, wäre die Zuwendung zum sichtbaren Licht endlich möglich (2,1), würden wir unseren Weg finden (2,4); wir, die wir zu Gott nicht finden (4,1), würden von ihm zu seinem Kind geführt (5,2). Unser Traum würde wahr; das, woran wir selbst nicht glauben, könnte gelingen (5,3).[21]

Das dreimal unmittelbar aufeinander folgende „noch einmal" (4,4–5,2) erzeugt eine ungemein dichte Atmosphäre und vermittelt den Eindruck eines insistierenden Drängens. Angesichts der erfahrenen Realität (s. Str. 3) muß unser Drängen gegenüber Gott um so stärker sein, geht es doch darum, dem Haß und der Angst zu entfliehen, dem Vergessen und dem Ver-

---

[20] Unschwer lassen sich allerdings auch Brüche zwischen der vierten und der fünften Strophe erkennen. So bleibt das in Str. 5,1 entworfene Szenario („lasse Engelscharen singen") merkwürdig inhaltsleer. Auch steht die Aussage in 5,2, wonach wir „noch einmal" zum Kind geführt werden sollen, im Widerspruch zu dem vorangegangenen Teil des Liedes, in dem der Tenor ja gerade auf der Tatsache lag, daß wir bislang nicht mit Betlehem und dem Kind in der Krippe in Berührung gekommen sind. Diese Brüche sind sicherlich darauf zurück zu führen, dass die fünfte Strophe später dem Lied angefügt wurde. Georg Schmid vermerkt dazu: „Strophe 5 schrieb ich 1994 in völlig anderer Stimmung ... Da empfand ich die ersten vier Strophen allein in sich geschlossen als zu düster. Die Weihnachtsszenen sind nie nur Vergangenheit, sondern auch Traum und Zukunft" (G. Schmid in seiner Mitteilung vom 14. Januar 2002).

[21] Felicia Lauer (Mainz) macht zutreffend auf die Nähe des Liedes, und hierbei insbesondere der letzten Strophe, zu Dietrich Bonhoeffer und Karl Barth aufmerksam, eine gewisse Parallele, die sich bspw. u.a. bei dem Lied *Von guten Mächten* (RG 550) zeigt, wenn Bonhoeffer schreibt: „Doch willst du uns noch einmal Freude schenken / an dieser Welt und ihrer Sonne Glanz, / dann woll'n wir des Vergangenen gedenken, / und dann gehört dir unser Leben ganz. // Laß warm und hell die Kerzen heute flammen, / die du in unsre Dunkelheit gebracht, / führ, wenn es sein kann, wieder uns zusammen! / Wir wissen es, dein Licht scheint in der Nacht." (Str. 4 + 5); s.a. oben Anm. 10 und 12.

gehen der Engelsbotschaft zu wehren, der Dunkelheit und Finsternis zu entkommen (1,2; 4,2) und so Frieden zu finden – Frieden mit uns selbst,[22] Frieden mit dieser Welt und Frieden mit und in Gott.

Und hier zeigt sich doch zum Schluß, daß der Mensch nicht völlig passiv bleibt. Trotz der Depression der mittleren Strophen bleiben wir Mitbeteiligte bei der Gestaltung des Lebens: Gott soll es uns gelingen lassen (5,3). Das heißt: Auch wenn die Initiative von Gott ausgeht, so sind wir es doch, die es mit ihm zusammen zum Gelingen führen. Schmid erweist sich hier als in bester christlicher Tradition stehend, die seit Augustinus immer wieder dieses Ineinander von göttlich geschenkter Initiative und menschlicher Mitverantwortung reflektiert. In Gott beginnt der Frieden – aber wir können und sollen das unsere dazu beitragen, daß er Gestalt annimmt.

Damit tritt der Kern des christlichen Weihnachtsfestes offen zu Tage: In der Geburt Jesu von Nazareth hat das Erlösungswerk Gottes in Christus begonnen, das in seinem Tod und seiner Auferstehung den Menschen den Weg zu ihm hin eröffnet hat und sich nun in jedem Hier und Heute, im Alltag des irdischen Lebens für jeden einzelnen von uns realisieren muß. Dabei sind wir immer wieder darauf angewiesen, daß wir die Kraft seines lichtvollen Eintretens in unsere Welt erfahren und so unseren Weg gehen können. Dann vollzieht sich eine an Gnaden reiche Weihnachtszeit.

4 Melodie

Den nachdenklich fragenden, über weite Strecken resignativen Grundcharakter der Dichtung aufgreifend, setzt sich das vorliegende Weihnachtslied mit seiner in a-moll stehenden, tonal erst am Ende faßbaren Melodie deutlich von den zahllosen weihnachtlichen Jubelliedern in Dur-Tonarten ab. Die Melodie selbst muß in ihrer Gesamtheit als musikalische Ausgestaltung des Textes verstanden werden, d.h. es scheint nicht Absicht der Komponistin zu sein, einzelne Textelemente durch die Melodieführung hervorzuheben und zu interpretieren.

Rhythmisch dem Schema A – A' : A – A' folgend,

Rhythmusschema A:

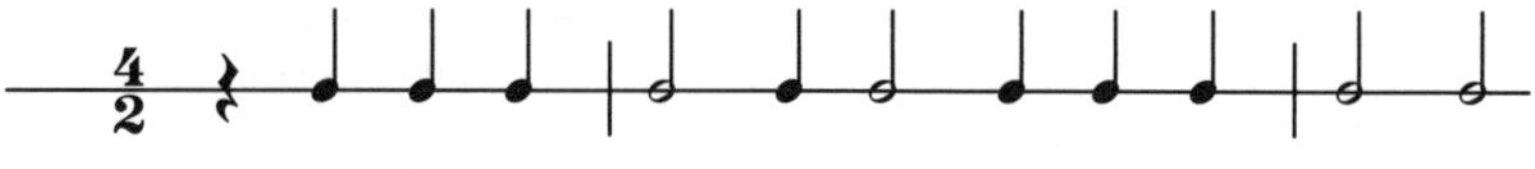

Rhythmusschema A':

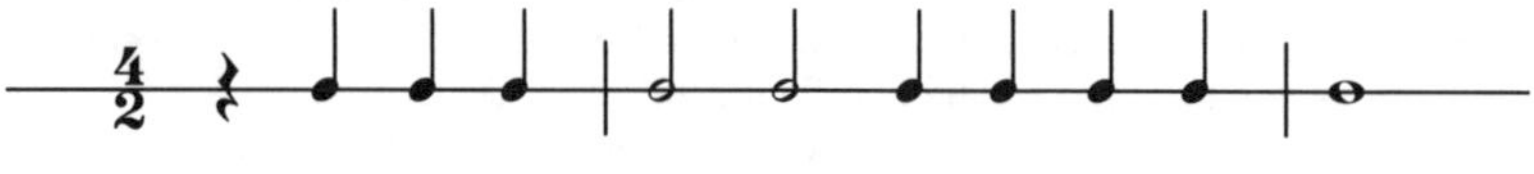

[22] Vgl. Ps 131,2: „Ich ließ meine Seele ruhig werden und still; wie ein kleines Kind bei der Mutter ist meine Seele still in mir."

verweilt die Melodie anfangs – um e^1 spielend, das sich erst später als die Dominante und nicht als die Tonika erweist[23] – in tiefer Lage. Das Motiv des „Sterns in Betlehem“ ist durch keinerlei melodische Besonderheit hervorgehoben; auch rhythmisch läuft das Lied eher gegen den (erwarteten) Strich, der jeweils auf „Stern“ und „in“ eine Halbe und nachfolgend das Wort „Betlehem“ mit drei Vierteln erwartet hätte.

Liedfassung:

entsprechend dem Sprachrhythmus wäre zu erwarten:

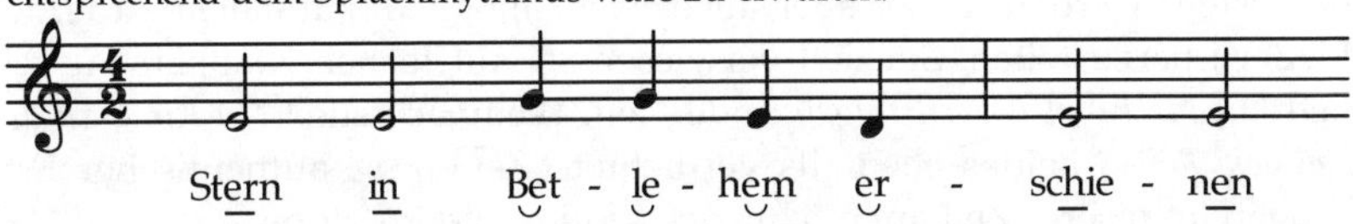

Die Melodie schwingt sich zusammen mit der ersten Frage auf, verweilt zunächst mit zwei Halben auf a^1 – wodurch das „Licht“ einen deutlichen Akzent erhält –, um anschließend in einer unerwarteten Wendung über c^2 auf h^1 zu enden. Die damit geöffnete Tonalität erzeugt einen starken Drang zur Weiterführung über die erste größere Zäsur (halbe Note mit anschließender Pause).

Direkt von ihren höchsten Punkt (d^2) ausgehend, führt die Melodie im dritten Teil mit einem kurzen Abschwung über e^1 zur späteren Dominante a^1. Rhythmisch steht erneut die Synkopierung „**ei** –ne **Weih** – nachts – bot – schaft“ mit ihren langen Notenwerten dem erwarteten Sprechrhythmus entgegen.

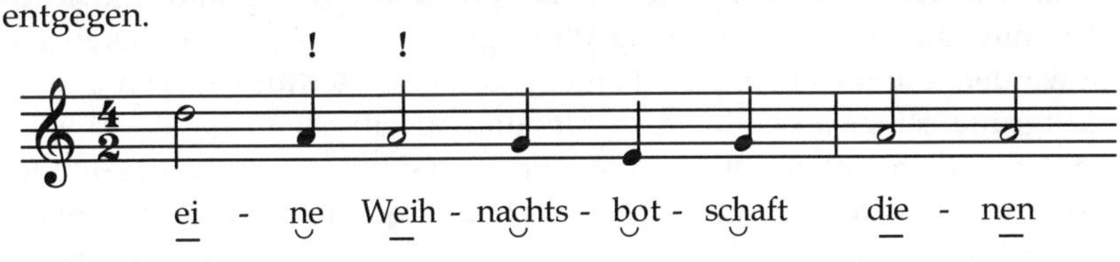

Der abschließende Melodieteil hingegen verbindet Text und Rhythmus organisch. Auch die tonale Führung ist jetzt vertraut: Noch einmal die Dominante e^1 des Liedanfangs streifend, erreicht das Lied in einer klassischen Schlußwendung seine Finalis a^1. Daß hierbei das Wort „Vergangenheit“ einen relativen Akzent erhält, dürfte nach den voranstehenden Beobach-

[23] Der erste Teil des Liedes läßt auch ohne weiteres den Eindruck einer phrygischen Modalität zu. Erst in der zweiten Hälfte schält sich langsam das a-moll heraus, das dann mit seiner Finalwendung Eindeutigkeit erlangt.

tungen bezüglich des Wort-Ton-Verhältnisses eher als Zufall verstanden werden.

5 Verwendungsaspekte

Das, was als (nach-)weihnachtliches Lied begann, endet adventlich mit der drängenden Bitte um die neuerliche Ankunft, um die neuerliche Epiphanie, das Erscheinen, die Sichtbarwerdung Gottes in dieser Welt. Insofern ist es grundsätzlich möglich - und unter bestimmten Voraussetzungen sogar empfehlenswert -, das Lied bereits für die Adventszeit vorzusehen. Eine Katechese über „**unseren** Advent" kann mit Hilfe dieses Liedes sehr gut eingeführt werden. Hierbei kann sowohl der Kontrast zur „üblichen" Erwartung durch Vergleich mit anderen Advents- oder Weihnachtsliedern hergestellt werden. Es ist aber auch leicht möglich, Parallelen zu anderen Liedern herzustellen. Speziell verwiesen sei auf Jochen Kleppers Adventslied *Die Nacht ist vorgedrungen*[24] oder sein Weihnachtslied *Du Kind, zu dieser heil'gen Zeit*[25], beides ebenfalls verdichtete Zeugnisse authentischer Erfahrungen in unserer Zeit angesichts des Kindes in der Krippe.[26]

Das Lied wurde von der Komponistin mit dem Taktmaß 4/2 bestimmt. Dementsprechend verlangt es nach einem ruhigen, eher nachdenklichen Singen; dies korrespondiert auch vollständig mit seinem Textgehalt. Auch eine Liedbegleitung wird eher sparsam ausgeführt werden müssen. Das Lied gewinnt in jedem Fall durch Schlichtheit.

In der Liturgie verbietet sich jede unbedachte Verwendung. Das Lied muß bewußt an eine Stelle gesetzt werden, in der die Gemeinde den Text konzentriert und ohne Störung durch irgendwelche begleitenden Handlungen aufnimmt. Schwierig ist es sicherlich auch, wenn dieses Lied nicht in geeigneter Weise verbal aufgegriffen und bewußt in den (festzeitlichen) Kontext des Gottesdienstes gestellt wird. Die erste Widerständlichkeit des Textes muß aufgelöst und die Frag-Würdigkeit seiner Aussagen herausgestellt werden. Dann kann das Lied anregend und weiterführend sein.

Aufgrund seines besonderen Inhalts und spezifischen Charakters wird dieses adventlich-weihnachtliche Lied, das sich deutlich von den verbreiteten Weihnachtsliedern abhebt, nicht sehr häufig gesungen werden können. Dies wird allerdings dem hohen Wert des Liedes, das unbedingt weitere Verbreitung finden sollte, eher zu- als abträglich sein.

---

24 RG 372; GL 111.

25 RG 415.

26 Enge Parallele enthält auch das Weihnachtslied *Wir suchen dich, Gott, doch wir finden dich nicht* (KG 340) von Eva Zeltner Tobler von 1983. Hier finden sich sowohl die Motive des fehlenden Sterns über Betlehem, des Nicht-Findens des Wegs, der von Krieg und Terror regierten Welt sowie der einzigen Hilfe, die von Gott kommt. Der Einfluß des Liedes von Georg Schmid dürfte unverkennbar sein.

Literatur

NSK = Neues Singen in der Kirche. Zeitschrift. Hrsg. im Auftrag des Vereins NSK von Hans-Jürg Stefan u.a. Zürich/Luzern 1986-98.

Pfanger-Schäfer, Regina: „Mein Los ist Tod, hast du nicht andern Segen?“ Todeserfahrung und Lebensverheißung am Beispiel eines Neuen Geistlichen Liedes von Huub Osterhuis, in: Becker, Hansjakob/Einig, Bernhard/Ullrich, Peter-Otto (Hrsg.): Im Angesicht des Todes I (Pietas liturgica 3). St. Ottilien 1987. 341–364.

Busszeit

Hermann Kurzke

Tu auf, tu auf, du schönes Blut

1. Tu auf, tu auf, du schönes Blut,
Gott will zu dir sich kehren!
O Sünder, greif nun Herz und Mut,
hör auf, die Sünd zu mehren!
Wer Buß zu rechter Zeit verricht',
der soll in Wahrheit leben.
Gott will den Tod des Sünders nicht!
Wann willst du dich ergeben?

2. Vergebens ist all Rat und Tat.
Was willst du länger säumen?
Es sei nun gleich früh oder spat,
die Festung mußt du räumen.
O armes Kind! O Sünder blind!
Was hilft das Widerstreben?
Dein Stärk verschwindt als wie der Wind:
Laß ab, es ist vergeben!

3. Tu auf, tu auf, glaub mir's fürwahr,
Gott läßt mit sich nicht scherzen!
Dein arme Seel steht in Gefahr,
und wird dich's ewig schmerzen.
Kehr wieder, o verlorner Sohn,
reiß ab der Sünden Banden.
Ich schwör dir bei dem Gottesthron,
die Gnad ist noch vorhanden.

4. Geschwind, geschwind, all Uhr und Stund
der Tod auf uns kommt eilen.
Ist ungewiß, wen er verwund
mit seinen bleichen Pfeilen.
Wen er nicht findt in Gnadenzeit,
wär nützer nie geboren:
Wer unbereit von hinnen scheidt,
ist ewiglich verloren.

5. O Ewigkeit, O Ewigkeit,
Wer wird dich können messen!
Sind deiner doch schon allbereit
die Menschenkind' vergessen.
O Gott, vom höchsten Himmel gut,
wann wird es besser werden?
Die Welt noch immer scherzen tut,
kein Sinn ist mehr auf Erden.

Druckvorlage

Text und Melodie sind hier nach der für die Wirkungsgeschichte im 20. Jahrhundert entscheidenden Fassung in der Sammlung **Kirchenlied* von 1938 wiedergegeben, die gegenüber den früheren Drucken nur geringfügige Veränderungen aufweist.

1 Text

Zu den Liedern mit alter Tradition, die aus dem Stammteil des **Gotteslob* aus sprachlichen und anderen Gründen verschwunden sind, gehört Friedrich von Spees *Tu auf, tu auf, du schönes Blut.*[1] Um über die Stichhaltigkeit dieser Gründe urteilen zu können, ist zunächst ein Blick auf die Textgeschichte erforderlich.

Zwischen November 1627 und November 1628 hat Spee als Seelsorger in Köln gewirkt und aus wöchentlichen spirituellen Übungsaufgaben für eine geistliche Tochter allmählich ein Werk mit geistlichen Betrachtungen, betitelt *Güldenes Tugend-Buch,* in einer ersten Fassung zusammengestellt. Vermutlich entstand damals, spätestens um 1630 herum, das Lied *Tu auf, tu auf du schönes Blut,* das, als Spee Anfang der dreißiger Jahre seine Gedichte und Lieder zusammenzustellen begann, leicht verändert als Lied Nr. 12 in die Gedichtsammlung *Trutz-Nachtigall* aufgenommen wurde. Die Überlieferungssituation ist kompliziert, aber solide. Der frühesten Fassung am nächsten kommt die Düsseldorfer Handschrift des Tugendbuchs (von fremder Hand ca. 1641–43). Zwei Autographen aus dem Jahr 1634 überliefern zweifelsfrei die von Spee für die *Trutz-Nachtigall* gewünschte, leicht veränderte Textfassung.[2] Für die Überlieferungsgeschichte maßgebliche Textzeugen sind ferner postum der Gesangbuch-Erstdruck im *Geistlichen Psalter* (**Köln*

[1] Dieser Beitrag entwickelte sich aus einem Vortrag beim deutschen Katholikentag Mainz 1998 und erschien zuerst in Heft 3, 2000 von *Heiliger Dienst*, der Zeitschrift des Österreichischen Liturgischen Instituts. Für Auskünfte zur Verbreitung des Liedes in den Diözesananhängen danke ich Heinrich Riehm.

[2] Es handelt sich um die Straßburger Handschrift, eine Art Konzeptfassung, und die Trierer Handschrift, eine Reinschrift, beide von Spees eigener Hand. Alles Nähere zur Quellenlage steht detailliert im Kommentarteil der kritischen Ausgabe Spee, Trutz-Nachtigall, 562 und 579, dort auch die beiden frühesten Bezeugungen der Melodie.

1638) und die Pariser *Trutz-Nachtigall*-Handschrift um 1640, die beide bereits die Melodie überliefern, und die Erstdrucke von *Trutz-Nachtigall* und *Tugend-Buch*, beide aus dem Jahre 1649.
Der *Tugend-Buch*-Text lautet:[3]

Ermanung zur Buß

Thu auff, thu auff du schönes Blut,
Sich Gott zu dir will kehren:
O Sünder greiff nun hertz vnd muth,
Hör auff die Sünd zu mehren:
Wer buß zur rechten zeit verricht
Der soll gewißlich leben:
Gott will den todt des Sünders nicht,
Wan willtu dich ergeben?

Vergebens ist all rath vnd that,
Was wiltu länger saumen?
Es sey nun gleich früh oder spat,
Die Festung mustu raumen:
O armes kind, o Sünder blind
Wem wiltu widerstreben?
Dein stärck verschwind gleich wie der wind:
Laß ab: es ist vergeben.

Thu auff, thu auff, sag dir fürwahr,
Gott läst mit ihm nicht schertzen:
Dein arme seel steht in gefahr,
Vnd wird dich ewig schmertzen:
Kehr wider, o verloren Sohn,
Reiß ab der Sünden banden.
Ich schwer dir bey dem Gottes thron,
Die gnad ist noch fürhanden.

Geschwind, geschwind, all vhr vnd stund
Der Todt thut auff vns eilen:
Ist vngewiß, wan er verwund
Mit seinen schnellen pfeilen:
Wen er nicht find in gnadenzeit,
Wär nützer nie geboren:
Wer vnbereit von hinnen scheidt,
Ist ewiglich verloren.

3 Spee, Güldenes Tugend-Buch, 327.

O Ewigkeit, O Ewigkeit,
Wer wird dich können messen!
Seynd deiner doch schon allbereit
Die menschen kind vergessen:
O Gott, vom hohen himmel gut,
Wan wird es besser werden?
Die welt noch immer schertzen thut,
Kein sinn ist mehr auff Erden.

Ein um eine Seele Besorgter spricht, nicht direkt Spee selbst, aber sein Rollen-Ich als Seelsorger. Er ermahnt ein „schönes Blut", im konkreten Fall war es ursprünglich eine junge Frau,[4] „zur Buß", verallgemeinert einen „Sünder" dazu, „daß er die Burg seines Hertzens Christo einraume."[5] Der Tonfall ist beschwörend, besorgt, warnend und mahnend, um rechtzeitige Einsicht flehend. „Wer buß **zur rechten zeit** verricht / der soll gewißlich leben." Um diese rechte Zeit geht es. Gedenke des Todes! lautet die ernste Botschaft: „all vhr und stund / der Todt thut auff vns eilen". Die Sorge gilt dem „schönen Blut": dem jungen Menschen, adrett, vital und lebenslustig, von allen geliebt, ohne Gedanken an den Tod. Auftun soll er die Burg seines Herzens, denn Gott will einkehren. Das Blut soll sich ergeben, kapitulieren, die Festung räumen, und zwar bedingungslos. „O Sünder, vnd o Sünderin!" mahnt Spee im Güldenen Tugend-Buch, „was haltest so hart versperret und verriglet die feste burg deines verstockten hertzens? Warumb offnest nicht dem Himmel Fürsten JESU Christo, der so freundlich dich vom Creutz ermahnet?"[6]

Was geschieht, wenn nicht geöffnet wird? Auch dann geht die Festung verloren. „Dein stärck verschwind gleich wie der wind", die Mauern werden nicht halten. Werden sie Christus nicht geöffnet, dann wird ein anderer schneller sein: „Der grimmig Tod mit seinem Pfeil", wie es in einem anderen Lied der Zeit heißt, der Tod als Jäger mit schnellen oder, in einer anderen Fassung, bleichen Pfeilen. Dann ist man ohne Christus verloren: „Wen er" - der Tod - „nicht find in gnadenzeit, wär nützer nie geboren: Wer unbereit von hinnen scheidt, ist ewiglich verloren."[7]

Das „Tu auf" wird beschwörend wiederholt in der dritten Strophe, und in der vierten noch einmal unterstrichen: „Geschwind, geschwind." In der Schlußstrophe wechselt die Kommunikationssituation, der Seelsorger spricht nicht mehr die Sünderin an, sondern die Ewigkeit und Gott selbst, und stimmt eine sehr allgemeine Klage über den Weltmenschen an, der die Ewigkeit vergißt und sein Leben unter Geschwätz und Scherzen zubringt. Das Lied schließt, wie häufig bei Spee, ohne Beruhigung, ohne Trost.

---

4 Näheres van Oorschot, Zwischen Zorn und Zärtlichkeit, 36f.

5 Der Titel der Trutz-Nachtigall-Fassung lautet: „Ermahnung zur Buß an den Sünder daß er die Burg seines Hertzens Christo einraume." Spee, Trutz-Nachtigall, 70.

6 Spee, Güldenes Tugend-Buch, 327.

7 Der Wunsch, besser nie geboren zu sein, begegnet verschiedentlich im Alten Testament, z.B. Ijob 3,3; Ijob 10,18; Jer 20,14–18.

2 Wirkungsgeschichte

Die Gesangbuchwirkung des Liedes geht 1638 vom auflagenstarken Kölner **Geistlichen Psalter* (bzw. später Psälterlein) aus und verbreitet sich von dort aus im Laufe des 17. Jahrhunderts über den westlichen Teil des katholischen Deutschland, ist aber nicht flächendeckend. Im 18. Jahrhundert geht das Lied allmählich wieder verloren.

Im 19. Jahrhundert kehrt es zurück, jedoch in veränderten Gestalten, deren häufigste die Fassung *Tu auf, tu auf o Sünderherz* ist, eine Nachdichtung von Heinrich Bone (zuerst in **Cantate 1847)* unter Verwendung älterer Bestandteile[8], die in der Folgezeit mit alten und neuen Partikeln versetzt in zahlreichen verschiedenen Mischungen auftaucht.

Der ursprüngliche Text kommt (leicht überarbeitet) erst durch die Sammlung **Kirchenlied* 1938 wieder zur Geltung, dann aber auch zu großem Erfolg, denn gleich darauf, 1947, zählt das Lied zu den **Einheitsliedern* der deutschen Bistümer und gerät infolgedessen in nahezu alle Diözesangesangbücher der Nachkriegszeit. Das **Gotteslob* macht dieser Karriere ein Ende, verbannt das *Tu auf* aus dem Stammteil. Lediglich fünf von (rund 30) Regionalanhängen überliefern es weiter (Berlin, Köln Osnabrück, Regensburg, Salzburg), ein weiterer behält die Fassung *Sünderherz.* In der neuesten Generation der Anhangsanhänge taucht es allerdings nicht selten wieder auf, davon einmal (Diözese Würzburg) in der *Sünderherz*-Fassung.

Eine evangelische Überlieferung ist mir nicht bekannt. Wäre sie möglich? Es gibt ja evangelische Lieder mit ganz ähnlichem Akzent auf der Sterbestunde. Das Lied *Wer weiß, wie nahe mir mein Ende* von Ämilie Juliane Reichsgräfin von Schwarzburg-Rudolstadt bittet um ein Sterben in Bußfertigkeit: „Laß mich beizeit mein Haus bestellen, daß ich bereit sei für und für." Spee freilich ist grundsätzlicher und strenger. Von Trost und Erlösung ist in seinem Lied kaum die Rede. Christus kommt nur im Umfeld vor, im Text selbst nicht. Katholische Veräußerlichungen mögen ein übriges getan haben, um eine evangelische Rezeption zu blockieren – eine Aufforderung lediglich zu regelmäßiger Beichte und Kommunion oder zum rechtzeitigen Empfang der Sterbesakramente konnte darin gesehen werden.

Die Veränderungsgeschichte fokussiert die Problemstellen eines Textes. Wir greifen drei Einzelprobleme heraus.

2.1 *Wen* oder *Wann?*

Mit Ausnahme der Straßburger **Trutznachtigall*-Handschrift schreibt die frühe autographe oder autornahe Überlieferung: „ist ungewiß, **wann** er

---

[8] Die Kreuzstrophe findet sich bereits als Schlußstrophe in **Deutsche katholische Gesänge* von 1833, mit dem Quellenhinweis **Katholisches Gesangbüchlein ... aus verschiedenen Gesangbüchern ausgezogen ...*, Lützemburg 1783. Die anderen drei Strophen entsprechen den Str. 1, 4 und 5 bei Spee. Die Änderungen des Liedes scheinen als Erweiterungen zu beginnen. Die Kreuzstrophe ist eine christologische Zusatzstrophe. Zusatzstrophen (insgesamt vier) finden sich auch in **Mainz 1683* (Notenausgabe; die einige Jahre ältere Erstausgabe ohne Noten konnte bisher bibliographisch nicht ermittelt werden).

verwundt", während der *Geistliche Psalter* und der **Trutznachtigall*-Erstdruck 1649 „ist ungewiß, **wen** er verwundt" schreiben.[9] Das „Wann" ist als *lectio difficilior* zweifellos besser gegenüber dem banalen „wen", denn der Tod wird natürlich jeden verwunden. Das „Wann" allein zielt auf das, worauf es ankommt: das Bereitsein zur rechten Zeit. Trotzdem hat sich als Folge der Leitfossil-Wirkung von **Köln 1638* (für die Frührezeption) und **Trutznachtigall* 1649 (für die Rezeption im 20. Jahrhundert) die schwächere Lesart durchgesetzt. Das wäre bei einer Wiederaufnahme des Liedes zu korrigieren.

2.2 Schönes Blut

Schon der erste Gesangbuchdruck, dem dann zahlreiche folgen,[10] hat „edles" Blut, verschiebt also den Akzent von einem schönen Menschen auf einen ranghohen Menschen. Das Bild der Burg mag diese Änderung veranlaßt haben. Die Stoßrichtung des Liedes wird dadurch etwas spezieller, auf adelige oder anderswie hochrangige Menschen bezogen. Die Wortbedeutung von „edel" im Sinne von „innerem Adel", Seelenadel war damals zwar bereits häufig anzutreffen, ist aber hier nicht anwendbar. „Edles Blut" steht hier vielmehr leicht ironisch für „hohes", „feines" oder „stolzes" Blut.[11]

„Sünderherz", „verirrtes Schaf"[12], „Menschenherz"[13], „betörtes Herz"[14]: die vielen Eingriffe zeigen, daß im 19. Jahrhundert auch „Blut" als Problem empfunden wurde. Das Wort „Blut" ist in diesem Zusammenhang[15] *pars pro toto* für Volk, Sippe, Abstammung, dann singularisiert im Sinne von „Mensch", wobei stets ein junger Mensch gemeint ist. Im Deutschen Wörterbuch der Brüder Grimm werden „ein junges Blut", ein „frommes", ein „fröhliches", ein „leichtes", „edles", und ein „junges schönes" Blut als Beispiele genannt. Die Wendung „ein schönes Blut", die der Barockzeit geläufig gewesen sein mag, wird heute nicht mehr verstanden. Das war der Hauptgrund der Streichung des Liedes aus dem **Gotteslob*. Fragt man nach, so erhält man in der Tat als Antwort in der Regel abwegige Vermutungen, die meistens auf das Blut Christi zielen. Allerdings weiß das Unterbewußtsein vielleicht mehr als das Tagesbewußtsein. Das „Blut auftun" läßt wohl doch auch etwas Richtiges assoziieren, ein Fließen lassen und Preisgeben.

Schwerverständliche Wendungen durch verständliche zu ersetzen erzeugt Siege, die nicht vorhalten. Gute Texte haben ihre Geheimnisse. Die „Verständlichkeit", die schon die Aufklärungsgesangbücher forderten und die viele Reformer bis heute fordern, gibt etwas rezeptionsästhetisch Ent-

---

9 Textkritische Details bis 1649 nach van Oorschot in Spee, **Trutznachtigall*, 360f., zusätzlich eingesehen wurde der dort nicht berücksichtigte **Geistliche Psalter* in der Ausgabe **Köln 1638*.

10 Bis z.B. Gesang- und Gebetbuch **Ermland 1878*.

11 Grimm, DW III, Artikel „edel", Leipzig 1862.

12 Gesang- und Gebetbuch **Trier 1871*.

13 **Laudate*, Augsburg 1859.

14 Gebet- und Gesangbuch **Münster 1932*.

15 Grimm, DW II, Leipzig 1860, Sp. 173 f., Artikel „Blut", Bedeutung Nr. 8.

scheidendes preis. Das Verstandene ist das Tote und Erledigte. Das Unverstandene aber ist produktiv wie ein Rätsel, das gelöst werden soll. Rezeptionsästhetisch gesehen sind dunkle Stellen produktive Zonen, die den Leser zur Deutungstätigkeit anregen und seine Phantasie in Gang setzen. Das großartige, vieldeutige Initium „Tu auf, du schönes Blut“ ist durch das Wegbrechen sprachlicher und bildlicher Kontexte eine kühne Metapher geworden, ein andeutungsreicher Hermetismus. „Schönes Blut“ hat ein viel reicheres Konnotationsumfeld als zum Beispiel „verirrtes Schaf“.

Wenn hier für die Beibehaltung des schwerverständlich Gewordenen plädiert wird, dann nicht, weil die originale Erfahrung des Autors für wiederherstellbar gehalten würde, sondern deshalb, weil die originalen Bilder moderne Realisationen zulassen. Es sind nicht die des Autors. Wir erleben Spees Lied auch bei gleichem Wortlaut völlig anders als seine Zeitgenossen im 17. Jahrhundert, weil wir zu jedem Wort andere Kontexte einbringen. Es gibt Stellen, die wir nur schwach realisieren. Das Wort „Sünder“ hat heute sicher weniger Kraft als damals – die Melodie hilft, darüber hinwegzusingen. Andere Stellen hingegen, zum Beispiel die Festungsmetaphern, lassen sich reaktivieren und in moderne psychologische Kontexte einbringen. Man kann das für illegitim halten. Der Literaturwissenschaftler muß aber zunächst davon ausgehen, daß jede Textrezeption so verfährt. Jeder Text wird mit der gegenwärtigen Erfahrung kontextiert – womit auch sonst? Der Religionswissenschaftler könnte ergänzen, daß die Neukontextierung eines alten Liedes von Kraft, nicht von Schwäche zeugt. Die wissenschaftliche Rekonstruktion des Urkontexts schafft ja noch keinen Glauben. Sie setzt vielmehr oft dann ein, wenn der Glaube verloren ist.

Titelbild der **Trutznachtigall* von 1649, reproduziert nach Weinrich, Trutznachtigall.

2.3 *Tu auf, tu auf, o Sünderherz*

Heinrich Bones Liedbearbeitung wird hier in der Fassung Mainz 1865 gegeben, wie sie bis 1950 in Gebrauch war.

1. Tu auf, tu auf, o Sünderherz!
Gott will bei dir einkehren.
Er hält dir vor all seinen Schmerz;
Laß ab, sein Leid zu mehren!
Wer Buß' zur rechten Zeit verricht't,
Der soll in Wahrheit leben.
Gott will den Tod des Sünders nicht;
Wann wirst du dich ergeben?

2. Tu auf, dein Heil steht in Gefahr;
Wag's nicht, mit Gott zu scherzen!
Mach deine Sünden offenbar,
Tu Buß' aus ganzem Herzen!
Erheb dich, o verlorner Sohn,
Zerreiß der Sünde Banden!
Verderben ist der Sünde Lohn;
Noch ist die Gnad' vorhanden.

3. Tu auf, tu auf! All Gut und Geld,
Was kann's, o Mensch, dir frommen?
Was hilft all Ehr' und Lust der Welt,
Wenn einst dein End' wird kommen?
Wenn nach so kurzem Freudenblick
Du ewig gingst verloren:
Sag', wär's dann nicht ein großes Glück,
Wenn nie du wärst geboren?

4. Tu auf, tu auf! Sieh deinen Gott
Mit ausgespannten Händen
Am Kreuzesstamm in Angst und Not
für dich sein Leben enden!
Der harte Fels zerspaltet sich,
Sonn', Mond und Stern erbleichen;
Soll denn allein, o Sünder, dich
Dein Jesus nicht erweichen?[16]

Die Burgmetaphorik verschwindet, wird ersetzt durch „Herz" als Wohnung Gottes. Jesu Erlösungstat am Kreuz wird in der vierten Strophe wirkungsvoll in Szene gesetzt – sicher eine theologische Korrektur des nach Verlust seines Ursprungskontexts jesuslosen Speeschen Liedes. Das wegschauende Herz soll genötigt werden: „Er hält dir vor all seinen Schmerz." Es soll nicht härter sein als die zerreißenden Felsen (Mt 27,52) bei Jesu Tod. Das Todesmotiv wird vorsichtig ins Eschatologische verschoben. Die Zeile „Sonn', Mond und Stern erbleichen" zitiert Mt 24,28, die Verkündigung der Wiederkunft Christi.

Ferner konkretisiert Bone das „Buße tun" im Sinne der kirchlichen Beichte: „Mach deine Sünden offenbar." Der Tod verliert poetisch an Gewicht. Er ist abstrakter („dein End") und hat keine Pfeile mehr. Bei Spee war er noch eine personifizierte Macht: „Der Tod tut auf uns eilen." Statt dessen gewinnt die Sünde. Das *Sünderherz* steht auch von der Melodie her an betonter Stelle. Das Lied greift jetzt alle an, nicht mehr nur die Jungen und Schönen.

Die *Sünderherz*-Fassung ist allgemeiner, pragmatischer, kirchlicher und theologischer. Sie ist nicht schlecht. Die ungetröstete Härte des Speeschen Originals aber ist in der heutigen Rezeptionssituation der *Sünderherz*-Fassung dennoch überlegen. Das Argument: „Er hält dir vor all seinen Schmerz" wird heute in Ermangelung des dazugehörigen Glaubens nicht als zugkräftig empfunden. Die rhetorischen Fragen am Ende von Str. 3 und

16 Gebet- und Gesangbuch **Mainz 1865*.

Str. 4 sind eben nur rhetorische Fragen. Spee aber macht kein Wortgeplänkel, sondern sagt mit düsterer Härte: „Wen er nicht find in gnadenzeit, wär nützer nie geboren."

Die Festungsmetaphorik kommt der heutigen Identitätspsychologie entgegen. Denn der Erfolgsmensch der Gegenwart ist selbstverständlich eine solche Festung. Er gibt sich keine Blöße, ist niemals weich, niemals persönlich. Er ist gepanzert, nicht mit Eisen und Leder, aber mit Masken und Rollen, hinter denen das wahre Ich, das ja stets arm und verletzlich ist, sich perfekter verbirgt als früher der Ritter hinter seinem Blech.

Büßen, jenes heute unmöglich scheinende Wort, es bekommt metaphorisch Farbe. Ich versuche, Realisationen dieses Texts zu finden, für die man keinen Glauben braucht. Büßen heißt die Türen aufmachen, die Mauern schleifen, aus den Rollen fallen. Aus Festungen werden Menschen. Alte Kämpfer werden weich. Das Starre der Masken zerfließt, das Eis der Vorsicht schmilzt, die Träne quillt. Dem, der die Burg seines Herzens auftut, verspricht Spee nicht die Gunst der Leute. Sie neigen dazu, solche Gelöstheit zu mißbrauchen und in der geöffneten Burg herumzutrampeln. Aber auch für die, die nicht darauf warten, daß Christus in die Burg ihres Herzens einziehe, für die, denen Christus egal ist, stimmt doch immer noch so viel, daß auch sie sterben werden und daß ihnen in der letzten Stunde die Leute egal sein sollten. Dann endlich könnten sie loslassen. Spätestens dann, wenn alle Rücksichten sinnlos werden, könnte sich die Seele lösen. Im Tod zerfließen die mühsam errichteten Eispanzer des Ich, er ist ein Alkahest wie die Liebe, er wirft die Festungsmauern der Individuation nieder. Büßen heißt das Herz waschen; im Weinen, so heißt es in einem ambrosianischen Hymnus (*Aeterne rerum conditor*), wird die Schuld gelöst.

3 Thesen

Was erzählt diese Wirkungsgeschichte? Mein Thema hätte mich in Versuchung führen sollen zur Klage: Die **Gotteslob*-Redaktoren haben ein so schönes altes Lied entfernt! Ja, ich klage mit, obgleich uns die Wirkungsgeschichte etwas anderes sagt. Das Lied **hat** keine Tradition im Sinne kontinuierlicher Weitergabe von Geschlecht zu Geschlecht gehabt. Es war zweihundert Jahre lang verloren, wurde von unseren Eltern oder Großeltern wieder entdeckt und erschien uns nur deshalb so altehrwürdig, weil jede Generation das von den eigenen Eltern Überlieferte für das Altehrwürdige hält, auch wenn es sich, wie in diesem Falle, um eine ziemlich frische Ausgrabung handelt. Daß die *Sünderherz*-Anhänger umgekehrt ihre Fassung für die uralte hielten, geht aus den Quellenangaben unzweideutig hervor. „Text: Friedrich von Spee, Trutznachtigall, 1649" schreiben noch die Würzburger des Jahres 1994 als Quellenangabe, einem alten schlampigen Brauch folgend.

Was ist Tradition? Weitergabe und Anpassung zugleich. So war *Sünderherz* im 19. Jahrhundert die Anpassung an einen romantischen Zeitgeschmack, der sich für die Barockzeit wieder interessierte, sie aber nach ihrem Geschmack frisierte. So ist aber auch **Kirchenlied* nicht einfach „Reinigung der Tradition", so als wären Urtextrestaurationen mit Tradition identisch, sondern Ausdruck eines bestimmten nostalgischen Zeitgeschmacks. Dieser war ein allgemein kulturelles, konfessionsübergreifendes Phänomen. In den wiederholten Wellen dieses großen Stromes von Nostalgie schwimmen wir seit der Romantik bis heute. Das **Gotteslob* mit seinen neoaufklärerischen Tendenzen versuchte sie zu brechen, hat damit aber, wie die Anhangsanhänge zeigen, keinen durchschlagenden Erfolg gehabt.

Noch einmal: Tradieren heißt nicht bewahren, sondern von Generation zu Generation anpassen, reparieren, weiterentwickeln, erneuern, anbauen, abreißen, umbauen, altes Fachwerk freilegen oder altes Fachwerk verputzen – alles auf demselben Grundstück am selben Haus. Die produktiven Jahrhunderte des Kirchenlieds haben ohne Scheu umgebaut. Martin Luther hat nur weniges ganz neu gedichtet. Fast alle seine großen Lieder sind Bearbeitungen von Vorlagen. In der Regel haben sie diese Vorlagen reicher gemacht. Das ist ein Kriterium. Bearbeitungen sind dann zu bejahen, wenn sie Bereicherungen bringen.

Nichts schöner als eine überzeugende Übersetzung der christlichen Überlieferung in ein hochmodernes Gebäude. Wir sollten entschieden für das Neue sein, aber, solange die Bearbeitungen nicht stärker sind als ihre Vorlagen, ebenso entschieden für das Alte in seiner unverfälschten Textgestalt. Es ist heute notwendig, die alten Überlieferungen mit Macht zu pflegen, weil sie verloren zu gehen drohen. Anders als fundamentalistische Integralisten tun wir das im Bewußtsein, daß die Sprache der alten Lieder nicht die unsere ist; **das heißt auch, daß ihr Glaube nicht der unsere ist**. Man hat keine Sache jenseits ihres Ausdrucks. Es ist nicht möglich, den Glauben der alten Lieder durch sprachliche Modernisierung in unsere Zeit hinüberzuretten. Wenn wir die Sprache ändern, verändern wir immer auch den Glauben.

Wenn wir alte Lieder singen, dann im mehr oder weniger deutlichen Bewußtsein einer Rolle. Der Begriff der Rolle hat durch die moderne Identitätspsychologie eine starke Aufwertung erfahren. War er früher oft mit „Unehrlichkeit" konnotiert, durfte besonders der Glaube nie etwas mit Rollenspiel zu tun haben, so fragt sich heute, wo man Keime für Identitätsbildung überhaupt noch hernehmen will, wenn man die Menschen nicht einfach den Identifikationsangeboten der Medien, der Reklame und der Parteien ausliefern will.

Zwei letzte Thesen:

1. Reden wir nicht vom Glauben, reden wir von Identität. Identität ist keine Naturgegebenheit, sondern beeinflußbar. Religiöse Identifikation schafft eine Art Unabhängigkeit gegenüber allen „irdischen" Interessen. Das Unangepaßte ist ihre Stärke. Den Gekreuzigten mit den ausgespannten Armen als Identifikationsangebot anzunehmen immunisiert gegen die Reklamewelt und gibt eine Art Freiheit ihr gegenüber. Was heute nur Rolle ist, mag unseren Kindern oder Enkeln irgendwann wieder als Natur vorkommen. Vielleicht ist es schon viel, wenn wir etwas bewahren helfen, was nicht unseren Zeitgenossen, sondern erst späteren Generationen wieder wichtig sein wird. Wir leben in einem historistischen Zeitalter, ohne daß wir das ändern könnten, und müssen, wenn wir schon nicht viel eigenen Glauben hervorbringen, wenigstens ein paar Samenkörner an die nächste Generation weitergeben. Vielleicht gehen sie bei denen auf.

2. Reden wir nicht vom Glauben, reden wir von Ästhetik. Es genügt vielleicht als Argument für die alten Lieder, daß wir sie schön finden. In diesem „schön" mag dann unterschwellig Glaube mitschwingen, oder Sehnsucht nach Glauben wenigstens. Die kirchenübliche Verachtung des Ästheten, die sich pharisäisch im Besitz des Glaubens wähnt und ihn dem Ästheten abspricht - man sollte sie aufgeben. Die Ästhetik ist nun einmal heute die diensttuende Universalwissenschaft. Alle Welt spielt Rollen, alle Welt zitiert und zelebriert und inszeniert. Das Ich, der Charakter, die Persönlichkeit: alles längst ins Rutschen geraten. Im Rollenspiel werden neue Identifikationen erprobt. Damit entstehen auch neue Chancen für die uralte Botschaft des Evangeliums.

Literatur

Deutsche katholische Gesänge aus älterer Zeit. Eine Anthologie, Frankfurt am Main 1833.

Grimm, Jacob u. Wilhelm: Deutsches Wörterbuch. Bd II und III. Leipzig 1860 und 1862.

Oorschot, Theo G. M. van: Friedrich Spee von Langenfeld. Zwischen Zorn und Zärtlichkeit. Göttingen 1992.

Österreichisches Liturgisches Institut (Hrsg.). Heiliger Dienst. H. 3, 2000.

Spee von Langenfeld, Friedrich: Güldenes Tugend-Buch. Hrsg. v. Theo G. M. van Oorschot. München 1968.

Spee von Langenfeld, Friedrich: Trutz-Nachtigall. Hrsg. v. Theo G. M. van Oorschot. Bern 1985.

Weinrich, Alfred: Trutznachtigall. Freiburg i. Br. 1908.

Ilsabe Seibt

Mir nach, spricht Christus, unser Held

1. „Mir nach", spricht Christus unser Held,
„mir nach, ihr Christen alle!
Verleugnet euch, verlaßt die Welt,
folgt meinem Ruf und Schalle:
Nehmt euer Kreuz und Ungemach
auf euch, folgt meinem Wandel nach.

2. Ich bin das Licht, ich leucht' euch für
mit heil´gem Tugendleben;
wer zu mir kommt und folget mir,
darf nicht im Finstern schweben:
Ich bin der Weg, ich weise wohl,
wie man wahrhaftig wandeln soll.

3. Mein Herz ist voll Demütigkeit,
voll Liebe meine Seele;
mein Mund der fleußt zu jeder Zeit
von süßem Sanftmut-Öle;
mein Geist, Gemüte, Kraft und Sinn
ist Gott ergeben, schaut auf ihn.

4. Fällt's euch zu schwer? Ich geh voran,
ich steh euch an der Seite.
Ich kämpfe selbst, ich brech die Bahn,
bin alles in dem Streite.
Ein böser Knecht, der still darf stehn,
wenn er den Feldherrn ansieht gehn.

5. Wer seine Seel zu finden meint,
wird sie ohn' mich verlieren;
wer sie um mich verlieren scheint,
wird sie nach Hause führen:
Wer nicht sein Kreuz nimmt und folgt mir,
ist mein nicht wert und meiner Zier."

6. So laßt uns denn dem lieben Herrn
mit unserm Kreuz nachgehen;
und wohlgemut, getrost und gern
in allem Leiden stehen:
Wer nicht gekämpft, trägt auch die Kron
des ewgen Lebens nicht davon.

Druckvorlage

Der Text ist nach dem Original, jedoch in modernisierter Orthographie, wiedergegeben.[1] In den derzeitigen Gesangbüchern ist das Lied mit wenigen Veränderungen enthalten. Gravierend ist der Wegfall der originalen dritten Strophe in allen modernen Gesangbüchern.

Das **Gotteslob* (1975) ersetzt in der zweiten Strophe den zweiten Vers „mit heilgem Tugendleben" durch „mit meinem heilgen Leben". In der dritten (im Original vierten) Strophe lauten die letzten beiden Verse „Ein böser Knecht, der still kann stehn, / sieht er voran den Feldherrn gehn." Im vierten Vers der letzten Strophe verändert das **Gotteslob* „in allem Leiden stehen" zu „in allen Leiden stehen".

Im **EG* (1993) wurde die dritte Strophe durch die Strophe ersetzt, die seit Luppius 1695 als vierte Strophe in das Lied eingefügt worden ist. In der vierten Strophe heißen die letzten beiden Verse „Ein böser Knecht, der still mag stehn, / sieht er voran den Feldherrn gehen."

Das **RG* (1998) folgt in der zweiten und letzten Strophe den Varianten des **Gotteslob* und in der vierten Strophe der Variante des **EG*. Die Verse 1-4 der fünften Strophe erscheinen in folgender Fassung: „Wer ohne mich sein Leben liebt, / dem wird es gar entschwinden; / wer's mir zulieb verloren gibt, / der wird das Leben finden."

1 Die Melodie

Ursprünglich war dem Text eine Melodie von Georg Joseph beigegeben.[2] Dieser war Musiker oder Kapellmeister des Fürstbischofs von Breslau. Seine näheren Lebensumstände sind unbekannt. Joseph komponierte die Melodien aller Lieder der **Heiligen Seelen=Lust.*

Schon Andreas Luppius übernahm 1695 nicht die Melodie von Georg Joseph, sondern verband den Text mit der Melodie *Machs mit mir, Gott, nach deiner Güt.* Diese Melodie stammt von Johann Hermann Schein (1628). Der Text Schefflers und die Melodie von Schein sind schon bald eine so enge Verbindung miteinander eingegangen, daß die Melodie Josephs in Vergessenheit geriet.

Schein komponierte die Melodie in F-Dur. Im 19. Jh.[3] und zu Beginn des 20 Jh.[4] sang man das Lied in Es-Dur. Im alten und neuen **RKG* (1952 und 1998) hat man die Tonart Es-Dur beibehalten, doch schon im **DEG 1915* erscheint das Lied in D-Dur. Das **EKG* hat ebenfalls D-Dur. Im **Gotteslob* und im **EG* schließlich steht die Melodie in C-Dur.

---

[1] Erstmals erschienen in: **Heilige Seelen=Lust,* Nr. 171; vgl. Fischer-Tümpel, Bd. V, Nr. 460.

[2] Die Melodie von Joseph ist dokumentiert bei Zahn Bd. II, Nr. 2399.

[3] Vgl. **Berlin 1830.*

[4] Vgl. **Dresden 1910.*

Die Melodie von Schein ist melodisch und rhythmisch klar strukturiert. Sie nimmt ihren Ausgangspunkt beim Grundton c' und wird von da aus durch den Oktavraum geführt, wobei in der zweiten, vierten und fünften Zeile c'' erreicht wird. Die Melodie beginnt mit einer Dreiklangsbrechung und wird durch abwärtsgeführte Sekundschritte weitergeführt. Dieses Prinzip, durch Terz- und Quartsprünge nach oben den Ausgangspunkt für eine Abwärtsbewegung in Sekundschritten zu erreichen, durchzieht die ganze Melodie. Es wird nur in der zweiten bzw. vierten Zeile durchbrochen. Dort wird die obere Oktave c'' durch einen aufwärtsgerichteten Sekundgang erreicht. Als Anfangs- und Endtöne der Melodiezeilen werden nur die Tonika c' und die Dominante g', sowie d' verwendet. Dabei ergibt sich eine spiegelbildliche Konstruktion. Zu Beginn geht es von der Tonika c' über die Dominante g' zurück zur zweiten Stufe d' und in der zweiten Zeile von der Dominante über die Tonika c'' zurück zur Dominante. Nach der Wiederholung führt die Melodie von der Dominante aus zur oberen Tonika und von dort wieder abwärts zur zweiten Stufe d' und wiederum von der Dominante zurück zur Tonika c'. Dieser Bau verleiht der Melodie eine große Geschlossenheit. Dem entspricht auch der Rhythmus, dessen Grundstruktur lang - lang - kurz - lang - kurz - kurz - kurz - lang ist. Nur die zweite Zeile weicht hiervon ab, dies entspricht der Melodieführung. Die 6. Zeile wandelt das rhythmische Grundgerüst nur geringfügig ab: Aus den letzten beiden kurzen Notenwerten werden lange, um einen klaren Abschluß der Melodie zu erzielen.

2 Die poetische Gestalt des Liedes

Scheffler gestaltet sein Lied in zwei verschiedenen Kommunikationsebenen. Die Strophen 1 bis 5 sind als eine wörtliche Rede Christi an die „Christen alle" gerichtet. In der Schlußstrophe schließt sich der Dichter in der Aufforderung „laßt uns" mit den Singenden zusammen. Die Christusrede ist um die dritte Strophe zentriert, die sich in der Wahl der poetischen Mittel erheblich vom Kontext unterscheidet. Formal betrachtet, verwendet Scheffler im Zentrum überwiegend Substantive, während die umgebenden Strophen von Verben dominiert werden. Inhaltlich kontrastiert er den Aufruf zur Nachfolge in den Metaphern des Duldens und Kämpfens mit den Metaphern der Liebe.

Auffallend sind die Korrespondenzen zwischen der ersten und fünften sowie der zweiten und vierten Strophe. Die dritte Strophe ist gleichsam von zwei Ringen umgeben, die kunstvoll um das Zentrum herum gelegt sind. Der äußere Ring, die erste und fünfte Strophe, betont die Kreuzesnachfolge und beschreibt ihren Ausgangspunkt - „verlaßt die Welt" - und ihr Ziel - „nach Hause führen". Die Strophen formulieren überwiegend Erwartung und Anspruch an die Christen. Der innere Ring schildert das, was Christus ist - Licht und Wegweisung, und was er tut - vorangehen und kämpfen. Der formale Zusammenhalt dieses inneren Ringes wird durch viermaliges „Ich" in jeder der beiden Strophen hergestellt. Jeweils zwei Verse der in jeder der beiden Strophen hergestellt. Jeweils zwei Verse der zweiten und vierten Strophe beziehen sich auf das Handeln der Christen in ihrem Verhältnis zu Christus: „Wer zu mir kommt und folget mir / darf nicht im Finstern schweben" und „Ein böser Knecht / der still darf stehn / wenn er den Feldherrn ansieht gehn?"

Die Schlußstrophe nimmt Motive aus allen vorangegangenen Strophen auf und führt sie abschließend zusammen. „Dem lieben Herrn" läßt gleich im ersten Vers die Mitte des Liedes anklingen. Der zweite Vers „Mit unserm Kreuz nachgehen" ist im Blick auf die erste Strophe formuliert. „Wohlgemut, getrost und gern" erinnert an die zweite Strophe, vor allem in der Wiederholung des „wohl" aus deren fünftem Vers. „In allem Leiden stehen: Wer nicht gekämpft" bezieht sich deutlich hörbar auf die vierte Strophe. „Meiner Zier" im sechsten Vers der fünften Strophe entspricht die „Kron des ewgen Lebens" am Schluß des Liedes.

2 Der biblische Hintergrund des Liedes

Scheffler verbindet in seinem Lied zwei Konzepte christlichen Daseins miteinander: die Idee der *militia Christi* und die Nachfolge, verstanden als *imitatio Christi*. Die Jünger Jesu folgen ihrem Rabbi im wörtlichen Sinne nach, jedoch verwenden die Evangelien den Begriff schon als ein Sich-Anschließen an Jesus, das andere Lebensbindungen nicht mehr zuläßt. Die gespannte Erwartung des Gottesreiches verlieh der Forderung zur Nachfolge ihren drängenden Charakter (Lk 9,61f). Die exklusive Bindung an Jesus in der Nachfolge führt in das ewige Leben (Mk 10,17.21; Mk 10,28-30) und in die Teilhabe am Geschick Jesu. Die Nachfolge bindet den Jünger an das Leiden Jesu – sie ist Kreuzesnachfolge (Mk 8, 34ff).

Nach Kreuzestod und Auferstehung geschieht die Bindung an Christus im Glauben, was zugleich heißt, diesem Glauben entsprechend zu leben und Trübsal, Verfolgung und Leid zu ertragen um des Glaubens willen (vgl. 2 Kor 4,7ff.; 2 Kor 12,10; Phil 1,13ff.). Dabei geht es keineswegs nur um ein passives Erdulden. Vielmehr stellt Paulus dem Leiden den Kampf für das Evangelium als Dienst des Apostels zur Seite. Mehrfach wird darunter aber auch ein geistiger Kampf verstanden. Es gilt, mit der Waffenrüstung Gottes die Mächte der Finsternis zu bekämpfen (Eph 6,11ff), denn die Zeit des Endes ist nahe (Röm 13,12).

Besonders deutlich kommt der Gedanke der *militia Christi* in 2 Tim 2,3 zum Ausdruck: „Leide mit mir als guter Soldat Christi Jesu." Hier ist auch ein Ansatzpunkt für die Verbindung von Nachfolge im Leiden und Kriegsdienst für Christus gegeben. In Röm 6 beschreibt Paulus den in der Taufe vollzogenen Herrschaftswechsel vom Leben unter der Sünde zum Leben in der Gerechtigkeit. „Stellt eure Glieder als Waffen der Gerechtigkeit in den Dienst Gottes" (Röm 6,13b). Seine innere Haltung macht den Christen selbst zur Waffe der Ungerechtigkeit oder der Gerechtigkeit. Das bedeutet auch, daß der Kampfplatz in den Menschen selbst verlegt wird. Die Herrschaft der Sünde ist im Getauften gebrochen, aber er selbst muß sich diesen Herrschaftswechsel aneignen durch die Heiligung des Lebens im Dienst der Gerechtigkeit (Röm 6,19).[5]

In Schefflers Lied sind Nachfolge und *militia Christi* aufs engste miteinander verwoben. Schon in der Kopfzeile ist beides präsent: „Mir nach" - „Held". Der Held ist ein im Kampf erfolgreicher Kriegsmann, der hier in seine Gefolgschaft ruft. Im Fortgang der ersten Strophe greift Scheffler Mt 16,24 auf. Im Bibeltext ist die Selbstverleugnung und das Tragen des Kreuzes eine unumgängliche Bedingung für die, die nachfolgen wollen. Dabei steht die Entscheidung für oder gegen die Nachfolge bei den Menschen, die Jesus zuhören. Bei Scheffler wird daraus eine Forderung, die Christus an alle Christen stellt.

Die wörtliche Aufnahme der Ich-bin-Worte aus Joh 8,12 und 14,6 täuscht nicht darüber hinweg, daß Christus in der zweiten Strophe als Vorbild für ein rechtes christliches Leben angesehen wird. Diese Deutung wird der im Johannesevangelium gemeinten eschatologischen Dimension nicht gerecht. Licht des Lebens und Weg zum Vater im Sinne des Evangeliums weisen über einen wahrhaftigen, tugendhaften Lebenswandel weit hinaus.

Hinter den Formulierungen der dritten Strophe steht der Heilandsruf aus Mt 11,28f. und möglicherweise eine Anspielung auf Hld 5,16. Von dort übernimmt Scheffler die Zuschreibungen an Christus - Demütigkeit, Sanftmütigkeit - und ergänzt sie. Die Zielrichtung ist jedoch eine andere als in Mt 11, wo es um die Zugewandtheit den Beladenen gegenüber geht. Die Liedstrophe endet mit der überraschenden Aufforderung „schaut auf ihn". Christus verweist auf Gott und stellt sich in der Strophe letztlich als Vorbild der Gottergebenheit dar. Lernt von mir (Mt 11,29), „wie man wahrhaftig wandeln soll" (Str. 2, Vers 6): Die dritte Strophe erweist sich letztlich als Fortschreibung der zweiten Strophe. Beide Strophen nehmen den in der geistlichen Dichtung des 17. Jh. weit verbreiteten *imitatio*-Gedanken auf: Wahres christliches Leben heißt, sich der Vorbildlichkeit Christi anzuverwandeln.

Auf die Nachahmung Christi ist denn auch die Eingangsfrage der vierten Strophe bezogen. War bisher von Nachfolge und Nachahmung Christi die Rede, so greift Scheffler in dieser Strophe die Idee der *militia Christi* auf. Der Blick ist nun nicht mehr auf die nachfolgenden Christen, sondern in Umkehrung des Bildes auf den vorangehenden Christus gerichtet. Zwar ist es folgerichtig, daß den Soldaten ein Feldherr vorangeht. Doch das Hauptaugenmerk der *militia Christi* liegt auf den Anstrengungen und Entbehrungen des christlichen Lebens, die denen des soldatischen Dasein ähnlich sind. Im NT hat die vierte Strophe keinen Anhalt. Jedoch wird Jahwe im AT an einigen Stellen als Kriegsherr bezeichnet, der gegen seine Feinde zu Felde zieht (Jes 42,13). In Micha 2,13 wird Jahwe zum Bahnbrecher.

---

5 Vgl. Theologisches Wörterbuch zum NT, Bd. V, S. 293-310, sowie Art. Militia Christi, in: LThK².

Die fünfte Strophe ist eine dichterische Umsetzung von Mt 10,38f. (vgl. Mt 16,24f). Scheffler hat hier nach dem Wortlaut der zu seiner Zeit gebräuchlichen katholischen Übersetzung von Caspar Ulenberg „Wer seine Seele findet, der wird sie verlieren" formuliert. Dabei vertauscht er die Reihenfolge der beiden Bibelverse. Bei Matthäus bildet die Sentenz über Verlust und Gewinn des Lebens bzw. der Seele den zusammenfassenden Höhepunkt der Textpassage. Sie endet mit dem positiven Ausblick: „Wer aber das Leben um meinetwillen verliert, wird es gewinnen." Durch das Vertauschen der Aussagen wird im Lied nun die Kreuzesnachfolge zum Ziel- und Höhepunkt der Aussage. Die Selbstaufgabe um Jesu willen wird durch Scheffler als Teil des Kreuzes interpretiert. Die Strophe endet negativ und nicht mit einer Verheißung.

Die zusammenfassende sechste Strophe nimmt einerseits in den vorangegangenen Strophen Gesagtes auf. Andererseits steht hinter den Schlußversen Jak 1,12. Der Ton liegt dort auf dem Standhalten und Bewähren in der Versuchung; darauf liegt die Verheißung der Krone des Lebens. Scheffler interpretiert das Leiden als Kampf. Der Empfang der Lebenskrone, des ewigen Lebens, setzt nicht nur Bewährung, sondern Kampf voraus.

3 Johann Scheffler

Johann Scheffler[6] wurde im Dezember 1624 in Breslau als Sohn begüterter Eltern geboren und lutherisch erzogen. Sein Vater, der 1562 geborene Stanislaus Scheffler, starb 1637 und die Mutter, Maria, geb. Hennemann, 1639 im Alter von etwa 39 Jahren. Kurz vor dem Tod der Mutter wurde Scheffler Schüler des Elisabeth-Gymnasiums in Breslau. 1643 immatrikuliert er sich an der Universität zu Straßburg in den Fächern Medizin und Staatsrecht. Ein Jahr später setzt er sein Studium in Leiden fort. Scheffler beendet seine Studien 1647/48 in Padua. Dort beschäftigte er sich auch mit der katholischen Glaubenslehre.

1649 wird Scheffler Leibarzt des Herzogs von Württemberg in Öls. Von Öls aus pflegte Scheffler eine tiefe Freundschaft mit Abraham von Frankenberg. Dieser, Biograph und Verleger Jacob Böhmes, vermittelte Scheffler die Kenntnis mystisch-theologischer Literatur. Im Juni 1652 stirbt Frankenberg. Im Dezember 1652 gibt Scheffler seine Stellung beim Herzog von Württemberg auf.

Die Jahre in Öls waren auch die Zeit wachsender Konflikte zwischen Scheffler und der lutherischen Orthodoxie. Scheffler wandte sich mehr und mehr dem Katholizismus zu und konvertierte am 12. Juni 1653 in Breslau zur römisch-katholischen Kirche. Dabei nahm er den Namen Angelus an, den er später durch Silesius (schlesischer) ergänzte. Um Kritik und Verleumdungen zu begegnen, verfaßte Scheffler noch 1653 eine Konversionsschrift, in der er die Gründe seines Bekenntniswechsels erläutert. Sie wurde zum Ausgangspunkt hin- und hergehender Schmäh- und Streitschriften,

---

[6] Vgl. zum Folgenden: Gnädinger, Angelus Silesius, 553-569.

die ihn in lang andauernde Auseinandersetzungen hineinzogen. Scheffler erwies sich darin als ein entschiedener Verfechter des katholischen Glaubens und setzte sich aktiv für die Rekatholisierung Schlesiens ein.

Am 29. Mai 1661 empfing Scheffler die Priesterweihe. Von 1664 bis 1666 amtierte Scheffler als Marschall am Hof des schlesischen Fürstbischofs Sebastian von Rostock. In den Jahren danach lebte er zurückgezogen im Stift St. Matthias in Breslau und widmete sich seiner schriftstellerischen Tätigkeit. Sein letztes Werk ist eine Auswahl von 39 Abhandlungen aus den insgesamt 55 gedruckten konfessionspolemischen Traktaten, die in seinem Todesjahr unter dem Titel „Ecclesiologia" als sein Glaubenstestament erscheinen. Scheffler stirbt am 9. Juli 1677.

4 Das Lied *Mir nach, spricht Christus, unser Held* im Kontext des poetischen Werkes

Schon in seiner Gymnasialzeit verfaßte Scheffler Gedichte, die seine rhetorische Schulung und Begabung zeigten. 1657 gab er die „Geistreichen Sinn- und Schlußreime" heraus, die 1675 in zweiter Auflage um ein Buch erweitert unter dem Titel „Cherubinischer Wandersmann" erschienen. Ebenfalls 1657 erschien die **Heilige Seelen=Lust*. In der zweiten Auflage 1668 wurde die Sammlung durch das V. Buch ergänzt.

Der „Cherubinische Wandersmann" ist eine epigrammatische Spruchsammlung in sechs Büchern, die spekulativ-mystisch die Suche nach Gott in immer neuen, extrem antithetischen Aussagen umkreist. Die mit höchster gedanklicher Schärfe formulierten Epigramme finden ihre Ergänzung in den Liedern der **Heiligen Seelen=Lust*, die in pastoraler Einkleidung und in der Sprache der Brautmystik die Liebe zu Jesus besingt. Zur Steigerung des Affektes sind alle Lieder von dem Komponisten Georg Joseph vertont worden. Diese Melodien fehlen allerdings in späteren Ausgaben.

Die Bücher I-III der **Heiligen Seelen=Lust* ordnen die Lieder in den Zyklus des Kirchenjahres ein und stehen dadurch in engem inneren Zusammenhang. Auch die Bücher IV und V geben ergänzende Lieder zum Kirchenjahr, doch der Zusammenhang der Lieder ist nur noch lose, im V. Buch gar nicht mehr erkennbar. *Mir nach, spricht Christus, unser Held* steht als Lied Nr. 171 mit der Überschrift „Das CLXXI. Sie vermahnet zur Nachfolgung Christi" im V. Buch unter der Rubrik „Allerhand Anmutungen zu allen Zeiten".[7]

Das poetische Werk Schefflers findet seinen Abschluß in dem Werk „Sinnliche Beschreibung der Vier letzten Dinge" (1675).

---

[7] Im **EKG* steht das Lied unter der Rubrik „Christlicher Glaube und christliches Leben", im **EG* unter „Umkehr und Nachfolge".

5 Die dritte Strophe des Liedes

Wie viele andere Lieder Schefflers, so fand auch dieses Lied Anklang in pietistischen Kreisen.[8] Der radikalpietistische Verleger und Buchhändler Andreas Luppius (1654-1731) nahm es in sein 1695 herausgegebenes Gesangbuch **Geistliche Lieder und Lobgesänge* auf und ergänzte es um die folgende Strophe.

Ich zeig euch das, was schädlich ist,
zu fliehen und zu meiden,
und euer Herz von arger List
zu rein'gen und zu scheiden.
Ich bin der Seelen Fels und Hort,
und führ euch zu der Himmelspfort.

Diese Strophe erscheint dann als 4. Strophe wieder in **Freylinghausen 1704*. Von da an gibt es im evangelischen Bereich einen breiten Überlieferungsstrom, der die siebenstrophige Langform tradiert. Es scheint so zu sein, daß das Lied, wo es in die Gesangbücher aufgenommen wurde, in der siebenstrophigen Fassung erscheint. Schließlich nimmt auch das **DEG 1915* das Lied in dieser Fassung auf. Erst das **EKG* von 1950 hat wieder sechs Strophen, nimmt aber anstelle der ursprünglichen dritten Strophe die Strophe von Luppius auf.

Im **Gotteslob* erscheint das Lied in einer fünfstrophigen Fassung: Sowohl die ursprüngliche dritte als auch die hinzugefügte Strophe wurden nicht aufgenommen.

Die neue Strophe schließt sich inhaltlich und formal eng an die zweite Strophe an. Sie läßt sich wie ein Kommentar zur zweiten Strophe lesen: „ich leucht euch für", indem „ich euch zeige, was schädlich ist", damit ihr es „fliehen" und „meiden" könnt. Ihr sollt „nicht im Finstern schweben", also „reinigt und scheidet euer Herz von arger List." „Ich weise, wie man wahrhaftig wandeln soll" und so „führ ich euch zur Himmelspfort". Diese Orientierung an der zweiten Strophe ist stärker als ein konkret erkennbarer biblischer Bezug. Darüber hinaus werden Mt 16,26, Ps 31,4 und Mt 7,13 assoziativ verarbeitet.

Die Eigenart der originalen dritten Strophe innerhalb des gesamten Liedes ließ sie schon bald als Fremdkörper erscheinen. Die empfundene Spannung zwischen der 3. und 4. Strophe, die in so gegensätzlichen Bildern von Christus sprechen, führte schließlich zum Verzicht auf diese Strophe. Damit ist dem Lied jedoch seine theologische und poetische Mitte abhanden gekommen. Daß Christus von Gott her handelt und letztlich zu ihm führt, geht als Aussage im Zentrum des Liedes verloren. Die später eingefügte Strophe kann diesen Verlust nicht aufwiegen. Vielmehr verstärkt sie die moralisierende Tendenz der zweiten Strophe.

---

8 Vgl. Scheitler, Angelus Silesius: „Heilige Seelen-Lust", 732.

6 Versuch einer pragmatischen Lektüre

Schefflers Lied erfährt heute sowohl Zustimmung als auch Ablehnung. Daher genügt es nicht, das Lied nur in seinen historischen und theologischen Kontext zu stellen, sondern es ist auch zu fragen, welchen Kommunikationsraum das Lied den Singenden heute eröffnet. Was nehmen Menschen an diesem Lied wahr, gerade auch dann, wenn sich ihnen der biblische Hintergrund nicht mehr ohne weiteres erschließt? Was bedeutet es für die Tragfähigkeit der Metaphern im Lied, wenn junge Menschen bei der hier geforderten Nachfolge religiösen Fanatismus assoziieren, der Terroranschläge wie die des 11. September hervorbringt?[9] So wenig man Scheffler und seinem Lied heutige Problemkonstellationen anlasten kann, so selbstverständlich ist es andererseits, daß Singende und Hörende ihre Lebens- und Erfahrungswelten in ein Lied eintragen.

Es stellt sich also die Frage, welche Bedeutungen im Liedtext implizit vorhanden sind und wahrgenommen werden.[10] Unter Hintanstellung des theologischen und historischen Kontextes fragt eine pragmatische Lektüre nicht danach, was ein Text sagen *will*, sondern was er *sagt* oder auch ungewollt übermittelt. Die pragmatische, d.h. auf den Handlungsaspekt ausgerichtete Lektüre kann dazu beitragen, einsichtig zu machen, warum ein Lied solch gegensätzliche Reaktionen auslöst.

Jede mündliche oder schriftliche Äußerung ist mit einer Handlung verknüpft. Indem ich etwas aussage, handle ich: Ich informiere, fordere, verspreche usw. Mitunter ist der Handlungsgehalt eindeutig; z.B. ist die Verwendung des Imperativs in der Regel mit einer Forderung verbunden. Meist ist der Handlungsgehalt einer Aussage verdeckt oder verschleiert oder er wird durch nonverbale Kommunikation übermittelt. Mit der Aussage ist eine bestimmte Bewertung verbunden: In meiner Aussage schwingt mit, ob ich mein Gegenüber für informiert, unwissend, gut- oder böswillig usw. halte. Schließlich soll eine Aussage etwas bewirken: Wer tröstet, möchte Kummer vermindern; wer droht, schüchtert ein; wer fordert, erwartet etwas usw.

Von den sechs Strophen des originalen Liedes sind fünf als wörtliche Rede Christi gestaltet, der die „Christen alle" anspricht. Auffallend ist da-

---

9 Das Lied wurde mit einer Fachschulklasse in Greifswald besprochen. Dabei fand die Kampfmetaphorik ein positives Echo: Jesus begleitet uns im Kampf unseres Lebens. Es lohnt sich, zu kämpfen. Die fünfte Strophe wurde als gegen falsche Selbstsicherheit gerichtet gehört: man soll nicht glauben, daß man alles richtig macht. Kritisch wurde vermerkt, daß ich mich als Geschöpf Gottes selbst verleugnen soll. Allgemein empfanden die Schülerinnen und Schüler, daß von dem Lied ein starker Druck ausgeht. Erst sei das Geforderte freiwillig, dann aber doch mit Zwang verbunden. Das Lied fordere eine starke Unterwürfigkeit heraus. Der oben erwähnte Zusammenhang mit dem Terrorismus wurde aus der Aufforderung, die Welt zu verlassen, abgeleitet. Sich selbst für Gott aufzuopfern, das sei die Haltung eines religiösen Fanatikers, der zu allem bereit sei.

10 Die weiteren Ausführungen dieses Abschnitts stützen sich auf Polenz, Deutsche Satzsemantik, bes. 194-230.

neben das gehäufte Vorkommen des Pronomens „wer" in den Strophen 2, 5 und 6. Der Kontext legt den Bezug auf die „Christen" nahe. Dennoch bleibt der Ausdruck vage: wer genau ist gemeint? Alle Christen oder nur ein Teil von ihnen? Oder ist in Strophe 5 noch eine weitere Personengruppe angesprochen: unwillige Christen oder gar Nichtchristen?

Auffallend ist der zahlreiche Gebrauch des Imperativs. Das häufigste Verb ist „folgt". Daneben stehen Verben mit ähnlichem semantischen Gehalt. Immer geht es um einen Weg, der gegangen wird. Die erste Strophe betont die Bewegung auf ein Ziel hin: „Mir nach", „folgt meinem Ruf und Schalle", „folgt meinem Wandel nach". Auf das Ziel ausgerichtete Formulierungen sind auch: „wer zu mir kommt", „ich geh voran", „nach Hause führen" und „nachgehen" in den Strophen 2, 4, 5 und 6. „Verlaßt die Welt" und „trägt davon" (Strophe 1 und 6) markieren den Ausgangspunkt der Bewegung. Schließlich wird mit den Ausdrücken „wahrhaftig wandeln" und „still darf stehn" - „ansieht gehen" (Strophe 2 und 4) der Weg selbst in den Blick genommen.

Die dritte Strophe ist ein Gebilde ganz eigener Art, deren völlig anderer Charakter durch eine Anhäufung von Substantiven bewirkt wird. Das Vorwärtsdrängende der umgebenden Strophen wird hier durch Reflexion abgelöst. Die Aufforderung „schaut auf ihn", nämlich „Gott", wirkt zunächst unerwartet. „Gott" ist hier die notwendige Ergänzung zur „Demütigkeit": Christus ist voller Demut Gott ergeben. Damit sind auch die, die ihm nachfolgen, letztlich an Gott gewiesen: „schaut auf ihn".

Hinter dem Aussagegehalt eines Textes verbirgt sich die Sprecherhandlung. Die Imperative und das „Mir nach" sind eine Aufforderung, die das „Verleugnen", „Verlassen", „Folgen" bewirken soll. Auffällig sind die mit der Wortwahl verbundenen Bewertungen in der ersten Strophe: „Christus" ist „unser Held", seinem „Wandel" soll gefolgt werden. Dieser positiven Zuschreibung an Christus steht die negative an die Christen gegenüber. Auf ihrer Seite ist „Kreuz und Ungemach", beides negativ konnotierte Worte. Ebenso ist die Aufforderung „Verleugnet euch"/„verlaßt die Welt" nur unter der Voraussetzung sinnvoll, daß die Christen (reflexives „euch") und „die Welt" negativ zu bewerten sind.

Die Sprecherhandlung in den Z. 1, 2, 5 und 6 der zweiten Strophe läßt sich als Mitteilen oder auch als Behaupten charakterisieren: „Ich bin das Licht...ich bin der Weg". Die mittleren Z. 3 und 4: „Wer zu mir kommt... darf nicht..." sind leicht als Bedingung und Verbot mißzuverstehen. „Dürfen" ist nach dem Sprachgebrauch der Zeit mit „bedürfen", „brauchen" zu umschreiben. Gemeint ist also: Ich werde es nicht zulassen, daß im Finstern schwebt, wer zu mir kommt. Auch in dieser Strophe sind alle auf Christus bezogenen Aussagen positiv. Von den Christen spricht der Dichter hier nur in der Verallgemeinerung „wer". Damit wird eine Regel aufgestellt, in die die Christen einbezogen sind. Bei ihnen wird negativ vorausgesetzt, daß sie „im Finstern schweben". Die Überzeugungskraft der Selbstdarstellung Christi „Ich bin das Licht...Ich bin der Weg..." reicht nicht aus, um die

Christen für die Nachfolge zu gewinnen. Die sechste Zeile enthält daher eine verallgemeinerte Verpflichtung: „man...soll."

Die Selbstdarstellung Christi in der dritten Strophe geschieht in positiv konnotierten Substantiven. Christus, das Vorbild für einen tugendhaften Wandel, unterstellt sich hier nun ganz und gar der Autorität Gottes. Der Verweis auf Gott verleiht der Aufforderung zur Nachfolge größeres Gewicht. Christus selbst erfüllt gegenüber Gott die Forderungen, die er an die Christen stellt. Der Blick auf Gott soll davon überzeugen, daß die gestellten Forderungen, sich selbst zu verleugnen und die Welt zu verlassen, berechtigt sind.

Die Frage: „Fällt's euch zu schwer?" (Strophe 4) räumt ein, daß die Forderungen kaum zu erfüllen sind. Mit dieser Frage werden jedoch nicht die Forderungen kritisiert, sondern letztlich wird das Vermögen der Menschen negativ bewertet. Die Schwäche der Christen wird nun wiederum mit der Stärke Christi kontrastiert. Er kündigt an und verspricht, voranzugehen und zu kämpfen. Die Z. 5 und 6 lassen sich zum genaueren Verständnis umformulieren: Darf ein Knecht still stehen, wenn er den Feldherrn gehen sieht? Nein! Bleibt er dennoch stehen, ist er ein böser Knecht. Die Nachfolge wird hier zu einem Zwangsverhältnis zwischen Kriegsherr und Knechten, die verpflichtet werden, dem Feldherrn zu folgen.

Das Verständnis der Modalverben „meint" und „scheint" in der 5. Strophe erleichtert eine Paraphrasierung: Wer meint, seine Seele zu finden, dem sage ich, daß er sie verlieren wird. Wer sie um meinetwillen verliert, dem sage ich: Es scheint nur so, als habe er sie verloren, denn er wird sie nach Hause führen. Was der Mensch meint, wird von Christus in den Z. 2 und 4 als Schein entlarvt. Dabei ist die Sprecherhandlung in Vers 4 ein Versprechen und in Vers 2 eine Drohung. Die Z. 5 und 6 enthalten eine doppelte Verneinung, die aus Mt 10,38 übernommen ist. Die Erfüllung der Forderung ist die Bedingung dafür, Christus etwas wert zu sein. In der 5. Strophe wird auf eine direkte Anrede verzichtet. Sie verbleibt in der verallgemeinernden Distanz des „wer", womit eine allgemein gültige Regel aufgestellt wird. Von Strophe zu Strophe wird die Aufforderung zur Nachfolge verschärft.

In der 6. Strophe nimmt der Dichter wieder direkt das Wort. Auf dieser veränderten Kommunikationsebene faßt die Strophe das zuvor Gesagte zusammen. Das Leiden wird hier mit der Aussicht auf die „Kron des ewgen Lebens" verknüpft. Dieses Ziel rechtfertigt das Leiden und die Nachfolge unter dem Kreuz, so daß sie „getrost und gern" getragen werden.

7 Das Menschenbild des Liedes

Die in diesem Lied geforderte Nachfolge ist nicht anders denn als Selbstaufgabe und Unterwerfung unter einen anderen denkbar. Das bedeutet Kampf – zuallererst gegen sich selbst. Das Lied gründet in hohem Maße auf Bibeltexten. Es zeigt sich jedoch, daß Scheffler sie gezielt in den Dienst seiner Vorstellungen stellt. Auswahl und Behandlung der Texte stützen die angestrebte Aussage. Es ist unstrittig, daß Leiden und innere Kämpfe zum christlichen Leben in der Nachfolge Jesu hinzugehören. Stutzig macht die Unbedingtheit der Forderung, weil sie ein christliches Leben ausschließt, das sich nicht als kämpfende, selbstverleugnende Nachfolge versteht. Hierin steckt eine implizite Abwertung anderer Formen christlichen Lebens, etwa die Haltung eines fröhlichen und befreienden Glaubens.

Das Lied zeichnet das Bild eines schwachen Menschen, der gleichwohl auf Stärke hofft. Er kann sie nicht in sich selbst finden, sondern nur dadurch, daß er sich einem Stärkeren unterwirft, um an dessen Stärke Anteil zu haben. Auf einer tieferen, nämlich psychologischen Ebene des Textverständnisses, kommt dieser Zusammenhang besonders in der dritten und vierten Strophe zur Geltung. Der merkwürdige Gegensatz zwischen dem demütigen, sanftmütigen Christus und dem kampfesbereiten Feldherrn Christus findet hier eine Erklärung. Obwohl die dritte Strophe von Christus redet, wird sie doch zu einem Spiegel des Menschenbildes, von dem das ganze Lied durchzogen ist. Erst wenn all das, was Menschen auszeichnet: „Geist, Gemüte, Kraft und Sinn“ Gott ergeben, also aufgegeben ist, erst dann tritt die Stärke Christi für diesen Menschen ein. Regression auf der einen wird zur Bedingung von Zuwendung auf der anderen Seite. So verwundert es nicht, daß dem Lied jede emanzipatorische Regung fehlt. Die positiven Aussichten werden in die weite Ferne des ewigen Lebens gerückt. Das irdische Leben der Christen bleibt nur und ausschließlich kreuzesbeladen und freudlos.

8 Ertrag

Die Annäherung an das Lied Schefflers kann je nach Blickwinkel zu sehr verschiedenen Ergebnissen führen. Die theologische Lektüre zeigt die biblische Grundlegung des Liedes. Das bedeutet nicht, daß es damit der Kritik entzogen wäre. Problematisch bleibt, wie in diesem Lied ntl. Überlieferungen miteinander verknüpft und verstärkt werden. So trägt es dazu bei, ein Verständnis christlichen Glaubens zu befestigen, das heute zu Recht angefragt wird. Obwohl das Scheffler nicht anzulasten ist, haben doch Unterwerfung und Zwang im christlichen Gewande zu viel Unheil angerichtet, als daß man sie ausblenden könnte.

Die Kompromißlosigkeit des Liedes kann auch als Stärke empfunden werden. In Situationen der Anfechtung und innerer Kämpfe kann dieses Lied stärkend und tröstlich sein. Wir müssen nicht alle Kämpfe selbst bestehen, weil Christus an unserer Seite steht. Es ist möglich, eine positive Einstellung zu den Leiden des Lebens zu gewinnen. Das Kreuz hat nicht das letzte Wort, es ist nicht sinnlos, es zu tragen. In alldem sind und bleiben wir Christus verbunden. Sich der Führung und Leitung Christi mit der ganzen Existenz anzuvertrauen, befreit von dem unheilvollen Zwang, alles selbst ausrichten zu müssen. So gesehen, hat das Lied eine unverzichtbare Botschaft.[11]

Literatur

LThK^2 = Lexikon für Theologie und Kirche. Freiburg/Basel/Rom/Wien 1957ff.

Fischer, Albert Friedrich Wilhelm: Das deutsche evangelische Kirchenlied des 17. Jahrhunderts. Vollendet u. hrsg. von Wilhelm Tümpel. 5 Bde. Gütersloh. 1904–1911 (Reprint Hildesheim 1964).

Gnädinger, Louise: Angelus Silesius, in: Deutsche Dichter des 17. Jahrhunderts. Ihr Leben und Werk. Hrsg. von Harald Steinhagen und Benno von Wiese. Berlin 1984. 553-575.

Polenz, Peter von: Deutsche Satzsemantik. Grundbegriffe des Zwischen-den-Zeilen-Lesens. Berlin, New York ^{2}1988.

Scheitler, Irmgard: Angelus Silesius: „Heilige Seelen-Lust". Die Rezeption der „Geistlichen Hirten-Lieder" vom 17. bis zum Anfang des 19. Jahrhunderts, in: Becker, Hansjakob/ Kaczynski, Reiner (Hrsg.): Liturgie und Dichtung. Ein interdisziplinäres Kompendium. Bd.1. 711-753.

Theologisches Wörterbuch zum NT. Hrsg. von Gerhard Kittel. Stuttgart 1933ff.

Zahn, Johannes: Die Melodien der deutschen evangelischen Kirchenlieder aus den Quellen geschöpft. 6 Bde. Gütersloh 1889-1893 (Reprint Hildesheim 1966).

---

11 Ein Beispiel für die Rezeption des Liedes ist das Epitaph für Alfred Kuno Paridam Freiherrn von dem Knesebeck-Mylendonck (1816-1883) an der Kirche zu Karwe am Ruppiner See nördl. von Berlin: Es trägt als Überschrift die Zeilen: „Ein böser Knecht der still darf stehn, / Wenn er den Feldherrn sieht angehn." Im unteren Viertel befindet sich folgender Text: „Ein demüthiger und gottesfürchtiger Christ, / ein threuer Unterthan seines Königs, / ein hingebender Freund des Vaterlandes, / ein Förderer des Wohles der Grafschaft Ruppin,/ ein fürsorgender Berather dieser Gemeinde,/ handelte er in seinem gesegneten Leben nach dem / sein Denken und Thun beherschenden Wahlspruch: ‚Ich dien'.

Ernst-Ulrich Kneitschel

O Herr, nimm unsre Schuld

1. O Herr, nimm unsre Schuld,
mit der wir uns belasten,
und führe selbst die Hand,
mit der wir nach dir tasten.

2. Wir trauen deiner Macht
und sind doch oft in Sorgen.
Wir glauben deinem Wort
und fürchten doch das Morgen.

3. Wir kennen dein Gebot,
dem Bruder beizustehen,
und können oft nur uns
und unsre Nöte sehen.

4. O Herr, nimm unsre Schuld,
die Dinge, die uns binden,
und hilf, daß wir durch dich
den Weg zum andern finden.

Druckvorlage

Text und Melodie sind den *Gemeinsamen Kirchenliedern* entnommen (Nr. 72).

1 Herkunft

Das Lied findet sich erstmals im Gesangbuch für die Evangelisch-Methodistische Kirche (**EMK*). Der Autor ist Hans-Georg Lotz, der Text entstand 1964. Zu diesem Zeitpunkt leitete Lotz den Gemeindechor einer evangelischen Freikirche. Die Melodie entstand 1967 im Rahmen eines dreistimmigen Chorsatzes. Später folgten ein vierstimmiger Satz und eine Version für den Gemeindegesang. Der Verlag Singende Gemeinde besitzt die Rechte am Lied. Der Verlag ist ein Arbeitszweig des Christlichen Sängerbundes, eines Zusammenschlusses von Chören aus freikirchlichen wie landeskirchlichen Gemeinden und Gemeinschaften.

Lotz wurde 1934 in einem evangelischen Pfarrhaus in Gießen geboren. Seit 1962 ist er Klavierdozent und Musiktheoretiker am Hamburger Konservatorium.

2 Text

> „Die große Schuld des Menschen sind nicht die Sünden, die er begeht – die Versuchung ist groß und die Kraft ist klein. Die große Schuld des Menschen ist, daß er jederzeit umkehren kann und es nicht tut."

Das **EG* stellt dem Lied ein Gedicht aus dem Chassidismus gegenüber. Die Worte werden einem Rabbi in den Mund gelegt. Das Gedicht, Paulus und Luther stimmen darin überein: Der Mensch ist Sünder, er kann nicht aus. Dennoch ist der Mensch gerettet im Vertrauen auf seinen Herren.

In vier Strophen thematisiert Lotz das Spannungsverhältnis von Schuld und Vertrauen.

In der ersten Strophe ist der Mensch Suchender. Die Schuld belastet. Der Ausweg kommt nicht aus dem Menschen selbst, sondern aus Gott: „führe selbst die Hand, mit der wir nach dir tasten". Gottes Macht kann den Sünder aus der Verstrickung der Sünde befreien. Das Vertrauen auf diesen Gott ist somit Grundbedingung der Befreiung aus der Schuld.

Die zweite Strophe stellt den Sänger in dieses Vertrauen. Doch es ist ein bedingtes Vertrauen. Die Stichworte im ersten Teil dieser Strophe sind „Macht" und „Sorgen". Der Widerspruch ist offenkundig und wird noch vertieft. Wer auf Gottes Wort vertraut, sollte eigentlich ohne Sorgen leben. Die Sorge um den morgigen Tag gehört bei Matthäus sogar zur „falschen Sorge".

> „Sorgt euch also nicht um morgen; denn der morgige Tag wird für sich selbst sorgen. Jeder Tag hat genug eigene Plage."(Mt 6,34)

Der Blick auf den morgigen Tag belastet. Man weiß nicht, was er bringt. Dennoch fordert der christliche Glauben dazu auf, nicht zu viel Sorge auf die Zukunft zu verschwenden. Jeder Tag hat genug eigene Sorge. Doch sinnvoll ist ein solches Vertrauen nur im Kontext christlicher Gemeinschaft. Denn der gegenseitige Beistand soll die Sorgen des Tages abfedern.

Lotz geht daher nun in der dritten Strophe einen Schritt weiter. Die gegenseitige Sorge ist Gottes Gebot. Wo jeder auf sich und seine Nöte blickt, wird der kommende Tag zur Bedrohung. Auf der anderen Seite gelangt man zum sorglosen Vertrauen nur in der Gemeinschaft.

Die vierte Strophe greift erneut die Frage von falscher und rechter Sorge auf. Die eigentliche Schuld des Menschen ist seine Isolation vom anderen. Er liebt mehr die Dinge als die Menschen.

> „Sammelt euch nicht Schätze hier auf der Erde, wo Motte und Wurm sie zerstören und wo Diebe einbrechen und sie stehlen, sondern sammelt euch Schätze im Himmel, wo weder Motte noch Wurm sie zerstören und keine Diebe einbrechen und sie stehlen. Denn wo dein Schatz ist, da ist auch dein Herz."

Und doch weiß Lotz, daß der Mensch aus sich selbst heraus die Bindung an die vergängliche Welt nicht lösen kann. Offenheit für andere und für Gott kann letztlich nicht gelernt werden, sie ist Geschenk.

In diesen vier Strophen verarbeitet Lotz seine eigene Erfahrung:

„Das Lied entstand vor dem Hintergrund eines tiefen Verlangens nach mehr geistlichem Wachstum, verbunden aber mit der Einsicht, daß dies nur innerhalb menschlicher Gemeinschaft möglich ist. Diese verursacht unumgänglich auch die Erfahrung von Unvermögen und Versagen. Egoismus und Lieblosigkeit, die als Schuld erfahren werden, blockieren die Offenheit für andere und belasten das Verhältnis zu Gott, der uns doch im Anderen begegnen will. So entstand das Lied als Bitte um Befreiung zu einem erfüllteren Leben."[1]

3 Melodie

Die schlichte Melodie pendelt um den Grundton fis'. Im ersten Teil entwikkelt sich die Komposition in Sekund- und Terzschritten fort. Im zweiten Teil sorgen zwei Quartsprünge zum d'' und zum h' mit anschließenden Sekundschritten abwärts zum Ausgangston fis für größere Dynamik.

Der vorherrschende Notenwert sind Viertel. Längere Werte bilden die Ausnahme. In der ersten Hälfte steht eine Dreiviertelnote bei „Schuld". In der zweiten Hälfte sorgen Halbe für ein verlangsamtes Tempo. In diesem Ritardando greift die Melodie den Text auf, der bis zum Schluß fragend und bittend bleibt.

4 Der Weg zum „ö"

Das Lied begegnet in allen offiziellen Gesangbüchern der Gegenwart. Neben **Gotteslob* und **EG* drucken es auch die Schweizer Gesangbücher. Auch im Gesangbuch der Freikirchen fehlt es nicht. Zumeist findet sich bei den Liedern dieser Gesangbücher der Buchstabe „ö". Viele vermuten, daß damit Lieder bezeichnet sind, die in allen Konfessionen bekannt sind. Die Wirklichkeit ist - leider - komplizierter. Die Geschichte des „ö" beginnt 1969.

5 Arbeitsgemeinschaft für ökumenisches Liedgut

Weihbischof Paul Nordhues hatte den Auftrag, mit einer Kommission ein Einheitsgesangbuch für die katholischen Bistümer zu erstellen. Das Zweite Vatikanische Konzil war gerade vorbei und mit ihm war nun das Kirchenlied liturgiefähig geworden. Bei der Suche nach geeigneten Liedern erwies sich eine Zusammenarbeit mit der evangelischen Kirche als sinnvoll. Bereits in der Vergangenheit waren evangelische Lieder in der katholischen Kirche heimisch geworden. Nun sollte dieser Prozeß bewußt gemacht werden.

Die „Arbeitsgemeinschaft für ökumenisches Liedgut" (AÖL) wurde gegründet. In ihr erstellten katholische und evangelische Kirchenmusiker und Theologen eine Liste von Liedern, die gemeinsamer Kernbestand der Christen sein sollten. In verschiedenen Veröffentlichungen stellte die AÖL insgesamt 521 Lieder zusammen, die „für den Gebrauch der Kirchen" vorgesehen waren. Bereits die 102 Titel der ersten Veröffentlichung von 1973

1 Meyer, Das neue Lied, 187.

fanden aber keine unveränderte Übernahme in das *Gotteslob*. Umso mehr gilt dies für die weiteren Veröffentlichungen: Gesänge zur Bestattung 1976 und das Kinderliederbuch **LbR* (1983). So bezeichnet das „ö", daß dieses Lied dem Vorschlag der AÖL für eine gemeinsame Fassung entspricht. Über die tatsächliche überkonfessionelle Verbreitung ist damit keine Aussage getroffen.

Das Lied *O Herr, nimm unsre Schuld* stand in der ersten Veröffentlichung der AÖL: **GKL*, Nr. 72). Das Lied war ein Vorschlag der **Gotteslob*-Redaktion. Die AÖL nahm es kurz vor Ende der Arbeit an diesem Band auf. Dabei vermerkt das Protokoll als Begründung lediglich, daß es beliebt sei.

6 Verbreitung in den Gesangbüchern

In der Gruppe der ö-Lieder ist die Komposition von Lotz eine Besonderheit. Nur wenige andere Lieder konnten unverändert in die aktuellen Gesangbücher der Konfessionen eingehen und erfuhren dabei eine so große Verbreitung. Der Grund hierfür liegt zum einen an seinem jungen Alter, zum anderen an der Unstrittigkeit seines Textes in der christlichen Gemeinschaft. Das Lied ist konfessionsneutral.

Das **Gotteslob* übernimmt das Lied von Lotz in die Rubrik „Fastenzeit" (GL 168).

Nach dem **Gotteslob* und dem altkatholischen Gesangbuch **Lobt Gott, ihr Christen* werden die Strophen im **Anhang 77* abgedruckt. Die Sammlung mit neuen geistlichen Liedern sollte das **EKG* ergänzen.

Von dort wird es in das **EG* von 1993 aufgenommen. Bei den Liedern zum Gottesdienst wird das Lied von Lotz unter dem Stichwort „Beichte" einsortiert (EG 235).

Auch die Schweizer Gesangbücher haben das Lied ungekürzt und unverändert übernommen. (KG 67 unter der Rubrik der Kyriegesänge und RG 212 beim „Gottesdienst in der Gemeinde" mit dem Titel „Anrufung, Schuldbekenntnis und Vergebung")

Eine kleinere Änderung nahm die AÖL nachträglich am Text der Str. 3,2 vor. Statt „dem Bruder beizustehen" heißt es nun „einander beizustehn". Diese Änderungen wurden von den Ausgaben der Gesangbücher nach 1988 mitvollzogen. [2]

7 Ökumene als Umkehr zur Gemeinschaft der Kirchen

„O Herr, nimm unsre Schuld!" Das Lied setzt mit einer kollektiven Bitte ein. Die Schuld des einzelnen ist eingebettet in Strukturen, in die der einzelne hineingestellt ist. Zwar setzt der Begriff der Schuld den einzelnen als freies Subjekt voraus, dennoch gibt es gemeinsame Verantwortung, weil die Taten

---

2 Protokoll der AÖL, 653/87 und 696/88.

von Menschen der Vergangenheit in die Gegenwart hineinwirken und diese belasten.

Die Spaltung der Kirche wird als Schuld begriffen, die in die Gegenwart hineinreicht. Das Lied spricht auch von dieser ökumenischen Verantwortung der Kirchen, wenn es die Überwindung der Schuld von der Gemeinschaft erhofft.

Die christlichen Kirchen bekennen sich gemeinsam dazu, daß der Weg zum Heil über die Gemeinschaft führt. Manche Christen kehren den Kirchen den Rücken, weil sie sich „ohne konfessionelle Einbindung, ohne definiertes Bekenntnis der Wirklichkeit der Welt und der eigenen Existenz"[3] stellen wollen. Doch sie merken bald, daß ein Christ kein Christ ist. Christsein lebt vom gegenseitigen Erzählen. Bereits die Bibel ist dialogisch aufgebaut. Das Evangelium wird aus verschiedenen Perspektiven erzählt. Und Menschen verschiedener Jahrhunderte buchstabierten das Evangelium unterschiedlich aus.

Auch die christlichen Kirchen erkennen, daß sie der Wirklichkeit ihres Glaubens näher kommen, wenn sie in den Dialog mit anderen Konfessionen eintreten. Wahre Gemeinschaft entsteht dort, wo Erfahrungen und Güter geteilt werden.

Die Überwindung der Trennung gelingt nicht durch Auflösen der Konfessionen oder durch Lehrgespräche, sondern durch das gegenseitige Durchdringen im Alltag. Die ökumenische Öffnung beginnt dort, wo die verschiedenen Frömmigkeitsformen, kirchlichen Traditionen und Lebensstile der Konfessionen als gemeinsames Erbe begriffen werden. Dies beginnt bei den Dingen, die offensichtlich die Konfessionen einen: die Bibel, der trinitarische Gottesglaube, das Vaterunser, altkirchliche Glaubensbekenntnisse und Konzilien, Taufe und Eucharistie, das Kirchenjahr, Kirchenlieder. Beginnt man erst die geistlichen Güter der Konfessionen zu entdekken, findet man einen reichen Schatz, der über das Genannte weit hinausgeht.

In der Ökumene hat sich für diese gemeinsame Teilhabe der Begriff der Hausgenossenschaft eingebürgert. Konrad Raiser, der Generalsekretär des Ökumenischen Rates der Kirchen hat den Begriff 1989 näher erläutert:

> „Hausgenossen sind gleichberechtigt und doch verschieden; sie schaffen sich das Haus nicht selbst, sondern werden eingegliedert, ‚hinzugetan'; auch die Schwachen, die Abhängigen, die Zweifelnden und Nicht-Engagierten gehören zum Haushalt Gottes als vollgültige Hausgenossen."[4]

Diejenigen, die im christlichen Haus zusammenwohnen, sollen sich nicht gegenseitig abkapseln. Die Konfessionen kommen nur dann Gott näher, wenn sie einander näher kommen.

Dazu gehört das Vertrauen darauf, daß Christus durch den anderen (gerade auch in der anderen Konfession) mir etwas zu sagen hat.

---

3 Hans Georg Lotz hat 1983 seine Gemeinde verlassen.
4 Raiser, Ökumene im Übergang, 160.

8 Verwendung in der Liturgie

Nach dem voran Geschriebenen empfiehlt sich *O Herr, nimm unsre Schuld* als ein Lied am Beginn von ökumenischen Gottesdiensten. Das Lied ermutigt hier, die Angst vor Zeichen und Symbolen aus anderen Traditionen zu überwinden.

> „O Herr, nimm unsre Schuld, die Dinge, die uns binden, und hilf, daß wir durch dich den Weg zum andern finden."

Im Gottesdienst hat das Lied seinen Platz im Anschluß an das Schuldbekenntnis. Der Beginn des Liedes beinhaltet Vergebungsgebet und Bereitschaft zur Umkehr. Die Gesangbücher sehen es zumeist für die vorösterliche Bußzeit vor.

Daneben ist es auch für die Liedkatechese geeignet. Der Bezug zum Evangelium wurde bereits deutlich.

Literatur

HEG 2 = Handbuch zum Evangelischen Gesangbuch. Bd. 2. Wolfgang Herbst (Hrsg.): Wer ist wer im Gesangbuch? 2. durchgesehene und aktualisierte Auflage. Göttingen 2001.

Herbst, Wolfgang (Hrsg.): Komponisten und Liederdichter des Evangelischen Gesangbuchs (HEG 2). Göttingen 1999.

Meyer, Dietrich (Hrsg): Das neue Lied im Evangelischen Gesangbuch, Lieddichter und Komponisten berichten (Arbeitshilfen des Archivs der Evangelischen Kirchen im Rheinland Nr. 3). Düsseldorf 1997.

Raiser, Konrad: Ökumene im Übergang. Paradigmenwechsel in der ökumenischen Bewegung. München 1989.

Werkbuch zum Gotteslob. Im Auftrag der Kommission für das Einheitsgesangbuch. Hrsg. von Josef Seuffert. 7 Bde. Freiburg/Basel/Wien 1975ff.

Maria Pfirrmann

Ein Mensch zu sein auf Erden

1. Een mens te zijn op aarde
in deze wereldtijd,
is leven van genade
buiten de eeuwigheid,
is leven van de woorden
die opgeschreven staan
en net als Jezus worden
die 't ons heeft voorgedaan.

2. Een mens te zijn op aarde
in deze wereldtijd,
is komen uit het water
en staan in de woestijn,
geen god onder de goden,
geen engel en geen dier,
een levende, een dode,
een mens in wind en vuur.

1. Ein Mensch zu sein auf Erden
in dieser Welt und Zeit
heißt ganz auf Gnade leben,
weitab von Ewigkeit,
heißt auf die Stimme hoffen,
die einst vom Himmel fuhr,
und so wie Jesus werden,
tasten in seiner Spur.

2. Ein Mensch zu sein auf Erden
und irdisch zu bestehn
heißt aus dem Wasser kommen
und in die Wüste gehn:
nicht Gott im Kreis der Götter
noch Engel ohne Blut,
nicht Tier und blinder Töter –
nur Mensch, in Wind und Glut.

3. Een mens te zijn op aarde
in deze wereldtijd,
dat is de dood aanvaarden,
de vrede en de strijd,
de dagen en de nachten,
de honger en de dorst,
de vragen en de angsten,
de kommer en de koorts.

3. Ein Mensch zu sein auf Erden
und mit dem Staub verwandt
heißt seinen Tod annehmen
und Hunger, Frost und Brand,
die Tage und die Nächte,
den Frieden und den Streit,
die Fragen und die Ängste,
Durst nach Gerechtigkeit.

4. Een mens te zijn op aarde
in deze wereldtijd,
dat is de Geest aanvaarden
die naar het leven leidt;
de mensen niet verlaten,
Gods woord zijn toegedaan,
dat is op deze aarde
de duivel wederstaan.

4. Ein Mensch zu sein auf Erden
in dieser Zeit und Welt
heißt Gottes Geist annehmen,
der auf die Schwachen fällt,
heißt Gottes Menschen lieben,
auch wenn sie irregehn,
und mit „Es steht geschrieben“
dem Bösen widerstehn.

Druckvorlage

Die Melodie des Liedes und der niederländische Text wurden dem **LvK*, Nr. 172 entnommen. Die Übertragung des Liedes stammt von Jürgen Henkys. Sie wurde gegenüber der in **Steig in das Boot*, Nr. 22 veröffentlichten überarbeitet.

1 Die verschiedenen Versionen des Liedes

Een mens te zijn op aarde ist eines der in den Niederlanden besonders bekannten und beliebten Lieder. Sein Text ist in gewisser Weise typisch für die neuen Kirchenlieder, die in den Niederlanden in der zweiten Hälfte des 20. Jahrhunderts entstanden sind. Erstmals publiziert wurde dieses Lied 1963 in **De tale Kanaäns*, einem Buch, in dem Willem Barnards Kirchenlieder versammelt und dem Kirchenjahr gemäß geordnet häufig zum ersten Mal einer breiteren Öffentlichkeit zugänglich gemacht wurden. Dieses Buch gibt übrigens zu keinem Lied die Melodie wieder. Mit Melodie versehen erschien das Lied erstmals 1965 in der zweiten Auflage von **De Adem van het jaar. Paaskring* (37f.), herausgegeben durch die Prof. Dr. van der Leeuw-Stichting. Wenige Jahre später schon ist *Een mens te zijn op aarde* in den meisten offiziellen Gesangbüchern wiederzufinden, aus denen in den Niederlanden und in Belgien gesungen wird, sicher in denen der größeren kirchlichen Denominationen. Was den Text und die Melodie dieses Liedes betrifft, so wird es in den verschiedenen Ausgaben unterschiedlich wiedergegeben. 1973 ist das in den meisten protestantischen Kirchen gebräuchliche **LvK* erschienen. Dort ist das Lied in seiner ursprünglichen Version abgedruckt: vier Strophen zu jeweils acht dreihebigen Versen, die auf die Melodie des Genfer Psalmliedes zu Ps 128 erklingen.

Die Melodie von Ps 128 kam übrigens nachträglich zu dem Liedtext hinzu. Willem Barnard hatte den Text geschrieben, und man fand die Melodie von Ps 128 passend. So der mündliche Bericht des Dichters. Für das Erscheinen dieses Liedes in dem belgischen Gesangbuch **Zingt Jubilate,* dem offiziellen Gesangbuch der dortigen römisch-katholischen Gemeinden, hat man jedoch eine neue Melodie schreiben lassen. Ein möglicher Grund ist, daß die Genfer Melodie den Singgewohnheiten der flämischen Katholiken damals weniger entsprach. Die neue Melodie stammt aus der Hand von Jozef Joris, damals Leiter der Kirchenmusikschule in Löwen. Sie ist durch das für neue Melodien in Belgien typisch gewordene Idiom geprägt: Sie ist fließend, ohne größere Sprünge, halbe und viertel Noten wechseln einander ab, wobei der ruhige Rhythmus nicht immer den Textakzenten entsprechen muß.

Zingt Jubilate, Nr. 306

Im dem *Gezangboek voor de oudkatholieke Kerk van Nederland* (**GoKN*) von 1990, das, wie der Titel angibt, von den niederländischen Altkatholiken gebraucht wird, ist unter Nr. 608 eine weitere neue Version des Liedes zu finden. Hier wurde die Melodie von Jozef Joris übernommen. Die vierte Strophe des Liedes hat einen anderen Text erhalten. Hierzu weiter unten mehr.

Das 1995 eingeführte offizielle römisch-katholische Gesangbuch in den Niederlanden **GvL* nimmt die Veränderungen von Text und Melodie nicht an. Unter der Nr. 432 ist die ursprüngliche Version des Liedes zu finden, also dieselbe wie im **LvK.*

In der nun folgenden liturgisch-poetischen, musikalischen und theologischen Darstellung des Liedes wird zunächst von dieser ursprünglichen Version des Liedes ausgegangen.

2 Poesie und Melodie: Formale Aspekte

Das Lied hat vier Strophen. Bei seiner ersten Publikation **De tale Kanaäns* bestehen die Strophen aus jeweils acht dreihebigen Versen. Harte und weiche Versenden alternieren. Das Reimschema ist - entsprechend der zeitgenössischen Dichtung der fünfziger Jahre - wenig streng gehandhabt. Die Abfolge der verschiedenen Reime ist im Prinzip a-b-a-b-c-d-c-d. Aber in jeder Strophe ist mindestens ein Halbreim zu finden: Vgl. Str. 1,5 und 7; Str. 2,1 und 3, 6 und 8; Str. 3,6 und 8; Str. 4,5 und Str. 7, 5 und 7 sind ungereimt.

In dem in Belgien erschienenen Gesangbuch **Zingt Jubilate* ist der Liedtext unter Nr. 306 mit vier Strophen, bestehend jeweils aus vier sechshebigen Versen abgedruckt. Jozef Joris, der Komponist der dort abgedruckten Melodie ist mit seiner Komposition von dieser Textgestalt ausgegangen. Jeder der vier Verse ist mit einer langen Pause deutlich von dem folgenden getrennt. Die Regelmäßigkeiten des Reimschemas erhalten in dieser Version des Liedes großen Nachdruck.

Die Sprache des Liedes ist einfach und direkt, der Parlandolyrik näher als den überkommenen Glaubenssätzen, wie sie für regelmäßige Kirchgänger vertraut und gebräuchlich sind. Es handelt sich um Alltagssprache mit existentiell nachvollziehbaren Formulierungen. Sprache ist hier jedoch alles andere als reine Informationsträgerin. Das Lied kennt kein religiöses Pathos. Die Qualität seines Textes liegt in seiner poetischen Einfachheit, in einer Regelmäßigkeit des Textes, die auf spielerische Weise leicht variiert und durchbrochen wird. Assonanzen, Alliterationen und poetisch wirksame Bilder sind seine Kraft. Form und Inhalt bestimmen einander, wie das für Willem Barnards Dichtung insgesamt charakteristisch ist. Der Text ist zugänglich, ohne sich darum schnell zu verbrauchen. Er öffnet Türen und führt die Singenden in neue Räume. Neue Verbindungen in allerlei Bereiche werden möglich. So ist er in der Lage, immerzu neue Bedeutungen hervorzubringen.

Das Lied ist in einer Zeit entstanden, in der Willem Barnard sich sehr intensiv mit der Neudichtung des Genfer Liedpsalters beschäftigte. Die Neudichtung des Genfer Liedpsalters war in den Niederlanden ein 1948 beginnendes, groß angelegtes Projekt, an dessen Ende ein in literarischer und musikalischer Hinsicht viel beachtetes qualitätsvolles Werk stand: „de nieuwe psalmberijming van 1968", die Übertragung der 150 Psalmen aus der Hand verschiedener namhafter Dichter. Dieser Liedpsalter wurde vollständig in das **LvK* aufgenommen und findet in den (protestantischen) Kirchen der Niederlande bis auf den heutigen Tag breite Rezeption.

Durch die Beschäftigung mit der Psalmübertragung hatte Willem Barnard die Gelegenheit, großes Geschick im Umgang mit den besonderen poetischen Eigenheiten der klassischen Liedformen zu gewinnen. Zudem war die Frage nach der „biblischen" Qualität des Liedes, nach seinem Verhältnis zum biblischen Grundtext, ständig virulent. Beim Psalmdichten gewann Willem Barnard die technischen, aber teilweise auch die theologischen Voraussetzungen, um qualitätvolle Kirchenlieder dichten zu können.

Viele seiner Kirchenlieder weisen eine gewisse Verwandtschaft zu den Psalmliedern auf.[1]

Das betrifft auch den vorliegenden Liedtext: Die Sätze sind kurz und deutlich und werden durch Parallelismen entfaltet, wie das auch in der Psalmdichtung geschieht, und dementsprechend auch in der Dichtung von strophischen Psalmliedern. Das Lied lebt von Parallelismen und anderen Wiederholungen. Die Wiederholung der ersten beiden Zeilen richtet den Liedtext in inhaltlicher Hinsicht aus. Die Parallelismen entfalten die Inhalte und haben dadurch unter anderem einen retardierenden Effekt. Sie verleihen dem Text einen ruhigen und meditativen Charakter.

Die Verwandtschaft mit den Psalmen wird auch durch die Wahl der Melodie benachdruckt, auch wenn diese erst nachträglich mit dem gedichteten Text verbunden wurde. Die dorische Melodie des Psalmliedes ist ruhig, beinahe introvertiert, jedenfalls wenig ausgelassen und sehr durchsichtig, und sie fügt sich gut zu dem meditativen Charakter des von Barnard gedichteten Textes. Sie begegnet zuerst in **Straßburg 1545* und wurde danach in allen Genfer Psalmbüchern unverändert abgedruckt. Das gis im zweiten und im sechsten Vers ist allerdings in keiner der Ausgaben so notiert. Die musikalischen Redakteure des Liedboeks haben es so aufgeschrieben, weil sie davon ausgehen, daß es im 16. Jahrhundert so gesungen worden ist: „Es liegt auf der Hand, um in diesen modulierenden Kadenzen einen Leitton zu singen."[2] In den deutschsprachigen Kirchen sowie auch im niederländischen Sprachbereich handelt es sich bei Ps 128 um keine der außerhalb des Genfer Liedpsalters bekannt gewordenen Melodien (wie beispielsweise die von Ps 138 oder von 118).

Interessant zu bemerken ist, daß Willem Barnard auch der Dichter der neuen Version des Genfer Psalmliedes zu Ps 128 ist. Beide Texte sind wahrscheinlich in derselben Zeit entstanden. Gewisse inhaltliche Bezüge sind feststellbar und für die Untersuchung seiner Psalmübertragung von Bedeutung.

3 Form und Inhalt des Textes

Die Frage „Was ist der Mensch?" ist im 20. Jahrhundert zu der zentralen Frage der Theologie geworden. Das Lied nimmt auf seine eigene Weise Stellung zu dieser Frage. Es spricht auf einer existentiellen Ebene an und schöpft dabei aus den biblischen Schriften, wie sie in der kirchlichen Tradition im Rhythmus des liturgischen Jahres zum Klingen kommen. Übrigens gibt es ein Lied mit demselben Anfangsvers aus der Hand von Huub Oosterhuis. Es ist kurz nach Barnards Lied entstanden und im **LvK* als Nr. 489 abgedruckt. Auch in diesem Lied sind inhaltliche Bezüge zu Barnards Lied zu finden.

---

1 Vgl. hierzu Pfirrmann, Freie Poesie und gottesdienstlicher Gesang, 100–111.

2 Vogel, Willem und Kloppenburg, Wim, in: Compendium van achtergrondinformaties, Sp. 440. Übers. v. MP.

Een mens te zijn op aarde wird in der vierzigtägigen Fastenzeit gesungen, die dem Osterfest vorausgeht. In den Niederlanden spricht man nicht von der „Passionszeit", sondern von der „Veertigdagentijd" (Vierzigtagezeit) oder „Voorbereidingstijd" (Vorbereitungszeit). Der Liedtext ist durch die Evangeliumslesung von Sonntag *Invocavit* inspiriert und gewinnt durch Anspielungen auf bestimmte Motive, die die Sonntage vor und nach Invocavit bestimmen, einen deutlichen liturgischen Ort.

Jede der vier Strophen beginnt mit denselben Worten: „Een mens te zijn op aarde / in deze wereldtijd". Die Melodie von Ps 128 zieht die ersten beiden Verse zusammen wie zu einem einzigen Vers. Sie können in einem Atem gesungen werden. Es folgt eine lange Pause. Für die nächsten beiden Verse gilt dasselbe. Zusammen mit den ersten beiden ergeben sie einen vollständigen Satz, eine unkomplizierte Aussage, ein Statement, eine Behauptung. Strophe für Strophe wiederholt sich diese Struktur, Strophe für Strophe kommt eine weitere Aussage hinzu als Entfaltung der ersten.

Jede der vier Strophen setzt ihren eigenen inhaltlichen Akzent. Die erste orientiert sich sehr an Mt 4,1–11 als der klassischen Evangeliumslesung vom Sonntag Invocavit. Sie gibt dem gesamten Lied eine sehr deutliche Ausrichtung. Das Zitat aus Dtn 8,3, die erste Antwort Jesu an den Versucher, wird hier beinahe wörtlich aufgenommen: „een mens te zijn ... is leven van de woorden – Der Mensch lebt von Worten. Er lebt nicht vom Brot allein, sondern von einem jeden Wort, das aus dem Munde Gottes geht, so können die Singenden, die soeben die Lesung gehört haben, ergänzen. Es ist typisch für die Kirchenlieder Willem Barnards, daß er ein so großes Interesse hat an den alttestamentlichen Zitaten in den neutestamentlichen Texten und sie wie hier so deutlich in den Vordergrund treten läßt. Seine poetische Entfaltung dieses Evangeliumstextes ist durch seine Interpretation der alttestamentlichen Zusammenhänge bestimmt. Die Wüstenerfahrung Jesu gewinnt ihre Bedeutung auf dem Hintergrund der Wüstenerfahrung Isarels.

Jesus wird ganz und gar auf dem Hintergrund der hebräischen Tradition verstanden. Diese Tendenz ist in dem gesamten Werk Willem Barnards zu beobachten. Jesus geht den Weg Israels, und gerade darin, gerade darum ist er Gottes Sohn. Als einzelner Mensch geht er den Weg, den ganz Israel gegangen ist. Im Zusammenhang mit der Herausführung aus Ägypten wird Israel Gottes Sohn genannt (vgl. Ex 4,22). Jesus verkörpert die Tradition Israels. In seinem Leben sind die Worte der hebräischen Schriften zur lebendigen Botschaft geworden für die Menschen seiner Zeit. Auf dem Weg, den die hebräischen Schriften gangbar machen, wird das Wort Fleisch. Diese Auffassungen von der Fleischwerdung des Wortes berühren den Kern der Poetik Willem Barnards. Sie sind für jedes seiner Kirchenlieder, für die Gesamtheit seines liturgisch-poetischen Werkes von Belang.[3]

---

3 Zu weiteren Ausführungen zur „Fleischwerdung des Wortes", dem zentralen Thema in der Poeto-Theologie Willem Barnards, verweise ich auf Teil I meines Buches Pfirrmann, Freie Poesie und gottesdienstlicher Gesang, bes. 63–64 und 104–106.

Auf dem Weg Jesu ist die Tradition Israels für die ihm Nachfolgenden zu neuem Leben erwacht. In liturgischer Hinsicht bedeutet das für den Sonntag Invocavit: Die Wüstenerfahrung Israels wird mit der Wüstenerfahrung Jesu für die christliche Gemeinde aktualisiert. Auf dem Weg in der Wüste mußte Israel Tag für Tag lernen, das Leben als Gnade aus der Hand Gottes zu empfangen, gleichwie es das Manna als tägliche Wegzehrung empfing, unterwegs nach dem Land der Verheißungen. Willem Barnard gibt dem Fasten eine Interpretation, für die die biblische Orientierung der reformierten Tradition ausschlaggebend ist: Fasten als Sich-Fest-Machen an der Verheißung wird zum Thema der Fastenzeit.[4] Wahres Leben, das ist Leben ganz aus Gnade, mit keiner andern Lebensgrundlage als den Worten der Verheißung, wie sie in der Schrift aufgeschrieben stehen. „Een mens te zijn ... is leven van genade" (Ein Mensch zu sein ... ist Leben von Gnade). Fasten in diesem Sinne heißt, wie Jesus zu werden, der von den Worten gelebt hat und der der Worte Verheißung verkörpert hat. Fasten ist, wie Jesus zu werden, der selber die Verheißung durch sein Mensch-Sein zu Fleisch und Blut werden ließ.

Die zweite Strophe führt diesen Gedanken aus. Die zweite Strophe kann auch ohne das Wissen von den liturgischen und biblisch-theologischen Zusammenhängen verstanden werden: Mensch-Sein, das ist Leben und Sterben, Geburt und Tod. Vom Mensch-Sein ist in dem gesamten Lied die Rede. Menschen unseres westeuropäischen Kulturkreises sind es gewöhnt, in allgemeinen Begriffen über dieses Thema nachzudenken. Willem Barnard schlägt mit der Poesie seines Werkes andere Wege ein. Der poetische Sprachgebrauch dieses Liedes ermöglicht mehr Konkretion. Str. 2 ist bestimmt durch Bilder, die von der Geburt eines Menschen sprechen und von dem Leben nach seiner Geburt: Aus dem Wasser kommen die Menschen, und die Welt, in der sie stehen, ist einer Wüste gleich. Der stark elementare Charakter dieser Bilder spricht die Singenden auf einer existentiellen Ebene an. Sie werden einbezogen in die Dynamik der Bilder. Vom Mensch-Sein kann nicht losgelöst von konkreten Menschenleben die Rede sein. Das gilt für das Mensch-Sein Jesu wie für das Mensch-Sein eines jeden, einer jeden dieses Lied Singenden. Nach Willem Barnards Auffassung ist es die Aufgabe der Künstler in der Kirche, an diesen Sachverhalt zu erinnern. Abstrakte Diskurse, lose Thesen sind tot. Wenn es um „Menschlichkeit" geht, um „Mensch-Sein", dann geht es immer um konkrete Geschichten, um leiblich lebende, atmende Menschen, mit Herzen und Ohren und Zwerchfell. Theologische Sprache muß bezogen sein auf die Wirklichkeit dieser leiblichen Menschen, von denen jeder und jede einen Namen hat. Glaubenssprache muß diesen Menschen Raum geben können, eine Unterkunft, möglicherweise eine Heimat. Lose abstrakte Begriffe können das nicht leisten.[5]
Die Bilder aus Str. 2 sprechen auf einer existentiellen Ebene an. Zugleich haben sie ihren Ort in einem liturgischen Zusammenhang. Sie können den

---

4 Vgl. Barnard, Uit Ademnood, 60f; sowie Barnard, „Over de veertigdaagse vastentijd".
5 Vgl. Barnard, Verzameld Vertoog, 419.

dieses Lied Singenden einen Ort in diesem liturgischen Zusammenhang eröffnen, einen Moment im Rhythmus des liturgischen Jahres erschließen. Das Lied ist, wie bereits erwähnt, für eine bestimmte liturgische Situation innerhalb des Kirchenjahres geschrieben. Seine zweite Strophe nimmt auf, was in liturgischer Hinsicht hinter den Menschen zurückliegt, die dieses Lied am Sonntag *Invocavit* singen. Jesus ist den Weg der Taufe gegangen. Die Taufe Jesu wird in der Epiphanienzeit durch das Lesen von Mt 3,13–17 liturgisch erinnert. Die vierzig Tage vor Ostern sind traditionell die Zeit, in denen sich die Katechumenen in der Gemeinde intensiv auf ihre Taufe vorbereiten. Nirgendwo im liturgischen Jahr hat die Taufe so sehr ihren Ort wie in der Osternacht. Den Weg der Taufe zu gehen bedeutet gemäß Röm 6,4, mit Jesus begraben zu werden und mit Jesus auferweckt zu werden. Der Bericht von der Errettung Israels aus dem Schilfmeer ist eine der Schriftlesungen der klassischen Osternachtsliturgie. Nach dem Verständnis von Willem Barnard steht Ex 15 als zentraler und wichtigster Text in der Mitte der Feier. Die Errettung aus den chaotischen Todesfluten ist für Willem Barnard das bestimmende Motiv der Osternacht: Die Befreiten kommen aus dem Wasser und stehen in der Wüste. Str. 2 seines Liedes nimmt dieses Motiv auf.

Ist die Anspielung auf die Wüstensituation in der ersten Strophe noch indirekt mit dem Hintergrund von Mt 4 verbunden, so ist sie in der zweiten Strophe ausdrücklich geworden: „Een mens te zijn ... is komen uit het water / en staan in de woestijn" (Ein Mensch zu sein ... ist aus dem Wasser kommen / und in der Wüste stehen). Zugleich klingt in dieser Strophe der zweite Gesprächsgang Jesu mit dem Versucher an (Mt 4,6f). Der Versucher interpretiert die Gottessohnschaft Jesu als Übermenschlichkeit, und er will darum Jesus zu einem Beweis dieser Übermenschlichkeit bewegen. Er will Jesus als Unverletzbaren sehen. Barnards Lied gibt hierauf die Antwort Jesu: Jesus ist gerade darum Gottes Sohn, weil er Mensch unter Menschen ist, „een mens in wind een vuur" (ein Mensch in Wind und Feuer). Durch den Geist läßt sich Jesus in die Wüste führen, so Mt 4,1. Wind und Feuer sind Zeichen des Geistes. Dieser Geist macht die Verbundenheit Jesu mit Gott Vater aus. Jesus ist ganz und gar Mensch, und „geen god onder de goden" (kein Gott unter den Göttern), und auch „geen engel, en geen dier" (kein Engel und kein Tier). Dieses Zitat spielt auf das Werk von Blaise Pascal an: Der Mensch sei „ni ange et ni bête" (weder Engel noch Tier), so schreibt dieser in seinen „Pensées". Willem Barnard ist in vielerlei Hinsicht durch das Werk dieses Dichter-Philosophen inspiriert.

Sprechen die ersten beiden Strophen vom Leben des Menschen als Leben in einer Wüstensituation, so wird in Str. 3 der Tod thematisiert. In dieser Strophe geht es um die Gegensätze, mit denen ein Mensch auf dieser Erde zu tun bekommt. Tod als Thema der nun bevorstehenden Wochen der Vorbereitung auf das Osterfest klingt an. Diese Strophe spricht noch mehr als die vorhergehende auf einer existentiellen Ebene. Psychologische Einsichten, Lebensweisheiten werden hier formuliert. Der vierte bis achte Vers dieser Strophe können als Kommentar, Auslegung, Entfaltung des dritten

Verses gelesen werden. Sie geben Antwort auf die Frage: Was bedeutet, „den Tod" anzunehmen? Auch in dieser Strophe bleibt Willem Barnard konkret in seinem Sprachgebrauch, und direkt auf mögliche existentielle Situationen des Menschen bezogen. Die Gegensätze, die hier aneinandergereiht werden, deuten verschiedene Spannungsfelder an, denen Menschen „auf dieser Erde" ausgesetzt sind, und in denen sie ihre Lebensmöglichkeiten finden müssen. Verschiedene Umstände werden kaum andeutend vorsichtig beim Namen genannt. Gerade dadurch gewinnt der Text die Weite, die einladend wirkt auf Menschen mit ihren sehr verschiedenen Lebenssituationen. Friede und Streit als Pole des zwischenmenschlichen Miteinanders; Tage und Nächte als durch den Menschen nicht zu beeinflussende kosmische Gegebenheiten; Hunger und Durst als Gründe materieller Abhängigkeit des Menschen; Fragen und Ängste als existentiell gegebene menschliche Unruhe; Kummer und Fieber als Unglück, das Menschen von außen treffen und überwältigen kann, – all das gehört in die Welt von Menschen und macht das Leben kompliziert. All das macht die Begrenztheit eines jeden Menschen aus, die Gebrochenheit und zugleich die Einzigartigkeit eines jeden Mannes, einer jeden Frau. Ein Mensch zu sein auf Erden bedeutet, diese Gebrochenheit hinzunehmen, die Begrenztheit des Lebens zu akzeptieren, den Tod anzunehmen, und gerade auf diese Weise zu leben als „Mensch in Wind und Feuer" – erfüllt durch den Geist Gottes.

In der letzten Strophe des Liedes schließlich werden verschiedene Bögen zurück zu den vorhergehenden geschlagen. Die letzte Strophe ist chiastisch aufgebaut. Die ersten beiden Verse entsprechen den letzten beiden, und der dritte und vierte Vers entspricht dem fünften und sechsten. Die letzten beiden Verse unterstreichen, was das gesamte Lied herausstellen will. Sie fassen die Antwort zusammen, die das gesamte Lied auf die Frage gibt: Was bedeutet es also, ein Mensch zu sein auf Erden? Die Antwort ist in mythologischer Sprache kodiert: Es bedeutet „op deze aarde de duivel wederstaan" – dem Teufel Widerstand bieten auf dieser Erde. Die Anbindung des Liedes an Mt 4,1–11 wird durch dieses Bild besonders deutlich. Auch Mt 4 wählt diese mythologische Redeweise. In Mt 4 ist es ausdrücklich der „Teufel", der Jesus auf die Probe stellt. Auf welche Weise ein Mensch dem Teufel Widerstand leisten kann, beschreibt das gesamte Lied. Widerstand begründet sich immer in einer bestimmten Kraft, und ohne diese Kraft kann niemand Widerstand leisten. Worin diese Kraft liegt, wird in den mittleren Versen von Str. 4 noch einmal zusammenfassend auf den Punkt gebracht. Dem Teufel widerstehen, das heißt, das Leben suchen. Dieses hat im Sinne der Schrift – siehe Mt 4,1–11 – mit dem Geist und dem Wort Gottes zu tun.

Das Hinnehmen des Geistes ist der entscheidende Moment bei der Taufe Jesu sowie bei der Taufe eines jeden Menschen. Die Taufe Jesu wird bei Matthäus direkt vorausgehend an die Versuchung in der Wüste berichtet (Mt 3,13–17). Die Gabe des Geistes bei der Taufe ist die Voraussetzung des Widerstandes, den Jesus in der Wüste leisten konnte. Durch den Geist wird das Leben zum Leben „in Wind und Feuer", zur pfingstlichen Existenz. Hier steht die Str. 4 in Bezug zu Str. 2. Den Geist Gottes hinnehmen, das bedeutet auch, den Tod hinzunehmen. Die parallelen Formulierungen in Str. 3 und 4 heben diese Entsprechung hervor. Die Akzeptation der Begrenztheit des Lebens, das Bewußtsein, kein Gott unter Göttern zu sein und auch kein Engel und auch kein Tier (vgl. Str. 2) auf der einen Seite, und die Gegenwart des Geistes Gottes, der Menschen erfüllt und anfeuert in ihrem Wüstenleben, das Annehmen, das Hinnehmen, die Akzeptation dieses Geistes auf der anderen Seite, entsprechen einander. Sie werden hier aus der Perspektive des Menschen als parallele Geschehnisse verstanden, wechselseitig aufeinander bezogen.

Geist und Wort sind aufeinander bezogen, sind unabhängig voneinander nicht zu haben, so die durch biblische Theologie genährte Auffassung von Willem Barnard. Pfingsten kann von Ostern nicht losgelöst werden, genau wie das Osterfest schon mit seiner Vorbereitung in der Fastenzeit beginnt. Tod und Auferstehung und die Gabe des Geistes sind ein einziges Geschehen. Nicht nur aufgrund der beabsichtigen Nähe des Liedes zu Mt 4,1–11, sondern auch wegen des liturgischen Horizontes dieses Liedes ist in der letzten Strophe dieses Liedes auch vom Geist die Rede.

Im altkatholischen Gesangbuch wurde die vierte Strophe durch eine andere vierte Strophe ersetzt, weil man den Text auch unabhängig von Mt 4 verstanden wissen wollte. Während das Lied in seiner ursprünglichen Version eher beschreibenden, konstatierenden Charakter hat und dem Evangeliumstext auf diese Weise einen Kommentar gibt, eine poetische Entfaltung zur Seite stellt, wendet sich das Lied durch die andere 4. Str. zum Gebet.

	wörtliche Übersetzung:
Gij die ons hebt geschapen, die dood en leven scheidt, het goede van het kwade, leer ons in deze tijd de mensen niet te haten, de goden te weerstaan, dan wonen wij op aarde voortaan in vredesnaam.	Der du uns erschaffen hast, du scheidest Tod und Leben, das Gute vom Bösen, lehre uns in dieser Zeit die Menschen nicht zu hassen, den Göttern zu widerstehen, dann wohnen wir auf Erden fortan in Frieden.

Gott wird angesprochen auf sein Handeln als Schöpfer des Menschen. Eine Bitte um Frieden wird formuliert. Durch diese neue 4. Str. gewinnt der Liedtext größeren Abstand von Mt 4. Die möglicherweise etwas unzugängliche mythologische Bildsprache vom Teufel wird hier vermieden. Auch vom Geist ist hier nicht mehr die Rede. Der Bezug auf Gott als den Schöpfer ist jedoch ein neues Element in diesem Lied. Durch die letzten beiden Verse gewinnt es eine eschatologische Richtung: die Bitte der Singenden bezieht sich auf ein erhoffte Zukunft, in der Menschen in Frieden auf Erden leben. Das Lied gewinnt durch diese Wendung eine gewisse Offenheit, die es vorher nicht hatte. Der deutliche biblische Bezug der ursprünglichen vierten Strophe ist zwar theologisch gesehen reichhaltig, schränkt aber zugleich die Gebrauchsmöglichkeiten dieses Lied deutlich ein. Willem Barnard gibt selber an, daß er den Text für seine Ausgaben von *Verzamelde Gedichten* verändert hat, weil er zu Mißverständnissen geführt hat, als man ihn losgelöst von Mt 4 interpretiert hat.[6]

4 Zur deutschen Übertragung aus der Hand von Jürgen Henkys

Die deutsche Übertragung des Liedes aus der Hand von Jürgen Henkys existiert in zwei Versionen. Die erste Version ist erstmals in **Steig in das Boot* zu finden.[7] Die oben abgedruckte Übertragung ist eine Überarbeitung dieser ersten Version. Mit seiner deutschen Übertragung des Liedes versucht Jürgen Henkys dem niederländischen Original inhaltlich sowie in seiner musikalischen und poetischen Form treu zu folgen. Das gelingt ihm erstaunlich weitgehend. In einigen Punkten erwies es sich jedoch als beinahe unmöglich, um zu einer befriedigenden Wortwahl zu kommen. Die größte Schwierigkeit bei der Übertragung liegt in den ersten beiden Versen. „In deze wereldtijd" ist im niederländischen Text vor allem das Pendant zu „eeuwigheid". Hier klingt auch das hebräische Wort עולם *(olam)* mit - das sowohl mit Welt als auch mit Weltzeit im Sinne von „von nun an bis zur kommenden Zeit" übersetzt werden kann. Das hebräische *olam* ist in seiner Bedeutung also ganz anders als ein Verständnis von „Ewigkeit", wie es eine vom griechischen Denken geformte Metaphysik geprägt hat, und wie es Theologie und Glaubenssprache lange sehr vertraut war. Die Formulierung „buiten de eeuwigheid" hat in Barnards Text auch einen gewissen polemischen Ton. Hierin entspricht die deutsche Übertragung der niederländischen Vorlage.

Eine passende Übersetzung für „wereldtijd" war jedoch viel schwerer zu finden. In der ersten Version seiner Übertragung hat Jürgen Henkys entschieden, in Str. 1 mit „in dieser bösen Zeit" zu übersetzen, und in Str. 4 mit „in dieser argen Welt". Dies hat jedoch eine inhaltliche Verschiebung des Textes zur Folge, denn hier wird nun ein Urteil gefällt: diese Zeit ist böse, diese Welt ist arg.

Das Lied wird dadurch eingeschränkt in den Möglichkeiten seines Gebrauchs. In den 90er Jahren des 20. Jahrhunderts beispielsweise war die Weltsicht für viele Menschen optimistischer und weniger dunkel als in den 70er Jahren, in denen diese erste Übertragung entstanden ist, und die geprägt waren durch die Diskussionen um Nachrüstung und atomare Abschreckungsstrategien, die in Ost und West apokalyptische Ängste auslösten, und durch das damit verbundene heftige Engagement der Friedensbewegung. Es ist vorstellbar, daß dieses Lied in seiner deutschen Übertragung auch heute in Situationen eine sehr deutliche Sprache sprechen kann, in denen Menschen emotional sehr beeindruckt sind durch himmelschreiende gesellschaftliche Mißstände, oder durch die sich wieder einmal erweisende gottgeklagte Ungleichheit in der gegenwärtigen Welt-

---

6 Vgl. Barnard, Verzamelde Liederen, 391.

7 **Steig in das Boot*, Nr. 22, 50–51.

ordnung. Es geht um das irdische Leben des Menschen im Hier und Jetzt. Weder im niederländischen Original, noch in der deutschen Übertragung verbindet sich mit diesem Lied eine weltabgewandte Neigung pietistischer Jenseitssehnsucht!

Aus einem Gespräch mit J. Henkys ergab sich darum der Vorschlag, den zweiten Vers der ersten Strophe zu übertragen mit „in dieser Welt und Zeit“, und dementsprechend den zweiten Vers der letzten Strophe mit „in dieser Zeit und Welt“. Diese neue Wortwahl soll dem möglichen Verdacht auf pietistische Weltfeindlichkeit das letzte Restchen Boden entziehen. In dem gesamten Lied geht es ansonsten um das *hic et nunc* des Mensch-Seins. Ein weiterer Kritikpunkt an der in **Steig in das Boot* veröffentlichten Übertragung ist die gewisse Ausschließlichkeit, mit der in Str. 4 von „Menschenbrüdern“ die Rede ist. Durch die Konkretheit der Sprache ist die Übertragung hier stärker als das Original, das hier allgemeiner formuliert: „de mensen niet verlaten“ (die Menschen nicht verlassen). Auf der anderen Seite erhält hier das gesamte Lied einen Genderaspekt, den das niederländische Original so nicht kennt.

Jürgen Henkys hat darum entschieden, in der überarbeiteten Version seiner Übertragung in Str. 4 mit „Gottes Menschen“ zu übersetzen. Durch diese Veränderung ist nicht nur das beschriebene Problem gelöst. Die Übertragung wird sogar noch stärker als sie war, denn die Parallelität zwischen dem dritten und dem fünften Vers der letzten Strophe wird durch die Veränderung zusätzlich hervorgehoben: „Gottes Geist annehmen“, das „heißt Gottes Menschen lieben“.

Die deutsche Übertragung ist stark, wo sie die ethische Ausrichtung des niederländischen Originals aufnimmt: Glauben, Mensch-Sein ist Nachfolge, „so wie Jesus werden, / tastend in seiner Spur“. Glauben, Mensch-Sein nährt sich von außen, von dem, was gegeben ist: sie lebt von Gnade und hofft „auf die Stimme ... / die einst vom Himmel fuhr“. Auch hier wird auf die Taufe Jesu angespielt, bei der bei der Gabe des Geistes eine Stimme vom Himmel herab sprach: „Dies ist mein lieber Sohn...“ (Mt 3,17).

Die starke Anbindung des Liedes an Mt 4,1–11, das Evangelium vom Sonntag Invocavit, klingt auch in der deutschen Übertragung überall hindurch. Das Lied spricht die deutlichste Sprache, wenn es nach dem Lesen dieses Evangeliums gesungen wird.

Aufgrund seiner starken Bezogenheit auf das Hier und Jetzt, die Zeit und die Welt der Singenden kann es aber auch an einem anderen Sonntag und in Verbindungen mit anderen Bibeltexten zu seinem Recht kommen. Gerade in einer Situation, in der den Menschen wieder einmal die Augen aufgegangen sind über die schreienden Mißstände, die zu dem Leben im Hier und Jetzt gehören, kann das Lied den Singenden die Worte in den Mund legen, die sie gerade nötig haben, und die Richtung angeben, in die sie weitergehen können. Ich könnte mir vorstellen, daß es in einem Gottesdienst nach den New Yorker Anschlägen am 11. September 2001 hätte gesungen werden können.

5 Zusammenfassend: *Een mens te zijn...* im Kirchenjahr

Willem Barnards Lied steht im Horizont des Kreuzesgeschehens. Es handelt sich hier aber keinesfalls um eine Kreuzesmeditation, wie bei so vielen Passionsliedern. Eher kann von einer Meditation des Mensch-Seins Jesu die Rede sein. Das Auge wird nicht auf die Qualen Jesu am Kreuz gerichtet, auf seinen Tod, sondern auf sein Leben als Mensch, auf seinen Weg, auf seine Taufe, auf seine Menschlichkeit, sein Leben mit anderen und mit Gottes Wort. Das Lied geht davon aus, daß Leben und Tod nicht einfach als Nacheinander aufeinander folgen. Vom Leben kann nicht die Rede sein, wenn vom Tod nicht gesprochen wird, und vom Tod kann nicht gesprochen werden, wenn vom Leben nicht die Rede war. Es ist kennzeichnend für dieses Lied sowie für viele andere Lieder Willem Barnards, daß es die Singenden auf einer sehr elementaren Ebene anspricht und dadurch nicht nur einen Ort in diesem Lied eröffnet, sondern zugleich auch in der Liturgie des Gottesdienstes und im Rhythmus des Kirchenjahres.

Een mens te zijn op aarde ist wegen seiner Nähe zu Mt 4,1–11 am Sonntag *Invocavit* zu Hause, dem ersten Sonntag in der Fastenzeit. Oben wurde beschrieben, was das Fasten für Willem Barnard bedeutet: Sich-Fest-Machen an der Verheißung Israels, wie sie in der Schrift zur Sprache kommt. Diese Konzentration auf das Wort der Schrift, die für Willem Barnard in der Fastenzeit alles bestimmt, zeigt sich an der Weise, wie er das Evangelium von Invocavit meditiert und zur Grundlage seines Liedes macht. Durch die Nähe zu Mt 4,1–11 treten biblische Assoziationen an die Stelle dogmatischer Glaubensaussagen. Sprechen viele Lieder der Passionszeit davon, wie sehr der Sünder die Versöhnung nötig hat, die am Kreuz geschehen ist, und wie groß das Geschenk der Gnade Gottes ist, so ist Willem Barnards Lied in theologischer Hinsicht um vieles subtiler: „Sünde" und „Vergebung" tauchen als theologische Begriffe nicht ausdrücklich auf. Dennoch ist hier von nichts anderem als von der Rechtfertigung allein aus Gnade die Rede: Mensch-Sein „is leven van genade ... leven van de woorden" (ist Leben von Gnade ... Leben von den Worten). Auf den neuen Menschen wird der Blick gerichtet, auf den Menschen, der durch die Taufe hindurchgegangen ist und den alten Adam hinter sich zurückgelassen hat. Die Singenden dürfen sich mit Jesus identifizieren, der selber den Weg der Taufe gegangen ist und unterwegs war Richtung Jerusalem. Der Weg Jesu Richtung Jerusalem bestimmt die Richtung der Singenden in den vierzig Tagen vor Ostern. Die Gemeinde ist zusammen mit Jesus unterwegs. Jesus geht den Weg, den ganz Israel gegangen ist. In ihm ist die Verheißung Israels, die Tradition der hebräischen Schriften, zu Fleisch und Blut geworden. Er verkörpert die Verheißung. Er ist das Fleisch gewordene Wort. Gehen die Singenden den Weg Jesu, so wird das Wort auch ihnen zu Fleisch und Blut, so gewinnen sie Teil am Leben und Leiden Jesu, sie werden zum Teil am Leib des Auferstandenen. Das Wort wird den Singenden zu Fleisch und Blut. Diese Art der Wort-Mystik ist typisch für das gesamte Werk Willem Barnards. Sie prägt seine Interpretation des Kirchenjahres und gibt auch dem vorliegenden Lied seinen liturgisch-theologischen Horizont.

Literatur

„W. Barnard - Van der Graft". Sondernummer von Liter. Christelijk literair tijdschrift. Jg. 3. Juli 2000. Nr. 13.

Barnard, Willem: „Over de veertigdaagse vastentijd", in: Binnen de tijd. Het zinsverband der liturgie. Haarlem 1965. Voorburg ²1988. 37–43.

Barnard, Willem: Uit Ademnood. Zoetermeer 1988. ²1993.

Barnard, Willem: Verzameld Vertoog. Baarn 1989.

Barnard, Willem: Verzamelde Gedichten. Baarn 1982.

Barnard, Willem: Verzamelde Liederen. Baarn 1986.

Compendium van achtergrondinformaties bij de 491 gezangen uit het Liedboek voor de kerken. Amsterdam ²1978.

Gillaerts, Paul: Roepend om gehoor te vinden. Een semiotische studie over de poëtica van W. Barnard/G. van der Graft. Leuven 1987.

Pfirrmann, Maria: Freie Poesie und gottesdienstlicher Gesang. Zum Verhältnis von Bibel, Liturgie und Dichtkunst im frühen Werk von Willem Barnard (Guillaume van der Graft). Göttingen 2001.

Troost, André: Dichter bij het Geheim. ,Leven en werk van Willem Barnard/Guillaume van der Graft. Zoetermeer 1998.

Passion

Christa Reich

Der Eselreiter

1.
Der Eselreiter! Seht, der Eselreiter!
Zieht so der Fürst in seine Stadt?
Macht euch gefaßt auf Unerhörtes:
der läßt die Reichen leer ausgehn,
das arme Volk, das macht er satt.

2.
Der Wundertäter! Seht, der Wundertäter!
So wills das Volk: geschwind gesund!
das ganze Land zum Paradiese!
Von Hosianna tönt die Stadt,
es hofft das Herz, es schreit der Mund.

3.
Der Friedenskönig! Seht, der Friedenskönig!
Kein Schwert, kein Spieß, mit bloßer Hand
und bloßem Wort schafft er den Frieden.
Es siegt der Hosiannaruf,
nun schallt der Himmel, blüht das Land.

4.
Der Eselreiter! Seht, der Eselreiter!
Der Troß auf hohem Rosse lacht –
das Volk, die Palmenzweige schwingend,
schreit lauter Hosianna, schreit:
Heut ist die Hoffnung an der Macht!

Druckvorlage

Text und Melodie aus: **Da war die Nacht, da kam das Licht*. 1987. Nr. 3.

1 Sprache und Melodie

Wer dieses Lied singt, gerät ohne Vorwarnung sofort mitten in das Stimmengewirr auf den Straßen Jerusalems – mehr noch: Er stimmt selbst ein in das Rufen, Fragen und Schreien, das Dem entgegenschlägt oder auch hinterhertönt, der da auf einem Esel einreitet und dessen Name nicht genannt wird.

Kurz sind die Sätze, schnell wechseln die Bilder, knapp und dicht ist deren Zeichnung, griffig und plastisch ist die Sprache. Es gibt nur wenige schmückende Eigenschaftswörter, alles ist Bewegung, Geste, Klang.

Ungewohnt ist der Strophenbau: fünf Zeilen unterschiedlicher Länge (11,8,9,8,8 Silben) und nur ein einziger Reim (zwischen der zweiten und fünften Zeile), den man aber, zumindest beim Singen, kaum wahrnimmt, weil die Melodie so schnell und ohne Zäsur von der zweiten in die dritte Zeile weiterführt. Rolf Schweizer (geb. 1936), jahrzehntelang Kirchenmusikdirektor in Pforzheim, gehört zu jenen Komponisten, die in Verbindung mit eigener intensiver und weitverzweigter musikalischer Arbeit nach neuer Musiksprache und neuen geistlichen Singformen suchen. Schon sehr früh hat er sich im Rahmen seiner Bemühungen um Gottesdienste in neuer Gestalt der Komposition neuer Lieder zugewandt.[1]

Schweizer entwickelt seine Melodien einerseits aus den rhythmischen Modellen, welche die Sprache bietet, andererseits aus sehr genauem Hören auf Melodie und innere Dynamik der Sprache[2]. Die Weise zum vorliegenden Lied ist dem Text in kongenialer Weise auf den Leib geschrieben. Deutlich für sich steht am Anfang, im charakteristischen Intervall der fallenden Quart, der Ruf, welcher bei der Wiederholung durch synkopierenden Einsatz verstärkt wird. Die folgenden vier Zeilen hört man, in genauer Entsprechung zum gesprochenen Text, als **einen** musikalischen Zusammenhang. Rhythmische Prägung (überwiegend fortlaufende Achtel, nur am Ende der dritten und der fünften Zeile durch Viertel gebremst) und melodische Gestalt (kleine Tonschritte, jeweils Tonwiederholung auf jeder Stufe) binden sie zusammen. Auch hört man diese vier Zeilen als melodisch sich steigernde Sequenz, die ihren Höhepunkt in der letzten Zeile findet. Die dem Erstdruck entnommene, hier wiedergegebene Harmonisierung der Melodie läßt alles im Halbschluß, also dominantisch in H-Dur, enden: So bleibt das Ganze offen.[3]

Diese Melodie hat Charakter, ist eigenwillig, kann lautmalerische Assoziationen herstellen: Rufe, Getrappel eines Reittieres. Sie reißt mit, kann dem Lied beinahe den Anflug einer Moritat verleihen. Jedenfalls paßt sie haargenau zu der Situation, in die der Text versetzt.

---

1 Meyer, Das neue Lied, 274ff.

2 Schweizer, Vom Singen und Sagen, 113ff. Folgende Liedmelodien im **EG* hat Rolf Schweizer komponiert: zu Nr. 226, 285, 287, 416, 491.

3 Nur am Rande sei darauf hingewiesen, wie auch „Kleinigkeiten" den Sinn eines Textes verändern können: Das hessen-nassauische **EG* hat die Melodie anders harmonisiert als der Komponist. Der G-Dur-Akkord auf dem letzten Ton bedeutet, anders als der dominantische Halbschluß auf H-Dur, daß das Ganze eher freundlich klingend zu Ende geht und gerade nicht völlig offen bleibt. Die Interpretation des Textes mag zeigen, wer hier „recht hat".

2 Wer ist der? (Mt 21,10)

Voll prallen Lebens steckt das Lied. Aber es steckt auch voller Ambivalenzen. Da ist der Ruf am Anfang jeder Strophe: „Eselreiter! Wundertäter! Friedenskönig! Eselreiter!" Er wird jeweils wiederholt, wandert also offenbar von Mund zu Mund. In der ersten Strophe geht er über in zweifelnde Frage („Zieht so ein Fürst ein?") und in die Ankündigung unerhörter, umstürzender Ereignisse. In der zweiten Strophe richten sich Blick und Ruf auf das **Volk**, das in seiner Wundergläubigkeit diesem, der da einreitet, die schnelle Veränderung des eigenen Lebens („geschwind gesund"), ja, des ganzen Landes zutraut. In der dritten Strophe erscheint das Bild eines Königs, der nichts in der Hand hat - und doch die Macht hat, Frieden zu schaffen. Wirklich? Bleibt er am Ende nicht doch das, was er eben ist: ein „Eselreiter" (Str. 4)? Spätestens hier wird deutlich, wer die sind, deren Stimme am Anfang jeder Strophe zu hören ist: Es ist „der Troß auf hohem Rosse", das sind die Mächtigen, die sich in den Machtverhältnissen dieser Stadt auskennen und sie beherrschen. Ihre Antwort auf den, der da einreitet: verächtliches Lachen. Vielleicht sind ihre Rufe insgesamt gar nicht so laut, sind mehr ein Tuscheln hinter vorgehaltener Hand. Denn ein anderer Ruf scheint die Stadt ganz und gar zu beherrschen: „Hosianna! Herz und Mund" (Str. 2), „Stadt" und „Himmel" (Str. 2 und 3), das ganze „Volk" sind erfüllt von diesem Ruf (Str. 4).Der da einreitet, scheint unter den Menschen eine Scheidung herbeizuführen. Offenbar entspricht die sich abzeichnende Trennung jener Linie, „die das arme Volk" von den „Reichen" trennt. War diese Scheidung nicht auch in der Predigt des Eselreiters schon angelegt: „Selig seid ihr Armen ... Weh euch Reichen!" (Lk 6,20.24)?

3 Ein Lied zum Ersten Advent

Der Schriftsteller und Pädagoge Kurt Rose (1909–1999)[4] war zeitweise auch Prädikant. Vielleicht ist von daher das Gewicht zu verstehen, das er, anders als viele andere Dichter neuer geistlicher Lieder, den Liedern zum Kirchenjahr beimißt. „Die Themen christlicher Feste in unserer Geistesverfassung zur Sprache und zum Singen zu bringen, war für Kurt Rose eine dringliche und notwendige Aufgabe", heißt es im Geleitwort zu seiner Sammlung **DA WAR DIE NACHT, DA KAM DAS LICHT*.[5] Sie enthält 50 Lieder, darunter 36 zum Kirchenjahr.

Den *Eselreiter* hat der Dichter unter die Adventslieder geordnet. Er folgt damit einer alten Tradition, die bis heute viele evangelische Perikopenordnungen bestimmt. Schon früh ist die Geschichte vom Einzug Jesu in Jerusalem (Mt 21,1ff.) in verschiedenen Liturgien der Alten Kirche als Evangelium des vierten Sonntags vor Weihnachten bezeugt. Die Alte Kirche hat also

---

4 Meyer, Das neue Lied, 227f.

5 Weitere Sammlungen von ihm sind z.B. **Fröhlicher Vogel Hoffnung*, **Wär in der Wüste nicht der Dornbusch*.

diese Geschichte vor dem Horizont des Festes der Geburt Jesu gedeutet: Ein König zieht ein in sein Reich. Schon früh ist auch Ps 24 mit dieser Geschichte verbunden worden. Bis heute prägt dieser Psalm den Ersten Advent: Der einziehende König ist der „König der Ehren“ (Ps 24,7ff.)[6].

Martin Luther hat, anders als wenig später (1570) das *Missale Romanum*, hier an der alten Perikopentradition festgehalten. Die Geschichte vom armen und geringen König, der „eine andere Macht haben werde, denn sonst alle Kaiser und Könige ... Denn er heißet: Justus et Salvator“[7] entsprach in besonderer Weise seiner Theologie und auch seinem Verständnis der weihnachtlichen Botschaft: „Er ist auf Erden kommen arm, daß er unser sich erbarm...“ So findet sich in den Wittenberger Gemeindegesangbüchern, die auf Luther zurückgehen, vor den Adventsliedern die Darstellung des Einzugs Jesu in Jerusalem. Sie findet sich auch in späteren evangelischen Gesangbüchern, übrigens auch noch im katholischen Gesangbuch von Johann **Leisentrit* (1567).

4 Traditionshintergrund des Liedes

Die Szene aus Mt 21 wird im Lied als bekannt vorausgesetzt. Sie wird nicht mehr nacherzählt, wohl aber sind wesentliche Einzelzüge des Geschehens aufgenommen: Da ist der sanftmütige König, der auf einem Esel in seine Stadt einreitet; da ist das Zweige schwingende Volk (nur in Joh 12,13 sind es „Palmen“-Zweige), das mit „Hosianna“ akklamiert. Der Dichter des Liedes hat wohl vorausgesetzt, daß die Singenden wissen: Der Evangelist sieht im Ereignis dieses Einzugs die Erfüllung prophetischer Verheißung (Sach 9,9) und versteht den Hosianna-Ruf („Hilf doch!“; „Hochgelobt sei!“; Ps 118,25 u.ö.), der zur Zeit des Zweiten Tempels ein gottesdienstlicher Jubel- und Huldigungsruf war, als Königsproklamation. Mt 21 ist im Sinne des Evangelisten eine Königsmachergeschichte. Das Lied verwebt Motive aus diesem Text mit weiteren Assoziationen aus Prophetie und neutestamentlicher Botschaft: Schon Jesaja wußte, daß „Spieß“ und „Schwert“ einmal ausgedient haben würden (Jes 2,4) und daß ein „Friedefürst“ kommen würde (Jes 9,5). Auch, daß das Land blüht, wenn Gott kommt (Jes 35,1ff.) und daß der Himmel jauchzt, wenn Er sich seiner Elenden erbarmt (Jes 49,13), ist prophetische Botschaft. Und Maria besingt einen, der die Hungrigen mit Gütern füllt und die Reichen leer läßt (Lk 1,53).

Auffallend ist, daß das Eselreiterlied die Grenze der für den ersten Advent bestimmten Perikope überschreitet und zumindest indirekt auch auf deren Fortsetzung anspielt:

> „Und es gingen zu ihm Blinde und Lahme im Tempel, und er heilte sie. Als aber die Hohenpriester und Schriftgelehrten die Wunder sahen, die er tat, und die Kinder, die im Tempel schrieen: Hosianna dem Sohn Davids!, entrüsteten sie sich...“(Mt 21,14f.).

---

[6] Dazu im einzelnen Heinz, Jesu Einzug in Jerusalem, 185ff.

[7] Predigt am 1. Adventssonntag (im Hause), 30. November 1533, WA 37, 201, 27ff.

Am „Wundertäter", dem der Hosiannaruf gilt, scheiden sich die Geister, und der „Friedenskönig" bringt offenbar keinen bequemen Frieden. Er bringt nämlich keinen Frieden, der nur das Innere des Menschen, sein Gemüt, seine Gestimmtheit betrifft. Vielmehr meldet sich hier ein Friede, der Menschen leibhaft berührt („geschwind gesund") und Verhältnisse unter den Menschen in unerhörter Weise umstürzt, ein Friede, der paradoxerweise auch Trennung unter den Menschen hervorbringt. Hatte der „Eselreiter" nicht auch einmal gesagt: „Ich bin nicht gekommen, Frieden zu bringen, sondern das Schwert" (Mt 10,34)?

Wer mit diesem Adventslied auf das Fest der Geburt Jesu Christi zugeht, dem wird deutlich, daß hier ein König kommt, dessen Königtum ganz und gar ambivalent ist; und dies nicht nur, weil die Person des Königs umstritten ist, sondern auch, weil der Friede, den er bringt, in sich widersprüchlich zu sein scheint. Es ist ein aufregender, unerhörter Friede. Für viele scheint er gefährlich zu sein, weil bisherige Besitzstände fraglich werden. Der Friede, der an Weihnachten verkündigt wird, wird dann ein Friede, der nichts mit Idylle zu tun hat.

5 Ein Lied zum Palmsonntag

Das hessen-nassauische **EG* ist das einzige Gesangbuch, welches das Lied vom „Eselreiter" aufgenommen hat. Man hat es dort im Regionalteil unter die Passionslieder eingeordnet (EG-HN 547). Auch hierfür scheint es gute Gründe zu geben, denn im Verlauf der Lebensgeschichte Jesu gehört die Perikope von seinem Einzug in Jerusalem an den Beginn der eigentlichen Leidensgeschichte. Die katholische Tradition ordnet Mt 21 als Evangelium dem Palmsonntag zu, und evangelische Ordnungen nehmen hier den entsprechenden Abschnitt des Johannesevangeliums auf (12,12ff.).

So sinnvoll diese Einordnung im hessen-nassauischen **EG* also ist, so sehr wird doch auch deutlich, daß das Lied dadurch in einen anderen Horizont gerückt wird, als der Dichter ursprünglich vorgesehen hat. Zwar werden die Singenden auch am ersten Advent durch die Sprache des Liedes quasi in die Straßen von Jerusalem versetzt; aber jetzt, am Palmsonntag, wenige Tage vor Karfreitag, geraten die Singenden sozusagen in eine nachgestellte historische Situation: Sie erleben den Einzug Jesu vor seinem Leiden und Sterben. Man erinnert sich plötzlich daran, daß das Hosianna rufende Volk zwei Tage später „Kreuzige ihn" rufen wird. Auch die Akklamation des Volkes gerät so ins Zwielicht, und der Satz „Heut ist die Hoffnung an der Macht" (Str. 4) wirkt beinahe zynisch.

Andere Texte, die vom Königtum reden, vornehmlich solche aus dem Johannesevangelium, kommen vielleicht ins Bewußtsein: Da wird erzählt, daß das Volk Jesus schon einmal hat zum König machen wollen, weil er Brot ausgeteilt hat; damals hat er sich diesem Ansinnen entzogen (Joh 6,15). Im Gespräch mit Pilatus gibt er sich als ein König zu erkennen, dessen Reich „nicht von dieser Welt" ist (Joh 18,36). Als Ursache für seinen Tod steht über dem Haupt des Gekreuzigten der Titel „Der König der Juden" (Joh 19,19). Der Römer, der Heide, hat diesen Titel schreiben lassen. So ist das Königtum dessen, der da einzieht, nicht mehr nur verborgen und umstritten. Von ihm selbst ist es negiert worden, und die Singenden wissen, daß es für seine Gegner Anlaß zur Denunzierung und für den, der das Urteil fällte, öffentliche Begründung für das Todesurteil wurde.

Singt man das Lied als Passionslied, so bleiben Königtum und Hosiannaruf eigenartig im Zwielicht. Es folgen weder ein Bekenntnis noch eine Gebetsstrophe, die eindeutig machten, wohin die Singenden gehören. „Heut ist die Hoffnung an der Macht!"

Und morgen?

6 Hosianna

„Von Hosianna tönt die Stadt. Es siegt der Hosiannaruf. Das Volk ... schreit lauter Hosianna."

Dreimal erscheint das Wort im Lied. Es hält sich durch in aller Ambivalenz. Es geht hier doch wohl um mehr als um das Nachspielen einer historischen Situation.

Schon in der Jerusalemer Urgemeinde begegnet diese Akklamation als Bekenntnisruf, die Didache (10,6) und die Apostolischen Konstitutionen (8,14) kennen das Hosianna als Ruf zu Beginn der Eucharistiefeier. Bis heute findet es sich hier in den meisten Liturgien. Mit diesem Ruf erwartet und begrüßt die christliche Gemeinde den, der in der Eucharistiefeier zu ihr (und das heißt immer auch, in seine Welt) kommen will.

Die Jünger Jesu haben erst, nachdem Jesus „verherrlicht" war, die Verheißung Sacharjas vom kommenden König und die Hosianna-Akklamationen des Volkes verstanden (Joh 12,16). Vom Paschageschehen her, von jenem Gang Jesu in den Tod, der zu einem Gang durch den Tod ins Leben wurde, fiel für die Jünger ein neues Licht auf das Geschehen vom Einzug in Jerusalem. In der Feier des Pascha, in der Eucharistie, gilt der Hosianna-Ruf lobpreisend und erwartungsvoll dem, der kommen will, um die Herrschaft des Lebens über jeden Tod zu bringen. Auch im vorliegenden Lied ist der Hosianna-Ruf nicht nur Zitat aus einem vergangenen Geschehen. Er rückt vielmehr das Adventslied (und das Passionslied) vor den österlichen Horizont. Dieser ist immer zugleich auch ein pfingstlicher Horizont. Er öffnet die Perspektive von Zukunft. Wohl macht die Sprechform des Liedes hörbar, daß die Frage „Wer ist der?" sich auch heute noch stellt. Vielleicht gehört dieses Stimmengewirr zu „unserer Geistesverfassung", die Kurt Rose in seinen Liedern zu Wort kommen lassen wollte. Der Hosianna-Ruf aber macht deutlich, daß die Antwort auf diese Frage nicht im Blick zurück, sondern im Blick nach vorn zu finden ist: Jesus steht uns noch bevor: „Der Wundertäter, der Friedenskönig". Der Ruf am Ende: „Heut ist die Hoffnung an der Macht" setzt Hoffnung hörbar präsent. Gegenwart wird hier auf Zukunft hin geöffnet, auf Seine Zukunft, in der „das Land blüht".

Damit gewinnt das Lied vom „Eselreiter“ auch eine eschatologische Dimension. Es ist noch alles offen. Das Kommen dessen, der einst in Jerusalem einzog, steht noch bevor. Wenn nicht alles täuscht, haben die Christen jahrhundertelang sich eher an der Erfüllung der Verheißung als an der Verheißung selbst orientiert.[8] Diejenigen, die den Kanon des Neuen Testaments ordneten, wußten es besser. Sie ließen die Sammlung der Schriften mit dem Ruf schließen, der das Kommen des Gekommenen erbittet: Maranatha (Offb 22,20). Der Hosiannaruf ist klingendes Zeichen dafür, daß diesem „Friedenskönig“ alle Zeiten offenstehen und daß in den Liedern zum Kirchenjahr in der Gegenwart die Zukunft des Gekommenen sich meldet: Das ist der Grund allen Singens.

So weist der Hosianna-Ruf auf den messianischen Horizont des Liedes, begrüßt den, der in die Stadt Gottes und damit zugleich in die Zeit Gottes einziehen will. Während dieses Lied gesungen wird, werden die Singenden für diese Zeit Gottes geöffnet. Der erste Advent, der Palmsonntag oder auch ein Sonntag am Ende des Kirchenjahres erfüllen ihren Sinn dann nicht in den Grenzen von Raum und Zeit, sondern bleiben „grenzenlos im Hunger nach Zukunft, nach Leben“[9]. Grenzen-los bleibt aber auch ihre Verheißung.

Der hebräische (aramäische) Sprachklang des Hosianna macht dabei hörbar, daß die Christen im Singen dieses Rufes auf eine ihnen neu geschenkte Weise teilhaben an einer Hoffnung, die zuerst in Israel zur Sprache gefunden hat und auch dort bis heute zur Sprache findet – auch mit dem Hosianna-Ruf.

7 Das Lied im Gottesdienst?

Man wird es nicht unvorbereitet der Gemeinde zum Singen anbieten. Vielleicht ist es für die Gemeinde zunächst ein „Hör-Lied“, vorgetragen von einer Gruppe, einer Einzelstimme oder auch von verschiedenen Stimmen, welche die Ambivalenzen im Text hörbar machen könnten. Vielleicht bekommt es dem Lied gut, wenn es von verschiedenen Stimmen von verschiedenen Orten im Kirchenraum zum Erklingen gebracht wird. Wenn das Lied im Gottesdienst gesungen werden soll, könnte es nach dem Evangelium stehen und dann in einer Predigt ausgelegt werden.

Aber es könnte auch ganz andere Orte finden: Gespräch in der Gruppe, Unterricht, darstellendes Spiel, Deklamation, Spiel mit der Sprache, Spiel mit der Musik. Vor einiger Zeit hat eine Gruppe, der das Lied völlig unbekannt war, nach dem Hören auf die mehrmals auf einem Instrument vorgespielte Melodie das Lied gemalt. Überraschend war das Ergebnis: Die Atmosphäre von Hoffnung hatte in den Bildern Gestalt und Farbe gewonnen.

---

8 Vgl. dazu im einzelnen Marquardt, Bekenntnis zu Jesus dem Juden, Bd. 2, 130f.

9 Bieritz, Nächstes Jahr in Jerusalem, 52.

Literatur

JLH = Jahrbuch für Liturgik und Hymnologie. Kassel u.a. 1955ff.

Bieritz, Karl-Heinz: Nächstes Jahr in Jerusalem. Vom Schicksal der Feste, in: JLH 35 (1994/95). 37–57.

Heinz, Andreas: Jesu Einzug in Jerusalem, in: Christus Spes. Frankfurt am Main 1994 (FS Sigisbert Kraft).

Marquardt, Friedrich Wilhelm: Das christliche Bekenntnis zu Jesus dem Juden. Eine Christologie. München 1991.

Meyer, Dietrich (Hrsg.): Das neue Lied im Evangelischen Gesangbuch: Lieddichter und Komponisten berichten. Düsseldorf [2]1997.

Schweizer, Rolf: Vom Singen und Sagen im neuen Lied, in: Käser, Lothar (Hrsg.): Wort und Klang. Bonn 1995 (FS für Martin Gotthard Schneider).

Michael Pfeifer

Sohn Gottes, laß mich heute an Deinem Tisch

Druckvorlage

Übersetzung und Unterlegung unter das Kiewer Melodiemodell des 1. Troparientons (vgl. EG 307): Hansjakob Becker (ungedruckt).

1 Ein Kommuniongesang für den Gründonnerstag

In unseren heutigen Gesangbüchern finden sich Lieder und Gesänge nach Rubriken geordnet. Die Einteilung orientiert sich nach dem Kirchenjahr, den Tageszeiten oder dem Gottesdienstablauf. Für manche dieser Lieder und Gesänge, die heute etwa einer Kirchenjahreszeit zugeordnet sind, lassen sich jedoch ursprüngliche Verortungen ausmachen, die weitaus konkreter sind. Ein Lied wurde beispielsweise ursprünglich für einen bestimmten Tag, einen bestimmten Gottesdienst an diesem Tag oder einen besonderen liturgischen Ort innerhalb dieses Gottesdienstes geschaffen. Erst im Laufe der Geschichte dehnte sich die Verwendung aus und stellte damit zu anderen Zeiten eine Brücke zum ursprünglichen Anlaß her.

Der Gesang *Zu Deinem heiligen Abendmahl* läßt sich dem Gründonnerstag und näherhin der Kommunion in der Abendmahlsmesse zuordnen. Zwar findet er sich in keinem unserer Gesangbücher, doch lassen sich frühe Belege für seine Beheimatung im Westen beibringen. Der Tradition der byzantinischen Kirche entstammend, lassen sich seine Spuren bis ins Palästina des 5. Jahrhunderts zurückverfolgen. Hier zunächst der Text:

Zu Deinem heiligen Abendmahl, Sohn Gottes,
nimm mich heute als Gast auf.
Nie will ich Deinen Feinden das Geheimnis verraten,
noch will ich Dir einen Kuß geben wie Judas,
sondern wie der Schächer bekenne ich Dir:
Herr, gedenke meiner in Deinem Reich.[1]

Es handelt sich um eine kurze Hymnenstrophe, die in der griechischen Tradition Troparion genannt wird. Der Text gehört heute zum Ordinarium der byzantinischen Liturgie (Meßfeier), innerhalb deren er zusammen mit zwei weiteren rahmenden Gebeten als Kommunionvorbereitungsgebet vom Priester gesprochen wird. Einen besonderen Platz hat der Gesang im Proprium des Großen Donnerstags. Dreimal erklingt er während der abendlichen Basiliusliturgie: zum Großen Einzug der bereiteten Gaben anstelle des gewöhnlichen Cherubikons, als Kommunionvers und nach der Kommunion, ebenfalls anstelle des regulären Gesangs. Wohl abhängig vom Kommunionvers des Großen Donnerstags ist die griechische Praxis, das Tropar auch während des Jahres zur Kommunionausteilung zu singen.

2 Überlieferung[2]

Einen ersten Hinweis auf das Troparion *Zu Deinem heiligen Abendmahl (Τοῦ δείπνου σου τοῦ μυστικοῦ)* findet sich bei dem byzantinischen Geschichtsschreiber Georgios Kedrenos. Seine Chronik, geschrieben während der Regierungszeit des Kaisers Alexios Komnenos (1081–1118), liefert zwei für die Geschichte des frühbyzantinischen Gesangs wichtige Daten. Laut Kedrenos wurde während der Regierungszeit Kaiser Justins II. (565–578) der Gesang des Cherubikons in die Liturgie und der des *Τοῦ δείπνου σου τοῦ μυστικοῦ* in die des Großen Donnerstags eingeführt. Schenkt man dem Chronisten Glauben, vollzog sich dies im neunten Jahr der Regierungszeit Justins, also 573/574.[3] Daß beide Hymnen im Zusammenhang genannt werden, könnte darauf hindeuten, daß sie beide als Begleitgesänge zur Gabenprozession, dem sogenannten Großen Einzug, gebraucht wurden. Demnach wäre das gewöhnliche Cherubikon *Οἱ τὰ χερουβίμ* von Anfang an am Großen Donnerstag durch das Tropar *Τοῦ δείπνου σου τοῦ μυστικοῦ* verdrängt worden. Oder anders gewendet: *Τοῦ δείπνου σου τοῦ μυστικοῦ* hätte seine Zuordnung zum Großen Donnerstag auch nach der Einführung des Cherubikons behalten.

Die früheste Quelle für unser Tropar findet sich in einem Typikon aus dem 10. Jahrhundert, das in der Bibliothek des Johannesklosters auf Patmos aufbewahrt wird. Es steht in der Tradition Konstantinopels und reflektiert

1 Verbreitete Textfassung nach Irenäus Totzke, in: Ökumenisches Institut Niederaltaich (Hrsg.), Die göttliche Liturgie, 24f.

2 Die Angaben zu Überlieferung und Melodie stützen sich weitgehend auf Levy, Hymn for Thursday.

3 Cedrenos, Corpus scriptorum, 684f.; Maas, Frühbyzantinische Kirchenpoesie.

die liturgische Ordnung, die im 9. Jahrhundert an der dortigen Hauptkirche Hagia Sophia gepflegt wurde.[4] Für den Gründonnerstag wird *Τοῦ δείπνου σου τοῦ μυστικοῦ* anstelle des Cherubikons *Οἱ τὰ χερουβίμ* sowie als Koinonikon (Kommunionlied) vorgeschrieben.[5] Ein weiteres Typikon aus dem 10. Jahrhundert enthält das *Τοῦ δείπνου σου τοῦ μυστικοῦ* dreimal innerhalb der Basiliusliturgie des Großen Donnerstags: anstelle des Cherubikons *Οἱ τὰ χερουβίμ*, als Koinonikon und nach der Kommunion anstelle des *Πληρωθήτω*.[6] Diese Ordnung, die bis heute Gültigkeit hat, belegt eine Vielzahl liturgischer Bücher bereits des 10. bis 12. Jahrhunderts.

Anders stellt sich die Situation im palästinischen Raum dar. Dort findet sich *Τοῦ δείπνου σου τοῦ μυστικοῦ* am Großen Donnerstag nur als Cherubikon zur Gabenprozession, nicht aber zur Kommunion. An dieser Stelle werden stattdessen ältere regionale Propriumsgesänge bewahrt.[7] Ein Georgisches Lektionar aus dem späten 10. Jahrhundert bietet *Τοῦ δείπνου σου τοῦ μυστικοῦ* als einen von zwei Gesängen zur Kommunion und als Hypakoë im Morgengottesdienst.[8]

Es scheint, daß *Τοῦ δείπνου σου τοῦ μυστικοῦ* in Konstantinopel höher geschätzt wird als in Palästina. Dort ist das Tropar bedeutsam genug, zwei Ordinariumsgesänge am Großen Donnerstag zu verdrängen.[9] In Konstantinopel ist es laut Georgios Kedrenos auch in die Liturgie dieses Tages eingeführt worden, und aus dortigem Umfeld begegnen uns erste Quellen. Dennoch können Ursprünge in Palästina nicht ausgeschlossen werden. Im Gegenteil: Aus der geringeren Häufigkeit im Proprium des Großen Donnerstags läßt sich möglicherweise sogar ableiten, daß das Tropar in seinem Herkunftsland eine längere Tradition hatte, damit weit selbstverständlicher war und daher nicht diese herausgehobene Stellung wie in Byzanz erreich-

---

4 Typikon, Patmos MS 266, ed. Dimitrievskij, Opisanje liturgieskich rukopisei, 1–152. Nach Baumstark läßt sich die zugrundeliegende Schicht auf die Jahre 802–806 datieren, Baumstark, Typikon. Nach Mateos entstammt sie erst dem späten 9. Jahrhundert, Mateos, Typicon, x–xviii. Ein Typikon ist eine den römischen Ordines vergleichbare Ritensammlung.

5 Οἱ ψάλται τὸ μυστικὸν ἀντὶ τοῦ· *Οἱ τὰ χερουβίμ*, λέγουν *Τοῦ δείπνου σου τοῦ μυστικοῦ σήμερον*. Τὸ αὐτὸ λέγεται καὶ κοινωνικόν. Dimitrievskij, Opisanje liturgieskich rukopisei, 131.

6 Jerusalem Hagiou Stavrou MS 40 fol 227.

7 Das Jerusalemer Typikon von 1122 beispielsweise bewahrt, obwohl schon unter konstantinopolitanischem Einfluß stehend, ein Koinonikon palästinischer Tradition. (Jerusalem Hagiou Stavrou MS 43 fol 81', ed. Dimitrievskij, Bogusluzenhie strastnoi i paschalnoi sedmits, 106.)

8 Tarchnischvili, Le Grand Lectionnaire, 189, 92; 205, 99f., 103.

9 Das gewöhnliche Cherubikon *Οἱ τὰ χερουβίμ – Die Cherubim stellen wir geheimnisvoll dar* wird im Lauf des Jahres überhaupt nur durch drei Gesänge ersetzt: Bei der Liturgie der vorgeweihten Gaben in der Großen Fastenzeit durch *Νῦν αἱ δυνάμεις – Nun dienen die Himmelsmächte*, am Großen Samstag durch *Σιγησάτω πᾶσα σάρξ – Nun schweige alles Fleisch* und eben am Großen Donnerstag durch *Τοῦ δείπνου σου τοῦ μυστικοῦ – Zu Deinem heiligen Abendmahl*. Demgegenüber wird nach der Kommunion zwar öfter das Apolytikion (Troparion des Festtages) anstelle des dort sonst gemäß Ordinarium erklingenden Gesangs wiederholt, doch ist der Austausch durch ein Troparion wie *Zu Deinem heiligen Abendmahl*, das nicht Apolytikion ist, tatsächlich einzigartig.

te. Unzweifelhaft jedoch ist, daß der heute zum liturgischen Ordinarium gehörende Gesang seinen originären Ort am Großen Donnerstag hat. Dies bestätigt auch ein lateinischer Beleg im Mailänder Ritus aus dem 10. oder frühen 11. Jahrhundert.[10] *Coenae Domini* findet sich dort als Ingressa oder Post-Evangelium.[11] Auch die Untersuchung des Textes selbst wird das bestätigen.

3 Text

Ausgangspunkt der Überlegungen hat der originale griechische Text zu sein, der kaum differierende Lesarten bietet und noch heute in den liturgischen Büchern zu finden ist.

1	Τοῦ δείπνου σου τοῦ μυστικοῦ	(Als) Deines mystischen Mahles (Teilnehmer)
2	σήμερον Υἱὲ Θεοῦ	(nimm mich) heute (an), Sohn Gottes.
3	κοινωνόν με παράλαβε	*als Teilnehmer nimm mich an*
4	οὐμὴ γὰρ τοῖς ἐχθροῖς σου	Niemals werde ich Deinen Feinden
5	τὸ μυστήριον εἴπω	das Geheimnis verraten.
6	οὐφίλημά σοι δώσω	Nie werde ich Dir einen Kuß geben
7	καθάπερ Ἰούδας	so wie Judas.
8	ἀλλ' ὡς ὁ ληστὴς ὁμολογῶ σοι·	Sondern wie der Schächer bekenne ich mich zu Dir:
9	Μνήσθητί μου Κύριε	Gedenke meiner, Herr,
0	ἐν τῇ βασιλείᾳ σου.[12]	in Deinem Reich.

1 Genitivus partitivus abhängig von *παράλαβε*.
2 *Υἱὲ* Vokativ.
3 *παράλαβε* Imperativ, ausgedrückt ist aktives Hinzuziehen (s.u.), nicht bloßes Akzeptieren.
4 *οὐμὴ* Anapher zu 6, hier aber stärkere Verneinung („bestimmt nicht", „Du

---

[10] British Museum Add. 34209 fol 120, abgedruckt in Paléographie musicale V, 240. Das Manuskript entstammt dem frühen 12. Jahrhundert, sein Inhalt aber bereits dem ältesten Ambrosianischen Manuale aus dem 10. oder frühen 11. Jahrhundert.

[11] Die Diskrepanz zwischen beiden Angaben erklärt sich wohl daher, daß fälschlich mit „Ingressa" (Introitus der Mailänder Liturgie) bezeichnet wurde, was eigentlich den Großen Einzug mit den Gaben innerhalb der byzantinischen Liturgie meint. „Post-Evangelium" beschreibt diese Stelle – unmittelbar vor dem Offertorium – wohl korrekter. Auch bis zur jüngsten Reform wurde in Mailand das *Coenae tuae* unmittelbar vor dem Offertorium gesungen. Während dieses faktisch die Gabenbereitung begleitet, erklingt jenes damit zur Gabenprozession, was seiner Verwendung zum Großen Einzug im Osten entspricht.

[12] *Coenae tuae mirabili / hodie, Filius Dei, / socium me accipis. / Non enim inimicis tuis / hoc mysterium dicam. / Non tibi dabo osculum / sicuti et Judas. / Sed sicut latro confitendo te: / Memento mei Domine in regno tuo.* Paléographie musicale V 240, zit. nach Levy, Hymn for Thursday, 128. Was Sinn und Wortfolge angeht, ist die lateinische Fassung eine relativ exakte Wiedergabe des griechischen Originals. Auf Abweichungen kann hier nicht weiter eingegangen werden.

brauchst nicht zu fürchten, daß". *ἐχθρός* sind die persönlichen Feinde.
5 *εἴπω* Futur, eigentlich „sagen", im Zusammenhang mit *μυστηριον* aber „enthüllen, verraten".
6 Futur.
7 verstärkter Vergleich „ganz so wie".
8 *ὁμολογῶ σοι* Präsens+Dativ, enthaltene personale Komponente durch das „*zu* Dir" ausgedrückt.
9 Imperativ, Vokativ.
0 Weicht als liturgische Formel von zugrundeliegendem Lk 23,42 ab.

Der Text bietet so gut wie keine differierende Lesarten. Außer dem Artikel ὁ vor Ἰούδας in Z. 7 wurde einzig der letzte Vers in späterer Zeit zuweilen nach Lk 23,42 erweitert. Statt Μνήσθητί μου Κύριε ἐν τῇ βασιλείᾳ σου findet sich nun das dem Originalzitat angeglichene Μνήσθητί μου Κύριε *ὅταν ἔλθῃς εἰς* τὴν βασιλείαν σου.[13] Spätestens seit dem 14. Jahrhundert wird dem Troparion ein (dreifaches) Alleluia angeschlossen, wie es bei Cherubika und Koinonika allgemein üblich ist.

Der Text läßt sich in drei Abschnitte gliedern. Auf symmetrische Art umrahmen die drei ersten und die drei letzten Zeilen die vier Verse in der Mitte, die ihrerseits wiederum aus zwei Komponenten aus je zwei Zeilen bestehen. Diese Komposition läßt sich auch anhand der Silbenzahl darstellen: 8 7 8 / 7 7 / 7 6 / 10 7 7.[14] Die gleichmäßige und auf Symmetrie hin angelegte Komposition entspricht dabei voll und ganz der inhaltlichen Gliederung.

Die Z. 1–3 bitten um die Teilnahme beim mystischen Mahl. Die Z. 4–7 stellen ein negatives Gegenbild, die Z. 8–10 ein positives Vorbild vor Augen. Der mittlere Abschnitt ist dabei parallelisiert durch die Anapher οὐ: „Nicht werde ich verraten - Nicht werde ich küssen". Hier finden sich in den frühen Melodien ganz selbstverständlich auch melodische Entsprechungen. Zumeist sind Z. 4 und 6 mit der identischen Melodieformel belegt.[15]

---

[13] So auch in der Edition von Maas, Frühbyzantinische Kirchenpoesie oder in der liturgischen Ausgabe des Triodion (Rom 1879, S. 663). Doch kann diese Erweiterung erst seit dem 16. Jahrhundert belegt werden. Auch bewahren sowohl die lateinische als auch die georgische Version aus dem 10. Jahrhundert die kurze Form. Tarchnischvili, Le grand lectionaire, CSCO 205, 100.

[14] Die Ergänzung des Artikels ὁ vor Ἰούδας in Zeile 7 vereinheitlicht die Silbenzahl des mittleren Vierzeilers auf gleichmäßige 7 7 7 7, da Ioudas stets als Dreisilber behandelt wird. Umgekehrt bricht die Erweiterung der letzten Zeile aufgrund von Lk 23,42 die Symmetrie des Kehrverses in Z. 9 und 10 auf.

[15] So in den beiden von Levy, Hymn for Thursday mitgeteilten Beispielen griechischer (133f) und lateinischer (146) Provenienz.

4 Zwischenbemerkung: Die Herkunft des Troparions

Betrachtet man sich die Motive, die in *Τοῦ δείπνου σου τοῦ μυστικοῦ* anklingen, tritt Überraschendes zutage. Zweifellos beziehen sich die ersten beiden Abschnitte des Gesangs eindeutig auf die Situation des Gründonnerstags. Das Abendmahl und der Verrat des Judas werden hier thematisiert. Anders aber der letzte Abschnitt: Das Gespräch zwischen Jesus und dem Schächer gehört zur Szenerie auf Golgota und damit eindeutig zum Karfreitag. Bei einem Gesang, der derart bedeutsam für die Liturgie des Gründonnerstags ist, verwundert dieser offenkundige Bruch zwischen den verschiedenen Erzählungen, und auch das Gegenbild Judas–Schächer erschließt sich nicht auf Anhieb. Stellt dieses Ausbrechen aus der Thematik des Tages nicht gar die Zuordnung des Gesanges zum Gründonnerstag in Frage?

Hierzu ist zweierlei zu bedenken. Zum einen steht der Gesang an der Schnittstelle zum Karfreitag bzw. gehört der liturgischen Zeit nach bereits diesem an. Die Abendmahlsliturgie wird im byzantinischen Ritus im Verbund mit der sie eröffnenden Vesper gefeiert. Mit der Vesper beginnt aber regulär bereits der folgende Tag, eben der Karfreitag. Da die geprägte Zeit des Gründonnerstags selbstverständlich der Abend und die Nacht sind, wird auf einen liturgischen Vorausgriff auf den Karfreitag im Rahmen der Vesper und der folgenden liturgischen Akte verzichtet. Vesper, Liturgie und die laut Typikon sich anschließende Fußwaschung, in deren Rahmen das Troparion *Τοῦ δείπνου σου τοῦ μυστικοῦ* nach manchen Traditionen gesungen wird,[16] verbleiben noch deutlich im Themenkreis des Großen Donnerstags. Motivische Einflüsse des folgenden Karfreitags sind aber aufgrund dieser Konstellation keineswegs überraschend.

Zum anderen stellt sich die Textpassage, die auf den ersten Blick eindeutig mit dem Karfreitag in Verbindung zu bringen ist, bei näherer Betrachtung differenzierter dar. Der Ruf „Herr, gedenke meiner in deinem Reich" ist eine ausgesprochen gängige Formel im Gottesdienst der östlichen Kirchen.[17] Außer bei den Byzantinern begegnet sie beispielsweise auch bei den Kopten,[18] und – obwohl im Westen weniger gebräuchlich – in Spanien.[19] Im römischen Ritus fand sich bis zur letzten Reform der Text nur als direktes Zitat der Worte des Schächers.[20] In der byzantinischen Liturgie hingegen

---

16 Siehe Anm. 18.

17 Als kurze private Gebetsformel auch belegt bei Gregor von Nyssa, Vita Macrinae 24,30–34 (SC 178, 222).

18 Hier als gemeinschaftlicher Ausruf gebraucht. Renaudot, Liturgiarum orientalium collectio, I 226f. Nicht von ungefähr finden sich in koptischen Formularen auch häufiger die Gegenüberstellung Judas–Schächer. Texte bei Baumstark, Passionsgesänge. Auch der Gesang *Τοῦ δείπνου σου τοῦ μυστικοῦ* wird – bei Liturgie oder (nach stadtalexandrinischem Brauch) Fußwaschung – am Großen Donnerstag gebraucht, ebd., 70.

19 Wohl vom Osten beeinflußt. Beispiele bei Levy, Hymn for Thursday, 173, Anm. 87.

20 Karfreitag, Matutin, 2. Responsorium *Velum templi*, Laudes, 3. Antiphon *Ait latro* und Laudes, 5. Antiphon *Memento mei*. Während die beiden Laudes-Antiphonen wohl frei von griechischen Einflüssen sind, führt Baumstark das *Velum templi* auf ein Makarismus-Stichiron zurück: Baumstark, Responsorien, 218. Als ein weiteres dem Griechi-

eröffnet ein entsprechender Ruf im Stile eines Kehrverses die Seligpreisungen, die allsonntäglich als dritte Antiphon innerhalb des Eröffnungsritus verwendet werden. Er hat hier die Form „In Deinem Reich gedenke unser, o Herr, wenn Du in Dein Reich kommst." Ebenso werden die einzelnen Fürbitten, die die Zelebranten während des Großen Einzugs sprechen, jeweils mit dem „[Des/der] gedenke der Herr in seinem Reich" abgeschlossen.

Wichtiger ist jedoch tatsächlich der Hinweis auf die Seligpreisungen. Diese Makarismen werden traditionell durch Stichiren, kurze poetische Hymnenstrophen also, erweitert, die das Tagesgeheimnis besingen. Nicht selten begegnet in diesen Stichiren auch die Figur des Schächers oder sein Bekenntnis, das ja den Kopfsatz der Makarismen bildet. Es liegt daher nahe, den Ursprung für das Troparion *Τοῦ δείπνου σου τοῦ μυστικοῦ* im Umfeld der Seligpreisungen zu suchen. Es ist durchaus denkbar, daß es als Makarismen-Stichiron für den Großen Donnerstag entstanden wäre. Da die Makarismen-Tropierungen ihre Wurzeln in Palästina haben,[21] wäre seine Entstehung dann im palästinischen Proprium des Großen Donnerstags zu verorten.[22] Für diese These spricht auch, daß das Gebet in der ersten Person Singular formuliert ist und sich somit eher als privates Gebet ausweist, das erst sekundär in liturgische Zusammenhänge gelangte. Immerhin stehen die Mehrzahl der Makarismen-Tropare im Singular, wohingegen Bestandteile des Ordinariums den Plural vorziehen. Diese Indizien lassen vermuten, daß das Troparion *Τοῦ δείπνου σου τοῦ μυστικοῦ* in Palästina als Makrarismus-Stichiron zum Großen Donnerstag entstand. Die Einführung unter Justin II. im 6. Jahrhundert in die Liturgie wäre dann eine der Einwirkungen der palästinischen auf die byzantinische Liturgie in dieser Zeit.

---

schen entlehntes Stück nennt er das 3. Responsorium der 3. Nokturn des Karsamstags *Domine post passionem tuam*, das im vatikanischen Antiphonar enthalten war, nicht aber in spätere Gesangbücher übernommen wurde. In diesem Responsorium klagt Petrus: „Der Schächer bekannte dich, und ich verleugnete dich." Ebd., 212.

21 Baumstark, Nocturna laus, 186f.

22 Eine ähnliche Genese scheint wohl das Tropar der byzantinischen Non gehabt zu haben. Ursprünglich handelt es sich bei *Βλέπων ληστής* um das Kathisma zur Non des Karfreitags. Sekundär wurde der Text zum Ordinariumsbestandteil der Non sowie der ersten Stichologie des Orthros am Mittwoch und Freitag, den Tagen, die traditionell dem Gedächtnis des hl. Kreuzes gewidmet sind. Baumstark, Horologion, 463. Auffällige strukturelle Parallelen zwischen *Βλέπων ληστής* und *Τοῦ δείπνου σου τοῦ μυστικοῦ* lassen Levy (Hymn for Thursday, 174) gar vermuten, einer der Texte könnte dem anderen als poetische Vorlage gedient haben. „Als der Schächer den am Kreuz hängenden Urheber des Lebens erblickte, sprach er: Wenn der mit uns Gekreuzigte nicht der fleischgewordene Gott wäre, dann hätte nicht die Sonne ihre Strahlen verborgen, dann hätte nicht die Erde bebend gewankt. Du aber, der Du alles erduldet, gedenke meiner in Deinem Reich."

5 Textdeutung

Mit dieser Hypothese zur Entwicklung der Rolle des Gesangs wird verständlich, warum der Text, nachdem er Abendmahl und Verrat thematisiert hat, mit dem Bekenntnis des Schächers vom Karfreitag endet. Für einen Text zum Gründonnerstag ist es selbstverständlich, das Abendmahl in den Blick zu nehmen. Auch Judas ist am Donnerstag und überhaupt in den Kartagen eine intensiv besprochene Figur.[23] Doch beide Themen im Gesang *Zu Deinem heiligen Abendmahl* zeichnen beileibe nicht nur biblische Bilder nach. Vielmehr führen sie sie weiter, deuten und interpretieren sie. Hinzu tritt zu guter Letzt der Antagonismus zwischen Judas und dem Schächer, der zwar in der Genese des Gesangs bedingt ist, gleichwohl aber der Deutung bedarf.

Die erste Zeile des Troparions stellt das mystische Mahl vor Augen. Dies ist nicht einfach mit dem Abendmahl in jenem Obergemach Jerusalems zu identifizieren, an das der Gründonnerstag selbstverständlich intensiver als jeder andere Tag erinnert. Mit dem mystischen Mahl bezeichnet der Dichter vielmehr die Eucharistie. Im Rahmen eines Mahles und im Bewußtsein seines bevorstehenden Todes und seiner Errettung daraus feiert Jesus im Kreis seiner Freunde gewissermaßen die *toda*, das biblische Dankopfer. Durch diese Feier wird auch später und bis heute sein Tod und seine Auferstehung gegenwärtig gesetzt.[24] Abendmahl und mystisches Mahl werden nicht identifiziert, aber dennoch soweit parallelisiert, daß beide gleichzeitig vor dem inneren Auge des Sängers auftauchen.

Auch das „heute" mit dem die zweite Zeile beginnt, ist in zwei Richtungen auslegbar. Einerseits konkretisiert es die erste Zeile im Sinne des in den römischen Hochgebeten eingeschobenen „dies ist heute" auf das Geschehen im Abendmahlssaal hin. Andererseits ist es eine typische Formel für die Gegenwärtigsetzung geschichtlicher Ereignisse. Durch das „heute" wird die aktuelle Gegenwart des einstigen Dankopfers Jesu in der jetzt gefeierten Eucharistie deutlich. Der Ritus schafft einen Berührungspunkt mit Vergangenem und Zukünftigem, ja mehr noch: mit Ewigem. Auch die Anrede „Sohn Gottes", ein nachösterlicher Hoheitstitel, der im Neuen Testament nur im Mund unreiner Geister vorkommt (Mk 5,7; Mt 8,29), in der frühen Kirche aber zunehmend Akzeptanz fand, deutet darauf hin, daß es nicht um das biblische Bild des Abendmahls geht, sondern um die Eucharistie des Auferstandenen. Die Anrede ist – und dies ist typisch für die byzantinische Dichtung – nachgestellt.[25]

---

23 Egeria, Peregrinatio 34; Leeb, Gesänge, 236–260. Triod (v.a. Große Woche). *Judas mercator pessimus* Responsorium V der Matutin des Gründonnerstags.

24 Gese, Psalm 22. Gese, Herrenmahl. Den Hinweis darauf verdanke ich Rudolf Voderholzer, München.

25 Oftmals erscheint die Nennung des Namens des Angerufenen erst am Ende eines Troparions. Auch in *Τοῦ δείπνου σου τοῦ μυστικοῦ* hat der abschließenden Ruf die Wortordnung „Gedenke meiner, Herr, in Deinem Reich."

Die eigentliche Bitte des ersten Abschnitts bringt die dritte Zeile zum Ausdruck: „als Teilnehmer nimm mich an". Das Wort παραλαμβάνειν drückt, so wie es im Neuen Testament verwendet wird, mehr aus als bloße Akzeptanz im Sinne von „zulassen" oder gar „dulden". Wirklich ganzmenschliche „Annahme" ist gemeint, eher ein „Zuführen" als ein „Zulassen" zum Tisch des Mahles. Es ist nicht ein herablassendes Herbeiwinken, sondern ein fürsorgliches Geleiten, das in diesem Wort mitschwingt. Im Begriff κοινωνός „Teilnehmer" steckt κοινός „gemeinsam, gemeinschaftlich". Das Wortfeld klingt nach mehr als nach einem Unbeteiligten, es ist auch mehr gemeint als ein Gast auf einem Festmahl - auf einen mehr oder weniger kommt es dabei vielleicht nicht an. Ein κοινωνός ist hineinverwoben in den Zusammenhang an dem er teilnimmt. Es wird deutlich, daß es hier um Gemeinschaft, um ein Bündnis geht. Dies wird sich im folgenden noch bestätigen.

Der zweite Abschnitt des Troparions ist parallelisiert durch die zwei einleitenden Verneinungen. Während das zweite Bild relativ klar erscheint - mit einem Kuß überlieferte Judas Christus den Häschern - gibt das erste einige Rätsel auf. Wer ist mit den Feinden Christi gemeint? Um welches Geheimnis geht es? Worin besteht der Verrat?

Auffällig ist zunächst die Verwendung des gleichen Wortstamms wie in der ersten Zeile (μυστ-). Im Griechischen ist μυστήριον der *terminus technicus* für Sakrament.[26] Ferner ist in der Passionserzählung der Verrat des Judas, an den man bei Geheimnisverrat natürlich - nicht zuletzt wegen der folgenden Zeilen - zuerst denkt, durch παραδίδομι „überliefern" bezeichnet. Ein Begriff, der nur im Zusammenhang mit Personen sinnvoll gebraucht werden kann. Stattdessen steht im Tropar einfach nur „sagen", im Verbund mit Geheimnis aber natürlich im Sinne von „ausplaudern, enthüllen, verraten". Während im Deutschen der Verrat des Judas an Jesus und der Verrat des Geheimnisses beidemale das gleiche Wort erfordern, die Parallelisierung der Z. 3/4 und 5/6 diesem identifizierenden Verständnis auch noch Vorschub leisten, scheint der lexikalische Befund zu differenzieren: Der Verrat durch den Kuß erscheint nicht identisch mit dem Verrat des Geheimnisses. Und doch haben beide etwas miteinander zu tun.

Ein Erklärungsmodell findet sich möglicherweise in der Tradition des Schwuropfers, die Wolfgang Speyer im Blick auf das Herrenmahl ausgewertet hat.[27] In der Antike wurden Bündnisse zwischen Völkern, Gemeinschaften oder Parteien, bei denen es um Leben und Tod ging, durch ein Schwurritual gesichert. Dieses Ritual bestand aus dem Vertragsinhalt und einer bedingten Selbstverfluchung, die für den Fall ausgesprochen wurde, daß man vertragsbrüchig würde. Verbunden wurden solche Verfluchungen mit dem Vernichten von Tieren, Speisen oder Gegenständen. Durch das magisch wirkende Ritual glaubte der Vertragsbrüchige, das Schicksal des getöteten Tieres, des verschütteten Weines oder des zerstörten Gegenstandes automatisch auf sich zu ziehen. An ein solches Schwurritual schloß sich

---

[26] von Soden, *μυστήριον* und Sacramentum.

[27] Speyer, Mahl Jesu. Den Hinweis darauf verdanke ich Archimandrit Irenäus Totzke, Niederaltaich.

bisweilen ein Mahl an, bei dem die Bündnispartner von dem getöteten Wesen oder vom Wein, von dem ausgegossen worden war, kosteten.

In diesen Verständnishorizont, der auch durch das Alte Testament belegt wird,[28] stellt Speyer das Kelchwort vom „Blut des Bundes" (Mt 26,28; Mk 14,24; vgl. Lk 22,20; 1 Kor 11,25).[29] Damit wäre Jesus einerseits der göttliche Bündnispartner, mit dem die Menschen - vertreten durch die Zwölf - einen Bund schließen. Andererseits aber ist er selbst auch das besiegelnde Opfer, das „Pfand im Bündnisritual", das sich zunächst zeichenhaft in Brot und Wein vorweggenommen, dann aber real am Kreuz hingibt.

Was auf die antiken schwurgesicherten Verträge zutrifft, gilt ebenfalls für den Bund Jesu. Wer in diesen Bund hinein verschworen ist und ihn bricht, der zieht sich die Folgen des Fluches zu. Diese Folgen beschreibt Paulus verallgemeinernd in 1 Kor 11,27-29. Durch seinen Verrat erweist sich Judas des Mahles Jesu unwürdig und verfällt daher dem Tod.[30] Im Lichte dieser Deutung des Abendmahles und der Eucharistie, zu der auch der antike Vorwurf paßt, die Christen seien Verschwörer,[31] wird die Rede vom Geheimnisverrat und Judasverrat im Mittelteil des Troparions verständlich. So wie Judas den im Mahl besiegelten Bund mit Jesus gebrochen hat, laufen auch wir Gefahr, den Bund zu brechen. „Einen Kuß geben" und „das Geheimnis verraten" ist in dieser Hinsicht durchaus gleichbedeutend. Es ist der Bruch des Bundes mit Gott.

Bleiben die „Feinde", denen der Sänger das Geheimnis niemals verraten will. Orientiert man sich abermals am Textzusammenhang, wird man wieder auf Judas verwiesen und damit auf den Psalmvers, der oftmals zur Illustrierung seines Verhaltens herangezogen wird: „Auch mein Freund, dem ich vertraute, der mein Brot aß, tritt mich mit Füßen." (Ps 41,10) In Vers 6 dieses Psalmes fragen die Feinde: „Wann stirbt er endlich, und wann vergeht sein Name?" In diesem Deutungszusammenhang könnte man unter „Feinden" die Feinde Jesu verstehen, die seinen Tod beschlossen haben und ihn zu ergreifen suchen. Im Licht des Schwurrituals erweitert sich der Kreis. Gemeint sind dann diejenigen, die außerhalb des Bundes stehen. Und in dieser Bedeutung begegnet der Begriff denn auch im Römerbrief.[32] Feinde nennt Paulus dort diejenigen, die das Evangelium noch nicht angenommen

---

[28] Speyer verweist exemplarisch auf den eidgesicherten Gottesbund mit Abram in Gen 15. Abram zerschneidet auf Gottes Geheiß Tiere, zwischen denen „etwas wie ein rauchender Ofen oder eine lodernde Fackel" hindurchfuhr. Zur semitischen Ausdrucksweise „einen Bund schneiden" siehe: Jaubert, Art. Gottesbund, 977-981.

[29] Das griechische διαθήκη kann nicht nur „Vertrag, Verfügung, Testament", sondern eben auch „Bund" heißen.

[30] Die Frage der Judaskommunion, die beim Troparion *Τοῦ δείπνου σου τοῦ μυστικοῦ* wohl ebenfalls im Hintergrund steht, kann hier nicht weiter erörtert werden.

[31] Einige Belege bei Speyer, Mahl Jesu, 491, Anm. 71.

[32] Röm 5,10: „Da wir mit Gott versöhnt wurden durch den Tod seines Sohnes, als wir noch (Gottes) Feinde waren, werden wir erst recht, nachdem wir versöhnt sind, gerettet werden durch sein Leben." Röm 11,28: „Vom Evangelium her gesehen sind sie (die Juden) Feinde Gottes, und das um euretwillen; von ihrer Erwählung her gesehen sind sie von Gott geliebt, und das um der Väter willen."

haben, und beide Male stehen die Bezeichnungen in enger Beziehung zu Aussagen über den neuen Bund in Jesus. Das Geheimnis verrät also, wer sich mit den Feinden Gottes gemein macht, sich mehr nach der Gesellschaft, denn nach den Weisungen Gottes ausrichtet. Im Bewußtsein, daß niemand vor dem Glaubensabfall gefeit ist, haben die vier Verszeilen selbstverständlich auch paränetische Funktion.

Der „Judaskuß" ist so sehr stehende Redewendung, daß auf eine nähere Deutung hier verzichtet werden kann. Verwiesen sei nur einerseits auf das alttestamentliche Vorbild eines unlauteren Kusses in 2 Sam 20,9–11 sowie einen Weisheitsspruch dazu in Spr 27,6. Andererseits wird der Kuß in Getsemane auch als Negativfolie für den liturgischen Friedenskuß gebraucht. Mittelalterliche Rubriken untersagen daher zuweilen den Austausch der Pax am Gründonnerstag.[33] Interessant ist ferner ein griechisches Stichiron aus dem Morgengottesdienst des Großen Mittwochs: „Judas schaute die Buhlerin, wie sie küßte die Füße, und in List ersann er den Kuß des Verrats."

Nach vier Zeilen des Gegenbildes leitet das Troparion mit Z. 8 nun das positive Vorbild ein. Das zweimalige Verneinen in Z. 4 und 6 findet seine Entsprechung im Gegensatzpartikel ἀλλά „sondern" am Beginn von Z. 8. Mit dieser Zeile rückt nun der Schächer[34] ins Bild, und der von ihm in Lk 23,42 überlieferte Ausruf wird zum Refrain des Gesangs. Wie sehr dieser Einfluß auf die liturgische Sprache des Ostens genommen hat, wurde bereits oben angedeutet. Hier nun soll abschließend die Person des reuigen Schächers selbst und ihre Gegenüberstellung mit der des Judas betrachtet werden.

Speziell das Mattäusevangelium arbeitet mit Gegenbildern zu Judas. Er wird der Frau, die Jesus in Betanien die Füße salbt und dem Zwölferkreis gegenübergestellt. Als Kontrast zur Reue des Judas dient die Reue des Petrus.[35] Ikonographisch begegnen parallel zum Judaskuß vor allem der Hauptmann von Kapharnaum, die Samariterin am Brunnen und die Verleugnung durch Petrus.[36] Eine Polarisierung von Judas und dem Schächer legt sich nicht nahe und begegnet auch vergleichsweise selten. Dennoch lassen sich einige Belege aus der Väterliteratur[37] und der byzantinischen Dichtung beibringen.

---

33 Beispiele für Gebetsbitten um eine rechte Haltung beim Friedensgruß sowie Verweise auf einschlägige Rubriken bei Terbuyken, Art. Judas Iskariot, 156.

34 Von althochdeutsch *scah* (Raub, schnelles Zugreifen) Räuber, Mörder (später auch: armer Tropf). Mittlerweile nur noch für die mit Jesus gekreuzigten Verbrecher verwendet.

35 Lüthi, Art. Judas, 289.

36 Kremer, Art. Judas Iskariot, 159. In der byzantinischen Kunst ist die Bedeutung des Judas vergleichsweise marginal geblieben. Wessel, Art. Judas Ischariot. Zur Gegenüberstellung Judas–Petrus in einem liturgischen Text s. Anm. 20.

37 Sieben, Art. Larron. Eine übersichtliche Auswertung der dort und darüber hinaus besprochenen patristischen Fundstellen verdanke ich Schäfer, Hic est dies verus Dei, 62–88.

Origenes, der sich mit dem Motiv des Schächers häufig beschäftigt, benutzt ihn in seinem Kommentar zum Johannesevangelium als „Positivfolie" für die unvollkommene Reue des Judas. Jener habe sich an den Erlöser gewandt, dieser tötete sich selbst.[38] Ähnlich schreibt Ambrosius in einem Brief, der Schächer habe anders als Judas vollkommene Reue gezeigt und sei deswegen gerettet worden. Er gilt Ambrosius gar als ein Beispiel eines gläubigen Menschen ohne Fehl und Tadel.[39] Noch deutlich wird der Mailänder Bischof in seinen Psalmauslegungen: Judas habe zwar sein Verbrechen eingesehen, aber nur unvollkommen bereut. Anders als der Schächer habe er lange Gelegenheit gehabt, die göttliche Macht Christi zu erkennen. Dennoch bekennt ihn jener in der Stunde der Erniedrigung am Kreuz. Daraus, daß der Satan gar einen Apostel gewann, aber im Gegenzug den Räuber als eine sichere Beute verlor, erkenne man, so Ambrosius, daß niemand vom Paradies ausgeschlossen bleibe.[40] Hieronymus führt diesen Gedanken weiter, indem er unter Verweis auf Judas und den Schächer sagt, daß nicht ein langes christliches Leben, sondern das aufrichtige Bekenntnis entscheidend seien.[41] Von Athanasius ist das Wort überliefert. „O seliger Schächer! Den Verrat des Judas hast du nachgeahmt, aber der Verratene war der Dämon, dein arglistiger, unversöhnlicher Feind."[42]

Die personale Gegenüberstellung von Judas und Schächer läßt sich auf der Sachebene als eine Gegenüberstellung von Verrat und Bekenntnis lesen. Bei Ambrosius und Hieronymus steht die Polarität von moralischem Lebenswandel und aufrichtigem Bekenntnis im Vordergrund. Weitere Gegenbilder in der patristischen Literatur sind zum Glauben des Schächers der Unglaube der Apostel und natürlich zum rechten der linke Schächer.[43]

In den ostkirchlichen liturgischen Texten ist die Anrufung „Gedenke meiner", wie gesagt, häufig. Daher ist der Schächer auch ein durchaus geläufiger Typos in der liturgischen Poesie, der durch ein wechselndes Personeninventar ergänzt wird.[44] Eine direkte Gegenüberstellung mit Judas ist

---

38 Origenes, Comm in Ev Joh 32,19.

39 Ambrosius, Ep 3,9f, 95–101 (CSEL 82/1, 24).

40 Ambrosius, Exp Ps 12,39,17 (CSEL 64, 223).

41 Hieronymus, Ep 58,1,3–4 (CSEL 54/2, 528).

42 Zitiert nach Gaume, Schächer, 263.

43 Liturgisch gefaßt begegnet dieser Antagonismus beispielsweise in einem Tropar der Neunten Stunde des byzantinischen Offiziums, das dem oben (Anm. 22) besprochenen folgt: „Inmitten zweier Schächer hat sich Dein Kreuz als Waagebalken der Gerechtigkeit erwiesen, da der eine in den Hades hinabsank durch die Schwere der Gotteslästerung, der andere aber, der Sünden ledig, zur Gotteserkenntnis emporgehoben wurde." Johannes Chrysostomus sieht die beiden Schächer als Verkörperungen von Juden und Heiden: das Kreuz Christi steht zwischen ihnen. Gaume, Schächer, 25.

44 Erwähnungen finden sich vor allem im Triod, den Texten zur Großen Fastenzeit, speziell am Karfreitag und darüber hinaus regelmäßig im Rahmen der Makarismus-Stichiren, die aber ihrerseits oft aus den Texten anderer Tage entlehnt sind. So sind beispielsweise die Stichiren zu den sonntäglichen Seligpreisungen im 4. Ton dem Morgengottesdienst des Karfreitags entnommen. Im ersten Vers heißt es dort: „Wegen des Holzes wurde Adam aus dem Paradies vertrieben. Durch das Kreuzesholz nahm der Räuber Wohnung im Paradies." Im Westen begegnet die Figur des Schächers deutlich

dennoch auch hier die Ausnahme. In den Stichiren zur Fußwaschung des Großen Donnerstages, die zwar in den Typika enthalten ist, aber nur in Bischofskirchen vollzogen wird, heißt es etwa: „Durch Dich [Judas, Verräter] wurde der Kreis der Jünger Christi zersprengt. Und den wahren Weinstock erntet ab am Kreuz ein Räuber." Doch auch hier wird Judas zunächst gegen den Kreis der Jünger aufgebaut, bevor mitgeteilt wird, daß sein Lohn aufgrund seines Vergehens dem Schächer zufällt. Zudem ist das *Τοῦ δείπνου σου τοῦ μυστικοῦ* mit der Fußwaschung des Großen Donnerstags verbunden, weshalb ein weiterer Text aus diesem Ritus nicht als unabhängiger Beleg für die Polarität Judas-Schächer gelten kann. Man muß daher davon ausgehen, daß obwohl beide, sowohl Judas wie der Schächer, in der ostkirchlichen liturgischen Poesie gängige Typoi sind, die Verbindung beider im Troparion *Τοῦ δείπνου σου τοῦ μυστικοῦ* auch für diese Liturgiefamilie außergewöhnlich und einzigartig ist.

Eine letzte Frage stellt sich im Zusammenhang mit der Einführung der wörtlichen Rede mittels ὁμολογῶ σοι in Z. 8. ὁμολογεῖν meint „bekennen" und zieht als Näherbestimmung des Inhaltes eines Bekenntnisses den Akkusativ, seines Adressaten aber den Dativ nach sich. Auch im Deutschen bleibt die Doppeldeutigkeit nachfühlbar, die in „die Sünde bekennen" oder „den Herrn bekennen" zutage tritt. Beides beinhaltet wohl auch die Bitte des Schächers. Der Ausruf „Gedenke meiner in deinem Reich" ist zunächst eine Bitte um Vergebung und Erbarmen. In dem einen Satz manifestiert sich unausgesprochen das Schuldbekenntnis eines ganzen Lebens. Die Bitte kann aber nur ernsthaft von dem geäußert werden, der glaubt, daß dieser neben ihm gekreuzigte Mensch die Macht hat, Sünde zu vergeben. Das „Gedenke meiner" des Schächers ist damit Sündenbekenntnis und Vertrauensakt in einem: Mit seiner Bitte bekennt er Jesus als Gott, der allein die Macht hat, Sünden zu vergeben.[45]

Aufgrund dieses Zusammenhangs scheinen als Übersetzung alle Varianten zwischen „ich bekenne dir" und „ich bekenne dich" legitim. Die Intensität der Beziehung zwischen dem Bekennenden und dem Bekannten wird ebenso wie die personale Komponente des griechischen ὁμολγεῖν vielleicht besonders deutlich durch die Wendung „ich bekenne mich zu dir". Aber auch freiere Umschreibungen wie „ich vertraue mich dir an"[46] sind sachlich gerechtfertigt.

Das „Gedenke meiner" selbst begegnet hier wie zumeist in liturgischen Texten nicht in der durch Lk 42,23 überlieferten Form. Die an der Evangeli-

---

seltener. Über die Karwochentexte hinaus (s.o. Anm. 20) ist vor allem an die Sequenz *Dies irae* der Totenmesse zu erinnern, in der es heißt: „Qui Mariam absolvisti, et latronem exaudisti, mihi quoque spem dedisti." Die nachkonziliaren Bücher schweigen über ihn ebenso wie über Judas. Im heutigen ambrosianischen Ritus wird der Schächer immerhin noch in einer Oration zur Vesper des Karfreitags erwähnt: „ricordando il castigo e il premio che il ladro ricevette per la su fede".

45 In diesem Sinne argumentieren auch Hilarius (In Mt 34), Ambrosius (De fide II,11; III,12; V,10) und Johannes Chrysostomus (PG 49,401D–403C).

46 So faßt Peter Plank (Würzburg) die Passage.

enstelle orientierte Erweiterung von „Gedenke meiner, Herr, in Deinem Reich" auf „Gedenke meiner, Herr, wenn Du in Dein Reich kommst", auf die in Anm. 13 bereits hingewiesen wurde, zerstört zum einen die Gleichgewichtigkeit der beiden im Griechischen je sieben Silben langen Zeilen. Zum anderen wird dadurch auch eine inhaltliche Veränderung vorgenommen. Die im Osten sehr geläufige liturgische Formel „Herr, gedenke meiner in Deinem Reich" ist ein vom Bekenntnis des Schächers abgeleitetes Gebet des heutigen Menschen, der den Herrn bereits „sitzend zur Rechten des Vaters" weiß. Die Formulierung im Lukasevangelium hingegen ist noch auf die Zukunft des Auferstandenen hin ausgerichtet. Noch weiter greift die eschatologische Formulierung im Kopfvers der Makarismen aus, nun im Plural liturgischen Betens. Sie thematisiert die Wiederkunft Christi mit dem Satz: „In Deinem Reich gedenke unser, Herr, wenn Du kommst in Deinem Reich" (Ἐν τῇ βασιλείᾳ σου μνήσθητι ἡμῶν, Κύριε, ὅταν ἔλθῃς ἐν τῇ βασιλείᾳ σου).

6 Praxis

Das Troparion *Zu Deinem heiligen Abendmahl* entstammt palästinischen Wurzeln, wurde in Konstantinopel bekannt gemacht und weit darüber hinaus bis heute in den liturgischen Vollzügen des Großen Donnerstags verwendet. Auch im Westen war der Gesang - wenn auch in eng umgrenztem Gebiet - bereits jahrhundertelang heimisch. Es wäre zu wünschen, daß dieser Hymnus auch heute wieder in der Messe vom letzten Abendmahl während der Kommunion gesungen wird.[47] Für den Chor eignet sich dabei der Satz nach der Tradition des Kiewer Höhlenklosters, den Irenäus Totzke mit der hier benutzten Textfassung in seiner Ausgabe der Göttlichen Liturgie vorgelegt hat.[48] Eingangs vorgestellt wurde eine Fassung von Hansjakob Becker, die ohne Schwierigkeiten auch von der Gemeinde selbst gesungen werden kann. Sie basiert auf dem 1. Ton des russischen Systems der Troparien-Töne, der aus einem zweizeiligen Melodiemodell besteht. Die zehn Textzeilen der Vorlage sind hier in sechs gleichgewichtige Abschnitte übertragen. Der gemeinsame Gesang kann durch schlichte Rezitation einzelner ausgewählter Psalmverse, etwa aus Ps 4, Ps 41 oder anderen mit der Mahl- oder Passionsthematik verbundenen Psalmen, unterbrochen werden. Das gemeinsame Singen während des Kommunionempfangs und die mehrfache Wiederholung des gleichen Gesangs läßt die gemeinsame Teilhabe am mystischen Mahl „heute", an diesem Tag, eindrucksvoll erfahren.

---

47 Man könnte ihn auch ein erstes Mal nach dem Friedensgruß anstimmen, um die Weitergabe der Pax zu begleiten. Doch ist der Bezug zwischen dem Händeschütteln als „Zeichen des Friedens" und dem Judaskuß als Gegenbild zum Friedenskuß weithin verunklart. S. Anm. 33.

48 Ökumenisches Institut Niederaltaich (Hrsg.), Die göttliche Liturgie, 24f. Auf das diesen Satz nach östlicher Tradition abschließende dreifache Alleluia wird man am Gründonnerstag selbstverständlich verzichten.

Literatur

CSEL = Corpus scriptorum ecclesiasticorum latinorum. Wien 1866ff.
CSCO = Corpus scriptorum Christianorum orientalium. Paris/Rom u.a. 1903ff.
PG = Patrologia Graeca. Ed. J. P. Migne. Paris 1857ff.
RAC = Reallexikon für Antike und Christentum. Stuttgart 1950ff. Suppl.-Bde. 1985ff.
SC = Sources chrétiennes. Ed. H. de Lubac/J. Daniélou. Paris 1941ff.
TRE = Theologische Realenzyklopädie. Berlin/New York 1976ff.

Antiphonale missarium juxta ritum sanctae ecclesiae mediolanensis. Rom 1935.

Baumstark, Anton: Das Typikon der Patmos-Handschrift 266 und die altkonstantinopolitanische Gottesdienstordnung, in: Jahrbuch für Liturgiewissenschaft 6 (1926) 98–111.

Baumstark, Anton: Drei griechische Passionsgesänge ägyptischer Liturgie, in: Orientalia christiana 25/27 (1930) 69–78.

Baumstark, Anton: Nocturna laus. Liturgiewissenschaftliche Quellen und Forschungen 32. Münster 1957. 186f.

Baumstark, Anton: Palästinisches Erbe im byzantinischen und koptischen Horologion, in: Atti del V. congresso internazionale di studi bizantini. Rom 1940. II 463.

Baumstark, Anton: Übersetzungen aus dem Griechischen in den Responsorien der Metten des Triduum Sacrum, in: Der Katholik 11 (1913) 209–220.

Cedrenos, Georgios: Corpus scriptorum historiae byzantinae I. Bonn 1838. 684f.

Dimitrievskij, A. A.: Bogusluzenhie strastnoi i paschalnoi sedmits. Kasan 1888–1894.

Dimitrievskij, A. A.: Opisanje liturgieskich rukopisei I. Kiew 1895.

Gaume, Jean Joseph: Die Geschichte des reumüthigen Schächers. Regensburg 1868.

Gese, Hartmut: Die Herkunft des Herrenmahls, in: ders., Zur biblischen Theologie. Tübingen 1983, 107–127.

Gese, Hartmut: Psalm 22 und das Neue Testament. Der älteste Bericht vom Tode Jesu und die Entstehung des Herrenmahles, in: ders.: Vom Sinai zum Zion. Alttestamentliche Beiträge zur biblischen Theologie. München 1974. 180–210.

Jaubert, Annie: Art. Gottesbund, in: RAC Bd.11. Sp. 977–996.

Kremer, Christian Josef: Art. Judas Iskariot. VII Ikonographie, in: RAC Bd. 19. Sp. 157–159.

Leeb, Helmut: Die Gesänge im Gemeindegottesdienst von Jerusalem. Wien 1970.

Levy, Keneth: A Hymn for Thursday in Holy Week. Journal of the American Musicological Society 17 (1963). 127–175.

Levy, Keneth: An Early Chant for Romanus' Contacium trium puerorum?, in: Classica et mediaevalia 22 (1962) 172–175.

Lüthi, Kurt: Art. Judas, in: TRE 17. 289.

Maas, Paul: Frühbyzantinische Kirchenpoesie, in: Lietzmann, Hans (Hrsg.): Kleine Texte für Vorlesungen und Übungen. 52/53. Berlin 1931. 11.

Mateos, Juan: Le Typicon de la grande église I (Orientalia christiana analecta 165). Rom 1962.

Ökumenisches Institut Niederaltaich (Hrsg.): Die göttliche Liturgie unseres hl. Vaters Johannes Chrysostomus und Gesänge aus der Vesper für gleichstimmigen Chor. Würzburg 1975.

Renaudot, Eusèbe: Liturgiarum orientalium collectio. Paris 1716.

Schäfer, Michael: Hic est dies verus Dei. Der älteste Paschahymnus der lateinischen Kirche unter besonderer Berücksichtigung des Motivs des „guten Schächers" (Lk 23,39–43). Staatsexamensarbeit im Fach Katholische Theologie. Mainz 1997 (unveröffentlicht).

Sieben Hermann Josef: Art. Larron, in: Dictionnaire de spiritualité 9. 307–313.
Speyer, Wolfgang: Das letzte Mahl Jesu im Lichte des sogenannten Eidopfers, in: ders.: Frühes Christentum im antiken Strahlungsfeld, Tübingen 1989. 476–492.
Tarchnischvili, Michel: Le Grand Lectionnaire de l'église de Jérusalem. CSCO 188.189.204.205. Löwen 1959–1960.
Terbuyken, Peri: Art. Judas Iskariot. V Liturgie, in: RAC Bd. 19. 157–159.
Triodion. Rom 1879.
von Soden, Hermann: *μυστήριον* und Sacramentum in den ersten zwei Jahrhunderten der Kirche, in: Zeitschrift für Neutestamentliche Wissenschaft 12 (1911) 188–227.
Wessel, Klaus: Art. Judas Ischariot, in: Reallexikon für Byzantinische Kunst. 665–668.

Graduale Romanum Solesmes 1974, 168

Johannes Brosseder

Wo die Güte und die Liebe wohnt

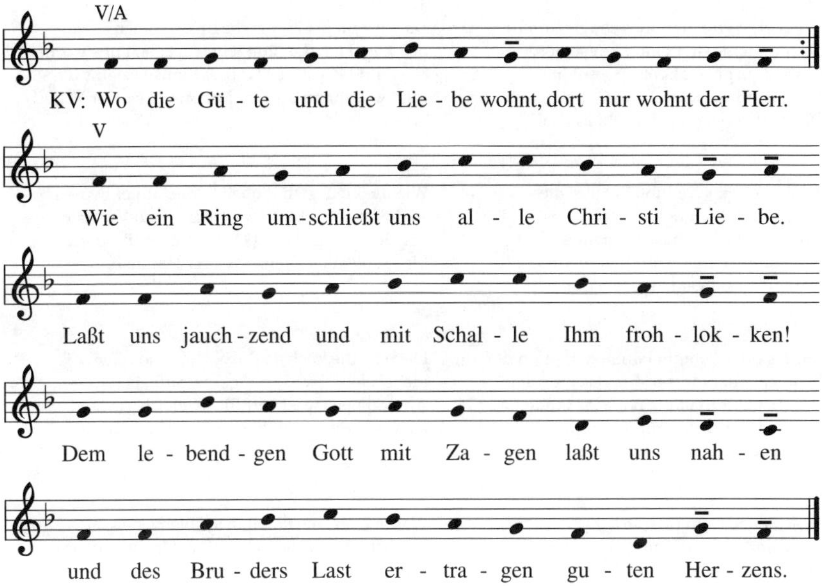

1.
Congregavit nos in unum Christi amor,
Exultemus et in ipso iocundemur,
Timeamus et amemus deum vivum
Et ex corde diligamus nos sincero.
Ubi caritas est vera, deus ibi est.

2.
Qui non habet caritatem nihil habet,
sed in tenebris et umbra mortis manet;
nos alterutrum amemus et in die,
sicut decet, ambulemus lucis fili!
Ubi caritas est vera, deus ibi est.

1.
Wie ein Ring umschließt uns alle Christi Liebe.
Laßt uns jauchzend und mit Schalle ihm frohlocken!
Dem lebend'gen Gott mit Zagen laßt uns nahen
und des Bruders Last ertragen guten Herzens.[1]

2.
Wer da keine Liebe heget, bleibt im Dunkel;
er nur für sich selber lebet, todverfallen.
Drum laßt uns einander lieben ohne Heucheln,
auf des Lichtes Bahn uns üben wachen Geistes.

---

1 In der ursprünglichen Fassung schließt jede Strophe mit dem Refrain „Ubi caritas est vera, deus ibi est“ (Wo wahre Liebe ist, dort ist Gott). Die noch heute geltende spätere Praxis macht aus diesem Refrain eine textlich leicht veränderte Antiphon „Ubi caritas et amor, deus ibi est“ (Wo Güte und Liebe sind, da ist Gott), mit der jede Strophe des Hymnus *Congregavit* eingeleitet wird.

3.
Clamat dominus et dicit clara voce:
Ubi fuerint in unum congregati
Meum propter nomen simul tres vel duo,
Et in medio eorum ego ero.
Ubi caritas est vera, deus ibi est.

3.
„Wo geführet sind zusammen", spricht der Herre,
„anzurufen meinen Namen, eines Sinnes,
zwei der Brüder oder dreie beieinander,
dort bin ich mit meiner Treue unter ihnen."

4.
Simul ergo cum in unum congregamur,
Ne nos mente dividamus caveamus.
Cessent iurgia maligna, cessent lites,
Vere medium sic nostrum Christus erit.
Ubi caritas est vera, deus ibi est.

4.
Da wir nun in einer Liebe uns vereinen,
daß kein Haß die Eintracht trübe, laßt uns wachen!
Streit und Zwietracht, böses Sinnen sei uns ferne,
und es wohn in unserer Mitten Christ, der Retter!

5.
Nam ut caritas coniungit et absentes,
Sic discordia seiungit et praesentes,
Unum omnes indivise sentiamus,
Ne et simul congregati dividamur.
Ubi caritas est vera, deus ibi est.

5.
Wie die Lieb auch Einheit kennet unter Fernen,
so die Zwietracht immer trennet nah Vereinte.
Ungeteilt, eins sei das Denken unter Brüdern;
Liebe soll alleine lenken unser Handeln.

6.
Karitas est summum bonum, amplum donum,
In qua pendet totus ordo preceptorum,
Per quam vetus atque nova lex impletur,
Quae ad caeli celsa mittit se repletos.
Ubi caritas est vera, deus ibi est.

6.
Liebe ist die höchste Gabe, weit und offen,
Liebe alle Vorschrift trage, sie aufhebend.
Alt und neu Gesetz erfüllt sie gleichermaßen,
zu des Himmels Höhen zieht sie Lieberfüllte.

7.
Haec per coccum priscae legis figuratur,
Qui colore rubro tingui bis iubetur,
Quia caritas preceptis in duobus
Constat, quibus deus amatur atque homo.
Ubi caritas est vera, deus ibi est.

7.
Wahre Liebe nie erkaltet: Sie bleibt ewig.
Wachsend stets sie sich entfaltet in zwei Weisen:
Gott und Mensch zugleich zu lieben miteinander,
Jesus Christus das gebietet, unser Bruder.

8.
Tota ergo mente deum diligamus
Et illius nil amori preponamus,
Inde proximos in deo ut nos ipsos
Et amemus propter Christum inimicos.
Ubi caritas est vera, deus ibi est.

8.
Ganzen Herzens laßt uns lieben Gott, den Herren;
seine Lieb ist vorzuziehen allem andern.
Laßt uns lieben auch den Nächsten wie uns selber,
ebenso die uns verletzten, Gottes wegen.

9.
Qui hoc geminum preceptum caritatis
Mente humili contendit observare,
Vere hic in Christo manet, et in illo
Nocte sceleris expulsa manet Christus.
Ubi caritas est vera, deus ibi est.

9.
Wer beachtet dies Gebot demüt'gen Geistes,
Gott und Mensch zugleich zu lieben, bleibt in Christus.
Diese Lieb' vertreibet Tücken nächtlich Grauens;
Jesus Christus bleibt in denen, die so lieben.

10.
Ardua et arta via ducit sursum,
Ampla est atque devexa quae deorsum;
Sed perennem dat fraternus amor vitam,
Et perpetuam malignalis dat poenam.
Ubi caritas est vera, deus ibi est.

10.
Pfade, steil und eng, sie führen uns nach oben;
Straßen, breit und weit, verlieren sich nach unten.
Ew'ge Strafe bringt der Hader all den Frevlern,
brüderliche Liebe aber schenkt das Leben.

11.
Unanimiter excelsum imploremus,
Ut det pacem clemens nostris in diebus
Iungat fidei speique opus bonum,
Ut consortium captemus supernorum.
Ubi caritas est vera, deus ibi est.

11.
Unsere Bitten woll'n wir lenken zu dem Höchsten:
Gnädig mög' er Frieden schenken unsern Tagen;
Neid und Spaltung er vertreibe, Zwist und Hader;
Glaube, Hoffnung, Liebe bleibe in uns allen.

12.
„Gloria aeterno regi" decantemus
et pro vita dominorum exoremus,
Multos ut cum ipsis annos gaudeamus,
Propter quorum hic amorem congregamur.
Ubi caritas est vera, deus ibi est.

12.
Lobeslieder laßt uns singen Gott, dem König!
Segen mög' er denen bringen, die hier mächtig.
Seine Huld gewähre viele Lebensjahre
allen, die in seiner Liebe sich versammeln.

13.
Simul quoque cum beatis videamus
Glorianter vultum tuum, Christe Deus;
Gaudium, quod est immensum atque probum
Saecula per infinita saeculorum. Amen.

13.
Bis wir einst, wie wir vertrauen, mit den Sel'gen
Christi Antlitz werden schauen, herrlich leuchtend.
Freude wird uns Gott bereiten, unermeßlich,
durch die ew'gen Ewigkeiten, ohne Ende. Amen.

Druckvorlage

Der lateinische Text der Str. 1–12 ist entnommen den MGH. Poetae Latini aevi carolini. Tomi IV fasciculus II et III, 526–529. Dort findet er sich unter der Überschrift *De caritate.* Jede der zwölf Strophen dieser Urfassung endet mit einer stets gleichlautenden fünften Liedzeile, nämlich mit dem Refrain „Ubi caritas est vera, Deus ibi est". In den liturgischen Büchern des Benediktinerklosters Monte Cassino und in denjenigen des benachbarten Benevent wird anstelle der Schlußstrophe „Gloria aeterno regi decantemus" die hier als dreizehnte Strophe wiedergegebene als Schlußstrophe gesungen. Hier steht auch anstatt des ursprünglichen Refrains am Anfang jeder Strophe die Antiphon „Ubi caritas et amor, deus ibi est."

Der Hymnus wurde übersetzt von Johannes Brosseder; die Reihenfolge der Strophen folgt hier der ursprünglichen Strophenfolge, die in den Monumenta wiedergegeben ist und nicht derjenigen des Liederbuchs **...bis ER wiederkommt*, 50–51, die von Adam, *Te Deum*, 114–117 und 220 Anm. übernommen wurde. Der Rhythmus der deutschen Fassung folgt demjenigen des lateinischen Originals und konnte in der Übersetzung beibehalten werden.[2]

---

[2] Die vorliegende Melodie mit einer gekürzten Fassung des Textes steht in **Stuttgart 1951,* Nr. 193 (= GL-Ro 909); vgl. Alfons Bopp: Das Rottenburger Gesangbuch von 1949, Stuttgart 1955 245f. Diese Fassung wurde in textlich erweiterter Form aufgenommen in das Gesangbuch der Katholischen Hochschulgemeinde München **...bis Er wiederkommt,* Nr. 94. Eine zweite Fassung basiert auf dem Text von J. van Acken, Germanische Frömmigkeit in liturgischen Hymnen, Freibung i. Br. 1937 123f., die Heinrich Rohr 1939/40 vertonte. Sie findet sich in gekürzter Form in **Mainz 1952* Nr. 495 (= GL-Mnz 901) und ist wiederabgedruckt bei Heinrich Rohr, Deutsches Meßantiphonale, Freiburg i. Br. usw. 1997, Nr. 192. Ebenda findet sich unter Nr. 191 eine dritte Fassung. Zur Verbreitung der beiden ersten Fassungen vgl. die allerdings nicht fehlerfreien An-

1 Zur Geschichte[3]

Der Hymnus stammt aus der Zeit Karls des Großen und ist um das Jahr 800 entstanden. Über den Verfasser dieses Hymnus bzw. über seinen Ursprung gehen die Meinungen der Forscher auseinander. Norberg (1954) hält Paulinus von Aquileia für den Autor und bringt den Hymnus in Verbindung mit der Synode von Forum Julii, die 796 oder 797 stattgefunden hat. Szövérffy (1964) folgt dieser Version und hält die Lösung der Verfasserfrage durch Norberg (1954) für wahrscheinlich endgültig. Wilmart (1932) und Bischoff (1950) dagegen betrachten diesen Hymnus als ein monastisches, d.h. benediktinisches Erzeugnis. Schäfer (1956) folgt ihnen und verweist näherhin auf das Benediktinerkloster Reichenau als Entstehungsort. Der benediktinische Ursprung dieses Hymnus ist nach Schäfer sicher, da mehrere fast wörtliche Zitate aus der Regel Benedikts in ihm verarbeitet seien. Außerdem stamme die älteste handschriftliche Überlieferung dieses Liedes von der Reichenau (9. Jahrhundert), neben einer gleichaltrigen aus Verona; der Hymnus ist ferner überliefert in zwei weiteren, aus dem 10. Jahrhundert stammenden Handschriften aus St. Gallen. Für Schäfer ist der „Hymnus *Congregavit* ein kostbares Erbstück benediktinischer Poesie aus der karolingischen Zeit"[4].

Das Lied selbst ist in mehreren Fassungen überliefert, teils mit anderer Strophenfolge, teils mit weniger Strophen. In der ursprünglichen Fassung, die hier wiedergegeben ist, hatte jede der zwölf Strophen den Refrain: „Ubi caritas est vera, deus ibi est". In einem Brüsseler Codex aus dem 10. Jahrhundert lautet der Refrain: „Ubi caritas et amor, deus ibi est".[5] Um 1100 ist im Benediktinerkloster Monte Cassino und im benachbarten Benevent der Hymnus bereits verändert; er hat nur noch zehn Strophen mit der hier als Str. 13 wiedergegebenen Schlußstrophe.[6] Anstatt des ursprünglich am Ende jeder Strophe gesungenen Refrains „Ubi caritas est vera, Deus ibi est" wird hier vor jeder Strophe die Antiphon „Ubi caritas et amor, Deus ibi est" gesungen.[7] Um eine weitere Strophe verkürzt findet sich diese Fassung in der Franziskaner-Liturgie von ca. 1243 und wird in dieser neunstrophigen Fassung Bestandteil des *Missale Ordinis Minorum secundum consuetudinem Curiae Romanae*, die bis zum neuen *Missale Romanum* von 1570 erhalten blieb. In diesem neuen Missale von 1570, das als Ganzes bis zur Liturgiereform des II. Vatikanischen Konzils in Geltung stand, bleiben nur noch drei Stro-

gaben in Nordhues/Wagner (Hrsg.), Redaktionsbericht zum Einheitsgesangbuch „Gotteslob". 1044 Nr. 1707 und 1708. Ergänzend sei auf die mehrstimmige Fassung des lateinischen Kehrverses von Jaques Berthier hingewiesen, die 1981 in Taize erschien; abgedruckt mit deutschen Soloversen in **40 Gesänge aus Taizée.* 40-42.

[3] Wilmart, L'hymne, 26–36; Bischoff, Caritas-Lieder, 170ff; Norberg, Poésie, hier 18 und 87–97; Schäfer, Fußwaschung, hier 100–106; Szövérffy, Annalen, 198f.

[4] Schäfer, Fußwaschung, 106.

[5] Szövérffy, Annalen, 198.

[6] Schäfer, Fußwaschung, 105f.

[7] Wilmart, L'hymne, 29 Anm. 3 und Schäfer, Fußwaschung, 106.

phen erhalten, nämlich die erste und die vierte des ursprünglichen Reichenauer Textes sowie die – vielleicht in Monte Cassino entstandene – und hier als dreizehnte Strophe wiedergegebene Schlußstrophe.[8]

Ob dieser Hymnus nun von Paulinus von Aquileia für eine Synode verfasst wurde[9] oder ob dieses Lied für die mönchische *Caritas*, eine Art altkirchliches *agape*-Liebesmahl, im Refektorium den versammelten Mönchen gereicht (Speisen und Wein über das gewöhnliche Maß hinaus) und gefeiert an den hohen Festtagen, an den Vigilien dieser Festtage und deren Oktaven, beim Hinscheiden eines Mitbruders, an Jahrestagen der Äbte, zum Gedenken an lebende und verstorbene Wohltäter des Kloster, gedichtet wurde[10] oder ob das Gedicht für die wöchentliche Zeremonie des „kleinen *Mandatum*" (oder auch nur für das *Mandatum* am Gründonnerstag) in den Benediktinerklöstern bestimmt war[11], ist von mir nicht zu entscheiden; jedenfalls wird der Hymnus um 1100 in Monte Cassino und in Benevent, später in der Franziskanerliturgie und schließlich im *Missale Romanum* von 1570 nur noch in der Gründonnerstagsliturgie, in der das Evangelium von der Fußwaschung (Joh 13,1–15) verlesen wird, verwendet[12].

Der Hymnus zeugt von der spirituellen Kraft, die in der Westkirche der Karolingerzeit vorhanden war. Neben den Leistungen in der Architektur, in der Buchmalerei und in der politischen Ordnung eines europäischen Gemeinwesens, auch wenn dessen militärischer Anteil nicht als Ruhmesblatt gewertet werden kann, gehört auch die Dichtkunst zu den herausragenden Leistungen dieser Epoche; ein Beispiel bibelnaher Spiritualität dieser Epoche ist der Hymnus *Congregavit nos in unum Christi amor.*

2 Zum Inhalt

Das Lied handelt von dem Ineinander von Gottes-, Christus-, Nächsten- und Feindesliebe. Dieses Ineinander ist – selbstverständlich mit Ausnahme der Christusliebe – alttestamentlichen Ursprungs (siehe Dtn 6,5; Lev 19,18.34; Jos 22,5). Der gesamte innere Zusammenhang von Gottes-, Christus-, Nächsten- und Feindesliebe kommt prägnant im Neuen Testament bei Mk 12,29–31; Mt 5,43–48; Lk 10,25–37; Joh 15,9–13 zum Ausdruck und strukturiert den Hymnus. Ausdrücklich wird in ihm ferner sachlich an Mt 18,20 erinnert: „Denn wo zwei oder drei versammelt sind in meinem Namen, da bin ich mitten unter ihnen." (Str. 3). Wie auf einer Schnur die einzelnen Perlen zu einer Kette verbunden werden, so werden in diesem Hymnus die einzelnen Aspekte der biblisch geprägten Gottes- und Nächstenliebe zu dem Gedicht aneinandergereiht. Christi Liebe hat uns zusammengeführt; er ist mitten unter uns, wenn wir in seinem Namen zusammen

8 Schäfer, Fußwaschung, 106.
9 Norberg, Poésie, 87–97.
10 Bischoff, Caritas-Lieder, 171.
11 Wilmart, L'hymne, 31.
12 Schäfer, Fußwaschung, 105.

sind. Dieses Zusammensein ist geprägt vom Doppelgebot der Gottes- und Nächstenliebe. Wo dieses geachtet wird, herrschen Freude, Leben, Licht und Frieden. Und für diese Gaben wird Gott gepriesen. Wo dieses Doppelgebot nicht geachtet wird, bedrohen uns die Tücken nächtlichen Grauens, und wir leben im Dunkeln und sind den Schatten des Todes ausgesetzt, ja, der Hymnus spricht von der ewigen Strafe, welche die Frevler erwartet. Liebe vereint selbst entfernt Wohnende, während Zwietracht nah Vereinte entzweit. Deshalb finden wir in diesem Hymnus auch zahlreiche Bitten: Gott möge Neid, Hader, Haß, Zwist, böses Sinnen vertreiben. Liebe, so sagt der Hymnus, erfüllt alle Gesetze und hebt sie auf. Dieser Gesichtspunkt erinnert an das Wort Augustins: „Ama, et fac quod vis" - liebe, und dann tu, was du willst. Der Dichter preist das hohe Gut der praktizierten Liebe zu den Menschen, die in der praktizierten Liebe zu Gott im Lobpreis Gottes gründet. Glaubend warten so Liebende auf die Erfüllung ihrer Hoffnung in der eschatologischen Schau des Antlitzes Christi und in der Freude, die Gott ihnen bereiten wird im ewigen Leben mit ihm.

Literatur

MGH=Monumenta Germaniae Historica. Poetae Latini aevi carolini. Tomi IV fasciculus II et III. Recensuit Karolus Strecker. Berolini 1923. 526-529.

Adam, Adolf: *Te Deum laudamus.* Große Gebete der Kirche. Lateinisch-Deutsch. Freiburg-Basel-Wien 1987 (²1990). 114-117, 220 Anm.

Bischoff, Bernhard: Caritas-Lieder, in: Liber Floridus. Mittellateinische Studien Paul Lehmann … zum 65. Geburtstag ... gewidmet, St. Ottilien 1950. 165-186.

Norberg, Dag: La poésie rythmique du haute Moyen Âge, Stockholm 1954.

Nordhues, Paul/Wagner, Alois (Hrsg.): Redaktionsbericht zum Einheitsgesangbuch „Gotteslob". Stuttgart 1988.

Schäfer, Thomas: Die Fußwaschung im monastischen Brauchtum und in der lateinischen Liturgie. Liturgiegeschichtliche Untersuchung (Texte und Arbeiten, I. Abt. Heft 47), Beuron 1956.

Szövérffy, Joseph: Die Annalen der lateinischen Hymnendichtung. Ein Handbuch. I. Die lateinischen Hymnen bis zum Ende des 11. Jahrhunderts, Berlin 1964.

Wilmart, André: L'hymne de la charité pour le Jeudi-Saint, in: Wilmart, A.: Auteurs spirituels et textes dévot du moyen âge latin. Paris 1932. 26-36.

Jürgen Henkys

Heut bin ich meines Heilands Gast

Gründonnerstags-Kyrie

Denn sooft ihr von diesem Brot esset und von diesem Kelch trinket, sollt ihr des Herrn Tod verkündigen, bis daß er kommt.
Ich will den Kelch des Heils nehmen und des Herrn Namen predigen.
Die Bibel

1. Heut bin ich meines Heilands Gast
zu Brot und Wein und Osterlamm.
Im Garten draußen bricht ein Ast.
Fällt einer schon des Kreuzes Stamm?
Kyrie eleison!

2. Der Heiland ist mein Knecht und Wirt,
dient mir und seiner Jünger Schar.
Der aller Himmel Herr sein wird,
macht sich der Gotteshoheit bar.
Kyrie eleison!

3. Er salbt und badet uns den Fuß,
reicht uns den Kelch und bricht den Laib
und harrt schon auf den Judaskuß,
damit ich ohne Strafe bleib'.
Kyrie eleison!

4. Mit Pilgerhut und Wanderstab
hält er, der Hirt, das Passahmahl.
Und als er aufbricht, ist's zum Grab,
zu Kreuzesmarter, Spott und Qual.
Kyrie eleison!

5. Im Garten von Gethsemane
ist schon der Baum fürs Kreuz gefällt.
Daß noch der Kelch vorübergeh',
fleht dort der Richter aller Welt.
Kyrie eleison!

6. Den Kelch der bittren Todespein
zu trinken macht er sich bereit.
Des zu gedenken, setzt er ein
das Abendmahl für alle Zeit.
Kyrie eleison!

7. Die Stunde des Verrats ist da.
Für Waffen ist nunmehr kein Ort.
Er bleibt den Seinen nur noch nah
in Kelch und Brot und seinem Wort.
Kyrie eleison!

8. Der Kelch ist nun mein Eigentum
und Brot und Wein mein reichstes Teil.
Den Kelch ergreift zu seinem Ruhm,
verkündiget der Sünder Heil!
Kyrie eleison!

9. Verkündiget den Namen sein,
sooft ihr dessen nun gedenkt,
bis er nach Geißlung, Fluch und Pein
uns seine Siegesfahne schenkt.
Kyrie eleison!

10. Er kommt, er kommt, des seid gewiß,
zu seiner Jünger Freudenmahl.
Am Ende aller Finsternis
grünt ewig auch des Kreuzes Pfahl.
Hosianna!

Druckvorlage

Text- und Melodiewiedergabe richten sich nach der Ausgabe des Komponisten Fritz Werner: „Kyrie eleison. Neue Lieder für evangelische Gemeinden. Auf die geistlichen Lieder des *Kyrie* von Jochen Klepper".[1] Hinzugefügt wurden die beiden biblischen Motti, die dem Text in Jochen Kleppers **Kyrie. Geistliche Lieder* vorangestellt sind. Auch sonst wurde der Text mit dem *Kyrie* verglichen. Die Strophenziffern habe ich nachgetragen.

1 Ein Klepper-Lied – übergangen oder beschnitten

Jochen Klepper (1903–1942)[2] hat 32 geistliche Lieder geschrieben. Davon stehen zwölf im Stammteil des **EG*, zwei weitere in dessen Regionalteilen. Das **Gotteslob* und die neuen Gesangbücher der deutschsprachigen Schweiz verbleiben mit ihrer Auswahl an Klepper-Liedern innerhalb des **EG*-Bestandes. Sehe ich recht, so hat bisher kein einziges der offiziellen Gesangbücher Jochen Kleppers Gründonnerstags-Kyrie *Heut bin ich meines Heilands Gast* aufgenommen. Aber einige inoffizielle haben es einst gewagt. Mir liegen entsprechende Kopien vor. Sie stammen aus drei vervielfältigten katholischen Liedersammlungen. Es sind dies: (A) **Eucharistia,* o.O. [Graz], o.J.; (B) **Junge Gemeinde,* o.O., o.J.; (C) **...bis ER wiederkommt.* In allen drei Sammlungen wird den Worten Kleppers die vereinfachte Melodie des Hymnus *Christe qui lux est et dies* zugewiesen, wie sie im **EKG* für *Christe, der du bist Tag und Licht* gebraucht wurde (EKG 353). Kleppers Strophenschlüsse „Kyrie eleison" bzw. „Hosianna" sind also überall entfallen. (A) bietet alle zehn Strophen. Bei (B) ist dem Lied eine Antiphon vorangestellt

[1] Werner, Kyrie eleison.
[2] Letzte Darstellung von Leben und Werk: Wecht, Klepper.

(nach Phil 2,8). Es fehlen die Str. 1 und 5. (C) beruft sich für Text und Melodie auf (A), merkt aber an, daß der Text bearbeitet wurde. Es fehlt Str. 1, und Str. 2 beginnt mit „Heut ist der Herr mein Knecht und Wirt". Außerdem ist in der ursprünglichen Str. 7 Kleppers Satz „Für Waffen ist nunmehr kein Ort" fatalerweise durch „Es sinnen seine Feind' auf Mord" ersetzt.

Wenn ich mit diesem Beitrag Kleppers Gründonnerstagslied vorstelle und erläutere, so habe ich nicht das Ziel, seine Gesangbuchfähigkeit zu erweisen. Aber ich will auch umgekehrt nicht zu zeigen versuchen, mit welchem Recht es bisher fast ganz übergangen wurde. Ich interpretiere es unabhängig von der Gesangbuchfrage, also für sich selbst. Das schließt selbstverständlich ein, daß es auch aus der Stellung gedeutet wird, die es in Kleppers Liedwerk einnimmt, ebenso aus dem Zusammenhang mit Kleppers Schreib- und Lebensart überhaupt.

2 Berliner Gründonnerstage

1931 hatte der ohne Examen von der Universität abgegangene Theologe Jochen Klepper die Modistin Johanna (Hanni) Stein, geb. Gerstel, geheiratet, eine Witwe aus jüdischer Familie. Im Frühjahr des nächsten Jahres zog er mit ihr und mit Brigitte und Renate, ihren Töchtern, von Breslau nach Berlin. Man lebte im damaligen Villenvorort Südende, zunächst in einer Mietwohnung, dann im eigenen Haus, nach dessen Verlust in einem neuen Haus in Berlin-Nikolassee. Kleppers Tagebuch[3] läßt die Existenz der zunehmend bedrohten Familie und des isolierten, beruflich mannigfach behinderten Schriftstellers im Kontext des politischen, bürgerlichen, künstlerischen und kirchlichen Berlin anschaulich werden.[4] Für seine Lieder zum Lebens- und zum Jahreskreis teilen die Tagebucheintragungen gelegentlich aufschlußreiche Einzelheiten mit. Unerläßlich sind aber auch die atmosphärischen Schilderungen, mit denen der Autor die fraglichen Feiertage festhält. Der Gründonnerstag im Hause Klepper begegnet uns als ein Vorbereitungstag, der schon teilhat am festlichen Licht der kommenden Tage. Er ist Heiliger Abend, dem 24. Dezember ähnlich. Die erwachenden Gärten, die Abendstimmung über der Vorstadt, das Glockengeläut und die Stille des Hauses kündigen an, was der Karfreitag, der Große Sabbat[5] und die beiden Ostertage an der Seele der Feiernden mit festlichem Ernst vollziehen werden.

Am Ende dieses Tages pflegt Jochen Klepper, evangelischem Brauche treu, mit der Gemeinde das Abendmahl zu feiern. Die Eintragung vom 14. April 1938 beginnt: „Welch ein Gründonnerstag! Linde Kühle, weicher Glanz, blauer Himmel, blühende Kirschen- und Aprikosenbäume, leise

---

3 Klepper, Tagebücher.

4 Vgl. Henkys, Berlin, 258–271.

5 So in den 1930er Jahren gelegentlich der Name des Karsamstags im Herrnhuter Losungsbüchlein, an einer wichtigen Stelle des Tagebuchs von Klepper übernommen, Klepper, Tagbücher, 14. 12. 41.

wogende, nun schon licht begrünte Wipfel [...].“ Später Sätze über den Gottesdienst: „[...] ich fuhr nach Mariendorf, in die Dorfkirche zum Abendmahl. Viel Abendmahlsgäste, eine der besten Predigten Kurzreiters. Viel armes Volk; viel Männer, nicht nur alte. Bitter der Gemeindegesang“. Trotz des niederdrückenden Kirchweges liegt über dem Stadtteil „österlicher Friede“. Zwei Jahre später wird es vom Kirchgang in Nikolassee heißen: „Es war ein Abend, an dem man hätte glauben mögen, der Garten Gethsemane läge am Fuß des Kirchhügels.“ Eine Brücke zu unserem Lied, von der aus man dessen Anschaulichkeit um so mehr gewahr wird!

Aber zurück ins Jahr 1938. Eingefügt zwischen alles, was zum Gründonnerstag gehört, steht noch Folgendes da:

> „Früh wieder Anruf von Ihlenfeld. Zum Herbst will er nun meine Gedichte in der gleichen schönen Ausstattung wie R. A. Schröders ‚Lobgesang‘ herausbringen. [...] Daß die Gedichte erscheinen sollen, ist eine meiner größten beruflichen Freuden.“[6]

Am Tage darauf (15. April 1938) heißt es dann: „Gestern abend und heut vor dem Konzert schrieb ich ein Gründonnerstags-Kyrie.“

So zeigt sich unser Lied als unmittelbarer Niederschlag nicht nur des Gründonnerstags 1938, sondern auch der ermutigenden Ankündigung Ihlenfelds, er werde in Kürze einen Gedichtband mit Jochen Kleppers geistlichen Liedern herausbringen. Ja, auch der Liedtitel weist schon auf den Namen hin, den diese Sammlung tragen wird.

3 „Kyrie“

In der ersten Auflage bestand das Bändchen nur aus 16 Texten.[7] Der Titel nimmt die Überschriften von zwei Liedern auf: „Weihnachts-Kyrie“ und „Gründonnerstags-Kyrie“. Beide setzen in formaler Hinsicht die Tradition der von Martin Luther aufgenommenen und reformatorisch weitergeschriebenen mittelalterlichen Leisen fort. Kleppers Weihnachts-Kyrie *Du Kind, zu dieser heiligen Zeit*[8] entstand im Dezember 1937. Das Gründonnerstags-Kyrie vom April 1938 wurde – mit einer Abweichung in der Reimart: abab statt aabb – sein Seitenstück. In beiden Liedern verwandelt sich der Kyrie-Ruf am Ende in ein „Hosianna“. Dieser Zug hat in der evangelisch fortgeschriebenen Leisen-Tradition m. W. kein Vorbild. Offenbar versteht Klepper das „Kyrie eleison!“ als Flehruf und das „Hosianna!“ als Lobruf. So eignet beiden Liedern eine Zielspannung auf das Eschaton hin. Sie ergibt

---

[6] Klepper, Tagebücher, 579. Kurt Ihlenfeld war der Leiter des Eckart-Verlages, in dem im September 1938 das Bändchen *Kyrie* erschien. Rudolf Alexander Schröders *Ein Lobgesang*, Berlin-Steglitz 1937, enthält all die Texte des gefeierten Dichters, die nach dem Zweiten Weltkrieg in das **EKG* und in daneben verbreitete Liederhefte eingegangen sind.

[7] Vgl. Henkys, Zeit im Liede Kleppers, 48–64; Wecht, Klepper, 155–185.

[8] Vgl. dazu die Kommentierung von Schulz, *Du Kind, zu dieser heiligen Zeit* und von Henkys, *Du Kind, zu dieser heiligen Zeit*.

sich zwar schon aus dem endzeitlichen Ausblick in den beiden Schlußstrophen. Das Weihnachts-Kyrie schließt ja: „Wenn wir mit dir einst auferstehn/ und dich von Angesichte sehn,/ dann erst ist ohne Bitterkeit/ das Herz und zum Gesange weit!" Und das Gründonnerstags-Kyrie endet so: „Er kommt, er kommt, des seid gewiß,/ zu seiner Jünger Freudenmahl./ Am Ende aller Finsternis/ grünt ewig auch des Kreuzes Pfahl!" Wenn beide Strophen in ein „Hosianna!" einmünden, statt das „Kyrie eleison!" zu wiederholen, so ist der eschatologische Grundzug dieser Gesänge damit unüberhörbar bekräftigt.

Im Falle des Gründonnerstagsliedes muß das im Rückblick noch besonders unterstrichen werden. Denn die evangelische Abendmahlsfrömmigkeit war zu Kleppers Zeit noch ganz durch den schweren Ernst individueller Beugung und Vergebung bestimmt. Das Abendmahl als „seiner Jünger Freudenmahl" zu verstehen, als Vorwegnahme der eschatologischen Tischgemeinschaft, wurde erst in der zweiten Hälfte des 20. Jahrhunderts zum liturgisch-spirituellen *common sense*. Die Entwicklung in der Katholischen Kirche verlief, alle Besonderheiten zugestanden, durchaus ähnlich. Wenn dem Gründonnerstagslied, wie in den eingangs genannten Liederheften geschehen, sein Kyrie und sein Hosianna genommen wird, ist mithin sein Eigenstes angetastet.

4 Dichtung mit der Bibel

Jedes der Kirchenlieder von Jochen Klepper führt schwere biblische Fracht mit sich. Das ist oft dargestellt worden.[9] Dabei läßt sich zweierlei unterscheiden: a) der biblische Hauptimpuls, der als Zitat oder Zitatenpaar ohne Stellenangabe, aber mit dem Herkunftsverweis „Die Bibel" vor jedem Liede bezeugt, daß es sich nicht eigener Absicht verdankt; b) die darüber hinausgehenden biblischen Anklänge, die in den einzelnen Strophen mitgehört werden wollen. Ob nun Hauptimpulse oder mitklingende Texterinnerungen: Oft genug stammen sie aus dem täglichen Bibelstudium, bei dem Klepper sich durch „Losung" und „Lehrtext" der Herrnhuter Brüdergemeine und die im Losungsbüchlein darüber hinaus angegebenen Lektionen leiten ließ. Die Losung ist immer ein Spruch aus dem Alten Testament, ausgelost aus einem großen in Herrnhut dafür vorgesehenen Vorrat, der Lehrtext ein für die jeweilige Losung eigens ausgewählter erläuternder oder weiterführender Vers aus dem Neuen Testament.

Zu Gründonnerstag 1938 war die Losung Jes 65,18, eine Verheißung endzeitlicher Freude: „Sie werden sich ewiglich freuen und fröhlich sein über dem, was ich schaffe. Denn siehe, ich will Jerusalem schaffen zur Wonne und ihr Volk zur Freude." Diesen Spruch setzte Klepper über den Tagebucheintrag. So beziehungsreich er für die letzte Strophe seines Liedes sein mag – aufschlußreicher ist noch der Lehrtext, den Klepper nicht niederschrieb. Denn er lautet: „Wir haben auch ein Osterlamm, das ist Chri-

---

[9] Zuletzt: Henkys, Wort der ewigen Treue.

stus, für uns geopfert." (1 Kor 5,7)[10] Kein Zweifel, daß Klepper besonders mit dem „wir auch" beschäftigt war, das zwischen dem jüdischen Volk in Jes 65 und der gegenwärtigen christlichen Gemeinde vermitteln konnte. Daraus wurde ihm, wohl im Blick auf den bevorstehenden Abendmahlsgang, ein „ich auch", und im Laufe des Tages muß sich der Liedanfang eingestellt haben, in dem der Lehrtext und der vorbedachte Gottesdienstgang zusammenfließen: „Heut bin ich meines Heilands Gast/ zu Brot und Wein und Osterlamm."

Aber nun kommen auch noch die im Losungsbüchlein verzeichneten Lektionen ins Spiel. An einem Feiertag sind es liturgische Lesungen, diesmal also im Einklang mit der gottesdienstlichen Leseordnung des Gründonnerstags: Joh 13,1–15 und 1 Kor 11,23–32 als Evangelium und Epistel, dazu Lk 22,14–20 und 1 Kor 10,16–17 als das einst so genannte 2. Evangelium und die 2. Epistel. Bei Durchsicht dieses Pensums, das man natürlich in der damals gültigen Fassung der Luther-Übersetzung lesen muß, fällt nun sofort auf: a) Das Osterlamm von Str. 1 ist auch in der Lukas-Lesung da: „Mich hat herzlich verlangt, dies Osterlamm mit euch zu essen, ehe denn ich leide." (Lk 22,15) b) Die Fußwaschung aus Joh 13 ist in Str. 2 und am Anfang von Str. 3 aufgenommen. c) Daß in Str. 3 und Str. 7 der Kelch **vor** dem Laib bzw. dem Brot genannt ist, entspricht der singulären Abendmahlsüberlieferung in Lk 22, wo es noch vor den Versen, die als Einsetzungsworte bezeichnet zu werden pflegen, heißt: „Und er nahm den Kelch, dankte und sprach: Nehmet ihn und teilet ihn unter euch; denn ich sage euch: Ich werde nicht trinken von dem Gewächse des Weinstocks, bis daß das Reich Gottes komme." (Lk 22,17f.) d) Der Vorrang des Kelches durch das ganze Lied hin wird auch unterstützt durch die Reihenfolge am Anfang der 2. Epistel: „Der gesegnete Kelch, welchen wir segnen, ist der nicht die Gemeinschaft des Blutes Christi? Das Brot, das wir brechen, ist das nicht die Gemeinschaft des Leibes Christi?" (1 Kor 10,16).

Die Kongruenz von Liedmotiven und Motiven der für Gründonnerstag verordneten Lektionen ist erstaunlich. Dennoch hat Klepper, als er, seinem Brauch folgend, zu entscheiden hatte, welche ausgedruckten Bibelworte vor seinem Liede stehen sollten, keine der bisher genannten Stellen gewählt. Sondern als Hauptimpuls galt ihm, was er in der Alten Epistel las: „Denn sooft ihr von diesem Brot esset und von diesem Kelch trinket, sollt ihr des Herrn Tod verkündigen, bis daß er kommt" (1 Kor 11,26)[11]. Und dazu setzte er, doch wohl als persönliches Bekenntnis des Schriftstellers, dem das ersehnte Predigtamt verschlossen geblieben war und der dennoch im Sinne dieses Amtes zu wirken hoffte: „Ich will den Kelch des Heils nehmen und des Herrn Namen predigen." (Ps 16,13) Beide Sprüche erscheinen, poetisch umgeformt und dem strophischen Fortgang dienstbar gemacht, erst am

---

[10] Die täglichen Losungen und Lehrtexte der Brüdergemeine für das Jahr 1938, 69.

[11] In der Luther-Übersetzung vor der jetzt gültigen Revision wurde die griechische Verbform des Hauptsatzes imperativisch, nicht indikativisch verstanden.

Schluß des Liedes in den Str. 8–10: Sie sind Kristallisationskern der Aussagen, die das Lied erst zu seinem Ziel bringen.

5 Liedaufbau und Strophenfolge

Drei Strophengruppen bilden das Liedganze. In den Str. 1–3 spricht ein Ich. Es bezieht andere ein, wird mit ihnen zum Wir, geht darin aber nicht auf. Der Heiland, der mich zu Gast lädt und also mein Wirt ist, macht sich gleichwohl zum Knecht. Denn er tut beides: Er wäscht uns die Füße und reicht uns den Kelch. Dabei ist der Verrat an ihm schon beschlossene Sache. Er harrt ihm entgegen, „damit ich ohne Strafe bleib'". Diese Ich-Er-Wir-Beziehung ist ganz Gegenwart. Der abendliche Gründonnerstagsgottesdienst, die Fußwaschungsszene nach Johannes und das Abendmahl nach Lukas treten für das Ich zu einem Jetztgeschehen zusammen, und zwar so real, daß auch die imaginierte Wahrnehmung noch Platz darin hat: „Im Garten draußen bricht ein Ast./ Fällt einer schon des Kreuzes Stamm?"

In den Str. 4–7 bleiben Ich und Wir zurück. Nur von Ihm ist noch die Rede. Aber immer noch begibt sich alles in durchlässiger Zeit. Im Tun Jesu (sein Name wird nie genannt) ist die Hirtengestalt des Mose gegenwärtig, im Passahmahl der Jünger das in Eile und Wanderbereitschaft gehaltene Aufbruchsmahl der Israeliten beim Auszug aus Ägypten[12], im Gethsemanegebet der Kreuzestod des nächsten Tages - und in allem das die Jahrhunderte übergreifende Gedenken, dem mit dem Abendmahl der heilvolle Anhalt und die sprechende Feierfassung bestimmt ist. Durchlässige Zeit heißt aber nicht Stillstand. Jede Strophe erzählt, und die Erzählung läuft mit Str. 7 auf ein Ende zu. Wieder hat Lukas dem Dichter die Feder geführt (vgl. Lk 22,47–51). Meisterhaft knapp, anschaulich und voller Theologie ist diese Strophe, die letzte des Mittelteiles:

> „Die Stunde des Verrats ist da./ Für Waffen ist nunmehr kein Ort./ Er bleibt den Seinen nur noch nah/ in Kelch und Brot und seinem Wort./ Kyrie eleison!"

Das Ende, durch Waffen in der Hand der Jünger nicht aufzuhalten[13], bringt die Öffnung zur Geschichte der Gemeinde, in der Jesus seine Gegenwart - reformatorisch gesprochen - allein durch Wort und Sakrament verbürgt.

Die Str. 8–10 bilden in Entsprechung zu 1–3 den rückwärtigen Rahmenteil. Das ist schon dadurch angezeigt, daß das Ich wiederkehrt: „Der Kelch ist nun mein Eigentum". „Nun" meint: in der durch Jesu Leiden eröffneten Geschichte. Also darf und muß Abendmahl gehalten und gepredigt werden („Wort und Sakrament"). Das Ich fordert die anderen dazu auf und läßt sie

---

[12] Ex 12,11: „So sollt ihr es aber essen: Um eure Lenden sollt ihr gegürtet sein und eure Schuhe an den Füßen haben und den Stab in der Hand und sollt es essen als die, die hinwegeilen."

[13] Die Ersetzung von „Für Waffen ist nunmehr kein Ort" durch „Es sinnen seine Feind' auf Mord" im Liederbuch der Münchener Hochschulgemeinde kann ich mir nur so erklären, daß die Beziehung des Verses zur lukanischen Verhaftungsgeschichte nicht erkannt worden ist.

teilhaben an der eigenen Gewißheit: „Er kommt, er kommt". Das Abendmahl wird zum Freudenmahl, der Kreuzespfahl zum ewig grünenden Baum.

6 Das grünende Kreuz

Es mag sein, daß Jochen Klepper, als er die letzte Zeile des Liedes mit dem Wort „grünen" an die Liedüberschrift „Gründonnerstags-Kyrie" zurückband, von einer volkstümlichen Erklärung des Feiertagsnamens ausgegangen ist: Dieser Donnerstag liegt in der Karwoche und ist dennoch grün, frühlingsgrün. Aber keinesfalls hat er sich damit begnügt. Das gilt unabhängig von der Frage, ob er die Ableitung des eigentümlichen Namens von ‚grinen', ‚greinen' (weinen, klagen) kannte oder nicht. Denn auffälligerweise hat er das Kreuz ja schon in Str. 1 als einen Baum eingeführt, als einen gefällten Baum.[14] So auch in Str. 5: „Im Garten von Gethsemane/ ist schon der Baum fürs Kreuz gefällt." Der gefällte Baum ist der zum Tode verurteilte und zu Tode gebrachte Baum. Als lebendiges Wesen hat er keine Zukunft mehr, nur noch als Werkzeug des Todes. Er versinnbildlicht zugleich Abgestorbenheit und Lebensfeindschaft. Doch dieser Baum, zum Pfahl verstümmelt, als Marterinstrument in den Boden gerammt, „grünt ewig" (Str. 10). Wann? „Am Ende aller Finsternis", wenn die Jünger mit Ihm, der kommt, das Freudenmahl halten werden.

Die Wendung „Ende aller Finsternis" umschließt auch alle Erfahrungen von Einschränkung, Erniedrigung, Enteignung und Bedrückung, denen die Familie Jochen Kleppers ausgesetzt war – und nach 1938 erst recht blieb, bis hin zur unerträglich gewordenen Gewißheit der unmittelbar bevorstehenden Deportation von Renate im Dezember 1941. Klepper hat diese Finsternisse seinem Tagebuch anvertraut, um sein Werk davon freihalten zu können. In den Liedern sind nur Spuren davon zu entdecken. Lesende, Singende einer späteren Generation sollten bei ihnen innehalten. Was Überwindung ist, kann nicht begriffen werden, wenn das Überwundene keine Kontur mehr hat.

7 Zur Vertonung

Fritz Werner war Kirchenmusikdirektor in Potsdam. Schon im November 1938, nur zwei Monate nach Erscheinen des *Kyrie*, nahm er mit Klepper Kontakt auf. Er hatte zwölf *Kyrie*-Lieder bereits vertont und drängte nun auf Zusammenarbeit bei einem Oratorien-Projekt.[15] Nach dem Kriege legte er dann die Melodien zu insgesamt 29 Klepper-Liedern vor.[16] Sehr wahrscheinlich ist, daß die Vertonung des Gründonnerstags-Kyrie schon aus

---

14 Mit dem Verlust von Str. 1 in den Fassungen von **Junge Gemeinde* und **...bis ER wiederkommt* ist auch der Einsatz des Kreuzmotives verlorengegangen.

15 Klepper, Tagebücher, 686f.

16 Werner, Kyrie eleison.

dem Herbst 1938 stammt. – Ein halbes Jahrhundert später hat der württembergische Organist und Kantor Helmut Brand ebenfalls 29 Klepper-Lieder vertont. Teils handelt es sich um Chorsätze zu schon eingeführten Melodien, teils um solche zu ganz neuen Vertonungen.[17] Das Gründonnerstags-Kyrie gehört zu den letzteren. In einer Tonsprache, die Klepper noch ganz fremd gewesen wäre, erklingt das Lied in einem dreistimmigen Frauenchor, der mit einem Orgelsatz unterlegt ist.

Fritz Werner und Helmut Brand – ihre Vertonungen sind die einzigen, die ich bisher kenne. Werner hat, wie er es im Vorwort stark unterstreicht, für die singende Gemeinde selbst komponieren wollen, während Brand an den gottesdienstlichen Chor gedacht hat. Schon darum ist in unserer Veröffentlichung Fritz Werner der Vorzug zu geben. Hinzu kommt, daß er (wie etwa Gerhard Schwarz und Johannes Petzold, nach deren Melodien wir andere Klepper-Lieder singen) ein Zeitgenosse und Gesprächspartner des schlesisch-berlinischen Dichters war.

Abendmahl unter beiden Gestalten mit notiertem Einsetzungsbericht. **Leistentrit* 1567, S. 218.

Fritz Werner hat eine kirchentonartliche Melodie geschrieben. Sie steht im phrygischen Modus. Bekannte Beispiele für diese Tonart sind die Weisen zu *Mitten wir im Leben sind* (EG 518) und *Aus tiefer Not* (EG 299, Luther). Mit beiden hat unsere Melodie die Schlußwendung ... g f e gemeinsam. Auch im Melodieanfang, gleich nach dem unbetonten Grundton, ist diese fallende Tonfolge schon da: e | g f e ... Die Zeilen 1 und 5 führen jeweils von e zu e, aber auf unterschiedliche Weise: In der ersten wird der Grundton gleichsam schreitend umkreist, in der fünften ist er Ausgangs- und Endpunkt einer sich nach oben und wieder hinab wölbenden Brücke, auf der das „Kyrie eleison" melismatisch und in lebhafterer Bewegung ausgesungen wird. Punktierungen und Melismen

[17] Klepper, Kyrie (Brand 1995).

gibt es nur hier. Der Flehruf ist auf diese Weise sehr hervorgehoben. Wird dem Bogen in der letzten Strophe das Hosianna unterlegt, so tritt es um so bedeutungsvoller in das Bewußtsein der Singenden ein. Die Melodiezeilen 2, 3 und 4 beginnen nach einer Viertelpause jeweils mit der aufsteigenden Tonfolge g a h. Das ist eine Umkehrung der Folge g f e. Die dreifache Wiederholung mit zweimal veränderter Fortsetzung gibt dem Binnenteil der Melodie Konstanz wie Varianz und fordert den Singenden gehörige Aufmerksamkeit ab.

Die ganze Melodie wird sich erschließen und einprägen, wenn auch das Lied ganz - und falls nicht ganz, so doch nach Maßgabe der oben herausgehobenen Strophengruppen - angesetzt wird. Sie hat wie der Text etwas Narratives. Fürs Erzählen der Passion braucht man Zeit. Kleppers Worte, so knapp sie gefügt sind, verhindern doch, daß man von Ereignis zu Ereignis springt. Die Melodie hilft ihrerseits zum Verweilen und Erinnern, zum Innewerden und zum Rufen.

Literatur

Henkys, Jürgen: Das Berlin Jochen Kleppers, in: ders.: Singender und gesungener Glaube. Göttingen 1999. 258–271.

Henkys, Jürgen: Das Wort der ewigen Treue. Jochen Klepper und seine geistlichen Lieder, in: Meditation 28 (2001). 27–30.

Henkys, Jürgen: Die Zeit im Liede Jochen Kleppers. „Kyrie" 1938–1978, in: ders.: Das Kirchenlied in seiner Zeit. Berlin-Ost und Stuttgart 1980. 48–64.

Henkys, Jürgen: *Du Kind, zu dieser heiligen Zeit,* in: Geistliches Wunderhorn. Große deutsche Kirchenlieder. Hrsg., vorgestellt und erläutert von Hansjakob Becker/ Ansgar Franz/Jürgen Henkys/Hermann Kurzke/Christa Reich/Alex Stock. München 2001. 445–451.

Klepper, Jochen: Kyrie. Geistliche Lieder für ein- bis mehrstimmigen Chor (teilweise mit Orgel) unter Verwendung alter und neuer Melodien gesetzt von Helmut Brand. München 1995 (Strube Edition 1364).

Klepper, Jochen: Unter dem Schatten deiner Flügel. Aus den Tagebüchern der Jahre 1932–1942 von Jochen Klepper. Stuttgart 1956.

Die täglichen Losungen und Lehrtexte der Brüdergemeine für das Jahr 1938. 208. Ausgabe. Hrsg. von der Direktion der Deutschen Brüder-Unität in Herrnhut i. S.

Schröder, Rudolf: Alexander. Ein Lobgesang. Berlin-Steglitz 1937.

Schulz, Frieder: 50 *Du Kind, zu dieser heiligen Zeit,* in: Liederkunde zum Evangelischen Gesangbuch. H. 3. Göttingen 2001. 21–24.

Wecht, Martin Johannes: Jochen Klepper. Ein christlicher Schriftsteller im jüdischen Schicksal. Düsseldorf und Görlitz 1998.

Werner, Fritz: Kyrie eleison. Neue Lieder für evangelische Gemeinden. Auf die geistlichen Lieder des ‚Kyrie' von Jochen Klepper. Edition Merseburger 710, Evangelische Verlagsanstalt Berlin o.J. [1951].

Michaela Borzymski

Wer leben will wie Gott auf dieser Erde

1.
Wie als een god wil leven hier op aarde
hij moet de weg van alle zaad
en zo vindt hij genade.

2.
Hij gaat de weg van alle aardse dingen
hij leeft het lot met hart en ziel
van alle stervelingen.

3.
Hij wordt aan zon en regen prijsgegeven
het kleinste zaad in weer en wind
moet sterven om te leven.

4.
De mensen moeten sterven voor elkander
het kleinste zaad wordt levend brood
zo voedt de een de ander.

5.
En zo heeft onze God zich ook gedragen
en zo is Hij het leven zelf
voor iedereen op aarde.

1.
Wer leben will wie Gott auf dieser Erde,
muß sterben wie ein Weizenkorn
muß sterben, um zu leben.

2.
Er geht den Weg, den alle Dinge gehen.
Er trägt das Los, er geht den Weg,
er geht ihn bis zum Ende.

3.
Der Sonne und dem Regen preisgegeben,
das kleinste Korn in Sturm und Wind
muß sterben, um zu leben.

4.
Die Menschen müssen füreinander sterben:
das kleinste Korn, es wird zum Brot,
und einer nährt den andern.

5.
Den gleichen Weg ist unser Gott gegangen,
und so ist er für dich und mich
das Leben selbst geworden.

Druckvorlage

Die niederländische Fassung ist **Liturgische Gezangen,* 65 entnommen. Deutsche Übertragung und Melodie folgen der deutschen Erstveröffentlichung in der Publikation zum Einheitsgesangbuch **Gib mir ein Lied,* 39. In anderen deutschen Veröffentlichungen weicht die Interpunktion von der hier durchaus ab.

1 Rezeption

Das Original des Liedes *Wer leben will wie Gott auf dieser Erde* findet sich in der niederländischen Sammlung **Liturgische Gezangen*[1] unter der Überschrift *Het lied van alle zaad.* Der niederländische Dichter Hubertus (kurz: Huub) Oosterhuis (∗ 01.11.1933) verfaßte den Text 1965[2] zu der Melodie des alten flämischen Volksliedes *Den Droogen Haring*[3].

Im deutschsprachigen Raum wurde *Wer leben will wie Gott auf dieser Erde* zuerst durch die Publikation zum Einheitsgesangbuch **Gib mir ein Lied*[4] in einer 1969 entstandenen deutschen Übertragung von Johannes Bergsma bekannt. Alle weiteren deutschen Veröffentlichungen griffen diese Textfassung auf. 1975 fand von ehemals 21 vorgeschlagenen Liedern Oosterhuis' ein Drittel in den endgültigen Stammteil des Einheitsgesangbuches **Gotteslob* Eingang (GL 74, 298, 300, 617, 621, 746) – darunter auch *Wer leben will wie Gott auf dieser Erde* (GL 183).[5] Es folgte 1979 eine Übertragung in die finnische Sprache, die zusammen mit dem niederländischen Original und der Version Bergsmas 1997 in **Unisono* (Nr.28) aufgenommen wurde. Daneben findet sich das Lied im neuen **KG* der deutschsprachigen Schweiz (KG 202) von 1998 und auch in einigen regionalen Teilen des **EG* von 1994[6].

Daß sich dieses Lied einer so hohen Rezeption vor allem in katholischen Kreisen erfreut, liegt sicherlich an der starken Auseinandersetzung Oosterhuis' mit biblischer Thematik[7] (hier: Joh 12,24 u.a.) und dem vorvatikanischen Aufbruch der Katholiken in der Bibelarbeit, in denen ihnen die reformatorischen Christen schon weit voraus waren. Oosterhuis erinnert sich:

> „In der Mitte der sechziger Jahre entdeckten, ziemlich plötzlich, katholische Christen die Bibel als die älteste und tragfähigste Schicht ihrer eigenen christli-

---

1 **Liturgische gezangen,* 65.

2 In deutschen Veröffentlichungen des Liedes wird in der Regel das Jahr 1965 als Entstehungsdatum angegeben. Als Ausnahme nennt Nordhues, **Gib mir ein Lied,* 39 das Jahr 1969. Das Original in **Liturgische gezangen* trägt kein Datum.

3 de Coussemaker, *Chants populaires,* 333f.

4 Nordhues, **Gib mir ein Lied,* 39.

5 Vgl. Redaktionsbericht zum GL, 228–238.

6 EG-BT 553, EG-HN 546, EG-KW 546, EG-Öst 634.

7 Neben seinen anderen Werken findet man dies besonders verdichtet in Oosterhuis, **Wort, das trägt.*

chen Tradition, als notwendiges ‚Lernbuch' der Glaubens- und Lebenserneuerung."[8]

Daneben trug und trägt aber auch das hohe liturgische Engagement Oosterhuis' zu einer weiten Verbreitung und deutschen Übertragung seiner Gedichte und Lieder bei.[9]

In diesem Zusammenhang ist es verwunderlich, daß das 2000 erschienene niederländische Gesangbuch **Laus deo*[10] glaubt, ohne ein einziges Lied Oosterhuis' auskommen zu können.

2 Das Original und die deutsche Textfassung

Original und deutsche Übertragung umfassen fünf Strophen zu je drei Zeilen. Die niederländische Vorlage weist einen eingeschlossenen Reim (aba) auf, wobei die letzte Strophe jedoch durch einen unreinen Reim („gedragen – zelf – aarde") charakterisiert ist. Bergsma übernahm das Reimschema nicht in die deutsche Sprache.

Die deutsche Fassung weicht an Schlüsselstellen des Textes in auffälliger Weise von der niederländischen ab. Die folgenden Überlegungen legen daher das Original zugrunde und beleuchten von ihm aus kritisch die deutsche Übertragung.

3 *Wer leben will wie Gott auf dieser Erde*

Str. 1,1 und damit verknüpft Str. 5,1 verbinden das Thema der Nachfolge Christi mit der traditionellen Vorstellung des Heiligen Tausches: Gott ist Mensch geworden, damit wir Gott werden können. So lautet die Oration in der Weihnachtsmesse am Tage noch heute:

> „Allmächtiger Gott, du hast den Menschen in seiner Würde wunderbar erschaffen und noch wunderbarer wiederhergestellt. Laß uns teilhaben an der Gottheit deines Sohnes, der unsere Menschennatur angenommen hat."[11]

---

8 Oosterhuis, **Dein ist die Zukunft*, 5.

9 Was 1962 in der Amsterdamer Studentengemeinde mit der „Werkgroup voor Volkstaalliturgie" begann, wird heute mit der „Stichting Leerhuis en Liturgie" in Amsterdam und ihrer deutschen Vertretung in Osnabrück fortgeführt. Neben der noch andauernden Arbeit der Übertragung in die deutsche Sprache und der Vertonung des weitreichenden Werkes Oosterhuis' treten auch Veranstaltungen wie z.B. Durchführung von Liturgischen Liedtagen in Deutschland, die zu einem stetig steigenden Bekanntheitsgrad und zu einer begeisterten Aufnahme der Lieder beitragen. Die „Schola der Kleinen Kirche – Osnabrück" hat ein reichhaltiges Repertoire dieser Lieder einstudiert. Auf der CD „Dann werd´ ich leben. Gesänge zu Passion und Ostern" ist *Wer leben will wie Gott auf dieser Erde* zusätzlich als vierstimmiger Chorsatz mit Querflöten- und Orgelbegleitung zu hören: Dann werd´ ich leben. Notensatz in: Stichting Leerhuis en Liturgie, **Dann werd´ ich leben*, Teil 1, 4–7.

10 Bisdom Roermond. Dienst voor Liturgie en Kerkmuziek, **Laus Deo*.

11 Der Große Sonntags-Schott, 46.

Daß diese Teilhabe glücken kann, sieht Oosterhuis in Jesus Christus selbst. Er ist der „best-zu-verstehende-Gott" und der „best-zu-verstehende-Mensch":

> „Er ist das durchsichtigste, unzweideutigste und menschenkundigste Wort über den Menschen. Die Parabel vom Menschen. Bild und Gleichnis des Menschen. Er ist das am wenigsten verschleierte und verfinsterte Wort über Gott. Wer ihn sieht, sieht den Vater. Er ist die Parabel von Gott. Bild und Gleichnis Gottes. [...] In einer Geste von einem zum anderen – Brot gebrochen und verteilt – kann er uns erscheinen. In Menschen, die das tun, kannst du ihn sehen. Jede Ähnlichkeit mit ‚lebenden Personen' ist nicht nur nicht ausgeschlossen, sondern ausdrücklich beabsichtigt und wird erwartet. Jeder kann in-der-Tat (wesentlich) ihm ähnlich sein."[12]

Dieses Ähnlichwerden geschieht im Hier und Jetzt „auf dieser Erde" (1,1) und läßt sich nicht getrost auf das Jenseits vertagen. Im niederländischen Original wird das Irdische stärker betont als in der deutschen Fassung. So spricht Oosterhuis vom „leven hier op aarde" (1,1: leben hier auf Erden), dem Weg „van alle aardse dingen" (2,1: aller irdischen Dinge) und von Gott, der das Leben selbst „voor iedereen op aarde" (5,3: für jedermann auf Erden) geworden ist. Jedem ist das Ähnlichwerden möglich, da für alle die gleichen Bedingungen gelten: der Weg muß „met hart en ziel van alle stervelingen" (2,2f: mit Leib und Seele aller Sterblichen) gegangen werden. Christus als Scharnier und Bindeglied zwischen Gott und Mensch hat es vorgemacht: „En zo heeft onze God zich ook gedragen" (5,1: Und so hat unser Gott sich auch verhalten).

4 Der Weg aller Saat

Wer wie Gott auf dieser Erde leben will, den erwartet kein Leben wie Gott in Frankreich, sondern der „weg van alle zaad" (1,2: der Weg aller Saat). Das Lied trägt in den deutschen Veröffentlichungen in der Regel keine Überschrift.[13] Oosterhuis betitelte es dagegen mit „Het lied van alle zaad" (Das Lied von aller Saat). Der niederländische Text spezifiziert die Saat nicht näher und läßt somit zunächst mehrfache Assoziationen zu [z.B. das Gleichnis vom Sämann (Mk 4,1–9 parr) oder die Saat der Gerechtigkeit (2 Kor 9,10)]. Den Singenden wird auf diesem ‚Weg aller Saat' zuerst Gnade verheißen (1,3: „en zo vindt hij genade" – und so findet er Gnade). Danach folgt die Feststellung, daß der Weg aller Saat der „weg van alle aardse dingen" (2,1: Weg aller irdischen Dinge) ist. Oosterhuis spricht auch von dem „Weg allen Fleisches".[14] Fleisch ist für ihn das, „was jedermann ist: vergänglich, leiblich-echt. Fleisch ist: zufällige Form, dieses hübsch-häßliche

12 Oosterhuis, **Weiter sehen als wir sind*, 110–112.

13 Peter Pawlowsky überschreibt das Lied mit „Das Lied vom Samenkorn", Pawlowsky, **Du bist der Atem meiner Lieder*, 60.

14 Oosterhuis, **Im Vorübergehen*, 34.

Gesicht, etwas sein, da-sein, hier und dort, flüchtig, Gras."[15] Dieses uns Gegebene, das „lot" (2,1: Los) muß mit „hart en ziel" (2,2: mit Leib und Seele) gelebt (2,1: „leeft"), mit dem je eigenen menschlichen und individuellen Sein gefüllt werden.

Zur *conditio humana* gehört neben dem räumlich-zeitlichen Verfaßtsein des Menschen auch die Weltoffenheit. Menschen stehen in Relation zur Umwelt, zu ihren Mitmenschen und zur Natur. Zwar tragen diese Beziehungen Gestaltungsmöglichkeiten in sich, ja fordern sie sogar, doch sind sie nicht im wörtlichen Sinne ‚machbar'. Sie geschehen. So ist es dem Korn auch beschieden, daß es in „weer en wind" (3,2: Wind und Wetter) leben muß und „zon en regen" (3,1: Sonne und Regen) preisgegeben ist.

Erst nach dieser Hinführung unter der Zusage von Gnade und der Versicherung, daß die Grundbedingungen des Weges für alle gleich sind, folgt die Kernaussage an zentraler Stelle des Liedes: **„Wie als een god wil leven hier op aarde** (1,1) **[...] moet sterven om te leven"** (3,3: muß sterben, um zu leben). Hier erhält das Bild des Weizenkorns nun einen Anklang an die Perikope in Joh 12,24: „Amen, amen, ich sage euch: Wenn das Weizenkorn nicht in die Erde fällt und stirbt, bleibt es allein; wenn es aber stirbt, bringt es reiche Frucht."

Die deutsche Version dagegen spitzt schon in Str. 1,2 die Saat auf das ‚Weizenkorn' zu und zielt damit bereits in der ersten Strophe auf dieses paradoxe Lebensgesetz. Die Singenden werden unvorbereitet mit ihm konfrontiert. Fehlte einfach nur eine singbare deutsche Alternative, oder lag es an dem Wort Gnade, daß die zentrale Thematik schon in der ersten Strophe anklingt? Oosterhuis gibt 1969 in seinem Fragment „Glaubensbriefe an einen Christen, der von Haus aus katholisch ist" zu bedenken:

> „ ‚Glauben an Gott' heißt: von ihm angezogen werden. Es ist ‚Gnade'. Das ist ein senkrechtes Wort, nicht populär, es wird damit meistens zu voreilig und leicht umgesprungen. Glauben ist Gnade."[16]

Auch wenn Gnade ein „verpönte[s] Wort"[17] ist, werden die Schwierigkeiten nicht schon dadurch gelöst, daß der Begriff (und damit die Sache) in der deutschen Fassung umgangen wird. Zwar wird in der Übertragung immer noch den Menschen der Weg des Weizenkornes vorgegeben und das Beispiel des Tuns Jesu Christi vor Augen gestellt, doch der Zuspruch der liebenden und ungeschuldeten Zuwendung Gottes auf diesem Weg im Hier und Jetzt wird schlicht unterschlagen. Was läßt den Weg vor allem gerade am Wendepunkt vom Sterben zum Leben gelingen? Reicht ein Nachgehen des Weges Christi mit bloßen menschlichen Möglichkeiten aus, um zur Fülle des Lebens zu gelangen?

Auch die *conditio humana* verliert in der deutschen Fassung an Kontur. Das Korn wird „an Sonne und Regen preisgegeben" (3,1) und der Weg aller Saat ist der Weg, „den alle Dinge gehen" (2,1). Doch das den Menschen

---

15 Oosterhuis, **Weiter sehen als wir sind*, 95.
16 Oosterhuis, **Im Vorübergehen*, 62.
17 Pesch, Art. Gnade, 254.

gegebene, irdische Los wird ‚getragen' (2,2) statt ‚gelebt' (2,2: leeft), der Weg wird „bis zum Ende" (2,2) gegangen und erscheint dadurch zielorientiert. Dagegen wird im Original das Los mit Leib und Seele aller Sterblichen gelebt (2,2f.: met hart en ziel van alle stervelingen). Wie ist diese Abweichung in der Übertragung zu erklären? Vielleicht zeigt sich hier eine bewußt eingebrachte christologische Perspektive. Dafür sprechen zwei Aspekte: 1. Das niederländische *hij* (1,1; 2,1; 2,2; 3,1) wird an entsprechenden Stellen mit dem Personalpronom „er" (2,1; 2,2) übertragen. Stimmiger wäre eigentlich eine relativische Übertragung gewesen: „Wer leben will wie Gott auf dieser Erde, **der**...". 2. Das Los zu tragen und den Weg bis zum Ende zu gehen: solche Worte rufen unmittelbar Assoziationen zur Passion und Kreuzigung Jesu wach. Beides führt dazu, daß etwa Ernst Hofmann interpretieren kann: „[...] es ist ‚der Weg aller Dinge' (nach 1 Kön 2,2) ‚bis zum Ende', wie es das Johannesevangelium (13,1) dem Herrn bezeugt."[18]

Vielleicht handelt es sich aber auch einfach um einen Übersetzungsfehler.[19] Das niederländische Wort *ziel* (2,2) legt zunächst das deutsche Wort „Ziel" und somit den Sinn eines Endes nahe. Aber tatsächlich bedeutet das Wort *ziel* etwa dasselbe wie „Seele", und im Zusammenhang *met hart en ziel* entspricht es der deutschen Redewendung „mit Leib und Seele".

Wie auch immer das deutsche Ergebnis zustande kam: Die bei Oosterhuis stark hervortretende Bedeutung des Weges aller Saat und dessen Relevanz für das je eigene Leben wird in der deutschen Fassung verwischt. Oosterhuis löst erst in Str. 5,1 auf, daß auch Jesus diesen Weg gegangen ist. Vorher ist der ‚Weg aller Saat' erst einmal der Weg, den **alle** gehen müssen. Der von Oosterhuis erst in Str. 5 intendierte Transfer: Christus ist diesen Weg der Menschen gegangen, und darum können wir ihm getrost nachfolgen - dieser Transfer ist in der deutschen Fassung erschwert. Von Anfang an wird der ‚Weg' als der (exeptionelle) Weg Christi assoziiert.

Untersucht man die Verwendung des Wortfeldes Leben-Sterben, so ergibt sich zusätzlich zu dieser Akzentverschiebung folgendes Bild:

Original		*Deutsche Fassung*	
Leben	Sterben	Leben	Sterben
leven (1,1)	stervelingen (2,3)	leben (1,1)	sterben (1,2)
leeft (2,2)	sterven (3,3)	leben (1,3)	sterben (1,3)
leven (3,3)	sterven (4,2)	leben (3,3)	sterben (3,3)
levend (4,2)		Leben (5,3)	sterben (4,1)
leven (5,2)			

[18] Hofmann, *Wer leben will wie Gott auf dieser Erde*, 149.

[19] Dem naheliegenden Schluß, daß das niederländische Wort *ziel* „Ziel" bedeutet, verfielen auch Greitemann/Pawlowsky in ihrer ersten Übertragung des Liedes Oosterhuis' *Ik sta voor U in leegte en gemis* (*Ich steh vor dir mit leeren Händen*); in: Pfanger-Schäfer, Mein Los ist Tod, hast du nicht andern Segen? 353[17].

Das Original weist eine ‚lebendigere' Konnotation auf. Die Übertagung hätte auf die vorhandene ‚Fülle des Lebens' nicht zu verzichten brauchen: z.B. wäre statt „er trägt das Los" (2,1) auch „er lebt das Los" und statt „Das kleinste Korn, es wird zum Brot" (4,2) auch „Das kleinste Korn wird lebend Brot" singbar und möglich gewesen.

5 Der Sinn des Weges

Auf dem Weg aller Saat muß der Mensch „sterben, um zu leben" (3,3). Wenn man diesen transitus vollzieht, dann vollzieht man ihn nicht für sich allein, sondern für sich und die Mitmenschen, mit denen man verbunden ist. So wird auch das „kleinste Korn (...) zum [lebend] Brot" (4,3).

Das Bild des Kornes, das im Johannesevangelium verwendet wird (Joh 12,24), ist keine Neuschöpfung des Hagiographen, sondern findet sich schon im jüdischen Umfeld als Symbol dafür, in eine andere Seinsweise überzugehen[20] (z.B. zum Status des Gerechten oder zum Leben nach dem Tod). Auch in den hellenistischen Mysterienkulten fand die Symbolik der reifen, geschnittenen Ähre Eingang in die Initiationsriten, in denen der Übergang zum Status des Eingeweihten vollzogen wurde.[21] Bei der christlichen Initiation spricht Augustinus in einer Predigt (Sermo 272, zwischen 405 und 411) vor soeben Getauften, bevor sie zum ersten Mal Leib und Blut Christi empfangen:

> „Erinnert euch daran, daß ein Brot nicht von einem einzigen Korn gebacken wird, sondern aus vielen. Als über euch der Exorzismus gesprochen wurde, da wurdet ihr gleichsam gemahlen. Als man euch getauft hat, da hat man euch mit Wasser gleichsam getränkt. Als ihr das Feuer des Heiligen Geistes empfingt, da seid ihr gleichsam gebacken worden. Seid also das, was ihr seht, und empfangt das, was ihr seid: Leib Christi."[22]

Das Bild des Kornes ist in verschiedenen Kulturen ein allgemein verständliches und gebräuchliches Symbol für Lebensübergänge. Die heute vielleicht erstaunlich radikale Vorstellung, daß ein Korn stirbt, um reifen zu können, statt in der Erde zu keimen, stammt aus der antiken botanischen Vorstellungswelt.[23]

Oosterhuis verfolgt den Weg der Saat noch weiter. Sie muß nicht nur sterben, damit sie Frucht bringt und mit vielen anderen zu Brot verarbeitet werden kann, sondern sie wird auch gegessen und „zo voedt de een de ander"(4,3: so nährt der eine den andern):

> „Erst wenn man selbst ‚jemand' geworden ist, kann man realisieren, was man schon längst am eigenen Leib erfahren hat: daß man lebt auf Kosten – ja, aber wessen? Des Lebensopfers anderer? Dieses Wort klingt wohl zu schwer, zu dra-

---

20 Vgl. Strack/Billerbeck, Kommentar zum NT, 2. Bd., 551.

21 Vgl. Preysing, Widerlegung aller Häresien, 105f.; vgl. Eliade, Das Mysterium und die Wiedergeburt, 203–212.

22 Geerlings/Greshake, Quellen geistlichen Lebens (Bd. I), 115.

23 Vgl. Klauck, 1. Korintherbrief, 117.

matisch. Aber es stimmt: Man lebt auf Kosten der Arbeitskraft und der Treue anderer Menschen. Es ist die Treue, die dieses Geschehen an einem Mann, der zu Geld, Brot, Leben, zum Menschen-für-andere wird, fortsetzt und dauerhaft macht. In dieser Treue findet er sein Glück – und seinen Tod. Denn jeder Tag Arbeit ist ein Stück seiner selbst und jedes Jahr Anstrengung kostet ihn ein Jahr seines Leibes. Wenn man so lebt, beinhaltet das: Verschleiß, älter werden, sich verbrauchen, langsam aber sicher sterben. Er wurde gesät in dieses Stück der Welt, das ihm zugeteilt war, er wurde wie Weizen gemäht, gedroschen, geschlagen, gemahlen, als Brot gesammelt, gegessen, um aufs neue Mensch zu sein. So geht es in der Welt, und es ist eine Selbstverständlichkeit, von der jeder Bauer weiß. Das sterbende Weizenkorn ist Bild und Gleichnis des Menschen, kein tragisches Bild, denn es handelt sich nicht um eine kosmische Katastrophe, eine herabstürzende Sonne, sondern um etwas unsichtbar Geringes; es ergibt sich einfach, sozusagen zwischen den Straßensteinen. Der Schmerz ist daran nicht sichtbar, und wenn es uns widerfährt, wenn wir dieser Mensch, dieses Weizenkorn sind, so ist uns das schon recht."[24]

Oosterhuis denkt hier nicht abstrakt das Symbol des Kornes oder ausschließlich spiritualisierend weiter. Sein eigener Vater, der sich in den Kriegs- und Nachkriegsjahren für die Familie aufgeopfert hat, ist ihm konkrete Füllung des Bildes: „Im Brot, das auf den Tisch kommt, liegt er selber auf dem Tisch, er ist selber Brot geworden, Mundvorrat für seine Kinder."[25]

Den Weg aller Saat zu gehen, ist für Oosterhuis die conditio sine qua non des Christseins schlechthin:

„Wer nicht wirklich daran glaubt, an diesen Zusammenhang von Menschen-Menschen-Menschen, wer sagt: ich kann es nicht, ich bin kein Held, der soll lieber nicht mitmachen. Man kann seine Halbheit, seinen Unglauben nicht feiern. Wohl aber sein Verlangen nach Ganzheit, seinen Versuch-zu-glauben. Wer sich beteiligen möchte: ich dein Brot, du mein Brot, er-unser-Brot, er kann mitmachen, wer er auch sei."[26] Denn wer „bittet, im Namen Jesu getauft zu werden, gibt zu verstehen: Ich will auf diesem Weg gehen, mitgehen mit dem Auszugsvolk vom Tod zum Leben, hinter ihm her, auf dem Weg durch die Zeit."[27]

6 Die Melodie

Oosterhuis schrieb den Text zu dem von Ch. E. H. Coussemaker in seiner 1856 erschienenen Sammlung alter flämischer Volkslieder festgehaltenen Kinderreigen *Den Droogen Haring* (Der Bückling). Die Vorgehensweise, christliche Texte zu Melodien bekannter Volkslieder zu schreiben, hat eine lange Tradition. Paul Gerhardts (+1676) *O Haupt voll Blut und Wunden* zu dem Volkslied *Mein Gmüt ist mir verwirret, das macht ein Jungfrau zart*[28] und *O heilge Seelenspeise* zu der Weise *Innsbruck, ich muß dich lassen*[29] sind promi-

[24] Oosterhuis, **Im Vorübergehen*, 232f.
[25] Ebd., 231; Vgl. Oosterhuis, **Dein ist die Zukunft*, 72.
[26] Oosterhuis, **Weiter sehen als wir sind*, 115f.
[27] Oosterhuis, **Dein ist die Zukunft*, 113f.
[28] Vgl. Franz, *O Haupt voll Blut und Wunden*, 276.
[29] Vgl. Becker, *O heilge Seelenspeise*, 247.

nente Beispiele. Auch Oosterhuis bedient sich der Kontrafaktur. So schrieb er zum Beispiel den Text *Du bist vorbeigegangen. Ein Lied zu Jesus Messias*[30] zu der Melodie des französischen Volksliedes *Belle, qui tients ma vie* von Thoinot Arbeau (bürgerl.: Jean Tabourot † um 1595).

Der Reigen *Den Droogen Haring* handelt von einem Bückling; zu Ehren seiner Körperteile (Kopf, Augen, Bauch, Schwanz) soll gesprungen und getanzt werden.

Oosterhuis transponierte die Melodie von a-Moll nach e-Moll und behielt Tonwerte und Rhythmus bei. Zu der in der ersten Zeile vorhandenen Wiederholung fügte er die Wiederholung der jeweils letzten Zeile hinzu und teilte somit die Zeilen in einen Wechselgesang zwischen Vorsänger/-gruppe und Gemeinde auf, wobei jeweils Z. 1 und 3 von der Gemeinde wiederholt werden. Dem wechselseitigen Zusingen des Lebensgesetzes kommt hier eine bekräftigende, bestätigende Funktion zu.

Die jeweils recht kurzen Einheiten (Z. 1: drei Takte, Z. 2: zwei Takte, Z. 3: zwei Takte) enthalten keine komplizierten Tonverläufe. Sie bestehen hauptsächlich aus Sekundschritten und umfassen die Quinte des Grundakkordes e-moll. Mit Ausnahme des zweiten Taktes besteht der Rhythmus gleichbleibend aus einer Viertel- und einer nachfolgenden Achtelnote.

Die ‚kinderleichte', tänzelnde und leicht verhaltene Melodie stimmt mit der Haltung Oosterhuis zum Sterben-Müssen, um leben zu können, überein.[31] Das Lied gibt demjenigen Ausdruck, der das Bild des Weizenkornes angenommen und seine Aussage akzeptiert hat. Eine mögliche andere Grundhaltung zum ‚Lebensgesetz' zeigt Oosterhuis' Lied *Siebenmal*:

> Siebenmal neugeboren,
> kleingekriegt und ausgeworfen
> wird ein Mensch, um Mensch zu werden.
>
> Siebzigmal sieben Bäume
> werden blühen, wo wir wohnen,
> Licht wird auf dem Wasser strömen.[32]

Der erste Teil des Liedes erzeugt durch ein chromatisches Absteigen der Tonleiter eher eine schwere und fast depressive Grundstimmung, bevor die Melodie zu einem schnelleren und beschwingteren Tonverlauf bis hin zum Kanon wechselt. Die Singenden des Liedes *Wer leben will wie Gott auf dieser Erde* dagegen durchschreiten einen solchen Prozeß nicht, sie sind schon angelangt, ihnen ist die Identifikation mit dem Bild des Weizenkorns, das sterben muß, um zu leben, „schon recht"[33], sie gehen den Weg.

---

[30] Stichting Leerhuis en Liturgie, *Licht und Atem*, Teil I, 22.

[31] Vgl. zur Stimmigkeit von Text und Melodie: Reich, Der „Ton" macht die Musik.

[32] Stichting Leerhuis en Liturgie, *Dann werd´ ich leben*. Teil 3, 32–44.

[33] Oosterhuis, *Im Vorübergehen*, 233.

7 Rubrizierung

Sowohl das **Unisono*, das **Gotteslob* als auch die regionalen Teile des **EG* ordnen das Lied thematisch unter Passion bzw. liturgisch in der Fastenzeit ein. Die deutsche Übertragung legt dies ja auch nahe. Das **KG* weitet durch die Zuordnung zur Rubrik *Jesus Christus, unser Bruder und Herr* den Raum für eine Perspektive, die den gesamten Lebensweg Jesu in den Blick nimmt.

Geht man jedoch von der ursprünglichen Intention Oosterhuis' aus, so wäre eine näher am Original liegende Übertragung wünschenswert. Das Singen des Liedes hätte dann gerade da seinen Sitz im Leben, wo es um die Frage der Nachfolge Jesu im je eigenen Leben geht. Besonders verdichtet findet sich dies in jeder Eucharistiefeier und dort speziell in der Gabenbereitung.

Literatur

BKV[2] = Bibliothek der Kirchenväter. 1. Reihe. Kempten 1911ff.

Becker, Hansjakob: *O heilge Seelenspeise*, in: Geistliches Wunderhorn. Große deutsche Kirchenlieder. Hrsg., vorgestellt und erläutert von Hansjakob Becker/ Ansgar Franz/Jürgen Henkys/Hermann Kurzke/Christa Reich/Alex Stock. München 2001. 239–248.

Coussemaker, Charles Edmond Henry de (Hrsg.): Chants populaires des flamands de France. Recueillis et publ. avec les mélodies originales, une traduction française et des notes. Hildesheim 1971. Repr. d. Ausg. Gent 1856.

Dann werd´ ich leben. Gesänge zu Passion und Ostern. Texte: Huub Oosterhuis. Musik: Bernard Huijbers, Antoine Oomen 1996 © Stichting Leerhuis & Liturgie. Amsterdam/Niederlande. (CD)

Der Große Sonntags-Schott. Für die Lesejahre A-B-C. Freiburg u.a. 1975.

Eliade, Mircea: Das Mysterium und die Wiedergeburt. Versuch über einige Initiationstypen. Frankfurt a. M. 1988.

Franz, Ansgar: *O Haupt voll Blut und Wunden*, in: Geistliches Wunderhorn. Große deutsche Kirchenlieder. Hrsg., vorgestellt und erläutert von Hansjakob Becker/ Ansgar Franz/Jürgen Henkys/Hermann Kurzke/Christa Reich/Alex Stock. München 2001. 275–290

Geerlings, Wilhelm/Greshake, Gisbert: Quellen geistlichen Lebens. Bd. I: Die Zeit der Väter. Mainz 1980.

Hofmann, Ernst: *Wer leben will wie Gott auf dieser Erde*, in: Werkbuch zum Gotteslob. Im Auftrag der Kommission für das Einheitsgesangbuch hrsg. von Josef Seuffert. 7 Bde. Freiburg/Basel/Wien 1975ff. II/1. 149.

Klauck, Hans-Josef: 1. Korintherbrief (Die neue Echter Bibel. Kommentar zum Neuen Testament 7). Würzburg 1984.

Pesch, Otto Hermann: Art. Gnade, in: Neues Handbuch theologischer Grundbegriffe. Bd. 2. München 1991. 253–265.

Pfanger-Schäfer, Regina: „Mein Los ist Tod, hast du nicht andern Segen?" Todeserfahrung und Lebensverheißung am Beispiel eines Neuen Geistlichen Liedes von Huub Oosterhuis, in: Becker, Hansjakob/Einig, Bernhard/Ullrich, P.-O. (Hrsg.): Im Angesicht des Todes. Ein interdisziplinäres Kompendium I (Pietas Liturgica 3). St. Ottilien 1987. 341–364.

Preysing, Konrad: Des heiligen Hippolytus von Rom Widerlegung aller Häresien (Philosophumena). München 1922 (BKV² 40).

Redaktionsbericht zum Einheitsgesangbuch «Gotteslob». Hrsg. von Paul Nordhues und Alois Wagner. Paderborn 1988.

Reich, Christa: Der „Ton" macht die Musik, Überlegungen zu Gestimmtheit und Stimmigkeit von Kirchenliedern, in: Christa Reich, Evangelium: klingendes Wort. Zur theologischen Bedeutung des Singens. Stuttgart 1997. 57–70.

Strack, Hermann L./Billerbeck, Paul: Kommentar zum Neuen Testament aus Talmud und Midrasch. 2. Bd.: Das Evangelium nach Markus, Lukas und Johannes und die Apostelgeschichte. München ²1956.

Ansgar Franz

Hört das Lied der finstren Nacht

1. Hört das Lied der finstren Nacht,
Nacht voll Sünde und voll Not,
hört, was drin geschah,
fern und doch so nah:

2. Judas geht und es wird Nacht,
Nacht voll Sünde und Verrat,
Jesus läßt ihn gehn,
denn es muß geschehn.

3. Alle fliehen, es ist Nacht,
Nacht voll Sünde und voll Angst,
Jesus steht allein
in dem Fackelschein.

4. Kaiphas richtet, es ist Nacht,
Nacht voll Sünde und voll Haß,
Jesus leidet still,
wie's der Vater will.

5. Petrus leugnet, es ist Nacht,
Nacht voll Sünde und voll Schuld,
Jesus blickt ihn an,
draußen kräht der Hahn.

6. Jesus stirbt, da wird es Nacht,
doch er bricht die Finsternis,
reißt durch seinen Tod,
uns aus Nacht und Not.

Druckvorlage

Das Lied stammt von Erhard Anger und war in evangelischen Liederheften in der DDR verbreitet;[1] eine erste Fassung entstand Anfang der 70er Jahre, später sind weitere Strophen hinzugefügt worden.[2] In einer siebenstrophigen Fassung und mit Chorsatz versehen wird es unter der Rubrik „Wir empfehlen" vorgestellt in NSK 1 (1990) 12f., dort mit den Angaben

---

1 So z.B. in *Gott erwartet euch*, Nr. 73. Das Lied hat hier sechs Strophen und weist gegenüber der oben abgedruckten Fassung in der Kaiphas-Strophe die Variante auf: „Nacht voll Sünde und Gewalt". – Die genaue Anzahl der Liedhefte, in die das Stück aufgenommen wurde, läßt sich schwer ermitteln; nach telefonischer Auskunft der Witwe des Dichters waren es mindestens 20. Allgemein zu den gesellschaftlichen und politischen Kontexten und zur Entwicklungsgeschichte vgl. Seibt, Kirchenlied in der DDR.

2 Ebenfalls nach Auskunft von Frau Anger.

„Text/Melodie/Sätze: Erhard Anger 1978/1989. Rechte VEB Deutscher Verlag für Musik Leipzig (Text/Melodie), Theologischer Verlag Zürich (Intonation/Satz)." Die oben wiedergegebene sechsstrophige Text- und Melodiefassung folgt KG 394 und RG 455 (dort mit den Angaben „T und M: Erhard Anger 1973").[3]

1 Poesie und Katechese: Zur Entstehung des Liedes

Erhard Anger (1928–1999), von 1966–1994 Kichenmusikdirektor in Oschatz (östlich von Leipzig) und stellvertretender Vorstand des sächsischen Kirchenchorwerkes, war ein in der DDR weithin bekannter Verfasser und Komponist von Kirchenliedern. Zur Genese von *Hört das Lied der finstren Nacht* vermerkt er: „Das Lied entstand in einer Zeit, als ich sechs Jahrgänge von Kindern in der Christenlehre zu unterrichten hatte. Alljährlich mußte die Passionsgeschichte behandelt werden. Um Wiederholungen auszuschließen, versuchte ich, das Passionsgeschehen in jedem Jahr an einer anderen Stelle aufzuhängen. Einmal kam mir dabei der Gedanke, die Männer zu beleuchten, die in der Nacht vom Gründonnerstag zum Karfreitag Jesus nahe standen oder mit ihm konfrontiert wurden und dabei so schmählich versagten. Dabei handelte ich nach dem alten katechetischen Grundsatz: So biblisch wie möglich, so kindlich wie nötig."[4]

2 Poesie und Theologie: Die Textur des Liedes

Die metrische, syntaktische und semantische Struktur des Liedes weist eine hohe Kunstfertigkeit auf; in dieser poetischen Textur manifestiert sich, wie zu zeigen sein wird, die theologische Deutung der Passion.

Das Stück besteht aus 6 Strophen zu je 4 Versen, wobei nach metrischen Kriterien eine deutliche Zweiteilung innerhalb der einzelnen Strophen auszumachen ist: die beiden ersten Verse sind immer 7-silbig mit 4 Hebungen (´x x ´x x ´x x ´x), die beiden letzten Verse sind 5-silbig mit 3 Hebungen (´x x ´x x ´x); das Reimschema ist ab cc.

Schon beim ersten Hören ist der Bauplan des Stückes auffällig, der durch eine weitgehende syntaktische und lexikalische Parallelisierung der Strophen untereinander charakterisiert ist.

---

[3] Die Zeichensetzung folgt dabei der Version des Liedes in NSK 1 (1990) 12f.; die Interpunktion der beiden Schweizer Gesangbücher ist uneinheitlich und in sich inkonsequent.

[4] Anger, Kurzkommentar zu *Hört das Lied der finstren Nacht.*

1. Hört das Lied der finstren Nacht, hört, was drin geschah,
Nacht voll Sünde und voll Not, fern und doch so nah:

2. Judas geht und es wird Nacht, Jesus läßt ihn gehn,
Nacht voll Sünde und Verrat, denn es muß geschehn.

3. Alle fliehen, es ist Nacht, Jesus steht allein
Nacht voll Sünde und voll Angst, in dem Fackelschein.

4. Kaiphas richtet, es ist Nacht, Jesus leidet still,
Nacht voll Sünde und voll Haß, wie's der Vater will.

5. Petrus leugnet, es ist Nacht, Jesus blickt ihn an,
Nacht voll Sünde und voll Schuld, draußen kräht der Hahn.

6. Jesus stirbt, da wird es Nacht, reißt durch seinen Tod,
doch er bricht die Finsternis, uns aus Nacht und Not.

Besonders deutlich ist diese Parallelisierung in den Strophen 2-5: Der erste Vers beginnt immer mit einer Personenbezeichnung (*Judas, alle, Kaiphas, Petrus*) und der Beschreibung des Verhaltens dieser Personen; er endet in allen Strophen mit der Angabe „es ist/wird Nacht". Der zweite Vers nimmt zu Beginn den Begriff „Nacht" vom Ende des ersten Verses auf und bringt eine nähere Spezifizierung dieser *Nacht*: „Nacht voll Sünde und voll ..."; hier ist die Parallelisierung der Strophen am eindringlichsten gestaltet, da in den einzelnen Versen lediglich die spezielle Ausprägung der Sünde variiert: *Verrat, Angst, Haß, Schuld*. – Die Verse 3 und 4 sind in gewisser Weise analog strukturiert: Der Nennung einer Person und ihres Verhaltens folgt eine Angabe der näheren Umstände. Dennoch sind beide Verspaare (1/2 - 3/4) durch eine deutliche Zäsur voneinander getrennt, wie schon der Wechsel des Metrums erwarten läßt: „Jesus" zu Beginn von Vers 3 steht in pointierter Antithese zu den Personen am Beginn von Vers 1; die Verben, mit denen diese Personen im ersten Vers beschrieben sind, weisen sie als aktiv Handelnde aus (*gehen, fliehen, richten, leugnen*), während „Jesus" durch eher passives Verhalten charakterisiert ist (*gehen lassen, allein stehen, still leiden, anblicken*); nur die Verse 3 und 4 sind durch einen Endreim miteinander verknüpft, wodurch das Verhalten Jesu eine gewisse ‚Stimmigkeit' bekommt, während das Verhalten der Protagonisten der ersten Verspaare merkwürdig ‚ungereimt' bleibt.

Dieser sehr homogene Block der Strophen 2-5 wird umrahmt von den Strophen 1 und 6, die auf je verschiedene Weise sowohl mit dem Mittelblock als auch untereinander verwoben sind. Strophe 1 teilt mit den Strophen 2-5 die Endstellung des Begriffs „Nacht" am Ende des ersten Verses und die Stereotype des zweiten Verses („Nacht voll Sünde und voll ..."). Jeweils zu Beginn der Verse 1 und 3, wo im Mittelteil „Judas", „alle", „Kaiphas", „Petrus" bzw. „Jesus" stehen, werden in Strophe 1 jedoch die Singenden selbst genannt mit der zweimaligen Aufforderung „hört". Die Struktur des Liedes setzt die Situation der Singenden damit in Analogie zu der Situation der Protagonisten der Strophen 2-5, die gegenwärtige „Nacht“ ist analog zu der damaligen „Nacht“; sie ist „fern und doch so nah“.[5] – Strophe 6 nimmt in Vers 1 zunächst die Struktur der vorhergehenden Strophen auf. An der Stelle von „Judas“ etc. steht nun „Jesus“, gefolgt von der stereotypen Wendung „da wird es Nacht“. Doch schon Vers 6,2 überwindet die festgefügte Struktur der vorausgehenden Strophen: Statt „Nacht voll Sünde und voll...“ heißt es nun: „doch er (Jesus) bricht die Finsternis“. Der sich über fünf Strophen immer von neuem wiederholende Unheilszusammenhang der „Nacht voll Sünde“ wird aufgebrochen durch den Tod Jesu. Diese Wendung ist vom Organisationsmodell des Liedes her überraschend, scheint sich doch der Tod Jesu in Vers 6,1 bruchlos in die vorgegebene Struktur einzufügen: „Jesus stirbt, da wird es Nacht“ steht in gewohnter Parallele zu „Judas geht und es wird Nacht“ etc. Der Bruch erfolgt mit Vers 6,2, pointiert durch das an den Anfang gestellte „doch“ und akzentuiert durch die Wahl der Verben: Waren bisher die Protagonisten der ersten Verse ‚aktiv‘ und Jesus eher ‚passiv‘, so beschreiben die Verse 6, 2-3 das Handeln Jesu mit einer in ganzen Lied singulären Konnotation von ‚Macht‘ und ‚Stärke‘: *er bricht, er reißt.* Gleichzeitig bezieht sich die letzte Strophe unmittelbar zurück auf die erste: Die Selbstbezeichnung der Singenden („hört“) findet in Vers 6,4 ihre Entsprechung („uns“), Schlüsselbegriffe aus den Versen 1,1-2 („finstre Nacht“, „Nacht voll ... Not“) werden in den Versen 6,2.4 negierend aufgegriffen („er bricht die Finsternis“; „[er] reißt ... aus Nacht und Not“). Der Tod Jesu bedeutet nicht nur einen Bruch der ‚damaligen‘ Nacht, sondern auch der gegenwärtigen.

3 Poesie und Melodie: Zur Klanggestalt des Liedes

Der klar strukturierte Text wird von einer schlichten, eingängigen Melodie getragen. Sie steht in e-Moll und umfaßt vom Grundton ausgehend den Tonraum einer Sexte. Die metrische und semantische Zweiteilung einer jeden Strophe (1/2 – 3/4) wird auch von der Melodie vollzogen:

Die ersten beiden Melodiezeilen führen nur zögernd nach oben; charakteristisch ist der geringe Tonumfang: eine Terz, dominierend sind Sekundschritte. Beide Zeilen weisen formale Ähnlichkeiten auf; sie beginnen jeweils mit einer Tonwiederholung und ihr Endton liegt nur einen Sekundschritt über dem Anfangston. Die erste Zeile akzentuiert im ersten Takt durch die Tonwiederholung und die Terz die jeweils handelnden Personen: *Judas, alle, Kaiphas, Petrus, Jesus.* Der erste Takt der zweiten Zeile umgreift ebenfalls eine Terz a′– f′, die über den Durchgangston g′ erreicht wird, aber im Unterschied zur ersten Zeile abwärts gerichtet ist: *Nacht voll Sünde.* Die Dominante h′, mit der die Zeile endet, hebt jeweils die spezifische Form der Sünde hervor: *Verrat, Angst, Haß, Schuld.*

---

[5] Dieser Analogie des ‚damals‘ und ‚heute‘ entspricht das gewählte Tempus der Verben: Wie in Strophe 1 sind sie auch in den Strophen 2-5 ins Präsens gesetzt. Die Nacht der Passion ist ‚jetzt‘.

Die zweite Strophenhälfte, die Melodiezeilen 3 und 4, setzt gleich mit dem Spitzenton des Liedes ein (c''), der in den Strophen 2–5 auf *Jesus* trifft, in Strophe 1 auf *hört* und Strophe 6 auf *reißt*. Die Melodie wird in zwei sequenzartig aufeinanderfolgenden Quintgängen zu ihrem Schluß geführt, wobei zwischen Zeile 3 und 4 ein Quartsprung liegt. Der hier im Vergleich zur ersten Strophenhälfte merklich größere Tonumfang eröffnet dem scheinbar ‚passiven' Jesus einen größeren Klangraum als ihn die vermeintlich ‚aktiven' Protagonisten der ersten beiden Zeilen ausfüllen können.

4 Poesie und Bibel: Zum Schriftbezug des Liedes

Die einzelnen Strophen des Liedes lassen sich Abschnitten der Passionserzählung und darüber hinaus durch Motivübernahmen weiteren Perikopen zuordnen. Im folgenden sollen einige Referenzstellen kurz benannt werden:

Strophe 1 fungiert, wie aus der Beschreibung der Struktur deutlich wurde, als eine Art Proömium, das die ‚Nacht der Passion' mit der ‚gegenwärtigen Nacht' der Singenden in eine Situationsanalogie setzt. Dazu heißt es bei Anger: „In der einleitenden ersten Strophe wird die Situation vergegenwärtigt: ‚Fern und doch so nah!', weil ich meinen Kindern klarmachen wollte, daß sich die Menschen in den 2000 Jahren, die zwischen jener Nacht und heute liegen, nicht geändert haben. Wäre Jesus jetzt bei uns auf der Erde, würde sich die Nacht vom Gründonnerstag zum Karfreitag genau so abspielen wie damals."[6] – Die Wendung „Lied der finstren Nacht" als eine Art Themenangabe für das gesamte Stück erinnert an die Überschriften einiger Psalmen („Gebet eines Unglücklichen", „Ein Lied zur Tempelweihe"); das Lied Angers kann als Anknüpfung an die ‚Klage'- und ‚Geschichtspsalmen' gelesen werden. ‚Finster' bzw. ‚Finsternis' ist speziell im Johannesevangelium ein gefüllter Begriff, der in Antithese zum ‚Licht Christus' die Dimension der Gottferne markiert (etwa Joh 1,5; 8,12; 12, 35.46).

Strophe 2 basiert auf den Abendmahlsüberlieferungen und dem Bericht der Gefangennahme (Mt 26, 20–25.47–56 par.), wobei das Johannesevangelium den unmittelbaren Bezugstext darstellt. „Ausgangspunkt meiner Überlegungen war Judas, von dem der Evangelist im Abendmahlsbericht sagt: ‚Da er nun den Bissen genommen hatte, ging er alsbald hinaus. Und es war Nacht' (Joh 13,30). Dieser kurze Satz ‚Und es war Nacht', wie ihn Luther formuliert, hat mich immer wieder innerlich berührt, weil in ihm mehr liegt als nur die Angabe einer Tageszeit. Er spiegelt nicht nur das Innere des Judas wider. Allen anderen Männern, die in dem Lied genannt werden, geht es ebenso. Auch bei ihnen ist es Nacht, und damit wird das Wort ‚Nacht' zum Symbol für die Sünde."[7] Anger knüpft hier an die Tradition

---

6 NSK 12.

7 Ebd.

der Alten Kirche an, die ebenfalls mit Vorliebe Joh 13,30 als Grundlage für eine allegorische Deutung der ‚Nacht' heranzieht.[8]

Strophe 3 verbindet verschiedene Evangelientraditionen: Das Motiv der Jüngerflucht findet sich nur bei Markus (14,50) und Matthäus (26,56), während der „Fackelschein" auf die Gefangennahme in Joh 18,3 verweist.

Strophe 4 kombiniert zwei Szenen miteinander: das Verhör vor dem Hohen Rat, der Richtspruch des Kaiphas und das Schweigen Jesu (Mt 26,57-68 par.) einerseits und andererseits - in einem Rückblick - das Gebet Jesu in Getsemani mit der Hingabe an den Willen des Vaters (Mt 26,36-46 par.).

Strophe 5 basiert auf der Verleugnungsszene in der lukanischen Fassung (Lk 22,54-62): Nur in diesem Evangelium ist das Krähen des Hahnes mit dem Blick Jesu verbunden: „Etwa eine Stunde später behauptete wieder einer: Wahrhaftig, der war auch mit ihm zusammen; er ist doch auch ein Galiläer. Petrus aber erwiderte: Mensch, ich weiß nicht, wovon du sprichst. Im gleichen Augenblick, noch während er redete, krähte ein Hahn. Da wandte sich der Herr um und blickte Petrus an. Und Petrus erinnerte sich an das, was der Herr zu ihm gesagt hatte: Ehe heute der Hahn kräht, wirst du mich dreimal verleugnen" (Lk 22,59-61).

Strophe 6 schließlich speist sich aus verschiedenen biblischen Quellen: Grundlegend ist die Schilderung des Todes Jesu (Mt 27,45-56), wobei sich die ‚Finsternis von der sechsten bis zur neunten Stunde' nicht unmittelbar in den vom Lied betonten Kausalzusammenhang einfügen läßt: „Jesus stirbt, da wird es Nacht" (Vers 6,1). Nacht hat hier wieder primär eine allegorische Bedeutung: „(...) die Finsternis in der letzten Stunde des Herrn, als er verzweifelt ausruft: ‚Mein Gott, mein Gott, warum hast du mich verlassen?' (wird) Symbol für die tiefste Einsamkeit des Menschen im Angesicht des Todes"[9], so Anger. Und er fährt fort: „An dieser Stelle durfte das Lied nicht enden. Karfreitag ohne Ostern ist sinnlos. Darum habe ich versucht, mit ganz wenigen Worten die Auferstehungsgewißheit in das Lied hineinzubringen."[10] Das ‚Brechen der Finsternis' in Vers 6,2 ist sinnvoll nicht von einer Person zu sagen, sondern setzt die Metapher ‚Licht' voraus: das ‚Licht Christus' bricht die Finsternis, wodurch hier neben den bereits oben zu Strophe 1 angeführten johanneischen Bezugsstellen auch Verse des Benedictus anklingen („um allen zu leuchten, die in Finsternis und im Schatten des Todes sitzen"; Lk 1,79). Das hier zugrundeliegende Befreiungsmotiv wird über die Brücke von 2 Kor 4,6: „Gott, der sprach: Aus der Finsternis soll Licht aufleuchten!" (vgl. Gen 1,3) ergänzt durch das Motiv der Schöpfung: Jesu Sieg über den Tod ist Erlösung und Neuschöpfung.

---

[8] Als Beispiel sei nur Ambrosius von Mailand und die Deutung genannt, die er Ps 119 (118), 55 („In der Nacht denke ich, Herr, an deinen Namen") gibt: „Nescis illam caliginem noctis non opertorium, sed incentivum esse peccati! (...) nox erat, quando Iudas prodidit, quando Petrus negavit. – Weißt du denn nicht, dass jene Finsternis der Nacht keine Dämpfung, sondern eine Entfachung der Sünde ist? (...) Es war Nacht, als Judas verriet, als Petrus verleugnete" (Ambrosius, Expositio Psalmi 118,7,31.)

[9] NSK 12f.

[10] Ebd.

5 Poesie und Liturgie: Von der ‚Nacht des Unheils' zur ‚Nacht des Heils'

Liturgietheologisch gesehen ist die Nacht von Getsemani und Golgota, die „finstre Nacht", die das Lied Angers besingt, die ‚kleine Schwester' jener großen Nacht, in der sich für Juden und Christen der Übergang von der Sklaverei zur Freiheit, vom Tod zum Leben, von der Sünde zur Erlösung vollzieht. Bevor sich im 4. Jahrhundert eigene Gottesdienste zu Karfreitag und Gründonnerstag etablieren, begehen die Christen der Märtyrerzeit das eine Mysterium ihrer Befreiung von Sünde und Tod in der einen Feier vom Karsamstag auf den Ostersonntag, in einer „Nacht der Wache für den Herrn" (Ex 12,42). Hier werden in Lesung und Lied die Qualen der pharaonischen Knechtschaft, der Vorübergang des Würgeengels, der errettende Schutz durch das Blut des Paschalammes und der befreiende Durchzug durch das Rote Meer ebenso verkündet und besungen wie die Qualen der Passion Jesu und die Errettung durch seine Auferstehung. Das Lied Angers steht damit auch in der Tradition jener berühmten „Nachtlieder", mit denen Israel und die Kirche das Pascha, den Übergang von der ‚Nacht des Unheils' zur ‚Nacht des Heils' preisend bekennen.

Das Lied *Es geschah in der Mitte der Nacht*[11], ein Abecedarius, der bis heute seinen Platz in der Sederfeier Israels hat, sieht in der Nacht das Symbol der zu allen Zeiten gegenwärtigen Bedrohung und Errettung; die erinnernd vergegenwärtigten Heilstaten Gottes, wie Perlen an einer Schnur gereiht, münden in die Bitte um das endgültige Erscheinen jenes Lichtes, das allein die Finsternis brechen kann: „Zions Gott, erhelle wie Tageslicht die Dunkelheit der Nacht."

Nun also: „Es geschah in der Mitte der Nacht." *(Ex 12,29)*

Allerlei Wunder hast du um Mitternacht vollbracht,
Beim Anbruch der ersten Nachtwache in der Nacht.
Charaktervoll war Abraham; du hast ihn siegen lassen, als er seine Truppen geteilt in der Nacht. *(Gen 14,15)*

„Es geschah in der Mitte der Nacht."

Den König von Gerar hast du durch einen Traum dein Urteil wissen lassen in der Nacht. *(Gen 20,3)*
Erschreckt hast du Laban, den Aramäer, im Dunkel der Nacht. *(Gen 21,24.29)*
Furchtlos rang Jakob mit dem Engel und hielt ihm stand in der Nacht. *(Gen 32,25)*

„Es geschah in der Mitte der Nacht."

Ganz und gar vernichtet hast du Ägyptens Erstgeburt um Mitternacht *(Ex 12,29)*, und
Hast die Ägypter so geschwächt, dass sie sich nicht erholten, als sie aufstanden des Nachts. *(Ex 12,20)*

---

[11] Die Pessach Haggada, 54.

Ja, Sisera, Fürst von Charosset, hast du an seiner Flucht gehindert, unter den nächtlichen Sternen. *(Ri 5,20)*

„Es geschah in der Mitte der Nacht."

(...)
Nachts wurde Belschazzar geschlagen, der sich aus den heiligen Gefäßen berauschte des Nachts. *(Dan 5,35)*
Ohne Makel wurde Daniel von den Löwen gerettet;
er sah die Schrecken voraus, die geschehen sollten in der Nacht. *(Dan 6,19f)*
Purer Haß trieb Haman, vom Geschlecht Agags, als er die Vernichtungsbefehle schrieb in der Nacht. (Est 3,13)

„Es geschah in der Mitte der Nacht."

Ruhelos hast du den persischen König gemacht und Hamans Plan vereitelt in der Nacht. *(Est 6,1)*
So tritt nun die Kelter für jene, die hoffen und fragen: Wann endlich endet die Nacht? *(Jes 63,3; 21,12)*
Tu deinen Mund auf und schrei wie ein Wächter:
Gekommen ist der Morgen, und doch ist's noch Nacht. *(Jes 21,12)*

„Es geschah in der Mitte der Nacht."

Und der Tag möge kommen, der weder Tag ist noch Nacht. *(Sach 14,7)*
Voller Erhabenheit bist du. Gib bekannt, daß der Tag dir gehört und dein ist auch die Nacht. *(Ps 74,16)*
Wächter setze ein in deine Stadt den ganzen Tag und die ganze Nacht. *(Jes 62,6)*
Zions Gott erhelle wie Tageslicht die Dunkelheit der Nacht.

„Es geschah in der Mitte der Nacht."

In der christlichen Liturgie ist es das *praeconium paschale*, der danksagende Lobpreis des „Exsultet", das im Symbol der Nacht den Bogen spannt von der Schöpfung bis zur Vollendung. In fünf mit „haec est nox" beginnenden Sätzen und fünf mit „O" beginnenden Ausrufen wird die zeitumspannende und paradoxe Realität dieser erlösenden Nacht besungen. Der Hymnus, etwa um 400 in Gallien oder Norditalien entstanden, folgt heute in der römischen Liturgie dem Einzug der Osterkerze. In ihr wird mit der Akklamation der Gemeinde „lumen Christi" der Auferstandene selbst begrüßt, der in österlichem Licht erstrahlt und so die Finsternis der Nacht bricht.

(...)
Dies ist die Nacht,
  die unsere Väter, die Söhne Israels, aus Ägypten befreit und auf trockenem Pfad durch die Fluten des Roten Meeres geführt hat.
Dies ist die Nacht,
  in der die leuchtende Säule das Dunkel der Sünde vertrieben hat.
Dies ist die Nacht,
  in der auf der ganzen Erde alle, die an Christus glauben, scheidet von den Lastern der Welt, dem Elend der Sünde entreißt, ins Reich der Gnade heimführt und einfügt in die heilige Kirche.

Dies ist die selige Nacht,
  in der Christus die Ketten des Todes zerbrach und aus der Tiefe als Sieger emporstieg. Wahrhaft, umsonst wären wir geboren, hätte uns nicht der Erlöser gerettet.
O unfaßbare Liebe des Vaters:
  Um den Knecht zu erlösen, gabst du den Sohn dahin!
O wahrhaft heilbringende Sünde des Adam,
  du wurdest uns zum Segen, da Christi Tod dich vernichtet hat.
O glückliche Schuld,
  welch großen Erlöser hast du gefunden!
O wahrhaft selige Nacht,
  dir allein war es vergönnt, die Stunde zu kennen,
  in der Christus erstand von den Toten.
Dies ist die Nacht,
  von der geschrieben steht: ‚Die Nacht wird hell wie der Tag, wie strahlendes Licht wird die Nacht mich umgeben.' Der Glanz dieser heiligen Nacht nimmt den Frevel hinweg, reinigt von Schuld, gibt den Sündern die Unschuld, den Trauernden Freude.
O wahrhaft selige Nacht,
  die Himmel und Erde versöhnt, die Gott und Menschen verbindet!

Darum bitten wir dich, o Herr: Geweiht zum Ruhm deines Namens, leuchte diese Kerze fort, um in dieser Nacht das Dunkel zu vertreiben. (...) Sie leuchte, bis der Morgenstern erscheint, jener wahre Morgenstern, der in Ewigkeit nicht untergeht: dein Sohn, unser Herr Jesus Christus, der von den Toten auferstand, der den Menschen erstrahlt im österlichen Licht.

Angers kleines Lied von der „finstren Nacht" klingt wie das Echo jener großen Nachtlieder: „... doch er bricht die Finsternis / reißt durch seinen Tod / uns aus Nacht und Not".

Literatur

NSK = Neues Singen in der Kirche. Zeitschrift. Hrsg. im Auftrag des Vereins NSK von Hans-Jürg Stefan u.a. Zürich/Luzern 1986-1998.
CSEL = Corpus Scriptorum ecclesiasticorum latinorum. Wien 1866ff.

Anger, Ehrhard: Kurzkommentar zu „Hört das Lied der finstren Nacht", in: NSK 1 (1990) 12.
Die Pessach Haggada. Hrsg. und kommentiert von Rabbiner Michael Shire mit Illustrationen aus Handschriften der British Library. Jüdische Verlagsanstalt Berlin. ^{2}2001. 54.
Seibt, Ilsabe: Kirchenlied in der DDR, in: IAH-Bulletin 2002 (im Druck).

Anne-Madeleine Plum

Des Königs Banner wallt empor

1. Des Königs Banner wallt empor,
hell strahlt das heilge Kreuz hervor,
daran den Tod das Leben litt
und Leben durch den Tod erstritt.

2. Sein Herz durchbohrt der Lanzenstich,
ein Quell des Heils eröffnet sich.
Seht, Blut und Wasser fließt herab,
Das wäscht all unsre Makel ab!

3. Erfüllt ist nun, was David sang,
davon sein treues Lied erklang,
als er den Völkern Kunde gab:
Es herrschet Gott vom Holz herab.

4. O Baum, wie schön ist deine Zier:
des Königs Purpur prangt an dir,
dein auserwählter, edler Stamm
berührt das hohe Gotteslamm.

5. O selger Baum, von Gott geweiht,
du trägst den Preis der Ewigkeit,
du wägst der Erde Lösegeld,
entziehst den Raub der Unterwelt.

6. O Kreuz, du einzger Trost im Leid,
Gruß dir in dieser Leidenszeit!
Vermehr den Frommen Gottes Gnad
und tilg der Sünder Missetat!

7. O Quell des Heils, Dreifaltigkeit,
dich lobt und preist die Christenheit;
des Kreuzes Sieg verleihest du,
schenk uns des Kreuzes Lohn hinzu!

Druckvorlage

Die Melodie ist dem Kölner Anhang des **Gotteslob* (GL-Kln 814) entnommen, der Text dem Paderborner Anhang (GL-Pad 843). Die Textfassung von Peter Sömer ist die häufigste unter den Diözesan-Anhängen und zugleich die einzige, in der sich das alte „Banner" erhalten hat.

1 Banner heute?

Hört man heute, im Herbst 2001, das Wort „Banner", so denkt man vielleicht an das tausendfach flatternde *star-spangled banner*, an Fahnen, die mitten in einem Trümmergebirge wehen oder anderswo im fanatischen Volksspektakel verbrannt werden. Fahnen als Zeichen der Zugehörigkeit, identitätsstiftend für Freund und Feind. Für manchen ist es vielleicht einfach das Banner auf dem Bildschirm, auf dem Werbung weltweit ins Haus flattert.

Vexilla regis prodeunt - die Fahnen oder Banner des Königs treten hervor - ist der Titel eines Kreuzhymnus von Venantius Fortunatus[1] aus dem 6. Jh., der in lateinischer Fassung und deutschen Übersetzungen als Bestandteil der Karfreitagsliturgie oder Passionslied in den Gesangbüchern erhalten geblieben ist.

2 Fortunats Hymnus (VR I)[2]

1.1 Vexilla regis prodeunt
2 fulget crucis mysterium
3 quo carne carnis conditor
4 suspensus est patibulo.

2.1 confixa clauis uiscera,
2 tendens manus uestigia
3 redemptionis gratia
4 hic immolata est hostia.

3.1 quo uulneratus insuper
2 mucrone diro lanceae,
3 ut nos lauaret crimine,
4 manauit unda et sanguine.

4.1 inpleta sunt quae concinit
2 Dauid fideli carmine
3 dicendo nationibus:
4 regnauit a ligno deus.

5.1 arbor decora et fulgida,
2 ornata regis purpura,
3 electa digno stipite
4 tam sancta membra tangere.

6.1 beata, cuius brachiis
2 pretium pependit saeculi,
3 statera facta est corporis
4 praedam tulitque tartari

7.1 fundis aroma cortice,
2 uincis sapore nectare,
3 iucunda fructu fertili
4 plaudis triumpho nobili.

8.1 salue, ara, salue, uictima,
2 de passionis gloria,
3 qua uita mortem pertulit
4 et morte uitam reddidit.

Dieser Fassung begegnet man in der Liturgie allerdings nicht mehr. Sie wird für die liturgische Verwendung umgestaltet - als Vesperhymnus in der Fastenzeit[3], als Hymnus für die Feste Kreuzauffindung[4] und Kreuzerhöhung[5].

---

[1] Über die Verfasserschaft des Fortunatus besteht mehrheitlich Einigkeit. So Szövérffy, Annalen, Bd. 1, 48–77; Dreves, Kirche der Lateiner; Bulst, Hymni latini u.a.

[2] V. Fortunatus, Opera poetica, (MGH, Auctores antiquissimi 4.1), 34–35.

[3] Blume / Drewes, Analecta Hymnica, Bd 2, 45,= Fassung VR II A.

[4] Blume / Drewes, Analecta Hymnica, Bd 7, 105, = Fassung VR II B.

[5] Blume / Drewes, Analecta Hymnica, Bd 50, 74–75,= Fassung VR II C.

Der Vergleich zeigt, daß die ersten fünf Strophen gleich bleiben, abgesehen von der Veränderung in 5,3[6] im Vesper-Hymnus. Bei Fassung II.B wird die sechste Strophe umgestellt, der „Höllenraub" fehlt. Die ursprüngliche siebte Strophe vom Duft des Kreuzes bleibt nur in II.C erhalten. Der Vesper-Hymnus bringt statt dessen eine zur Fastenzeit passende Wendung. Er schließt mit einer Doxologie, während der Hymnus zum Fest Kreuzauffindung die sündenvergebende Wirkung der Wunden Christi preist und zwei neue, litaneiartige Strophen hinzukommen. Die letzte Strophe in Fassung II.C ist identisch mit der ursprünglichen Schlußstrophe bei Fortunatus.

Nach dem Vorbild des *Vexilla regis* tauchen noch weitere lateinische Hymnen auf,[7] die jedoch entweder nur einzelne Verse oder nur den Anfang des bekannten Vorbilds enthalten.

Im Gesangbuch von Konstanz aus dem Jahr 1600[8] (**Konstanz 1600*) ist die zweite Strophe (confixa clavis) bereits verschwunden, in Str. 3–6 finden sich geringfügige Abweichungen[9], Str. 6 und 7 sind nun die siebte und achte Strophe von Fassung II.A. Im Mainzer **Catholisch Cantual* von 1605 findet sich die gleiche Fassung,[10] in **Mainz 1683*[11] ändern sich Verse 3 und 4 der ersten Strophe. Sie lauten nun: „Qua vita mortem pertulit / Et morte vitam protulit" - dies sind die ursprünglichen Verse 8,3–4 bei Fortunatus. In Str. 3 werden einzelne Worte durcheinander gebracht,[12] auch Str. 3 und 8 werden leicht verändert.[13] Die neuen Schlußverse 8,3–4 lauten nun: „Quibus crucis victoriam/ largiris, adde praemium". Der Mainzer Bearbeiter kennt offensichtlich die ursprüngliche Fassung des Hymnus, andererseits fühlte er sich frei genug gegenüber seiner Vorlage, den Hymnus zu verändern und ihm einen neuen Schluß zu geben. Bezeichnenderweise bittet er: Vermehre den Frommen die Gnade, tilge den Sündern die Vergehen. Ein geschärftes Sündenbewußtsein oder mehr Demut? Jedenfalls sind nun auch die Frommen auf Gnade angewiesen, nicht nur auf Gerechtigkeit.

---

6 Statt *electa* nun *erecta.*

7 Blume / Drewes, Analecta Hymnica Bd. 12, 263; De sancto Wernero; Blume/Drewes, Analecta Hymnica Bd. 23, 28 De Vulneribus D.N.

8 **Konstanz 1600*, 50–52 (*Vexilla regis* dt. und lt.).

9 In 4,1 *cecinit* statt *concinit*; in 4,2 *fidelis* statt *fideli;* in 4,3 *dicens* statt *dicendo;* in 6,2 *secli pependit precium* statt *pretium pependit saeculi*, in 6,3 fehlt *est*; in 6,4 *que tulit* statt *tulitque.*

10 **Catholisch Cantual*, 48–49. (Nur in 1,2 wieder *mysterium* ; in 3,1 *qui* statt *quo*).

11 **Mainz 1683*, 118–119.

12 In 2,1 *quae vulnerata* statt *quo vulneratus;* in 2,2 *criminum* statt *lanceae;* in 2,3 *sordibus* statt *crimine.*

13 In 3,1 wieder *concinit;* in 6,4 *Tulitque praedam* statt *praedam tulitque;* in 7,3 *Piis adauge gratiam* statt *adauge piis iustitiam* und in 7,4 *dele crimina* statt *dona veniam.*

Die für die folgenden Jahrhunderte gültige Fassung (= VR III) lautet:

1.1 Vexilla Regis prodeunt:
2 fulget Crucis mysterium,
3 qua vita mortem pertulit
4 et morte vitam protulit.

2.1 Quae, vulnerata lanceae
2 mucrone diro, criminum
3 ut nos lavaret sordibus,
4 manavit unda et sanguine.

3.1 Impleta sunt quae concinit
2 David fideli carmine
3 dicendo nationibus
4 regnavit a ligno Deus.

4.1 Arbor decora et fulgida
2 ornata Regis purpura,
3 electa digno stipite
4 tam sancta membra tangere.

5.1 Beata, cujus brachiis
2 pretium pependit saeculi;
3 statera facta corporis,
4 tulitque praedam tartari.

6.1 O Crux, ave, spes unica,
2 hoc Passionis tempore
3 piis adauge gratiam,
4 reisque dele crimina.

7.1 Te, fons salutis, Trinitas,
2 collaudet omis spiritus:
3 quibus Crucis victoriam
4 largiris, adde praemium.

Amen.

Gesungen wird dieser Hymnus in der Fastenzeit, ab der Vesper vom Passionssonntag bis zum Mittwoch der Karwoche, ebenso am 3. Mai und am 14. September. Außerdem taucht er als fester Bestandteil der Karfreitagsliturgie auf[14], wo man das *Vexilla regis* nach der Kreuzverehrung, zur Übertragung der vorkonsekrierten Gaben vom „Heiligen Grab" zum Altar als Prozessions-Hymnus[15] angibt. Auch im „Ritus Erigendi Stationes Viae Crucis"[16] heißt es: „Ubi fit processio, cantantur sequentes Hymni: Vexilla regis et Stabat mater". Das bedeutet, bis zur Liturgiereform des 20. Jh taucht unser Hymnus, in o.g. Gestalt, in Brevier, Missale und Rituale auf. Seine lateinische Fassung kann also im katholischen Raum als bekannt gelten. Seine herausragende Bedeutung wird von den Hymnologen oft gerühmt, wenn man ihn auch gern dem *Pange lingua* unterordnet.[17]

Auch außerliturgisch wurde das *Vexilla regis* möglicherweise verwendet, so wurde es nach Fellerer im 11. Jh Kreuzfahrerlied,[18] Wentzlaff-Eggebert spricht „von der ewiggültigen Symbolssprache"[19] der „vexilla regis", die in den Sprachgebrauch aller Kreuzzugsepochen eingegangen sei. G. Sprekkelmayer[20] verwahrt sich dagegen, die alten Kreuzhymnen und Pilgerlieder

---

14 Dort ist das *Pange lingua*, der verwandte Hymnus von Fortunatus, allerdings schon 880 n. Chr. belegt, vgl. Schmidt, Hebdomada Sancta, 490.

15 Horae diurnae, Breviarii Romani Mechliniae, 1927.

16 Rituale Romanum, 1935.

17 So Raby, Christian Latin Poetry, 91 u.a.

18 Fellerer, Kirchenmusik, Bd 1, 282, leider ohne Quellenangabe.

19 Wentzlaff-Eggebert, Kreuzzugsdichtung, 36.

20 Spreckelmayer, Kreuzzugslied, 15.

als Vorformen der Kreuzzugdichtung zu sehen. Sicher ist, daß die beiden berühmten Hymnen des Fortunatus ihre Spuren in der mittelalterlichen Dichtung hinterlassen haben, so etwa im Werk eines Bamberger Kanonikers, dem Ezzolied (um 1060),[21] strittig, in welchem Maß diese als Quelle dienten.[22]

3 Sprachliche Beobachtungen (zu Fassung I)

Das *Vexilla regis* besteht aus acht ambrosianischen Strophen[23], jede mit vier jambischen Dimeter-Zeilen[24]. Kennzeichnend sind Fortunats Vorliebe für Asyndeta[25], Alliteration („carne carnis conditor; confixa clavis; pretium pependit; tulitque tartari; fructu fertili) und Assonanz (viscera - vestigia; crimine - sanguine; fulgida - purpura; brachiis - corporis; fertili - nobili; pertulit - reddidit).

Die zentrale Person im Hymnus ist Christus, David taucht nur in Funktion prophetischer Verkündigung auf, nicht als Handelnder.[26] Die Verbformen zeigen überwiegend indikativischen Charakter, d.h. es wird vom Kreuz und dem Gekreuzigten gesprochen, das Handeln am Gekreuzigten, sein Erleiden wird thematisiert. Nur zweimal wird dieser erzählende Lobpreis durch einen direkten Bezug zum Singenden selbst durchbrochen: In 3,3: *ut nos lavaret* und in 5,2 das zweifache *salve*, eine Anrede an den „Altar", also das Kreuz, und an das „Opfer", also Christus. Dies ändert sich in den späteren lateinischen Fassungen, hier gibt es vermehrt Anreden[27], sowie Bitten[28] und Aufforderungen[29]. Der überwiegend doxologische Charakter wird zunehmend deprekativ.

Durch diese Änderungen wird auch das Kreuz selbst mehr und mehr zum Handelnden. Schon in 6,4 der ursprünglichen Fassung wurde gesagt, daß es der Hölle die Beute entriß, nun kann es Gnade gewähren (6,3), Vergehen tilgen (6,4), Lohn hinzufügen (VR III).

---

21 Vgl. Rupp, religiöse Dichtungen, 33–83. Gemeint ist v.a. die Passage „O crux benedicta, aller holze besziste. / an dir wart gevangen der gir Leviathan./ liep sint dine este, wante wir den lib irnereten an dir. /an dich floz daz frone pluot, din wuocher sit suzze unte guot;/ da der mite irloset ist manchun allz daz der ist." Ebd., 58.

22 Ebd, 71.

23 Vgl. Franz, Tageslauf und Heilsgeschichte.

24 Vgl. Szövérffy, Hymns to the Holy Cross, 15.

25 Griech. „Unverbundenes", d.h. Anreihung gleichgeordneter Sätze oder Satzglieder ohne Konjunktionen.

26 Zum sog. „Aktantenmodell" vgl. Franz, Tageslauf und Heilsgeschichte, 44f.

27 *O Crux ave, Te fons salutis, Te summa Deus trinitas* usw.

28 *piis adauge, reisque dele, adde praemium.*

29 *te collaudet omnis spiritus.*

Die Sortierung von Wortgruppen ergibt folgende Motivbereiche:

1. Herrschaft: König, Fahne, Nationen, Purpur, Welt, Triumph, regieren
2. Folter: Kreuz, Querholz, Nägel, verletzt, Lanzenspitze, Male, Blut, Leiden, Opfer
3. Baum: Stamm, Rinde, Frucht, Nektar, Duft, Äste, fruchtbar, vom Holz
4. Glaube: Mysterium, Schöpfer, Erlösung, Gnade, Gott, auserwählt, Hölle, Glorie, Leben, Tod

Hierbei wird deutlich, welch starken Eingriff die Streichung der fünften Strophe bedeutet. Es bleiben danach nur noch das „vom Holz", „Baum", „Stamm" und „Äste". Alles, was diesen Baum zu einem „lebendigen" Baum machte, sein Duft, seine Rinde, seine Fruchtbarkeit, verschwindet. Es bleibt ein bloßes Holz, ohne Schönheit. Es bleibt der Galgen.

4 Fahne oder Zeichen des Königs?

Die ersten Worte des Hymnus sind so einprägsam, daß sich mancher Hymnologe unmittelbar an die Ankunft eines Königs, bei dem seine Fahnen und Standarten wie bei einem Triumphzuge in der Luft flattern, erinnert fühlt. Umso mehr, wenn man erfährt, daß Venantius den Hymnus für den Empfang einer Kreuzreliquie aus Byzanz gedichtet hat. Sicher hat man dieses Ereignis in Poitiers (568–Mitte 573 n.Chr.)[30] feierlich in Szene gesetzt. Mehr als wahrscheinlich, daß dabei auch Fahnen vorangetragen wurden. Aber der Ausdruck *vexilla* ist mehrdeutig. C. Blume sieht *vexilla* als Ersatz für das griechische Lehnwort *tropaeum*, das in frühchristlicher Zeit ein Symbol für das Kreuz als Siegeszeichen wurde.[31] Diese Lesart wird gestützt durch Justin den Märtyrer, der bereits Mitte des 2. Jahrhunderts das Kreuz symbolisiert sieht „im Siegesdenkmal, das die Griechen ‚tropaion' nennen"[32], ebenso auch durch Ambrosius, der in seinem Kommentar zur Leidensgeschichte nach Lukas das Kreuz als das Tropaion des Sieges bezeichnet.[33] Augustinus sagt vom Kreuz, es sei unser Siegeszeichen gegen unseren Feind, den Teufel.[34] Für Origenes schließlich ist das Kreuz die Siegestrophäe „über den Teufel, an die jener genagelt wurde und wo über ihn triumphiert wurde".[35] Für diese allegorische Deutung des Origenes vom „doppelten Holze", an dem sichtbar der Sohn Gottes im Fleisch gekreuzigt, unsichtbar der Teufel mit seinen Mächten ans Kreuz geheftet war, sieht Reijnders keine älteren

---

30 Meyer, Der Gelegenheitsdichter, 101.

31 Blume, Lieder, 196f. und Szövérffy, Hymns of the Holy Cross, 16f.

32 Justin, I Apol .55, 66. Zitiert nach Reijnders, Kreuz, 17.

33 Ambrosius, Expositio Euangelii secundum Lucam, in Luc 10,107 (32,4,495), zitiert nach Franz, Tageslauf und Heilsgeschichte, 410, Anm 1554: „Sed iam tropaeum suum uictor adtollat. crux supra umeros suos inponitur ut tropaeum..."

34 „Crux illa fidelibus non est opprobrium, sed triumphus, crux illa vexillum nostrum est contra ad adversarium nostrum Diabolum", zitiert nach Schulte, Brevier, 156 - dort leider ohne Zitatangabe.

35 Origenes, Hom. in Jos 8,3 (VII,338f.), zitiert nach Reijnders, Kreuz, 27.

patristischen Parallelen.[36] Dazu paßt seine historische Erläuterung: Das erste Zeichen, das nach der gewonnenen Schlacht als Symbol des Sieges über den Feind errichtet wurde, war das *tropaeum*. Mit dem Namen haben die Römer auch den Brauch von den Griechen übernommen. An der Stelle, an dem der Feind „kehrt" (tropae) machte, errichtete man einen Pfahl mit Querholz, an dem man seine Rüstung aufhängte, Schilde an beiden Enden des Querholzes befestigte und über dessen senkrechter Spitze einen Helm stülpte.[37]

Die Fülle patristischer Belege spricht für diese Deutung als Siegeszeichen, als deren biblischer Hintergrund Kol 2,15 gilt:

> „Die Fürsten und Gewalten hat er entwaffnet und öffentlich zur Schau gestellt, und durch Christus hat er über sie triumphiert."

Der König, dessen Siegeszeichen also hervortreten, ist natürlich Jesus Christus (vgl. Joh 18,37), wenn auch sein Königtum „nicht von dieser Welt"[38] ist. Dieser König ist zugleich „Schöpfer allen Fleisches" und derjenige, der am Querholz ausgestreckt ist - eine völlige Identität zwischen Schöpfer und Gekreuzigtem wird hier ausgesagt.

Das Geheimnis des Kreuzes ist das Geheimnis der Erlösung, welches beim Anblick dieses Kreuzes „aufstrahlt" oder „hervorleuchtet".[39]

5 Die folgenden Strophen

In der zweiten Strophe (VR I) zeigt sich der „Fortunatsche Realismus", von dem D.F. Bub[40] gerne spricht, d.h. die Nägel, die das Fleisch befestigen,[41] und der Speer sind höchst reale Marterwerkzeuge, wie die Wundmale (*uestigia*) zeigen, aber sie sind zugleich Werkzeuge der Erlösung. Weder diese, noch die Wunden Christi werden allerdings näher beschrieben oder, wie es später üblich wurde, verherrlicht. Im Vergleich zur Formulierung „süßes Holz, süße Nägel" im Hymnus *Pange lingua* bleibt das *Vexilla regis* hier sehr sachlich. Ob dieser nüchterne Realismus im Ton der Grund dafür war, diese Strophe später zu streichen, läßt sich nur vermuten.

Der Ausdruck „geopfert wurde die *hostia*" in 2,4, was dem *uictima* in 8,1 entspricht, erinnert an die Eucharistie. Auch in 3,4 und 8,1 tauchen eucharistische Anklänge auf, am deutlichsten in 4,4. Möglicherweise wurde das *Vexilla regis* gerade wegen der Strophe als Vesper-Hymnus verwendet,[42] die später gestrichen wurde. Auch die Aufnahme in die Karfreitagsliturgie, als

---

36 Reijnders, Kreuz, ebd.

37 Reijnders, Kreuz, 60.

38 Joh 18,36.

39 VR I; 1,1 *fulget*.

40 Bub, Leiden Christi, 25.

41 Vgl. Joh 20,25.

42 Die Vesper wird bereits zur Zeit Cassians als Danksagung für die Einsetzung der Eucharistie gedeutet. Vgl. Bämer, Geschichte des Breviers, 102.

Begleitgesang zur Prozession[43] mit der vorkonsekrierten Hostie nach der Kreuzverehrung, könnte auf diese Passage zurückgehen.

Die dritte Strophe thematisiert die Reinigung von Sünden durch Blut und Wasser aus der geöffneten Seite Christi. Auch hierfür lassen sich wieder patristische Zeugnisse anführen.[44] Das Wort *crimen* wird außerdem als Anspielung auf den Sündenfall Adams interpretiert.[45] Christus ist zugleich „leidend und lebensspendend", „angenagelt und doch Quell lebendigen Wassers".[46]

Str. 4 erklärt, daß die Weissagung König Davids, die er in seinem Lied (*fideli carmine*) machte - gemeint ist Ps 95,10 - sich in der Kreuzigung Christi erfüllt habe. Die Zeile „vom Holz herab herrscht Gott" war Anlaß zu zahllosen Kommentaren, aber auch Schuldzuweisungen.[47]

Der prächtige und glänzende Baum von Str. 4 des *Vexilla regis* ist nicht irgendein Baum, sondern wird gedeutet als der Baum des Lebens aus dem Paradies, dessen Holz würdig befunden wurde, die heiligen Glieder des Gekreuzigten zu tragen. Dies wird besonders deutlich in der Verbindung mit Str. 7, die, wie bereits erwähnt, einen lebendigen, fruchttragenden Baum beschreibt. „Die Unvergänglichkeit der Frucht des Kreuzesbaumes setzt eine Deutung als ‚Baum des Lebens' voraus."[48]

Der Purpur, mit dem dieser Baum geschmückt ist, kann einerseits den königlichen Pupurmantel meinen, mit dem man Jesus verspottete (Joh 19,5), der ihm aber als wahrem Herrscher zusteht. Andererseits kann das Wort aber auch auf das Blut Christi verweisen, das diesen Stamm rot gefärbt hat.

Stipite meint den aufrecht stehenden Stamm des Kreuzes, im Gegensatz zum querliegenden Stamm oder *atemna*.[49] Die Bezeichnung dieses Stammes

---

43 Ob das *Vexilla regis* ursprünglich Prozessions-Hymnus war, ist strittig. Walpole, Early Latin Hymns, 173, meint, es sei „zuerst Prozessionshymnus", dagegen Szövérffy, Annalen, Bd. 1, 140, verneint dies, da es sich um den Typus des Kreuzhymnus handele.

44 Bei Ambrosius, zitiert nach Blume, Lieder, 39, heißt es: „Ex illo corpore defuncto vita manabat, aqua enim et sanguis exivit illa, quae diluat, iste, redimat."

45 Ambrosius, Expositio Psalmi CXVIII, ed. M. Petschenig, (CSEL 62), Wien 1913, (62,132), vgl. Franz, Tageslauf und Heilsgeschichte, 417, Anm. 1579.

46 Hippolyt, Syr. Fragment XXIX, (II, S. 459, Z. 20f), zitiert nach Rahner, Symbole der Kirche, 211, Anm. 174.

47 Justin, Dial. cum Tryph. c 73, zitiert nach Schulte, Brevier, 153. Justin wirft den Juden vor, diese Stelle absichtlich geändert zu haben. Der Psalmvers lautet in der Vulgata nur „quia Dominus regnavit", in der Septuaginta war „ἀπὸ τοῦ ξύλου" ein erklärend beigefügter Zusatz. D.F. Bub bezeichnet die Stelle prompt als „vermeintliche Prophezeihung", Bub, Leiden Christi, 20; Meyer, Gelegenheitsdichter, 75, meint, man übersehe, daß die Editio Romana des Hieronymus lautete „dicite in nationibus, dominus regnavit a ligno". Ebenso wie Hieronymus habe auch „Fortunatus die Editio Romana des Psalmverses benützt".

48 Reijnders, Kreuz, 29.

49 Szövérffy, Hymns of the Holy Cross, 17, Anm. zu Str. 5.

als „auserwählt" geht wohl auf die altchristliche Legende[50] zurück, wonach der Stamm des Kreuzes aus dem Stamm des Paradiesbaumes besteht.

Wenig eingängig ist zunächst das Bild von der „Waage"(6,3). Klarer wird es in Verbindung mit dem Wort vom „Lösepreis" der Welt. In einer Zeit „harter Währung" wird dieser Preis auf einer Waage abgewogen. Der Vers macht klar, von welch außerordentlichem Wert Christi Opfer ist. Sein Leib wiegt die Ursünde und die Sünden der Welt auf und führt so zur Befreiung der Menschheit, die sonst zum Raub der Hölle, des Tartarus, geworden wäre.[51] Dahinter steht das Bild von Kol 2,14: „Er hat den Schuldschein, der gegen uns sprach, durchgestrichen und seine Forderungen, die uns anklagten, aufgehoben. Er hat ihn dadurch getilgt, daß er ihn ans Kreuz geheftet hat."

Str. 7 ist für heutiges Empfinden seltsam. Beim Anblick eines „am Holz" Gekreuzigten vom Duft der Rinde, vom Wohlgeruch des Nektars oder den Früchten dieses Baumes zu schwärmen, ist ja mindestens absurd, wenn nicht herzlos. Es gibt nur eine Erklärung: Fortunatus sieht hier längst nicht mehr den am Kreuz leidenden, sondern den am Kreuz erhöhten Herrn, dessen Opfer Früchte bringt für die Menschen.[52]

Str. 8, der ursprüngliche Schluß, beginnt mit einer Anrede an das Kreuz und preist es als „Altar", an dem das Opfer, Christus, den Sieg über den Tod errang.

Sieht man in 4,4 die - formal und inhaltlich - zentrale Zeile des Hymnus, so kann man 8,3–4 als ihre Begründung betrachten: Weil Christus am Kreuz den Tod besiegte, deshalb „herrscht Gott vom Holz herab".

6 Eine Gelegenheitsdichtung?

Ob man einen so sorgfältig komponierten Hymnus tatsächlich als „Gelegenheitsdichtung" bezeichnen sollte, hängt davon ab, wie man diesen Ausdruck verwendet. Als ein quasi nebenbei, bei passender Gelegenheit entstandenes Gedicht - wie etwa Fortunatus humorige Dankgedichte für die ihm geschenkten Pflaumen oder Kastanien –, oder lediglich als ein zum konkreten Anlaß entstandenes Werk. Die „Gelegenheit" für unseren Hymnus wurde bereits erwähnt - der Einzug der Kreuzreliquie.[53] Wie die

---

50 Spreckelmayer, Kreuzzugslied, 14 spricht von einer Entstehung der Kreuzlegende im 12. Jh, die „vielleicht ihre Entstehung, auf jeden Fall aber ihre schnelle Ausbildung und Verbreitung den Kreuzzügen verdankt."

51 Ebd.

52 Bub, ein erklärter Gegner „sinnlich-mystischer Passionsdichtung" kritisiert die „bisher unerhörte Fülle sinnlicher Züge", die malerischen Beiwörter („glänzend"), die Anspielungen auf den Geruchssinn und wirft diesem, wie er es nennt „spanischen Stil" vor, die Grenze zur „sinnlich mystischen Dinganbetung" zu erreichen. Bub, Leiden Christi, 21.

53 Nachdem die thüringische Königin Radegunde ihren Mann Chlotachar verlassen und in Poitiers ein Kloster gegründet hatte, bat die politisch denkende „merowingische Intellektuelle" mit dichterischen Neigungen (so schildert sie George, Venantius Fortu-

Schenkung der Reliquie selbst eine lange Vorlaufzeit hatte, so sicher auch die Entstehung der Kreuzhymnen. „Auftrags-Kunst" also. Eine „Gelegenheit", die man gar nicht hoch genug ansetzen kann.

7 Deutsche Fassungen

Bereits aus dem 12. Jahrhundert existiert eine deutsche Übersetzung, direkt nach dem lateinischen Wortlaut des *Vexilla regis*,[54] deren Singbarkeit allerdings bezweifelt werden muß. In diesem „Vanen chuniges vurgent"[55] fehlen auch die ursprünglichen Str. 2, 6 und 7. Die Ersatzstrophen entsprechen VR II A.[56]

Kurz vor den reformatorischen Gesangbüchern erscheint 1517 ein von Martin Myllius verfaßter Liederzyklus, worin Myllius eine eigene Übersetzung des *Vexilla regis* verwendet. Dieses „Die künglich paner gend herfür"[57] hat nur noch sechs Strophen[58] und führt erstmals „hend", „füß", „hertz" und „wadt" des Gekreuzigten auf.

Das Hymnarius von Sigmundslust 1524[59], dessen Verfasser in Tirol die im gleichen Jahr erschienenen neuen Übersetzungen von Martin Luther und Thomas Müntzer noch nicht kannte,[60] bringt reformatorische Umdichtungen katholischer Gesänge,[61] darunter auch ein für den „schwartzn suntag" *Des Khünigs panier kummen heer*. Von einigen sprachlichen Besonderheiten abgesehen,[62] geht auch diese Version auf dieselbe lateinische Vorlage zurück.

---

natus) in Byzanz um eine Reliquie des wahren Kreuzes. Als der junge italienische Poet in Poitiers ankommt, schreibt er in ihrem Namen drei eloquente Gedichte, um ihre Anfrage bei Kaiser Justin II und Kaiserin Sophia zu unterstützen. Sehr geschickt bittet er die Byzantiner, man möge doch Gedichte mitschicken, mit der die Ordensfrauen die Kreuzreliquie gebührend begrüßen könnten. Ob solche je ankamen ist ungewiß - sicher aber, daß Fortunatus selbst das *Vexilla regis* und das *Pange lingua* für diesen feierlichen Einzug dichtete. Humorvoll und liebenswert schildert J.W. George den Dichter, der trotz aller geschickten Selbstinszenierung weit mehr als ein „bread-and-butter writer"(a.a.O., 179) gewesen sei.

54 Kehrein, Lieder, 56f.

55 Mittelhochdeutsch *vane,* althochdeutsch *fano* = Fahne, vgl. Kluge, Etymologisches Wörterbuch, 198.

56 6. *chrvz wis heil gednge* (=Hoffnung) *einige/ disem der marter zite/ gemere gvten daz reht/ vnd schuldigen gib antlaz. 7. dich oberestiv got trivalticheit/ lobet aller geist/ die duh des chyzes heil/behaltest rihte vber werlt.*

57 Wackernagel 1, 1105.

58 Str. 5 *O creütz, din boum gleissend mit zierd* und Str. 6 *Du sälger boum, an armen schon* sind eine Erweiterung der ursprgl. Str. 5.

59 Hymnarius, Sigmundslust 1524.

60 So Wackernagel II, 1107.

61 Vgl. Möller, Kirchlied und Gesangbuch, 49.

62 1,2 *haymligkeit des chreutz;* 4,1 *ein zierlich paumb mit scheinperkhait;* 5,4 *unnd namb ein raub den höllischein;* 6,4 *gib den sündern glassnhait;* 7,3.4 *Dy durch des khreutzes deuttligkhait; Heyliges lendt zur säligkhait.*

Des Königs Panir gehn hervor aus der Deutsch-Evangelisch Messe von Altstedt 1524[63] wird oft als „Thomas Müntzers Lied"[64] bezeichnet. Wackernagel meint dagegen, Müntzer habe nur den Anstoß zur Veröffentlichung gegeben, „auf die Lieder kann demselben keine Beziehung gegeben werden"[65]. Hier soll der Text von **Zwickau 1528*[66] wiedergegeben werden:

1.1 Des Königs panyr gehn erfür/
2 die frucht des Creuczes schwebt empor/
3 an dem schepffer alles fleisch/
4 gehangen ist ynn schöner weis.

2.1 Am selben dazu seer verwundt/
2 mit scharffm speer zur neunden stund/
3 sein seitte gab wasser und blut/
4 zurtilgen der hellischen glut

3.1 Was david sang/ ward da erfült/
2 mit lobsengen ym geist gar mild/
3 zu den menschen sagend also/
4 got hirschet am holze aldo

4.1 Des creuczes holcze gezieret ist/
2 mit pupuren des königs Christ/
3 als ein ganczer auserwelter stamm/
4 der solche gliedmas tragen kan.

5.1 Daran ist ausgestrackt das heyl/
2 das lohn für wilchs die welt war feyl
3 der sunden bürd er auff sich nahm/
4 der hellen rawb er herlich gewan.

6.1 Solchs creucz billig zu preisen ist/
2 daran man Gottes geheymnis liest.
3 daran leid aller Christen trost/
4 denn Got verbeut all frembde lust.

7.1 Danck sey dir Gott Dreyfaltiglich/
2 alles was lebt preyset drumb dich/
3 das du durch des fron creuczes todt/
4 uns hast erlöst aus ewiger not/

Amen.

Inhaltliche Veränderungen ergeben sich in dieser Fassung in 1,2 durch die „frucht des Creuczes"; Wasser und Blut aus der Seite Christi löschen die „hellische glut" (2,4). Str. 6 wurde stark verändert, sie verweist die Christen zum Trost für ihr Leid auf das Kreuz, wohingegen alle „fremde Lust verboten ist". Die Erlösung aus ewiger Not (7,4) läßt eher an das Leben im Jammertal als an die Befreiung von Sündenschuld denken.

Dieses Lied erscheint kurz darauf in mehreren evangelischen Gesangbüchern, so in **Leipzig 1530*,[67] allerdings nicht in solchen, deren Herausgabe Luther selbst überwachte. D.F. Bub sieht darin eine Ablehnung Luthers „der sinnlich-mystischen Verherrlichung des Leibes und des Kreuzes",[68] möglicherweise stand aber eher im Vordergrund die Kritik Luthers an Müntzers Übertragung lateinischer Texte ins Deutsche – unter Beibehaltung der lateinischen Melodie.[69]

---

[63] Wackernagel III, 440ff.

[64] So Bub, Leiden Christi, 64.

[65] Wackernagel, ebd.

[66] **Zwickau 1528.*

[67] *Enchiridion, *Leipzig 1530.*

[68] Bub, Leiden Christi, 64–65.

[69] So nach Möller, Kirchenlied und Gesangbuch, 74, mit der Begründung, „es laut nicht ertig noch rechtschaffen". Die einzige Änderung: in 1,4 *ynn schnöder weis* statt vorher *ynn schöner weis.*

Das im Todesjahr Luthers 1546 veröffentlichte Magdeburger Enchiridion (*Magdeburg 1546*) enthält *Des Konigs Bannern gahn hervor,*[70] inhaltlich völlig identisch.

Obwohl das katholische Gesangbuch des Domdechanten Johann Leisentrit[71] fast vierzig Jahre später erschien, bleibt es der reformatorischen Vorlage treu. Wie eng die Verflechtung von evangelischer und katholischer Liedüberlieferung in dieser Zeit ist, sieht man an der Liedfassung des lutherischen Gesangbuches *Erfurt 1590*.[72] *Des Königs Panir gehen herfur* wird als „reformatorisches" Lied aufgenommen, aber mit den Veränderungen des katholischen Leisentrit. Richtig ökumenisch!

Leider geht es so einmütig nicht weiter, das Lied gerät im protestantischen Bereich in Vergessenheit. Die katholische Tradition im 17. Jh wird fortgesetzt, bringt lediglich im Titel des Liedes statt des Königs „Panir" nun des Königs „Fenlein"[73], „Fähnlein"[74] oder „Fänlein".[75] Dieses Diminutivum scheint aber für das große, bedeutungsschwere *vexilla* unangemessen.

H. Bones Fassung[76] greift deutlich auf das lateinische Vorbild zurück und restauriert Verse 1,3–4 des Fortunatus. Wasser und Blut Christi dienen wieder zum Vergeben der Sünden, nicht zum Löschen der Höllenglut. Insgesamt ist es eine gelungene Neufassung, zumal auch die Assoziation der Eucharistie wieder an die liturgische Verwendung des Liedes am Karfreitag anknüpft.

Die weiteren Versionen des Liedes in den katholischen Gesangbüchern des 19. Jh zeigen, wie sehr das Lied präsent ist, wie man zugleich an bestimmten Stellen immer wieder Verbesserungen versucht. Prägend werden H. Bones *Cantate*, Peter Sömers Text von 1874 sowie eine spätere Mainzer Fassung (1876).

8 Nur noch ein Anhang?

Mit Einführung des *Gotteslob* kommt das Lied, dort wo es überhaupt noch vorkommt, in den Regionalteil. Es wird zum „Anhang". Nun gibt es acht verschiedene Fassungen:

1. München-Freising: *Des Königs Zeichen tritt hervor*
2. Münster: *Des Königs Fahne tritt hervor*
3. Rottenburg: *Des Königs Fahne schwebt empor*
4. Speyer: *Des Königs Fahnen gehn hervor*

---

70 Sicher ein Genuß für Germanisten. Str.1: *Des Konigs Bannern gahn hervor/ de frucht des Crutzes swevet hoch her/ an dem de schepper alles fleesches/ gehangen hefft in schnoder wyse.* Str. 6 lautet: *Solck creutz billick tho loven js/ daranne men Gades heimlichen list...*

71 Leisentrit, *Geistliche Lieder*, 74. Lediglich minimale Abweichungen in der Schreibweise und in 5,4 *der hellen raub ehrlich gewan.*

72 **Erfurt 1590.*

73 So **Konstanz 1600.*

74 So das **Nürnberg 1625* und **Mainz 1683.*

75 **Köln 1628.*

76 In seinem **Cantate 1847*, 80.

5. Eichstätt, Hamburg: *Der König siegt, sein Banner glänzt*
6. Fulda, Limburg, Mainz: *Des Königs Fahne weht empor*
7. Berlin, Dresden-Meißen, Erfurt, Görlitz, Magdeburg: *Des Königs Fahne schwebt empor*
8. Aachen, Essen, Köln, Osnabrück, Paderborn: *Des Königs Banner wallt empor*

Beim Vergleich dieser Fassungen scheint keine völlig ungeeignet, manche Formulierungen jedoch zu wenig dem Original zu entsprechen[77], mancher Verzicht bedauerlich[78]. Das schwierige Bild von der „Waage" haben die Fassungen 3, 4 und 7 beibehalten, aber durch das jeweils zugeordnete Prädikat nicht besonders verständlich. Fassung 6 im GL hat das alttestamentliche Zitat von Ps 95,10 unkenntlich gemacht. Vers 3,4 ist zwar eine inhaltlich und sprachlich schöne Formulierung: „erhöht am Kreuze, seinem Thron, umfängt die Menschen Gottes Sohn", aber dafür fehlt nun eben das zentrale „herrscht vom Kreuz".

Peter Sömers Fassung ist im **Gotteslob*-Anhang die am meisten verbreitete Übertragung des alten Hymnus. Bezeichnenderweise haben sich hier die „Banner" anstelle der „ Fahnen" erhalten.

„Sich etwas auf sein Panier schreiben", heißt, ein Ziel unbeirrt zu verfolgen, einer Sache gemäß leben, der man sich verpflichtet hat.[79] Eine dem Kreuz angemessene Assoziation. „Panier" geht auf das französische *bannière* zurück, dieses wiederum auf das germanische Wort *bandwa*[80] für „Zeichen". Dies alles steckt, wenn auch nicht mehr im Bewußtsein, hinter dem Ausdruck *Banner.* Das Wort allein deutet also an, daß es hier um mehr geht, als ein Stück Stoff, sondern um ein wirkliches Zeichen.

Sich mit einem „Banner" anfreunden, kann man nur, wenn man es mit Erfahrungen, Erlebnissen verbindet. Als unsere Älteste von einem gelungenen Zeltlager zurückkam, meinte sie: „...und als wir dann unser Banner eingeholt haben, waren wir alle richtig traurig." Fortunatus ginge es heute sicher genauso.

---

[77] In München-Freising 4,4 *zu halten in der letzen Not;* 5,3 *empfängt der Treue Kraft;* 6,4 *lobpreist im Chor der Seligen Schar.* In Münster 2,2 *sein heilges Herz gar tief und schwer;* 6,4 *zur Sühnung unsrer Sünden quoll;* 5,3 *den Guten mehr die Frömmigkeit,* in Rottenburg-Freiburg 2,4 *zu löschen unsrer Sünden Glut ;* 3,1 *im hehren Bild;* 4,4 *daß dich so heilge Last beschwert;* 5,3 *an der die Siegesbeute prangt;* 6,1 *durch das uns Hoffnung sprießt;* Speyer 4,2 *ein Speer dringt zu dem Herzen ein;* 4,3 *hochedler Stamm, dem Preis gebührt;* 5,1–2 *an dir als einer Waage schwebt;* 6,3 *gib den Gerechten neue Huld;* 7,3–4 *die durch des heilgen Kreuzes Kraft/ uns Tugend und Belohnung schafft.*

[78] In München-Freising fehlt die Fahne, bzw. das Banner ganz. Auch *crucis mysterium* fehlt in mehreren Fassungen ganz.

[79] Vgl. Röhrich, sprichwörtliche Redensarten, Bd 2, 1131.

[80] Vgl. Kluge, Etymologisches Wörterbuch, 59. Dagegen *vane (mhd), fano (ahd)* geht zurück auf das germanische *fanon* = Tuch, ebd., 98.

Literatur

CSEL= Corpus Scriptorum Ecclesiasticorum Latinorum. Wien 1866ff.
MGH = Monumenta Germaniae Historica.

Bämer, Suitbert (OSB): Geschichte des Breviers. Freiburg 1895.
Blume, Clemens/Drewes, Guido Maria: Analecta Hymnica medii aevi. Leipzig 1886.
Blume, Clemens: Unsere liturgischen Lieder. Regensburg 1932.
Bub, Douglas Frederic: Das Leiden Christi als Motiv im deutschen Kirchenlied der Reformation und des Frühbarock. (Diss.) Bern 1951.
Bulst, Walter: Hymni latini antiquisimi LXXV. Psalmi III. Heidelberg 1956.
Dreves, Guido M.: Die Kirche der Lateiner in ihren Liedern, Kempten/München 1908.
Fellerer, Karl Gustav: Geschichte der katholischen Kirchenmusik. Kassel 1972–76.
Franz, Ansgar: Tageslauf und Heilsgeschichte (Pietas Liturgica 9). St. Ottilien 1994.
George, Judith W.: Venantius Fortunatus. A Latin Poet in Merovingian Gaul, Oxford 1992.
Horae diurnae. Breviarii Romani Mechliniae. Mechelen 1927.
Hymnarius durch das ganntz Jar verteutscht... Verlegt von Gorgen Stokhls. Sigmundslust 1524.
Kehrein, Josef: Kirchen- und religiöse Lieder aus dem 12. bis 15. Jahrhundert. Paderborn 1853.
Kluge, Friedrich: Etymologisches Wörterbuch der deutschen Sprache. Berlin/New York 1994.
Leisentrit, Johann: Geistliche Lieder und Psalmen. Faksimiledruck. Hrsg. von Walther Lipphardt. Leipzig 1966.
Meßbuch für die Bistümer des deutschen Sprachgebietes. Freiburg 1975.
Meyer, Wilhelm: Der Gelegenheitsdichter Venantius Fortunatus (Abhandlungen der Königlichen Gesellschaft der Wissenschaften zu Göttingen. Philologisch-historische Klasse. Neue Folge Bd. 4. Nr. 5). Berlin 1901.
Möller, Christian: Kirchenlied und Gesangbuch. Tübingen 2000.
Pachtler, Georg Michael: Die Hymnen der kath. Kirche im Versmaße übersetzt. Mainz 1853.
Raby, Frederic J.E.: A History of Christian Latin Poetry. Oxford 1953.
Rahner, Hugo: Symbole der Kirche. Salzburg 1964.
Reijnders Gerardus Q. (OSC): Das Wort vom Kreuz. Kreuzes- und Erlösungssymbolik bei Origenes. Köln 1983.
Rituale Romanum. Ratisbonae 1935.
Röhrich, Lutz: Das große Lexikon der sprichwörtlichen Redensarten. Freiburg/Basel/Wien 1992.
Rupp, Heinz: Deutsche religiöse Dichtungen des 11. und 12. Jahrhunderts. Berlin/München ²1971.
Schmidt, Hermannus A. P.: Hebdomada Sancta Bd. II. Rom 1957.
Schulte, Adalbert: Die Hymnen des Breviers nebst den Sequenzen des Missale. Paderborn ⁴1920.
Spreckelmayer, Goswin: Das Kreuzzugslied des lateinischen Mittelalters. München 1974.
Szövérffy, Josef: Die Annalen der lateinischen Hymnendichtung. Bd. 1. Berlin 1964–1965.
Szövérffy, Josef: Venantius Fortunatus and the Earliest Hymns to the Holy Cross (Classical Folia 20). New York 1966.

Venantius Fortunatus. Opera poetica, ed. F. Leo, Monumenta Germaniae Historica. Auctores antiquissimi 4.1. Berlin 1881.

Wackernagel, Philipp: Das deutsche Kirchenlied von der ältesten Zeit bis zu Anfang des XVII. Jahrhundertes. Mit Berücksichtigung der deutschen kirchlichen Liederdichtung im weiteren Sinne und der lateinischen von Hilarius bis Georg Fabricius und Wolfgang Ammonius. 5 Bde. Leipzig 1864-77 (Reprint Hildesheim 1987).

Walpole, Arthur S.: Early Latin Hymns. Cambridge 1922 (Cambridge Patristic Texts) (Reprint Hildesheim 1966).

Wentzlaff-Eggebert, Friedrich-Wilhelm: Kreuzzugsdichtung des Mittelalters. Berlin 1960.

Christine Kreutz

O du mein Volk, was tat ich dir?

1. O du mein Volk, was tat ich dir?
Betrübt ich dich? Antworte mir!
Ägyptens Joch entriß ich dich,
du legst des Kreuzes Joch auf mich.
Heiliger Gott! Heiliger starker Gott!
Heiliger, Unsterblicher,
erbarm dich unser!

2. Ich führte dich durch vierzig Jahr
und reichte dir das Manna dar;
das Land des Segens gab ich dir,
und du gibst mir das Kreuz dafür.

3. Was hab ich nicht für dich getan?
Pflanzt dich als meinen Weinberg an,
und du gibst bittern Essig mir,
durchbohrst des Retters Herz dafür.

4. Ich führte dich durchs Rote Meer,
und du durchbohrst mich mit dem Speer.
Der Heiden Macht entriß ich dich,
du übergabst den Heiden mich.

5. Ich nährte in der Wüste dich,
und du, du läßt verschmachten mich;
gab dir den Lebensquell zum Trank,
und du gibst Galle mir zum Dank.

6. Ich schlug den Feind, gab dir sein Land;
und grausam schlägt mich deine Hand.
Das Königszepter gab ich dir,
du gibst die Dornenkrone mir.

7. Ich gab dir Gnaden ohne Zahl;
du schlägst mich an des Kreuzes Pfahl.
O du mein Volk, was tat ich dir?
Betrübt ich dich? Antworte mir!

Druckvorlage

Text und Melodie sind dem *Gotteslob* entnommen (GL 206).

1 „Popule meus, quid feci tibi?"[1]

Jahrhundertelang wurde die Kreuzverehrung der römisch-katholischen Karfreitagsliturgie von dem Gesang der Improperien, den Anklagen des gekreuzigten Heilands, begleitet. In diesen werden die Wohltaten Gottes an seinem Volk in der alttestamentlichen Heilsgeschichte den Missetaten des Volkes an ihrem Gott in der neutestamentlichen Leidensgeschichte gegenübergestellt. Ergänzt werden die Klagen durch das sogenannte *Trishagion*, eine aus der Ostkirche kommende dreifache Anrufung Gottes mit abschließender Bitte um Erbarmen.

Sowohl im *Gotteslob* als auch im neuen *KG* finden sich die Improperien in einem Strophenlied des 19. Jahrhunderts (GL 206, KG 425).[2] Der Text geht auf Markus Fidelis Jäck (1768–1845) zurück, die Melodie erschien erstmals 1841 in einem Kölner Gesangbuch. Sowohl Text als auch Melodie der heutigen Ausgaben weichen beträchtlich von den Erstveröffentlichungen ab. In die Analyse des Liedes werden die Urfassungen mit einbezogen.

2 Herkunft und Überlieferung des Liedes

Die vorliegende Umdichtung der Improperien wurde im Jahr 1817 in der Sammlung **Psalmen und Gesänge* veröffentlicht.[3] Herausgeber und Dichter dieser Sammlung war Markus Fidelis Jäck. 1768 in Konstanz geboren, empfing er 1792 die Priesterweihe und war in mehreren Pfarreien tätig, bevor er 1824 zum Regens in Meersburg ernannt wurde. Im Jahr 1830 wurde Jäck Regens und Domherr in Mainz, wo er 1845 verstarb.[4] Es liegen mehrere Veröffentlichungen Jäcks vor, die ihn als religiösen Schriftsteller, Übersetzer und Dichter ausweisen.[5]

Die heutige Melodie erscheint erstmals 1841 in dem von Pfarrer Christian Schnepper herausgegebenen Gesangbuch **Die christliche Gemeinde in der*

---

1 „Mein Volk, was habe ich dir getan?"

2 Das 1997 in Oppeln erneut erschienene schlesische katholische Gebet- und Gesangbuch **Weg zum Himmel* bietet unter der Nr. 220 die Improperien in einer anderen Liedfassung (*Mein Volk, was hab' ich dir zuleid' getan?*).

3 Jäck, **Psalmen und Gesänge*. Das Lied *O du mein Volk, was tat ich dir* findet sich in Bd. 2, 97–99.

4 Die Angaben zu Jäck sind entnommen aus: Kosch, Das katholische Deutschland, 484.

5 Weitere Werke des Autors sind ein *Kleines Gebetbuch* (1805), eine lateinisch-deutsche Fassung des *Officium defunctorum* (1815), eine allegorische Deutung des Hohen Liedes (1825), eine Sammlung **Geistliche und weltliche Lieder* (1836) und kurioserweise auch eine Abhandlung „Triberg oder Versuch einer Darstellung der Industrie und des Verkehrs auf dem Schwarzwald" (1826).

Andacht[6] in Ziffernotendruck sowie drei Jahre später im ebenfalls in Köln veröffentlichten zugehörigen **Kirchenchoral- und Melodien-Buch*[7]. Musikalischer Bearbeiter dieses Buches war nach Bäumker Hugo Prässar (oder: Pressard), „Organist und Lehrer der Musik in Elberfeld, der selbst [...] eine Anzahl von Melodien der Sammlung komponiert hat"[8]. Prässar kommt auch als Komponist des vorliegenden Liedes in Frage.[9]

Mit Text- und Melodievariationen und in unterschiedlicher Strophenzahl findet sich das Lied seitdem in Diözesangesangbüchern unter den Rubriken „Am Charfreitage" (**Limburg 1863*, auch **Mainz 1865*), „Fastenlieder" (**Köln 1887*), „Heiliges Jahr. Leidenszeit" (**Speyer 1951*) oder „Heiliges Jahr. Heilige Woche" (**Limburg 1957*). Im **Gotteslob* von 1975 erscheint es unter den Gesängen zur Kreuzverehrung am Karfreitag, ebenso im Schweizer **KG* von 1998, das im Anschluß an das Lied die Anmerkung macht:

> „Das versammelte Gottesvolk erinnert sich in biblischen Bildern der Wohltaten Gottes und wird sich seiner eigenen Schuld am Tode Jesu bewußt"[10].

3 Die Textvorlage: Die Improperien der römischen Karfreitagsliturgie

Bei *O du mein Volk, was tat ich dir* handelt es sich um eine Übertragung und Umdichtung der Karfreitagsimproperien. Diese stehen sowohl formal als auch inhaltlich in einer Tradition, die im Alten Testament grundgelegt ist und sich in jüdischen wie christlichen Zeugnissen entfaltet.[11] Im **Alten Testament** begegnen Klagereden Gottes vor allem in prophetischen Schriften. Dabei zielt die Klage, die auch in Form einer Anklage oder eines Rechtsstreits vorgebracht werden kann, auf die Umkehr des Volkes und zeugt letztlich von der werbenden Liebe Gottes zu seinem Volk. Direkt in die römischen Karfreitagsimproperien eingegangen ist das Bild vom Weinberg Gottes aus dem *Canticum* Jes 5, in dem es heißt:

> „Was konnte ich noch für meinen Weinberg tun, das ich nicht für ihn tat? Warum hoffte ich denn auf süße Trauben? Warum brachte er nur saure Beeren?" (Jes 5,4)

Der *Populus meus*-Ruf der Improperien ist ein wörtliches Zitat aus dem Buch Micha, auch hier werden dem Volk die Wohltaten Gottes in der Heilsgeschichte vor Augen gestellt:

---

6 Schnepper, **Die christliche Gemeinde*.

7 **Kirchenchoral- und Melodien-Buch*, Nr. 44, S. 64-66.

8 Bäumker IV, 199.

9 Vgl. Werkbuch zum GL II/1, 172.

10 **KG*, S. 500.

11 Gut aufgearbeitet findet sich die Überlieferungsgeschichte der Improperien-Tradition bei Gerhards, Improperia, 1198–1212; Auf der Maur, Osterhomilien des Asterios Sophistes, bes. 134–151; sowie Poorthuis, Improperia and Judaism, 1–24; zum Thema s. auch Werner, Textgeschichte der Improperia, 274–286; Schütz, „Was habe ich dir getan, mein Volk?", 1–38.

„[3]Mein Volk, was habe ich dir getan, oder womit bin ich dir zur Last gefallen? Antworte mir! [4]Ich habe dich doch aus Ägypten heraufgeführt und dich freigekauft aus dem Sklavenhaus. Ich habe Mose vor dir hergesandt und Aaron und Mirjam." (Mi 6,3f)

Während in den alttestamentlichen und späteren jüdischen Schriften[12] die Klagen Gottes einer innerisraelitischen Selbstkritik entsprechen und ihrer Zielsetzung nach zur Umkehr aufrufen, sind die **frühchristlichen Zeugnisse** nicht frei von Anschuldigungen gegen die Juden. Die jüdische Selbstkritik kann hier pervertiert werden in eine Verurteilung der Juden durch Christen, die zum Beispiel bei Melito von Sardes mit dem Vorwurf des „Gottesmordes" konfrontiert werden[13].

Ein Gedicht des jüdischen Poeten Eleasar Kalir ist bislang das einzige bekannte Zeugnis für eine Gegenüberstellung von Gottes Heilstaten und der Undankbarkeit des Volkes in der **jüdischen Liturgie**. Kalir wirkte vermutlich im 8. oder 9. Jahrhundert in Palästina oder Syrien. In der Liturgie des 9. Ab, dem Gedenktag der Tempelzerstörung, werden in insgesamt zwölf Strophen die Taten Gottes gepriesen, worauf die versammelte Gemeinde die Sünden des Volkes Israel in der biblischen Geschichte bekennt und sich mit dem biblischen Volk identifiziert.[14]

In der **christlichen Liturgie** lassen sich in den Riten nahezu aller Traditionen liturgische Parallelen nachweisen, jedoch gibt es in der Zielrichtung der Klagereden Unterschiede.
So heißt es in der elften und dreizehnten Antiphon der byzantinischen Akoluthie des Heiligen Leidens:

„Für all das Gute, das du dem Geschlecht der Hebräer getan hast, Christus, haben sie dich verurteilt zum Kreuz, dir Galle und Essig zu trinken gegeben. So gib ihnen doch, Herr, nach ihren Werken, da sie dein Hinabsteigen [συγκατάβασιν] nicht verstanden haben."[15]

Im Westen sind Improperien erstmals im gallischen Missale von Bobbio (um 700) bezeugt. In den Heilandsklagen des Karsamstags berichtet der leidende Christus dem Vater die ihm von den Juden zugefügten Leiden und

---

12 So zum Beispiel in der frühjüdischen Bibelauslegung Midrasch Numeri Rabba 16,24, in der der Vers Num 14,11 (‚Wie lange verachtet mich dieses Volk noch, wie lange noch wollen sie nicht an mich glauben trotz all der Zeichen, die ich mitten unter ihnen vollbracht habe?') zum Ausgangspunkt wird für eine göttliche Anklagereihe mit dem Vorwurf: ‚All das Gute, das ich über euch beschlossen, habt ihr verkehrt' und in welcher jeder Wohltat Gottes eine undankbare Antwort des Volkes gegenübergestellt wird, vgl. Gerhards, Improperia, 1200 und Poorthuis, Improperia and Judaism, 7–10.

13 Zur Osterpredigt des Melito von Sardes, vgl. Poorthuis, Improperia and Judaism, 13; eine neue Übersetzung des Predigttextes findet sich in: Berger/Nord, Das Neue Testament und frühchristliche Schriften, 1260–1278, der Vorwurf des Gottesmordes in Abschnitt 96, 1276.

14 Vgl. Gerhards, Improperia, 1201f.; Poorthuis, Improperia and Judaism, 10f.

15 Zitiert nach Schütz, ebd.

bittet mit den Worten „ingnorant, quid faciunt" (sie wissen nicht, was sie tun; vgl. Lk 23,34) für sie um Vergebung.[16]

Die heutigen **römischen Improperien** sind aus ursprünglich drei verschiedenen Elementen (*Trishagion, Improperia maiora, Improperia minora*) zusammengewachsen. Erst im 15. Jahrhundert erfolgte ihre Vereinigung zur heutigen Gestalt. Sie findet sich erstmals im Missale Romanum von 1474.[17]

Das **Trishagion** („Heiliger Gott, heiliger Starker, heiliger Unsterblicher, erbarme dich unser"), erstmals überliefert bei den Akklamationen des Konzils von Chalzedon (451), ist ein aus der Ostkirche stammender Prozessions- und Empfangsruf.[18] Im Westen ist das *Trishagion* in griechischer und lateinischer Sprache zunächst in Gallien bezeugt[19], um 900 taucht es bei der karfreitäglichen Kreuzverehrung in Rom auf[20]. Anknüpfungspunkt für seine Verwendung am Karfreitag war der nur im Osten von den Monophysiten gebrauchte Zusatz „der du für uns gekreuzigt wurdest" vor der abschließenden Bitte um Erbarmen.[21]

Die **Improperia maiora** - *Popule meus*[22] (vgl. Mi 6,3f.), *Quia eduxi te per desertum*[23] (vgl. Dtn 8,2f.7) und *Quid ultra debui*[24] (vgl. Jes 5,4; Jer 2,21; Ps 69,22) - wurden zunächst als **versus** mit dem **Trishagion** verbunden.[25] Sie formulieren als Heilsereignisse des Alten Bundes die Befreiung aus der Knechtschaft Ägyptens, die vierzigjährige Wüstenwanderung mit der Mannaspeisung und der Landgabe sowie das Bild vom erlesenen Weinstock (vgl. Jes 5,1-5). Die Undankbarkeit des Volkes im Neuen Bund offenbart sich dagegen in der Kreuzigung, der Gabe von Essig und dem Durchbohren mit der Lanze.

Statt des *Trishagions* ist auch der Ruf „Weh' uns, wir haben gesündigt" (vgl. Jer 5,16) überliefert, so daß die Gemeinde auf die Klagen des Gekreuzigten mit einem Bekenntnis eigener Schuld antwortet. Allerdings blieb dies vereinbar mit Beschuldigungen der Juden. So wurden die „großen Impro-

---

16 Zu Improperien in der gallischen, altspanischen, mailändischen sowie Jerusalemer, syrischen und byzantinischen Tradition, vgl. Schütz, „Was habe ich dir getan, mein Volk", 7-20; Gerhards, Improperia, 1206f.; Auf der Maur, Feiern im Rhythmus der Zeit I, 111.

17 Vgl. Willa, Improperien, 442; Gerhards, Improperia, 1210f.

18 Vgl. Plank, Trishagion, 263.

19 Vgl. Gerhards, Improperia, 1208.

20 Vgl. Schütz, „Was habe ich dir getan, mein Volk?", 6.

21 Vgl. Plank, Trishagion, 263; Gerhards, Improperia, 1208.

22 „Popule meus, quid feci tibi? Aut in quo contristavi te? Responde mihi. Quia eduxi te de terra Aegypti: parasti Crucem Salvatori tuo."

23 „Quia eduxi te per desertum quadraginta annis, et manna cibavi te, et introduxi te in terram satis bonam: parasti Crucem Salvatori tuo."

24 „Quid ultra debui facere tibi, et non feci? Ego quidem plantavi te vineam meam speciosissimam: et tu facta es mihi nimis amara: aceto namque sitim meam potasti: et lancea perforasti latus Salvatori tuo."

25 So z.B. im Antiphonale der Kathedrale von Senlis, um 880, vgl. Gerhards, Improperia, 1209.

peria" mehrfach auch als *Improperia Iudaeorum* bezeichnet und ausdrücklich als Worte Christi gegen die Juden gedeutet.[26]

Handschriftlich bezeugt sind die sog. kleinen Improperien (**Improperia minora**) seit der ersten Hälfte des 9. Jahrhunderts in Oberitalien.[27] In ihnen wechseln sich insgesamt neun Verse, die streng nach dem Muster „*Ego - et tu*" aufgebaut sind, mit dem *Popule meus* ab. Das Alter der Verse ist unbekannt, jedoch greifen sie zum Teil wörtlich eine Osterhomilie des Asterios Sophistes auf[28].

Ursprünglich selbständige liturgische Gesänge, wurden die **Improperia minora** erst sekundär mit der Kreuzverehrung verknüpft, durch das Aufeinandertreffen mit den drei „großen" **Improperia** inhaltlich überarbeitet und thematisch neu gegliedert. Seit dem 11. Jahrhundert treten die „kleinen" und die „großen" **Improperia** gemeinsam auf, jedoch meist noch durch andere Gesänge getrennt.

4 Liedanalyse

4.1 Text

In den aktuellen Gesangbüchern umfaßt das Lied sieben vierzeilige Strophen in jambischem Versmaß und mit dem Reimschema a a b b.

Die ersten drei Strophen entsprechen den *Improperia maiora* der lateinischen Vorlage, während die Strophen 4–7 eine Zusammenfassung der *Improperia minora* darstellen. Als Kehrvers wird allen Strophen der *Trishagion*-Ruf zugeteilt, der allerdings die Mehrsprachigkeit der lateinischen Vorlage verloren hat.

Die Eingangsstrophe ist zugleich Mottostrophe des Liedes. Sie enthält neben den zentralen Fragen („O du mein Volk, was tat ich dir? Betrübt ich dich? Antworte mir!") auch die Hauptaussage der Gegenüberstellungen von Heils- und Unheilstaten der folgenden Strophen, nämlich einerseits die Befreiung aus der Knechtschaft Ägyptens („Ägyptens Joch"), andererseits die Kreuzigung („Kreuzes Joch"). Die Eingangsfragen sind zugleich auch die Schlußfragen: sie kehren wortgetreu in der letzten Strophe (Str. 7,3+4) wieder und rahmen somit das Lied.

---

[26] Textzeugen s. Drumbl, Improperien der lateinischen Liturgie, 69 Anm. 11, 79, 96; vgl. Gerhards, 1209f.

[27] Vgl. Gerhards, Improperia, 1210 und Drumbl, Improperien der lateinischen Liturgie, 77.

[28] Vgl. Auf der Maur, Osterhomilien des Asterios Sophistes; Gerhards, Improperia, 1210; Drumbl, Improperien der lateinischen Liturgie, 91. Asterios war nach neueren Forschungen ein ca. 385–410 in oder bei Antiochia wirkender Nizäner. Innerhalb einer möglichen Osterpredigt findet sich eine unvollständig erhaltene, hymnisch geformte Redepassage zu Psalm 16,1bc, die Christus in den Mund gelegt ist. „Hier begegnet erstmals die zweiteilige antithetische Verschränkung der Wohltaten des präexistenten und inkarnierten Christus mit der Undankbarkeit Israels u. den Passionsereignissen" Gerhards, Improperia, 1204.

Die zweite Strophe nennt als Heilsereignisse des Exodus die vierzigjährige Führung durch die Wüste, die Mannaspeisung (vgl. Ex 16) und die Gabe des Gelobten Landes und kontrastiert dies erneut mit der Kreuzigung des Heilands.

Str. 3 bringt mit dem „Weinberg Gottes" ein Bild, das die Propheten immer wieder gebrauchen, um Gottes Liebe und Zuwendung für sein Volk darzustellen (vgl. Jes 27,2–5) und den Undank des Volkes anzuprangern (vgl. Jes 5,1–1–7; Jer 2,21). Sowohl der Wohlgeschmack des Weines als auch die liebende Zuwendung Gottes werden im zweiten Teil der Strophe aufgegriffen: Die Gegengaben bei der Kreuzigung bestehen in bitterem Essig und im Durchbohren des Herzens (vgl. Joh 19,34).

Die Str. 4–6 enthalten jeweils zwei Gegenüberstellungen. Str. 4 nennt die Führung durch das Rote Meer und das Durchbohren des Gekreuzigten[29], im zweiten Teil die Befreiung aus der Gefangenschaft Ägyptens bzw. die Übergabe an die Staatsmacht Roms – beide Großmächte werden als „Heiden" charakterisiert.

In Str. 5 wird der Nahrung in der Wüste das Verschmachtenlassen am Kreuz entgegengestellt, anstelle von lebensspendendem Wasser (vgl. Ex 17,1–7) erhält der Gekreuzigte bittere Galle (vgl. Mt 27,34).

Str. 6 erinnert an die geschlagenen Feinde und den Einzug ins Gelobte Land, Gegenbild sind die Schläge der Soldaten bei der Geißelung (vgl. Mk 15,16–20a und parallele Stellen); schließlich wird die Königskrone Davids mit der Dornenkrone Jesu kontrastiert.

In Str. 7 findet sich im Vergleich zur Vorlage eine signifikante Veränderung der Gegenüberstellung von Wohl- und Missetat: Wieder steht für letztere das Kreuz („Kreuzes Pfahl"), jedoch sind diesem als Heilsgabe „Gnaden ohne Zahl" gegenübergestellt. Diese Entfernung vom lateinischen Original, wo die Heilsgabe aus „großer Kraft" besteht („Ego te exaltavi magna virtute" – „Ich habe dich erhöht/ausgestattet mit großer Kraft"), ist aus heutiger Sicht eher zu bedauern denn zu begrüßen. Auch wenn möglicherweise das Anliegen dahinter steht, mit dem Begriff der „Gnade", seit Paulus „Inbegriff des Heils"[30], die christliche Gemeinde verstärkt anzusprechen, bleiben Zweifel, ob dieser abstrakte Begriff einem Verständnis der Strophe nicht eher im Weg steht, ob das Bild der „großen Kraft", mit der Gott sein Volk ausgestattet hat, nicht unmittelbarer aufgenommen werden kann.

Die Strophen des Liedes leben von der grammatikalischen Parallelisierung des Handelns Gottes mit dem Handeln des Volkes, wobei Objekt die-

---

[29] Im Original wesentlich eleganter formuliert: „Ego ante te aperui mare: et tu aperuisti lancea latus meum" – ich habe vor dir das Meer geöffnet: und du hast mit dem Speer meine Seite geöffnet.

[30] Hilberath, Gnadenlehre, 3–46, hier 8; Hilberath legt großen Wert auf die Feststellung, daß „Gnade" keinesfalls losgelöst von Gottes Zuwendung zu den Menschen im Alten Testament gesehen werden darf. Die neutestamentliche und vor allem paulinische Gnadentheologie hat ihre alttestamentlichen Wurzeln in der „bleibenden Zuwendung des bundeswilligen Gottes", Hilberath, Gnadenlehre, 6.

ses Handelns der jeweils andere ist (Gott handelt am Volk, das Volk handelt an Gott). Im lateinischen Original ist dies besonders augenfällig durch die „Binnengliederung" der einzelnen Klagen (Ego - et tu / ich - und du bzw. ich - du aber). In der heutigen Fassung des Liedes geht zwar die Eindeutigkeit dieser Gliederung verloren, es ändert sich aber nichts an der grundsätzlichen Gegenüberstellung und dem jeweiligen Subjektwechsel. So findet sich in allen Strophen dieser Wechsel des jeweiligen Handlungsträgers mindestens einmal, in den Str. 4–7 zweimal. Bei genauerer Betrachtung der Handlungszeiten fällt auf, daß die Handlungen des „ich" jeweils in der Vergangenheit liegen, die Handlungen des „du" demgegenüber jedoch präsentisch ausgedrückt werden: Mögen die genannten Heilstaten Gottes in der Geschichte verankerte Ereignisse sein, die Handlungen des Volkes werden in die Gegenwart gestellt: „du legst des Kreuzes Joch auf mich", „du gibst bittern Essig mir", „du gibst die Dornenkrone mir".[31]

Im Vergleich zur **Erstausgabe** des Liedes in Jäcks **Psalmen und Gesängen* wurde der Text stark verändert, was zum einen auf Kürzungen und Zusammenziehungen, zum anderen auf Umdichtungen zurückzuführen ist.

Die 1817 veröffentlichte Übertragung der lateinischen Improperien zeigt formal eine starke Kohärenz zur Vorlage. So entsprechen in der insgesamt zwölfstrophigen Fassung alle Einzelklagen der Improperien einer paraphrasierten und gereimten Strophe.[32] Auch hält sich die Dichtung an den Wechsel von Strophe und mehrsprachigem **Trishagion** bzw. Strophe und *Popule meus*. Wie in der lateinischen Vorlage werden die drei ersten Strophen mit dem *Trishagion* beantwortet, die Str. 4–12 hingegen von den Fragen des „O du mein Volk! Was tat ich dir?", die sich somit als roter Faden durch die Klagereden ziehen.

Jäck gibt sogar genaue Singanweisungen (Chor I, Chor II, einzelne Stimmen, alle). Es fehlt allerdings eine Melodieangabe.

Im Vergleich zum heutigen Strophenlied fällt auf, daß von den Kürzungen und Umdichtungen besonders die Strophen der *Improperia minora* betroffen sind. So fehlen die ursprünglichen Str. 4 und 5, die Str. 6 und 7 sind zusammengezogen zur heutigen vierten, 8 und 9 zur fünften, 10 und 11 zur sechsten Strophe. Die zwölfte Strophe bei Jäck entspricht formal der siebten Strophe des aktuellen Liedes, jedoch übersetzt Jäck mit der Paraphrase

> „Erhöht hab' ich dein Wohl, und Kraft /
> und Macht und Stärke dir verschafft, /
> Und du hast mich am Kreuz gequält, /
> Zu Mördern hast du mich gezählt",

während die heutige Schlußstrophe des Liedes die Gegenüberstellung auf zwei Zeilen beschränkt („Gnaden ohne Zahl" – „des Kreuzes Pfahl") und mit den Versen „O du mein Volk, was tat ich dir? / Betrübt ich dich? Ant-

---

[31] Einzig in Strophe 4 („du übergabst den Heiden mich") wird auch das Handeln des Volkes in der Vergangenheit beschrieben.

[32] Der vollständige Text findet sich im Anhang, der eine Gegenüberstellung der lateinischen Improperien und der Übertragung Jäcks bietet.

worte mir!" abschließt. Dieser *Popule meus*-Ruf kehrt bei Jäck, darin der lateinischen Vorlage folgend, nach jeder der Str. 4–12 wieder.
Die Übertragung Jäcks zeichnet sich durch eine große Bildkraft aus, die im Vergleich zum aktuellen Strophenlied besonders hervortritt. So übersetzt Jäck etwa in der sechsten Strophe „Ich hielt das Meer in seinem Lauf, / dich rettend, öffnet' es sich auf" (Str. 6,1+2), was in der heutigen Fassung schlicht auf „Ich führte dich durch's Rote Meer" (Str. 4,1) reduziert wird: das gewaltige Wunder des Meeresdurchzugs ist nun, neben der in der zweiten Strophe erwähnten Wüstenwanderung, nur ein weiteres Beispiel für Gottes Führungsqualitäten beim Exodus.

Sehr plastisch wird bei Jäck die Geißelung vor Augen geführt: „Und du quälst mich, dem Schlachtthier gleich, / Mit Backenschlag und Geiselstreich" (Str. 8,3+4), und in Strophe 10 „Und du, von mir als Freund geglaubt, / Du schlägst mit Kolben auf mein Haupt." (Str. 10,3+4), was mit der heutigen Formulierung „und grausam schlägt mich deine Hand" (Str. 6,2) zwar der Sache nach richtig, aber ohne jede Vorstellung vom Maß der Grausamkeit dargestellt ist.

Schon diese wenigen Verse zeigen, daß die aktuelle Fassung des Liedes im Vergleich zur Erstausgabe eher farblos wirkt; aus dem ursprünglich farbigen und ausdrucksstarken Gemälde ist eine Schwarzweißskizze geworden - die jedoch keineswegs die Konturen besser zum Vorschein zu bringen vermag! Es wäre zu begrüßen, wenn sich jemand die Mühe machte, bei einer Überarbeitung des Liedes einige der ursprünglichen Farben zu restaurieren, anstatt weiter zu überpinseln.

4.2 Melodie[33]

Die Melodie läßt sich in insgesamt acht Abschnitte unterteilen, davon entfallen vier auf den Text der Strophen und vier auf den Kehrvers. Sie bewegt sich in kleinen Intervallschritten, meistens in Sekunden und Terzen, gelegentlich Quarten. Dabei sind e' und a' Ausgangspunkt der Melodiebewegung aller Abschnitte des Liedes. Der Tonumfang beträgt eine Oktav (d' - d''), wobei sowohl der Spitzenton d'' als auch das darunterliegende d' im Verlauf des Stückes nur ein einziges Mal berührt werden (d' am Ende der zweiten Zeile der Strophen, d'' im Kehrvers auf „Un-" von „Unsterblicher"). Die Gemeinde beantwortet die vorgesungenen Strophen jeweils mit dem Kehrvers.

Es scheint sich um eine phrygische Melodie[34] zu handeln, jedoch fallen einige Ungereimtheiten auf. So wird am Ende der zweiten Zeile der Grundton e' um einen Ganzton unterschritten, und auch die dritte Zeile paßt mit der Schlußwendung von c'' nach f' nicht so recht in dieses kirchentonale

---

[33] Für wertvolle Hinweise sei Pater Rhabanus Erbacher und Frau Mechthild Bitsch-Molitor herzlich gedankt!

[34] Vgl. dazu Werkbuch zum GL II/1, 173.

Muster.[35] Der Blick auf die Erstveröffentlichung der Melodie[36] erweist sich hier als hilfreich:

Es zeigt sich, daß die Melodie der Strophen in der zweiten und dritten Zeile gegenüber der ursprünglichen Fassung verändert wurde: das „Betrübt ich dich? Antworte mir" erklingt hier mit a-a-f-g – e-e-ef-d (entgegen heute: a-a-g-f-a-e-f-d) als gestufte Abwärtsbewegung, in der ein dorischer Klang gehört werden kann. Demgegenüber scheint sich die dritte Zeile übergangslos mit dem Anfangs- und Endton f′ sowie dem Tritonus am Ende in lydischer Tonalität zu bewegen, und zwar rein ohne das h′ nach b zu erniedrigen. Die erste und letzte Zeile der Strophenmelodie hingegen lassen sich, wie auch der gesamte Refrain, als phrygisch charakterisieren.

Es verwundert, daß diese Tonarten nicht durch Modulationen ineinander übergehen, sondern „schlicht und ergreifend" nebeneinander gestellt werden. Die so erzeugten Spannungen spiegeln in eindrücklicher Weise die Gegensätze des Textes wider. Die insgesamt äußerst karge Rhythmik – die Melodie besteht nur aus Halben und Ganzen – unterstreicht zudem die Ernsthaftigkeit der Aussagen.

Während die Fermaten in den ersten beiden Zeilen der Strophe durch die Textstruktur der ersten Strophe bestimmt werden (O du mein Volk! – was tat ich dir? – Betrübt ich dich? – Antworte mir. –), wird die dritte Zeile als ganze vorgetragen, wenngleich durch die beiden Ganzen Noten h′ – c″ auch hier eine Verlangsamung der Bewegung in der Zeilenmitte angedeutet ist. In der letzte Zeile erhält auch das „und du" eine Fermate, obwohl hier

---

[35] Josef Stein erklärt diese mit kirchentonalen „Modulationen nach dorisch, lydisch und zurück zu phrygisch", Werkbuch zum GL II/1, 173; da die Melodie jedoch in der jeweils neuen Tonart nicht fortgeführt wird, ist zumindest fraglich, ob es sich um Modulationen im eigentlichen Sinn handelt.

[36] **Kirchenchoral- und Melodien-Buch*, 64–66; vgl. auch: Bäumker IV, 489f.

kein Zeilen- oder Satzende vorliegt: gewissermaßen als Fragezeichen kann dieses Innehalten zu einer persönlichen Antwort auffordern.

Im Kehrvers entsprechen die einzelnen Abschnitte der Melodie den drei Heilig-Rufen und der abschließenden Erbarmensbitte. Entgegen der heutigen Fassung enthält die ursprüngliche Melodie eigentlich fünf Abschnitte, deutlich erkennbar an den Fermaten. So erhält die dritte Anrufung einen doppelten Akzent, indem die Bewegung sowohl auf „Heiliger" als auch auf „Unsterblicher" innehält. Offensichtlich unterstreicht die Melodie die Wortbedeutung - auch läßt die Verwendung des Spitzentons an dieser Stelle aufmerken. Das zusätzliche Innehalten birgt zudem den Effekt, daß die abschließende Bitte deutlicher wahrgenommen werden kann: Die schlichte Abwärtsbewegung spiegelt gleichsam ein „Herabrufen" des Erbarmens Gottes wider.

Die kurzen, betonten Phrasen finden ihre Entsprechung in den preisenden und anbetenden Anrufungen des Textes.

Mit einfachen aber doch eindrücklichen Mitteln gelingt es dieser Melodie, den Text in seiner Struktur und seiner Spannung umzusetzen. Sie sollte bei einer Überarbeitung des Liedes mehr „Gehör" finden.

5 Ausblick

Die lateinischen Karfreitagsimproperien stehen in einer Tradition, die im Alten Testament wurzelt und sich in jüdischen wie christlichen Zeugnissen seit frühester Zeit widerspiegelt. Das im 19. Jahrhundert entstandene Lied *O du mein Volk, was tat ich dir?* nimmt in den aktuellen deutschsprachigen katholischen Gesangbüchern ihren Platz ein und ersetzt damit eine mehrere Jahrhunderte umfassende liturgische Tradition - den Choralgesang der lateinischen Improperien am Karfreitag - durch ein deutsches Strophenlied. Dabei bedingt die neue textliche und musikalische Form zugleich eine veränderte, möglicherweise abgeschwächte atmosphärische Wahrnehmung der Klagereden. Der Verlust der Bildsprache in der heutigen Fassung im Vergleich zur Erstausgabe mag diesen Eindruck noch verstärken. Ähnliches gilt auch für die Melodieführung, die durch die Neufassung an ursprünglicher Klarheit eingebüßt hat. Eine Überarbeitung, die sich deutlicher an den jeweiligen Erstausgaben orientiert, erscheint wünschenswert.

Alternativ zum Strophenlied wäre es denkbar, die Improperien in deutscher Sprache auf eine der überlieferten Choralmelodien vorzutragen.[37]

In einer Verlautbarung der Arbeitsgruppe „Fragen des Judentums" der deutschen Bischofskonferenz wird geraten, aus seelsorglichen und theologischen Gründen auf die Improperien zu verzichten und stattdessen andere

[37] Zusammengestellt finden sich die überlieferten Choralweisen bei Drumbl, Improperien der lateinischen Liturgie, 99f; denkbar wäre eine Kombination mit der Motette *Popule meus* von Ludovico da Vittoria (1540–1613), erhältlich als Einzelblattausgabe beim Institut für Kirchenmusik, Mainz.

Gesänge zur Kreuzverehrung zu wählen.[38] Welche „seelsorglichen und theologischen Gründe" dafür in Anspruch genommen werden, wird allerdings verschwiegen.

Die Karfreitagsliturgie war in der Geschichte immer wieder Ausgangspunkt antijüdischer Pogrome und Verfolgungen. Wenngleich textgeschichtlich in einer Tradition stehend, die auch antijüdische Vorwürfe und Anklagen formuliert hat, trifft der Vorwurf eines christlichen Antisemitismus auf die römischen Improperien nicht zu.[39] Vielmehr wird hier die versammelte christliche Gemeinde dazu aufgerufen, sich ihrer Verantwortung für das Leiden des Christus, das stellvertretend für das Leiden der Welt steht, zu stellen. Im Kirchenlied *O du mein Volk, was tat ich dir?* wird dies durch die präsentische Formulierung der Passionshandlungen zum Ausdruck gebracht.

Wenn am Karfreitag die Kirche des Leidens und Sterbens ihres Herrn gedenkt, dann ist das mehr als bloße Erinnerung an die Kreuzigung. Gedenken meint Vergegenwärtigung. In der Feier der Karfreitagsliturgie ereignen sich Passion und Tod Jesu von neuem. Und die zentrale Frage dieser Feier lautet nicht: Wer trägt die Schuld am Sterben des Gottessohnes? Sondern vielmehr: Wo leidet Gott heute? Wo stirbt Gott heute?

Die Improperien spitzen diese Fragestellung zu: Indem die christliche Gemeinde dazu aufgerufen wird, sich mit dem angesprochenen „Volk" zu identifizieren - und zwar sowohl mit dem biblischen Volk Israel als auch mit den Zeitgenossen Jesu - werden die „alten" Heilandsfragen an jede und jeden einzelnen als Teil dieses Volkes neu gestellt: Wo richtest du das Kreuz auf? Wem schlägst du ins Gesicht? Zugleich aber auch: Wo ist deine Wüste? Wo wird dir Manna und Wasser gereicht? Wo erfährst du Befreiung?

Eine Katechese, die diesen Aktualitätsbezug herstellt, ist für ein heutiges Verständnis der Improperien unerläßlich.[40]

---

[38] Vgl. Arbeitsgruppe „Fragen des Judentums", Liturgie der österlichen Bußzeit und der Heiligen Woche, 162–191: „Die Liturgie gibt hinsichtlich der Improperien Wahlrecht. Seelsorgliche und theologische Gründe legen nahe, an die Stelle der traditionellen Improperien andere geeignete Gesänge zu setzen.", 188. Es folgt ein an die Form der Improperien angelehnter Alternativvorschlag, der die Heilsereignisse des Alten Testaments durch Frohe Botschaften des Neuen Testaments ersetzt und diesen das schuldhafte Versagen des Gottesvolkes gegenüberstellt.

[39] Vgl. Auf der Maur, Feiern im Rhythmus der Zeit, 111; Poorthuis, Improperia and Judaism, 24.

[40] Vgl. Poorthuis, Improperia and Judaism, 22f.: „The suffering of Christ will not relativize the suffering of innumerable others, but it is profoundly connected to it. In the lamentation of Christ - in which the word of God is to be heard and the church-community is held responsible - the voices of all those nameless victims and persecuted from bygone times and from nowadays can be resounded as well. It is perhaps difficult for the church-community to truly feel engaged by the charge of the Improperia, and it is just as difficult to experience God's benefits in the past as a reality in the present. This, however, would be the prophetic testimony which comes up to the Church in the Improperia. Catechesis of the churchgoers regarding the Improperia seems urgently necessary if this prophetic testimony is to come across clearly."

Anhang

Der lateinische Text der Improperien und die Übersetzung Markus Fidelis Jäcks (1817)

Missale Romanum: Improperia	O du mein Volk, was that ich dir (1817)[41]
	I. Chor./Einzelne.
Popule meus, quid feci tibi? aut in quo contristavi te? responde mihi. Quia eduxi te de terra Aegypti: parasti Crucem Salvatori tuo.	O du, mein Volk! was that ich dir? Betrübt ich dich? Antworte mir. Egyptens Joch entriß ich dich, Und du wirfst Kreuzes-Joch auf mich.
Agios o Theós. Sanctus Deus. Agios ischyrós. Sanctus fortis. Agios athánatos, eléison imás. Sanctus immortalis, miserere nobis.	*II. Chor./Alle.* Agios ô Theos! *I. Chor./Alle.* Heiliger Gott! *II. Chor.* Agios ischiros! *I. Chor.* Heiliger starker Gott! *II. Chor.* Agios athanatos eleyson imas! *I. Chor.* Heiliger, unsterblicher Gott, erbarme dich unser!
	II. Chor./Einzelne.
Quia eduxi te per desertum quadraginta annis, et manna cibavi te, et introduxi te in terram satis bonam: parasti Crucem salvatori tuo.	Ich führte dich durch vierzig Jahr', Ich reichte dir das Manna dar. Das Land des Segens gab ich dir, Und mir giebst du das Kreuz dafür.
Agios o Theós!	*I. Chor./Alle.* Agios ô Theos! *II. Chor.* Heiliger Gott! u.s.w.
	I. Chor./Einzelne.
Quid ultra debui facere tibi, et non feci? Ego quidem plantavi te vineam meam speciosissimam: et tu facta es mihi nimis amara: aceto namque sitim meam potasti: et lancea perforasti latus Salvatori tuo.	Dir wohl zu thun bestrebt' ich mich, Zu meinem Weinberg wählt' ich dich. Und du – giebst Gall' und Essig mir, Durchbohrst des Retters Herz dafür.
Agios o Theós!	*II. Chor./Alle.* Agios ô Theos! *I. Chor.* Heiliger Gott! u.s.w.
	II. Chor.
Ego propter te flagellavi Aegyptum cum primogenitis suis: et tu me flagellatum tradidisti.	Die Geißel meiner Strafe traf Egyptens Erstgeburt im Schlaf. Ich strafte sie nur wegen dir; Und du – du geißelst mich dafür.
	Beide Chöre.
Popule meus, quid feci tibi? aut in quo contristavi te? responde mihi.	O du mein Volk! was that ich dir? Betrübt' ich dich? antworte mir!

41 Aus: Jäck, **Psalmen und Gesänge*, Bd. 2, 97–99.

Ego eduxi te de Aegypto,
demerso Pharaone in Mare Rubrum:
et tu me tradidisti
principibus sacerdotum.

I. Chor.
Dich schützt' ich vor Egyptens Heer,
Ich stürzte Pharao in's Meer;
Und du verräthst undankbarlich
An Priester, meine Feinde, mich.

Popule meus.

Beide Chöre.
O du mein Volk! was that ich dir?
Betrübt' ich dich? antworte mir!

Ego ante te aperui mare:
et tu aperuisti lancea latus meum.

II. Chor.
Ich hielt das Meer in seinem Lauf,
Dich rettend, öffnet' es sich auf;
Und du mit wilder Mordeslust,
Du öffnest tödtend meine Brust.

Popule meus.

Beide Chöre.
O du mein Volk, u.s.w.

Ego ante te praeivi
in columna nubis:
et tu me duxisti
ad praetorium Pilati.

I. Chor.
Dir gieng ich rettend auf der Bahn
In einer Wolkensäul' voran;
Und du? verräthrisch führest du
Mich des Pilatus Richtplatz zu.

Popule meus.

Beide Chöre.
O du mein Volk, u.s.w.

Ego te pavi manna
per desertum:
et tu me cecidisti
alapis et flagellis.

II. Chor.
In Wüsteneien labt ich dich
Mit Himmelsbrot so kräftiglich;
Und du quälst mich, dem Schlachtthier gleich,
Mit Backenschlag und Geiselstreich.

Popule meus.

Beide Chöre.
O du mein Volk, u.s.w.

Ego te potavi
aqua salutis de petra:
et tu me potasti
felle et aceto.

I. Chor.
Du schmachtetest vor Durst, und ich –
Ich tränkte aus dem Felsen dich;
Doch du, du reichest nun dafür
Nur bittre Gall' und Essig mir.

Popule meus.

Beide Chöre
O du mein Volk, u.s.w.

Ego propter te
Chananaeorum reges percussi:
et tu percussisti
arundine caput meum.

II. Chor.
Ich schlug der Kananäer Heer
Dich schützend in die Flucht umher;
Und du, von mir als Freund geglaubt,
Du schlägst mit Kolben auf mein Haupt.

Popule meus.	*Beide Chöre.* O du mein Volk, u.s.w.
Ego dedi tibi sceptrum regale, et tu dedisti capiti meo spineam coronam.	*I. Chor.* Zum königlichen Volk erhob Ich dich, und gab dir Ruhm und Lob; Und du - du gabst mir Spott und Hohn, Und meinem Haupt die Dörnerkron'.
Popule meus.	*Beide Chöre.* O du mein Volk, u.s.w.
Ego te exaltavi magna virtute: et tu me suspendisti in patibulo Crucis.	*II. Chor.* Erhöht hab' ich dein Wohl, und Kraft Und Macht und Stärke dir verschafft, Und du hast mich am Kreuz gequält, Zu Mördern hast du mich gezählt.
Popule meus.	*Beide Chörc.* O du mein Volk! was that ich dir? Betrübt' ich dich? antworte mir!

Literatur

ALW = Archiv für Liturgiewissenschaft. Regensburg 1950.
JLH = Jahrbuch für Liturgik und Hymnologie. Kassel u.a. 1955.
LThK³ = Lexikon für Theologie und Kirche. Freiburg/Basel/Rom/Wien 1993ff.
RAC = Reallexikon für Antike und Christentum. Stuttgart 1985ff.
TTS = Tübinger theologische Studien. Mainz 1973ff.

Arbeitsgruppe „Fragen des Judentums" der Deutsche Bischofskonferenz. Pastorale Handreichung: Einführung in die Schriftlesungen der Liturgie der österlichen Bußzeit und der Heiligen Woche, in: Das Heilige Jahr 2000 Nr. 15. Wiederentdeckung der Verbundenheit der Kirche mit dem Judentum. Hrsg. von Hans-Jochen Jaschke. Bonn ²2000. 162–191.

Auf der Maur, Hansjörg: Die Osterhomilien des Asterios Sophistes als Quelle für die Geschichte der Osterfeier. Trier 1967. (TTS 19).

Auf der Maur, Hansjörg: Feiern im Rhythmus der Zeit I. Herrenfeste in Woche und Jahr. Regensburg 1983 (Gottesdienst der Kirche 5).

Bäumker, Wilhelm: Das katholische deutsche Kirchenlied in seinen Lingweisen von den frühesten Zeiten bis gegen Ende des siebzehnten Jahrhunderts. Auf Grund handschriftlicher und gedruckter Quellen bearbeitet von Wilhelm Bäumker. 4 Bde. Freiburg im Breisgau 1883-1911 (Reprint Hildesheim 1962).

Berger, Klaus/Nord, Christiane: Das Neue Testament und frühchristliche Schriften. Frankfurt a.M./Leipzig 1999.

Drumbl, Johann: Die Improperien der lateinischen Liturgie, in: ALW (1973). 68–100.

Gerhards, Albert: Art. „Improperia", in: RAC Bd. 17. Sp. 1198–1212.

Hilberath, Bernd Jochen: Gnadenlehre, in:: Handbuch der Dogmatik 2. Hrsg. von Theodor Schneider. Düsseldorf 2000. 3–46.

Kosch, Wilhelm: Das katholische Deutschland. Augsburg 1933.

Plank, Peter: Art. „Trishagion", in: LThK³ Bd. 10 Sp. 262f.

Poorthuis, Marcel: The Improperia and Judaism, in: QL 72 (1991). 1–24.
Schütz, Werner: „Was habe ich dir getan, mein Volk?". Die Wurzeln der Karfreitags-improperien in der alten Kirche, in : JLH 13 (1968). 1–38.
Werkbuch zum Gotteslob. Im Auftrag der Kommission für das Einheitsgesangbuch. Hrsg. von Josef Seuffert. 7 Bde. Freiburg/Basel/Wien 1975ff.
Werner, Eric: Zur Textgeschichte der Improperia, in: Festschrift Bruno Stäblein zum 70. Geburtstag. Hrsg. von Martin Ruhnke. Kassel 1967. 274–286.
Willa,Josef-Anton: Art. „Improperien", in: LThK Bd. 5. 441f.

Johannes vom Kreuz. Autograph.

Martin Schmeisser

Da Jesus an dem Kreuze stund

1. Da Jesus an dem Kreuze stund
und ihm sein Leib war ganz verwund't
mit bitterlichen Schmerzen,
die sieben Wort, die er da sprach,
betracht in deinem Herzen.

2. Zuerst sprach er gar liebereich
zum Vater in dem Himmelreich
mit Kräften und mit Sinnen:
„Vergib, o Gott; sie wissen nicht,
was sie an mir beginnen."

3. Danach denk der Barmherzigkeit,
die Gott dem Schächer noch verleiht,
da er sprach mild und süße:
„Fürwahr, noch heute wirst du sein
bei mir im Paradiese."

4. Der Herr auch seiner Mutter dacht,
da er das dritte Wort ihr sagt:
„Sieh deinen Sohn hieneben.
Johannes, nimm der Mutter wahr;
dir sei sie nun gegeben."

5. Zum vierten schrie er in der Pein:
„Ach Gott, ach Gott, ach Vater mein,
wie hast du mich verlassen!"
Das Elend, das er leiden mußt,
war über alle Maßen.

6. Nun merket auf das fünfte Wort,
das Jesus rief vom Kreuze dort
herab mit weher Stimme:
„Mich dürstet sehr", so klagt der Herr
in seiner Schmerzen Grimme.

7. Das sechste war ein kräftig Wort,
das schloß uns auf die Himmelspfort
und tröstet manchen Sünder:
„Es ist vollbracht mein Leiden groß,
für alle Menschenkinder."

8. Zuletzt rief er vor seinem End:
„O Vater mein, in deine Händ
ich meinen Geist befehle."
Und neigt' sein Haupt und starb für uns.
Herr, rette unsre Seele!

9. Wer Jesus ehret immerfort
und oft gedenkt der sieben Wort,
des wird auch Gott gedenken
und ihm durch seines Sohnes Tod
das ewig Leben schenken.

Druckvorlage

Text und Melodie folgen dem **Gotteslob* (GL 187).

1 Passionsgedenken

Die Evangelien überliefern sieben Worte, die Jesus am Kreuz gesprochen habe. Ihre Vergegenwärtigung in Wort und Musik durchzieht als Teil des Passionsgedenkens die Geschichte des Christentums.

Besonders Aufführungen der „Sieben letzten Worte unseres Erlösers am Kreuz" von Joseph Haydn (1732–1809) zählen heute wie schon zu Lebzeiten des Komponisten - vor allem im süddeutsch-österreichischen Raum - zu den viele Menschen berührenden Passionsmusiken. Das zunächst rein instrumental konzipierte, erstmals in der Grottenkirche „Santa Cueva" zu Cadix während der Karwochenliturgie im April 1787 aufgeführte Werk mit seinen sieben Adagios über die die sieben Worte Jesu am Kreuz, die von einer „L'Introduzione" (ebenfalls in langsamem Tempo) und dem Presto des „Il Terremoto" (Das Erdbeben) umrahmt werden, ist in fünf Fassungen überliefert: ursprünglich als Orchesterwerk (1786/87), dann als Streichquartett (1787), ferner in einer Fassung für Cembalo oder Fortepiano (1787), in einer Bearbeitung als Oratorium von Joseph Friebert (Passau, ca. 1792) und schließlich in einer Oratoriumsbearbeitung von Haydn selbst. Über den liturgischen Rahmen, in dem seine Musik in Cadix erklang, berichtet Haydn 1801 im Vorwort der Erstausgabe seiner Chorfassung der „Sieben letzten Worte des Erlösers am Kreuz":

> „... Die Wände, Fenster und Pfeiler der Kirche waren ... mit schwarzem Tuche überzogen, und nur eine in der Mitte hängende große Lampe erleuchtete das heilige Dunkel. Zur Mittagsstunde wurden alle Türen geschlossen; jetzt begann die Musik. Nach einem zweckmäßigen Vorspiel bestieg der Bischof die Kanzel, sprach eines der sieben Worte aus und stellte eine Betrachtung darüber an. So wie sie beendigt war, stieg er von der Kanzel herab und fiel kniend vor dem Altare nieder. Diese Pause wurde von Musik ausgefüllt. Der Bischof betrat und verließ zum zweiten, dritten Male etc. die Kanzel, und jedesmal fiel das Orchester nach dem Schlusse der Rede wieder ein. Dieser Darstellung mußte meine Kom-

position angemessen seyn. Die Aufgabe, sieben Adagio's, wovon jedes gegen zehn Minuten dauern sollte, aufeinander folgen zu lassen, ohne den Zuhörer zu ermüden, war keine von den leichtesten; ... Die Musik war ursprünglich ohne Text, und in dieser Form ist sie auch gedruckt worden."

Die von Haydn berichtete Darbietungsform wird heute manchmal in der Weise aufgegriffen, daß jeder der sieben „Sonaten" ein Wortbeitrag vorangeht. Schriftsteller wie Peter Härtling, Walter Jens und Luise Rinser haben Meditationen zu Haydns Sieben-Worte-Musik geschrieben.

Seltener erklingt gegenwärtig die nicht weniger ausdrucksstarke Passionsmusik von Heinrich Schütz (1585–1672) „Die Sieben Worte unseres lieben Erlösers und Seligmachers Jesu Christi am Kreuz", ein Oratorium für Einzelstimmen, fünfstimmigen Chor und Instrumente, SWV 478. Die Deklamation der sieben Worte leitet Schütz ein und beschließt sie mit Chorstücken, denen der Text (nicht die Melodie) der Eingangs- und Schlußstrophe des altehrwürdigen Liedes zu den sieben Worten *Da Jesus an dem Kreuze stund* zugrunde liegt.

Von den zur Zeit im deutschsprachigen Raum gebräuchlichen Gesangbüchern hat es nur das 1975 in Gebrauch genommene katholische Gebet- und Gesangbuch **Gotteslob* bewahrt (GL 187). Diesem kostbaren Stück volksnaher Passionsfrömmigkeit, das leider weitgehend außer Gebrauch gekommen zu sein scheint, nähern wir uns nun in drei Schritten.

2 Die Zahl Sieben

Seit jeher spielt die Sieben eine besondere Rolle im Reich der Zahlen und in der religiösen Symbolik. Sie zeigt wichtige Rhythmen an, auch Ordnungen, in die Leben eingebettet ist. Dieses weiß nach uralter Auffassung für sich selbst um sieben Altersstufen.

Das Kreisen der sieben Planeten, aber auch die sieben Tage dauernde Mondphase ist Ausdruck kosmischer Ordnung, die sich in den sieben Tönen, den sieben Farben des Regenbogens und den mit Planetennamen versehenen Wochentagen widerspiegelt. Für Augustinus war die Sieben die Zahl für *universitas* (Gesamtheit) und *perfectio* (Vollkommenheit). Sie bildet den Grundstein, auf der die Acht sich aufbaut, die Zahl der Vollendung und Auferstehung, des unvergänglichen Lebens.

Entsprechend der Vorstellung von sieben Himmeln hatte der babylonische Stufenturm (die *zikkurat*) sieben Stockwerke; sieben Zweige trägt der Heilige Baum; von sieben Weisen und sieben Weltwundern wird berichtet. Von sieben Toren zur Unterwelt weiß der Mythos und von der sieben Tage dauernden großen Flut.

Für die Bibel ist die Sieben meist Ausdruck göttlicher Ordnung und Ganzheit: Die sechs Schöpfungstage werden durch den siebten Tag der Ruhe abgeschlossen und gekrönt (Gen 2,2f.). Auch das siebte Jahr ist von besonderer Bedeutung (vgl. z.B. Ex 23,10f.). Als Symbol der Allwissenheit hat Jahwe sieben Augen, „die über die Erde schweifen" (Sach 4,10).

Immer wieder begegnet uns die Zahl in der Heilsgeschichte: sieben Tage des Wartens in der Arche, nach denen Noah die Taube ausschickt (Gen 8,10.12); sieben fette und sieben magere Kühe, sieben dicke und sieben dünne Ähren in Pharaos Traum (Gen 41,1–32); siebenmal gehen sieben Priester am siebten Tag um die Stadt Jericho (Jos 6,4); sieben Locken verleihen Simson seine Stärke (Ri 16,13); in siebenfacher Kraft wird die Sonne im messianischen Zeitalter erstrahlen (Jes 30,26); und auf sieben Säulen hat Sophia ihr Haus errichtet (Spr 9,1).

Beim zweiten Speisungswunder sättigte Jesus mit sieben Broten eine große Menge hungriger Menschen; von den übriggebliebenen Stücken hoben die Jünger sieben Körbe voll auf (Mk 8,5–8). Auf sieben Bitten ist das Vaterunser aufgebaut. Beim Endgericht wird der Mensch gefragt, ob er sieben Werke der Barmherzigkeit geübt habe (vgl. Mt 25,31–46, dem die christliche Tradition als siebtes Werk „Tote begraben" hinzufügte).

Immer wieder treffen wir auf die Sieben in der Offenbarung des Johannes. Das uralte jüdische Symbol des siebenarmigen Leuchters spielt dort eine wichtige Rolle. Von sieben Gemeinden wird gesprochen. Sieben Schalen füllen sich mit göttlichem Zorn, usw.

Das christliche Mittelalter sah in der Zahl Sieben das Geheimnis des von Gott erschaffenen Menschen angedeutet: Der irdische Leib wird durch die Vier, die gottsuchende Seele durch die Drei symbolisiert. Sieben Tugenden gilt es nachzueifern (und die sieben Laster und Todsünden zu überwinden). Sieben Gaben des Heiligen Geistes sind dem Menschen verheißen (nach Jes 11,2). Sieben Gebetszeiten gliedern den Tag der Mönche und Priester. Sieben Heilszeichen (Sakramente) begleiten den Lebensweg des Christen.

3 Sieben letzte Worte

„In allen Kulturen sind letzte Worte eines Menschen kostbar. Freunde und Verwandte hüten sie wie ein Vermächtnis, zitieren und kommentieren sie" (Willibald Bösen). Daß die Christen seit der Zeit der frühen Kirche ausgerechnet **sieben** letzte Worte, die sie aus den Berichten vom Tod Jesu zusammentrugen, als *testamentum Domini* in Ehren halten, überrascht angesichts des oben skizzierten Stellenwerts der Zahl Sieben in der Bibel und christlichen Geschichte nicht.

Bereits parallel zur neutestamentlichen Kanonbildung gab es Versuche, die einzelnen Schriften – besonders die vier Evangelien – nicht nur als in sich geschlossene Texte einander folgen zu lassen, sondern ihre Inhalte ineinander zu fügen, eine „Evangelienharmonie" zu bilden. Die erste, von der wir wissen, ist die um das Jahr 176, ursprünglich syrisch abgefaßte Evangelienharmonie des aus Mesopotamien stammenden Theologen Tatian. 1930 fand man ein Fragment der griechischen Fassung dieser Harmonie, die man *Diatessaron* nannte („aus Vieren"; gemeint ist damit: aus den vier Evangelien zusammengestellt). Evangelienharmonien sind der Wurzelboden für das, was wir die „Sieben letzten Worte Jesu am Kreuz" nennen.

Zunächst stehen diese Worte verstreut über die vier Evangelien. Kein Wort findet sich in allen vier Evangelien. Sie sind an ihrem Ursprungsort Deutung und Verkündigung des Leidens und Sterbens Jesu nach dem Verständnis des jeweiligen Evangelisten; sie sind Glaubenszeugnisse, verdichtete Zusammenfassung der vorher entfalteten Christusbotschaft.

So stirbt nach dem Zeugnis des Markus und des Matthäus Jesus, den Anfang von Ps 22 betend, unter dem Eindruck und in der Erfahrung tiefster Gottverlassenheit. „Eloi, Eloi, lema sabachtani?" – „Mein Gott, mein Gott, warum hast du mich verlassen?" Markus und Matthäus betonen in ihrem Bericht vom Tod Jesu die innere Not des Gekreuzigten und lassen mit der Anrede „mein Gott" zugleich die Zuversicht aufscheinen, daß Gott auch in der äußersten Dunkelheit dem Beter zugewandt bleibt.

Lukas überliefert drei letzte Worte Jesu: Im ersten Wort praktiziert Jesus Vergebensbereitschaft und Feindesliebe, wie sie auch die ihm nachfolgenden Jüngerinnen und Jünger kennzeichnen sollte: „Vater, vergib ihnen, denn sie wissen nicht, was sie tun." Im zweiten Wort erscheint Jesus als Wegbereiter des Menschen zu Gott hin: „Amen, ich sage dir. Heute noch wirst du mit mir im Paradies sein." Das dritte Wort, aus Ps 31, ist Ausdruck grenzenlosen Gottvertrauens „Vater, in deine Hände lege ich meinen Geist." Stephanus ahmt dieses ergebungsvolle Sterben nach (Apg 7,59f.).

Johannes deutet mit ebenfalls drei letzten Worten Jesu Sterben als Verherrlichung Gottes und Beginn der Herrschaft des am Kreuz Erhöhten. Diese umfaßt ausdrücklich die Sorge für Mutter und Jünger: „Frau, siehe, dein Sohn!" – „Siehe, deine Mutter!" Und sie vollzieht sich in den Worten, in denen es um die Erfüllung des göttlichen Willens gemäß der Schrift bzw. um die Vollendung der Sendung Jesu geht: „Mich dürstet." – „Es ist vollbracht."

Dem neutestamentlichen Kanon entlang sind es folgende Textstellen, die die sieben letzten Worte Jesu am Kreuz berichten:

1. Mk 15,34; Mt 27,46	Verlassenheitsklage.
2. Lk 23,34	Gebet für die Feinde.
3. Lk 23,43	Verheißung an den Schächer.
4. Lk 23,46	Vertrauensgebet.
5. Joh 19,26.27	Sorgende Worte für Maria und den Jünger.
6. Joh 19,28	„Mich dürstet."
7. Joh 19,30	„Es ist vollbracht."

Wenn wir heute von den sieben letzten Worten Jesu sprechen, dann meinen wir nicht nur die oben dargestellte Zusammenfassung der Kreuzesworte aus den vier Evangelien, sondern auch eine bestimmte Reihenfolge dieser Worte, die sich als **spirituelle Struktur** herausgebildet hat. Sie sieht so aus:

Den Anfang bildet ein Wort der Ent-schuldigung: die Bitte für die anderen, für die Spötter unter dem Kreuz, für die Befehlsempfänger, Soldaten, Folterknechte, für alle Schuldigen: „Vater, vergib ihnen, denn sie wissen nicht, was sie tun" (Lk 23,34).

Als zweites folgt das Wort, das dem mitgekreuzigten Verbrecher Trost zuspricht; es ist abermals eine Hinwendung zum anderen, jetzt aber zum Gefährten im Schmerz, zum Bruder im Leid: „Amen, ich sage dir. Heute noch wirst du mit mir im Paradies sein" (Lk 23,43).

Das dritte Wort richtet sich an die Getreuen - an Maria, die Mutter: „Frau, siehe, dein Sohn!" - und an den geliebten Jünger: „Siehe, deine Mutter!" (Joh 19,26.27).

Das Zentrum der Reihe bildet als viertes Wort der Schrei des Gekreuzigten und gemarterten Gottesknechts: „Eloi, Eloi, lema sabachtani?" - „Mein Gott, mein Gott, warum hast du mich verlassen?" (Mk 15,34; Mt 27,46). Es ist der Beginn von Ps 22, mit dessen Hilfe die frühe Christengemeinde Jesu Martyrium beschrieben und gedeutet hat.

Ihm folgt als fünftes das schlichteste Wort: die Bitte um Hilfe. Jesus, wahrscheinlich vom Erstickungstod bedroht, fleht um einen erfrischenden Trank: „Mich dürstet" (Joh 19,28).

Das sechste Wort bezeugt, daß die Liebe zum Ziel gekommen, die Sendung erfüllt ist: „Es ist vollbracht" (Joh 19,30).

Das letzte Wort ist wie das erste wiederum an den Vater gerichtet, nun aber nicht mehr als Bitte, sondern als Einwilligung. Jesus vertraut sich mit einem Wort aus Ps 31 im Sterben Gott an, weiß sich bei Ihm, der über den Tod hinaus das Leben verbürgt, geborgen. Der Abschluß des Leidensweges ist von göttlichem Frieden erfüllt: „Vater, in deine Hände lege ich meinen Geist" (Lk 23,43).

4 Das Lied von den sieben Worten

Die sieben letzten Worte Jesu am Kreuz begegnen uns in der christlichen Tradition auf zwei Wegen: der eine ist der Weg der Verkündigung in Wort und Musik; der andere der Weg der persönlichen Meditation. Beide Male geht es um affektiv-emotionale Vergegenwärtigung des Vermächtnisses Jesu, um Einübung in *compassio* (Mitleiden mit dem gekreuzigten Jesus), *imitatio* (Nachfolge) und *commendatio* (vertrauensvolles Loslassen und Übergabe des Lebens in die Hände Gottes). „Ein andechtig Lied von den sieben worten / die der Herr am Creutze sprach / im alden Thon" (*Leisentrit*) kann dorthin ein Brücke schlagen. Es steht im katholischen Gebet- und Gesangbuch *Gotteslob* unter der Nr. 187 und war zuvor schon durch die Sammlung *Kirchenlied* (1. Auflage 1938), durch 28 deutsche Diözesangesangbücher, die „Einheitslieder" (1947) sowie das katholische Kirchengesangbuch der Schweiz (1966) weit verbreitet.

4.1 Zur Überlieferung

Die älteste uns überlieferte Fassung ist in dem zwischen 1494 und 1500 geschriebenen Codex 3027 der Nationalbibliothek Wien aufgezeichnet[1]. Das erste gedruckte katholische Gesangbuch, das der Dominikaner Michael

[1] Ms. 3027 8⁰ Bl. 295 b.

Vehe in Leipzig 1537 herausgegeben hat, enthält nur den Text[2]. Die Melodie wird - wie auch in den ältesten evangelischen Gesangbüchern - als bekannt vorausgesetzt. Das „Lied von den sieben Worten", wie es vielfach genannt wurde, war ein in zahlreichen Varianten verbreitetes geistliches Volkslied. Die Melodie ist bis zum Jahre 1570 in sechs verschiedenen Aufzeichnungen überliefert, die allesamt Abwandlungen der mündlichen Überlieferung dieses Passionslieds darstellen. Eine der Melodiefassungen begegnet uns als Cantus firmus in der ältesten mehrstimmigen Komposition, der neunteiligen vierstimmigen Passionsmotette *Da Jesus an dem Kreuze hing*, 1526, von Ludwig Senfl.[3] Eine andere steht im **Babstschen Gesangbuch* von 1545 zum Text nach Ps 31 *In dich hab ich gehoffet, Herr.*[4]

Gemeinsam erschienen Text und Melodie erstmals gedruckt in der 6. Ausgabe des evangelischen Konstanzer Gesangbuches, Zürich um 1552.

Die Melodiefassung in **Gotteslob* Nr. 187 ist identisch mit Bl. XCI verso im Gesangbuch Johann **Leisentrits* 1567.

Neben der oben wiedergegebenen gibt Leisentrit dieser Melodie zwei weitere Textvarianten bei: „Ein anderes dergleichen / Da Jesus an dem Cretze stund etc." (Bl. XCIII) sowie „Das dritte Lied von den Sieben Worten Christi" (Bl. XCIIII).

4.2 Zum Text

Die Textfassung des **Gotteslob* entspricht in den Str. 1–8 weitgehend dem Text bei Michael Vehe, 1537. Neugefaßt wurden die Str. 4 und 5, die ursprünglich lauteten:[5]

> „Zum dritten gdenck seinr grossen not / laß dir die wort nit sein ein spot / Weib schaw dein Son gar eben / Johanns nim deinr Mutter war / solst ihr gar eben pflegen.
> Nun mercket was das vierd Wort was / Mich dürst so hart ohn unterlas /schrey Gott mit lauter stimme / das menschlich heil thet er begern / seinr negl ward er empfinden."

Komplementär zur Eingangsstrophe, die auffordert, die sieben Worte im Herzen zu betrachten, handelt die Schlußstrophe von der Frucht dieser Betrachtung. Die Strophe fehlte in der Sammlung **Einheitslieder.* Die **Gotteslob*-Fassung (GL 187,9) fußt in derjenigen der ersten Textvariante bei Leisentrit. Sie lautet dort:

> „Wer Gotts Marter in ehren hat / und offt gedenckt der sieben Wort / den wil Gott eben pflegen / wol hie auff Erd mit seiner gnad / und dort im ewign leben / AMEN."

Zusammen mit der Eingangsstrophe bildet die Schlußstrophe den Rahmen zu den Str. 2–8 mit den sieben Worten, die sehr schriftnah formuliert sind.

---

2 Str. 1–8 von GL 187.
3 Zur Formulierung „hing" siehe unten.
4 Vgl. zum Text EG 275.
5 Hier zitiert nach **Leisentrit* 1567.

Die erste Strophe setzt mit einer Formulierung ein, die – wie Wilhelm Bäumker in seinem Buch „Das katholische deutsche Kirchenlied in seinen Singweisen von den frühesten Zeiten bis gegen Ende des siebzehnten Jahrhunderts" auch heute noch zutreffend bemerkt – für das hohe Alter des Liedes bürgt. Bäumker schreibt:

> „‚Da Jesus an dem Creutze stundt / Und jm sein Leichnam ward verwundt.' – Die erste Zeile schon bürgt uns für das hohe Alter unseres Liedes, denn sie besagt, daß dasselbe in einer Zeit entstanden sei, in welcher man sich den Heiland am Kreuze stehend dachte. ‚Bei der älteren idealen Auffassung sind Hände und Füße mit 4 Nägeln oder gar nicht befestigt, wobei beide Füße auf dem Fußbrett nebeneinander **stehen**, z.B. auf einem Elfenbeinrelief des 9. Jahrhunderts (bei Jameson Hist. of our Lord II, p. 144) und auf dem Dichtychon des Bischofs Ellenhardt von Freising (um 1060) in der Hofbibl. in München. Gegen Ende des 13. Jahrhunderts wird die Darstellung sowohl in unzähligen Einzelbildern als in größeren Bilderzyklen der Passion allmählig realer u.s.w. Die Füße sind mit oder ohne Fußbrett übereinander gelegt, sodaß nur ein Nagel hindurchgeht und der rechte Fuß stets oben liegt.' (Illustriertes Archäologisches Wörterbuch von Müller u. Mothes.Leipzig 1878, II, S. 596.)
> Demzufolge sprechen die Dichter des frühen Mittelalters von einem Stehen am Kreuze, so z.B. der h. Bernhard v. Clairvaux in dem Liede: ‚Salve mundi salutare' (Ad pedes Vers 5). In ‚hac cruce stans directe', ferner ‚stans immotus in dolore' (Ad genua Str. 2). Der h. Bonaventura ‚Horae de passione Domini nostri Jesu Christi' sagt: ‚et stans in illa sitiit'. In dem Liede ‚Ave mundi conditor' aus dem 14. Jahrhundert heißt es in der 31. Strophe ‚stat in cruce'(W. II, 1091.) Wir werden demnach wohl nicht fehl gehen, wenn wir ein Lied mit den obigen Anfangszeilen in das 14. Jahrhundert setzen."[6]

Zur Zeit Leisentrits mußte die Formulierung „... an dem Kreuze stund" als veraltet empfunden werden, wie die Kreuzigungsdarstellungen dieser Epoche zeigen. Seine erste Textvariante lautet dementsprechend zu Beginn: „Da Jesus an dem Creutze hung" (wie auch in Senfls oben erwähnter Passionsmotette). Die alte Formulierung findet sich jedoch in der zweiten Variante bewahrt, die Leisentrit mitteilt.

4.3 Zur Melodie

Das aus zwei Teilen mit insgesamt fünf Abschnitten bestehende Lied ist im phrygischen Ton komponiert und in Choralnotation gefaßt. Die Melodie bewegt sich in verschiedenen Tonräumen, deren Ausdehnung die Quinte und Sexte nicht überschreiten. Teil I umfaßt drei, Teil II zwei Abschnitte.

Der erste Abschnitt „Da Jesus an dem Kreuze stund" umkreist die Oberquint des Grundtons (h-c-h-a-h-d-c-h), der zweite Abschnitt „und ihm sein Leib war ganz verwund't" setzt diese schwebende Bewegung fort und fällt über einen F-Dur-Dreiklang zur Finalis e ab; der dritte Abschnitt führt die Melodie innerhalb des C-Dur-Tonkreises zum Schluß von Teil I. Der Text dieser Stelle „mit bitterlichen Schmerzen" erreicht melodisch den tiefsten Punkt in der Schilderung des Leidens Christi.

---

6 Bäumker I, 448f.

Der vierte Abschnitt, mit dem Teil II einsetzt, „die sieben Wort, die er da sprach", stellt in seinem melodischen Aufschwung die sieben Worte Jesu als Hauptthema des Liedes deutlich heraus; das Abschwingen zur Basis geschieht ähnlich dem zweiten Abschnitt mit gleicher Wendung (a-f-e). Der fünfte Abschnitt wiederum kehrt ähnlich dem dritten über den Quintraum d-f-a stufenweise abwärts zur Finalis e zurück.

4.4 Choralbearbeitungen

Eine große Anzahl an Choralmusik für Orgel über *Da Jesus an dem Kreuze stund* ist vor allem aus dem mittel- und süddeutschen Raum des 17. und 18. Jahrhunderts überliefert und bezeugt, daß das Lied seinen festen Platz im gottesdienstlichen Leben sowohl im katholischen als auch im evangelischen Bereich hatte. Zu den Komponisten gehören: Samuel Scheidt (1587–1654), der in dem sechsteiligen „Psalm: Da JEsus an dem Creutze stundt" SSWV 113 (Tabulatura nova, Teil I, 1624, Nr. XII) ein instrumentales Gegenstück zur Motette von Ludwig Senfl geschaffen hat; dann Heinrich Bach (1615–1692), Johann Pachelbel (1653–1706), Johann Kaspar Ferdinand Fischer (1650–1746) und auch Johann Sebastian Bach (1685–1750) mit einer tiefsinnigen Textausdeutung (im „Orgelbüchlein", BWV 621); in Bachs Komposition hebt das Pedal siebenmal zur Rede an (in Gestalt einer hängenden Synkopenkette), „die sieben Wort, die er da sprach"; die Tenorstimme aber dürfte die Bewegung des betrachtenden Herzens nachzeichnen.

Auch im 20. Jahrhundert ist eine Reihe bemerkenswerter Choralbearbeitungen entstanden (Ernst Pepping, Herbert Callhoff u.a.); die herausragendste stammt von Johann Nepomuk David, eine Partita in elf Sätzen (Choralwerk XI, Wiesbaden 1952).

4.5 Zur Praxis

Mit den oben genannten Elementen läßt sich – in Anlehnung an die von Joseph Haydn berichtete Feier im südspanischen Cadix – etwa folgende Meditations-Struktur gestalten (zum Beispiel im Rahmen des Karfreitagsgottesdienstes oder als Abendfeier in der Passionszeit).

- (1) Eingang
- Orgelchoral *Da Jesus an dem Kreuze stund* (J.S. Bach, BWV 621)
- Lied GL 187, 1. Str.
- Eingangswort, zum Beispiel:

Sieben Worte sprach Jesus am Kreuz. Die vier Evangelien haben uns diese Worte aufbewahrt. Sieben Worte. Sie reichen aus, um Leben und Tod, Zeit und Ewigkeit zu umspannen. In diesen Worten Jesu am Kreuz können wir uns bergen. In ihnen sind wir aufgehoben, finden wir uns wieder mit unseren Fragen und Nöten, mit unseren Hoffnungen und Wünschen. Der Bogen spannt sich von der Vergebungsbitte für die Peiniger bis zum Sterbegebet: „Vater, in deine Hände lege ich meinen Geist." – Sieben Worte über unseren Glauben und unseren Zweifel, unsere Freunde und Feinde, unsere Schuld und die Vergebung, unser Leben und unseren Tod. In ihnen kommt einer zu uns, der Fragen und Nöte kennt. Und er nennt uns die Adresse für sie: Gott. Mit seinen sieben Worten geht Jesus an unserer Seite den Weg zum Vater. Wir sind nicht allein.

- (2) Meditation der sieben Worte (in sieben Schritten)
- Liedstrophe (evtl. mit verteilten Rollen: Bericht/ Jesuswort)
- Meditationsimpuls (Anregungen siehe Abschnitt 3, Sieben letzte Worte)
- Stille
- Orgelvariation über die Melodie des Liedes von den sieben Worten (S. Scheidt, J. N. David oder improvisiert)

- (3) Abschluß
- GL 187, 9. Str.
- (Gebet, Segen, Ausklang in Stille)

Literatur

JLH = Jahrbuch für Liturgik und Hymnologie. Kassel u.a. 1955ff.
LThK³ = Lexikon für Theologie und Kirche. Freiburg/Basel/Rom/Wien 1993ff.
TRE = Theologische Realenzyklopädie. Berlin-New York 1976ff.

Bäumker, Wilhelm: Das katholische deutsche Kirchenlied in seinen Singweisen von den frühesten Zeiten bis gegen Ende des siebzehnten Jahrhunderts, auf Grund handschriftlicher und gedruckter Quellen bearbeitet von Wilhelm Bäumker. 4 Bde. Freiburg im Breisgau 1883-1911 (Reprint Hildesheim 1962).
Betz, Otto: Das Geheimnis der Zahlen. Stuttgart 1989. 89–97.
Brodde, Otto: Heinrich Schütz. Weg und Werk. Kassel u.a./München ²1979.
Erk, Ludwig/Böhme, Franz M.: Deutscher Liederhort. Bd. 3. Leipzig 1893 (Hildesheim/New York/Wiesbaden 1972). 668f.
Geiringer, Karl: Joseph Haydn. Der schöpferische Werdegang eines Meisters der Klassik. Eine Biographie. Mainz ²1986.
Jens, Walter: Jesu sieben letzte Worte am Kreuz. Wortbeiträge zur Aufführung der Streichquartett-Fassung. „Zwischen Bach und Mozart" (Programmheft Sonntag, den 11. 9. 88, 8–11).
Köpf, Ulrich: Passionsfrömmigkeit, in: TRE 27. 722ff.
Kreyssig, Peter: Die sieben letzten Worte des Erlösers am Kreuz, in: Prinz, Ulrich (Hrsg.): Zwischen Bach und Mozart. Vorträge des Europäischen Musikfestes Stuttgart 1988 (Schriftenreihe der Internationalen Bachakademie Stuttgart, Bd. 4). Stuttgart/Kassel u.a. 1994, 184ff.
Langrock, Klaus: Die Sieben Worte Jesu am Kreuz. Ein Beitrag zur Geschichte der Passionskomposition. Essen 1987.
Lipphardt, Walther: Das wiedergefundene Gesangbuch-Autograph von Adam Reißner aus dem Jahre 1554, in: JLH 10, 55ff.; ferner: Ebd.: Bd. 12. 1967. 155 ff.; Bd. 16. 1971. 61 ff.
Lurker, Manfred: Die Botschaft der Symbole in Mythen, Kulturen und Religionen. München. 1990. 129–140.
Lurker, Manfred: Wörterbuch biblischer Bilder und Symbole. München 1973. 285–288.
Rommel, Kurt: ...heute noch wirst du bei mir sein. Die sieben Worte Jesu am Kreuz. Eschbach/Markgräflerland 1982.

Untergassmair, Franz-Georg/Massenkeil, Günther: Kreuzesworte Jesu, in: $LThK^3$ Bd. 6. Sp. 457f.
Werkbuch zum Gotteslob. Im Auftrag der Kommission für das Einheitsgesangbuch. Hrsg. von Josef Seuffert. 7 Bde. Freiburg/Basel/Wien 1975ff.

Hansjakob Becker

Kyrie eleison

Kyrie eleison
Der du auf diese Welt kamst, uns durch Leiden zu erlösen
Herr, erbarme dich
Christus, unser Herr, ward für uns gehorsam bis zum Tode

Kyrie eleison
Der du prophetisch verkündigt hast: Tod, ich werde dich töten
Herr, erbarme dich
Christus, unser Herr, ward für uns gehorsam bis zum Tode

Kyrie eleison
Der du am Kreuz mit ausgespannten Armen die ganze Welt an dich gezogen hast
Herr, erbarme dich
Christus, unser Herr, ward für uns gehorsam bis zum Tode

Ja, bis zum Tod am Kreuze

Druckvorlage

*... *bis ER wiederkommt*, so lautet der Titel eines Liederbuches, das vom Liturgischen Arbeitskreis der Katholischen Hochschulgemeinde München als Manuskript gedruckt 1965 in München herausgegeben wurde. Die 315 Seiten starke Ausgabe existiert nur noch in wenigen Exemplaren.[1] Trotz der Auflage von 6000 Exemplaren hat diese mit 550 Liedern damals wohl um-

[1] Gesangbucharchiv der Johannes Gutenberg-Universität Mainz.

fangreichste Liedsammlung in ganz Deutschland keine größere Wirkungsgeschichte erfahren.[2] Dies ist umso erstaunlicher, als das Buch zu einem großen Teil Texte und Melodien herausragender liturgischer Stücke, die nicht in den traditionellen Gesangbüchern stehen, für den Gottesdienst der Gemeinde zu erschließen versucht. Unter diesen findet sich neben zahlreichen Hymnen und Antiphonen unter Nr. 113 auch eine tropierte Kyrielitanei, die *Versus in Triduo Sacro*. Die Fassung folgt in Text, Melodie und Aufbau der dominikanischen Tradition.[3] Im Geistlichen Wunderhorn erscheint der Gesang in überarbeiteter Gestalt entsprechend der in den ältesten Quellen bezeugten ursprünglichen Struktur.[4]

1 Geschichte

Die erste ausführliche Erwähnung des im Mittelalter weit verbreiteten Stükkes erfolgt in der *Regularis Concordia* des Ethelwold-Dunstan (957/65). Der Gesang erscheint hier als neu und als Praxis einiger Mönchskirchen. Seine Form ist sehr einfach: Das Kyrie am Schluß der Laudes wird gleichsam dramatisch aufgeteilt gesungen. Von Versen ist hier noch keine Rede, sie tauchen aber gleichzeitig um die Mitte des 10. Jh. in St. Alban zu Mainz auf. In dem um 1000 geschriebenen Antiphonar des Hartker von St. Gallen findet sich die älteste neumierte Fassung.[5]

2 Struktur

Die *Versus in Triduo Sacro* verbinden drei von ihrer Herkunft verschiedene Elemente:

Das erste ist die Akklamation des *Kyrie eleison* sowohl in seiner griechischen Textform als auch in der Übersetzung des „Herr, erbarme dich unser", hinzu kommen die das Kyrie tropierenden Verse, den Schluß bildet ein Zitat aus dem Christushymnus des Philipperbriefes „Christus, unser Herr, ward für uns gehorsam bis zum Tod", das nach dem letzten der drei Verse mit dem „Ja, bis zum Tod am Kreuze" weitergeführt wird und in dem die Kyrielitanei ihren Abschluß und Höhepunkt findet. Dieses viergliedrige Element wird dreimal wiederholt, so daß sich folgender Aufbau ergibt:

Kyrie eleison
Vers A
Herr erbarme dich
Christus unser Herr

---

2 Rezensionen: Amtsblatt für das Erzbistum München und Freising 1965, 408–409; Klerusblatt 46 (1966) 100; PrKat 105 (1966) 168.

3 Antiphonarium S. Ordinis Praedicatorum, 471–471.

4 Geistliches Wunderhorn, 18–21. 502.

5 CAO 8442–8449; zu den Quellen vgl. Kurzeja, Liber Ordinarius, 125–126.

Kyrie eleison
Vers B
Herr erbarme dich
Christus unser Herr

Kyrie eleison
Vers C
Herr erbarme dich
Christus unser Herr

Ja bis zum Tod

Die im Wechsel von verschiedenen Personen gesungene Litanei hat im Laufe des Mittelalters vielfache Variationen erfahren (Erweiterung der Akklamation: Kyrie / Christe / Kyrie; Schaffung neuer Verse; Gesang im steigenden Ton u.a.).[6] Darüber hinaus kann der Kyrietropus als Wurzelgrund für das älteste deutsche Passionslied bezeichnet werden, insofern das Volk sich strophenweise in den vor allem im süddeutschen Raum auf die Litanei folgenden Hymnus *Rex Christe, factor omnium* einschaltete.[7]

3 Elemente

3.1 Akklamation

Der Ausgangspunkt des Tropus ist die Akklamation des *Kyrie eleison.*

> „Was das ‚Hurra' des 19. Jahrhunderts, das ‚Heil' der Hitlerschen Ära, das ‚Hotchimin' der studentischen Revolten um 1965 bedeutete, war das ‚Kyrie eleison' in der antiken Welt - ein etwas unartikulierter, halb militärischer, halb demonstrativer Jubelruf, mit anderen Rufen zur unendlichen Litanei verbunden."[8]

So findet sich die Akklamation im Sonnen- und Kaiserkult der Antike: Als in Konstantinopel eine Säule mit der Statue des Kaisers eingeweiht wurde, sprach der Priester „ein litaneiförmiges Gebet, und das dabeistehende Volk rief hundertmal Kyrie eleison"[9].

Neben dem politischen Kontext steht der biblische. Wenn die Septuaginta, die griechische Übersetzung des Alten Testamentes, den aus Ehrfurcht nie ausgesprochenen Gottesnamen JHWH mit KYRIOS = Herr wiedergibt, so schafft sie damit sprachlich die Voraussetzung für die Deutung alttestamentlicher Texte auf Christus. Hierbei spielen die Psalmen eine besondere Rolle.[10] Wie der Blinde im Evangelium (Mt 20,31), so ruft die Alte Kirche mit Ps 6,3 zu Christus: „Herr, erbarme dich."

Die Kyrie-Akklamation, die Lobpreis und Bitte verbindet, ist ein Grundelement der liturgischen und spirituellen Tradition, besonders in den Kir-

---

6 Pothier, Chant de la Litanie, 133–40.

7 Lipphardt, „Laus tibi Christi", 71–100; Janota, Studien zu Funktion und Typus, 155–167; Pothier, Chant de la Litanie, 139.

8 Schnitzler, Kyrielitanei, 217–21, hier 217.

9 Vgl. Dölger, Sol Salutis, 67.70.

10 Vgl. Fischer, Die Psalmen.

chen des Ostens. Ihre Übernahme im Westen in die Liturgie sowohl des Stundengebetes als auch der Messe ist durch das Konzil von Vaison (529) bezeugt. Auch in der Klerikerliturgie des lateinischen Mittelalters ließ sich das Volk den vertrauten Kyrie-Ruf nicht nehmen. Für das 9. Jh. ist nicht nur der Gesang des *kriste kinado ... kyrie eleison* bezeugt, sondern auch die Entstehung der Leisen als Verbindung von deutscher Liedstrophe und griechischer Akklamation, wie wir sie z.B. aus dem *Christ ist erstanden* kennen.[11]

3.2 Hymnus

Das Bekenntnis zu Christus, dem Kyrios, findet seinen dichtesten Ausdruck in dem ältesten, nur zwei bis drei Jahrzehnte nach Jesu Tod entstandenen Hymnus, den Paulus im Philipperbrief überliefert:[12]

> „Er war Gott gleich, hielt aber nicht daran fest, wie Gott zu sein,
> sondern er entäußerte sich und wurde wie ein Sklave und den Menschen gleich.
> Sein Leben war das eines Menschen;
> er erniedrigte sich und war gehorsam bis zum Tod, bis zum Tod am Kreuz.
> Darum hat ihn Gott über alle erhöht und ihm den Namen verliehen, der größer ist als alle Namen,
> damit alle im Himmel, auf der Erde und unter der Erde ihre Knie beugen vor dem Namen Jesu
> und jeder Mund bekennt: ‚Jesus Christus ist der Herr' - zur Ehre Gottes des Vaters."[13]

Wie ein roter Faden zieht sich dieser Text durch die Liturgie der Heiligen Woche: Die Epistel des Palmsonntags beginnt mit der Aufforderung „Seid so gesinnt wie Christus Jesus" und begründet diese mit dem bekannten Hymnus.[14] Dieser begegnet im Introitus des Kardienstags sowie im Graduale des Gründonnerstags.[15] Das letztgenannte Stück bildet in der Römischen Liturgie den Abschluß der Trauermetten, wobei am Gründonnerstag der Text mit „... bis zum Tod"und am Karfreitag mit „... bis zum Tod am Kreuz"endet, während er am Karsamstag in dem Vers „Darum hat Gott ihn auch erhöht ..." seinen Abschluß findet.[16] In der nachvatikanischen Liturgie hat das Lied aus dem Philipperbrief seinen Platz als Canticum in der ersten Vesper des Sonntags.[17] In der Palmsonntags- sowie der Karfreitagsliturgie schlägt es die Brücke von der Epistel zur Passion.[18]

---

11 Becker, *Christ ist erstanden*, in: Geistliches Wunderhorn, 29–41. 503–505.

12 Gnilka, Christushymnus, 173–185; Hengel, Das Christuslied, 357–404.

13 Phil 2,6-11.

14 Im Unterschied zum *Missale Romanum Tridentinum* (1570) hat die nachvatikanische Liturgie bedauerlicherweise die eröffnende Paränese gestrichen. OLM, Nr. 38.

15 Hesbert, AMS, Nr. 76.77.

16 Antiphonale Romanum, 365.

17 Liturgia Horarum, 545–546.

18 OLM 38.41.

3.3 Tropen

Neben dem Philipperhymnus und dem *Kyrie eleison* stehen die die Akklamation tropierenden Verse.

Der erste prädiziert Christus als den, der in diese Welt kam, bereit, uns durch Leiden zu erlösen. Die Freiwilligkeit des Leidens und die erlösende Kraft des Opfers werden vielfach im Neuen Testament thematisiert:

> „Ich bin gekommen, damit sie das Leben haben und es in Fülle haben ... Deshalb liebt mich der Vater, weil ich mein Leben hingebe, um es wieder zu nehmen. Niemand entreißt es mir, sondern ich gebe es aus freiem Willen hin. Ich habe Macht, es hinzugeben, und ich habe Macht, es wieder zu nehmen. Diesen Auftrag habe ich von meinem Vater empfangen."[19]

Anknüpfend an ein Wort des Propheten Hosea[20], wird im zweiten Vers das die Paschaliturgie wie ein Leitmotiv bestimmende Thema der Überwindung des Todes angesprochen. Dieses findet seinen unübertrefflichen Ausdruck im ersten Korintherbrief, wo Paulus über die Auferweckung Christi und unsere eigene Auferstehung spricht:

> „Der letzte Feind, der entmachtet wird, ist der Tod. Verschlungen ist der Tod vom Sieg. Tod, wo ist dein Sieg? Tod, wo ist dein Stachel?"[21]

Was die Osterpräfation in äußerster Prägnanz in die Worte zusammenfaßt „Durch seinen Tod hat er unseren Tod vernichtet und durch seine Auferstehung das Leben wiederhergestellt"[22], das kommt in dem ältesten Paschahymnus des Ambrosius *Hic est dies verus Dei* in immer neuen Bildern zur Entfaltung:

> „Was kann geheimnisvoller sein,
> als daß die Schuld die Gnade wirbt,
> die güt'ge Liebe löst die Furcht,
> und Tod ein neues Leben gibt?
>
> Daß Tod die Angel selbst verschlingt
> und sich im eignen Stricke fängt,
> daß aller Leben zwar vergeht,
> doch aller Leben neu ersteht?
>
> Der Tod zu allen Menschen kommt,
> doch alle Toten stehen auf.
> Den Todesstoß, den er versetzt,
> der Tod an sich allein verspürt."[23]

---

19 Joh 10,10.17–18; vgl. 12,47; Hebr 10,5–7.

20 Hos 13,14; vgl. Fischer, O mors, 97–113.

21 1 Kor 15,26.54–55.

22 *Missale Romanum*, 274–275.

23 AH 50,16; Blume, Unsere liturgischen Lieder, 180–183; Übersetzung: *... *bis ER wiederkommt*, 72, Nr. 132.

Im Mittelalter klingt die Thematik der Anastasis, die über das Nikodemusevangelium[24] im Osterspiel einen wichtigen Platz einnimmt, in der Ostersequenz *Victimae paschali laudes* auf:

„Tod und Leben da rungen, welch wunderlicher Zweikampf;
der Fürst des Lebens - tot, herrscht lebendig",[25]

und noch Luther hat in seinem großen Osterlied *Christ lag in Todesbanden* diesem Mysterium eine Strophe gewidmet, die an Anschaulichkeit nicht zu überbieten ist:

„Es war ein wunderlich Krieg,
da Tod und Leben rungen;
das Leben behielt den Sieg,
es hat den Tod verschlungen.
Die Schrift hat verkündet das,
wie ein Tod den andern fraß,
ein Spott aus dem Tod ist worden.
Halleluja".[26]

Der letzte Vers der Tropen stellt uns Christus, den Gekreuzigten, vor Augen. Die erstaunliche Bedeutungsvielfalt der ausgespannten Arme wird bei Hippolyt von Rom deutlich, der das Wort Jesu im Gleichnis von der Henne (Mt 23,37) im Sinne des Kreuzes Christi deutet: „Da Christus die heiligen Hände auf dem Holze ausbreitete, entfaltete er gleichsam zwei Flügel ... und rief zu sich alle die Glaubenden und beschattete sie wie eine Henne ihre Kücklein".[27] Die ausgebreiteten Hände sind nicht nur schattenspendende Gottesflügel (Ps 17,8), sondern auch Hände, die Gott Tag für Tag nach seinem abtrünnigen Volk ausstreckt (Jes 65,2).[28] Zugleich sind es aber auch die zum Gebet erhobenen Hände, mit denen Christus am Abend seines Lebens sich Gott hingegeben hat als wohlriechendes Weihrauchopfer (Ps 141,2; Eph 5,2).[29] In den am Kreuz ausgespannten Armen hat Christus nach einem Wort des Irenäus von Lyon die ganze Welt an sich gezogen und in Liebe umarmt: „Wenn ich über die Erde erhöht bin, werde ich alle zu mir ziehen" (Joh 12,32), eine Verheißung, die christliche Mystik von Abaelard über Kierkegaard bis Thérèse von Lisieux mit dem aus dem Weihnachtslied bekannten Wort des Hohenliedes beantwortet hat:[30] „Trahe me post te" (Hld 1,4).

Die Kyrielitanei bringt mit ihren Christusprädikationen die entscheidenden Tatsachen der Heilsgeschichte zur Sprache: die Erniedrigung in der Inkarnation, die Überwindung des Todes durch das Kreuz und die liebende Umarmung der ganzen Welt. Sie tut dies mit starken Bildern und in un-

24 Schneemelcher, Apokryphen, 350–352.

25 AH 54,12.

26 *EG 101,4; Becker, Geistliches Wunderhorn, 40–41. 504–505.

27 De antichristo 61 (GCS I/2, 42 Achelis).

28 Zum Ganzen vgl. Fischer, Die Psalmen 189–195.

29 Vgl. das Weihrauchgebet des Luzernars, in: Becker, Gottesdienst, 468–469.

30 Vgl. H. Ühlein, Kirchenlied und Textgeschichte, 229–248.

übertrefflicher Prägnanz. Das Drama der Erlösung wird ebenso schlicht wie eindrucksvoll inszeniert, und dies in einer musikalischen Gestalt, die mit ihrer phrygischen Tonart und dem unerwarteten Schluß „Ja, bis zum Tod am Kreuze" das eine, wunderbare Mysterium zum Klingen bringt, das in der Paschaliturgie gefeiert wird.

Die aus den Trauermetten stammende Kyrie-Liturgie verdient es, in das Repertoire unserer Kirchenlieder und Gesänge aufgenommen zu werden und kann, nicht nur in der Meßliturgie der Fastensonntage, sondern auch bei der Kreuzverehrung des Karfreitags sowie der Liturgie der Ostervigil einen Platz finden.

Literatur

AMS = Hesbert, René Jean: Antiphonale Missarum Sextuplex. Brüssel 1935 = Rom 1967.

CAO = Hesbert, René Jean: Corpus Antiphonalium Officii. Bd. 4. Rom 1970.

GCS = Die griechischen christlichen Schriftsteller der ersten drei Jahrhunderte. Leipzig 1897ff.

JLH = Jahrbuch für Liturgik und Hymnologie. Kassel u.a. 1955ff.

LQF = Liturgiegeschichtliche Quellen und Forschungen. Münster 1928ff.

OLM = Ordo Lectionum Missae. Rom 1969.

PiLi = Pietas Liturgica. Interdisziplinäre Beiträge zur Liturgiewissenschaft. St. Ottilien 1983ff.

PrKat = Prediger und Katechet. Regensburg 1966.

RCG = Revue du Chant Grégorien.

Analecta Hymnica Medii Aevi. Hrsg. von Guido Maria Dreves/Clemens Blume [und H. M. Bannister]. Leipzig 1886–1922.

Antiphonale Sacrosanctae Romanae Ecclesiae pro diurnis horis. Rom 1912.

Antiphonarium S. Ordinis Praedicatorum. Rom 1933.

Becker, Hansjakob: *Christ ist erstanden*, in: Geistliches Wunderhorn. Große deutsche Kirchenlieder. Hrsg., vorgestellt und erläutert von Hansjakob Becker/Ansgar Franz/Jürgen Henkys/Hermann Kurzke/Christa Reich/Alex Stock. München 2001. 29-42. 504f.

Becker, Hansjakob/Hilberath, Bernd Jochen/Willers, Ulrich: Gottesdienst – Kirche – Gesellschaft. Interdisziplinäre und ökumenische Standortbestimmungen nach 25 Jahren Liturgiereform. St. Ottilien 1991 (PiLi 5).

Becker, Hansjakob: versus in Triduo Sacro, in: Ruhland, Georg (Hrsg.): Festschrift für Konrad Ruhland (im Druck).

Blume, Clemens: Unsere liturgischen Lieder. Das Hymnar der altchristlichen Kirche. Regensburg 1932.

Bulst, Walther: Hymni latini antiquissimi LXXV Psalmi III. Heidelberg 1956.

Dölger, Franz J.: Sol Salutis. Gebet und Gesang im christlichen Altertum. Münster 1925 (LQF 4/5).

Fischer, Balthasar: Die Psalmen als Stimme der Kirche. Gesammelte Studien zur christlichen Psalmenfrömmigkeit. Trier 1982.

Fischer, Balthasar: O mors, ero mors tua. Eine Kurzformel der römischen Liturgie für das Paschamysterium, in: Eulogia. Miscellanea liturgica in onore di P. Burkhard Neunheuser. Rom 1979 (Studia Anselmiana 68).

Gnilka, Jürgen: Der Christushymnus des Philipperbriefes und die neutestamentliche Hymnendichtung, in: Liturgie und Dichtung. Ein interdisziplinäres Kompendium. Hrsg. von Hansjakob Becker/Reiner Kaczynski. St. Ottilien 1983. 173–185 (PiLi 1).

Hengel, Martin: Das Christuslied im frühesten Gottesdienst, in: Weisheit Gottes – Weisheit der Welt. FS J. Ratzinger. Hrsg. von W. Baier u.a.: St. Ottilien 1987.

Janota, Johannes: Studien zu Funktion und Typus des deutschen geistlichen Liedes im Mittelalter. München 1968.

Kurzeja, Adalbert: Der älteste Liber Ordinarius der Trierer Domkirche. Ein Beitrag zur Liturgiegeschichte der deutschen Ortskirchen. Münster 1970 (LQF 52).

Lipphardt, Walter: „Laus tibi Christi" – „Ach du armer Judas". Untersuchungen zum ältesten deutschen Passionslied, in: JLH 6 (1961) 71–100.

Liturgia Horarum. Rom 1972.

Missale Romanum ex decreto Sacrosancti Concilii Tridentini restitutum. Regensburg 1930.

Pothier, Joseph: Chant de la Litanie avec tropes ou versets à l'Office des Ténèbres, in: RCG 11 (1903). 133–140.

Schneemelcher, Wilhelm (Hrsg.): Neutestamentliche Apokryphen in deutscher Übersetzung. Bd. 1. Tübingen [4]1986.

Schnitzler, Theodor: Kyrielitanei am Anfang?, in: Gemeinde im Herrenmahl. Zur Praxis der Meßfeier. Hrsg. von Thomas Maas-Ewerd/Klemens Richter. Einsiedeln u.a. 1976.

Ühlein, Hermann: Kirchenlied und Textgeschichte. Literarische Traditionsbildung am Beispiel des deutschen Himmelfahrtsliedes von der Aufklärung bis zur Gegenwart. St. Ottilien 1995. Würzburg/St. Ottilien 1995 (PiLi.S 9).

Gabriele Koch

Im Lande der Knechtschaft

Druckvorlage

Das Lied ist in Text und Melodie dem Schweizer **RG* entnommen (RG 866).

1 Einladung zum Singen

In Text, Melodie, Rhythmus und Botschaft reiht sich Claudia Mitscha-Eibls Lied *Im Lande der Knechtschaft* in den großen Kreis moderner rhythmischer

Kirchenlieder ein, die von Gegensätzen wie „Dunkel und Licht", „Knechtschaft und Erlösung", „Dur und Moll", „schwere Breite und lebendig rhythmischer Tonfluß" leben. Die ansprechende, aber nicht banale Eingängigkeit lädt zum Singen ein und besitzt somit große Gemeindefähigkeit.

2 Zum Text[1]

Das Lied besteht aus sechs Strophen, die sich inhaltlich aus zwei Gruppen zusammensetzen. Die Str. 1, 3 und 5 (als 1, 2, 3 bezeichnet) unterteilen sich in drei je dreizeilige Textgruppen, 2, 4, 6 in zwei Vierzeiler. Letztere bezeichnet die Verfasserin als Refrain (der sich dreimal wörtlich wiederholt); da diese Strophen jedoch im Fortlauf des Liedes eine je eigene Rolle besitzen, indem sie gedanklich weiterführen, und somit den Anschluß an die nachfolgenden Strophen schaffen, gewinnen sie strophenartiges Gewicht.

Als regelmäßig wiederkehrendes Versmaß bestimmt der Daktylus die Str. 1, 3 und 5: Einer Hebung (= betont) folgen zwei Senkungen (= unbetont). Der Trochäus in den Refrainstrophen betont die erste Silbe, die zweite nicht: Hebung und Senkung lösen einander gleichmäßig fortlaufend ab. Durch das Dahinfließen des Daktylus-Metrums (Hebung - Senkung -Senkung ...) entsteht beim Hörer das Gefühl, eine fortlaufende Geschichte zu hören, der Trochäus dagegen gibt mit dem Wechsel von Hebung und Senkung dem Inhalt etwas Vorankommendes, treibt die Entwicklung weiter.

Der gesamte Liedtext ist von der Satzmelodie her parallel durchkomponiert mit einer zunehmenden Steigerung der Dynamik.

Seine Reime sind in einer poetisch-bildhaften Sprache in zeitgenössischem Stil gefaßt und kunstvoll gestaltet. Anders als die handlungsorientiert gefaßte Sprache des Refrains prägen beschreibende Ausdrücke die Strophen. Ihr statischer Sprachstil vor der Dynamik des Aufbruchs in den Refrainstrophen wird in den Partizipialformen der Verben deutlich: „vergessen die Freiheit, verstummt der Gesang, die Hoffnung vergraben". Die zweite und noch stärker die dritte Strophe lösen diese zunehmend in Sätzen mit Prädikat auf.

In den Refrainstrophen zeigt sich die Dynamik im Spiel mit weichen und harten, teilweise gedoppelten Konsonanten und entsprechender Lautmalerei:

> Mirjam, Mirjam schlug auf die Pauke und Mirjam tanzte vor ihnen her.
> Alle, alle fingen zu tanzen an, tanzend zogen sie durchs Meer.
> Frauen tanzten, tanzten die Männer und Wellen, Wolken, alles tanzt mit.
> Mirjam, Mirjam hob ihre Stimme, sie sang für Gott, sie sang ihr Lied.

Mirjam als doppelt angeführtes Subjekt, das im direkt folgenden Prädikat agiert, erhält ein großes Gewicht, das durch das fünfmalige Vorkommen in

---

1 An dieser Stelle sei Herrn Karl-Friedrich Braun herzlich gedankt für die Unterstützung bei der Sprachanalyse.

den refrainartigen Strophen noch verstärkt wird. Es entsteht eine ungeheure Kraft und Spannung, die sich lebendig und befreiend zu kindlich-fröhlicher Frische eines „la-la-la-la-la-la-lei" löst.

3 Zur Melodie

Im Aufbau von Melodie und Rhythmus läßt sich die gleiche Dynamik beobachten: Die Strophen sind in düster-klagendem c-moll über eine Spanne von eineinhalb Oktaven gesetzt und eröffnen statisch den Raum mit tiefem Ton und Dreiklang. Die Refrainstrophe kündigt in gefällig-harmonischem, aber außerordentlich kraftvollem Es-Dur die Befreiung an und setzt in der Mitte der Tonspanne der vorhergehenden Strophen ein: Breit und kräftig schlägt Mirjam in Halben- und Viertelnoten die Pauke und tanzt vor den Menschen her. Die Melodieführung steigert die Lösung im zweiten Teil der Refrainstrophe in regressiv-fröhliche Liedelemente, die spontan zu summen und singen sind. Hier holt die Melodie gleichsam kraftschöpfend aus, Töne folgen einander ohne Sprünge, in lebendig-kräftigem Fluß, der traditionellem Liedgut weniger des mitteleuropäischen als osteuropäisch-jiddischen Kulturraums verbunden ist: Dies zeigt sich in der Neigung zu mitreißender Beschleunigung, die auch an die in den vergangenen Jahrzehnten verlebendigte Klezmertradition erinnert.

Damit gelingt es, rhythmische Elemente zu integrieren, ohne wie manche neuen Kirchenlieder einem schlagerähnlich oberflächlichen, harmonisierenden Stil zu verfallen.

4 Zur Botschaft

Im Lande der Knechtschaft weist eine enge Verwobenheit von Inhalt und Form des Textes wie der Melodie aus: In der ersten Strophe richtet der Tanz auf, tröstet die Menschen in der Knechtschaft, erhält und nährt die Hoffnung auf Freiheit, in der zweiten gibt er Kraft, der Angst vor Freiheit und Neuem zu widerstehen, in der dritten führt er in die Freiheit, Fröhlichkeit und ins Leben.

Das Lied beinhaltet viel Bewegung, stiftet förmlich zum Tanzen an. Der Dreivierteltakt ist in der mitteleuropäischen Kultur unmittelbar vertraut und einfach in Bewegung umzusetzen. Bereits das Singen des Liedes setzt sich vermutlich bei vielen in leichter Körperbewegung fort. Will eine Gemeinschaft dieses Lied in einen formgebundenen, auch liturgisch integrierten Tanz umsetzen, bieten sich für die Strophen beispielsweise langsame Schritte, evtl. mit retardierenden Elementen an. Im ersten Teil des Refrains könnten wellenartige Schritte („Mayim" oder „Grapevine" genannt) und im zweiten eine Verbindung derselben mit Sprüngen oder Drehungen als Ausdruck von Kraft und Freude, anschließen.

Im Lande der Knechtschaft handelt weder von einzelnen Individuen noch tritt der Leser oder Sänger als Ich auf. Erzählend versetzt das Lied in die alttestamentliche Szenerie des Exodus und entwirft das Bild einer Gruppe von nicht personalisierten Menschen, die Knechtschaft wie Glaubenshoffnung miteinander teilen. Im Bild der Situation des Volkes Israel in ägyptischer Gefangenschaft, das Vertrauen auf den Bund mit Gott bewahrt und an die Rettung durch ihn glaubt, entsteht eine existentielle Hoffnungsvision. So wird die Botschaft von Tanz als lebendig-befreiender Kraft vermittelt, die zur Lösung von Knechtschaft und Unfreiheit führt und auch die Natur - „Wellen und Wolken" - integriert. Es schlägt eine Brücke zwischen der Exoduserfahrung und -botschaft und heutiger Existenz.

Mirjam tritt als Prophetin dieses Gottes auf, sie führt das Volk aus der Knechtschaft heraus und setzt Gottes befreiendes und erlösendes Eingreifen präsent. Sie tanzt die Vision und Hoffnung, die Aufrüttelung für die Geknechteten, stiftet diese zum Singen und Tanzen an, und sie tut das für Gott: Gelingendes Leben steht im Zusammenhang mit Gott.

Ihre Brüder Aaron und Moses erscheinen nicht, auch Gott nicht als derjenige, dessen Handeln - wie im Buch Exodus - im Zentrum steht. Dieser Umstand läßt eine Beheimatung des Liedes in der feministischen Theologie vermuten.

Anders als in den politisch aufgeladenen 70er Jahren kommen in den Begriffen wie Knechtschaft und Freiheit nicht vorrangig soziale und politische Dimensionen menschlich konkreter Existenz zum Ausdruck. Diese sind enthalten, aber Text wie Melodie übersteigen eindeutig-lineare Klarheit, transzendieren diese Begriffe ins existentiell-ganzmenschliche. Die psychisch-emotionalen Fesseln bedeuten echte Gefangenschaft wie die von politischer Unterdrückung; von beiden gilt es, sich zu befreien.

Die Regressivität (Lalalalalalalei ...) in Sprache, Melodie und Rhythmus im zweiten Refrainteil bringt einen ursprünglich kindlichen Glauben an letzte Geborgenheit der eigenen Existenz zum Ausdruck. Die Glaubenssicherheit erscheint nicht als Wunschziel, sondern als gegeben vorhanden. Nicht Klage und Zweifel, existentielle Gefährdung oder Ambivalenz stehen im Mittelpunkt, sondern die Gewißheit: „In wessen Herz Gott ist", der läßt sich von der singenden und tanzenden Mirjam in eine eschatologische Freiheit führen, nimmt mit seinen Mitmenschen das eigene Leben in die Hand. Der Mensch erscheint als seines eigenen Lebens verantwortlich und doch auf den Glauben an Gott verwiesen.

Die fehlenden Zweifel entsprechen mit der Sehnsucht nach Verwurzelung und Halt einer Dimension gegenwärtigen Selbsterlebens des Menschen. Nicht das Hadern mit Gott oder sein Anklagen angesichts der Situation von Mensch und Welt, sondern die Hoffnung, der Glaube an ihn und die Freude darüber stehen hier im Zentrum. So artikuliert das Lied die Krise menschlicher Existenz mit der Gewißheit auf Hoffnung und Glauben, im Vertrauen auf die biblische Tradition, daß Mensch und Welt letztlich in Gott geborgen sind.

Es gelingt dem Lied, existentielle menschliche Fragen ohne theologisch abstrakte Glaubensinhalte zu artikulieren, wie auch, einen Kern christlichen Glaubens zu thematisieren, ohne Fragen, Aufforderungen oder gar Befehle an Hörer oder Sänger folgen zu lassen. Trotz der einseitigen Schwerpunktsetzung auf den zweifelsfreien Erlösungsglauben bleibt jedem die Deutung und Übertragung auf die eigene Situation freigestellt.

Cornelis Kok

Der Gottesname gesungen

Druckvorlage

Handschriftlich.

1 Zur Einführung

Das hier besprochene Lied ist eines aus einem inzwischen etwa 500 Lieder, Gesänge, gesungene Gebete, Kanons und Akklamationen usw. umfassenden Repertoire, das in den letzten vierzig Jahren entstanden ist aus der Liturgie der Amsterdamer Studentenekklesia. Diese Ekklesia wurde 1960 als katholische Studentengemeinde gegründet und ist seitdem zu einer Werkstatt für Liturgieerneuerung gewachsen, vor allem dank der Arbeit des Dichters und Vorstehers Huub Oosterhuis (geboren 1933) und ‚seiner' Komponisten.

Infolge liturgischer und kirchenamtlicher Konflikte existiert diese Gemeinde seit 1970 weiter ‚außerhalb der Verantwortlichkeit' des Bischofs, aber die Texte und vor allem die Lieder von Oosterhuis haben die liturgische Entwicklung in den Niederlanden auch danach weitgehend geprägt.[1]

„Was meinen wir, wenn wir ‚Gott' sagen?" Diese Frage wird am Anfang jeder neuen Saison in der Liturgie der Amsterdamer Studentenekklesia aufs neue gestellt. Sie steht in der Mitte der ‚fragenden, poetischen Theologie' von Huub Oosterhuis. So schrieb er:

> „Gibt es Gott? Es wimmelt von Göttern und Göttinnen, starken Männer, eisernen Damen. Aber unter ihnen allen gibt es keinen einzigen, der den Namen ‚Gott' verdient. ‚Gott' ist er allein, der (als einziger) die Menschen aus allen möglichen Formen der Versklavung befreit sehen will. Nur ‚Gott' ist die Stimme, die Menschen zur Befreiung ruft – die in ihnen so weiterwirkt, daß sie einander befreien."[2]

---

1 Kok, De vleugels.

2 **Dein ist die Zukunft*, 19.

Im Buche Exodus (2. Mose) ‚offenbart' dieser Gott-Befreier seinen Namen: **daß** und **wie** er da ist. Am Anfang, in Ex 3,14, heißt dieser Name kurz und kräftig: ‚Ich werde da sein', am Ende, in Ex 34,6–7, ist dieser Name ausgebreitet mit - nach dem Talmud - dreizehn ‚Attributen'. So hat Israel seinen Gott im Laufe seines Wüstenzugs (besser) kennengelernt. Seine Wüsten**erfahrung** ist zur **Offenbarung** geworden.

Der erste Teil des Namens, wie er in Ex 34,6–7 ausgerufen wird, ist zum Text einer gesungenen Akklamation geworden, eines Refrains beim sogenannten ‚Auferstehungsgebet' von Huub Oosterhuis:

> O Herr, Gott,
> erbarmend, gnädig, langmütig,
> reich an Liebe, reich an Treue,
> bewahrend Liebe,
> bis zum tausendsten Geschlecht.

Das gesprochene Auferstehungsgebet ist ‚eingebettet' in diesen Gottesnamen, der darin dreimal gesungen wird, am Anfang, in der Mitte und am Ende.

2 Der Text

2.1 Das Auferstehungsgebet und dessen biblischer Kontext

Über den Text hat Oosterhuis geschrieben:

> „Dieses Gebet verweist auf die Exodus-Geschichte, die von jeher in der Oster-Liturgie gelesen wird. Der ‚Refrain' zitiert die Worte, mit denen der Herr Seinen Namen ausrief, als Er auf dem Sinai an Mose vorbeiging (Exodus 34,6–7)."[3]

Auferstehungsgebet[4]

O Herr, Gott, erbarmend, gnädig, langmütig, reich an Liebe, reich an Treue, bewahrend Liebe, bis zum tausendsten Geschlecht.	Ex 34,6–7
So wie es war im Anfang und nun ist und dauern wird - komme, was kommt.	
(Akklamation I, zweimal gesungen)	
Der du hörst, weißt, zurückdenkst an damals, als du begannst,	Ex 2,24: „Und Gott hörte ihr Wehklagen und gedachte seines Bundes mit Abraham, Isaak und Jakob"

[3] Um Recht und Frieden, 59.

[4] Einige der wichtigsten Verweise auf Exodus und andere Bibelstellen habe ich hier ohne weiteren Kommentar dem Gebetstext in einer Spalte beigefügt.

als du ausdachtest deinen Bund,
als deine Liebe aufloderte
und Worte suchte.

Ex 3,2–4: „Und der Engel des Herrn erschien ihm in einer feurigen Flamme“

Der du die Welt siehst,
deine niedergeschlagenen Menschen,
heimatlose Kinder.

Ex 3,7: „Ich habe das Elend meines Volkes in Ägypten wohl gesehen“

Sieh uns, hartnäckig,
verwirrt in Träumen,
gewöhnt an Lügen,
müde und gnadenlos.

Ex 32,9: „Dann sprach der Herr zu Mose: Ich sehe, daß dieses Volk ein halstarriges Volk ist“
Ex 34,9: „Und Moses sprach ... - denn es ist ein halstarriges Volk’;
Ex 33,3: „Denn ich will nicht mit euch hinaufziehen, weil ihr ein halstarriges Volk seid; ich konnte euch sonst unterwegs vertilgen.“

Wenn du nicht mitgehst,
sterben wir lieber.

Ex 33,15: „Wenn dein Angesicht nicht mitgeht so laß uns von hier nicht hinaufziehen“

Der du deinen Namen
hast ausgerufen...
in unser Gesicht:

Ex 34,5.6: „...und rief aus des Herren Namen ... Und der Herr ging vor seinem Angesicht vorüber und rief“

Mache uns dir zu eigen,
geh mit uns Wege,
die noch nicht sind,
dorthin, wo es gut ist.

Ex 33,13: „... so laß mich deinen Weg wissen, damit ich dich kenne und Gnade finde in deinen Augen.“

Sende uns den Engel
deines Namens,
einen Mann wie Mose,
Jesus von Nazaret,
einen Menschen wie du.
Halte uns in Gang,
daß wir dorthin finden,
wo du bist alles in allem.

Ex 3,2: „Und der Engel des Herrn erschien ...“

1 Kor 15,28: „...auf daß Gott sei alles in allem.“

O Herr, Gott,
erbarmend, gnädig, langmütig,
reich an Liebe, reich an Treue,
tragend Ungerechtigkeit,
vertragend Untreue,
wegtragend Sünde,
doch den Schuldigen nicht haltend
für unschuldig,
heimsuchend die Ungerechtigkeit der Väter,
an Kindern und Kindeskindern,
bis ins dritte und vierte Geschlecht,

bewahrend Liebe,
bis zum tausendsten Geschlecht.

Ex 34,6-7

(Akklamation II, zweimal)

Nichts ist bei dir unmöglich.

Mt 17,20 und Lk 1,37

Wälze den Stein von uns ab;
setze uns gerade aufrecht,
richte unsere Füße,
führe uns aus unwegsamem Abgrund
zu einem Wohnort von Licht.

Mt 28,2ff; Mk 16,3ff; Lk 24,2ff; Joh 20,1ff.

Der du zugesagt hast,
daß kommen wird eine neue Erde,
jenes Land ‚Recht-und-Friede',
in dem wir zuhause sind –
das doch schon da ist,
wo Menschen Gutes tun,
ihr Leben teilen, Leib und Seele.
Schwachheit, die Kraft wird –
beschäme uns nicht.

Offb 21,1

Mk 8,35

Ps 25,2–3

Der mich rief,
daß ich dich rufen sollte,
der du in mir rufst,
daß ich dich rufen werde;
der in mir steckt
als Feuer in Stein,
der zu mir eingeht,
meinem Verstand entlockt
Schreie von Hoffnung,
meinen Augen gibt
eine Glut von Freude;
der quer macht,
ungeduldig, mutig,
sanft, geduldig;

der mich trug auf Adlerflügeln
der mich hat geworfen
in die Weite
und, wenn ich kreischend fiel,
mich aufgefangen mit den Schwingen
und wieder hoch mich warf, bis daß ich fliegen konnte
aus eigner Kraft.

Ex 19,4: „Ihr habt gesehen ... wie ich euch getragen habe auf Adlerflügeln und habe euch hierher zu mir gebracht";
Dtn 32,11: „Wie ein Adler, der seine Jungen zum Flug aufstört und über ihnen schwebt, so breitete er seine Flügel aus, nahm es und trug es auf seinem Fittich."

Gott in uns,
Feuer in uns,
Liebe,
in uns und über uns hinaus.

So wie es war im Anfang
und nun ist und dauern wird -
komme, was kommt.

(Akklamation III, einmal)

2.2 Der weitere liturgische Kontext

Das Auferstehungsgebet ist ursprünglich ein Teil des größeren liturgischen Ganzen „Dood en opstanding. Een liturgie voor Goede Vrijdag - Tod und Auferstehung. Eine Liturgie für Karfreitag".[5] Im Geleitwort schrieb Oosterhuis:

> „Diese ‚Probe einer neuen Liturgie', in der dem Tod Jesu gedacht und seine Auferstehung gefeiert wird, wurde - im Geiste der ältesten Liturgie der Kirche - so gemacht, daß sie sowohl am Karfreitag, als am Ostermorgen brauchbar ist. Ursprünglich wurden Passion, Tod und Auferstehung in einer liturgischen Feier vor Augen gestellt und erlebt. Ein Passionsdienst ohne die Vision der Auferstehung ist nicht im Geiste des evangelischen Zeugnis."[6]

Auf die hinter diesen Worten liegenden liturgiehistorischen Voraussetzungen werde ich hier nicht eingehen. Bekannt ist jedenfalls, daß die liturgische Feier des sogenannten Triduums frühestens im vierten Jahrhundert entstanden ist. Dazu kommt die nüchterne Tatsache, daß seit ihrem Auszug aus der Kapelle, in der die Amsterdamer Studentenekklesia 1960 angefangen hatte, diese Gemeinde aus praktischen Gründen nur an Sonntagen zusammenkam. Daraus entstand auch der Bedarf nach einer kompakten Osterfeier. ‚Tod und Auferstehung' wurde erstmals am Ostermorgen 1982, das war der 11. April, in der protestantischen Amstelkerk gefeiert, wo die liturgische Werkstatt Oosterhuis' nach der Desavouierung seitens der kirchlichen Behörden im Jahre 1970 eine feste Bleibe gefunden hatte.

Inhaltlich bewegt sich diese Liturgie also zwischen Karfreitag und Ostermorgen, zwischen ‚Nachttag' und ‚Lichttag', wie es im sehr meditativen, nur textlich ein wenig voneinander verschiedenen Eröffnungs- und Schlußgesang heißt. Die Elemente sind kurzweg folgende:

1. Eröffnungsgesang *Dieser Nachttag*
2. Lesung aus dem Propheten Ez 37,1–4: die Vision der Auferstehung Israels
3. Eine Minute Stille
4. *Jesus, die Geschichte eines Lebenden,* gesungen durch Chor, Solisten und Gemeinde. Diese Geschichte ist eine Kollage aus dem Neuen Testament: Mt 26,39 (Jesus im Ölgarten); Mk 15,22–7 (Kreuzigung); Joh 20,11–7 (Maria Magdalena und der Auferstandene); Offb 7,9–4 (Vision der Auferstandenen, singend vor den

---

[5] Dood en opstanding.
[6] Ebd.,1.

Thron des Lebenden) und Offb 20,12–3 (Die Toten aus dem Meer und aus dem Totenreich befreit, stehend vor dem Thron)
5. Eine Minute Stille
6. Das Auferstehungsgebet mit der Akklamation *O Herr Gott*
7. *Diese Ermordeten,* ein visionäres Gebet, in dem der Ermordeten dieser und aller Zeiten und Orte gedacht wird und die zur Auferstehung gerufen werden, mit den Ezechiel entlehnten Worten: „Hauche in diese Ermordeten (von Dachau, Süd-Afrika, El Salvador usw., *mutatis mutandis),* damit sie leben." Das Gebet schließt mit: „Der Lebensatem kam in sie, sie lebten (...) unübersehbare Menge."
8. Schlußgesang: eine Wiederholung des Eröffnungsgesanges: *Dieser Nachttag,* der sich dann aber beim zweiten Mal verwandelt in *Dieser Lichttag.*

Die Auferstehung Jesu wird in dieser Liturgie in eine Reihe von biblischen Auferstehungsgeschichten gestellt, in der großen ‚Auferstehungsbewegung' von Gott her. Musikalisch gilt für diese ganze Komposition *a fortiori,* was ich am Ende dieses Artikels über die Vertonung des Auferstehungsgebets sagen werde. Sie verdient nähere Betrachtung, aber ich muß mich hier beschränken auf einen Verweis auf die deutsche Fassung der wichtigsten Elemente.[7]

Die erste Feier dieser Liturgie war ein großes Erlebnis. Doch ist sie aus verschiedenen Gründen in dieser Zusamenstellung nur zweimal gefeiert worden. Die zwei wichtigsten Teile aber: *Jesus, die Geschichte eines Lebenden* und das *Auferstehungsgebet* sind feste Bestandteile des liturgischen Osterrepertoires vieler niederländischer Chöre geworden.

2.3 Namen

Das zweite Buch der jüdischen Schrift (des ‚Alten Testamentes'), 2 Mose oder Exodus, heißt auf hebräisch *schemot,* ‚Namen', denn es beginnt mit dem Satz: „Und dies sind die Namen der Söhne Israels". In diesem Buch werden aber nicht nur Namen der Söhne und Töchter Israels genannt, wie Moses, Aaron und Mirjam. Auch ist an (wenigstens) zwei Stellen ausdrücklich die Rede vom Namen Gottes: in Ex 3,14 und Ex 34,6–7.

In Ex 3 offenbart Gott sich als eine Stimme aus dem brennenden Dornbusch. Als Moses ihn nach seinem Namen fragt, antwortet er mit dem mysteriösen Satz „Ich bin, der ich bin" oder „Ich werde dasein, so wie ich dasein werde". Dieser Name enthält das Versprechen einer immerwährenden Anwesenheit. Hier in der Befreiungsgeschichte des Buches Exodus handelt es sich um eine **befreiende** Anwesendheit, die sich manifestiert in der Sendung des Moses zum Pharao, um sein Volk zu befreien. Die befreiende Anwesenheit Gottes ist immer eine von Menschen vermittelte, nicht eine direkte, in die Geschichte eingreifende Gegenwärtigkeit. „Gott ist da, wo er Menschen sendet zu Menschen in Not", lautet ein immer wiederkehrender Satz in der ‚poetischen Theologie' von Huub Oosterhuis: „Dieser Name ist die Zusammenfassung der ganzen biblischen Erlösungsgeschichte und Gnadenvision."[8] Dieser Name ist in der jüdischen Glaubenstradition zum

---

7 4 und 6, in Partitur und auf CD, erschienen unter den Titel **Dann werd´ ich leben.*

8 In: **Dein ist die Zukunft,* 20.

unaussprechlichen Gottesnamen JHWH geworden, der mit *adonaj*, ‚Herr', angesprochen wird. So ist er auch das Vorzeichen und der Schlüssel zur ganzen biblischen Lebenslehre (Tora), zusammengefaßt in den Zehn Geboten: „Ich JHWH, bin dein Gott, der ich dich aus dem Lande Ägypten, aus dem Sklavenhause, herausgeführt habe" (Ex 20,2).

2.4 Ein bewährter Name

Haben wir in Ex 3 gehört, **daß** JHWH da ist und sein will in Menschen, die zu Menschen in Not gehen, so wird gegen Ende des Buches, nach Auszug, Wüstenzug, bitterem Wasser, Wasser aus dem Fels, Brot aus dem Himmel, steinerner Tafel und Goldenem Kalb in Ex 34,6–7 durch Gott selbst an Moses ‚offenbart', **wie** dieser Gott heißt, **wie** er für Israel in der Wüste da gewesen ist, wie er für uns Menschen da ist. Dieser Name hat sich inzwischen, im Laufe dieser ganzen Geschichte, bewährt.

Der Mensch kann Gott nicht ins Angesicht sehen und am Leben bleiben. Aber die ‚Herrlichkeit', die Bedeutsamkeit Gottes – hebräisch *kabod* – kann er erfahren: hören und ‚sehen', so wie man eine Vision sieht. Das ist es, was hier erzählt wird. Gott läßt seine Herrlichkeit, seine ‚Bedeutung', seinen ‚Namen' an Mose vorbeigehen. Moses sieht Gott hinterher, er sieht ihn ‚von hinten' (Ex 33,23). Der Name ist der sichtbare Teil, die ‚Rückseite' Gottes.

Es geht hier um eine Selbstaussage Gottes. In seinem großen Exodus-Kommentar weist der Rabbiner Benno Jakob auf die formelle und reale Beziehung dieser Proklamation zum zweiten Sinaitischen Gebot, in Ex 20,4–7 hin:

> „Du sollst dir kein Gottesbild machen (...) denn ich, der Herr, dein Gott, bin ein eifersüchtiger Gott, der die Schuld der Väter heimsucht bis ins dritte und vierte Geschlecht an den Kindern derer, die mich hassen, der aber Gnade übt bis ins tausendste Geschlecht an den Kinder derer, die mich lieben und meine Gebote halten."[9]

Dieser Text aus dem Dekalog beginnt mit der Bestrafung, in Ex 34 erklingt zuerst die Gnade. Das könnte damit zu tun haben, daß der letzte Text ausgesprochen wird, nachdem die Kinder Israels mit dem Goldenen Kalb gegen das zweite Gebot gesündigt haben und bestraft worden sind. Jetzt braucht das Volk am ehesten den Reichtum der unendlichen Gnade, Güte und Liebe Gottes, ‚bis zum tausendsten Geschlecht'.

2.5 Der Name in der Liturgie

In ‚Namen', dem ersten Teil seiner inzwischen vierbändigen Poetischen Dogmatik, analysiert Alex Stock das ‚verlorene Fest' des Namens: *Festum Sanctissimi Nominis Iesu.*

> „Mehr als ein Fest zweiter Klasse ist es nie gewesen (...) Erst 1721 wurde es auf Veranlassung Kaiser Karls VI. vom Papst Innozenz XIII. als gesamtkirchliches Fest vorgeschrieben (...) seit 1913 am Sonntag zwischen dem 2. und 5. Januar. Ein

---

[9] Jakob, Exodus, 982f.

labiles Fest offenbar. Die Liturgiereform des II. Vatikanums hat es nicht überstanden (...) Das Fest ist nicht zu retten, aber vielleicht die in ihm inkorporierte Idee des Namens."[10]

Die römisch-katholische Liturgie beginnt in der Regel mit dem Kreuzzeichen: ‚Im **Namen** des Vaters ...'; reformierte Liturgien fangen oft an mit dem Psalmvers: ‚Unsere Hilfe ist der **Name** des Herrn', und die erste und zusammenfassende Bitte des Vaterunsers lautet ‚Dein **Name** werde geheiligt'. So wird die Liturgie ständig unter das Zeichen des Namens gestellt. Doch spielt die ‚Idee des Namens' liturgie-theologisch faktisch keine Rolle. Sie wird nicht liturgisch thematisiert. Ex 3 und 34 kommen nicht in den sonntäglichen Lesungen des alten und des neuen Missale (respektive Lektionars) vor, mit einer Ausnahme: Am Dreifaltigkeitssonntag, dem Sonntag nach Pfingsten, wird seit der Liturgiereform im Lesejahr A Ex 34,4b–6. 8–9 gelesen. Warum Vers 7 weggelassen wird, ist undeutlich. Aber in der *unpoetischen* kirchlichen Dogmatik ist das Alte Testament noch immer ein theologisch unterentwickeltes Gebiet. In meinem (postvatikanischen!) Volksmissale steht als Einleitung bei diesem Dreifaltigkeitsfest geschrieben:

„Das Alte Testament nennt Ihn: Herr, barmherziger und langmütiger Gott (...) aber sein Wesen ist mit diesem Namen nicht vollständig ausgedrückt. Das Mysterium Gottes in sich selbst war in der Heilsgeschichte des alten Bundes unbekannt; die Offenbarung dessen war dem Neuen Testament vorbehalten."[11]

Übrigens spielt der Text von Ex 34,6–7, genau der Teil, worauf unsere Akklamation sich beschränkt, eine zentrale Rolle in der wichtigen jüdischen Liturgie von Yom Kippur, dem Versöhnungstag.

Alex Stock bemerkt, daß die den Psalmen und Prophetenbüchern entnommenen Psalm-Antiphonen des verschwundenen *Festum Sanctissimi Nominis Jesu* auf den Namen *Gottes* verweisen, liturgisch-theologisch aber den Namen des ‚Herrn Jesus Christus' bedeuten.

„Der von der Festliturgie durch die Wahl der Antiphonen inszenierte namenslogische Konflikt zwingt zum Zurückgang in die jüdisch-christliche Sprachgeschichte." [12]

Stock geht auch auf den Gebrauch der Gottesnamen in Schrift und Liturgie ein: das Tetragrammaton JHWH, und dessen Umschreibung mit *adonaj, kyrios,* Herr usw. Untenstehende Bemerkungen zu Ex 34,6–7 können vielleicht als Ergänzung seiner ‚namenstheologischen' Erörterungen dienen.

2.6 Der **eine** Name

Im Evangelium des Johannes ist der Name (*onoma*) ein wichtiges Thema. Jesu Sendung besteht darin, daß er den Namen seines Vaters ‚verherrlicht', d.h. ‚heiligt', ‚praktiziert', ‚bekannt macht', ‚auslegt'. Sein – Jesu – Name

---

10 Stock, Namen, 17f.

11 Zondagsmissaal, 243.

12 Stock, Namen, 36–41.

wächst im Laufe des Evangeliums mit dem seines Vaters zusammen. ‚In seinem Namen' wird allmählich zu ‚in meinem Namen'.

Daß es bei Johannes dabei inhaltlich um denselben Namen geht, der in Ex 34 ausgerufen wird, erweist sich aus vielen Verweisungen auf den Exodus-Kontext, von denen ich hier nur kurz die wichtigste andeuten kann. Als Quelle dafür muß ich eine Vorlesung erwähnen, die am 29. Juni 1984 von dem Exegeten Dr. Göran Larsson, während des *Nes Ammim Seminars* in Jerusalem gehalten wurde.[13]

In Ex 33,18 ist die Rede von der ‚Herrlichkeit' - hebräisch ‚kabod' - Gottes: „Er [Moses] sprach: Laß mich deine Herrlichkeit schauen", und die Antwort Gottes lautet: „Ich will all meine Güte vor deinem Angesicht vorübergehen lassen und will den Namen des JHWH vor Dich ausrufen."

In Joh 1,14 lesen wir: „Und wir haben eine Herrlichkeit gesehen, eine Herrlichkeit wie sie der Einzige von seinem Vater hat, voll Gnade und Wahrheit". Diese letzten Worte ‚voll Gnade und Wahrheit' lauteten auf hebräisch: *rav chesed we emet*, oder ‚voll/reich an Liebe (Huld, Gnade) und Treue', die Attribute des Namens in Ex 34,6. In Joh 1,16–18 lesen wir dann weiter und interpretieren zugleich:

„Aus seiner Fülle	die Fülle/der Reichtum der Gnade und Treue
haben wir alle	d.h. Juden und Nichtjuden (die Völker - *goyim*)
empfangen Gnade um Gnade	eine Gnade nach der anderen
denn die Tora	das griechische *nomos* steht für Tora
ist durch Moses gegeben	an Israel, siehe den ganzen Exoduskontext
Gnade (Liebe) und Treue	wieder *chesed we emet*
sind uns	Nichtjuden
geworden durch Jesus Messias	*via*, mittels Jesus Messias
	hier steht *Christus*, d.h. aber ‚Messias' (Joh 1,41)
Niemand hat jemals Gott gesehen	Ex 33,20: „Du kannst mein Angesicht nicht
der einzige Sohn, der im Schoße	schauen".
des Vaters ist -	
der hat (ihn) ausgelegt."	für ‚ausgelegt' steht im gr. *exegèsato*, also
	‚exegetisiert.'

Noch zwei bemerkenswerte Dinge sind zu erwähnen. Erstens: Der Exodus-Satz ‚bewahrend Liebe bis zum tausendsten Geschlecht' lautet hebräisch: *Notser chesed al-alafim*. Das Wort *Notser* fängt in den hebräischen Bibeln ausnahmsweise mit einem Großbuchstaben an. Der Grund dafür scheint zu sein, daß dieses ‚Bewahren' in der jüdischen Auslegungstradition einen **messianischen** Auftrag umfaßte und andeutete. Es wurde auch verbunden mit einem Wort desselben Stammes: *Netser*, Knospe, Zweig, Schoß, womit in Jes 11,1 der künftige König Israels angedeutet wird, der in der messianischen Erwartung eine wichtige Rolle spielte.[14] Das *al-alafim*, das meistens aus guten Gründen mit ‚bis zum (oder: bis ins) tausendste(n) Geschlecht'

---

13 In: *Nes Ammim*, 11. Jg, 1985–1986, Nr.4.

14 Vgl. Jes 52,13–54,12.

übersetzt wird, bedeutet schlichtweg ‚für die Tausende' (Buber/Rosenzweig übersetzen 'ins tausendste'), womit nach der jüdischen Tradition ‚die vielen' oder ‚die Völker' gemeint sind.

Also: ‚bewahrend Liebe (Gnade) für die Tausende' verweist in der von Johannes übernommenen jüdischen Auslegungstradition auf die ‚Heilsfunktion' des (Jesus) Messias: durch ihn ist die Gnade Gottes aus seiner Fülle übergeströmt zu den Völkern.

Noch einen Hinweis auf die Verbindung zwischen dem Namen und Jesus Messias finden wir in Joh 1,29, wo der Täufer ausruft: „Siehe, das Lamm Gottes, das die Sünde der Welt hinwegnimmt." Das Hinwegnehmen, Wegtragen der Sünde, ist ein integraler Teil des Namens. In Ex 34,7 heißt es, in Oosterhuis' dreifältiger Übertragung: „tragend Ungerechtigkeit, vertragend Untreue, wegtragend Sünde". (Buber/Rosenzweig: „tragend Fehl Abtrünnigkeit Versündigung.")

Endlos viel mehr wäre noch zu sagen über diesen Namen und all seine Attribute, und über die Art und Weise, wie er durch- und weiterwirkt in der ganzen Bibel und in den Liedern von Oosterhuis. Ich muß es im Rahmen dieser Liedbesprechung bei diesem Ansatz belassen, um noch etwas über die Musik erzählen zu können.

3 Die Musik

3.1 Elementare Musik

Drei wichtige Komponisten haben seit den sechziger Jahren mit Huub Oosterhuis zusammengearbeitet, um seine Texte zu vertonen: Bernard Huijbers, Antoine Oomen und Tom Löwenthal. Als erster begann der Jesuit Bernard Huijbers mit dem Komponieren der inzwischen etwa 500 Lieder, Psalmen, Akklamationen und Kanons, gesungene Schriftteile und Gebete (Fürbitte), und schließlich auch eucharistische Gebete (‚Tafelgebete') umfassenden Amsterdamer Repertoires. Mit seinem Büchlein *Door podium en zaal tegelijk*[15], hat er einen Anfang gemacht mit der Theoriebildung über die neue postkonziliare liturgische Musik. Er schreibt:

> „Was heute passiert, ist so einmalig in der abendländischen Musikgeschichte, daß es Mühe kostet, dafür eine Parallele zu finden: Es wird Musik komponiert, die prinzipiell aufgeführt werden will durch sowohl Professionelle oder Semiprofessionelle als auch durch die ungeschulten anwesenden Zuhörer, die man dann eigentlich auch nicht mehr mit dem Namen ‚Zuhörer' bezeichnen kann."[16]

Um diese ‚aktive Teilnahme' zu fördern, plädiert Huijbers für eine ‚elementare Musik' (ein Terminus Carl Orffs). Damit meint er,

> „daß **die musikalischen Elemente an sich** ausreichend sind, angewendet in ihrer einfachsten Form und Kombination, und nicht in Vielfalt und Verschiedenheit

---

15 Huijbers, Door Podium en zaal teglijk, (Durch Podium und Saal, d.h. Chor und Gemeinde zugleich, Zitate in eigener Übersetzung C. K.).

16 Ebd., 9.

angebracht werden und gegeneinander ausgespielt. Musikalische Elemente sind: ein Intervall, ein Zusammenklang, ein Rhythmus, eine Grundform usw. Elementare Musik wirkt mit einem Minimum an dergleichen Elementen; sie wundert sich über das Wunder eines Tonschritts, über eine lange oder kurze Note. Elementar ist auch der Klang einer aus voller Brust oder schüchtern mitsingenden Menge. (…) Elementare Musik ist **nicht dasselbe wie populäre Musik** – die ist meistens unausführbar für musikalische Laien".[17]

3.2 Antoine Oomen

Als Bernard Huijbers sich 1979 nach Frankreich zurückzog, stand sein Nachfolger Antoine Oomen schon lange bereit. Seit den sechziger Jahren war er Organist und Pianist im Dienst der Amsterdamer Studentenekklesia, am Standort des Studentenpfarrers und Dichters Huub Oosterhuis. Als Klavierspieler mit einem Grand Prix in der Tasche hätte er wahrscheinlich eine schöne Solo-Karriere aufbauen können. Aber er wurde Komponist, vor allem im Dienst der Liturgie. Sein Oevre umfaßt inzwischen mehr als 200 liturgische Gesänge in vielen Formen und Gattungen. Daneben schrieb er in den siebziger Jahren viel Musik zu Texten anderer holländischer Dichter, für die Programme der sehr erfolgreichen Theatergesellschaft ‚Poezie Hardop' (‚Poesie Laut'), die durch Oosterhuis gegründet und geleitet wurde.

Die historische Bedeutung Antoine Oomens besteht darin, daß er das Klavier als vollwertiges Instrument für die Kirchenmusik entdeckte. Seine Klavierpartituren sind oft virtuos und von einer großen Expressivität. Oomen hat einen Schreibstil entwickelt, in dem das Klavier in starkem Maße den Gesang des Chores und der Gemeinde stimuliert und antreibt. Nachteil ist, daß viele seiner ganz präzise ausgearbeiteten Begleitungen für Amateurpianisten oft zu schwierig sind. Für ausgebildete Kirchenmusiker aber können sie gerade eine Herausforderung bedeuten.[18]

Übrigens hat Oomen für eine ganze Reihe seiner sehr ‚populären' Lieder auch einfachere Orgelsätze geschrieben.

3.3 *O Herr, Gott*

Beim *Auferstehungsgebet* erweist Antoine Oomen sich als ein Meister der elementaren Musik. Man kann sich wirklich wundern über ‚das Wunder eines einzelnen Tonschritts, über eine lange oder kurze Note'. Die Akklamation *O Herr Gott* ist von innen heraus vertont worden. Die Melodie umspannt eine Oktave, sie bewegt sich in zwei Dominanten um den Grundton herum. Schon in den ersten drei Noten ist der Ton des ganzen Textes angegeben: „O Herr, Gott"; b-es'-f', denn am Ende bleibt die Melodie über der Tonika auf der Sekunde f „hängen": Die Liebe ist endlos. Das „erbarmend, gnädig, langmütig" wallt um den Grundton; bei „reich an Liebe, reich an Treue" wiederholen sich die Anfangsnoten und die Melodie springt mit einer Quart auf „Treue" (b') zum Höhepunkt, zur Dominanten: So wird die

---

17 Ebd., 22–23.

18 Kok, De vleugels, 139ff.

Treue ‚bestätigt'. Der letzte Satz, „bewahrend Liebe bis zum tausendsten Geschlecht", steigt von dieser Dominante herab, springt wieder zu ihr zurück, um zum Schluß beim f' zu enden, aber nicht zu landen. Er schwebt und lebt fort, auch in den Köpfen des singenden Chores und der Gemeinde. Aber das ist nicht alles: Durch Modulationen erhält die Melodie noch mehr Aussagekraft. Dreimal wird sie angestimmt. Erst in Es-Dur. Damit läßt der Text sich darstellen als ein verhaltenes Bekenntnis. Beim zweiten Mal werden Text und Melodie durch Modulation nach f-Moll verwandelt in ein inniges Bittgebet. Und beim dritten Mal, erhöht zu As-Dur, bekommen diese wenigen musikalischen Sätze die Kraft einer großen Lobpreisung, wie das Einsetzen eines *Te Deum.*

Dazu kommen dann noch die Flöte, das Klavier, die Mehrstimmigkeit und die Gemeinde. Um die Gemeinde mitsingen zu lassen, ist in dieser Komposition, wie bei fast allen Liedern aus dem Oosterhuis-Repertoire, eine ‚Probe' eingebaut, mit einer musikalisch-liturgisch wirksamen Wiederholungsfunktion. Zuerst wird die Melodie durch dic Flöte vorgespielt während des (Weiter-) Sprechens des Auferstehungsgebets, dann fügt sich das Klavier ein und Sopran und Alt singen die erste Fassung (Es-Dur) vor; die Gemeinde singt diese nach, zusammen mit den Sopranen. Alt und Baß/Tenor haben Gegenstimmen (also: dreistimmig), die den Gang der Melodie verstärken und unterstützen. Die Flöte spielt die Melodie nach, während der ‚Beter' weiterspricht, und später wieder vor. Die zweite Fassung wird die Männerstimmen eingestimmt und von allen wiederholt, jetzt vierstimmig. Die dritte Fassung wird, nach dem Einspielen durch die Flöte nur einmal, *fortissimo* und mehrstimmig gesungen. Die Melodie ist jetzt genügend bekannt, die Tenöre haben eine Höhe erreicht, in der sie glänzen können, und die Bässe machen zur Unterstützung des Ganzen kühne Oktavsprünge. Folgt noch ein kräftiges Nachspiel von Klavier und Flöte, das von *fortissimo* zurückführt in den ‚Ruhezustand'.

Ob dieses Auferstehungsgebet ‚gelingt', hängt ab vom Aufbau des Ganzen, von einer rechten Berücksichtigung aller Elemente. Wo Sprechstimme und Flöte zusammen gehen, ist eine gute Abstimmung notwendig, die Singenden müssen sich der verschiedenen Stimmungen der drei Fassungen bewußt sein, das ganze soll nicht zu schnell und nicht zu langsam gesungen werden usw. Liturgie *ist* zwar kein Theater, aber ohne eine tiefe poetisch-artistische ‚Andacht' für Texte und ihre musischen Formen, stirbt jede Liturgie auf die Dauer an Langeweile.

Literatur

Dann werde ich leben Teil 2, [Partitur]Amsterdam/Osnabrück 1996.

Dann werde ich leben, [CD Mirasound 399243] Amsterdam 1996.

Dood en opstanding. Een liturgie voor Goede Vrijdag – Tod und Auferstehung. Eine Liturgie für Karfreitag, in: Werkschrift voor leerhuis & liturgie, Nr. 4. März 1982.

Huijbers, Bernard: Door Podium en zaal teglijk. Hilversum 1969.

Jakob, Benno: The second Book of the Bible, Exodus. Translated with an introduction by Walter Jacob. New Jersey 1992.
Kok, Cornelis G.: De vleugels van een lied. Over de liturgische poëzie van Huub Oosterhuis. Ambo/Baarn 1990.
Larsson, Göran: *Nes Ammim,* 11. Jg. 1985–1986. Nr. 4.
Stock, Alex: Poetische Dogmatik. I. Namen. Paderborn 1995ff.
Um Recht und Frieden. Gebete im Jahreskreis. Patmos. Düsseldorf 1989.
Zondagsmissaal. Hilversum 1964.

Heike Wennemuth

Das Lamm lädt uns zum Mahle ein

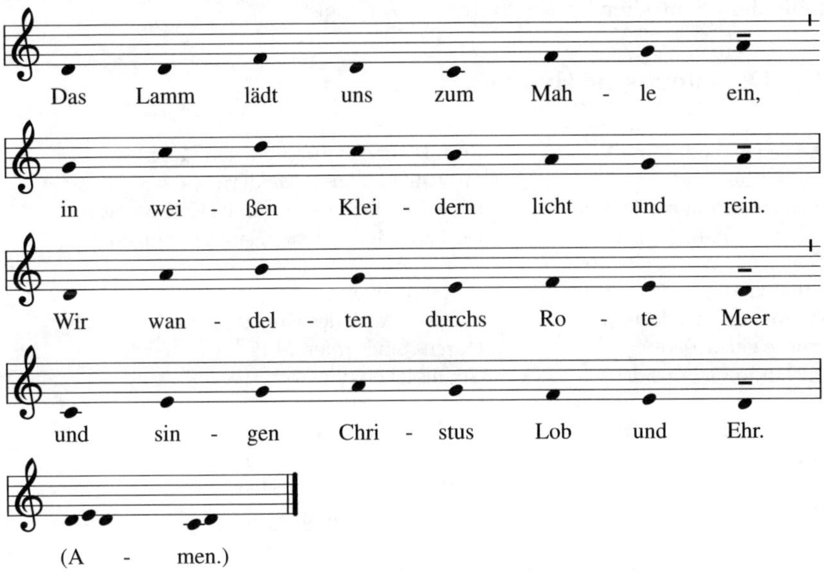

1. Das Lamm lädt uns zum Mahle ein,
in weißen Kleidern, licht und rein.
Wir wandelten durchs Rote Meer
und singen Christus Lob und Ehr.

2. Sein'n heilgen Leib reicht er uns dar,
geopfert auf dem Kreuzaltar.
Er tränkt uns mit dem Blute rot,
und unser Leben ist in Gott.

3. Beim Ostermahl zur Abendzeit
vor des Verderbers Zorn gefeit,
der Rute frei, der Plagen los
und aller Drangsal Pharaos.

4. Geschlachtet an des Kreuzes Stamm,
ward Christus unser Osterlamm;
der Unschuld ungesäuert Brot
ist seiner Gnaden Angebot.

5. O Opfer, würdig dargebracht,
davor zerbrach des Abgrunds Macht,
die hart Gefangnen sprichst du frei,
legst uns des Lebens Krone bei.

6. Christus steigt aus dem Grab hervor,
dringt siegreich durch der Höllen Tor.
Den Zwingherrn kettet sein Geheiß
und schließt uns auf das Paradeis.

7. Wir flehen, Sohn, allbenedeit,
zur österlichen Freudenzeit:
Vor Tod und Todes List und Zorn
beschirm das Volk, das dir erkorn.

8. Gott, Heiland, Schöpfer, Jesu Christ,
der du vom Tod erstanden bist,
dir mit dem Vater und dem Geist
sei ewig Lob und Ehr' und Preis. Amen.

Druckvorlage

Dieses Lied erschien 1965 in dem Liederbuch **...bis ER wiederkommt*. Es ist die Überarbeitung einer Übertragung des Hymnus *Ad cenam agni providi* von Rudolf Alexander Schröder. Dabei wurde auch die gregorianische Melodie dem deutschen Sprachrhythmus angepaßt.[1]

1 Der lateinische Hymnus

Ad cenam agni providi
stolis albis candidi
post transitum maris rubri
Christo canamus principi.

Zum Mahl des fürsorglichen Lammes
mit weißen klaren Kleidern,
nach dem Durchzug durchs Rote Meer,
Christus, dem Fürsten, laßt uns singen,

cuius sacrum corpusculum
in ara crucis torridum,
cruore eius roseo
gustando vivimus deo.

dessen heiliger Leib
auf dem Altar des Kreuzes gebraten wurde.
Durch seines roten Blutes
Genuß leben wir Gott,

protecti paschae vesperum
a devastante angelo
erepti de durissimo
Pharaonis imperio.

beschützt am Passahabend
vor dem verwüstenden Engel,
errettet von der härtesten
Gewalt des Pharaos.

iam pascha nostrum Christus est,
qui immolatus agnus est,
sinceritatis azyma
caro eius oblata est.

Nun ist unser Passah Christus,
der geschlachtet ist als Lamm.
Als das ungesäuerte Brot der Lauterkeit
ist sein Fleisch geopfert worden.

o vera digna hostia,
per quam fracta sunt tartara,
redempta plebs captivata,
reddita vitae praemia,

O wahrhaft würdige Opfergabe,
durch die die Hölle zerbrochen wurde,
erlöst wurde das gefangene Volk,
zurückgegeben wurden die Gaben des Lebens.

consurgit Christus tumulo,
victor redit de barathro,
tyrannum trudens vinculo
et reserans paradisum.

Als Christus ersteht aus dem Grabe,
kommt ein Sieger zurück aus dem Schlund,
den Tyrann in Fesseln gedrängt
und aufschließend das Paradies.

---

1 **...bis ER wiederkommt*, Nr. 133. Diese Fassung und weitere Hinweise verdanke ich Prof. DDr. Hansjakob Becker. Die Übertragung Schröders in: Allgemeines Evangelisches Gebetbuch, 259, die Melodie nach: MMMA. Hymnen 1, Melodie Nr. 4_1 (Mailänder Hymnen); dort auch weitere Melodien. Üblicherweise tauschte man die Melodien von Hymnen mit demselben Versmaß untereinander aus, um Variationsmöglichkeiten zu besitzen, bevorzugt für *Ad cenam* wurden MMMA Nr. 3 und 4.

quaesumus, auctor omnium, in hoc paschale gaudio, ab omni mortis impetu tuum defendas populum.	Wir bitten, Schöpfer von allem, in dieser österlichen Freude, daß du vor jedem Angriff des Todes beschützen wollest dein Volk.[2]

Der Hymnus *Ad cenam agni providi*[3] hat seinen liturgischen Ort ursprünglich in der Taufliturgie der Osterzeit. Die zur Osternacht gehörenden Elemente, das Passahmahl, der Durchzug durch das Rote Meer als Sinnbild für die Taufe, die Kreuzigung und Auferstehung Christi verdichten sich im Hymnus zu einem Bild von besonderer Intensität. Der Hymnus erklang als Begleitgesang zur Taufeucharistie.

Wir sind gar nicht so weit weg von denen, die vor fast 1500 Jahren zum ersten Mal diesen Hymnus sangen, und von all denen, die ihn seitdem sangen, Evangelischen und Katholischen. Allen Getauften gilt die Aufforderung *Christo canamus principi*, alle singen gemeinsam.

Begegnet uns nicht aber doch im Hymnus so vieles, was uns unbekannt ist, uns fremd scheint? Um manchen Wortbedeutungen näher zu kommen, müssen sogar dicke Wörterbücher gewälzt werden: *Torridus* bedeutet z.B. sowohl „gebraten" als auch „gebacken"; sowohl für Pflanzliches (Teig, Brot) als auch für Tierisches (Fleisch) kann für den Prozeß des Garens, bei dem beides für uns Menschen genießbar gemacht wird, dieser Ausdruck benutzt werden. *Torridus* kann bedeuten, daß etwas vollständig verbrennt, aber auch, daß etwas gedörrt, und damit lange haltbar gemacht wird. Das Verb *torrere* heißt metaphorisch „in Liebe entflammen, erglühen".

In einem so alten poetischen Text finden sich selbstverständlich verdichtete Assoziationen, die wir heute oft nicht mehr nachvollziehen können. Der Übersetzer muß sich fragen, mit welchen Bildern die vom Autor „beabsichtigte" Vorstellung in einer veränderten Welt noch erreicht werden kann, wie er biblische Bezüge und Bezüge zur Liturgie, die heute nicht mehr präsent sind, in die Übertragung hineinnehmen kann. Wir gehen nicht in weißen Kleidern zum Abendmahl, zur Eucharistie; bei besonderen (sakramentalen/kirchlichen) Feiern sind sie immer noch üblich. Weiß gilt nach wie vor als Farbe der Unschuld. Wenn wir singen: „mit weißen Kleidern angetan" oder „geschmückt mit weißen Kleidern" erhalten wir einen Zugang zum Bild, sogar noch mehr: Wir können uns in das Bild, in die weißen Kleider hineinversetzen, da es uns etwas sagt. Die volle Bedeutung erschließt sich jedoch nur, wenn das Bild der weißen Kleidung zur Offenbarung des Johannes führt: Die Kleider sind gewaschen im Blut des Lammes, sie sind weiß vom Blut des Lammes! (vgl. Offb 7,14). Das ist das Besondere der weißen Kleider.

---

2 Ediert von Bulst, Hymni, 116, 195 (Nr. VIII 16); dort weitere Nachweise. Die Übersetzung ist möglichst wörtlich.

3 Zum Hymnus vgl. Häußling, Ad cenam. Der Hymnus wurde anonym überliefert, er entstand wohl spätestens im 6. Jahrhundert in Gallien und gehörte zum Repertoire der Westkirche (Altes Hymnar). Vgl. auch Bastiaensen, Ad cenam.

Im Hymnus ist die Zeit, zu der der Lobgesang erschallen soll, klar bestimmt: nämlich nach der Taufe, dem Durchzug durchs Rote Meer, zur Eucharistie, dem Mahl des Lammes. Im Vergleich zur Bibel bringt der Hymnus einen anderen Handlungsablauf (vgl. Ex 12–15). Der Hymnus spiegelt die Erfahrungen der gerade agierenden Personen wider. Was war geschehen? Was ist? Was gehört der Vergangenheit an, was der Gegenwart? Die, die sich jetzt am Tisch des Herrn versammeln, sind am Vorabend beschützt worden vor dem zerstörerischen Engel, entrissen der härtesten Gewalt des Pharao, unter dessen Macht sie standen. Der Engel hätte im Reich des Satans in dieser Nacht den Tod gebracht. Das aber ist ein für allemal vorbei; das Geschehen am Kreuz hat ihm einen Strich durch die Rechnung gemacht. Die gerettet werden sollten, wurden gekennzeichnet mit dem Zeichen des Kreuzes. Durch das Geschehen am Kreuz wurde der heilige Leib zum Brot des Lebens.

Nach dem Durchzug durch das Rote Meer, nach der Befreiung von Sünde und Tod, essen die Geretteten das Himmelsbrot: *Cruore eius roseo gustando vivimus Deo. – Vivimus Deo*: „Und er ist darum für alle gestorben, damit, die da leben, hinfort nicht sich selbst leben, sondern dem, der für sie gestorben und auferstanden ist" (2 Kor 5,15). – *Christo canamus principi*: „Laßt uns dem Herrn singen, denn er hat eine herrliche Tat getan!" (Ex 15,21).

Mit der vierten Strophe befinden wir uns im Zentrum des Hymnus: *Iam pascha nostrum Christus est*. Das Wörtchen *iam* (nun, jetzt) und das Präsens signalisieren eindeutig, daß wir uns im Hier und Jetzt befinden. Zu unserer Gegenwart gehört, daß Christus, das Lamm, geopfert wurde, geopfert als der „ungesäuerte Teig der Lauterkeit und Wahrheit" (vgl. 1 Kor 5,7f.), und diese Tatsache bestimmt unsere Gegenwart. Aufgrund dieser Tatsache müssen wir Christus anrufen und seine Taten preisen. *O vere digna hostia* – nach dieser Invokation hätte man eigentlich eine oder mehrere Bitten erwartet – es folgt aber ein Relativsatz, in dem aufgezählt wird, welche Folgen das Opfer hatte: Durch das wahrhaft würdige Opfer wurde die Hölle zerbrochen, das gefangene Volk erlöst, und die Gaben des Lebens erneut gegeben.

Der Hymnus enthält eine Aufforderung der neu Getauften an die bereits früher Getauften, den Herrn zu preisen, an dessen Tisch sie versammelt sind, der als Lamm Gottes Gastgeber und Speise zugleich ist. Die Szenerie aus Offb 7,9–17 taucht vor unseren Augen auf:

> „Danach sah ich, und siehe, eine große Schar, die niemand zählen konnte, aus allen Nationen und Stämmen und Völkern und Sprachen; die standen vor dem Thron und vor dem Lamm, angetan mit weißen Kleidern und mit Palmzweigen in ihren Händen, und riefen mit großer Stimme: Das Heil ist bei dem, der auf dem Thron sitzt, unserm Gott, und dem Lamm! Und alle Engel standen rings um den Thron und um die Ältesten und um die vier Gestalten und fielen nieder vor dem Thron auf ihr Angesicht und beteten Gott an und sprachen: Amen, Lob und Ehre und Weisheit und Dank und Preis und Kraft und Stärke sei unserm Gott von Ewigkeit zu Ewigkeit! Amen. Und einer der Ältesten fing an und sprach zu mir: Wer sind diese, die mit den weißen Kleidern angetan sind, und woher sind

sie gekommen? Und ich sprach zu ihm: Mein Herr, du weißt es. Und er sprach zu mir: Diese sind's, die gekommen sind aus der großen Trübsal und haben ihre Kleider gewaschen und haben ihre Kleider hell gemacht im Blut des Lammes. Darum sind sie vor dem Thron Gottes und dienen ihm Tag und Nacht in seinem Tempel; und der auf dem Thron sitzt, wird über ihnen wohnen. Sie werden nicht mehr hungern noch dürsten; es wird auch nicht auf ihnen lasten die Sonne oder irgendeine Hitze; denn das Lamm mitten auf dem Thron wird sie weiden und leiten zu den Quellen des lebendigen Wassers, und Gott wird abwischen alle Tränen von ihren Augen."

Das Lamm ist der Hirte![4] Wer zum Hochzeitsmahl des Lammes berufen ist, ist selig:

„Laßt uns freuen und fröhlich sein und ihm die Ehre geben; denn die Hochzeit des Lammes ist gekommen, und seine Braut hat sich bereitet. Und es wurde ihr gegeben, sich anzutun mit schönem reinem Leinen. Das Leinen aber ist die Gerechtigkeit der Heiligen. Und er sprach zu mir: Schreibe: Selig sind, die zum Hochzeitsmahl des Lammes berufen sind. Und er sprach zu mir: Dies sind wahrhaftige Worte Gottes." (Offb 19,7–9, vgl. auch Lk 14,15).

Den Tyrannen, der härteste Gewalt ausübte, als die jetzt Feiernden noch unter seiner Macht standen, hat Christus nun in Fesseln gelegt. Christus kommt aus dem Höllenschlund zurück als Sieger, nun hat er die Macht, nun wird er „über ihnen wohnen" (Offb 7,15) – und er öffnet das Paradies: „Et reserans paradisum". Mit dem winzigen, oft unbedeutenden Wörtchen „et" hebt der Dichter des Hymnus hier am Schluß das in der letzten Zeile Gesagte besonders hervor. Sechsmal schon hätte er ein „und" verwenden müssen, jedesmal vermißte man es; jetzt ist es endlich da – „Und er öffnet das Paradies."

Ganz knapp – nach der Schilderung der wunderbaren Taten – folgt in der letzten Strophe[5] die Bitte: Gott, der Himmel und Erde geschaffen hat, Gottes Sohn, der den Tod überwunden hat, möge die Seinen, seine Kirche, schützen vor dem Angriff des Todes.

In der katholischen Kirche hatte der Hymnus in der Vesper der Osterzeit seinen festen Platz im Stundengebet. Wie bei anderen Hymnen meinte man aber auch hier, den lateinischen Text ändern zu müssen. Seit der Brevierreform 1632 wurde er in der Gestalt des *Ad regias agni dapes* tradiert.[6] Im Rückgriff auf die ursprüngliche Fassung – jedoch in wenig überzeugender

---

4 Die Verbindung von Ps 23 mit dem Hymnus bestand schon in der Taufliturgie; vgl. Danielou, Liturgie und Bibel, 60–74, bes. 66–68; Quasten, Das Bild des Guten Hirten (Taufliturgie), 220–244; Quasten, Der Gute Hirte (Totenliturgie), 373–406 und Fischer, Redemptionis Mysterium.

5 Später wurde noch eine Gloria-Patri-Strophe angehängt.

6 Text: Wackernagel I, Nr. 628. Übersetzungen des Hymnus aus dem katholischen Bereich gehen von dieser Textgrundlage aus, so z.B. Riedel, Lieder der Kirche, 49f., Nr. 42; Schlosser, Die Kirche in ihren Liedern, Nr. 36; Simrock, Kirchenlieder und Simrock, Auswahl, 176–179; Pachtler, Hymnen, 99f.

Weise überarbeitet - wurde er nach dem Zweiten Vatikanum mit dem alten Initium in das Brevier aufgenommen.[7]

Im 16. Jahrhundert war *Ad cenam agni providi* - ebenso wie andere Hymnen - nicht nur in der katholischen, sondern auch in der evangelischen Kirche weiterhin in Gebrauch.[8] Die Zusammenfassung des *Ad cenam agni providi* in einer bedeutenden evangelischen glossierten Hymnensammlung zum liturgischen Gebrauch lautet in Übersetzung: „Handlung des Dankes, weil Christus sich für uns opferte. Wir sind Gott, seinem Vater, zurückgewonnen, und wir sind befreit aus dem Reich des Teufels, wie einst die Judäer aus der Herrschaft des Tyrannen herausgerissen wurden. Das zu Passah geopferte Lamm war Zeichen der beiden wunderbaren Befreiungen."[9] Der Benediktiner Angelus A. Häußling kennzeichnet den Hymnus als Lobgesang, „der mit der Befreiungstat Gottes an Israel und der Überwindung der Todesmacht durch Christus das Ostergeschehen an der feiernden Kirche preist."[10]

2 Übertragungen

Schon in einer sehr frühen Quelle, dem Murbacher Hymnar,[11] findet man den Hymnus mit Interlinearglossen, d.h., Wörter oder Wortteile sind als Übersetzungshilfe in althochdeutsch über den lateinischen Text geschrieben, um ihn zu verstehen. Aus dem 15. Jahrhundert sind lediglich zwei Übertragungen in Handschriften bekannt;[12] im Vergleich zu anderen Hymnen ist die Anzahl der Übertragungen im Spätmittelalter recht spärlich. Das mag daran liegen, daß dieser Hymnus nicht im Bereich der privaten Frömmigkeit gesungen oder gebetet wurde.

Aus dem 16. Jahrhundert gibt es viele Versuche, diesen bedeutenden Hymnus zu übersetzen, damit er in der Muttersprache gesungen werden konnte. So existiert eine Übertragung des Humanisten Petrus Tritonius,[13] auch der „radikale" Reformator Thomas Müntzer trug eine Übertragung bei,[14] ferner ein unbekannter Reformator,[15] der katholische Reformer Georg

---

7 Liturgia Horarum II, 418 (u.ö.); vgl. auch Lentini, Te decet hymnus.

8 Als Beispiele seien genannt: Naumburger Kirchenordnung 1538, Rhaw, Sacrorum Hymnorum 1542, Lossius, Psalmodia 1553 und weitere Auflagen, Hermann Bonnus, Hymni et Sequentiae 1559, Zweibrücker Kirchenordnung 1557 (vgl. Reindell, Detempore-Lied). In Schulgottesdiensten z.B. bestanden die Reformatoren darauf, das Lateinische beizubehalten, da die Lateinschüler die Texte ja verstanden.

9 Nach der Ausgabe Lossius, Psalmodia, Wittenberg, 1595, Bl. 117^v–118^v.

10 Häußling, Ad cenam, a.a.O.

11 Sievers, Murbacher Hymnen.

12 Vgl. DKL III 1.2, D8. Eine der Übertragungen ist ediert bei Wackernagel II, Nr. 934.

13 *Zu des fürsichtigen lamp mal* im Hymnarius, Sigmundslust 1524, 73f.

14 *Laßt uns nun all vorsichtig sein* (Text: Wackernagel III, Nr. 503; Kehrein I, Nr. 229. Melodie: DKL III 1.2, D8 1523/24 im Deutsch Kirchenamt; auch in der Deutsch-Evangelischen Messe: Auff das Osterfest; sowie in verschiedenen Gesangbüchern, z.B. dem (Salmingerschen) von 1537, Augsburg 1529, Straßburg 1539, Magdeburg 1534 (niederdt.), Keuchenthal 1573, Magdeburg 1596, Nürnberg 1679 (Nachweise z.T. nach

Witzel,[16] der Lehrer, Übersetzer und Kirchenlieddichter Erasmus Alber[17] und der Jurist und „Psalter-Übersetzer" Ambrosius Lobwasser;[18] auch am Hofe der Kurfürsten Joachim II. und Johann Georg von Brandenburg wurde der Hymnus übertragen.[19] Allgemein durchsetzen konnte sich im evangelischen Bereich jedoch keine Übertragung. Trotz aller Bemühungen entstand kein Lied, das sich mit dem lateinischen Original messen konnte. Die Wirkungsgleichheit von Original und Übersetzung konnte nicht erreicht werden. Die Übersetzungen sind - wie bei vielen anderen Hymnen - schwerfällig und ungelenk.

Auf katholischer Seite wurde sogar Müntzers *Laßt uns nun all vorsichtig sein* rezipiert.[20] Schließlich setzte sich Georg Witzels *Zu Tisch dieses Lämleins so rein* in immer wieder neuen Überarbeitungen durch.[21]

Dem Dichter Christian Knorr von Rosenroth gelang 1684 eine Übertragung, die in vielen, vor allem pietististischen Gesangbüchern bis weit in das 19. Jahrhundert hinein Eingang fand. In den Gesangbüchern steht das Lied mit der Überschrift und in der Rubrik „Von der Auferstehung Christi". Er selbst betitelte es mit „Aufmunterung aus dem Liede: Ad coenam...". Die

---

Koch I, 52). Bis Ende des 17. Jahrhunderts war dieses Lied im evangelischen Bereich in Gebrauch, in einigen Gegenden sogar bis 1740 (vgl. Vilmar, Spicilegium hymnologicum, 22).

15 *Dem lemblein, das zu Oster zeyt* (Text: Wackernagel III, Nr. 719. Melodie: DKL III 1.2, D 8) im Königsberger Gesangbuch 1527. Auch z.B. in: Nürnberg 1527, Kirchenordnung Riga 1530, 1537 (niederdt.), Wittenberg 1538, Nürnberg 1603, Nürnberger Cantionale 1626 (vgl. auch Vilmar, Spicilegium hymnologicum, 22. Zur Verfasserfrage DKL III 1.2, S. 213.

16 *Zu disch dieses Lemlins so rein* (Text: Wackernagel V, Nr. 1147; Kehrein I, Nr. 228. Melodie: DKL III 1.2, D 8; Bäumker I, Nr. 261/1, vgl. auch S. 535f.) im Gesangbuch Michael Vehes 1537, Bl. 70^{r-v} im 2. Nachtrag mit Liedern von Witzel mit der Überschrift: „Auff die frölichen Ostern, Ad cenam agni, in seynem alten Ton". Außerdem z.B. in: **Leisentrit* 1567, I, Bl. 121f., **Andernach 1608, *Köln 1610, 1619, 1638* (Nr. 71) und weitere Auflagen, Osnabrück 1628, **Corner 1631;* außerdem im evangelischen Gesangbuch: Magdeburg 1542 (niederdt.).

17 *Nun laßt uns Christum loben fein* (Text: Wackernagel III, Nr. 1035. Melodie: Zahn I, Nr. 365a; DKL III 1.2 D 8 B) in einem Liedblatt 1549 mit der Überschrift: „Ad cenam agni providi, das mag man singen, bey des Herrn Abendmal." In Gesangbüchern z.B. Hamburg 1558, Spangenberg 1568, in vielen Gesangbüchern bis in die Mitte des 17. Jahrhundert, auch Layritz 1853. Vgl. Vilmar, Spicilegium hymnologicum, 23.

18 *Zu dieses Lembleins Osterspeis* (Wackernagel IV, Nr. 1263) in Lobwasser, Hymni Patrum, 43f., Nr. 27.

19 *Zu diesem heilsamen mahl* (Text: Wackernagel IV, Nr. 899) in Breviarii, Collegiatae Ecclesiae Colonensis, etc. Pars prima, etc. 1577, Bl. 689^{v}.

20 **Leisentrit* : Geistliche Lieder. I, Bl. 122f. Auch in einem deutschsprachigen Zisterzienserhymnar von 1555 (vgl. DKL III 1.1, A 224 (= MMMA (a.a.O.) I, Nr. 58; Bäumker I, 261,II).

21 Schon im Initium kann man Veränderungen wahrnehmen: *Zu dieses Lämleins Tisch so rein;* so z.B. in den Gesangbüchern **Köln 1638, *Geistliches Psaelterlein* (1747), **Mainz 1683.* Zur katholischen Tradition vgl. auch Bäumker IV, Nr. 98.

wohl vom Dichter stammende schwungvolle Melodie in G-Dur und im ¾ Takt verleiht dem Lied Heiterkeit und bewegte Festfreude.[22]

1.
Kommt, seid gefaßt zum Lammesmahl,
Am Geist geziert mit weißen Röcken:
Wir sind im roten Meer
Der Schuld nicht blieben stecken:
Dem Herrn, der unser Fürst,
Sei Lob ohn alle Zahl.

2.
Sein Leib, der unsre Seel ergetzt,
Gebraten an des Kreuzesstamme,
Das rosenrothe Blut
Von diesem Osterlamme
Ist unsre Seelenkost,
Die uns in Gott versetzt.

3.
Die Durchgangsnacht ist nun vorbei,
Daß uns der Würger nicht berühret,
Wir sind vom Pharao
Befreit und ausgeführet
Vom Joche böser Lust,
Und solcher Tyrannei.

4.
So ist denn Christus, unser Fest,
Das Lamm zum Schlachten hingegeben,
Das ungesäurte Brot
Zum unverfälschten Leben,
Das ist sein Opferfleisch,
Das er uns kosten läßt.

5.
O Opfer aller Ehren wert,
Dadurch der Höllen Schloß zerbrochen,
Was sonst der Satan band,
Kömmt nun hervor gekrochen,
Und wird durch Christi Tod
Zum Leben umgekehrt.

6.
Der Herr steht auf und läßt sein Grab,
Er hat den Abgrund überwunden;
Den Mordtyrannen selbst
und seine Macht gebunden,
Und bricht von Edenstor
Die starken Riegel ab.

7.
Du Ursprung dieser ganzen Welt,
Erhör dies unser Osterbitten,
Und rette, was dein Sohn
Ihm selbst so teur erstritten,
Von dem, was man für Tod
und solchen Unfall hält.

8.
Lob sei dir, Herr, dem alles singt,
Der du vom Tod erstehst ins Leben,
Mit Vater und dem Geist,
Der uns mehr Kraft kann geben,
Bis daß die Ewigkeit
Den Lauf der Zeit verschlingt.

Heinrich Bone bot in seinem wegweisenden Gesangbuch **Cantate 1847* eine neue Übersetzung des Hymnus, die in einige Diözesangesangbücher Eingang fand.[23] Bezeichnend für Bone ist, daß er als Grundlage den „Urtext"

---

22 *Kommt, seid gefaßt zum Lammesmahl* in: Neuer Helicon mit seinen Neun Musen/Das ist: Geistl. Sitten-Lieder... Theils neu gemacht/theils aus andern alten/bey Unterrichtung seiner Kinder geändert... auch Ein geistl. Lust-Spiel/Von d. Vermählung Christi mit d. Seelen, 1684, Aria 49, 2. Ausg. 1699, nach Zahn I, 732a, vgl. auch 732b (vereinfachte Melodie im geraden Takt). Auch in z.B. Leipzig 1697, II, 2, (Osterlied), Darmstadt 1698 (mind. bis Mitte des 19. Jh.), **Freylinghausen 1704*, Görlitz 1731, Wernigerode 1735, 1766, Greitz 1735, Magdeburg 1737, Brüdergemeine 1749, Schöber, Liedersegen 1769, Magdeburg 1786. Vgl. auch Kirchenlieder-Lexikon. Der Text (aus Wernigerode 1766) ist hier leicht modernisiert.

23 *Zu dieses Lammes Ostermahl* in: **Cantate 1847* (und weiteren Auflagen), Nr. 176 (lateinisch) und 177 (deutsch). So z.B. in **Rottenburg 1865* (mit Noten mit der Überschrift:

wählte, obwohl die geänderte Fassung des 17. Jahrhunderts üblich war. Er wandte sich gegen die Versuche, möglichst wörtlich zu übersetzen; er forderte, daß „Uebersetzungen, namentlich die von alten Hymnen, sich etwas freier bewegen, wenn sie zugleich ein brauchbares deutsches Lied werden sollen.“[24] Spürbar ist diese Methode z.B. in der zweiten Strophe:

Bereitet auf dem Kreuzaltar
Reicht er die Speis' des Lebens dar,
Sein eignes Fleisch, sein heil'ges Blut:
So leben wir vom höchsten Gut

oder in der dritten Zeile der vierten Strophe: „Sein heil'ges Fleisch liegt uns bereit“. Daß Christus seinen Leib für uns gibt, steht nicht in den entsprechenden Zeilen des lateinischen Textes, der Hymnus bezeugt jedoch die Wahrheit dieser Aussage. Verloren gehen aber der biblische Bezug und die Bedeutung, die in dem *vivimus Deo* stecken. Seine Absicht, ein brauchbares deutsches Lied zu schaffen, hat Bone mit seiner Übertragung durchaus erreicht. Bei seiner freien Übersetzung bleibt die Wirkungsgleichheit bewahrt.[25]

In einigen Diözesen gelangte Bones Übertragung stark verändert in Anhänge zum **Gotteslob*.[26] Das Lied hat sich aber so weit von seiner Vorlage entfernt, daß es – zu recht – als Quelle nicht mehr den lateinischen Hymnus angibt.

So wurde z.B. in der ersten Strophe die Lichtmetaphorik neu eingeführt. Da das Bild des Auszugs aus Ägypten aufgelöst wurde, geht jedoch das dramatische Geschehen der biblischen Erzählung, das sich beim Singen, Hören oder Lesen des Hymnus auftut, verloren. Wie schnell blitzen bei diesem Bild die Erinnerungen an diese Geschichte auf, wie schnell erlebt man so das Geschehen! Wie gedämpft wirken dagegen solche Verse: „Er führte uns aus tiefer Schuld: Jetzt leuchtet neu uns Gottes Huld.“

Die vorerst letzte Übertragung (überarbeitet 1996) ist im Benediktinerkloster Münsterschwarzach entstanden.[27]

Ad regias agni dapes); leicht überarbeitet: **Mainz 1865*. Außerdem in **Gotteslob* Ausgabe Speyer 1975 GL-Spe 869 und Ausgabe Freiburg und Rottenburg 1975 GL-Fr-R 821 (*Zum königlichen Ostermahl*) gekürzt und geändert.

[24] Die Vorrede auch in: Bäumker IV, 303–321, Zitat: 319.

[25] Auch der evangelische Theologe Ferdinand Bäßler, der die lateinische Hymnik für den evangelischen deutschen Gemeindegesang bekannt machen und nutzen möchte, wählte als Fassung des *Ad cenam agni providi* Bones Übertragung. In: Bäßler, Auswahl Altchristlicher Lieder. Er verweist beim Begriff „Rotes Meer“ auf 1 Kor 10,1f., bei „Lauterkeit“ auf 1 Kor 5,7f.

[26] Gekennzeichnet als regionale Fassung 1974. **Gotteslob* Ausgabe Mainz 1998 GL-Mnz 854; Ausgabe Fulda 1997 GL-Fd 825. Beide verwenden jedoch unterschiedliche Melodien. Die Str. 2 und 3 beruhen auf Bones Übersetzung der Str. 3 und 4, die Str. 4 auf der 2.

[27] *Zum Mahl des Lammes schreiten wir* In: Benediktinisches Antiphonale, Bd. III, Vesper Komplet, 148f.; auch in: Evangelisches Tagzeitenbuch, Nr. 624. Vgl. Die Feier des Stundengebets, Bd. 2, 256 (u.ö.). Auch KG 443 von 1998; (ähnlich schon das Schweizer

1.
Zum Mahl des Lammes schreiten wir
mit weißen Kleidern angetan,
Christus, dem Sieger, singen wir,
der uns durchs Rote Meer geführt.

2.
Am Kreuze gab er seinen Leib
für alle Welt zum Opfer hin,
und wer von seinem Blute trinkt,
erstarkt in ihm und lebt für Gott.

3.
Am Pascha-Abend weist das Mal
den Würgeengel von der Tür:
Wir sind befreit aus harter Fron
und von der Knechtschaft Pharaos.

4.
Christus ist unser Osterlamm,
das uns zum Heil geschlachtet ward.
Beim Festmahl wird in reinem Brot
sein Fleisch als Speise dargereicht.

5.
O wahrhaft wertes Opferlamm,
durch das der Hölle Macht zerbrach!
Den Kerker hast du aufgesprengt,
zu neuem Leben uns befreit.

6.
Erstanden ist der Herr vom Grab,
kehrt siegreich aus dem Tod zurück.
Gefesselt ist der Fürst der Welt
und offen steht das Paradies.

7.
Dem Herrn sei Preis und Herrlichkeit,
der aus dem Grabe auferstand,
dem Vater und dem Geist zugleich
durch alle Zeit und Ewigkeit.

Die Übertragung bleibt möglichst nah am lateinischen Text, auch wenn sie sich einige Freiheiten erlaubt. Besonders frei sind die Str. 2 und 4 gestaltet und interpretiert, in denen es um das Opfer Christi - dogmatisch ein diffiziles Thema - geht. Betrachten wir jedoch die erste Strophe: Die ersten drei Worte sind wörtlich übersetzt, es fehlt jedoch das Attribut „vorsorgenden" oder „fürsorglichen", das das Lamm näher kennzeichnet. Statt dessen wurde das Prädikat „schreiten" hinzugefügt. Inhaltlich trifft die Aussage zu. Syntaktisch wird die Strophe durch den neu entstandenen Hauptsatz klar strukturiert, eine den lateinischen Satzbau nachvollziehende Übersetzung bliebe für die deutsche Sprache unbefriedigend. Parallel zu „schreiten wir" steht „singen wir"; „originalgetreu" hätte man den Sachverhalt adhortativisch, also „laßt uns singen", formulieren müssen. Die überzählige Silbe hätte man durch das ohnehin wörtlichere „Fürst", den Herrschertitel, gewinnen können. Durch die Verschiebung von betonten und unbetonten Silben hätte jedoch der Sprachrhythmus darunter gelitten. Klanglich bietet zudem die Korrespondenz des Vokales i in den betonten Silben dieser Verszeile weitere Vorteile. Die Parallelität der Prädikate bewirkt, daß die

Kirchengesangbuch 1978, Nr. 250). Auch wenn das Silbenmaß des Hymnus beibehalten wurde, griff man für das Gesang- und Gebetbuch nicht auf eine der alten gregorianischen Melodien zurück, sondern wählte eine aus **Leisentrit* 1584 (überarbeitet 1941). Diese Melodie ist für heutige Ohren eingängiger, der Rhythmus im 3/2-Takt, zu dem man schreiten kann, unterstreicht den feierlichen Charakter. Die Kadenzen ermöglichen es, am Versende eine Klammer zu bilden, die der Text durch den fehlenden Reim nicht geben kann.

Worte der ersten Vershälften, nämlich Lamm, Christus, Sieger, in enge Beziehung treten. Die Bezeichnung Christi als Sieger nimmt eine der Aussagen der sechsten Strophe vorweg und schlägt somit einen Bogen bis zum Schluß des Hymnus. Wir sehen, daß durchaus einige Elemente bei der Übertragung ins Deutsche verlorengegangen sind, es sind jedoch auch „Gewinne" zu verzeichnen. Es entstand nicht nur ein übersetzter Text, sondern Poesie; der lateinische - sprachlich kunstvolle - Hymnus muß „nachgedichtet" werden, wenn ein deutsches Lied entstehen soll.

Das gleiche Resümee läßt sich auch für die Hymnenübertragung ziehen, die wir an den Beginn unserer Ausführungen gestellt haben. War bereits die Dichtung R.A. Schröders in ihrer poetischen Wirkung beeindruckend und theologisch überzeugend, so hat die Bearbeitung durch den Liturgischen Arbeitskreis der katholischen Hochschulgemeinde dennoch auch hier noch „Verbesserungen" anbringen können. Nichts zeigt deutlicher als dieser Umstand, daß wir mit den Hymnenübertragungen kaum jemals zu einem letzten und endgültigen Ergebnis kommen werden. Nicht nur stellt der alte Hymnus unverzichtbare Forderungen, jede Zeit muß die Wörter, Bilder und Zusammenhänge auch wiederum in ihrer Sprache zusammenfügen und deuten. - „Das Lamm lädt uns zum Mahle ein"...

Literatur

DKL III = Das deutsche Kirchenlied. Kritische Gesamtausgabe der Melodien. Abteilung III. Vorgelegt von Joachim Stalmann. Bearbeitet von Karl-Günther Hartmann und Hans-Otto Korth. Kassel 1993ff.

LThK³ = Lexikon für Theologie und Kirche. Freiburg/Basel/Rom/Wien 1993ff.

MMMA = Monumenta Monodica Medii Aevi. Hymnen 1. Die mittelalterlichen Hymnenmelodien des Abendlands. Hrsg. von Bruno Stäblein. Kassel/Basel 1956.

Allgemeines Evangelisches Gebetbuch. Anleitung und Ordnung für das Beten des Einzelnen, der Familie und der Gemeinde mit einer ökumenischen Gebetsammlung. Hrsg. von Hermann Greifenstein, Hans Hartog, Frieder Schulz. Hamburg ²1965.

Bäßler, Ferdinand: Auswahl Altchristlicher Lieder vom zweiten bis funfzehnten Jahrhundert. Im Urtext und in deutschen Uebersetzungen. Mit lebensgeschichtlichen Skizzen und erläuternden Anmerkungen. Berlin 1858.

Bastiaensen, Antoon: The Hymn *Ad cenam agni providi,* in: Ephemerides Liturgicae 90 (1976). 43–71.

Bäumker, Wilhelm: Das katholische deutsche Kirchenlied in seinen Singweisen von den frühesten Zeiten bis gegen Ende des siebzehnten Jahrhunderts. Auf Grund handschriftlicher und gedruckter Quellen bearbeitet von Wilhelm Bäumker. 4 Bde. Freiburg im Breisgau 1883-1911 (Reprint Hildesheim 1962).

Benediktinisches Antiphonale. Hrsg. von der Abtei Münsterschwarzach. Münsterschwarzach 1996.

Breviarii, Collegiatae Ecclesiae Colonensis, etc. Pars prima, etc. 1577.

Bulst, Walther: Hymni latini antiquissimi LXXV Psalmi III. Heidelberg 1956.

Danielou, Jean: Liturgie und Bibel. Die Symbolik der Sakramente bei den Kirchenvätern. München 1963.

Die Feier des Stundengebets. Stundenbuch. Für die katholischen Bistümer des deutschen Sprachgebietes. Authentische Ausgabe für den liturgischen Gebrauch. 3 Bde. Freiburg u.a. 1978.

Evangelisches Tagzeitenbuch. 4., völlig neu gestaltete Auflage. Münsterschwarzach und Göttingen 1998. Nr. 624.

Fischer, Albert Friedrich Wilhelm: Kirchenlieder-Lexicon. Hymnologisch-literarische Nachweisungen über ca. 4500 der wichtigsten und verbreitetsten Kirchenlieder aller Zeiten in alphbetischer Folge nebst einer Uebersicht der Liederdichter. 2 Bde. Gotha 1878-1879. Supplement: Gotha 1886.

Fischer, Balthasar: Redemptionis Mysterium. Studien zur Osterfeier und zur christlichen Initiation. Hrsg. v. Albert Gerhards und Andreas Heinz. Paderborn/München/Wien/Zürich. 1992.

Häußling, Angelus: Ad cenam agni providi, in: LThK Bd. 1. Sp. 124.

Kehrein, Josef: Die ältesten katholischen Gesangbücher von Vehe, Leisentrit, Corner und anderen. Würzburg 1859 (Reprint Hildesheim 1965).

Koch, Eduard Emil: Geschichte des Kirchenlieds und Kirchengesangs der christlichen, insbesondere der deutschen evangelischen Kirche. 8 Bde. 3., neu bearbeitete Aufl. Stuttgart 1866-1876.

Lentini, Anselmo (Hrsg.): Te decet hymnus. L'innario della „Liturgia Horarum". Città del Vaticano 1984.

Liturgia Horarum iuxta Ritum Romanum. 4 Bde. Rom 1972.

Lobwasser, Ambrosius: Bewerte Hymni Patrum, und anderer Gottseligen Menner, welche durchs gantze Jar in der Kirchen Christi gesungen werden, zu nutz den einfeltigen Christen aus dem Latein ins Deutsche mit gleichen Reimen gebracht. Koenigsberg (Georg Osterberger) 1578.

Lossius, Lucas: Psalmodia. Wittenberg 1595.

Pachtler, Georg Michael: Die Hymnen der katholischen Kirche, im Versmaße übersetzt. Mainz 1853, ²1868.

Quasten, Johannes: Das Bild des Guten Hirten in den altchristlichen Baptisterien und in den Taufliturgien des Ostens und Westens. Das Siegel der Gottesherde, in: Pisculi. Studien zur Religion und Kultur des Altertums (FS Franz Joseph Dölger). Hrsg. von Theodor Klausener/Anton Rücker. Münster 1939.

Quasten, Johannes: Der Gute Hirte in frühchristlicher Totenliturgie und Grabeskunst, in: Miscellanea Govanni Merati. Bd 1 (= Studi e Testi 121). Citta del Vaticano 1973.

Reindell, Walter: Das De-tempore-Lied des ersten Halbjahrhunderts der reformatorischen Kirche. Würzburg 1942.

Riedel, Franz Xaver: Lieder der Kirche aus den römischen Tagzeiten, und Meßbuche übersetzt 1773.

Schlosser, Johann Friedrich Heinrich: Die Kirche in ihren Liedern durch alle Jahrhunderte. 2 Bde., Mainz ¹1851/1852. Freiburg ²1863.

Sievers, Eduard: Die Murbacher Hymnen. Nach der Handschrift herausgegeben. Halle 1874. 2. Aufl. Hrsg. v. E. Sherabon Firchow. New York/London 1972.

Simrock, Karl: Lauda Sion. Altchristliche Kirchenlieder und geistliche Gedichte lateinisch und deutsch. Köln 1850.

Simrock, Karl: Lauda Sion. Auswahl der schönsten Lateinischen Kirchenhymnen mit Deutscher Uebersetzung. Stuttgart ²1868.

Vilmar, August Friedrich Christian: Spicilegium hymnologicum. Marburg 1857.

Wackernagel, Philipp: Das deutsche Kirchenlied von der ältesten Zeit bis zu Anfang des XVII. Jahrhunderts. Mit Berücksichtigung der deutschen kirchlichen Lieder-

dichtung im weiteren Sinne und der lateinischen von Hilarius bis Georg Fabricius und Wolfgang Ammonius. 5 Bde. Leipzig 1864-77 (Reprint Hildesheim 1987).
Zahn, Johannes: Die Melodien der deutschen evangelischen Kirchenlieder. Aus den Quellen geschöpft und mitgeteilt. 6 Bde. Gütersloh 1889-1893 (Reprint Hildesheim 1963).

Ostern

Michael Fischer

Erschienen ist der herrliche Tag

Ein new Geistlich Lied /
von der frölichen Ufferstehung
unsers Heilands Jhesu Christi /
Für die Jungfrewlein in der Megdlein schul /
im Joachimsthal. N. H. [Nik. Herman]

[1.]
Erschienen ist der herrliche tag /
dran sich niemands gnug frewen mag /
Christ unser HErr heut triumphirt /
all sein feind er gefangen fürt /
Alleluia.

2.
DIe alte Schlang / die Sünd und Tod /
Die Hell / all jamer / angst und not /
Hat uberwunden Jhesus Christ /
Der heut vom Tod erstanden ist /
Alleluia.

3.
Am Sabbath früe mit Specerey
Kamen zum Grab Marien drey /
Das sie salbten Marien Son /
Der vom Tod war erstanden schon /
Alleluia.

4.
Wen sucht ir da? der Engel sprach /
Christ ist erstanden der hie lag /
Hie seht ir die Schweistüchelein /
Geht hin sagts bald den Jüngern sein /
Alleluia.

5.
Der Jünger furcht und hertzenleid
Heut wird verkert in eitel freud /
So bald sie nur den HErrn sahen /
Verschwand ir trawren / furcht und zagen /
Alleluia.

6.
Der HErr hielt sehr ein freundlich gsprech
Mit zweien Jüngern auff dem weg /
Für freud das hertz im leib in brandt /
Im Brotbrechen er wurd erkandt /
Alleluia.

7.
Unser Simson der trewe Helt /
Christus den starcken Lewen felt /
Der Hellen pforten er hintregt /
Dem Teufel all sein gwalt erlegt /
Alleluia.

8.
Jonas im Walfisch was drey tag /
So lang Christus im grab auch lag /
Denn lenger in der Todt kein stund /
In seim rachen behalten kundt /
Alleluia.

9.
Sein raub der Tod must faren lan /
Das Leben siegt und gwan im an /
Zerstöret ist nu all sein macht /
Christ hat das leben widerbracht /
Alleluia.

10.
Heut gehn wir aus Egyptenland /
Aus Pharaonis dienst und band /
Und das recht Osterlemmelein
Wir essen heut im brot und wein /
Alleluia.

11.
Auch essen wir die süssen brot /
Die Moses Gottes volck gebot /
Kein Sawerteig sol bey uns sein /
Das wir leben von sünden rein /
Alleluia.

12.
Der schlahend Engl fürüber geht /
Kein Erstgeburt er bey uns schleht /
Unser Thürschwelln hat Christus blut /
Bestrichen / das helt uns in hut /
Alleluia.

13.
Die Sonn / die Erd / all Creatur /
Alls was betrübet was zuvor /
Das frewt sich heut an diesem tag /
Da der Welt Fürst dernider lag /
Alleluia.

14.
Drumb wir auch billich frölich sein /
Singen das Alleluia fein /
Und loben dich HErr Jhesu Christ /
Zu trost du uns erstanden bist /
Alleluia.

AMEN.

Druckvorlage

Text und Melodie stammen aus dem von Nikolaus Herman verfaßten Werk *Die Sontags Euangelia / und von den fürnemsten Festen uber das gantze Jar / In Gesenge gefasset fur Christliche Hausveter und ire Kinder,* Ausgabe *Wittenberg 1562 (*Sontags Euangelia)*, 57–59 (DKL). Die Melodie wurde um eine Terz nach unten transponiert; das Notenbild heutigen Gepflogenheiten angepaßt.

1 Entstehungskontext

Als Nikolaus Herman (1500–1561), der Autor des Liedes, um das Jahr 1518 in das böhmische Sankt Joachimstal kam, zog er in eine junge, aufblühende

Stadt.[1] Sie hatte sich nach 1516 aus der Siedlung Konradsgrün zu einer der bedeutendsten Städte der Zeit entwickelt. Der Grund hierfür war die Entdeckung reicher Silbervorkommen, die den 20.000 Einwohnern (1540) Brot, Arbeit und - zumindest teilweise - Wohlstand oder sogar Reichtum bescherten.[2] Die aufstrebende Stadt verfügte auch über eine Lateinschule, an der Herman wohl als Lehrergehilfe oder Hilfslehrer angestellt wurde. Daneben dürfte er den Kantoren- und Organistendienst in Joachimstal versehen haben.[3] Die Reformation hielt in der Bergbaustadt schon früh Einzug, bereits seit den frühen zwanziger Jahren wurde dort lutherisch gepredigt. Ab 1532 ist der Lutheranhänger Johannes Mathesius (1504–1565) Rektor der hiesigen Schule und seit 1545 erster evangelisch-lutherischer Pfarrer der Stadt. Auf seine Veranlassung wurde die erste Mädchenschule der Reformationszeit gegründet und die erste lutherische Predigtkirche (1537) errichtet. Bekanntgeworden ist Mathesius durch seine Lutherbiographie in Predigtform, die teilweise hagiographische Züge trägt. In diesen Predigten berichtet Mathesius auch über die freundschaftlichen Beziehungen zwischen Luther und den Joachimstalern. Zumindest am Rande geht er auch auf die Schule ein, an der er und Herman gewirkt haben.[4]

Nikolaus Herman, über dessen Ausbildung und Werdegang wir nichts wissen, war schon früh ein Anhänger Luthers. Unter dem Eindruck der Lutherlektüre („An die Ratsherren aller Städte deutschen Landes, daß sie christliche Schulen aufrichten und halten sollen"[5]) tritt der 24jährige literarisch hervor. Er verfaßt die Schrift „Ein Mandat Jesu Christi an alle seine getreuen Christen", in der dargelegt wird, „aus was Ursache das christlich Volk so jämmerlich geirret, den Glauben verloren hab, und wie es wiederum dazu kommen möge."[6] Die Einführung der Reformation verläuft in Joachimstal nicht konfliktfrei, zu den religiösen Spannungen treten noch soziale, die zusätzlich durch die Bauernunruhen 1525 verstärkt werden. Auch Herman muß sich wegen seiner reformatorischen Gesinnung mit seinem Rektor auseinandersetzen. Über Stephan Roth, der von 1520 bis 1523 die Joachimstaler Schule geleitet hatte, wendet er sich an Luther. Dieser antwortet ihm am 6. November 1524 ehrenvoll und fordert Herman auf, trotz der Widrigkeiten in der Stadt zu bleiben. Er ermahnt ihn allerdings

---

1 Zur Biographie Hermans vgl. Rößler, Liedermacher, 85–116; Blankenburg, Herman, 95–97. Zur Stadt (Sankt) Joachimst(h)al (Jáchymov, Bez. Karlsbad) vgl. Bahlke, Historische Stätten, 540ff.; Quoika, St. Joachimsthal, 64ff.

2 Allerdings währte der Aufschwung nur eine kurze Zeit: Bereits Mitte des Jahrhunderts begann der Niedergang der Stadt; um 1600 hatte sie nur noch 3000 Einwohner. Als Bergstadt machte Joachimstal noch einmal im 20. Jahrhundert Karriere: Zunächst durch den Abbau von Radium, schließlich von Uran für die sowjetische Atomwaffenproduktion; vgl. Bahlke, Historische Stätten, 541f.

3 Herman dichtete auch Lieder, die auf die Stadt Joachimstal und den Bergbau Bezug nehmen. Diese Lieder stellen in sozialgeschichtlicher Hinsicht eine bemerkenswerte Quelle dar, vgl. Wackernagel III, Nr. 1364, 1391, 1438.

4 Eingesehen wurde die Ausgabe: Historien von [...] D. Martin Luther, 16. u. 17. Predigt.

5 WA 15, 27–53.

6 Rößler, Liedermacher, 91.

auch, „den Standpunkt des sogenannten strengen, harten Rechtes" aufzugeben und „das Böse mit Gutem" zu überwinden.[7]

2 Perikopenlieder für die Schule und den Gottesdienst

Wie an anderen Orten auch, breitete sich in Joachimstal die reformatorische Lehre durch das Zusammenspiel von Schule und Kirche aus.[8] Das wichtigste Medium war dabei das Lied: Als eine Kunstform, die Poesie, Theologie und Musik miteinander vereint, war es dazu geeignet, katechetische, pädagogische und muskalische Elemente gleichzeitig umzusetzen. Nikolaus Herman stellte sich in die - freilich noch junge - Tradition reformatorischen Liedschaffens. 1560, also ein Jahr vor seinem Tod, erschien sein literarisches und musikalisches Hauptwerk, die Liedsammlung *Die Sontags Euangelia / und von den fürnemsten Festen uber das gantze Jar / In Gesenge gefasset fur Christliche Hausveter und ire Kinder.*[9]

Daß die Sonntagsevangelien *(evangelia dominicalia)* im Mittelpunkt des Wortgottesdienstes stehen und die Textgrundlage für die Predigt bilden sollten, war für die Alte Kirche eine Selbstverständlichkeit. Auch der Reformator Martin Luther hielt an diesem Brauch fest. Das Evangelium soll - so Hermans Formulierung - im Gottesdienst verlesen und in der Predigt ausgelegt werden, damit die „Lere und wunderwerck unsers Seligmachers Jhesu Christi dem Volck furgetragen und eingebildet würde."[10] Der 1500 geborene Herman verweist dabei auf seine Jugend (wohl vor der Reformation): Er habe „alte grawheuptige Leute / schlechte Leien und Bawersleut / gesehen und gekant", die jedes Sonn- und Feiertagsevangelium auswendig aufsagen konnten. Nachdem nun die „reine Lere" wiederhergestellt worden sei, ist es „nütz und gut", daß die Kinder neben dem Katechismus auch die Evangelien auswendig lernen, damit sie „von kindauff in die heilige Schrifft geleitet werden."[11] Dazu diene in Sonderheit die Musik, die nicht nur von Gott zu dessen eigener Ehre eingesetzt worden sei, sondern auch das Lernen erleichtere.[12]

Herman hat die Gattung der Perikopenlieder nicht erfunden.[13] Allgemein gilt der Magdeburger Kantor Martin Agricola als derjenige, der als

---

7 Lateinischer Text: WA Briefe 3, 369. Deutsche Teilübersetzung: Rößler, Liedermacher, 91f.

8 Vgl. das Diktum von Martin Luther: „Das Amt eines Schulmeisters ist nächst dem Predigtamte das allernützlichste, größte und beste, und weiß ich dazu noch nicht, welches unter beiden das beste ist." Zit. n. von den Driesch, Erziehung und Bildung, 231.

9 Zitiert wird hier nach der Ausgabe Wittenberg 1562. Ein Verzeichnis der Werke Hermans findet sich bei Blankenburg, Herman, 95f.

10 *Sontags Euangelia*, Vorrede Hermans, o.P.

11 Ebd.

12 Ebd. Zur Musikanschauung von Martin Luther und Johann Walter vgl. die Textbeispiele bei Fischer, Musik und Spiritualität.

13 Zur Perikopendichtung im allgemeinen und Perikopenlieder im besonderen vgl. Krummacher, Gryphius, bes. 46–68. 91–135.

erster einen Zyklus von Perikopenliedern (1541) geschaffen hat. Aber schon zuvor gab es ältere deutsche und lateinische Vorgänger, insbesondere Einzellieder. Die lateinischen Perikopendichtungen dienten dabei nicht nur der religiösen Unterweisung, sondern auch der sprachlichen Bildung. Herman selbst hat auch lateinische Dichtungen für die Liturgie geschrieben. In einer zweibändigen, fast ganz von dem Joachimstaler Kantor geschriebenen Folio-Handschrift (1550–1558) finden sich lateinische Gesangsstücke für die Sonn- und Feiertage des Kirchenjahres. Allerdings hängen diese im Wortlaut nicht mit seinen deutschen **Sontags Euangelia* zusammen.[14]

Die deutschen Lieder, die Herman in den **Sontags Euangelia* zusammengestellt hat, hatten einen ganz konkreten Zweck und einen bestimmten Adressaten. Genauer gesagt handelte es sich – und das ist sozial- und bildungsgeschichtlich durchaus bemerkenswert – um Adressatinnen: Herman hat seine Lieder geschaffen für

> „die lieben Jungfrewlein / welche alhie im Joachimsthal in der Megdlein Schulen / von der Tugentsamen und Gottfürchtigen Matron Catharina Heldin / nu bis in dreissigste Jar ganz trewlich und vleissig im heiligen Catechismo unterweiset werden / und darneben von ir dazu gewehnet / das sie die Euangelia rund und fein können her sagen."[15]

Der Autor sah seine Lieder zunächst als Gesänge „für Kinder" und als „Hauslieder" an, nicht jedoch als Bestandteil der Liturgie: „Acht sie jemand wirdig / das er sie in der Kirchen brauchen wil / der mags thun auff sein ebentheur."[16]

Das Lied *Erschienen ist der herrliche Tag* ist ein Osterlied, ein Gesang für den „heiligen Ostertag" (Ostersonntag).[17] Insgesamt sieht Herman vier Lieder für diesen Festtag vor: Das Erzähllied *Am Sabbath früe Marien drey* (nach Mk 16),[18] das „new Geistlich Lied" mit dem Textbeginn *Erschienen ist der herrliche Tag*, der Gesang *Sanct Paulus die Corinthier hat unterweist in rechter lehr* (nach 1 Kor 15) und schließlich eine deutschsprachige Bearbeitung der Ostersequenz *Victimae paschali laudes*.[19] Der Rubrik ist ein Holzschnitt vorgeschaltet, der in traditioneller Ikonographie den triumphierenden Auferstandenen vor dem geöffneten Grab, flankiert von zwei Grabwächtern, zeigt.[20] Der beigefügte Text legt das Osterfest anagogisch aus:

---

14 Krummacher, Gryphius, 100f.

15 *Sontags Euangelia*, Vorrede o.P. Zur Mädchenbildung in der Frühen Neuzeit vgl. die entsprechenden Beiträge in Kleinau, Geschichte.

16 Ebd.

17 *Sontags Euangelia*, 57f. Zu diesem Lied vgl. Baldermann, *Erschienen ist der herrlich Tag*, 61–64. Dort ist auch die ältere Literatur verzeichnet.

18 Das bekannteste österliche Erzähllied dürfte *Gelobt sei Gott ymm höchsten thron* von Michael Weiße (nach dem lateinischen *Surrext Christus hodie*) darstellen. (Wackernagel III, Nr. 298, vgl. Weiße, Gesangbuch, DXI).

19 *Sontags Euangelia*, 55–62.

20 Zur Ikonographie vgl. Wilhelm, Auferstehung Christi, 201–218.

DEnn kompt der frölich Ostertag /
So werdn wir all auffstehen /
Der Todt denn uns nicht halten mag /
Entgegen werdn wir gehen
Christo / und mit im in seim Reich
Leben in freuden ewigleich /
HErr Christ das hilff uns / Amen.[21]

3 Das Lied *Erschienen ist der herrliche Tag*

Das Lied *Erschienen ist der herrliche Tag* besteht aus vier Teilen: Die ersten beiden Strophen verkünden das Festgeheimnis, die Str. 3–6 erzählen die Osterhistorie, die Str. 7–12 legen diese aus, während die beiden Schlußstrophen die Osterfreude und den Dank in den Vordergrund rücken. Ohne das Lied und seine Struktur pressen zu wollen, kann man davon ausgehen, daß dieses den Lese- und Predigtgottesdienst nachbildet: Teil I bildet die Einleitung zum Evangelium („Gradualgesang"), Teil II das Evangelium *(narratio* bzw. *historia),* Teil III die Predigt, Teil IV die Danksagung.

In den heute abgedruckten Fassungen des Liedes fehlen die erzählenden Strophen sowie diejenigen Strophen, die das Ostergeschehen typologisch deuten.[22] Für die folgende Liederklärung sollen jedoch alle von Herman gedichteten Strophen berücksichtigt werden. Dies geschieht allerdings nicht, um die „Urgestalt" theologisch zu kanonisieren oder die ästhetische Überlegenheit der Dichtung Hermans gegenüber den Bearbeitungen herauszustellen, sondern um dem Lied historisch gerecht zu werden. Gleichzeitig kann deutlich werden, welche Fülle sprachlicher und theologischer Motive von Herman herangezogen werden, um das Ostergeschehen geistlich fruchtbar zu machen.

3.1 Das Festgeheimnis

Weiter oben wurden die ersten beiden Liedstrophen als eine Art Gradualgesang (Einleitung zum Evangelium) bezeichnet. Tatsächlich leitet sich der erste Vers „Erschienen ist der herrliche Tag / dran sich niemands gnug frewen mag" vom altkirchlichen Graduale zum Ostersonntag ab. Dort heißt es: „Haec dies, quam fecit Dominus: exsultemus et laetemur in ea" (Ps 117/118,24).[23] Mit diesem Bezug wird auch klar, daß das Eigenschaftswort

---

21 *Sontags Euangelia*, 55. „Denn" meint hier (temporal) „dann". – Der Karfreitag wurde zuvor tropologisch ausgelegt (Aspekt der Kreuzesnachfolge), der Karsamstag anagogisch (Aspekt des Todesschlafes).

22 Vgl. EKG 80; EG 106; GL 225. Der Liedbeginn wurde verändert zu: „Erschienen ist der herrlich Tag", also ohne „-e" bei dem Wort „herrlich".

23 „DIs ist der Tag / den der HERR macht / Lasst uns frewen und frölich drinnen sein." Biblia 1545. Die lateinischen Texte der Liturgie werden zitiert nach: Schott, Meßbuch. Die Perikopen und wichtigsten Gesänge des Ostertages sind bereits altkirchlich bezeugt. Vgl. hierzu: Meyer, Gottesdienst der Kirche, 115.

„herrlich" nicht „prächtig" oder „festlich" meint, sondern ein verstecktes Genitiv-Attribut darstellt: Der Herrentag wird besungen.[24] Mit der „alten Schlang" wird auf Gen 3 angespielt, besonders auf das sogenannte „Protoevangelium" Gen 3,15. Luther glossierte diese Stelle in seiner Bibelübersetzung mit dem Satz: „Dis ist das erst Euangelium und Verheissung von Christo geschehen auff Erden / Das er solt / Sünd / Tod und Helle uberwinden und uns von der Schlangengewalt selig machen."[25] Das Wort „heut" in Hermans Lied (Str. 2,4) verdeutlicht, daß die christlichen Festgeheimnisse anamnetisch gefeiert werden: Die einmal geschehene Historia wird im Gottesdienst vergegenwärtigt, aus dem historischen „Damals" wird durch die aktualisierende Erinnerung das geschichtliche „Heute".[26] Dies gilt auch dann, wenn die Historia selbst in der Vergangenheitsform erzählt wird (aber: Präsens in Str. 5,1f.).

3.2 Die Osterhistorie

Die Str. 3–6 paraphrasieren die Osterberichte (Teil II des Liedes); die Str. 3–5 nach dem Tagesevangelium Mk 16,1–7, Str. 6 nach Lk 24,13–35. Mit dem Stichwort „Brotbrechen" wird ein Motiv aufgegriffen, das in den Str. 10–12 weiter entfaltet wird: Christus ist das wahre Osterlamm und im Sakrament des Altares wahrhaft gegenwärtig.[27]

Die Formulierung „Christ ist erstanden" in Str. 4 dürfte eine Anspielung auf die mittelalterliche Leise *Christ ist erstanden* darstellen. In Joachimstal wurde diese Leise wie im deutschsprachigen Bereich üblich am Ende des liturgischen Osterspiels *(Visitatio sepulchri)* gesungen.[28]

3.3 Auslegung

Mit Str. 7 beginnt Teil III des Liedes, die Auslegung der Osterbotschaft. Herman greift hier zunächst auf die Typologie zurück.[29] Da die Heilsgeschichte nur als Ganze verstanden werden konnte, ist es nicht verwunderlich, daß fromme Gelehrsamkeit zwischen dem Alten und dem Neuen Bund Entsprechungen nach dem Muster Weissagung – Erfüllung bzw. Vorbild

---

24 Anders beim Osterhymnus des Venantius Fortunatus *Salve festa dies de resurrectione Domini*. Dort lautet die erste Strophe: „Salve, festa dies, toto venerabilis aevo, / qua deus infernum vicit et astra tenet." (Wackernagel I, Nr. 83).

25 Biblia 1545, Randglosse zu Gen 3,15: „UND Ich will Feindschafft setzen zwischen Dir und dem Weibe / und zwischen deinem Samen und irem Samen / Der selb sol dir den Kopff zutretten / Und Du wirst In die Verschen stechen."

26 Vgl. aus kulturhistorischer Perspektive Assman, Das kulturelle Gedächtnis. Nach Assman dient das Fest u.a. „der Vergegenwärtigung fundierender Vergangenheit" (ebd., 53). Die vergegenwärtigende Erinnerung schafft „Wirklichkeit", im Sinne „einer fortdauernden normativen und formativen Kraft" (ebd., 52).

27 Zum „Sakrament des Altares" vgl. Luthers Kleiner Katechismus (BSLK 519f.).

28 Vgl. Lateinische Osterfeiern und Osterspiele, 1546.

29 Vgl. Mathys, Typologie, 997–1000.

(typos) – Abbild *(antitypos)* suchte.[30] Schon das Neue Testament interpretiert auf diese Weise das Alte. Martin Luther stand diesem Auslegungsverfahren positiv gegenüber, da es schriftgemäß war und dem *sensus propheticus* entsprach. Nach diesem bibelhermeneutischen Grundsatz verweist das Alte Testament auf Christus.[31]

In der christlichen Tradition wurde die Erzählung Ri 14–16 auf die Erlösungstat Christi bezogen: So wie Simson den Löwen besiegt, besiegt Christus die Hölle, wie Simson die Stadttore von Gaza hinwegnimmt, nimmt Christus die Höllentore hinweg, und schließlich wie Simson die Philister erlegt, erlegt Christus Satan.[32] Eine Abbildung aus dem *Speculum humanae salvationis* (um 1360) illustriert diesen Zusammenhang. Zugleich wird deutlich, wie mittelalterliche Vorstellungs- und Bildtraditionen in der Reformationszeit weiterwirken.[33]

Im Gegensatz zu Simson wird Jona bereits im Neuen Testament auf Christus bezogen (Mt 12,38ff; Lk 11, 29ff.). Dort ist – allgemein – vom Zeichen des Jona die Rede und schließlich in Mt 12,40 vom dreitägigen Verweilen des Menschensohnes in der Erde. In der christlichen Tradition wurde diese Bibelstelle mit der sogenannten „Höllenfahrt Christi" in Verbindung gebracht. Die Konkordienformel erklärt hierzu: Wir wissen, „daß Christus in die Helle gefahren, die Helle allen Gläubigen zerstöret und sie aus dem Gewalt des Todes, Teufels, ewiger Verdamnus des hellischen Rachens erlö-

30 Vgl. das Diktum von Augustinus: „In Vetere Novum latet et in Novo Vetus patet" (Im Alten ist das Neue [Testament] verborgen und im Neuen ist das Alte offenbar), zit. nach McGrath, Weg, 215.

31 Vgl. Luthers „Vorrede auf das Alte Testament" (Biblia 1545). Luther bezieht sich u.a. auf das Wort Christi: „Forschet in der Schrift / denn dieselbige gibt zeugnis von mir." (nach Joh 5,39).

32 Schiller, Ikonographie, 135f.

33 Vgl. Heilsspiegel, 60f. – Die Kunst der Reformation nimmt die alttestamentlichen Motive vor allem in der Druckgraphik (Bibelillustration) auf (Schiller, Ikonographie, 138). Vgl. die drei Abbildungen zu Ri 14–16, in: Biblia 1545.

set habe."[34] Im Lied wird die Jona-Typologie aber nicht auf die Höllenfahrt Christi bezogen, sondern auf die Auferstehung. Ähnlich deutet der spätmittelalterliche Heilsspiegel die Jonageschichte: Der Tod ist durch Christi Tod besiegt; der Tod muß - wie Nikolaus Herman formuliert - seinen Raub, nämlich das Leben, fahren lassen (Str. 9,1).[35]

Daß das jüdische Pascha mit dem christlichen Osterfest in Zusammenhang gebracht wurde, bedarf eigentlich keiner näheren Begründung. Schon die Alte Kirche verstand das Christusmysterium als Paschamysterium.[36] Der Exodus der Israeliten wurde typologisch auf den *transitus Christi* bezogen, das geopferte Lamm (Pascha) auf das Kreuzesopfer Christi (Passion).[37] Zugleich stellt das Paschamahl den *typos* für das Abendmahl Jesu und das Abendmahl der Kirche (als Sakrament) dar.

Die Str. 10–12 des Liedes *Erschienen ist der herrliche Tag* könnten literarisch vom Lutherlied *Christ lag in Todesbanden* (1524) abhängen, das sich wiederum auf die bereits erwähnte Osterleise *Christ ist erstanden* und die Sequenz *Victimae paschali laudes* zurückführen läßt.[38] In der fünften Strophe des Lutherliedes (Abgesang) heißt es: „Des blutt zeichet unser thür; / das helt der glaub dem tod für / der wurger kan uns nicht ruren."[39] Die Parallele zu Hermans zwölfter Strophe ist unübersehbar. Daneben spricht Herman genauso wie Luther vom „(alten) Sauerteig", der nicht mehr sein soll (Str. 11,3f.). Das zugrundeliegende Bibelwort 1 Kor 5,7f. stellt eine tropologische

---

34 BSLK 813.

35 Heilsspiegel 1981, 66.

36 Vgl. Visonà, Ostern, 517–530, bes. 520ff.

37 Zur Lammsymbolik vgl. Markschies, *Hie ist das recht Osterlamm.*

38 Vgl. Jenny, Luther, 58ff.; Luthers Geistliche Lieder, 194–197. Zu allen drei Gesängen vgl. Becker, *Christ ist erstanden.*

39 Luthers Geistliche Lieder und Kirchengesänge 1985, 195. Zum Bestreichen der Tür mit Blut vgl. Ex 12,7.13.22f. Die Parallele wird noch deutlicher in einer späteren Fassung. Dort lauten die ersten beiden Zeilen: „Der Würger mus fürüber gahn / Kein Erstgeburt er schlagen kan" (Die Sontags Euangelia […] durch Nicolaum Herman […], Wittenberg 1566, 58).

Auslegung von Ex 12,15 dar, während im Lied die „süssen Brot“ (Str. 11) sowohl tropologisch („Süßteig der Lauterkeit und der Wahrheit“, 1 Kor 5,8) als auch typologisch (mit Bezug auf das Abendmahlsbrot) ausgelegt werden können.[40]

Daß wir innerhalb der „Predigt“ (Teil III des Liedes von Herman) bei der *applicatio* angelangt sind, zeigt der Tempuswechsel an: In Str. 9 vollzieht sich der Umschlag: „Zerstört ist **nu** des Todes macht“. Str. 10 betont das Hier und Jetzt, zweimal (am Strophenbeginn und in der vierten Zeile) wird das Wort „heut(e)“ gebraucht. Zugleich verändert sich die Kommunikationssituation: Plötzlich ist von „uns“ und „wir“ die Rede. Lutherisch gesprochen geht es jetzt nicht mehr um die Historia, sondern es muß „von der krafft, nutz und der frucht der auffersteung“ gehandelt werden.[41] Der Nutz liegt – kurzgesagt – darin, daß Christus gestorben ist um unserer Sünde und auferweckt um unserer Gerechtigkeit willen (Röm 4,25).[42] In einer Ausgabe der *Sonntags Euangelia* von 1580 wird diese Bibelstelle folgendermaßen erklärt:

> „DAs ist / durch das Leiden und Sterben unsers lieben HERRN Christi / sind wir von all unsern Sünden ledig unnd loß worden / Seiner Aufferstehung aber geniessen wir darzu / daß wir gerecht werden / das ist / daß wir in solcher Gnad bleiben / und die Sünde fort an nit mehr uber uns herrschen / noch uns schaden möge.“[43]

3.4 Freude und Dank

Die letzten beiden Strophen (Teil IV des Liedes) enthalten drei Elemente, die im Folgenden kurz angerissen werden sollen: erstens den Aspekt des *gaudium mundi,* zweitens das Motiv vom „Fürsten der Welt“ und schließlich die Überführung der Theologie in Doxologie.

Daß die kreatürliche Welt am Erlösungsgeschehen teilnimmt, ist eine biblische Vorstellung. Bereits im Alten Testament preist die Schöpfung, die beseelte und unbeseelte Kreatur, ihren Schöpfer (Ps 8; 148). Bei der Geburt Christi weist ein Stern den Magiern den Weg und die himmlischen Heerscharen loben Gott. Beim Tod Jesu erzittert die Erde und die Gestirne verdunkeln sich *(passio mundi).* In analoger Weise – so verlangt es die christliche Frömmigkeit seit der Spätantike – reagiert die Natur auf die Auferweckung Christi. Der Ostertermin hat das Seinige dazu beigetragen: Mit dem Aufblühen der Natur, die auf der kreatürlichen Ebene neues Leben schafft, wurde das Neue Leben auf theologischer Ebene verknüpft. Litera-

---

40 Vgl. die Tageslesung und Communio (1 Kor 5,7) zum Ostersonntag (Schott, Messbuch, 443.445f.).

41 Martin Luther, Predigt am Ostertag (16. April 1525), WA 17, 178f. Vgl. Dreher, Osterpredigt, 37.

42 Zur Dialektik von *propter me* und *pro me* in der Passionspredigt Martin Luthers und der lutherischen Orthodoxie (gilt in analoger Weise für die Osterpredigten) vgl. die Untersuchung von Axmacher, *Aus Liebe will mein Heyland sterben,* 11–62.

43 Dietrich/Herman, Summaria.

risch dürfte dieses Motiv auf Venantius Fortunatus zurückgehen, der diesen Zusammenhang in der geistlichen Dichtung zuerst hergestellt hat.[44]

Der „Fürst der Welt" ist eine Bezeichnung für den Satan, die aus dem Mittelalter stammt, aber im Sprachgebrauch der Reformation und der lutherischen Orthodoxie durchaus geläufig war. In einer Predigt von 1586 wird der Teufel u.a. als „Fürst diser Welt / mechtig gwaltig / Herr diser Welt / und ein brüllender Löwe" bezeichnet.[45] Wie im spätmittelalterlichen Heilsspiegel und in Hermans Lied (Str. 7f.) angedeutet, spricht der Prediger vom Höllenrachen, der sich leicht mit dem Löwenrachen identifizieren läßt, den Simson-Christus endgültig zerrissen hat.

Das Lied *Erschienen ist der herrliche Tag* endet mit der Danksagung, dem Lobpreis Gottes und dem abschließenden Amen. Wieder kann ein Bezug zum Graduale des Ostersonntags hergestellt werden. Dort heißt es: „Haec dies, quam fecit Dominus: exsultemus et laetemur in ea. Confitemini Domino, quoniam bonus: quoniam in saeculum misericordia ejus."[46] Mit der Formulierung „zu trost du uns erstanden bist" greift Herman noch einmal die Osterleise *Christ ist erstanden* auf. Zugleich weist er damit auf den zentralen Punkt christlicher Ostertheologie hin: „Der Tod ist verschlungen in den Sieg. [...] Gott aber sei Dank, der uns den Sieg gegeben hat durch unsern Herrn Jesus Christus!" (1 Kor 15,55.57) – „Haec est consolacio nostra."[47]

Das „Amen" schließlich verknüpft die Zustimmung im Glauben („Amen, Amen, das heißt: Ja, ja, es soll also geschehen")[48] mit der eschatologischen Dimension „Ja, ich komme bald. Amen, ja komm, Herr Jesu!" (Offb 22,21). So wie die wöchentliche und jährliche Paschafeier anamnetisch die Vergangenheit mit der Gegenwart verknüpft, wird auch proleptisch die Allgemeine Auferstehung und die Vollendung der Welt (1 Kor 15,20–28) in die Gegenwart miteinbezogen.[49] Der Lobgesang und das Amen in Hermans Lied gilt dem geopferten Paschalamm, das mit dem endzeitlichen Lamm identisch ist. In der Sprache der Bibel: „Das Lamm, das erwürget ist, ist würdig, zu nehmen Kraft und Reichtum und Weisheit und Stärke und Ehre und Preis und Lob. [...] Und die vier Tiere sprachen: Amen!" (Offb 5,12.14).

---

44 Szövérffy, Annalen, 137. Vgl. die Dichtungen *Tempora florigero* und *Salve festa dies* des Venantius Fortunatus (Wackernagel I, Nr. 82f.). Vgl. auch die Ostersequenz von Notker Balbulus „Darum huldigt alle Kreatur mit Freuden Christus dem Erstandenen." (Zu dem Freudenmotiv und zu diesem Hymnus vgl. Stock, Poetische Dogmatik, 245–256).

45 Vgl. Holtz, Fürst, hier: 31.

46 Schott, Meßbuch, 443. Ps 117/118, 24 u. 1: „Dies ist der Tag, den der Herr macht; lasset uns freuen und fröhlich darinnen sein. Danket dem Herrn, denn er ist freundlich, und seine Güte währet ewiglich."

47 Martin Luther, Predigt am Ostersonntag (9. April 1531), WA 34 I, 274. Vgl. Predigt am Ostertag (21.4.1538), WA 46, 315: „Trost, quod resurrexit, non ipsius, sed *vult unser trost sein*. Est mirabilis consolatio". Vgl. die Stellen bei Becker, *Christ ist erstanden*, 35f.

48 Martin Luther, Kleiner Katechismus: Erklärung des Vaterunser (BSLK 515).

49 Weiter oben wurde bereits ein Reimgebet aus den *Sontags Euangelia* zitiert (*So werdn wir all auffstehen*), welches das Osterfest anagogisch auslegt.

3.5 Zur Melodie

Nach diesen historisch-theologischen Bemerkungen zum Lied *Erschienen ist der herrliche Tag* soll noch kurz auf die Melodie eingegangen werden. Sie stammt von Herman und wurde von ihm für zwei Lieder vorgesehen: für *Am Sabbath frũe Marien drey* und *Erschienen ist der herrliche Tag.*[50] In der Forschung ist umstritten - Johannes Heinrich hat jüngst auf diese Tatsache hingewiesen[51] -, ob die Melodie auf die Osterantiphon *Ad monumentum venimus gementes* zurückgeht. Angestoßen hatte die Diskussion Heinrich Sievers, der im Jahr 1935 in der Zeitschrift „Musik und Kirche" einen entsprechenden Artikel veröffentlichte.[52] Wenn man Sievers These verteidigen möchte, kann man auf die Tradition der Osterspiele verweisen. Sievers hat dies bereits getan, allerdings ist durch die Veröffentlichung von Walther Lipphardt auch ein lateinisches Osterspiel (*Visitatio Sepulchri* III. Stufe) bekanntgeworden, das tatsächlich aus Sankt Joachimstal stammt.[53] Es wurde von Stephan Roth, dem bereits erwähnten Rektor der Joachimstaler Lateinschule zwischen 1520 und 1523 aufgezeichnet. Es enthält auch die Antiphon *Ad monumentum venimus gementes,* die inhaltlich in etwa der dritten und vierten Strophe des Herman-Liedes entspricht.[54] Im übrigen schließt die These von Sievers andere Abhängigkeiten oder Einflüsse nicht aus. Nikolaus Herman war dem Tanzlied-Genre des „Bergreien" verhaftet;[55] vielleicht stellt seine Melodie zu den beiden Osterliedern einen solchen Bergreien oder eine abgewandelte Form desselben dar. Jedenfalls hat er sich mit dem Lied *Erschienen ist der herrliche Tag* einen bleibenden Platz in den Gesangbüchern der christlichen Kirchen erworben. Daß seine Lieder „in ihrer urwüchsigen Volkstümlichkeit zu den besten und lebensfähigsten des evangelischen Kirchengesanges gehören"[56] ist allerdings ein Diktum, das in das Reich der protestantischen Heroengeschichte zu verweisen ist. Gerne wird man jedoch zugestehen, daß sein Lied *Erschienen ist der herrliche Tag* – ähnlich wie die Osterleise *Christ ist erstanden* und Luthers *Christ lag in Todesbanden* - eine herbe Größe hat, die der ernst-feierlichen Seite des Osterfestes entspricht. In der Osternacht und am Ostermorgen hat es seinen Platz.

---

50 In den *Sontags Euangelia* wird jeweils für die erste Strophe die Melodie wiedergegeben. Zusätzlich findet sich unter dem ersten Lied die Bemerkung: „Uff diese Melodey mag man alle Euangelia singen bis uff Pfingsten." (*Sontags Euangelia,* 55).

51 Heinrich, *Erschienen ist der herrlich Tag,* 64.

52 Sievers, *Erschienen ist der herrlich Tag* und seine gregorianische Vorlage, in: MuK 7 (1935) 73–78. Zurückgewiesen wird der Zusammenhang von DKL III,1,1 Textband, 125–127 und DKL III,1,2 Notenband, 221–226 (Synopse mit 13 Fassungen).

53 Lateinische Osterfeiern 1976, 1540–1546.

54 „Ad momumentum venimus gementes, / angelum Domini sedentem / vidimus et dicentem, / quia surrexit Jhesus." (Lateinische Osterfeiern, 1542).

55 DKL III, 1,1 Textband, 127. Beim „Bergreien" handelte es sich ursprünglich um Tanzlieder der Bergleute, später ist der Begriff auch für andere geistliche und weltliche Lieder verwendet worden (vgl. [1]MGG I [1949] 1696–1702). Vgl. Wackernagel III, Nr. 1432. Die erste Strophe lautet: „Ir Schwesterlein, Ir Schwesterlein, / ir allerliebsten Gespielen mein: / Wir wolln singen ein Abendrein / von unserm HErren Jhesulein."

56 Blankenburg, Herman, 96.

Literatur

BSLK = Die Bekenntnisschriften der evangelisch-lutherischen Kirche. Hrsg. vom Deutschen Evangelischen Kirchenausschuß. Göttingen [12]1998.

DKL = Das deutsche Kirchenlied. Verzeichnis der Drucke von den Anfängen bis 1800. Bearbeitet von Konrad Ameln, Markus Jenny und Walther Lipphardt. Band I. Teil I: Verzeichnis der Drucke (=RISM B/VIII/I). Kassel u.a. 1975.

DKL III = Das deutsche Kirchenlied. Kritische Gesamtausgabe der Melodien. Abteilung III. Vorgelegt von Joachim Stalmann. Bearbeitet von Karl-Günther Hartmann und Hans-Otto Korth. Kassel 1993ff.

[3]EKL = Evangelisches Kirchenlexikon. Göttingen 1986ff.

LCI = Lexikon der christlichen Ikonographie. Freiburg 1968-75. Reprint 1990.

[1]MGG = Die Musik in Geschichte und Gegenwart. Basel/Kassel 1949ff.

TRE = Theologische Realenzyklopädie. Berlin/New York 1976 ff.

WA = M. Luther: Werke. Kritische Gesamtausgabe. ‚Weimarer Ausgabe'. Weimar 1883ff.

ZKG = Zeitschrift für Kirchengeschichte. Stuttgart 1877ff.

Assman, Jan: Das kulturelle Gedächtnis. Schrift, Erinnerung und politische Identität in frühen Hochkulturen. München 1999.

Axmacher, Elke: *Aus Liebe will mein Heyland sterben.* Untersuchungen zum Wandel des Passionsverständnisses im frühen 18. Jahrhundert. Neuhausen-Stuttgart 1984.

Bahlke, Joachim u.a. (Hrsg.): Handbuch der Historischen Stätten: Böhmen und Mähren. Stuttgart 1998.

Baldermann, Ingo: 106 *Erschienen ist der herrlich Tag.* Text, in:: Liederkunde zum Evangelischen Gesangbuch. Heft 3. Hrsg. von Gerhard Hahn/Jürgen Henkys. Göttingen 2001.

Becker, Hansjakob: *Christ ist erstanden,* in: Geistliches Wunderhorn. Große deutsche Kirchenlieder. Hrsg., vorgestellt und erläutert von Hansjakob Becker/ Ansgar Franz/Jürgen Henkys/Hermann Kurzke/Christa Reich/Alex Stock. München 2001. 29-41.

Biblia: Das ist: Die gantze Heilige Schrifft / Deudsch / Auffs new zugericht. D. Mart. Luth. Wittenberg 1545 [Reprint Stuttgart 1983]).

Blankenburg, Walter: Herman, Nicolaus (1500–1561), in: TRE Bd. 15. Sp. 95–97.

Dietrich, Vitus / Herman, Nikolaus: Summaria und Gesäng / Auff alle Sontag / und fürnembste Fest durchs Jahr, Frankfurt a. M. 1580.

Dreher, Bruno: Die Osterpredigt. Von der Reformation bis zur Gegenwart. Freiburg 1951.

Driesch, Johannes von den / Esterhues, Josef: Geschichte der Erziehung und Bildung. Bd. 1. Paderborn [5]1960.

Fischer, Michael (Hrsg.): Da berühren sich Himmel und Erde. Musik und Spiritualität. Eine Anthologie. Zürich 1998.

Heilsspiegel. Die Bilder des mittelalterlichen Erbauungsbuches *Speculum humanae salvationis.* Mit Nachwort und Erläuterungen von Horst Appuhn. Dortmund 1981.

Heinrich, Johannes: *Erschienen ist der herrlich Tag.* Melodie, in: Liederkunde zum Evangelischen Gesangbuch. Heft 3. Hrsg. von Gerhard Hahn/Jürgen Henkys. Göttingen 2001. 64f.

Holtz, Sabine: Der Fürst dieser Welt. Die Bedrohung der Lebenswelt aus lutherisch-orthodoxer Perspektive, in: ZKG 107 (1996) 29–49.

Jenny, Markus: Luther, Zwingli, Calvin in ihren Liedern. Zürich 1983.
Kleinau, Elke/Opitz, Claudia (Hrsg.): Geschichte der Mädchen- und Frauenbildung. Bd. 1. Frankfurt 1996.
Krummacher, Hans-Henrik: Der junge Gryphius und die Tradition. Studien zu den Perikopensonetten und Passionsliedern. München 1976.
Lateinische Osterfeiern und Osterspiele. Hrsg. von Walther Lipphardt. Teil V. Berlin 1976.
Luther, Martin: Enchiridion. Der kleine Katechismus [...] für die gemeine Pfarrherrn und Prediger, in: BSLK 499–542.
Luthers Geistliche Lieder und Kirchengesänge. Vollständige Neuedition in Ergänzung zu Band 35 der Weimarer Ausgabe bearbeitet von Markus Jenny. Köln 1985.
Markschies, Christoph: *Hie ist das recht Osterlamm.* Christuslamm und Lammsymbolik bei Martin Luther und Lucas Cranach, in: ZKG 102 (1991) 209–230.
Mathesium, Johann Hn. M.: Historien von des Ehrwürdigen in GOtt seligen theuren Mannes GOTTes / D. Martin Luthers. Güstrow 1725.
Mathys, Hans-Peter: Typologie, in: ³EKL Bd. 4. Sp. 997–1000.
McGrath, Alicster, E.: Der Weg der christlichen Theologie. Eine Einführung. München 1997.
Meyer, Hans-Bernhard u.a. (Hrsg.): Gottesdienst der Kirche: Handbuch der Liturgie. Bd. 5. Regensburg 1983.
Quoika, Rudolf: St. Joachimsthal (Jáchimov), in: ¹MGG VII (1958) 64ff.
Rößler, Martin: Liedermacher im Gesangbuch. Bd. 1. Stuttgart 1990. 85–116 (Erweiterte Neuausgabe in einem Band: Stuttgart 2001. 258–300).
Schiller, Gertrud: Ikonographie der christlichen Kunst. Bd. 3. Gütersloh 1971.
Schott, Anselm: Das Meßbuch der heiligen Kirche. Freiburg ⁵⁵1952.
Sievers, Heinrich: *Erschienen ist der herrlich Tag* und seine gregorianische Vorlage, in: MuK 7 (1935) 73–78.
Stock, Alex: Poetische Dogmatik: Christologie. 3. Leib und Leben. Paderborn 1998.
Szövérffy, Josef: Die Annalen der lateinischen Hymnendichtung. Bd. 1. Berlin 1964.
Visonà, Guiseppe: Ostern / Osterfest / Osterpredigt I, in: TRE Bd. 25. Sp. 517–530.
Wackernagel, Philip: Das deutsche Kirchenlied von der ältesten Zeit bis zu Anfang des XVII. Jahrhunderts. Mit Berücksichtigung der deutschen kirchlichen Liederdichtung im weiteren Sinne und der lateinischen von Hilarius bis Georg Fabricius und Wolfgang Ammonius. 5 Bde. Leipzig 1864-77 (Reprint Hildesheim 1987).
Weiße, Michael: Gesangbuch der Böhmischen Brüder von 1531. Hrsg. von Wilhelm Thomas. Kassel 1931.
Wilhelm, P.: Auferstehung Christi, in: LCI Bd. 1. Sp. 201–218.

Für Rudolf Mau zum 75. Geburtstag

Elke Axmacher

Nun freut euch hier und überall

1. Nun freut euch hier und überall,
Ihr Christen, lieben Brüder!
Das Heil, das durch den Todesfall
Gesunken, stehet wieder.
Des Lebens Leben lebet noch,
Sein Arm hat aller Feinde Joch
Mit aller Macht zerbrochen.

2. Der Held, der alles hält, er lag
Im Grab als überwunden,
Er lag, bis daß der dritte Tag
Sich in die Welt gefunden;
Da dieser kam, kam auch die Zeit,
Da, der uns in dem Tod erfreut,
Sich aus dem Tod erhube.

3. Die Morgenröte war noch nicht
Mit ihrem Licht vorhanden,
Und siehe, da war schon das Licht,
Das ewig leucht', erstanden;
Die Sonne war noch nicht erwacht,
Da wacht und ging in voller Macht
Die unerschaffne Sonne.

4. Das wußte nicht die fromme Schar,
Die Christo angehangen,
Drum als nunmehr der Sabbat war
Zum End hinabgegangen,
Begunnt Maria Magdalen
Und andre mit ihr auszugehn
Und Spezerei zu kaufen.

5. Ihr Herz und Hand ist hoch bemüht,
Ein Salböl darzugeben
Für Jesu, dessen teure Güt
Uns salbt zum ewgen Leben.
Ach, liebes Herz, der seinen Geist
Vom Himmel in die Herzen geußt,
Darf keines Öls noch Salben.

6. Ja du, o heilger Jungfrausohn,
Bist schon gnug balsamieret
Als König, der im Himmelsthron
Und überall regieret!
Dein Balsam ist die ewge Kraft,
Dadurch Gott Erd und Himmel schafft,
Die läßt dich nicht verwesen.

7. Doch geht die fromme Einfalt hin
Bald in dem frühsten Morgen,
Sie gehn, und plötzlich wird ihr Sinn
Voll großer schwerer Sorgen.
Ei, sprechen sie, wer wälzt den Stein
Vons Grabes Tür und läßt uns ein
Zum Leichnam unsres Herren?

8. So sorgten sie zur selben Zeit
Für das, was schon bestellet,
Es war der Stein ja allbereit
Erhoben und gefället
Durch einen, der des Erdreichs Wucht
Erbeben macht und in die Flucht
Des Grabes Hüter jagte.

9. Das war ein Diener aus der Höh,
Von denen, die uns schützen,
Sein Kleid war weißer als der Schnee,
Sein Ansehn gleich den Blitzen,
Der hat das fest verschlossne Grab
Eröffnet und den Stein herab
Vons Grabes Tür gewälzet.

10. Das Weiberhäuflein kam und ging
Hinein ohn alle Mühe.
Hör aber, was für Wunderding
Sich da begab! Denn siehe,
Das, was sie suchten, findt sich nicht
Und wo ihr Herz nicht hingericht,
Das ist allda zur Stelle.

11. Sie suchten ihrer Seelen Hort
Und finden sein Gesinde,
Sie hören aus der Engel Wort
Wies gar viel anders stünde,
Als ihr betrübtes Herz gemeint:
Daß billig wer bisher geweint,
Nun jauchzen soll und lachen.

12. Sie sehn das Grab entledigt stehn,
Und als sie das gesehen,
Da läuft Maria Magdalen,
Zu sagen, was geschehen.
Die andre Schar ist Kummers voll
Und weiß nicht, was sie machen soll,
Verharret bei dem Grabe.

13. Da stellen sich in heller Zier
Zween edle Himmelsboten,
Die sprechen: Ei, was suchet ihr
Das Leben bei den Toten?
Der Heiland lebt! Er ist nicht hie!
Heut ist er, glaubt uns, heute früh
Ist er vom Tod erstanden.

14. Gedenkt und sinnt ein wenig nach
Den Reden, die er triebe,
Da er so klar und deutlich sprach,
Wie er zwar würd aus Liebe
Den Tod ausstehn und große Plag,
Jedennoch an dem dritten Tag
Er herrlich triumphieren.

15. Da dachten sie an Christi Wort
Und gingen von dem Grabe
Hin zu der elf Apostel Ort
Und sagten, was sich habe
Erzeigt in ihrem Angesicht;
Man hielt es aber anders nicht,
Als ob es Märlein wären.

16. Maria, die betrübt', sich gibt
In schnelles Abescheiden,
Findt Petrum und den Jesus liebt,
Erzählet allen beiden:
Ach, spricht sie, unser Herr ist hin,
Und niemand ist, der, wo man ihn
Hab hingelegt, will wissen.

17. Der Hochgeliebte läuft geschwind
Und kommt zuerst zum Grabe;
Er guckt, und da er nichts mehr findt
Als Leinen, weicht er aber.
Da aber Simon Petrus kömmt,
Geht er ins Grab hinein und nimmt
Das Werk recht in die Augen.

18. Er sieht die Leinen für sich dar,
Zu voraus, wie mit Fleiße
Gelegt und eingewickelt war
Das Haupttuch zu dem Schweiße:
Da ging auch, der am ersten kam,
Hinein, wie Petrus tät, und nahm,
Was er da sah ins Herze.

19. Da glauben sie nun dem Bericht,
Weil sie mit Augen schauen
Was sie zuvor als ein Gedicht
Gehöret von den Frauen;
Doch werden sie Verwunderns voll,
Denn keiner weiß, daß Christus soll
Von Toten auferwachen.

20. Maria steht vorm Grab und weint,
Und plötzlich wird sie innen,
Daß zween in weißen Kleidern seind
Vor ihr im Grabe drinnen,
Die sprechen: Weib, was weinest du?
Sie haben meines Herzens Ruh,
Sprach sie, hinweggenommen.

21. Mein Herr ist weg, und ich weiß nicht,
Wo ich soll suchen gehen.
Indessen wendt sie ihr Gesicht
Und siehet Jesum stehen.
Der spricht: O Weib, was fehlet dir?
Was weinest du, was suchst du hier? -
Sie meint, der Gärtner rede.

22. Ach, spricht sie, Herr, hast du's getan,
So sag es unverhohlen,
Wo liegt mein Herr? wo komm ich an?
So will ich mir ihn holen.
Der Herr spricht mit gewohnter Stimm:
Maria! - Da wendt sie sich um
Und spricht: Sieh da, Rabbuni!

23. Rühr mich nicht an! Ich bin noch nicht
Zum Vater aufgefahren,
Geh aber hin, sprach unser Licht,
Sags meiner Brüder Scharen:
Ich fahr als eures Todes Tod
Zu meinem und zu eurem Gott
Und unser aller Vater.

24. Maria ist das arme Weib,
Von welcher unser Meister,
Der starke Helfer, vormals treib
Auf einmal sieben Geister.
Die, die ists, welcher Jesus Christ
Am ersten Mal erschienen ist
Am heilgen Ostertage.

25. Nun, sie ging hin, täts denen kund,
Die mit ihr Jesum liebten
Und über ihn von Herzensgrund
Sich grämten und betrübten.
Kein einzger aber fiel ihr bei,
Ein jeder hielts für Fantasei,
Und wollt es niemand glauben.

26. Es gingen auch ins Grab hinein
Die andre Schar der Frauen,
Da gab sich ihrem Augenschein
Ein Jüngling anzuschauen
In einem langen weißen Kleid,
Der sprach: Habt Freud und Trost und seid
Ohn alle Furcht und Schrecken.

27. Ihr sucht den Held von Nazareth,
Der doch hie nicht vorhanden;
Seht, das ist seines Lagers Stätt,
Von der er auferstanden.
Geht schnell, sagts Petro und der Zahl
Der andern Jünger allzumal:
Ihr Herr und Meister lebe.

28. Die Weiber eilen schnell davon,
Den Jüngern Post zu bringen,
Und siehe da, die Freudensonn,
Nach der sie alle gingen,
Die geht daher, und sehen sie
Im Leben, den sie also früh
Als einen Toten suchten.

29. Sein süßer Mund macht all ihr Leid
Mit seinem Grüßen süße,
Sie treten zu mit großer Freud
Und greifen seine Füße.
Er aber spricht: Seid guten Muts!
Geht hin, sagt meinen Brüdern Guts,
Verrichtet, was ihr sahet.

30. Sprecht, daß sie nunmehr also fort
In Galiläum gehen,
Allda will ich, kraft meiner Wort,
Vor ihren Augen stehen.
Und hiemit schloß er sein Gebot.
Die Weiber gehn und loben Gott,
Verrichten, was befohlen.

31. O Lebensfürst, o starker Leu
Aus Judä Stamm erstanden,
So bist du nun wahrhaftig frei
Von Todes Strick und Banden.
Du hast gesiegt und trägst zu Lohn
Ein allzeit unverwelkte Kron
Als Herr all deiner Feinde.

32. Was fragst du nach des Teufels Spott
Und ungereimten Klagen!
Man hat, spricht er und seine Rott,
Ihn heimlich weggetragen.
Die Jünger haben ihn bei Nacht
Gestohlen und bei Seit gebracht,
Indem wir feste schliefen.

33. O Bosheit! War dein Schlaf so fest,
Wie hast du können sehen?
Ist denn dein Auge wach gewest,
Wie läßt du's so geschehen,
Daß durch der Jünger schwache Hand
Der Stein und seines Siegels Band
Werd auf- und abgelöset?

34. Es ist dein hart verstockter Sinn,
Der dich zum Lügen leitet,
So fahr auch nun zum Abgrund hin,
Da dir dein Lohn bereitet!
Ich aber will, Herr Jesu Christ,
So lang ein Leben in mir ist,
Bekennen, daß du lebest.

35. Ich will dich rühmen, wie du seist
Die Pest und Gift der Höllen,
Ich will auch, Herr, durch deinen Geist
Mich dir zur Seiten stellen
Und mit dir sterben, wie du stirbst,
Und was du in dem Sieg erwirbst,
Soll meine Beute bleiben.

36. Ich will von Sünden auferstehn,
Wie du vom Grab aufstehest:
Ich will zum andern Leben gehn,
Wie du zum Himmel gehest.
Dies Leben ist doch lauter Tod,
Drum komm und reiß aus aller Not
Uns in das rechte Leben!

Druckvorlage

Der abgedruckte Satz ist RG 476 entnommen, der Text ist wiedergegeben nach Ausgabe Paul Gerhardt, Dichtungen und Schriften, hrsg. v. E. v. Cranach-Sichart, o. O. o. J. (1957).

1 Liedgattung, Liedaufbau und Vorlage des Liedes

Das Osterlied, 1653 in Johann Crügers „Praxis pietatis melica" erstmals veröffentlicht, steht mit seinen 36 Strophen in der Tradition der Bibeldichtung, näherhin der Erzähllieder, die ein Ereignis der biblischen Geschichte - vorwiegend der neutestamentlichen Heilsgeschichte wie Geburt, Leiden und Sterben sowie Auferstehung Jesu - in engem Anschluß an den Bibeltext in Versform wiedergeben. Vom reformatorischen Schriftverständnis her hatte die Bibeldichtung überhaupt, zu der neben den Erzählliedern vor allem die Perikopen- und die Psalmenbereimungen gehören, Anteil an der wichtigen Aufgabe, das Wort Gottes zu verkündigen; sie war also alles andere als eine müßige Spielerei oder naive Reimerei. Das Streben nach einer Verinnerlichung der Frömmigkeit führte im 17. Jahrhundert dazu, daß auslegende und auf die persönliche Aneignung gerichtete Motive in die Nachdichtung einbezogen wurden. Die rein paraphrasierende Bibeldichtung, also auch das reine Erzähllied, trat zurück hinter der den Bibeltext andächtig betrachtenden Dichtung. Die interpretierenden und applizierenden Motive sind ihrerseits zumeist einer Auslegungstradition verpflichtet, die sich - auch unter Rückgriff auf vorreformatorische Deutungen - in der weitverbreiteten evangelischen Predigt- und Erbauungsliteratur herausgebildet hatte. Wie die Bibel, so werden nun auch Texte oder einzelne Passagen aus der Erbauungsliteratur als Vorlagen für die geistliche Dichtung verwendet.[1]

Gerhardts Lied steht traditionsgeschichtlich in der Mitte zwischen reiner Nachdichtung des Bibeltextes und der rein auslegenden Dichtung. Es erzählt die Ostergeschichte nach, versieht die - zum Teil sehr ausführliche - Erzählung jedoch mit Auslegungen nicht nur in direkt deutenden Strophen, sondern bereits auf der Erzählebene, d.h. durch die Weise des Erzählens. Wir haben es also mit einem das Ostergeschehen deutenden Erzähllied zu tun.

Auf den ersten Blick allerdings scheinen Erzählung und Deutung klar voneinander unterschieden, indem die ersten zwei und die letzten sechs Strophen (31-36) die Erzählung interpretierend einrahmen. Daß jedoch beide Ebenen miteinander verbunden sind, wird bereits deutlich, wenn einerseits in Str. 5,5 und Str. 6 die Erzählung durch eine direkt in sie hinein gesprochene Kommentierung unterbrochen, oder wenn andererseits in Str. 32 die letzte Erzählstrophe wie ein Nachtrag in die Auslegung hineingezogen, gleichsam aus ihr heraus erinnert wird. Die beiden Folgestrophen (33f.) kehren zwar auf die Deutungsebene zurück, also in die Gegenwart des Sprechers, aber der spricht bis zu Str. 34,4 zu den auf der Erzählebene Handelnden (dem Teufel „und seiner Rott", nämlich den Grabwächtern), bleibt also auf die Handlung bezogen. Darüber hinaus wird die Untersuchung der Erzählhaltung zeigen, daß der Erzähler im gesamten Lied seine innere Beteiligung an dem Geschehen bekundet und es so indirekt deutet. Schließlich wird auch der Vergleich der Liederzählung mit ihrer Vorlage bestätigen, daß er die Geschichte so ‚präsentiert', daß auch der Hörer bzw. Leser sie nicht unbeteiligt zur Kenntnis nehmen kann. So wird die Erzählung immer

---

[1] Zum ganzen Komplex der reformatorischen Bibeldichtung und ihrer Entwicklung im 17. Jahrhundert vgl. Krummacher, Der junge Gryphius, bes. 435–447.

wieder nach der Seite des Hörers hin geöffnet. Daß dessen Einbeziehung in der Absicht des Sprechers liegt, macht bereits der Liedeingang ganz deutlich. Die Aufforderung an die Christen als „liebe(n) Brüder(n)", sich „hier und überall" zu freuen über die in den nächsten Zeilen knapp zusammengefaßte Osterbotschaft, kennzeichnet das Lied selbst als eine verdichtete Osterpredigt,[2] die den Menschen das wiedererstandene Heil erzählend nahebringt – erzählend deshalb, weil die Wiedererstehung des Heils sich in einer bestimmten Geschichte vollzogen hat; nahebringt deshalb, weil das Heil in die Gegenwart des Erzählers und des Hörers hinein wiedererstanden ist und durchs Erzählen diese Gleichzeitigkeit realisiert wird. Das deutende Erzählen ist als die angemessene Umsetzung der Verkündigungsabsicht zu verstehen.

Wie Gerhardt diese Absicht sprachlich verwirklicht, soll an der ersten Strophe aufgezeigt werden. Sie beginnt, zeitlich betrachtet, mit dem Ende, mit der Folgerung aus dem (zu erzählenden und zu deutenden) Geschehen und endet mit dem Anfang, mit der Nennung des Grundes für die Aufforderung zur Freude: „Nun freut euch – Sein Arm hat aller Feinde Joch / Mit aller Macht zerbrochen". Diese Umkehrung der ‚logischen' Reihenfolge von Grund und Folge, von Tatsache und ‚Verhalten' zu ihr oder auch, in der Terminologie der orthodoxen Dogmatik, *notitia* und *fiducia* ist nicht nur ein erzähltechnischer Kunstgriff, mit dem die Aufmerksamkeit geweckt werden soll – das Vorbild von Luthers *Nun freut euch, lieben Christen gmein* ist unüberhörbar –, sondern selbst schon eine theologische Aussage: Sie bestimmt die Freude als die Haltung, in der die Botschaft des Liedes aufzunehmen ist. Die Verkündigung setzt sich selbst die Freude voraus, deren Grund sie nennt. Sie sagt nicht einfach: ‚wenn – dann' oder ‚deshalb – weil', sie wartet nicht, bis die Freude ‚rational' begründet ist, sondern nimmt sie vorweg als ihre eigene Voraussetzung und entspricht so gerade dem Über-sich-Hinaus der Freude ebenso wie dem Unerhörten der Botschaft von der Auferstehung.

Der Ruf zur Freude wird in der ersten Strophe nicht nur mit der perfektischen Aussage der Schlußzeilen begründet, sondern zuvor mit zwei präsentischen Aussagen (Z. 3/4 und 5). Insgesamt drei Mal also wird jeweils die ganze Osterbotschaft als Grund der Freude präsentiert: als „Heil", als „Leben" und als Zerbrechen der Macht der „Feinde". Zwei von diesen Deutungen nennen jeweils die Gegensätze, deren Aufhebung das Ostergeschehen ausmacht: Todesfall, gesunkenes Heil – wieder stehendes Heil; der Feinde Joch – zerbrochen. Die mittlere Deutung (Z. 5) enthält diese für die Osterbotschaft typische Antithetik nicht. Sie stellt Ostern unter den zentralen Begriff des Lebens, ohne Erinnerung an den überwundenen Gegensatz, den Tod. Aber der Verzicht auf dieses spannungssteigernde Stilmittel wird

[2] Als Muster dafür kann auf die Pfingstpredigt des Petrus Apg 3,14–36 verwiesen werden, die ja im Kern eine Osterpredigt ist und dieselben Elemente enthält wie das Lied: Anrede durch einen selbst betroffenen Zeugen, und – hier freilich auf wenige Hinweise beschränkte – Erzählung.

kompensiert durch eine Formulierung, deren Plerophorie in der verdoppelten *figura etymologica* sie über alle sonstigen Ausdrücke österlicher Glaubensgewißheit hinaushebt: „Des Lebens Leben lebet noch".[3] Der Satz ist die kürzeste und die tiefsinnigste Deutung des ebenso kurzen und prägnanten österlichen Bekenntnisses: Christ ist erstanden.

Die erste Strophe bestimmt den Charakter des Liedes als erzählend-deutende Osterpredigt, faßt vorgreifend deren Inhalt in drei wesentlichen Aussagen und zentral im Lebensbegriff zusammen und gibt damit dem Lied sein Thema, und sie klärt durch das Ineinander von ‚historischer' Anspielung („Todesfall" Z. 3; "sein [= Jesu] Arm" Z. 6) und theologischer Deutung die Funktion der nachfolgenden Erzählung: Diese entfaltet die Aussagen der ersten Strophe nach der Seite des Geschehenseins hin, das der Deutung vorgegeben ist. Die Freude, die darin ihren Grund hat, äußert sich im Lied differenziert: im gläubig staunenden Bedenken (5,3–7 und 6), als Bekenntnis und Rühmung (34,5–7; 35,1–2), schließlich in der Sehnsucht nach der vollen Lebensgemeinschaft mit dem Auferstandenen (35,3ff.; 36).

Bisher habe ich das Liedganze unter den aus der Gattungsbestimmung gewonnen Stichworten Erzählung und Deutung bedacht, den Charakter des deutenden Erzählliedes als Kennzeichen der dichterischen Osterpredigt beschrieben und einige ihrer Stilmittel an der ersten Strophe verdeutlicht. Im Folgenden müssen jedoch Erzählung und Deutung, die auf verschiedenartige Quellen bzw. Vorlagen zurückgreifen, zunächst je für sich untersucht werden, um das spezielle theologische und poetische Profil dieses Osterliedes zu klären.

Der Erzählteil des Liedes umfaßt folgende Abschnitte:

[3]	Die Zeit des Ausgehens der Frauen zum Grab: Sonnenaufgang – Auferstehung Jesu als ‚ewige Sonne'
4–5,3	Das Vorhaben der Frauen, Jesu Leichnam zu salben
[5,3–6]	Kommentierung der Salbung
7	Die Sorge der Frauen wegen des Steins vor dem Grab
8–9	Der Stein von einem Engel bereits weggewälzt
10–15	Die Entdeckung des leeren Grabes (10–12) Erste Erscheinung von zwei Engeln: Botschaft von der Auferstehung (13–14) Bericht der Frauen an die Apostel (15)
16–19	Petrus und Johannes beim leeren Grab
20–25	Zweite Engelerscheinung vor Maria Magdalena (20) und erste Erscheinung Jesu vor Maria Magdalena (21–24) Benachrichtigung der Jünger (25)
26–30	Dritte Engelerscheinung vor den Frauen im Grab: Auferstehungsbotschaft (26–27) Zweite Erscheinung Jesu: vor den Frauen (28–30)
[31]	Deutung der Auferstehung als Sieg Jesu
32	Lügen der Grabwächter und der Hohenpriester zum leeren Grab

---

3 Daß „noch", das adversativ als ‚dennoch', nicht temporal zu verstehen ist, bewahrt indirekt freilich die Erinnerung an die übliche Antithetik ‚Leben gegen Tod'.

Gerhardts Liederzählung von den Ereignissen des Ostermorgens muß den Leser zunächst verwirren. In welcher Auferstehungsgeschichte der Evangelien kommen die Frauen zweimal zum Grab, erscheinen dreimal Engel und sagen zweimal die gleiche Botschaft, erscheint Jesus nach Maria Magdalena auch noch den anderen Frauen? Die Antwort lautet: in keinem, sondern in allen. Gerhardt hat seiner Ostererzählung die Passions- und Osterharmonie von Johannes Bugenhagen zugrunde gelegt. Bugenhagen (1485–1558), als Wittenberger Stadtpfarrer, Universitätstheologe und Organisator des lutherischen Kirchenwesens eine der wichtigsten Gestalten der Reformation, hatte bereits 1520/21 eine Passions- und Osterharmonie verfaßt, in der er nach dem Vorbild altkirchlicher und mittelalterlicher Evangelienharmonien die Geschichte von Passion, Auferstehung und Himmelfahrt Jesu aus den vier Evangelisten zusammengearbeitet hatte, und zwar so, daß bei Vorordnung des Johannesevangeliums möglichst alle Einzelangaben der vier Evangelien Berücksichtigung fanden. Bugenhagens Ziel dabei war, die Widerspruchsfreiheit der evangelischen Berichte nachzuweisen, insbesondere bei der Auferstehungsgeschichte, damit kein Zweifel an der Zuverlässigkeit von Gottes Wort aufkommen konnte, an dem unsere Erlösung hängt. Das harmonistische Werk, meist nach seinem ersten Teil Passionsharmonie genannt, hat sich im lutherischen Bereich als Textgrundlage für Predigt und Lehre wie auch als Erbauungsschrift lange Zeit behauptet. Es hat weitere Verbreitungen gefunden als jedes andere Werk Bugenhagens. Auch die geistliche Dichtung, etwa die eines Gryphius und eben Gerhardts, hat es beeinflußt.[4]

Die Auferstehungsharmonie fügt die Evangelienberichte vom Ostermorgen bis zum Pfingstereignis[5] zu einem die Unterschiede ausgleichenden fortlaufenden Text ineinander. Das geschieht durch die Summierung aller in den einzelnen Evangelien berichteten Ereignisse. Wenn also Matthäus von der Begegnung des Auferstandenen mit den Frauen erzählt (28,9f.), Johannes (20,11–17) von der mit Maria Magdalena, so sind beide in die

---

[4] So hat z.B. Andreas Gryphius seinen Gedichtzyklus „Tränen über das Leiden Jesu Christi" (veröff. 1652) nach Bugenhagens Passionsharmonie verfaßt. Vgl. Krummacher, Der junge Gryphius, 316ff. – Auch Paul Gerhardt hat die Passionsharmonie nachgedichtet: Das Lied *O Mensch, beweine deine Sünd* (Fischer-Tümpel III, Nr. 385, Überschrift: „Die Paßion aus den vier Evangelisten") folgt weitgehend Bugenhagen. – Zur Charakterisierung der Harmonie vgl. Krummacher, bes. 328–331. – Eine lateinische Ausgabe der Passionsharmonie erschien 1524, 1526 die deutsche Ausgabe. Ihre endgültige Gestalt erhielt sie 1544. Zahlreiche Drucke, teilweise mit reichem Bilderschmuck, zeugen von der Beliebtheit dieser Harmonie. Vgl. das Nachwort von N. Buske zur Faksimileausgabe der niederdeutschen Fassung, bes. 246–248. – Zur Stellung der Passions- und Osterharmonie im theologischen Gesamtwerk Bugenhagens vgl. auch A. Bieber, Johannes Bugenhagen. – Ich verwende hier die Passions- und Osterharmonie nach WA Bd. 21, 165–188, wo sie der von Roth bearbeiteten Winterpostille Luthers vorangestellt ist. Der von Gerhardt als Vorlage benutzte erste Teil der Osterharmonie ist als Anhang hier abgedruckt (ohne Bugenhagens Erläuterungen).

[5] Für Himmelfahrt und natürlich für Pfingsten geht er über die Evangelien hinaus und bezieht die Apostelgeschichte ein.

Harmonie aufzunehmen: die Berichte müssen sich ergänzen. Daß sich Unklarheiten bei diesem Verfahren nicht ganz vermeiden lassen, versteht sich von selbst. Die Mehrfachberichte, die den Hörer des Liedes zunächst verwirren, fand Gerhardt in seiner Vorlage. Wir werden sehen, daß er sich an mindestens zwei Stellen um mehr Klarheit bemüht hat.

Das führt zu der Frage nach Gerhardts Verwendung der Vorlage im ganzen. Die folgenden Beobachtungen versuchen, beim Formalen ansetzend, zu einem theologischen Verständnis der spezifischen Aussage dieses Osterliedes auf der Erzählebene zu gelangen.

2 Gerhardts Verwendung der Vorlage

2.1 Verfahren und Erzählweise

Gerhardt verfährt sehr flexibel bei der Nachdichtung seiner Vorlage. Es finden sich enge Anlehnungen wie auch ein sehr freier Anschluß. Für erstere sei auf die Str. 13f. hingewiesen, die die Engelrede sehr genau paraphrasieren. (Gerade so fallen allerdings die Einschübe auf, die der Erzähler, die Botschaft affektiv verstärkend, dem Engel in den Mund legt: „das Leben", „der Heiland", „aus Liebe", „herrlich triumphierend".) Bei den freieren Gestaltungen handelt es sich zumeist um Erweiterungen, Dehnungen der Vorlage, deren Sinn jeweils inhaltlich zu ermitteln ist. Gerhardts Erzählen ist ausladend, weiträumig, verzögert das Tempo bis fast zum Eindruck des Stillstands; so z.B. in der zweiten Strophe: Die Ankunft des dritten Tages scheint sich nach dem stockenden Redefluß und den umständlichen Wortwiederholungen dieser Strophe endlos hinzuziehen, um dann freilich in den syntaktisch komprimierten Schlußzeilen, mit dem überraschenden Gleichklang „in den Tod - aus dem Tod" plötzlich und energisch zu geschehen. Das Erzähltempo variiert also, behält aber gegenüber der lapidaren Erzählweise der Vorlage immer eine Langsamkeit, die jede einzelne Episode ausschwingen läßt. So tritt auch hervor, daß sie fast alle in Nichtverstehen, Zweifeln, Unglauben enden (Str. 12, 15, 19, 25): Jesu Auferstehung ist das schlechthin Unerwartbare.

2.2 Auswahl

Besonders erhellend am Vergleich mit der Vorlage ist die Feststellung, daß Gerhardt nur den ersten Teil der Auferstehungsharmonie nachdichtet. Er berücksichtigt in seinem Lied nur die Ereignisse um das leere Grab - von der Vorbereitung des Gangs zum Grab bis zur Meldung der Grabwächter an die Hohenpriester - und die damit zusammenhängenden Erscheinungen, Botschaften, Begegnungen und Verhaltensweisen. Nicht einmal die Geschehnisse des ganzen Ostertags sind damit Gegenstand der Liederzählung, geschweige denn die weiteren (bei Bugenhagen acht) Erscheinungsberichte bis zur Himmelfahrt. Die Ostergeschichte ist hier allein als die Geschichte um das leere Grab erzählt. Das leere Grab ist die einheitsstiftende formale Mitte des Liedes.

2.3 Die Bedeutung des leeren Grabes

Der Bezug der handelnden Personen zum leeren Grab ist wie ein Spiegel, vor den eine jede geführt wird und in dem sich ihr Verhalten zur Lebensbotschaft und zum auferstandenen Christus widerspiegelt. So nutzt Gerhardt etwa die beiden Szenen ‚Petrus und Johannes am Grab' (16–19) und ‚Maria Magdalena am Grab' (20–25), die in der Liedmitte nebeneinander stehen, zu einer Konfrontation zweier Haltungen zur Osterbotschaft, die nicht zugunsten der Jünger ausgeht.

> Petrus und Johannes: Sie rennen um die Wette und kommen doch beide nicht ans Ziel. Sie ‚gucken' ins Grab (17,3), nehmen die Sache ‚recht in die Augen' (17,7), ‚sehen' (18,1) allerlei Einzelheiten, nehmen das Gesehene wohl auch ‚ins Herz' (18,7), aber ihr Glaube kommt nicht weiter als bis zur Verwunderung, weil sie doch nur ‚mit Augen schauen' (19,2). Sie wissen nicht und bekommen es auch am leeren Grab nicht zu wissen, "daß Christus soll / Von Toten auferwachen" (19,6f.).
>
> Ganz anders Maria. Sie steht und weint, spricht mit den Weißgekleideten im Grab und mit dem vermeintlichen Gärtner, spricht immer nur von ihrem Verlust, wendet sich, ist ratlos, ‚sieht' Jesus, ohne ihn zu erkennen. Nicht der Blick, das Gehör nimmt ihn wahr. Ihr Freudenruf: „Siehe da, Rabbuni!" (22,7) kommt nicht daher, daß sie ihn jetzt ‚recht in die Augen nimmt', sondern daher, daß sie sich, angerührt von seiner Stimme, zu ihm umwendet (22,5.6). Der armen Frau, deren Besonderheit offenbar ihr Angewiesensein auf den „Meister" und „starken Helfer" ist, erscheint er (24) – nicht denen, die wissen wollen, ‚was passiert ist' beim leeren Grab. –

2.4 ‚Korrekturen' an der Vorlage

Gerhardt folgt seiner Vorlage nicht unbesehen. Zweimal weicht er von ihr ab; das eine Mal, indem er von den Sorgen der Frauen wegen des schweren Steins spricht, **bevor** er das Erdbeben erwähnt, in dem der Engel den Stein bereits weggewälzt hat. Damit bringt er eine Spannung in die Erzählung, die bei Bugenhagens Reihenfolge: Wegwälzen des Steins – Sorge der Frauen nicht aufkommen kann.

Die andere Abweichung findet sich in Str. 12: Maria Magdalena läuft nach der Feststellung des leeren Grabes sofort weg, während „die andere Schar" „verharret bei dem Grabe". Damit betont Gerhardt die besondere Rolle der Maria Magdalena und bereitet die bedeutungsvolle Gegenüberstellung der Jünger-Szene und der Maria-Szene vor. Die Trennung von den anderen Frauen bedeutet, daß sie nicht die Engelsbotschaft hört. Sie, die aus Liebe um Jesus Weinende, wird gewürdigt, dem Auferstandenen selbst zu begegnen – nicht **etwas** zu erfahren, sondern **ihn** zu erleben. Erst die Beglaubigung der Auferstehungsbotschaft durch Jesu Selbstzeugnis läßt verstehen, was „am heilgen Ostertage" (24,7) geschehen ist. Aber nur der versteht es, dem er selbst begegnet. Das herauszustellen ist der theologische Sinn der erzähltechnischen Präzisierung in Str. 12.

2.5 Erweiterungen gegenüber der Vorlage

Erweiterungen gegenüber Bugenhagen, zumeist als bloße Dehnungen durch die Art des Erzählens, finden sich allenthalben in dem Lied. Jede größere muß vom Kontext her interpretiert werden. Den Satz der Harmonie: „Und sie giengen hynein ynn das grab und funden den leib des herren Jhesu nicht" dehnt das Lied auf drei Strophen aus (10–12), die das Thema: ‚suchen und nicht finden / finden, was man nicht sucht' behandeln und auf den unerwarteten Wechsel von Weinen und Lachen am Ostertag („nun" 11,6f.) hinausführen. Der Sinn dieses Einschubs erschließt sich erst der theologischen Gesamtdeutung des Liedes. Von ihr her erweist er sich mit dem Gedanken der Umkehrung von Erwartung und Erfüllung allerdings als Präludium des Hauptgedankens der Deutung.

Andere Erweiterungen der Vorlage dienen nicht nur der Deutung, sondern zugleich der sprachlichen Verdichtung und poetischen Verklammerung des Liedes, wie am Verhältnis der Str. 3 zu Str. 28 zu sehen ist. In Str. 3 nimmt Gerhardt die Zeitangaben der Vorlage auf („am morgen vor tags, da es noch finster war, ...sehr früe..., da die sonne aufgieng"), und aus der geistlichen Umdeutung von „Sonne" (und „Licht") findet er, natürliche und geistliche „Sonne" („Licht") zueinander in Beziehung setzend, die Sprache, mit der er das Geschehen der Auferstehung erhellend-verhüllend aussagen kann. In einfachen Worten werden das Naturphänomen des unmerklichen und unaufhaltsamen Aufgangs der Sonne und der Aufgang des ewigen Lichts, der geistlichen Sonne in zwei parallelen Aussagesätzen (V. 1–4 Licht, 5–7 Sonne) nebeneinandergestellt, nicht vergleichend, sondern nur die Sachverhalte nennend: ‚noch nicht - da schon'. Diese ruhige Zusammenschau, die es dem Hörer überläßt, die Vorgänge in Beziehung zueinander zu setzen, ist von einer auch bei Gerhardt ungewöhnlichen poetischen und - wenn man so sagen darf - geistlichen Schönheit. Wo wäre in der geistlichen Dichtung eine Strophe, die in ähnlicher Weise den ‚Vorgang' der Auferstehung als Vor-Schein des Heils darzustellen vermöchte? Und ist nicht hier, in solcher sprachlich-bildhaft beglaubigten Realität, das Geschehen der göttlichen Neuschöpfung, das wir Auferstehung nennen, dieses neue ‚Es werde Licht!' dem Scheinrealismus der Frage nach der ‚Faktizität' überlegen und entnommen?

Die dritte Strophe ist, wie übrigens auch die zweite, deutend und erzählend zugleich; beide enthalten die Auferstehungsbotschaft als Ganze in verschiedener Bildlichkeit; erzähltechnisch enthalten sie die ‚Vorgeschichte' der mit Str. 4 beginnenden Erzählung: Grablegung und drei Tage im Grabe (Str. 2), danach die Auferstehung (Str. 3). Die Bildlichkeit der beiden Strophen wird in den Str. 27 („Held von Nazareth") und 28 („Freudensonn") wieder aufgenommen, in beiden Fällen die Vorlage erweiternd, und Str. 28 stellt ausdrücklich den Bezug zur Absicht der Frauen in Str. 4 her - sie sehen den „im Leben, den sie also früh / Als einen Toten suchten" (V. 6f.) - und schlägt so den Bogen vom Ende zum Anfang der Erzählung.

2.6 Affekthafte Sprache

Verglichen mit der Vorlage verwendet das Lied eine stark auf Affekte zielende Sprache. Man kann dafür etwa auf die Bezeichnungen Jesu verweisen, die sich allein im Erzählteil finden: „Held von Nazareth", „ihrer Seelen Hort", „Heiland", „meines Herzens Ruh", „unser Licht", „unser Meister", „der starke Helfer". Allenthalben finden wir z.B. Interjektionen, Anreden, betont wertende Epitheta oder Wortwiederholungen und andere intensivierende Redefiguren, deren Zweck die Erzeugung oder Verstärkung der emotionalen Anteilnahme ist. Es mag genügen, anstelle vieler Nachweise auf zwei dieser Stilmittel hinzuweisen, die Gerhardt gern verwendet: Zeilensprung und Lautgestaltung. In Str. 8 findet sich das Enjambement mit Ausnahme von Z. 2/3 durchgehend. Syntax und Versbau entsprechen damit der Erschütterung des Erdreichs und der haltlosen Flucht der Grabwächter. Das Stilmittel wird bei der inhaltsgleichen Stelle der Str. 9,5–7 erneut eingesetzt. – Assonanz, gepaart mit Schlagreim und Wortwiederholung, dient der emotionalen Auszeichnung des Moments der Jesusbegegnung der Frauen in Str. 29,1f.

2.7 Das „Herz" und die Auferstehungsbotschaft

Die Untersuchung affekthaltiger Stilmittel zielt auf die Bestimmung von Absicht und Wirkung ihres Einsatzes. Dabei können uns im Blick auf Gerhardts Lied Beobachtungen zu dem häufig verwendeten Wort „Herz" helfen, das sich in der Vorlage überhaupt nicht findet. Gerhardts eindringlich-affektives Erzählen verlebendigt die Gestalten, die das Grab Jesu leer finden, zu Personen, deren Herzen von der Auferstehungsnachricht getroffen – und geprüft werden. Glaube oder Unglaube sind Herzenshaltungen. Man sucht den Leichnam Jesu mit betrübtem Herzen, mit Weinen, vermißt ihn als des „Herzens Ruh", man hört die Botschaft der Engel und sieht den Auferstandenen mit Furcht und Freude, man verweigert sich ihm durch Lügen aus Bosheit. Jesu Auferstehung bewegt also die Herzen in der einen oder anderen Weise. Aber das Herz erkennt ihn nicht in jedem Fall. Selbst die Liebe „von Herzensgrund" (25,3) kann die Botschaft „für Fantasei" halten. Das Herz kann irren – und es irrt in diesem Lied fast immer, von Anfang an. Die fünfte Strophe zeigt das am Vorhaben der Salbung durch die Frauen:

> Ihr Herz und Hand ist hoch bemüht,
> Ein Salböl darzugeben
> Für Jesu, dessen teure Güt
> Uns salbt zum ewgen Leben.

Da findet sich schon in der Z. 3/4 der Umschlag des Gedankens der Salbung, der den Frauen nicht in den Sinn, ins Herz kommt. Anderswoher muß das Herz, das Innerste des Menschen, erfahren, wer der Salbung bedarf:

Ach, liebes Herz, der seinen Geist
Vom Himmel in die Herzen geußt,
Darf keines Öls noch Salben.

Der Geist Jesu in den Herzen - das ist die Salbung, die wir Menschen brauchen: nämlich zum ewigen Leben. Das zu gewinnen sollte unser Herzensbemühen sein, nicht dem toten Jesus einen Dienst zu erweisen. Jesus hat schon Anteil am ewigen göttlichen Leben (Str. 6). Aber davon wissen die Herzen nichts (4,1). Darum müssen sie offenbar durch ihn zu dem „andern Leben" gelangen - aus dem Leben, das „doch lauter Tod" ist (36). „Das rechte Leben" (36,7), zu dem wir mit Christus aus dem Grab aufstehen und in den Himmel fahren müssen und das uns durch den Pfingstgeist in die Herzen gegeben wird (Str. 5), reißt uns aus der Not unseres toten Lebens. **Wir** müssen auferstehen: von Sünde, Bosheit, Verstocktheit. Es geht um **unser leeres Grab** - um dasjenige Jesu machen sich nur die Sorgen, die „das Leben bei den Toten" suchen, so könnte man zugespitzt formulieren. Daß das Herz zwischen Tod und Leben von sich aus nicht unterscheiden kann, daß es das rechte Suchen danach erst von dem Lebensboten hören, ja von dem Leben selbst erfahren muß - das meinen die zunächst schwer verständlichen Str. 10–12, die den zentralen deutenden Gedanken der Umkehr von Erwartung und Erfüllung präludieren. Es ist keine menschliche Möglichkeit, den Auferstandenen auch nur zu suchen. Selbst die Liebe sucht nur den toten Jesus. Was wendet unser Herz von dem todverhafteten Suchen des Lebens bei den Toten um zum Finden des rechten Lebens? Der Geist Jesu, der uns salbt zum ewigen Leben, so nennt Str. 5 diese Umkehrung des religiösen Suchens. Maria Magdalena hört Jesu Stimme, und „da wendet sie sich um". Umkehrung, Umwendung ist nötig: Dann ist also „dies Leben ... lauter Tod" und das „rechte Leben" ist das „andere Leben". Weil hier auch der Lebensbegriff umgewendet werden muß, darum lautet die Osterbotschaft des Liedes nicht einfach: das Leben siegt!, sondern:
Des Lebens Leben lebet noch. (1,5)

3 Die deutenden Strophen

Ostern läßt erfahren, daß Jesus als das (wahre) Leben unseres toten Lebens lebt: auf der Erzählebene in der Begegnung mit dem Wort von der Auferstehung und in seiner eigenen Erscheinung, auf der Deutungsebene in Verkündigung (Str. 1 [2 und 3]) und Gebet (Str. 6; 31; 34,5–36) Die Deutestrophen dienen, funktional betrachtet, der christologischen und soteriologischen Fundierung der Erzählung. *Wer* dieser Jesus ist, davon sprechen die Str. 1, [2,1], 6 und 31 in teils biblischer, teils aber auch in kirchlich-theologischer Terminologie. Besonders die Str. 5,5–7 und 6 begründen Jesu Lebensvollmacht unter Rückgriff auf die altkirchliche Zweinaturenlehre. Jesus bedarf der Salbung nicht, weil er - als Mensch („Jungfrausohn"!) - durch den göttlichen Geist zum himmlischen König gesalbt worden ist. Durch seinen Geist salbt er die Glaubenden zum ewigen Leben mit ihm.

Beide Aspekte des Motivs der Salbung, den christologischen wie den soteriologischen, konnte Gerhardt in der Osterpredigt der Postilla Johann Arndts bei der Auslegung der Salbungsabsicht finden.[6] Auch das Schlußgebet (Str. 31; 32,1–2; 34,5 bis 36) spricht den göttlichen Herrn an, den „Lebensfürst(en)" und Sieger über Tod (31,4), Teufel (32,1) und Hölle (35,1f.). Das Bekenntnis zu Jesus Christus als dem Lebenden (34,5–7) richtet sich an den **Erlöser** der Menschen, der dem Tod ein Gift und der Hölle eine Pestilenz geworden ist (vgl. Hos 13,14; Str. 35,1–2). Er ist es, der das wiedergewonnene Heil als seine „Beute" den Menschen gibt (35,6f.). Erst dann und daraufhin ist auch vom Mitsein des Glaubenden mit Christus die Rede. In drei parallelen Wendungen setzt Gerhardt das Sterben und Auferstehen von Sünde und den Eingang „zum andern Leben" zu Tod, Auferstehung und Himmelfahrt Jesu in Beziehung („ich will ... wie du"). Mit ihm sein und wie er tun, das sind die **Lebensfolgen** des Bekenntnisses zur Auferstehung (und zum leeren Grab!). Diese Lebensgemeinschaft mit dem erhöhten Auferstandenen findet ihren sprachlichen Ausdruck im Gebet, das sein und mein Leben in einem Atemzug nennt, sie so miteinander verbindet.

> Ich aber will, Herr Jesu Christ,
> So lang ein Leben in mir ist,
> Bekennen, daß du lebest." (34,6f.)

4 Zur gekürzten Fassung des Liedes in heutigen Gesangbüchern

Nach dem bisher Gesagten bedarf es nicht vieler Worte zu der auf vier Strophen gekürzten Fassung, die **RG* und **Gotteslob* bringen (Str. 1, im Wortlaut der Z. 2–4 verändert; 3; 31 und 36; das **EG* hat das Lied nicht). Wenn gekürzt werden sollte, dann konnte es nur so geschehen: Die Erzählstrophen mußten gestrichen und die Deutestrophen auf die vier gewählten beschränkt werden: Thema (1), poetische Umschreibung der Auferstehung (3); Gebet zum Auferstandenen als Sieger (der ‚christologische' Gesichtspunkt, 31) und ‚geistliche' Einbeziehung des Menschen (36). Die Auswahl ist also sinnvoll. Allerdings haben die Strophen kaum einen Zusammenhang untereinander, und in Str. 3 fehlt der Bezug zur Situation, die im Lied unmittelbar nachher erzählt wird. Vor allem aber: Es ist nicht mehr das Lied, das Paul Gerhardt geschrieben hat, eben jene deutend-erzählende dichterische Osterpredigt vom unerwarteten neuen Leben. Die Angabe „nach Paul Gerhardt" unter dem Lied in den Gesangbüchern ist zutreffend.

---

[6] Die Passage aus Arndts Osterpredigt ist im Anhang abgedruckt. In diesem Fall nehme ich nicht nur gedankliche Anregung, sondern eine direkte Benutzung der Stelle durch Gerhardt an. Sie belegt, daß hinter Str. 5f. eine differenzierte dogmatische Reflexion steht, die zweifellos aus älterer kirchlicher Tradition stammt und mittels derer Gerhardt seine Osterbotschaft christologisch fundiert. Christus kann das ewige Leben geben, weil er selbst der göttliche „Lebensfürst" (31,1) ist.

Literatur

FKDG = Forschungen zur Kirchen- und Dogmengeschichte. Göttingen 1953ff.
WA = Martin Luther: Werke. Kritische Gesamtausgabe. ,Weimarer Ausgabe'. Weimar 1883ff.

Arndt, Johann: Postilla. Das ist: Geistreiche Erklärung Der Evangelischen Texte / Durchs gantze Jahr. Frankfurt 1693 (Erstdruck 1616).
Bieber, Anneliese: Johannes Bugenhagen zwischen Reform und Reformation. Die Entwicklung seiner frühen Theologie anhand des Matthäuskommentars und der Passions- und Auferstehungsharmonie. Göttingen 1993 (FKDG 51).
Bugenhagen, Johannes: Historia Des lydendes unde upstandige / unses Heren Jesu Christi:/ uth den veer Euangelisten, Niederdeutsche Passionsharmoie, Faksimiledruck nach der Barther Ausgabe von 1586. Berlin und Altenburg 1985 (Nachwort von Norbert Buske).
Crüger, Johann: Praxis Pietatis Melica : das ist : Ubung der Gottseligkeit in christl. und trostreichen Gesängen...Lutheri fürnehmlich, wie auch anderer.../...vermehret u. verbessert. Berlin 1653.
Fischer, Albert Friedrich Wilhelm: Das deutsche evangelische Kirchenlied des 17. Jahrhunderts. Vollendet und hrsg. von Wilhelm Tümpel. 5 Bde. Gütersloh 1904-1911 (Reprint Hildesheim 1964).
Gerhardt, Paul: Dichtungen und Schriften. Hrsg. von Eberhard von Cranach-Sichart. München 1957 (Einleitung).
Ders.: Geistliche Andachten (1667). Samt den übrigen Liedern und lateinischen Gedichten. Hrsg.von F. Kemp. Bern-München 1976 (Faksimileausgabe).
Krummacher, Hans-Henrik: Der junge Gryphius und die Tradition. Studien zu den Perikopensonetten und Passionsliedern. München 1976.

Anhänge

I Die aufferstehung und hymelfart unsers Herrn Jhesu Christi nach den vier Evangelisten, durch Johannem Buggenhagen Pomer vleissig zusammen bracht (WA 21, S.180–83)

Und da der Sabbath vergangen war, Maria Magdalena und die ander Maria, welche genennet wird Jacobi, und Salome und Johanna und andere mit yhnen, die mit Jhesu komen waren aus Galilea, kaufften und bereiteten die specerey, das sie kemen und salbten Jhesum, Denn den Sabbath uber waren sie still nach dem gesetz.
Am abend aber der feyertagen, welcher anbricht am morgen des ersten tages der Sabbathen, das ist, am morgen vor tags, da es noch finster war, des ersten tages der Sabbathen odder (wie Marcus sagt) an einem Sabbather sehr früe, kamen sie zum grabe, da die sonne auffgieng, trugen sie specerey, die sie bereittet hatten.
Und sihe, es geschach ein grosse erdbebung, Denn der Engel Gottes steyg vom hymel erab, trat hynzu und walzet den stein von der thür und sazt sich darauff, und sein gestalt war wie der bliz und sein kleid weis als der schne. Die hütter aber erschracken fur forcht und worden, als weren sie tod. Die weiber aber sprachen unternander: Wer walzet uns den stein von des gra-

bes thüre? Denn war vom grabe, denn er war sehr gros, Und sie sahen dahyn und wurden gewar, das der stein abgewelzet war vom grabe, denn er war sehr gros, Und sie giengen hynein ynn das grab und funden den leib des Herrn Jhesu nicht.
Und es begab sich, als sie darümb bekümmert waren, Siehe, da tratten bey sie zween menner mit glenzenden kleydern, und sie erschracken und schlugen yhre angesichte nidder zu der erden. Da sprachen die zu yhnen: Was sucht yhr den lebendigen bey den todten? Er ist nicht hie, Er ist aufferstanden, Gedenckt daran, wie er euch saget, da er noch ynn Galilea war und sprach: Des menschen son mus uberantwort werden ynn die hende der sunder und gecreuziget werden und am dritten tage aufferstehen. Und sie gedachten an seine wort und giengen widder vom grabe und verkündigeten das den eilssen und den andern allen, und sageten solchs den Aposteln und es dauchten sie yhre wort eben als werens merlin, und gleubten yhn nicht.
Da leufft Maria Magdalene und kömpt zu Simon Petron und zu dem andern jünger, welchen Jhesus lieb hatte, und spricht zu yhn: Sie haben den Herrn weg genomen aus aus dem grabe, und wir wissen nicht, wo sie yhn hyn gelegt haben. Da gieng Petrus und der ander Jünger hynaus und kamen zu dem grabe. Es lieffen aber die zween zu gleich, Und der ander Jünger lieff zuvor schneller denn Petrus und kam am ersten zum grabe, kucket hynein und sihet die leynen gelegt, er gieng aber nicht hynein. Da kömpt Simon Petrus yhm nach und gieng hynein ynn das grab und sihet die leynen gelegt und das schweystuch, das Jhesu umbs heubt gebunden war, nicht bey die leynen gelegt, sondern beseyts eingewickelt an einem sondern ort. Da gieng auch der ander Jünger hynein, der am ersten zum grabe kam, und sahe und gleubts, Denn sie wusten die schrifft noch nicht, das er von den todten aufferstehen muste. Die Jünger aber verwunderten sich des, das da geschehen war, und giengen widder zusammen.
Maria aber stund fur dem grabe und weynet draussen, als sie nu weynet, kuckt sie yn das grab und sieht zween Engel ynn weissen kleydern sizen, einen zun heubten und den andern zun füssen, da sie den leichnahm Jhesu hyngeleget hatten, Und dieselbigen sprachen zu yhr: Weib, was weynestu? Sie spricht zu yhm: sie haben meinen Herrn weg genomen, und ich weys nicht, wo sie yhn hyn gelegt haben. Und als das saget, wand sie sich zu rücke und sihet Jhesum stehen und wys nicht, das es Jhesus ist, Spricht Jhesus zu yhr: weib, was weynestu? Wen suchestu? Sie meynet, es sey der gartner, und spricht zu yhm: Herr, hastu yhn hyn getragen, so sage mir, wo hastu yhn hyngelegt? So wil ich yhn holen. Spricht Jhesus zu yhr: Maria. Da wand sie sich umb und spricht zu yhm: Rabuni, das heyst Weister. Spricht Jhesus zu yhr: Rüre mich nicht an, denn ich bin noch nicht auffgefaren zu meinem Vater, Gehe aber hyn zu meinen brüdern und sage yhn: Ich fare auff zu meinem Vater und zu ewrem vater, zu meinem Gott und zu ewrem Gott. Diese ist die Maria Magdalena, von welcher Jhesus austreib sieben Teuffel, welcher er am ersten erscheine, da er aufferstanden war, frü am ersten tag der Sabbather. Und sie gieng hyn und verkündigets denen, die

mit diesem gewesen waren, die da leyde trügen und weyneten, das sie den Herrn gesehen hette, und solchs hette er zu yhr gesaget, Und dieselbigen, da sie höreten, das er lebet und were yhr erschienen, gleubten sie nicht.
Und die weiber giengen hynein ynn das grab und sahen einen Jüngling zur rechten hand sizen, der hatte ein lang weis kleid an, und sie entsazten sich, Es war der Engel des Herrn. Er aber sprach zu yhnen: Entsezt euch nicht, ich weys yhr sucht Jhesum von Nazareth, den gecreuzigten, Er ist nicht hie, Er ist aufferstanden, wie er gesagt hat, Kompt her und sehet die stette, da der Herr hyn gelegt war, und gehet schnell hyn und saget es seinen Jüngern und Petro, das er aufferstanden sey von den todten, Und sihe, er wird euch zuvor komen ynn Galilea, Da werdet yhr yhn sehen, wie er euch gesagt hat, Sihe, ich habs euch gesagt.
Und sie giengen schnel zum grab hynaus mit forcht und grosser freude und lieffen, das sie es seinen Jüngern verkündigten, Denn es war sie zittern und entsezen ankomen und sagten niemand nichts, denn sie waren furchtig.
Und da sie giengen, seinen Jüngern zu verkündigen, sihe, da begegent yhn Jhesus und sprach: Gott grüsse euch. Und sie tratten zu yhm und griffen seine füsse und fielen fur yhm nidder. Da sprach Jhesus zu yhn: Fürcht euch nicht, Gehet hyn und verkündiget es meinen brüdern, das sie gehen ynn Galilea, daselbs werden sie mich sehen.
Da sie aber hyn giengen, sihe, da kamen etliche von den hütern ynn die stad und verkündigten den Hohepriestern alles, was geschehen war, Und sie kamen zusammen mit den Eltisten und hielten einen radt und gaben den krigsknechten gelds genug und sprachen: Saget, seine Jünger kamen des nachts und stolen yhn, dieweil wir schlieffen. Und wo es würde auskomen bey dem Landpfleger, wollen wir yhn stillen und schaffen, das yhr sicher seit. Und sie namen das gelt und thetten, wie sie gelert waren, Und solch rede ist rüchtbar worden bey den Jüden bis auff den heutigen tag.

II Johann Arndt, Postilla: Predigt am Heiligen Ostertage

Warumb suchen dann diese Weiber den Herrn mit heissen Thränen? Sie wollen seinen todten Leichnam salben / sie wollen ihm die letzte Ehre thun / und an dem Todten Barmhertzigkeit beweisen. Ihr frommen Marien / verstehet ihr dann auch / was diese Jüdische Salbung bedeut? Offt thut ein Heiliger ein Werck / das er selbst nicht verstehet / wie das Weib / das den HErrn gesalbet / welches der HErr außleget / daß sie zuvor kommen / seinen Leichnam zu salben / ehe denn er leyde. Die Salbung bedeut dreyerley / (1.) Den Gesalbten des HErrn. (2.) Die Salbung des Geistes. (3.) Und dann die Aufferstehung unser Leiber. Diß ist abermal ein herrlicher Geruch der Auferstehung Christi. (1.) Der H. Leib des HErrn war allbereit mit dem himmlischen unverweßlichen Balsam und Freuden=Oel des H. Geistes gesalbet / darumb konte er nicht im Tod bleiben / das hat die Jüdische Salbung bedeutet. (2.) Sind wir auch durch den H. Geist gesalbet / auß welchem Grund Sanct Paulus die Aufferstehung der Todten beweiset / zun Römern am 8.v.11.

1. Christi Salbung / so durch die Jüdische Salbung bedeutet / ist ein hohes / Göttliches / majestätisch Werck. Und begreifft (1.) in sich sein Königlich / Hohepriesterlich / und Prophetisches Ampt. (2.) Und ist diese Salbung geschehen nach seiner Menschlichen Natur / mit dem Geist ohne Maß / Johannis 3/34. Mit dem Geist und Krafft Gottes / Actor. 10/38. Mit Freuden=Oel über alle seine Mitgenossen / Psalm. 45/ 8. (3.) Und ist unß heylsam und nutz / dann von seiner Fülle haben wir alle empfangen / Johann.1/15. Psal. 133/2. Darumb heissen wir Christen Gesalbte deß Herrn. Und führet uns die leibliche Jüdische Salbung zur rechten himmlischen Salbung und zu dem Gesalbten deß HErrn. Dürffen derowegen keines Päbstischen Crisams. Wir haben die Königliche / Priesterliche Salbung von Christo unserm Haupt empfangen / weil er uns von seinem Geist gegeben. Und weil nun Christus zu einem ewigen König und Hohenpriester gesalbet mit dem unsterblichen Freuden Oel / so hat er auch im Tod nicht bleiben können / und das ist die erste Majestät seiner Aufferstehung. (S. 623; vgl. 626, 633)

Franz Karl Praßl

Christus ist erstanden

Victimae paschali laudes
immolent Christiani.

Agnus redemit oves:
Christus innocens Patri
reconciliavit peccatores.

Mors et vita duello
conflixere mirando:
dux vitae mortuus, regnat vivus.

Dic nobis Maria,
quid vidisti in via?
Sepulcrum Christi viventis,
et gloriam vidi resurgentis:

1. Christus ist erstanden!
O tönt, ihr Jubellieder, tönt.
Die Schafe hat das Lamm versöhnt;
Geschlachtet ward das Osterlamm,
Das von der Welt die Sünden nahm.
Alleluja, Alleluja.

2. Christus ist erstanden!
Es rang in wunderbarem Streit
Das Leben mit der Sterblichkeit,
Es lebet, der gestorben ist,
Der Fürst des Lebens, Jesus Christ.
Alleluja, Alleluja.

3. Christus ist erstanden!
O Magdalena, künd' uns an,
Was staunend deine Augen sah'n:
Ich sah das Grab vom Tod befreit
Und des Erstand'nen Herrlichkeit.
Alleluja, Alleluja.

	4. Christus ist erstanden!
	Ich sah, wie an des Grabes Rand
Angelicos testes,	Im Lichtglanz Gottes Engel stand,
sudarium et vestes.	Das Kleid, das Leichentuch im Grab,
	Mit dem man seinen Leib umgab.
	Alleluja, Alleluja.
	5. Christus ist erstanden!
	Erstanden ist er aus dem Grab,
Surrexit Christus spes mea:	Der Heiland, meiner Hoffnung Stab;
praecedet suos in Galilaeam.	Er geht nach Galiläa hin,
[Credendum est magis soli	Dort, Jünger, eilt, dort seht ihr ihn.
Mariae veraci,	Alleluja, Alleluja.
quam Iudeorum	
turbae fallaci.]	6. Christus ist erstanden!
	Wir wissen, daß der Herr erstand,
Scimus Christum surrexisse	Und Tod und Hölle überwand.
a mortuis vere:	O Sieger, König, sende du
Tu nobis, victor rex,	Uns Allen dein Erbarmen zu.
miserere.	Alleluja, Alleluja.

Druckvorlage

Die gedruckte Melodie entspricht der des KG 439 und ist bis auf die Tonart identisch mit der des Trierer Anhangs des **Gotteslob* (GL-Tri 826), die in B-Dur steht. Der Liedtext der rechten Spalte folgt **Trier 1847*, 105, Nr. X.

1 Verbreitung und Herkunft

Dieses schwungvolle Osterlied des 19. Jahrhunderts ist vor allem in katholischen Gesangbüchern verbreitet. Heute steht es in den Anhängen des **Gotteslob* der Diözesen Trier, Limburg, Innsbruck/Feldkirch St. Pölten, Luxemburg (*Magnificat*) und im Schweizer **KG* von 1998.

Der Text ist eine Paraphrase der Ostersequenz *Victimae paschali laudes*, Johann Weinzierl hat ihn 1816 verfaßt. Die Melodie stammt von Johann Paul Schiebel, Domkapellmeister zu Rottenburg. Sie wurde erstmals 1837 publiziert in **Stuttgart 1837*. Dort war sie zunächst mit einem Text von Christoph von Schmid aus **Christliche Gesänge* (Dillingen 1807), verbunden.

> Christus ist erstanden! / O freut euch, Christen, er erhebt / aus seinem Grabe sich und lebt, / er lebet ewig, stirbt nicht mehr; / ihm bringet Lob und Dank und Ehr. / Alleluja! Alleluja!

Zum ersten Mal erscheint der Text von Johann Weinzierl zusammen mit der Melodie von Paul Schiebel 1847 in einem Gesangbuch aus Trier: *Gesang- und Gebetbuch für die Diözese Trier für vier Singstimmen und Orgel bearbeitet von Stephan Lück, Professor der Moraltheologie am Priester=Seminar (*Trier 1847).*

Der Bearbeiter nennt als Quelle für die Melodie das Gesangbuch **Köln 1844*. In dieser Fassung verbreitete sich das Lied vor allem im Umkreis der Herkunftsdiözese Trier, aber auch selektiv in anderen Gebieten des deutschen Sprachraums wie in der Diözese Meißen (z.B. **Laudate 1952*), im Gesangbuch von P. Coloman Assem O.Cist. (Zwettl), das vor allem in Nordösterreich sehr verbreitet war, oder im Gesangbuch der Steyler Missionare in Mödling bei Wien **Exultemus Domino* von 1925. Wie auch die Rezeption in den verschiedenen Ausgaben des **Gotteslob* zeigt, gehörte das Lied nie in die erste Reihe der weit verbreiteten Osterlieder, erfreute sich aber dort, wo es aufgenommen war, großer Beliebtheit.

2 Die Vorlage des Textes: die Ostersequenz *Victimae paschali laudes*

Die Sequenz dichtete (und komponierte?) der Dichter und Geschichtsschreiber Wipo von Burgund (*ca 990, † nach 1046), Hofkaplan der Kaiser Konrad II. und Heinrich III. Sie ist typisch für die Sequenzenproduktion in der Mitte des 11. Jahrhunderts, die in einer Übergangsperiode zwischen Notker, dem Dichter aus St. Gallen im 10. Jahrhundert, und Adam von St. Victor aus Paris im 12. Jahrhundert steht. Die Sequenz ist noch nach dem alten Prinzip der verschieden langen Strophenpaare, aus denen sich zwangsläufig unterschiedliche Melodienpaare ergeben, gebaut. Neu ist das Auftreten von Reimen (Maria - via; testes - vestes; vere - miserere), die vollkommen oder unvollkommen, paarweise oder gekreuzt auftreten. Der alten Tradition gehört auch noch die assoziative Verbindung zu einem Alleluia an: der Anfang der Sequenzenmelodie zitiert den melodischen Beginn des Alleluia Christus resurgens.[1] Die ursprüngliche Form der Sequenz war die Strophenfolge a - bb - cc - dd. Im *Missale Romanum* 1570 wurde der erste Teil des letzten Strophenpaares wegen seines antijudaistischen Inhalts („Credendum est magis ...") gestrichen, in dieser Version begegnet uns die Sequenz auch in den modernen liturgischen Editionen. Das ökumenische Gesangbuch **Unisono* von 1997 hat die durch diese Auslassung gestörte Symmetrie des Textes wiederhergestellt, indem unter Bezugnahme auf Mt 28,11-15 das Wort „Iudeorum" durch „sacerdotum" ersetzt worden ist. Heute wird *Victimae paschali laudes* in der Meßliturgie am Ostersonntag gesungen, während des Mittelalters war dieser Platz von der prominenten Notker-Sequenz *Laudes salvatori* besetzt. Wipos Ostergesang fand seinen Platz in Messen am Ende der Osteroktav, an den Sonntagen nach dem Weißen Sonntag, bei der morgendlichen Marienmesse oder an Heiligenfesten der Osterzeit. Auf Umwegen erlangte die Sequenz im 12. Jahrhundert doch noch einen Platz am Sonntag der Sonntage. Ihr dramatischer Mittelteil, der Dialog mit Maria von Magdala, wurde Kernstück des passauisch-salzburgischen „Osterspiels", der dramatisierten *Visitatio sepulchri* am Ende

[1] Das Kopfmotiv der Melodie wird dann wieder zitiert im ältesten deutschen Osterlied *Christ ist erstanden*.

der *Matutin* des Ostersonntags. Die Sequenz als Ganzes wurde bald auch in der besonderen Form der österlichen Taufvesper beim Gang zum Taufbrunnen oder ebendort gesungen. Diese sehr populären liturgischen Elemente haben diese Sequenz zu einer echten Konkurrentin von Notkers Dichtung gemacht. Die Beliebtheit der Sequenz zeigt sich auch an ihren vielen Kontrafakturen, die bedeutendste ist die marianische: *Virginis Mariae laudes intonent christiani*. Es ist kein Wunder, daß die Sequenz seit etwa 1150 bis in unsere heutigen Tage entweder in Volkssprachen übertragen oder paraphrasiert worden ist bzw. als Ausgangspunkt für Osterlieder (*Christ ist erstanden, Christ lag in Todesbanden*) diente. In dieser Bearbeitungsgeschichte steht im 19. Jahrhundert auch das Lied *Christus ist erstanden! O tönt, ihr Jubellieder, tönt.*

3 Zur Architektur des Textes

Das Lied hat ursprünglich sechs Strophen, die sich inhaltlich eng an die Vorlage anlehnen und diese sehr getreu und ohne größere Abweichungen, Ergänzungen oder Umdeutungen paraphrasieren. Jede Strophe besteht aus sechs Zeilen. Die erste Zeile („Christus ist erstanden") bildet zusammen mit der letzten („Alleluja, Alleluja") eine in allen Strophen wiederkehrende und diese somit verbindende formale Klammer bzw. einen Strophenrahmen. In diesem Rahmen steht eine ambrosianische Hymnenstrophe. Diese ist wiederum immer aus zwei Reimpaaren zusammengesetzt. Besteht die erste Zeile aus sechs trochäischen Silben, sind alle übrigen Zeilen aus acht iambischen Silben zusammengesetzt (6-8-8-8-8-8). Dieses Metrum ist eher selten anzutreffen. Die einzelnen Zeilen sind sehr glatt gebaut und laufen ohne besondere Kunstkniffe durch Eingriffe in Wörter und Wortfolgen ruhig dahin. In dieser scheinbaren Einfachheit liegt auch die Stärke der Dichtung. Diese ist auf den ersten Blick „volkstümlich" ungekünstelt, in Wirklichkeit aber theologisch höchst expressiv und dicht, sowie eng an der Bibel orientiert. Es gibt keine Inhaltsverluste durch unmittelbare Unkompliziertheit.

Die Dichtung gliedert sich in drei Teile. In den Str. 1 und 2 geschieht die komprimierte Verkündigung des Ostermysteriums: Christus ist zum Heil der Welt gestorben und auferstanden, im Tode hat er den Tod besiegt. Auf der Sprachebene der dritten Person wird das zentrale Faktum des christlichen Glaubens erzählend in den Raum gestellt.

Die Str. 3, 4 und 5 holen nun das Ostergeschehen auf die persönliche Ebene und in die Jetztzeit. Das Wir der Gemeinde, also das Subjekt der Liturgie – die jetzt Singenden und Feiernden – ruft die erste Zeugin der Auferstehung an und befragt diese nach ihren Erlebnissen und Erfahrungen. Die Gemeinde übernimmt die Rolle der Apostel zu Jerusalem, sie identifiziert sich mit den ersten Frauen und Männern, die Jesus nachgefolgt sind und noch im Dunkel des Karfreitags tappen. Die Angesprochene berichtet von ihrer Begegnung mit dem Herrn und von ihren Beobachtungen im leeren Grab. Sie bezeugt den Auferstandenen und Lebenden und ruft auf, ihn zu suchen und zu sehen. Im Zentrum des Liedes steht die erste Verkünderin der Auferstehung, Maria Magdalena, die *apostola apostolorum*, deren die Liturgie des Mittelalters ob ihrer Würde und Nähe zum Herrn immer mit besonderer Aufmerksamkeit gedacht hat. Sie spricht zur Gemeinde: in der Vergangenheit von ihren Erlebnissen, in der Gegenwart von ihrem Appell, auch jetzt im Hier und Heute „nach Galiläa" - in den gewöhnlichen Lebensraum und Alltag, in die normalen Lebensverhältnisse zurück - zu gehen, um dort dem Herrn zu begegnen.

In der abschließenden sechsten Strophe spricht die Gemeinde in dem kollektiven Ich des „Wir". Sie hat die Botschaft der Auferstehung aufgenommen, glaubt und bezeugt. Das Zeugnis mündet nach guter homiletischer Tradition in eine doxologische Bitte: „tu nobis miserere" - sende du uns allen dein Erbarmen zu. Das ist nichts anderes als der altkirchliche Huldigungs- und Bittruf *Kyrie eleison*, mit dem der Auferstandene als der Herr anerkannt und akklamiert wird.

Die Architektur des Textes ist eine höchst liturgie-theologische. Der Verkündigung folgt die Aneignung der Botschaft, die in das Bekenntnis mündet. Der Weg des Glaubens vom Hören, Erfahren, in Besitz nehmen hin zum Bezeugen wird in existentieller Weise anamnetisch gegangen. In der Liturgie ereignet und verdichtet sich das Drama der Nachfolge Jesu. Im heiligen Spiel werden die biblischen Personen in den Sängerinnen und Sängern präsent, die Gemeinde identifiziert sich mit den Rollen der handelnden biblischen Personen und erfährt hierin, daß „heute" die Begegnung mit dem Auferstandenen stattfindet. Hier wird nicht Geschichte aus sicherer Distanz erzählt, sondern Geschichte aktualisiert und neu gelebt und erfahren, daß der erhöhte Herr uns heute in gleicher Weise begegnen will wie der ersten Zeugin, der *apostola apostolorum*. Dieses theologische Grundverständnis generiert die formale Grundanlage des Textes sowohl der Sequenz, als auch deren Paraphrase. So wird das Lied eine in sich geschlossene theologische Einheit.

Der Text weist in seiner Überlieferungsgeschichte wenig Varianten auf. Diese beziehen sich auf eine farblosere Formulierung der Z. 3 und 4 in der ersten Strophe[2] und auf eine falsch verstandene Rücknahme der sehr emotionalen Doppelung „dort" in der fünften Zeile der fünften Strophe.[3]

4 Die Melodie

Melodien wie diese wurden in den Siebzigerjahren von der damals vorherrschenden hymnologischen Ideologie, die auf 16. Jahrhundert und dürre Neo-Modalität fixiert war, wenig geschätzt. Dabei enthält sie alle Ingredienzien, die vor 30 Jahren auch schon gerade am anglikanischen Kirchengesang bewundert worden ist: schwingendes kraftvolles Dahinschreiten, fei-

2 Str. 1,3 und 4 lauten: „Der Herr, er lebt, der uns versöhnt / Verherrlicht ist das Osterlamm".

3 Str. 5,5: „Ihr Jünger eilt, dort seht ihr ihn."

erlich-pathetischer Gestus, ein vorwissenschaftlich „hymnisch" genannter Duktus, Ernst und Würde usw. Diese plakativen Schlagworte versuchen eine Stimmung einzufangen, die bei den Leuten auch heute noch ankommt, auch und gerade in säkularen Kontexten wie Feiern, die von Blaskapellen umrahmt werden, Nationalhymnen in Sportstadien usw. Der kritische Geist greift zu kurz, wenn er dies als billige und oberflächliche Emotion abtut. Melodien wie diese finden Resonanz, weil sie in den Rezipienten etwas zum Schwingen bringen, im Idealfall den Text unterstreichen und ausdeuten. Die Melodie suggeriert so etwas wie „Größe" und „Erhabenheit", es ist aber auch von etwas Großem die Rede, vom Größten, woran Christen glauben! Sie paßt jedenfalls in all jene ästhetischen Kategorien, welche die romantische Musikästhetik der Kirchenmusik zuschreibt, was bis heute fest in den meisten Köpfen säkularer wie kirchlich sozialisierter Zeitgenossen hängen geblieben und verankert ist. Mit einer solchen Melodie assoziiert man Pfarrer und Kirche!

Die Tonart der Melodie ist seit dem hier als Druckvorlage verwendeten (s.o.) **Trier 1847* meist B-Dur, in etlichen Gesangbüchern steht sie auch in A-Dur, bei Bäumker[4] ist sie gar in G-Dur notiert. B-Dur steht durchaus für feierlich, ist aber für den Gemeindegesang mit dem mehrfach vorkommenden Spitzenton es^2 extrem hoch, eine Transposition ist aus praktischen Gründen sinnvoll. Das Grundmetrum ist der Dreivierteltakt. Er erscheint entweder als Halbe-Viertel = schwer-leicht, oder als zwei verbundene mit einer getrennten Viertel, was auf dasselbe Muster schwer-leicht hinausläuft. Wir haben also keinerlei Variation in der rhythmischen Detailgestaltung, und dennoch wirkt die Melodie nicht langweilig. Den sechs Textzeilen entsprechen sechs viertaktige Perioden, wobei die iambischen Zeilen mit und die trochäischen ohne Auftakt beginnen. Die Melodie schreitet hauptsächlich stufenweise in Sekundschritten voran. Diese werden vor allem durch auftaktige Quartsprünge kontrastiert, fünf Terzgänge komplettieren die Intervalle, die sich somit auf Sekunden, Terzen und Quarten beschränken. Gesamtumfang ist eine kleine Non, vom Grundton aus gerechnet geht es bis zu einer kleinen Sext tiefer und des öfteren bis zu einer Quart höher. Das harmonische Muster ist sehr einfach. In der Grobstruktur bleibt die erste Zeile auf der ersten Stufe (I – V – I). Die zweite Zeile wiederholt dieses harmonische Schema. Die dritte Zeile endet auf der Dominante, die vierte Zeile pendelt im Dominantseptakkord, die fünfte Zeile moduliert in die Dominanttonart F-Dur bzw. E-Dur in der Transposition. Die letzte Zeile ist eine affirmative Kadenz I – IV – V – I. Die Melodie gewinnt dadurch eine interessante Kuppelarchitektur. Der Anfang und das Ende sind die tragenden und ruhenden Pfeiler, in den mittleren Zeilen wird die Dominantspannung konsequent gehalten. Die Harmonisierung in **Trier 1847* läuft freilich um einiges vielfältiger und harmonisch reichhaltiger als die obige Modellbeschreibung. Diese harmonischen Ausweitungen sind jedoch nicht mehr als der Ausbau des beschriebenen Grundschemas.

---

4 Bäumker IV, 506, Nr. 110.

5 Ein Lied mit der Bibel

Die Sequenz und ihre Liedparaphrase sind Sprache der Bibel im Kontext eines liturgischen Netzwerkes. Sie spiegelt Schriftverwendung und Schriftauslegung der alten Kirche, wie sie in der mittelalterlichen Liturgie noch weiterlebt, gut wieder. Der Schriftgebrauch im Gottesdienst ist primär anamnetisch, nicht katechetisch. Dies bringt Textredaktion in vielerlei Gestalt mit sich: literarische Formgebung nach Textsorten, Straffung, aktualisierende Umdeutung, Querverbindungen, theologische Kompilationen, assoziatives Fortschreiten. Es bleibt aber immer Wort der Bibel, je neu gelesen, meditiert, verstanden und gelebt. Die Liturgie betet und singt nicht mit eigenen menschlichen Worten, sondern mit Worten, die der Geist eingibt, auf daß das Gebet in rechter Weise vollzogen werde. Und diese geistgewirkten Worte sind die Schrift. Es darf also nicht verwundern, wenn wir in jeder Zeile von Wipos Dichtung ein Schriftzitat oder zumindest eine Anspielung darauf finden. Johann Weinzierl hat diesen Ball aufgenommen und auf seine Weise kongenial dieses Schriftprinzip durchgehalten. Ein weiterer wichtiger Kontext ist die Leseordnung des Osterfestes. In der Osternacht wird seit alters her Mt 28,1–7 gelesen, am Ostersonntag 1 Kor 5,7–8 und Mk 16,1–7. Diese Perikopen werden wir im Lied vielfach wiederfinden.

Zur Klammer des Liedes gehört der Ruf „Christus ist auferstanden" (vgl. Mt 28,6a). Es ist dies die Botschaft des Engels an die Frauen, an Maria Magdalena und die andere Maria. Es ist dies die zentrale Botschaft der christlichen Verkündigung, die Mitte des Glaubens, der Urgruß der österlichen Gemeinde, der Ostergruß der östlichen Christenheit. Der zweite Teil der Klammer ist das zweifache Alleluia. Dies ist nicht als Anhängsel, als mehr oder minder leere Formel am Ende eines Textes zu verstehen. Das Alleluia ist vielmehr Steigerung und doxologische Vollendung eines Textes, in der gregorianischen Komposition immer integraler Bestandteil der letzten musikalischen Phrase und nicht deren Coda. In der westlichen Christenheit ist Alleluia das österliche Vokabel schlechthin, und es ist ein zentrales eschatologisches Symbol, weil es in der himmlischen Liturgie gemäß den vielen Zeugnissen der Apokalypse gesungen wird. Durch die Auferstehung ist der Himmel offen geworden und in die Erde eingebrochen, in der irdischen Liturgie hat somit das Alleluia der himmlischen Liturgie seinen Anfang genommen. So ist die Osterzeit insgesamt eschatologisch ausgerichtet. In einer Predigt zur Osterzeit sagt Augustinus:

> „Das Leben, das durch die fünfzig Tage nach der Auferstehung des Herrn bezeichnet ist, haben wir noch nicht, sondern erhoffen wir, und wir lieben es in dieser Hoffnung, und in dieser Liebe wird Gott, der uns all das verheißen hat, gelobt, und dieser Lobgesang ist das Halleluja." *(sermo 243,8)*

Das Halleluja der himmlischen Liturgie ist das Ziel menschlicher Pilgerschaft:

„Du seliges Halleluja im Himmel! ... Dort herrscht die vollkommenste Eintracht unter den Lobenden, wo der Jubel der Sänger unbesorgt und heiter ertönen kann; wo kein Gesetz in den Gliedern dem Gesetz des Geistes widersteht; wo keine Begierde für Streit sorgt, so daß der Sieg der Liebe noch gefährdet ist. Hier singen wir also das Halleluja noch in innerer Unruhe, auf daß wir es dort in ungetrübter Heiterkeit singen können." *(Sermo 256,1)*

In der ersten Strophe wird das Lamm als Erlöser der Schafe in den Raum gestellt. Das Lamm ist Christus, den Paulus als „unser Paschalamm" (=Osterlamm) nennt (1 Kor 5,7 Lesung des Ostersonntags). Christus ist jenes Lamm, das die Sünde der Welt hinwegnimmt (Joh 1,29), indem es geschlachtet wurde und seinen Mund nicht auftat (Jes 53,6.7, Offb 4,9) und dem es als dem eschatologischen Lamm gegeben ist, die Siegel vom Buch des Lebens zu öffnen (Offb 4,9–14). Diesem Lamme gebühren die Jubellieder (Offb 14,3). Die Erlösungstat des Lammes war die Versöhnung mit dem Vater (Hebr 10, 1–18, Kol 1,20). Der lateinische Text enthält noch einen Aspekt, der in der Paraphrase fehlt: Christus litt als Unschuldiger (*innocens*) (Mt 27,4) und versöhnte so die Menschheit mit Gott.

Die zweite Strophe handelt vom Kampf des Lebens mit dem Tod und vom Sieg des Lebens. Dieser Kampf ist im Buch Hosea, in der Version der Vulgata, so beschrieben und in Texten der Liturgie rezipiert:

„Ero mors tua, o mors! Morsus tuus ero, inferne!" „Ich werde dein Tod sein, o Tod! Dein Biß werde ich sein, o Unterwelt!" (Hos 13,14) Der dies sagt, ist das Leben selber (Joh 14,6), er ist der Fürst und Hirte seiner Herde (Mt 2,6), der Sieger, der den Tod verschlungen hat (1 Kor 15,54). Er offenbart dem Seher auf Patmos: „Ich war tot, doch ich lebe in Ewigkeit. Ich habe die Schlüssel des Todes und der Unterwelt." (Offb 1,18)

In der dritten Strophe wird der Auftrag des Engels an Maria von Magdala (Mt 28,7) „Sage es" der Gemeinde in den Mund gelegt. Maria berichtet vom leeren Grab (Mt 28,6) und von der Erscheinung des Auferstandenen in der Herrlichkeit seines verklärten Leibes (Mt 28,9–10; Joh 20,11–18). „Ich habe den Herrn gesehen" ist der Ausdruck jener unbeschreiblichen Glaubenserfahrung der Nähe und Zuwendung des Auferstandenen, die jedes Begreifen übersteigt.

Die vierte Strophe führt den Bericht der dritten fort. Maria sieht den Engel am leeren Grab (Mt 28,2–5; Lk 24,4ff.), ihr wird nun auch in den Mund gelegt, das Schweißtuch und das Totenkleid gesehen zu haben, wovon in den biblischen Berichten bei Petrus die Rede ist (Mt 28,12; Joh 20,6–7).

Die fünfte Strophe läßt die Berichte der dritten und vierten in ein Bekenntnis und in einen Auftrag münden. Der Auferstandene ist Mariens ganz persönliche Hoffnung, wie es im Psalm heißt: „Herr, mein Gott, du bist ja meine Zuversicht, meine Hoffnung von Jugend auf" (Ps 71,6). Er geht nach Galiläa voraus, dort soll er gefunden werden (Mt 28,7).

Im Originaltext wird nun das Glaubensbekenntnis der Gemeinde eingeleitet vom Hinweis auf den Betrug der Priester (Mt 28,11–15), dem zugunsten des Zeugnisses der Maria nicht geglaubt wird.

Die letzte Strophe bekräftigt nun, daß die Botschaft der Maria von Magdala und deren Glaube auch der Glaube der Gemeinde ist, und das mit der Gewißheit des inneren Wissens (vgl. 2 Kor 4,14). Es ist dies der Glaube an die Auferstehung von den Toten (1 Kor 15,12–22). Dem Auferstandenen jedoch gebühren die biblischen Ehrentitel „Sieger" (Offb 5,5) und „König" (Joh 18,37). Er wird akklamiert mit dem alten Herrscherruf *Kyrie eleison* (Mt 20,30), mit dem die zwei Blinden Jesus angerufen haben und geheilt worden sind. In diesem Glauben ruft auch heute die singende Gemeinde den Auferstandenen an, er möge alle Blindheiten heilen und alle in die Vollendung bei der himmlischen Liturgie um den Thron Gottes führen.

Literatur

Bäumker, Wilhelm: Das katholische deutsche Kirchenlied in seinen Singweisen von den frühesten Zeiten bis gegen Ende des siebzehnten Jahrhunderts. Auf Grund handschriftlicher und gedruckter Quellen bearbeitet von Wilhelm Bäumker. 4 Bde. Freiburg im Breisgau 1883-1911 (Reprint Hildesheim 1962).

Kruckenberg-Goldenstein, Lore: The sequence from 1050-1150. Ann Arbor 1997.

Lipphardt, Walther (Hrsg): Lateinische Osterfeiern und Osterspiele. 9 Bde. Berlin 1975–90.

Praßl, Franz Karl: Das Halleluja und der österliche Christ, in: Heiliger Dienst 48 (1994). 38–53.

Praßl, Franz Karl: Das Mittelalter, in: Kirchenlied und Gesangbuch. Quellen zu ihrer Geschichte. Hrsg. von Christian Möller: Tübingen 2000. 29–68.

Stock, Alex: Poetische Dogmatik: Christologie. Bd. 4 Figuren. Paderborn 2001. bes. 285–313.

Andreas Heinz

Seele, dein Heiland ist frei von den Banden

1. Seele, dein Heiland ist frei von den Banden,
Glorreich und herrlich vom Tode erstanden:
Freue dich, Seele, die Hölle erbebt,
Jesus, dein Heiland, ist Sieger und lebt.

2. Freue dich, Seele, die Hölle erlieget,
Sünde(n) und Satan und Tod sind besieget.
Der im Triumphe vom Grab´ sich erhebt,
Jesus, dein Heiland, ist Sieger und lebt.

3. Fasse dich, Seele, sei tapfer im Streite,
Jesus ist mit dir und kämpft dir zur Seite;
Zage nicht, wenn auch der Tod dich umschwebt,
Jesus, dein Heiland, ist Sieger und lebt.

4. Hast du dann standhaft mit Jesus gestritten,
Hast du den Tod wie dein Heiland gelitten,
Glaube, daß Jesus vom Grabe dich hebt,
Jesus, dein Heiland, ist Sieger und lebt.

Druckvorlage

In der hier wiedergegebenen Text- und Melodiefassung finden wir das obenstehende Osterlied in der ersten Ausgabe des Diözesangesang- und Gebetbuchs für das Bistum Trier von 1846.[1] Abgesehen von ganz geringfügigen Änderungen, die bei der folgenden Darstellung der Text- und Rezep-

---

[1] **Trier 1846*, 74 Nr. 71; zu dieser Gesangbuchausgabe vgl. Persch, Trierer Diözesangesangbuch, 121–191.

tionsgeschichte im einzelnen nachgewiesen werden, hat sich diese Fassung nicht nur im Bistum Trier bis in die Gegenwart behauptet. Sie ist darüber hinaus zur Normalform, zum *textus receptus*, in den Gesangbüchern anderer Diözesen geworden, die ihren Nachdrucken die „Trierer" Fassung zugrunde gelegt haben.

1 Zur Text- und Rezeptionsgeschichte

Sofern die Diözesangesangbücher Angaben zur Herkunft von Text und Melodie ihrer Kirchenlieder machen, nennen sie übereinstimmend als Dichter des Liedes *Seele, dein Heiland ist frei von den Banden* Dr. Ignaz Anton Adam Felner und als Ursprungsort der Melodie: Straßburg 1755.

Felner[2] wurde am 17. August 1754 in Freiburg im Breisgau geboren, damals eine Stadt in Vorderösterreich. Am dortigen „Kaiserlich-Königlichen akademischen Gymnasium" wirkte er seit 1776 als Professor für Rhetorik. Als Priester gehörte er dem Klerus des Bistums Konstanz an. Er wurde später Pfarrer in Merzhausen bei Freiburg und machte sich durch die Publikation von Übersetzungen (u.a. von Ciceros Briefen, der Pastoralanweisungen Gregors des Großen, des Catechismus Romanus), als Autor volkspädagogischer Schriften und als Verfasser von Gedichten und Herausgeber von Gebet- und Andachtsbüchern einen Namen. 1783 erschien in Basel ein Büchlein mit dem Titel **Geistliche Lieder*, das 101 von Felner verfaßte Gedichte ohne Noten und Melodieangaben enthält.[3] Sie kommen aus dem geistigen Milieu der josephinischen Aufklärung. Als kirchenlieddichtender k.u.k. Gymnasialprofessor und volkspädagogisch engagierter Pfarrer verkörperte Felner gleichsam die Idealgestalt eines katholischen Geistlichen, wie ihn sich der damalige aufgeklärte Zeitgeist wünschte.

Aus der erwähnten Liedersammlung wurden einige Texte in protestantische Gesangbücher übernommen. Felners Osterlied begegnet uns etwa in dem Züricher Gesangbuch von 1853 und in dem für die Kantone Glarus, Graubünden und Thurgau von 1868.[4] In einem katholischen Gesangbuch läßt sich das Lied erstmals 1801 nachweisen. In Augsburg erschien in dem genannten Jahr „mit Erlaubnis des Hochw. Ordinariats" eine *Sammlung geistlicher Lieder bey der heiligen Messe, an heiligen Zeiten, Festtagen des Herrn, der Jungfrau Maria, und mehrerer Heiligen Gottes.*[5] Das Büchlein bietet Liedgut im Geist der Zeit, insgesamt 76 Texte im Stammteil und zwölf weitere Stükke in einem Anhang.[6] Noten und Melodieangaben fehlen. *Seele, dein Heiland* steht an der Spitze der Osterlieder, vor dem bekannten *Das Grab ist leer* aus

2 Vgl. Bäumker III, 351; Kosch, Das Katholische Deutschland, 730.

3 Vgl. Bäumker III, 102. Ein Exemplar vorhanden in der UB Greifswald; Sign. 527/Fu H 4991.

4 Vgl. Bäumker IV, 505; zuvor schon Übernahme in das **Churpfälzische* (1785) und **Württembergische Gesangbuch* (1791); vgl. Bäumker III, 102.

5 Vgl. Bäumker IV, 74.

6 Unser Lied auf S. 36-38. Ein Exemplar des Augsburger Drucks in der Wessenbergbibliothek der UB Konstanz; Sign. 7134.

dem Landshuter Gesangbuch (**Landshut 1777*).[7] Dieser von einem Kapitular des vorderösterreichischen Benediktinerstifts St. Trutpert, P. Augustin Violland, Pfarrer in Thursel, herausgegebene Augsburger Druck scheint keine große Breitenwirkung gehabt zu haben. Doch bezüglich unseres Osterliedes kommt ihm allem Anschein nach doch eine wichtige Vermittlerfunktion zu. Die Augsburger Kirchenliedsammlung dürfte nämlich wohl eher als der Baseler Druck von 1773 als Quelle für die Übernahme des Liedes in das erfolgreiche und weit verbreitete Gesangbuch des westfälischen Pfarrers Melchior Ludolf Herold in Frage kommen.[8] Aus dem Herold'schen **Heiligen Gesang* könnte der Text in das vom Breslauer Ordinariat approbierte **Liegnitzer Schulgesangbuch* von 1826 gelangt sein.[9] Das 1828 dazu erschienene Melodiebuch gibt unserem Lied eine Melodie aus **Herrenhut 1784* bei, die sich aber - wie das Lied selbst - in Schlesien nicht gehalten hat und auch andernorts nicht rezipiert wurde.[10]

Felners Osterlied war am erfolgreichsten im Trierer Raum. Dort zählt es bis heute zu den vom Volk am liebsten gesungenen Osterliedern. Der Weg aus dem schwäbisch-alemannischen Raum an Mosel und Rhein dürfte direkt von Augsburg nach Trier geführt haben. Es gab nämlich um 1800 rege Austauschbeziehungen zwischen diesen beiden Bischofsstädten.

Der letzte Trierer Erzbischof und Kurfürst, Klemens Wenzeslaus von Sachsen (1768–1801), war gleichzeitig Fürstbischof von Augsburg (1768–1814). Als er vor den französischen Revolutionstruppen, die 1794 den Trierer Kurstaat bis zum Rhein eroberten, fliehen mußte, übersiedelte er ganz nach Augsburg. Er selbst und sein dortiges Ordinariat, das für die oben erwähnte Liedersammlung die Druckerlaubnis erteilt hatte, pflegten weiterhin gute Kontakte zur Trierer Bistumsleitung. In unserem Zusammenhang ist zudem zu beachten, daß Erzbischof Klemens Wenzeslaus nach dem Vorbild der habsburgischen Länder den deutschen Gesang im katholischen Gottesdienst bewußt förderte.[11] Er hatte 1786 das **Churtrierische Gesangbuch* eingeführt. Unter dem Namen **Heiliger Gesang* erschienen danach in Koblenz und Trier erweiterte Neuausgaben, die ihr Liedgut vornehmlich aus zeitgenössischen süddeutschen Gesangbüchern schöpften. Insofern überrascht es nicht, daß das Osterlied Felners allem Anschein nach über den vom Augsburger Ordinariat des Trierer Erzbischofs Klemens Wenzeslaus

---

7 Vgl. Bäumker III, 190f.

8 Vgl. Bäumker IV, 76. 88–98, hier 96. Uns lag eine Kopie des Liedes aus der zweiten Auflage des Herold'schen **Heiligen Gesang* (1807) vor, in der das Lied als Nr. 328 auf S. 509f. mit fünf Strophen erscheint. Ein Exemplar in der Universitätbibliothek Köln, Sign BAEU 1638. Die Herold'sche Fassung weist gegenüber der Urfassung, s. Anm. 3, in der Str. 5 folgende Änderung auf: Z. 2 „ Jesus wird dich so wie sich, einst erwecken" Z. 3 lautet: „Denke, daß Jesus zum Himmel dich hebt".

9 Vgl. Bäumker IV, 161.

10 Vgl. Bäumker IV, 505.

11 Vgl. Grandjean, Das katholische Kirchenlied, 61; Persch, Trierer Diözesangesangbuch, 57–59; Heinz, Kirchengesang im Trierer Raum, 83f.

genehmigten Druck von 1801 in Trier bekannt wurde, wo es 1807 erstmals nachzuweisen ist.[12]

Ein Textvergleich zeigt, daß der Trierer **Heilige Gesang* die Augsburger Vorlage unverändert übernommen hat. Weggelassen wurde allerdings die zur ursprünglichen Vollgestalt des Liedes gehörende sechste Strophe. Ihr Abdruck schien deshalb entbehrlich, weil sie lediglich eine Wiederholung der ersten Strophe darstellte. Die vier ersten Strophen entsprechen dem oben wiedergegebenen *textus receptus* der Diözesangesangbücher. Die später entfallene fünfte Strophe lautet:

> Laß dich, o Seele, vom Tode nicht schrecken:
> Jesus wird, wie er sich weckte, dich wecken.
> Traue, daß Jesus vom Grabe dich hebt:
> Jesus, dein Heiland, ist Sieger und lebt.

Der Augsburger Druck von 1801 zählt noch eine siebte Strophe. Sie besteht aus einem achtmal wiederholten Alleluja, das offenbar nach der (nicht angegebenen) Melodie des Liedes zu singen war. Dieser im Baseler Erstdruck von 1773 fehlende Zusatz wurde in Trier nicht rezipiert.

Die Übernahme in eine Ausgabe des Trierer **Heiligen Gesang* blieb keine Episode. Das Lied fand Anklang, was sich unter anderem darin zeigt, daß es in das Andachtsbuch der angesehenen Trierer „Marianischen Bürgersodalität" aufgenommen wurde.[13] Gegenüber der oben beschriebenen fünfstrophigen Fassung weist der dort ohne Noten und Melodieangabe abgedruckte Text nur eine kleine Änderung auf, der die Zukunft gehören sollte: Statt „Traue" in der vierten und fünften Strophe heißt es nun beide Male: „Glaube". In dieser Form wurde das Lied in Trier tradiert,[14] bis es – unter Wegfall der fünften Strophe – in die Erstausgabe des Trierer Diözesangesangbuchs (**Trier 1846*) übernommen wurde, wo es erstmals mit der heutigen Melodie erscheint. Felners Text erfuhr bei der Übernahme nur einige geringfügige sprachliche Anpassungen: Statt: „von Todten erstanden" (Z. 2): „vom Tode erstanden"; statt: „der Hölle Macht lieget" (Str. 2,1) nun: „die Hölle erlieget"; statt: „Traue" (Str. 4,3) „Glaube".

Als das Lied 1871, trotz des Einspruchs namhafter Experten[15], nachgedruckt wurde, wurde nur ein Buchstabe getilgt; statt: „Sünden" (Str. 2,2)

---

12 Vgl. Grandjean, Das katholische Kirchenlied, 64–68, hier 66; das von uns benutzte Exemplar des in Trier gedruckten Gesangbuchs **Heilige Gesang* in der Stadtbibliothek Trier; Sign. 11/1814 8°.

13 Vgl. Grandjean, Das katholische Kirchenlied, 89-91, hier 91. Das von uns eingesehene Exemplar in der Bibliothek des Trierer Priesterseminars; Sign. DD 240.

14 Vgl. etwa in: **Heiliger Gesang 1925*. Dort, 33, unter der Überschrift „Am Osterfeste" fünf Strophen unseres Liedes; benutztes Exemplar in der Bibliothek des Deutschen Liturgischen Instituts Trier, beigebunden einer Trierer Ausgabe des **Heiligen Gesang* von 1820.

15 Albert Gereon Stein, Pfarrer an St. Ursula in Köln und ein führender Vertreter des Cäcilianismus, rechnete in seinem Votum für die Neuausgabe des Trierer Diözesangesangbuch 1871 unser Lied zu den dem Text nach „auszumerzenden" Kirchenliedern; vgl. Persch, Trierer Diözesangesangbuch, 226. Ein kompetenter Kenner der Trierer Gottesdiensttradition, der spätere Domkapitular Matthias Schu, riet damals ebenfalls

hieß es nun: „Sünde". In dieser Form blieb der Text bis 1955 unverändert. In der damals erfolgten Neuausgabe des Trierer Diözesangesangbuchs hielt man lediglich eine sprachliche Glättung in der vierten Strophe für angebracht; statt: „Glaube, daß Jesus vom Grabe dich hebt" hießt es fortan: „Glaube, daß er aus dem Grab dich erhebt."[16]

Unser Osterlied fand auch Anklang in den angrenzenden Bistümern. Luxemburg, das kirchlich zum alten Erzbistum Trier gehört hatte, hielt als eigenständiges Bistum (ab 1870) an manchen trierischen Gottesdienstbräuchen fest, nicht zuletzt im Bereich des Kirchenliedes. So finden wir in **Luxemburg 1894* und in den unter dem Namen *Magnificat* erschienenen späteren Ausgaben auch das aus dem Trierer Diözesangesangbuch übernommene Lied *Seele, dein Heiland, ist frei von den Banden*.[17] 1948 nahm Luxemburg eine Textkürzung vor; die zweite Strophe entfiel.[18]

Die nördlichen Grenznachbarn des Bistums Trier, Aachen und Köln, übernahmen um 1930 unser Osterlied in die Neuausgaben ihrer Diözesangesangbücher.[19] Die Vermutung liegt nahe, daß Trierer Liedgut von den damaligen Bearbeitern nicht zuletzt deshalb stärker beachtet wurde, weil das Bistum Trier in jenen Jahren (1922–1951) von dem früheren, in Aachen residierenden Kölner Weihbischof Franz Rudolf Bornewasser regiert wurde. Die unter seinem Namen erschienenen Ausgaben des Trierer Gesangbuchs[20] waren die Quelle für den erstmaligen Nachdruck unseres Osterlieds in **Köln 1930* und in **Aachen 1932*. Unverändert haben beide Diözesen das Lied bis heute bewahrt.[21]

Neben dem trierisch-rheinischen Raum gibt es eine zweite Region, in der Felners Osterlied bis in die Gegenwart weitergelebt hat, in den Schweizer Bistümern Chur und St. Gallen.[22] Die dortige Rezeptionsgeschichte beginnt mit dem ersten Diözesangesangbuch des Bistums St. Gallen von 1863.[23] Bei der Ausarbeitung seines Liedteils wurde nachweislich auch

---

zur Eliminierung; vgl. Persch, Trierer Diözesangesangbuch, 209. Für die Beliebtheit des Liedes, die seine Beseitigung verhinderte, spricht unter anderem, dass sein Nachdruck für ein Koblenzer Schülergesangbuch 1863 vom Trierer Generalvikariat erbeten und genehmigt wurde; vgl. Persch, Trierer Diözesangesangbuch, 180.

16 Das Unbehagen über die Formulierung: „Glaube, daß Jesus vom Grabe dich hebt" führte in **Luxemburg 1948* (Nr. 48) zu der Neufassung: „Glaube, daß er dann vom Grabe dich hebt." Die bessere Formulierung in **Trier 1955* blieb im Trierer Anhang zum **Gotteslob* erhalten (GL-Tri 830).

17 Vgl. **Luxemburg 1894*, Nr. 45; zu den weiteren Ausgaben vgl. Küppers, Diözesan-Gesang- und Gebetbücher, 107f.

18 Vgl. *Magnificat*, **Luxemburg 1948*, Nr.48; vgl. zur Ausgabe Küppers, Diözesan-Gesang- und Gebetbücher, 107.

19 Vgl. Küppers, Diözesan-Gesang- und Gebetbücher, 58 (Aachen), 97 (Köln).

20 Vgl. Persch, Trierer Diözesangesangbuch, 305–308.

21 GL-Ac-L 873; GL-Kln 866; vgl. Redaktionsbericht zum GL, 1028.

22 Zur Geschichte der Gesangbücher dieser Diözesen vgl. Hofer, Gesang- und Gebetbücher der schweizerischen Diözesen.

23 Vgl. Hofer, Gesang- und Gebetbücher der schweizerischen Diözesen, 3–44; Küppers, Diözesan-Gesang- und Gebetbücher, 133.

Trier 1846* herangezogen.[24] Von dort also kam Felners Lied in die Schweiz. Der Text erfuhr bei der Übernahme nur jene winzige Korrektur, die Trier seinerseits wenig später in der zweiten Auflage seines Diözesangesangbuchs (Trier 1871*) übernahm: statt: „Sünden" in der zweiten Strophe. die theologisch bessere Version „Sünde".

In den Bistümern St. Gallen und Chur ist Felners Lied in der Folgezeit heimisch geworden. Vielleicht wurde seine Rezeption begünstigt durch die Tatsache, daß die damaligen protestantischen Gesangbücher der Gegend das Lied enthielten.[25] Vielleicht hat Felners Osterlied in den vordem zum Bistum Konstanz gehörenden Teilen der Schweiz auch deshalb Beachtung gefunden, weil sein Dichter ein Konstanzer Diözesanpriester war.

Aus den letzten Ausgaben der Diözesangesangbücher von St. Gallen (**St. Gallen 1963*) und Chur (**Chur 1957*) ist das Lied 1966 in das erste gemeinsame Gesangbuch der deutschsprachigen Schweiz (**KGB*) übernommen worden. Der bis dahin unveränderte *textus receptus* erfuhr dabei eine zweifelhafte „Verbesserung"; statt „Hast du dann standhaft mit Jesus gestritten" hieß es nun: „Hast du dann standhaft wie (!) Jesus gestritten".[26] Dem Text wurden keine Noten mehr beigegeben, ein Indiz, daß das Lied in Abgang kommen sollte. In der Neuausgabe im Schweizer **KG* von 1998 sucht man es denn auch vergeblich. So lebt es heute nur noch in den Bistümern Aachen, Köln und Trier, wo es die Gläubigen in der Osterzeit nicht missen möchten.

2 Bekenntnis, Zuspruch, Trost

Dieses „geistliche Lied" ist von Hause aus kein Lied für den Gemeindegottesdienst. Es hat nicht das Wir der liturgischen Versammlung im Blick; es spricht zur Einzelseele. Der pädagogischen Intention seiner Entstehungszeit verpflichtet, möchte es belehren, ermahnen und erbauen. Jeder einzelnen „christlichen Seele" sagt das Lied Zeile für Zeile eindringlich die Osterbotschaft. Am Ende jeder Strophe steht der mutmachende Zuspruch: „Jesus, dein Heiland, ist Sieger und lebt!".

Der Dichter hatte über sein Lied schlicht geschrieben „Die Auferstehung Jesu".[27] Manche Gesangbücher haben durch die von ihnen gewählte neue Überschrift „Christus, unsere Zuversicht"[28] dem Lied eine stärker gemeinschaftliche Note geben wollen. Das ändert jedoch nicht wirklich etwas an seinem individuellen Charakter. Es ist nämlich eine Osterlied für den Ernstfall, den jeder und jede allein bestehen muß. Es hat den letzten „Streit" im Blick, die Agonie. In diese todernste Situation hinein sagt es die frohe Bot-

---

24 Vgl. Hofer, Gesang- und Gebetbücher der schweizerischen Diözesen, 18. 26f.

25 Vgl. oben Anm. 4.

26 **KGB*, Nr. 258, S. 217.

27 So im Baseler Erstdruck von 1773 (s. Anm. 3); vgl. auch **Augsburg 1801* (s. Anm. 6).

28 So etwa **Trier 1871*, Nr. 71; **Luxemburg 1894*, Nr. 45. **Aachen 1932* und **Köln 1930* geben dem Lied die Überschrift: „Auferstehung mit Christus".

schaft von der „Auferstehung Jesu", die allein imstande ist, die Anfechtungen dieser Stunde überwinden zu helfen.

Der Dichter hat als Priester diesen Ernstfall oft erlebt. Er hat, wenn er zu einem Sterbenden gerufen wurde und „wenn sich die Seele im Todeskampf ihres Hinscheidens ängstigte"[29], die alten Gebete der *commendatio animae* gesprochen. Das erste beginnt mit den Worten: „Gehe nun hin, christliche Seele, aus dieser Welt".[30] Diese *anima christiana*, die, den Tod vor Augen, um ihr zukünftiges Schicksal bangt, die verzagt ist, und einsam kämpft, die im Glauben angefochten wird und fürchtet, für immer unterzugehen, - das ist „die Seele", zu der unser Lied spricht. Ihr sagt es in einer Zeit, als die Philosophie (I. Kant) die Beweisbarkeit der Unsterblichkeit der Seele erstmals ernsthaft anzweifelte das aufrichtende Trostwort: „Jesus, dein Heiland, ist Sieger und lebt!"

Die heute befremdlich wirkende Anrede „Seele" hatte in einer Zeit, als die Mitglieder einer Pfarrgemeinde als „Seelen" gezählt wurden und man allgemein vom Gebet für „die Seelen" der Verstorbenen sprach, nichts Auffälliges. Gemeint ist im oben angedeuteten Sinn die *anima christiana*, also der durch die Taufe für das ewige Leben bestimmte Christ in seinem Personkern.

Was wird der Christenseele gesagt? Die gute Nachricht des Ostermorgens! Fast wörtlich zitiert Z. 2 die Osterbotschaft der Frauen an die Jünger (vgl. Mt 28,7): „Er ist von den Toten erstanden."[31] Wenn dieses Ereignis „glorreich und herrlich" genannt wird, hat auch zu dieser Charakterisierung das Osterevangelium inspiriert. Matthäus spricht von einem die Grabwächter blendenden Lichtglanz als Begleiterscheinung der Auferstehung Christi (vgl. Mt 28,2–4). Im Hintergrund können aber auch andere Bibelstellen stehen, etwa die Aussage des Hebräerbriefs, daß wir „Jesus um seines Todesleidens willen mit Ehre und Herrlichkeit gekrönt sehen" (Hebr 2,9).

Die bittere „Vorgeschichte" der Auferstehung hat unser Lied im hellen Glanz des Ostermorgens keineswegs vergessen. Der Ausdruck „Bande" in Z. 1 verweist darauf. „Bande": das waren die Fesseln der Gefangennahme am Ölberg; das läßt an Jesu Verurteilung zum Tod denken, als er gebunden von einem Richter zum anderen geführt wurde. An das Kreuz war er nicht bloß gebunden, sondern unentrinnbar angenagelt. Bei seinem Begräbnis umwanden sie den toten Leib mit Leinenbinden (Joh 19,40), im tieferen Sinn ein Zeichen für die Fesseln des Todes, die sich auch um Jesus gelegt hatten und ihn unerbittlich im Reich des Todes gefangen hielten. Diese „Leinenbinden" sahen Petrus und Johannes dann aber am Ostermorgen gelöst und

---

[29] So die einleitende Rubrik zu den Sterbegebeten im *Rituale Romanum* (Tit. V, cap. 7,4): „Deinde cum in agone sui exitus anima auxiatur, dicuntur sequentes Orationes."

[30] Vgl. ebd: „Proficiscere, anima christiana, de hoc mundo ".

[31] Aus der ursprünglichen Fassung von Str. 1,2 („... von Todten erstanden") darf man die biblische (vgl. Mt 27,64: „surrexit a mortuis") und liturgische (Ostersequenz: „a mortuis vere") Verkündigungsformel der Osterbotschaft heraushören.

funktionslos im leeren Grab liegen (Joh 20,6): „Seele, dein Heiland, ist frei von den Banden!"

Auch die Tatsache, daß Felners Auferstehungslied Jesus immer wieder „Heiland" nennt, weist zurück auf das Karfreitagsgeschehen. Der Ausdruck mag manche heute an süßliche Jesus-Darstellungen erinnern. Doch dahinter steht der *salvator* der liturgischen Gebete und die biblische Deutung des Jesus-Namens, die der Gottesbote selbst bei der Ankündigung seiner Geburt an Josef gegeben hatte: „Du sollst ihm den Namen Jesus (Jahwe rettet) geben, denn er wird sein Volk von seinen Sünden erlösen (salvum faciet populum suum)" (Mt 1,21). Jesus ist in seiner Passion zum „Heiland" aller geworden. Schon das Neue Testament sah in ihm das alttestamentliche Prophetenwort erfüllt: „Durch seine Wunden sind wir geheilt." (Jes 53,5; 1 Petr 2,24).

Die Osterbotschaft weckt Freude. Als der Auferstandene sich den verängstigten Aposteln zeigte, „freuten sich die Jünger, als sie den Herrn sahen." (Joh 20,20; vgl. Lk 24,40). Die Volksfrömmigkeit hat sich die Freude ausgemalt, die Maria empfand, als ihr toter Sohn sich ihr am Ostermorgen als der Auferstandene zeigte.[32] Der Mariengruß der Osterzeit, das *Regina coeli*, beginnt denn auch mit einem Aufruf zur Freude: „Freu dich, du Himmelskönigin!"[33] Doch nicht nur die Zeugen von damals, jede „Christenseele" hat Grund zur Freude. Denn die Osterbotschaft geht alle an, die sich dem Tod stellen müssen und dazu verurteilt sind, in das Reich des Todes hinabzusteigen. Dieses Reich des Todes ist in seinen Grundfesten erschüttert. Denn Jesus, der tot war, ist nicht im Reich des Todes geblieben; er „ist Sieger und lebt."

Es gibt Dinge, von denen läßt sich im Grunde nur mythisch reden. Der Dichter tut dies, wenn er in der dritten Zeile das Bild von der erbebenden „Hölle" anführt. Er fand es in der liturgischen Tradition. Es ist das Motiv der „Höllenfahrt Christi". Mit „Hölle" ist die *Sheol* gemeint, die Unterwelt, „das Reich des Todes". Zu Felners Lebzeiten hieß es im Apostolischen Glaubensbekenntnis noch: „hinabgestiegen in die Hölle". Ein Hinweis auf die Erschütterung der Unterwelt, als Jesus sie betrat, hat man von jeher in dem Erdbeben zur Zeit seines Todes und seiner Auferstehung erkannt (Mt 27,51 f.; 28,2 parr.).

Jesus, vom Tod gefangen und gebunden wie alle anderen Sterblichen, erweist sich im Reich des Todes als der Stärkere. Er zerreißt die „Banden" des Todes und bricht dessen Allgewalt. Das Totenreich ist durch die Ankunft Christi, der den vom Tod gefangengehaltenen Gerechten ihre Befreiung verkündigt und sie mit sich in die Freiheit führt (vgl. 1 Petr 3,19), in seinen Grundfesten erschüttert. Diese Siegesbotschaft, die in der ersten Strophe triumphierend ausgerufen wird, soll jede „Christenseele" froh machen. Denn nun braucht sie sich nicht mehr zu ängstigen, daß sie selbst einmal für

---

32 Zu der Tradition der Erscheinung des Auferstandenen vor seiner Mutter vgl. Michl, Auferstehung, 268.

33 Vgl. Heinz, Marianische Schlußantiphonen, 351–353.

immer Gefangene im Reich des Todes sein wird. Ihr wird gesagt: „Jesus, dein Heiland ist Sieger und lebt."

Inhaltlich fügt die zweite Strophe der ersten nichts Neues hinzu. Das hat dazu geführt, daß sie in einer neueren Gesangbuchfassung gestrichen wurde.[34] Zu Unrecht! Denn sie entfaltet und vertieft - wenn man den „Sitz im Leben" des Liedes bedenkt - das Motiv des Kampfes mit dem Tod und seiner Entmachtung, wodurch die paränetische Kraft dieses Verkündigungs- und Trostliedes verstärkt und gesteigert wird.

Die erste Zeile der zweiten Strophe nimmt den Aufruf zur Freude aus der dritten Zeile der ersten Strophe wörtlich wieder auf, gibt nun aber eine noch durchschlagendere Begündung: die Unterwelt „erbebt" nicht nur; „die Hölle erlieget". Der Urtext sagt es noch anschaulicher: „der Hölle Macht lieget". Ihre Macht liegt am Boden. Der Sieg über die Unheilsmächte „Sünde und Satan und Tod" ist definitiv. Im Hebräerbrief heißt es, daß der Sohn Gottes Mensch geworden ist, „um durch seinen Tod den zu entmachten, der die Gewalt über den Tod hat, nämlich den Teufel und um die zu befreien, die durch die Furcht vor dem Tod ihr Leben lang der Knechtschaft verfallen waren" (Hebr 2,14f.). Diese Entmachtung des Tod-Feindes durch Christus, den die Karfreitagsliturgie beim Gedächtnis seines Sterbens als „den heiligen, starken, unsterblichen Gott" anruft, hat ihren großartigen Ausdruck im *Canticum triumphale* gefunden, das zu den Glanzstücken der lateinischen Osterliturgie gehört.[35] Es ist anzunehmen, daß der Dichter es kannte. Auf jeden Fall aber war ihm das Motiv aus der Ostersequenz vertraut: „Tod und Leben, die kämpften unbegreiflichen Zweikampf: der Fürst des Lebens, der starb, nun herrscht er als der Lebendige." Jesus ist dem Totenreich nicht nur entkommen. Er kehrte von dort als Sieger auf der ganzen Linie zurück: Seit Ostern gilt: „Der im Triumphe vom Grab sich erhebt, Jesus, dein Heiland, ist Sieger und lebt."

Im Bistum Trier wird unser Osterlied der dort üblichen „Auferstehungsfeier" zugeordnet.[36] Vom Osterfeuer kommend, klopft der Priester drei Mal mit dem zuvor aus dem „Heiligen Grab" erhobenen Osterkreuz an das geschlossene Kirchenportal und begehrt Einlaß für den „König der Herrlichkeit". Dann öffnet sich das Portal für den „Herrn der Heerscharen", der die Pforten der Hölle zerbrochen hat.

Der Priester legt eine rote Stola über die Kreuzarme, den Purpur des Siegers, die Gemeinde singt die beiden ersten Strophen von *Seele, dein Heiland, ist frei von den Banden* und feiert so den aus dem Reich des Todes heimgekehrten Erlöser.

---

34 **Luxemburg 1948*; vgl. auch Anm. 18.

35 Erstmals voll ausgebildet erscheint das *Cum rex gloriae* im römisch-deutschen Pontifikale (Mainz um 950); vgl. zu seiner Rezeption in den deutschen Diözesanliturgien Lengeling, Ostergesänge Münster, 215–227.

36 Zur „Auferstehungsfeier" am Ostermorgen generell vgl. Bärsch, Grablegung und Auferstehungsfeier; zur Trierer Tradition vgl. Heinz, Ostern, 9–11. 20f. Die heutige liturgische Ordnung in: Manuale Trevirense, 39–44.

Während in den ersten beiden Strophen das Bekenntnis des Osterglaubens im Vordergrund steht, tritt in den folgenden Strophen die Paränese stärker hervor. Das Lied spricht nun nach Art eines Seelsorgers, der einen Gläubigen „im letzten Streit" begleitet. Es sagt der sich im Angesicht des Todes ängstigenden „Seele": „Fasse dich!" Es gibt keinen Grund, die Fassung zu verlieren und den Mut sinken zu lassen. Ein Christ ist in seinem Todes-Kampf nicht allein auf verlorenem Posten. Er darf sich sagen: „Jesus ist mit dir und kämpft dir zur Seite". Dieser Mitkämpfer hat es in seinem eigenen Sterben mit dem Tod schon aufnehmen müssen. In diesem Streit mußte sich der Tod, der sich seiner Sache bereits sicher zu sein glaubte, schließlich geschlagen geben. Wer deshalb diesen starken Mitstreiter, der den Tod überwand, an seiner Seite hat, braucht nicht zu verzagen. Selbst wenn die Schatten des Todes schon über ihn fallen, darf er sich sagen lassen: „Zage nicht, wenn auch der Tod dich umschwebt: Jesus, dein Heiland, ist Sieger und lebt."

Der vierten Strophe liegt das Pauluswort zugrunde: „Sind wir nun mit Christus gestorben, so glauben wir, daß wir auch mit ihm leben werden" (Röm 6,8; vgl. 2 Tim 2,11). Hier gibt das Lied Auskunft über das, was nach dem Tod, den auch Jesus „gelitten" hat, sein wird. Es ermutigt zum festen Vertrauen, daß es mit einem Christen so glücklich ausgehen wird wie es mit Christus ausgegangen ist. Derjenige, der sich selbst vom Grab erhoben hat (2. Str.), wird auch die an ihn Glaubenden „auferwecken am Letzten Tag" (vgl. Joh 6,40). Er ist mächtig, die Toten aus den Gräbern zu rufen und zu sich zu erheben (vgl. 1 Thess 4,16f.). Darauf darf die „Seele" bauen und vertrauen.

Die Gesangbuch-Fassungen haben - gewiß nicht nur aus sprachlichen Gründen - den Imperativ „traue" durch den theologisch gefüllteren, biblischen Ausdruck „glaube" ersetzt. Der Glaube ist es, der rettet (Mk 16,16; Röm 3,28).

Dagegen verharmlost und verwässert die Textänderung, die das gemeinsame Schweizer **KGB* von 1966 in Str. 4,1 vorgenommen hat, den paulinischen Gedanken des Mit-Christus. Während es dem Dichter hier gelungen ist, den in der Aufklärungszeit ausgeprägten Zug zur Historisierung des Christusereignisses und zu seiner Verzweckung im Sinn des bloßen moralischen Vorbilds zu vermeiden und den Gedanken der Lebens- und Schicksalsgemeinschaft mit dem im Heute des christlichen Lebens gegenwärtigen Christus ins Spiel zu bringen, ist die Schweizer Änderung genau diesem Fehler erlegen. Aus der übertriebenen Sorge, die Formulierung „mit Jesus streiten" könne Jesus als Streitgegner erscheinen lassen, hat man das theologisch zentrale Motiv der Kampfgemeinschaft mit Christus gegen die Mächte des Bösen, namentlich den letzten Feind, den Tod, fallengelassen. Aus dem biblischen „mit Jesus" ist ein moralisierendes „wie Jesus" geworden; von der durch die Taufe grundgelegten Christusgemeinschaft im Leben und Sterben ist nur mehr das zur Nachahmung mahnende Vorbild Jesu geblieben, der seinen Todeskampf beispielhaft durchlitten hat.

Die fünfte Strophe des Urtextes wurde bei der Rezeption des Liedes in die Diözesangesangbücher zu Recht für entbehrlich gehalten. Sie kehrt, nachdem die vierte Strophe schon auf den siegreichen Ausgang des Kampfes geblickt hatte, noch einmal zur Kampfsituation zurück. Die Seele, die der nahe Tod erschreckt, wird abermals an die aus dem Tod rettende Macht dessen erinnert, der, wie „er sich weckte", auch die mit ihm Gestorbenen „wecken" und „vom Grab" erheben wird. Entbehrlich ist schließlich auch die in der Urfassung vorgesehene Wiederholung der ersten Strophe als Rahmenstrophe. Sie vermag den Verkündigungsgehalt des Liedes nicht mehr wirklich zu steigern. Der vierstrophige *textus receptus* schließt eindrucksvoll mit der Mahnung zu fester Auferstehungshoffnung aufgrund der Gewißheit, daß „mein Heiland lebt" (Ijob 19,25).

Die Zusammenführung von Wort und Ton, die voneinander unabhängig entstanden sind, hat zu einem guten Ergebnis geführt. Die Melodie[37], dem Gesangbuch Straßburg 1755 entlehnt, besteht aus drei Zeilen und zeigt einen zweiteiligen Aufbau: Zwei identische Stollen bilden den Aufgesang, zwei weitere Zeilen den ebenfalls zweiteiligen Abgesang. Die Weise hat innere, logische Kohärenz, entspricht dem Stimmungsgehalt des Textes, ordnet sich ihm „innerlich" zu, bündelt ihn zur Strophe, vermag ihn zu tragen und - soweit im Strophenlied möglich - auch zu deuten. Rhythmus und Paarreim spiegeln sich in der Melodie-Struktur wider, das Wort-Ton-Verhältnis überzeugt. Trotzdem ist es keine „große" Melodie; sie und auch der Text wären eigenständig kaum lebensfähig. Im Lied aber bilden beide ein untrennbares Ganzes, das trotz seiner Schlichtheit nicht nur eine leidliche Symbiose, sondern eine wirkliche Synthese darstellt, geeignet, als Osterlob der Gemeinde zu erklingen.

Literatur

FC = Fontes Christiani. Hrsg. von N. Brox u.a. Freiburg 1900ff.
LQF = Liturgiegeschichtliche Quellen und Forschungen. Münster 1928ff.
QAMrhKG = Quellen und Abhandlungen zur Mittelrheinischen Kirchengeschichte.
TThSt = Trierer Theologische Studien. Trier 1941ff.

Bärsch, Jürgen: Grablegung und Auferstehungsfeier, in: Trierer Theologische Zeitschrift 110 (201). 173–194.

Bäumker, Wilhelm: Das katholische deutsche Kirchenlied in seinen Singweisen von den frühesten Zeiten bis gegen Ende des siebzehnten Jahrhunderts. Auf Grund handschriftlicher und gedruckter Quellen bearbeitet von Wilhelm Bäumker. 4 Bde. Freiburg im Breisgau 1883-1911 (Reprint Hildesheim 1962).

Grandjean, Wolfgang: Das katholische Kirchenlied in den trierischen Gesangbüchern von seinen Anfängen bis heute (QAMrhKG 22). Mainz 1975.

[37] Für die musikalische Beurteilung danke ich dem Referenten für Kirchenmusik im Deutschen Liturgischen Institut, Christof Emanuel Hahn, auch an dieser Stelle sehr herzlich.

Heinz, Andreas: Die marianischen Schlußantiphonen im Stundengebet, in: Klöckener, Martin/Rennings, Heinrich (Hrsg.): Lebendiges Studengebet. Vertiefung und Hilfe. Freiburg i. Br. 1989. 342–367.

Heinz, Andreas: Mit dem Herzen Ostern feiern, in: Gottesdienst 23 (1989) 9–11. 20f.

Heinz, Andreas: Zur Geschichte des muttersprachlichen katholischen Kirchengesangs im Trierer Raum, in: Kurtrierisches Jb 15 (1975) 73–89.

Hofer, Max: Die Gesang- und Gebetbücher der schweizerischen Diözesen. Eine geschichtliche Untersuchung. Freiburg/Schweiz 1965.

Kosch, Wilhelm: Das Katholische Deutschland. Biographisch-bibliographisches Lexikon. Bd. 1. Augsburg 1933.

Küppers, Kurt: Diözesan-Gesang- und Gebetbücher des deutschen Sprachgebietes im 19. und 20. Jahrhundert (LQF 69). Münster 1987.

Lengeling, Emil Joseph: Unbekannte oder seltene Ostergesänge aus Handschriften des Bistums Münster, in: Fischer, Balthasar/Wagner, Johannes (Hrsg.): Paschatis Sollemnia. Studien zu Osterfeier und Osterfrömmigkeit. Freiburg-Basel-Wien 1959. 213–238.

Manuale Trevirense. Heilige Woche - Karwoche und Ostern. Eigenfeiern des Bistums Trier. Studienausgabe. Hrsg. vom Bischöflichen Generalvikariat Trier. Trier 1999.

Michl, Johann: Art. Auferstehung, in: Marienlexikon. Hrsg. von Remigius Bäumer und Leo Scheffczyk. Bd. 1. St. Ottilien 1988. 268-270.

Persch, Martin: Das Trierer Diözesangesangbuch von 1846 bis 1975 (TThSt 44). Trier 1987.

Annette Albert-Zerlik

Seht, der Stein ist weggerückt

1. Seht, der Stein ist weggerückt,
nicht mehr, wo er war;
nichts ist mehr am alten Platz,
nichts ist, wo es war.
Halleluja.

2. Seht, das Grab ist nicht mehr Grab,
tot ist nicht mehr tot.
Ende ist nicht Ende mehr,
nichts ist, wie es war.
Halleluja.

3. Seht, der Herr erstand vom Tod,
sucht ihn nicht mehr hier,
geht mit ihm in alle Welt,
er geht euch voraus.
Halleluja.

Druckvorlage

Das Lied ist in der Fassung des Limburger Diözesanteils des **Gotteslob* (GL-Lim 836) wiedergegeben.

1 Vorbemerkungen

Der Text wurde 1971 von Lothar Zenetti[1] verfaßt und zunächst unvertont veröffentlicht.[2] Die Melodie schrieb Karl Fink,[3] ebenfalls 1971.[4] Ein Jahr

---

1 Lothar Zenetti (geb. 1926) wurde 1962 katholischer Studentenpfarrer und war danach von 1969–1995 als Gemeindepfarrer in Frankfurt tätig. Außerdem hatte er im Zeitraum 1982–1992 das Amt des Katholischen Hörfunkbeauftragten beim Hessischen Rundfunk inne. Seit 1995 befindet er sich im Ruhestand. Sein Werk umfaßt zahlreiche Bücher über religionspädagogische, gottesdienstliche und pastorale Themen sowie Ausgaben seiner poetischen Texte. Vgl. hierzu Schmid, Art. Zenetti; Meyer, Das neue Lied im Evangelischen Gesangbuch, 323–325.

2 Die ursprüngliche Fassung des Textes (ohne Melodie) erschien in Zenetti, Texte der Zuversicht, 72. Entsprechend dem Stil der damaligen Zeit wird der Text dort weitge-

später erschien das Lied in *Neue Lieder*[5], und 1975 in **Neue Gemeindelieder*. Schließlich wurde es auch in die Gesangbücher **Gotteslob* (GL-Lim 836), EG 551, KG 442 und RG 481[6] aufgenommen und entsprechend seiner Thematik der jeweiligen Rubrik der Osterlieder zugeordnet.

Die früheste Ausgabe von 1972 – ebenso die spätere des **EG* von 1993 – enthält einen Fehler in der Melodie: Im vorletzten Takt findet sich die Wiederholung der Achtelnote a. Richtig ist jedoch der Terzsprung a-f, wie ihn die Editionen in **Neue Gemeindelieder*, **Gotteslob*, **KG* und **RG* übereinstimmend aufweisen.[7] Dies belegt auch der von Karl Fink 1974 selbst komponierte Satz[8], der in der Melodie ebenfalls das Intervall enthält. Deshalb wird hier nicht die früheste Edition von 1972, sondern die von **Gotteslob*, die ihrerseits mit der von **Neue Gemeindelieder* von 1975 übereinstimmt, zugrunde gelegt.

Typische Merkmale charakterisieren das Lied als Lied unserer Zeit, zum Beispiel im Text verwendete Wortspiele, umgangssprachlich anmutende Redewendungen sowie Paradoxa. Die „Modernität" der Komposition entsteht durch den synkopierten Rhythmus und die kirchentonal (dorisch) verfaßte Melodie.

2 Form und Sprache

Der Text gliedert sich in drei Strophen zu je vier Zeilen mit jeweils einem abschließenden „Halleluja"-Ruf. Es finden sich keine Endreime, lediglich Assonanzen (in Str. 1,2.3.4: „war"-„Platz"-„war"). Das Metrum wird vom trochäischen Versmaß bestimmt, wobei Zeilen mit vier bzw. drei Hebungen abwechseln. Der Aufbau der einzelnen Textabschnitte ist gleichförmig: Jede

---

hend ohne Interpunktion präsentiert. Es stehen nur Kommata innerhalb der Zeilen, nach „Seht" (1,1; 2,1; 3,1) sowie nach „nichts ist..." (1,4; 2,4). Der Verzicht auf Interpunktion dient – nach Auskunft des Autors (Gespräch am 15.01.02) – keiner bestimmten Aussage.

3 Karl Fink (1923–1977) war Kantor in Eltville und Kirchenmusikdirektor. Vgl. **EG-HN*, Liederkunde, Nr. 957.

4 Das Lied liegt auch in anderen, später entstandenen Vertonungen vor, so z.B. in einer von Herbert Beuerle (**Liedersammlung zum Osterfestkreis III*) sowie einer weiteren von Heinz Martin Lonquich (**Unterwegs*, Nr. 40).

5 **Neue Lieder*, Nr. 25. Als Quelle wird dort angegeben: „Tagung in Arnoldshain (Ev. Akademie/Diözese Limburg)".

6 Es handelt sich um die folgenden Ausgaben: **Gotteslob* Limburg, **EG-HN*, **KG* und **RG*.
Im Unterschied zur interpunktionslosen Urfassung des Textes wurden in den vertonten Editionen der auch in den Anmerkungen 5 und 6 genannten Quellen nachträglich Satzzeichen eingefügt. Von daher erklären sich diesbezüglich geringfügige Abweichungen der Fassungen untereinander.

7 Im Zusammenhang mit den Vorarbeiten zur Aufnahme des Liedes in das **RG* wies der Bosse-Verlag darauf hin, daß die Fassung mit der Terz in dem von ihm herausgegebenen Heft **Neue Gemeindelieder* die ursprüngliche sei. Daraufhin wurde diese als Vorlage für die Edition in **RG* ausgewählt.

8 Orgelbuch zum Gotteslob. Limburger Diözesanteil, Nr. 836.

Strophe beginnt mit dem Imperativ „Seht" und endet mit einem „Halleluja"-Ruf. Dazwischen befinden sich kurze Aussage- bzw. Aufforderungssätze, die jeweils innerhalb einer Zeile verbleiben. Die einzige Ausnahme bilden die Zeilen 1,1.2, da 1,2 eine prädikative Ergänzung zum vorhergehenden Satz darstellt.

Die mit der Aufforderung „Seht" verbundene, zunächst positive Feststellung „...der Stein ist weggerückt" erfährt durch die negativ formulierte prädikative Ergänzung „nicht mehr, wo er war" Bekräftigung. Die beiden anschließenden, zu 1,1 bzw. 1,2 parallel formulierten Sätze erweitern diese Aussage: Wurde zunächst nur die veränderte Position des Steins thematisiert, so wird diese Situation nun generalisiert und auf alles Existente bezogen, zusammengefaßt im Schlußsatz: „Nichts ist, wo es war". Dabei verstärkt das Wortspiel mit „nicht mehr" bzw. „nichts...mehr" (1,2.3) die Zäsur zwischen dem vorausgesetzten alten und dem neuen Zustand und trägt dazu bei, daß die sich ins Allgemeine steigernden Aussagen an Eindringlichkeit gewinnen.

Die Kombination „nicht mehr" (2,1.2.3) sowie das Wort „nichts" (2,4) beherrschen auch den zweiten Textabschnitt. Drei lapidare, gleichgebaute Aussagesätze konstatieren negativ die Weise des neuen Seins, das an dem in der ersten Strophe programmatisch genannten Faktum des weggerückten Steins zuerst erkennbar wurde. Als Ausdrucksmittel der radikalen Wandlung dienen Paradoxa, die in der Feststellung gipfeln: „Nichts ist, wie es war". Dieser Satz stimmt nahezu wörtlich mit dem Ende der ersten Strophe überein; lediglich das „wo" (1,4) wurde durch das „wie" (2,4) ausgetauscht. Im Nachhall bleiben die beiden jeweils letzten Aussagen (1,4 und 2,4) wie Merksätze im Gedächtnis haften, mit dem Ergebnis, daß sich dem Hörer die Frage stellt, ob etwas und, wenn ja, was an die Stelle der totalen Verneinung treten wird.

Die so hergestellte Spannung löst sich durch das Aufgeben des Prinzips der Negation in der dritten Strophe. Die einzige Ausnahme bildet die zweite Zeile „Sucht ihn nicht mehr hier" (3,2). Im Unterschied zu den verneinenden Aussagen der beiden vorhergehenden Textabschnitte stellt diese jedoch keine Zustandsbeschreibung, sondern eine Aufforderung dar, die mit der nachfolgenden Handlungsanweisung „Geht mit ihm in alle Welt" (3,3) verklammert ist. Beide Imperative werden durch positive Aussagen, der der ersten Zeile, „...der Herr erstand vom Tod", und der am Schluß, „Er geht euch voraus", eingerahmt. So zeigt sich auf sprachlicher Ebene, daß die dritte Strophe, in Absetzung von den Negativaussagen des vorangehenden Texts, eine neue Perspektive bietet.

Auf lexikalischer Ebene fällt eine sparsame, am Elementaren orientierte Wortwahl auf, bei der weitgehend auf attributiv verwendete Adjektive verzichtet wurde. In den Str. 1 und 2 ist der Text - sieht man einmal vom „Halleluja" ab - nicht ausgesprochen theolektal. Dennoch wird der aus christlichem Umfeld kommende Hörer die Ausdrücke „der Stein ist weggerückt" (1,1) und „Grab" (2,1) sofort als dem österlichen Kontext zugehörig erkennen. Eindeutig präsentiert die dritte Strophe die Abhängigkeit von der markinischen Erzählung vom leeren Grab (Mk 16,1–8) bzw. die Nähe zu den Geschichten der beiden anderen Synoptiker (Mt 28,1–8; Lk 24,1–12). Fast alle Wörter und Ausdrücke („Seht“, „erstand“, „sucht“, „nicht ... hier“, „geht“, „in alle Welt“, „er geht euch voraus“) stammen aus Mk 16,6.7.15 und wurden neu kombiniert. So erkennt man, daß das wiederholte „Seht“, das in den ersten beiden Strophen vielleicht nicht spontan als biblisch identifiziert wird, dem Auferstehungsbericht entnommen ist. Gerade das Verb „sehen“ spielt bei Mk eine hervorgehobene Rolle: Es findet sich innerhalb der VV 4–7 - außer dem Wort „hinblicken“ - insgesamt viermal.[9] Wiederholt kommt bei Mk auch das zweimal in Str. 3 verwendete „gehen“ vor (viermal, 16,5.7.15). Wie noch zu zeigen sein wird, nehmen in Zenettis Text sowohl „sehen“ als auch „gehen“ zentrale Positionen ein.

3 Kommunikationssituation

Die Kommunikationssituation wird durchgängig durch den zu Beginn jeder Texteinheit stehenden Imperativ „Seht“ bestimmt, mit dem ein Sprecher eine Gruppe anredet. Ausgehend von Mk 16,6.7 wird deutlich, daß es sich hierbei um die Szene im leeren Grab handelt, in der der Engel zu den Frauen spricht: „Erschreckt nicht! Ihr **sucht** Jesus von Nazareth, den Gekreuzigten. Er ist **auferstanden**; er ist **nicht hier**. **Seht**, da ist die Stelle, wo man ihn hingelegt hatte. Nun aber **geht** und sagt seinen Jüngern, vor allem Petrus: **Er geht euch voraus** nach Galiläa.“ Str. 3 nimmt die (hier von Verf. fett gedruckten) Formulierungen zum Teil wörtlich auf, transponiert jedoch die in den Z. 3 und 4 verwendeten in einen neuen Kontext. Beim Imperativ „Geht“ (3,3) handelt es sich nämlich nicht mehr um die an die Frauen im Grab gerichtete Aufforderung (V7), zu den Jüngern zu gehen. Vielmehr wird der erste Teil des Auftrags, den Jesus seinen Jüngern erst bei der – im Anhang des Mk-Evangeliums (16,9–20) erzählten – späteren Erscheinung erteilte, in die Engelsbotschaft integriert: „*Geht* hinaus *in die* ganze *Welt*, und verkündet das Evangelium allen Geschöpfen!“ (Mk 16,15). Dem entsprechend fällt in Z. 4 die Ortsbestimmung „Galiläa“ (V7) weg.
Die so erreichte Erweiterung des ursprünglich auf den Engel und die Frauen bezogenen Gesprächsrahmens sowie die existentielle Deutung der biblischen Ausgangssituation, der Grabszene, eröffnen die Voraussetzung für die Aktualisierung des Lieds. Die neue Kommunikationssituation besteht darin, daß die, die das Lied heute im Gottesdienst singen, sich nun gegenseitig die Auferstehungsbotschaft – einschließlich des Jüngerauftrags – zurufen. Damit setzen sie den kerygmatischen Prozeß fort und bestärken sich

---

[9] Den Angaben zum Wortgebrauch liegt die auch sonst im Rahmen des Beitrags verwendete Einheitsübersetzung der Bibel zugrunde.
Auch im lateinischen Text der Vulgata wird die Aufforderung „Seht“ im Sinn von „Hinsehen“ gebraucht, indem dort der Imperativ *videte* und nicht das deiktische Partikel *ecce* (Da!) steht.

im Glauben.[10] Die an die Gruppe (Gemeinde) gerichtete Rede zielt allerdings letztlich auf den Einzelnen, da das Hören und die Annahme des Gehörten grundsätzlich ein individueller Akt ist.

4 Bilder und Themen

In allen drei Strophen erscheinen die inhaltlichen Aussagen konsequent auf zwei Stufen: Auf der ersten (jeweils Z. 1 und 2) bildet die konkrete Situation des leeren Grabs den Ausgangspunkt: Mittels der Vorstellungen vom weggerückten Stein (1), Grab (2) sowie auferstandenen Herrn (3) wird der Hörer in die Perspektive der Frauen am Ostermorgen versetzt. Auf der zweiten Stufe (jeweils Z. 3 und 4) erweitert sich die Bedeutung der ursprünglichen biblischen Situation auf räumlicher (1), zeitlich-qualitativer (2) sowie personaler (3) Ebene und wird dadurch für die aktuelle Erfahrung zugänglich.

4.1 Der weggerückte Stein - die räumliche Dimension

Der Beginn der ersten Strophe stellt dem Hörer das Bild des weggerückten Steins vor Augen. Der mit der Ostererzählung Vertraute weiß um die Ungeheuerlichkeit und das Wunderbare des damit verbundenen Ereignisses, denn Markus schildert den Stein als „sehr groß", so daß sich die Frauen fragten, wer ihn für sie wegwälzen könnte (Mk 16,4) - eine scheinbar ausweglose Situation! Wie in den Z. 3 und 4 deutlich wird, stellt das Bild die totale Umwälzung der bisherigen Realität dar und wird so zu deren Symbol. Die Worte „wo" (zweimal: 1,2.4) und „Platz" (1,3) zeigen an, daß dies auf räumlicher Ebene geschieht, mit dem Resultat, daß die gesamte, dem Hörer gewohnte Topographie nun als verändert erscheint.[11]

4.2 Das Nicht-Grab - die qualitativ-zeitliche Dimension

Mit der erneuten Aufforderung „Seht" wendet sich der Blick des Hörers wieder dem Grab zu, von dem jedoch behauptet wird, daß es kein Grab mehr sei - eine Konsequenz, die sich aus dem Schlußsatz der Strophe 1 „Nichts ist, wo es war" ergibt: Wo kein Leichnam mehr ist, ist auch kein Grab. Die Vorstellung von der Nichtexistenz des Grabs, die die gewohnte vom leeren Grab noch überbietet, wird zum „Bild" - oder besser „Nicht-Bild" - einer neuen Wirklichkeit, in der es grundsätzlich kein Totsein mehr gibt (2,2). Die adjektivische, im Unpersönlichen verbleibende und äußerst

[10] „Die Engelrede (V. 6f.) wird...dadurch, daß die Frauen - nach der Konstruktion des Erzählers - geschwiegen haben sollen (V. 8), zur unmittelbaren Botschaft an die späteren Hörer und Leser des Textes. Wer Jesus wiederfinden will, muß die Botschaft hören und ihn bei denen suchen, die ihm auf dem Weg seiner Praxis nachfolgen, also in seine Geschichte eintreten.". Kessler, Sucht den Lebenden nicht bei den Toten, 125.

[11] Das Motiv vom weggewälzten Stein erinnert auch an Jes 62,10. Im Zusammenhang der Vision vom neuen Jerusalem heißt es: „Zieht durch die Tore ein und aus, und bahnt dem Volk einen Weg! Baut, ja baut eine Straße, und räumt die Steine beiseite!" Die Beseitigung hindernder Steine wird als Zeichen der Erlösung gedeutet.

allgemeine Feststellung „Tot ist nicht mehr tot"- es ist nicht die Rede vom Tod Jesu - wirkt provozierend, verkehrt sie doch die umgangssprachliche, resignative Redewendung „Tot ist (eben) tot" in ihr Gegenteil. Die radikale Negierung des Begriffs „tot" hat in erster Linie Konsequenzen für das Zeitverständnis, ausgedrückt in dem Satz „Ende ist nicht Ende mehr". Das heißt: Die Vorstellung von begrenzter Zeit wird aufgehoben, ein neues Verständnis erscheint notwendig. Die Zusammenfassung „Nichts ist, wie es war" im Kontext von „Nichts ist, wo es war" (1,4) erzeugt ein beträchtliches Maß an Spannung und Verunsicherung. Ausgehend vom weg-gerückten Stein wird dem Hörer eine ver-rückte Welt zugemutet, so daß sich ihm die existentielle Frage nach einer neuen Orientierung stellt. Die Antwort hierzu steht noch aus. Allerdings signalisiert schon das jeweils abschließende „Halleluja" mit seinem freudigen Charakter, daß die Reaktion nicht eine verängstigte wie die der Frauen am Grab sein muß, wie sie Markus schildert: „Da verließen sie das Grab und flohen; denn Schrecken und Entsetzen hatte sie gepackt" (Mk 16,8).

4.3 Der auferstandene Herr - die personale Dimension

Die letzte Strophe setzt der - eigentlich nicht vorstellbaren - Umkehrung aller gewohnten Realität das Ereignis der Auferstehung des Herrn entgegen (3,1), dem entsprechend es keinen Sinn macht, ihn „hier" zu suchen (3,2). Während das bisherige Lied von einer unpersönlichen Atmosphäre bestimmt war, steht nun die Person des Auferstandenen im Mittelpunkt.

Wie schon in den Strophen zuvor, erweitern die Z. 3 und 4, in denen mehrere biblisch-österliche Bilder zusammentreffen, den Horizont der Grabszene. Zunächst deutet der Aufruf „Geht mit ihm in alle Welt" (3,3) die Themen von Verkündigung und Taufe an: „Geht hinaus in die ganze Welt, und verkündet das Evangelium allen Geschöpfen! Wer glaubt und sich taufen läßt, wird gerettet..." (Mk 16,15.16). Dabei spielt der Einschub „mit ihm" eine besondere Rolle. Durch ihn wird die in Z. 2 implizierte Frage, wo Jesus denn nun sei, beantwortet: Er ist da, wo man mit ihm geht, das heißt: Er lebt! Zugleich klingen andere Erscheinungserzählungen an, insbesondere die vom Emmausgang (Lk 24,13-35) und die letzte Zusage des Auferstandenen: „Ich bin bei euch alle Tage bis zum Ende der Welt." (Mt 28,20), die die zu Beginn des Matthäusevangeliums sich im Namen ‚Immanuel' kundtuende Verheißung „Gott ist mit uns" (Mt 1,23) einlöst. Mit der Zuversicht, nicht allein der Welt ausgesetzt zu sein, kann der Hörer die Auferstehung als ein für sich sinnvolles und - nach aller Verunsicherung - tröstliches Geschehen erkennen. Erst von hier aus läßt sich das „Halleluja" der beiden vorhergehenden Strophen vollends nachvollziehen.

Zeile 4 knüpft zunächst (ohne die Ortsangabe ‚Galiläa') an die Botschaft an, die die Frauen den Jüngern überbringen sollen („Er geht euch voraus..." [Mk 16,7]). Das Bild des vorangehenden Herrn findet sich jedoch schon im Zusammenhang der für die Feier von Ostern konstitutiven Exoduserzählung, nach der Gott die Israeliten durch das Rote Meer in das verheißene

Land geführt hat (Ex 15,13).[12] Gleichzeitig ruft der Satz das johanneische Bild vom guten Hirten (Joh 10,4), der seinen Schafen vorangeht, ins Gedächtnis. Aus dem theologischen Kontext, in dem das Gleichnis bei Joh steht, ergibt sich, daß das Vorangehen des Hirten als die Lebenshingabe und die Auferstehung Jesu zu deuten ist (10,11.15).

5 Rhythmus und Melodie

Der Verlauf der Melodie und deren Rhythmik verdeutlichen die Thematik des Textes, den Anbruch einer fundamental veränderten Wirklichkeit. Dies wird dadurch erreicht, daß die Melodie nicht in der sonst eher üblichen Dur-Moll-Tonalität, sondern ausschließlich modal verfaßt ist (dorisch). Außerdem ist der Rhythmus weitgehend unregelmäßig, von Synkopen bestimmt. Vermutlich bewirken diese - auch sonst für neuere Lieder charakteristischen Merkmale –, daß das Lied für Laien nicht sofort zugänglich ist.

Die Melodie besteht aus zwei Abschnitten zu je drei Takten (T 1–3 und T 4–6) und dem abschließenden Halleluja-Ruf (T 7):

Die Phrasen weisen eine gewisse Parallelität auf. Für jede gilt: Der erste Takt ist regelmäßig, das heißt er hat seine Betonung auf Eins und Drei. Die beiden folgenden Takte sind synkopisch geprägt. Die Melodie steigt bis zu einem Höhepunkt und fällt dann wieder ab.

Abweichungen vom Parallelitätsprinzip bestehen darin, daß die in der ersten Phrase in Takt 2 zwischengeschaltete Viertelpause in der zweiten Phrase nicht mehr vorkommt, sondern durch Dehnung der Noten an der entsprechenden Stelle überbrückt wird. Außerdem wird der Höhepunkt in der zweiten Phrase verlängert, indem das d auf eine Viertelnote, statt auf eine Achtelnote, wie in Phrase 1, übergebunden wird. Bei der Melodieführung zeigen sich ebenfalls Unterschiede: Die erste Phrase ist gekennzeichnet von Intervallsprüngen, während die zweite linear (Sekundschritte) aufwärts steigt und lediglich im Abstieg zwei Terzsprünge aufweist.[13]

---

[12] In der typologischen Deutung der Patristik ist der Führende Christus, der die Getauften auf dem Weg zum Vater führt. Vgl. Einig, *Christe, qui lux es et dies*, 753f.

[13] Wie schon im Rahmen der Vorbemerkungen oben dargelegt, weisen die erste Edition (1972) und die des **EG* anstelle des Terzsprungs a-f eine Tonwiederholung (a-a) auf.

Durch den Einsatz der zweiten Phrase auf der fünften Stufe und den insgesamt aufwärts gerichteten „Halleluja"-Ruf wird ein stufenartiger Aufbau innerhalb der einzelnen Textabschnitte erreicht. Dies soll das folgende Schema (anhand der ersten Strophe) verdeutlichen:

	nichts ist mehr am alten Platz, nichts ist, wo es war.	Halleluja.
	2. Phrase	Schlußtakt
Seht, der Stein ist weggerückt, nicht mehr, wo er war,		
1. Phrase		

Die Stufen entsprechen der Anordnung der Aussagen im Text: Auf der ersten wird die biblische Ausgangssituation benannt, auf der zweiten folgt deren Verallgemeinerung und Radikalisierung, und der Schlußruf bestätigt das Gesagte als freudige Botschaft.

Die erste Phrase spiegelt die einführende Funktion der jeweils ersten beiden Verszeilen mit der Aufforderung „Seht..." sowie der Information, was gesehen werden soll. Der Quintsprung im ersten Takt in Verbindung mit dem zunächst regelmäßigen Rhythmus läßt eine Atmosphäre von Feierlichkeit entstehen, die durch die Synkopierungen der beiden folgenden Takte aber rasch als verfremdet erscheint. Dadurch wird der Hörer zur Aufmerksamkeit angeregt. Gerade die rhythmischen Unregelmäßigkeiten verdeutlichen die im Text ausgesagte Umkehrung der alten Ordnung. Sie machen in Takt 2 das Wegrücken des Steins (1,1) und parallel dazu die „Bewegung" der Auferstehung (3,1) geradezu hörbar. Der höchste Ton b (T 3) betont die Wörter „nicht" (1) - „tot" (2) - „sucht" (3), wodurch die bekräftigenden Aussagen der jeweils zweiten Zeilen unterstrichen werden.

Die zweite Phrase beginnt um eine Quint höher versetzt. Das neue Melodieniveau, das Ansteigen der Melodie in Sekundschritten zum Spitzenton d und der Wegfall der Pause (T 2) bewirken den Eindruck eines Vorwärtsdrängens verbunden mit dem Aufbau von Spannung, die sich zunächst absteigend zum Phrasenende hin und schließlich im aufwärtsgerichteten „Halleluja" löst. In den Str. 1 und 2 verdeutlicht diese Dynamik die jeweils in den Z. 3 und 4 zur Sprache kommenden dramatischen Veränderungen der Wirklichkeit. Im letzten Textabschnitt trägt sie dazu bei, die mit dem Wort „gehen" ausgedrückte Bewegung („geht hinaus in alle Welt"/„er geht euch voraus") musikalisch zu Gehör zu bringen. Bemerkenswert erscheint das Verhältnis von Text und Musik auf dem Höhepunkt der Melodie: Während dem Spitzenton d in der ersten und zweiten Strophe jeweils das Wort „nichts" zugeordnet wird, erscheint in der dritten an der entsprechenden Stelle „er" als die nun positiv benannte, neue Realität. Das heißt: Nach dem radikalen Entzug aller alten Sicherheiten wird das so entstandene Vakuum durch die Zusage der personalen Präsenz des Auferstandenen vollständig ausgefüllt, so daß sich eine Suche nach neuen Erklärungs- und Handlungsmustern erübrigt. Der fanfarenartige Ruf des „Halleluja" wirkt mit seinem aufsteigenden Ende (c^2) als Signal, das im Lied thematisierte Neue als etwas Positives zu sehen und der Aufforderung „Geht" zu folgen.

Aus der engen textlichen sowie musikalischen Aufeinanderbezogenheit der Strophen ergibt sich, daß das Lied auf jeden Fall als Ganzes zu singen ist. Aufgrund der bisher beschriebenen und noch darzulegenden Vorzüge stellt das Lied eine Bereicherung für die Gottesdienstgestaltung dar. In Hinblick auf die rhythmischen und melodischen Schwierigkeiten, die eine Gemeinde vermutlich bei nur seltener Ausführung hat, wäre zu überlegen, ob es von einem einzelnen oder einer Schola vorgetragen werden könnte.

6 Theologische und spirituelle Bedeutung

Mit dem zu Beginn jeder Strophe stehenden Imperativ fordert der Sprecher des Liedes seine Hörer eindringlich zum „Sehen" auf, wobei sich bei näherer Betrachtung zeigt, daß es sich in den einzelnen Textabschnitten um eine jeweils besondere Art des „Sehens" handelt.

In den beiden Anfangszeilen der ersten Strophe geht es um das in der Vorstellung stattfindende, konkrete Sehen eines Bildes, nämlich das des Steins, dessen Position verändert wurde. Auch in der zweiten Hälfte bleibt das Sehen im visuellen Sinn auf räumliche Verhältnisse bezogen. Allerdings zeichnet sich durch die im Unbestimmten gehaltene, generalisierende Formulierung schon eine Tendenz ab in die Richtung des – in Str. 2 geforderten – abstrakten Sehens.

Alle Aussagen des zweiten Textabschnitts zielen auf eine Wirklichkeit, die sich derart von der gewohnten unterscheidet, daß sie sich einer anschaulichen Beschreibung entzieht. Aussagen über sie sind nur mittels Paradoxa möglich. Dementsprechend ist das „Sehen" hier im Sinn geistiger Erkenntnis, die die sichtbaren lokalen Veränderungen deutet, zu verstehen. Schrittweise, in nüchterner Sprache, wird dem Hörer die unglaubliche Wende aufgezeigt, nach der die Endgültigkeit des Todes und der zeitlichen Begrenztheit nicht mehr existiert. Damit entwickelt sich geradezu ein Gegenbild zur existentialistischen Sicht, in der sich der Mensch in der Absurdität und der Todesverfallenheit seines Daseins vorfindet. Doch wie ist dieses zu verstehen angesichts des Wegfallens aller früher gültigen Vorstellungen von Raum und Zeit?

Die Erklärung bietet die dritte Strophe durch den in ihr zum Ausdruck kommenden Paradigmenwechsel, der darin besteht, daß die Grenzen des konkreten (Str. 1) und des abstrahierenden (Str. 2) „Sehens" hin zum gläubigen „Sehen" überschritten werden: Mit den Augen des Glaubens soll der Hörer die zentrale Botschaft „Der Herr erstand vom Tod" wahrnehmen. Erst von hier aus ist der bisherige Inhalt des Liedes zu verstehen. Das zentrale Osterbekenntnis, das schon in den vorhergehenden „Halleluja" anklang, begründet die radikalen Aussagen der beiden ersten Strophen. Diese werden nun auch in ihrer Funktion, Offenheit für die Auferstehungsbotschaft zu bewirken, deutlich.

Die Adressaten der Botschaft sollen aber nicht auf der Erkenntnisebene stehenbleiben. Das Ereignis der Auferstehung impliziert eine neue Handlungsperspektive, die zunächst negativ ausgedrückt wird: „Sucht ihn nicht mehr hier". Mit „hier" ist die alte Vorstellungswelt gemeint, in der „Grab Grab ist", weil „tot tot ist". Von diesem „Ort" heißt es sich loszureißen und aufzubrechen in die Offenheit der Welt. Aber: Wie ist es möglich, einer derart radikalen Forderung nachzukommen, nachdem alle bisherigen Orientierungsmuster nicht mehr gelten? Wer oder was weist die Richtung? Die Antwort ist in der Aufforderung „geht mit ihm in alle Welt" enthalten. Der Zusatz „mit ihm" schlägt die Brücke zwischen dem objektiv benannten Ereignis der Auferstehung (3,1) und deren existentiellen Situation für den Gläubigen, insofern er deutlich macht, daß der Auferstandene in Beziehung zum Gläubigen tritt. Diese tröstliche Gewißheit - bekräftigt durch die Zusage „er geht euch voraus" - befähigt den Gläubigen, in „alle Welt" aufzubrechen. Es wird hier nicht explizit gesagt, welchen Zweck das Hinausgehen hat. Zum einen schwingt aufgrund der Bekanntheit des Satzes „Geht hinaus..." der Auftrag zu Verkündigung und Taufe mit. Zum anderen erscheint eine nähere Bestimmung aber gar nicht als notwendig: Wie die vierte Zeile verdeutlicht, heißt das „Mit-ihm-Gehen" Nachfolgen, und dieses beinhaltet das Verlassen des Gewohnten (Mk 10,29.30), die Verkündigung und die Taufe (Mk 16,15.16) sowie das Vertrauen, daß der Vorangehende die ihm Nachfolgenden zum Leben führt (Joh 10,4.11-16).

Die Aktualität des Liedes wird durch die gelungene Verbindung von Vergangenheit, Gegenwart und Zukunft gefördert. Die in der biblischen Erzählung als historisches Geschehen dargestellte Auferstehung wird für den Hörer zur Gegenwart, indem der Sprecher die Rolle des Engels im Grab einnimmt und seinen Adressaten das österliche Ereignis, gedeutet auf der Ebene überzeitlicher Verallgemeinerung, als aktuelle, sie angehende Botschaft verkündet. Zugleich verweist das Vergegenwärtigte in die Zukunft, insofern in der dritten Strophe die Perspektive eines neuen Handelns genannt wird, das darin besteht, dem vorausgehenden Auferstandenen nachzufolgen.

Auch noch nach dreißig Jahren kann man davon ausgehen, daß das Lied heutiger Mentalität entspricht. Hierzu trägt der von Wortspielen geprägte, schlichte Sprachstil bei, bei dem der Verzicht auf die in traditionellen Osterliedern übliche Terminologie (z.B. die Verwendung von Begriffen wie „Osterlamm", „Held", „Sieg" usw.) auffällt. Außerdem fördern die die biblische Grundlage erweiternden, inhaltlichen Aussagen das aktuelle Verständnis. Bedingt durch ihre Allgemeinheit sind sie so offen, daß der Hörer nicht von vornherein auf ein bestimmtes Deutungsschema festgelegt ist. Ebenso werden keine Reaktionsweisen, z.B. emotionaler oder wertender Art, vorgegeben. Insgesamt gesehen beabsichtigt das Lied ein nüchternes Wahrnehmen und Meditieren der neuen Realität, in einer eher zurückhaltend freudigen Atmosphäre. Auch das Handeln wird nicht näher, z.B. mit Kategorien der Moral, beschrieben. Sein einziger Inhalt ist das „Gehen mit ihm", die sich in der Dynamik vollziehende Beziehung zu Christus, die sowohl im Bereich der Spiritualität als auch in dem der ehtischen Praxis gelebt wird. Die genannten Aspekte zeigen, daß das Lied auf ungewohnte und damit vermutlich wirkungsvolle Weise einen Zugang zur Osterbotschaft eröffnen kann, insbesondere auch denjenigen, denen die ‚alten' Lieder nicht mehr vertraut sind.

Literatur

HEG 2 = Handbuch zum Evangelischen Gesangbuch. Bd. 2. Wolfgang Herbst (Hrsg.): Wer ist wer im Gesangbuch? 2. durchgesehene und aktualisierte Auflage. Göttingen 2001.

Einig, Bernhard: *Christe, qui lux es et dies*, in: Becker, Hansjakob/Kaczinsky, Reiner (Hrsg.): Liturgie und Dichtung I. St. Ottilien 1983. 721–764 (Pietas Liturgica 1).

Kessler, Hans: Sucht den Lebenden nicht bei den Toten. Die Auferstehung Jesu Christi. Düsseldorf 1985.

Meyer, Dietrich (Hrsg.): Das neue Lied im Evangelischen Gesangbuch (Arbeitshilfen des Archivs der Evangelischen Kirche im Rheinland 3). Düsseldorf 1997. 323–325.

Orgelbuch zum Gotteslob. Limburger Diözesanteil. Hrsg. vom Dezernat Grundseelsorge im Bischöflichen Ordinariat Limburg. Limburg 1975.

Schmid, Bernhard: Art. „Zenetti, Lothar", in: Komponisten und Liederdichter des Evangelischen Gesangbuchs. Hrsg. von Wolfgang Herbst: Göttingen 1999. 355–356 (HEG 2).

Zenetti, Lothar: Auf seiner Spur. Mainz 2000.

Zenetti, Lothar: Texte der Zuversicht. München 1972.

Ulrike Süß

Der schöne Ostertag

1. Der schöne Ostertag!
Ihr Menschen, kommt ins Helle!
Christ, der begraben lag,
brach heut aus seiner Zelle.
Wär vorm Gefängnis noch der schwere Stein vorhanden,
so glaubten wir umsonst.
Doch nun ist er erstanden,
erstanden, erstanden, erstanden!

2. Was euch auch niederwirft,
Schuld, Krankheit, Flut und Beben –
er, den ihr lieben dürft,
trug euer Kreuz ins Leben.
Läg er noch immer, wo die Frauen ihn nicht fanden,
so kämpften wir umsonst.
Doch nun ist er erstanden,
erstanden, erstanden, erstanden.

3. Muß ich von hier nach dort –
er hat den Weg erlitten.
Der Fluß reißt mich nicht fort,
seit Jesus ihn durchschritten.
Wär er geblieben, wo des Todes Wellen branden,
so hofften wir umsonst.
Doch nun ist er erstanden,
erstanden, erstanden, erstanden.

Druckvorlage

Text und Melodie folgen EG 117. Das Lied findet sich auch in RG 486.

1 Sitz im Leben

„Der schöne Ostertag! Ihr Menschen, kommt ins Helle!" Bereits die appellative erste Zeile weist dem Lied seinen Platz im Kirchenjahr zu: den Ostermorgen, an dem die christliche Gemeinde nach dreitägiger Ruhe – erinnernd an die dreitäge Grabesruhe Jesu Christi – und einer dunklen, vielleicht durchwachten Osternacht den hellen, befreienden Ostermorgen feiert. In die Helligkeit dieses Morgens strahlt die gleißende Erscheinung des Engels, der in der biblischen Überlieferung den Frauen am leeren Grab die Auferstehung Jesu verkündet, hier in Mt 28,1–8:

> „Als aber der Sabbat vorüber war und der erste Tag der Woche anbrach, kamen Maria von Magdala und die andere Maria, um nach dem Grab zu sehen. Und siehe, es geschah ein großes Erdbeben. Denn der Engel des Herrn kam vom Himmel herab, trat hinzu und wälzte den Stein weg und setzte sich darauf. Seine Gestalt war wie der Blitz und sein Gewand weiß wie der Schnee. Die Wachen aber erschraken aus Furcht vor ihm und wurden, als wären sie tot. Aber der Engel sprach zu den Frauen: Fürchtet euch nicht! Ich weiß, daß ihr Jesus, den Gekreuzigten, sucht. Er ist nicht hier; er ist auferstanden, wie er gesagt hat. Kommt her und seht die Stätte, wo er gelegen hat; und geht eilends hin und sagt seinen Jüngern, daß er auferstanden ist von den Toten. Und siehe, er wird vor euch hingehen nach Galiläa; dort werdet ihr ihn sehen. Siehe, ich habe es euch gesagt. Und sie gingen eilends weg vom Grab mit Furcht und großer Freude und liefen, um es seinen Jüngern zu verkündigen."[1]

Und eben diesen Appell des Engels richtet der Liedtext nun als verbindliche Zusage an die Sänger und Hörer des Liedes am Ostermorgen jedes Kirchenjahres: „Ihr Menschen, kommt ins Helle! Christ, der begraben lag, brach heut aus seiner Zelle." Auf dieser Zusage insistieren alle drei Strophen, den Ruf der Anfangszeile aufnehmend: „Doch nun ist er erstanden, erstanden, erstanden, erstanden."

---

1 Alle Bibelzitate folgen der Übersetzung Martin Luthers in der revidierten Fassung von 1984.

2 Die Vorlagen

Das Lied von Jürgen Henkys führt eine niederländische und mehrere englische Textvorlagen zusammen, wie Willem Nijenhuis und Wim Kloppenburg ausführlich darlegen.[2] Das Osterlied *Hoe groot de vrugten sijn* des Joachim Fransz Oudaen erschien zuerst im Anhang eines niederländisch-mennonitischen Psalters von 1684, hier mit der Melodie *De liefde voortgebragt*. Diese Melodie war bereits seit 1624 durch die *Stichtelycke Rymen* des Dirk Raphaelszoon Camphuysen bekannt. Auf die Melodie *De liefde voortgebragt* entstanden im 19. und 20. Jahrhundert mehrere englische Liedtexte, zuerst *This joyful Easter-Tide* von George Ratcliffe Woodward im Jahr 1894. Im **Book of Carols*, Oxford 1928 und 1964, findet sich die freie Textbearbeitung *How great the harvest is* eines nicht näher bekannten Autoren S. P. Eine ebenfalls freie Adaption *This joyful Eastertide*, trotz des gleichen Initiums nicht mit Woodwords Text identisch, stammt von Frederick Pratt Green aus dem Jahre 1971, 1981 wiederum von ihm zu *How rich at Eastertide* umgearbeitet.[3]

Jürgen Henkys schließlich adaptiert 1983 Oudaens *Hoe groot de vrugten zijn* und Woodwards *This joyful Eastertide* in freier Weise, in Verbindung mit der Melodie *De liefde voortgebragt* aus Camphuysens *Stichtelycke Rymen* von 1624. Diese Melodie ist der entscheidende rezeptionsgeschichtliche Faktor des Liedes. Alle Textfassungen wurden auf die eine bekannte Melodie hin verfaßt, mit der die neuen Texte Eingang in die oben beschriebenen Liedersammlungen finden. Dietrich Schuberth[4] und Wim Kloppenburg[5] beschreiben die frühbarocke Melodie und ihr Verhältnis zum Text von Jürgen Henkys. Hans-Jürg Stefan stellt eine Melodiefassung mit Orgelbegleitung für den Gemeindegesang und einen vierstimmigen Chorsatz vor.[6]

3 „Doch nun ist er erstanden!"

Die formale Struktur des Liedtextes *Der schöne Ostertag* folgt dem 1. Kapitel des Korintherbriefes, der den Tod und die Auferstehung Jesu Christi historisch-biblisch bezeugt und zum gesicherten Argument für die Auferstehung der Toten erklärt, hier in 1 Kor 15,12–21:

> „Wenn aber Christus gepredigt wird, daß er von den Toten auferstanden ist, wie sagen dann einige unter euch: Es gibt keine Auferstehung der Toten? Gibt es keine Auferstehung der Toten, so ist auch Christus nicht auferstanden. Ist aber

---

2 Vgl. im folgenden Nijenhuis, Dutch Mennonite Easter Carol; Kloppenburg, Der schöne Ostertag. Bei Kloppenburg auch weitere Literaturangaben.

3 Als Ergänzung zum oben zitierten rezeptionsgeschichtlichen Artikel von Nijenhuis sind die vollständigen Liedstrophen von *Hoe groot de vrugten zijn* und *How rich at Eastertide* abgedruckt im Bulletin der Internationalen Arbeitsgemeinschaft für Hymnologie 10, 1982, 63–64.

4 Schuberth, Drei neue Osterlieder, hier 199.

5 Kloppenburg, Der schöne Ostertag, hier 94.

6 Stefan, „Neue alte" Osterlieder, hier 8–9.

> Christus nicht auferstanden, so ist unsre Predigt vergeblich, so ist auch euer Glaube vergeblich. Wir würden dann auch als falsche Zeugen Gottes befunden, weil wir gegen Gott bezeugt hätten, er habe Christus auferweckt, den er nicht auferweckt hätte, wenn doch die Toten nicht auferstehen. Denn wenn die Toten nicht auferstehen, so ist Christus auch nicht auferstanden. Ist Christus aber nicht auferstanden, so ist euer Glaube nichtig, so seid ihr noch in euren Sünden; so sind auch die, die in Christus entschlafen sind, verloren. Hoffen wir allein in diesem Leben auf Christus, so sind wir die elendesten unter allen Menschen. Nun aber ist Christus auferstanden von den Toten als Erstling unter denen, die entschlafen sind. Denn da durch einen Menschen der Tod gekommen ist, so kommt auch durch einen Menschen die Auferstehung der Toten."

Die paulinische Argumentation „Denn wenn die Toten nicht auferstehen, so ist auch Christus nicht auferstanden" – „Nun aber ist Christus auferstanden [...], so kommt auch durch einen Menschen die Auferstehung der Toten" – wird in jeder Liedstrophe wiederholt und mit je einem anderen biblischen Bild verbunden. Der Bibeltext argumentiert rational, das Lied mit Bildern. Der Stein, mit dem das Grab Christi versiegelt worden war, ist zur Seite gerückt. Wäre er es nicht, gäbe es kein Anzeichen für die Auferstehung Jesu, und der Glaube daran wäre gegenstandslos. Nun aber verschließt der Stein das Grab nicht mehr, und es wird klar: „Doch nun ist er erstanden" (1). Den Frauen, die die Grabstätte aufsuchen, demonstriert der Engel das geöffnete Grab. Es ist leer, es birgt den Gekreuzigten nicht länger. Mit diesem sichtbaren Beweis verkündigt er ihnen die Auferstehung Jesu und nimmt die Frauen zu ersten Zeugen: „Doch nun ist er erstanden" (2). Das geöffnete und leere Grab zeigt, daß Christus nicht an den Ort seines Leidens und Sterbens gebunden ist. Wäre er es, löste er seine eigenen Reden von der Auferstehung und Wiederkehr des Menschensohnes nicht ein. So aber bleibt die Rede glaubwürdig und gültig: „Doch nun ist er erstanden" (3).

Neben der paulinischen Verknüpfung ‚wenn nicht – nun aber' deckt das Lied noch eine zweite zentrale Aussage des 1. Korintherbriefes auf. Läge eben jener Stein noch vor dem Grab, läge der Gekreuzigte noch darin, „so glaubten wir umsonst" (1), „so kämpften wir umsonst" (2), „so hofften wir umsonst" (3). Angesichts des Todes Christi am Kreuz, angesichts des Todes dessen, „den ihr lieben dürft" (2), sind Erlösungsbedürftigkeit und Erlösungsgewißheit die entscheidenden Perspektiven der menschlichen Existenz, wie sie das Hohelied der Liebe in 1 Kor 13,13 benennt: „Nun aber bleiben Glaube, Hoffnung, Liebe, diese drei; aber die Liebe ist die größte unter ihnen." Diese Trias göttlichen Wirkens wird zur Lebens- und Glaubensäußerung der Gemeinde, indem die Sänger und Beter des Liedes die Osterbotschaft konkret für ihr eigenes Leben und Sterben annehmen.

An dieser Stelle geht der Liedtext noch einen Schritt weiter. Während die Gemeinde in den ersten beiden Strophen den biblischen Ostermorgen und seine befreienden Konsequenzen untereinander kommuniziert – „Ihr Menschen, kommt ins Helle!" (1), „Er, den ihr lieben dürft, trug euer Kreuz ins Leben" (2) –, wird die Osterbotschaft in der dritten Strophe individualisiert:

Muß ich von hier nach dort –
er hat den Weg erlitten.
Der Fluß reißt mich nicht fort,
seit Jesus ihn durchschritten.
Wär er geblieben, wo des Todes Wellen branden,
so hofften wir umsonst.
Doch nun ist er erstanden, erstanden, erstanden, erstanden.

Der einzelne verknüpft seine eschatologische Erwartung unmittelbar mit dem Weg Jesu Christi, hier mit dem Weg durch den Fluß, den Jesus durchschritten hat. Die Zeile „Der Fluß reißt mich nicht fort" korrespondiert bildlich, jedoch inhaltlich nicht näher differenziert, mit „Flut und Beben" und den konkreteren anthropologischen Grundkonstanten „Schuld" und „Krankheit" (2). Typologisch klingt der Jordan als Grenzerfahrung, Gefahr und Rettung im alttestamentlichen Exodus und im Buch Josua an, stärker jedoch die Taufe Jesu im Jordan, wie sie der Römerbrief für den Einzelnen auslegt, hier in Röm 6,3–9:

> „Oder wißt ihr nicht, daß alle, die wir auf Christus Jesus getauft sind, die sind in seinen Tod getauft? So sind wir ja mit ihm begraben durch die Taufe in den Tod, damit, wie Christus auferweckt ist von den Toten durch die Herrlichkeit des Vaters, auch wir in einem neuen Leben wandeln. Denn wenn wir mit ihm verbunden und ihm gleichgeworden sind in seinem Tod, so werden wir ihm auch in der Auferstehung gleich sein. Wir wissen ja, daß unser alter Mensch mit ihm gekreuzigt ist, damit der Leib der Sünde vernichtet werde, so daß wir hinfort der Sünde nicht dienen. Denn wer gestorben ist, der ist frei geworden von der Sünde. Sind wir aber mit Christus gestorben, so glauben wir, daß wir auch mit ihm leben werden, und wissen, daß Christus, von den Toten erweckt, hinfort nicht stirbt; der Tod kann hinfort über ihn nicht herrschen."

4 Osterbotschaft und *Ars moriendi*

Das Lied *Der schöne Ostertag* führt keine abstrakte theologische Diskussion über den Auferstehungsglauben. Es füllt vielmehr die paulinischen Auslegungen mit konkreten Bildern und Erfahrungen des Osterevangeliums. Aus biblischen Inhalten werden so Glaubenzusagen und zuletzt Glaubensgewißheit, die in das Leben jedes Einzelnen eingreift. In eben dieser Individualisierung der Osterbotschaft liegt die große Stärke und Chance des Liedes. Es hat seinen liturgischen Platz am Ostermorgen des Kirchenjahres, aber auch im Begräbnisgottesdienst, der von der Auferstehungshoffnung des Verstorbenen wie der Lebenden zu sprechen und zu singen hat. Insbesondere die zweite und die dritte Strophe, die das diesseitige Leben des Menschen und seine Aufhebung im Kreuzestod zusagen (2) und in der Taufe wie im Tod neues Leben verheißen (3), bieten eine *Ars moriendi* an, die Lebens- und Todesbewältigung zugleich ist. „So ist der Tod das letzte Wagnis, an Christi Hand, in die große Verheißung hinüber. In all der Bedrängnis und Zerstörung, in all der Hilflosigkeit und Qual, die das Sterben bedeuten kann, ist das Sterben Christi enthalten - das aber ist die uns zugewandte Seite des Lebens, dessen andere Seite Auferstehung heißt".[7]

Literatur

HEG 3 = Handbuch zum Evangelischen Gesangbuch. Bd. 3. Liederkunde. Göttingen 1990.

NSK = Neues Singen in der Kirche. Zeitschrift. Hrsg. im Auftrag des Vereins NSK von Hans-Jürg Stefan u.a. Zürich/Luzern 1986/1988.

Guardini, Romano: Die letzten Dinge. Die christliche Lehre vom Tode, der Läuterung nach dem Tode, Auferstehung, Gericht und Ewigkeit. Mainz ³1998.

Kloppenburg, Wim: EG 117. *Der schöne Ostertag*, in: Liederkunde zum Evangelischen Gesangbuch. Hrsg. von Gerhard Hahn und Jürgen Henkys. H. 1. Göttingen 2000, 92–94 (HEG 3).

Nijenhuis, Willem: A Dutch Mennonite Easter Carol of the seventeenth century and its English versions, in: Bulletin der Internationalen Arbeitsgemeinschaft für Hymnologie 9. 1981. 70–76.

Schuberth, Dietrich: Drei neue Osterlieder [EG 116, EG 117, EG-HN 551], in: Der Evangelische Erzieher 47 (1995). 197–202.

Stefan, Hans-Jürg: „Neue alte" Osterlieder [*Wir wollen alle fröhlich sein; Dir, Auferstandner; Der schöne Ostertag; Die ganze Welt, Herr Jesu Christ*], in: NSK 1988, 2–14.

7 Guardini, Die letzten Dinge, 32.

Eine Liedpredigt

Eine liturgisch-gottesdienstliche Praxis des Liedes *Der schöne Ostertag* eröffnet die Liedpredigt von Pfr. Hans-Jürg Stefan (Esslingen/CH), gehalten im Singgottesdienst zum Abschluß der Ostersingwoche am 22.4.2001 in der reformierten Kirche Brugg/AG. Hier korrespondieren Gemeindegesang, biblische Liedbezüge und Lyrik unmittelbar miteinander. Ich danke Hans-Jürg Stefan verbindlichst, daß er mir die Predigt für diesen Artikel zur Verfügung gestellt hat.

Liebe Gemeinde,

das Osterlied, das wir jetzt näher betrachten, finden Sie im Reformierten Gesangbuch bei der Nummer 486. Es bezieht sich auf zentrale Aussagen aus dem verlesenen Auferstehungskapitel im ersten Brief des Apostels Paulus an die Korinther: „Ist aber Christus nicht auferstanden, so ist euer Glaube nichtig ... Doch nun **ist** Christus von den Toten auferstanden" (V.17.20). Die beiden abschließenden Zeilen des Liedes heben diese Grundaussage durch viermaliges Zitat hervor:

> [Vorsingen (ohne Orgel): „Doch nun ist er erstanden - erstanden - erstanden - erstanden" Die Gemeinde singt, verstärkt durch den Chor, nach]

Der Refrain führt uns Stufe um Stufe aus der Tiefe über mehr als eine volle Oktave schrittweise zum höchsten Ton [vorsingen, ohne Orgel: „Doch nun ist er erstanden, erstanden, erstanden, ersta ...".] Mit dem vierten „erstanden" durchschreiten wir die ganze Tonleiter in einem weit ausschwingenden Schlußjubel, vom höchsten Ton zurück in den Grundton:

> [Vorsingen (ohne Orgel) / nachsingen lassen: „erstanden!"]

Gestützt durch die Orgel singen wir den ganzen Refrain nochmals:

> [Orgel intoniert kurz/Alle: „Doch nun ist er erstanden, erstanden, erstanden, erstanden!"]

Wir spüren beim Singen: Dieser Refrain richtet auf. Die Melodie hebt schon zu Beginn mit einem staunenden Ausruf an. Mit einem Sprung über vier Töne und mit den letzten vier Schritten der Tonleiter führt sie uns über die ganze Oktave, danach noch einen Ton darüber hinaus:

> [Vorsingen ohne Orgel/Die Gemeinde singt nach: „Der schöne Ostertag! Ihr Menschen ..."]

In zwei schwungvollen Abwärtsbewegungen kehren wir zum Grundton zurück.[vorsingen]: „Ihr Menschen, kommt ins Helle!" Wir singen jetzt, gestützt durch die Orgel, die beiden ersten Liedzeilen mit Wiederholung:

> „Der schöne Ostertag! Ihr Menschen, kommt ins Helle!
> Christ, der begraben lag,/brach heut aus seiner Zelle."

In der Mitte der drei Strophen wird die kontrastreiche Hauptaussage des Liedes in einfache Halb- und Ganztonschritte gefaßt - aufsteigend [vorsingen]: „Wär vorm Gefängnis noch der schwere Stein vorhanden ..."; und absteigend [vorsingen]: „so glaubten wir umsonst". Wir singen gemeinsam, gestützt durch die Orgel:

> „Wär vorm Gefängnis noch der schwere Stein vorhanden, so glaubten wir umsonst"

Insgesamt führt die Melodie über den spannungsreichen Weg, aus der Tiefe in die Höhe; aus der staunenden Aufwärtsbewegung: „Der schöne Ostertag!" über den Kontrast in der Mitte bis hin zum Aufschwingen und Abspannen des Jubels - am leichtesten fällt uns dies, wenn wir uns zum Singen erheben.

Intonation - Str. 1 „Der schöne Ostertag ..."

Doch, warum singen wir heute, am ersten Sonntag nach Ostern, noch Osterlieder? Sind die Ostertage nicht vorbei? Und deutet das kleine Wörtchen „nun" - „doch **nun** ist er erstanden ..." - nicht eindeutig darauf hin, daß dieses Lied speziell zum Osterfest paßt? Gewiß, aber im christlichen Verständnis ist der Sonntag der erste Tag der Woche. Jeder Sonntag gilt als Tag des Auferstandenen, jeder Gottesdienst als Feier des Auferstandenen. Darum gehören Osterlieder mit ihrem pointierten „Heute" oder „nun" zu jedem Sonntag. Zumindest gehören die Osterlieder zur ganzen österlichen Freudenzeit, die über Auffahrt hinaus bis Pfingsten währt! Im Neuen Testament finden wir diese Sicht bestätigt: Am ersten Tag der Woche kommen die Frauen, um den Gekreuzigten und Gestorbenen zu salben. Am ersten Tag der Woche begegnet ihnen der Auferweckte unfaßbar neu: Er geht voraus in den Alltag ihrer Heimat Galiläa.

Der Alltag erscheint in neuer Perspektive. In einem andern Osterlied aus unserer Zeit heißt es: „... nichts ist mehr am alten Platz, nichts ist, wo es war. Seht das Grab ist nicht mehr Grab, tot ist nicht mehr tot, Ende ist nicht Ende mehr, nichts ist wie es war ...» (RG 481).[8] So betrachtet sind auch die ersten beiden Lieder des Reformierten Gesangbuches Osterlieder: Da singt Maria von dem befreienden Gott, der sie als unscheinbare Frau respektiert, der große Dinge an ihr geschehen läßt und die Hierarchie der großen Herren dieser Welt umkrempelt: „Gewaltige stößt er von ihren Thronen; wer niedrig stand, darf hoch in Ehren wohnen" heißt es im Magnificat-Lied bei RG 1 und das zweite Magnificat-Lied bringt es zusammenfassend auf den Punkt: „Der hohe schaut die Niedrige an ... die Stolzen stürzt er endlich vom Thron ... er denkt an uns, hilft Israel auf". Darum singen wir:

Intonation - Str. 2 „Was euch auch niederwirft ..."

Was geschieht beim Singen solch eines Osterliedes? Wir drücken Unsagbares, Unbegreifliches in bildhaften Worten aus, besingen die aktuelle Glau-

---

[8] Vgl. den Artikel [...] in diesem Band. Anm. d. Hg.

bensaussage, nehmen sie hinein in unsere Gegenwart, ins ‚Nun', ins ‚Heute'. Im Refrain wird drei Mal unterstrichen: „doch **nun** ist er erstanden ...!". In der ersten Strophe wurde hervorgehoben: „Christ, der begraben lag, brach **heut** aus seiner Zelle."

Das ist ein Grundzug des jüdischen Pessachfestes bis heute: Die Befreiungsgeschichte wird nicht als weit zurückliegendes Geschehen oder gar wie ein Märchen aus alter Zeit überliefert. Die Befreiung aus der Knechtschaft bleibt bis heute lebendige, ‚befreiend-gefährliche Erinnerung' (Johann Baptist Metz). Denn dieses Geschehen wirkt sich hier und jetzt aus. Darum erzählt der jüdische Hausvater in der ersten Nacht des Pessachfestes diese Befreiungsgeschichte so: „Einst waren **wir** Sklaven des Pharao in Ägypten, aber der Ewige, unser Gott, führte **uns** von da hinaus mit starker Hand!"

Das Vergangene ist nicht damals nur geschehen, sondern bis heute wirksam. So faßt auch die Heidelberger Dichterin Eva Zeller Ursprungssituationen des Glaubens ins Heute, die Geschichte der Befreiung aus Ägypten, die Geschichte des widerspenstigen Propheten Jona, die Begegnung Jesu mit der Samaritanerin am Jakobsbrunnen, die Heilungsgeschichten von der verdorrten Hand oder vom Gelähmten am Teich Siloah:

Aber heute
Aber **heute** allmächtiger Gott
werde ich das
Unmögliche in die
Möglichkeitsform setzen

als sei **ich selber**
aus dem Land der
Unterdrücker geflohen

als sei **meinetwegen**
der Riesenaufwand mit
dem bestellten Fisch
dem Wurm der den
Schatten wegfrißt
dem heißen Ostwind
ins Szene gesetzt

habe **mein** Ohr
die rostige Winde
am Ziehbrunnen
das Füllen des
Eimers gehört

als sei es **meine**
verdorrte Hand
gewesen die sich
wieder bewegen kann

als habe **ich** mich
leibhaftig zu den
Geschlagenen gesellt,
die warten ob sich
das Wasser im Teich
am Schafstor bewegt...

Aus: Deutsches Allgemeines Sonntagsblatt, Hamburg, Nr. 22, 1.6.1990

Unser Lied ist voller Bezüge zu diesen biblischen Geschichten. Da ist die Rede von der Befreiung aus der Sklaverei des ‚Umsonst' im Glauben, Kämpfen und Hoffen, von der Befreiung aus den Belastungen durch Schuld, Krankheit und aus den letzten Ängsten im eigenen Sterben

Intonation – Str. 3 „Muß ich von hier nach dort ..."

Das Lied als Ganzes ermutigt uns, dem Auferstandenen ins Leben zu folgen, uns durch den dunkeln Tunnel, durch die „Todschattenschlucht" (Martin Buber, Ps 23), auf Wegen in letzter Bedrohung und Gefahr, geleiten zu lassen in die Weite des Lebensraumes vor uns, auf die „fröhliche Stadt und den Gott mit dem Antlitz des Menschen" zu (Kurt Marti, RG 867,4) – nicht als Flucht weg vom Hier und Jetzt, vielmehr so, daß mitten am Tage Auferstehung geschieht. So gerät unser Leben in den Lichtkegel des Herrn, der uns befreit. In diesem Licht finden wir ins offene Haus des Vaters – mitten im Alltag, im beschleunigten Wirbel der alltäglichen Geschäftigkeiten, so wie Marie Luise Kaschnitz formuliert:

Manchmal stehen wir auf
Stehen wir zur Auferstehung auf
Mitten am Tage
Mit unserem lebendigen Haar
Mit unserer atmenden Haut.

Nur das Gewohnte ist um uns,
Keine Fata Morgana von Palmen
Mit weidenden Löwen
Und sanften Wölfen.

Die Weckuhren hören nicht auf zu ticken
Ihre Leuchtzeiger löschen nicht aus.

Und dennoch leicht
Und dennoch unverwundbar

Aus: Überall nie. Ausgewählte Gedichte 1928–1965. Geordnet in geheimnisvolle Ordnung © Claassen Verlag, München; jetzt auch: Vorweggenommen in ein Haus aus Licht. Gesammelte Werke, Bd. 5, Frankfurt a.M. 1985, 306.

Zum Schluß ein Wort zum Autor und zur Ursprungssituation dieses kräftigen Osterliedes: Jürgen Henkys, der es aus dem Niederländischen in die deutsche Sprache übertrug, lebt heute in Berlin. Als er den Text bearbeitete, war er in der damals noch bestehenden DDR zu Hause. Als Dozent für Praktische Theologie bereitete er angehende Pfarrerinnen und Pfarrer auf ihren Beruf vor. Als Übersetzer zahlreicher Lieder aus dem Englischen, Niederländischen, Schwedischen, Norwegischen, Dänischen und Finnischen verstand er es, die singende Gemeinde in ihrer schwierigen Situation zu ermutigen. Dieses Lied speziell richtet Gebeugte, Gedemütigte, Hoffnungslose auf. Es ermutigt mit seiner bildhaften Sprache, das Leben in einem neuen Blickwinkel und in neuem Licht zu sehen. Es ermutigt zum Glauben, Kämpfen und Hoffen.

[Der Chor singt die erste Strophe in einem motettischen Satz von Rolf Suter, anschließend singen wir gemeinsam stehend die beiden folgenden Strophen zwei und drei.]

Sytze de Vries

Die Erde ganz erfüllt

1. De aarde is vervuld
van goedertierenheid,
van goddelijk geduld
en goddelijk beleid.

2. Gods goedheid is te groot
voor het geluk alleen,
zij gaat in alle nood
door heel het leven heen.

3. Zij daalt als vruchtbaar zaad
tot in de groeve af,
omdat zij niet verlaat
wie toeven in het graf,

4. Omdat zij niet vergeet
wie godverlaten zijn:
de wereld hemelsbreed
zal goede aarde zijn.

5. De sterren hemelhoog
zijn door dit zaad bereid
als dienaars tot de oogst
der goedertierenheid.

6. Het zaad der goedheid Gods,
het hoge Woord, de Heer,
valt in de voor des doods,
valt in de aarde neer.

1. Die Erde ganz erfüllt –
voll von Barmherzigkeit,
von göttlicher Geduld
und göttlichem Geleit!

2. Die Güte Gottes ist
zu groß für Glück allein,
sie geht in alle Not
des vollen Lebens ein,

3. sie sinkt als reiche Saat
tief in die Gruft hinab,
weil nimmer sie verläßt,
die harren Grab bei Grab,

4. weil nimmer sie vergißt,
die gottverlassen schrein.
Weit, wie der Himmel ist,
wird gute Erde sein.

5. Selbst Sterne, himmelhoch,
hat diese Saat geweiht
zum Dienst im Erntefeld
der Allbarmherzigkeit.

6. Das Land, vom Tod gefurcht,
nimmt auf, was niederfällt:
die Saat, das Wort, den Herrn
der Güte in der Welt.

7. Al gij die God bemint
en op zijn goedheid wacht,
de oogst ruist in de wind
als psalmen in de nacht.

7. Ihr, die Gott lieben dürft
und immer hofft und wacht:
Die Ernte rauscht im Wind
wie Psalmen in der Nacht.

Druckvorlage

Melodie und Text des Originals sind dem **LvK*, Nr. 223 entnommen. Die erste Übertragung kam im Jahr 2000 zustande auf Bitten des Verfassers dieses Aufsatzes im Zusammenhang mit einem Referat auf dem siebten interdisziplinären Seminar zum Kirchenlied in Kloster Kirchberg. Sie stammt aus der Hand von Jürgen Henkys und ist hier in überarbeiteter Form abgedruckt.

1 Der Dichter Willem Barnard

Dieses Lied ist in jeder Hinsicht exemplarisch für das Schaffen des Dichters Willem Barnard, aber auch für eine kirchenmusikalische Blütezeit in den niederländischen protestantischen Kirchen im 20. Jahrhundert ebenso wie für das Phänomen „Sonntagslied" (Graduallied).

Willem Barnard, geboren 1920, ist von Hause aus Dichter. Er begann Theologie zu studieren, wurde sogar Pfarrer, blieb aber vor allen Dingen (unter dem Pseudonym Guillaume van der Graft) Dichter. Vor allem sein Stift war sein Werkzeug. Schreiber, Schriftgelehrter, Rabbi und Sänger wollte er sein, dabei genährt durch die poetische und bildreiche Sprache der heiligen Schrift.

Als Dichter und Troubadour wollte er der Kirche dienstbar sein. Eine eindrucksvolle Reihe Essays und Aufsätze, Meditationen, Überlegungen und Assoziationen hat er verfaßt. Waren diese vor allem bei Theologen und interessierten Laien beliebt, so sprachen seine vielen Lieder das breite Spektrum der Kirche an. Breit auch in ökumenischem Sinne: die meisten protestantischen und auch katholischen Kirchen und Klöster im niederländischen Bereich haben Willem Barnard in ihren offiziellen Liederbüchern kanonisiert. Breit auch in geographischem Sinn: außerhalb der Niederlande ist Barnard auch in Flandern auf hymnischem Gebiet sehr präsent.

Das offizielle **LvK* 1973 durch die fünf größten protestantischen Kirchen in den Niederlanden in Gebrauch genommen, zählt unter den 491 enthaltenen Gesängen wohlgemerkt 76 von Barnard. Davon sind 36 sogenannte Schriftgesänge, zwölf Sonntagslieder und 15 Übersetzungen von Hymnen der englischen Kirche.[1] Mit diesen „Typen" kann tatsächlich das Besondere Barnards charakterisiert werden. In dieses Gesangbuch sind auch alle 150 Psalmen in bereimter Form aufgenommen worden. Auch hiervon hat Barnard 27 selbständig und elf in Gemeinschaftsarbeit bereimt.

1 **LvK*. Uitgave van de Interkerkelijke Stichting voor het Kerklied, 's Gravenhage 1973.

Inzwischen sind viele seiner Liedtexte auch in diverse nationale und regionale Gesangbücher der altkatholischen, der römisch-katholischen und verschiedener protestantischer Kirchen in den Niederlanden und Flandern (dem niederländisch sprechenden Teil Belgiens) aufgenommen worden.

2 Die Nocturnen

Während einer Studienreise nach England geriet Barnard in den Bann der Liturgie in englischen Kirchen.

Dies hat er als eine Form von „Heimkehr" erfahren.[2] Da er inzwischen als Studienleiter einer Stiftung tätig war, die die Begegnung zwischen Kunst und Kirche fördern sollte, war es ihm möglich, sich für einen experimentellen Gottesdienst am Dienstagabend in einer Amsterdamer Gemeinde einzusetzen. Weil sie am Abend stattfanden, bekamen sie den Namen *Nocturnen*.[3] Hier wurde versucht, die im *Missale Romanum* von 1572 erstarrte Tradition der frühen Kirche wieder lebendig strömen zu lassen.

Fundamentales Prinzip war dabei: Der Gottesdienst ist das Privileg der singenden Gemeinde! Singend sollen wir einander mit dem Wort zu Diensten stehen und singend haben wir Teil an dem Geheimnis am Tisch des Herrn. In diesen *Nocturnen* wird der Gottesdienst auch als Einheit von Wort und Mahl gefeiert.

Aufgrund der Entdeckung, daß die Bibel so viel Poesie, so viel bildreiche Sprache in sich trägt und so erzählend und hymnisch ist, weiterhin zum größten Teil in Zusammenhang mit der Liturgie Israels entstand und so ein liturgisches Buch ist, kam man zu der Einsicht, daß die gesungene Schrift viel mehr als bisher gewürdigt werden müßte.
Barnard sagt selbst dazu:

> „Ich spreche mit Nachdruck auch über den „Dienst des Liedes", weil es die Möglichkeit bietet, **gemeinsam**, einstimmig oder im Wechselgesang die Schrift zu öffnen, das Wort zu ‚bedienen', teilzuhaben an der hochheiligen Aufgabe, von der meistens im Singular gesprochen wird, der Aufgabe des *verbi divini minister*. Ich kann darüber nicht sprechen, ohne zugleich auch über den „Dienst des Liedes" zu sprechen. Der Gesang ist eine Form der „Bedienung des Wortes"[4]. Wenn er das nicht ist, meinetwegen, dann habe ich kaum etwas in der Kirche zu suchen."[5]

---

2 Guillaume van der Graft, Verzameld Vertoog. de Prom, Baarn 1989. 358
„Die vierzehn Tage im Sommer 1955 haben mein Leben verändert. Die Veränderung galt meinem Dasein als Dichter, von dem mir plötzlich klar wurde, daß und wie es mit meiner kirchlichen Aufgaben mitwachsen konnte. (…) Ich begriff, daß „Kunst" und „Glaube" sich vielleicht im Widerstreit befinden müssen, aber daß sie auf jeden Fall einander nicht aus dem Weg gehen dürfen, sicher nicht, wenn sie zusammen wohnen in einem Menschenleben. (…) Von da ab wurde Liturgie für mich so etwas wie atmen. Ich war kein Ertrinkender mehr."

3 Nach dem ursprünglichen Namen des Tagzeitengebetes, das später *Vigil* genannt wurde.

4 „Das Wort bedienen" ist ein klassischer niederländischer Ausdruck, der im Deutschen kaum wiederzugeben ist. Gemeint ist die Verkündigung, die Zusage durch einen Die-

3 Das Sonntagslied

Eine Verbindung zwischen dieser Ehrerbietung gegenüber der Tradition der klassischen Leseordnung und der Schrift als hymnischem Buch ist im sog. „Sonntagslied" zu finden. Darunter versteht man ein Liedgenre, das versucht, das ganze *proprium,* das Eigene des jeweiligen Sonntags zusammenzufassen. So wie das Sonntagsgebet (*collecta*) oft die Motive des Sonntags thematisiert, so will es auch das Sonntagslied.

Die lutherische Tradition kennt das Sonntagslied (besser bekannt als Graduallied) schon sehr lange. Für viele Menschen sind dabei die Choralvorspiele von Bach ein unverzichtbarer Teil geworden. Oft weisen uns Melodie und Musik - vielleicht mehr als der Text - auf den Stand des liturgischen Kalenders hin. Barnard hat für einige Sonntage derartige Lieder geschrieben, worin diese Motive zusammengefaßt sind. Ebenso hat er auch einen großen Teil der festen, klassischen Epistellesungen in Reime gefaßt und in singbare Strophenlieder umgesetzt, die sog. „Reimbriefe". Hierbei hatte er das Ideal, daß so wie jeder Sonntag seine feste Lesungen kennt, er auch eine Anzahl fester Lieder haben sollte. Mit ihnen soll die singende Gemeinde sich gegenseitig „das Wort, die Schrift bedienen."

4 Der Text

Der Dichter hat selber ein paar Anmerkungen zu seinen Liedtexten gemacht, die in das Standardwerk zum **LvK* aufgenommen wurden.[6] Die erste Ausgabe des Textes findet sich im ‚*De Adem van het Jaar', proeve van een kerkelijk gezangboek* (Vorentwurf zum kirchlichen Gesangbuch[7]) und einige Jahre später in *Wij moeten Gode zingen* sowie 1962 in *De Adem van het Jaar,* einem Rundgang durch das kirchliche Jahr in drei Teilen.
Dies ist ein Arbeitsbuch, das darüber berichtet, was die zwei Jahrgänge *Nocturnen* an wiedergefundenen Lectionaria, neuen liturgischen Übersetzungen, neuen Liedern und Gebetstexten hervorgebracht haben.
Der niederländische Text lautet dort wie folgt:[8]

---

ner. Ein *Verbi Divini Minister* im klassisch calvinistischen Sinne ist ein „Bediener des Wortes", (Genitivus obiectivus); das Wort ist das Objekt seines Handelns, mit dem er die Gemeinde „bedient". Hier ist gemeint, daß singend alle einander Diener sind, weil sie vom Wort in Dienst genommen sind und sich das Wort präsentieren, zusagen, anbieten.

5 Verzameld Vertoog, 500.

6 Compendium bij de gezangen uit het *Liedboek voor de kerken.* Prof. Dr. G. van der Leeuwstichting, Amsterdam 1977.

7 Ausgabe von Prof. Dr. G. van der Leeuwstichting, Amsterdam 1959.

8 Wichtig ist dabei die Interpunktion: In dieser Version, wie sie auch in Barnards Liedersammlung zu finden ist, kann von einem durchkomponierten Text gesprochen werden, wodurch das Subjekt der Str. 2, 3 und 4 das gleiche bleibt. Das wurde - möglicherweise um die Strophen als einzelne singbar zu halten - ohne Wissen des Dichters im **LvK* verändert. Dort endet jede Strophe mit einem Punkt. Der lange Atem

De aarde is vervuld
van goedertierenheid,
van goddelijk geduld
en goddelijk beleid.

Gods goedheid is te groot
voor het geluk alleen.
zij gaat in alle nood
door heel het leven heen,

zij daalt als vruchtbaar zaad
tot in de groeve af,
omdat zij niet verlaat
wie toeven in het graf,

omdat zij niet vergeet
wie godverlaten zijn:
de wereld hemelsbreed
zal goede aarde zijn.

De sterren hemelhoog
zijn door dit zaad bereid
als dienaars tot de oogst
der goedertierenheid.

Het zaad der goedheid Gods,
het hoge Woord, de Heer,
valt in de voor des doods,
valt in de aarde neer.

Al gij die God bemint
en op zijn goedheid wacht,
de oogst ruist in de wind
als psalmen in de nacht.

Der Text selbst bleibt durch die Jahre unverändert, was lange nicht für alle Texte dieses Autors gilt. Scheinbar war Barnard von Anfang an mit dem Lied zufrieden. In einem Interview sagt er selbst von diesem Text:

> „Wenn ich irgendwo dieses Lied singe, kann ich es nicht trockenen Auges singen, wo ich es doch selbst geschrieben habe. Aber eigentlich ist es anders, es hat dich auserkoren um geboren zu werden... Zu diesem Lied hat Frits Mehrtens eine seiner allerschönsten Melodien geschrieben."[9]

---

des vollständigen Textes kann so von jemandem, der mit „Eifer und Schere" hantiert, unterbrochen werden.

9 Aus einem Radio-Interview vom 17. August 1981, aufgenommen auf der CD *Zingt voor de Heer een nieuw gezang* (*Singt dem Herrn ein neues Lied*), anläßlich des 25jährigen Bestehens des **LvK*.

5 Die deutsche Übertragung

Das Lied wurde durch Prof. Dr. Jürgen Henkys übertragen, Emeritus der Praktischen Theologie an der Humboldt-Universität zu Berlin und seit langem engagiert für das neue niederländische Kirchenlied. Schon 1981 erschien aus seiner Hand ein Liedbüchlein mit dreißig ins Deutsche übertragenen Liedern aus dem 1973 erschienenen niederländischen Gesangbuch,[10] darunter auch sechs Texte von Barnard. Das mittlerweile bekannte und in das neue **EG* aufgenommene *Holz auf Jesu Schulter* ist einer der Texte Barnards aus dieser Sammlung

Barnard zu übertragen ist nicht einfach. Dieser Dichter spielt schöpferisch mit der eigenen niederländischen Sprache und kombiniert dies mit der Bildersprache der Schrift. Farben und Bilder gibt es dabei im Überfluß. Die niederländischen Spracheigentümlichkeiten gewinnen in seiner Dichtung vielschichtige Bedeutung. Das macht diese Texte stark und bilderreich in ihrer eigenen Sprache, bindet sie aber gleichzeitig auch stark an das Niederländische und verringert so die Möglichkeiten, sie zu übersetzen, da dabei viel verloren gehen kann und die Vieldeutigkeiten des Originals nicht beizubehalten ist. Dann ist das Übersetzen (lat. *tradere* bedeutet übersetzen und verraten) wirklich ein Verrat am Original.

6 Die Melodie

Ebenso wie der Text von Anfang an unverändert geblieben ist, war auch die Kombination mit der Melodie von Frits Mehrtens (1922–1975) von Dauer. Zwar ist der Text 1960 anfänglich mit zwei Melodien erschienen - die andere stammte von W.D.Westerop –, aber allen folgenden Publikationen schien die Weise von Mehrtens die einzig „wahre“ zu sein. Alle schon genannten Sammelbände haben Text und Melodie zusammen aufgenommen, angefangen mit dem offiziellen kirchlichen Probeheft **102 Gezangen.*

Diese Verbindung ist ursprünglich. Barnard schrieb den Liedtext für das Nocturnen-Experiment, das einmal in der Woche in der Maranathakirche stattfand, wo Frits Mehrtens als Kirchenmusiker tätig war. Landesweite Bekanntheit errang dieser durch seine Tätigkeit beim Niederländischen Rundfunk. Von 1973 an stellte er jede Woche im Fernsehen ein neues Lied aus dem gerade erschienen Gesangbuch vor. Die Melodie wurde im Laufe der Jahre durch professionelle und Laienmusiker als sehr stark und spannungsvoll empfunden. Das Lied hat vier kurze Sätze, die - musikalisch - zweimal Frage und Antwort bilden.

Die erste Zeile hat das ausdrucksstärkste Motiv der Melodie und hat durch den gebrochenen Dreiklang den Charakter eines Aufrufs. Die zweite Zeile antwortet auf die erste, indem die Note, die im ersten Teil fehlt, eingefügt wird: ein g. Die dritte Zeile beginnt mit einem anderen Dominantton

---

10 Henkys, **Steig in das Boot.*

und sondiert das Gebiet unterhalb des f, indem sie ein c, ein d und ein e zufügt.

Das im Lied zentrale Motiv vom Getreidekorn, das in die Erde fallen muß, bekommt durch die sich in die Tiefe begebenden Töne sein klangliches Äquivalent. Diese Zeile weckt eine Erwartung, die in der letzten eingelöst wird. Zwar läßt uns der Text vier Zeilen sehen, die Musik fügt jedoch die erste und die zweite zusammen, wie auch die dritte und die vierte einander ergänzend Frage und Antwort bilden. Um die Spannung ein wenig zu halten kann man das Lied auch mit einer Mediant-Pause auf dem Höhepunkt der Spannung zwischen Zeile zwei und drei singen.

7 Das Thema der „goedertierenheid"

Dieses Lied wurde geschrieben, um am zweiten Sonntag nach Ostern zu erklingen.[11] In den Niederlanden wird dieser Sonntag wegen des klassischen Sonntagsevangeliums aus Joh 10 meistens „Sonntag des Guten Hirten" genannt, aber von alters her bleibt er nach dem festen Introitus *Misericordias Domini.* Der Introitus lautet in Gänze: *Misericordias domini plena est terra, alleluia: verbo Domini caeli firmati sunt.* (Ps 32, 5b/6 in Übersetzung und Zählung der Vulgata).

Die *misericordia,* meistens mit Barmherzigkeit wiedergegeben, ist die Übersetzung des hebräischen *chäsäd.* Dieses Wort wurde in der ersten offiziellen niederländischen Übersetzung mit *goedertierenheid* wiedergegeben: Ein inzwischen veraltetes Wort, das aus dem Sprachgebrauch verschwunden ist, aber von Übersetzern der Bibel ungern aufgegeben wird, da es eine so einzigartige Eigenschaft des Gottes Israels wiedergibt. Auch Barnard entscheidet sich in seinen Liedtexten für dieses am Hebräischen orientierte Wort und *nicht* für die lateinische Variante. Martin Buber übersetzt in seiner *Verdeutschung der Schrift* dieses Wort *chäsäd* immer mit *Huld.* Auch in der niederländischen Sprache ist *goedertierenheid* mehr als nur Barmherzigkeit. Es ist Güte, die sich in gegenseitigen Taten zeigt. Das Wort „Solidarität" ist eine einigermaßen gute Wiedergabe. *Goedertierenheid* bildet in der Schrift oft ein Wortpaar zusammen mit „Treue". Diese beiden Worte bekräftigen und vervollständigen sich gegenseitig, so wie in einer guten Ehe. Zusammen betonen sie die unaufgebbare, beharrliche Treue des Gottes Israels. Ebenso sicher wie wir nachts davon ausgehen können, daß am Morgen die Sonne wieder aufgeht, so gewiß ist die *goedertierenheid* Gottes. Auch das Alt-Niederländische kennt noch das (inzwischen aber verlorene) Wortpaar in der Kombination von „hou en trouw", das mit „Huld und Treue" vergleichbar ist.

In den Str. 2, 3 und 4 wird dieser Kernbegriff wiederholt, dann aber vereinfacht im Wort *goedheid.* Es ist deutlich, daß dies aus poesie-technischen

[11] Ich gehe in dieser Besprechung vom niederländischen Originaltext aus, um den Gedankengängen des Dichters so gut wie möglich folgen zu können.

Erwägungen geschah, aber in dieser *goedheid* wiederholt sich das ursprüngliche Subjekt, die *goedertierenheid.*

Nach der *goedertierenheid* folgen in den Z. 3 und 4 der ersten Strophe die göttliche Geduld und der göttliche Plan. Alle Wörter, die hier genannt werden, weisen auf Eigenschaften, wie sie auch Gott selbst in seinem Namen offenbart hat. In der Zwiesprache mit Moses auf dem Sinai, wie in Ex 34,6 niedergeschrieben, gibt er sich selbst in der Offenbarung seines Namens zu erkennen: „JHWH, JHWH, Gott, barmherzig und gnädig, langmütig und reich an Gnade und Treue.".

Im Sprachgebrauch der Bibel ist der Name wie ein Programm: Der Name teilt mit, wer man ist und was man tut. Der Gottesname ist darum Ausdruck des „göttlichen Plans", wie es in *goedertierenheid,* Barmherzigkeit und Langmut zum Ausdruck kommt.

Langmut ist ein klassisches Synonym für Geduld. Im gleichen Geist kann der Apostel Paulus in 1 Kor 13 schreiben: „Die Liebe ist *langmütig,* die Liebe ist *goedertieren*". Auch hier ist die Liebe Teil des Göttlichen Willens, Ausdruck seines Namens. Dieser Name ist „herrlich auf der ganzen Erde" (Ps 8,2), „Von alldem ist die Erde erfüllt" (Ps 33,5).

Aber die Güte ist „zu groß nur für das Glück allein", Glück ist das Los, das den Menschen zuteil wird wie Sonnenschein, Gesundheit und Wohlstand. Aber Gott ist nicht deckungsgleich mit dem Guten, das uns widerfährt. Er lebt nicht nur an der Sonnenseite unseres Daseins. Dem „Glück" steht die „Not" gegenüber, wie die Nacht die Schattenseite des Tages ist. Das ganze Leben, die Gesamtheit unseres Daseins, ist Glück **und** Not, Licht **und** Schatten, ist durchzogen, erfüllt von Gottes Güte. Er ist der Herr von Tag *und* Nacht. In der zweiten Strophe wird auch das Wort *vervuld* (erfüllt) aus Str. 1 noch näher umrissen: nicht so sehr sichtlich übervoll, sondern eher durchzogen, wie auch Sauerteig oder Salz an sich unsichtbar sind, aber die Ganzheit des Mehles oder der Speise durchziehen und darin unwiderruflich ihr Werk verrichten.

8 Das Motiv der Saat

Diese allumfassende *goedertierenheid* (die solidarisch ist und treu) wird in Str. 3 im Bild von der Saat aufgenommen. Dieser Vergleich ist entlehnt aus Joh 12,24.[12] Jesus selbst spricht dort in diesem Bild. Das Wunder der Saat ist, daß sie in der Erde begraben und zugedeckt werden muß, um zum Leben erweckt zu werden. Beginnt sie im Dunklen zu keimen, dann wächst sie durch die Erde nach oben und trägt ihre volle Frucht. Das hinabsteigen in die Grube ist die Voraussetzung für neues Leben.

Dieses Bild finden wir bereits im Alten Testament: Jes 55 besingt, wie das Wort, das von Gottes Mund ausgeht, nicht ohne Wirkung dorthin zurückkehrt. Es macht die Erde fruchtbar.

---

12 „Wahrlich, Wahrlich ich sage euch: Wenn das Weizenkorn nicht in die Erde fällt und erstirbt, bleibt es allein; wenn es aber erstirbt, bringt es viel Frucht." (Joh 12,24)

Jesus verweist mit diesen Worten nicht auf sich selbst. Die spätere Auslegung hat das wohl so aufgefaßt und in diesem Bild ein Gleichnis für sein eigenes Sterben und Auferstehen gesehen. Aber im Johannesevangelium ist diese Aussage von Jesus inklusiv verstanden. Er schließt jeden ein, der bereit ist, sein Leben zu verlieren als mögliche Konsequenz daraus, daß er ihm folgt und dient.

Auch Barnard besingt in seinem Lied zunächst diese Heilswahrheit, ohne sie exklusiv an Jesus zu binden. Es geht in erster Linie um die Wirkung. Dazu verbindet er zuallererst dies johanneische Bild mit dem Kernbegriff der ersten Strophen: mit der *goedertierenheid* oder Güte Gottes. Diese geht den Weg der Saat. So wird dargestellt, daß die *goedertierenheid* sich nicht durch Nacht noch Tod davon abhalten läßt, mit den Menschen solidarisch zu bleiben.

Das bleibende Erbarmen gilt auch denen, die im Grabe ausharren („die harren Grab bei Grab"). Im Grabe auszuharren ist gleichbedeutend mit gottverlassen zu sein („die gottverlassen schrein"). Auch hier gilt wieder: zwar wird Jesus nicht beim Namen genannt, seine Gestalt wird aber im Hintergrund als Verkörperung dieser *goedertierenheid* wach gerufen. Die Wahl des Wortes „gottverlassen" erinnert auch an Ps 22,2, von Jesus mit seinem letzten Atem am Kreuz gesungen. [13] An seinem „Weg des Samens" können wir erkennen, wie umfassend Gottes Güte ist. Die Frucht dieser Saat, die große Ernte (s. Str. 7) bilden wir selbst.

9 Das Ziel des göttlichen Plans

Das schlußendliche Ziel der göttlichen Absicht und auch das Ziel am Ende des Weges der Saat ist: „Die Erde, himmelweit, wird guter Acker sein" (Str. 4).

„Himmelweit" bezeichnet den direkten Abstand, der auf einer Landkarte zwischen Punkt A und B gemessen wird. „Entlang des Himmels" wird gemessen, „Luftlinie". Aber buchstäblich verstanden heißt es auch: „vom Himmel aus gesehen", mit Gottes Augen betrachtet. Sein Vorhaben mit der „Welt" von Anbeginn, *in principio,* ist: gute „Erde" (Acker) zu sein. Das ist ein wörtlicher Hinweis auf Gen 1, auf die Erzählung vom Anfang. Der dort erklingende Lobgesang auf die gute Schöpfung ist die Ouvertüre der Schrift und zugleich auch das Finale. Dieser hymnische Ausgangspunkt der Geschichte Gottes mit den Menschen ist auch sein Zweck: eine Erde, die gut ist. Auf dem Weg zu dieser Bestimmung läßt die *goedetierenheid* Gottes niemanden allein im Dunklen. In diesem Lied ist das sowohl Ausgangspunkt als auch Zusage.

---

13 „Mein Gott, mein Gott, warum hast du mich verlassen?" (Ps 22,2).

10 Acker, Saat und Ernte

Setzt Str. 1 ein mit „Die Erde ist erfüllt mit *goedertierenheid*", so nimmt der Schluß von Str. 5 dieses besondere Wort wieder auf: Die Ernte der *goedertierenheid*.

Die Saat, die über der ganzen Welt ausgestreut ist, muß Frucht bringen und geerntet werden. Das ist biblische Bildsprache, die sich aus eigenen Erfahrungen im täglichen Leben und aus der direkten Umgebung entlehnt, aber in unserer Zeit verschwommen bleibt und nur selten zu unserer Lebenswelt gehört. Aber die Metaphern an sich sind noch verständlich, weil wir uns (noch) Bilder dazu vorstellen können.

Das Bild der Ernte ist in der Bibel meist eschatologisch aufgeladen. Es ist ein Tag der Freude, an dem das Resultat von harter Arbeit und Anstrengungen sichtbar wird (z.B. Ps 126,5–6 und Jes 9,2). In Jesu Gleichnissen ist das Einfahren der Ernte auch der Tag der endgültigen Abrechnung (Mt 13,30). Es wird gezählt und gewogen, es wird Recht gesprochen. Die guten Früchte sind die guten Taten, die von Dauer sind (Gal 6,7–8). Die Ernte wird zum Bild für das Letzte Gericht, wo Gott Gericht hält und alles Übel ausrottet, wie auch bei der Ernte die Spreu vom Weizen getrennt wird (Offb 14,15–16).

In Barnards Text dient das Bild von der Ernte vor allem dazu, die Frucht der Saat beziehungsweise das Ergebnis der *goedertierenheid* anzudeuten. In der fünften Strophe wird von den „Dienern der Ernte" gesprochen. Jesus sagt zu seinen Jüngern: „Die Ernte ist groß, aber die Arbeiter sind wenige". (Mt 9,37) Es sind viele dienstbare Helfer nötig um die Ernte einzufahren. Mit den Worten des Liedes: um die Früchte der *goedertierenheid* zu ernten.

Die Diener werden hier „die Sterne himmelhoch" genannt. Sowohl in der Prosa als auch der Poesie Willem Barnards kommen die Sterne (wie auch Sonne und Mond) mannigfaltig als Himmelskörper vor, die bei den Völkern in Israels Umgebung als göttliche Kräfte gesehen und verehrt werden. Es sind die Sterne, die angeblich unser Leben bestimmen; es ist der Lauf der Sterne, in dem das irdische Leben verfügt und festgelegt zu sein scheint.

Für Barnard ist vor allem die Welt von Ur der Chaldäer, woraus Abraham herausgerufen wurde, paradigmatisch für die lähmende Geschlossenheit, aus der der Gott Israels wegruft und Menschen frei-setzt, um in ein neues Vaterland zu ziehen. Von „Sternen himmelhoch", die als Götter und Mächte gedacht werden, wird in dieser Strophe gesagt, daß sie „door dit zaad bereid - durch diese Saat bereitet" sind. Das heißt: sie sind gemacht, geschaffen durch die Saat. Die Sterne sind keine Schöpfer, aber Geschöpfe! Damit wird die Saat auch mit dem Schöpferwort Gottes auf eine Stufe gestellt. In Gen 1,17–18 wird erzählt, wie das Wort Gottes am vierten Tage die Sterne schuf, dem Menschen zu Diensten, damit ihnen auch die Nacht erhellt werde. So haben sich in diesem Lied die Sterne von vermeintlichen Allherrschern in Instrumente der *goedertierenheid* Gottes gewandelt, in der Nacht, in der die Kälte des Todes herrscht. Das Allerhöchste der Größe der

Weltmacht (z.B. Babylon) ist ins Leben gerufen als Knecht, Diener der *goedertierenheid*!

11 Die Erde als Weltacker

Mit der Wahl des Wortes *Aarde* (Erde) als erstes Wort, nutzt Barnard optimal die verschiedenen Bedeutungen des Wortes *aarde* in der niederländischen Sprache. Erde ist die Bezeichnung für die Welt, aber auch für den Boden als Materie, als den Acker der bearbeitet wird, worin gesät wird. Der Dichter verwendet das Wort auf dieselbe Weise wie die hebräischen Bibelautoren den Begriff *ärets*. Dasselbe Wort verwendet auch der ursprüngliche Ps 33,5, der hier zitiert wird. Es ist die Welt, die zu *ärets*, zum Gelobten Land werden muß. Das ist die Achse, um die sich alles dreht. Wenn die Erde danach in Str. 6 wieder genannt wird, geht es wieder um den Acker, in den die Saat fallen muß.

12 Die Identität der Saat

Der Höhe der Sterne steht die Tiefe gegenüber, in die die Saat fällt. Auch wenn schon in den Str. 3, 4 und 5 wiederholt von der Saat die Rede gewesen ist, so wird doch erst jetzt genauer benannt, wofür sie hier Metapher ist: Es ist die Saat der Güte Gottes. Das ist die Bedeutung der Saat. Aber diese Saat wird hier manifest - hörbar und sichtbar - als „das hohe Wort" und als „der Herr". Ein niederländisches Sprichwort sagt: „het hoge woord moet er uit" (Das hohe Wort muß heraus). Es geht um das, worüber nicht länger geschwiegen werden kann, das Bekenntnis. Für Barnard ist es eine Anspielung auf das Schöpfungswort, das das allerhöchste Wort ist. Dieses ist, im Sinne des Johannesevangeliums, das Wort das im Anfang war, das Fleisch geworden ist.[14]

Damit bietet dieses Lied auch eine implizite Christologie: Christus ist der Herr, als Verkörperung des Schöpfungswortes, als fleischgewordene Güte Gottes. Er ist derjenige, der durch sein Leben alles fruchtbar macht, indem er bereit ist, es zu verlieren.

Er ist so das Saatkorn, das „valt in de voor des doods" (fällt in die Furche des Todes). Die Furche ist der Schnitt im Acker, ein durch die Pflugschar aufgebrochener Boden. Aber als „Furche des Todes" ist sie auch gleichzeitig ein offenes Grab. Das ist die geöffnete Erde, in die die Saat fallen muß, wie in Str. 3 dargestellt. Dieses Motiv wird hier wiederholt, um uns auf die Schlußstrophe vorzubereiten, bei der uns das Bild von der Ernte noch immer vor Augen stehen muß.

Waren die ersten sechs Strophen noch Proklamation, erklingt in Str. 7 eine Anrede: „al gij die God bemint" (all ihr, die ihr Gott liebt). Der Dichter hat bis zu diesem Punkt die biblische Botschaft zusammengefaßt, richtet

[14] Joh 1,1ff.

sich jetzt aber an eine bestimmte Gruppe. Wenn dieses Lied gesungen wird, ist die singende Gemeinde die Gruppe, innerhalb deren sich die Glieder gegenseitig ermutigen und die Verheißung zusprechen.

Mit der Wahl des Wortes *beminnen* (lieben) spielt der Dichter auf das große Gebot an: „Du sollst den Herrn deinen Gott, von ganzem Herzen lieb haben."[15] Nicht Glaube, sondern Liebe ist hier das wesentliche Kriterium. Es ist ein Wort, das Aktivität ausstrahlt. Dieser Habitus wird näher angefüllt: „und auf seine Güte wartet"[16]. Im Warten klingt das eschatologische Moment mit an: Es ist noch nicht so weit! Daß die Güte Gottes die ganze Erde erfüllt, ist Verheißung, Prophetie.

Vorerst schlummert die Saat in der Erde und bleiben die Wartenden dem Bauer aus dem Gleichnis Jesu (Mt 13,24ff.) gleich, der das Land bearbeitet und die Saat ausgebracht hat und daraufhin schlafend auf das Aufkeimen wartet. Aber zusammen mit den Wartenden können auch diejenigen „die im Grabe harren" und die „Gottverlassenen" aus Str. 3 und 4 gemeint sein. Es geht um alle, die aus der Verheißung leben wollen, die im Herrn - der die Saat, das Wort ist - verkörpert sind. Zwar fällt die Ernte aus unserem Gesichtskreis heraus, sehen wir die Halme nicht, doch können wir die Ernte „hören"! Sie „rauscht im Wind."[17] Die Wahl des Wortes „rauschen" läßt augenblicklich das Bild eines reifenden Kornfeldes aufsteigen, das sich hörbar im Wind bewegt. Was singt dort im Korn? Es sind „Psalmen in der Nacht".

Diese Ausdrucksweise bringt uns zu Apg 16,25: Dort singen Paulus und Silas um Mitternacht bittend das Lob Gottes. Es wird aber auch auf Jona 2 angespielt: auf den Psalm, den er anhebt im dunkelsten Gedärm des Fisches. Auch Jesus verwendet seinen letzten Atem am Kreuz, um verschiedene Psalmen zu singen. In all diesen Situationen kann man davon sprechen, daß diese Menschen sich psalmenbetend durch das Dunkel hin zum Licht gesungen haben.

Das Singen der Psalmen macht - so auch in Barnards Text - die unsichtbare Ernte doch zumindest hörbar! Dieses Lied endet so mit einem Grundmotiv aus Barnards Werk: daß Singen (und damit die gesamte Liturgie der Gemeinde) an sich schon ein eschatologisches Handeln ist. Wir er-singen uns die Zukunft als unsere neue Wirklichkeit, und wir feiern das, was kommen wird, schon im Hier und Jetzt. Singend fahren wir die Ernte ein.

13 Zusammenfassung

Dieses Lied besingt den allumfassenden Charakter von Gottes *chäsäd* (Güte). Diese ist nicht gebunden an die Grenzen von Tod oder Not. Was im heiligen Wort als Verheißung zugesagt ist, hat sich im Herrn, in Christus,

---

15 Dtn 6,5: „Du sollst den Herrn deinen Gott lieb haben von ganzem Herzen, von ganzer Seele und mit all deiner Kraft."

16 Str. 7: „en op zijn goedheid wacht".

17 Str. 7: „de oogst ruist in de wind".

verkörpert. Das Wort, der Herr, trägt Frucht, als Saat ausgebracht. Dieser messianische Weg, auf dem man bereit ist, sein Leben zu lassen, führt ins verheißene Land, auf die gute Erde. Die ganze Schöpfung hat kein anderes Ziel als gute Erde zu sein.

Dieses Lied ist als Osterlied geschrieben für den Sonntag, an dem von alters her sowohl Joh 10,11-16 als auch 1 Petr 2,21-25 gelesen werden. Beide Lesungen sprechen von dem Hirten, der Christus ist. Er ist der Gute Hirte, der sein Leben für seine Schafe geben will. All diese Motive lassen sich in diesem Lied wiederfinden. Zusammen bilden sie die große Bewegung der Güte Gottes.

Dennoch ist das Lied dadurch nicht auf den zweiten Sonntag nach Ostern beschränkt. Die Motive haben einen so breiten Oster-Charakter, daß es viel öfter gesungen werden kann. In den Niederlanden ist es z.B. in den letzten Jahren besonders bei Trauerfeiern beliebt geworden. Die zweite Strophe ist oft in Traueranzeigen als Überschrift zu finden. Dann wird singend bezeugt, wie jedes Leben in Gott verwurzelt ist, in seiner guten Erde.

Literatur

Leeuwstichting, G. Prof. Dr. van der (Hrsg.): Compendium bij de gezangen uit het *Liedboek voor de kerken*. Amsterdam 1977.

Graft, Guillaume van der: Verzameld Vertoog. Baarn 1989.

Himmelfahrt

Irmgard Scheitler

Er schwebt hinauf, der Gottessohn

1. Er schwebt hinauf, der Gottessohn,
zu teilen seines Vaters Thron.
Er kommt als Sieger aus dem Streit,
ist angetan mit Herrlichkeit.
Mit Siegesgetümmel
jauchzt auf nun, ihr Himmel!
Mit Jubelakkorden
eröffnet die Pforten!
Empfanget mit heiligen, himmlischen
Chören
den Starken im Kampfe, den König der
Ehren!

2. Er zieht hochherrlich bei euch ein
und gibt dem Himmel neuen Schein.
Vor seiner hehren Göttlichkeit
neigt staunend sich die Ewigkeit.
O sehet ihn sitzen
umleuchtet von Blitzen,
umstrahlet von Sonnen
in ewigen Wonnen!
Er lenkt nun mit Gott, daß er gänzlich
ihm gleiche,
der himmlischen Herrlichkeit ewige
Reiche.

**3. Betrübt euch, meine Augen, nicht,
Weil hier euch nun der Herr gebricht;
Wie bald, wie bald, wird es gescheh'n,
Daß ihr ihn werdet wiederseh'n!
Die Stätt' zu bereiten,
Uns ewig zu weiden
Mit himmlischen Freuden,
D'rum wollte er scheiden:
Bald wird er mit tausendmal Tausenden kommen,
Viel herrlicher, als er jetzt Abschied genommen!**

4. Lob bring ich dir, mein Jesus, dar,
der du hinaufschwebst wunderbar.
Zieh auch mein Herz hinauf zu dir,
daß es dort weile für und für!
Daß einst, wenn ich werde
verlassen die Erde,
auf Kerubimsschwingen
ich mög zu dir dringen
und ewiglich könne, zum Himmel erhoben,
an deinem Triumphe mich freuen – dich loben!

Druckvorlage

Vorliegende Fassung ist in Text und Melodie dem Anhang des Trierer **Gotteslob* entnommen. Dort finden sich jedoch nur die Str. 1, 2 und 4. Die hier abgedruckte dritte Strophe wurde dem *Gesang- und Gebetbuch für die Diözese Trier. Hg. v. Bischöflichen Generalvikariat. *Trier 1846*, S. 137 entnommen. Sie war 1912 gestrichen worden.

1 Die Trierer Rezeption

Das Trierer **Gotteslob*, das einzige Gesangbuch, in dem das Lied *Er schwebt hinauf, der Gottessohn* im Regionalteil vorkommt (GL-Tri 834), verfährt in seiner Quellenangabe sehr lakonisch: „T und M: Geistliche Hirtenlieder v. A. Silesius 1657". Zum einen stammt die Melodie des Liedes nicht von Angelus Silesius (d.i. Johann Scheffler), sondern von dem Breslauer Komponisten Georg Joseph, der für die Sammlung **Heilige Seelen=Lust* (Breslau 1657) und deren Fortsetzung (1668) mit dem Dichter zusammenarbeitete. Zum anderen kann nicht davon die Rede sein, daß der im Trierer **Gotteslob* vorliegende Text einfach Schefflers Liedersammlung entnommen ist. Es handelt sich vielmehr um eine gravierende Umarbeitung. Diese fand sich schon im ersten Trierer Diözesangesangbuch: **Trier 1846*, S. 137. Dasselbe: *Für vier Singstimmen und Orgel bearb. von Stephan Lück. *Trier 1847*, S. 137. Hier steht unser Lied als viertes und letztes in der Reihe der Himmelfahrtslieder.[1] Das **Gotteslob* übernahm seine Angabe offenbar einfach aus diesem seinen Vorgänger. Wenn im Choralbuch von 1847 allerdings angegeben ist: „Geistliche Hirtenlieder von Angelus Silesius 1657", so bezieht sich diese Notiz auf die Melodie. Das Trierer Diözesangesangbuch war bemüht, jeweils alten und

[1] Die Rubrik enthält ferner: *Heut ist gefahren Gottes Sohn; Ihr Jünger Jesu freuet euch, der Herr fährt auf zu seinem Reich; Öffnet eure Thore, Fürsten öffnet sie.* (Vgl. zu letzterem die Besprechung von Franz-Rudolf Weinert in diesem Bande, 493-471.)

ursprünglichen Melodien den Vorzug zu geben und hatte deshalb Interesse daran, seine Quellen zu nennen.[2]

1846/7 war das Lied noch um eine Strophe reicher (oben fettgedruckt); diese Strophe fiel in der Ausgabe des Diözesangesangbuchs von 1912 weg.[3] Die Textfassung von 1846/7 ist die noch heute gesungene, sieht man ab von einer einzigen Abweichung: Sie findet sich in der letzten Strophe, wo es in Zeile 4 heißt: „Daß es erhöht sei für und für!" Dies war den Redakteuren offenbar zu hochfahrend; die jetzt übliche Variante steht bereits im Diözesangesangbuch von 1912.

2 Schefflers Lied

Sie singet von seiner Himmelfahrt

1. Nun fähret auff Marien Sohn
In Gottes und auch seinen Thron
Er triumphiret wie ein Held/
Der alle Feinde hat gefällt:
Seyd frölich jhr Himmel
Macht heilges Getümmel/
Eröffnet die Pforten
Mit jauchtzenden Worten/
Laßt eure Trompeten auffs kräfftigste hören/
Auff daß jhr empfahet den König der Ehren.

2. Er zeucht nun herrlich bey euch ein/
Und bringt euch neuen Glantz und Schein;
Und bringet euch mit Göttlichkeit
Die menschliche Natur bekleidt:
Ihr könnet nu sehen
Was vor nie geschehen/
Deß Menschen Sohn sitzen
Im ewigen blitzen/
Regirn und beherrschen mit Gotte zu gleiche/
Der ewigen Herrligkeit ewige Reiche.

3. Betrübet euch mein' Augen nicht/
Daß euch der liebste Schatz entbricht;
Es wird in kurtzem bald geschehn/
Daß jhr jhn werdet wieder sehn:
Er will nur bey zeiten
Die Bleibstadt bereiten/
In der er mit Freuden
Uns ewig wird weiden;
Bald wird er mit tausendmal tausenden kommen;
Viel herrlicher als er jtz Abschied genommen.

4. Ehr sey dir JEsu ewiglich
Der du so auffährst wunderlich;
Zeuch auch mein Hertz hinauff zu dir
Das es erhöht sey für und für;
Auff daß ich mit Wonne
Dir ewige Sonne
Am Ende der Erden
Mag zugethan werden/
Und immer und ewig im Himmel erhaben/
Mit deinen Verdiensten mich freuen und laben.[4]

Unter den Liedern von Angelus Silesius, die in die Gesangbücher eingegangen sind, ist das vorliegende sicher das am wenigsten bekannte.[5] Zu-

---

2 Vorwort, V.

3 **Trier 1912*, Nr. 86, 148ff.

4 **Heilige Seelen=Lust*, 3. Buch Nr. 71.

5 Vgl. Scheitler, „Heilige Seelen-Lust", 711–753. Die Aufnahme sieht bei den beiden Konfessionen sehr verschieden aus. Im protestantischen Bereich gingen insgesamt mehr und andere Lieder in die Gesangbücher ein. Die katholische Rezeption änderte sich über die Epochen; seit dem 19. Jahrhundert gehören zu den geläufigsten Angelus Silesius-Liedern *Mir nach spricht Christus unser Held* [vgl. dazu die Besprechung von Ilsabe Seibt in diesem Bande, 192-205]; *Ich will dich lieben, meine Stärke; Morgenstern der*

nächst hat es Johann Georg Braun in sein für ein emotional vertieftes geistliches Lied im allgemeinen und die Angelus-Silesius-Rezeption im besonderen wichtiges **Echo Hymnodiae Coelestis* (Sulzbach 1675) aufgenommen; und zwar mit unverändertem Text und originaler zweistimmiger Melodie.[6] Dann aber erscheint das Lied erst wieder in Franz Carl Jordan: **Seelen=Stärcke*.[7] Dieses Gesangbuch ist von seinem Autor, einem Augustinerpater, mit großer Sorgfalt und ohne konfessionelle Vorbehalte zusammengestellt worden und hängt, was das Korpus der Scheffler-Lieder anbetrifft, offenbar von Brauns **Echo* ab.[8] Sein erklärtes Ziel war die emotionale Vertiefung der Frömmigkeit. Offenbar war der in Schlesien, einem konfessionell gemischten Land, wirkende Jordan sehr offen für die Anliegen, die der Pietismus mit Nachdruck und Erfolg vertrat. Die **Seelen=Stärcke* enthält 23 Lieder von Angelus Silesius, daneben aber auch viele protestantischer, ja Lutherscher Herkunft.[9]

Jordan hat an drei Stellen den Wortlaut verändert. Zwei davon sind so belanglos, daß es sich fast auch um Versehen handeln könnte: In der 1. Strophe liest man: „Ihr fröhlige Himmel! Macht heilges Getümmel", in der 2. Strophe beginnt die 3. Zeile unter Vermeidung von Schefflers Zeilenanapher: „er bringet euch". Von Bedeutung ist ausschließlich die Veränderung der letzten Zeile. Jordan ersetzt das veraltete „erhaben" durch „erhoben", braucht demzufolge ein neues Reimwort und verwandelt die letzte Zeile in: „mit deinen Verdiensten mich freuen, dich loben."[10]

Bemerkenswert ist, daß sich unser Lied – und zwar in völlig unverändertem Wortlaut – auch in der Herrnhuter Tradition findet. Die deutlich katholischen Stellen erregten bei den Brüdern keinen Anstoß. Zinzendorf nahm das Lied auf in sein *Christ-Catholisches Singe- und Betbüchlein*[11], dessen erster Teil eine Auswahl aus Angelus Silesius' **Heiliger Seelen=Lust* darstellt. Aber das Lied findet sich auch in der 3. Auflage des offiziellen Brüdergesangbuchs von 1731, dem sog. **Marcheschen Gesangbuch*.[12]

---

finstern Nacht; Jesu, komm doch selbst zu mir: Ach sagt mir nichts von Gold und Schätzen; Ach wenn kommt die Zeit heran.

6 UB München: W 8 Liturg. 457. 253 als eines von drei Himmelfahrtsliedern. Die Abweichungen vom Original sind minimal: In Str. 1,5 fehlen aufgrund eines Druckversehens die Worte „seyd frölich". In Str. 2,6 heißt es: „Ihr kennet nun sehen/ was gar nie geschehen" statt „vor nie". Die Baßstimme, jedesmal unbeziffert, zeigt kleine Varianten gegenüber der Originalausgabe.

7 Bäumker III, Bib. Nr. 171. bzw. IV, Bib. Nr. 142, der die veränderte Fassung gar nicht kennt, hat für unser Lied in der ursprünglichen Form diesen einzigen Beleg. Der Titel ist von Bäumker nicht ganz korrekt zitiert. Von mir benütztes Exemplar: Universitäts- und Landesbibliothek Sachsen-Anhalt, Halle, Ld 1739.

8 Vgl. Scheitler, „Heilige Seelen-Lust", 738.

9 Der Abschnitt „Für die katholische Kirche" beginnt mit dem Luther-Lied *Ach Gott! Vom Himmel sieh darein.*

10 Das Lied steht bei Jordan 129f. und ist eines von fünf Himmelfahrtsliedern.

11 **Zinzendorf 1727;* Nr. 57.

12 *Sammlung geistlicher Lieder*, Herrnhut 1731, Nr. 282.

2 Erneuernde „Restauration"

Zwar war es dem ersten Trierer Diözesangesangbuch um die Wiedereinführung und Wiederbelebung alten Liedgutes zu tun; dennoch griff es auf einen sehr stark veränderten Text zurück. Diese Veränderung stammt nicht aus einem Gesangbuch, sondern aus einer zeitgenössischen Ausgabe der **Heiligen Seelen=Lust*, die 1838 in Mannheim erschienen war und noch öfter aufgelegt wurde. Ihre Herausgeber sind die beiden katholischen Mannheimer Pfarrherrn W. Winterer und H. Sprenger.[13] Die Herausgeber wollten nicht eine historisch getreue Edition, sondern ein Andachtsbuch bereitstellen, „welches Jedermann, besonders aber die sanftern Seelen des weiblichen Geschlechtes mit seinem warmen Hauche tief empfundener Frömmigkeit berühren, begeistern und für die heilige Sache des Erlösers gewinnen sollte." Daneben war auch an eine Verwendung im Gesangbuch gedacht. In jedem Falle war nach Meinung der Herausgeber „eine durchgängige Bearbeitung der Lieder nothwendig."[14] Einige Lieder wurden ganz eliminiert, manche nur wenig angepaßt. Die Änderungen sind aber bei vielen Texten, wie auch dem unsrigen, sehr einschneidend. Ihrem Duktus nach gehören sie in die Reihe der noch der Aufklärung verpflichteten Adaptationen aus der Wende vom 18. zum 19., bzw. dem frühen 19. Jahrhundert und weisen die beiden Umdichter als späte Angehörige einer liberalen Generation von Geistlichen aus.[15] Die Umdichtung zeigt nämlich eine ausgesprochene Scheu vor typisch Katholischem bei Scheffler; dies betrifft v.a. die Veränderungen am Anfang („Marien Sohn") und am Schluß („Verdienste").

---

13 **Heilige Seelenlust*. Geistliche Lieder von Angelus Silesius. Bearbeitet und als Andachtsbuch herausgegeben. Mannheim 1838, 120f. Exemplar der Bischöflichen Seminarbibliothek Eichstätt Mt 4237.

14 Vorwort, X.

15 Diese Generation wurde in den 30er Jahren von den Anhängern der sog. katholischen Bewegung abgelöst. Die aufgeklärt liberale Geisteshaltung der beiden Herausgeber erhellt auch aus ihrer Wessenberg-Verehrung, wie sie der nachfolgende Passus des Vorworts belegt: „Auch schwebte uns bei dieser Arbeit ein fernerer Gedanke vor: Man erwartet nämlich in Bälde von unserm Hochwürdigen Ordinariat in Freiburg die Herausgabe eines neuen Gesangbuches für die Erzdiözese, oder, was Einsichtsvollere wünschen, die Bestätigung des sehr guten Konstanzer Gesangbuches", XI. Für die Umgestaltung des Gesangbuchs wünschten sich die Herausgeber, man möge nach „gediegenen altkatholischen Kirchenliedern greifen" (XII), eben den von ihnen vorgelegten. Zur konfessionsgeschichtlichen Situation vgl. meine Ausführungen in der Einleitung zu Görres, Wallfahrt, XXf.

Winterer/Sprenger

Er schwebt hinauf, der Gottessohn
Zu teilen seines Vaters Thron,
Er triumphiret wie ein Held
Der ruhmvoll seinen Feind gefällt;
Mit Siegesgetümmel
Jauchzt auf nun, ihr Himmel,
Mit Jubelakkorden
Eröffnet die Pforten
Empfanget mit heiligen, himmlischen Chören
Mit Donnergebrause, den König der Ehren!

Er zeucht hochherrlich bei euch ein
Und gibt dem Himmel neuen Schein;
Vor seiner hehren Göttlichkeit
Neigt staunend sich die Ewigkeit;
O sehet ihn sitzen
Umleuchtet von Blitzen,
Umstrahlet von Sonnen
In ewigen Wonnen!
Er lenkt nun mit Gott, daß er gänzlich ihm gleiche,
Der himmlischen Herrlichkeit ewige Reiche!

Betrübt euch, meine Augen, nicht,
Weil hier euch nun der Schatz gebricht;
Wie bald, wie bald wird es gescheh'n,
Daß ihr ihn werdet wieder seh'n!
Die Statt' zu bereiten,
Uns ewig zu weiden
Mit himmlischen Freuden,
Drum wollte er scheiden:
Bald wird er mit tausendmal Tausenden kommen,
Viel herrlicher, als er jetzt Abschied genommen!

Lob bring ich dir, mein Jesu, dar,
Der du hinaufschwebst wunderbar.
Zieh auch mein Herz hinauf zu dir,
Daß es erhöht sei für und für!
Daß einst meine Seele
Entschwebet der Höhle,
Auf Cherubimsschwingen
Zu dir möge dringen,
Und ewiglich könne, zum Himmel erhaben,
An deinem Triumphe sich freuen und laben!

Trier 1846

Er schwebt hinauf, der Gottessohn
Zu theilen seines Vaters Thron
Er kommt als Sieger aus dem Streit,
Ist angethan mit Herrlichkeit.
Mit Siegesgetümmel
Jauchzt auf nun, ihr Himmel!
Mit Jubelaccorden
Eröffnet die Pforten.
Empfanget mit heiligen, himmlischen Chören
Den Starken im Kampfe, den König der Ehren!

Er zieht hochherrlich bei euch ein
Und gibt dem Himmel neuen Schein;
Vor seiner hehren Göttlichkeit
Neigt staunend sich die Ewigkeit;
O sehet ihn sitzen
Umleuchtet von Blitzen,
Umstrahlet von Sonnen
In ewigen Wonnen!
Er lenkt nun mit Gott, daß er gänzlich ihm gleiche,
Der ewigen Herrlichkeit ewige Reiche.

Betrübt euch, meine Augen, nicht,
Weil hier euch nun der Herr gebricht;
Wie bald, wie bald, wird es gescheh'n,
Daß ihr ihn werdet wiederseh'n!
Die Stätt' zu bereiten
Uns ewig zu weiden
Mit himmlischen Freuden,
Drum wollte er scheiden:
Bald wird er mit tausendmal Tausenden kommen,
Viel herrlicher, als er jetzt Abschied genommen!

Lob bring' ich dir, mein Jesu, dar,
Der du hinaufschwebst wunderbar;
Zieh auch mein Herz hinauf zu dir,
Daß es erhöht sei für und für!
Daß einst, wenn ich werde
Verlassen die Erde,
Auf Cherubimsschwingen
Ich mög' zu dir dringen,
Und ewiglich könne, zum Himmel erhoben,
An deinem Triumphe mich freuen – dich loben!

Die Gegenüberstellung zeigt die kleinen Abweichungen, v.a. aber auch die bis in die Interpunktion hineinreichende Übereinstimmung der Trierer

Fassung mit der Umdichtung von Winterer und Sprenger. Die Väter des Trierer Diözesangesangbuchs bedienten sich also dieser „praktischen Neuausgabe". Daneben kannten sie aber auch die Originalfassung (vgl. die Abweichung von Winterer/Sprenger in Str. 2,10) und wohl auch die Jordansche Fassung. Dafür jedenfalls spricht die Variante in der letzten Zeile. Das Lied **muß** aus der Neuausgabe von Winterer/Sprenger übernommen worden sein, denn seine vorliegende Fassung ist ein Gesangbuch-Unikat und findet sich weder in den für die Diözese Trier wichtigen hymnologischen Quellenwerken,[16] noch in den bekannten Gesangbüchern des 18. und 19. Jahrhunderts.[17] Erstaunlich ist, mit welcher Beharrlichkeit es sich als Trierer Eigengut über die letzten 150 Jahre gehalten hat. Es steht ungeachtet der absprechenden Gutachten von Matthias Schu und Gereon Stein (1868) und trotz der herben Kritik von seiten des für die Musik zuständigen Bearbeiters Peter Piel (1892) in allen Auflagen des Diözesangesangbuchs.[18] Besonderen Verehrern des Liedes ist es zu verdanken, daß es auch ins **Gotteslob* hinübergerettet wurde, obgleich seinerzeit bei der Erstellung des Trierer Diözesanteils wieder erhebliche Bedenken laut geworden waren.[19]

3 Strophenform

Die Einwände gegen die Tauglichkeit des Liedes als Kirchenlied beziehen sich nicht zuletzt auf die mit der Strophenform verbundene Melodie. So sehr Winterer und Sprenger bei ihren Umarbeitungen in die Texte eingriffen, so haben sie doch die Strophenformen jeweils unangetastet gelassen. Das Schema unseres Liedes mit seinen zehn Zeilen dürfte im Bereich des Kirchenliedes ohne Parallele sein.[20] Die Tatsache, daß sich das Lied von jeher nicht auf eine geläufige Melodie, sondern nur auf seine eigene, der ursprünglichen Ausgabe beigegebene Weise singen ließ, hat sicher seine Verbreitung behindert. Es handelt sich um eine Bar-Form mit zwei gleichgebauten Anfangsteilen (Stollen) und einem umfänglichen Abgesang. Diese Form findet sich bei Kirchenliedern der Lutherzeit, und man könnte sie altmodisch nennen, wäre da nicht das Metrum des Abgesangs: ein tänzelnder Daktylus, der im 17. Jahrhundert als sehr modern und für einen geistli-

---

16 Es fehlt in Martin von Cochem: **Mainz 1683, *Trier 1817, *Churtrierisches Gesangbuch* (1786). Für freundliche Auskunft bedanke ich mich bei den Mitarbeitern der Bibliothek des Trierer Priesterseminars. Es ist auch nicht enthalten in dem als Quelle für Barocklieder wichtigen **Wien 1754*. Das Lied gehört nicht zu den im „Paulinus" besprochenen **Gotteslob*-Liedern.

17 Es steht nicht in Joseph Mohrs **Cäcilia 1874*, noch in **Cantate 1885* desselben Autors, nicht in Bones **Cantate 1847*, in **Haydn 1812*, nicht in **Limburg 1931*, nicht in **Ehrenbreitstein 1842*. Für die Auskunft, daß das Lied auch in allen sonst für Trier in Frage kommenden Quellen fehlt, danke ich freundlich Herrn Diözesanarchivar Dr. Martin Persch, Trier.

18 Vgl. Persch, Trierer Diözesangesangbuch, Anm. 1255, 1311.

19 Wesentlichen Anteil hatte der Trierer Ordinarius für Liturgiewissenschaft Prof. Dr. Balthasar Fischer. Vgl. Dem Jubilar ein Buch gewidmet.

20 Es kommt jedenfalls nicht vor bei Zahn.

chen Stoff sogar als etwas suspekt angesehen wurde.[21] In der Tat macht dieser daktylische Teil, der aus vier zweihebigen und zwei vierhebigen Zeilen besteht, den besonderen Charakter des Liedes aus. Die vier vierhebigen jambischen Reimpaarzeilen des Anfangs nämlich (Metrum der lateinischen Hymnenstrophe) ließen sich auf vielerlei Melodien singen, z.B. auf die des bekannten Himmelfahrtsliedes *Ihr Christen hoch erfreuet euch.*[22]

4 Oster- und Himmelfahrtslieder

Die evangelischen und katholischen Gemeinden sind nicht besonders reich an Himmelfahrtsliedern und waren es nie. In einigen Fällen wurden – theologisch sehr einleuchtend – Osterlieder zu Himmelfahrtsliedern umgearbeitet, z.B. *Christ ist erstanden* zu *Christ fuhr gen Himmel*. Um ein beliebtes Lied aus dem 17. Jahrhundert zu nennen: *Heut triumphiret Gottes Sohn* (1620) von Gregor Ritzsch[23] findet seine Parallele im Osterlied gleichen Anfangs von Basilius Förtsch vom Anfang des 17. Jahrhunderts.[24]

Unter den protestantischen Kirchenliedern ist *An diesem Tag so denken wir* (1636) von Johann Zwick geläufig und war dem als Lutheraner aufgewachsenen Johannes Scheffler sicher bekannt. Bereits in diesem Lied begegnen wir dem Gedanken, daß auch der Christ seinen Wandel im Himmel hat. Von dieser auf Phil 3,20 fußenden Idee lebt auch das Himmelfahrtslied von Josua Wegelin *Allein auf Christi Himmelfahrt* (1636). Hingegen kommt in der Barockzeit mehr und mehr der Vergleich zwischen Himmelfahrt und Triumph auf, der sich auf Ps 24,7–10 oder Kol 2,15 berufen kann. Er begegnet etwa in dem erwähnten, in protestantischen Gesangbüchern überaus stark vertretenen *Heut triumphiret Gottes Sohn* oder in dem katholischen Himmelfahrtslied *Mit schallenden Stimmen.*[25]

Die emphatische Voranstellung des „Heut"... oder „Nun"... findet sich bei Oster- und Himmelfahrtsgesängen (die eigentlich zusammengehören) recht häufig, nicht nur in evangelischen Liedern,[26] sondern auch in dem im katholischen Bereich sehr verbreiteten Spee-Lied *Heut ist gefahren Gottes Sohn.*[27] Sie hat wohl ihren Grund im österlichen *Haec dies*. Nicht emphatisch am Zeilenanfang, aber am ebenso herausgehobenen Zeilenende steht das

---

21 Zur einschlägigen Diskussion vgl. Scheitler, Geistliches Lied im Barock, 124–141.

22 Daß von komplizierten Scheffler-Strophen durchaus Teile herausgenommen wurden, beweist der Umgang mit dem Lied: *Ich weiß ein liebes Blümelein* (**Heilige Seelen=Lust* 1. Buch Nr. 1,28). Die Gesangbücher der Herrnhuter Brüder übernahmen nur die ersten 4 Zeilen der neunzeiligen Strophe.

23 Fischer-Tümpel I, 492.

24 Fischer I, 295.

25 **Bamberg 1691*. Vgl. Bäumker I, Nr. 336.

26 Vgl. *Heute fährt der Heiland*, Koch V, 493. *Heut fährt Gott auf*, Koch III, 347. *Es fähret heute Gottes Sohn*, **Freylinghausen* 1771 Nr. 297. *Heut unser Heiland triumphiret*, **Plön 1687*, vgl. Kirchenlieder-Lexikon I, 296. *Heut ist der Tag der Freuden*, **Sabbahtische Seelenlust* 1651 – Osterlied.

27 Vgl. Bäumker I, Nr. 335.

„heute“ in *Caelos ascendit hodie*. Der Anfang mit dem Wörtchen „nun“ – einer der häufigsten Kirchenlied-Anfänge überhaupt – ist semantisch dem „heut“ sehr verwandt und ruft die Aktualität des Heilsgeschehens ins Bewußtsein.[28]

5 Schefflers Lied

Johannes Schefflers **Heilige Seelen=Lust* ist eine Liedersammlung zum privaten Gebrauch, zur häuslichen Erbauung des gebildeten Frommen.[29] Die 1657 veröffentlichten Bücher I–III stellen eine Einheit dar und sind im wesentlichen nach dem *de tempore* aufgebaut. Ihr Charakter ist meditativ und gefühlsbetont, ihr Stil bewußt poetisch anspruchsvoll. Die dazugehörigen Kompositionen folgen dem im 17. Jahrhundert modernen Aria-Typus, gesetzt für Singstimme mit – meist unbeziffertem – Baß. Auch dies ist typisch für Lieder zur häuslichen Erbauung oder zum konzertanten Vortrag.[30]

Vergleicht man Schefflers Lied mit anderen Himmelfahrtsliedern der Zeit, so fällt auf, daß in ihm jede didaktische Konnotation fehlt. Seine Ermahnungen in der ersten Strophe richten sich nicht an die Christen auf Erden, sondern an die himmlischen Heerscharen: Sie sollen sich zu einem angemessenen Empfang rüsten. Auch in Str. 2 sind die himmlischen Heerscharen Adressat, wenn ihnen – und nur auf diesem Umweg auch dem Leser – die Besonderheit des Festgeheimnisses dargelegt wird: Die mit Göttlichkeit bekleidete menschliche Natur zieht in den Himmel ein, des Menschen Sohn setzt sich auf seinen Thron, um „mit Gotte zu gleiche“ zu regieren.

Die dritte Strophe wendet sich an das eigene Ich: Gleichwohl bildet auch sie eine Ausnahme im Korpus der Himmelfahrtslieder: Ungewöhnlich nämlich ist die Thematisierung des Abschiedsschmerzes des auf Erden Zurückgebliebenen. Die nachfolgenden Zeilen 3–4, 9–10 der Str. 2 greifen die Worte der Engel in Apg 1,11 auf, unterstützt durch Anklänge an die johanneischen Abschiedsreden (Joh 16,6f., 16,16–20). Verstärkt wird der hier ausgesprochene Trost durch die Versicherung, Jesu sei aufgefahren, um seinen Freunden eine „Bleibstadt“ zu bereiten – dies in Anlehnung an Joh 14,2f.
Die letzte Strophe spricht Jesus selbst an, zunächst doxologisch, dann aber in der Bitte um Verbundenheit mit ihm in der ewigen Seligkeit. Das hier zitierte „zieh mich nach dir, so laufen wir“(Hld 1,4) gehört zu den im Pietismus meistzitierten Bibelworten. Ihm widmet Angelus Silesius das nach-

---

28 Vgl. *Nun freut euch Gottes Kinder all*, Himmelfahrtslied von Erasmus Alberus 1549.

29 Vgl. Scheitler, „Heilige Seelen-Lust“, 712–719.

30 Über Georg Joseph ist nur bekannt, daß er im Dienst des Breslauer Fürstbischofs stand. Wie eindeutig die Lieder als Sologesänge gedacht waren, dafür spricht auch die „Erinnerung an den Leser“ in der 1. Auflage von 1657, man beabsichtige, die Melodien in künftigen Auflagen „mit schönen Symphonien und vollstimmigen Instrumenten zu offentlichem Kirchen=Brauch“ auszustatten, d.h. sie nicht nur für den häuslichen Gebrauch beim Melodieinstrument, sondern für konzertanten Vortrag tauglich zu machen.

folgende Lied Nr. 72 „Zeuch mich nach dir/ so lauffen wir", das vielfach in evangelische (nicht jedoch in katholische) Gesangbücher übernommen wurde.[31] Während andere Himmelfahrtslieder den Gedanken, des Christen Heimat sei im Himmel (Phil 3,20) mit moralischen Hinweisen verbinden,[32] verzichtet Scheffler auf alles Ermahnende und beschränkt sich auf die Bitte um ewige Seligkeit bei Gott. Etwas befremdlich mag in diesem Zusammenhang die Erwähnung der Freude an den „Verdiensten" Christi sein (Str. 4,10), ein Terminus, der den Autor sofort als Katholiken ausweisen mußte.[33]

6 Neue Fassung

Die Umarbeitung des Textes steht eindeutig unter aufgeklärtem Vorzeichen. Scheint sie auf den ersten Blick nur Wörter zu ändern, zu modernisieren und zu glätten, so wird bei näherem Hinsehen deutlich, wie gravierend die Eingriffe für den Duktus des Liedes sind.

Schefflers „Nun" ist durch seine Stellung am Zeilenanfang ein energischer Hinweis auf die Brisanz der Botschaft, die nicht ein historisch Vergangenes meint, sondern in der liturgischen Feier Christi Himmelfahrt vergegenwärtigt. Emphatisch gewichtend wirkt ferner die Stellung des Subjekts („Marien Sohn") am Zeilen- und Satzende. Nur diese hat die überarbeitete Fassung übernommen, sie aber mit einem schwachen und poetisch verlegenen „er" (semantisch redundantes, nur metrisch notwendiges Personalpronomen als Verdoppelung des Satzgegenstandes) zu Zeilenbeginn erkauft. Die Variante „Gottessohn" statt „Marien Sohn" mag sich erklären aus dem aufgeklärten Wunsch, Marianisches aus diesem Himmelfahrtslied zu tilgen. Sie bringt aber die Schefflersche Str. 2 um ihre Pointe, die nämlich gerade darin besteht, daß eines „Menschen Sohn", nämlich der Sohn Mariens, im Himmel „mit Gotte zu gleiche" thront. Konsequenterweise muß die Umarbeitung auf diese Aussage verzichten. Während Scheffler die Verbindung des Menschlichen mit dem Göttlichen im erhöhten Christus der zweiten Strophe vorbehält, zieht die Umarbeitung diese Aussage bereits in die erste Strophe hinein, was den Effekt des Staunens wegnimmt und das Paradox zur theologischen Selbstverständlichkeit herabstimmt.

Auch die Veränderung des Verbums „auffahren" zu „hinaufschweben" in der Neufassung ist alles andere als nebensächlich. Schefflers Variante wirkt wesentlich kräftiger und stellt die Auffahrt als selbständige Aktion vor. Sie verweist den Rezipienten auf die Assoziierung der Himmelfahrt mit einem Triumphzug, wie sie in Z. 3 und 4 zum Ausdruck kommt. Demgegenüber erinnert der zum Himmel emporschwebende Gottessohn der Neufassung eher an eine barocke Assunta oder an einen von Wolken zum

---

31 Es gehörte sogar zu den am ersten in ein – frühpietistisches – Gesangbuch aufgenommenen Liedern Schefflers und steht schon 1659 in Müllers **Geistlicher SeelenMusik*. Vgl. Scheitler, „Heilige Seelen-Lust", 720.

32 Vgl. *Es fähret heute Gottes Sohn*, **Freylinghausen 1771*, Nr. 297, 177, Str. 3–5.

33 Angelus Silesius war 1653, 28jährig, zum Katholizismus konvertiert.

Himmel getragenen Christus auf Nazarenerbildern. Die Verbesserer des Liedes scheinen besondere Liebhaber des Verbums „hinaufschweben" gewesen zu sein - in der zweiten Zeile der letzten Strophe setzen sie es wieder für „auffahren" ein.

Auch in den folgenden Strophen bleibt kein Stein auf dem anderen. Dabei sind die Triebkräfte der Veränderung nicht etwa nur die Modernisierung des Wortschatzes („zeuch" wird zu „zieh") oder die Verbesserung poetischer Fehler und Glättung der Syntax (Str. 2,3f. ist holprig). Diese hätten sich mit kleinen Eingriffen bewerkstelligen lassen. Vielmehr nimmt die Umarbeitung neu hinzugefügte Archaismen („angetan" Str. 1,4), dichterische Schwächen („mit Siegesgetümmel jauchzt auf" Str. 1,5f. stimmt nur metrisch, gibt aber keinen Sinn), syntaktische Lizenzen (Nachstellung des attributiven Adverbs in Str. 3,2 wie auch bei Scheffler: „hinaufschwebst wunderbar", Abweichung von der normalen Wortstellung in Str. 3,5f. „wenn ich werde verlassen die Erde") durchaus in Kauf. Nicht Besserung und Modernisierung ist ihre Absicht, sondern das Anschlagen eines weicheren Tons, die Scheu vor Konnotationen auf seiten Christi, die für ihren Geschmack möglicherweise zu weltlich und zu absolutistisch klangen. Auch in bezug auf die menschliche Seite des Festgeheimnisses umgeht die Neufassung jeden Überschwang - man vergleiche die letzte Strophe, in der die stolzen Vokabeln „erhöht" und „Wonne" emendiert werden.

7 Melodie

Diese Abschwächungen hat der umgearbeitete Text aber durch stilistische Mittel wieder wettzumachen versucht - und dies mit großem Erfolg, wie wir sehen werden. Zunächst aber wird der Gesamteindruck beherrscht von der für ein Kirchenlied außergewöhnlich beschwingten Melodie.[34] Um sie zu finden, mußten die Herausgeber entweder auf die Originalausgabe oder auf Brauns **Echo* zurückgreifen, denn weder Jordan noch Winterer/Sprenger drucken Noten. Bei der Melodie handelt es sich um die ursprüngliche, von Georg Joseph für die **Heilige Seelen=Lust* von 1657 geschaffene Weise.[35] Sie ist mit derjenigen im Diözesanbuch von 1847 und 1912 identisch. Nur wurde sie um des bequemeren Singens willen immer wieder nach unten transponiert.[36] Im Text wechselt der Zweiertakt der Jamben in den Stollen zum Dreiertakt der Daktylen im Abgesang. Die Melodie hingegen notiert die Z. 1–8 und 10 im Dreiertakt, die Z. 9 hingegen im geraden Takt (der Taktwechsel ist im Notenbild des Trierer **Gotteslob* nicht mehr angezeigt). Taktwechsel, wie sie für affektbetonte Dichtungen und

[34] Balthasar Fischer verteidigte den Verbleib des Liedes im **Gotteslob* mit dem Argument, das „dionysische Element" müsse auch seinen Platz im Gesangbuch haben. Vgl. Dem Jubilar ein Buch gewidmet.

[35] In den Brüdergesangbüchern und bei Jordan ist der Text mit dem Hinweis auf „seine eigene Melodie" versehen.

[36] Die ursprüngliche Notierung (im Sopranschlüssel) beginnt mit e^1, diejenige im Diözesangesangbuch mit d^1, die im **Gotteslob* mit cis^1.

Melodien besonders typisch sind, stellen größere Anforderungen an den Sänger. Daß diese Weise für eine Gemeinde keineswegs leicht zu singen ist, liegt nicht nur am Tonumfang von einer Dezime; für ein Kirchenlied höchst ungewöhnlich sind die vielen Verschleifungen und Melismen. Die beiden Stollen haben die gleiche Melodie und sind als achttaktige Perioden konzipiert. Mit Ausnahme von Takt 3 weisen sie ein syllabisches Wort-Ton-Verhältnis auf. Die Melodie erhebt sich - dem Text entsprechend - in den zweimal vier Takten insgesamt um acht Töne nach oben und endet schließlich im Terzabfall auf dem Grundton, der Tonika. Die Z. 5 und 6 sind wieder gleich gebaut. Passend zu den Daktylen verstärkt sich im Abgesang die Figurierung, die Viertel von Takt 17 lösen sich in Achtel auf. Z. 7 und 8 haben eine Melodie aus drei punktierten Sequenzen, die jeweils um einen Ton abfallen. Die nun folgende Zeile schreibt den daktylischen Rhythmus mit der Abfolge von einem längeren und zwei kürzeren Notenwerten nach und mündet in ein Melisma von Sechzehnteln - höchst ungewöhnlich für ein Gemeindelied! Die letzte Zeile hingegen wiederholt die Melodie von Z. 7/8. Somit ist die melodische Struktur des Abgesangs von der poetischen leicht unterschieden: Sie gliedert die sechs paarweise gereimten, viermal zwei und zweimal vier Hebungen umfassenden Zeilen in folgender Weise: a a′ b c b′, verschleiert damit die paarige Regelmäßigkeit der Dichtung und kreiert neue Bezüge. Solch ein Verfahren ist ungewöhnlich für eine Zeit, in der sich die Melodie dem Text in der Regel wie ein Kleid anschmiegt und spricht für das Selbstbewußtsein des Komponisten Georg Joseph. Harmonisch verlangt die Melodie wenig Ausweichungen, sie bleibt im Rahmen des üblichen Kadenzschemas, meist sogar beschränkt sie sich auf die Tonika. Genau das aber unterstreicht ihren festlichen, etwas fanfarenhaften Charakter, der besonders im Abgesang vorherrscht.

7 Stil und Duktus

Auch der Text hat, der Umarbeitung zum Trotz, seinen freudig erregten Charakter bewahrt. Innerhalb des Liedkorpus im **Gotteslob* nimmt *Er schwebt hinauf* sicherlich eine Sonderstellung ein. Mit seinen Taktwechseln, dem Schlagreim seiner Kurzzeilen und seinen rhetorischen Mitteln steht das Lied deutlich in der Tradition einer Barockdichtung, für die emotionale Vertiefung keineswegs einen Gegensatz zu äußerlicher Pracht bildet. Neben dem Metrum ist es der hohe Stil des Textes, der seinen Glanz bewirkt. Er bewährt sich an Neologismen wie „Siegesgetümmel" oder „Jubelakkorde" ebenso wie an den häufigen Alliterationen (teilen/Thron Str. 1,2; heilig/himmlisch Str. 1,9; hochherrlich Str. 2,1; sehet/sitzen Str. 2,5; gänzlich/gleiche Str. 2,9; himmlische Herrlichkeit Str. 2,10; weil/wie/werdet/wieder Str. 3,2-4), den Zeilenanaphern (Er schwebt/Er kommt Str. 1,1.3, Er zieht/Er lenkt Str. 2,1.9; umleuchtet/umstrahlet Str. 2,6.7), dem Wortschatz mit exquisiter Lexik, vielen Partizipien und antiquierten Formen, den häufigen Befehls- und Ausrufesätzen. Nicht wenige dieser Stilfiguren sind genuine

Zusätze der Umarbeitung, die somit ihren Willen zum illustren Stil bezeugt. Die Neufassung hat die Argumentationsstruktur des ursprünglichen Textes im wesentlichen beibehalten: Die erste Strophe läßt mit ihrer Aufforderung an die himmlischen Heerscharen, ihrem Herrscher einen seiner Siegerwürde angemessenen triumphalen Empfang zu bereiten, an höfische Festkultur im Absolutismus mit Ehrenpforten und Prunkmusik denken. Die zweite Strophe erweitert die Schilderung von Christi Herrlichkeit in kosmische Dimensionen. Ihre Hyperbolik zeigt sich sowohl in den abundanten Epitheta (hochherrlich, hehre Göttlichkeit, staunend, gänzlich ihm gleiche, ewige Wonnen, himmlische Herrlichkeit, ewige Reiche), als auch in den evozierten Bildern: Der Himmel erhält neuen Schein, die Ewigkeit neigt sich, der neue Herrscher sitzt in einer Aura von Blitzen und Sonnen (man beachte den Plural). Die letzten beiden Strophen, obwohl sie nun die Perspektive wechseln und in der Ich-Form sprechen, bleiben trotzdem im Modus der Erhabenheit. Der aus dem Hohenlied übernommene mystische Gedanke, Gott möge die Seele kraft seiner Liebe an sich und zu sich hinaufziehen (Str. 4,3), hat wohl im pietistischen, nicht aber im katholischen Kirchenlied Tradition. Das Bild der Z. 7/8 greift in die höchsten Sphären, in die der hocherhabenen sechsflügeligen Cherubim. Das Verbum „dringen", wegen seiner Reimtauglichkeit bisweilen etwas überstrapaziert, macht hier einen überaus kräftigen Effekt, ist doch die Rede vom Überschreiten der Grenze zwischen Erde und Himmel. Bemerkenswert ist auch der schon von Jordan eingeführte Schluß „mich freuen - dich loben", dessen frappierende Wirkung von dem scheinbaren grammatischen Parallelismus („mich freuen" - „dich loben") bei inhaltlicher Dissoziation herrührt: „mich freuen" gebraucht das Personalpronomen reflexiv, das in „dich loben" trotz des Gleichklangs ein Objekt darstellt. Die letzte Zeile nennt nun auch ungescheut die Metapher beim Namen, in deren Zeichen das ganze Lied die Himmelfahrt Christi auffaßt: den Triumph.

Literatur

TTS = Tübinger theologische Studien. Mainz 1973ff.

Bäumker, Wilhelm: Das katholische deutsche Kirchenlied in seinen Singweisen von den frühesten Zeiten bis gegen Ende des siebzehnten Jahrhunderts, auf Grund handschriftlicher und gedruckter Quellen bearbeitet von Wilhelm Bäumker. 4 Bde. Freiburg im Breisgau 1883-1911 (Reprint Hildesheim 1962).

Dem Jubilar ein Buch gewidmet. Geburtstagsfeier für Professor Dr. Balthasar Fischer, in: Paulinus 113 (1987) Nr. 37 (13. Sept.). 26.

Fischer, Albert Friedrich Wilhelm: Das deutsche evangelische Kirchenlied des 17. Jahrhunderts. Vollendet und hrsg. von Wilhelm Tümpel. 5 Bde. Gütersloh 1904-1911 (Reprint Hildesheim 1964).

Fischer, Albert Friedrich Wilhelm: Kirchenlieder-Lexicon. Hymnologisch-literarische Nachweisungen über ca. 4500 der wichtigsten und verbreitetsten Kirchenlieder aller Zeiten in alphabetischer Folge nebst einer Uebersicht der Liederdichter. 2 Bde. Gotha 1878-1879. Supplement: Gotha 1886.

Koch, Eduard Emil: Geschichte des Kirchenlieds und Kirchengesangs der christlichen, insbesondere der deutschen evangelischen Kirche. 8 Bde. 3., neu bearbeitete Auflage. Stuttgart 1866-1876.

Persch, Martin: Das Trierer Diözesangesangbuch von 1846-1 975. Ein Beitrag zur Geschichte der Trierer Bistumsliturgie. Trier 1987 (=TTS 44).

Scheitler, Irmgard (Hrsg.): Joseph Görres. Die Wallfahrt nach Trier (=Gesammelte Schriften Bd. XVII 1/4). Paderborn 2000.

Scheitler, Irmgard: „Heilige Seelen-Lust". Die Rezeption der „Geistlichen Hirten-Lieder" vom 17. bis zum Anfang des 19. Jahrhunderts, in: Liturgie und Dichtung. Hrsg. von Hansjakob Becker/Reiner Kaczynski: St. Ottilien 1983. 711–753.

Scheitler, Irmgard: Das Geistliche Lied im deutschen Barock. Berlin 1982.

Folgende Seiten: Die Fassung der **Heiligen Seelen=Lust* 1657. Reproduktion des Exemplars der Bayerischen Staatsbibliothek München Sign. Rar 1867 Beibd. 1, 221-224.

Drittes Buch. 221

Hole mich dein Schäfelein
In den ewgen Schafstall ein.

Das Ein und siebzigste.

Sie singet von seiner Himmelfahrt.

222 Geistlicher Hirten-Lieder
jhr Himmel/ macht heil ges Ge tümmel/
er öff net die Pforte mit jauchtzenden Worten:
Last eure Trompete aufs kräftigste hö ren/
auf

1.

NUn fähret auff Marien Sohn
In Gottes und auch seinen Thron
Er triumphiret wie ein Held/
Der alle Feinde hat gefällt:
Seyd frölich jhr Himmel/
Macht heilges Getümmel/
Eröffnet die Pforten
Mit jauchtzenden Worten/
Last eure Trompeten auffs kräfftigste hören/
Auff daß jhr empfahet den König der Ehren.

2.

Er zeucht nun herrlich bey euch ein/
Und bringt euch neuen Glantz und Schein;
Er bringet euch mit Göttligkeit
Die menschliche Natur bekleidt:
Ihr könnet nu sehen/
Was vor nie geschehen/

Deß

Deß Menschen Sohn sitzen
Im ewigen blitzen/
Regirn und beherrschen mit Gotte zu gleiche/
Der ewigen Herrligkeit ewige Reiche.

3.

Betrübet euch mein' Augen nicht/
Daß euch der liebste Schatz entbricht;
Es wird in kurtzem bald geschehn/
Daß ihr ihn werdet wieder sehn:
Er wil nur bey zeiten
Die Bleibstatt bereiten/
In der er mit Freuden
Uns ewig wird weiden;
Bald wird er mit tausendmal tausenden kom(men/
Viel herrlicher als er itz Abschied genommen.

4.

Ehr sey dir JEsu ewiglich
Der du so auffährst wunderlich;
Zeuch auch mein Hertz hinauff zu dir
Daß es erhöht sey für und für:
Auff daß ich mit Wonne
Dir ewige Sonne
Am Ende der Erden
Mag zugethan werden/
Und immer und ewig im Himmel erhaben/
Mit deinen Verdiensten mich freuen und laben.

Das

Franz-Rudolf Weinert

Öffnet eure Tore, Fürsten, öffnet sie

1. Oeffnet eure Thore, Fürsten, öffnet sie!
Seht, der Ehre König ist zum Einzug da!
Wer ist dieser König, dem das Reich gebührt?
Er, der Herr, der Starke, mächtig in dem Kampf.
Alleluja, Alleluja, Alleluja!

2. Ew'ge Himmelsthore, weit nun öffnet euch!
Seht, der Ehre König ist zum Einzug da.
Wer ist dieser König, dem das Reich gebührt?
Er, der Engelscharen mächt'ger Herrscher ist's.
Alleluja, Alleluja, Alleluja!

3. O ihr Völker alle, freu't euch und frohlockt,
Frohe Lobgesänge jauchzet eurem Gott!
Er, der in der Krippe für uns hat geweint,
Er herrscht nun als König über alle Welt.
Alleluja, Alleluja, Alleluja!

4. Unter lautem Jubel mit der frohen Schaar
Fuhr er auf in Glorie zu des Vaters Reich;
Er, der an dem Kreuze ganz verlassen hing,
Er herrscht nun als König, Alles huldigt ihm
Alleluja, Alleluja, Alleluja!

Druckvorlage

Öffnet eure Tore, Fürsten, öffnet sie, ist erstmals im *Gesang- und Gebetbuch für die Diözese Trier* (**Trier 1846*), 92f. bezeugt. 1810 hatte Christoph Bernhard Verspoell den Text des Liedes gedichtet, den der Trierer Domkapellmeister Stephan Lück 1846 vertonte. Text und Melodie wurden dem Gesangbuch von 1846 entnommen. Die Melodie wurde lediglich transponiert, sie steht ursprünglich in A-Dur.

1 Die Textrevision von 1955

Die textliche Fassung des Liedes hatte noch in **Trier 1872* Bestand,[1] ehe sie für das letzte Trierer Diözesangesang- und Gebetbuch (**Trier 1955*[2]) die Veränderung erfuhr, die auch im Trierer Diözesananhang zum **Gotteslob* von 1978[3] überliefert ist.

1. Öffnet eure Tore, Fürsten, öffnet sie!
Seht, der Ehre König ist zum Einzug da!
Wer ist dieser König, dem das Reich gebührt?
Er, der Herr, der Starke, mächtig in dem Kampf!
Alleluja, Alleluja, Alleluja!

2. Ew'ge Himmelsthore, weit nun öffnet euch!
Seht, der Ehre König ist zum Einzug da!
Wer ist dieser König, dem das Reich gebührt?
Er, der Engelscharen mächt'ger Herrscher ist's.
Alleluja, Alleluja, Alleluja!

3. O ihr Völker alle, freu't euch und frohlockt,
Frohe Lobgesänge jauchzet eurem Gott!
Er, der an dem Kreuze ganz verlassen hing,
Er nun herrscht als König; alles huldigt ihm
Alleluja, Alleluja, Alleluja!

Die Revision von 1955 hat aus vier Strophen drei gemacht, indem sie die inkarnatorische, freilich auch etwas fragwürdige Formulierung in Str. 3 („Er, der in der Krippe für uns hat geweint") fallenläßt und mit der staurologischen Erhöhungsaussage aus der ehemals vierten Strophe („Er, der an dem Kreuze ganz verlassen hing, Er herrscht nun als König, Alles huldigt ihm") jetzt das Lied beschließt. Mit der Reduzierung auf drei Strophen verschwanden allerdings auch die beiden Anfangsverse aus der vierten Strophe („Unter lautem Jubel mit der frohen Schaar, Fuhr er auf in Glorie zu des Vaters Reich"), die das starke Himmelfahrtsmotiv aus Ps 47,6 beinhaltet[4]

---

1 **Trier 1872*, Nr. 91, 149–151.
2 **Trier 1955*, Nr. 99, 88.
3 GL-Tri 835.
4 Ps 47,6: „Gott stieg empor unter Jubel, der Herr beim Schall der Hörner".

und seit alters mit dem Fest Christi Himmelfahrt verbunden ist. Die Liedinterpretation orientiert sich deshalb an der Urfassung von 1846 mit den vier Liedstrophen.

2 Liedinterpretation

Der Evangelist Lukas beginnt sein zweites Buch mit der Erzählung von der Aufnahme des auferstandenen Christus in den Himmel (vgl. Apg 1,1–11). Das Christusgeschehen der Himmelfahrt wird zwar geschildert im Rahmen des antiken Weltbildes, aber der Evangelist versteht seine Erzählung nicht als Analogie zu Entrückungsgeschichten alttestamentlicher Propheten oder römischer Kaiser.

> „Die Erhöhung Christi ist nach Lukas anders als bei den Propheten und Imperatoren die Einsetzung des wahren Erlösers zum Weltenherrscher. Nicht Kaiser Augustus oder ein anderer Cäsar, sondern der, der im Stall geboren wurde, der ein Herz hatte für Kleine, Kranke und Entrechtete, und der am Kreuz sein Leben beendete, ist gegen alle Erwartungen der wahre Weltenheiland, der Sotér, der jetzt zum Heil aller Menschen, der Unmündigen wie der Gebildeten, der Sklaven wie der Freien, der Armen wie der Reichen zur Rechten Gottes thront."[5]

Die Verherrlichung Christi, seine Erhöhung zum Pantokrator, zum Allherrscher auszusagen, dazu dienen den Christen in der Folgezeit in besonderer Weise die Psalmen.

> „Himmelfahrt ist das Fest der Inthronisation des Messiaskönigs, wie sie in den Psalmen vorgebildet ist. Der biblische Ort für Christi Himmelfahrt ist also in erster Linie der Psalter."[6]

Die Psalmenfrömmigkeit der Alten Kirche sieht im Psalter bekanntlich ein Christusbuch,

> „dessen Lieder um den am Kreuz erhöhten Herrn kreisen, sei es, daß sie von Ihm, sei es, daß sie zu Ihm, sei es, daß Er selbst in ihnen zum Vater redet, wobei das „zu Ihm" die tragende Mitte ist: Psalmus vox de Christo/ Psalmus vox Ecclesiae ad Christum/ Psalmus vox Christi ad Patrem."[7]

Was die Deutungsmethode angeht, treten die Liturgen in die Fußstapfen der Kirchenväter. Doch gehen sie noch weiter. Für den Liturgen dient der Psalm der künstlerisch-glanzvollen Gestaltung des Gottesdienstes, aus dem der Festgegenstand hervorleuchten soll. Es ist das wesentliche Ziel der liturgischen Kunst, die Festidee auszudrücken, meist ein Festgedächtnis wie in einem Bild zu erfassen. Und diesem Zweck können auch die Psalmen dienen. Diese „Kunst" spiegelt sich auch in der liturgischen Verwendung der Psalmen in der römischen Himmelfahrtsliturgie[8] und in unserem Lied wieder.

---

5 Heiser, Licht aus der Höhe, 690.
6 Danielou, Liturgie und Bibel, 306.
7 Fischer, Psalmenfrömmigkeit, 32.
8 Zum Ganzen vgl. Weinert, Christi Himmelfahrt.

Unüberhörbar klingt mit den Worten *Öffnet eure Tore, Fürsten öffnet sie* Ps 24 an. Den Str. 1 und 2 liegen komplett die VV 7–10 zugrunde, wie die Übersicht zeigt.[9]

1.	„Macht die Tore auf, ihr Fürsten!
Oeffnet eure Thore, Fürsten, öffnet sie!	Öffnet euch, ihr ewigen Pforten
Seht, der Ehre König ist zum Einzug da!	Einzug will halten der König der Herrlichkeit
Wer ist dieser König, dem das Reich gebührt?	Wer ist der König der Herrlichkeit?
Er, der Herr, der Starke, mächtig in dem Kampf.	Der Herr stark und gewaltig, der Herr, mächtig im Kampf“
2.	„Macht die Tore auf, ihr Fürsten!
Ew'ge Himmelsthore, weit nun öffnet euch!	Öffnet euch, ihr ewigen Pforten!
Seht, der Ehre König ist zum Einzug da.	Einzug will halten der König der Herrlichkeit
Wer ist dieser König, dem das Reich gebührt?	Wer ist der König der Herrlichkeit?
Er, der Engelscharen mächt'ger Herrscher ist's.	Der Herr der Heerscharen, er ist der König der Herrlichkeit“

Ps 24 ist ein Prozessionsgesang für den Einzug in den Tempel von Jerusalem. Vermutlich handelt es sich bei dem Schlußteil des Psalms um ein am Tempeltor angestimmtes Lied anläßlich der Rückkehr von einem Kriegszug oder einer Prozession mit der Bundeslade. Mit dem Dialog zwischen der Schar derer, die den in der Bundeslade gegenwärtigen „König der Herrlichkeit“ und „starken Herrn der Heerscharen“ beim Einzug in den Tempel begleiteten, und der Priesterschaft, die vor dem verschlossenen Tor des Tempels wartete, vergegenwärtigte Israel seine eigene Geschichte. Mit Jahwe an der Spitze des Wüstenzuges hatte sich das Volk beim Einzug ins Gelobte Land erlebt; beim Auszug aus Ägypten erfuhr es Jahwe als ‚Herzog‘ (Ex 13,21), ‚Kriegsheld‘ (Ex 15,3) und ‚König‘ (Ex 15,18f.; Num 23,21). Diese beim Einzug in den Tempel kultisch vergegenwärtigten Gotteserfahrungen, erhielten im Licht von Ez 43,4 (Einzug der Herrlichkeit Jahwes durch das Osttor des künftigen Tempels) eine endzeitliche Dimension. Daran knüpft die frühe christliche Deutung der Psalmverse an, die zur Prophetie vom Einzug des Herrn der Herrlichkeit Christus in die himmlische Stadt in seiner Auferstehung und Himmelfahrt wird.

Ps 24,7–10 ist im Neuen Testament nicht ausdrücklich zitiert, doch gibt es Perikopen, die den Kirchenvätern den Blick für die Deutung des Psalms auf das Christusgeschehen öffnen. Der Psalm beschreibt die Einzugsliturgie Gottes in sein Heiligtum. In Hebr 9,11f. ist Christus der Hohepriester,

---

[9] Da das liturgische Textverständnis für die patristische Deutung und liturgische Verwendung maßgebend ist, bemüht sich die Übersetzung hier um eine möglichst genaue Wiedergabe des lateinischen Originals, auch wenn dieses, wie in Ps 24,7f., vom biblischen Text abweicht.

> „der ... durch das erhabenere und vollkommenere Zelt,... mit seinem eigenen Blut ein für allemal in das Heiligtum (gemeint ist das himmlische) eingegangen und so eine ewige Erlösung vollbracht hat."

Nach Eph 1,20f. ist Christus erhoben „hoch über alle Fürsten und Gewalten, Mächte und Herrschaften", da Gott ihn „von den Toten erweckt und im Himmel auf den Platz zu seiner Rechten erhoben hat." Im Neuen Testament haben die Städte im Jenseits Pforten, Tore; das Himmlische Jerusalem hat zwölf Tore (Offb 21,12) und auch für die Unterwelt gilt diese Vorstellung: „Die Pforten der Unterwelt werden sie nicht überwältigen" (Mt 16,18).[10]

Die älteste Deutung der Schlußverse des Ps 24 als Prophetie auf die Erhöhung Christi findet sich in der Petrusapokalypse (zwischen 125 und 150): „Die Engel drängten sich gegenseitig, um das Wort der Schrift zu erfüllen: ‚Öffnet eure Tore, ihr Fürsten.'"[11] Hier erscheinen die Engel als Fürsten und Hüter der Himmel, in die Christus in seiner Himmelfahrt nun wieder eintritt. Diese Deutung kennen ebenfalls Justin und Irenäus, die in dem kampfesmächtigen Herrn der Scharen des Ps 24 in staurozentrischer Exegese den siegreich durch seine Tod in seine Herrlichkeit eingehenden Kyrios Christus verstehen:

> „Als Christus von den Toten auferstanden war und aufstieg zum Himmel, erhielten die von Gott für die Himmel bestimmten Fürsten die Weisung, des Himmels Pforten zu öffnen, damit der König der Herrlichkeit eintrete und sich zur Rechten des Vaters setze, bis er seine Feinde sich zum Fußschemel gemacht habe."[12]

Eine weitere Stelle bei Justin bezeugt die frühe theologische Auffassung, daß das göttliche Wort, das Menschennatur angenommen hatte, in dieser Gestalt bei der Himmelfahrt von den Engeln nicht erkannt wurde. „Als ihn aber die Fürsten der Himmel weder schön noch ansehnlich sahen, erkannten sie ihn nicht und fragten: Wer ist dieser König der Herrlichkeit?"[13] Bei Irenäus wird darüber hinaus noch die Auffassung sichtbar, daß Christus auf die Erde herabstieg ohne das Wissen jener Engelmächte, die in den Zwischenhimmeln wohnten, und die deshalb Jesus bei seiner Himmelfahrt höchst erstaunt in Herrlichkeit emporsteigen sehen.[14] Dieses Thema vom geheimen Niedersteigen und Aufsteigen vor dem staunenden Blick der Engel, die des Himmels Tore bewachen, stimmt erstaunlich gut mit Ps 24,7–10 überein, den man nun auf die Himmelfahrt Christi anwandte. Entsprechend dieser patristischen Deutung wird der Psalm in den Liturgien des Ostens und des Westens wie selbstverständlich für das Himmelfahrtsfest

---

10 Der wichtigen Bedeutung des Ps 24 für den *Descensus Christi* kann hier leider nicht weiter nachgegangen werden.

11 Vgl. Hennecke/Schneemelcher, Neutestamentliche Apokryphen (Bd.II), cap. 17.

12 Justin, Dialog mit dem Juden Tryphon 36,5.

13 Justin, Apologie I, 51. Die Beziehung zum leidenden Gottesknecht „Er war ohne Schönheit" (Jes 53,2) klingt hier an; ein Text, der in der frühen Kirche häufig zitiert wurde.

14 Irenäus, Demostratio praedicationis apostolicae 84.

herangezogen.[15] Auch wenn der Psalm im heutigen römischen Stundengebet nicht mehr verzeichnet ist, so klingt in der Magnifikat-Antiphon der zweiten Vesper das Psalmmotiv noch deutlich an: „O König der Herrlichkeit und Herr der Scharen! Als Sieger steigst du heute empor über alle Himmel."[16] Der christlichen Interpretation und liturgischen Verwendung des Psalmes entspricht auch die Ikonographie. Im byzantinischen Chludov-Psalter beispielsweise ist die Himmelfahrt in engem Anschluß an Ps 24,7–10 dargestellt. Sie zeigt Christus in der Mandorla, die im oberen Ende in den gestirnten Himmel hineinragt; die Engel öffnen dem König die Himmelstüren.

Deutlich sind im weiteren Verlauf unseres Liedes auch andere Psalmmotive erkennbar, die Verwendung fanden, um mit ihnen die Himmelfahrt Christi auszusagen und zu besingen. Näherhin handelt es sich um Aussagen der Jahwe-Königs-Psalmen mit ihrer charakteristischen Huldigungsformel: „Jahwe malak" – „Der Herr ist König", bzw. „Der Herr herrscht als König" in der dritten und vierten Strophe.

3.	
O ihr Völker alle, freu't euch und frohlockt, Frohe Lobgesänge jauchzet eurem Gott!	Ihr Völker alle, klatscht in die Hände; jauchzt Gott zu mit lautem Jubel! (Ps 47,1; vgl. Ps 98,6)
Er, der in der Krippe für uns hat geweint,	–
Er herrscht nun als König über alle Welt.	Verkündet bei den Völkern: Der Herr ist König (Ps 96,10) – Der Herr ist König. Die Erde frohlocke! (Ps 97,1)
4.	
Unter lautem Jubel mit der frohen Schaar Fuhr er auf in Glorie zu des Vaters Reich;	Gott stieg empor unter Jubel, der Herr beim Schall der Hörner (Ps 47,6)
Er, der an dem Kreuze ganz verlassen hing,	der Herr ist König (Ps 96,10) Additamentum: *„vom Kreuze"*
Er herrscht nun als König, Alles huldigt ihm	Der Herr ist König über alle Völker (Ps 47,9); Werft euch nieder am Schemel seiner Füße (Ps 97,5).

Die Gattung der Jahwe-Königs-Psalmen stand – wie Ps 24 – einst als liturgisches Formular zur Verfügung, um das Königtum Gottes kultisch zu vergegenwärtigen im Zug der Bundeslade auf den Berg Zion. Ps 47 ist nach Auffassung der Kirchenväter ein Siegeslied der Apostel, die die Völker auffordern, in Jubel auszubrechen, über den von Christus errungenen Sieg. Dieser Sieg begann schon mit der Geburt Christi, mit seiner Inkarnation. Vollends aber hat Christus den Sieg über alle Feinde und das Heil der Völ-

[15] Nach Angaben des Armenischen Lektionars von Jerusalem (5.Jh.) sang man den Psalm am Himmelfahrtsfest zum Halleluja. Im römischen Stundengebet gehörte Psalm 24 nicht zum Psalterium der römischen Himmelfahrtsmatutin; die monastischen Quellen führen ihn jedoch ergänzend ein. Vgl. Weinert, Christi Himmelfahrt, 63–65.

[16] Die Antiphon *O Rex gloriae, Domine virtutum* findet sich bereits in den ältesten römischen Antiphonaren des 9. bis 10. Jahrhunderts.

ker in seinem Kreuzesopfer erwirkt. Die Aussage im Lied „Er, der an dem Kreuze ganz verlassen hing, Er herrscht nun als König, alles huldigt ihm" läßt dabei eine der spektakulärsten Formen christlicher relecture alttestamentlicher Psalmen anklingen, nämlich die staurozentrische Exegese von Ps 96,10: „Verkündet bei den Völkern: Der Herr ist König." Dieser Vers des Jahwe-Königs-Hymnus wurde schon früh durch ein „a ligno" - „vom Holze", d.h. „vom Kreuze aus" ergänzt.[17] Das Kreuz als Zeichen des Sieges, der Erlösung, welcher in der Himmelfahrt Christi nun vollends offenbar wird. Insbesondere Ps 47,6 wird von den Vätern durchgängig auf die Himmelfahrt Christi bezogen und findet sich als immer neu erscheinender Topos in den Himmelfahrtspredigten; so auch hier in unserem Lied in der vierten Strophe. Vergegenwärtigt der Vers „Unter lautem Jubel mit der frohen Schaar - Fuhr er auf in Glorie zu des Vaters Reich" sinnenhaft den Aufstieg Jesu in den Himmel, wie es beispielsweise die älteste westliche Darstellung der Himmelfahrt Christi, ein Elfenbeinrelief aus dem 4./5. Jh. zeigt - Christus „ascendens in altum" -,[18] so unterstreicht die abschließende Königsaussage das Königtum Jesu Christi, das er sich in seiner Auferstehung und Himmelfahrt erworben hat.

Fazit: Dem alttestamentlichen - kultischen Aufzug Jahwes zum Berg Zion, wie ihn die Ps 24 und 47 (96–98) vergegenwärtigen und unserem Lied als biblische Texte zugrunde liegen, entspricht in christologischer altkirchlicher Interpretation die Himmelfahrt Christi, wobei auch von den Kirchenvätern das Königtum Christi, das Sitzen zur Rechten des Vaters betont wird. Das Kerygma der Jahwe-Königs-Hymnen erschien ihnen bestens geeignet, typologisch auf den erhöhten Christus übertragen zu werden. Die Himmelfahrt Christi erscheint so als eine Art Thronbesteigungsfest, an dem sich seine Königsmacht und Königsherrlichkeit manifestiert. Wie Jahwe als König der Welt und Herr der Völker gepriesen wird, so gilt der Lobpreis am Fest Christi Himmelfahrt dem auferstandenen und erhöhten Herrn, der in die Niedrigkeit der Welt gekommen war; ihm ist nun alle Macht gegeben, im Himmel und auf Erden: „Er herrscht nun als König über alle Welt".

4 Wann soll das Lied gesungen werden?

Das Lied *Öffnet eure Tore, Fürsten, öffnet sie*, das in allen Quellen unter der Überschrift „Zum Fest Christi Himmelfahrt" steht, vergegenwärtigt am 40. Tag der Pentecoste den Erhöhungsaspekt der Auferstehung Jesu Christi. Der Auferstandene ist der erhöhte Herr, bleibend gegenwärtig im Heiligen Geist, bis ans Ende der Zeiten. Am Fest Christi Himmelfahrt ist dieses Lied

---

[17] Dieses *additamentum christianum*, bereits bei Justin und Tertullian bezeugt, findet sich auch im Kreuzeshymnus *Vexilla regis* des Venantius Fortunatus und ist auch heute noch in der römischen Meßliturgie am Freitag der Osteroktav wie im Stundengebet am Fest Kreuzerhöhung verzeichnet.Vgl. Graduale Romanum, 212; Liturgia Horarum III, 897.

[18] Vgl. die Darstellung bei Weinert, Osterfestkreis, 117.

in den Gottesdiensten ein „Muß"; es an den folgenden Tagen bis zum Samstag vor Pfingsten zu singen sinnvoll. Um die Osterzeit in ihrer Einheit und als Ganzes zu feiern, kann das Lied – mit entsprechender Hinführung –, auch während der Pentecoste gesungen werden.

Wie soll man es singen? „Österlich" ist die Antwort,[19] gibt das Lied doch selbst diesen Hinweis: Alle Strophen enden mit dem dreimaligen Halleluja!, dem Gesang, der wie kein anderer Auferstehung und Erhöhung verkündet und während der 50tägigen Freudenzeit von allen Kirchen des Erdkreises unablässig gesungen wird. Das Lied kann man auch am Palmsonntag singen; Ps 24,7–10 ist in mehreren westlichen Liturgien am Palmsonntag verzeichnet. Die christliche Tradition hat die Psalmverse auch verwendet, um an „Vorostern" den irdischen Einzug in Jerusalem als ein Symbol für den Einzug in das Himmlische Jerusalem zu kennzeichnen. Das Graduale Romanum hat diese alte Tradition aufgegriffen und sieht den Psalm für die Palmprozession vor, zusammen mit den Jahwe-Königs-Ps 47 und 96. Das Lied am Palmsonntag weitet die Vorstellung des historischen Einzugs Jesu in seine Stadt zu einer Vorschau seines nahen österlichen Aufstiegs in den Himmel.

Literatur

Danielou, Jean: Liturgie und Bibel. München 1963.

Fischer, Balthasar: Die Psalmenfrömmigkeit der Märtyrerkirche, in: ders.: Die Psalmen als Stimme der Kirche. Gesammelte Studien zur Psalmenfrömmigkeit. Trier 1982.

Graduale Romanum 5. 212.

Heiser, Lothar: Jesus Christus - Das Licht aus der Höhe. Verkündigung, Glaube, Feier des Herren-Mysteriums in der Orthodoxen Kirche. St. Ottilien 1998.

Hennecke, Edgar/Schneemelcher, Wilhelm: Neutestamentliche Apokryphen. 2 Bd. Tübingen 1971.

Liturgia Horarum III. 897.

Weinert, Franz-Rudolf: Den Osterfestkreis verstehen und feiern. Regensburg 2001.

Weinert,Franz-Rudolf: Christi Himmelfahrt. Neutestamentliches Fest im Spiegel alttestamentlicher Psalmen. Zur Entstehung des römischen Himmelfahrtsoffiziums. St. Ottilien 1987.

19 In **Trier 1972* ist das Lied mit „lebhaft" überschrieben.

Peter Ernst Bernoulli

An Christi Himmelfahrt schau an

1. An Christi Himmelfahrt schau an,
wie Gott den will erhöhen,
der als ein Knecht sich bücken kann,
den Nächsten beizustehen.
Sei so gesinnt, wie Christus war:
Er hat aus Liebe ganz und gar
sich dienend hingegeben.

2. Des Höchsten Sohn ließ willig sich
hernieder auf die Erden
und als ein Mensch demütiglich
erfinden an Gebärden,
nahm auf sich unsre Sünd und Not
und war gehorsam bis zum Tod,
ja bis zum Tod am Kreuze.

3. Darum ward er mit Herrlichkeit
und Majestät gezieret;
im Himmel stand sein Thron bereit,
wo Gott allein regieret.
Da fuhr er im Triumph hinauf;
kein Feind konnt ihm den Siegeslauf
zur ewgen Herrschaft wehren.

4. An uns zeig, Christus, deine Kraft
und sende uns von oben
den Geist, der neue Herzen schafft,
daß wir dich freudig loben
und folgen deinem Vorbild nach
im Dienst und in der Liebe wach,
bis wir zu dir gelangen.

Druckvorlage

Text und Melodie folgen RG 493, die Orthographie wurde angepaßt.

1 Ein Himmelfahrtslied der Schweizer Reformierten

Das Teilkapitel „Himmelfahrt“ umfaßt in allen vier aktuellen Kirchengesangbüchern des deutschsprachigen Raums (**Gotteslob*, **EG*, **KG*, **RG*) nur eine geringe Anzahl von Gesängen. Beim Schweizer **RG* fällt ein Zahlenvergleich mit den Nachbarrubriken besonders deutlich aus: Neben 25 Gesängen zur Passion, 28 zu Ostern und 18 zu Pfingsten finden sich im *RG nur gerade fünf Gesänge zu Himmelfahrt, nämlich drei Strophenlieder und zwei Leitverse. Als Gründe für diese - im Vergleich zu früheren Zeiten - auffallend schmal gewordene Basis von Himmelfahrt in heutigen Gesangbüchern können vermutet werden: die schwindende Bedeutung dieses Festes in Kirche und Gesellschaft; die Befremdlichkeit der von den biblischen Himmelfahrtserzählungen geweckten bildlich-konkreten Vorstellungen; die wachsende, wenn auch oft vorschnelle Abneigung gegen jegliche Rede von „Herrschaft". Davon betroffen ist auch ein Hauptgedanke des Himmelfahrtsfestes, die Erhöhung Christi zur Königsherrschaft über die Welt. Manche der alten Lieder sind darum heute nicht mehr brauchbar, und neue sind kaum welche entstanden.[1]

Von den fünf Gesängen, die nun im **RG* das Thema Himmelfahrt repräsentieren, ist *Gen Himmel aufgefahren ist* (RG 491 ö+) in allen vier genannten Gesangbüchern enthalten. In der Art der frühen Festlieder erinnert es nur kurz an die biblische Festerzählung und zielt in knapper Form auf den abschließenden Lobpreis hin. Das wesentlich breiter ausholende *Jesus Christus herrscht als König* (RG 492, EG 123) ist streng genommen kein Himmelfahrtslied, sondern besingt umfassend die Königsherrschaft des Erlösers. Die übrigen drei Gesänge nehmen in unterschiedlicher Weise auf den sogenannten Christushymnus in Phil 2,5–11 Bezug: Zwei kurze Leitverse (RG 494, 495) zitieren je aus dem Schlußvers (Phil 2,11); das vierstrophige Lied *An Christi Himmelfahrt schau an* (RG 493) nimmt den ganzen Hymnus in seiner Doppelaussage von Erniedrigung und Erhöhung auf.

Dieses Himmelfahrtslied findet sich nur im **RG*, es zählt zum „Sondergut" der Schweizer Reformierten. Und zwar gilt dies nicht erst für die tiefgreifende Bearbeitung (mit neugefaßten Rahmenstrophen und also verändertem Incipit), der das Lied seine Aufnahme ins **RG* von 1998 verdankt, sondern bereits für seine verschiedenen Vorstufen, auf welche die differenzierten Herkunftsangaben im RG[2] hindeuten: Nie reichte die Wirkung dieses Liedes über den deutschschweizerischen Raum hinaus. Dennoch rechtfertigen sowohl die sprachliche Gestaltung des Liedtextes, als auch die ihm eigene theologische Akzentuierung eine eingehendere Darstellung. Diese hat sich sinnvollerweise am Nacheinander der verschiedenen uns bekannten Fassungen zu orientieren. Im kurzen Überblick gliedert sich die Liedgeschichte in die folgenden Phasen:

a) 1728–1841	Schaffhausen:	*Gott fahrt mit jauchzen in die höh,*	sechs Strophen
b) 1841–1891	Schaffhausen:	*Der Herr fährt glorreich in die Höh,*	fünf Strophen
c) 1952–1998	Deutschschweiz:	*Der Herr fährt glorreich in die Höh,*	vier Strophen
d) ab 1998	Deutschschweiz:	*An Christi Himmelfahrt schau an,*	vier Strophen

1 Vgl. Marti, Singen - Feiern - Glauben, 83f.

2 Zum Text: „Hans Bernoulli (1990/1992) 1998 (Str. 1.4) und Schaffhausen 1728/1841 (Str. 2.3)".

2 Schaffhausen 1728: Das Original

2.1 Quelle und Herausgeber

Die früheste Fassung unseres Himmelfahrtsliedes begegnet erstmals in:

> HYMNI: Oder Lob=Gesänge: Das ist: Außerlesene Alte und Neue Fest= Kirchen= und Hauß= Gesänge und geistliche Lieder. Zu Uebung GOtt geheiligter Sing=Andacht. In vier Stimmen einige aus= gesetzt, mit Fleiß übersehen und cor= rigirt, und andere auf bekannte Melodeyen gerichtet. Von Joh. Caspar Deggeller. Cantor. Schaffhausen, Bey Johann Adam Ziegler 1728. (*Hymni)

Johann Caspar Deggeller (1695–1776)[3] war von 1718 an während 55 Jahren Lehrer der ersten Klasse der Schaffhauser Lateinschule und im Nebenamt Kantor an der Stadtkirche St. Johann. 1728 brachte er neben den „Psalmen Davids", die der Tradition folgend aus dem vollständigen Lobwasser-Psalter und einigen „alten" Psalmliedern bestehen, auch die **Hymni* (Festlieder) in neuer Bearbeitung heraus. Diese zahlenmäßig stark erweiterten **Hymni*[4] als bedeutsamster Teil der Sammlung dürften zunächst auf private Initiative eines Schaffhauser Freundeskreises entstanden sein, dem neben Deggeller wohl auch der spätere Antistes Johann Wilhelm Meyer (1690–1767) sowie der vielseitig gebildete cand. theol. Johann Conrad Ziegler (1692–1731)[5] angehörte. Das zweiteilige Deggellersche Gesangbuch setzte sich aber, gegen anfänglichen Widerstand, bald auch als offizielles Gesangbuch der Schaffhauser Kirche durch und erlebte bis 1830 mindestens 15 weitere Auflagen. Sein Erfolg beruht wohl auf der klugen Verbindung von Tradition und Fortschritt, die Altes werthielt und zugleich Neuem Raum bot. So hat dieses Gesangbuch der reformierten Schweiz einige wichtige Lieder des Pietismus vermittelt und in Schaffhausen dem unbegleiteten vierstimmigen Kirchengesang allgemeine Geltung verschafft.

---

3 Zu J. C. Deggeller vgl. Bührer, Johann Caspar Deggeller, 29–35; außerdem die Personen-Artikel in MGG und New Grove Dictionary.

4 Die Vorgänger-Ausgabe – **Hymni oder Lob-Gesänge, so an den jährlichen hohen Fest-Tagen gesungen werden. Zu vier Stimmen ausgesezt, mit Fleiß übersehen und corrigirt durch C.L. Schaffhausen ... 1693* – hatte noch 26 Gesänge umfaßt, darunter Johannes Zwicks *Auf disen tag bedenken wir* als einziges Himmelfahrtslied. Deggellers **Hymni* enthalten demgegenüber 184 Gesänge (und 52 Katechismuslieder), darunter sieben Himmelfahrtslieder.

5 Zu J. C. Ziegler vgl. Meyer, Johann Conrad Ziegler, 24–28.

2.2 Text

*Hymni (J.C.Deggeller), Schaffhausen 1728, Bl. 66f.;
Melodie: *Allein Gott in der Höh sey ehr*

1. GOtt fahrt mit jauchzen in die höh,
Es schallen die posaunen,
Daß man den Herren herrlich seh
Aufsteigen mit erstaunen.
So sang vor zeiten David schon
Von Christo seinem Herrn und Sohn,
Den er im geist erblicket.

2. Der Sohn des Höchsten ließe sich
Hernider auf die erden,
Und als ein mensch demüthiglich
Erfinden an gebehrden.
Nahm auf sich unsre sünd und noth,
Und war gehorsam bis zum tod,
Ja bis zum tod am creuze.

3. Hierfür ward er mit herrlichkeit
Und majestät gezieret,
Im himmel stuhnd sein thron bereit,
Wo Gott allein regieret.
Da fuhr er im triumph hinauf,
Und der geschwächte feinde hauf,
Vermocht es nicht zu wehren.

4. Er mußt mit süßem lob=gethön
Dort eingeholet werden,
Und hier erschallte wunder=schön
Der zuruff von der erden.
Des worts posaune lautet hell,
Und dringt mit seinem lobe schnell,
So weit als menschen wohnen.

5. Verklärter Heyland! laß dein ruhm
Auch unter uns erklingen,
Dein süßes Evangelium
Laß uns zu herze dringen.
Bereite dir in uns ein lob,
Und laß uns selber eine prob
Von deiner ehre werden.

6. Erweis an uns dein recht und kraft,
Und send uns zu von oben
Den geist, der neue herzen schaft,
Daß wir dich ewig loben.
Der du zu Gott uns wider bringst;
Die sünd in uns durch dich bezwingst,
Nur dir, o Gott! zu leben.

2.3 Kommentar

Zwei biblische Texte liefern das Bild- und Sprachmaterial, dessen sich das Lied zur Hauptsache bedient. Zum einen ist es der seit alters mit dem Himmelfahrtsfest verbundene Ps 47 („Gott fährt auf mit Jauchzen ... Er hat sich sehr erhöht", V 6.9), zum andern der Christushymnus in Phil 2, den die liturgische Tradition m.W. kaum je mit Himmelfahrt verknüpft hat. „Erhöhung" ist das die biblischen Assoziationen verbindende Stichwort.

Um Aufbau und Struktur des sechsstrophigen Liedes zu erkennen, ist ein Blick auf die verwendeten Zeitformen und auf die textinternen Sprechersituationen hilfreich: Str. 1 setzt beschreibend im Präsens ein, wechselt dann ins berichtende Präteritum, das bis in die vierte Strophe hinein festgehalten wird, um dort in der zweiten Strophenhälfte wieder von beschreibenden Sätzen in der Gegenwartsform abgelöst zu werden. Diese bereiten den charakteristischen Wechsel vom Bericht zum Gebet vor, das mit der Anrede „Verklärter Heyland!" (5,1) einsetzt und in einer Folge von Bitt-Sätzen bis zum Liedende („Nur dir, o Gott! zu leben", 6,7) durchgehalten wird.

Bei der Verfolgung der Liedgeschichte durch die verschiedenen Bearbeitungsstufen hindurch lohnt es sich, das Augenmerk darauf zu richten, wie weit die dem Original eigene Doppelstruktur von Bericht (Str. 1–4) und Gebet (Str. 5–6) beibehalten oder verändert wird. Zunächst soll aber der ursprüngliche Text eingehender betrachtet werden.

Die **erste** Strophe setzt ein mit dem Zitat von Ps 47,6 („Gott fährt auf mit Jauchzen und der Herr mit heller Posaune"). Die Z. 1,3.4 benennen den „Zweck" des musikalischen „Aufwandes": Der herrliche Aufstieg des Herrn soll bemerkt und bestaunt werden. Die Z. 1,5–7 erweisen den Strophenbeginn ausdrücklich als (Psalm-)Zitat, als prophetischen („im geist erblicket") Vorausblick des Psalmsängers David[6] auf Christus, den Davids-„Sohn", der mit Ps 110,1 zugleich als „Herr" tituliert wird.

Ihn führt die **zweite** Strophe steigernd als „Sohn des Höchsten" ein und berichtet, in enger Anlehnung an den Wortlaut des Hymnus in Phil 2,6–8, von seinem Weg in die Tiefe, seiner Entäußerung und Erniedrigung. Dabei verweist „demüthiglich" auf die Knechtsgestalt Christi. Die Bezugnahme auf Jes 53,4–5 in Z. 2,5 („nahm auf sich unsre sünd und noth") deutet den Kreuzestod Jesu als stellvertretendes Leiden und rückt damit zugleich die in Jes 52,13 angesagte Erhöhung des Gottesknechtes („Siehe, meinem Knecht wird's gelingen, er wird erhöht und sehr hoch erhaben sein") ins Bewußtsein. Die Z. 2,7–8 kehren wörtlich zu Phil 2,8 zurück.

Die **dritte** Strophe bleibt bei der berichtenden Wiedergabe des Christushymnus, jetzt aber seines zweiten Teils, der von der Erhöhung des Gekreuzigten spricht. Dabei fassen die Z. 3,1–2 in passivischer Formulierung („ward er mit herrlichkeit und majestät gezieret") zusammen, was in Phil 2,9–11 als Handeln Gottes beschrieben wird. Das für den Hymnus entscheidende Stichwort des „Namens, der über alle Namen ist" kommt allerdings nicht vor. Vielmehr wird mit dem Motiv „Thron Gottes" erneut Ps 47 aufgenommen: „Gott ist König über die Völker, Gott sitzt auf seinem heiligen Thron" (V 9).

Die **vierte** Strophe berichtet von einer himmlischen Willkommensmusik für den triumphierend Aufgefahrenen. Diesem „süßen lob-gethön dort" entspricht „hier ... der zuruff von der erden", also eine Art irdischen Echos. Was wie eine frei erdichtete Ausschmückung ohne Anhalt im biblischen Wortlaut wirkt, ist vielleicht an Phil 2,10b („sich beugen sollen aller derer Knie, die im Himmel und auf Erden... sind") festzumachen. Im übrigen enthält die Strophe mancherlei Anklänge an Ps 47: Das „süße lob-gethön" nimmt die wiederholte Aufforderung „lobsinget" (V 7–8) auf; „des worts posaune" (4,5) interpretiert V 6 in reformatorischem Sinne: Die Kunde von der Erhöhung des Erniedrigten soll die ganze Ökumene („so weit als menschen wohnen") erreichen, weil seine Herrschaft „alle Völker" (V 2) und den „ganzen Erdkreis" (V 3) betrifft.

Damit hat der rückblickende Bericht sein Ziel erreicht: Die schon von David prophezeite Erhöhung Christi nach seiner im Hymnus beschriebenen

---

6 Daß Ps 47 in der Überschrift (V 1) als „Ein Psalm der Korachiter" bezeichnet wird, spielt für den Textdichter offenbar keine Rolle. Ihm gilt David als der Psalmsänger schlechthin.

Erniedrigung ist Wirklichkeit geworden und dringt seither als gute Kunde, als Evangelium in die ganze bewohnte Welt hinaus.

Mit der **fünften** Strophe wechselt das Lied darum vom bibelbezogenen Bericht hinüber zum Gebet an den erhöhten Herrn, den „verklärten Heyland" (vgl. Apg 5,31). Dieses Gebet ist geprägt von dem Anliegen, daß das, was an und mit Christus geschehen ist (Inthronisation, Herrschaftsantritt, weltweiter Ruhm), nun „auch unter uns" zur Auswirkung kommen möge; daß es zu einem Geschehen werde, das „uns" betrifft und verändert und das die Betenden in eine immer engere personale Beziehung zum „verklärten Heyland", zum erhöhten Retter bringt. Das Gebet zielt also auf die Verinnerlichung und Aneignung des am Himmelfahrtsfest verkündeten Geschehens. Die Str. 5–6 bringen dieses Anliegen in einer Reihe von steigernd aufeinander bezogenen Bitten zur Sprache:

- Der Ruhm des zu himmlischer Herrschaft Gelangten soll auch unter uns erklingen. (5,1–2)
- Sein Evangelium soll uns zu Herzen dringen. (5,3–4)
- Der Angerufene soll sich „in uns ein lob" bereiten. (5,5)
- Wir sollen „selber eine prob", ein Beweis seiner Ehre werden. (5,6–7)

In enger Fortführung von Str. 5 bittet die **sechste** Strophe schließlich um die Gabe des Geistes, der die Herzen kräftig erneuert (vgl. Ps 51,16) und sie so zu beständigem Lob allererst befähigt. Das Recht und die Kraft des Herrschaftsanspruches Christi möge sich darin erweisen, daß die Herzen derer, die er von Sünde befreit und mit Gott versöhnt hat, ganz auf ihn ausgerichtet bleiben (vgl. 2 Kor 5,15). In solcher Gesinnung und Lebensorientierung realisiert sich das Loben Gottes.

Das sechsstrophige Lied nimmt zwar ausführlich und stellenweise wörtlich auf Phil 2,6–11 Bezug, scheint aber die dortige Pointe der Erhöhung Jesu Christi (daß er nämlich den „Namen" erhält, „der über allen Namen ist") achtlos zu übergehen. Andrerseits bietet der Liedtext doch selber eine Fülle von Namen oder Hoheitstiteln für den Erhöhten: Herr (1,3), Christus (1,5) Sohn (Davids) (1,5), Sohn des Höchsten (2,1), Heiland (5,1) und, als Höhepunkt in der Schlußzeile, die Anrede „o Gott!" – nachdem zuvor (3,4; 6,5) „Gott" für die bei der Erhöhung des Sohnes handelnde Person des Vaters verwendet wurde. So wird die prophetische Vision Davids aus Ps 47, mit der das Lied einsetzt, nämlich Christi Inthronisation und Identifikation mit Gott, im Lied selber nachvollzogen und „erfüllt".

2.4 *Allein Gott in der Höh sei Ehr* als Lehnmelodie

Daß dieses Lied, wie manche anderen Himmelfahrtslieder auch, keine eigene Melodie erhalten hat, mag sich zunächst aus gesangspraktischen Gründen erklären: Die auf einen einzigen Tag zusammengedrängte Festzeit läßt eine zu große Anzahl von Eigenweisen als wenig ratsam erscheinen. Tatsächlich weist von den insgesamt sieben Himmelfahrtsliedern in Deggellers **Hymni* nur das aus alter Tradition vertraute *Auf diesen Tag bedenken wir* von Johannes Zwick eine eigene Melodie auf, die bei *Auf Christi Himmelfahrt* *allein* ein zweites Mal Verwendung findet. Vier weitere Himmelfahrtslieder sind – wie übrigens knapp die Hälfte aller 184 Gesänge dieser Sammlung (die ja in vierstimmigem Satz nur zu 33 Liedern Noten bietet) – auf Genfer Psalm-Melodien zu singen, darunter eines auch auf die Weise des Himmelfahrt-Psalms 47.

Der Strophenform unseres Liedes („Lutherstrophe": jambische Siebenzeiler; Silbenzahl: 8.7.8.7.8.8.7; Reimstellung: AbAbCCx) entspricht freilich keine der 125 Genfer Psalm-Melodien. Wohl aber finden sich unter den Melodien der sieben „alten Psalmen", die Deggeller am Schluß seiner **Psalmen Davids* anfügt, drei in der Form der Lutherstrophe: Ps 1 „Wohl dem Menschen der wandelt nit" (= Luthers spätere Weise zu *Nun freut euch, lieben Christen gmein*), die Deggeller in den **Hymni* noch zwölf Mal als Lehnmelodie einsetzt; Ps 23 „Der Herr ist mein getreuer Hirt" (= EG 274); Ps 91 „Wer in dem Schutz des Höchsten ist" (von Deggeller auch für Ps 130 verwendet = EG 299 II). In den **Hymni* stehen drei weitere Melodien, die die gleiche Strophenform aufweisen: Jene zum Osterlied *Nun singet Gott zu Lob und Ehr* (= Luthers frühere Weise zu *Nun freut euch, lieben Christen gmein* mit den charakteristischen Quartsprüngen zu Beginn, vgl. EG 341; RG 273), die Deggeller auch für das Osterlied *Wach auf, mein Herz, die Nacht ist hin* vorsieht; weiter *Wenn mein Stündlein vorhanden ist* (vgl. EG 522; RG 773); und schließlich die Weise zu *Allein Gott in der Höh sei Ehr*, die Deggeller außer dem Glorialied noch vier weiteren Texten zuweist.

Zweifellos hätte die kraftvoll vorwärts drängende erste Melodie von *Nun freut euch...* mit ihrem großen Umfang zumal für die die Erhöhung Christi besingenden Str. 3 und 4 unseres Himmelfahrtsliedes ein passendes Klanggewand geboten. Die eher getragen fließende Weise von *Allein Gott in der Höh sei Ehr* vermag jedoch auch die durchaus anders gestimmten Str. 2, 5 und 6 angemessen zu tragen. Für die Wahl dieser Glorialied-Melodie (sei es durch den Textautor selber oder durch Deggeller als Herausgeber) dürfte wohl der enge inhaltliche Bezug den Ausschlag gegeben haben – bringt doch unser Himmelfahrtslied von der ersten Zeile („Gott fahrt mit jauchzen in die höh") bis zur letzten („Nur dir, o Gott! zu leben") nichts anderes zum Ausdruck als eben dies: Allein Gott in der Höh sei Ehr!

2.5 Verfasserfrage

Gesicherte Angaben über die Urheberschaft des Liedtextes fehlen, da Deggeller in seinen **Hymni* keinerlei Autoren nennt. So bleiben höchstens Vermutungen. E. E. Koch[7] nennt Deggeller selbst (den er, wohl irrtümlicherweise, mit einem 1717 wegen pietistischer Neigungen seiner Wählbarkeit verlustig gegangenen Schaffhauser Theologen gleichen Namens gleichsetzt) oder Hieronymus Annoni als mögliche Verfasser. Th. Bruppacher[8] weist auf den bereits genannten Johann Conrad Ziegler hin, der im gleichen Zusammenhang ebenfalls den Zugang zum Pfarramt verlor. Beide Gewährsleute

7 Koch 6, 95.

8 Bruppacher, Gelobet sei der Herr, 195.

bleiben aber nähere Anhaltspunkte für diese möglichen Zuschreibungen schuldig. So hat das Lied wohl als von anonymer Herkunft zu gelten.

Immerhin sei es hier erlaubt, im Sinne eines „leisen Verdachts" folgende Beobachtung anzuführen: Von dem als Mitinitiator vermuteten Johann Conrad Ziegler (1692–1731) enthält das Schaffhauser Gesangbuch von 1728 – gemäß den Herkunftsangaben in der zweiten Auflage (1867) des Nachfolge-Gesangbuches – die folgenden Liedtexte:

- Adventslied: *Der König kommt, der Herr der Ehren*, 4 Str. (Mel. *Genfer-Ps* 66)
- Weihnachtslied: *O theures Evangelium, Geheimnis sondergleichen*, 6 Str. (Mel. *Allein Gott in der Höh sei Ehr*)
- Neujahrslied: *Auf, Seelen auf, den Herren hoch zu preisen*, 6 Str. (Mel. *Genfer-Ps* 103)
- Osterlied: *Getrost, ihr Sünder, Jesus lebt*, 6 Str. (Mel. *Allein Gott in der Höh sei Ehr*)
- Pfingstlied: *Ihr Christen, rühmt, erhebt und preiset*, 5 Str. (Mel. *Genfer-Ps* 66)
- Schlußlied: *Mit Jesu fang ich an, mit Jesu will ich enden*, 8 Str. (Mel. *Nun danket alle Gott*)

Offenbar hat Ziegler die Melodie von *Allein Gott in der Höh sei Ehr* geschätzt. In seiner (bewußt gestalteten?) Reihe von Festliedern fehlt ein Himmelfahrtslied. Die Möglichkeit, hier unser Lied einzureihen, dem ebenfalls die Weise des Glorialiedes unterlegt ist, liegt verlockend nahe. Die theologische Kontur und die sprachliche Faktur von Zieglers anderen Liedern stellen sich dieser Vermutung jedenfalls nicht in den Weg. Aber Sicherheit ist in dieser Frage derzeit nicht zu gewinnen.

3 Schaffhausen 1841: Triumphalisierung

Neben den althergebrachten **Psalmen Davids* blieben auch die **Hymni*, als der zukunftsweisende Teil des Deggellerschen Gesangbuchs, bei den Schaffhauser Reformierten während über hundert Jahren unverändert in Gebrauch. Nachdem aber andere Kantone (Zürich 1787, St.Gallen 1797, Basel 1782 und 1809) mit neuen Gesangbüchern vorausgegangen waren, hielt man schließlich auch in Schaffhausen die Zeit für eine Gesangbuchrevision für gekommen. Den entscheidenden Anstoß gab Johann Conrad Vetter (1779–1840), Pfarrer und Schulinspektor zu Neunkirch SH, mit seiner Schrift „Prüfung unsers Kirchengesangbuches" (Schaffhausen 1832), in der er die Mängel und Überholtheit des Deggellerschen Werkes aufzeigte. 1835 erhielt eine siebenköpfige Gesangbuchkommission unter Vetters Leitung den Auftrag, „nicht sowohl ein neues, als ein erneuertes und vervollständigtes, Gesangbuch" zu erstellen. Nach drei Jahren intensiver Arbeit lag bereits der fertige Entwurf vor, zu welchem Vetter als hauptverantwortlicher Redaktor auch einen ausführlichen Rechenschaftsbericht verfaßte.[9]

---

9 „Bericht der zur Revision des Gesangbuches für den Kanton Schaffhausen niedergesetzten Kommission. Ein Beitrag zu jeder anderen Gesangbuchsrevision. Aus Auftrag der Kommission verfaßt von Johann Conrad Vetter, Pfarrer zu Neukirch. Schaffhausen, Hurtersche Buchhandlung. 1838".

Das neue Gesangbuch **Auserlesene Psalmen* wurde 1841 in Schaffhausen gedruckt und im folgenden Jahr offiziell eingeführt. Es enthält neben 74 Psalmliedern weitere 338 Gesänge (in der zweiten Auflage von 1867 um zwei ergänzt auf 340). Rund zwei Drittel des alten Liedbestandes von 1728 wurde übernommen, freilich häufig in mehr oder minder starker Kürzung und Bearbeitung.

In seinem Rechenschaftsbericht hatte Vetter die angewandten Auswahl- und Bearbeitungskriterien erörtert und dazu folgenden „Kanon" formuliert:

> „Nur was in seiner Art vorzüglich und dem Bedürfnisse derer, welchen es dienen soll, ganz entsprechend ist; nur was dem Inhalte nach rein evangelisch und erbaulich, der Form nach schön und edel, dem Ton nach rein und harmonisch und in seinem ganzen Gehalte feierlich, heilig und wahrhaft kirchlich ist, nur das gehört in ein christliches Gesangbuch."[10]

Wie nach dieser Richtschnur verfahren wurde bei einem Lied, zu dem es nicht Varianten zu vereinheitlichen oder ursprünglichere Versionen zu bedenken galt, das zeigt die folgende, von Vetter verantwortete Bearbeitung unseres Himmelfahrtsliedes im GB Schaffhausen 1841.[11]

3.1 Text

**Auserlesene Psalmen*, Nr. 148; Melodie: Nr. 216 *Allein Gott in der Höh*

1. **Der Herr fährt glorreich** in die Höh';
Es schallen die Posaunen,
Daß man **ihn triumphirend** seh'
Aufsteigen mit Erstaunen [.]
So sang vor Zeiten David schon
Von Christo, seinem Herrn und Sohn,
Den er im Geist erblicket.

2. **Des Höchsten Sohn** ließ **willig** sich
Hernieder auf die Erden,
Und als ein Mensch demüthiglich
Erfinden an Geberden;
Nahm auf sich unsre Sünd und Noth,
Und war gehorsam bis zum Tod,
Ja bis zum Tod am Kreuze.

3. **Hiefür** ward er mit Herrlichkeit
Und Majestät gezieret,
Im Himmel **stand** sein Thron bereit,
Wo Gott **das Scepter führet**;
Da fuhr er im Triumph hinauf,
Kein Feind konnt' ihn im Siegeslauf
Zur ew'gen Herrschaft hindern.

4. **Du Siegesfürst,** laß deinen Ruhm
Auch unter uns erklingen;
Dein süßes Evangelium
Laß uns zu Herzen dringen;
Bereite dir in uns ein Lob,
Und laß uns selber eine Prob
Von deiner Ehre werden.

5. Erweis' an uns, **Herr, deine** Kraft,
Und send' uns zu von oben
Den Geist, der neue Herzen schafft,
Daß wir dich **freudig** loben,
Und dir, der du zu Gott uns bringst,
Die Sünd' in uns durch dich bezwingst,
Hinfort zur Ehre leben.

---

[10] A.a.O., 9.

[11] Änderungen sind im Folgenden durch Fettdruck gekennzeichnet.

3.2 Kommentar

Das Incipit eines bereits in Gebrauch stehenden Liedes zu ändern, setzt jedes Mal besondere Gründe voraus. Nicht immer braucht das erste Motiv zur Änderung in der Eingangszeile selber zu liegen; im vorliegenden Fall ist sicherlich Z. 1,3 mit zu bedenken. Wurde die Doppelung dort („daß man den Herren herrlich seh") als sprachlich ungenügend empfunden und auf eine Weise korrigiert, die eine Änderung des Incipits nach sich zog? Oder gab das theologische Bedenken, ein Lied zur Himmelfahrt Christi mit der aus Ps 47 stammenden Aussage über die Auffahrt Gottes einsetzen zu lassen, den Anstoß zu einer deutlicher „christologischen" Umbildung des Incipits - und die Neufassung der übernächsten Zeile wäre eine bloße Folge davon? Oder war der Wunsch, das doppeldeutige „mit jauchzen" (wer jauchzt?) zu eliminieren, der Auslöser zur Korrektur? - Deutlich ist jedenfalls, daß die neu verwendeten Vokabeln „glorreich" und „triumphirend" in Str. 1 jenen Zug ins Feierliche und Triumphalistische anbahnen, der dann unübersehbar auch die Änderungen in Str. 3 bestimmt.

Die Ersetzung der ursprünglichen Gebetsanrede „Verklärter Heyland" (fünfsilbig) durch das viersilbige „Du Siegesfürst" (4,1) mag zwar durch den Wunsch, den nachfolgenden Akkusativ „laß deinen Ruhm" korrekt zu bilden, ausgelöst sein; sie weist aber erneut auf die Triumphalisierung als Merkmal von Vetters Bearbeitung hin. Biblisch rechtfertigen ließe sich dieser starke Eingriff durch den Hinweis auf Apg 5,31, wo die Titel „Heiland und Fürst" synonym gebraucht werden.

Weitere Änderungen fallen als bloß sprachliche Modernisierung (2,1 und 5,1) oder als Klärung der syntaktischen Situation (5,5–7) weniger ins Gewicht. Bedeutsam ist hingegen die Streichung der ursprünglichen vierten Strophe. Denn damit fällt der Aspekt des sich weltweit ausbreitenden Lobes gänzlich weg, und die im Original mit Bedacht gefügte Folge der Zeitformen wird zerstört. Entsprechend unvermittelt und im Grunde unmotiviert setzt nun das Bittgebet in der neuen Str. 4 ein.

3.3 Nachwirkung

In dieser revidierten, fünfstrophigen Fassung des Schaffhauser Gesangbuches von 1841 ist unser Himmelfahrtslied als Nr. 629 auch in die 1850 erschienene zweite Auflage von Albert Knapps umfangreicher Sammlung **Evangelischer Liederschatz 1850* aufgenommen worden, mit lediglich zwei kleinen Retuschen in 2,2 („einst auf Erden" statt „auf die Erden") und 5,4 („kindlich" statt „freudig"). So weit wir wissen, hat das Lied dadurch aber nicht weitere Verbreitung im außerschweizerischen Raum gefunden.

In Schaffhausen blieb es für ein weiteres halbes Jahrhundert verfügbar, bis das Schaffhauser Gesangbuch von 1841 durch das so genannte **Achtörtige Gesangbuch*[12] abgelöst wurde. In diesem Gesangbuch mit seinen

---

12 „Achtörtig" wurde dieses Gesangbuch von 1891 darum genannt, weil es von den Kirchen der folgenden acht eidgenössischen Kantone bzw. „Orte" angenommen wurde: ZH, BE, AG, SH, AR, BS, BL und FR. Die reformierten Kirchen der vier Ostschwei-

353 Nummern (davon sechs Lieder zu Himmelfahrt) fand unser Lied keine Aufnahme mehr, ebensowenig im „Anhang ... für den Kanton Schaffhausen“, der in Ergänzung des „Achtörtigen“ noch 25 zusätzliche Lieder des Schaffhauser Repertoires (darunter ein weiteres Himmelfahrtslied) weiter zu tradieren suchte. Offenbar zählte unser Himmelfahrtslied auch für Schaffhausen nicht (mehr) zum unverzichtbaren Liedgut.

4 Deutschschweiz 1952: Vom Bittlied zum Verkündigungslied

Als fünfzig Jahre später die Bemühungen um ein erstes gemeinsames Gesangbuch für alle evangelisch-reformierten Kirchen der Deutschschweiz bis zur Veröffentlichung eines sogenannten „Probebandes“ von 1941 gediehen waren, blieb unser Lied auch hier zunächst unberücksichtigt. Hingegen findet es sich, auf nunmehr vier Strophen gestrafft, in der 1952 erschienenen definitiven Ausgabe des **RKG*. Neu ist es hier mit der ersten Weise von *Nun freut euch, lieben Christen gmein* als Lehnmelodie verbunden.[13]

4.1 Text

RKG 176; Melodie: *Nun freut euch, lieben Christen gmein*

1. „Der Herr fährt glorreich in die Höh.
Es schallen die Posaunen,
daß man ihn triumphierend seh
aufsteigen mit Erstaunen.“
So sang vor Zeiten David schon
von Christ**us**, seinem Herrn und Sohn,
den er im Geist erblicket.

2. Des Höchsten Sohn ließ willig sich
hernieder auf die Erden
und als ein Mensch demütiglich
erfinden an Gebärden,
nahm auf sich unsre Sünd und Not
und war gehorsam bis zum Tod,
ja bis zum Tod am Kreuze.

3. **Darum** ward er mit Herrlichkeit
und Majestät gezieret;
im Himmel stand sein Thron bereit,
wo Gott ***allein regieret.***
Da fuhr er im Triumph hinauf;
kein Feind konnt **ihm den** Siegeslauf
zur ewgen Herrschaft *wehren.*

4. Erweis an uns, Herr, deine Kraft
und sende uns von oben
den Geist, der neue Herzen schafft,
daß wir dich freudig loben
und dir, der du zu Gott uns bringst,
der du die Sünd in uns bezwingst,
hinfort zur Ehre leben.

4.2 Kommentar

Gegenüber der als Vorlage dienenden Version im Gesangbuch Schaffhausen 1841 sind die Abweichungen im Wortlaut minimal und dienen vor allem der sprachlicher Klärung. Das eröffnende Psalmzitat in 1,1–4 ist (wie erstmals bei A. Knapp) mit Anführungszeichen sichtbar gemacht. In 3,4 und 3,7 wird auf den Wortlaut des Originals zurückgegriffen. Bedeutsamer ist,

---

zer Kantone GL, GR, SG, TG ihrerseits besaßen seit 1868 ein gemeinsames Gesangbuch, das „viertörtige“ genannt.

[13] Fettgedruckt sind im Folgenden die Änderungen gegenüber der Fassung von 1841, kursiv gesetzt sind Stellen, wo zum ursprünglichen Wortlaut der Fassung von 1728 zurückgekehrt wurde.

daß durch Streichung der vorletzten Strophe der Gebetsteil des Liedes auf die eine Schlußstrophe konzentriert wird. Ermöglicht wird dies durch die 1841 erfolgte Einfügung einer zusätzlichen Gebetsanrede („Erweis, an uns, Herr, deine Kraft").

Das Motiv für diese Straffung läßt sich aus dem Liedkommentar herauslesen, den Theophil Bruppacher, der Vorsitzende der für die Schlußredaktion verantwortlichen Gesangbuchkommission, verfaßt hat:

> „Eigentümlich und wertvoll an diesem Himmelfahrtslied ist, daß es uns, vom Anfang bis zum Ende, den Weg des Christus gehen läßt. Aus der Verheißung (Vers 1) kommt der Christus ins Fleisch (2), der zum Lohn erhöht wird (3) und nun als Herr der Welt seine Kräfte spendet (4). Himmelfahrt bildet die Brücke zwischen Passion und Pfingsten. Man soll auch an Auffahrt nicht vergessen, daß der erhöhte Christus eine Geschichte hinter sich hat. Der Bogen wird vom Propheten bis zur Gemeinde des Neuen Bundes gespannt. Dafür fehlt die eschatologische Seite. Die 2. Strophe ist ein Meisterstück an Gehalt und sprachlicher Gestaltung."[14]

Ziel und Aufgabe des Liedes ist also nicht mehr die schrittweise Aneignung und Verinnerlichung des Christusgeschehens, wie sie das sechsstrophige Original in seinen behutsam aufgebauten Gebetsstrophen anbietet, sondern eine möglichst bündige Erinnerung an den „Weg des Christus". Aus einem Bittlied (mit biblisch begründendem Bericht als „Vorspann") ist ein Verkündigungslied geworden.

4.3 Neue Melodiezuweisung

Diesem Wandel im Verständnis des Charakters und der Funktion des Liedes entspricht nun auch sehr genau die wohl gewichtigste Neuerung, die das **RKG* vollzieht: der Austausch der Melodie! An die Stelle der getragenen, fast nur in Sekundschritten dahinfließenden Weise von *Allein Gott in der Höh sei Ehr* tritt die kraftvoll durch Quartsprünge eröffnete, durch kurze Auftakte stets neu geschärfte, zügig voranschreitende Weise von *Nun freut euch, lieben Christen gmein*. Statt ehrfürchtiger Anbetung und inniger Bitte des Glorialiedes nun also der „frische Erzählerton" (Th. Bruppacher) des nach außen drängenden „Evangeliums-Liedes", in welchem Verkündigung und Gotteslob ineinandergreifen!

5 Deutschschweiz 1998: Vom Verkündigungslied zum Nachfolgelied

Als bislang letzte Station in der bewegten Geschichte unseres Himmelfahrtsliedes ist die eingreifende Bearbeitung zu nennen, die es 1990/92 durch Hans Bernoulli erfahren hat. Im Zuge der Vorarbeiten für das 1998 erschienene **RG* wurde auch der Liedbestand des **RKG* gesichtet. Dabei wünschten die Gesangbuchkommissionen die Beibehaltung von RKG 176, da vor allem die auf Phil 2 bezogenen Str. 2–3 als sehr geglückt und wert-

[14] Bruppacher, Gelobet sei der Herr, 195.

voll erachtet wurden; sie forderten aber eine Ersetzung der Eingangsstrophe, weil diese allzu triumphalistisch wirke und in manchem auch schwer verständlich sei. Die Neuformulierung habe die Aufgabe, Einleitung und Vorbereitung auf Phil 2 zu sein.

Der Basler Hans Bernoulli (*1918, Pfr.i.R.), im **RG* mit einer ganzen Anzahl von Psalmbereimungen vertreten, stellte sich dieser Aufgabe und legte bald zwei mögliche Fassungen vor, aus denen in längerem Dialog zwischen Bearbeiter und Kommission schließlich die definitive Fassung entwickelt wurde.

5.1 Text

RG 493; Melodie: *Nun freut euch, lieben Christen gmein*

1. An Christi Himmelfahrt schau an,
wie Gott den will erhöhen,
der als ein Knecht sich bücken kann,
den Nächsten beizustehen.
Sei so gesinnt, wie Christus war:
Er hat aus Liebe ganz und gar
sich dienend hingegeben.

2. Des Höchsten Sohn ließ willig sich
hernieder auf die Erden
und als ein Mensch demütiglich
erfinden an Gebärden,
nahm auf sich unsre Sünd und Not
und war gehorsam bis zum Tod,
ja bis zum Tod am Kreuze.

3. Darum ward er mit Herrlichkeit
und Majestät gezieret;
im Himmel stand sein Thron bereit,
wo Gott allein regieret.
Da fuhr er im Triumph hinauf;
kein Feind konnt ihm den Siegeslauf
zur ewgen Herrschaft wehren.

4. **An uns zeig, Christus,** deine Kraft
und sende uns von oben
den Geist, der neue Herzen schafft,
daß wir dich freudig loben
und folgen deinem Vorbild nach
im Dienst und in der Liebe wach,
bis wir zu dir gelangen.

5.2 Kommentar

Das wiederum vierstrophige Lied setzt neu mit einem „pädagogischen Appell" ein: „Schau an!". Das Himmelfahrtsgeschehen gibt etwas zu sehen und zu lernen, es macht etwas „anschaulich", was sich zwar einer dokumentarischen Aufnahme entzieht, aber dem tieferen Blick meditierender Betrachtung nicht verborgen bleibt. Himmelfahrt veranschaulicht den Zusammenhang von Erniedrigung und Erhöhung durch Gott. Dieser Zusammenhang ist Gottes Absicht und Programm (1,2: „Gott will"), und Christi Himmelfahrt bürgt für die Einlösung (= Gott wird).

Der Erhöhung Christi ging seine dienende Hingabe voraus, wie sie etwa im Bild der Fußwaschung (Joh 13) bleibenden Ausdruck gefunden hat. Diese in konkretem Handeln bewährte Gesinnung Christi ist ein Muster, ein Vorbild, das zur Nachahmung und Nachfolge einlädt. Die Z. 1,3–4 umschreiben den Weg Christi bewußt in einer undogmatischen, „horizontalen" Weise (liebevolle Zuwendung zu den Nächsten, die Beistand brauchen), so daß heutigen Menschen die Anwendung auf sich selber, auf ihren eigenen Weg, erleichtert und nicht erschwert wird. Die hohe Christologie mit ihren gewichtigen Aussagen kommt ja dann in den Str. 2–3 noch genügend zum

Ausdruck. Außerdem ist bereits bei Paulus die paränetische Anwendung Ausgangs- und Zielpunkt für die Wiedergabe des Hymnus. So lehnt sich Bernoulli in 1,5 eng an den paulinischen Einleitungssatz in Phil 2,5 (Luthertext) an und schafft mit der knappen Formulierung in 1,6–7 ein gelungenes „Scharnier" zu den beiden, von der Tradition vorgegebenen und unverändert übernommenen Folgestrophen.

Für diese beiden berichtenden Binnenstrophen bilden die ganz oder teilweise neu geformten Str. 1 und 4 jetzt einen bewußt gestalteten Rahmen. Sie sind deutlich aufeinander bezogen durch gemeinsame Stichworte: „dienend / Dienst" (1,7 / 4,6), „Liebe" (1,6 / 4,6), „wie Christus / Vorbild" (1,5 / 4,5). Sie entsprechen einander als Appell und Bitte.

Besondere Beachtung verdient der neue Liedabschluß in 4,5–7. Alle drei früheren Versionen vermochten an dieser wichtigen Stelle sprachlich nicht recht zu befriedigen. Bernoulli versucht nicht zu verbessern, sondern formuliert ganz selbständig, mit gutem Anschluß an das unmittelbar Vorausgehende und mit Gespür für die Balance des neu gestalteten Liedganzen. Mit der Wendung „im Dienst und in der Liebe wach" ist ihm eine unverbrauchte Formulierung geglückt, die sich, über dieses Lied hinaus, einprägt - als Devise eines Lebens in der Nachfolge des erhöhten „Herrn".

Literatur

Bührer, Erwin: Johann Caspar Deggeller. Kantor und Praeceptor, in: Schaffhauser Biographien des 18. und 19. Jh. Bd. 1. Thayngen 1956. 29–35.

Bruppacher, Theophil: Gelobet sei der Herr. Erläuterungen zum Gesangbuch der evangelisch-reformierten Kirchen der deutschsprachigen Schweiz. Basel 1953.

Koch, Eduard Emil: Geschichte des Kirchenlieds und Kirchengesangs der christlichen, insbesondere der deutschen evangelischen Kirche. 8 Bde. 3., neu bearb. Aufl. Stuttgart 1866-1876.

Marti, Andreas: Singen - Feiern - Glauben. Hymnologisches, Liturgisches und Theologisches zum Gesangbuch der Evangelisch-reformierten Kirchen der deutschsprachigen Schweiz. Basel 2001.

Meyer, Willy: Johann Conrad Ziegler, cand. theol., in: Schaffhauser Biographien des 18. und 19. Jh. Bd. 1. Thayngen 1956. 24–28.

Vetter, Johann Conrad: Bericht der zur Revision des Gesangbuches für den Kanton Schaffhausen niedergesetzten Kommission. Ein Beitrag zu jeder anderen Gesangbuchsrevision. Schaffhausen 1838.

Pfingsten

Cornelia Müller

Der Gottesgeist weht wie ein Wind

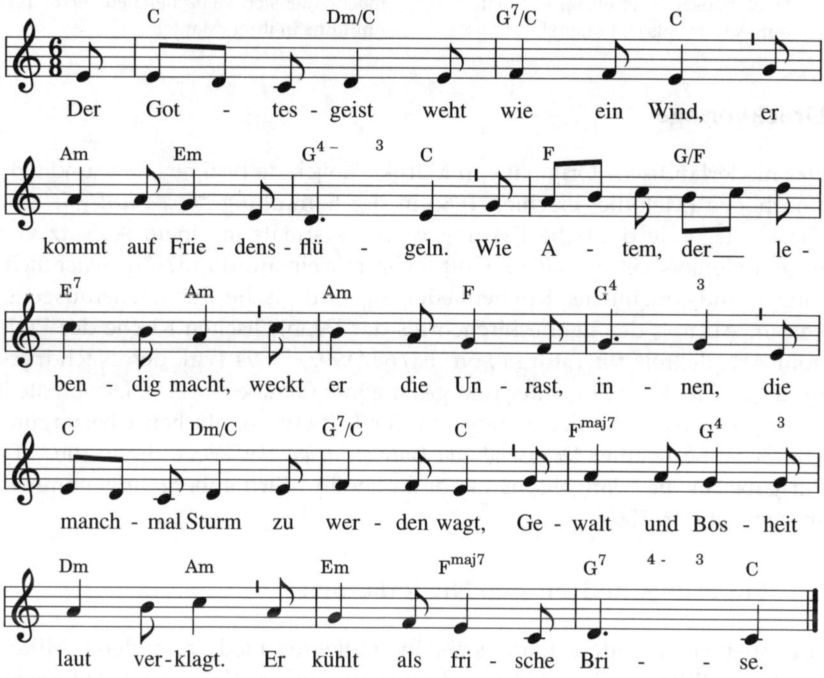

1. De Geest van God waait als een wind
Op vleuels van de vrede,
Als adem die ons leven doet,
deelt ons een onrust mede
die soms als storm durft op te staan,
geweld en kwaad durft tegengaan,
een koele bries die zuivert.

2. De Geest van God is als een vuur,
Als vlammen felbewogen,
verterend wat aan onrecht leeft,
een gloed vol mededogen.
Een vonk van hoop in onze nacht,
een wenkend licht dat op ons wacht,
een warmt´ in hart en ogen.

1. Der Gottesgeist weht wie ein Wind,
er kommt auf Friedensflügeln.
Wie Atem, der lebendig macht,
weckt er die Unrast, innen,
die manchmal Sturm zu werden wagt,
Gewalt und Bosheit laut verklagt.
Er kühlt als frische Brise.

2. Und wie ein Feuer ist der Geist,
mit heißen Flammenarmen
erstickt er, was dem Unrecht dient,
und glüht doch voll Erbarmen.
Ist Hoffnungsfunke, der noch blinkt,
ein Licht, das wartet, das uns winkt,
ein Glanz in Herz und Augen.

3. In stilte werkt de Geest van God,
stuwt voort met zachte krachten,
een wijze moeder die ons hoedt,
een bron van goede machten.
Zij geeft ons moed om door te gaan,
Doet mensen weer elkaar verstaan,
omgeeft ons als een mantel.

3. Im Stillen handelt Gottes Geist,
treibt an durch sanfte Kräfte,
die weise Mutter, die uns führt,
die Quelle guter Mächte.
Sie gibt uns Mut voranzugehn,
macht, daß sich Menschen neu verstehn,
hüllt uns in ihren Mantel.

Druckvorlage

Das niederländische Original von Marijke Koijck-de Bruijne (Text) und Gon Voorhoeve (Melodie) erschien 1986 in der Sammlung **Eva's lied* (Nr. 29). Die vorliegende deutsche Fassung wurde erstmals in einem Aufsatz von Jürgen Henkys veröffentlicht: Gott loben mit einem Mund? Zur Nachdichtung fremdsprachlicher Kirchenlieder, in: Liturgische Blätter, herausgegeben im Auftrag des Landeskirchenrats der Evangelischen Kirche der Pfalz vom Arbeitskreis für Liturgie, Nr. 64/65/1997, 71-94 (vgl. den Nachdruck in Jürgen Henkys, Singender und gesungener Glaube, 96-113). Der Liedtext entstand in Auseinandersetzung mit der früheren deutschen Übertragung von Susanne Kramer *Der Geist von Gott weht wie der Wind*, die in die *EG-Ausgabe für die evangelische Landeskirche in Württemberg aufgenommen worden ist (Nr. 556).

1 Ein Pfingstlied aus den Niederlanden

Im christlichen Liedgut findet sich eine Fülle von Liedern, in deren Mittelpunkt die Bitte um den Heiligen Geist steht. Lieder, die speziell als Pfingstlieder bezeichnet werden können, sind jedoch leider eine Seltenheit. Daher ist es umso erfreulicher, daß mit *Der Gottesgeist weht wie ein Wind* nun ein solches vorliegt.

Das Pfingstfest schließt die fünfzigtägige Osterfestzeit, die Pentekoste, ab. Was in der Osternacht mit der Feier der Auferstehung des Herrn anbricht, wird an Pfingsten mit der Freude über die Gabe des Heiligen Geistes zur Vollendung gebracht. Diesen untrennbaren Zusammenhang, der das Pascha-Mysterium, das sich besonders in der Feier des zentralen Ostertriduums entfaltet, in dessen Ganzheit bestimmt, macht Petrus in seiner Pfingstpredigt deutlich, wenn er sagt: „Diesen Jesus hat Gott auferweckt, dafür sind wir alle Zeugen. Nachdem er durch die rechte Hand Gottes erhöht worden war und vom Vater den verheißenen Heiligen Geist empfangen hatte, hat er ihn ausgegossen, wie ihr seht und hört" (Apg 2,32f.).

In der Liturgie wird der Heilige Geist als der Geist des Vaters und des Sohnes gesehen, als deren Gabe, die die Offenbarung des dreifaltigen Gottes vollendet und diesen in uns wirken läßt.[1] *Der Gottesgeist weht wie ein*

---

[1] Vgl. Neunheuser, Der Heilige Geist in der Liturgie, 31f.

Wind widmet sich der Wirkweise des Heiligen Geistes, das Lied beschreibt die dritte göttliche Person und charakterisiert ihr Tun.

Übersetzung

Jürgen Henkys versucht mit seiner Übersetzung des Liedes möglichst nah am niederländischen Originaltext zu bleiben. Dies zeigt sich zunächst formal in der Strophenform. Das Versmaß deckt sich mit dem Original und lehnt sich damit auch an die stollige „Lutherstrophe" der ersten Lieder des Reformators an. Charakteristisch hierfür ist das Silbenmuster 8.7.8.7.8.8.7, das z.B. auch *Aus tiefer Not schrei ich zu dir; Ach Gott, vom Himmel sieh darein* und *Nun freut euch, lieben Christen g´mein* zugrunde liegt.[2] Henkys wird damit sowohl den metrischen als auch den das deutsche Sprachgefühl betreffenden Anforderungen gerecht.

Wörtliche Übersetzung

1. Der Geist Gottes weht wie ein Wind
auf Flügeln des Friedens,
wie Atem, der uns leben läßt,
er teilt uns eine Unruhe mit,
welche bisweilen als Sturm aufzustehen wagt,
Gewalt und Bosheit entgegenzutreten wagt,
eine kühle Brise, die reinigt.

2. Der Geist Gottes ist wie ein Feuer,
wie heftig schlagende Flammen,
verzehrend, was dem Unrecht lebt,
eine Glut voll Barmherzigkeit.
Ein Funke der Hoffnung in unserer Nacht,
ein winkendes Licht, das auf uns wartet,
eine Wärme in Herz und Augen.

3. In Stille wirkt der Geist Gottes,
stößt voran mit sanften Kräften,
eine weise Mutter, die uns hütet,
eine Quelle von guten Mächten.
Sie gibt uns Mut weiterzugehen,
macht, daß Menschen einander wieder verstehen,
umgibt uns wie ein Mantel.

In 1,4 spricht der Originaltext von einer Unruhe, die mitgeteilt wird. Jürgen Henkys spezifiziert diese Unruhe als innere Unrast, was inhaltlich vertretbar ist. Diese Formulierung läßt durch das nachgestellte „innen" jedoch den sonst vorhandenen Reim von zweiter und vierter Zeile vermissen. Ferner wird in der Strophe das Wagnis, Gewalt und Bosheit entgegenzutreten, in der deutschen Fassung auf ein lautes Verklagen (1,6) verkürzt, wodurch einerseits die menschliche Kreativität in der Konfrontation mit dem Bösen

[2] Vgl. Henkys, Singender und gesungener Glaube, 110.

auf ein einziges Handlungsmuster eingeschränkt und andererseits die Dimension des Wagnisses ausgeblendet wird.

In der zweiten Strophe geht es im Originaltext um den „Funken der Hoffnung in unserer Nacht". Es ist bedauerlich, daß Jürgen Henkys das Bild der Nacht in seiner deutschen Fassung ausblendet, wodurch auch das Bild des Hoffnungsfunkens an Aussagekraft verliert. Stattdessen ist lediglich die Rede vom Funken, der „noch blinkt".

Abgesehen von diesen Kritikpunkten kann man die Übersetzung insgesamt als einen gelungenen Liedtext bezeichnen, der die Schwierigkeiten der Übertragung aus einer anderen Sprache überwindet und aussagekräftig bleibt, wie es in der genauen Betrachtung der Strophen noch zu zeigen gilt.

3 Melodie

Die Melodie des Liedes wurde von Gon Voorhoeve komponiert. Auffällig ist zunächst, wie gelungen der Rhythmus der Melodie, der aus dem 6/8-Takt resultiert, auf das Versmaß, das Metrum des Liedtextes, abgestimmt ist. Der Rhythmus ist sehr bewegt, jede Phrase beginnt mit einem Achtel-Auftakt. Die rhythmischen Motive kehren immer wieder. Man hat das Gefühl, als schwinge der Geist direkt in der Melodie mit.

Jeweils vier Takte kann man als melodische Einheit zusammenfassen, nur die Schlußeinheit umfaßt fünf Takte. Die beiden Phrasen der ersten Einheit kehren am Ende etwas modifiziert wieder. Der Mittelteil läßt die in D-Dur komponierte Melodie zum Höhepunkt e'' gelangen, um dann jedoch wieder auf den Ausgangspunkt dieser beiden Phrasen fis' hinabzusteigen. Erst die letzte melodische Einheit endet auf dem Grundton d'. Die leichte Singbarkeit ist erklärbar durch die Tonfolge der Melodie, die sich in Sekunden, nur selten in Terzen vollzieht und große Intervallsprünge, die das Singen erschweren könnten, vermeidet. Mit Blick auf die Melodie zeichnet sich das Lied somit durch ein gelungenes Wort-Ton-Verhältnis aus.

Als Alternative zur vorgegebenen Melodie kann das Lied auch auf die bekannte Melodie des Osterliedes „Nun freue dich, du Christenheit" (GL 222) gesungen werden.

2 Gottes Geist: schöpferisch belebend – glühend hoffnungsvoll – mütterlich weise

„Der Gottesgeist weht wie ein Wind" – mit diesem Beginn ist das Thema des Liedes offensichtlich: Es geht um den Geist Gottes, der in jeder Strophe neu durch eindrucksvolle Bilder besungen wird. Er wird besungen, beschrieben, aber nicht direkt angesprochen. Der Text weist also keine dialogische Struktur und damit keinen Gebetscharakter auf. Durch ein kollektives Wir erfährt sich die singende Gemeinde als Gemeinschaft, in die der Gottesgeist hineinwirkt. Das Grundmuster jeder Strophe besteht darin, daß zunächst bestimmte Aussagen über Wesen und Eigenschaften des Gottesgeistes gemacht werden und im Anschluß daran deren Bedeutung für jene, die das Lied singen, herausgestellt wird.

Die erste Strophe zeichnet den Geist Gottes, wie er in der Vorstellungswelt der biblischen Schöpfungs- und Urgeschichte wirkmächtig in Erscheinung tritt. So ruft uns der wie Wind wehende Geist unmittelbar jenes Bild vor Augen, als bei der Erschaffung der Welt der Geist Gottes über dem Chaos der Urflut schwebte (vgl. Gen 1,1). Auch Jesus vergleicht den Geist mit dem Wind, der weht, wo er will (Joh 3,8). Der Geist Gottes ist jedoch keine zerstörerische Kraft, sondern eine Macht, die Frieden bringt, die auf „Friedensflügeln" kommt. In 2 Sam 22,11 sagt David, der Herr schwebe auf den Flügeln des Windes, und auch im Loblied auf den Schöpfer in Psalm 104 heißt es: „Du fährst einher auf den Flügeln des Sturmes. Du machst dir die Winde zu Boten..." (Ps 104,3f.). So wie die Taube mit dem Ölzweig im Schnabel für Noach ein Zeichen der Hoffnung und Zuversicht auf friedvolle Zeiten war (vgl. Gen 8,11), so gibt der Geist uns die Hoffnung auf diesen Frieden. Der Grund seines Kommens liegt also im Frieden- und Leben-Bringen: Der Geist als Atem, der lebendig macht, verweist auf den zweiten Schöpfungsbericht, der erzählt, wie Gott dem Menschen Lebensatem einhauchte, damit dieser zu einem lebendigen Wesen werden konnte (vgl. Gen 2,7). Die Verbindung von Geist und Atem wird auch im Buch Ijob deutlich, wenn Elihu in seiner ersten Rede spricht: „Gottes Geist hat mich erschaffen, der Atem des Allmächtigen mir das Leben gegeben" (Ijob 33,4). Die Rolle des Heiligen Geistes als schöpferische Kraft zeigt sich jedoch vor allem im Kehrvers des Zwischengesanges am Pfingsttag: „Sende aus deinen Geist, und das Antlitz der Erde wird neu" (Ps 104,30).
Was bewirkt nun dieser lebendig machende Geist? Er erquickt uns und weckt die innere Unrast. Er läßt uns nachsinnen und grübeln über das, was war und was ist (vgl. Ps 77,5-7). Schließlich kann Gott den Geist auch als Sturm aufstehen lassen (vgl. Ps 107,25), um uns zu ermutigen, gegen Gewalt und Bosheit vorzugehen. Der schöpferische Geist bleibt für uns aber auch erfahrbar als frische Brise, die „in Hitze Kühlung zuhaucht", wie es die Pfingstsequenz *Veni Sancte Spiritus* ausdrückt. In dieser ersten Strophe wird der Geist somit vor allem als Lebenskraft dargestellt, die Mut macht, gegen Ungerechtigkeit und für den Frieden einzutreten.

Die zweite Strophe läßt den Gottesgeist als Feuerflammen auftreten, wie es beim Pfingstereignis in Apg 2,3 erzählt wird: „Und es erschienen ihnen Zungen wie von Feuer, die sich verteilten; auf jeden von ihnen ließ sich eine nieder." Jene Geistsendung wird in einer ganz ähnlichen Bildsprache beschrieben, wie sie bei den alttestamentlichen Theophanien zu Tage tritt, so etwa bei der Gesetzesgabe auf dem Sinai (vgl. Ex 19,18). Dadurch wird unmittelbar deutlich, daß es Gottes Geist ist, der in Gestalt des Feuers wirkmächtig in Erscheinung tritt (vgl. Ps 104,4). Die ambivalenten Eigenschaften des Feuers werden im Folgenden ausgelotet. Der Geist vernichtet das Unrecht, wie das Feuer die Frevler verzehrt (vgl. Ps 106,18), und der Herr verschafft so allen Bedrängten Recht (vgl. Ps 103,6). Andererseits aber glüht er voll Erbarmen und zeigt damit die Güte und Barmherzigkeit des

Herrn auf (vgl. Ps 103,8). Er ist Zeichen der Hoffnung auf die Herrlichkeit Gottes in Zeiten der Bedrängnis, wie es Paulus im Römerbrief zum Ausdruck bringt: „Die Hoffnung aber läßt nicht zugrunde gehen; denn die Liebe Gottes ist ausgegossen in unsere Herzen durch den Heiligen Geist, der uns gegeben ist" (Röm 5,5). Ebenso erscheint der Geist als Licht, das wir Menschen zur Orientierung brauchen und erbitten (vgl. Ps 43,3) und zu dem wir auch gerufen sind (vgl. 1 Petr 2,9). Dieses Licht und dieser Glanz sollen uns ganz erfüllen, damit wir uns vom göttlichen Geist leiten lassen.

Wurde der Heilige Geist in den beiden ersten Strophen vor allem als machtvoll und stark in den Bildern von Sturm und Wind sowie Feuer und Licht dargestellt, so wird er in der letzten Strophe als leise, bedächtig und eher im Hintergrund agierend charakterisiert. Er handelt im Stillen und treibt an durch sanfte Kräfte (3,1f.). Der Geist muß also nicht immer laut, stürmisch oder feurig sein, er tritt ebenso im sanften, leisen Säuseln auf (vgl. 1 Kön 19,12). Im stillen Antrieb des Gottesgeistes durch sanfte Kräfte klingt das traditionsreiche Motiv der Gaben des Heiligen Geistes an (vgl. Jes 11,2). Schließlich wird der Geist im Bild einer weisen Mutter dargestellt. Im Alten Testament bezieht sich der Geist Gottes als *ruach* (fem.) in theologisch bedeutsamen Zusammenhängen auf die schöpferische Lebenskraft Gottes. Er schafft, erhält und schützt Leben und wirkt somit auf „mütterliche" Weise. Hinzu kommt das Attribut „weise", womit auf die Personifizierung der Weisheit in späten Schichten des Alten Testamentes Bezug genommen wird (vgl. Weish 8). Dies ist auch für die feministische Theologie als Traditionshintergrund von besonderer Bedeutung. Durch das Bild der weisen Lebensspenderin wird ein Bogen zurück zur ersten Strophe gespannt, in der uns der Geist schon einmal als lebendig machende und schöpferische Kraft der Genesis begegnete. Bis zum Ende der Strophe verbleibt nun der Text in diesem Bild der Mutter, das allerdings noch weiter ausdifferenziert und charakterisiert wird, so zunächst als Quelle guter Mächte (3,4). Jene könnten in Verbindung gebracht werden mit der biblischen Vorstellung von Engeln als überirdische Mächte, die den Menschen an Stärke und Macht überlegen sind (vgl. 2 Petr 2,10). Am Schluß der dritten Strophe kommt sehr deutlich zum Ausdruck, wozu der Geist uns bewegen will: Er ermutigt dazu, neue Schritte nach vorne zu wagen, er macht, daß wir Menschen uns neu verstehen. Gerade diesbezüglich spielt natürlich das Pfingstereignis selbst eine zentrale Rolle (vgl. Sprachwunder in Apg 2,4-11). Nur durch das Vorangehen und die Bereitschaft zum gegenseitigen Verstehen, wozu der Geist anstiftet, eröffnet sich die Möglichkeit, daß Friede werden kann. Schließlich sagt der Geist uns seinen Schutz zu, was durch das anschauliche Motiv des Mantels deutlich hervortritt. Dieses klingt bereits bei Jesaja in bezug auf die Gerechtigkeit an (vgl. Jes 61,10) und wird in der Tradition in enge Verbindung mit der Gottesmutter gebracht.

Das Pfingstlied aus den Niederlanden stellt eine Bereicherung im deutschen Sprachraum dar: Es enthält eindrucksvolle Bilder, stellt zentrale biblische Bezüge her und verbindet organisch traditionelle Geist-Theologie mit aktuellen Erfahrungs- und Handlungsfeldern.

Literatur

Henkys, Jürgen: Singender und gesungener Glaube. Hymnologische Beiträge in neuer Folge (Veröffentlichungen zur Liturgik. Hymnologie und theologischen Kirchenmusikforschung; Bd. 35). Göttingen 1999. 109-112.

Neunheuser, P. Burkhard: Der Heilige Geist in der Liturgie, in: Schöpfergeist und Neuschöpfung (Liturgie und Mönchtum. Bd. 20). Maria Laach 1957. 11-34.

Mechthild Bitsch-Molitor

Wind kannst Du nicht sehen

1. Vinden ser vi inte,
men dess röst vi hör
viska eller brusa
som en mäktig kör.

2. Anden ser vi inte,
men vi hör hans röst
tala i vårt hjärta
ord av ljus och tröst.

3. Vinden ser vi inte,
men vi ser dess spår.
Vågen rörs och gräset
böjs där vinden går.

4. Anden ser vi inte,
men i Andens vind
blir vår rädsla borta,
strömmar glädjen in.

5. Från en värld som ingen
enda av oss ser
kommer Anden till
oss och sin hjälp oss ger.

1. Wind kannst du nicht sehen,
ihn spürt nur das Ohr
flüstern oder brausen
wie ein mächt'ger Chor.

2. Geist kannst du nicht sehen;
doch hör, wie er spricht
tief im Herzen Worte
voller Trost und Licht.

3. Wind kannst du nicht sehen,
aber, was er tut:
Felder wogen, Wellen
wandern in der Flut.

4. Geist kannst du nicht sehen;
doch, wo er will sein,
weicht die Angst und strömt die
Freude mächtig ein

5. Hergesandt aus Welten,
die noch niemand sah,
kommt der Geist zu uns, und
Gott ist selber da.

Duckvorlage

Texte und Melodie sind dem **EG* elektronisch entnommen.

1 Zur Liedgeschichte

1.1 Das schwedische Original und seine Verfasser

1958 dichtete Anders Frostenson (*1906)[1] das fünfstrophige Lied *Vinden ser vi inte*. Im gleichen Jahr wurde es von Erhard Wikfeldt (*1912)[2] vertont. In einer 1973 überarbeiteten Textfassung findet es sich - als eines von insgesamt 146 seiner Lieder[3] - im Gesangbuch der Kirche von Schweden[4]. Dort ist der Textautor schon im Gesangbuch von 1937 mit neun Liedern vertreten. Im deutschen Sprachraum ist er bekannt als Dichter des Originaltextes von *Herr, deine Liebe ist wie Gras und Ufer*[5]. Insgesamt hat er wohl um die 600 „Kirchenlieder und kirchenlieder-ähnliche Gedichte“[6] geschrieben.

Der Komponist Erhard Wikfeldt war Schulkantor in Gimo. In **Den svenska psalmboken* ist er mit vier Melodien vertreten, die sämtlich zu Texten Anders Frostensons gehören.[7] Zum ersten Mal erschien das Lied in **Kyrkovisor för barn* (Kirchenweisen für Kinder) 1960. Bei *Vinden ser vi inte* handelt es sich demnach ursprünglich um ein „geistliches Kinderlied“[8], das dann auch in die Kirchengesangbücher Eingang fand.

1.2 Die deutschen Bearbeitungen

1978 erfuhr das Lied eine Übertragung ins Deutsche durch Hilde Möller *Sagt, wer kann den Wind sehn?* Unter Beibehaltung der originalen Melodie ist es im nordelbischen und österreichischen Anhang des **EG*[9] abgedruckt.

Markus Jenny übersetzte den Text 1983. In einer von ihm selbst überarbeiteten Version aus dem Jahr 1991 wurde dieser - wiederum mit derselben Melodie - 1996 in den Regionalteil Rheinland/Westfalen/Lippe des **EG*[10] und 1998 in die neuen Gesangbücher der Schweiz aufgenommen[11]. In all diesen Ausgaben ist das Lied fünfstrophig.[12]

---

1 Lebensdaten und Werke in: Herbst, Komponisten und Liederdichter, 102f. Weitere Angaben zu seinem Schaffen in: Möller, Kirchenlied und Gesangbuch, 379f.

2 EG-Ne 556.

3 Herbst, Komponisten und Liederdichter, 103.

4 **Den Svenska Psalmboken*, Nr. 54.

5 Es findet sich in dieser Übersetzung in sechs Regionalteilen des **EG*.

6 Möller, Kirchenlied und Gesangbuch, 380.

7 Herrn Prof. Henkys, Berlin, herzlichen Dank für vielfältige Hinweise.

8 Diese Gattung bildet wohl einen Schwerpunkt im Schaffen Wikfeldts. Zur Intention Frostensons vgl. seine eigenen Äußerungen zu „Jugendlied“ in: Möller, Kirchenlied und Gesangbuch, 379. In Herbst, Komponisten und Liederdichter, 307 findet sich der Hinweis, daß Frostenson auch Kinderbücher geschrieben hat.

9 EG-N 556; EG -Ö 565.

10 EG-RWLR 568.

11 RG 516, KG 231.

12 Einige Hinweise zu einer zweistrophigen Übertragung im Kinderliederbuch der Schweiz **Kolibri* s.u.

	Möller 1978	Jenny 1983/91	
A	1. Sagt, wer kann den Wind sehn? Niemand kann ihn sehn; aber wenn wir lauschen, hören wir sein Wehn.	1. Wind kannst du nicht sehen, ihn spürt nur das Ohr flüstern oder brausen wie ein mächt'ger Chor.	a b c b
B	2. Er tut große Dinge, treibt die Wolken her, macht die Felder fruchtbar und bewegt das Meer.	2. Geist kannst du nicht sehen; doch hör, wie er spricht tief im Herzen Worte voller Trost und Licht.	a b c b
A	3. Wer kann Gottes Geist sehn? Niemand kann ihn sehn; doch wer auf ihn wartet, lernt ihn wohl verstehn.	3. Wind kannst du nicht sehen, aber, was er tut: Felder wogen, Wellen wandern in der Flut.	a b c b
B	4. Er tut große Dinge, lehrt uns Gott vertraun, daß wir glauben können, ohne ihn zu schaun.	4. Geist kannst du nicht sehen; doch, wo er will sein, weicht die Angst und strömt die Freude mächtig ein.	a b c b
C	5. Jesus sagt uns allen: „Bittet Gott den Herrn, daß er euch den Geist gibt, und er gibt ihn gern."	5. Hergesandt aus Welten, die noch niemand sah, kommt der Geist zu uns, und Gott ist selber da.	a b c b

Wie im schwedischen Gesangbuch unter der Überschrift „Anden, var hjälpare och tröst" (Der Geist, unser Helfer und Trost), so findet es sich in den deutschsprachigen Gesangbüchern unter der Rubrik „Pfingsten" bzw. „Hl. Geist".

Die deutschen Fassungen sollen nun auf der Folie des schwedischen Ursprungstextes analysiert werden. Dann können die inhaltlichen und melodischen Merkmale auf die Kennzeichnung als Pfingstlied hin erschlossen werden. Was zeichnet dieses Pfingstlied inhaltlich und melodisch aus?

2 Liedanalyse

2.1 Der Liedtext

Die fünf Strophen bestehen aus je vier relativ kurzen Zeilen, jede Zeile steht im dreihebigen Trochäus. Z. 2 und 4 sind gereimt auf eine starke Endung. Es ergibt sich das Reimschema a b c b. Den inhaltlichen Aufbau der Strophen kann man – mit einem gewissen Vorausblick auf die Auswertung der verwendeten Begrifflichkeit – mit A B A B C bezeichnen.

Es ist bemerkenswert, daß beide Übersetzer die textlichen Strukturprinzipien übernommen haben.

2.2 Das schwedische Original

Die erste Annäherung an den Text erfolgt über eine Arbeitsübersetzung[13] und – damit vergleichend – über die poetische, doch gleichzeitig sehr wörtliche Übertragung von Markus Jenny:

Frostenson 1958/73 (Kreutz)	Jenny 1983/91
1. Den Wind sehen wir nicht, aber seine Stimme hören wir flüstern oder brausen wie ein mächtiger Chor.	1. Wind kannst du nicht sehen, ihn spürt nur das Ohr flüstern oder brausen wie ein mächt'ger Chor.
2. Den Geist sehen wir nicht, aber wir hören seine Stimme sprechen in unser Herz Worte voller Licht und Trost.	2. Geist kannst du nicht sehen; doch hör, wie er spricht tief im Herzen Worte voller Trost und Licht.
3. Den Wind sehen wir nicht, aber wir sehen seine Spur. Die Welle wogt und das Gras biegt (sich), wo der Wind (lang)geht.	3. Wind kannst du nicht sehen, aber, was er tut: Felder wogen, Wellen wandern in der Flut.
4. Den Geist sehen wir nicht, aber im Geistes Wind bleibt unsere Angst aus, strömt die Freude ein.	4. Geist kannst du nicht sehen; doch, wo er will sein, weicht die Angst und strömt die Freude mächtig ein.
5. Aus einer Welt, die kein einziger von uns sieht, kommt der Geist zu uns, und seine Hilfe gibt er uns.	5. Hergesandt aus Welten, die noch niemand sah, kommt der Geist zu uns, und Gott ist selber da.

Anders Frostenson zeichnet Bilder und sinnenhafte Erfahrungen aus der Natur nach.[14] Dabei kommt er mit wenigen Begriffen aus, die er kunstvoll variiert, so daß sich seine Aussage über die fünf Strophen hin entwickelt. Die am häufigsten verwendeten Wörter sind:

– se (sehen):	6 x	(1.+2.+4.+5. Str. 1 x, 3. Str. 2 x)
– Vind (Wind):	4 x	(1.+4. Str. 1 x, 3. Str. 2 x)
– Ande (Geist):	4 x	(2.+5. Str. 1 x, 4. Str. 2 x)

In den ersten beiden Strophen werden die Begriffe „Wind" bzw. „Geist" abwechselnd gebraucht und miteinander in Wahrnehmung und Wirkung verglichen. Die Doppelung und Verknüpfung dieser Begriffe in den Str.

---

13 Frau Christine Kreutz herzlichen Dank für die Erstellung.

14 Interessant dazu das Zeugnis von Bischof Olle Nivenius: „Anders Frostenson berichtete, er habe kaum eines seiner Gedichte und Lieder nur am Schreibtisch geschrieben. Die meisten sind entweder beim Wandern in der Landschaft entstanden (...) oder (...) auf Eisenbahnstationen." Möller, Kirchenlied und Gesangbuch, 380.

3/4 stellt sie auf die gleiche Bedeutungsebene. Dabei hat der formal identische Beginn zwischen dem ersten und zweiten Strophenpaar (Z. 1: „Vinden" / „Anden" und Z. 2: „men" = aber) eine Klammerfunktion.

Die mittlere Strophe wirkt retardierend: Z. 3 bereitet mit dem Einsetzen eines neuen Satzes den Bedeutungswandel vor. Die letzte Strophe bündelt und steigert die intendierten Aussagen mit einem eigenständigen Aufbau. Die Aussage „sehen wir nicht" (Str. 1–4) wird zugespitzt zu „keiner von uns sieht". Es ist nur noch vom Geist die Rede. Mit dem Blick auf die jenseitige Welt wird die binnenweltliche Sicht aufgebrochen. Die beiden letzten Zeilen sagen konkret aus, was die Bildlichkeit bis dahin vorbereitet hat.

2.3 Biblische Bezüge

Die Untersuchung der am häufigsten vorkommenden Begriffe verweist auf biblische Bezüge, die uns Frostenson bildhaft auf Pfingsten hin erschließt: Im Griechischen steht *pneuma* gleichbedeutend für „Geist" und „Wind". Der Dichter spielt mit den verschiedenen Bedeutungsebenen der Wörter, die in der schwedischen Sprache analog zur deutschen gelten. So wird der Blick beim Singen des Liedes abwechselnd auf irdische und himmlische Erfahrungen gelenkt.

Die Bilder der Natur dienen in zahlreichen biblischen Erzählungen dazu, das Wirken Gottes zu beschreiben. Dabei ist die Wahrnehmung des Hörens im Wind/Sturm besonders häufig anzutreffen: Die Negativ-Aussage, die Frostenson in den Anfangszeilen der Str. 1–4 wiederholt, steht – biblisch gesprochen – für die Rätselhaftigkeit menschlicher Erfahrungen. Diese werden als Hinweis auf Gottes Wirken gedeutet, z.B. 2 Kön 3,17: „Ihr werdet weder Wind noch Regen sehen. Doch dieses Tal wird sich mit Wasser füllen." Die Erzählung von der Gottesbegegnung Elijas (1 Kön 19,11–13) lebt geradezu davon, daß die verschiedenen Formen des Windes als erzählerisches Mittel eingesetzt werden: Die Palette reicht vom „heftigen Sturm" (V 11) bis zum „sanften, leisen Säuseln" (V 12). Sowohl im Flüstern als auch im Brausen kann Gott sich mitteilen, vgl. Hiob 4,16: „(...) ich höre eine Stimme flüstern" oder: Joh 3,8 „Der Wind weht, wo er will; du hörst sein Brausen." bzw. direkt zum Pfingstgeschehen Apg 2,2: „Da kam plötzlich vom Himmel her ein Brausen."

Frostenson läßt in seiner Dichtung durch biblische Sprache die Geschichte von Gottes Heilswirken aufleuchten. Mit seiner „Ver-Dichtung" gelingt es ihm, beide Erfahrungs- bzw. Deutungsebenen auf Pfingsten hin neu zu fassen. Indem er durchgängig in der „Wir"- bzw. „Uns"-Form schreibt, spannt er den Bogen bis in die Gegenwart der Singenden. Somit klingen biblische Gotteserfahrungen für heutige Menschen an. Sie können in der Offenheit der poetischen Sprache individuelle Neudeutung erfahren.

Das ist die Essenz des schwedischen Liedes, das die Bearbeiter Möller und Jenny für ihre deutsche Fassung benutzen. Wie gehen die beiden Übersetzer mit diesen Vorgaben um?

2.4 *Wind kannst du nicht sehen*

Jenny zeichnet so wörtlich wie möglich das Original nach. Für die vorgegebene Satzstruktur gelingt dies in den beiden ersten Strophen konsequent, in den Str. 3–5 allerdings müssen leichte Änderungen vorgenommen werden. Das Bauprinzip des Wechsels zwischen „Wind" und „Geist" zu Beginn der Str. 1–4 bleibt bestehen.

Der Vergleich der Begrifflichkeit im Überblick[15] belegt die Beobachtung, daß sich Jenny der Vorlage stark verpflichtet weiß:

	Möller	Frostenson	Jenny
1.	... Wind sehn	Vinden ser ... inte	Wind ...nicht sehen
		hör	**Ohr**
	lauschen	viska eller brusa	flüstern oder brausen
	hören	som en mäktig kör	wie ein mächt'ger Chor
2.		Anden ser ... inte	Geist ... nicht sehen
		men... hör	**doch**... hör
	(Felder)	... vart hjärta	...Herzen Worte
	Meer	ord av ljus och tröst	voller Trost und Licht
3.		Vinden ser ... inte	Wind ... nicht sehen
	...sehn	men...ser	Aber **(was er tut)**
		Vagen rörs...gräset	**(Felder)** wogen, Wellen
4.	**(Er tut)**	Anden ser ... inte	Geist ... nicht sehen
		men	doch
		blir var...rädsla borta	weicht die Angst
		strömmar glädjen in	strömt die Freude...ein
5.		... värld	...Welten
	...(Gott)	...ser	**...sah**
	...Geist gibt	Kommer Anden till oss	kommt der Geist zu uns
		och...oss ger	und (Gott)

In Jennys Textfassung können wir die Anlage des schwedischen Originals nachvollziehen. Nach der die Str. 1–4 eröffnenden Negativaussage sprechen die folgenden drei Zeilen der Strophen dagegen („aber" bzw. „doch") – stark bildlich – von der sinnenhaften Erfahrbarkeit des Windes/Geistes. Die letzte Strophe bekennt direkt, daß der Geist zu uns kommt.

Die genaue Analyse offenbart zwei deutliche Abweichungen von der Vorlage: Während Frostenson in der ersten Person Plural schreibt, wählt Jenny die zweite Person Singular; Jenny benennt in der letzten Zeile „Gott"

[15] Die sich direkt entsprechenden Begriffe stehen jeweils in der gleichen Zeile. Begriffe, die sich sinngemäß entsprechen, sind fett gedruckt. Begriffe, die sich in den deutschen Fassungen entsprechen, aber nicht vom Original abzuleiten sind, stehen in Klammern.

als Ausdruck für die Anwesenheit des Geistes, Frostenson aber bleibt bei „Geist".

Jennys detailgetreue Nachahmung der kunstvollen Verknüpfung von „Wind" und „Geist" durch die Strophen erfährt durch den etwas abrupten Übergang in die letzte Strophe keine wesentliche Beeinträchtigung. Die Grundintention des Liedes bleibt bestehen und kommt auch in der Übersetzung deutlich zum Tragen.

2.5 *Sagt, wer kann den Wind sehn?*

Schon die Interpunktion in der Übertragung Hilde Möllers markiert die veränderte Textstruktur im Vergleich zur Vorlage. Über die schlichten Aussagesätze des Originals hinaus werden hier die Str. 1 und 3 mit einer Frage eröffnet, Str. 5 endet mit einer wörtlichen (Jesus-) Rede, die mit der Vorlage nichts mehr gemein hat.

Zunächst die bleibenden Elemente: Möller faßt jeweils die Str. 1 und 3, sowie 2 und 4 parallel. In den Eingangsfragen der Str. 1 und 3 gebraucht sie Wind und Geist im Wechsel, der Eingangsvers der Str. 2 ist identisch mit dem der vierten: „Er tut große Dinge". Str. 5 weicht vom üblichen Bauschema ab. Das Lied enthält zahlreiche Begriffe aus der Natur. Gegenüber der Vorlage sind sie jedoch frei angeordnet.

Weitere Unterschiede verleihen der Übersetzung einen neuen Charakter. So bleibt die Anrede in der Frageform offen. Der Zeilensprung zwischen den Z. 2 und 3, der bei Frostenson und Jenny zu finden war, wird aufgehoben. Die Strophenpaare 1 und 2 sowie 3 und 4 bilden analoge Einheiten. Hier beginnt die Deutung des Wortspiels Wind/Geist schon in der dritten Strophe, und durch die zu früh einsetzende Antwort geht Spannung verloren. In der Z. 2 der vierten Strophe konkretisiert Möller die Bedeutungsebenen in festgelegten Glaubenssätzen und die als Zitat Jesu gekennzeichnete Aufforderung der Schlußstrophe bringt einen weiteren katechetischen Zug in das Lied.

Hilde Möller hat mit der Idee Frostensons eine eigene Aussagespur verfolgt. Ihre Textübertragung gleicht eher einer belehrenden Antwort aus dem Glauben. Sie verläßt den tastend-suchenden Ton bei Frostenson bzw. Jenny. Damit bleibt offen, ob dieses Lied das pfingstliche Singen der Gemeinde wirklich bereichert.

3 Die musikalische Gestalt

3.1 Melodie

Das Dur-Lied[16] beginnt auf seinem melodischen Hochpunkt, der Quinte über dem Grundton. Über die ersten beiden Zeilen schwingt sich die Melo-

---

[16] Ohne Begleitung offenbart es seinen fast lydisch anmutenden Charakter am deutlichsten.

die in Terzen und Sekunden hinab und pendelt sich über die Unterterz des Grundtons schließlich auf diesen ein. Die zweite Hälfte steigt von der Unterquarte aus in Sekundschritten wieder zum Grundton auf.

Die Melodie, die in der Bewegung auf den Grundton zu spiegelbildlich angelegt ist, veranschaulicht die doppelte Bildlichkeit des Textes: Die Bewegung von oben kann „Geist" und die himmlische Dimension ausdrükken,[17] die Bewegung von unten kann die irdischen Erfahrungen in der Natur nachzeichnen.

3.2 Rhythmus

Die Melodie steht im 2/4-Takt und paßt sich rhythmisch vorzüglich dem Textmaß an. Die 2x4 Takte beginnen jeweils mit einer Achtelbewegung und kommen in einer Halben zur Ruhe. Die erste Zeile wird in zwei Vierteln abgefangen, die dritte Zeile wird dagegen auf Achteln zur vierten Zeile hin durchgeführt: Dort verlangsamt sich die Bewegung über zwei Viertel in eine Halbe.

4 Zum Verhältnis von Text und Melodie

Das Verhältnis von Z. 1 zu 2 und 3 zu 4 geht in allen Textfassungen sehr gut mit der Melodie zusammen, insofern als sich von Z. 1 zu 2 Gedankenzäsuren finden, nie aber von Z. 3 zu 4.

Differenzen gibt es beim Übergang von Z. 2 zu 3. Frostenson und Jenny arbeiten in den ersten beiden Strophen mit einem Zeilensprung. Nimmt man dies in das Singen hinein, entsteht eine Spannung, die vor Gleichförmigkeit bewahrt.[18] Dieses Detail steht für die Kunst, mit wenigen Mitteln so zu komponieren, daß Schlichtheit nicht zu Banalität verkommt.

Die Leichtigkeit der Melodie entspricht der Bildhaftigkeit des Textes und entspricht damit auch dem Charakter des trochäischen Versmaßes[19]. Durch die Aussparung der Quarte (b) bewahrt sie sich zudem eine Offenheit in der Tonalität, die mit der Transparenz auf der poetischen Ebene korrespondiert. Die Melodie ist gewissermaßen eine Folie für den poetischen Text.

---

17 Wyss-Jenny, Mit Kindern singen, 114: „Die (...) Melodie unterstützt den Text in seiner Aussage: Durch ihre Abwärtsbewegung läßt sie etwas vom Strömen von oben erfahren, um dann kraftvoll wieder anzusteigen."

18 Diese und die folgenden Aussagen treffen wegen der abweichenden Textstruktur nicht auf *Sagt, wer kann den Wind sehn?* zu.

19 Vgl. Art. „Trochäus", in: von Wilpert: Sachwörterbuch der Literatur, 972: „Kennzeichnend für die trochäischen Verse sind meist e. schneller, eilender Gang, Lebhaftigkeit und Beweglichkeit."

5 Anregungen für die Praxis

Aufgrund der eingängigen Melodie läßt sich das Lied ohne Schwierigkeit mit verschiedenen Gruppen singen. Mit Rücksicht auf den kunstvollen Strophenaufbau sollte man das Lied stets in seiner Ganzheit belassen. Die kurzen Strophen kann man sinnvoll zwischen zwei Gruppen alternierend singen.[20]

Das Lied eignet sich hervorragend für das Singen mit Kindern.[21] Dazu liegen bereits ausgearbeitete Anregungen vor:

Zu *Wind kannst du nicht sehen* sind aus der Schweiz zwei Anleitungen für die Arbeit in der Gemeinde veröffentlicht, beide mit einer Beispiel-CD ausgestattet. Marlis Ott[22] setzt Lieder in Bewegung um. Sie bietet ein einfaches Bewegungsmuster für *Wind kannst Du nicht sehen* an, das für alle Strophen gleich bleibt. Leider kommen die in den Strophen wechselnden Ausdrucksformen nicht zur Geltung. Sicher könnte man dafür variierende Bewegungsmuster finden. Elisabeth Wyss-Jenny[23] gibt Ausführungshinweise für das Singen mit Kindern. Dem Liedinhalt gemäß empfiehlt sie für die Instrumentalbegleitung „Glockenspiel (...), Flöte, als Rhythmusgeräusche solche, die Wind machen können"[24]. Mit einer so gearteten Begleitung läßt sich leicht die Offenheit der Tonalität darstellen.

Im Beitrag von Wyss-Jenny wird noch eine weitere – zweistrophige – Fassung des Liedes aus **Kolibri*[25], dem Liederbuch der Sonntagsschule der deutschsprachigen Schweiz, erwähnt. Die beiden Strophen in der Übertragung von Hein Meurer lauten:

1. Wind, dich sehn wir nicht,
doch du triffst unser Ohr,
flüsternd oder brausend,
wie ein großer Chor.

2. Geist, dich sehn wir nicht,
doch wir spürn deine Kraft,
die in uns dem Willen
Gottes Raum verschafft.

Die erste Strophe ist fast wörtlich übersetzt, deshalb sehr ähnlich der Jenny-Fassung. In der ersten Zeile gelingt Meurer eine genauere Übertragung aus dem Schwedischen: Er bleibt bei der ersten Person Plural „wir". Der Wind wird direkt angesprochen: „dich". Der Beginn der zweiten Strophe ist ganz analog gebaut, mit „Geist" am Anfang. Die weiteren drei Zeilen sind jedoch nur noch eine freie Entfaltung der Vorlage. Durch die Begriffe „Kraft", „Willen Gottes" und „Raum" wird der offene poetische Stil verlassen.

Da eine Verringerung der Strophen der Ursprungsdichtung nicht gerecht wird, bleibt offen, welchen Zweck die Veröffentlichung in **Kolibri* erfüllen soll und kann. Die Melodie steht hier einen Ganzton höher als in

---

20 Dies ist bei der Möller-Version wiederum nur bedingt sinnvoll.

21 Man spürt den täglichen Umgang des Schulkantors Wikfeldt mit Kindern, seinen geschulten Blick für das Machbare und Sinnvolle.

22 Ott, Bewegte Botschaft, 118f.

23 Wyss-Jenny, Mit Kindern singen, 114f.

24 Ebd. Leider wird dies auf der Beispiel-CD nicht umgesetzt.

25 **Kolibri*, Nr. 153.

den Gesangbuchausgaben, also in G-Dur. Das gilt auch für die CD-Aufnahmen zu den beiden genannten Werkbüchern.[26] Dies ist für das Singen mit Kindern angemessen.

6 Fazit

Das neue Pfingstlied knüpft an die Tradition älterer Pfingstlieder an: Die Stimmung der aufbrechenden Natur im Frühling wird hineingenommen in das Singen vom bewegenden und belebenden Gottesgeist. Durch die starke Bildlichkeit des Textes und die einfache Tonsprache erschließt sich das Lied Kindern unmittelbar. Seine qualitätvolle Gestalt rechtfertigt darüber hinaus seinen Platz im Repertoire für Erwachsene. Durch seine doppelte Transparenz - auf Gottes Heilshandeln, wie es uns in der Hl. Schrift übermittelt wird, und auf gegenwärtige Erfahrungen hin - wird es zu einem Kleinod, das in seiner Offenheit immer neue Sichtweisen entdecken läßt. Besonders in der dem Original treu bleibenden Übertragung Jennys leistet es hierin auch einen wertvollen liturgischen Beitrag. So kann es Gemeinden helfen, sich dem Pfingstgeheimnis singend in Freude zu nähern und sensibel zu werden für das Wirken des Gottesgeistes in der heutigen Zeit.

Literatur

HEG 2 = Handbuch zum Evangelischen Gesangbuch. Bd. 2. Wolfgang Herbst (Hrsg.): Wer ist wer im Gesangbuch? 2. durchgesehene und aktualisierte Auflage. Göttingen 2001.

Herbst, Wolfgang (Hrsg.): Komponisten und Liederdichter des Evangelischen Gesangbuchs (HEG 2). Göttingen ²2001.

Möller, Christian (Hrsg.): Kirchenlied und Gesangbuch. Quellen zu ihrer Geschichte. Ein hymnologisches Arbeitsbuch (Mainzer hymnologische Studien Bd.1). Tübingen/Basel 2000.

Ott, Marlis: Bewegte Botschaft. Liedtänze zum Tages-, Jahres- und Lebenskreis. Zürich ²1998.

Wilpert, Gero von: Sachwörterbuch der Literatur. Stuttgart 1989.

Wyss-Jenny, Elisabeth: Mit Kindern singen (Werkstatt GottesDienst 4. Lieder, Kanons und Rufe aus dem Gesangbuch). Hrsg. von der Evangelisch-reformierten Landeskirche des Kantons Zürich. Gemeindedienste/Gottesdienst & Musik. Zürich 1998.

[26] Das Tempo bei der Aufnahme zu „Bewegte Botschaft" ist sehr rasch; dies birgt die Gefahr, daß die Metaphorik des Textes nicht voll zum Klingen kommt.

Heilige

Helmut Kornemann / Dorothea Monninger

Gottes Lob wandert, und Erde darf hören

1. Gottes Lob wandert, und Erde darf hören.
Einst sang Maria, sie jubelte Antwort.
Wir stehn im Echo der Botschaft vom Leben:
    Den Herrn preist meine Seele,
    Ich freue mich, daß er mein Retter ist.
    Der Hohe schaut die Niedrige an.
    Halleluja. Halleluja.

2. Scharen von Schwestern und Brüdern im Glauben
singen, wie damals Maria gesungen,
als ihr geschah, wie der Engel versprochen:
    Den Herrn preist meine Seele,
    Ich freue mich, daß er mein Retter ist.
    Die Stolzen stürzt er endlich vom Thron.
    Halleluja. Halleluja.

3. Wunder der Wunder: Für uns wirst du Mensch, Herr!
Laß doch das Lied, das Maria uns lehrte,
Brücke der Freude sein, die uns zu dir führt:
    Den Herrn preist meine Seele,
    Ich freue mich, daß er mein Retter ist.
    Er denkt an uns, hilft Israel auf.
    Halleluja. Halleluja.

Druckvorlage

Text und Melodie sind dem Buch **Frühlicht erzählt von dir*, 14f., Nr. 4 entnommen.

1 Text

Der in Norwegen hoch angesehene Malerpoet Svein Ellingsen wird durch die Übertragung seiner Lieder (vor allem durch Jürgen Henkys) nach und nach auch im deutschen Sprachraum bekannt. Im neuen norwegischen Gesangbuch (**Norsk salmebok* 1985) stehen 40 Texte und Übertragungen von ihm, deren Sorgfalt, Klarheit und Schlichtheit gerühmt wird. Ellingsen hat sich erst in seinen fünfziger Jahren zu Wort gemeldet. Geduld und Zuhören-Können nennt er die Haupttugenden eines Kirchenlieddichters und folgt ihnen in der eigenen Praxis. Die schnelle Verbreitung seiner Lieder weist aus, daß die alte, schon für nicht mehr brauchbar gehaltene Form des Liedes offensichtlich noch in der Lage ist, dem Ausdrucksverlangen heutiger Menschen einen Zufluchtsort zu bieten. Es ist die erklärte Absicht Ellingsens, ihnen Worte zu leihen. Dabei strebt er nicht danach, Modernität zu demonstrieren. Von Jugend an mit dem Lied seiner lutherischen Kirche vertraut, möchte er mit seinen Dichtungen der nach Liedern verlangenden Gemeinde dienen, sucht die Mängel in ihren Gesangbüchern auf und versucht die Lücken zu füllen. Die im Norden Europas in den letzten Jahren

gewachsene Marienfrömmigkeit hat ihn angeregt, Lieder für Marienfeste zu schreiben. 1978 hat er in einer Sammlung mit dem Titel **NOEN MÅ VÅKE* (Einer muß wachen)[1] eine größere Zahl von Liedern (Salmer og Kirkeviser) vorgelegt, zu denen ihm viele norwegische Komponisten Melodien und Klavierbegleitungen geschrieben haben. In diesem Heft findet sich auch das Lied *Lovsangen toner* (deutsch: *Gottes Lob wandert*), bestimmt zum Fest „Maria budskaps dag". Der Tag entspricht einer Kombination der Feste „Tag der Ankündigung der Geburt des Herrn" (25. März) und „Tag der Heimsuchung Mariä (2. Juli), er wird gefeiert am 5. Sonntag in der Fastenzeit und damit am Sonntag vor Palmsonntag. Evangelientexte sind sowohl Lk 1,26–38 als auch 39–55. Die Melodie und Klavierbegleitung zu *Lovsangen toner* schuf Johan Varen Ugland (1977). Es wurde (mit der Melodie von Ugland) übernommen in das Beiheft zum isländischen Gesangbuch **Sálmar 1991* und das Beiheft zum norwegischen Gesangbuch **Salmer 1997*.
Die deutsche Übertragung von Jürgen Henkys wurde aufgenommen in

- **36 Neue Lieder* (mit einer 1985 komponierten Melodie von Manfred Schlenker),
- **Frühlicht erzählt von dir* (mit den Melodien von Ugland und Schlenker),
- die Regionalausgaben des **EG* für die Nordelbische Evangelisch-Lutherische Kirche und für die Evangelische Kirche in Österreich (mit der Melodie von Ugland),
- die Regionalausgabe des **EG* für Hessen (mit der Melodie von Schlenker)
- und das **RG* (mit der Melodie von Schlenker).

Um würdigen, ja bewundern zu können, wie gut Jürgen Henkys das Umsprechen in den Bereich deutscher Sprachoriginalität gelungen ist (unter sicher schmerzlicher Duldung gewisser Verluste, aber unter Wahrung der theologischen, poetischen und musikalischen Struktur) sei ein Blick auf den Originaltext gestattet:

---

1 **Noen må våke*. Salmer og kirkeviser av Svein Ellingsen med melodier av Per Inge Almås, Svein Ellingsen, Harald Gullichsen ... Johan Varen Ugland u.a., Norsk Musikforlag A/S 1978.

1.
Lovsangen toner og jorden får høre
gjenklang av ord som Maria har båret
jublende frem som et svar på Guds budskap.

Min sjel opphøyer Herren!
Hans miskunnhet varer fra slekt til slekt
for alle dem som ærer hans navn.
Halleluja. Halleluja.

2.
Sammen med skarer av troende søsken

synger vi ord som Maria har sunget,
lydig met budskapet, fylt av Guds glede.

Min sjel opphøyer Herren!

3.
Ordet blir menneske! Undrenes under!
Gud, la de ord som Maria har gitt oss,
danne en bro til den evige lovsang!

Min sjel opphøyer Herren!

Prosaübersetzung:

1.
Das Loblied ertönt, und die Erde darf hören
Widerhall des Wortes, das Maria getragen hat,
herausjubelnd als eine Antwort auf Gottes Botschaft.

Meine Seele erhebt den Herrn!
Seine Barmherzigkeit währt von Geschlecht zu Geschlecht
allen, die seinen Namen ehren.
Halleluja. Halleluja

2.
Zusammen mit Scharen glaubender Geschwister
singen wir die Worte, die Maria gesungen hat,
der Botschaft gehorsam, erfüllt von Gottes Freude.

Meine Seele erhebt den Herrn!

3.
Das Wort wurde Mensch! Wunder der Wunder!
Gott, laß die Worte, die Maria uns gegeben hat,
eine Brücke bilden zum ewigen Loblied!

Meine Seele erhebt den Herrn!

Motiv des Liedes ist der Lobgesang Mariens, das Magnifikat, jene alte psalmförmige Dichtung, die der Evangelist Lukas Maria in den Mund legt und die noch heute in der Vesper der Klostergemeinschaft oder in der nach traditioneller Weise begangenen Abendandacht der Gemeinde ihren festen Platz hat. Aus den Worten von Lk 1,46.50, ergänzt durch ein zweifaches Halleluja gestaltet Ellingsen den allen drei Strophen gleichbleibend hinzugefügten (Gemeinde-)Refrain. Aber er erstellt nicht die lukanische Szene der Begegnung mit Elisabeth, sondern weist auf das Zentrum jener Szene, das Wunder der Entstehung des menschgewordenen „Wortes" im Leib Mariens. Drei dreizeilige Strophen mit jeweils aus vier Daktylen gestalteten Zeilen umspielen in ihrer mittleren Zeile den Begriff „Wort":

Das Wort, das Maria getragen hat,
das Wort, das Maria gesungen hat,
das Wort, das Maria uns gegeben hat.

Singend verlangsamt erschließt sich die poetisch konzentrierte Mehrdeutigkeit: Das „Wort" ist zugleich das ewige, den Menschen zugewandte Wort Gottes, die Leibesfrucht Mariens, der Grund ihrer im Gesang sich äußernden Freude, die Gestalt der Freude und die Erde und Menschen einstimmende und zum Einstimmen veranlassende Kraft. Diese Formung der von einem zentralen Begriff ausgehenden Strahlung hat Henkys nicht bewahren können (auf „Wort" hat er sogar völlig verzichtet). Aber ihren Impuls hat er in neue Struktur überführt, verdichtet und entfaltet.

Im Übrigen hält sich Henkys präzise (mit einer unbedeutenden Ausnahme in der zweiten Zeile des Refrains) an die rhythmischen Vorgaben des Originals.

Die deutlichste Ergänzung des Originaltextes ist in der Gestaltung des Refrains zu erkennen. Henkys fügt den Worten aus Lk 1,46 nicht gleichbleibend den Vers 50 hinzu, sondern zur ersten Strophe die VV 47 und 48a, zur zweiten Strophe 47 und 52a und der dritten Strophe 47 und 54b. Dadurch wird der Text des Magnifikat ein wenig reichhaltiger geboten, die Zahl der Metaphern erhöht und eine Ergänzung der - aus dem *Magnifikat* gewonnenen - Konkretionen geschaffen. Die negative Seite dieser Abweichungen sei nicht verschwiegen: Der Gemeinde wird - sofern man ihr den Refrain zuweisen möchte - die Mitwirkung erschwert und die an Ellingsens Arbeitsweise gelobte Neigung zur Reduktion von Metaphern wird vernachlässigt. Henkys waren die „politischen" Aspekte des *Magnifikat* wichtig genug, um über die Intention des Originals hinauszugehen.

Der glücklichste Einfall von Henkys ist allerdings die im Original wörtlich nicht zu findende Fügung: Gottes Lob „wandert". Mit diesem poetischen Schlüssel öffnet er den Raum zu einer Fülle von Assoziationen. Er erweckt (zumindest in der Vorstellung des Bibelkenners) jene Szene, die nach Lukas den Lobgesang Mariens umgibt: Maria wandert nach der Ankündigung der Geburt Jesu ins judäische Gebirge „zu einer Stadt", besucht und begrüßt die unerwartet ebenfalls schwangere Elisabeth, läßt sich und den kommenden „Herrn" in ihr preisen, und gibt ihrer überwältigenden Freude Ausdruck in den ihr überkommenen, zugewanderten Worten des *Magnifikat*. Generationen haben es vor ihr gesungen, ausgelöst durch ihre Gotteserfahrungen, ähnlich die Mutter des „Sehers" Samuel, Hanna (1 Sam 2) und die Psalmendichter (Ps 34 und 103).

Ihr Jubel ist Antwort und kann nur Antwort sein. Mit ihr ist das Lob gewandert, das Gott sich selbst in ihrem Leib bereitet hat, daß es gehört werde, Leben schaffe, jubelnde Antwort erwecke und im Widerhall weiterwirke. Aus dem Inneren Mariens in unser Inneres, das Äußere Bestimmende hinein - und das im Widerspruch zur erfahrbaren Realität. Lukas kennt das Ende des Bejubelten und bietet dennoch im Lobgesang Mariens das Beispiel einer begeistert Hoffenden, die mit ihrem gottgezeugten Lob den Widerspruch überwindet und sogar in der Lage ist, über Räume und Zeiten hinweg Menschen mit ihrer Hoffnung anzustecken.

Daß das Lob wandert, bedeutet freilich auch, daß es sich ständig neue Räume erschließen kann, andere aber verläßt oder gar an ihnen vorbeigeht. Die Erde „darf" hören. Sie muß nicht.

Die Art des Gotteslobes im Gesang Mariens ist uns so nicht vertraut. Wir erwarten vom Lobenden bevorzugt die Zuwendung zum Gelobten, nicht die Mitteilung an andere. So aber lobt Maria. Sie tut es in der Weise, die sich neben anderen in der gottesdienstlichen Praxis Israels und Judas herausgebildet hat. Die Fachleute bezeichnen sie mit dem Begriff „berichtendes

Lob". Vgl. z.B. die Ps 124 und 129. Diese Art des Lobes, die dem Bekenntnis nahesteht, ist vielleicht die älteste Weise, auf Gotteserfahrungen zu reagieren. Das *Magnifikat* sagt (wie der Refrain) konkret, worin die Gotteserfahrung bestand und was das Lob begründet: Der Hohe schaut die Niedrige an..., erklärt sie damit des Anschauens für würdig und entdeckt ihre Zugehörigkeit zum Bereich göttlichen Lebens.

Uns erreicht der Lobgesang als Widerhall von der Erde, die ihn zuerst hören durfte und ihn als Echo an die folgenden Generationen weitergab. Die zweite Strophe zeigt das Weiterwirken dessen, daß wir „im Echo der Botschaft vom Leben" stehen. Viele sind ergriffen. Das Lied Mariens wird weitergesungen von Scharen Glaubender, die durch ihren Glauben Schwestern und Brüder geworden sind. Das Echo hat sie zum Einstimmen und Mitschwingen gebracht. Sie singen mit und wie Maria. Sie machen im Grunde die gleiche Erfahrung wie sie, eine Erfahrung, durch den Wandel der Zeiten mitgewandelt, aber immer noch Anlaß, manchmal sogar in den alten Worten das Loblied weiterklingen zu lassen und andere in das Echo einzubeziehen. Manche der Einbezogenen werden freilich überrascht sein: Die Stolzen stürzt er endlich vom Thron. Die sich selbst auf den Thron gesetzt haben, der dem verborgenen König gebührt, werden erleben, was ihnen zukommt. Endlich, am Ende, und von einem erleichterten Seufzer der bedrängten Glaubenden begleitet. Vielleicht darf man auch daran denken, daß die Gestürzten dann „endlich" den Bereich der Niedrigen erreicht haben werden, und mit zu denen gehören dürfen, die Gott anschaut?

Was Maria erlebt hat, kann nur Wunder genannt werden, alle unsere Vorstellungsmöglichkeiten und -grenzen übersteigend. Gott wird Mensch, begibt sich in die Niedrigkeit, die er „angeschaut" hat und unterwirft sich den Bedingungen des geschöpflichen Lebens in dessen sündenverdorbener Art. Und er hört nicht auf, Gott zu sein. Solches Wunder ist nicht wie eine begriffene Realität auszusprechen. Henkys folgt der Wendung des Originals: Die letzten Zeilen werden zum Gebet, weil das Wunder nur in der Zuwendung zu Gott hin lobend zu bekennen ist. Deutlicher als im Original wird (mit den für die reformatorische Theologie so wichtigen Worten „für uns") betend ausgesprochen, wie und wo die bewegende Wanderung des Gotteslobes zum Ziel kommen möge: als Brücke der Freude („Freude" als Begriff gewonnen aus der zweiten Strophe des Originals, aber durch das Zitat von Lk 1,47 im Refrain aller drei Strophen plaziert) „zu dir", im Original „zum ewigen Lobgesang".

Ein letzter Gedanke beschließt den Refrain: Er denkt an uns, hilft Israel auf. Es wird erkennbar, daß dieses Zitat nach Lk 1,54b mit den anderen, die Gleichförmigkeit des Refrains durchbrechenden Zeilen korrespondiert. Das sind die Taten Gottes, die in eigenartigem Widerspruch zu seiner Verborgenheit – und doch unlösbar mit ihr zusammenzudenken – das Lob begründen: Er schaut die Niedrige an, er stürzt die Stolzen vom Thron, er denkt an uns, auch wenn wir meinen, er habe seine Augen abgewandt. Und schließlich: Er richtet Israel auf, sein erwähltes, gequältes, niedriges Volk, und alle, die in Christus mit ihm verbunden sind. Die Lobenden aber üben ihre Hoffnung und ihren Glauben im Widerspruch zu der sie umgebenden und schmerzenden Realität, indem sie sich singend im Lobgesang der Maria bergen und in aller Welt einladend und bezeugend singen: Halleluja!

Helmut Kornemann

2 Melodie

Die ursprüngliche Melodie des Liedes (s. Seite 1) stammt von dem norwegischen Kirchenmusiker und Komponisten Johan Varen Ugland (geb. 1946). Mit dieser Melodie wird das Lied in Norwegen gesungen, und so steht es auch in den Regionalteilen zum **EG* der Nordelbischen Evangelisch-lutherischen Kirche und der Evangelischen Kirche in Österreich.

Die Melodie ist dem Text entsprechend als Kehrversmelodie konzipiert. Der erste Teil (T. 1–17) ist für Chor oder Sologesang, der zweite Teil (ab T. 17) für die Gemeinde gedacht. Auf den ersten Blick macht die Melodie einen eher farblosen Eindruck:

- Es fehlen auffallende rhythmische Elemente. Der Dreiertakt läßt sich nicht aus der Ruhe bringen, auch und gerade nicht durch die Antizipation in T. 20.
- Es gibt relativ viele Tonwiederholungen, kaum Ligaturen, viel Stufenbewegung und wenige größere Sprünge. Unter letzteren setzt sich der wiederholte Sextsprung d-h im Refrain am ehesten ins Ohr.
- Die Melodie vollzieht keine zwingende Modulation. Sie ist eingespannt in die Ecktöne d-a-d'. Das zweimalige nachdrückliche Absteigen auf den Grundton d in T. 16/17 und T. 20/21 verstärkt die statische Wirkung - vor allem dann, wenn in T. 17 ein Wechsel zwischen Chor/Solo und Gemeinde unterbleibt.
- Beherrschender Ton ist die Quinte a, mit der die Melodie einsetzt und auf die sie immer wieder zurückkehrt. Dieses Gewicht auf der Quinte verleiht der Melodie eine gewisse Helligkeit.
- Es gibt einige wenige motivische Entsprechungen, ja sogar tongleiche Wiederholung von Motiven (vgl. T. 15/16 mit T. 19/20, 31/32 und 33/34 oder T. 21/22 mit T. 23/24), die eine Verbindung zwischen den beiden Melodiehälften herstellen und die den Refrain leichter behältlich machen.

Ihren eigenen Reiz bekommt die Melodie erst durch ihren Begleitsatz, der von Anfang an mit ihr verbunden war und von dem sie nicht getrennt werden sollte. Mit seinem überwiegend ganztaktigen und stufenweisen Schreiten und seinen weichen Akkordverbindungen, die Kadenzierungen an den Zeilenenden weitgehend vermeiden, hält er die Melodie in ruhigem Fluß, trägt die Spannung weiter und verleiht ihr einen lieblichen, zuversichtlich-fröhlichen Charakter.

Zur Henkysschen Textübertragung hat Manfred Schlenker (geb. 1926), langjähriger Landeskirchenmusikdirektor und Leiter der Kirchenmusikschule in Greifswald und Komponist, eine neue Melodie geschrieben, die 1986 in **36 Neue Lieder* veröffentlicht wurde. Über das Chorheft zu **36 Neue Lieder* (Kassel 1987) verbreitete sich das Lied mit dieser Melodie in den Kirchenchören und wurde schließlich in die Regionalausgaben des **EG* der beiden hessischen Kirchen (1994) und in das Schweizer *RG* von 1998 aufgenommen.

Verglichen mit der norwegischen Melodie wirkt diese Melodie weit ausladend: Sie schwingt im 9/4- bzw. 6/4-Takt, hat den Tonumfang einer Dezime und spannt weite Melodiebögen. Wer sie singen will, muß sich mitreißen lassen und sich engagieren. Er spürt etwas von der überwältigenden Erfahrung, die Maria zum Singen veranlaßt hat.

Charakteristisch für die erste Melodiehälfte sind die jeweils auf betontem Schlag ansetzendenden Viertel-Anläufe in Sekundschritten, die die einzelnen Melodiezeilen eröffnen und jeder Zeile neuen Schwung geben. In der ersten Melodiezeile wird dieser Anlauf sogar zweimal unternommen (**Gottes Lob wan**-dert; **Erde darf** hören). Die erste Melodiezeile startet auf d, die zweite auf fis, die dritte auf a; sie überbieten sich gegenseitig bis endlich im d′ in Z. 3 der Höhepunkt der Melodie erreicht ist. Diese spannungserzeugende Sequenzierungstechnik ist ein Charakteristikum Schlenkerscher Melodien.[2]

Die zweite Melodiehälfte, die den Refrain trägt, setzt mit einem Zitat aus dem neunten Psalmton (*tonus peregrinus* = Pilgerton) ein, der in der lutherischen Tradition immer wieder mit dem deutschen *Magnifikat* verbunden

2 Vgl. *Das Kreuz ist aufgerichtet* (EG 94); *Wir wolln uns gerne wagen* (EG 254I); *Komm in unsre stolze Welt* (EG 428).

wurde[3] und im Lauf der Musikgeschichte zu einer Art „Erkennungsmelodie" für das *Magnifikat* geworden ist.

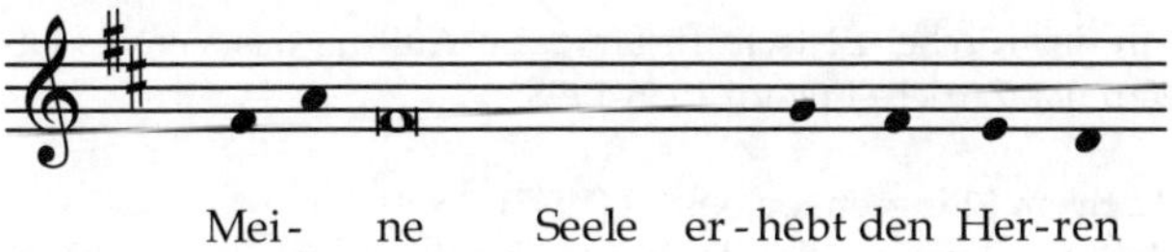

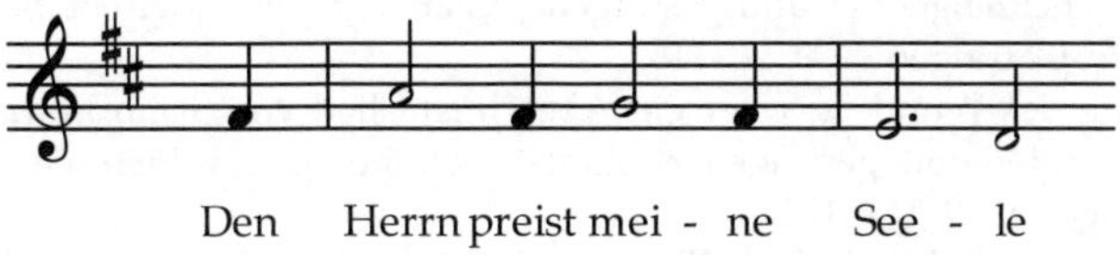

Die zweite Zeile des Kehrverses („Ich freue mich, daß er mein Retter ist") nimmt fast wörtlich die zweite Melodiezeile („Einst sang Maria, sie jubelte Antwort") auf. Entsprechend der 3. Melodiezeile bringt auch die dritte Refrainzeile den höchsten Ton, sie geht aber sonst eigene Wege. Hohe und tiefe Tonlage werden hier zur Textausdeutung genutzt:

Der Hohe (oben) schaut die Niedrige (unten) an (Str. 1),
Die Stolzen (oben) **stürzt er endlich** (unten) **vom Thron** (Str. 2),
Er denkt an uns (oben), **hilft Israel auf** (von unten aufhebende Geste) (Str. 3).

Das abschließende Halleluja greift mit seinen absteigenden Terzschritten a'–fis'–d'–h die Anfangstöne der Sekundanläufe im ersten Melodieteil (d'–h–fis'–a') auf.

Geschickt eingesetzte kompositorische Gestaltungsmittel (Sequenzierung, Zitat, Wiederaufnahme) lassen diese aus wenigen Einzelbausteinen gefügte Melodie als eine groß angelegte Einheit erscheinen. Die Erfahrungen aus der Praxis des Gemeindesingens zeigen, daß die Melodie nicht nur mitreißend und eigenständig ist, sondern daß sie in hervorragender Weise geeignet ist, dem Jubel über das befreiende Wirken Gottes Ausdruck zu geben.

Dorothea Monninger

---

3 Vgl. z.B. den Falsobordonesatz zu *Meine Seel erhebt den Herren* im **Klugschen Gesangbuch* von 1533, J.S. Bachs Kantate *Meine Seel erhebt den Herren!* BWV 10, das *Magnifikat* BWV 243 und seine Orgelbearbeitungen BWV 648 und 733 oder Hugo Distlers *Weihnachtsgeschichte* op. 10. Daß diese Tradition auch heute noch lebendig ist, zeigt sich u.a. darin, daß in der im **EG* abgedruckten Vesper (Stammausgabe EG 785.6) das *Magnifikat* nach wie vor dem 9. Ton zugeordnet ist. Die Zuordnung zu diesem sehr selten verwendeten Psalmton (durch Martin Luther?) unterstreicht die besondere Bedeutung, die dem Magnifikat im lutherischen Bereich von Anfang an beigemessen wurde.

Literatur

NSK = Neues Singen in der Kirche. Zeitschrift. Hrsg. im Auftrag des Vereins NSK von Hans-Jürg Stefan u.a. Zürich/Luzern 1986-1998.

Durnbaugh, Hedwig T.: Svein Ellingsen, in: NSK 2 (1993). 16.

Henkys, Jürgen: Gott loben mit einem Mund? Zur Nachdichtung fremdsprachlicher Kirchenlieder, in: ders.: Singender und gesungener Glaube. Hymnologische Beiträge in neuer Folge. Göttingen 1999. 96–113.

Henkys, Jürgen: Stunde des Wunders. Über ein Abendmahlslied von Svein Ellingsen, in: ders.: Singender und gesungener Glaube. Hymnologische Beiträge in neuer Folge. Göttingen 1999. 147–152.

Henkys, Jürgen: Der schwedische Bischof Olle Nivenius über den Norweger Svein Ellingsen, in: Christian Möller (Hrsg.): Kirchenlied und Gesangbuch. Quellen zu ihrer Geschichte. Tübingen 2000. 370f.

Henkys, Jürgen: Aus einem amerikanischen Interview mit Svein Ellingsen, in: Christian Möller (Hrsg.): Kirchenlied und Gesangbuch. Quellen zu ihrer Geschichte. Tübingen 2000. 37f.

König-Sigrist, Käthi: *Gottes Lob wandert*, in: NSK 4 (1997). 2f.

Reich, Christa: *Gottes Lob wandert*, in: dies.: Evangelium: klingendes Wort. Zur theologischen Bedeutung des Singens. Hrsg. von Christian Möller in Verb. mit der Hessischen Kantorei. Stuttgart 1997. 199–206.

Martina Haag

Und unser lieben Frauen

1. Und unser lieben Frauen,
Der traumet ihr ein Traum:
Wie unter ihrem Herzen
Gewachsen wär ein Baum.
Kyrieleison.

2. Und wie der Baum ein Schatten gäb
Wohl über alle Land:
Herr Jesu Christ, der Heiland,
Also ist er genannt.
Kyrieleison.

3. Herr Jesu Christ, der Heiland,
Ist unser Heil und Trost.
Mit seiner bitter Marter
Hat er uns all erlöst.
Kyrieleison.

4. Und unser liebe Fraue,
Die trug ein Kindelein.
Davon so wölln wir singen
Und wöllen fröhlich sein.
Kyrieleison.

5. Und unser liebe Fraue,
Die zog gen Bethlehem.
Sie g'bar ihr liebsts Kind Jesum
Zum Trost der Christeng'mein.
Kyrieleison.

6. Und da sie es geboren het,
Sie sah ihr liebs Kind an
Sie kniet auf einem Märmelstein
Und bet es alsbald an.
Kyrieleison.

7. Und unser liebe Fraue,
Die zog ihr Kindlein schon
Das solln wir hören geren
Was gab Gott ihr zu Lohn?
Kyrieleison.

8. Und unser liebe Fraue
Begehret anderst nicht,
Dann nur die arme Christenheit.
So wär es schon gericht'.
Kyrieleison.

9. Also sprach Gott, der Herre,
Wohl zu der Mutter sein:
„Und welchen Sünder du begehrst,
Derselbig, der sei dein."
Kyrieleison.

Druckvorlage

Der Text folgt **Beuttner 1602*[1] und umfaßt die ersten neun Strophen des dort sechzehnstrophigen Liedes. Orthographie und Interpunktion wurden leicht modernisiert.

Der Melodie liegt ebenfalls Beuttner zugrunde. Dort steht sie aber im Sopranschlüssel in C und in Halben notiert. Die vorliegende Tonhöhe findet sich in allen Fassungen des 20. Jahrhunderts und erscheint für heute plausibel. Textverteilung und Rhythmik folgen jedoch wieder Beuttner.

1 Befremdliches

„Ein Baum, der aus einem Herzen wächst? Was ist das denn?“ so fiel etwa meine Reaktion aus, als ich vor etwa zehn Jahren zum ersten Mal den ersten drei Strophen dieses Liedes in der Form der Komposition von Max Reger begegnete. Der eigenartige Text machte mich aufmerksam. Weiterhin fiel mir die unterschiedliche Komposition der Strophen bei Reger auf: Während Str. 1 und 2 gleich vertont sind - ein vierstimmig-homophoner Satz erzählt in ruhig-bewegtem Dreivierteltakt Mariens Traum –, erhält die dritte Strophe ein ganz anderes Gesicht: Kraftvoll erklingt ein sechsstimmiger, volltönender Satz, der unsere Erlösung durch Christi Marter verkündet. Wie nun gehören diese Teile zusammen? Was ist das für ein befremdliches Lied?

2 Liedgeschichte: Gesungenes und Gedrucktes

Gedruckt ist *Und unser lieben Frauen* in dem erstmals 1602 in Graz herausgegebenen katholischen Gesangbuch des Nikolaus Beuttner zu finden. Das Lied hat dort sechzehn Strophen, wobei inhaltliche Gründe dafür sprechen, daß die Str. 10–16 nicht zum Grundbestand des Textes gehören, was wohl auch zur Verselbständigung dieser Strophen zu einem eigenen Lied *Zu ehren unser Frawen* in **Corner 1631*[2] führte. Freilich ist das Lied wohl älter, denn Beuttner hat für sein Gesangbuch, das im Sinne der Rekatholisierung die alten Lieder wiedereinführen wollte, „auff das nit solche schoen alte gesaenger in abwesen/unnd leichtfertiger weiß in vergessenheit gerathe/solche zusammen inn ein Buoch“[3] gebracht. *Und unser lieben Frauen* ist also ein geistliches Volkslied, dessen Anfänge im dunkeln liegen, das bis

---

1 *Catholisch Gesang-Buch* (Faksimile), 104ᵛ–105ᵛ. Faksimile 1968. Erst 1962 entdeckte Walther Lipphardt ein Exemplar der ersten Auflage von 1602. Die Angaben aus dem 19. Jahrhundert gehen davon aus, daß diese Auflage identisch ist mit der von 1660, vgl. Lipphardts Vorwort zum *Catholisch Gesang-Buch* (Faksimile), 24*ff. Zur Biographie Beuttner vgl. ebd.*5f. Die sechzehn Strophen sind auch greifbar in Wackernagel II, 980f, Nr. 1213.

2 Vgl. Meister, Singweisen, 158. Nach Wackernagel II, 981 sind die Str. 10–16 auch in **Corner 1631*, 784.

3 **Beuttner 1602* (Faksimile), Vorred, 3ʳ.

dahin mündlich tradiert wurde und das im 16. Jahrhundert den Weg in ein Gesangbuch fand.[4]

Doch damit endet auch die Gesangbuchgeschichte des Liedes.[5] Erst im 19. Jahrhundert liegt das Lied wieder in gedruckter Form vor, nun allerdings nicht in Gesangbüchern, sondern in den großen Sammelbänden der Volks- und Kirchenliedforscher[6]. In Vergessenheit geraten war es aber trotzdem nicht. So sind v.a. in Südosteuropa im 20. Jahrhundert musikwissenschaftliche Volkskundler immer wieder auf verschiedene Varianten des Liedes gestoßen:[7] *Und unser lieben Frauen* lebt als geistliches Volkslied weiter.

Eine Renaissance erlebt das Lied durch die Aufnahme in den 1909 erstmals erschienenen **Zupfgeigenhansel*, der **das** Liederbuch der singbegeisterten Jugendbewegung ist und immense Auflagen erlebte. Die Aufnahme erklärt sich hier nicht aus religiösen Gründen, sondern aus der Suche nach dem „echten" deutschen Volkslied, das man im 17. Jahrhundert zu finden glaubte. Und diesen Kriterien genügte das Lied.

In einen dezidiert kirchlich-katholischen Kontext wurde das Lied durch das sogenannte *Graue Singeschiff (*Singeschiff)* von 1934 zurückgeführt.[8] Die dort gedruckte, dreistrophige Fassung wurde normgebend für das 20. Jahrhundert, da sie unverändert in das wichtige **Kirchenlied* von 1938 aufgenommen wurde. In ein Diözesangesangbuch gelangte das Lied nicht, es begegnet vielmehr in der Rubrik der Adventslieder in verschiedenen Liedersammlungen.[9]

Textlich und melodisch richten sich fast alle Vertonungen an der **Kirchenlied*-Fassung aus. Max Reger hingegen hat den Text aus dem 1914 von Will Vesper herausgegebenen Sammlung „Der deutsche Psalter" entnommen und ihn im gleichen Jahr in seinen „Acht geistlichen Gesängen" op. 138 gänzlich neu vertont.

2.1 Motivgeschichte[10]: Von Bäumen und Träumen

„Baum" und „Traum" sind relativ leicht als die zentralen Motive des Liedes auszumachen. Will man sich von daher dem Lied nähern, so ist hier nur

---

4 Strenggenommen ist es nur in einem Gesangbuch, denn Corner kennt ja nur die Str. 10–16!

5 Die letzte nachgewiesene [11.] Auflage des Beuttnerschen Gesangbuches wurde 1718 gedruckt, vgl. *Catholisch Gesang-Buch* (Faksimile), 25*, 30*.

6 Z.B. Uhland, Volkslieder; Wackernagel; Erk-Böhme; vgl. Suppan, Original und Singmanier.

7 Vgl. dazu Suppan, Geistliches Volkslied, 203 die Quellenangaben, sowie Suppan, Original und Singmanier, 21.

8 Zum **Singeschiff* und dem **Kirchenlied* vgl. die entsprechenden Abschnitte in meinem in Kürze erscheinenden Werk *Dem Herzen Jesu singe* – Politische Instrumentalisierung der Frömmigkeit im 19. und 20. Jahrhundert.

9 Vgl. dazu Weber-Kellermann, Weihnachtslieder, 209.

10 Vgl. zum diesem Abschnitt Hain und Kretzenbacher, Südost-Überlieferungen, dort v.a. 40–58.

möglich, einige Schneisen zu schlagen durch die Vielfalt der großen christlichen Tradition dieser Motive.

Biblisch gesehen ist zuerst die Baummotivik[11] zu nennen. Diese ist schon ganz zu Beginn der Bibel zu finden: im Paradies (Gen 2,9). Hier ist von zwei verschiedenen Bäumen die Rede: dem Baum des Lebens und dem Baum der Erkenntnis. Dadurch wird die Ambivalenz dieses Motives deutlich, denn der Baum des Lebens ist durchweg positiv besetzt, während der Baum der Erkenntnis der Menschheit keinen Segen bringt. Der Baummotivik im ersten Buch der Bibel korrespondiert ein Baum in deren letztem Buch: der Baum des Lebens, der im himmlischen Jerusalem zu finden ist. Er speist die Gerechten (Offb 2,7), er steht da, wo die Quellen des Lebens entspringen (Offb 22,2). Diese protologische und eschatologische Baummotivik wurde konsequenterweise auch an den heilsgeschichtlichen Wendepunkt zwischen beidem angebunden: an den Kreuzesbaum. Das Kreuz Jesu Christi ist der neue Baum des Lebens,[12] der die unheilvollen Folgen des Baumes der Erkenntnis wendet in Heil.

Ein zweiter biblischer Bereich stellt der Bezug auf die Wurzel Jesse aus Jes 11 dar: „Doch aus dem Baumstumpf Isais wächst ein Reis hervor, ein junger Trieb aus seinen Wurzeln bringt Frucht." (Jes 11,1). Dieses Motiv ist heute aus weihnachtlichem Kontext, v.a. durch das Lied *Es ist ein Ros entsprungen* bekannt.[13]

Dem Traum kommt - wie in vielen anderen Religionen - auch in der Bibel Bedeutung zu. Ein Beispiel ist etwa der Traum Jakobs (Gen 28, 11–22) in Bet-El. Der Traum ist dabei Ort der Theophanie, durch den Traum spricht Gott zu den Menschen. Daneben gibt es den Traum auch als Orakel, das gedeutet werden muß.

Mag dies im großen der biblische Hintergrund des Liedes sein, so ist doch als näherer Hintergrund des Liedes nicht nur die biblische Motivik direkt, sondern vielmehr ihre spätmittelalterlich-spirituelle Deutung zu berücksichtigen. So wurde das Motiv der Wurzel Jesse über den biblischen Kontext hinaus weitergedeutet. Nach Kretzenbacher[14] war hier entscheidend, daß eine Verbindung mit der Erschaffung Evas aus der Rippe des Menschen hergestellt wurde und so das Szenario eines schlafenden und träumenden Jesaja entstand, aus dessen Leib ein Baum erwächst. In diesem Baum befinden sich Maria und der Gekreuzigte, sowie verschiedene allegorische und typologische Bilder.

Hier nun leistete die Mystik einen wichtigen Beitrag: Wie biblisch in den Träumen Gott zu den Menschen spricht, so kommt hier in der Vision eine

---

11 Vgl. zum ganzen Flemming, Baum.

12 Vgl. Art. Baum in: RAC 2, hier Sp. 24.

13 Vgl. zum ganzen Becker, *Es ist ein Ros entsprungen*, zu den biblischen und liturgischen Wurzeln, 139f.

14 Vgl. Kretzenbacher, Südost-Überleiferungen, 43. Eine nähere Begründung für das Heranziehen von Gen 2,21 liefert er leider nicht.

Gottesnähe, genauer Christusnähe zustande.[15] Die eigentümliche Verbindung der Motive Traum und Baum ist bei der Mystikerin Gertrud von Helfta (1256–1302)[16] zu finden: Ihr erscheint der Herr in ihrem Herzen als Baum, der seine Äste ausbreitet und ihr Herz beschattet. Ein andermal wächst aus Jesu Herzen ein Baum der Liebe, als er sie an seine Brust legt. Die Individualisierung der Bilder geht hier so weit, daß sich die Visionärin mit dem Baum identifiziert.

In Zusammenhang mit dem Aufkommen eines typologischen Symbolismus in der Bildenden Kunst ist es nur ein kurzer Weg hin zu bildlichen Darstellungen dieser Träume und Bäume. So wird das biblische Motiv der Wurzel Jesse durch die mystischen Visionen des Mittelalters erweitert und verstärkt sowie auch das optische Moment hervorgehoben: Bald sind bildliche Darstellungen nachweisbar, auf denen der schlafende Jesaja durch Maria ersetzt wird.[17]

Weiterhin wird im mittelalterlichen Denken in diesen Motivzusammenhang auch eine antik-heidnische Tradition eingefügt: der bei Herodot überlieferte Traum des Perserkönigs Astyages.[18] Dieser träumt, daß aus dem Schoß seiner Tochter Mandane ein Weinstock wachse, der ganz Asien überschatte. Traumdeuter bestätigen ihm, daß seine Tochter einen Sohn gebären werde, der Herrscher über das Reich werden solle – nämlich Kyros, der das Babylonische Exil Israels beenden wird. Diese Überlieferung konnte dem mittelalterlichen Typologiedenken als Präfiguration des Christusereignisses dienen, als Vor-Bild für Maria und Jesus. So verweist sogar die wiederentdeckte heidnische Antike auf Christus.

Wie fügen sich diese Motivstränge nun zusammen? An zwei Beispielen läßt sich gut zeigen, wie sich Baum und Traum im Spätmittelalter schon gemeinsam finden: in ersterem wegen der bemerkenswerten thematischen, in letzterem wegen der zeitlichen Nähe zum Lied.

> Auf dem um 1360 datierten oberitalienischen Bild „Sogno della Vergine" des Simone dei Crocifissi (~1330–1399) finden sich die Motive in genau der Konstellation, die im Lied zu finden ist: An Stelle des Propheten Jesse ruht bereits die Gottesmutter selber voll bekleidet auf einem Prunkbett und träumt mit geschlossenen Augen „‚wie vnter jrem Hertzen gewachsen wär ein Baum' ... Dieser Wunderbaum mit goldenem Stamme, goldenen Ästen, Zweigen und Blättern vor einer Goldgrund-Landschaft mit Architekturandeutungen ist nun vollends das Erlöserkreuz Christi. Weiße Flügelengel fliegen auf den Gekreuzigten zu. Sie adorieren mit gefalteten Händen, zerreißen im Schmerz über den Heilandstod die Kleider oder fangen im Kelch das Blut aus Christi Seitenwunde auf. Zwei

[15] Kretzenbacher verweist hier darauf, daß spätmittelalterlich eine marianische Kontrafaktur der *compassio Mariae* zur *passio Christi* liegt. Hier im Lied fehlt der Aspekt des Marienleids jedoch völlig.

[16] Vgl. zum folgenden Kretzenbacher, Südost-Überlieferungen, 45–48.

[17] Hier ist v.a. auf die vielen Darstellungen des *Speculum Human Salvationis* zu verweisen, der in verschiedenen Versionen existiert. Kretzenbacher bezieht sich auf den Codex Cremifanensis 243, der um 1320 datiert wird. Kretzenbacher, Südost-Überlieferungen, bildet einige ab, u.a. den Traum des Jesaja, 50 und den Traum des Astyages, 56.

[18] Vgl. Kretzenbacher, Südost-Überlieferungen, 49.

rotgeflügelte Cherubim schweben über den am Baumkreuz angenagelt ausgespannten Armen, aus deren Nagelwunden das Blut ebenso tropft wie aus der Brust des Pelikan, der mit seinen Jungen im grünen Wipfel des Wunderbaumes nistet, die Hungernden mit seinem eigenen Blute nach einem weitverbreiteten Topos zu nähren, sie wiederum lebendig zu machen wie Christus."[19]

In bemerkenswerter zeitlicher Nähe stehen die ersten Drucknachweise von *Und unser lieben Frauen* und der folgenden Legende. In dem 1613 – also nur wenige Jahre nach dem Erstdruck des Liedes – in Mainz gedruckten „Geistlichen Schild", einer Sammlung z.T. abergläubischer Gebete und Segen, findet sich unter dem Titel „Unser lieben Frauen Traum" ein Dialog zwischen Maria und Jesus[20]. In diesem schildert Maria Jesus ihren schrecklichen Traum von seiner Passion – von seiner Gefangennahme bis zur Kreuzesabnahme. Jesus bestätigt ihr, daß dieser Traum ein Wahrtraum sei, alles so geschehen werde, und er sagt allen, die an diesen Traum denken oder ihn bei sich tragen, Schutz vor einem jähen Tod zu.

Diese sicher schon ältere Legende, die ähnlich auch in anderen europäischen Ländern nachzuweisen ist, ist bis ins 20. Jahrhundert lebendig. Trotz kirchlicher Verbote des Aberglaubens sind noch um 1920 Gebetszettel zu finden, denen diese Schutzwirkung zugesprochen wird.

Letztlich ist zu resümieren, daß die spirituellen „Höchstleistungen" des Mittelalters nach und nach auch Niederschlag in der Volksfrömmigkeit fanden. Dabei kann man beim „Geistlichen Schild" sicher von einem „Absinken" sprechen, wohingegen das Lied *Und unser lieben Frauen* spirituelle Tiefe andeutet und nicht dem Aberglauben anheim gefallen ist, wie noch zu zeigen sein wird.

Diese spätmittelalterliche Tradition stellt den größeren Horizont der Liedentstehung von *Und unser lieben Frauen* dar. Auch geographisch lassen sich recht schlüssig Verbindungslinien vermuten: In Oberitalien ist im 14. Jahrhundert die Darstellung Crocifissis nachgewiesen, zum Balkan hin sind viele Belege der Legende zu finden,[21] der Erstdruck des Liedes ist in Graz belegt. So lassen sich – freilich recht vage – Raum und Milieu der Liedentstehung abstecken.

Was aber kann ein heutiger Mensch mit diesen Bildern, diesem Lied anfangen? So faszinierend die Welt ist, die sich bei diesem Blick auf das Lied erschließt, so ist sie doch nicht die Welt des heutigen Sängers, und es kann nicht erwartet werden, sich zuerst diese Tradition zu vergegenwärtigen, um das Lied mit Gewinn singen zu können. Doch dies ist auch gar nicht zwingend notwendig. Baum und Traum erschließen sich als universale Bilder fast von selbst, auch dem heutigen Menschen. Der Baum, die größte Pflanze, bietet Schutz, ist beeindruckend. Gerade der moderne Mensch, der wieder für die Natur sensibilisiert ist, kann anhand des Bildes vom Baum dessen Kraft, Vitalität und Schutz nachvollziehen. Ähnliches gilt sicher vom Traum. Träume als Einfallstore von Bereichen, die uns bewußt nicht zu-

19 Kretzenbacher, Mariens Traum, 15. Vgl. auch Kretzenbacher, Südost-Überlieferungen, 37–40, 57f. Eine Abbildung findet sich dort als Abb. 2 im Anhang.

20 Vgl. Hain, 218. Der Text des Dialoges dort zitiert nach einer Auflage von 1647, 219.

21 Kretzenbacher, Südost-Überlieferungen.

gänglich sind, haben auch für den „nachrationalistischen" Menschen heute Aussagekraft. Das Lied kann also bedeutungsvoll bleiben, auch ohne genaue Kenntnis der legendarischen Hintergründe.

2.2 Textstruktur: Die Mutter, der Sohn und wir

2.2.3 Textschichten

Wer meint, bei einem geistlichen Volkslied „nur" auf schlichte, sozusagen parataktische Frömmigkeit stoßen zu können, wird sich bei diesem Lied nicht nur aufgrund des reichen Motivhintergrundes eines besseren belehren lassen müssen. Vor allem in den ersten drei Strophen zeigt sich ein komplexes Geflecht von zeitlichen Strukturen, das ausgehend von Maria einen heilsgeschichtlichen Bogen spannt über das Christusereignis hin zum Sänger des Liedes. Bemerkenswert ist dies auch deshalb, weil die Sprache dennoch einfach und klar bleibt.

Bei einem Volkslied gibt es kein „Original" und „Varianten", sondern eben verschiedene Fassungen, die gewissermaßen alle Originale sind.[22] Wie gezeigt werden wird, stellen bei *Und unser lieben Frauen* die drei ersten Strophen eine Art Kernbestand des Liedes dar, in dem das Thema und die Idee angelegt sind. Davon ausgehend ist es gut vorstellbar, daß sich um diesen Kern zwei Schichten der Erweiterung gelegt haben (Str. 4–9; Str. 6–16). Die Str. 1–3 sollen hier im Mittelpunkt stehen.

Die erste Strophe fällt durch das initiale „und" mit der Tür ins Haus. Unvermittelt wird der Sänger in 1,1–2 in eine Situation in der Vergangenheit geworfen: „unser lieben Frauen" - für den Sänger früherer Jahrhunderte sofort identifizierbar als Maria - träumt, ja, „es traumet ihr Traum". Fast beschwörend wird man durch diesen Pleonasmus in die dichte Situation hineingenommen. Heutigen Ohren wird dies umso mehr so ergehen, als das Verb träumen mit persönlichem Subjekt gebraucht wird und ein Traum heute nicht als passiv-rezeptives Ereignis erscheint. Die Wendung im Lied jedoch deutet darauf hin, daß dieser Traum nicht nur einfach aus Maria kommt, sondern ihr geschieht, also einen anderen Grund hat.

Die Z. 1,2–2,3 widmen sich nun der näheren inhaltlichen Bestimmung des Traumes, signalisiert durch das „wie"(1,3) und das erneut aufgreifende „und wie"(2,1). Der Gebrauch des konjunktivischen „wär" sowie „gäb" kann dabei doppelt verstanden werden:[23] Zum einen als indirekte Rede, die den Inhalt des Traumes wiedergibt, zum anderen als Irrealis, der die Unwirklichkeit des Traumes andeutet.

---

[22] Vgl. dazu die Überlegungen von Suppan, Original und Singmanier, 18f, der vom Volkslied sagt: „Es gibt also von einem Lied unzählige Originale", ebd., 19.

[23] Der **Zupfgeigenhansel** und mit ihm das *Graue *Singeschiff* und das **Kirchenlied* haben hier „gab" und „war". Ob diese Fassung historisch so belegt ist, war nicht zu klären. Denkbar ist dies durchaus, wobei diese Formen dann nicht als Präteritum verstanden werden müssen, sondern als süddeutsche Form, die keinen Umlaut aufweist. Ein analoger Fall, in dem das Süddeutsche den Umlaut meidet, ist „traumet" statt „träumet",vgl. auch Anm. 24.

Der Traum beinhaltet zwei Teile. Zunächst beschreibt er das Wachsen eine Baumes unter dem Herzen Marias, zum anderen dessen Auswirkung: die schattenspendende Wirkung. Wer sich schon einmal im Schatten eines Baumes aufgehalten hat, wird die positive Konnotation dieser Wirkung nachvollziehen können: In großer Hitze sind angenehme Kühlung und Schutz vor Hitze, bei Regen ein trockenes Plätzchen in der Reichweite des Baumes zu finden. Dieser Baum hier ist riesig, denn er hat eine schier endlose Reichweite, er gibt überall Schatten.

Einen neuen Abschnitt stellen die Z. 2,3–3,4 dar. Ohne zunächst das Ende der Traumbeschreibung zu signalisieren, bringt Z. 2,3 einen langen Namen, der erst durch die Z. 2,4 in Zusammenhang zu dem Traum gestellt wird, denn er ist der Name des Baumes. Auch anhand des Indikativs „ist"(2,4) wird deutlich, daß die Traumbeschreibung zu Ende ist. Formal ähnlich wie zwischen Str. 1 und Str. 2 wird das „Kyrieleison" überbrückt durch den anknüpfenden Einsatz der neuen Strophe. Hier nun wird der Name, also die komplette Z. 2,3 in 3,1 erneut präsentiert. War in Str. 2 der Name genannt worden, so wird er nun „be-deutet", seine Bedeutung erklärt. Diese Bedeutung verbindet die drei Zeitdimensionen: das geschichtliche Damals der Traumsituation Marias, die Ebene des „Wahrtraumes", der für Maria noch Zukunft, für den Sänger des Liedes - und für alle Christen - Geschichte ist, nämlich Heilsgeschichte, mit der Gegenwart der Gläubigen. Dieser Herr Jesus Christ der Heiland „ist" - also gegenwärtig oder gar überzeitlich - nämlich „unser" - also der Singenden - Heil und Trost. Somit wenden diese Zeilen das ganze Lied von einem Erzähl- in ein Bekenntnislied. Weiterhin begründen die Z. 3,3–4 diese Aussage: dies ist geschehen durch seine Marter.

> Bemerkenswerterweise wird auf den Zusammenhang Baum - Kreuz nicht eingegangen. Hier träumt Maria nicht, daß ein als das Kreuz zu deutender Baum unter ihrem Herzen wächst, sondern dieser Baum ist Christus selber! Schon in der typologischen oder allegorischen Auslegung der Kirchenväter wurde Christus, aber v.a. das Kreuz Christi als der neue, eigentliche Baum des Lebens gesehen,[24] und dieser Zusammenhang ist durch das Mittelalter hindurch erhalten geblieben. Obwohl nun hier nicht dezidiert vom Kreuz gesprochen wird, ist zu vermuten, daß diese Bezüge dem spätmittelalterlichen Sänger präsent sind. Zum einen findet sich diese Deutung im Milieu der Legende vom Marientraum: Sie ist z.B. in der bildlichen Umsetzung von Crocifissi belegt und dadurch gegeben, daß Maria in der Version des „Geistlichen Schildes" ja die Passion ihres Sohnes träumt. Andererseits verweist im Lied selbst die „bitter Marter" ebenso auf die Passion und damit auch auf das Kreuz. So besteht eine „produktive Lücke", die der Sänger oder Hörer des Liedes selbst füllen kann.

Drehte sich das Bekenntnis bisher um den Namen, so faßt die letzte Zeile der Str. 3 dies inhaltlich zusammen: Er hat uns erlöst. „Er hat" durch eine damalige Tat mit überzeitlicher Bedeutung „uns erlöst", also die jeweils heutigen Sänger. Am Ende der Strophen steht die Erlösung.

---

24 Vgl. Art. Baum in: RAC 2, hier Sp. 25.

Diese Klimax in der Str. 3 ist so abschließend, daß m.E. auch die Str. 4–9 eine Erweiterung des Liedes sind und nicht zum ursprünglichen Bestand gehören. Dafür sprechen v.a. drei Gründe: (1) Die theologische Dichte und Höhe der Str. 1-3 wird nicht erreicht in den anderen Strophen. Str. 4–6 haben stärker erzählerischen Charakter, wenn auch Str. 4 und 5 einen Bogen schlagen von Maria zur Gegenwart der Singenden. (2) Stilistisch sind die Strophenanfänge mit „und" analog zu den Str. 1 und 2 gebaut und wollen so an diese anknüpfen, doch haben diese Anfänge hier nur additiven Charakter, während dies in Str. 1 und 2 wie gesehen inhaltlich begründet ist. Auch in der Struktur ähnlich, doch nun mit schematischer Wirkung fällt auf, daß mehrfach die erste Liedhälfte Ereignisse aus dem Leben Marias erzählt und diese in der zweiten Hälfte auf die Gegenwart der Sänger bezieht. (3) Schließlich sind die Reime - nämlich der Z. 1 und 3 - in den Str. 1-3 stilistisch stimmiger.[25]

Dennoch sind die weiteren Strophen durchaus eine logische Fortschreibung der Str. 1–3. Setzt man den Traum Mariens in Verbindung mit der Empfängnis, so führt die Str. 4 nun fort mit der Schwangerschaft Marias, woran sich in Str. 5 die Geburt und gemäß dem liturgischen Verlauf nach Weihnachten in Str. 6 die Anbetung anschließt. Str. 7 faßt summarisch den weiteren Lebensweg Marias mit ihrem Sohn zusammen und betont, daß dies ein gelungenes Leben war, weshalb Gott sie belohnt. Hier fällt das Lied erneut aus der geschichtlichen Erzählung heraus. Wie aus der Fortsetzung in den Str. 8 und 9 - v.a. 9,2 - deutlich wird, handelt es sich hier um ein Gespräch zwischen Christus und Maria, das man sich wohl im Himmel vorzustellen hat. In einem fingierten Dialog wird somit eine Begründung für die Rolle Marias als Fürsprecherin geliefert, denn sie erbittet sich von ihrem erhöhten Sohn „die arme Christenheit" und dieser verspricht ihr jeden Sünder, den sie sich erbittet. Die weiteren Strophen des Liedes schließen daran konsequent an, wenn sie die Situation der Pilger beschreiben, die auf Marienwallfahrt sind und die aus dieser Zusage an Maria Zuversicht schöpfen.[26]

2.2.1 Textgeschichte im 20. Jahrhundert

Bei der Neuentdeckung des Liedes im **Zupfgeigenhansel* blieben zunächst noch neun Strophen erhalten.[27] Erstmals wird das Lied hier in einen dezidiert adventlichen Kontext gestellt. Es steht vor *Es ist ein Ros entsprungen,*

---

[25] Der Reim in Str. 3 „Trost" und „erlöst" erklärte sich dadurch, daß hier vielleicht in der mündlichen Überlieferung „erlost" stand, wiederum als ältere Form. In den Str. 7 und 8 ist „schon" im Sinne von „schön" oder „gut" zu lesen.

[26] Möglicherweise spielt hier eine Rolle, daß Beuttners Buch im Rahmen der Rekatholisierung eingesetzt wurde, denn hier wird eine theologisch korrekte Beschreibung der Rolle Marias als Fürsprecherin geliefert, ihr wird also der richtige Platz in der Frömmigkeit der Pilger zugewiesen.

[27] Als Quelle wird „Beuttner 1602" angegeben, obwohl damals ja noch kein Exemplar dieser Ausgabe vorlag. Die Textfassung ist nicht modernisiert, was sicher damit zusammenhängt, daß die Zeit ja gerade das „alte" in den Liedern suchte. Sie entspricht aber keineswegs „Beuttner 1602"! Sollte den Redaktoren eine spätere Auflage des Beuttner zur Verfügung gestanden haben oder wurde hier in den Text eingegriffen mit Rücksicht darauf, daß es „alt" wirken soll? Die Unterschiede gegenüber der Fassung von 1602 und der bei Wackernagel präsentierten Fassung von 1660 sind recht plausibel, wie etwa die oben schon genannten Formen „war" und „gab" statt „wär" und „gäb". Die - allerdings inkonsequente - Kleinschreibung vieler Substantive wirkt künstlich, wenn etwa sogar „Heiland" in Str. 3 klein geschrieben wird. Ob das so belegt ist im 17. Jahrhundert?

was inhaltlich insofern gut anschließt, als beide Lieder - wie oben schon gesehen - einen gemeinsamen biblischen Bezugspunkt haben und es sich hier um ein ebenfalls marianisch geprägtes Lied mit Pflanzenmotivik handelt, das dann den weihnachtlichen Aspekt anschließt. In den weiteren Veröffentlichungen verbleibt *Und unser lieben Frauen* im Advent. Rezeptionsgeschichtlich prägend ist hier die Übernahme in das *Graue *Singeschiff* und in identischer Fassung in das **Kirchenlied*.[28]

Eines der häufigsten Schicksale, das Lieder im 19. und 20. Jahrhundert ereilte, ist die Kürzung. Auch *Und unser lieben Frauen* blieb davon nicht verschont. Auf den ersten Blick mag dies bei dem festgestellten additiven Charakter der Str. 4–9 nicht ganz so gravierend sein. Doch in diesem Falle ist entscheidend, daß für das *Graue *Singeschiff* eine Kürzung auf drei Strophen vorgenommen wurde, aber - ganz auf der Linie der Rezeption als Adventslied - nicht die Str. 1–3, sondern 1, 2, und 4 ausgewählt wurden. Diese Auswahl freilich ist sehr oberflächlich. Mit dem Streichen der Str. 3, die in dem Adventslied wohl als störend empfunden wurde mit ihrem Hinweis auf die Marter Jesu Christi, ist dem Lied freilich das Herz genommen worden. Der große Bogen, der über das gesamte Leben und Sterben Jesu Christi geschlagen wurde, ist durchtrennt. Damit wirkt die Fröhlichkeit der nun letzten Strophe weniger tiefgründig: die Bedeutung dieses nur genannten Jesus Christus, nämlich daß er uns erlöst hat, wurde gestrichen. Die Sänger freuen sich mit Maria über das Kind, das sie erwartet - wie man sich eben mit einer werdenden Mutter freut - und von dem sie einen seltsamen Traum träumt, dessen Bedeutung aber gar nicht erschlossen wird!

Eine Kürzung, die noch recht sinnvoll erscheint, nämlich auf die Str. 1–3, ist in Vespers Anthologie zu finden und ist auch Grundlage der Vertonung Regers. Hier steht die Erlösung am Ende des Liedes, keine wenig verortete Fröhlichkeit. Doch die faktische Macht der Rezeption des **Kirchenlied* stand dieser angemesseneren Fassung entgegen.

Erfreulich ist, daß neuerdings auf die zentralen Str. 1–3 zurückgegriffen wird. So bietet das „Morgenlob-Abendlob“ von 2000 diese drei Strophen.[29] Mit dieser Auswahl ist das Lied trotz der Präsentation im adventlichen Kontext nicht (mehr) auf diesen beschränkt, in dem es ursprünglich auch nicht stand.

---

28 „Nach Beuttners Gesangbuch 1602“ heißt es hier nun ehrlicherweise. Hier wurden kleine orthographische Modernisierungen vorgenommen, nun heißt es „unsrer lieben Frauen“.

29 Morgenlob-Abendlob, Nr. 53, 104. Der dort Nr. 242, 404 abgedruckte Satz von Heinzmartin Lonquich hat allerdings wieder die drei Strophen des **Kirchenlied*! Ob das nur nicht bemerkt wurde?

3 Melodie[30]

Sieht man von der Vertonung Regers ab, so ist die bei Beuttner belegte Melodie unbestritten **die** Liedmelodie.

Durch seinen Ursprung als geistliches Volkslied, lassen sich auch die Zusammenhänge der Melodie nicht bis ins letzte aufklären; das Lied ist quasi anfangslos. Verwandt ist die Melodie von *Und unser lieben Frauen* allerdings mit der von *Es flog ein Täublein weise,*[31] sie könnte als eine kürzere Fassung dieser Melodie angesehen werden. Der Nähe der Melodien entspricht eine thematische Nähe der Texte, die beide von der Verkündigung an Maria handeln.

Bei dem vorliegenden Lied handelt es sich um eine Leise[32]. Es gibt deutliche Hinweise, daß der Text von Anfang an zu dieser Melodie gehörte. So wird geschickt überbrückt, daß der Textfluß durch den Kyrie-Ruf immer wieder unterbrochen wird. Bei den neu einsetzenden Strophen wäre dies weniger problematisch. Doch v.a. an der inhaltlich wichtigen Nahtstelle zwischen der Str. 2 und 3 wird dies sehr gut aufgefangen durch die Wiederholung der Z. 2,3 als Z. 3,1. Besonders kunstvoll ist dies, weil es sich funktional gesehen eben nicht um eine einfache Wiederholung, sondern um eine Fortführung ins Bekenntnis handelt, wie oben schon ausgeführt.

Die Melodie ist sehr einfach gehalten, sie besteht fast nur aus Tonschritten; lediglich zwei Quartsprünge und sechs Terzen sind zu finden. Der Verlauf der Melodie kann als Pendeln um den Grundton g' beschrieben werden. Dabei entfernen sich die Liedzeilen zunächst von diesem Zentrum: Die erste Liedzeile kadenziert nach unten, die zweite nach oben. Die dritte Liedzeile weicht nach oben aus und bewegt sich um h', während die vierte als die mit der größten Bewegung sich wieder g' annähert und dort einpendelt.

Etwas fremd wirkt der abschließende Kyrie-Ruf. Für heutige Ohren klingt das Lied nach Dur, das „Kyrie" zerstört diesen Eindruck und klingt nach Moll.[33] Historisch gesehen handelt es sich wohl um einen Kirchenton.[34] In der ersten Hälfte des 17. Jahrhunderts besteht allerdings eine gewisse Offenheit zwischen kirchentonaler und Dur-Moll-tonaler Prägung.[35]

---

30 Um im Folgenden die Orientierung zu erleichtern, beziehe ich mich in den Noten auf die oben gedruckte Fassung und nicht auf die originale Tonhöhe bei Beuttner.

31 Vgl. Meister, Singweisen, Nr.10, 157–159.

32 Vgl. zu Leisen Lipphardt, Leisen.

33 Musikhistorisch unhaltbar, doch spirituell für heutige Ohren reizvoll erscheint mir hier die Überlegung, daß der Charakter der Melodie somit durchgängig freudig in Dur „gehört" wird und erst das „Kyrie" einen „traurigen" Akzent setzt. Entspricht dies nicht auch den inhaltlichen Polen der Erlösung und der „bittern Marter"?

34 Daß die Melodieführung plagalen Charakter hat – die Melodie pendelt um g' – und das Kyrie auf e' und nicht auf g' endet, läßt an plagales Äolisch denken.

35 Bemerkenswert ist, daß schon gut zwei Jahrzehnte später in Corners Gesangbuch, der die Melodie zu dem nun selbständigen zweiten Teil *Zu Ehren unser Frauen* präsentiert, der letzte Ton geändert ist und das Lied nicht mit e', sondern g' schließt und somit ein

Vergleicht man die Fassung bei Beuttner mit der aus dem **Kirchenlied,* so fallen zwei Punkte auf: die Textverteilung der letzten Liedzeile und die rhythmische Änderung des Kyrie-Rufes. Im **Kirchenlied* lauten die betreffenden Stellen:

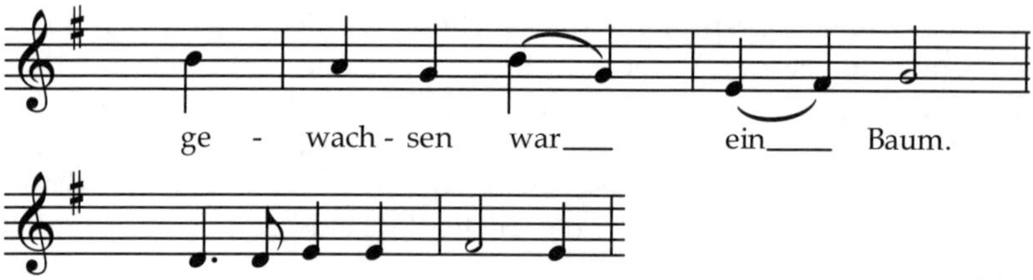

Die Textverteilung der oberen Zeile geht wohl auf einen Fehler zurück, der sich beim Abdruck der Melodie bei Bäumker findet und der sich bis heute auswirkt, obwohl er deutlich eine Verschlechterung darstellt: „wär" und „ein" werden je zwei Noten zugeordnet.[36] In Beuttners Fassung von 1602 dagegen ist allein das Wort „Baum" nicht syllabisch, was inhaltlich eine Berechtigung hat, denn der Baum steht im Zentrum des Liedes! Obwohl somit das Wort „ein" in moderner Notation auf den Taktschwerpunkt zu stehen kommt, bleibt diese Silbenverteilung in den Abdrucken des 20. Jahrhunderts i.d.R. erhalten.[37]
Zum anderen störte manche Herausgeber die zusammengezogene Form „Kyrieleison".[38] Behalf sich der **Zupfgeigenhansel* noch durch ein „Ky-rie e-lei-son", so wurde für das *Graue *Singeschiff* in den Notenbestand phantasievoll eingegriffen, um ein „Ky-ri-e e-lei-son" unterzubringen. Das **Kirchenlied* wiederum übernimmt diese Fassung.
Erfreulich ist in diesem Zusammenhang, daß in neueren Veröffentlichungen diese Fehler wenigstens z.T. ausgemerzt wurden.[39]

Schritt zum Dur-Lied getan ist, vgl. Meister, Singweisen, 159. Hörten etwa auch die Zeitgenossen Corners hier schon „lieber" Dur?

36 Vgl. Bäumker II, 141, Nr. 83. Vermutlich hat sich der Fehler erst bei Bäumker eingeschlichen, denn Bäumker bezieht sich wie auch Meister auf die Ausgabe Beuttner 1660. Meisters Silbenverteilung entspricht aber der in Beuttner 1602 und weicht von der Bäumkers ab. Vom Beuttnerschen Gesangbuch von 1602 war damals kein Exemplar bekannt, vgl. Lipphardt in *Catholisch Gesang-Buch* (Faksimile), 24*ff. Ob die Silbenverteilung bei Bäumker freilich Beuttner 1660 entspricht, konnte nicht festgestellt werden, da das laut RISM einzige Exemplar aus Breslau verloren ist, vgl. DKL 1660[06].

37 Als Quelle wird aber stets „Beuttner 1602" angegeben, also ungeprüft übernommen.

38 Diese Zusammenziehung hat schon früher zu Fehlern geführt. Bei Meister, Singweisen, 159, besteht dieser darin, daß anstatt der Kurzfassung „Kyrieleison" der Text „Kyrie eleison" unterlegt wurde. Die weitere Silbe führte nun dazu, daß dem Wort „Baum" nicht drei Noten unterlegt wurden, sondern nur zwei und das Kyrie eine Note früher beginnt. Offensichtlich handelt es sich hier um ein Versehen, da dies musikalisch völlig unsinnig ist. Dies wurde zwar nicht weitertransportiert, sorgte aber bei späteren Herausgaben für Unklarheiten bei der Textierung der Kyrie-Rufes.

39 In der Fassung bei Weber-Kellermann, 208f, Nr. 100 wurde die Silbenverteilung von „war ein Baum" korrigiert, das Kyrie folgt aber dem *Grauen *Singeschiff* und damit der Fassung des **Kirchenliedes*. Eine jüngst für den liturgischen Gebrauch vorgeschlagene Fassung hat die Kyrie-Melodie in der Form Beuttners, hier wurden jedoch die Ligaturen leider nicht korrigiert, Morgenlob–Abendlob von 2000, Nr. 53, 104. Trotz dieser

3 „Sich vertaut machen"

Und unser lieben Frauen erschließt sich leicht, denn die sprachlich-stilistischen Mittel sind einfach und klar. Die Grundidee des Liedes ist in den Str. 1–3 zu finden und schlägt mit bewundernswert einfachen Mitteln einen heilsgeschichtlichen Bogen über das ganze Leben Jesu. Dies kann eine gute Anregung sein, über den Zusammenhang von Beginn und Ende des Lebens Jesu nachzusinnen und einen Blick auf das Ganze zu nehmen.

Doch hat das Lied auch Befremdliches. Das Motivfeld des Liedes ist spätmittelalterlich und heute im Ausdruck des Glaubens wenig geläufig. Da ist v.a. das Bild des aus dem Herzen wachsenden Baumes. Befremdliches ist zunächst widerständig, macht aber auch neugierig. Läßt man sich von dem Bild anregen, so zeigt sich, daß es doch aus sich sprechen kann: Ein Baum ist kraftvoll, vital, bietet Schutz, ja er ist nur positiv besetzt, Maria spürt, wie aus ihrem Leib etwas Großes hervorgeht, wie ein Kind wächst. Das Baumbild kann also eine Bereicherung für die Spiritualität sein.

Ob die Nähe zwischen dem Baum und dem Kreuz Heutige noch so selbstverständlich assoziieren, ist zu bezweifeln. Daß schon im **Kirchenlied* die Str. 3 ausfiel, spricht eher für eine Wahrnehmung als reines Erzähllied: Der Gedanke an das Ende Jesu wird als unpassend empfunden, das Lied verbleibt im Advent. Aber die tiefere Dimension des Liedes bleibt dann verschlossen.

Einen liturgischen Ort kann das Lied im Advent haben, mit einer Andeutung zur Passion und zum Kreuz hin. Reizvoll ist auch das Datum des 25. März. Hier feiert die Kirche das Fest der Verkündigung des Herrn, und dieses Datum liegt meist in der Nähe zur Passion und zu Ostern. So überlagern sich an diesem Tag[40] wie auch im Lied zwei Aspekte.
Sowohl im Advent als auch in der Zeit um den 25. März wäre ein Gottesdienst zu diesem Lied mit folgenden Elementen denkbar: Das Lied sollte auf jeden Fall von der Gemeinde in der obigen Melodiefassung von Beuttner, zumindest mit den Str. 1–3 gesungen werden. Auszuwählende Lesungen können auf das Baummotiv zurückgreifend etwa der Genesis, Jesaja oder auch der Offenbarung entnommen werden. Weiterhin bietet sich eine Liedpredigt an, die auch die über das Erzählende hinausgehende, tiefere Dimension des Liedes erschließen kann. Im Anschluß daran könnte der Regersatz von einem Chor als Meditationsgesang vorgestellt werden.

Und unser lieben Frauen wird in Zukunft – zu Recht – keine Renaissance als unerläßliches, weit verbreitetes Gemeindelied beschieden sein. Es ist als geistliches Lied ein Liebhaberstück. Das aber setzt voraus, daß man sich mit ihm vertraut gemacht hat. Man muß es lieb gewonnen haben, damit es einem etwas bedeuten kann.

Unterschiede und obwohl sich auch hier nur drei Str. finden, lautet der Nachweis unbefangen: T und M: Beuttner 1602.

40 Typologisch reizvoll ist hier, daß Dionisus Exiguus auch die Auferstehung Christi auf den 25. März datiert, vgl. Strobel, Osterkalender, 152.

Literatur

DKL = Das deutsche Kirchenlied. Verzeichnis der Drucke von den Anfängen bis 1800. Bearbeitet von Konrad Ameln, Markus Jenny und Walther Lipphardt. Band I. Teil I: Verzeichnis der Drucke (= RISM B/VIII/1). Kassel u.a. 1975.

LCI = Lexikon der christlichen Ikonographie. Freiburg 1968-75. Reprint 1990.

LQF = Liturgiegeschichtliche Quellen und Forschungen. Münster 1928ff.

MuA = Musik und Altar.

RAC = Reallexikon für Antike und Christentum. Stuttgart 1985ff.

Amt für Kirchenmusik im Ordinariat des Erzbistums München und Freising/Fakultät für Religionspädagogik und Kirchliche Bildungsarbeit der Katholischen Universität Eichstätt (Hrsg.): Morgenlob-Abendlob. Mit der Gemeinde feiern. Advent-Weihnachtszeit. Dienstebuch. Planegg 2000.

Art. Baum, in: RAC Bd. 2. Sp.1-34.

Bäumker, Wilhelm: Das katholiche deutsche Kirchenlied in seinen Singweisen von den frühesten Zeiten bis gegen Ende des siebzehnten Jahrhunderts. Auf Grund handschriftlicher und gedruckter Quellen bearbeitet von Wilhelm Bäumker. 4 Bde. Freiburg 1883-1911 (Reprint Hildesheim 1962).

Becker, Hansjakob: *Es ist ein Ros entsprungen*, in: Geistliches Wunderhorn. Große deutsche Kirchenlieder. Hrsg., vorgestellt und erläutert von Hansjakob Bekker/Ansgar Franz/Jürgen Henkys/Hermann Kurzke/Christa Reich/Alex Stock. München 2001. 135-145.

Flemming, J.: Baum, Bäume, in: LCI. Sp. 258-268.

Hain, Mathilde: „Der Traum Mariens". Ein Beitrag zu einem europäischen Thema, in: Dona Ethnologica. Beiträge zur vergleichenden Volkskunde. Hrsg. von H. Gerndt/G. R. Schroubek. München 1973 (Südosteuropäische Arbeiten 71) (FS Leopold Kretzenbacher). 218-232.

Kretzenbacher, Leopold: Mariens Traum vom Wunderbaum, in: Adeva-Mitteilungen 39 (1974). 7-16.

Kretzenbacher, Leopold: Südost-Überlieferungen zum apokryphen „Traum Mariens". München 1975 (Bayerische Akademie der Wissenschaften. Philosophisch-historische Klasse Sitzungsbericht Jg. 1975 H.1).

Lipphardt, Walter: Die mittelalterlichen Leisen, in: MuA 15 (1963). 167-173 und 16 (1964) 20-24. 74-79 und 176-181.

Meister, Karl S.: Das katholische Kirchenlied in seinen Singweisen von den frühesten Zeiten bis gegen Ende des siebzehnten Jahrhunderts. Aufgrund ältester Handschriften und gedruckter Quellen. Bd. 1. Freiburg 1862.

Reger, Max: Acht geistliche Gesänge op. 138. Hrsg. von H. Schröder. Carus-Verlag.

Speculum humanae salvationis. Vollst. Facsimile-Ausgabe des Codex Cremifanensis 243. Text- und Kommentarband von W. Neumüller. Graz 1972 (=Codices Selecti XXXII).

Strobel, August: Texte zur Geschichte des frühchristlichen Osterkalenders. Münster 1984 (LQF 64).

Suppan, Wolfgang: Die Beachtung von „Original" und „Singmanier" im deutschsprachigen Volkslied, in: Jahrbuch für Volksliedforschung 9 (1964) (FS E. Seemann). 12-30.

Suppan, Wolfgang: Das geistliche Volkslied, in: Geschichte der katholischen Kirchenmusik. Hrsg. von Karl G. Fellerer. Bd. II: Vom Tridentinum bis zur Gegenwart. Kassel 1976. 202-207.

Vesper, Will (Hrsg.): Der deutsche Psalter. Ein Jahrtausend geistlicher Dichtung. Ebenhausen 1914.

Wackernagel, Philipp: Das deutsche Kirchenlied von der ältesten Zeit bis zu Anfang des XVII. Jahrhunderts. Mit Berücksichtigung der deutschen kirchlichen Liederdichtung im weiteren Sinne und der lateinischen von Hilarius bis Georg Fabricius und Wolfgang Ammonius. 5 Bde. Leipzig 1864-77 (Reprint Hildesheim 1987).

Weber-Kellermann, Ingeborg: Das Buch der Weihnachtslieder. 151 deutsche Advents- und Weihnachtslieder. Kulturgeschichte, Noten, Texte, Bilder. Mainz 1982. 208f.

Erika Heitmeyer

Christi Mutter und *Der Dornenkranz*

1. Christi Mutter stand mit Schmerzen
bei dem Kreuz und weint' von Herzen,
als ihr lieber Sohn da hing.
Durch die Seele voller Trauer,
schneidend unter Todesschauer
jetzt das Schwert des Leidens ging.

2. Welch ein Schmerz der Auserkornen,
da sie sah den Eingebornen,
wie er mit dem Tode rang.
Angst und Jammer, Qual und Bangen,
alles Leid hielt sie umfangen,
das nur je ein Herz durchdrang.

3. Ach, für aller Menschen Schulden
sah sie ihn die Marter dulden,
Geißeln, Dornen, Spott und Hohn,
sah ihn trostlos und verlassen
an dem blutgen Kreuz erblassen,
ihren lieben einzgen Sohn.

4. Drücke deines Sohnes Wunden,
wie du selber sie empfunden,
heilge Mutter, in mein Herz.
Daß ich weiß, was ich verschuldet,
was dein Sohn für mich erduldet,
gib mir teil an deinem Schmerz.

5. Christus, laß bei meinem Sterben
mich mit deiner Mutter erben
Sieg und Preis nach letztem Streit.
Wenn der Leib dann sinkt zur Erde,
gib mir, daß ich teilhaft werde
deiner selgen Herrlichkeit.

Ruhig
1.-3. Ky - ri - e e - lei - son, Ky - ri - e e - lei - son.
Dm Am Dm Am
5
1. Der Dor - nen-kranz, der Lan - zen - stoß, das letz - te Wort: Es
2. Nun liegt auf ih - rem Schoß die Last der er - den-schwe-ren
3. Doch Gott legt sei - ne gu - te Hand sanft un - ter den be -
Dm Gm Dm Am
8
behutsam
1. ist voll - bracht. Sie lö - sen den zer - stör - ten
2. Fin - ster - nis, die die - sen Tod und al - ler
3. frei - ten Leib, macht leicht ihn in Ma - ri - as
B♭ Am B♭

1.-3. Kyrie eleison, Kyrie eleison.

1. Der Dornenkranz, der Lanzenstoß,
das letzte Wort: Es ist vollbracht.
Sie lösen den zerstörten Leib vom Holz
und legen ihn auf seiner Mutter Schoß.

2. Nun liegt auf ihrem Schoß die Last
der erdenschweren Finsternis,
die diesen Tod und aller Mütter Leid,
die alle Not und allen Schmerz umfaßt.

3. Doch Gott legt seine gute Hand
sanft unter den befreiten Leib,
macht leicht ihn in Marias Arm und Schoß
und schon der Auferstehung zugewandt.

Druckvorlage

Christi Mutter folgt in Text und Melodie dem **Gotteslob* (GL 584). *Der Dornenkranz* wurde aus **Wie spricht man mit dir* entnommen.

1 Zwei Marienlieder

Die beiden Marien- und Passionslieder, ein sehr altes und ein ganz neues, sind thematisch verwandt; sie unterscheiden sich jedoch in Sprachgestalt und Bildgehalt, in der theologischen Akzentuierung und in der musikalischen Ausformung.

Christi Mutter stand mit Schmerzen ist in einer fünfstrophigen Fassung im **Gotteslob* (GL 584) und im Schweizer **KG* (KG 765) jeweils im Heiligenkapitel unter den Marienliedern eingegliedert. Es handelt sich um die gekürzte Fassung des zehnstrophigen Liedes, das Heinrich Bone (1813–1893) in der zweiten Auflage seines Gesang- und Gebetbuchs **Cantate 1851* unter den Fastengesängen hat abdrucken lassen.[1] Das *Gotteslob* und das **KG* geben fälschlicherweise die Erstauflage, **Cantate 1847*, als Quelle an, die aber eine andersartige Fassung des Textes enthält.[2] Die Melodie entstammt dem Kölner Jesuitengesangbuch **Geistlicher Psalter* von 1638.[3]

Der Dornenkranz ist 1986 in einer Sammlung ökumenischer Marienlieder erschienen. Das Lied hat als Textdichter den evangelischen Schriftsteller und Prädikanten Kurt Rose (1908–1999) und als Komponistin der Melodie die katholische Kirchenmusikerin und Musikdidaktikerin Erna Woll (geb. 1917).[4]

Christi Mutter stand mit Schmerzen ist in einer außerordentlich reichen Text-, Buch- und Frömmigkeitsgeschichte verwurzelt. Das gilt schon für den lateinischen Ursprungstext, die zehnstrophige mittelalterliche Sequenz *Stabat mater dolorosa*. Um die heutige Fassung des Kirchenlieds würdigen zu können, ist der Rückblick auf die Geschichte von Sequenz und deutscher Übertragung angezeigt.

2 Die Sequenz *Stabat mater dolorosa*

Hartnäckig hält sich in den Quellenangaben zu *Christi Mutter* die Auskunft, die lateinische Vorlage *Stabat mater dolorosa* sei von dem Franziskanerbruder Jacopone da Todi (um 1230–1306) verfaßt worden, so noch im Neudruck des **Gotteslob* von 1996 und im **KG*. Diese Zuweisung ist seit langem widerlegt, die Verfasserfrage weiterhin offen.[5]

Für die Entstehung der lateinischen Sequenz bereits im 12. Jahrhundert sprechen vor allem zwei Argumente: Das Frömmigkeitsprofil des Textes ist geprägt von der *Compassio*, dem seelischen Mitleiden an der Passion Jesu Christi, wie es z.B. durch die Zisterzienser und durch die Chorherren von St. Victor in Paris im 12. Jahrhundert theologisch und literarisch ausgeformt wurde. Und: Formgeschichtlich gehört die streng regulierte „Stabatstrophe" der sogenannten „Zweiten Epoche" der Sequenzendichtung an, die durch den Augustiner-Chorherrn Adam von St. Victor (1110–1192) in Paris begründet wurde.[6]

Die schriftliche Überlieferung der Sequenz ist erst seit dem Anfang des 14. Jahrhunderts nachweisbar. Als liturgischer Gesang ist sie in Missalien und Choralbüchern notiert, als außerliturgisches Lesegebet, nicht selten mit Ablaßversprechen, in lateinischen und volkssprachlichen Gebet- und Stun-

---

1 **Cantate 1851*, Nr.163 (lateinisch), Nr. 164 (deutsch).
2 **Cantate 1847*, Nr.91 (deutsch), Nr. 398 (lateinisch).
3 Abdruck der Melodie von 1638 in: Bäumker I, 476.
4 **Wie spricht man mit dir*, 20.
5 Vgl. Praßl, *Stabat mater dolorosa*, Sp.908f.
6 Vgl. Kraß, *Stabat mater dolorosa*, 139–142. 82–84.

denbüchern. Diese unterschiedlichen Gebrauchszuweisungen je nach Buchtyp setzen sich in der Drucküberlieferung seit 1483 fort.[7]

Die Sequenz fand 1727 Aufnahme in das *Missale Romanum*, als Papst Benedikt XIII. (1724–1730) das regional schon dreihundert Jahre bekannte Fest der (sieben) Schmerzen Mariens für die ganze lateinische Kirche dekretierte.[8] Nach der Liturgiereform des Zweiten Vatikanischen Konzils (1962–1965) ist der 15. September dem Gedächtnis der Schmerzen Mariens gewidmet; das Meßformular sieht die Einfügung der Sequenz vor dem Ruf vor dem Evangelium nur fakultativ vor oder gar nur in einer sinnverengenden Kurzform.[9]

3 Das Kirchenlied *Christi Mutter stand mit Schmerzen*

Als Kirchenlied tritt das *Stabat mater* mit seinen deutschen Übertragungen verzögert in Erscheinung. Die katholischen Gesangbücher des 16. Jahrhunderts enthalten weder eine lateinische noch eine deutsche Fassung. Erstmalig im gegenreformatorischen Gesangbuch **Andernach 1608* findet sich unter den Fastengesängen die lateinische Sequenz in 20 Halbstrophen, denen jeweils eine deutsche Fassung beigegeben ist. Zu der gemeinsamen Melodie bietet sich ein lateinisch-deutscher Wechselgesang von Vorsängern und Gemeinde an.[10]

Nach **Andernach 1608* enthalten zahlreiche katholische Gesangbücher eine lateinische und/oder deutsche Version des Gesangs in verschiedenen Varianten von Text und Melodie, z.B. **Bamberg 1628, *Mainz 1661, *Münster 1677, *Paderborn 1726,* um nur einige wenige einflußreiche Bücher zu nennen.[11] Auch in den Gesang- und Gebetbüchern von Bruderschaften und Sodalitäten, vor allem im 19. Jahrhundert, ist das Lied häufig zu finden.[12] Das reiche Vorkommen setzt sich fort bis in das 20. Jahrhundert, bestätigt und gefördert durch die Aufnahme der Übertragung von Heinrich Bone als Nr. 2 in die Sammlung der ersten 23 Einheitslieder der deutschen Bistümer von 1916.[13]

In den katholischen Gesangbüchern seit **Andernach 1608* setzt sich in auffälliger Weise eine marianisch pointierte Textüberlieferung durch, die wohl dem unbekannten lateinischen Ersttext nahesteht und vorwiegend im romanischen Raum verbreitet war. Eine etwas jüngere Überlieferung, ebenfalls aus dem 14. Jahrhundert, ist christologisch pointiert und vorwiegend im deutschsprachigen Raum in Missalien und Choralbüchern ebenso wie in

---

7 Vgl. Kraß, *Stabat mater dolorosa*, 43–46. Zur Entstehung der Sequenz als Vokalgattung aus der Textunterlegung des Halleluja der Meßfeier vgl. Berger, Handlexikon, 471f. Vgl. auch Anm. 35.

8 Vgl. Haberl, *Stabat mater*, 34.

9 Schott-Meßbuch für die Wochentage, 1330f. Vgl. Anm. 31.

10 Härting, Andernacher Gesangbuch, 163–168.

11 Bäumker I, 475f.

12 Bäumker IV, 223–225.

13 Vgl. z.B. Anhang zum Diözesangesangbuch *„*Sursum corda!*", Paderborn 1916, 4–6.

Gebet- und Stundenbüchern anzutreffen. Wichtigstes Unterscheidungsmerkmal ist die Schlußstrophe, die zehnte Strophe der Sequenz, speziell deren erste Halbstrophe.

Diese Schlußstrophe setzt in der marianischen Version das Gebet an Maria fort, das ab der fünften Strophe den Text funktionalisiert. In der christologischen Version enthält die Schlußstrophe eine neu einsetzende finale Heilsbitte an Christus.[14]

Getreu der Gesangbuchtradition präsentiert auch Heinrich Bone in seinem **Cantate 1851* die marianische lateinische Schlußstrophe zu seiner eigenständigen deutschen Übertragung. Die Schlußbitte an Maria lautet:[15]

Fac me cruce custodiri,	Mach' daß mich sein Kreuz bewache,
Morte Christi praemuniri,	Daß sein Tod mich lebend mache,
Confoveri gratia.	Mich erwärm' sein Gnadenlicht;
Quando corpus morietur,	Daß die Seele frei mög' fahren
Fac ut animae donetur	Zu den hellen Himmelsschaaren,
Paradisi gloria.	Wann mein sterbend Auge bricht.

4 Die Version von *Christi Mutter* im **Gotteslob*

Im **Gotteslob* und ebenso im **KG* ist die marianische Schlußstrophe, in der die Gottesmutter stärker als Mittlerin[16] denn als Fürsprecherin angeredet wird, durch eine christologische Version ersetzt worden. Diese Version geht auf eine deutsche Übertragung der lateinischen Sequenz zurück, die Romano Guardini (1885-1968) nach der Textfassung des tridentinischen Missale Romanum verfertigt hat.[17] Die Begründung im Werkbuch zum GL, hier sei eine „schwerfälligere" durch eine „bessere und verständlichere" Fassung ersetzt worden, ignoriert die theologische Bedeutsamkeit dieses Austausches der Schlußstrophe.[18] Die Schlußbitte lautet im *Missale Romanum* und bei Guardini:[19]

Christe, cum sit hinc exire,	Christus, laß bei meinem Sterben
Da per Matrem me venire	durch die Mutter mich erwerben
Ad palmam victoriae.	Sieg und Preis nach letztem Streit:
Quando corpus morietur,	Muß der Leib zurück zur Erde,
Fac, ut animae donetur	gib, daß meiner Seele werde
Paradisi gloria.	Paradieses Herrlichkeit.

[14] Vgl. Kraß, *Stabat mater dolorosa*, 47f. u. 60f.

[15] **Cantate 1851*, Nr. 163 (lateinisch), Nr. 164 (deutsch).

[16] Zur konfessionstypischen Auffassung von Mittlerschaft vgl. Petri, Maria in der Sicht evangelischer Christen, 387f.

[17] Guardini, Deutsches Kantual, 202–206. 222. *Missale Romanum*, 799.

[18] Werkbuch zum GL VI, 333.

[19] Guardini, Deutsches Kantual, 202–206. 222. *Missale Romanum*, 799.

Somit besteht die fünfstrophige Textfassung im **Gotteslob* aus den Str. 1, 2, 4 und 6 nach Heinrich Bone, und zwar in dieser Reihenfolge, und der Schlußstrophe nach Romano Guardini.[20] Die für die Version im **Gotteslob* ausgelassenen Strophen beinhalten Variationen der *Compassio*-Thematik; diese ist in den verbliebenen Strophen noch hinreichend präsent und kohärent.[21]

Gemäß dem Schema der mittelalterlichen „Stabatstrophe"[22] besteht jede der sechszeiligen Strophen aus zwei dreizeiligen Halbstrophen, die völlig gleich gebaut sind und als Versikel und Gegenversikel korrespondieren. Die vierhebigen Trochäen haben als Reimschema aab ccb. Somit sind Versikel und Gegenversikel durch die Reimbindung ihrer jeweils dritten Zeile verknüpft, zugleich aber separiert durch den Hebungsprall, der sich durch die Abfolge von betontem Versausgang der dritten und betontem Versanfang der vierten Zeile ergibt. Diese Doppelversikelstruktur erlaubt die Wiederholung der Melodie des Versikels im Gegenversikel.

Die gehaltliche Dimension dieser Doppelung zeigt sich beeindruckend bereits in der Eingangsstrophe von *Christi Mutter*. In der ersten Halbstrophe wird aus der Passionsszene, in der Maria bei dem Kreuz Jesu steht, zitiert (Joh 19,25), in der zweiten aus der Weissagung des Simeon an Maria (Lk 2,35). Durch die zahlreichen affektiven Ergänzungen der Trauer und des Schmerzes, die nicht biblisch sind, werden Weissagung („Schwert") und Erfüllung („bei dem Kreuz") in der *Compassio*, im Mitleiden der Schmerzensmutter, zusammengeführt („jetzt"). Damit ergibt sich das zentrale Bild des Liedes, das Leidensschwert, das die marianische *Compassio* in die Anschauung hebt.[23]

In der Doppelung der zweiten Strophe werden zwei wesentliche Merkmale der Compassio-Frömmigkeit dargestellt: In der ersten Halbstrophe erscheint das Mitleiden insofern als Christus-Begegnung,[24] als der Gekreuzigte mit dem Hoheitstitel des „Eingebornen",[25] des einziggezeugten Sohnes Gottes, bezeichnet wird (Joh 3,16) und die Schmerzensmutter mit dem christusbezogenen Titel der „Auserkornen", der Gebenedeiten unter den Frauen (Lk 1,42). In der zweiten Halbstrophe wird das Mitleiden an der Passion des Gottessohnes emotionalisiert durch die Fülle („Angst und Jammer, Qual und Bangen") und Grenzenlosigkeit („alles Leid") dieser und aller menschlichen Leiderfahrungen. In dieser Doppelung wird die erlösungsbedürftige Menschheit mit der Gottesmutter auf die Quelle des Heils

---

20 Zu den ansonsten behutsamen Textveränderungen vgl. Redaktionsbericht zum GL, 751. Für den Neudruck des Gesangbuchs 1996 wurde in Str. 3 statt „für seiner Brüder Schulden" die inklusive Formulierung „für aller Menschen Schulden" gewählt.

21 Die folgenden Ausführungen beziehen sich auf die zu Anfang abgedruckte **Gotteslob*-Fassung des Liedes.

22 Vgl. Kraß, *Stabat mater dolorosa*, 82–84.

23 Die hier vorliegende Füllung des lukanischen Schwertbildes als Bild des Mitleidens der Gottesmutter ist theologiegeschichtlich nicht unumstritten. Vgl. Schürmann, Lukasevangelium, 129f. Vgl. auch die Bildkombination von Pietà und Leidensschwert in GL 185.13.

24 Vgl. Angenendt, Religiosität im Mittelalter, 146.

25 Vgl. das Große Glaubensbekenntnis: GL 356 und EG 805.

verwiesen, das Erlösungswerk durch Jesus Christus. Die jeweiligen Sänger des Liedes werden innerlich beteiligt, indem das Leidensschwert auch ihnen gilt („das nur je ein Herz durchdrang").

Die dritte Strophe besteht aus zwei parallelen Sätzen mit dem wiederholten Prädikat „sah". Wie schon in der zweiten Strophe (Christus-Begegnung) ist auch hier ein glaubendes Sehen, eine meditative Verinnerlichung gemeint.[26] In der textlichen Binnenperspektive der Gottesmutter („sah sie ihn"), die sich den Sängern des Liedes mitteilt, werden Stationen der Passion Jesu Christi chronologisch vergegenwärtigt: Geißelung[27], Dornenkrönung, Verspottung und Verhöhnung (Joh 19,1–3). In der zweiten Halbstrophe folgen Gebetsschrei und Tod des Gottessohnes (Mt 27,46–50 u. Mk 15,34–37), der die Inkarnation („ihren lieben einzgen Sohn") und die Passion („sah sie ihn die Marter dulden") in stellvertretender Sühne („für aller Menschen Schulden") auf sich genommen hat (Joh 1,29).

Während die drei ersten Strophen des Liedes narrativ im Präteritum, dem Erzähltempus, formuliert sind, weisen die beiden letzten Strophen eine appellative Struktur mit Ich-Sprecher und Imperativen auf. Die Angerufenen sind die Gottesmutter und der Gottessohn, erstere mit dem christusbezogenen Titel „heilge Mutter" apostrophiert, letzterer mit dem Prädikat des erhöhten „Christus". Der Ich-Sprecher redet nicht individuell, sondern, der Textsorte Kirchenlied gemäß, kollektiv.

In der vierten Strophe bittet der Sprecher und mit ihm die singende Gemeinde um die Aufnahme in die Leidensgemeinschaft von Gottessohn und Gottesmutter. Die Wirkung des Leidensschwertes will er in sich selbst spüren („Drücke deines Sohnes Wunden/... in mein Herz.") Die zweite Halbstrophe hebt die Compassio-Bitte auf die Ebene eines bewußten Glaubensaktes („Daß ich weiß, was ich verschuldet"), einer Glaubensgewißheit im johanneischen Sinn (z.B. Joh 3,11f.). Die Gottesmutter ist dabei Wegweiserin zu Christus, dem sie bis unter das Kreuz gefolgt ist („gib mir teil an deinem Schmerz").

In der Schlußstrophe[28] wendet sich der kollektive Sprecher an den Christus des Glaubens, den am Kreuz Erhöhten und Verherrlichten (Joh 3,14–18)[29] In Vergegenwärtigung seines eigenen Todes („bei meinem Sterben") knüpft der Sprecher an den Glaubensakt an, den er in der Compassio vollzogen hat („mit deiner Mutter"). Auch die Sieges- und Kampftermini (Joh 16,33) nehmen Bezug auf Passion und Compassio und erinnern an das Lei-

---

[26] Zum Verhältnis von Sehen und Glauben als einem johanneischen Hauptthema vgl. z.B. Joh 9,35–41.

[27] Zur drastischen Weiterentwicklung der *Compassio* und zur Verwendung des *Stabat mater* in der europäischen Geißlerbewegung vgl. Kraß, *Stabat mater dolorosa*, 155–157. 326f.

[28] Die Korrespondenz der Halbstrophen, deren erste einen jüngeren Ersatzversikel darstellt, ist in der Schlußstrophe stärker parallel als kontrastiv gestaltet. Vgl. Guardini, Deutsches Kantual, 202–206. 222. *Missale Romanum*, 799.

[29] Zur Erhöhungs- und Verherrlichungschristologie des vierten Evangelisten vgl. Schnackenburg, Johannesevangelium, 407–411. 417–420.

densschwert („nach letztem Streit"). In Analogie zur Teilhabe der Gottesmutter an der zugesagten himmlischen Herrlichkeit („laß .../ mich mit deiner Mutter erben") bittet der Sprecher auch für sich um die Erfüllung der menschlichen Heilssehnsucht, die ewige Anschauung Gottes („deiner selgen Herrlichkeit").

Bei der Übernahme der Melodie aus dem **Geistlichen Psalter*[30] in das **Gotteslob* wurde die Notierung in halben Noten durch Viertel ersetzt, die Dreizeiligkeit der Halbstrophen verdeutlicht und die Punktierung auf den Reperkussionston a beschränkt. Die Melodie hat den Charakter gesammelten Schreitens, der durch die Syllabik, die Zuordnung nur eines Tons zu jeder Textsilbe, und die schrittweise erfolgende Auf- und Abwärtsbewegung innerhalb einer Quinte hervorgerufen wird. Ihren klagenden Ausdruck erhält die Melodie durch das mehrfache Hin und Her zwischen dem Leitton b und dem Reperkussionston a, ferner durch die Rufterz von a nach c zwischen Anfangs- und Mittelteil. Die Identität von Anfangs- und Endton f erleichtert die sequenztypische Wiederholung der ersten durch die zweite Strophenhälfte.

5 Gottesdienstliche Verwendung des Liedes *Christi Mutter*

Die Version des Liedes im **Gotteslob* ist durch die Textkürzung um fünf Strophen und durch die christologische Schlußstrophe so deutlich auf das Christusgeschehen hingeordnet, daß es sowohl als Marienlied als auch als Passionslied mit dem Blick auf die Auferstehung verwendet werden kann. Zunächst kommen Meßfeiern in Frage, deren Formulare die im Lied verarbeiteten Schriftstellen enthalten: z.B. *Commune* Marienmessen und Gedächtnis der Schmerzen Mariens (Joh 19,25–27),[31] Kreuzerhöhung (Joh 3,13–17) und 4. Fastensonntag B (Joh 3,14–21) oder Meßfeier beim Begräbnis Erwachsener (Joh 3,14–17; 17,1–5). Außerdem können Bußfeiern, passionsbezogene Bild- und Musikmeditationen[32] und thematische Wortgottesfeiern, etwa im Themenbereich von Mitleiden, Trauer und Trost, Orte der Verwendung sein. Dabei sollten alle Strophen des Liedes in einer Feier gesungen werden, weil nur in der Geschlossenheit der fünf Strophen die soteriologische und eschatologische Botschaft deutlich wird. Eine chronologische Verteilung der Strophen auf einzelne Teile einer Feier, ferner der Vortrag der Halbstrophen im Wechselgesang sind gestalterische Möglichkeiten.

---

30 Vgl. Anm. 3. Im Folgenden beziehe ich mich auf die zu Anfang gedruckte Melodiefassung.

31 Das Singen des Kirchenliedes ist dem Sprechen oder Singen der verkürzten Sequenz vorzuziehen. Vgl. Anm. 9. Geeignet wäre auch *Der Dornenkranz*. Vgl. Anm. 4.

32 Zu den zahlreichen Vertonungen der Sequenz vgl. Haberl, *Stabat mater*, 37–39.

6 Das ökumenische Marienlied *Der Dornenkranz*

Der Dornenkranz[33] vereinigt die Liedformen des Rufs und des Strophenlieds.[34] Das Lied greift die frühmittelalterliche Singepraxis auf, liturgische Gesänge (hier: „Kyrie eleison") musikalisch und textlich zu erweitern, und verweist damit, ebenso wie *Christi Mutter* (*Stabat mater*), auf die Ursprünge des liturgischen Volksgesangs.[35]

Der zweimalige Bekenntnis- und Bittruf an Christus („Kyrie eleison") bildet jeweils die Einleitung zu den drei Strophen und ist der adressierte Teil des Liedes, in dem der Sprecher und mit ihm die singende Gemeinde sich appellativ an den am Kreuz erhöhten Herrn wendet.[36]

Die formal schlichten vierzeiligen Strophen in vierhebigen Jamben haben betonte Versausgänge und jeweils einen umarmenden Reim, der die reimlosen beiden Binnenzeilen umschließt (abca) und den drängenden Jambengang an jedem Strophenschluß zur Ruhe kommen läßt. Diesem Innehalten entsprechen die syntaktischen Neueinsätze: das zeitliche „Nun" in der zweiten und das gegensätzliche „Doch" in der dritten Strophe.

Thematisch ist das Lied im Passionsgeschehen angesiedelt und zugleich österlich geprägt.[37] Sprachlich dominant ist in den Strophen, im Gegensatz zu den appellativen Einleitungen, die Darstellung, und zwar im Präsens, welches das Geschehen gegenwärtig setzt.

Die erste Strophe vergegenwärtigt zunächst Stationen der Passion nach dem Johannesevangelium (Joh 19,2.34.30.38.). Am Strophenschluß beginnt eine szenische Ausweitung („und legten ihn auf seiner Mutter Schoß"), die über die biblischen Berichte hinausgeht und dem Bildtyp der Pietà entspricht: die Gottesmutter mit dem toten Jesus Christus auf dem Schoß, eine Zusammenschau von Inkarnation und Passion.[38]

Die Mittelstrophe gibt Raum zur Reflexion über das Menschsein des Gottessohnes. Das Bild des toten Christus auf dem Schoß seiner Mutter wird transparent („die Last/der erdenschweren Finsternis") für die heilsgeschichtliche Bedeutung seiner Erniedrigung von der Inkarnation („auf ihrem Schoß") bis zur Passion („diesen Tod"). Sozusagen in einem Atemzug, syntaktisch und semantisch parallel, wird die Solidarität Christi mit der leidenden, erlösungsbedürftigen Menschheit benannt („aller Mütter Leid"; „alle Not"; „allen Schmerz"). Jeder in der singenden Gemeinde kann sich darin aufgenommen sehen.

---

33 Satz und Text des Liedes stehen zu Anfang des Beitrages.

34 Vgl. **Wie spricht man mit dir*, 4. 20.

35 Vgl. Berger, Handlexikon, 291f. 471f. 517.

36 Zum Hoheitstitel „Kyrios" vgl. z. B. den Christushymnus Phil 2,6–11. Vgl. auch Schnackenburg, Johannesevangelium, 407–411. 417–420.

37 Vgl. Anm. 36 u. 29.

38 Vgl. Satzinger, Marienklagen und Pietà, 266. Zur Betonung der Seitenwunde Christi („der Lanzenstoß"), hier durch Veränderung der Chronologie des Johannesevangeliums, vgl. ebd., 271.

Mit dem befreienden, adversativen „Doch" kehrt die dritte Strophe auf die Bildebene zurück. Die Pietà wird um ein ikonographisches Detail bereichert: die Hand Gottes, die speziell in Passionsszenen das Heilshandeln Gottvaters durch den Sohn versinnbildlicht.[39] Durch das aktive Eingreifen der Hand Gottes („Gott legt seine gute Hand"; „macht leicht") erfährt die Szene ihre österliche Prägung. Die Leidenstermini der vorausgehenden Strophen sind ersetzt durch Befreiungstermini („unter den befreiten Leib"; „macht leicht ihn"), und die Leidensgestik der Pietà ist von sich erfüllender Heilszusage verändert („in Mariens Arm und Schoß/ ... der Auferstehung zugewandt"). Die leidende Menschheit ist durch Gottes zuvorkommende Güte („seine gute Hand") nicht nur in die Passion, sondern auch in die Auferstehung Jesu Christi hineingenommen (1 Kor 15,54–58).

Der einleitende Bekenntnis- und Bittruf ist musikalisch realisiert in der kleinen Terz a–c–a, der Rufterz, und in der Synkopierung des Reperkussionstons a zur Hervorhebung des Appellativums „Kyrie". Die erste Hälfte der strophischen Komposition bewegt sich melodisch zunächst wellenförmig hin und her, greift dann plötzlich, sich sozusagen schmerzlich aufbäumend, nach oben aus von a nach c und läuft dissonant und synkopierend über das typisch dorische h zu c zurück. In abfallender kleiner Terz c–a wendet sich die Melodie abwärts und hält bei e inne (Atemzeichen). Die zweite Hälfte erinnert durch die flüssige Achtelrhythmik an ein eindringlich erklärendes Parlando, das sich bis c tief zurückzieht und dann im synkopierten Rhythmus nach oben strebt, um im dorischen h gleichsam schwebend zu münden.

Die instrumentale Begleitung, deren Harmonien sich logisch aus den Tönen der Singstimmenmelodik ergeben, könnte von der Orgel und/oder von Streichinstrumenten ausgeführt werden. Die Begleitharmonik bietet auch die Grundlage für einen Chorsatz.[40]

Der Dornenkranz hat mit *Christi Mutter* die österlich akzentuierte Passionsthematik, die Zusammenschau von Inkarnation und Passion in der Zentralfigur der leidenden Gottesmutter und das Meditationsangebot an den singenden Beter gemeinsam. Auch *Der Dornenkranz* ist Marien- und Passionslied. Theologisch bedeutsam ist die Christuszentrierung durch die Kyrie-Rufe, ebenso die soteriologische Betonung der Heilstat Gottes an der Welt in Christus und die Veranschaulichung dieser zuvorkommenden Güte Gottes in der Bildkombination der letzten Strophe.[41]

Als Orte der Verwendung sind Passions-, Buß- und Bestattungsgottesdienste denkbar, auch gottesdienstliche Bildmeditationen und Feiern im Themenbereich von Mitleiden, Trauer und Trost.[42]

---

39 Vgl. Holl, Hand Gottes, Sp. 211–214. 212f. Zur biblischen Herkunft des Bildes vgl. z.B. Ps 138,7f. u. Joh 10,29.

40 Für die Hinweise zur musikalischen Gestaltung beider Lieder gebührt Frau OStR' Sigrid Heidepriem, Enger, herzlicher Dank.

41 Vgl. Petri, Maria in der Sicht evangelischer Christen, 398.

42 Zur spirituellen Dimension von Mitleiden in heutiger Zeit vgl. Duesberg, Art. Mitleid(en), Sp. 885f.

Literatur

LThK³ = Lexikon für Theologie und Kirche. Freiburg/Basel/Rom/Wien 1993ff.

Angenendt, Arnold: Geschichte der Religiosität im Mittelalter. Darmstadt ²2000.
Berger, Rupert: Neues Pastoralliturgisches Handlexikon. Freiburg/Basel/Wien 1999.
Bäumker, Wilhelm: Das katholiche deutsche Kirchenlied in seinen Singweisen von den frühesten Zeiten bis gegen Ende des siebzehnten Jahrhunderts. Auf Grund handschriftlicher und gedruckter Quellen bearbeitet von Wilhelm Bäumker. 4 Bde. Freiburg 1883-1911 (Reprint Hildesheim 1962).
Duesberg, Hans: Art. Mitleid(en), in: Praktisches Lexikon der Spiritualität. Hrsg. von Christian Schütz. Sonderausgabe. Freiburg/Basel/Wien 1992. Sp. 883–886.
Guardini, Romano/Messerschmid, Felix (Hrsg.): Deutsches Kantual. Hilfsbuch für den gemeinschaftlichen Gottesdienst. Mainz 1931.
Haberl, Ferdinand: Stabat mater, in: Musica sacra 76. 1956. 33–39.
Härting, Michael (Hrsg.): Das Andernacher Gesangbuch (Köln 1608). Faksimiledruck. Denkmäler rheinischer Musik. Bd. 13. Düsseldorf 1970.
Holl, Oskar (u.a.): Art.: Hand Gottes, in: Lexikon der christlichen Ikonographie. 8 Bde. Sonderausgabe. Rom/Freiburg/Basel/Wien 1990. Bd. 2. Sp. 211–214.
Kraß, Andreas: Stabat mater dolorosa. Lateinische Überlieferung und volkssprachliche Übertragungen im deutschen Mittelalter. München 1998.
Missale Romanum. Editio III Juxta Typicam Vaticanam. Regensburg 1920.
Petri, Heinrich: Maria in der Sicht evangelischer Christen, in: Handbuch der Marienkunde. Hrsg. von Wolfgang Beinert/Heinrich Petri. 2 Bde. Regensburg ²1996. Bd. 1. 382–419.
Praßl, Franz Karl: Art. Stabat mater dolorosa (S.), in: LThK³ Bd. 9. Sp. 908f.
Redaktionsbericht zum Einheitsgesangbuch «Gotteslob». Hrsg. von Paul Nordhues und Alois Wagner. Paderborn 1988.
Satzinger, Georg/Ziegeler, Hans-Joachim: Marienklagen und Pietà, in: Die Passion Christi in Literatur und Kunst des Spätmittelalters. Hrsg. von Walter Haug/ Burghart Wachinger. Tübingen 1993. 241–276 (Fortuna Vitrea 12).
Schnackenburg, Rudolf: Das Johannesevangelium. Erster Teil. Herders theologischer Kommentar zum Neuen Testament IV. 1. Sonderausgabe. Freiburg/Basel/Wien 2000.
Schott-Meßbuch für die Wochentage. Teil II: 14. bis 34. Woche im Jahreskreis. Freiburg/Basel/Wien 1984.
Schürmann, Heinz: Das Lukasevangelium. Erster Teil. Herders theologischer Kommentar zum Neuen Testament III.1. Sonderausgabe. Freiburg/Basel/Wien 2000.
Werkbuch zum Gotteslob. Im Auftrag der Kommission für das Einheitsgesangbuch. Hrsg. von Josef Seuffert. 7 Bde. Freiburg/Basel/Wien 1975ff.

Christiane Schäfer

Laßt uns erfreuen herzlich sehr

1. Laßt uns erfreuen herzlich sehr / Alleluia
Maria seufzt und weint nicht mehr/ Alleluia
Verschwunden alle Nebel sein / Alleluia
Jetzt scheint der liebe Sonnenschein / Alleluia
Alleluia / Alleluia / Alleluia.

2. Wo ist O freudenreiches Herz / Alleluia
Wo jetzt? Wo ist dein Weh und Schmerz? Alleluia
Wie wohl ist dir? O Herz wie wohl? Alleluia
Jetzt Freuden / Freuden / Freuden voll? Alleluia
Alleluia / Alleluia / Alleluia.

3. Sag O Maria Jungfrau schon / Alleluia
Kommt das nit her von deinem Sohn? Alleluia
Ach ja: dein Sohn erschienen ist / Alleluia
Kein Wunder daß du fröhlich bist. Alleluia
Alleluia / Alleluia / Alleluia.

4. Aus seinen Wunden flossen her / Alleluia
Fünf Freudensee / fünf Freudenmeer / Alleluia
Und über dich die Freudengüß / Alleluia
Dir in dem Herz die Freudenflüß. Alleluia
Alleluia / Alleluia / Alleluia.

5. Dein Herz nun da in Freuden schwimmt / Alleluia
Und zu und zu die Freude nimmt. Alleluia
Ach O / vergiß doch unser nit/ Alleluia
Und teil uns auch ein Tröpflein mit. Alleluia
Alleluia / Alleluia / Alleluia.

Druckvorlage

Der abgedruckte Text und die Melodie sind dem Gesangbuch

> *Catholische KirchenGesaeng / auff die Fuernembste Fest des gantzen Jahrs / wie man dieselbe zu Coelln / vnd anderstwo / bey allen Christlichen Catholischen Lehren pflegt zu singen. Auß den Alten approbirten Authoren der Catholischen Kirchen / allen Pfarrherren / alten Leuthen vnd jungen Kindern zu gutem verfaßt. Jetzo auffs new vbersehen / so viel die Melodey als den Text belangend / corrigiert / mit new Gesaengen vermehrt / vnd in ein bestendige Form gebracht. Gedruckt zu Coelln/ Bey Peter von Brachel / vnder Guelden Wagen / Im Jahr 1625. Mit Befreyung eines ErbarnRaths/ nicht nach zu drukken* (*Köln 1625)

entnommen Die Orthographie wurde im Vergleich zur Vorlage moderat modernisiert. Außerdem wurde an den Zeilenenden jeweils ein Alleluia-Ruf weggelassen, da dieser wiederholte Alleluia-Ruf nur hier vorkommt, in allen anderen frühen Quellen aber nicht vorhanden ist. Auch in

> *Außerlesene, Catholische, Geistliche Kirchengesänge von Pfingsten, biß zum Advent […] Weihnacht Jubel, […] Fastgesänge, […] Oster Jubel […] Wallieder […] Vnd Allerley durch das gantze Jahr zu singen. Köln: Peter von Brachel 1623*[1] (*Köln 1623)

schloß, wie man Bäumkers Angaben entnehmen kann, jede Zeile mit nur einem Alleluia-Ruf. Die Melodie wurde um eine Quart nach unten transponiert, das Original hat doppelte Notenwerte, ist also in Halben notiert. Auch wurde der Sopran- durch den heute geläufigen Violinschlüssel ersetzt.

1 Herkunft des Liedes

Das Marienlied *Laßt uns erfreuen herzlich sehr* gehört zu einer Gruppe von Kirchenliedern, die seit den zwanziger Jahren des 20. Jahrhunderts wiederholt dem Jesuitenpater Friedrich Spee zugeschrieben werden. Das Lied erschien ohne Autorenangabe erstmals in dem genannten 1623 in Köln gedruckten Gesangbuch. Dieses Gesangbuch ist heute nicht mehr auffindbar und gilt seit dem Ende des 19. Jahrhunderts als verschollen. Wilhelm Bäumker hat es für seine Edition „Das katholische deutsche Kirchenlied in seinen Singweisen“ noch vorgelegen. Seinen Angaben kann man entnehmen, daß das Marienlied *Laßt uns erfreuen herzlich sehr* in diesem Buch enthalten war, welche Melodie es dort besessen und wie die erste Strophe des Liedes gelautet hat.[2]

---

1 Titel zitiert nach Keyser, Anonyme Lieder, 139.
2 Vgl. Bäumker I, 561f.

Den vollständigen Text enthält das besagte, zwei Jahre später ebenfalls in Köln erschienene Gesangbuch. Dieses Buch gehört - anders als das verlorene Gesangbuch **Köln 1623* - in eine Gesangbuchreihe, die bei Peter Brachel in Köln gedruckt worden ist. Ausgehend von der ersten Auflage aus dem Jahr 1607 wurde das Buch in den späteren Ausgaben ständig erweitert und entwickelte sich allmählich zum umfangreichsten Gesangbuch der rheinischen Jesuiten.[3]

In die Ausgabe von 1625 wurde der größte Teil der Lieder aus **Köln 1623* aufgenommen, so daß sich der Liedbestand im Vergleich zur vorhergehenden Auflage fast verdoppelte. Somit stellt **Köln 1625* für das Marienlied *Laßt uns erfreuen herzlich sehr* - ebenso wie für eine große Anzahl anderer Lieder aus **Köln 1623* - die früheste heute noch greifbare Quelle dar.

2 Der Text

Das Lied umfaßt insgesamt fünf Strophen, die formal sehr einfach gebaut sind. Die einzelnen Strophen werden von zwei Reimpaaren gebildet, die aus jambischen Vierhebern mit durchgängig männlicher Kadenz bestehen. Bei dieser Strophenform handelt es sich um eine gängige und weitverbreitete Kirchenliedstrophe, die nach dem Vorbild der lateinischen Hymnenstrophe entstanden ist.[4] In *Laßt uns erfreuen herzlich sehr* wird diese vierzeilige Strophenform am Ende jeder Verszeile um einen Alleluia-Ruf erweitert. Außerdem endet jede Strophe mit einem dreimaligen Alleluia-Ruf. Dadurch erhält das ganze Lied den Charakter eines Jubelgesanges.

Das Marienlied *Laßt uns erfreuen herzlich sehr* beschreibt, wie das Ereignis der Auferstehung Christi auf Maria gewirkt hat. Ihre Osterfreude ist das zentrale Thema des Liedes. Dabei geht es um eine zu Herzen gehende Freude, die den ganzen Menschen ergreift. Die Begriffe „Freude" und „Herz" prägen den gesamten Text. Wiederholt wird betont, daß die Freude Maria in das Herz fließt und es übervoll macht. Sie wird zu Beginn der zweiten Strophe mit „O freudenreiches Herz" angesprochen. Ihr von Freude erfülltes Herz gilt als *pars pro toto* für ihr ganzes Wesen, die Freude wird zum Zentrum ihres Daseins. Um die Fülle dieser Freude anschaulich zu machen, wird auf ein Bild aus der Natur zurückgegriffen. Die Freude wird mit Hilfe einer geschickt eingesetzten Wassermetaphorik zu einer vorstellbaren Größe. Die ganze vierte Strophe beschreibt die Freude als See, Meer, Guß und Fluß. Die Quelle, aus der diese Wasser entspringen, sind die Wunden Christi. Das aus diesen Wunden geflossene Blut hat sich für Maria in „fünf Freudensee" (4,2) und „fünf Freudenmeer" (4,2) verwandelt. Ein „Tröpflein" daraus erbitten wir uns von Maria: „Ach O / vergiß doch unser nit / und teil uns auch ein Tröpflein mit."

Das Lied macht zugleich aber auch unmißverständlich deutlich, warum die Osterfreude Marias von so unglaublicher Fülle und von einer besonde-

3 Vgl. Franz, Friedrich Spee, 151f.

4 Vgl. Frank, Strophenformen, 208.

ren Qualität ist. Ihre Freude ist nämlich - und darauf wird im Lied auf verschiedenen Ebenen hingewiesen - aus ihrer tiefempfundenen Trauer über das Leiden und den Tod ihres Sohnes Jesus Christus hervorgegangen. Auf der bildhaften Ebene werden die Wunden Christi für Maria zur Quelle der Freude. Das für Maria zunächst nicht zu verstehende Leid hat durch die Osterereignisse einen Sinn bekommen. Dieser Gedanke findet in der Eingangsstrophe seinen bildhaften Ausdruck: „Verschwunden alle Nebel sein, / jetzt scheint der liebe Sonnenschein".

Aber auch auf der Ebene der Zeitstruktur läßt sich dieser Zusammenhang nachweisen: Der Text setzt genau in dem Moment ein, in dem Maria von der wundervollen Auferstehung ihres Sohnes erfahren hat. Alle auf Marias Gemütszustand bezogenen Aussagen stehen im Präsens. Die an einigen Stellen vorkommenden präsentischen Temporaldeiktika „jetzt" und „nun da" machen deutlich, daß es sich hier um einen Neuanfang handelt. Das Vergangene wird zurückgelassen, aber es wird nicht vergessen. Darauf weist die Wendung „nicht mehr" aus Str. 1, aber auch das Imperfekt „flossen" aus Str. 4 hin. Die mit dem Vers „Aus seinen Wunden flossen her" eingeleitete Strophe verknüpft das Vergangene mit dem Gegenwärtigen. Das Leiden und der Tod Christi sind mit der Osterfreude Marias ursächlich verbunden.

Aus der Größe der Freude kann man schließen, wie groß ihr Leid gewesen sein muß. Allerdings wird das Leid Marias im Lied nicht näher beschrieben, sondern gilt als etwas, daß bereits überwunden ist. So setzt das Lied mit einem schwungvollen Appell ein. „Wir" - die Singenden - werden aufgefordert: „Laßt uns erfreuen herzlich sehr / Maria seufzt und weint nicht mehr." „Wir" sollen uns darüber freuen, daß das Leid für Maria nun vorbei ist. Das Lied beschreibt demnach die Osterereignisse ganz auf Maria bezogen und kann mit Recht als marianisches Osterlied bezeichnet werden. Da im Text an das Leid Marias erinnert, es aber zugleich als überwunden dargestellt wird, kann man das Lied *Laßt uns erfreuen herzlich sehr* gleichsam als österliches Gegenstück zu der mittelalterlichen Sequenz *Stabat mater dolorosa* ansehen. Die Sequenz schildert das bittere Leid Marias, die unter dem Kreuz stehend das qualvolle Sterben ihres Sohnes miterleben muß. Das Lied *Laßt uns erfreuen herzlich sehr* macht deutlich, daß dieses Leid durch die Auferstehung Jesu Christi in eine übergroße Freude verwandelt wird. Diese in dem Lied *Laßt uns erfreuen herzlich sehr* angedeutete Verbindung zwischen der schmerzhaften Mutter und der von Osterfreude erfüllten Jungfrau Maria ist schon früh erkannt und dem Lied als mögliche Deutung beigegeben worden. So ist das Lied auf einem barocken Gebetszettel mit der Bemerkung „ain frölich Osterliedtlein für dem Bild der schmerzhafften Mutter zu singen"[5] versehen worden.

---

5 Zitiert nach Werkbuch zum GL VI, 335.

3 Die Melodie

Das Lied kann gut an den Osterfeiertagen gesungen werden. Auch die frühen Gesangbuchquellen weisen auf eine solche Verwendung hin. So stand das Lied in **Köln 1625* unter der Rubrik „Catholische gesaeng von der Auferstehung Christi" und wurde im Verlauf seiner Wirkungsgeschichte häufig den Osterliedern zugeordnet. Auch die Alleluia-Rufe weisen auf die Feier des Osterfestes hin. Sie verleihen dem Text die Form eines österlichen Jubelgesanges.

Dieser Eindruck wird durch die Melodie verstärkt. Die Melodie ist mit den Merkmalen eines typischen Dur-Liedes versehen. Der Tonumfang erstreckt sich über eine Oktave und die Töne des Dur-Dreiklangs sowie die beiden Tetrachorde der C-Dur Tonleiter bilden die Grundlange für die melodische Struktur des Liedes.

Die Melodie beginnt mit einer Dehnung auf dem Grundton c′ und schwingt sich über die Terz hinauf zur Quinte. Diese Wendung wird von einem auf dem Oktavton c″ einsetzenden Alleluia-Ruf beantwortet, der den ersten vier Tönen der Tonleiter folgend auf die Dominante g′ herabsteigt. Diese Liedzeile wird nochmals wiederholt und läßt dadurch die Z. 1 und 2 als Einheit erscheinen, die dann im zweiten Teil weitergeführt wird. Dieser zweite Teil der Melodie setzt ohne Dehnung auf dem Oktavton c″ ein und führt über die Dreiklangstöne g′ und e′ bis zum die Wendung abschließenden Dominantton g′. Der anschließende Alleluia-Ruf setzt auf f′ ein und steigt den unteren Tönen der Tonleiter folgend bis auf den Grundton c′ ab.

Auch dieser Melodieteil wird wiederholt und bildet eine Einheit. Ihren Abschluß findet die Melodie dann in einem dreimaligen Alleluia-Ruf, der als äußere Erweiterung der zweiteiligen Melodie aufgefaßt werden kann. Es wird das Alleluia-Motiv der Zeilenenden verwendet. Dabei folgt auf die zweimalige Verwendung des Tetrachordes c″–g′ der das Lied abschließende Tetrachord f′–c′, so daß das Lied auf dem Grundton endet.

Wenn diese einfache Melodie in einem zügigen Tempo gesungen wird, erhält das Lied den Charakter eines österlichen Jubelgesanges. Dieser wird durch die Alleluia-Rufe, die melodisch als Antwortgesang gestaltet sind, noch verstärkt.[6]

4 Wirkungsgeschichte

Ausgehend von **Köln 1623* und **Köln 1625* fand das Lied 1638 Eingang in den Kölner **Geistlichen Psalter,* der bis ins 18. Jahrhundert hinein auch unter dem Namen *Psälterlein* viele Auflagen erlebte. Von Köln aus verbreitete sich das Lied im Laufe des 17. Jahrhunderts im westlichen und südlichen Teil Deutschlands. In den Gesangbüchern der katholischen Aufklärung des späten 18. und frühen 19. Jahrhunderts ist es bis auf wenige Ausnahmen nicht mehr zu finden. Lediglich das bereits dem Gedankengut der Aufklä-

---

6 Zur Analyse der Melodie vgl. Werkbuch zum GL VI, 336.

rung zugeneigte Gesangbuch **Paderborn 1765* enthält eine sprachlich bearbeitete Fassung des Liedes, die im Vergleich zum Ausgangstext vor allem durch kleinere Eingriffe in die ursprüngliche Kommunikationssituation an Dynamik und Schwung verliert. Die inhaltliche Aussage des Liedes ändert sich dadurch allerdings nicht. Auch in dieser Fassung steht die das Herz erfüllende Osterfreude Marias im Mittelpunkt.

Ganz anders verhält sich das mit einer Fassung des Liedes, die in einem stark von der Aufklärung geprägten Gesangbuch enthalten ist. Das Buch erschien 1828 in Würzburg und wurde von Sebastian Pörtner herausgegeben. In diesem Gesangbuch (**Würzburg 1828*) steht das Lied *Laßt uns erfreuen herzlich sehr* unter der Rubrik „Die Auferstehung Jesu" und ist überschrieben mit „Himmel und Erde erfreuen sich des Auferstandenen". Schon diese Überschrift weist darauf hin, daß diese Liedfassung inhaltliche Veränderungen erfahren hat. Tatsächlich haben wir es hier mit einer kompletten Neudichtung des Textes zu tun. Lediglich die beiden Eingangszeilen „Laßt uns erfreuen herzlich sehr! Alleluia / Maria seufzt und weint nicht mehr. Alleluia" (1,1f.) und die Strophenform lassen den Ursprungstext noch erahnen. Das Lied umfaßt insgesamt sieben Strophen. In der ersten Strophe wird die Freude Marias über die Auferstehung ihres Sohnes thematisiert. In der zweiten Strophe wird die Freude der Jünger und des ganzen Himmels angesprochen, bis es dann im letzten Vers heißt: „Auch ich erfreue herzlich mich" (2,4): Damit ist das Lied bei seinem eigentlichen Thema angekommen. In den folgenden Strophen wird entfaltet, welche Bedeutung die Auferstehung Christi für den Gläubigen hat. Die Gläubigen werden mit Christus auferstehen (Str. 3), die Seele wird mit dem Tod nicht verloren sein, sondern sie wird zu Gott gelangen und dort voll Freude bis in Ewigkeit leben (Str. 4). Wenn die Gläubigen Christus folgen, werden sie mit ihm ins Vaterland gelangen, denn Christus war es, „der uns den Weg gebahnt hat / und uns erkauft des Vaters Gnad" (5,3f.). Die beiden letzten Strophen sind eine Bitte an Christus: Er soll „seine Kinder" nicht verstoßen, wenn sie vor dem Gericht stehen (Str. 6) und er soll sie in seine Herrlichkeit, „die dort den Frommen ist bereit't" (7,2), aufnehmen (Str. 7). In diesem Text wird die Bedeutung der Auferstehung Jesu Christi dargestellt. Wir sind durch seinen Tod erlöst worden und dürfen darauf hoffen, mit ihm aufzuerstehen. Diese Hoffnung wird in der Fassung **Würzburg 1828* von einer für die Aufklärung charakteristischen Heilsgewißheit getragen. Solange der Mensch dem Glauben gemäß lebt, wird er auch das ewige Leben und die ewige Glückseligkeit erlangen.

Im Vergleich zur ursprünglichen Fassung wird hier der Gegenstand der Osterfreude theologisch ausgedeutet und beschrieben. Während in **Köln 1625* das Thema Auferstehung lediglich in der Wendung „Ach ja: dein Sohn erschienen ist" (3,3) konkret angesprochen wird, wird in **Würzburg 1828* der Begriff über fünf Strophen hinweg dogmatisch entfaltet.

In der Mitte des 19. Jahrhunderts wird das Lied *Laßt uns erfreuen herzlich sehr* wieder verstärkt in die Gesangbücher aufgenommen. Zunächst erscheint es in Heinrich Bones wichtigem Restaurationsgesangbuch **Cantate*

1847. Dann wird es von Joseph Mohr aufgegriffen, der es in leicht voneinander abweichenden Fassungen sowohl in das Gesangbuch **Cäcilia* von 1868 als auch in das **Psälterlein* von 1891 aufnimmt. Diese - im Sinne der katholischen Restauration - bearbeiteten Fassungen des Marienliedes *Laßt uns erfreuen herzlich sehr* sind dadurch gekennzeichnet, daß sie sich im wesentlichen am Urtext orientieren. Der Text wird nur an Stellen verändert, an denen die Sprache des 17. Jahrhunderts nicht mehr verständlich oder der sprachliche Ausdruck veraltet erscheint. Größere inhaltliche Korrekturen oder Veränderungen, die sich an anderen Liedbeispielen durchaus nachweisen lassen, sind bei diesem Lied nicht vorgenommen worden. Die in den Restaurationsgesangbüchern enthaltenen Fassungen gelangen am Ende des 19. und zu Beginn des 20. Jahrhunderts in die meisten Diözesangesangbücher, so daß das Lied, nachdem seine Tradierung im 18. Jahrhundert fast versiegt war, wieder eine breite Überlieferung erfährt.

5 Die Zuschreibung

In den zwanziger Jahren des 20. Jahrhunderts stellt der Speeforscher Josef Gotzen erstmals eine Verbindung zwischen einer Gruppe von Liedern aus **Köln 1623* und dem Jesuitenpater Friedrich Spee her. Er weist auf der Grundlage umfangreicher Untersuchungen nach, daß etwa 100 Lieder aus diesem Gesangbuch mit großer Wahrscheinlichkeit Friedrich Spee zugeschrieben werden können. Dazu gehört auch das Marienlied *Laßt uns erfreuen herzlich sehr*. So kommt es, daß ein vom Beginn seiner Geschichte anonym überliefertes Kirchenlied im 20. Jahrhundert einem bestimmten Autor zugeschrieben wird.

Diese Zuschreibungen sind von der neueren Speeforschung[7] aufgegriffen und weiter verfolgt worden. Zur Zeit arbeitet Theo van Oorschot an einer Edition der anonymen Kirchenlieder Friedrich Spees. Er macht den Versuch, aufgrund poetischer Kriterien aus einer großen Anzahl anonymer Kirchenlieder des frühen 17. Jahrhunderts, die vor allem in den Gesangbüchern der Jesuiten überliefert worden sind, diejenigen herauszufiltern, die von Spee stammen könnten. Wichtige Hinweise bietet dabei die von Spee verfaßte kurze Poetik zu seinem bedeutenden Liederzyklus **Trvtz-Nachtigal*[8]. Neben weniger äußerer Kriterien - wie z.B. Ort, Zeit und Kontext der Überlieferung - erfolgt die Zuschreibung aufgrund der poetischen Qualität der Lieder. Es soll an dieser Stelle nicht abgestritten werden, daß viele der Lieder, die Spee zugeschrieben werden, von ihm verfaßt worden sein könnten. Dennoch kann eine Methode, die auf rein textimmanente Kriterien angewiesen ist, leicht in die Irre führen.

Ein wesentliches Charakteristikum der katholischen Kirchenliedtradition ist ihre Anonymität. Der überwiegende Teil der älteren katholischen Kirchen-

---

7 Vgl. dazu Keyser, Anonyme Lieder, 138–145; van Oorschot, Geistliche Lieder, 245–263; Härting, Quellenlage, 63–71; van Oorschot, Verzeichnis, 73–81.

8 Spee, Trvtz-Nachtigal, 5f.

lieder kann – bis auf wenige Einzelfälle – keinem Autor zugeordnet werden. Nur für eine Liedgruppe von etwa 100 bis 130 Liedern aus dem frühen 17. Jahrhundert glaubt man mit großer Sicherheit Friedrich Spee als Autor annehmen zu können. Dabei wird aber ganz außer acht gelassen, daß es neben Spee auch andere begabte Kirchenlieddichter gegeben haben könnte. Solange es keine konkreten, nicht in den Liedtexten selbst begründete Hinweise für Spees Autorschaft gibt, kann man nicht mit letzter Sicherheit davon ausgehen, daß er die ihm zugeschrieben Lieder auch tatsächlich verfaßt hat.

Für die Wirkungsgeschichte des Marienliedes *Laßt uns erfreuen herzlich sehr* ist die Speezuschreibung insofern von Bedeutung, als sie sich auch in der Gesangbuchrezeption des Liedes im 20. Jahrhundert niederschlägt. 1938 wird es mit kleinen sprachlichen Veränderungen in die Sammlung **Kirchenlied* aufgenommen und erhält dort den Vermerk: „Dichtung wahrscheinlich von Spee". Die Fassung aus dem **Kirchenlied* wird 1947 zum Einheitslied und gelangt so in alle Diözesangesangbücher der Nachkriegszeit. 1975 wird diese Fassung unverändert in den Stammteil des **Gotteslob* aufgenommen. Außerdem fand sie auch Eingang in das **KG* von 1998. In allen Gesangbüchern, die nach dem **Kirchenlied* von 1938 erschienen sind, wird das Lied eindeutig dem Autor Friedrich Spee zugeschrieben. Es ist gut möglich, daß das Marienlied *Laßt uns erfreuen herzlich sehr* nicht zuletzt wegen dieser Zuschreibung bis heute in einer dem ursprünglichen Lied sehr nahe kommenden Fassung in den Gesangbüchern enthalten ist, die von den Gemeinden vor allem an Ostern gerne gesungen wird.

Literatur

Bäumker, Wilhelm: Das katholiche deutsche Kirchenlied in seinen Singweisen von den frühesten Zeiten bis gegen Ende des siebzehnten Jahrhunderts. Auf Grund handschriftlicher und gedruckter Quellen bearbeitet von Wilhelm Bäumker. 4 Bde. Freiburg 1883-1911 (Reprint Hildesheim 1962).

Frank, Horst J.: Handbuch der Strophenformen. Zweite, durchgesehene Auflage. Tübingen 1993.

Franz, Gunter (Hrsg.): Friedrich Spee. Dichter, Seelsorger, Bekämpfer des Hexenwahns. Kaiserswerth 1591–1635. Katalog der Ausstellung in Düsseldorf. Trier 1991.

Härting, Michael: Zur Quellenlage der anonymen Lieder von Friedrich Spee, in: Friedrich Spee im Licht der Wissenschaften. Beiträge und Untersuchungen. Hrsg. von Anton Arens. Mainz 1984. 63–71.

Keyser, Peter: Die anonym erschienen geistlichen Lieder von Spee, in: Friedrich Spee. Dichter, Seelsorger, Bekämpfer des Hexenwahns. Hrsg. von Gunter Franz. Kaiserswerth 1591-1635. Katalog der Ausstellung in Düsseldorf. Trier 1991. 138–145.

Ooschot, Theo G. M. van: Verzeichnis der anonymen Lieder von Friedrich Spee, in: Friedrich Spee im Licht der Wissenschaften. Beiträge und Untersuchungen. Hrsg. von Anton Arens. Mainz 1984. 73–81.

Ooschot, Theo G. M. van: Welche geistlichen Lieder hat Friedrich Spee wirklich verfaßt? in: Friedrich Spee zum 400. Geburtstag. Kolloquium der Friedrich Spee-Gesellschaft Trier. Hrsg. von Gunter Franz. Paderborn 1995. 245–263.

Spee, Friedrich: Trvtz-Nachtigal. Kritische Ausgabe nach der Trierer Handschrift. Hrsg. von Theo G. M. van Oorschot. Stuttgart 1991.
Werkbuch zum Gotteslob. Im Auftrag der Kommission für das Einheitsgesangbuch. Hrsg. von Josef Seuffert. 7 Bde. Freiburg/Basel/Wien 1975ff.

Alex Stock

Ihr Freunde Gottes allzugleich

1. Ihr Freunde Gottes allzugleich,
verherrlicht hoch im Himmelreich,
erflehet nun und allezeit
uns Gnade und Barmherzigkeit!
Helft uns in diesem Erdental,
daß wir durch Gottes Gnad und Wahl
zum Himmel kommen allzumal!

2. Vor allem Du, o Königin,
Maria, milde Herrscherin,
ihr Engelchöre voller Macht,
die ihr habt treulich unser acht,
helft uns in diesem Erdental...

3. Ihr Patriarchen hochgeborn
und ihr Propheten auserkorn,
der Herr hat euch das Reich bereit',
führt uns zur ew'gen Seligkeit!
Helft uns in diesem Erdental...

4. Apostel Christi, hoch gestellt,
zu leuchten durch die ganze Welt,
ihr Heil'gen, die dem höchsten Gut
ihr alles schenktet, selbst das Blut,
helft uns in diesem Erdental...

5. O Schar der Jungfraun, licht und rein,
die ihr geweiht dem Herrn allein,
ihr heil'gen Frauen tugendreich:
Ihr Freunde Gottes allzugleich,
helft uns in diesem Erdental...

6. Wir bitten euch durch Christi Blut,
die ihr nun weilt beim höchsten Gut,
tragt vor die Not der Christenheit
der heiligsten Dreifaltigkeit!
Helft uns in diesem Erdental...

Druckvorlage

Text und Melodie folgen dem **Kirchenlied* von 1938 (KL 103).

1 Ein beliebtes Lied

Allerheiligen ist ein Hochfest, eine *sollemnitas* erster Klasse im kirchlichen Kalendarium, vielerorts überdies staatlich geschützter Feiertag. Für den anstehenden Gottesdienst braucht man einen angemessenen Festgesang. Das ist, auch wenn das Lied zu anderen Heiligenanlässen natürlich ebenfalls zu gebrauchen ist, der genuine Ort von *Ihr Freunde Gottes allzugleich.*

Gesangbuchgeschichtlich betrachtet ist es seit Jahrhunderten das beständigste, somit also auch wohl beliebteste Lied zu diesem Anlaß.[1] Die Statistik ergibt, daß es im Zeitraum von 1839–1975 in 54 Diözesangesangbuchausgaben, d.h. in 92% aller deutschen Diözesangesangbücher aufgenommen ist. Es findet sich in dem für die liturgische Bewegung einflußreichen **Kirchenlied* von 1938 wie in den **Einheitsliedern* der deutschen Bischöfe von 1947 und überstand den Einschnitt, den das **Gotteslob* von 1975 für viele volkstümliche Lieder bedeutete.

Aber auch schon vor dem Erscheinen der ersten Diözesangesangbücher Anfang des 19. Jahrhunderts hat das Lied (zumeist unter dem Initium *O ihr Freund Gottes*) eine gut belegte Geschichte.[2] Es findet sich im **Geistlichen Psälterlein/Psalter* (1637/38), der mit vielen Auflagen „bis ins 19. Jh das wichtigste Kölner Kirchengesangbuch“[3] war, wie in dem *Allgemeinen Gesangbuch* von Martin von Cochem (**Mainz 1683*), das für den Trierer Bereich gleichbedeutsam war und als „eine Art Einheitsgesangbuch der mittelrheinischen Bistümer“[4] gelten kann.

2 Von Spee?

Im **Gotteslob* (GL 608) lautet der Nachweis zum Text des Liedes „nach Friedrich Spee 1623“. Die Zuschreibung des Liedes an Spee begegnet erst in den nach dem Zweiten Weltkrieg erschienenen Diözesangesangbüchern. Das **Kirchenlied* (Nr. 103) nennt noch keinen Namen und begnügt sich mit der Zeitangabe „Anfang des 17. Jahrhunderts“. Wie bei vielen anderen jahrhundertelang anonym überlieferten Liedern (*Zu Bethlehem geboren*[5], *O Heiland, reiß die Himmel auf* u.a.) hat erst die neuere Forschung zur Liedpro-

---

1 Zur Verbreitungsgeschichte vgl. zusammenfassend: Schneider, Wirkungsgeschichte, 265–348; dazu im einzelnen: Schneider, Rezeption, 223–280; Persch, Spee-Lieder, 179–221; Küppers, Rezeption, 291–308.

2 Vgl. Schneider, Wirkungsgeschichte.

3 Tenhaef, Musikalische Rezeption, 159.

4 Persch, Spee-Lieder, 185.

5 Vgl. zu diesem Lied die Besprechung von Britta Martini in diesem Bande 99-107.

duktion am Anfang des 17. Jahrhunderts die Autorschaft dem Jesuiten Spee zuerkannt.[6]

Das **Gotteslob* verweist auf das Jahr 1623, ein geheimnisvolles Datum in der Kirchenliedforschung, denn das damit gemeinte, bei Peter Brachel in Köln erschienene Gesangbuch *Außerlesene Catholische Geistliche Kirchengesäng* (**Köln 1623*) ist seit dem Ende des 19. Jahrhunderts, als der berühmte Kirchenliedforscher Wilhelm Bäumker noch ein Exemplar einsehen konnte, verschollen; leider hat er, im Unterschied zu einem anderen Allerheiligenlied (*O Ihr Heyligen außerwehlt*[7]), nicht notiert, daß er dort auch *Ihr Freunde Gottes* gefunden habe. **Köln 1623* ist also keine belegte, sondern nur eine erschlossene Herkunft. So steht es denn auch in Th. G. M. van Oorschots „tentativem Verzeichnis" der Lieder Spees unter der Nr. 115: „mit großer Sicherheit in dem verschollenen Büchlein enthalten"[8]. Die Annahme gründet darauf, daß es sich wenig später in Gesangbüchern findet, die dem Umkreis der Gesellschaft Jesu zuzuordnen sind: **Mainz 1628, *Würzburg 1628, *Köln 1638.* Die neuere Forschung hat die gegenüber der vorangegangenen katholischen Liedproduktion neue poetische Qualität (z.B. Übereinstimmung von Wort- und Versakzent) einer großen Zahl der zwischen 1620 und 1628 unter jesuitischer Ägide erschienenen Kirchenlieder entdeckt. Als ihr Poet kam nur der in dieser Zeit (1619–1628) an den genannten Orten tätige Friedrich Spee in Frage. So ist *Ihr Freunde Gottes allzugleich* nach dreihundert Jahren Anonymität zu einem namhaften Spee-Lied geworden.

3 Welcher Text?

Das Lied steht im **Gotteslob* in zwei Fassungen, im Stammteil (GL 608) und in den Diözesananhängen der Bistümer Aachen (GL-Ac-L 963), Köln (GL-Kln 960), Limburg (GL-Lim 946) und Osnabrück (GL-Osn 893). Beide Fassungen berufen sich auf Friedrich Spee 1623, keine von beiden stimmt mit der damit avisierten Urfassung, so wie sie in den Gesangbüchern der zwanziger Jahre des 17. Jh. zuerst faßbar ist, überein.[9]

---

6 Vgl. van Oorschot, Verzeichnis, 73–81.

7 Vgl. Bäumker II, Nr. 114; die erste Strophe von *O ihr Freund Gottes allzugleich* ist unter Verweis auf **Mainz 1628, *Würzburg 1628,* Psalteriolum 1642 u.a. abgedruckt ebd. 172 und 398.

8 van Oorschot, Verzeichnis 79, Nr. 115.

9 In einem im Jahre 1990 gehaltenen Vortrag war ich im blinden Vertrauen auf die Angaben in den Diözesangesangbüchern der Meinung, daß es sich bei der E-Fassung um den originalen Spee-Text handle, der im **Gotteslob*-Stammteil („**nach** Spee") verändert worden sei. Dieser Vortrag ist mit zehnjähriger Verzögerung (in: Kurzke/ Ühlein (Hrsg.): Kirchenlied interdisziplinär, Frankfurt/M. [1]1999, 27–46) erschienen, als mir der historische Irrtum längst bewußt war. Die damalige poetisch-theologische Einschätzung der **Gotteslob*-Fassung bleibt, wie das Folgende zeigt, davon unberührt.

GL 608 (Stammteil)	*Gotteslob-Diözesananhänge[10], E-Fassung
1. Ihr Freunde Gottes allzugleich, verherrlicht hoch im Himmelreich, erfleht am Throne allezeit uns Gnade und Barmherzigkeit. Helft uns in diesem Erdental, daß wir durch Gottes Gnad und Wahl zum Himmel kommen allzumal.	1. Ihr Freunde Gottes allzugleich, verherrlicht hoch im Himmelreich, erfleht am Throne allezeit uns Gnade und Barmherzigkeit! Helft uns in diesem Erdental, daß wir durch Gottes Gnad und Wahl zum Himmel kommen allzumal!
2. Vor allen du, o Königin, Maria, milde Herrscherin, ihr Engelchöre voller Macht, die ihr habt treulich auf uns acht:	2. Vor allen du, o Königin, Maria, milde Herrscherin, ihr Engelchöre voller Macht, die ihr habt treulich unser acht:
3. Ihr Patriarchen hochgeborn und ihr Propheten auserkorn, o ihr Apostel allesamt, erwählt zu solchem hohen Amt:	3. Ihr Patriarchen hochgeborn und ihr Propheten auserkorn, der Herr hat euch das Reich bereit, führt uns zur ewgen Seligkeit:
4. O ihr gekrönten Märtyrer und der Bekenner großes Heer, o Schar der Jungfraun, Gott geweiht, ihr Fraun, zu treuem Dienst bereit:	4. Apostel Christi, hoch gestellt, zu leuchten durch die ganze Welt, ihr Heilgen, die dem höchsten Gut ihr alles schenktet, selbst das Blut:
	5. O Schar der Jungfraun, licht und rein, die ihr geweiht dem Herrn allein, ihr heilgen Frauen tugendreich, ihr Freunde Gottes allzugleich:
5. Wir bitten euch, durch Christi Blut für uns bei Gott stets Fürsprach tut; der heiligsten Dreifaltigkeit tragt vor die Not der Christenheit.	6. Wir bitten euch durch Christi Blut, die ihr nun weilt beim höchsten Gut, tragt vor die Not der Christenheit der heiligsten Dreifaltigkeit!

10 Hier zit. nach der Kölner Diözesanausgabe des *Gotteslob*, GL-Kln 960.

„Spee 1623"[11]

1. O Ihr Freund Gottes allzugleich
Ihr Engel all im Himmelreich
Ihr Patriarchen Hochgebohrn
O ihr Propheten außerkorn
Helfft uns in diesem Jammerthal
Daß wir durch Gottes Gnadenwahl,
Zum Himmel kommen allzumal.

2. O jhr Apostel allesampt,
Erwehlt zu solchem hohen Ampt,
O jhr gekrönte Martyrer
Und jhr viel tausend Beichtiger.

3. O jhr Jungfrawen Lilgenweiß,
Ihr Lämblein zart im Paradeyß,
O jhr Wittfrawen keusch und rein,
O jhr Freund Gottes in Gemein.

4. Wir bitten euch durch Christi Blut,
Für uns bey Gott ein Fußfall thut,
Der heiligsten Dreyfaltigkeit,
Tragt vor die Noth der Christenheit.

Die Synopse zeigt nicht nur Differenzen im Umfang des Liedes, sondern auch in der sprachlichen Form. Die Bearbeiter des **Gotteslob* hatten von der bis dahin in allen deutschen Diözesangesangbüchern als Einheitslied vertretenen E-Fassung auszugehen. Sie meinten, sie verbessern zu sollen und nahmen dabei „Spee 1623" als Maßstab, ohne dieser Fassung freilich einfachhin zu folgen. Die erste Strophe der E-Fassung blieb erhalten, in der zweiten und letzten gab es kleine Veränderungen, die teils die Urfassung, teils das eigene Sprachgefühl bemühten. Die Str. 3–5 der E-Fassung wurden auf zwei Strophen gekürzt, dabei z.T. (GL Str. 3; Str. 4, Z.1/2) sprachlich der Urfassung (Str. 1/2) angeglichen, z.T. (Str. 4, Z. 2/3) nach eigenem Sprachgefühl verändert. Wir haben es bei der Behandlung von *Ihr Freunde Gottes allzugleich* also nicht mit einem einzigen Text zu tun, sondern mit drei verschiedenen Fassungen, die in Bearbeitungsvorgängen aufeinander bezogen sind.

4 Sitz im Leben

Warum hat man, wenn schon reformiert werden sollte, nicht einfach die Urfassung des großen Poeten Friedrich Spee wieder ins Recht gesetzt? Wenn das Lied in der Tat von Spee stammen sollte – die von den Spezialisten eingeführten formalen Kriterien sprechen durchaus dafür –, so ist es doch vielleicht nicht eines seiner kunstvollsten Stücke. Nicht nur mit den großen Gedichten (*Bei stiller Nacht; Tu auf, tu auf*[12]), sondern auch mit volkstümlicheren Liedern (z.B. *O Heiland, reiß die Himmel auf*) verglichen, nimmt es sich – *sit venia verbo* – etwas schlicht aus. Das muß die Autorschaft von

---

[11] Hier, weil sich die Bearbeiter des **Gotteslob* ausdrücklich auf „Gregor Corner 1625" beziehen, vgl. Redaktionsbericht zum GL, 761f, Text nach Kehrein II, 157, der sich auf **Corner 1625*, Nr. 448 beruft.

[12] Vgl. zu diesem Lied die Besprechung von Hermann Kurzke in diesem Bande 181-191.

Spee keineswegs ausschließen, enthält aber vielleicht einen Hinweis auf den Sitz im Leben, in dem viele dieser in den zwanziger Jahren des 17. Jh. geschaffenen Jesuitenlieder beheimatet sind. Es ist die Sonntagnachmittagskatechese, die von den Jesuiten zu dieser Zeit mit großem Eifer betrieben wurde.[13] Zur Praxis der Kinderkatechese gehörte das Singen. „In der Zeit vom Glockenläuten bis zum Beginn der Katechese sollen die Kinder singen"[14], und dann auch nach Abschluß der Religionsstunde. Von eben dieser religionspädagogischen Intention wird nun in dem von W. Bäumker überlieferten Vorwort zum Brachelschen Gesangbuch (**Köln 1623*) ausdrücklich gesprochen:

> „Ist aber dieß Büchlein dahin angesehen, auff das die kleine Kinder, nach angebornem Lust, gleich wie die Vögelein mit einem Pfeifle, also zur christlichen Kinder-Lehr gelockt, und gleich als junge Nachtigallen, die Himmlische Gesäng lehrnen und also täglich bey jhrer Arbeit etwas guts zu gedencken, zu sagen und zu singen haben."[15]

Das Lied *Ihr Freunde Gottes allzugleich* paßt sich in die Kirchenjahrsorientierung dieser Katechismuslieder ein. Eine Form, in der ein Vorsänger oder kleiner Chor die wechselnden Strophen aus einem Büchlein vorsingt und alle den leicht auswendig zu lernenden Refrain wiederholen, eignet sich gut für den katechetischen Gebrauch. Die von Wiederholungen geprägte Form hilft dem Gedächtnis der Glaubensinhalte ebenso wie ihrer affektiven Aneignung.

Die Rezeption des Liedes in den späteren Gesangbüchern, vor allem dann den Diözesangesangbüchern des 19. und 20. Jahrhunderts hatte den Gebrauch des Liedes über seinen primären Sitz im Leben jesuitenbarocker Kinderkatechese hinausgetrieben in Andacht und Gottesdienst der Erwachsenengemeinde. Diese Gebrauchserweiterung ging mit einer textlichen Umarbeitung einher, in der gerade poetische Spezifika der Speeschen Fassung wie der streng durchgehaltene repetitive Einsatz (O ihr / ihr) und der litaneiartige Parallelismus der Anrufungen (Subjekt und Attribut) aufgegeben wurden zugunsten einer grammatisch differenzierteren Form (Relativsätze).[16] Das Lied wurde hagiologisch erwachsen.

Die Rückführung des Textes auf die attributive Form des Spee-Textes (in Str. 3 und 4 der **Gotteslob*-Fassung) bedeutet somit folgerichtig gegenüber der E-Fassung auch eine gewisse Resimplifizierung, um nicht zu sagen katechetische Infantilisierung, die sich aber dann doch nicht ganz zu der litaneiartigen Repetitionsform des Originals entschließen kann. Die Erinnerung an die katechetische Herkunft könnte auf jeden Fall dazu anregen, den Text des Liedes zum Ausgangs- oder Zielpunkt einer Liedpredigt zu ma-

---

13 Vgl. Arens, Spee als Dichter, 95–133.

14 Arens, Spee als Dichter, 100.

15 Zit. nach Bäumker II, 58.

16 Die sechsstrophige E-Fassung findet sich mit kleinen Varianten in der 3. Strophe bereits im **Psälterlein* ²1891, Nr. 163; H. Sidler spricht im Werkbuch zum Gotteslob IV, 369 von der „T-Fg. Mohrs."

chen, die über die Eigentümlichkeit katholischer Heiligenverehrung vielleicht Auskünfte geben kann, die mit der obligaten Homilie zum Festevangelium von den Seligpreisungen doch nicht zu erschwingen sind.

5 Allerheiligen gesungen

Das Allerheiligenfest begeht, wie die Oration des Festes sagt, die Meriten aller Heiligen *sub una celebritate,* in einer einzigen Feier, „allzugleich", wie das Lied sagt. Aber „allzugleich" heißt nicht „alle gleich". Die Liturgie des Festes, vor allem in den Hymnen des Breviers, bekundet ein Interesse an Gliederung und Klassifizierung, die sich an die in der älteren Allerheiligenlitanei vorgezeichnete Hierarchie anschließt und sich auch ikonographisch in der Strukturierung von Allerheiligenbildern wiederfindet.

Spees Lied nimmt daraus sieben elementare Klassen auf: Patriarchen, Propheten, Apostel, Märtyrer, Beichtiger (Bekenner), Jungfraun, Witfrawen (Witwen) und fügt, dem Beispiel der Allerheiligenlitanei folgend, die Engel hinzu. Es nennt, anders als die Litanei, keine Namen; ihm geht es, das ist hier die katechetische Intention, nur um die elementaren Klassen. Die E-Fassung (und mit ihr das **Gotteslob*) haben einen einzigen Namen aufgenommen, Maria, die eben in der Litanei den Engeln und Heiligen vorangeht, ihnen sozusagen klassenlos präsidiert, die Königin des himmlischen Hofes, die „milde Herrscherin" gleich unterhalb der heiligsten Dreifaltigkeit.

Bei Spee (wie in Str. 3 und 4 der **Gotteslob*-Fassung) werden die einzelnen Gruppen nur mit knappen Prädikaten ausgestattet: „all im Himmelreich," „hochgebohrn", „auserkohrn", „erwehlt", „gekrönt", „lilienweiß", „keusch und rein" - einfachste katechetische Kennworte. Die E-Fassung hat das ein wenig mehr ausgeführt.

In dem knappen „ihr Engelchöre voller Macht" wird sowohl auf das choristische Wesen der himmlischen Sphären wie auf den Raum der kosmischen Mächte und Gewalten hingewiesen; aber angesprochen werden sie, der Intention des Refrains entsprechend, als Schutzengel, als gute Geister, die auf uns achthaben sollen.

Bei den Patriarchen und Propheten ist über den Täufer und den Hl. Joseph hinaus, die von der Allerheiligenlitanei allein genannt werden, wohl auch an die alttestamentlichen Heiligen zu denken, wohlgeborn die einen (Abraham, Isaak, Jakob), auserkorn die anderen (Elia, Jesaja usw.). „Der Herr hat euch das Reich bereit / führt euch zur ewgen Seligkeit" hat die E-Fassung hinzugefügt. Woran ist da zu denken? Daß wir „mit Abraham, Isaak und Jakob zu Tische sitzen möchten in seinem Reich" (Mt 8,11) und sie „und alle Propheten" sehen möchten im Reiche Gottes (Lk 13,28)? Die Anrufung der Väter und Seher Israels, der Wunsch nach Gemeinschaft mit ihnen im himmlischen Reich ist jedenfalls ein Ingredienz katholischen Heiligenkults.

Die Apostel werden bei Spee (und **Gotteslob*) katechetisch schlicht auf ihr Amt hin angesprochen; die E-Fassung greift da anschaulicher aus: „Apostel Christi hoch gestellt, / zu leuchten durch die ganze Welt". Daß sie das Licht der Welt sein sollten und daß dieses Licht nicht unter den Scheffel, sondern hoch auf den Leuchter gestellt werden solle (Mt 4,14–16) ist hier als Kern des apostolischen Amtes anvisiert, das sie offenbar vom Himmel her sternengleich weiter auszuüben haben. Auch die Märtyrer werden bei Spee nur kurz ins Visier genommen, im Blick auf die Siegeskrone. Die E-Fassung verzichtet auf den Namen, erklärt aber auf engstem Raum, was er bedeutet: „Ihr Heil'gen, die dem höchsten Gut / ihr alles schenktet, selbst das Blut" – die Radikalität der Blutzeugen, die für die Realität eines höchsten Guts einstehen, das sie im Ernstfall höher schätzen als ihr eigenes Leben; das Atemberaubende solcher Lebenswertung scheint für eine Sekunde hörbar in der Zäsur „ihr alles schenktet, – selbst das Blut".

Was die Ausarbeitung der E-Fassung an Zugewinn erbringt, merkt man am deutlichsten da, wo sie fehlt; da bleibt es dann bei „viel tausend Beichtiger" oder „der Bekenner großes Heer".

Bei den Jungfrauen ist Spee am poetischsten. Die klassischen Bilder von rein und zart, Lilie und Lamm werden ihnen metaphorisch zugespielt. Er könnte eine Gruppe von Jungfrauen vor Augen gehabt haben, wie sie in der Anbetung des Lammes in van Eycks Genter Altar (1432) in einer paradiesischen Landschaft sich dem Altar naht: „sie standen vor dem Thron und vor dem Lamm, angetan mit weißen Kleidern und mit Palmen in den Händen" – das ist die Szene Offb 7,2–12 aus der Epistel des Allerheiligenfestes. Dieser Glanz der Jungfrauen strahlt bei Spee auf die Witwen ab, auch sie werden als „keusch und rein" vorgestellt. Die E-Fassung hat die Metaphern barokker Jungfrauen-Faszination fallengelassen, aber doch einen Widerschein davon bewahrt: „licht und rein"; im **Gotteslob* ist das ganz unanschaulich auf ein „Gott geweiht" eingetrocknet. Bei den zu Frauen verallgemeinerten Witwen geht es ähnlich. Das von Spee bewunderte „keusch und rein" ist in dem weiträumigen „tugendreich" der E-Fassung vielleicht noch unterzubringen, während es sich mit dem „zu treuem Dienst bereit" der **Gotteslob*-Fassung 1975 doch zu einem hausfraulichen Klischee verkleinert hat, das man sich als himmlisch – darum geht es ja bei dieser Vision von allen Heiligen – nicht mehr recht vorstellen kann.

6 Nothelfer

Aber es geht in diesem Lied nicht nur um hagiologisches Wissen. Die Gruppierungen stehen im Vokativ: „O ihr". Sie werden angerufen, nicht wie sonst als einzelne, namentlich genannte Heilige, sondern als Gruppen. Sie sind die Adressaten einer Bitte: „Helft uns!" Das war es, was die Reformatoren aus der christlichen Religion eliminieren wollten: „Aus der Heiligen Schrift kann man aber nicht beweisen, daß man die Heiligen anrufen oder Hilfe bei ihnen suchen soll", heißt es im Kap XXI der Confessio Augustana.[17] Im Gegenzug hat die Gegenreformation gerade dies auf der Grundlage des tridentinischen Dekrets besonders betont. Aber das Trienter Konzil und die es umsetzenden Katechismen hatten natürlich die reformatorische Einwendung zu berücksichtigen, daß man doch der Schrift nach sich in allen Nöten an den einen Gott halten solle und daß es nur den einen Fürsprecher bei Gott, Jesus Christus gebe, so man nicht in die alte Vielgötterei zurückfallen wolle:

> „Die Heiligen, die zusammen mit Christus herrschen, bringen ihre Gebete für die Menschen Gott dar; es ist gut und nützlich, sie flehentlich anzurufen und zu ihren Gebeten, ihrem Beistand und ihrer Hilfe Zuflucht zu nehmen, um von Gott durch seinen Sohn Jesus Christus, unseren Herrn, der allein unser Erlöser und Erretter ist, Wohltaten zu erwirken."[18]

Das Lied trägt dem Rechnung mit jenem „durch Gottes Gnadenwahl". Es ist Gottes Gnade, *sola gratia*, in die himmlische Herrlichkeit zu gelangen. Wie der Refrain bewegt sich auch die Schlußstrophe in dieser heilsökonomischen Vermittlungsstruktur: „Wir bitten euch durch Christi Blut / für uns vor Gott ein Fußfall tut". Die kniefällige Fürbitte, mit der der Speesche Text wiederum an die Epistel des Festes („sie fielen vor dem Throne auf ihr Angesicht", Offb 7,11) erinnert, ist im **Gotteslob* durch „stets Fürsprach tut" ersetzt, was sprachlich kein Glücksfall ist und mit seinem „stets" auch die Dringlichkeit einer besonderen Initiative etwas unterminiert. „die ihr nun weilt beim höchsten Gut" steht in der E-Fassung wie vorher schon in der Märtyrer-Strophe. Darin steckt das „summum bonum" der metaphysischen Gotteslehre. Beim „summum bonum" angelangt zu sein, für immer in unmittelbarer Nähe des „höchsten Guts" zu verweilen, definiert hier den Himmel. „bonum est diffusivum sui"[19]; mitteilsam ist das Gute. Gott ist ein Gott mit Ausstrahlung und Umgebung, mit einem Hof im sphärischen wie sozialen Sinne. Allerheiligenbilder wie das A. Dürers (1511) geben eine Vision dieser Idee, wenn sie die Heiligen auf Wolken um das göttliche Zentralgestirn schweben lassen. Diese den alten Polytheismus nicht monotheistisch radikal wegfegende, sondern in sich aufhebende Polymorphie der himmlischen Welt, mit der sich der dreifaltige Gott im Lauf der Geschichte zunehmend umgibt, ist die ideelle Grundlage des katholischen Heiligenkults.

Zu fassen ist sie in der das Lied bestimmenden Anrede: „Ihr Freunde Gottes." Sie als mögliche Konkurrenten im Heilswerk anzusehen, liegt dem Lied ganz fern. Der Ausdruck „Freunde Gottes" begegnet auch in anderen Heiligenliedern des 16./17. Jh.;[20] vgl. auch den Introitusvers der Messe für

---

[17] Zit. nach *EG*, S.1375.

[18] Konzil von Trient, Dekret über die Anrufung, die Verehrung und die Reliquien der Heiligen (1563), zit. nach Denzinger/Hünermann, Nr. 1821.

[19] Thomas v. Aquin, Summa theologiae 1 q 5 ad 4 ad 2.

[20] Vgl. z.B. *O Ihr heiligen Gottes freundt* (Kehrein II, Nr. 446); „O Ihr Heiligen auserwehlt / Was Gnade hat euch Gott erzejgt / Der euch untr seine Freund gezehlt" (Kehrein II, Nr. 447).

Hl. Apostel „Mihi autem nimis honorati sunt amici tui" (Ps 138,17 Vg.) – „Ich halte hoch in Ehren deine Freunde." Seine hagiologische Bedeutung könnte in Zusammenhang stehen mit einem Text, auf den in den reformationszeitlichen Kontroversen um die Heiligenverehrung von katholischer Seite gern Bezug genommen wird, Johannes v. Damaskus' Schrift „De fide orthodoxa" (Kp. 15). Unter Verweis auf Joh 15,14f („Ihr seid meine Freunde") heißt es da: „Man muß die Heiligen als Freunde Christi, als Kinder und Erben Gottes ehren" und „Wie soll man die nicht ehren, die Diener und Freunde und Söhne Gottes sind."[21]

Sie nicht nur als Freunde Gottes zu ehren, sondern um Hilfe anzurufen, setzt freilich voraus, daß sie auch als Menschenfreunde zu betrachten sind. Namen von Heiligen haben sich oft mit dem Patronat in bestimmten Nöten verbunden. Um welche Not geht es hier, wo die „Freunde Gottes allzugleich" angegangen werden? „Tragt vor die Not der Christenheit" heißt es in der Schlußstrophe; es ist die „arm Christenheit", von der Luther hundert Jahre vorher schon spricht. Zwischen evangelisch 1524 und katholisch 1623 scheint die Not der Christenheit uns nicht verborgen. Aber woran wäre da gegenwärtig zu denken? Ist überhaupt eine Notzeit, in der man, weil man sich selbst nicht mehr zu helfen weiß, die Freunde Gottes dringend um Hilfe angehen muß? Wird das vielleicht in den Gemeinden, die dieses Lied alljährlich singen, nicht so brennend empfunden, weil die Not zu fernab liegt oder im Verborgenen gehalten wird? Ist die Not der Christenheit, wenn sie denn nicht bedrängend da sein sollte, erst zu entdecken – in Umkehrung des Spruchs, daß Not beten lehrt, vielleicht erst mit Hilfe des Liedes selbst? Könnte man sich Nöte denken, für die Patriarchen und Propheten (Not der Christenheit: Not der Judenheit), Apostel (nicht nur „zum hohen Amt bestellt", sondern „leuchtet durch die ganze Welt"), Märtyrer und Bekenner (mit ihrer Wertschätzung des höchsten Guts), Jungfrauen (nicht nur „Gott geweiht", sondern auch „licht und rein") näherhin zuständig wären?

Die Bitte des Refrains denkt weniger an die irdischen Nöte als gleich aufs letzte Ziel hin: „zum Himmel kommen allzumal", also hineingezogen zu werden in jene Umgebung des höchsten Guts, in der die Heiligen, Gott sei Dank, schon weilen. Der Speesche Text hatte statt des heutigen „Erdental" „Jammertal", was biblisch ist. So wurde schon um 1300 und dann von Luthers Bibelübersetzung populär gemacht ins Deutsche übertragen, was in der Vulgata Ps 83 (84),7 „in valle lacrymarum" hieß, „im Tal der Tränen". Dieses trostlose Tal, durch das die Wallfahrt zum irdischen Jerusalem führte, wurde zum Bild der Lebenswanderung zum himmlischen. Die ob ihrer Verachtung der Erde seit Nietzsche et al. vielfach gescholtene Christenheit hat das „Jammertal" weitgehend aus dem Verkehr gezogen. Um zu sehen, ob mit dem Wort auch die Sache verschwunden ist, müßte man in der Erde graben. Vielleicht hängt aber das, was man als Jammer empfindet, auch

---

21 Johannes v. Damaskus: De fide orthodoxa = BKV 44, 223f.

davon ab, ob man jenes höchste Gut noch im Sinn hat, das die Heiligen über alles stellten.

7 Zur Melodie

„Das Lied *Ihr Freunde Gottes allzugleich* hat in **Köln 1625* dieselbe Melodie wie das Speelied *O ihr Heiligen auserwählt*. Da **Köln 1625*, soweit wir wissen, für die Lieder, die es mit 1623 gemeinsam hat, zum allergrößten Teil übereinstimmt, darf man das mit fast absoluter Sicherheit auch für die Melodie von *Ihr Freunde Gottes* annehmen. Das Lied *O ihr Heiligen auserwählt* findet sich aber in Spees *Bell'Vedére* (Würzburg 1621). Da die Melodien des Liedes *O ihr Heiligen auserwählt* in 1621 und 1625 kaum voneinander abweichen, hätten wir auch für 1623 die Originalmelodie."[22]

„Die ursprünglich polymetrische Weise mit kontrastreichen Rhythmen wurde im 18. und 19. Jh. in vielen Gesangbüchern isometrisch in Viertelnoten und im 4/4 Takt ohne Pausen aufgezeichnet." Das **Gotteslob* hat „die volle rhythmische Mannigfaltigkeit" wiederhergestellt, heißt es im Kommentar des zuständigen Bearbeiters E. Quack, „mit weitgehender Zustimmung der Diözesanbeauftragten"[23], welcher Vorbehalt dann in einigen Diözesanhängen sich ausgewirkt hat. Ob die langen Auftaktnoten so plausibel sind, wenn man Spees litaneiartige O-Zeilenanfänge aufgibt, mögen Experten entscheiden. Was das Volk Gottes mit den „kontrastreichen Rhythmen" macht, muß man vor Ort hören.

Literatur

BKV[2] = Bibliothek der Kirchenväter. 1. Reihe. Kempten 1911ff.

Arens, Anton (Hrsg.): Friedrich Spee im Licht der Wissenschaften. Mainz 1984.
darin:
Arens, Anton: Friedrich Spee als Dichter im Dienst der Seelsorge. 95-133.
Oorschot, Theo G. M.,van: Verzeichnis der anonymen Lieder von Friedrich Spee. 73–81.

Bäumker, Wilhelm: Das katholische deutsche Kirchenlied in seinen Singweisen von den frühesten Zeiten bis gegen Ende des 17. Jahrhunderts. Auf Grund handschriftlicher und gedruckter Quellen bearbeitet von Wilhelm Bäumker. 4 Bde. Freiburg 1883-1911 (Reprint Hildesheim 1962).

Denzinger, Herbert/Hünermann, Peter: Kompendium der Glaubensbekenntnisse und kirchlichen Lehrentscheidungen. Freiburg/Brsg. [37]1993.

---

[22] Briefl. Mitteilung von Th. G. M. van Oorschot (25.7.2001), für die ich mich herzlich bedanke. Die Erstfassung der Melodie von *O ihr Heiligen auserwählt* ist abgedruckt in: Härting, Anonyme geistliche Lieder, 116.

[23] Redaktionsbericht zum GL, 762; ausführlicher zur Melodie E. Quack, in: Werkbuch zum GL IV, 370.

Grunewald, E./Gussone, N. (Hrsg.): Von Spee zu Eichendorff. Berlin 1991.
darin:
Küppers, Kurt: Zur Rezeption von Liedern Friedrich Spees in bayerischen Diözesan-Gesang- und Gebetbüchern unter besonderer Berücksichtigung der Regensburger Tradition. 291–308.
Persch, Martin: Spee-Lieder in Trierer Gesangbüchern des 19. und 20. Jahrhunderts. 179-221.
Schneider, Bernhard: Die Rezeption von Spee-Liedern in den Diözesangesangbüchern der (Erz-)Diözesen Köln, Paderborn, Münster, Hildesheim und Osnabrück im 19. und 20. Jahrhundert. 223–280.
Tenhaef, Peter: Die musikalische Rezeption Friedrich Spees in Kölner Gesangbüchern des 17. bis 19. Jahrhunderts. 159–180.

Härting, Michael: Friedrich Spee. Die anonymen geistlichen Lieder von 1623. Berlin 1979.

Kehrein, Josef: Katholische Kirchenlieder, Hymnen, Psalmen. Aus den ältesten deutschen gedruckten Gesang- und Gebetbüchern.Bd. II. Würzburg 1859-1865 (Reprint Hildesheim 1965).

Redaktionsbericht zum Einheitsgesangbuch «Gotteslob». Hrsg. von Paul Nordhues und Alois Wagner. Paderborn 1988.

Schneider, Bernhard: Die Wirkungsgeschichte der Lieder Friedrich Spees in katholischen Gesangbüchern vom Barock bis zur Gegenwart, in: Franz, G. (Hrsg.): Friedrich Spee zum 400. Geburtstag. Kolloquium der Friedrich-Spee-Gesellschaft Trier. Paderborn 1995.

Werkbuch zum Gotteslob. Im Auftrag der Kommission für das Einheitsgesangbuch. Hrsg. von Josef Seuffert. 7 Bde. Freiburg/Basel/Wien 1975ff.

Vollendung

Wolfgang Bretschneider

Der Herr bricht ein um Mitternacht

1. Der Herr bricht ein um Mitternacht;
jetzt ist noch alles still.
O Elend, daß schier niemand wacht
und ihm begegnen will.

2. Er hat es uns zuvor gesagt
und einen Tag bestellt.
Er kommt, wann niemand nach ihm fragt,
noch es für möglich hält.

3. Wie liegt die Welt so blind und tot.
Sie schläft in Sicherheit
und meint, des großen Tages Not
sei noch so fern und weit.

4. Wer waltet als ein frommer Knecht
im Hause so getreu,
daß, wenn der Herr kommt, er gerecht
und nicht zu strafen sei?

5. Weckt ihr einander aus der Ruh,
daß niemand sicher sei?
Ruft ihr einander fleißig zu:
Seid wacker, fromm und treu?

6. Sind eure Lampen rein und voll,
brennt euer Glaubenslicht,
wenn nun der Aufbruch kommen soll,
daß uns kein Öl gebricht?

7. So wach denn auf, mein Geist und Sinn,
und schlummre ja nicht mehr.
Blick täglich auf sein Kommen hin,
als ob es heute wär.

8. Der Tag der Rache nahet sich;
der Herr kommt zum Gericht.
Du, meine Seele, schicke dich;
steh und verzage nicht.

9. Dein Teil und Heil ist schön und groß.
Auf, auf, du hast es Macht.
Ergreif im Glauben du das Los,
das Gott dir zugedacht.

10. O übergroße Seligkeit
nach abgelegter Last,
wobei dich, Seele, nicht gereut,
daß du gestritten hast.

11. Der Herr bricht ein um Mitternacht;
jetzt ist noch alles still.
Wohl dem, der nun sich fertig macht
und ihm begegnen will.

Druckvorlage

Text und Satz sind dem **RKG* von 1952 entnommen (Nr.382), weil diese dem Original am nächsten kommt. Die Fassungen aus dem **Gotteslob* und dem **KG* haben von den obigen die Str. 1–4, 7, 9 und 11 (GL 567, KG 213, mit kleinen Änderungen in Str. 9,2 und 11,3). Das **RG* hat die Str. 5 gestrichen und die Str. 4, 6, 8, 9 verändert (RG 855).

1 Entstehung und Überlieferung

Die Geschichte unseres Liedtextes nimmt sich im Vergleich zu vielen anderen eher bescheiden und unspektakulär aus. Johann Christoph Rube (1665–1746), Lizentiat der Rechte und Amtsmann in Oberhessen, veröffentlichte 1712 eine umfangreiche Gedichtsammlung *Anmutiger Blumen-Kranz aus dem Garten der Gemeinde Gottes*. Hier findet sich unser Lied mit fünfzehn Strophen.

Bereits zwei Jahre später erscheint es in **Freylinghausen 1714*. Größere Verbreitung fand das Endzeitlied durch die Aufnahme in das Gesangbuch der Herrnhuter Brüdergemeine von 1731 (**Hallesches Gesangbuch*).

Albert Knapp (1798–1864), seit 1836 renommierter evangelischer Pfarrer in Stuttgart, Texter, Sammler und Bearbeiter geistlicher Lieder, der „geistliche Klopstock des 19. Jahrhunderts" (Wilhelm Nelle), fügte das Rube-Lied „Von der Wiederkunft Jesu Christi" in sein deutsches Nationalgesangbuch **Evangelischer Liederschatz für Kirche und Haus* ein. Hier erscheint es bearbeitet, aktualisiert und auf zehn Strophen reduziert. Diese 1837 erschienene Sammlung umfaßte 3590 Lieder.

In der Folgezeit begegnet man unserem Lied in verschiedenen Gesangbüchern in jeweils variierender Strophenzahl:

**Achtörtiges Gesangbuch* 1891 (11 Strophen),
**Brüdergemeine 1908* (6 Strophen),
**Brüdergemeine 1927* (6 Strophen),
**RKG* (11 Strophen),
**Gotteslob* (7 Strophen),
**RG* (10 Strophen),
**KG* (7 Strophen).

Während sich das Rube-Lied im Evangelischen Gesangbuch für das Großherzogtum Hessen, im Frankfurter Evangelischen Gesangbuch von 1927 und im Anhang zum **EKG* für Hessen und Nassau findet, sucht man es im Deutschen Evangelischen Gesangbuch, im **EKG* oder im **EG* von 1996 vergeblich. Daß der Text immer wieder kleinere oder größere Korrekturen hinnehmen mußte, verwundert nicht, spricht vielmehr für seine lebendige Adaption.

Für diese Publikation wurden zwei Textversionen übernommen: zum einen die aus dem Gesangbuch der Evangelisch-Reformierten Kirchen der Deutschsprachigen Schweiz von 1952, zum anderen die Urversion aus dem Gesangbuch der Brüdergemeine von 1735.[1]

So stimmig und stringent uns heute die Zuordnung von Text und Melodie des Endzeitliedes erscheinen mag, so ist festzustellen, daß beide erst 1952 zueinandergefunden haben im Schweizerischen Reformierten Gesangbuch. Diese „Zusammenführung" übernahmen dann auch die Autoren des **Gotteslob* und der beiden 1998 in der Schweiz herausgekommenen Gesangbücher. Zuvor findet man die folgenden Hinweise: zu singen nach der Melodie *Nun danket all und bringet Ehr*, so im **Evangelischen Liederschatz 1891* oder im **RKG* 1891. Das **Gesangbuch der Evangelischen Brüdergemeine 1967* empfiehlt die Melodie *Nun sich der Tag geendet hat.*

Die dem Rube-Text auf den Leib zugeschnittene, etwas herbe und äußerst strapazierfähige Melodie stammt von einem der ganz großen Liedkomponisten, Johann Crüger (1598–1662). Als hochangesehener, seit 1622 amtierender Kantor an der Berliner Hauptkirche St. Nikolai brachte er 1640 ein **Newes vollkömliches Gesangbuch Augsburgischer Confession* heraus. Hierin findet sich die uns so ideal scheinende Melodiefassung in Verbindung mit dem von Nikolaus Herman geschaffenen Weihnachtstext *Lobt Gott, ihr Christen alle gleich,* ausgesetzt im Generalbaß auf zwei Systemen mit Akkordziffern. Im folgenden Jahr folgte als Nachlieferung der komplette vierstimmige Satz. Auf ihn geht die hier vorgestellte Version zurück.[2]

Die Punktierung der achtletzten Note, im **Gotteslob* entfernt, in den neuen Schweizer Gesangbüchern von 1998 wieder eingesetzt, kommt der Konturierung und Prägnanz der Melodie sehr zugute.

2 Biblische Erschließung

Vergleicht man die variierenden Fassungen des Rube-Textes in den verschiedenen Gesangbüchern, so fällt die große Freizügigkeit ins Auge, mit der die Bearbeiter und Herausgeber mit ihrer je eigenen Theologie und Spiritualität zu Werke gegangen sind. Albert Knapp z.B., der bewunderte und auch angefeindete Liedbearbeiter und -interpret,[3] griff z.T. drastisch in

---

1 Vgl. dazu: Schönborn, Einfluß Albert Knapps; zu Johann Christoph Rube: Dienst, Rube, dort weitere Literaturangaben.

2 Zahn I, 56, Nr. 200.

3 **Evangelischer Liederschatz 1837*, 357, Nr.786.

den tradierten Rube-Text ein: Streichung von Bildern und Hinweisen auf das vom Dichter eingeführte zweite Gleichnis von den klugen und törichten Jungfrauen; Einfügung neuer Bilder, die aber keinen Bezug zum Kontext haben; Hinzusetzen von Strophen, die über die Vorlage hinausgehen; Reduzierung der bildlich-poetischen Sprache und der biblischen Assoziationen, vor allem auf der christologisch-eschatologischen Aussagenebene; Betonung des Gerichtsgedankens; stärkere Hinwendung auf das irdische Leben und Treiben; Verschärfung der moralischen Appelle u.a.m.

Will man sich in das Endzeitgeschehen hineinnehmen lassen und seine ungeheuere Dramatik nachvollziehen, so muß man sich die Originalgestalt des Textes vor Augen stellen. Ihr sei jetzt die Aufmerksamkeit gewidmet.

Um aufzuzeigen, wie tief die Gedanken und das Empfinden Rubes im biblischen Boden wurzeln, werden den einzelnen Strophen Schrifttexte, vor allem aus dem Neuen Testament, zugeordnet. Sie vermögen die zentrale Botschaft von der „Wiederkunft Jesu Christi in Herrlichkeit", der „Vollendung des Reiches Gottes", vom „Warten und Wachen", von „Gerechtigkeit und Ewigkeit"(alles Überschriften, unter denen das Lied in Gesangbüchern eingeordnet worden ist) aufleuchten zu lassen - mit ihrer Sprengkraft, aber auch ihrer tröstenden Verkündigung.

Brüdergemeine 1735 Nr. 139

1. Der Herr bricht ein zu mitternacht:
ietzt ist er noch so still.
O elend! daß schier niemand wacht
und ihm begegnen will.

Mt 24,44: Darum haltet auch ihr euch bereit! Denn der Menschensohn kommt zu einer Stunde, in der ihr es nicht erwartet.

Mt 24,36: Doch jenen Tag und jene Stunde kennt niemand, auch nicht die Engel im Himmel, nicht einmal der Sohn, sondern nur der Vater.

Mk 13,35: Seid also wachsam! Denn ihr wißt nicht, wann der Hausherr kommt, ob am Abend oder um Mitternacht, ob beim Hahnenschrei oder erst am Morgen.

Apg 16,25 Um Mitternacht beteten Paulus und Silas und sangen Loblieder.

Jes 21,8: Der Späher rief: Herr, den ganzen Tag stehe ich auf meinem Posten, die ganze Nacht halte ich Wache.

2. Er hat es uns zuvor gesagt und einen tag bestellt: Er kommt, wenn nach ihm niemand fragt und es vor möglich hält.	Mt 24,44: Darum haltet auch ihr euch bereit! Denn der Menschensohn kommt zu einer Stunde, in der ihr es nicht erwartet. Mt 24,48ff: Wenn aber der Knecht schlecht ist und denkt: Mein Herr kommt noch lange nicht,... dann wird der Herr an einem Tag kommen, an dem der Knecht es nicht erwartet. Mt 25,13: Seid also wachsam! Denn ihr wißt weder den Tag noch die Stunde. Offb 3,3: Wenn du aber nicht aufwachst, werde ich kommen wie ein Dieb, und du wirst bestimmt nicht wissen, zu welcher Stunde ich komme. Offb 16,15: Siehe, ich komme wie ein Dieb. Selig, wer wach bleibt und sein Gewand anbehält.
3. Wie liegt doch alles starr und todt, und schläft vor sicherheit: man denkt, GOtt mit gericht und noth sey annoch fern und weit.	Lk 21,34: Nehmt euch in acht, daß Rausch und Trunkenheit und die Sorgen des Alltags euch nicht verwirren und daß jener Tag euch nicht plötzlich überrascht. Mt 23,16f.: Weh euch, ihr seid blinde Führer! Ihr blinden Narren! Lk 12,20: Da sprach Gott zu ihm: Du Narr! Noch in dieser Nacht wird man dein Leben von dir zurückfordern. Joh 9,39: Da sprach Jesus: Um zu richten, bin ich in diese Welt gekommen: damit die Blinden sehend und die Sehenden blind werden. Offb 3,17: Du behauptest: Ich bin reich und wohlhabend, und nichts fehlt mir. Du weißt aber nicht, daß gerade du elend und erbärmlich bist, arm, blind und nackt.
4. Wer ist, der seine lauligkeit und heuchleyen spührt? wer sieht, was ihn zur lezten zeit von seiner pflicht verführt?	1 Kor 16,13f: Seid wachsam, steht fest im Glauben, seid mutig, seid stark! Alles, was ihr tut, geschehe in Liebe. Eph 5,14: Alles Erleuchtete aber ist Licht. Deshalb heißt es: Wach auf, du Schläfer, und steh auf von den Toten, und Christus wird dein Licht sein. 1 Thess 5,6: Darum wollen wir nicht schlafen wie die anderen, sondern wach und nüchtern sein. 1 Petr 5,8: Seid nüchtern und wachsam! Euer Widerscher, der Teufel, geht umher wie ein brüllender Löwe und sucht, wen er verschlingen kann.

5. Wer leget, als ein treuer knecht, die haushalt-rechnung bey? daß wenn sein HErr kormmt, schlecht und recht bey Ihm zu sehen sey.	Mt 24,45–51: Wer ist nun der treue und kluge Knecht, den der Herr eingesetzt hat, damit er dem Gesinde zur rechten Zeit gibt, was sie zu essen brauchen? Selig der Knecht, den der Herr damit beschäftigt findet, wenn er kommt!
6. Wer giebt sein pfund auf wucher hin, und schaft, was ihm gebührt? daß ihm dort segen und gewinn und gnaden-krone ziert	Mt 25,27: Hättest du mein Geld wenigstens auf die Bank gebracht, dann hätte ich es bei meiner Rückkehr mit Zinsen zurückerhalten. Mt 10,16: Seht, ich sende euch wie Schafe mitten unter die Wölfe. Seid daher klug wie die Schlangen und arglos wie die Tauben. Phil 4,17: Es geht mir nicht um die Gabe, es geht mir um den Gewinn, der euch mit Zinsen gutgeschrieben wird. Ps 132,18: Ich bedecke seine Feinde mit Schande; doch auf ihm erglänzt seine Krone. Ps 149,4: Der Herr hat an seinem Volk Gefallen, die Gebeugten krönt er mit Sieg.
7. Wer schmükt sich recht? wer ist bereit? damit er nichts vergißt. der bräutigam komme, welche zeit und stund er sich gerüst.	Mt 25,1–13: Dann wird es mit dem Himmelreich sein wie mit zehn Jungfrauen, die ihre Lampen nahmen und dem Bräutigam entgegengingen... Lk 12,35: Legt euren Gürtel nicht ab, und laßt eure Lampen brennen.
8. Wer hält die lampe rein und voll? wem brennt sein glaubens-licht? wenn nun der aufbruch werden soll, daß ihm kein öl gebricht.	Mk 13,11f.: Er soll euch, wenn er plötzlich kommt, nicht schlafend antreffen. Was ich aber euch sage, das sage ich allen: Seid wachsam! Röm 13,11: Bedenkt die gegenwärtige Zeit: Die Stunde ist gekommen, aufzustehen vom Schlaf. Denn jetzt ist das Heil uns näher als zu der Zeit, da wir gläubig wurden.

9. Ein kluger gehet an dem tag.
und fleugt den nacht-verdruß:
daß er das licht vertragen mag,
das andre blenden muß.

Lk 11,36: Wenn dein ganzer Körper von Licht erfüllt und nichts Finsteres in ihm ist, dann wird er so hell sein, wie wenn die Lampe dich mit ihrem Schein beleuchtet.

Röm 2,19: Du traust dir zu, Führer zu sein für Blinde, Licht für die in der Finsternis.

1 Petr 2,9: ...damit ihr die großen Taten dessen verkündet, der euch aus der Finsternis in sein wunderbares Licht berufen hat.

10. So wach denn auf! mein geist und sinn,
und schlummre nun nicht mehr:
Der Bräutigam kommt. Siehe auf! Sieh hin!
Er, und mit ihm sein heer.

Mt 25,31–46: Wenn der Menschensohn in seiner Herrlichkeit kommt und alle Engel mit ihm, dann wird er sich auf den Thron seiner Herrlichkeit setzen...

Lk 12,56: Ihr Heuchler! Das Aussehen der Erde und des Himmels könnt ihr deuten. Warum könnt ihr dann die Zeichen dieser Zeit nicht deuten?

11. Der tag der rache nahet sich:
das lamm kommt zum gericht.
Du, meine seele schicke dich:
steh und verzage nicht.

Jes 35,4: Sagt den Verzagten: Habt Mut, fürchtet euch nicht! Seht, hier ist euer Gott! Die Rache Gottes wird kommen und seine Vergeltung; er selbst wird kommen und euch erretten.

Röm 12,19: Rächt euch nicht selbst, liebe Brüder, sondern laßt Raum für den Zorn Gottes; denn in der Schrift steht: Mein ist die Rache; ich werde vergelten.

1 Thes 4,6: ...und daß keiner seine Rechte überschreitet und seinen Bruder bei Geschäften betrügt, denn all das rächt der Herr.

Lk 12,32: Fürchte dich nicht, du kleine Herde! Denn euer Vater hat beschlossen, euch das Reich zu geben.

1 Joh 4,18: Furcht gibt es in der Liebe nicht, sondern die vollkommene Liebe vertreibt die Furcht. Denn die Furcht rechnet mit Strafe, und wer sich fürchtet, dessen Liebe ist nicht vollendet.

Offb 7,10: Die Rettung kommt von unserem Gott, der auf dem Thron sitzt, und von dem Lamm.

Offb 17,14: Sie werden mit dem Lamm Krieg führen, aber das Lamm wird sie besiegen.

12. Dein theil und heyl ist schön und groß;
Steh auf! Du hast es macht.
Geh hin, nimm und geneuß dein looß,
das dir GOtt zugedacht.

Mt 5,12: Freut euch und jubelt: Euer Lohn im Himmel wird groß sein.

Mt 13,44: Mit dem Himmelreich ist es wie mit einem Schatz, der im Acker vergraben ist. Ein Mann entdeckte ihn...

Röm 14,17: Denn das Reich Gottes ist nicht Essen und Trinken, es ist Gerechtigkeit, Friede und Freude im Heiligen Geist.

13. O übermacht seligkeit,
auf abgelegte last!
worbey dich, seele, nicht gereut,
daß du gestritten hast.

2 Tim 4,18: Der Herr wird mich allem Bösen entreißen, er wird mich retten und in sein himmlisches Reich führen.
1 Petr 1,6: Deshalb seid ihr voll Freude, obwohl ihr jetzt vielleicht kurze Zeit unter mancherlei Prüfungen leiden müßt.

14. Wo sich nur wohl und wonne häuft,
und licht und recht vermehrt:
ein stand, den kein Verstand begreift,
als der es selbst erfährt.

Hebr 2,22–24: Ihr seid vielmehr zum Berg Zion hingetreten, zur Stadt des lebendigen Gottes, dem himmlischen Jerusalem, zu Tausenden von Engeln, zu einer festlichen Versammlung ... zum Mittler eines neuen Bundes, Jesus.

15. Der HErr bricht ein zu mitternacht:
iezt ist noch alles still.
Wohl dem, der sich nun fertig macht,
und ihm begegnen will.

Lk 14,13–15: Wenn du ein Essen gibst, dann lade Arme, Krüppel, Lahme und Blinde ein. Du wirst selig sein, denn sie können es dir nicht vergelten; es wird dir vergolten werden bei der Auferstehung der Gerechten. Als einer der Gäste das hörte, sagte er zu Jesus: Selig, wer im Reich Gottes am Mahl teilnehmen darf.
Tit 2,11f.: Denn die Gnade Gottes ist erschienen, um alle Menschen zu retten. Sie erzieht uns dazu, uns von der Gottlosigkeit und den irdischen Begierden loszusagen und besonnen, gerecht und fromm in dieser Welt zu leben, während wir auf die selige Erfüllung unserer Hoffnung warten: auf das Erscheinen der Herrlichkeit unseres großen Gottes und Retters Jesus Christus.
Offb 19,9: Jemand sagte zu mir: Schreib auf: Selig, wer zum Hochzeitsmahl des Lammes geladen ist.
Offb 22,13f.: Ich bin das Alpha und das Omega, der Erste und der Letzte, der Anfang und das Ende. Selig, wer sein Gewand wäscht: Er hat Anteil am Baum des Lebens und er wird durch die Tore in die Stadt eintreten können.

3 Ungebrochene Aktualität

Der stringente Aufbau des Liedtextes und die gut nachvollziehbare Entfaltung des Grundgedankens sind ein Meisterwerk geistlicher Dichtkunst am Anfang des 18. Jahrhunderts. Sie seien kurz skizziert.

Strophen 1–4

Um Mitternacht, in der Entscheidungsstunde, bricht unvermutet und überraschend der Herr in seine Welt ein. Diese allerdings schläft: Sie ist mit sich selbst beschäftigt, ergeht sich in trügerischem Aktivismus und „feiert" ihre

Autonomie. Nur das Heute zählt: Das Gestrige ist vergessen, das Zukünftige zu ungewiß. Die kommende Katastrophe („O Elend!") zeichnet sich ab: Gott braucht, um anzukommen, wachende Menschen; er findet aber nur schläfrige, dahindösende. Sie wissen nicht mehr, daß wirkliches Leben erst und nur durch Begegnung gelingen kann. Und die kommt nicht zustande. Das ist die Tragik von Mensch und Welt. Die vermeintliche Sicherheit wächst sich aus zur größten Gefährdung.

Strophen 5–6

Im Gleichnis vom treuen und klugen Knecht, „den der Herr eingesetzt hat, damit der dem Gesinde zur rechten Zeit gibt, was sie zu essen brauchen" (Mt 24,45–51), wird der Ernst der Situation, in die der einzelne Mensch gestellt ist, in drastischen Bildern gezeichnet. Christliches Leben fordert höchsten Einsatz, darf dafür aber auch den reichsten Lohn erhoffen („Segen", „Gewinn", „Gnadenkrone").

Strophen 7–9

Die Bibel ist voll von Aufrufen zur Wachsamkeit. Deshalb fügt Rube sogleich noch eine zweite Gleichniserzählung an, die von den zehn Jungfrauen (Mt 25,1–13). Die Metapher „Licht" ist dabei bestens geeinet, die Spannungen von Licht und Finsternis, von Glauben und Unglauben, von Wachsamkeit und Blindheit bewußt zu machen.

Strophen 10–11

Der Mensch mit all seinen Kräften soll Ausschau halten nach dem Herrn der Geschichte, des Gerichts und der Vollendung. Für den, der mit wachen Sinnen gelebt hat, verliert der Richter im Jüngsten Gericht („Tag der Rache") alles Schreckliche und Bedrohliche. Für ihn kommt er als „Bräutigam" und „Lamm", werbend, heilend, versöhnend.

Strophe 12

Schon jetzt kann der von Jesus Umworbene sich freuen und „sein Los genießen", die Fülle des Lebens, die Gott ihm zugedacht hat.

Strophen 13–14

So kann er glaubend-hoffend beten: „Was kein Auge gesehen und kein Ohr vernommen, was keines Menschen Sinn erfahren hat, das hast du denen bereitet, die dich lieben" (vgl. 1 Kor 2,9).

Strophe 15

Der Kreis scheint sich zu schließen. Und doch ist alles anders geworden. Hieß es noch zu Beginn: „O Elend, daß schier niemand wacht", so wird jetzt der selig gepriesen, der aufgewacht, aufgeweckt worden ist und sich bereit gemacht hat, ihm zu „begegnen". Schon hier und jetzt kann er „Anteil am Los der Heiligen, die im Lichte sind" (Kol 1,12), gewinnen.

4 Neuer Glaube – Neues Leben

Den Menschen an die ungetrübten Quellen der geistlichen Wasser zu führen, dem wachen Gottesgeist zum Durchbruch zu verhelfen, den morschen Knochen neues Leben einzuhauchen waren Ziele einer Bewegung im späten 17. und frühen 18. Jahrhundert, in der Johann Christoph Rube seine geistig-geistliche Heimat gefunden hatte.

Diese aus biblischer Spiritualität gespeiste Erneuerung trat an gegen eine in und um sich selbst kreisende Dogmatik, eine verkrustete Kircheninstitution und eine in leblosen Traditionen erstarrte Frömmigkeit. Wiedergeburt, Erwachen aus dem „Schlaf der Sicherheiten" als Lebenswende, lebendiger Glaube, erkennbar an seinen Früchten, Liebe als Mitte- und Herzstück christlicher Vollkommenheit: das alles waren zentrale Inhalte der neuen Reformbestrebungen. Als Ziel allen Bemühens stand der neue, aufgeweckte Mensch, lebend im Bewußtsein und in der Freude seiner unmittelbaren Gotteskindschaft.

Als Protest gegen die erdrückende und erstickende Macht des kirchlichen Leerlaufs erfährt der einzelne aufs neue von seiner Würde und Einmaligkeit. Er ist von Gott dazu berufen, sich nach vorne auszustrecken. Seine Lebensdynamik empfängt er von dem, „was Gott denen bereit hat, die ihn lieben". Als Person, von seinem Gott geschaffen, erweckt und berufen, kommt ihm der Auftrag zu, Mensch und Welt zu verwandeln, damit sie zum „Reich Gottes", zur „Stätte seiner Herrschaft" werden.

Dies waren Grundüberzeugungen und -forderungen des sog. Pietismus,[4] einer Bewegung, der der hessische Amtsmann Rube seine geistige Herkunft und geistliche Aktivität verdankte. Für die Entwicklung der evangelischen Kirchen sind sie bis heute z.T. von nachhaltiger Wirkung.

So präsentiert sich unser Erweckungslied mit seinem appellativen Charakter aus dem pietistischen Geist als ein Dokument von großer eschatologischer Ernsthaftigkeit, werbendem, eindringlichem Glaubenseifer und einem faszinierenden Ausblick auf das Ziel allen Lebens, das Gott selber ist.

Gegenwart und Zukunft sind nicht mehr voneinander zu trennen; die Zukunft hat bereits begonnen. Von diesem Geist, Leben und Welt zu verändern und neu zu gestalten, will das Lied vom „Herrn, der um Mitternacht einbricht", um seine Welt heimzuholen, künden und überzeugen.

5 Gott, der kommen soll

Christliches Leben ist geprägt von der eschatologischen Spannung des „Schon jetzt – aber noch nicht". Der Blick auf das Ereignis Jesus Christus vor 2000 Jahren kann nicht genügen, er wird vielmehr nach vorne gewendet, er streckt sich aus nach dem, was noch aussteht. Maranata! – Komm, Herr Jesus, komm bald! (Offb 22,20). Es war der sehnsuchtsvolle Ruf der Urchristen.

---

4 Vgl. dazu Schmidt, Art. „Pietismus".

Diese vorwärts drängende Dynamik will die Christen immer neu wachrütteln, hellhörig machen für die Zeichen der Zeit, der End-zeit. In den liturgischen Feiern wird daran oft erinnert. Das Gebet, das die letzte Bitte des Vaterunser in der Eucharistiefeier fortführt, schließt mit dem eindringlichen Ruf: „Bewahre uns vor Verwirrung und Sünde, damit wir voll Zuversicht das Kommen unseres Erlösers Jesus Christus erwarten." Ein Beispiel neben vielen anderen.

Im Kirchenjahr wird besonders an den letzten Sonntagen die eschatologische Botschaft mit ihren eindringlich-aufrüttelnden Bildern verkündet. Aber auch die Adventszeit ist zutiefst geprägt von der Sehnsucht nach dem Kommen des Erlösers, nach seinem befreiendem Handeln in Zeiten der Unfreiheit, der Zwänge und Bedrohungen.

Karl Rahner hat in dem Bändchen „Worte ins Schweigen" die christliche Existenz als eine durch und durch adventliche gekennzeichnet: „Feiern wir bloß Advent oder ist noch immer Advent? Bist du denn schon wirklich gekommen? Du selber, so wie wir dich meinten, wenn wir den herbeisehnten, der da kommen soll, den starken Gott, den Vater der Zukunft, den Friedensfürsten, das Licht und die Wahrheit und das Glück?"[5]

Das Kommen Gottes im Hier und Heute wird in tausend Bildern verkündet, hier eindringlich werbend, dort mit großem Ernst in die Entscheidung stellend.

> „Du bist noch immer im Kommen, und dein Erscheinen in der Knechtsgestalt ist der Anfang deines Kommens zur Erlösung von der Knechtsgestalt, die du annahmst. ...Du bist eigentlich nicht gekommen, du bist noch am Kommen: Von deiner Menschwerdung bis zur Vollendung dieser Zeit ist nur ein Augenblick."[6]

Wenn es sich so verhält, dann wäre unsere Zeit in dieser Welt: Gottes Advent: Der Herr bricht ein um Mitternacht - heute und morgen. Gottes Kommen wahrzunehmen, zu erspüren im Hier und Jetzt, den Erlöser einzulassen in die tiefsten Tiefen des Herzens, wäre die Urbotschaft nicht nur der adventlichen Zeit, sondern einer jeden Stunde.

6 „Werdet wach, erhebt euch"

Zum Schluß soll an einem konkreten Beispiel gezeigt werden, auf welche Weise dieser christlichen Urverkündigung liturgische Gestalt gegeben wurde.[7]

Es ging um die Eröffnung des neuen Kirchenjahrs am 1. Advent. Die Schola hatte sich in der unter dem Hochchor gelegenen Krypta versammelt, eine Kantorin am Ambo der Oberkirche Aufstellung genommen. Ohne Ankündigung (Sakristeiglocke, Orgel o.ä.) erschallte in der Krypta der Ruf: „Werdet wach, erhebet euch, denn der Herr ist nahe!" (GL 117,2).

---

5 Rahner, Worte ins Schweigen, 65.

6 Rahner, Wort ins Schweigens, 69f.

7 Dieser Gottesdienst wurde am 1. Adventssonntag 2001 in der Bonner Münsterbasilika gefeiert.

Die Gemeinde hörte diese Aufforderung wie von ferne. Die Kantorin nahm diesen Ruf auf, in dem sie die ersten beiden Strophen des Liedes *Der Herr bricht ein um Mitternacht* vortrug, a capella. Nach kurzer Zeit erklang der Weckruf zum zweiten Mal, jetzt einen halben Ton höher und vernehmlicher. Die Scholisten waren näher an die Verbindungstür zwischen Krypta und Oberkirche herangetreten. Und wieder nahm die Kantorin den Ruf auf und antwortete mit den Str. 3 und 4 des Liedes. Zum dritten Mal ertönte der endzeitliche Ruf, wiederum um einen halben Ton transponiert, Ausdruck der Intensität und Dringlichkeit. Diesmal hatte die Schola im Hauptschiff Aufstellung genommen. Die Sängerin ließ die Str. 6 und 7 folgen.

Jetzt setzte die Orgel ein, um, den Weckruf aufnehmend, zum Einzugslied *Wachet auf, ruft uns die Stimme* überzuleiten. In diesem Augenblick setzte sich die große Prozession mit Priester und Assistenz in Bewegung, durch den Mittelgang einziehend.

Die Fanfare am Beginn des neuen Kirchenjahrs „Werdet wach, erhebet euch!" wurde zum liturgischen und homiletischen cantus firmus für die ganze vorweihnachtliche Bereitungszeit. Dieser Weckruf hatte seinen „Sitz im Leben" in der Adventszeit. Seine Aktualität und Not-wendigkeit gehen aber weit darüber hinaus.

Literatur

JLH = Jahrbuch für Liturgik und Hymnologie. Kassel u.a. 1955ff.
RGG = Die Religion in Geschichte und Gegenwart. Tübingen ³1956ff.

Dienst, Karl: Art. „Johann Christoph Rube", in: Biographisch-bibliographisches Kirchenlexikon. Hrsg. von Traugott Bautz. Bd. 8. Herzberg 1994. Sp.885f.

Hammann, Gustav: Amtmann Johann Christoph Rube. Ein Kirchenlied-Dichter aus Battenberg, in: Bottendorfer Brief 34. Dezember 1973.

Rahner, Karl: Worte ins Schweigen. Innsbruck ⁷1959.

Schmidt, M.: Art. „Pietismus", in: RGG Bd. 5. 370–383.

Schönborn, Hans-Bernhard: Der Einfluß Albert Knapps auf das Gesangbuch der evangelisch-reformierten Kirchen der deutschsprachigen Schweiz seit 1853, in: JLH 29 (1985). 79–190.

Walter, Silja (Hrsg.): Das Kloster am Rande der Stadt. Der Tag der benediktinischen Nonne. Zürich 1980.

Zahn, Johannes: Die Melodien der deutschen evangelischen Kirchenlieder, aus den Quellen geschöpft und mitgeteilt. 6 Bde. Gütersloh 1889-1893 (Reprint Hildesheim 1963).

WACHEN IST UNSER DIENST

Jemand muß zu Hause sein,
Herr,
wenn du kommst.
Jemand muß dich erwarten,
unten am Fluß
vor der Stadt.
Jemand muß nach dir Ausschau halten
Tag und Nacht.
Wer weiß denn, wann du kommst.
Herr, jemand muß dich kommen sehen
durch die Gitter
seines Hauses
durch die Gitter –

durch die Gitter deiner Worte,
deiner Werke,
durch die Gitter der Geschichte,
durch die Gitter des Geschehens
immer jetzt und heute
in der Welt.

Jemand muß wachen
unten an der Brücke,
um deine Ankunft zu melden,
Herr, du kommst ja doch in der Nacht,
wie ein Dieb. *Ruf V/A*

Wachen ist unser Dienst,
wachen.
Auch für die Welt.
Sie ist oft so leichtsinnig,
läuft draußen herum,
und nachts ist sie auch nicht
zu Hause.
Denkt sie daran,
dass du. kommst?
Dass du ihr Herr bist
und sicher kommst?

Jemand muß es glauben,
zu Hause sein um Mitternacht,
um dir das Tor zu öffnen
und dich einzulassen,
wo du immer kommst.

Herr,
durch meine Zellentüre
kommst du in die Welt
und durch mein Herz
zum Menschen.
Was glaubst du, täten wir sonst?

Wir bleiben, weil wir glauben.
Zu glauben und zu bleiben
sind wir da –
draußen,
am Rand der Stadt. *Ruf V/A*

Herr,
und jemand muß dich aushalten,
dich ertragen,
ohne davonzulaufen.
Deine Abwesenheit aushalten,
ohne an deinem Kommen
zu zweifeln.
Dein Schweigen aushalten
und trotzdem singen.
Dein Leiden, deinen Tod mitaushalten
und daraus leben.
Das muß immer jemand tun
mit allen andern
und für sie.

Und jemand muß singen,
Herr!
wenn du kommst!
Das ist unser Dienst:
Dich kommen sehen und singen
Weil du Gott bist.
Weil du die großen Werke tust,
die keiner wirkt als du.
Und weil du herrlich bist
und wunderbar,
wie keiner.
Komm, Herr!
Hinter unsern Mauern
unten am Fluß
wartet die Stadt
auf dich.

Silja Walter

Christoph Joosten

Jesus Christus, König und Herr

1. Jesus Christus, König und Herr,
sein ist das Reich, die Kraft, die Ehr.
Gilt kein andrer Namen
heut und ewig. Amen

2. In des jüngsten Tages Licht,
wenn alle Welt zusammenbricht,
wird zu Christi Füßen
jeder bekennen müssen:

3. Jesus Christus, König und Herr,
sein ist das Reich, die Kraft, die Ehr.
Gilt kein andrer Namen
heut und ewig. Amen.

Druckvorlage

Die hier wiedergegebene Text- und Melodiefassung entspricht dem Erstdruck in **Das Aufgebot*. Eine Textänderung in der dritten Strophe erfolgte in der **Mundorgel* ^{2}1968, Nr. 98: Statt „sein ist das Reich“ nun „dein ist das Reich“. In den nachfolgenden Veröffentlichungen finden sich beide Textvarianten.

Das Lied ist in g-Moll geschrieben. Es erschien in der **Mundorgel* 1953, Nr. 117, erstmals in d-Moll. Diese Tonart wurde bis heute beibehalten.

1 Dichter und Dichtung

Den Text des Liedes schrieb Richard Lörcher (1907–1970) im Jahre 1937. Lörcher, der aus Cleebronn in Württemberg stammte, war zu diesem Zeitpunkt evangelischer Diakon und Jugendleiter in Steinhagen in Westfalen, bevor er 1946 vom Westdeutschen Jungmännerverband zum Bundesposaunenwart ernannt wurde.[1] Im Laufe seines Lebens schrieb und komponierte er zahlreiche Texte und Melodien religiöser Lieder.[2]

Das Lied *Jesus Christus, König und Herr* besteht aus drei Strophen mit je vier Zeilen. Der Text ist in Reimform gehalten, dem das Reimschema a-a-b-b zugrunde liegt. Die erste und dritte Strophe sind identisch, jedoch inhaltlich bilden die zweite und dritte Strophe - durch einen Doppelpunkt angezeigt - eine Einheit.

Die gesamte Dichtung basiert auf biblischen Quellen. Die erste Strophe beginnt mit der Aufzählung der Hoheitstitel Jesu: „Christus, König und Herr" (Z. 1). Der Reihung liegt Phil 2,11 zugrunde, wobei Lörcher das Bibelzitat durch den Hoheitstitel „König" ergänzt. Die herrschaftlichen Attribute wie Reich, Kraft und Ehre (Z. 2) finden sich in den endzeitlichen Visionen des Alten und Neuen Testaments (vgl. Dan 7,14; Offb 5,12). In den Z. 3 und 4 wird der universale Herrschaftsanspruch Jesu Christi formuliert und damit indirekt abgegrenzt von dem irdischer Regenten: „Gilt kein andrer Namen" (Z. 3), Phil 2,9 entlehnt, betont die einzigartige Stellung Christi in der Welt; „heut und ewig" (Z. 4) nach Hebr 13,8 weist auf die zeitliche Dimension (Gegenwart und Zukunft) des Absolutheitsanspruchs Christi als Herrscher der Welt hin. Die gewählte Präsensform zeigt an, daß die Inthronisation Christi zur Rechten des Vaters bereits erfolgt ist.

In der zweiten und dritten Strophe wird der Blick auf den Jüngsten Tag gelenkt. Daß es sich hierbei um ein noch ausstehendes Ereignis handelt, wird durch die Futurform angedeutet. An diesem Jüngsten Tag wird jeder Christus huldigen müssen. „Jeder" (Z. 4) umfaßt dabei alle kosmischen Wesen und macht den universalen Charakter dieses Ereignisses deutlich: Alle müssen diesem Einen huldigen, ihn als den eschatologischen Weltenherrscher anerkennen. Die Abfolge von Proskynese (Z. 3) und Akklamation (Str. 3; Einleitung Str. 2,4) entspricht Phil 2,10f. Das in diesem Zusammenhang verwendete Verb „müssen" weist darauf hin, daß es sich bei dieser Huldigung um einen Rechtsakt handelt, bei dem der von Gott verliehene Name ausgesprochen und anerkannt wird: Weil Gott ihn zum Weltenrichter eingesetzt hat, müssen alle ihn anerkennen. Eine soteriologische Dimension kommt hier nicht in den Blick.[3]

2 Komponist und Melodie

Gottfried Schneider (1909–1987) vertonte die Dichtung von Lörcher 1937. Es ist ein schlichter, eingängiger Hymnus, im 4/4 Takt geschrieben, acht Takte umfassend, mit dem Ambitus einer kleinen Sext (g^1-es^2). Als Vorlage für

1 Vgl. Rothenberg, *Jesus Christus, König und Herr*, 368f.

2 Das Lied *Nun gehören unsre Herzen ganz dem Mann von Golgatha* (abgedruckt u.a. in: **Lebenslieder*, Nr. 286), dem eine Dichtung von Friedrich von Bodelschwingh zugrunde liegt, gehört zu den wohl bekanntesten Weisen Lörchers.

3 Zu Phil 2,9-11 vgl. Müller, Der Brief des Paulus an die Philipper; zu Hebr 13,8 vgl. Grässer, An die Hebräer.

seine Komposition diente Schneider der Text der ersten bzw. dritten Strophe; denn nur hier stimmt die Melodie in ihrer Metrik mit dem Sprachrhythmus vollkommen überein. Dem entspricht auch der streng syllabische Melodieverlauf.[4] Die gewählte Tonart ist „äolisch", was dem reinen, natürlichen Moll (ohne aufwärts erhöhte 6. u. 7. Stufe) entspricht.

Schneider eröffnet die erste Strophe mit dem g-Moll-Dreiklang g-b-d („Jesus Christus, König und Herr"). Als einziger anderer Ton kommt hier lediglich das die Finalis g anstrebende, festigende a als Durchgangsnote vor. Der Quintsprung g^1-d^2-g^1 („Jesus Christus") bewirkt eine Betonung des „Christus", gefolgt durch einen Terzsprung in Takt 2 aufwärts zum b^1 („König"), nochmals gesteigert durch den abermaligen Quintsprung g^1-d^2, der „Herr" mit einem deutlichen Akzent versieht. Daraus ergibt sich musikalisch die Steigerung „Jesus-Christus-König-Herr" und das macht diese erste Zeile zur Kernaussage des Liedes. Z. 2 beginnt mit dem Spitzenton es^2 des Liedes bei „sein". Somit steht „sein" in der Melodieführung über dem Rest des Verses. Schneider setzt hier musikalisch einen deutlichen Akzent. Ausgehend von dem Ton es^2 („sein") wird im Folgenden stufenweise eine Abwärtsbewegung vollzogen. Durch die notierten Punktierungen („Reich, die Kraft, die Ehr") erfährt der Abschluß des ersten Satzes einen archaisierenden Charakter, unterstrichen durch den aufwärts geführten fanfarenartigen Quartsprung a^1-d^2 („die Kraft, die Ehr"), dem Königsmotiv schlechthin. Der zweite Satz („Gilt kein andrer Namen...") schließt mit einer Hervorhebung der Einzigartigkeit des Namens Christi, im modalen Melodieverlauf durch die Umspielung des d^2 („Namen") durch c^2-c^2-es^2-c^2-c^2 gekennzeichnet. Der Schluß des Liedes wird durch die zur Finalis g^1 zurückschreitende Linie angezeigt. Die abspringende Terz b^1-g^1 („ewig. Amen") und die Wiederholung des g^1 („Amen") verleiht der Aussage „heut und ewig. Amen" großen Nachdruck.

Die musikalischen Hauptakzente, die Schneider in der ersten Strophe gesetzt hat, gelten auch für die zweite Strophe. Im ersten Satz liegt die Betonung auf „Licht" (vgl. Str. 1: „Herr"), auf das die Proskynese andeutende Wort „Füßen" (vgl. Str. 1: „Namen") und den abschließenden Teilsatz „jeder bekennen müssen" (vgl. Str. 1: „heut und ewig. Amen").

3 Wirkungsgeschichte

Das Lied entstand zur Zeit des Dritten Reiches, unmittelbar vor dem Ausbruch des Zweiten Weltkrieges. Mit der Veröffentlichung im **Aufgebot*, welches der Herausgeber Samuel Rothenberg als „Vorpostenarbeit", das „fast ausschließlich neue Texte, Melodien oder Sätze (bringt), die in praktischer Singarbeit erprobt werden sollen"[5], bezeichnete, wurde es erstmals einem breiteren Publikum bekannt. Das Lied vom Weltenherrscher Jesus Christus war aber zur Zeit des Krieges keineswegs nur ein religiöses Lied.

---

4 In der Str. 2 wird er bei „Tages" und bei „bekennen" unterbrochen.

5 **Das Aufgebot* o. Seitenangabe.

Gerade der Satz „Gilt kein andrer Namen heut und ewig. Amen" wurde zugleich zu einem politischen Bekenntnis. Samuel Rothenberg schrieb rückblickend: „Was in diesem Zusammenhang (Hitler-Regime, Anm. d. Verf.) die Zeile ‚gilt kein andrer Namen' bedeutete, war damals jedem jungen Menschen klar."[6] Den Siegeszug sollte das Lied *Jesus Christus, König und Herr* jedoch erst nach dem Zweiten Weltkrieg mit der Veröffentlichung in der **Mundorgel* 1953[7] antreten. Dieses Büchlein erreichte in kurzer Zeit eine hohe Akzeptanz innerhalb der evangelischen und katholischen Jugendarbeit - und damit auch dieses Lied. In den folgenden Jahren sollte es allerdings ausschließlich im evangelischen Raum weitere Verbreitung finden: 1959 nahm es die Inlandmission und Bibelschule Adelshofen in Baden in **Jesu Name nie verklinget*[8], 1970 der deutsche Verband der Jugendbünde für Entschiedenes Christentum in **Singt von Jesus*[9], 1974 der CVJM-Gesamtverband für Deutschland in **Wacht auf!*[10] und 1991 in **Lebenslieder*[11], 1978 der Bund evangelisch-freikirchlicher Gemeinden und der Bund freier evangelischer Gemeinden in **Gemeindelieder*[12] und schließlich die evangelisch-lutherischen Landeskirchen von Bayern/Thüringen und Österreich in die entsprechenden Regionalteile des **EG*[13] auf.

4 Das Lied im Kirchenjahr

Aufgrund der endzeitlichen Thematik ist das Lied *Jesus Christus, König und Herr* für den Gebrauch im Gottesdienst am letzten Sonntag des Kirchenjahres sehr gut geeignet; denn am Ewigkeitssonntag bzw. am Christkönigssonntag feiern die Christen die Wiederkunft des Herrn, das Kommen des messianischen Friedensfürsten am Jüngsten Tag. Die Aufnahme dieses Liedes in den Regionalteil der Gesangbücher der evangelisch-lutherischen Landeskirchen von Bayern/Thüringen und von Österreich zeigt, daß die Bedeutung dieses Liedes für den Gottesdienst in der evangelischen Kirche erkannt wurde. Anders in der katholischen Kirche: Das Lied *Jesus Christus, König und Herr* wurde bis heute in keines der Gebet- und Gesangbücher der katholischen Bistümer Deutschlands und Österreichs aufgenommen. Dies liegt offensichtlich daran, daß es innerhalb der katholischen Kirche eine eigene „Christkönigslieder-Tradition" gibt. Nachdem 1925 Pius XI. das Christkönigsfest eingeführt hatte, wurden allein in den 30er Jahren vierzehn neue Lieder, die Christus als den Herrscher der Welt priesen, in die Diöze-

---

6 Rothenberg, *Jesus Christus, König und Herr*, 368.

7 **Mundorgel* 1953, Nr. 117. – *Jesus Christus, König und Herr* gehörte bis zur Neuausgabe der **Mundorgel* im Jahre 2001 zum festen Bestandteil des Liedgutes. Vgl. **Mundorgel* ^{2}1968, Nr. 98; Neubearbeitung 1982, Nr. 70; ^{2}1984, Nr. 70.

8 **Jesu Name nie verklinget*, Nr. 137.

9 **Singt von Jesus*, Nr. 106.

10 **Wacht auf!*, Nr. 78.

11 **Lebenslieder*, Nr. 246.

12 **Gemeindelieder*, Nr. 263.

13 EG-BT 590 und EG-Öst 564.

sangesangbücher aufgenommen. Weitere Christkönigslieder wurden in den zahlreichen privaten Liederbüchern der katholischen Jugend veröffentlicht; Lieder, in denen zur unbedingten Treue zu Christus und zum Kampf für sein Reich aufgerufen wurde. Ende der 50er Jahre strich man die meisten dieser Lieder aus dem Repertoire der Gesang- und Liederbücher; denn ihre militante und oftmals pathetische Sprache war zeitbedingt. Seitdem sind nur sehr wenige neue Christkönigslieder entstanden, so daß von einer Verarmung des Christkönigsliedguts gesprochen werden kann. Um so mehr gilt es heute, Ausschau nach alten und neuen Liedern zu halten, in denen Christus als der endzeitliche Weltenherrscher gepriesen wird. Meines Erachtens sollte das Lied *Jesus Christus, König und Herr* mit seiner eingängigen Melodie zukünftig mehr Beachtung finden und als ökumenisches Liedgut am Christkönigssonntag bzw. am Ewigkeitssonntag gesungen werden.

Literatur

Grässer, Erich: An die Hebräer (Hebr 10,19–13,25). (EKK XVII/3). Zürich 1997. 370–373.

Müller, Ulrich B.: Der Brief des Paulus an die Philipper (Theologischer Handkommentar zum Neuen Testament 11/I). Leipzig 1993. 106–113.

Rothenberg, S(amuel): *Jesus Christus, König und Herr*, in: Bekannte Lieder - wie sie entstanden (TELOS-Bücher 2116). Hrsg. von Wolfgang Heiner. Neuhausen-Stuttgart [2]1981. 368f.

Der Himmel, der ist

1. Der Himmel, der ist,
ist nicht der Himmel, der kommt,
wenn einst Himmel und Erde vergehen.

2. Der Himmel, der kommt,
das ist der kommende Herr,
wenn die Herren der Erde gegangen.

3. Der Himmel, der kommt,
das ist die Welt ohne Leid,
wo Gewalttat und Elend besiegt sind.

4. Der Himmel, der kommt,
das ist die fröhliche Stadt
und der Gott mit dem Antlitz des Menschen.

5. Der Himmel, der kommt,
grüßt schon die Erde, die ist,
wenn die Liebe das Leben verändert.

Druckvorlage

Der Text stammt von Kurt Marti (1971), die Melodie von Winfried Heurich. Beide sind dem **EG* entnommen (EG 153).

Hermann Ühlein

Liebe(s-)Grüße aus dem siebten Himmel

Versuch über Kurt Martis *Der Himmel, der ist*

Prolog: „Du lieber Himmel, ..."

... typisch Theologe, könnte man meinen: Erst macht er uns den Himmel auf Erden madig („Der Himmel, der ist, ist nicht der Himmel, der kommt"), dann verspricht er uns das Blaue vom Himmel („Der Himmel, der kommt, das ist ...") und das Ende vom Lied, natürlich: die Liebe (Str. 5).

... typisch Neues Geistliches Lied, könnte man meinen: Fünf einfache Strophen, davon die mittleren drei Strophen stereotyp gebaut („Der Himmel, der kommt, das ist ..."), also seriell angelegt und additiv beliebig zu erweitern. Die Str. 1 und 5 weichen von diesem Schema ab und bilden, auch motivisch verwoben, einen Rahmen – immerhin.

... typisch „Eichhörnchen-Christologie", könnte man meinen, denn ab der zweiten Strophe lugt fast hinter jedem Vers „das liebe Jesulein"[1] hervor. „Der kommende Herr" weist die Richtung: die „Welt ohne Leid" ist die von Christus erlöste Welt, die „fröhliche Stadt" ist die „Wohnung Gottes unter den Menschen" (Offb 21,3), der „Gott mit dem Antlitz des Menschen" und „die Liebe, die das Leben verändert" – alles läßt sich biblisch und theologisch leicht auf Christus beziehen.

Nun haben wir es jedoch bei diesem Lied nicht mit einem schnell zusammengebastelten Produkt à la workshop zu tun. Vielmehr zeichnet mit Kurt Marti ein bedeutender Schriftsteller der deutschsprachigen Gegenwartsliteratur für dieses Lied verantwortlich, 1997 für sein Gesamtwerk ausgezeichnet mit dem „Kurt-Tucholsky-Preis für literarische Publizistik". Allein die Tatsache verdient Beifall, daß gewissermaßen ein kleines Stück Gegenwartsliteratur als Liedtext Eingang ins **EG* gefunden hat[2]. Für Peter Bichsel, der das Schicksal Martis als Schweizer Literat teilt, ist der heute Achtzigjährige „sprachgewaltiger Expressionist" und „klarer Formalist" in einem[3]. Und so entspringt die strenge und bisweilen serielle Struktur des Liedes nicht dem Unvermögen zur komplexen Form, sondern der Fähigkeit zu Reduktion, Konzentration und Klarheit – die Form also: typisch Marti.[4] Nun hat Marti über 20 Jahre als Pfarrer gearbeitet und natürlich ist dieses

---

1 Der Pfarrer sieht im Religionsunterricht auf dem Baum im Schulhof ein Eichhörnchen fröhlich herumhüpfen, hält kurz inne und fragt dann: „Na Kinder, was ist denn das da draußen?" Worauf Klein-Fritzchen einwirft: „Machen wir's kurz, Herr Pfarrer, das ist das liebe Jesulein."

2 EG 153 unter der Rubrik „Ende des Kirchenjahres".

3 Peter Bichsel, Vorwort in Marti, Leichenreden, 6.

4 Vgl. z.B. die „Leichenreden".

Lied durch und durch von biblischen (Offb 21 und 22), christologischen („der kommende Herr") und eschatologischen Linien durchzogen, etwa der Schon-Noch-nicht-Spannung („die Erde, die ist" - „der Himmel, der kommt"). Hier, auf der inhaltlichen Ebene, ist man zunächst jedoch etwas enttäuscht, denn das Lied scheint theologisch allzu korrekt zu sein, fast harmlos, man vermißt den Biß und die klar bezogene Position, das Aufmüpfige, Widerständige und Provokative anderer Marti-Texte. Einzig der Vers „wenn die Herren der Erde gegangen" in Str. 2 erinnert an den „aufstand gottes gegen die herren" in der wohl bekanntesten *Leichenrede* „das könnte manchen herren so passen"[5]. Es irritiert ein wenig, daß Marti in unserem Lied so sichere Antworten zu geben scheint auf Fragen, die er anderweitig ehrlicherweise offenläßt: „ihr fragt / gibts / eine auferstehung der toten? / ich weiß es nicht" und „was kommt nach dem tod?"[6] Hier im Lied dagegen - ganz untypisch Marti - keine Fragen, keine Skepsis, keine Zweifel, und das ausgerechnet zum Thema „Himmel"! Liegt heute nicht darin die Provokation?

***

Vor dem Konzil
„Ist mein Opa jetzt im Himmel?"
Pfarrer: „Ja."

***

1 Der Himmel, der ist

Der Himmel, der ist, ist nicht mehr das, was er mal war[7]: himmlische Liturgie, Reich Gottes und der Engel, lichtvoller Ort der Seelen, Abrahams Schoß, Paradiesgarten voller Wonne, himmlisches Jerusalem, Gemeinschaft mit Gott, visio beatifica, Gemeinschaft der Heiligen, Ort des Wiedersehens mit den Lieben, Verheißung ewigen Lebens, Objekt unserer Sehnsucht, ewige Heimat, verklärtes Leben in verklärtem Leib - den Tod überwunden, das Fegefeuer überstanden, der Hölle entronnen.

Aus dem Himmel, der ist, so scheint es, wurde Gott vertrieben: So ist „Ich habe dem Himmel meinen Namen auf den Rücken geschrieben" kein Zitat aus der Schöpfungsgeschichte, sondern dies sagt Yves Klein (1928-1962), und er läßt sein „International Klein Blue" patentieren.[8] Die Astrophysik ist keine Metaphysik, die Raumfahrt keine Himmelfahrt und „die Universitätstheologie keineswegs eine feste Burg des Glaubens", sie „wirkt auf den herkömmlichen Glauben ebenso zersetzend wie die Naturwissenschaft"[9].

---

5 Marti, Leichenreden, 67.
6 Marti, Leichenreden, 29, 31.
7 Vgl. Lang/McDannell, Der Himmel.
8 Vgl. Weitemeier, Yves Klein, 8, 19.
9 Lang/McDannell, Der Himmel, 434.

Nun ist es (nicht nur) für heutige Theologen wirklich ein Kreuz mit dem Himmel, denn sie sollen sich äußern zu etwas, woran kaum zu glauben ist. Auch ein Blick in die Etymologie des deutschen Wortes „Himmel" ist wenig hilfreich für neue Erklärungen. Hier gibt es in indogermanischen Sprachen eine Verwandtschaft zu Wörtern, „die sonst ‚Stein' bedeuten" können, und das germanische Wort für den Himmel gehört gar in eine Sippe, zu der auch das Wort „Hammer" gezählt werden kann.[10]

Es blieb und bleibt also zunächst nichts anderes übrig, als den Himmel, der ist, zu zertrümmern, vor allem das (w)örtliche Verständnis des „Himmels"[11]. Und hier liegt ein großes Dilemma, denn sowohl die Bibel (Gott wohnt oben im Himmel, Himmelsleiter, Himmelsvisionen) als auch Theologie/Christologie sowie Gebete („Vater unser im Himmel ...") und die christliche Kunst vermitteln genau diese örtliche Vorstellung des Himmels in Metaphern, bildlichen Darstellungen und Architektur - mal ganz abgesehen von der zeitlichen Dimension vom Himmel als *ewigem* Leben *nach* dem Tod. Das Ärgernis liegt in der Konkretheit der Bilder, in ihrer klaren räumlichen Struktur. Diese verhindern in der heutigen Zeit, daß die meisten tradierten Metaphern und Darstellungen zur Glaubensstiftung oder -stärkung taugen. Kein Wunder, daß nur noch Kinder[12] und Fundamentalisten[13] an den Himmel glauben, jene, weil sie noch nicht anders können und diese, weil sie nie anders konnten.

Was ist zu tun? Man kann für das symbolische Verständnis des Himmels werben, man kann ihn von außen nach innen in die Herzen verlegen, man kann versuchen zu vermitteln, was damit *eigentlich* gemeint ist - das jedoch ist den meisten zu hoch. Die Konkretheit funkt immer wieder dazwischen, sie sitzt fest in unseren Köpfen und weicht nicht vor unserem inneren Auge. Den überkommenen Himmel in seiner bunten Anschaulichkeit in unsere heutige Zeit zu übersetzen, gelingt mehr schlecht als recht. Vorsichtig meinte schon Paul Tillich, „auf den Ausdruck ‚Himmel' verzichten zu können"[14]. In einen solchen Verzicht wären dann die meisten anderen eschatologischen Begriffe einzubeziehen, und in der Tat sind „Jüngstes Gericht", „Fegefeuer", „Hölle", „Auferstehung des Fleisches" aus unserem Vokabular schon so gut wie verschwunden.

Sollen wir auch die Bibel radikal zurechtstutzen - oder vielleicht besser: mutiger ergänzen? Vielleicht kann die folgende Überlegung eine Spur weisen: Die biblische Bild(er)welt, so ist zu hoffen, ist im Wort und in der Erzählung geronnene spirituelle Erfahrung, die ihrem Wesen nach abstrakt und unaussprechlich ist. Um mystisches und geistliches Erleben mitteilbar zu machen, muß es sinnlich und konkret werden. Der Prozeß geht also vom Innen zum Außen, vom Unaussprechlichen zur Sprache, vom Bild vor dem

---

10 Kluge, Etymologisches Wörterbuch, 374f.

11 Dazu Lang/McDannell, Der Himmel, 428–478.

12 „Lieber Gott, mach' mich fromm, daß ich in den Himmel komm'".

13 „Lieber Gott, ich bin so fromm, mach', daß ich in den Himmel komm'".

14 Lang/McDannell, Der Himmel, 437.

geistigen zum Bild vor dem körperlichen Auge, vom Abstrakten zum Konkreten, und letzteres ist eben nicht zeitlos und kann deshalb auch nicht in alle beliebige Zeiten hinein konkret vermittelt, sondern höchstens übersetzt werden. Ein solcher Übersetzungsprozeß geht oft nur als Bewegung vom Konkreten zum Abstrakten - und die bringt nur wenigen etwas, zu wenigen. Neue ***konkrete*** Bilder vom „Himmel" können wahrscheinlich nur entstehen in der neuerlichen Bewegung vom Abstrakten zum Konkreten. Es gälte also, heutige „himmlische" Erfahrungen in heutige Metaphern zu gießen und in heutige Erzählungen. Dazu bedürfte es jedoch heutiger mystisch-spiritueller Erfahrungen von Entgrenzung in Raum und Zeit, von Aufgehobensein, von Freiheit, von Gemeinschaft, von Ewigkeit, von Gottesnähe.

Was aber, wenn uns keine heutigen Himmelserfahrungen vergönnt sind? Was aber, wenn das irdische Jammertal (Dummheit, Krieg, Terror, Gewalt, Schmerz und Sartres „Die Hölle, das sind die anderen") uns nicht zu neuer Himmelssehnsucht treibt, sondern allenthalben in die Sucht? Gilt ein so einfacher Satz wie „Unsere Heimat aber ist im Himmel" (Phil 3,20) überhaupt noch, egal, ob „Himmel" nun als Ort oder als Symbol oder als Zustand oder als mystische Erfahrung oder als inwendige Wirklichkeit verstanden wird? Was, wenn der „Himmel" als Schutzzone unserer Zukunft zerstört ist und zerstört bleibt? Was schützt uns „gegen den kosmischen Frost", was tritt „an die Stelle der himmlischen Schalen" (Peter Sloterdijk[15])? Reinkarnation und Esoterik? Altersvorsorge und Lebensversicherung? „[Muß] Telekommunikation das Umgreifende nachspielen" (Peter Sloterdijk[16])?

Es sieht ganz danach aus, denn schon sind sie weit geöffnet, „The Pearly Gates of Cyberspace"[17]: Die himmelweite Gemeinschaft der Heiligen scheint längst abgelöst von der weltweiten Gemeinschaft der internet-user, die still und diffus vereint sind in der *communicatio computorum* und im Glauben an die Grenzenlosigkeit des Mediums; zeitvergessen zelebrieren sie per Mausklick die erträgliche Leichtigkeit des Scheins und loggen sich ein, werden Teil und nehmen teil, alle weben mit an dem einen großen Netz des All-Einen. „Gott ist auf Festplatte" und die „Juniorgötter" (so nennen sich die Programmierer[18]) erschaffen virtuelle Welten und virtuelle Himmel ohne Ende und alle im chat-room stimmen ein in den neuen Lobgesang: „We all praise you, great worldwideweb".[19]

Vor diesem Hintergrund wirkt „Der Himmel, der ist, ist nicht der Himmel, der kommt, wenn einst Himmel und Erde vergehen", also die erste Strophe von Kurt Martis Lied, für manche vielleicht eher wieder beruhigend: Alles, was den Himmel, der ist, heute ausmacht, wird nichtig sein,

15 Zitiert nach Dahlgrün, Jenseitswelten, 99f.

16 Dahlgrün, Jenseitswelten, 100.

17 Wertheim, The Pearly Gates of Cyberspace.

18 Vgl. etwa die Website http://home.t-online.de.

19 Vgl. Bergermann, Virtuelle Himmel.

wenn „Himmel und Erde vergehen". Der Himmel, der ist, darf dann nicht mehr sein. Anderseits gehen wir unseren Weg als Schauende[20] und so werden wir uns für das Leben vor dem Tod in unserer Phantasie und in unseren Träumen, in unserem Denken und in unserer Sprache immer wieder aufs neue *unsere* Bilder vom Himmel entwerfen - virtuell waren sie immer, das sollte nicht stören.

***

Nach dem Konzil
„Ist mein Opa jetzt im Himmel?"
Gemeindereferentin[21]:"*hüstel, hüstel* ... ihm geht es jetzt total gut ..."
Pastoralreferent[22]:"*räusper, räusper* ... der Opa hat jetzt keine Probleme mehr ..."
Pfarrer[23]: „*hüstel* ... er ist *räusper* bei Gott ... *hüstel*"

***

2 Der Himmel, der kommt

„Der Himmel, der kommt" ist der einzige Vers, der wörtlich in jeder Strophe des Liedes begegnet, ein zentraler Vers also. Er kehrt die gängige Vorstellung um, daß wir *in* den Himmel kommen. Der Himmel jedoch, der *auf uns zukommt*, ist unsere Zukunft, er ist unser aller *happy end*. Ein Lied, das diesen Vers ins Zentrum stellt, ist unsere Zukunftsmusik.

In den nun zu besprechenden Str. 2 bis 4 wird dieser Vers jeweils weitergeführt mit „Der Himmel, der kommt, *das ist ...*". Unter zeitlichem Aspekt ist bemerkenswert, daß es nicht heißt: Der Himmel, der kommt, das *wird ... sein*. Mit anderen Worten: Die Ankunft des Himmels liegt in der Gegenwart, die Zukunft hat schon begonnen. Doch nun kurz zu den einzelnen Prädikationen: 1) ... *das ist der kommende Herr*. Mit der Gleichsetzung von kommendem Himmel und kommendem Herrn überwindet Marti die örtliche Vorstellung der Bibel, die zum Beispiel in Phil 3,20 zu finden ist: „Unsere Heimat aber ist *im* Himmel. *Von dorther* erwarten wir auch Jesus Christus, den Herrn ..." Diese Erwartung, so jedenfalls die Zusage am Ende der Bibel, wird nicht enttäuscht: „Ja, ich komme bald" (Offb 22,20). Zuvor jedoch - und damit zurück zum Lied - müssen „die Herren der Erde gegangen" sein. Mit Verlaub: Das kann dauern. Und: Dürfen die einfach so gehen? Ohne mit dem Buch ihres Lebens konfrontiert zu werden? Ohne Gericht? Und: Wird der Eintritt frei sein, wenn Jesus Christ Superstar sein Comeback feiert? 2) ... *das ist die Welt ohne Leid, wo Gewalttat und Elend besiegt*

---

[20] Paulus sah das anders: „ ... denn als Glaubende gehen wir unseren Weg, nicht als Schauende" (2 Kor 5,7).

[21] Studienschwerpunkt: Homiletik für Krabbelgottesdienste; Zusatzausbildung in Eheberatung, Meditativem Tanz, Yoga, Tai Chi und Tai Ginseng.

[22] Studienschwerpunkt: Pastoralpsychologie; Zusatzausbildung in TZM, NLP, ZVS, Supervision und Television.

[23] Kein Studienschwerpunkt, keine Zusatzausbildung.

sind. Das wäre wirklich schön: Kein Blut mehr, das zum Himmel schreit (Gen 4,10), keine Trauer, keine Klage, keine Mühsal, kein Tod (Offb 21,4). Die Welt als große gewaltfreie Zone, todesfreier Streifen am Horizont, no tears in heaven (Eric Clapton). 3) ... *das ist die fröhliche Stadt.* Die Vorstellung eines städtisch geprägten Himmels war vor allem eine Sache des Mittelalters, als von 1150 bis 1250 der Städtebau einen immensen Aufschwung nahm. Kirchen und Kathedralen sollten das Himmlische Jerusalem (Offb 21) abbilden: *Urbs Hierusalem beata* war ein Hymnus zum Kirchweihfest.[24] Heute stolpert man doch etwas über eine solche Himmelsvorstellung, und auch ein im Evangelischen Gesangbuch stehendes Lied wie *Jerusalem, du hochgebaute Stadt*[25] wirkt ziemlich angestaubt. Eine fröhliche Stadt setzt vor allem fröhliche Bewohner voraus. Die gibt es städtefüllend wohl auf Erden nicht. Oder doch? Gemeinhin werden olympische als heitere Spiele bezeichnet, die Städte, die diese Spiele ausrichten, gelten für ein paar Wochen als fröhliche Städte: Sie empfangen die „Jugend der Welt" (haha) und erfreuen sich an deren Leibesübungen, und zwar auf Teufel komm' raus – Terroranschlag hin (München), Bombenanschlag her (Atlanta). Auch Sydney war gar nicht mehr so fröhlich, als bald nach der Sportjugend ein Schiff mit Flüchtlingsjugend um Aufnahme bat. Es fehlen also wirklich erfahrbare Zugänge zu einer solchen Himmelsvorstellung, und so bleibt nur der Blick in die Schrift: Dort heißt es, daß „die heilige Stadt, das neue Jerusalem, von Gott her *aus* dem Himmel *herab*kommt" (Offb 21,2). Auch hier erreicht Marti durch die Prädikation „Der Himmel *ist* die Stadt" die Aufhebung der biblischen Lokalitäten. Der Himmel kommt *als* Stadt der Freien (Gal 4,26), als Stadt der offenen Tür, in der es „Nacht nicht mehr geben [wird]" (Offb 21,25). Das Himmlische Jerusalem als *city that never sleeps* – lachet und betet! 4) ... *das ist der Gott mit dem Antlitz des Menschen.* Nach „Welt" und „Stadt" verweist die vierte Prädikation zurück auf die erste, auf den kommenden Herrn. Herr und Gott sind beide nicht hoch droben *im* Himmel, sie *sind* der Himmel, der zu uns kommt: Der Herrgottswinkel ist damit nicht nur Blickfang für den Besuch aus der Stadt, er ist nicht nur Ort des Haders und my private Klagemauer, sondern das Einfallstor für die himmlischen Heerscharen, und an deren Spitze kommt Christus – himmlischer Mensch und eingefleischter Gott.

***

Nach dem Konzil ist vor dem Konzil[26]

„Ist mein Opa jetzt im Himmel?"

Gemeindereferentin:	„Ja."
Pastoralreferent:	„Ja."
Pfarrer:	„Ja."

***

24 Vgl. Lang/McDannell, Der Himmel, 108–117. Dazu neuerdings: Eaton, Die ideale Stadt.

25 EG 150.

26 Nach Sepp Herberger („Nach dem Spiel ist vor dem Spiel").

3 Die Erde, die ist

Wir sind am siebten[27] Himmel angelangt: Siebenmal findet sich in Kurt Martis Lied das Wort „Himmel", das letzte Mal also hier, in der fünften Strophe: „Der Himmel, der kommt, grüßt schon die Erde, die ist, wenn die Liebe das Leben verändert."

Bemerkenswert ist, daß „der Himmel, der kommt" nicht den *„Himmel,* der *ist"*, grüßt, sondern „die *Erde,* die ist". Marti akzentuiert damit sehr deutlich die Diesseitigkeit des Himmels, sein Himmel ist geerdet.[28] Das Lied sagt über die Erde: Sie ist vergänglich, „Herren" beherrschen sie, sie ist voller Leid, Gewalttat und Elend. Dahinein fällt Liebe vom siebten Himmel. Nun ist natürlich in einem Gesangbuchtext unter „Liebe" gemeinhin etwas anderes zu verstehen als im alltäglichen Sprachgebrauch. Im Kirchenlied wird zunächst an Gottesliebe, mystische Liebe, caritas, agape, Nächstenliebe oder höchstens an die eheliche Liebe in Zeiten der Fortpflanzung zu denken sein. Im sonstigen Sprachgebrauch geht es wohl eher um die romantische Liebe, um die Liebe zum Kind, zum Haustier, zum Hobby oder vielleicht zu Roy Black. Mutige bekennen sich offen zur Selbstliebe, und zynische Zeitgenossen halten es vielleicht mit Bob Dylan (*Love is just a four-letter word)* oder mit dem Graffiti „Wo die Liebe hinfällt, wächst kein Gras mehr", andere übersetzen „Liebe" mit „Sex" oder „Lüge" oder haben dieses Wort komplett aus ihrem Wortschatz verbannt. Wieder andere meinen, Liebe, das sei „soundso nur was für Frauen". So etwa ein Gaukler auf der Eifler Burg Satzvey[29] anläßlich der diesjährigen Ritterfestspiele. Nun wird man sich an dieser Stelle fragen, was ein nicht gerade origineller Spruch eines dahergelaufenen Spielmanns in einer Liedbesprechung zum Thema „Diesseitigkeit des Himmels" zu suchen hat, zumal wenn man erfährt, wie der Geselle fortfuhr: „... und die Weiber, verehrtes Publikum, halten nur deshalb die Liebe für das Wichtigste im Leben, weil sie von Musik und Bier nichts verstehen!" Über derart Vulgäres aus fernen Tagen können heute nur noch wenige lachen. Auf Burg Satzvey fanden diese Ausführungen denn auch nur Zustimmung bei Männern, die den Feminismus noch vor sich und bei Frauen, die ihn schon hinter sich haben – zwei Minderheiten. Dennoch ist es reizvoll, das zwar politisch nicht korrekte, wohl aber wahre Dictum mit unserem Thema in Verbindung zu setzen: Repräsentative Umfragen zeigen, daß für die meisten Frauen (die) *Liebe* wirklich an erster Stelle ihrer Werteskala steht.[30] Vielleicht fühlen sie sich von einer entsprechenden

---

27 Vgl. zur Herkunft der Redensart vom „siebten Himmel" Art. „Himmel", in: Röhrich, hier 715. Der Bibelleser gelangt über 2 Kor 12,2 bis in den dritten Himmel.

28 Er steht damit in der Tradition Karl Barths, seines theologischen Lehrers; vgl. Lang/McDannell, Der Himmel, 456f, 459f, dazu ebd. 442–446. In Martis „Leichenreden" klingt ebenfalls die Überzeugung von der *Gegenwart* der Letzten Dinge durch, besonders deutlich etwa 29: „ich weiß / nur / wozu Er uns ruft: / zur Auferstehung heute und jetzt".

29 Ein deutsches Kleinod.

30 Es dürfte ein leichtes sein, hier ein paar treffliche Belege anzuführen.

Himmelsvorstellung in der Tat angesprochen, wie sie etwa bereits von Emanuel Swedenborg (1688–1772) formuliert wurde[31]. Die Assoziation von „*Musik*“ mit „Himmel“ ist nun wirklich eine gängige, sehr schön dazu das Zitat von Bobby McFerrin: „Musiker sind die Architekten des Himmels“[32]. Um jedoch auf der Suche nach einer Verbindung zwischen Himmel und *Bier* nicht ins allzu Gemütliche (Bierseligkeit), Derbe (Münchner im Himmel) oder gar in den Kalauer (Bierzelt/Himmelszelt) abzugleiten, ist zunächst auf eine Himmelsvorstellung hinzuweisen, die in Köln kursiert: „Himmel“, so heißt es dort, „das ist den ganzen Tag Kölsch trinken, und es soll immer so schmecken wie beim ersten Schluck.“ Das hat doch ein gewisses Niveau. Frau[33] muß keine Bierliebhaberin sein, um zu wissen, was der „erste Schluck“ bedeutet, meist „Ende des Tages“, „Ende der Arbeit“, nach Anstrengung und Auspowern mit dem ersten Schluck wieder frisch werden. Nun werden ja die Kölner bisweilen geziehen, allzu leichtlebig und oberflächlich zu sein. Die Verbindung von „erstem Schluck“ und „Himmel“ kann jedoch eine existentielle Dimension gewinnen, denn manchmal verlangen Sterbende kurz vor dem Tod nach einem Bier – und glücklich der, der es dann bekommt. Der letzte Schluck soll ein erster sein, voller Vitalität, aufschäumendem Leben und sprudelnder Kraft.

Nun soll der Tod nicht das letzte Wort haben, jedoch, auch die Liebe hat es nicht – und damit zurück zum Marti-Text: Das letzte Wort des Liedes ist *verändert*. „Liebe, die das Leben *verändert*“ Das ist die Liebe, die Kurt Marti hier meint: Sie kann mystisch oder romantisch sein, Nächsten- oder Gottesliebe, wenn sie nur eine (r)evolutionäre Liebe ist, eine Liebe, die verwandelt.[34] Also nicht „ewige Ruhe“ oder *requiescat in pace*, sondern Entwicklung, Dynamik und Veränderung als Vorstellung vom Himmel. Das wird nicht jedem gefallen, wer will schon Veränderung per se? Halten wir es nicht lieber mit der mondänen Kaffeetante aus der Fernsehwerbung, die, um eine Antwort gebeten, wenn sie einen Wunsch frei hätte, kurz an ihrem Sonderangebotsgetränk schlürft, in die Kamera grinst und sagt: „Alles soll so bleiben, wie es ist!“ Dieser sehr menschliche Wunsch (wenn's einem denn gut geht) steht ziemlich diametral dem entgegen, was in Offb 21,5 so lichtvoll verheißen wird: „Seht, ich mache alles neu.“ Der Schattenbruder dieser Verheißung ist der Satz: „Nichts wird sein wie zuvor“. Das klingt eher bedrohlich und läßt an gewaltsame, zerstörerische Veränderung, an Chaos denken. In der Tat ist Veränderung immer eingespannt zwischen Verheißung und Bedrohung, zwischen Mut und Verzagtheit, zwischen Loslassen und Festhalten. Hier können vielleicht die sogenannten „drei C's“ vermitteln: change = chaos + creation.[35] Chaos macht Angst und Schöpfung

[31] Dazu Lang/McDannell, Der Himmel, 246–366

[32] Lippegaus, Die Stille im Kopf. 42.

[33] Männer sind hier mitgemeint.

[34] Dazu die wundervollen Gedanken zum „Engel der Liebe“ in: Grün, 50 Engel für das Jahr, 12–15.

[35] Dank für diesen Hinweis an Stephanie, die sich in der amerikanischen Esoterik zu Hause weiß.

macht kreativ. Die liebende Begleitung in der Veränderung mag helfen, das Chaos zu verwandeln hinein ins Schöpferische.

*

Ich habe nun doch beschlossen, „Die Entdeckung des Himmels" von Harry Mulisch zu lesen - natürlich eine Liebesgeschichte ...

Literatur

Bergermann, Ulrike: Virtuelle Himmel. Konzepte von Grenzenlosigkeit in digitalen und religiösen Räumen: www.upb.de/bergerma/texte/himmel.html.

Dahlgrün, Corinna: Jenseitswelten in der neuzeitlichen Gesellschaft, in: dies./Hans Darmstadt (Hrsg.): Neue Musik in der Kirche II. Himmel, Hölle, Tod und Teufel. Frankfurt/Main 2001. 98–114.

Eaton, Ruth: Die ideale Stadt. Von der Antike bis zur Gegenwart. Berlin 2001.

Grün, Anselm: 50 Engel für das Jahr. Ein Inspirationsbuch. Freiburg/Br. [15]2000.

Art. „Himmel", in: Röhrich, Lutz: Lexikon der sprichwörtlichen Redensarten. Freiburg/Br. 1994, Band 2, 714–718.

Kluge, Friedrich: Etymologisches Wörterbuch der deutschen Sprache. Berlin/New York [23]1995.

Lang, Bernhard/McDannell, Colleen: Der Himmel. Eine Kulturgeschichte des ewigen Lebens. Frankfurt/Main 1990.

Lippegaus, Karl: Die Stille im Kopf. Interviews und Notizen über Musik. Zürich 1987.

Marti, Kurt: Leichenreden. Zürich 2001.

Weitemeier, Hannah: Yves Klein 1928–1962. Köln 1994.

Wertheim, Margaret: The Pearly Gates of Cyberspace. A History of Space from Dante to the Internet. London 1999.

Andreas Marti

Herr, mach uns stark im Mut, der dich bekennt

1. Herr, mach uns stark im Mut, der dich bekennt,
daß unser Licht vor allen Menschen brennt!
Laß uns dich schaun im ewigen Advent.
Halleluja, Halleluja.

2. Tief liegt des Todes Schatten auf der Welt.
Aber dein Glanz die Finsternis erhellt.
Dein Lebenshauch bewegt das Totenfeld.
Halleluja, Halleluja.

3. Welch ein Geheimnis wird an uns geschehn!
Leid und Geschrei und Schmerz muß dann vergehn,
wenn wir von Angesicht dich werden sehn.
Halleluja, Halleluja.

4. Aber noch tragen wir der Erde Kleid.
Uns hält gefangen Irrtum, Schuld und Leid;
Doch deine Treue hat uns schon befreit.
Halleluja, Halleluja.

5. So mach uns stark im Mut, der dich bekennt,
daß unser Licht vor allen Menschen brennt!
Laß uns dich schaun im ewigen Advent.
Halleluja, Halleluja.

Zusätzliche Strophe im **EG*:

6. Mit allen Heilgen beten wir dich an.
Sie gingen auf dem Glaubensweg voran
und ruhn in dir, der unsern Sieg gewann.
Halleluja, Halleluja.

Druckvorlage

Melodie und Text folgen hier RG 865. Der Text stammt von Anna Martina Gottschick 1972 (**Neue Lieder - Berlin*), ausgehend von dem Lied *For all the Saints who from their labors rest*, (Ursprünglich *For all Thy Saints*) von William Walsham How (**Hymns for Saint's Days*). Die Melodie ist von Ralph Vaughan Williams (**English Hymnal*). Die zusätzliche Strophe im EG 154 stammt von Jürgen Henkys, 1988.

1 Ein Lied mit Charakter

Wenn Lieder so etwas wie eine Persönlichkeit haben, eine Individualität, die sie prägt und unverwechselbar macht, kann das verschiedene Gründe haben. Es kann an der Sprache liegen, am Thema, an Bildern und Begriffen, biblischen Bezügen, theologischer Treffsicherheit, geistlicher Konzentration oder auch an der Melodie, an ihrer musikalischen Gestalt. *Herr, mach uns stark* gehört wohl zu denjenigen Liedern, bei denen die Melodie in erster

Linie zu einer solchen unverwechselbaren Prägung beiträgt, was nicht heißen soll, daß nicht auch auf den anderen Ebenen dieses Lied einen stark geprägten Charakter zeigt. Und es war offenbar in erster Linie der Wunsch, die Melodie als deutsches Kirchenlied singen zu können und nicht das Bedürfnis, den originalen Text ins Deutsche zu übertragen, der den Anlaß zur Entstehung des Liedes, so wie es uns heute vorliegt, gegeben hat. Deshalb beginnen wir mit einem Blick auf die Melodie.[1]

2 Die Melodie

Schon der Melodieanfang ist außergewöhnlich und sprengt herkömmliche Schemata und Erwartungen. Die Eröffnungsformel, die ersten vier Töne umfassend (1), klingt ja eher wie ein Melodieschluß – eine ideale abschließende Bekräftigung, einsetzend auf der spannungsvollen Dominante, den Grunddreiklang abschreitend und auf dem zweitletzten Ton bei der zweiten Melodiestufe der harmonischen Dominante Platz gebend.[2] So nimmt die Melodie eigentlich die Schlußbestätigung voraus, beginnt in einer energischen und dadurch schon fast wieder provozierenden Stabilität, aus der heraus eine Fortsetzung zu finden eine große kompositorische Herausforderung ist: Wie soll man einen Melodieverlauf finden, wenn man zuerst einen Schluß schreibt? Ralph Vaughan Williams – der wohl profilierteste Vertreter der englischen Spätromantik – löst diese Aufgabe mit dem großen Gestus, der sein musikalisches Denken auszeichnet: mit einem doppelten Anlauf vom unteren Dominantton aus, im spiegelbildlicher Lage zum Anfang und dann auch in melodischer Gegenbewegung geführt. Die zweite Hälfte der ersten Strophenzeile setzt so dem vermeintlichen Abschluß der

---

1 Die eingeklammerten Angaben verweisen auf die Markierungen im Notentext.

2 Im **RG* endet so das Lied *Gott ist getreu*, mit der Melodie von J. R. Ahle/J. H. Knecht zu *Es ist genug*, RG 689.

Anfangsformel eine öffnende Expansion entgegen, mit einem um einen Ton größeren Umfang (Sexte statt Quinte) und dem emphatischen Sextsprung am Zeilenende (2).

Die zweite Strophenzeile fängt diese Emphase ausgleichend auf, und zwar mit einer gesamthaft deutlich flacheren Bewegung - zweimal wird eine Tonwiederholung (TW) verwendet - und mit dem Abstieg zum unteren Rand des Tonraums. Dabei entspricht die Schlußformel (3) genau dem Melodieanfang, jetzt in die Unterquarte versetzt, so daß eine vorläufige Rundung des Spannungsverlaufs erreicht ist, die Melodie aber wegen des Dominantschlusses trotzdem für die Fortsetzung offen bleibt.

Die zweite Strophenhälfte, die dritte Zeile also, beginnt wieder ausgesprochen expansiv, in nur zwei Sprüngen den ganzen bisher verwendeten Tonraum umgreifend (4), eine gleichsam geraffte Spiegelung des Anfangs: dort d″–g′–d′, hier jetzt d′–g′–d″. Errichtet sie mit ihrer Weiträumigkeit einen scharfen Kontrast zur zweiten Zeile, schafft sie doch zugleich eine Verbindung zu ihr, indem sie ebenfalls zweimal eine Tonwiederholung (TW) verwendet: Kontrast und Entsprechung als die grundsätzlichen Elemente musikalischer Formbildung sind hier in einer fein ausbalancierten Weise eingesetzt, wie auch gleich die Fortsetzung zeigt. Am Ende der dritten Zeile ist nämlich wieder wie am Melodiebeginn der Raum zwischen Oberquinte und Grundton zu durchmessen; diesmal löst der Komponist jedoch die Bewegung durch den Einsatz unvorbereiteter Vorhaltsnoten in kleinere Notenwerte auf (5) und beendet damit die bis dahin herrschende feierliche Gleichmäßigkeit der Bewegung.

Diese intensivierte Bewegung bildet ihrerseits zugleich den Anlauf für den melodischen Höhepunkt zu Beginn der vierten Zeile. Die erste Hälfte dieser Zeile entspricht in Anfangs- und Endton wieder dem Melodieanfang, jetzt aber wird in einem einzigen kräftig akzentuierten Ton - schon das englische Original bringt an dieser Stelle das „Halleluja" - der Oktavraum nach oben zur sechsten Melodiestufe aufgebrochen (6), worauf nach einer der Achtelbewegung der dritten Zeile entsprechenden Umspielungsfigur der Quintraum im Abwärtssprung (7) bewältigt wird - dieser wiederum ein Pendant zum Beginn der dritten Zeile. Die letzte Halbzeile, das zweite „Halleluja", ist durch eine nochmalige Achtelfigur mit den übrigen Teilen der zweiten Melodiehälfte verbunden, hat dann aber vornehmlich die Aufgabe, die große Spannung zurückzunehmen und auslaufen zu lassen; folgerichtig vermeidet sie den Quintton als den Hauptspannungston, umfaßt lediglich noch eine Quartbewegung und verwendet ausschließlich lineare Fortschreitungen in Sekunden. Die Ligaturen und Achtelbewegungen der letzten Zeile können als eine Erinnerung an den „Jubilus" bei gregorianischen Halleluja-Vertonungen gehört werden, jedoch ohne daß die Melodie ihren Stilbereich verlassen würde.

Wie sehr es der Komponist darauf angelegt hat, bei aller inneren Logik der Gestaltung jedem Schematismus zu entgehen, der durch das gleichmäßige Versmaß - dreimal zehn Silben und das doppelte Halleluja - hervorgerufen werden könnte, zeigen die Anfänge der drei eigentlichen Textzeilen:

Alle sind vom Text her gleichermaßen auftaktig geformt, die Melodie gibt diesen Auftakt dreimal unterschiedlich wieder: zuerst als dreifachen Auftakt erst zur vierten Silbe hin, dann als gewichtige Anlauf-Note und schließlich als kurzen Auftakt mit Quartsprung nach oben. Und auch die beiden „Halleluja" sind rhythmisch variiert, das erste in Aufnahme der langen Auftaktnote von Z. 2, das zweite mit dem einzigen in Achtel aufgelösten Auftakt.

In englischsprachigen Gesangbüchern tragen Kirchenliedmelodien Namen, die sie unabhängig von den häufig wechselnden Textzuweisungen identifizierbar machen. Hier lautet dieser „tune name" etwas überraschend SINE NOMINE - ohne Namen. Dahinter könnte ein ironisches Augenzwinkern stehen; ebenso wahrscheinlich verbirgt sich aber dahinter ein künstlerischer Anspruch: Als „Missa sine nomine" bezeichnete man in der Renaissance mehrstimmige Vertonungen des Meßordinariums, die darauf verzichteten, auf eine vorhandene Melodie zurückzugreifen und mit ihrer Hilfe die Teile der Messe zu einer musikalischen Einheit zusammenzubinden, während andere Messen die Bezeichnung dieser (oft weltlichen) Melodie trugen, z.B. „Missa L'homme armé". „Sine nomine" heißt dann „ohne musikalisches Vorbild" und erhebt einen Originalitätsanspruch, der für unsere Melodie sehr wohl zutreffen könnte, unterscheidet sie sich doch in Gestus, konsequenter Gestaltung und musikalischer Individualität stark von gängigen klassizistisch-romantischen Mustern.

Eng mit der Melodie verwoben ist Ralph Vaughan Williams' vierstimmiger Satz. Daß dieser Satz mit dem Terzton im Baß beginnt, rührt übrigens daher, daß Vaughan Williams auf dem ersten Schlag des Anfangstaktes den Baß auf den Grundton vorausnimmt. Die tonale Bindung und formale Geschlossenheit von Kirchenliedmelodien setzt dem Einsatz harmonischer Mittel Grenzen, doch gleich zu Beginn zeigt der Komponist, daß er diese Grenzen ausloten will: Auf dem zweiten und dritten Melodieton stehen Septimenakkorde, zuerst - noch nicht einmal durch konsequent lineare Stimmführung gestützt - ein Akkord mit großer Septime, dann der vertraute Dominantseptimenakkord. In gleicher Weise harmonisiert er die Wiederaufnahme der eröffnenden Melodieformel am Ende der zweiten Zeile, nur diesmal mit einer regulären Schlußkadenz anstelle des Trugschlusses in der ersten Zeile. Im weiteren Verlauf entstehen mehrfach Dissonanzen und Septimenakkorde durch die Logik der Stimmführung und sorgen dafür, daß die musikalische Spannung durch die ganze Melodie erhalten bleibt - auffallenderweise fehlt dann aber bei der Schlußkadenz der Septimenakkord. Das paßt zu der Feststellung bei der Melodieführung, daß die letzte Halbzeile die vorher aufgebaute Spannung abbaut und auslaufen läßt.

Zusätzlich zu dem singbaren vierstimmigen Satz bietet Vaughan Williams im **English Hymnal* auch einen Klavier- oder Orgelbegleitsatz zum einstimmigen Gesang mit fast identischem harmonischem Verlauf, aber bewegterer Baßlinie.

3 Der Text

Der deutsche Text von Anna Martina Gottschick geht zurück auf das englische Allerheiligenlied *For all the saints who from their labors rest* von William Walsham How (1823–1897), einem anglikanischen Pfarrer und Bischof, der eine ganze Reihe von Kirchenliedern gedichtet hat. Zu diesem Text hat Ralph Vaughan Williams seine Melodie komponiert, und zwar für das von ihm redigierte **English Hymnal* von 1906. Das Lied schließt in den letzten drei Strophen mit einem hymnischen Ausblick auf die Vollendung von Gottes Reich, in welches die siegreichen Bekenner und Heiligen aufgenommen werden, und es ist im wesentlichen nur der Gedanke der Vollendung, des Ausblicks auf die Ewigkeit, den die Dichterin im deutschen Text aufgenommen und zu einem völlig selbständigen Lied zum Schluß des Kirchenjahres gestaltet hat. Der „ewige Advent", zu lesen als der ersehnte Anbruch der Vollendung, schlägt im Kirchenjahr zugleich die Brücke zur bevorstehenden Adventszeit. Das **EG* hat durch die Hinzufügung einer von Jürgen Henkys gedichteten Strophe das Gedenken an die „Heiligen", wie sie den Kern des englischen Originals ausmacht, in dem Lied erhalten; darin ist ihm allerdings das Schweizer **RG* nicht gefolgt. Wie Wolfgang Fischer berichtet[3], hat Anna Martina Gottschick den Text auf Bitten von Heinz Werner Zimmermann zu der Melodie von Vaughan Williams gedichtet, ihn aber mit der heutigen zweiten Strophe begonnen. Die **EG*-Gesangbuchausschüsse machten aus der letzten Strophe eine Rahmenstrophe, um den Beginn mit „Tief liegt des Todes Schatten", zu vermeiden. Sie haben damit zugleich – in diesem Punkt vielleicht sogar unbeabsichtigt – dem Verhältnis von Text und Melodie einen guten Dienst erwiesen: Die starke Zäsur nach dem vierten Melodieton wird in der jetzigen ersten (und letzten) Strophe vom Text mitgemacht. Die anderen Strophen gehen über diese Zäsur weg, was zwar eine reizvolle Spannung ausmacht, der Melodie aber einiges von ihrem geprägten und einprägsamen Charakter nimmt. Interessant ist, daß der englische Text ebenfalls nur in wenigen Strophen an dieser Stelle eine Zäsur zeigt: Vaughan Williams hat bei der Komposition ganz offensichtlich die erste Strophe *For all the saints* im Ohr gehabt.

Ebenso prägend wie der Melodieanfang ist der (jetzige) Textanfang. Dem bestätigend-bekräftigenden Charakter der melodischen Formel entspricht die affektmäßige und assoziative Ladung der Wörter „Herr" und „stark" weitergeführt durch „Mut" und „bekennt". Stärke, Gewißheit, ja gar Trotz mögen als Bedeutungsfeld damit eröffnet sein, damit noch an den kämpferischen Ton des Liedes von William W. How erinnernd: Die Heiligen des Allerheiligentages sind ja zu einem großen Teil die Märtyrer, die ihr Zeugnis, ihr Bekennen als leidvollen Kampf verstehen mußten. Schon die zweite Zeile verschiebt aber den Akzent:

Das „Licht", das „vor allen Menschen brennt", ruft eher Assoziationen des ruhigen Leuchtens, der Stetigkeit des Lichtes, der Kerzenflamme her-

---

[3] Fischer, *Herr, mach uns stark*, 73f.

vor, wenn auch das „Brennen" durchaus mit einem intensiven Klang zu hören ist: auch Leidenschaften „brennen" ja. Liest man die ersten beiden Zeilen im Zusammenhang, verbirgt sich darin die Anspielung an das Jesuswort: „Wer sich nur vor den Menschen zu mir bekennt, zu dem werde auch ich mich vor meinem Vater im Himmel bekennen" (Mt 10,32).

So wie das Bekennen und das „vor allen Menschen", die erste mit der zweiten Zeile verknüpft hat, so verbindet nun eine Art optisches Wortfeld die zweite mit der dritten: Unser Licht vor den Menschen auf der einen Seite, unser Schauen auf der anderen, und assoziativ überträgt sich das „Licht", vielleicht auch gleich auf die dritte Zeile mit einer Erinnerung an das wohlbekannte *Herr Jesu Christ, dich zu uns wend,* wo es heißt: „Und schauen dich von Angesicht, in ew'ger Freud und sel'gem Licht", (EG 155,3) – in der dritten Strophe wird der dahinter stehende Satz aus 1 Kor 13,12 und Offb 22,4 ja dann explizit aufgenommen. Als weiterer biblischer Bezug ist auch noch das Wort vom Licht herauszuhören, das man nicht unter den Scheffel, sondern auf den Leuchter stellen soll (Mt 5,15).

Dic zweite Strophe nimmt das „optische" Bedeutungsfeld der ersten auf und setzt dem Licht des „Todes Schatten" entgegen. Sie erinnert damit beispielsweise ans „finstere Tal" des Ps 23, vor allem aber an das „Land der Finsternis", im adventlichen neunten Kapitel bei Jesaja, das durch das Aufscheinen des göttlichen Lichtes erhellt wird. Zum endzeitlichen „ewigen Advent", tritt so die Assoziation an den bevorstehenden Advent im Lauf des Kirchenjahres. Überboten wird dieser Bildbereich nun durch die Auferstehungsvision aus Ez 37, die zu den traditionellen Lesungen der Osternacht gehört: In jeder Station des Christusgedenkens im Kreis der Feste und Festzeiten ist die Christusbotschaft als Ganze enthalten, klingen neben dem Hauptakzent die anderen mit.

Auch Str. 3 steckt voller biblischer Zitate: Das Geheimnis unserer Verwandlung (1 Kor 15,51), das Ende von „Leid und Geschrei und Schmerz" (Offb 21,4) und das oben schon erwähnte „von Angesicht". Str. 4 schließlich nimmt das Bild vom „Kleid", auf, das Paulus in 2 Kor 5,1–10 im Blick auf die himmlische Vollendung braucht.

Die Vielfalt dieser Bezüge führt zunächst zu einer gewissen Heterogenität des Textes. Er scheint weniger einen stringenten Gedankengang als vielmehr eine Aufeinanderfolge von Bildern, Vorstellungen und Anspielungen zu bieten, die manchmal fast unverbunden nebeneinander stehen – so ist beispielweise die dritte Zeile der ersten Strophe keineswegs eine logische Fortsetzung der zweiten, sondern setzt mit einem neuen Gedanken ein – assoziativ locker verbunden durch die demselben Bedeutungsbereich zugehörigen Begriffe „Licht" und „schaun".

Neu einsetzende Gedanken, auch gezielte Entgegensetzungen prägen den weiteren Verlauf. Auf das „Licht" der ersten folgt der „Schatten" der zweiten Strophe. Diese ist durch das „Aber" deutlich geteilt, nur daß der Gegensatz (der „Lebenshauch") jetzt nicht dem „Schatten", sondern dem hier mit ihm verbundenen Begriff des „Todes" gilt. Die dritte Strophe bleibt beim zuversichtlichen Ausblick der Vision vom bewegten „Totenfeld", trägt aber den Gegensatz in sich selbst, in der doppelt negativen Formulierung vom Ende des Schmerzes. Wieder wendet sich die Richtung in der vierten Strophe, wieder mit einem „Aber", das der Vollendung die leidvolle irdische Realität entgegensetzt - sofort allerdings wieder gewendet im „doch". In diesem letzten Satz kommt die eschatologische Struktur der Existenz vor Gott zum Ausdruck: Der Gegensatz bleibt zwar bestehen, aber er ist überbrückt durch die Wirksamkeit von Gottes befreiender Treue schon in diesem Leben. Das „schon" ist das Schlüsselwort, welches das Gegensatzspiel von Licht und Schatten, Tod und Leben, Vollendung und irdischem Leben beendet.

Damit ist nun doch eine übergeordnete innere Logik des Textes sichtbar geworden, welche die Vorbehalte der Dichterin einer zusätzlichen Allerheiligenstrophe gegenüber verständlich machen. Daneben bleibt dennoch die fast kaleidoskopartige Bildfolge weiter wirksam, und das ist ja auch eine besondere Chance für das Lied: Sie eröffnet den Singenden Vorstellungs- und Assoziationsräume, die immer wieder anders und individuell gefüllt werden können, nicht in theologisch-argumentativem Diskurs, sondern in genuin religiöser Rede, die nicht benennt, sondern Zeichen für das Unbenennbare zur Verfügung stellt. Die starken Bilder, die Kontraste und Umschwünge und schließlich auch die Dimension des Themas verleihen dem Text eine sehr hohe, fast gedrängte Dichte; formal wird dieser Eindruck noch verstärkt durch die mit zehn Silben relativ langen Zeilen und den dreifachen Reim, der in deutschen Kirchenliedern selten ist.

4 Wort und Ton

Sowohl für die Melodie wie für den Text haben wir eine dichte, intensive Gestaltung festgestellt. Beide korrespondieren auf dieser generellen Ebene in hohem Maße. Die Korrespondenz ist aber wohl noch feiner. So entsprechen die Kontraste und Entgegensetzungen (mit „aber" und „doch") den kontrastierenden Strukturen der Melodie, die Dichte der Bilder wird durch den expansiven Steigerungscharakter in der Musik getragen, und das jede Strophe beschließende und zugleich überbietende Halleluja ist verbunden mit der Überbietung des Oktavraums und den Achtelbewegungen. Bei dieser hohen Übereinstimmung ist auf der einen Seite zu bedenken, daß bei der Entstehung der Melodie ein Text vorlag, der ebenfalls das „Halleluja" enthielt und mit seinem Ausblick auf die Ewigkeit intensive, fast etwas pathetische Bilder zeichnete („The King of glory passes on His way"). Auf der anderen Seite steht die Tatsache, daß dem deutschen Lied die Melodie voraufgegangen ist, und man wird füglich vermuten dürfen, daß sie einen nicht geringen Einfluß auf den Charakter der Dichtung ausgeübt hat. Nimmt man noch den originalen Satz dazu, so zeigt sich ein überzeugendes Ganzes, ein schönes Beispiel dafür, wie in ästhetisch verdichteter Gestalt Dinge zur Sprache kommen können, von denen zu sprechen immer schon schwierig war und in unserer Zeit noch schwieriger geworden ist.

Literatur

WEG = Werkbuch zum Evangelischen Gesangbuch. Hrsg. von Wolfgang Fischer, Dorothea Monninger, Reinhold Morath, Rolf Schweizer. Göttingen 1993ff.
NSK = Neues Singen in der Kirche. Zeitschrift. Hrsg. im Auftrag des Vereins NSK von Hans-Jürg Stefan u.a. Zürich/Luzern 1986-1998.

Drömann, Hans-Christian/Schuberth, Dietrich: *Herr, mach uns stark.* Kommentar, in: 36 Neue Lieder mit Erläuterungen. Kassel ²1987. Nr. 25.
Fischer, Wolfgang: *Herr, mach uns stark.* Liedeinführung, in: WEG VI. Göttingen 2000. 73f.
Martini, Britta: *Herr, mach uns stark.* Kommentar, in: NSK 2 (1996). 2–5.

Verzeichnis der Lieder- und Gesangbücher

Aachen 1932
Gebetbuch und Gesangbuch für das Bistum Aachen. Köln 1932.

Achtörtiges Gesangbuch
Gesangbuch der Evangelisch-reformierten Kirche der deutschsprachigen Schweiz. Zürich/Bern/Basel 1891.

Als een lichnaam
Oosterhuis, Huub: Als een lichnaam. Zes liturgische gezangen. Baarn 1994.

Andernach 1608
Catholische Geistliche Gesänge/Vom süssen Namen Jesu/vnd der Hochgelobten Mutter Gottes Mariæ ... Andernach 1608.

Anhang 77
Neue geistliche Lieder. Anhang 77 mit Anhang 71. Neuhausen-Stuttgart 1977.

Aufgebot
Das Aufgebot. Rüstlieder einer jungen Gemeinde. Hrsg. von S(amuel) Rothenberg. Berlin 1938.

Augsburg 1801
Sammlung geistlicher Lieder bey der Messe, an heiligen Zeiten, Festtagen des Herrn, der Jungfrau Maria, und mehrerer Heiligen Gottes. Augsburg 1801.

Auserlesene Psalmen
Auserlesene Psalmen und Geistliche Lieder für die evangelisch-reformirte Kirche des Kantons Schaffhausen. Schaffhausen 1841.

Babstsches Gesangbuch
Geystliche Lieder. Mit einer newen vorrhede/ D. Mart. Luth. Gedruckt zu Leipzig durch Valentin Babst ... 1545 (Nachdruck Kassel u. a. 1988. Hrsg. von Konrad Ameln).

Bamberg 1628
Catholisches Gesangbuch Auß vnterschiedlichen/von der Römischen Catholischen Kirchen approbierten Gesangbüchern ... Durch Johann Degen ... Getruckt zu Bamberg 1628 (Nachdruck Bamberg 1992, mit Übertragung der vierstimmigen Notensätze und einem Kommentar).

Bamberg 1691
Bamberger Gesangbuch/Worinnen außerlesen Christlich Catholi=sche und Geistreiche Gesaenger/auff Sonn= und fuernembste Festaeg/und sonsten das gantze Jahr durch bey Processionen/Creutzgaengnen .../sehr trost= und nützliche zu gebrauchen. Gedruckt ... durch Johann Jacob Immel. Bamberg 1691.

**Berlin 1830*

Choralbuch von August Wilhelm Bach. Berlin 1830.

**Beuttner 1602*

Beuttner, Nicolaus: Catholisch Gesang-Buch. Faksimile-Ausgabe der 1. Auflage. Graz 1602. Hrsg. u. m. einem wiss. Nachwort versehen von Walter Lipphardt. Graz 1968.

**Beuttner 1660*

Catholisch/Gesang Buch,/Darinnen vil schoene, newe,/vnd zuvor noch nie im Druck gesehen, Christliche, andaechtige Gesaenger ... vbersehen, corrigiert, vnd zum sibenden-/mahl in Druck verfertigt,/Durch Nicolaum Beuttner. Graz 1660.

**Beuttner 1718*

Catholisches/Gesang-Buch/Darinnen Vil schoene neue vnd zuvor noch nie im Druck gesehen Christ-/lich-andaechtige/Gesaenger ... uebersehen vermehrt vnd verbessert/Durch Nicolaum Beuttner. Graz 1718.

**...bis ER wiederkommt*

„.. bis ER wiederkommt“. Ein Liederbuch. Hrsg. vom Liturgischen Arbeitskreis der katholischen Hochschulgemeinde München. Als Manuskript gedruckt. München 1965.

**Book of Carols*

Book of Carols. Oxford 1928. 1964.

**Brüdergemeine 1908*

Gesangbuch der Evangelischen Brüdergemeine. Verlag der Unitäts= Buchhandlung. Gnadau 1908.

**Brüdergemeine 1927*

Gesangbuch der Evangelischen Brüdergemeine. Verlag der Unitätsbuchhandlung. Gnadau 1927.

**Cäcilia 1868*

Cäcilia. Ein Gesangbuch für die Kirche mit Congregationsliedern und Gebeten. Von P. Joseph Mohr S.J. Mit bischöflicher Approbation. Paderborn 1868.

**Cäcilia 1874*

Cäcilia. Von Joseph Mohr. 5., vermehrte und verbesserte Aufl. Paderborn 1874.

**Cäcilia 1912*

Cäcilia. Von Joseph Mohr. 33. Aufl. Regensburg 1912.

**Cantate 1847*

Cantate! Katholisches Gesangbuch nebst Gebeten und Andachten für alle Zeiten und Feste des Kirchenjahres. Nach den alten, sonst allgmein gebräuchlichen Gesängen und Andachten, sowie nach dem lateinischen Kirchenritus bearbeitet von Heinrich Bone. Mit hoher geistlicher Genehmigung. Mainz 1847.

Cantate 1851
Cantate! Katholisches Gesangbuch nebst einem vollständigen Gebet- und Andachtsbuche. Hrsg. von Heinrich Bone. Zweite, sehr vermehrte Auflage. Mit hoher geistlicher Genehmigung. Paderborn 1851.

Cantate 1885
Cantate! Hrsg. von Joseph Mohr. 27., unveränd. Aufl. Regensburg u.a. 1885.

Catholisch Cantual
Catholisch Cantual oder Psalmbüchlin: Darinnen viel Lateinische und Deutsche aber meistentheils alte Catholische Gesaenge begriffen ... Ein jedes mit seinen Noten und Melodey: Gedruckt in der Churfuerstlichen Statt Meyntz druch Balthasar Lippen. Mainz 1605.

CG
Christkatholisches Gesangbuch für die deutschsprachige Schweiz (in Vorb.; übernimmt alle dem KG und RG gemeinsamen Gesänge).

Christliche Gesänge
Christliche Gesänge zur oeffentlichen Gottesverehrung. Bey Leonard Broenner. Dillingen 1807 [Christoph von Schmid].

Chur 1957
Diözesangesangbuch Chur 1957.

Churpfälzisches Gesangbuch
Gesangbuch / zum / gottesdienstlichen Gebrauche / der / Reformirten Gemeinden / in / Kurpfalz ... gedruckt bey Johann Baptist Wiesen. Heidelberg 1785.

Churtrierisches Gesangbuch
Allgemeines / Gesangbuch / zum / Gebrauch / der / Chur-Trierischen / Landen. Trier 1786.

CKG
Christkatholisches Gesangbuch. Meßliturgie und Gesangbuch der Christkatholischen Kirche. Im Auftrag des Bischofs und des Synodalrats herausgegeben von der Kommission zur Revision der liturgischen Bücher. Christkatholischer Schriftenverlag. Allschwil 1978.

Corner 1625
Groß Catholisch Gesangbüch Darinen in die vierhundert Andechtige alte vnd newe gesäng vnd rüff/in eine gute vnd richtige ordnung züsam gebrach, so theils zu Hauß theils zu Kirchen auch bey Processionen und Kirchenfesten mit grosen nütz konnen gesungen werden ... Durch Dauit Gregorium Cornerum. Nürnberg 1625.

**Corner 1631*

Groß Catholisch / Gesangbüch / Darin fast in die funff / hundert Alte vnd Neüe Ge- / sang vnd Ruff in ein gut vnd / richtige Ordnung auß allen / biß hero außgangenen Ca- / tholischen Gesangbüchern zusammen getragen vnd jetzo / aufs Neüe Corrigirt worden. / Durch / P. Dauid Gregorium Cornerum. Nürnberg 1631.

**Crüger 1640*

Newes vollkoemliches / Gesangbuch / Augspurgischer Confession, / Auff die in der Chur- vnd / Marck Brandenburg Christliche / Kirchen Fuernemlich beyder ResidentzStaedte Berlin vnd Coelln / gerichtet ... Von / Johann Crueger. Berlin 1640.

**Da war die Nacht, da kam das Licht*

Rose, Kurt: Da war die Nacht, da kam das Licht. Neue geistliche Lieder. München 1987.

**Dann werd' ich leben*

Stichting Leerhuis en Liturgie (Hrsg.): Dann werd' ich leben. Gesänge zu Passion und Ostern. Baarn 1996.

**Davidische Harmonia*

Davidische / HARMONIA. / Das ist / Christlich Ca- / tholische Gesaenge mit / vorgesetzten Melodeyen auff / alle hohe Fest durch das gantze / Jahr, wie auch auff andere Zeiten / vnd Faelle ... Gedruckt bey Johann Jacob Kuerner. Wien 1659.

**De Adem van het jaar*

De Adem van het jaar. Paaskring. Mededelingen van de Prof. Dr. van der Leeuw-Stichting. Aflevering 48. Amsterdam [2]1965.

**DEG 1915*

Deutsches evangelisches Gesangbuch für die Schutzgebiete und das Ausland. Hrsg. vom Deutschen Evangelischen Kirchenausschuß. Berlin 1915.

** Dein ist die Zukunft*

Oosterhuis, Huub: Dein ist die Zukunft. Meditationen - Gebete - Lieder. Von Advent zu Advent. Freiburg i. Br. 1992. [De dag die komt. Het bijbelse geloo-verhaal: woorden om te doen. Owerwegningen, liederen gebenden. Van Advent tot Advent. Kapellen 1988.]

**Den Svenska Psalmboken*

Den Svenska Psalmboken: antagen av 1986 års kyrkomöte. Verbum Förlag AB. Stockholm 1986.

**De tale Kanaäns*

De tale Kanaäns. De dagen onzer jaren. Een kerkelijk jaarboek. Deel II: Een leergang liederen. Amsterdam 1963.

*Deutsche katholische Gesänge
Deutsche katholische Gesänge aus älterer Zeit. Frankfurt 1833.

*Deutsche Weihnachtslieder
Deutsche Weihnachtslieder. Zweistimmig gesetzt von Helmut Walche. Wiesbaden 1953.

*Die christliche Gemeinde
Die christliche Gemeinde in der Andacht. Gebet= und Gesang=Buch, im Geiste der katholischen Kirche mit alt=kirchlichen Choral=Melodien. Hrsg. von Christian Schnepper. Köln 1841.

*Die Zeit färben
Die Zeit färben. Neue geistliche Lieder für Chöre und Bands. Hrsg. vom Arbeitskreis Kirchenmusik und Jugendseelsorge der Diözese Limburg. München 1999.

*Dresden 1910
Gesangbuch für die ev.-lutherische Landeskirche des Königreichs Sachsen. Dresden 1910.

*Du bist der Atem meiner Lieder
Pawlowsky, Peter: Du bist der Atem meiner Lieder. Gesänge von Huub Oosterhuis und Bernard Hujbers. Freiburg i. Br. 1976.

*Echo Hymnodiae Coelestis
Echo Hymnodiae Coelistis. / Nachklang der himlischen Sing-Choer / Das ist / Alte- und Neue / Catholische / Kirchen-Gesaenge / Auf die fuernehmste Zeiten deß gantzen / Jahrs wie auch Fest-Taege der gebenedeyten / Mutter JEsu und etlich anderer / Heiligen Gottes ... Von / JOANNE GEORGIO Braun. Sulzbach 1675.

*EG
Evangelisches Gesangbuch für Deutschland, Österreich und Elsaß-Lothringen Stammteil 1993 ff.
Evangelisches Gesangbuch elektronisch. Stammteil und alle Regionalteile Deutschlands und Österreichs. Hrsg. von der Evangelischen Kirche in Deutschland. Stuttgart 1999.

EG-BEP: Ausgabe für die Evangelische Landeskirche in Baden pour l'Eglise de la Confession d'Augsbourg d'Alsace et de Lorraine pour l'Eglise Reformeé d'Alsace et de Lorraine. Karlsruhe 1996.

EG-BT: Ausgabe für die Evangelisch-Lutherischen Kirchen in Bayern und Thüringen. o.O. 1995.

EG-HN: Ausgabe für Hessen und Nassau/Kurhessen-Waldeck. Hrsg. auf Beschluß der Achten Kirchensynode der Evangelischen Kirche in Hessen und Nassau. Frankfurt 1993.

EG-KW: Ausgabe für die Evangelische Kirche von Kurhessen-Waldeck. o.O. o.J.

EG-Ne: Ausgabe für die Nordelbische Evangelisch-Lutherische Kirche. Hamburg/Kiel 1995.

EG-Öst: Ausgabe der Evangelischen Kirche in Österreich o.J.

EG-RWLR: Ausgabe für die Evangelische Kirche im Rheinland, die Evangelische Kirche von Westfalen, die Lippische Landeskirche, in Gemeinschaft mit der Evangelisch-reformierten Kirche (Synode evangelisch–reformierter Kirchen in Bayern und Nordwestdeutschland) in Gebrauch auch in den Evangelischen Kirchen im Großherzogtum Luxemburg. Gütersloh/Bielefeld/Neukirchen-Vlyn 1996.

EG-Wü: Ausgabe für die Evangelische Landeskirche in Württemberg. Stuttgart 1996.

**Einheitslieder*

Einheitslieder der deutschen Bistümer. Authentische Gesamtausgabe. Freiburg / Mainz 1947.

**Ehrenbreitstein 1842*

Der Heilige Gesang oder Katholisches Gesang- und Gebetbuch zum Gebrauch bei öffentlichen Gottesdiensten in der Diözese Trier. Ehrenbreitstein 1842.

**EKG*

Evangelisches Kirchengesangbuch. Stammausgabe. Kassel 1950.

EKG-Ham: Evangelisches Kirchengesangbuch. Ausgabe für die Evangelisch-Lutherischen Landeskirchen Schleswig-Holstein-Lauenburg, Hamburg, Lübeck und Eutin [27]1968.

EKG-Meck: Evangelisches Kirchengesangbuch. Ausgabe für die Evangelisch-Lutherischen Landeskirchen Mecklenburg, Sachsen und Thüringen. Ausgabe 1987.

**ELK*

Evangelisch-Lutherisches Kirchengesangbuch für die Selbständige Evangelisch-Lutherische Kirche. Göttingen 1987.

**EMK*

Gesangbuch für die Evangelisch-Methodistische Kirche. Stuttgart 1969.

**English Hymnal*

The English Hymnal. London 1906.

**Erfurter Enchiridion 1524*

Eyn Enchiridion oder Handbüchlein. Eynem ytzlichen Christen fast nutzlich bey sich zuhaben/ zur stetter vbung vnd trachtung geystlicher gesenge und Psalmen … Erfurt 1524 (Nachdruck Kassel 1983, mit einem Geleitwort von Konrad Ameln).

**Erfurt 1590*

Geistliche Lieder und Psalmen / Doct. Martini / Luth. vnnd anderer fromen / Christen…Gedruckt bey Johan: / Beyer. Erfurt 1590.

**Erfurt 1630*

Catholisch GesangBuch / Aus vnterschiedenen von der Roem- Catholischen Kirchen approbirten Gesangbuechern gezogen vnnd auff vnterschiedene Zeiten

/ deß Jahres so wol auch alle die fuernemste Fest vnd Feyertag ordentlich außgetheilet ... Gedruckt bey Christoff Mechler. Erfurt 1630.

Erfurt 1666
Catholische / Geistliche Nachtigal / Aus unterschiedenem von der / Roemischen Catholischen Kirchen Approbirten Gesangbuechern gezogen und auff / unterschiedene Zeiten und FestTage des Jahrs / Neben einem Register ordentlichen / ausgetheilet. Gedruckt bey Friedrich Melchior / Dedekinden. Erfurt 1666.

Ermland 1878
Katholisches Gesang- und Gebetbuch für das Bisthum Ermland. Braunsberg 1878.

Es ist ein Ros entsprungen
Es ist ein Ros entsprungen. Deutsche Weihnachtslieder aus sechs Jahrhunderten. dtv/Bärenreiter 1981.

Eucharistia
Eucharistia. o.O. (Graz) o. J.

Evangelischer Liederschatz 1837
Evangelischer Liederschatz für Kirche und Haus. Hrsg. von Albert Knapp. Stuttgart 1837.

Evangelischer Liederschatz 1850
Evangelischer Liederschatz für Kirche, Schule und Haus. Hrsg. von Albert Knapp. 2. Aufl. 1850.

Evangelischer Liederschatz 1891
Evangelischer Liederschatz für Kirche, Schule und Haus. Hrsg. von Albert Knapp. 4. Aufl. Stuttgart 1891.

Eva's Lied
Eva's Lied. 42 nieuwe liederen, ontstaan binnen de feministische theologie. Redaktion: Will van Hilten/Marijke Koijk-de Bruijne/Eileen Silcocks. Kampen 1986.

Exultemus Domino
Exultemus Domino. Gesangbuch der Steyler Missionare in Mödling bei Wien 1925.

EzD
Evangelicky Zpevnik/dodatek. Plzen 2000 (= Anhang zu: Evangelicky Zpevnik. Prag 1979).

Freiburg 1895
Magnificat. Katholisches Gebet= und Gesangbuch für die Erzdiöcese Freiburg. Hrsg. im Auftrag des Hochwürdigsten Herrn Erzbischofs von Freiburg. Freiburg im Breisgau 1895.

**Freylinghausen 1704*

Geist-reiches Gesang-Buch / Den Kern Alter und Neuer Lieder / Wie auch die Noten der unbekannten Melodeyen / Und darzugehörige nützliche Register in sich haltend ... herausgegeben von Johann Anastasio Freylinghausen ... Halle 1704.

**Freylinghausen 1714*

Neues / Geist-reiches / Gesang-Buch / auserlesene / so Alte als Neue geistliche / und liebliche / Lieder / Nebst den Noten der unbedanten Melodeyen / in sich haltend ... In erweiterter sechster Auflage mit 815 Liedern. Erstauflage Halle 1704.

**Freylinghausen 1771*

Johann Anastasii Freylinghausen geistreiches Gesangbuch, den Kern alter und neuer Lieder in sich haltend: jetzo von neuem so eingerichtet, daß alle Gesänge, so in d. vorhin unter diesem Namen alhier hrsg. Gesang-Büchern befindlich, unter ihre Rubriquen zsgebracht, auch d. Noten aller alten u. neuen Melodeyen beygef. worden / zuerst hrsg. von Gotthilf August Franken. Halle: Verl. d. Waysenhauses, 1771.

**Fröhlicher Vogel Hoffnung*

Fröhlicher Vogel Hoffnung. Hannover 1995.

**Frühlicht erzählt von dir*

Neue geistliche Lieder aus Skandinavien. Ausgewählt und übertragen von Jürgen Henkys. München 1990.

**Gelobt sei Jesus Christus*

Gelobt sei Jesus Christus. Gebet= und Gesangbuch für das Bistum Mainz. Hrsg. vom Bischöflichen Ordinariat Mainz. Mainz 1952.

**Geistliche Lieder*

Geistliche Lieder. Von Ignaz Felner. Verlag Schweighauser. Basel 1783.

**Geistliche Lieder und Lobgesänge*

Geistliche Lieder und Lobgesänge. Hrsg. von Andreas Luppius 1695.

**Geistliche SeelenMusik*

Geistliche SeelenMusik / Bestehend Jn zehen betrachtungen / und vier hundert auserlesenen / Geist- und Krafftreichen ... Gesaengen ... Gedruckt von Henrico Müller. Rostock 1659.

**Geistliche und weltliche Lieder*

Jäck, Markus Fidelis: Geistliche und weltliche Lieder 1836.

**Geistlicher Psalter 1638*

Geistlicher Psalter in welchem Die außerlesenste alt: vnd newe kirchen vnd haußgesang neben den lieblichsten Psalmen Dauids verfaßet seindt. Köln 1638.

*Geistliches Psaelterlein

Geistliches Psaelterlein PP Societ. Jesu, In welchem Die außerlesenste alte und newe Kirchen= und Hauß=Gesaeng/ liebreichste Psalmen Davids/Kinder=Lehr/ kleiner Catechismus/Gebett=Buechlein der Bruder=schafften/ u. verfasset. In dem Metternichischen Buch=laden. Köln 1747.

**Geistliches Blumen-Gärtlein 1729*

Tersteegen, Gerhard: Geistliches Blumen-Gärtlein Inniger Seelen ... Frankfurt/Leipzig 1729.

**Geistliches Blumen-Gärtlein 1735*

Tersteegen, Gerhard: Geistliches Blumen-Gärtlein Inniger Seelen ... Frankfurt/Leipzig ^{2}1735.

**Geistliches Blumen-Gärtlein 1769*

Tersteegen, Gerhard: Geistliches Blumen-Gärtlein Inniger Seelen ... Frankfurt/Leipzig ^{7}1769 (Nachdruck Herborn 2001).

**Geistliches Harfen-Spiel*

Tersteegen, Gerhard: Geistliches Harfen-Spiel der Kinder Zion. Cleve ^{5}1768 (Nachdruck Köln 1997).

**GelK 1855*

Gesangbuch für die evangelisch-lutherische Kirche in Bayern. Kraft des der allgemeinen Pfarrwittwen=Kasse zustehenden Verlagsrechts dermalen im Verlag bei U. E. Sebald. Nürnberg 1855.

**GelK 1939*

Gesangbuch für die evangelisch-lutherische Kirche in Bayern. Nürnberg 1939.

**Gemeinsame Kirchenlieder*

Gemeinsame Kirchenlieder. Gesänge der deutschsprachigen Christenheit. Hrsg. von der Arbeitsgemeinschaft für ökumenisches Liedgut. Berlin/Regensburg 1973.

**Gemeindelieder*

Gemeindelieder. Hrsg. im Auftrag des Bundes evangelisch-freikirchlicher Gemeinden und des Bundes evangelischer Gemeinden. Wuppertal 1978 (^{7}1993).

**Gib mir ein Lied*

Gib mir ein Lied. Gesänge aus unserer Zeit (Publikation zum Einheitsgesangbuch EGB 10). Hrsg. von Paul Nordhues und Alois Wagner. Berlin/Wien 1974.

**GKL*

Gemeinsame Kirchenlieder. Gesänge der deutschsprachigen Christenheit. Berlin 1973.

**Glarus 1868*

Gesangbuch für die Kantone Glarus, Graubünden und Thurgau 1868.

**Glaub- und Liebesübung*

Neander, Joachim: Glaub- und Liebesübung. Auffgemuntert durch einfältige Bundes-Lieder und Danck-Psalmen ... Bremen 1680.

**GoKN*

Gezangboek voor de oudkatholieke Kerk van Nederland. Hilversum 1990.

**Gott erwartet euch*

Gott erwartet Euch. Hrsg. von der Evangelisch-Lutherischen Landeskirche Sachsens. [Ost-] Berlin ²1974.

**Gotteslob*

Gotteslob. Katholisches Gebet- und Gesangbuch. Hrsg. v. den Bischöfen Deutschlands und Österreichs und der Bistümer Bozen-Brixen und Lüttich.

**GL-Ac-L*: Ausgabe Aachen/Lüttich 1975.
**GL-Fr-R*: Ausgabe Freiburg und Rottenburg 1975.
**GL-Kln* : Ausgabe Köln 1975.
**GL-Lim*: Ausgabe Limburg 1975.
**GL-Mnz*: Ausgabe Mainz 1998.
**GL-Osn*: Ausgabe Osnabrück 1975.
**GL-Pad*: Ausgabe Paderborn 1975.
**GL-Spe*: Ausgabe Speyer 1975.
**GL-Tri*: Ausgabe Trier 1978.

**GRG*

Gesangbuch für die Reformiert-apostolischen Gemeinden. Hrsg. vom Bundeskonzil des Reformiert-apostoischen Gemeindebundes in der DDR. 3. veränderte Auflage. Evangelische Verlagsanstalt Berlin 1972.

**Großer Gott wir loben dich*

Großer Gott wir loben dich. Der neue Dom. Verlag für deutschchristliches Schrifttum. Schneider & Co. Weimar / München 1941.

**GvL*

Gezangen voor Liturgie. Offizielles römisch-katholisches Gesangbuch der Niederlande 1995.

**Hallesches Gesangbuch*

Gesangbuch der Herrnhuter Brüdergemeine von 1731.

**Haydn 1812*

Der heilige Gesang zum Gottesdienste in der römisch-katholischen Kirche. Ersther Theil. 3. Aufl., mit von Hrn. Joh. Michael Haydn verbesserter Musik. Salzburg 1812.

Heilige Seelen=Lust

Heilige Seelen=Lust/ Oder Geistliche Hirten-Lieder/ Der in jhren JESUM verliebten Psyche, gesungen Von Johann Angelo Silesio, Und von Herren Georgio Josepho mit außbundig shönen Melodeyen geziert/ Allen liebhabenden Seelen zur Ergetzlichkeit und Vermehrung jhrer heiligen Liebe/ zu Lob und Ehren Gottes an Tag gegeben. Breslau 1657. Dass.: Anjetzo auffs neue übersehn/ und mit dem Fünfften Theil vermehrt. Allen denen die nicht singen können statt eines andächtigen Gebet=Buchs zu gebrauchen. Breslau 1668.

Heiliger Gesang

Der Heilige Gesang oder vollständiges katholisches Gesangbuch für den öffentlichen Gottesdienst und die häusliche Andacht. Hrsg. von M. L. Herold. Trier 1807.

Heiliger Gesang 1820

Der Heilige Gesang zum Gottesdienste in der römisch=katholischen Kirche. Verbesserte und von vielen Druckfehlern gereinigte Aufl. Trier 1820.

Heiliger Gesang 1925

Der heilige Gesang zum Gottesdienste in der römisch-katholischen Kirche. Hrsg. von einem Pastor in Trier. Trier 1925.

Herrnhut 1784

Herrnhuter Gesangbuch von Christian Gregor. 1784.

Hoffnung

Hoffnung ist da. Jugendgesangbuch der Gemeinschaft der Siebenten-Tags-Adventisten. Hamburg 1986 (Ausgabe West, identisch mit **Regenbogen*).

102 Gezangen

102 Gezangen. Proefbundel/Gravenhage 1965.

Hymni

HYMNI: Oder Lob=Gesänge: Das ist: Außerlesene Alte und Neue Fest= Kirchen= und Hauß= Gesaänge und geistliche Lieder. Zu Uebung Gott geheiligter Sing= Andacht. In vier Stimmen einige aus= gesetzt, mit Fleiß übersehen und cor= rigiert, und andere auf bekannte Melodeyen gerichtet. Von Joh. Caspar Deggeller. Cantor. Schaffhausen, Bey Johann Adam Ziegler 1728 (Erstausgabe 1693).

Hymns for the Saint´s days

Hymns for the Saint´s days, and Other Hymns. Ed. Earl Nelson. 1864.

Im Vorübergehn

Oosterhuis, Huub: Im Vorübergehn. Freiburg 1969 [In het Voorbijgaan. Utrecht 1996].

Innsbruck 1588
Catholisch / Gesangbuechlein bey / dem Catechismo auch fuernembsten / Festen des Jars vnd inn den Processionen oder Walfahrten zugebrauchen … Gedruckt von Hans Paur. Innsbruck 1588.

Jesu Name nie verklinget
Jesu Name nie verklinget. Altes und neues erweckliches Lied. Hrsg. von der Inlandmission und Bibelschule Adelshofen/Baden durch Otto Riecker. Neuhausen-Stuttgart 1959 (erweiterte Ausgabe 1966, ^{17}2001).

Jubilate Deo
Jubilate Deo! Lieder für den katholischen Gottesdienst, größtentheils aus alten katholischen Gesangbüchern gesammelt und für gemischten Chor bearbeitet, nebst einem Auszuge aus den officiellen Choralbüchern für Hochamt, Vesper und Complet und einer Sammlung von Gebeten. Von Joseph Mohr. Mit bischöflicher Approbation. Regensburg 1877.

Junge Gemeinde
Junge Gemeinde. o.O. o. J.

Katholisches Gesangbuch
Katholisches Gesangbuch auf allerhöchsten Befehl ihrer k.k. apost. Majestät Marien Theresiens. Wien ca. 1774.

Katholisches Gesangbüchlein
Katholisches Gesangbüchlein … aus verschiedenen Gesangbüchlein ausgezogen … Lützemburg 1783.

KG
Katholisches Gesangbuch. Gesang- und Gebetbuch der deutschsprachigen Schweiz. Hrsg. i.A. der Schweizer Bischofskonferenz. Zug 1998.

KGB
Kirchengesangbuch. Katholisches Gesang- und Gebetbuch der Schweiz. Hrsg. im Auftrag der Schweizerischen Bischöfe. Zug 1966.

Kirchenchoral- und Melodien- Buch
Kirchenchoral- und Melodien- Buch mit Orgelbegleitung und Text aus dem Gebet- und Gesangbuche „Die christliche Gemeinde in der Andacht". Köln 1844.

Kirchenlied
Kirchenlied. Eine Auslese geistlicher Lieder. Freibung im Breisgau 1938.

Klugsches Gesangbuch
Geistliche lieder auffs new gebessert zu Wittemberg. D. Mart. Luth. Wittenberg 1533 (Nachdruck Kassel u.a. 1954. Ergänzt und hrsg. von Konrad Ameln).

Kolibri
Kolibri. Mein Liederbuch. KiK-Verlag. Berg am Irchel 1995.

Köln 1599
Alte Catholische / Geistliche Kirchen= / geseng auff die fürnemste Feste, Auch in Prozessionen, / Creutzgängen und Kirchenfährten: bey der H. Meß, Predig, in / Heusern und auff dem Feld zu= / gebrauchen sehr nützlich. Verlagshaus Quentel. Köln 1599.

Köln 1610
Alte Catholische / Geistliche Kirchen-/ gesaeng auff die fuernemste / Feste Auch in Processionen / Creutzgaenge vn Kirchenfaehrte: Bey / der H. Meß Predig in Heusern vn auff dem Feldt zugebrauchen sehr nuetzlich sampt einem Catechismo ... Gedruckt durch Arnold Quentel. Köln 1610.

Köln 1615
Alte Catholische / Geistliche Kirchen-/ gesaeng auff die fuernemste / Feste Auch in Processionen / Creutzgaenge vn Kirchenfaehrte: Bey / der H. Meß Predig in Heusern vn auff dem Feldt zugebrauchen sehr nuetzlich sampt einem Catechismo ... Gedruckt durch Arnold Quentel. Köln 1615.

Köln 1619
Catholische Kirchen Gesäng/ auff die Fürnemste Fest deß gantzen Jahrs wie mann dieselb zu Cölln/ vnnd anderstwo/ bey allen Christlichen Catholischen Lehren pflegt zu singen ... Köln 1619.

Köln 1621
Alte Catholische / Geistliche Kirchen= / gesang/ auff die fürnemste Feste/ Auch in Processionen/ Creutzgängen vnd Kyrchenfährten: bey der H. Meß, Predig, in Heusern / vnd auff dem Feld zugebrauchen / sehr nützlich sampt einem / Catechismo ... Gedruckt zu Coelln / durch Arnold Quentel 1621.

Köln 1623
Außerlesene, Catholische, Geistliche kirchengesänge von Pfingsten, biß zum Advent ... Gedruckt bey Peter von Brachel. Köln 1623.

Köln 1625
Catholische KirchenGesaeng/auff die Fuernembste Fest des gantzen Jahrs ... Gedruckt bey Peter von Brachel. Köln 1625.

Köln 1628
Catholisch Kirchengesaeng auff die fuernembst Fest des gantzen Jahrs. Köln 1628.

Köln 1638
s. *Geistlicher Psalter 1638*

Köln 1650
Melodeyen / Vber die Gesaeng / vnd Psalmen deß / Coellnischen / Psaelterleins. / PP. Soc. Iesu. / Getruckt Bey Peter Metternich ... Köln 1650.

**Köln 1844*

Kirchenchoral= und Melodien=Buch mit Orgelbegleitung und Tert aus dem Gebet= und Gesangbuche „Die christliche Gemeinde in der Andacht"... Köln 1844.

**Köln 1880*

Gesang= und Gebetbuch für die Erzdiöcese Köln. Köln 1880ff.

**Köln 1887*

Gesang= und Gebetbuch für die Erzdiöcese Köln. Verlag und Druck von J. P. Bachem. Köln 1887.

**Köln 1930*

Gebet- und Gesangbuch für das Erzbistum Köln. Köln 1930.

**Konstanz 1594*

Catholische Kirchen=Gesang vor vnd nach dem Catechismo zu singen. Konstanz 1594.

**Konstanz 1600*

Katholisch Gesangbüchlein in fünff underschiedlilche Theil abgetheilt bey dem Catechismo auch fürnemmen Festen in Processionen Creutzgaengen und Kirchefaerte sehr nutzlich zu gebrauchen. Gedruckt bey Nievlavkalt. Konstanz am Bodensee 1600.

**KYA*

Kumbaya. Ökumenisches Jugendgesangbuch. Lieder und Texte. Hrsg. im Auftrag der Arbeitsgemeinschaft „Neues Singen in der Kirche". Zürich/Luzern 1980. ^{2}1983/87. ^{3}1994.

**Kyrie. Geistliche Lieder*

Klepper, Jochen: Kyrie. Geistliche Lieder. Berlin-Steglitz 1938. 3., erweiterte Auflage 1941.

**Kyrie eleison*

Werner, Fritz: Kyrie eleison. Neue Lieder für evangelische Gemeinden. Auf die geistlichen Lieder des ‚Kyrie' von Jochen Klepper. Edition Merseburger 710, Evangelische Verlagsanstalt Berlin o.J. [1951].

**Kyrkovisor för barn*

Kyrkovisor för barn: Musikbilaga / utg. i samarbete med Diakonistyrelsens söndagsskolenämnd. Stockholm 1960.

**Landshut 1777*

Der heilige Gesang zum Gottesdienste in der roemisch-katholischen Kirche. Hrsg. von Norbert Hauner und Franz Seraph Kohlbrenner. Landshut 1777.

Lasset uns beten

Lasset uns beten! Katholisches Gebet= und Gesangbuch von Joseph Mohr. Sechste, verbesserte Auflage. Mit oberhirtlichen Approbationen. Druck und Verlag von Friedrich Pustet, Typograph des heiligen apostolischen Stuhles. Regensburg/New York/Cincinnati 1889.

Laudate

Laudate. Katholisches Andachtsbuch zum Gebrauche bei dem öffentlichen Gottesdienste im Bisthum Augsburg. Auf bischöfliche Anordnung. Mit einem Titelkupfer. Prachtausgabe. Augsburg 1859.

Laudate 1952

Laudate. Diözese Meißen 1952.

Laus Deo

Bisdom Roermond. Dienst voor Liturgie en Kerkmuziek (Hrsg.): Laus Deo. Gebeden – viering – gezangen. Kevelaer 2000.

LbR

Leuchte, bunter Regenbogen. Gemeinsame geistliche Kinderlieder der deutschsprachigen Christenheit. Kassel/Basel 1983.

* *Leben von Tag zu Tag*

Ooosterhuis, Huub: Leben von Tag zu Tag. Neue Gebete, Texte und Lieder. Zürich 1992.

Lebenslieder

Lebenslieder. Hrsg. vom CVJM-Gesamtverband in Deutschland e.V. durch Ulrich Parzany. Waldbröl 1991 (^{5}1998).

Leipzig 1530

Blume, Michael: Enchiridion geistlicher gesenge und Psalmen für die leien/mit viel andern/denn zuuor gebessert. Sampt der Vesper/Mette/Complet und Messe. Leipzig 1530 (=1914).

Leipzig 1753

Das Privilegirte Vollständige und vermehrte Leipziger Gesangbuch. Hrsg. von Carl Gottlob Hofmann. Leipzig 1753.

Leisentrit

Geistliche Lieder und Psalmen der alten Apostolischen recht und warglaubiger Christlicher Kirchen: auffs fleißigste und christlichste zusammenbracht/ durch Johann Leisentrit von Olmutz. Bautzen 1567. 1584 (Nachdruck Leipzig 1966, mit einem Nachwort von Walther Lipphardt).

LfT

Lieteboek foar de Tsjerken. Psalmen en Gesangen foar de earetsjinst yn tsjerke en hus. Interkerkelijke Stichting voor het Kerklied. Den Haag 1977 (friesisch).

LH
Liederbuch der Heilsarmee. Bern 1994.

Licht und Atem
Stichting Leerhuis en Liturgie (Hrsg.): Licht und Atem. Gesänge für die Liturgie. Teil I. Baarn 1992.

Liedersammlung zum Osterfestkreis III
Liedersammlung zum Osterfestkreis III. Hrsg. vom Katechetischen Institut im Bistum Trier. Trier 1973.

Liegnitzer Schulgesangbuch
Liegnitzer Schulgesangbuch. Breslau 1826.

Limburg 1863
Katholisches Gesang- und Gebetbuch für das Bisthum Limburg. Mit Genehmigung des bischöflichen Ordinariats. Vierzehnte Auflage. Wiesbaden 1863.

Limburg 1890
Katholisches Gesang= und Gebetbuch für die Angehörigen des Bisthums Limburg. Auf Auftrage des Hochwürdigsten Herrn Peter Josephs, Bischofs von Limburg. Hrsg. von Julius Eiffler, Domkapitular. Limburg 1890.

Limburg 1931
Gesang= und Gebetbuch für das Bistum Limburg. Hrsg. im Auftrage des Hochwürdigsten Herrn ANTONIUS Bischofs von Limburg. Limburg 1931.

Limburg 1957
Gebet- und Gesangbuch für das Bistum Limburg. Hrsg. vom Bischöflichen Ordinariat Limburg. Freiburg im Breisgau 1957.

Liturgische Gezangen
Liturgische Gezangen voor de viering van de Eucharistie II. Hilversum 1990 ([1]1972).

Lobt Gott, ihr Christen
Lobt Gott, ihr Christen. Gesangbuch d. Kath. Bistums d. Alt-Kath. für Christen heute. Bonn 1986.

Luxemburg 1894
Gesang= und Gebetbuch für die Diöcese Luxemburg. Einstimmige Ausg. Verlag der St. Paulus=Gesellschaft. Luxemburg 1894.

Luxemburg 1948
Magnificat. Diözesangesangbuch Luxemburg 1948.

LvK

Liedboek voor de Kerken. Psalmen en Gezangen voor de Eredienst in kerk en huis aangeboden door de Interkerkelijke Stichting voor het Kerklied, 's-Gravenhage 1973.

Magdeburg 1546

Geistliche Lieder und Psalmen ... Gedruckt durch Michael Lotther. Magdeburg 1546.

Mainz 1605

Catholisch Cantual oder Psalmbuechlein: Darinnen viel Lateinische vnnd Deutsche/aber meistentheils alte Catholische Gesaenge begriffen/welche man auff die fuernembsten Fest deß gantzen Jahrs ... zusingen pflegt ... Gedruckt in der Churfuerstlichen Statt Meyntz/druch Balthasar Lippen/Im Jahr 1605.

Mainz 1628

Himmlische Harmony / Von vielerley lieblich zusammen-stimmenden Frewd-Leid-Trost- / vnd Klagvoeglein / Das ist / New Mayntzisch / Gesangbuch ... Gedruckt bey Anthonio / Stroheckern. Mainz 1628.

Mainz 1654

Andaechtige Vbung / Der auffgerichten / vnd von Baepstlicher Heyligkeit Innocentio X. / bestaettigten Bruderschafft / Unsers am heiligen Creutz / sterbenden Heylands / JESU CHRISTI / Vnd seiner / Schmertzhafften Mutter / MARIÆ ... Getruckt Bey Nicolao Heyll. Mainz 1654.

Mainz 1661

Mäyntzisch Gesangbuch In welchem begriffen seynd die außerlesenste/so wol alte/als neue Catholische/ Latein- und Teutsche Gesäng ... Mainz/Frankfurt 1661.

Mainz 1683

Allgemeines Gesang=Buch Jn welchem Die ausserlesenste so wol alte als neue Lieder/ so in den Mayntzischen/ Cölnischen/ Trierischen/ Würtzburgischen und Speyrischen Gesang Bücheren Verfast und begriffen/ in dieses allgemeine Gesangbuch zusammen gesetzt seynd. Mit beyfügung der jenigen newen Lieder/ so in obgemelten Ertz= und Bistumben dieser Zeit üblich/ und dannoch in keinem deren Gesangbüchern zu finden seynd ... Mainz 1683.

Mainz 1865

Katholisches Gebet= und Gesangbuch für die Diözese Mainz. Herausgegeben vom Bischöf= lichen Ordinariat zu Mainz. Mainz 1865.

Mainz 1952

Gebet- und Gesangbuch für das Bistum Mainz. Mainz 1952.

Marchesches Gesangbuch

Sammlung geistlicher und lieblicher Lieder. 3., sehr vermehrte und gebesserte Auflage. Herrenhut und Görlitz 1731.

**Ministeriale*

Jan Witt: Ministeriale. Geestelijke liederen om te zingen en te spelen met allerlei instrumenten. Ingeleid door Th. J. M. Naastepad. Haarlem 1966.

**München 1586*

Gesang vnd Psalmenbuch. / Auff die fürnembste Fest durchs gantze Jar inn / der Kirchen auch bey Processionen / Creutzgaeng Kirch vnd Wahlfarten / nuetzlich zugebrauchen … Gedruckt bey Adam Berg. München 1586.

**München 1598*

[Gesang vnd Psalmenbuch. Auff die fürnebste Fest durchs gantze Ja rinn der Kirchen auch bey / Processionen Creutzgäeng Kirch vnd Walfahrten nuetzlich zu gebrauchen] … Gedruckt bey Adam Berg. München 1598.

**München 1811*

Katholisches Gesangbuch zum allgemeinen Gebrauche bei öffentlichen Gottesverehrungen. 3 Bde. München 1810-1811.

**Mundorgel*

Mundorgel. Hrsg. von Dieter Corbach u.a. Waldbröl 1953 ([2]1968). Neubearbeitung 1982 ([2]1984). Neuausgabe 2001.

**Münster 1677*

Muensterisch / Gesangbuch / Auff alle Fest vnd Zeiten / deß gantzen Jahrs … Jetzo auffs new uebersehen / mit vielen schoenen alen vnd newen / Gesaengen auß vnderschiedtlichen bewehrten / Gesangbuechern vermehret vnd in diese Ordnung gebracht. Gedruckt Bey Dietherich Raeßfeldt. Münster 1677.

**Münster 1932*

Gebet- und Gesangbuch für das Bistum Münster. Neu herausgegeben im Jahre 1932 auf Anordnung des hochehrwürdigsten Herrn Erzbischofs Johannes. Münster 1932.

**Musicalisches Gesang-Buch*

Musicalisches Gesang-Buch, darinnen 954 geistreiche, sowohl alte als neue Lieder und Arien, mit wohlgesetzten Melodien, in Discont und Baß, befindlich sind: Vornehmlich denen Evangelischen Gemeinen im Stifte, Naumburg-Zeitz gewidmet / mit einer Vorrede ... Friedrich Schulzens ... hrsg. von George Christian Schemelli Leipzig 1736.

**Nachtigall*

Geistliche / Nachtigal, / der Catholischen Teütsche. / das ist / Außerlesene Catholische Gesänge, auß gar vielen Alt und Neuen Catholisch. Gesangbüchern in ein gute und / richtige Ordnung zusannnen getragen, / auch theils von Neuem gestellet. Korrigiert und verbessert durch David Corner. Wien 1649.

**Neue Gemeindelieder*

Neue Gemeindelieder. Regensburg 1975.

Neue Lieder
Neue Lieder für den Gottesdienst. Hrsg. im Auftrag der Kirchenleitung der Evangelischen Kirche in Hessen und Nassau. Frankfurt 1972.

Neue Lieder – Berlin
Neue Lieder. Berlin-Brandenburg 1973.

Neues Licht über die Erde
Neues Licht über die Erde. München 1995.

NL/DDR
Neue Lieder. Beiheft zum EKG (Bereich DDR). Berlin [1]1978. [2]1982.

NL II
Neue Lieder. Heft II (Württemberg). Neuhausen-Stuttgart 1983.

Noen må våke
Noen ma vake. Salmer og kirkeviser av Svein Ellingsen med melodier av Per Inge Almås, Svein Ellingsen, Harald Gullichsen … Johan Varen Ugland u.a. Norsk Musikforlag A/S 1978.

Norsk salmebok
Norsk salmebok. [Neues norwegisches Gesangbuch.] Oslo 1985.

ÖLB
Ökumenisches Liederheft für Bestattungen. Gesänge und Texte für Bestattungsfeiern aus dem KG und RG der Schweiz. Freiburg Schweiz/Basel/Zürich 2002.

Paderborn 1616
Catholische, / GEistliche Kirchen Gesäng, auff die fürnembsten / Festa, Auch in Processionen, Creutzgängen, vnnd Kirchfärten … Gedruckt durch M. Pontanus. Paderborn 1616.

Paderborn 1628
Christlich Catholisch Gesangbuch in welchem / Auff alle Fest vnd zeiten deß gantzen Jahrs in Processionen, bey dem Ampt der H. Meß / vnd Communion vor vnd nach der Predig vnd sonsten sehr viel Catholische / mit schoenen Melodeyen gezierte Gesaenge begriffen. Gedruckt bey H. Pontanus. Paderborn 1628.

Paderborn 1726
Christ-katholisches Gesang-Buch, dass darinn begriffen 1. Alle zum Himmel nuetzliche, oder nothwendige Stueck 2. 24 andaechtige christliche Werke, Morgens-, Abends- und Mess-Gesaenge 3. Auserlesene Gesaenge auf die fuernehmste Festtage des gantzen Jahrs und bey Processionen … Paderborn 1726.

Paderborn 1765
GOTT und der alllerseeligsten Gottes-Gebährerin, und Jungfrauen MARIǼ gewidmetes, Neues verbessert- und vermehrtes Catholisch-Paderbornisches gesang-Buch … Paderborn 1765.

Paderborn 1887
Das Kirchenjahr. Gedichte von Peter Sömer. Bonifacius= Druckerei. Paderborn 1887.

Plön 1687
Vollständiges Gesangbuch. Plön 1687.

Psalmen Davids
Die / Psalmen / Davids. / Durch / Dr. Ambrosium Lobwasseren in Teutsche Reimen / gebracht … uebersehen und verbessert / Von Johann Caspar Deggeller. Bey Johann Adam Ziegler. Schaffhausen 1728.

Psalmen und Gesänge
Jäck, Markus Fidelis: Psalmen und Gesänge der Heiligen Schrift nebst den Hymnen der ältesten christlichen Kirche. 2 Bde. Freiburg i. Br. 1817.

Psälterlein
Psälterlein. Katholisches Gebet= und Gesangbuch. Zweite, vermehrte Auflage. Mit oberhirtlicher Approbation. Regensburg 1891.

Regenbogen
Regenbogen. Jugendgesangbuch der Gemeinschaft der Siebenten-Tags-Adventisten. Union-Verlag. Berlin 1986 (Ausgabe Ost, identisch mit *Hoffnung*).

RG
Gesangbuch der Evangelisch-reformierten Kirchen der deutschsprachigen Schweiz. Zürich 1998.

Rheinfelsisches Gesangbuch
Rheinfelßisch Deutsches Catholisches Gesang-Buch. Augsburg 1666.

RKG
Gesangbuch der evangelisch-reformierten Kirchen der deutschsprachigen Schweiz 1952.

Rottenburg 1865
Katholisches Gesangbuch zum Gebrauche bei dem öffentlichen Gottesdienste im Bisthum Rottenburg für die Organisten und Sängerchöre vierstimmig bearbeitet. Hrsg. vom beschöfl. Ordinariat. Rottenburg und Gmünd 1865.

Sabbahtische Seelenlust
Sabbahtische Seelenlust: daß ist: Lehr- Trost- Vermahnung- und Warnungsreiche Lieder über alle Sontägliche Evangelien deß gantzen Jahres ... / Vom Herrn

Thoma Sellio wolgesetzete Melodeien ... abgefasset und hrsg. von Johann Rist. Lüneburg 1651.

Sálmar 1991

Isländisches Gesangbuch.

Salmer 1997

Norwegisches Gesangbuch.

Salve Regina

Salve Regina. Gebet= und Gesangbuch für das Bistum Speyer. 44. Auflage. Auf oberhirtliche Anordnung. Speyer 1923.

Sammlung Geistlicher Lieder

Sammlung Geist- und Lieblicher Lieder. Eine große Anzahl der Kern-vollsten alten und erwecklichsten neuen Gesänge enthaltende, Dritte sehr vermehrte und gebesserte Auflage. Herrnhuth und Görlitz (M. Christian Gottfried Marchen) 1731.

Schweizer Kirchengesangbuch 1978

Kirchengesangbuch. Katholisches Gesang- und Gebetbuch der Schweiz. Hrsg. im Auftrag der Schweizerischen Bischöfe. Zug 1978.

36 Neue Lieder

36 Neue Lieder mit Erläuterungen als Anleitung zum Singen mit der Gemeinde. Hrsg. im Auftrag des Verbandes evangelischer Kirchenchöre von Hans-Christian Drömann und Dietrich Schuberth. Kassel 1986.

Seelen=Stärke

Catholischer Christen angenehme Seelen=Stärcke Oder Catholisches Gesang=Buch. Womit Eine gläubige Seele den gantzen Tag sich im Guten erhalten; Sonn= und Feyer=täge beym gewöhnlichen Gottesdienst sich stärken … kann …Von Francisco Carolo Jordan … Breslau 1739. Sagan 1738.

Singeschiff

Das Singeschiff. Lieder deutscher katholischer Jugend. 2. Teil: Das graue Singeschiff. Jugendführungsverlag Düsseldorf 1934.

Singe Christenheit

Singe Christenheit. Beiheft zum EKG (Hessen-Nassau/Kurhessen-Waldeck). Kassel 1981.

Singt und dankt

Singt und dankt. Lieder und Gebete. Beiheft '84 zum EKG für die Evang. Kirche im Rheinland. Kassel 1984.

Singt und klingt.

Liederbuch für die evangelische Jugend. Berlin ^{6}1970.

**Singt von Jesus*

Singt von Jesus. Hrsg. vom deutschen Verband der Jugendbünde für Entschiedenes Christentum. Bd. 1. Kassel 1970.

**Sontags Euangelia*

Die Sontags Euangelia/und von den fürnemsten Festen uber das gantze Jar/In Gesenge gefasset fur christliche Hausveter und ire Kinder. Verfaßt von Nikolaus Herman. Wittenberg 1562.

**Speyer 1631*

Catholische / Kirchen Gesaenge / auff die fuernembste Feste / Auch in Processionen / Creutzgaengen vnd Kirchenfahrten zu gebrauchen sampt einem Catechismo ... Quentel-Verlag. Mainz 1631.

**Speyer 1923*

Salve Regina. Gebet= und Gesangbuch für das Bistum Speyer. Speyer 1923.

**Speyer 1951*

Salve Regina. Gebet- und Gesangbuch für das Bistum Speyer. Regensburg 1951.

**St. Gallen 1963*

Diözesangesangbuch St. Gallen 1963.

**Steig in das Boot*

Neue niederländische Kirchenlieder. Ausgewählt und übertragen von Jürgen Henkys. Berlin 1981.

**Straßburg 1545*

Ein New Auserlesen / Gesangbuechlin in das / die beste verdeudschten Psalmen Hymni vnd / ander Chorgesenge vnd Geistliche Lieder ... zusamme /gebracht sind. Getruckt bey Wolff. Straßburg 1545.

**Stuttgart 1837*

Katholisches Gesangbuch zur Feier des öffentlichen Gottesdienstes. Stuttgart 1837.

**Stuttgart 1951*

Gesang und Andachtsbuch für das Bistum Rottenburg. Stuttgart 1951.

**„Sursum corda!"*

Sursum corda! Katholisches Gesang- und Gebetbuch für die Diözese Paderborn. 1916.

**Tegernsee 1574*

Das Leiden unsers Herren Jesu Christi, auß den vier Euangelisten zusammengezogen vor 50 Jahren von Herren Wolffgang von Maen im Gefaengnis gemacht, jetzt widerum in Truck gegeben. Tegernsee 1574.

Trier 1817
Der heilige Gesang. Trier 1817.

Trier 1846
Gesang- und Gebetbuch für die Diözese Trier. Hrsg. vom Bischöflichen Generalvikariat. Trier 1846.

Trier 1847
Gesang- und Gebetbuch für die Diözese Trier für vier Singstimmen und Orgel. Bearbeitet von Stefan Lück, Professor der Moraltheologie am Priester=Seminar. Trier 1847.

Trier 1871
Gesang- und Gebetbuch für die Diöcese Trier. Hrsg. vom Bischöflichen General-Vicariat. Zweite revidirte Stereotyp-Ausgabe. Trier 1871.

Trier 1912
Vierstimmiges Gesangbuch für die Diözese Trier. Hrsg. vom Bischöflichen General=Vikariat. Trier 1912.

Trier 1955
Gesang- und Gebetbuch für das Bistum Trier. Hrsg. vom Bischöflichen Generalvikariat. Trier 1955.

Trutznachtigall
TRUTZ / NACHTIGAL, / Oder / Geistlichs-Poetisch / LUST_VVALDLEIN, / Deßgleichen noch nie zuvor in Teutscher sprach gesehen. / Durch / Den Ehrw: P. FRIDERICUM SPEE … Köln 1649.

Unisono
UNISONO. Ökumenische mehrsprachige Lieder der Christenheit. Hg. von der Internationalen Arbeitsgemeinschaft für Hymnologie / IAH. Redaktion: Markus Jenny/Andreas Marti/Franz Karl Praßl. Graz 1997.

Unterwegs
Unterwegs. Lieder und Gebete. Hrsg. vom Allgemeinen Cäcilienverband für Deutschland u.a. Köln ²1998.

Vehe
Ein New Gesangbüchlin Geystlicher Lieder/ vor alle gutthe Christen nach ordenung Christlicher kirchen … Leipzig 1537 (Nachdruck Mainz 1970. Mit einem Geleitwort von Walther Lipphardt = Beiträge zur mittelrhein. Musikgeschichte II).

40 Gesänge aus Taizé
40 Gesänge aus Taizé. Singstimmen. Freiburg i. Br. 1983.

**Vom Leben singen*
Vom Leben singen. Neue geistliche Lieder. Hrsg. vom Arbeitskreis Kirchenmusik und Jugendseelsorge im Bistum Limburg 1994.

**Wacht auf!*
Wacht auf! Liederbuch der deutschen CVJM für christliche Jugend- und Gemeindegruppen, Hauskreise und Aktionsgemeinschaften. Hrsg. vom CVJM-Gesamtverband in Deutschland durch Walter Arnold. Waldbröl 1974.

**Walthersches Gesangbuch*
Walter, Johann: Geystliches Gesangbüchlin/ Erstlich zu Wittenberg/ vnd volgend durch Peter Schoeffen getruckt ... Wittenberg 1524.

**Wär in der Wüste nicht der Dornbusch*
Wär in der Wüste nicht der Dornbusch. München 2000.

**Weg zum Himmel*
Weg zum Himmel. Katholisches Gesangbuch. Wydawnictwo Świetęgo Krzyża Oppeln 1997.

**Weiter sehen als wir sind*
Oosterhuis, Huub: Weiter sehen als wir sind: Meditationstexte - Gebete - Lieder. Wien 1973.

**Wien 1754*
Catholisches Unterrichtungs=Gebett= und Gesang=Buch. Hrsg. von R. Bruns. Wien 1754.

**Wien 1774*
Denis, Michael: Geistliche Lieder zum Gebrauche der hohen Metropolitankirche bey St. Stephan in Wien und des ganzen wienerischen Erzbisthums. Wien 1774.

**Wittenberg 1560*
ENCHIRIDION. / Geistliker Leder vnde Psalmen, vppet nye gebetert. / Mart. Luth. Gedrucket dorch Georgen Ruwen / Eruen. Wittenberg 1560.

**Wort, das trägt*
Oosterhuis, Huub: Wort, das trägt. Biblische Lieder und Gebete. Düsseldorf 1990 [Nieuw Bijbels liedboek. Baarn 1986].

**Wie spricht man mit dir*
Woll, Erna: Wie spricht man mit dir. Oekumenische Marienlieder. Für Singstimme und Tasteninstrument. München 1986.

**Württembergisches Gesangbuch*
Württembergisches Gesangbuch. Stuttgart 1791.

**Würzburg 1622*
PSALM XLIV ... Il più bello del mondo. / das Allerschönste Kind / in der Welt ... Getruckt zu Würzburg/ bey Johan / Volmari. Würzburg 1622.

**Würzburg 1628*
Alt vnd Newe / GEistliche Catholische Außerlesene Gesaeng / auff Sonn- vnd fuernehme Festtaeg / deß gantzen Jahrs Processionen Creutzgaengen vnd Wallfahrten ... Gedruckt bey Anna Maria Volmarin Wittib. Würzburg 1628.

**Würzburg 1828*
Katholisches Gesangbuch für den öffentlichen Gottesdienst im Bisthume Würzburg; oder Sammlung älterer und neuerer Kirchengesänge zur Verherrlichung des katholischen Gottesdienstes und zur Beförderung der Andacht bei demselben mit besonderer Rücksicht auf den damaligen Bestand des Kirchengesanges im Bisthume Würzburg, und auf das Bedürfnis dieser Diözese frei bearbeitet und herausgegeben von Sebastian Pörtner. Domkapitular zu Würzburg. Würzburg 1828.

**Zeitzisches Gesang-Buch*
Neuverbessertes und vermehrtes Zeitzisches Gesang-Buch. Zeitz 1754.

**Zingt Jubilate*
Zingt Jubilate. Brüssel/Brugge 1977.

**Zinzendorf 1727*
Christ-Catholisches Singe- und Betbüchlein. Darinnen verschiedentliche von einem hochw. Vicariat zu Breßlau ehedessen approbirte schöne Gesänge und Seuffzer zu befinden ... Hrsg. von Nikolaus Zinzendorf. Breslau 1727.

**ZNG*
Züricher Neuapostolisches Gesangbuch. Frankfurt am Main 1994.

**Zolang er mensen zijn.*
Oosterhuis, Huub: Zolang er mensen zijn. 100 Liederen voor de eredienst. Kampen 1993.

**Zupfgeigenhansel*
Der Zupfgeigenhansel. Leipzig ^{5}1921 (Erstauflage 1909).

**Zürich 1853*
Gesangbuch für die evangelisch-reformierte Kirche des Kantons Zürich. Hrsg. von der Zürcherischen Kirchensynode. Zürich 1853.

**Zwickau 1528*
Enchiridion geistlicher gesenge vnn Psalmen fur/ die leyen mit viel andern denn zuuor / gebessert ... Gedruckt durch Hans Schoensperger den alten. Zwickau 1528 (Neudruck Leipzig 1979).

(Cornelia Müller)

Personenverzeichnis

Dieses Register berücksichtigt nur den Textteil, nicht die Anmerkungen

Liedverzeichnis

Kirchenlied im Kirchenjahr

Die CD

Musik ist Kunst in Klang und Zeit. Dies gilt genauso vom Lied und erst recht vom Kirchenlied, das immer wieder neu von der versammelten Gemeinde zum Klingen gebracht wird. Was wären also alle historischen, sprachlichen, theologischen und musikologischen Erörterungen ohne die klingende Verlebendigung?

Die Präsentation ist in jeder Hinsicht exemplarisch:

Es erklingen ausgewählte Lieder für die Kirchenjahreszeiten.

Es stehen ausgewählte Strophen für das ganze Lied.

Die Auswahl der Stücke repräsentiert eine möglichst große Vielfalt der Stile.

Die Darstellung erfolgt in unterschiedlicher Besetzung:

Vokal reicht die Gliederung vom Sologesang bis zum fünfstimmigen Chorgesang.

Instrumental wechselt die Orgel mit einem Blechbläserquartett.

Die Wahl der Mittel gewährleistet die Möglichkeit einer grundsätzlich analogen Umsetzung in jeder Gemeinde.

Die Reihenfolge der Lieder auf der CD folgt aus musikalischen Gründen nicht immer der im Buch.

Die Ausführenden sind in unterschiedlichen Funktionen tätig im Bereich „Kirchenmusik und Liturgie" in Mainz, sei es an der Universität und anderen Ausbildungsstätten für pastorale Berufe oder am Institut für Kirchenmusik. Somit repräsentiert diese Verklanglichung zugleich ein facettenreiches Zusammenwirken über viele Jahre.

Der Gemeinde St. Wolfgang in Dieburg sei herzlich gedankt für die überaus freundliche Unterstützung während der Aufnahmen.

01 ***Nun komm der Heiden Heiland***
J.S. Bach (1685-1750)
Choralvorspiel BWV 659
5'03" [S. 3]

02 ***Conditor alme siderum***
G. Dufay (1400-1474)
Fauxbourdonsatz

J. Titelouze (1563-1633)
Orgel-Versetten
6'39" [S. 45]

03 ***Aus hartem Weh die Menschheit klagt***
O. di Lasso (1525-1594)
Motette
2'07" [S. 55]

04 ***Tauet, Himmel, den Gerechten***
N. Hauner (1743 – n. 1803)
Generalbaßlied
1'09" [S. 75]

05 ***Mit Nichts von Nichts hast du begonnen***
W. Heurich (* 1940)
1'50" [S. 123]

06 ***Zu Bethlehem geboren***
F. Lehrndorfer (* 1928)
Orgel-Variationen
4'05" [S. 99]

07 ***Nachdem dein Stern in Betlehem erschienen***
N. Sokoli (* 1973)
2'49" [S. 163]

08 ***Tu auf, tu auf, du schönes Blut***
J. Gippenbusch (1612-1664)
Generalbaßlied
2'18" [S. 181]

09 ***Mir nach, spricht Christus, unser Held***
J.H. Schein (1586-1630)
2'17" [S. 193]

10 ***Da Jesus an dem Kreuze stund***
S. Scheidt (1587-1654)
Orgel-Versetten

J.H. Schein (1586-1630)
Geistliches Konzert

B. Hoyoul (1548-1594)
Motette
7'58" [S. 325]

11 ***Kyrie eleison***
gregorianisch
liturgischer Gesang
2'23" [S. 337]

12 ***Sohn Gottes, laß mich heute an Deinem Tisch***
orthodox
liturgischer Gesang
1'01" [S. 237]

13 ***Wo die Güte und die Liebe wohnt***
im Anschluß an „Ubi caritas"
aus dem Graduale Romanum
2'32" [S. 255]

14 ***Hört das Lied der finstern Nacht***
E. Anger (1928-1999)
2'42" [S. 283]

15 ***Die Erde ganz erfüllt***
A. Boltz (* 1964)
1'32" [S. 459]

16 ***Nun freut euch hier und überall***
J.G. Ebeling (1637-1676)
0'40" [S. 397]

17 ***Seht, der Stein ist weggerückt***
Th.A. Friedrich (* 1965)
Liedmotette
2'24" [S. 437]

18 ***Erschienen ist der herrlich Tag***
J.G. Walther (1684-1748)
Orgel-Variationen
7'05" [S. 383]

19 ***Seele, dein Heiland ist frei von den Banden***
**Trier 1847* Hermesdorff
1'35" [S. 425]

20 ***Nun freut euch hier und überall***
A. Boltz (* 1964)
1'28" [S. 397]

21 ***Er schwebt hinauf, der Gottessohn***
**Trier 1847* Hermesdorff
2'31" [S. 475]

22 ***Der Gottesgeist weht wie ein Wind***
D. Zerfaß (* 1968)
2'02" [S. 517]

23 ***Der Dornenkranz, der Lanzenstoß***
E. Woll (* 1917)
2'31" [S. 563]

24 ***Und unser lieben Frauen***
Th. Gabriel (* 1957)
2'29" [S. 547]

25 ***Herr, mach uns stark im Mut, der dich bekennt***
R.V. Williams (1872-1958)
1'22" [S. 629]

gesamt: 67'21"

Die Ausführenden

Chor:

Sopran: Christiane Drescher, Katharina Drescher, Simone Dussel, Anne Hellmann, Regina Werner, Silke Wüllner-Reh
Alt: Annette Albert-Zerlik, Martina Haag, Beate Hirt, Anita Kolbus, Diana Rothaug, Henriette Sattler
Tenor: Anton Dannoritzer, Thomas Drescher, Nicolo Sokoli, Ralf Stiewe
Baß: Christoph Drescher, Roland Grunenberg, Gregor Knop, Hartmut Opfermann, Dan Zerfaß.

Solisten:

Anne Hellmann	Sopran
Silke Wüllner-Reh	Sopran
Andreas Boltz	Orgel (04/08/14/23/24/25)
Nicolo Sokoli	Orgel/Tenor (01/18)
Ralf Stiewe	Orgel (05/07/09/10/13/15/17/19-21)
Regina Werner	Orgel (02/10)
Dan Zerfaß	Orgel (06/22)
Heidesheimer Blechbläserensemble:	
Sandra Arand-Jakobs	Trompete
André Henze	Trompete
Andreas Hesping-Barthelmes	Posaune
Frank Diederich	Posaune

Leitung: Mechthild Bitsch-Molitor

Aufnahme: am 22. und 23.08.2002 in Dieburg, St. Wolfgang (Orgel: Klais 1991; II/25/mechanische Spiel- und Registertraktur)
Tontechnik: MMK Keidelheim; Heiner und Sebastian Kochhan.

Autorenverzeichnis

Annette Albert-Zerlik, Dr.
Hansenweg 19
60599 Frankfurt

Elke Axmacher, Prof. Dr.
Hasbachtal 110
33619 Bielefeld

Hansjakob Becker, Prof. Dr. Dr.
Südring 279
55128 Mainz

Gustav Adolf Benrath, Prof. Dr.
Weidmannstr. 32
55131 Mainz

Peter Ernst Bernoulli
Schweighofstr. 195
CH-8045 Zürich

Mechthild Bitsch-Molitor
Carl-Goerdeler-Str. 37
55122 Mainz

Michaela Borzymski
Frankenweg 36
44867 Bochum

Wolfgang Bretschneider, Prof. Dr.
Gerhard-von-Are-Str. 1
53111 Bonn

Johannes Brosseder, Prof. Dr.
Rauschendorferstr. 74
53639 Königswinter

Sytze de Vries
Peter Lastmankade 6
NL-1075 Amsterdam

Bernhard Einig, Dr.
Auf den Erlen 1g
65207 Wiesbaden

Michael Fischer
Am Mühlbach 16
55128 Mainz

Ansgar Franz, Prof. Dr.
Heinrich-Becker-Str. 15A
55411 Bingen

Dominik Fugger
Gutedelstr. 8
76228 Karlsruhe

Siri Fuhrmann
Querenburger Höhe 285
44801 Bochum

Albert Gerhards, Prof. Dr.
Rückesgasse 26
53332 Bornheim

Martina Haag, Dr.
Am Weltersborn 9
55270 Klein-Winternheim

Ulrich Gabriel Heil
Ziegelofenweg 8
67346 Speyer

Andreas Heinz, Prof. Dr.
Maximinerweg 46
54664 Auw a. d. Kyll

Erika Heitmeyer, Dr.
Alte Teichstr. 35
44225 Dortmund

Jürgen Henkys, Prof. Dr.
Lindenstr. 25
12555 Berlin

Beate Hirt
Rheinallee 1
55116 Mainz

Ute Hülsemann
Generaloberst-Beck.Str. 7/ C203
55129 Mainz

Christoph Joosten, Dr.
Heinrich-König-Str. 38
44797 Bochum

Ernst Kneitschel
Weißlilienstr. 6
93047 Regensburg

Gabriele Koch, Dr.
Am Birkenfeld 26
37133 Friedland

Cornelis Kok, Dr.
Stichtig Leerguis & Liturgie
Postbus 17268
NL 1001 JG Amsterdam

Helmut Kornemann
Marienfelderstr. 84
12309 Berlin

Christine Kreutz
Lahnstr. 6
56132 Dausenau

Gebhard Kurz, Dr.
Hans-Böckler-Str. 70
55128 Mainz

Hermann Kuzke, Prof. Dr.
Krokusweg 7
55126 Mainz

Andreas Marti, Prof. Dr.
Könitzstr. 252
CH-3097 Liebefeld

Britta Martini, Dr.
Schulstr. 8
02826 Görlitz

Dorothea Monninger
Wiesenstr. 58
30169 Hannover

Cornelia Müller
Robert-Koch-Str. 11
65549 Limburg

Michael Pfeifer
Christian-Schad-Str. 10
63743 Aschaffenburg

Maria Pfirrmann, Dr.
Uiterwaardenstraat 290-II
NL-1079 DB Amsterdam

Ann-Madeleine Plum
Radweg 12
55130 Mainz

Franz Karl Praßl, Prof. Dr.
Bergmannsgasse 18
A-8010 Graz

Christa Reich, Prof. Dr.
Martin-Luther-Str. 11
61118 Bad Vilbel

Christiane Schäfer
Friedensstr. 46
67354 Römerberg

Irmgard Scheitler, PD Dr.
Schneebeerenweg 2
85072 Eichstätt

Martin Schmeisser
Herrenstr. 28A
79232 March

Rebecca Schmidt, Dr.
Bleichstr. 19
55130 Mainz

Ilsabe Seibt, Dr.
Hauptstr. 103
16352 Schönwalde

Christina Sieger
Backhaushohl 43
55128 Mainz

Hans-Jürg Stefan
Vollikerstr. 1
CH-8133 Esslingen

Alex Stock, Prof. Dr.
Im Schwalbenweg 57
50226 Frechen

Ulrike Süß
Erbacher Str. 4
64283 Darmstadt

Hermann Ühlein, Dr.
Isabellastr. 32
45130 Essen

Franz-Rudolf Weinert, Dr.
Kapuzinerstr. 36
55116 Mainz

Heike Wennemuth, Dr.
Margarete-Massias-Str. 8/1
69124 Heidelberg

Stephan Weyer-Menkhoff, Prof. Dr.
Kardinal-von-Galen-Str. 12b
55127 Mainz